प्रताप गोपेन्द्र

प्रताप गोपेन्द्र का जन्म 12 मई, 1982 को फत्तनपुर, आजमगढ़, उत्तर प्रदेश में हुआ। उन्होंने पूर्वांचल विश्वविद्यालय से प्राचीन इतिहास में स्नातकोत्तर की डिग्री प्राप्त की और फिलहाल लखनऊ विश्वविद्यालय में शोधरत हैं।

उनकी प्रकाशित कृतियाँ हैं—'फत्तनपुर : मेरा गाँव मेरे लोग' (अध्ययन); 'इतिहास के आईने में आजमगढ़', '1857 के अमर नायक राजा जयलाल सिंह' (इतिहास); 'मारीच पथ' (कहानी-संग्रह); 'कपूत' और 'बालू रेतवा', 'चल मन गंगा जमुना तीर' (उपन्यास)। विभिन्न पत्र-पत्रिकाओं में अब तक लगभग सौ लेख एवं कहानियाँ प्रकाशित हो चुकी हैं। उन्होंने विभिन्न संस्थाओं में समय-समय पर वक्तव्य भी दिये हैं।

'इतिहास के आईने में आजमगढ़' पुस्तक के लिए उन्हें उत्तर प्रदेश हिन्दी संस्थान द्वारा वर्ष 2020 में 'आचार्य नरेन्द्र देव पुरस्कार' एवं वर्ष 2022 में 'हिन्दुस्तानी अकादमी पुरस्कार' से सम्मानित किया जा चुका है।

सम्प्रति : सेनानायक, चतुर्थ वाहिनी पीएसी, प्रयागराज।

ई-मेल : pgyadav81@gmail.com

चन्द्रशेखर आज़ाद

मिथक बनाम यथार्थ

प्रताप गोपेन्द्र

लोकभारती पेपरबैक्स

लोकभारती पेपरबैक्स में
पहला संस्करण : दिसम्बर, 2023
दूसरा संस्करण : फरवरी, 2024

लोकभारती पेपरबैक्स : उत्कृष्ट साहित्य के लोकप्रिय संस्करण

लोकभारती प्रकाशन
पहली मंजिल, दरबारी बिल्डिंग, महात्मा गांधी मार्ग
प्रयागराज-211 001
द्वारा प्रकाशित

शाखाएँ : 1-बी, नेताजी सुभाष मार्ग, दरियागंज, नई दिल्ली-110 002
अशोक राजपथ, साइंस कॉलेज के सामने, पटना-800 006
1, अनमोल सोराबजी संतुक लेन, धोबी तलाव, मरीन लाइंस, मुम्बई-400 002

वेबसाइट : www.lokbhartiprakashan.com
ई-मेल : info@lokbhartiprakashan.com

बी.के. ऑफसेट
नवीन शाहदरा, दिल्ली-110 32
द्वारा मुद्रित

मूल्य : ₹550

CHANDRASHEKHAR AZAD
Mithak Banam Yatharth
by Pratap Gopendra

ISBN : 978-81-19133-97-0

लक्ष्य और प्रत्यक्ष को जिनकी पीढ़ी को
आज़ादी का मूल्य आत्मसात करना है

क्रम

भूमिका

चन्द्रशेखर आज़ाद एक ऐसा नाम है जिसे सुनते ही जेहन में एक गर्वीली मूर्ति उभरती है, जिसका एक हाथ मूँछों पर ताव देने की मुद्रा में है और दूसरा अपने साथी 'बमतुल बुखारा' पर। निश्चय ही यह इमेज चौक-चौराहों पर लगी आज़ाद की प्रतिमाओं के कारण, मेलों में या हाट-बाजार में बिकनेवाली ऐसी तसवीरों के कारण तथा फिल्मों में ऐसे पिक्चराइजेशन के कारण निर्मित हुई है। चन्द्रशेखर आज़ाद एक ऐसे गुप्त क्रान्तिकारी संगठन के नुमाइन्दे थे जिसने भारत के स्वाधीनता संघर्ष में एक स्वर्णिम अध्याय जोड़ा। यद्यपि तत्कालीन राजनीति ने क्रान्तिकारियों को पर्याप्त मान्यता नहीं दी और आगे भी यह उपेक्षापूर्ण भाव कमोबेश बना रहा, किन्तु जनमानस ने भारत को परतंत्रता की बेड़ियों से मुक्त कराने के लिए अपना सर्वस्व दाँव पर लगानेवाले इन आत्मोत्सर्गी युवाओं को हमेशा अपने हृदय मन्दिर में बैठाकर रखा। स्वतंत्रता की बलिवेदी पर प्राणोत्सर्ग करनेवाला कोई भी शहीद, छोटा या बड़ा नहीं कहा जा सकता। किन्तु 'हिन्दुस्तान सोशलिस्ट रिपब्लिकन एसोसिएशन' में जब नेतृत्व की बात आती है तो चन्द्रशेखर आज़ाद और भगतसिंह के नाम अनायास ही सामने आ जाते हैं। चन्द्रशेखर आज़ाद जिस संगठन का शरीर और बल थे, भगतसिंह उसका विचार और आत्मा। न तो दोनों की तुलना की जा सकती है और न ही दोनों का संस्तर बनाया जा सकता है। लेकिन जब दोनों शहीदों के योगदान के सम्बन्ध में विद्वानों द्वारा किये गए शोधपरक कार्यों पर दृष्टिपात करते हैं तो दिल कसक उठता है। भगतसिंह ने काफी कुछ स्वयं लिखा है। आज़ाद के हाथ का लिखा एकमात्र पत्र मिलता है। भगतसिंह ने ट्रायल के दौरान जिस तरह जिरह की, परिपक्व बौद्धिकता का प्रदर्शन किया उसकी खबरें हिन्दी, उर्दू और अंग्रेजी के अखबारों में बदस्तूर छपीं। अभियोग की मूल फाइलें बाद में प्रकाशित हुईं। भगतसिंह ने पूरे देश को उत्तेजित कर दिया। उनकी शहादत के कुछ महीने के भीतर ही उनकी जीवनी छपी और जब्त कर ली गई। उनके अपने संयुक्त परिवार की अगली पीढ़ी ने उनकी यादों और कृतियों को सँजोया। फलस्वरूप भगतसिंह को जानने और समझने के लिए पर्याप्त सामग्री मौजूद है। दूसरी तरफ आज़ाद ने कोई लिखित सामग्री नहीं छोड़ी। अपनी पहचान, निवास, परिजनों को हमेशा छुपाते रहे। यहाँ तक कि स्पष्ट विचार व्यक्त किया कि वे नहीं चाहते कि

उनकी जीवनी कभी लिखी जाए। उन्होंने न तो कोई मुकदमा फेस किया और न उनके छोटे-छोटे कृत्य अखबारी सुर्खियाँ बने। सरकारी दस्तावेजों में, कोर्ट की फाइलों में वे बतौर मफरूर दर्ज किये जाते रहे। अभिसूचना की फाइलों में जरूर कुछ तफसील से उनका विवरण मिलता है, लेकिन ये फाइलें आम पहुँच से दूर हैं। आज़ाद के परिजनों व रिश्तेदारों में भी कोई नहीं रहा जो उनकी यादों व कृत्यों को प्रामाणिक ढंग से सँजो सके। लेकिन उनकी जवाँमर्दी, दिलेरी, ईमानदारी, संगठन की क्षमता और अदम्य राष्ट्रभक्ति की भावना, उनके जीते जी और शहादत के बाद करोड़ों दिलों को जोड़ती रही, कल्पनाओं को उत्तेजित करती रही। कालान्तर में उनके साथियों ने अपने संस्मरणों में इस कमी को कुछ हद तक पूरा करने का प्रयास किया अवश्य, किन्तु एक गुप्त संगठन के नेता के सम्बन्ध में शायद ही किसी संस्मरण को पूर्ण व सटीक कहा जा सकता है। संस्मरणों के एक-एक टुकड़े जिगसा पजल की तरह हैं। जिनमें झूठ भी हैं, गलतियाँ भी हैं और भ्रामक सूचनाएँ भी हैं, लेकिन सत्यांश भी है। इन संस्मरणों को जब एक साथ रखा जाए तो इनके विरोधाभास दिख जाते हैं। फिर समकालीन अखबारों की खबरों से, मुकदमे की फाइलों से, अभिसूचना रिपोर्टों से इनका मिलान किया जाए तो सत्य की हल्की-सी झलक मिल जाती है। लेकिन यह कहते-लिखते अत्यन्त खेद हो रहा है कि 'अमर शहीद चन्द्रशेखर आज़ाद' के सत्य की झलक दे सकने में सक्षम शायद ही कोई सर्वांगपूर्ण रचना या प्रयास हमारे सामने मौजूद हो। यह पुस्तक भी शायद ही उस कमी की पूर्ति कर पाए। किन्तु ऊपर वर्णित विविध स्रोतों को खँगालकर जो तथ्य मिले हैं, उनके द्वारा मिथकों की घटाघोप को भेदने का प्रयास किया जा रहा है, जिससे सत्य के सूर्य की कुछ किरणें आम जनमानस तक पहुँच सके। कुछ बातें साक्ष्य-सबूतों के अभाव में शायद हमेशा सन्दिग्ध बनी रहेंगी, लेकिन परिस्थितिजन्य साक्ष्यों के विश्लेषण से एक निष्कर्ष की ओर इशारा अवश्य किया जा सकता है।

यह पुस्तक लेखक द्वारा इलाहाबाद संग्रहालय में 7 सितम्बर, 2022 को 'आज़ाद गाथा : कितना मिथक कितना यथार्थ' नाम से दिये गए विशेष स्मारक व्याख्यान की अगली कड़ी है। इस व्याख्यान में पहली बार कर्नलगंज थाने के रजिस्टर नं. 8, अभिसूचना पत्रावली, 'आज' अखबार, 'द लीडर',1948 की खतौनी आदि का उल्लेख किया गया था। साथ ही आवश्यक दस्तावेजों के चित्र भी दर्शाए गए थे। इस व्याख्यान को प्रयागराज के विद्वज्जनों से न केवल भूरि-भूरि प्रशंसा मिली, अपितु तभी से यह निरन्तर माँग भी उठती रही कि इन नवीनतम शोधों को पुस्तक के रूप में शीघ्र प्रकाशित किया जाए। अनेक तथ्यों की अनुपलब्धता और व्यावसायिक एवं निजी व्यस्तताओं के चलते इस कार्य में किंचित विलम्ब अवश्य हुआ तथापि 'आज़ाद गाथा' को नवीन तथ्यों से प्रामाणिकता

प्रदान करने के क्रम में किये जा रहे इस क्षुद्र प्रयास से अत्यन्त मानसिक सन्तोष की अनुभूति हो रही है। चन्द्रशेखर आज़ाद समस्त देशवासियों के राष्ट्रीय गौरव का विषय हैं, अतएव उनके जीवन पर कार्य करना स्वयं गौरव का विषय है। भविष्य में चन्द्रशेखर आज़ाद के सम्पूर्ण जीवन पर वृहद औपन्यासिक ग्रन्थ लिखने का संकल्प है। चन्द्रशेखर आज़ाद के वाराणसीकाल से मित्र रहे और काकोरी केस में सजा काटनेवाले श्री मन्मथनाथ गुप्त ने 'विप्लव' के आज़ाद अंक के अपने संस्मरण के अन्त में लिखा है, "आज़ाद की पूरी जीवनी 1000 पृष्ठ में भी शायद पूरी न हो।" सम्प्रति इस पुस्तक के माध्यम से आज़ाद से जुड़े अनेकानेक नवीन तथ्यों का उद्घाटन, विरोधाभासों का समाधान, भ्रान्तियों का परिमार्जन करते हुए वह आधार तैयार करने का प्रयास किया जा रहा है, जिस पर भविष्य में इस देश के महानायकों में से एक अमर शहीद श्री चन्द्रशेखर आज़ाद की तथ्यपरक प्रामाणिक जीवनी लिखी जा सके।

इस पुस्तक में यथासम्भव प्राथमिक स्रोतों का अधिकतम प्रयोग किया गया है। 'पुराने तथ्यों का सत्यापन और नवीन तथ्यों का उद्घाटन' इस रचना का मुख्य उद्देश्य है। कोई भी शोध अन्तिम नहीं होता है। यह कृति भी भविष्य में उचित व सकारात्मक समीक्षा की आकांक्षी रहेगी। इस कृति के माध्यम से स्वतंत्रता संग्राम के उपेक्षित पक्ष 'क्रान्तिकारी आन्दोलन' पर सामान्यत: और स्वतंत्रता संग्राम में चन्द्रशेखर आज़ाद के योगदान, व्यक्तित्व एवं कृतित्व पर विशेषत: प्रकाश डाला जा रहा है। जहाँ तक सम्भव हो सका है, इन दोनों बिन्दुओं का कालक्रम निर्धारित करने का प्रयास किया गया है।

पुस्तक के लेखन में अनेक मित्रों-विद्वानों का सहयोग मिला। राजकीय अभिलेखागार के श्री गुलाम सरवर, इलाहाबाद संग्रहालय के श्री राजेश कुमार मिश्र की प्रेरणा से मैं इस ओर उन्मुख हुआ। सामग्री संचयन के दौरान श्री शिवकुमार यादव, राजकीय अभिलेखागार, लखनऊ; श्री बृजेश पांडेय, काशी नागरी प्रचारिणी सभा, वाराणसी; श्री दुर्गानन्द शर्मा, हिन्दी साहित्य सम्मेलन, प्रयागराज; श्री स्वतंत्र पांडेय, भारती भवन, प्रयागराज; श्री गोपाल शुक्ल, पब्लिक लाइब्रेरी, प्रयागराज; श्री सतीश मिश्र, खोजवा, वाराणसी; श्री अनूप कुमार शुक्ल, कानपुर; श्री एम.एम. जुनेजा, पंजाब; श्री प्रमोद कुमार, लखनऊ; श्री श्रीराम पांडेय व उनके भानजे श्री प्रतीक तिवारी, उन्नाव; श्री जयप्रकाश यादव, जनगणना मुख्यालय, भोपाल; श्री राघवेन्द्र सिंह, आई.ए.एस., जिला अधिकारी अलीराजपुर; श्रीमती किरण अंजान, उपजिलाधिकारी; श्री अशोक वाजपेयी, भौती, कानपुर; शोध छात्र श्री उमेश कुमार, लखनऊ ने निरन्तर सहयोग किया। श्री चमनलाल तथा श्री सुधीर विद्यार्थी से क्रान्तिकारियों से सम्बन्धित मुद्दों पर चर्चा होती रही। खासकर विद्यार्थी जी ने सामग्री संचयन से लेकर विभिन्न बिन्दुओं

पर एक सोच स्थापित करने में जहाँ तक सम्भव हो सका लेखक की मदद की। श्री फिरोज नकवी ने कुछ बहुमूल्य ऐतिहासिक तथ्यों की ओर ध्यान आकृष्ट कराया। उन्होंने अनेक सन्दर्भ भी उपलब्ध कराए। पुस्तक के प्रकाशन में लोकभारती समूह के श्री रमेशचन्द्र ग्रोवर तथा संस्थान में कार्यरत श्री योगेन्द्र यादव ने व्यक्तिगत रुचि लेकर न केवल पुस्तक को लिखने के लिए निरन्तर प्रोत्साहित किया, अपितु इतने कम समय में, स्तरीय छपाई के साथ पाठकों के सम्मुख प्रस्तुत करने में भी यथेष्ट रुचि ली। राजकीय दायित्वों के निर्वहन के साथ लेखन के इस महायज्ञ में चिरसंगिनी एकता सदैव साथ खड़ी रहीं।

आप सभी को इस कृति के लेखन एवं प्रकाशन में अमूल्य योगदान के लिए हृदय की अन्यतम गहराइयों से धन्यवाद।

12.11.2023 **—प्रताप गोपेन्द्र**
प्रयागराज

क्रान्ति : विहंगावलोकन

अमर शहीद चन्द्रशेखर आज़ाद जिस क्रान्ति दल से जुड़े थे उसका अपना इतिहास है। आज़ाद को जानने के लिए क्रान्ति दल के इतिहास को समझना जरूरी है। बात शुरू करते हैं गदर आन्दोलन से। भारत से अंग्रेजी सत्ता को उखाड़ फेंकने के लिए अमेरिका और कनाडा के तमाम क्रान्तिकारियों ने मिलकर ओरेगन के अस्टोरिया में 15 जुलाई, 1913 को एक बैठक की। इसके अध्यक्ष थे सोहन सिंह भखना। थोड़े दिनों बाद प्रथम विश्वयुद्ध (1914) शुरू हो गया। गदर पार्टी के कुछ सदस्य पंजाब लौटकर आए ताकि भारत को स्वतंत्रता दिलाने के लिए सशस्त्र क्रान्ति का आरम्भ किया जा सके। प्रयास यह था कि भारतीय सेना को तैयार कर 21 फरवरी, 1915 को एक साथ पूरे देश में विद्रोह कराया जाए। लेकिन इसी बीच कृपाल सिंह के मुखबिर हो जाने से सारी योजना धरी रह गई। सरकार ने 'लाहौर षड्यंत्र केस' के नाम से मुकदमा चलाकर 42 क्रान्तिकारियों को दंडित किया।

गदर आन्दोलन के मुख्य क्रान्तिकारियों में—सोहन सिंह भखना, भाई परमानन्द, करतार सिंह सराबा, रासबिहारी बोस, भगतसिंह, हरदयाल, विष्णु गणेश पिंगले, भगवान सिंह ज्ञानी, तारकनाथ दास, गुलाब कौर, अब्दुल हफीज, मुहम्मद बरकतुल्लाह आदि थे। संयुक्त प्रान्त में करतार सिंह सराबा को लेकर श्री रासबिहारी बोस बनारस, कानपुर, इलाहाबाद, आगरा और मेरठ की सैन्य छावनियों में गए। लेकिन क्रान्ति के इस प्रयास के विफल होने के बाद रासबिहारी बोस ने दल का कार्य नगेन्द्रनाथ दत्त उर्फ गिरिजा बाबू को सौंपा और देश छोड़कर बाहर चले गए। गिरिजा बाबू अक्टूबर, 1915 में पकड़े गए और उन्हें पाँच वर्ष का सश्रम कारावास दिया गया। यद्यपि गदर आन्दोलन अपने लक्ष्य को तो नहीं पा सका, लेकिन युवकों में जो चिनगारी प्रज्वलित की वह आगे तक जलती रही।

संयुक्त प्रान्त में क्रान्ति के दो केन्द्र उभरे। बनारस और कानपुर। बनारस में बड़ी बंगाली आबादी के कारण श्री रासबिहारी बोस और विष्णु गणेश पिंगले वहाँ अपना मजबूत आधार तैयार करने में सफल रहे। बनारस के सबसे सक्रिय सदस्यों में से एक श्री शचीन्द्रनाथ सान्याल ने 1914 से काम करते हुए अनेक विश्वसनीय क्रान्तिकारी तैयार किये, जिनमें—श्री दामोदर स्वरूप सेठ, श्री राजेन्द्रनाथ लाहिड़ी, श्री विष्णुशरण दुबलिश, श्री सुरेशचन्द्र भट्टाचार्य, श्री मुन्नीलाल, श्री हरनाथ सिंह तथा श्री गिरिजा बाबू मुख्य थे। इसी तरह कानपुर में 1913 में 'प्रताप' निकलने लगा था। देश और प्रान्त के अनेक क्रान्तिकारी कानपुर आने लगे थे। इन क्रान्तिकारियों के ठहरने का स्थान या

तो नारायण प्रसाद अरोड़ा जी का पटकापुर में स्थित मकान था, अथवा कुली बाजार में शम्भुनाथ वकील का मकान। लाहौर केस में सर्वश्री शचीन्द्रनाथ सान्याल, दामोदर स्वरूप सेठ तथा सुरेशचन्द्र भट्टाचार्य को सजा हुई थी। 1916 में इन्हें सजा हो गई थी। 1920 की शाही आममाफी (रॉयल अमनेस्टी) में ये छूटे। इस बीच रासबिहारी बोस के लेफ्टिनेंटों में से एक 'विनायक राव कापले' संयुक्त प्रान्त और मध्य प्रान्त में सक्रिय रहे। वे आगरा व बनारस के कॉलेजों में सदस्य भर्ती करते रहे। पुरानी रंजिश के चलते दल के दो अन्य सदस्यों—सुशीलचन्द्र लाहिड़ी तथा नृपेन्द्रनाथ चक्रवर्ती ने 9 फरवरी, 1918 को विनायक राव कापले की लखनऊ में हत्या कर दी। गदर पार्टी की सक्रियता यहीं समाप्त हुई।

इस दौरान पूरे उत्तर भारत में क्रान्तिकारी गतिविधियाँ शान्त रहीं। मैनपुरी में श्री गेंदालाल दीक्षित ने 'शिवाजी समिति' और 'मातृदेवी' संस्था के नाम से जो दल बनाया, उसके 80 तक सदस्य बताए जाते हैं। इस संगठन ने अनेक मनी-एक्शन किये। दल ने क्रान्तिकारी पर्चे भी प्रकाशित किये। इस दल से श्री रामप्रसाद बिस्मिल और श्री मुकुन्दीलाल भी जुड़े थे। सन् 1919 में गेंदालाल के दल के दस नौजवानों को सजा मिलने से यह दल भी शान्त पड़ गया। बरेली दंगों के दौरान 1922 में इस दल के सदस्यों ने सक्रियता दिखाई, किन्तु तीन सदस्यों को काला-पानी की सजा दे दी गई, जिससे क्रान्ति की ज्वाला पुनः दब गई।

सन् 1920 में मुक्त होने के बाद श्री दामोदर स्वरूप सेठ बनारस में रहने लगे और नवस्थापित काशी विद्यापीठ में अवैतनिक पढ़ाने लगे। साथ ही अपना स्वयं का दल स्थापित करने का प्रयास करते रहे। श्री शचीन्द्रनाथ सान्याल मुक्त होने के बाद इलाहाबाद के कर्नलगंज में जा बसे और वहाँ अपना क्रान्तिकारी दल स्थापित करने का प्रयास करने लगे। श्री सुरेशचन्द्र भट्टाचार्य चटाई महाल, कानपुर में रहने लगे। श्री राजेन्द्र लाहिड़ी के भाई का दशाश्वमेध में दवाखाना था, वहीं आवास भी था। वे वहीं रहने लगे। श्री विष्णुशरण दुबलिश मेरठ में रहने लगे। 1920 में ही किसी माह में चन्द्रशेखर घर से काशी संस्कृत पढ़ने आए। नवम्बर, 1920 में महात्मा गांधी का काशी दौरा हुआ। 'असहयोग' के आह्वान ने छात्रों में खलबली मचा दी। फरवरी, 1921 में पुनः महात्मा गांधी काशी आए और 'काशी विद्यापीठ' की स्थापना की। फरवरी, 1921 में ही 'असहयोगी संस्कृत छात्र समिति' बनी जिसमें चन्द्रशेखर शामिल हुए। आगे गांधी जी के आह्वान पर वे पाठशाला छोड़कर पूरी तरह कांग्रेस के कार्य में निमग्न हो गए। दिसम्बर, 1921 में उन्हें एक दिन की सादी सजा मिली, फरवरी, 1922 में 12 बेंतों का क्रूरतम दंड मिला और जून, 1922 में 20 रुपये का अर्थदंड मिला। 1 सितम्बर, 1922 को उन्हें ज्ञानवापी में सार्वजनिक रूप से सम्मानित किया गया। चौरी चौरा के कारण महात्मा गांधी फरवरी, 1922 में ही असहयोग वापस ले चुके थे। चन्द्रशेखर आज़ाद समझ नहीं पा रहे थे कि क्या करें, कहाँ जाएँ? गांधी जी के चरखे से आजीवन जुड़े रहना उनके लिए अब सम्भव नहीं था, अन्य मार्ग दिख नहीं रहा था। वे श्री दामोदर स्वरूप सेठ के सम्पर्क में आए। जैसा कि श्री राजाराम शास्त्री के संस्मरण से स्पष्ट है कि कारतूसों का लेन-देन वहीं से शुरू हुआ।

इसी दौरान जनवरी, 1923 में श्री शचीन्द्रनाथ बख्शी के सक्रिय योगदान से गणेश महाल में श्री प्रतुल गांगुली तथा श्री नरेन्द्र सेन ने बंगाल की अनुशीलन समिति की एक शाखा खोली। इससे श्री मनमोहन गुप्त जुड़े। वे अपने भाई श्री मन्मथनाथ को ले आए, जिन्होंने प्रणवेश चटर्जी को जोड़ा। प्रणवेश चटर्जी का आज़ाद से काशी विद्यापीठ में सम्पर्क हुआ। उन्हीं के प्रयास से आज़ाद भी बनारस अनुशीलन दल से जुड़ गए। आज़ाद ने आगे श्री रामकृष्ण खत्री को जोड़ा। पहले युक्त प्रान्त का काम सतीश सिन्हा देख रहे थे। जुलाई, 1923 में सतीश सिन्हा के स्थान पर कोमिल्ला से श्री जोगेशचन्द्र चटर्जी को भेजा गया। उनके सामने एक तो दल का प्रसार करने की चुनौती थी, साथ ही अन्य छोटे-छोटे दलों को जोड़कर एक मजबूत दल का निर्माण करने की भी चुनौती थी। बनारस के साथ-साथ अनेक जिलों में वे अपना संगठन खड़ा करने में सफल रहे।

श्री जोगेशचन्द्र ने इलाहाबाद जाकर श्री सान्याल से दोनों दलों के विलय पर वार्ता की। लेकिन तीन चरणों की वार्ता विफल रहने के पश्चात ढाका के एक गाँव में 1924 में बनारस अनुशीलन दल तथा शचीन्द्रनाथ सान्याल के क्रान्तिकारी दल का विलय हो गया। इसके मध्यस्थकर्ता बने श्री त्रैलोक्यनाथ चक्रवर्ती। चूँकि 'अनुशीलन' नाम बंगाल में ही प्रसिद्ध था, अत: बंगाल से बाहर काम करने के उद्‍देश्य से इसे नया नाम—'हिन्दुस्तान रिपब्लिकन आर्मी' दिया गया। श्री दामोदर स्वरूप सेठ का दल अब भी इससे बाहर था। लेकिन बाद में वे भी नये दल में शामिल हो गए। कार्तिक ब्रह्मचारी नाम के एक व्यक्ति ने जब बनारस में श्री जोगेशचन्द्र की पहचान स्पष्ट कर दी तो वे कानपुर चले गए। वहाँ वे गदर आन्दोलन से पूर्व में जुड़े रहे श्री सुरेशचन्द्र भट्टाचार्य से मिले। सुरेशचन्द्र साढ़े तीन साल की नजरबन्दी के बाद 1920 में मुक्त होकर संगमलाल के मन्दिर के पास बंगाली लॉज में रहने लगे थे। पूर्व में श्री राजेन्द्र लाहिड़ी व श्री शचीन्द्रनाथ सान्याल के सम्पर्क में थे ही, अत: कानपुर में एच.आर.ए. की शाखा खोल ली। उस समय मनीलाल अवस्थी, वीरभद्र तिवारी को सदस्य बनाया गया। धीरे-धीरे श्री रामदुलारे त्रिवेदी, राजकुमार सिन्हा, सुरेन्द्रनाथ पांडेय, वीरेन्द्रनाथ पांडेय, विजयकुमार सिन्हा, अजय कुमार घोष, सदगुरु दयाल अवस्थी, जयदेव कपूर, शिववर्मा, गयाप्रसाद, ब्रह्मदत्त मिश्र, बटुकेश्वर दत्त भी जुड़े। पं. रामदुलारे त्रिवेदी का दल में प्रवेश श्री जोगेशचन्द्र के माध्यम से हुआ था और वे उन्हीं के साथ शाहजहाँपुर चले गए।

संगठन का कार्य जैसे-जैसे बढ़ा, पैसों की माँग भी बढ़ती गई। आय का नियमित स्रोत न होने के कारण इस माँग को पूरा करने के लिए श्री जोगेशचन्द्र ने 'मनी एक्शन' की योजना बनाई। जून, 1924 में बनारस, शाहजहाँपुर और कानपुर शाखा के क्रान्तिकारियों ने फतेहपुर खागा में एक्शन की योजना बनाई। लेकिन किसी सदस्य की पिस्तौल अचानक चल जाने से ग्रामीण चौकन्ने हो गए और योजना विफल रही। काकोरी के ठीक एक वर्ष पूर्व 9 अगस्त, 1924 को इलाहाबाद के पूरामुफ्ती में मनी एक्शन किया गया। इसमें चाँदी की एक हँसुली मात्र मिली। श्री जोगेशचन्द्र का उत्साह कम हो गया। खागा और पूरामुफ्ती दोनों में वीरभद्र तिवारी शामिल थे। पूरामुफ्ती में सरदार भगतसिंह भी कानपुर से आए थे। 1924 में ही उन्होंने प्रताप के सम्पादकीय विभाग में काम करना शुरू किया

था। लेकिन इनमें से किसी भी एक्शन में चन्द्रशेखर आज़ाद शामिल नहीं थे। सितम्बर, 1924 में श्री जोगेशचन्द्र ने कानपुर में दल की बैठक कर कार्यों की समीक्षा की और स्मृति नोट्स बनाया। एम.एन.राय उन दिनों पांडिचेरी में आए थे। विदेश से हथियार मँगाने के लिए उनसे मुलाकात जरूरी थी। बैठक के बाद श्री जोगेशचन्द्र मद्रास होते पांडिचेरी गए, लेकिन एम.एन.राय से मुलाकात हो न सकी। वहाँ से वे कलकत्ता चले गए, जहाँ उतरते ही हावड़ा पर सी.आई.डी. ने उन्हें गिरफ्तार कर दो दिन बाद लागू हुए बंगाल आर्डिनेंस में जेल भेज दिया। उनके पास मिले नोट्स के अनुसार उस समय तक युक्त प्रान्त के 23 जिलों में दल सक्रिय था। बाकी जिलों का समूह बना दिया गया था। उस समय करीब 100 सदस्य सक्रिय थे।

श्री जोगेशचन्द्र चटर्जी अक्टूबर, 1924 में गिरफ्तार हुए थे। उन दिनों दल को पैसों की सख्त जरूरत थी। अतएव दल को ऐसे नेतृत्व की आवश्यकता थी जो 'मनी एक्शन' करा सके। श्री रामप्रसाद और श्री अशफाक उल्ला शाहजहाँपुर के दो ऐसे ही सदस्य थे। श्री रामप्रसाद को मैनपुरी केस में फरार बनाया गया था। वे शिवाजी समिति के एक्शंस में शामिल रहे थे, अत: वे एच.आर.ए. के सैन्य विभाग के नेतृत्वकर्ता बने। जबकि संगठन का शेष कार्य श्री राजेन्द्रनाथ लाहिड़ी देखते रहे। दिसम्बर, 1924 से 9 अगस्त, 1925 तक उनके नेतृत्व में दल ने कुल पाँच मनी एक्शन किये, जो क्रमश: बमरौली, बिचपुरी, द्वारकापुर, सराय महेश तथा काकोरी थे। इनमें काकोरी को छोड़ शेष चार गाँवों में किये गए थे। इनसे धन तो नाममात्र को मिला लेकिन सदस्यों को सीख काफी मिली। अन्ततः सरकारी खजाने पर धावा बोला गया। लेकिन इसका नुकसान काफी भारी रहा। अगस्त, 1927 में काकोरी का फैसला आया। जिसमें चार को फाँसी सहित कुल बीस लोगों को भारी सजा दी गई। इससे पूरा दल छिन्न-भिन्न हो गया।

श्री चन्द्रशेखर आज़ाद ने श्री रामप्रसाद के नेतृत्व में किये गए पाँचों मनी एक्शंस में भाग लिया। काकोरी के बाद वे झाँसी में अज्ञातवास काटने लगे। काकोरी की सजाओं की घोषणा होने के बाद 13 नवम्बर, 1927 को डिप्टी एस.पी. रायबहादुर जितेन्द्रनाथ बनर्जी को गोली मारी गई। इसके लिए पिस्तौल बंगाल अनुशीलन दल के पूर्व सदस्य और तत्समय बेतिया में अपना दल चला रहे फणीन्द्रनाथ घोष ने उपलब्ध कराया, जो इलाहाबाद में श्री जितेन्द्रनाथ सान्याल के सम्पर्क में था। कानपुर के क्रान्तिकारी युवकों ने दल को नये सिरे से खड़ा करने का प्रयास किया। एच.आर.ए. की कानपुर में पहली बैठक हुई। इसमें आज़ाद शामिल नहीं थे। दूसरी बैठक में श्री कुन्दनलाल गुप्त चन्द्रशेखर आज़ाद को झाँसी से ले आए। इस बैठक में तय हुआ कि पंजाब, राजपूताना, युक्त प्रान्त, बिहार तथा बंगाल का संयुक्त दल गठित किया जाए। पंजाब के प्रतिनिधि के रूप में श्री सुखदेव व भगतसिंह का कानपुर आना-जाना था ही। राजपूताना के लिए श्री कुन्दनलाल गुप्त थे। युक्त प्रान्त के भी प्रतिनिधि थे। बिहार और बंगाल से सम्पर्क करने की आवश्यकता थी। बिहार श्री विजयकुमार सिन्हा गए। उन्होंने फणीन्द्रनाथ घोष को इस प्रस्ताव के लिए सहमत कर लिया। श्री शिववर्मा बंगाल गए हुए थे। वहाँ के क्रान्तिकारी दल ने 'हिंसा' के मुद्दे पर 'एच.आर.ए.' के स्थान पर गठित होने जा रहे

नये दल से अपना सम्बन्ध जोड़ने से मना कर दिया। उल्लेखनीय है कि एच.आर.ए. का गठन बनारस अनुशीलन दल तथा सान्याल दल के मिलन से हुआ था, तथा अभी तक इसे नेतृत्व व निर्देश बंगाल अनुशीलन से मिलता था। किन्तु श्री जोगेशचन्द्र के पकड़े जाने के बाद 'एच.आर.ए.' पर बंगाल का प्रभाव कम हो गया। हालाँकि बनारस अनुशीलन समिति के सदस्य दल में पूर्ववत बने रहे। काकोरी के बाद 'एच.आर.ए.' अत्यन्त दुर्बल हो चुका था।

पंजाब में श्री सुखदेव 1926 से लाहौर में मुख्यालय बनाकर सदस्य भर्ती करने में लगे थे। उनकी सहायता शहर में स्थित नेशनल स्कूल के मास्टर श्री यशपाल कर रहे थे। उन्होंने ही जय गोपाल से परिचय कराया। सुखदेव ने हंसराज वोहरा को भी भर्ती किया। भगतसिंह भी सुखदेव के सम्पर्क में थे। 1928 में राजनीतिक प्रोपेगैंडा के उद्देश्य से हंसराज ने छात्र यूनियन का संगठन शुरू किया था। युक्त प्रान्त में जुलाई, 1928 में गयाप्रसाद, शिववर्मा और सुखदेव मिले, शचीन्द्रनाथ सान्याल, ललित कुमार मुखर्जी और अजय कुमार घोष सक्रिय कार्य करने के बारे में विचार कर रहे थे, परिणामस्वरूप गयाप्रसाद ने डॉक्टर बी.एस. निगम के नाम से फिरोजपुर में फार्मेसी खोल ली। यहाँ आनेवाले सदस्य रुका करते थे। यहाँ बम भी बनाया जाता था। अगस्त, 1928 में सुखदेव ने अमृतसर में किराए पर एक मकान ले लिया। आगे चलकर अमृतसर और फिरोजपुर में 'फार्मेसी' दल के लोगों के मिलने का स्थान बन गई।

अगस्त, 1928 के अन्त में विजयकुमार सिन्हा ने फणीन्द्रनाथ घोष को नई पार्टी में शामिल होने के लिए बुलाया जिसमें युक्त प्रान्त, बिहार, बंगाल और पंजाब के दलों को मिलाया जाना था। 8-9 सितम्बर, 1928 को दिल्ली के फिरोजशाह तुगलक किले में एक बैठक हुई, जिसमें इन दलों का विलय हुआ, सिवाय बंगाल के जिसने हिंसा पर असहमति व्यक्त की थी। सात लोगों की केन्द्रीय समिति गठित की गई सुखदेव, शिववर्मा और फणीन्द्रनाथ घोष को क्रमशः पंजाब, युक्त प्रान्त तथा बिहार का प्रभारी बनाया गया। चन्द्रशेखर आज़ाद जो वहाँ थे नहीं, को सैन्य विभाग का प्रमुख, कुन्दनलाल (विद्यार्थी) को झाँसी में प्रस्तावित केन्द्रीय कार्यालय का प्रमुख तथा भगतसिंह और बी.के. सिन्हा को सम्पर्क सूत्र स्थापित करने का प्रभार दिया गया था। दल के लिए चुना गया नया नाम 'हिन्दुस्तान सोशलिस्ट रिपब्लिकन आर्मी' था। दल के तात्कालिक प्रोग्रामों में काकोरी केस के श्री जोगेशचन्द्र चटर्जी और श्री एस.एन. सान्याल को जेलों से छुड़ाना तथा साइमन कमीशन पर हमला करना था। यह भी निश्चय किया गया कि बंगाल से बम बनानेवालों को लाकर दल के सदस्यों को यह कला सिखानी चाहिए। अन्य कई संकल्प पास हुए। जैसे काकोरी केस में अप्रूवरों की हत्या की जाए और फंड जमा करने के लिए मनी एक्शन किया जाए। इसी बैठक में दल के सदस्यों को नये छद्म नाम भी दिये गए।

इसके बाद एक महीना ऐसे ही दल के सदस्य लगातार घूमते रहे। भगतसिंह ने बेतिया में फणीन्द्रनाथ घोष से भेंट की जहाँ एक मनी एक्शन का प्रस्ताव था, किन्तु कोई निर्णय नहीं किया जा सका। तथापि भगतसिंह को कुछ रिवॉल्वर मिले जिन्हें उन्होंने आगरा भेजने का प्रबन्ध किया। नवम्बर-दिसम्बर, 1928 में लाहौर में विभिन्न बैठकों में

योजनाओं पर विचार किया गया। वहीं चन्द्रशेखर आज़ाद ने पिस्तौलों को खोलने-बाँधने के सम्बन्ध में विस्तृत दिशा-निर्देश दिया। आज़ाद ने पंजाब नेशनल बैंक लाहौर में मनी एक्शन की योजना की चर्चा की। लेकिन टैक्सी चलाने में एक सदस्य की अनभिज्ञता के कारण यह योजना पूरी नहीं हो सकी।

18 नवम्बर, 1928 को लाला लाजपत राय की मृत्यु पर दल ने प्रतिशोध में 17 दिसम्बर, 1928 को मिस्टर सांडर्स और हेड कांस्टेबल चानन सिंह की हत्या कर दी गई। "सांडर्स इज डेड, लाला जी इज़ अवेंज्ड" के पर्चे भगतसिंह की हैंडराइटिंग में लाहौर में जगह-जगह चिपकाए गए। इस माह के आखिर में भगतसिंह कलकत्ता गए, जहाँ उन्होंने बम के सम्बन्ध में पूछताछ की और कोई ऐसा व्यक्ति खोजने का प्रयास किया जो दल को बम बनाना सिखा सके। 14 फरवरी, 1929 तक दल के तमाम सदस्य आगरा में जमा हुए और जतिन्द्रनाथ दास के निर्देश में बम बनाना शुरू हुआ। जो सामग्री प्रयोग की जा रही थी, उसमें-पिकरिक एसिड, पोटैशियम क्लोरेट से अमोनियम पिकरेट बनाने का प्रयास किया जा रहा था, जो विफल रहा। फिर आगरा से लखनऊ जेल ट्रांसफर के समय जोगेशचन्द्र चटर्जी को छुड़ाने का प्रयास किया जाना तय हुआ। भगतसिंह व चन्द्रशेखर आज़ाद सहित सात सदस्य कानपुर गए, लेकिन यह समझकर की लॉकअप पर हमला बेहद मुश्किल होगा, यह विचार त्याग दिया गया। सुखदेव ने लाहौर जाकर कलकत्ता से मिले बम की खोलों की और प्रतियाँ बनवाईं। इन्हें भरा गया। आवागमन के खर्चे के कारण साइमन कमीशन पर हमले की योजना त्याग दी गई। इसकी जगह लेजिस्लेटिव असेम्बली में बम फेंकने की योजना बनी। एक बम झाँसी ले जाकर निर्जन स्थान पर चलाकर देखा गया। मार्च, 1929 में दल का मुख्यालय जब तक बदलकर सहारनपुर नहीं कर दिया गया, तब तक आगरा में बम बनाया जाता रहा।

इस दौरान सुखदेव और किशोरीलाल लाहौर में बम बनाने में व्यस्त रहे। 8 अप्रैल, 1929 को भगतसिंह और बटुकेश्वर दत्त ने लेजिस्लेटिव असेम्बली में बम फेंका। 12 जून, 1929 को दोनों को काला पानी की सजा दे दी गई। 15 अप्रैल, 1929 को लाहौर मुख्यालय पर छापा मारकर सुखदेव को गिरफ्तार किया गया। किशोरीलाल व जयगोपाल भी पकड़े गए। काफी सामग्री पकड़ी गई। 13 मई, 1929 को सहारनपुर मुख्यालय पर हमला बोलकर शिववर्मा तथा जयदेव कपूर को गिरफ्तार किया गया। दो दिन बाद वहीं गयाप्रसाद भी पकड़ लिये गए। शिवराम राजगुरु को 30 सितम्बर, 1929 को पूना में पकड़ा गया। इस प्रकार अलग-अलग स्थानों से कुल 24 लोग पकड़े गए। पाँच को माफी दी गई। तीन को छोड़ा गया और एक भूख हड़ताल में शहीद हुए। लम्बे ट्रायल के बाद स्पेशल ट्रिब्यूनल ने सर्वश्री सुखदेव, भगतसिंह और शिवराम राजगुरु को मौत की सजा दी। सात को काला पानी मिला, जबकि दो को कम समय की सजा दी गई। कैलाशपति, आज़ाद, यशपाल, भगवतीचरण और सदगुरु दयाल अवस्थी फरार रहे।

काकोरी अभियान क़े अप्रूवर बनारसीलाल जो अब शाहजहाँपुर में रह रहा था, को अगस्त, 1929 में रजिस्टर्ड डाक से भेजा बम मिला। कुछ दिन बाद आगरा में

शिवचरणलाल शर्मा को, जिस पर मुखबिर होने का शक था, बमवाला पार्सल मिला। इस सम्बन्ध में कोई पकड़ा नहीं जा सका। बाद में लाहौर केस के बयानों के दौरान पता चला कि यह योजना चन्द्रशेखर आज़ाद और उनके साथियों ने बनाई थी। मुख्य लीडरों के पंजाब व यू.पी. में पकड़े जाने से अभियान अत्यन्त क्षीण हो गया। कुछ सर्वोत्तम संगठनकर्ता हटा दिये गए। लेकिन दोनों प्रान्तों में क्रान्तिकारी ज्वाला व्यापक रूप से फैल चुकी थी। अभी भी घटनाक्रम को चालू रखने भर को उत्साही नेता, उनके समर्थक और आपूर्ति करनेवाले कार्यकर्ता बचे थे। सविनय अवज्ञा के कारण जनमानस में जो अस्थिरता उत्पन्न हुई थी और उत्तेजना फैली हुई थी, उसने क्रान्तिकारियों के पक्ष में काफी हवा दी। खासकर सरदार भगतसिंह राष्ट्रीय हीरो बने। उनके कृत्यों को राष्ट्रवादी प्रेस खुलेआम स्वर दे रहा था। जिससे उस समय के सबसे बड़े राजनीतिक चेहरे महात्मा गांधी से भगतसिंह की छवि होड़ ले रही थी। उन दिनों उनकी फोटो तमाम घरों में मिलती थी और प्लास्टर ऑफ पेरिस की आवक्ष छोटी मूर्तियों को बड़ा बाजार मिल गया था।

यशपाल जो दल से पहले से जुड़े थे, लेकिन अभी तक नेपथ्य में थे, अब भगवतीचरण के साथ आगे आए। इन दोनों क्रान्तिकारियों ने तय किया कि वायसराय की ट्रेन को उड़ा दिया जाए। उन्होंने ट्रेन की रेकी के लिए इन्द्रपाल को लगाया और हंसराज वायरलेस का पता किया। 23 दिसम्बर, 1929 को यह विस्फोट किया गया। किन्तु इस एक्शन में जीवन की कोई क्षति नहीं हुई। इस अवसर पर इसके बाद लाहौर शाखा की गतिविधियाँ भगतसिंह और उनके साथियों को बचाने की ओर उन्मुख हो गई। इसके लिए बहावलपुर रोड लाहौर में एक मकान लेकर मुख्यालय स्थापित किया गया। इसी बचाव अभियान के लिए परीक्षण करते समय श्री भगवतीचरण वोहरा शहीद हो गए और बहावलपुर रोडवाले घर में बम फटने से सभी इधर-उधर बिखर गए। हंसराज वायरलेस ने आतिशी चक्कर के अन्तर्गत 19 जून, 1930 को पंजाब के कई जिलों में बम लगाए। दल की लाहौर शाखा इसके बाद प्राय: शान्त रही।

10 जुलाई, 1929 को द्वितीय लाहौर षड्यंत्र केस का मामला शुरू हुआ। एच.एस. आर.ए. का मुख्यालय दिल्ली में बना दिया गया। यहाँ प्रमुख संचालक-चन्द्रशेखर आज़ाद, भगवतीचरण, यशपाल और कैलाशपति थे। 1929 की गर्मियों में ग्वालियर में बैठकें होने लगीं तथा वहाँ पिकरिक एसिड और गन काटन बनाया गया। नवम्बर, 1929 में कानपुर में एक बैठक करके यू.पी., दिल्ली और राजपूताना के लिए प्रान्तीय प्रतिनिधि नियुक्त किये गए तथा हावड़ा ग्रुप के क्रान्तिकारियों से समन्वय का प्रबन्ध किया गया। फरवरी, 1930 की बैठक में कानपुर में यशपाल को पंजाब का संगठनकर्ता नियुक्त किया गया। इसी बैठक में उन चार लोगों को समाप्त करने का निर्णय लिया गया जो दल के लिए विश्वासपूर्ण नहीं थे। लेकिन लाहौर शाखा इस योजना को पूर्ण नहीं कर पाई। अजमेर, जयपुर और झाँसी में स्थानीय केन्द्र स्थापित किये जाने का प्रस्ताव था। जनवरी, 1930 में शहीद भगवतीचरण ने 'बम का दर्शन' नाम से एच.एस.आर.ए. का घोषणापत्र (मेनिफेस्टो) जारी किया। आज़ाद ने इसे कानपुर के निकट के प्रेस में मुद्रित करवाने का काम किया। वहाँ से इन पर्चों को दिल्ली लाकर

25 जनवरी, 1930 को स्वतंत्रता दिवस पर वितरित किया गया। इसी समय भारी मात्रा में राइफलों, स्वचालित पिस्तौलों और 12 बोर की बन्दूकों के कारतूस एक साथी (जिसके पास लाइसेंस था), के माध्यम से दिल्ली के एक डीलर से खरीदा गया। पैसों की कमी के कारण जून, 1930 में दल ने मनी एक्शन करने का फैसला किया, पैसा लाहौर में बचाव के लिए चाहिए था।

इम्पीरियल बैंक से दिल्ली रेलवे क्लिरिंग अकांउट ऑफिस के वेतन ले जानेवाली लॉरी को लूटने की योजना बनी। लेकिन जुलाई 01, 1930 को शहर में हड़ताल होने के कारण भारी पुलिस गश्ती के कारण क्रान्तिकारियों ने इस एक्शन को रद्द कर दिया। पाँच दिन बाद आज़ाद, कैलाशपति, धन्वन्तरि, लेखराम और काशीराम ने दिल्ली शहर में गाडोदिया स्टोर पर सशस्त्र मनी एक्शन करके लगभग 14000 रु. प्राप्त किया और गली में फायर करते मोटरकार से निकल गए। इस एक्शन से प्राप्त धन को विभिन्न केन्द्रों को बाँटा गया। दिल्ली को मिले हिस्से से साबुन फैक्टरी के छद्‌म नाम से बम फैक्टरी की नींव डाली गई। अगले कुछ हफ्तों में वहाँ भारी मात्रा में विस्फोटक तैयार किया गया, अगस्त में लाहौर में हुई गिरफ्तारियों से डिस्टर्ब होकर दल के सदस्यों ने फैक्टरी को बन्द कर दिया। विस्फोटकों को अन्य घर में रख दिया गया। पुलिस ने इन्हें नवम्बर, 1930 में जब्त किया। विशेषज्ञ ने मूल्यांकन किया तो पता चला कि इनसे छह हजार बम बनाए जा सकते थे।

कैलाशपति अक्टूबर, 1930 में पकड़ा गया। उसने एक लम्बा बयान दिया। दिसम्बर में चाँदनी चौक में एक सिपाही को घायल करते हुए धन्वन्तरि भी पकड़े गए। इसके बाद अन्य गिरफ्तारियाँ भी हुईं। लम्बी विवेचना के बाद एक विशेष ट्रिब्यूनल के समक्ष, दिल्ली में षड्यंत्र केस लाया गया, जिसमें कैलाशपति अप्रूवर (इकबाली/सुलतानी गवाह) था। क्रान्तिकारियों की विलम्ब करने की टेक्निक के कारण, मुकदमा 7 माह तक खींचा, फिर केस को वापस ले लिया गया। 14 क्रान्तिकारियों में से दो को 1818 के रेगुलेशन 3 में जेल भेजा गया, चार को छोड़ दिया गया और आठ को विशेष जुर्म में सजा दी गई। आज़ाद, यशपाल व कुछ अन्य अभी भी फरार रहे। इन मामलों के कारण एच.एस.आर.ए. का मुख्य संगठन टूट गया। अधिक ऊर्जावान तथा कल्पनाशील नेता अब या तो जेल में थे, अंडर ट्रायल थे या छुपे हुए थे। धीरे-धीरे इन फरारों को घेरा गया और पूरा अभियान छोटी-छोटी स्थानीय घटनाओं तक सीमित रह गया। जब मुख्य समूह बड़े कस्बों यथा दिल्ली, अमृतसर, लाहौर में कार्यरत था, उसी समय अपेक्षाकृत छोटे समूह अन्यत्र कार्यरत थे।

4 अक्टूबर, 1930 को सी.आई.डी. लाहौर के स्पेशल एस.पी. खान बहादुर अब्दुल अजीज पर जानलेवा हमला किया गया। आठ रोज बाद लाहौर में एक पुलिस सार्जेंट के खुले दरवाजे से दो शॉट फायर किया गया। क्रान्तिकारियों का साहस किस कदर था, इसका प्रदर्शन श्री टहल सिंह और श्री बशेसर ने 4 नवम्बर, 1930 में जो मुकाबला किया उससे तथा 1 दिसम्बर, 1930 को कानपुर में श्री सालिगराम के संघर्ष और शहादत से समझा जा सकता है। 23 दिसम्बर, 1930 को मरदान के हरिकृष्ण ने लाहौर विश्वविद्यालय के दीक्षान्त में राज्यपाल पर हमला किया। वहाँ एक

ए.एस.आई. चानन सिंह गोली लगने से मारा गया। कानपुर में 2 जनवरी, 1931 को अशोक कुमार बोस ने सी.आई.डी. के एक इंस्पेक्टर को मारने का प्रयास किया, पर गोली चली नहीं। 27 फरवरी, 1931 को सुबह इलाहाबाद के अल्फ्रेड पार्क में सेनापति चन्द्रशेखर आज़ाद ने वीरतापूर्ण संघर्ष में अपना जीवन देश के लिए न्योछावर कर दिया। आज़ाद के हट जाने से एच.एस.आर.ए. के मुख्य दल का विघटन हो गया और इसके सदस्य बिखर गए जिससे अन्तर्प्रान्तीय जुड़ाव बढ़ गया। सबसे अधिक सक्रिय कानपुर शाखा का सम्पर्क पंजाब, दिल्ली, बिहार, बंगाल, ग्वालियर, बॉम्बे और कराची से स्थापित होने का प्रमाण मिलता है। इसी समय युक्त प्रान्त के क्रान्तिकारी सर्किल में साम्यवादी विचारों ने प्रवेश करना शुरू किया।

6 जून, 1931 को कानपुर में एक कांस्टेबल ने गाडोदिया स्टोर्स मनी एक्शन केस में फरार काशीराम को पकड़ा। उस पर काशीराम के तीन साथियों ने हमला किया और उन्हें बचाकर ले गए। कांस्टेबल घायल हो गया। हंसराज और राजेन्द्र प्रसाद निगम को गिरफ्तार कर दोषसिद्ध किया गया, और अन्ततः काशीराम को 7 सालों का सश्रम कारावास दिया गया। 18 जुलाई, 1931 को वीरभद्र तिवारी पर दो अनजान लोगों ने तीन गोली दागी, लेकिन वह बच गया। क्रान्तिकारियों के समूह में वीरभद्र तिवारी पर पुलिस को चन्द्रशेखर आज़ाद की सूचना देने का सन्देह था। 24 नवम्बर, 1931 को वीरभद्र तिवारी पर उरई में दुबारा जानलेवा हमला किया गया। इसमें रमेशचन्द्र को 10 साल की सश्रम कारावास हुई। बम बनाने या बम फेंकने को लेकर 163 लोगों को आरोपित किया गया। इनमें से 46 लोगों को सजा दी गई।

चन्द्रशेखर आज़ाद की मृत्यु के बाद भंग हुई एच.एस.आर.ए. पार्टी को पुनः खड़ा किया जा रहा था। इसके लिए दिसम्बर, 1931 में मेरठ में एक बैठक की गई। युक्त प्रान्त, दिल्ली, पंजाब और बंगाल शाखाओं के प्रतिनिधि इसमें शामिल हुए। जनवरी, 1932 में 25 तारीख को स्वतंत्रता दिवस पर पूरे उत्तरी भारत में दल के अस्तित्व को प्रचारित करने के लिए और नये रंगरूटों को आकृष्ट करने के लिए पर्चा वितरित किया गया, हालाँकि इसकी कुछ ही कॉपियाँ दिल्ली और पंजाब पहुँचीं। 22-23 जनवरी, 1932 को यशपाल को मिसेज जफर अली उर्फ सावित्री देवी के घर से गिरफ्तार किया गया। उन्हें सात साल का सश्रम कारावास दिया गया। इस गिरफ्तारी ने क्रान्तिकारी दल के केन्द्रीय निकाय की गतिविधियों को गम्भीर रूप से रोक दिया। दूसरे प्रमुख नेता दरियाव सिंह की मेरठ में गिरफ्तारी से दूसरी चोट पड़ी।

कानपुर में पांडेय बन्धुओं (सुरेन्द्र और वीरेन्द्र) ने एक खतरनाक संगठन बना लिया था, लेकिन इन नेताओं के विरुद्ध 110(8) सी.आर.पी.सी. की कार्यवाही के कारण खुली गतिविधियों तथा दुष्प्रचार का स्थान गुरिल्ला युद्ध और गुप्त योजनाओं ने ले लिया। 27 मई, 1932 को कानपुर में एक घर की तलाशी में दो बम के खोल (एक पर एस.एस.आर.ए. खुदा था), गोलियाँ, तेजाब और क्रान्तिकारी साहित्य पकड़ा गया। यह स्टॉक आज़ाद की आर्मरी तथा बारूदखाने के अवशेष थे। 12 अगस्त, 1932 को प्राप्त सूचना पर पुलिस ने कानपुर में कई घरों पर धावा बोला और राजेन्द्र प्रसाद निगम को पकड़ा गया, जो फरार थे और पता चला था कि दिल्ली और युक्त प्रान्त में

एच.एस.आर.ए. के नेताओं के सम्पर्क में थे। दूसरे घर में हलधर वाजपेयी ने प्रतिरोध किया। 5-6 गोलियाँ दागीं। इस घर से दो रिवॉल्वर और कारतूस मिले, अन्य हथियार व गोली-बारूद मिला, एच.एस.आर.ए. के पर्चे बड़ी मात्रा में मिले।

जनवरी, 1933 में प्रभात चक्रवर्ती कलकत्ता में पकड़े गए। उनके पास से मिले गुप्त भाषा में लिखे पत्र से—इलाहाबाद, बनारस, बुलन्दशहर, शाहजहाँपुर और पंजाब से उनके कनेक्शन का पता चला। इन सभी स्थानों पर तलाशी ली गई, मगर सफलता सिर्फ इलाहाबाद में मिली जहाँ से मिले दस्तावेजों से इस बात का खुलासा हुआ कि बंगाल समूह के निर्देश में युक्त प्रान्त में क्रान्तिकारी प्रोपेगैंडा के लिए संगठन मौजूद है। 1933 में युक्त प्रान्त में दंगे बढ़े मगर वे स्थानीय प्रकृति के थे। 25 फरवरी, 1933 को नन्दकिशोर निगम पकड़े गए जो दिल्ली षड्यंत्र केस में फरार थे। उन्हें कानपुर में गिरफ्तार किया गया। उनके पास गैर लाइसेंसी रिवॉल्वर मिला, जिस पर उन्हें दो साल का सश्रम कारावास दिया गया। 15 मार्च को गया में लूट और षड्यंत्र मामले में फरार विश्वनाथ बनारस में भरे पिस्तौल के साथ पकड़े गए। इसी के बाद अचानक क्रान्तिकारी एक्शनों में कमी आ गई। लेकिन साल भर पुलिस बम और हथियार पकड़ती रही। हंसराज सियालकोट में वांछित थे। उन्हें मुजफ्फरनगर में 17 अप्रैल, 1933 को पकड़ा गया। इस तरह 1933 के मध्य तक पंजाब सरकार कह सकती थी कि जुलाई, 1932 के स्पेशल पावर आर्डिनेंस, नवम्बर, 1932 के पंजाब क्रिमिनल लॉ (अमेंडमेंट एक्ट) के चलते क्रान्तिकारी गतिविधियाँ निश्चित तौर पर नियंत्रण में थीं। तब तक पंजाब सी.आई.डी. की सूची में 3000 नाम इंडेक्स (सूचीबद्ध) किये गए थे। इनमें से ज्यादातर शक्तिशाली संगठनकर्ता थे।

युक्त प्रान्त में 24 नवम्बर, 1933 को प्रभात चक्रवर्ती से सम्बन्धित अन्तर्प्रान्तीय संगठनकर्ता 'सीतानाथ डे' बनारस से गिरफ्तार हुए। गिरफ्तारी के बाद की विवेचना से यह खुलासा हुआ कि इस बंगाल पार्टी की कोई गहरी जड़ें युक्त प्रान्त में नहीं हैं। यह स्वीकार किया गया कि जिलों में कई सहानुभूति रखनेवाले हैं। लेकिन बनारस को छोड़कर यह संगठन कहीं और दृढ़ता से जमा नहीं था। बनारस में भी यह नियंत्रण में था। बनारस और खासकर हिन्दू विश्वविद्यालय राजद्रोहात्मक प्रोपेगैंडा के लिए संचालन केन्द्र तथा सभी प्रान्तों के क्रान्तिकारियों की शरणस्थली का काम कर रहा था। यद्यपि पंजाब शान्त था, पर युक्त प्रान्त में तमाम छोटे-छोटे केस हुए। लेकिन उनमें से कोई भी न्यायालय नहीं भेजा गया। आगे संकेत मिल रहे थे कि साम्यवादी विधि इस्तेमाल की जा रही है। क्रान्तिकारियों की वैयक्तिक एक्शन की योजना का स्थान जनकार्य ले रहे थे। जनवरी, 1935 में सीतानाथ डे की पार्टी के बनारस के नेता को बंगाल पुलिस ने इलाहाबाद में पकड़ा। 11 जनवरी, 1935 को बाँदा के देशराज सिंह को रिवॉल्वर के 25 कारतूसों के साथ बनारस से पकड़ा गया। देशराज से मिली नोटबुक से पार्टी के 67 सदस्यों का पता चला। केशवप्रसाद शर्मा सीतानाथ डे के दल के प्रमुख संगठनकर्ता थे। उन्हें दिसम्बर, 1935 में इलाहाबाद से पकड़ा गया। सीतानाथ डे की अनुशीलन पार्टी के शम्भुनाथ ग्रुप के एक सदस्य राजेन्द्र नारायण शर्मा लखनऊ में मई, 1935 में पकड़े गए। वे पंजाब से फरार थे।

1936 में युक्त प्रान्त, पंजाब और दिल्ली में क्रान्तिकारी घटनाओं का कोई खुला केस नहीं हुआ। सिवाय युक्त प्रान्त में समय-समय पर क्रान्तिकारी पर्चों के दिखाई देने के। इन पर्चों में स्पष्ट कम्युनिस्ट रुझान था। जिनमें व्यक्तिगत क्रान्तिकारी गतिविधियों के स्थान पर मॉस रिवोल्यूशन को व्यक्त किया गया होता था।

इस प्रकार हम पाते हैं कि 1923 से 1931 तक श्री चन्द्रशेखर आज़ाद विभिन्न क्रान्तिकारी दलों का हिस्सा बनकर देश को आज़ाद कराने का अथक प्रयास करते रहे। लेकिन वे कौन थे, कहाँ से आये थे, किस तरह क्रान्तिकारी बने, कैसे क्रान्ति का संचालन करते रहे? आदि प्रश्नों पर धुंध-सी बनी है। आगे के अध्यायों में जन्म से वीरगति प्राप्त करने तक के उनके जीवन पर प्रकाश डालने का प्रयास किया जा रहा है।

पूर्वज

भारतीय स्वतंत्रता संग्राम के नक्षत्र मंडल में चन्द्रशेखर आज़ाद की उपस्थिति 'उल्का पिंड' की तरह है, वो जब तक रहे सबको विस्मित, अचम्भित और आलोकित करते रहे। लेकिन कहाँ से आए, कैसे आए, कहाँ रहे, कहाँ गए? यह पूरी तरह शायद किसी को भी पता नहीं चला। 27 फरवरी, 1931, को कम्पनी बाग में शहादत के समय श्री विश्वनाथ वैशम्पायन, श्री भगवानदास माहौर, श्री सदाशिव मलकापुरकर, श्री रामसिंह और श्री रुद्रनारायण के अलावा सिर्फ दो लोगों को ही इस बात का ज्ञान था कि चन्द्रशेखर आज़ाद के माता-पिता भी हैं और वे गुजरात की सीमा पर सुदूर जंगलों में स्थित एक गुमनाम से गाँव 'भाबरा' में रहते हैं। इन दो व्यक्तियों में पहले श्री शिवविनायक मिश्र थे, जिन्होंने असहयोग के दिनों में चन्द्रशेखर आज़ाद की काफी सहायता की थी। साथ ही शहादत के पश्चात उनके पार्थिव शरीर का दाह-संस्कार किया था और दूसरे श्री मनोहरलाल त्रिवेदी थे, जो भाबरा में आज़ाद के माता-पिता के निकट रहते थे और गाहे-बगाहे उनकी देखभाल किया करते थे। 19-20वीं सदी में सर्वशक्तिमान समझी जानेवाली ब्रिटिश हुकूमत और उसके अभिसूचना तंत्र को श्री आज़ाद के मूल निवास अथवा माता-पिता की भनक तक नहीं थी।

आज़ाद के अनन्य सखा रहे क्रान्तिकारी श्री विश्वनाथ वैशम्पायन 'अमर शहीद आज़ाद के संस्मरण' में लिखते हैं—"व्यक्ति का जीवन उसके मरने के बाद एक कहानी बन जाता है, परन्तु उस कहानी का सूत्रपात होता है व्यक्ति के जन्म के साथ। उसके जीवन प्रवाह के साथ कहानी की घटनाएँ प्रस्फुटित होकर बिखरती जाती हैं और जब मानव समाज उनसे प्रभावित होकर उन घटनाओं को जानने के लिए उत्सुक हो जाता है तो कहानीकार उन बिखरी घटनाओं को सँजोकर उन्हें सूत्रबद्ध कर कहानी का रूप देता है। ऐसी कहानी की घटनाएँ जब बरसों बिखरी पड़ी रहती हैं, तो उनमें अनेक क्षेपक जुड़ जाते हैं और तब इतिहासकार अनुसन्धान कर इन क्षेपकों को निकालकर वास्तविक घटनाओं को सूत्रबद्ध कर व्यक्ति या समय के वास्तविक इतिहास का निर्माण करता है। क्रान्तिकारियों के इतिहास में यह क्षेपक जोड़ने की कला बहुतों ने अपनाई। विशेषकर शहीद श्री चन्द्रशेखर आज़ाद के विषय में। बहुत से लोग उन्हें किसी जासूसी उपन्यास के काल्पनिक रहस्यात्मक अति साहसी हीरो के रूप में प्रस्तुत करते हैं। देश की स्वतंत्रता के पश्चात अनेक लोगों ने अपने आप को श्री आज़ाद का साथी बताया। ऐसे लोग भी हैं जो आज यह घोषणा करते हैं कि उन्होंने आज़ाद को चन्दू कहकर पुकारा था और उससे पूछा था कि वह बड़ा होकर क्या बनेगा? इस गपबाजी की हद

तो तब हुई जब बम्बई में यह हवा चली कि आज़ाद विवाहित थे और उनकी धर्मपत्नी जीवित हैं तथा बम्बई में रहती हैं।"[1]

चन्द्रशेखर आज़ाद के साथ जिन क्षेपकों के जुड़ने का उल्लेख विश्वस्त साथियों में से एक रहे श्री वैशम्पायन ने किया, वह एक बानगी है। श्री आज़ाद के जीवन के हर पहलू से कोई न कोई मिथक जुड़ गया है। इन मिथकों के ढेर से सत्य को खोजे बिना आज़ाद के वास्तविक जीवन चरित्र को उद्घाटित नहीं किया जा सकता। ऐसा ही एक मिथक चन्द्रशेखर आज़ाद के पूर्वजों के सम्बन्ध में है। उनके पूर्वज कौन थे? कहाँ के रहनेवाले थे? कहाँ रहते थे? और आज़ाद की शहादत के समय उनके कौन से रक्त सम्बन्धी जीवित थे? कहाँ-कहाँ रहते थे? ऐसे प्रश्न हैं जिन पर व्यवस्थित ढंग से शोध कार्य नहीं हुआ है। गुप्त संगठन के सेनापति होने के नाते न तो ऐसे प्रश्न पूछे जाते थे और न गोपनीयता नियम के कारण ऐसे प्रश्नों का जवाब दिया जाता था। एक बार सरदार भगतसिंह ने चन्द्रशेखर आज़ाद से उनके घर-परिवार के सम्बन्ध में पूछ लिया तो वे बेहद नाराज हुए और गोपनीयता नियम का हवाला देकर कुछ भी बताने से साफ इनकार कर दिया था। लेकिन न तो अपने माता-पिता से आज़ाद विमुख थे और न ही हर किसी से उनके बारे में छुपा रखा था।

चन्द्रशेखर आज़ाद का नाम उनकी शहादत के पूर्व सिर्फ तीन जगहों पर दिखता है—अभिसूचना यानी सी.आई.डी. की रिपोर्टों में, काकोरी व लाहौर केस की फाइलों में तथा तत्कालीन अखबारों में छपनेवाली गवाहियों में। लेकिन इनमें से किसी में भी आज़ाद के पूर्वजों के बारे में सटीक जानकारी नहीं मिलती। अभिसूचना के फाइल में लिखा है—"दिवंगत चन्द्रशेखर आज़ाद के जन्म-स्थान, माता-पिता, आरम्भिक शिक्षा और शुरुआती जीवन के बारे में कोई विश्वसनीय जानकारी नहीं है। 1 जून, 1922 को क्रिमिनल लॉ अमेंडमेंट एक्ट की धारा 17 के अन्तर्गत दोष सिद्धि के समय उन्होंने स्वयं को चन्द्रशेखर उर्फ आज़ाद पुत्र शिवअनन्त शर्मा, ब्राह्मण, निवासी-ज्ञानवापी, थाना-चौक, वाराणसी बताया था। घोषित मफरूर (फरार) रजिस्टर में उनके पिता का नाम बैजनाथ उर्फ सीताराम, ब्राह्मण, निवासी-बैजनाथ टोला, थाना-भेलूपुर, वाराणसी दर्ज है। यह बताया गया है कि जिला उन्नाव में अन्त बीघापुर के रहनेवाले थे जहाँ से उनके माता-पिता वाराणसी आ गए। यह भी अफवाह थी कि वे मूलतः ग्राम-ईंटगाँव, थाना-काकोरी, जिला-लखनऊ के रहनेवाले थे। लेकिन जो निश्चित रूप से ज्ञात है 'हिन्दुस्तान सोशलिस्ट रिपब्लिकन आर्मी' के नेता के रूप में ख्याति पाने के पूर्व बहुत थोड़े समय के लिए वाराणसी में रहे थे। ऐसी जानकारी है कि उन्होंने संस्कृत छात्र समिति, वाराणसी में अध्ययन किया है।"[2] किसी भी समकालीन अखबार या पत्रिका में चन्द्रशेखर आज़ाद के माता-पिता या पूर्वजों के बारे में स्पष्ट जानकारी नहीं है। कैलाशपति ने अपने बयान में जिक्र किया है कि "आज़ाद के माता-पिता अभी जीवित हैं, वह साल में दो या तीन बार उनसे मिलते हैं। कानपुर में एक व्यक्ति है जो उनके सगे चचेरे भाई के सम्पर्क में रहता है और आज़ाद अपने चचेरे भाई के माध्यम से अपने माँ-बाप की सहायता करते हैं। उनके माता-पिता का पता भुसावल विस्फोट केस में दोषसिद्ध सदाशिवराव को है।"[3]

यहाँ यह भी उल्लेखनीय है कि 27 फरवरी, 1931 को अल्फ्रेड पार्क में शहादत के दिन तक बाहरी दुनिया में किसी को यह पता नहीं था कि श्री आज़ाद के माता-पिता हैं और हैं तो कहाँ हैं? अत: अन्त्येष्टि के लिए श्रीमती कमला नेहरू ने पं. श्री शिवविनायक मिश्र को सूचना कराई थी। क्रान्तिकारी दल में जिन पाँच लोगों को श्री आज़ाद के माता-पिता के निवास-स्थान की जानकारी थी उनमें से तीन जेल में थे। श्री भगवानदास माहौर और श्री सदाशिव मलकापुरकर भुसावल विस्फोट केस में बन्द थे, जबकि श्री विश्वनाथ वैशम्पायन शहादत के मात्र 16 दिन पूर्व पकड़े गए थे। कांग्रेस के नेता श्री रामसिंह तथा मास्टर रुद्रनारायण बाहर थे।

चन्द्रशेखर आज़ाद पर सरकारी रिपोर्टों व गवाहियों के इतर पहली स्वतंत्र जीवनी श्री बलदेव शर्मा ने मई, 1931 में लिखी जो 1933 में जब्त कर ली गई। तत्पश्चात पं. जवाहरलाल नेहरू ने अपनी आत्मकथा में लिखा था, जो सन् 1936 में पहली बार प्रकाशित हुई थी। किन्तु इन दोनों स्रोतों में आज़ाद के माता-पिता अथवा पूर्वजों के बारे में कोई जानकारी नहीं मिलती। फरवरी, 1939 में श्री यशपाल ने अपनी पत्रिका 'विप्लव' का 'आज़ाद अंक' निकाला। इसमें 'आज़ाद की विचारधारा' नाम से उन्होंने सम्पादकीय टिप्पणी लिखी। इसके अतिरिक्त इस अंक में आज़ाद के करीब दस अन्य साथियों के संस्मरणात्मक आलेख हैं। श्री वी.पी. ने 'आज़ाद क्या थे?' शीर्षक लेख लिखा। डॉक्टर प्रकाश पाल ने 'मोटे भैया', श्री करील ने 'आज़ाद के प्रति' नाम से कविता लिखी। कामरेड काशीराम ने 'सेनापति आज़ाद', श्री सुखदेवराज महेन्द्रा ने 'चन्द्रशेखर आज़ाद की विचारधारा', कामरेड श्री मन्मथनाथ गुप्त ने 'बमवाद और आज़ाद' शीर्षक से लेख लिखे। श्री जय ने 'आज़ाद और उनकी पार्टी', किसी अज्ञात व्यक्ति ने 'वे आज़ाद थे' लेख लिखा। डॉ. सी.डी. लाल ने 'कुछ सुखद स्मृतियाँ' नाम से अपना संस्मरण लिखा। कामरेड श्री रामकृष्ण खत्री ने 'हम मिले' में आज़ाद का जिक्र किया। अन्त में 'सिंहावलोकन' नामक लेख में श्री यशपाल ने भी संस्मरणात्मक रेखाचित्र दिया है। स्मरणीय है कि उस समय तक 'सिंहावलोकन' स्वतंत्र पुस्तक के रूप में प्रकाशित नहीं हुई थी। इन लेखकों में कई के नाम छद्म हैं। चूँकि इस समय अंग्रेजों का शासन था, और जिन साथियों का नाम मुखबिरों ने पुलिस में उजागर नहीं किया था, उन्होंने छद्म नाम से ही लिखा। इन समस्त लेखों में या कहें 'विप्लव' के सम्पूर्ण आज़ाद अंक के सिर्फ एक लेख 'सेनापति आज़ाद' में श्री आज़ाद के माता-पिता का उल्लेख हुआ है। कामरेड काशीराम लिखते हैं—"पार्टी के सिवा उनका और कुछ नहीं था। जहाँ से जो कुछ भी मिला सब पार्टी के काम में खर्च कर दिया। एक दफा लगभग 2000 रुपये वृद्ध माता-पिता की सहायता के लिए उन्हें दिया गया था। शाम को डेरे पर आने पर उन्होंने कहा कि दोनों बुड्ढों को तो एक-एक गोली काफी है और यह रुपया तो पार्टी के काम में खर्च होगा।"[4]

'विप्लव' मासिक पत्रिका के नवम्बर, 1939 अंक में श्री वी.जी. वैशम्पायन ने एक लेख 'आज़ाद की माँ' नाम से प्रकाशित कराया। चार पृष्ठों में फैले इस लेख में श्री वैशम्पायन ने आज़ाद के घर और परिवार का आँखों देखा विवरण प्रस्तुत किया। वे मार्च, 1939 में जेल से छूटे थे। आज़ाद से किये गए वायदे के क्रम में उन्होंने 'भाबरा'

की यात्रा की। उनके पूर्व मास्टर रुद्रनारायण, श्री सदाशिव मलकापुरकर और श्री रामसिंह आज़ाद के जीवनकाल में भाबरा आ चुके थे। सदाशिव तो स्वयं आज़ाद के साथ उस गाँव में आकर उनके माता-पिता से मिलकर गए थे। किन्तु नवम्बर, 1939 तक इनमें से किसी का भी संस्मरण सामने नहीं आ सका था। श्री वैशम्पायन ने आज़ाद के गाँव और झोंपड़ी का न केवल जीवन्त शब्दचित्र उकेरा है अपितु पत्रिका के आरम्भ में आज़ाद की माँ और उनकी बाँस की टूटी-फूटी झोंपड़ी का छायाचित्र भी दिया है। श्री वैशम्पायन के अनुसार—"20वीं सदी के आरम्भ में श्री चन्द्रशेखर आज़ाद के पिता यहाँ आकर बसे थे। इनकी दो ही सन्तानें थीं। श्री आज़ाद के बड़े भाई सुखदेव उनके जीवित रहते ही काल का ग्रास हो चुके थे।"[5] यद्यपि इस लेख में आज़ाद के पिता का कोई उल्लेख नहीं दिया गया है, किन्तु श्री वैशम्पायन ने बाद में जो जीवनी लिखी है उसमें उल्लेख किया है कि आज़ाद के पिता पंडित सीताराम तिवारी इस यात्रा के कुछ माह पूर्व दिवंगत हो गए थे।

उस समय किसी को ज्ञात नहीं था कि आज़ाद के माता-पिता कहाँ से आकर 'भाबरा' में बसे थे। आज़ाद के निवास या पुरखों के स्थान के रूप में अभिसूचना की फाइलों में कहीं भी 'बदरका' का उल्लेख नहीं मिलता। स्वतंत्रता पूर्व एकमात्र श्री रामदुलारे त्रिवेदी ने अपनी पुस्तक 'काकोरी कांड के दिलजले' में आज़ाद के पुरखों का निवास स्थान कानपुर लिखा था। श्री त्रिवेदी स्वयं काकोरी केस के सजायाफ्ता थे। यह पुस्तक पहली बार 1939 में छपी थी। इसमें काकोरी केस का इतिहास और 20 क्रान्तिकारियों की जीवन कथाएँ दी गई थीं। बाद में श्री वचनेश त्रिपाठी ने सन् 2002 में अपने सम्पादन में इसे 'लोकहित प्रकाशन' लखनऊ से प्रकाशित करवाया। चूँकि प्रथम संस्करण अनुपलब्ध है, अत: नहीं कहा जा सकता कि मूल पुस्तक में क्या था? किन्तु वर्तमान संस्करण में 'क्रान्ति सेनापति चन्द्रशेखर आज़ाद' नाम से जो लेख दिया गया है, उसमें आज़ाद के पुरखों के निवास-स्थान पर किंचित प्रकाश डाला गया है। श्री त्रिवेदी लिखते हैं—"कानपुर से झाँसी जानेवाली सड़क पर कानपुर शहर से कुछ मील दूर स्थित 'भौती' नामक ग्राम में सीताराम तिवारी ने जन्म लिया था। श्री चन्द्रशेखर आज़ाद के यही पिता कुछ दिनों के बाद अपनी ससुराल के ग्राम सरौंसी सिकन्दरपुर, जिला उन्नाव में आ बसे।"[6]

इस लेख में पहली बार 'भौती' का उल्लेख हुआ है। श्री वैशम्पायन ने आज़ाद की जीवनी में 1965 में लिखा—"आज़ाद के पितामह उत्तर प्रदेश में जिला कानपुर के रहनेवाले थे। आज़ाद के पिता पंडित श्री सीताराम तिवारी ने अपना बाल्यकाल तथा यौवन के कुछ वर्ष बदरका में बिताए।"[7] इनके अलावा मासिक पत्रिका 'नर्मदा' के 'आज़ाद अंक' के कुछ लेखों में भी चन्द्रशेखर आज़ाद के पूर्वजों के बारे में अनेक चीजें मिलती हैं। यह विशेषांक श्री बनारसीदास चतुर्वेदी के सम्पादन में सन् 1964 के अप्रैल में निकला था। नर्मदा के आज़ाद अंक में एक लेख श्री मनोहरलाल त्रिवेदी जी का है। 'अमर शहीद श्री चन्द्रशेखर आज़ाद के संस्मरण' शीर्षक वाले इस लेख को आज़ाद के पुरखों एवं माता-पिता के सम्बन्ध में प्रमाणित लेख माना जा सकता है। श्री मनोहरलाल बदरका के रहनेवाले थे। सन् 1913 में भाबरा में आकर बसे थे। आज़ाद के परिवार

से उनके रक्त सम्बन्ध का पता तो नहीं चलता परन्तु वे इस परिवार के अत्यन्त करीबी थे। बचपन में आज़ाद और उनके बड़े भाई सुखदेव को पढ़ाया था। राजस्व विभाग में आज़ाद को नौकरी दिलाई थी। गुप्त दल में शामिल होने के बाद आज़ाद इन्हीं के माध्यम से माता-पिता का हाल पता करते थे। इनके साथ आज़ाद का पत्राचार होता था। सदाशिव मलकापुरकर के साथ जब आज़ाद भाबरा आए तो उन्हें स्टेशन पर लेने भी मनोहरलाल त्रिवेदी आए थे। वे लोग श्री त्रिवेदी के घर ही रुके। आज़ाद के पिताजी की अन्त्येष्टि भी श्री मनोहरलाल ने ही की थी और माता की आँख का ऑपरेशन भी कराया था। चूँकि त्रिवेदी जी आज़ाद व उनके परिवार से इतने गहरे जुड़े थे, ऐसे में उनके द्वारा दी गई सूचना पर विश्वास न करने का कोई कारण नहीं जान पड़ता। सम्भव है कि श्री वैशम्पायन ने अपने संस्मरण में श्री मनोहरलाल त्रिवेदी के ही शब्द उधार लिए हों। श्री त्रिवेदी जी ने लिखा है—"आज़ाद के पितामह तो मूलतः कानपुर जिले के निवासी थे। परन्तु श्री आज़ाद के पिता स्वर्गीय सीताराम जी तिवारी की बाल्यावस्था मौजा बदरका जिला उन्नाव में व्यतीत हुई।"[8]

इस सम्बन्ध में और ज्यादा स्पष्ट सूचना पं. शिवविनायक मिश्र 'वैद्य' के लेख से मिलती है। पं. श्री शिवविनायक उस समय बनारस में कांग्रेस कमेटी के अध्यक्ष होने के नाते काफी प्रसिद्ध थे। कांग्रेस में काम करते समय चन्द्रशेखर आज़ाद निश्चित रूप से इनके सम्पर्क में थे। दैनिक 'आज' की तत्कालीन प्रतियों में पं. शिवविनायक मिश्र का नाम बहुलता से मिलता है। 'द लीडर' में आज़ाद की शहादत की लम्बी-चौड़ी खबर में पं. शिवविनायक का नाम आया है। हालाँकि वहाँ नाम में थोड़ी त्रुटि है। द लीडर ने 'शिवोनायक' शब्द लिखा है। कुछ लोगों का दावा है कि श्री शिवविनायक मिश्र आज़ाद के दूर के रिश्ते में भी आते थे। हालाँकि श्री मन्मथनाथ गुप्त ने अपनी पुस्तक में ऐसे किसी भी सम्बन्ध का स्पष्ट खंडन किया है। श्री शिवविनायक की सूचना को विश्वसनीय माना जा सकता है। उन्होंने अपने लेख में लिखा है—"श्री चन्द्रशेखर आज़ाद के पूर्वज कानपुर जिले के राउत मसवानपुर के निकट भौती ग्राम के निवासी कान्यकुब्ज ब्राह्मण तिवारी वंश के थे। श्री देवकीनन्दन मिश्र बदरका वालों की बुआ गोविन्दा भौती ग्राम में तिवारियों के यहाँ ब्याही थीं। श्रीमती गोविन्दा देवी जी की कोख से श्री सीताराम तिवारी जी का जन्म हुआ। कुछ दिनों के बाद श्री गोविन्दा जी का स्वर्गवास हो गया।"[9]

श्री रामदुलारे त्रिवेदी, मनोहरलाल त्रिवेदी और पं. शिवविनायक मिश्र के 'संस्मरणों' से स्पष्ट है कि आज़ाद के पुरखे कानपुर में 'भौती' ग्राम के रहनेवाले थे। लेकिन किसी ने भी श्री आज़ाद के दादा अथवा परदादा का उल्लेख नहीं किया है। कितना विडम्बनापूर्ण है कि हजारों साल प्राचीन वंशावलियाँ रखनेवाला देश एक क्रान्तिकारी सपूत की दो पीढ़ियों की वंशावली भी संरक्षित नहीं रख सका। भौती में आज भी 'तिवारी' कुल के लोग रहते हैं। ऐसे में जिज्ञासा उठना स्वाभाविक था कि आज़ाद की वंशवेलि वर्तमान परिवारों में से किससे जुड़ी थी? इसी जिज्ञासा से प्रेरित होकर स्वर्गीय विकास वाजपेयी ने जनवरी, 1973 से इस दिशा में साक्ष्य जुटाना शुरू किया। अपने इस प्रयास और परिणाम का उन्होंने अपने लेख 'आज़ाद और भौती' में तफसील से बयान किया है। इस खोज

के क्रम में श्री वाजपेयी ने भौती के अनेक बुजुर्ग लोगों से वार्ता की। इनमें सबसे पुराने कांग्रेसी नेता डॉक्टर श्री मोतीसिंह थे, जिनका जन्म 1873 के आसपास का था। उन्होंने अपने बयान में बताया कि श्री चन्द्रशेखर आज़ाद के पिता श्री सीताराम तिवारी ग्राम भौती प्रतापपुर के रहनेवाले थे और 'दमा' के तिवारी थे। दूसरे सर्वाधिक बुजुर्ग व्यक्ति वासुदेव गुप्त दादू थे। जिनका जन्म 1888 के आसपास का था। उनके अनुसार एक सीताराम तिवारी थे। उनके एक लड़की थी, शादी हो गई थी। फिर वे गाँव छोड़कर चले गए। वापस नहीं आए। गाँव के तीसरे बुजुर्ग श्री गंगाविष्णु तिवारी उर्फ लल्लू तिवारी का जन्म 1896 के करीब हुआ होगा। उन्होंने खुद को उसी कुल का बताते हुए सर्वाधिक सटीक सूचना दी। बकौल श्री लल्लू तिवारी—"श्री सीताराम की एक शादी हुई थी, जिससे दो कन्याएँ थीं। वह दोनों शादी के कुछ दिन बाद मर गईं। श्री सीताराम की शादी पिपरा में पाँड़े लोगों के यहाँ हुई थी। फिर वे गाँव छोड़ गए। हम लोगों की जानकारी में वे यहाँ से कलकत्ता गए थे, फिर मालूम पड़ा मध्य प्रदेश में कहीं नौकरी करते हैं और उनके एक लड़का है। कुछ दिनों तक तो पता रहा। फिर आना-जाना बन्द हो जाने के कारण वे कहाँ बसे, कहाँ गए, कहाँ रहे, क्या किया, हम नहीं जानते। इस गाँव भौती में हम लोगों का एक मोहल्ला तिवारी टोला है, जिसमें दमा के तिवारियों के घर हैं, इन्हीं घरों में श्री सीताराम तिवारी का भी घर था, जो खँडहर पड़ा है। श्री सीताराम तिवारी के पिता का नाम 'श्री मैकूलाल तिवारी' था। श्री वाजपेयी लिखते हैं कि—"मैंने उस खँडहर को देखा। उस भूमि का थोड़ा भाग छोड़कर उन्हीं के खानदानी भतीजों ने मकान बना लिया है।" इसी तरह भौती के एक अन्य बुजुर्ग श्रीनिवास गुप्त ने, जिनकी पैदाइश 1898 की रही होगी, बताया कि "सीताराम तिवारी थे, जो बाहर जाने के बाद से केवल एक बार भौती आए थे। वे स्वभाव के बड़े क्रोधी थे।" ठाकुर सुरजन सिंह (जन्म 1900) ने भी बताया कि "सीताराम तिवारी एक जरूर थे जो कि एक लम्बा अरसा हुआ यहाँ से चले गए फिर वापस नहीं आए। इन्हीं के पुत्र थे आज़ाद।"[10]

इस लेख में कई अन्य साक्ष्यों के माध्यम से यह सिद्ध करने का प्रयास किया गया है कि भौती श्री आज़ाद के पुरखों की जन्मभूमि है। वाजपेयी के अनुसार कानपुर जिले के राष्ट्रीय आल्हा गायक और जेल यात्री श्री मनीराम जी शर्मा बताया करते थे कि "श्री चन्द्रशेखर जी के बुजुर्ग भौती के निवासी थे। सन् 1937 में जब पहली बार कांग्रेस जीती और पंडित श्री गोविन्द वल्लभ पन्त की सरकार बनी थी, उन्हीं दिनों भौती ग्राम में एक बहुत बड़ा आयोजन अमर शहीद श्री आज़ाद की स्मृति में किया गया था, जिसमें शहर से बड़े-बड़े लोग आए थे। इस कार्यक्रम के प्रमुख आयोजकों में श्री गयादीन तिवारी धरमंगलपुर थे। बाद में अपने एक संस्मरण में श्री मनीराम शर्मा ने बताया कि श्री चन्द्रशेखर आज़ाद गुप्त रूप से कठारा के जंगल में भी रहे। बतौर गवाह उन्होंने मंचस्थ श्री रामदुलारे त्रिवेदी, श्री सुरेंद्रनाथ पांडेय, श्री वीरेन्द्रनाथ पांडेय, ठाकुर श्री जंगबहादुर सिंह का नाम लिया। बंगाल के पूर्व क्रान्तिकारी श्री अंबिका प्रसाद वाजपेयी के अनुसार, "प्रताप प्रेस में श्री गणेश शंकर विद्यार्थी ने गुप्त रूप से श्री आज़ाद से भेंट कराई थी। इस भेंट में ही ज्ञात हुआ था कि श्री आज़ाद के पूर्वज भौती के रहनेवाले थे, जो बाद में बदरका में बस गए थे।"

श्री सदाशिव मलकापुरकर, झाँसी ने बताया कि आज़ाद का लगाव भौती से था, इनके बुजुर्ग भौती के रहनेवाले थे, यह श्री आजाद बताया करते थे। श्री कैलाश द्विवेदी ने बताया कि "श्री आज़ाद के पिता श्री सीताराम तिवारी भौती प्रतापपुर के रहनेवाले थे। वहाँ से बदरका श्री सीताराम जी आए थे। श्री आज़ाद से कई बार हमने बदरका चलने को कहा, किन्तु वह नहीं गए।" तृतीय अखिल भारतीय क्रान्तिकारी सम्मेलन, कानपुर के संयोजक श्री सुरेंद्रनाथ पांडेय ने बताया कि "श्री चन्द्रशेखर जी ने एक बार कहा था कि हमारे पूर्वज भौती के हैं।" श्री वीरेन्द्रनाथ पांडेय ने बताया कि "उन्हीं दिनों की बात है कि एक बार दंगाली मोहाल के एक मकान में हम श्री आज़ाद और श्री सालिगराम शुक्ल तथा एक-दो और मित्र बैठे थे। वहाँ सचेंडी की बात आई तब श्री आज़ाद ने कहा कि भौती से हमारा क्या सम्बन्ध है जानते हो?" 1973 में भौती के श्री राधेश्याम द्विवेदी ने बताया कि "1939 में भौती से श्रीदेवी मुसद्दी ने सत्याग्रह इसलिए शुरू किया था क्योंकि यह गाँव श्री चन्द्रशेखर आज़ाद का है।"[11]

इस सम्बन्ध में 'कानपुर इतिहास समिति' के वर्तमान में महासचिव श्री अनूप शुक्ल ने फेसबुक वॉल पर एक लम्बा लेख—'अमर बलिदानी श्री चन्द्रशेखर आज़ाद का पैतृक गाँव भौती' शीर्षक से डाला है। इसमें उन्होंने अनेक साक्ष्यों के आधार पर सिद्ध करने का प्रयास किया है कि आज़ाद के पूर्वज भौती प्रतापपुर के रहनेवाले थे। वे भौती के मूल निवासी साहित्यकार व कवि श्री अशोक वाजपेयी के हवाले से लिखते हैं कि "अमर शहीद आज़ाद के पिता पंडित श्री सीताराम तिवारी मूलतः भौती के रहनेवाले थे और दो भाई थे। उनके बड़े भाई का नाम श्री गुमानीलाल था। पंडित श्री सीताराम तिवारी का पहला विवाह भौती के पास पिपरासुरार में हुआ था। दूसरा विवाह बदरका उन्नाव में श्रीमती जगरानी देवी से हुआ था। कालान्तर में श्री गुमानीलाल जी कमाने के लिए कलकत्ता चले गए और श्री सीताराम अपनी ससुराल बदरका चले गए, जहाँ पर वह सफल नहीं रहे और कमाने के लिए मध्य प्रदेश चले गए। आज़ाद के पूर्वज कश्यप गोत्र के दमा के तिवारी थे। उनके बड़े भाई श्री गुमानीलाल तिवारी का परिवार आज भी भौती में आबाद है।"

चन्द्रशेखर आज़ाद के पूर्वजों को लेकर जो धुन्ध बनी थी, वह कमोबेश अब भी बरकरार है। नर्मदा के आजाद अंक के अपने लेख —'अमर शहीद श्री चन्द्रशेखर आज़ाद' में लेखक श्री विश्वनाथ पांडेय ने आजाद के पितामह का नाम 'श्री कालिका प्रसाद तिवारी' लिखा है, जो कानपुर जिले के भौती प्रतापपुर के रहनेवाले थे।[12] इसी अंक के अपने लेख में पं. श्री शिवविनायक मिश्र ने लिखा है—"श्री चन्द्रशेखर आजाद की एक छोटी सी जीवनी कई वर्ष पहले पं. श्री ज्योतिप्रसाद मिश्र निर्मल ने लिखी थी। उसमें उन्होंने श्री चन्द्रशेखर आज़ाद का जन्म स्थान मोहल्ला बैजनाथ टोला, काशी और उनके पिता का नाम श्री बैजनाथ लिखा था, जो सरासर भ्रान्त है। बनारस में उनके पिता जहाँ तक मेरी जानकारी है, कभी आए ही नहीं थे और बैजनाथ एक मोहल्ले का नाम है जहाँ श्री आज़ाद एक बुढ़िया के यहाँ कभी-कभी रहा करते थे।"[13] मजेदार बात यह है कि श्री आज़ाद को करीब से जानने का दावा करनेवालों को भी शायद ही पता हो कि वे कहाँ के रहनेवाले थे। कानपुर में बाबू नारायण प्रसाद अरोड़ा के यहाँ

श्री चन्द्रशेखर आज़ाद कई बार रुके। अरोड़ा जी ने 1948 में श्री लक्ष्मीकान्त त्रिपाठी के साथ 'कानपुर के विद्रोही' नाम से एक पुस्तिका का सम्पादन किया, जिसमें आज़ाद के परिचय में लिखा—"आपके पिता का नाम पंडित बैजनाथ था। कानपुर के अन्तर्गत भौती प्रतापपुर में आज़ाद का जन्म 1907-08 में हुआ था। छोटी सी उम्र में आप अपने पिता के साथ बनारस चले गए थे। वहीं उनकी प्रारम्भिक शिक्षा हुई।"[14] इसी वर्ष अर्थात् 1948 में 'चाँद' और 'भविष्य' के भूतपूर्व सम्पादक और क्रान्तिकारियों के सहयोगी रहे श्री रामरख सहगल ने एक पुस्तक प्रकाशित कराई थी। 'आज़ादी के परवाने, विप्लव-यज्ञ की कुछ महत्त्वपूर्ण आहुतियाँ', उसमें 'श्री चन्द्रशेखर आज़ाद' के नाम से जो लेख है, उसके अन्तर्गत लिखते हैं—"काशी के बैजनाथटोला में स्वर्गीय श्री चन्द्रशेखर आज़ाद का जन्म हुआ था। उनके पिता का नाम था पं. बैजनाथ।"[15]

श्री मन्मथनाथ गुप्त ने आज़ाद के सम्बन्ध में लिखी अपनी पुस्तक में श्री मनोहरलाल त्रिवेदी के हवाले से लिखा है कि—"श्री आज़ाद के दादा मूलरूप से कानपुर के रहनेवाले थे पर श्री आज़ाद के पिता स्वर्गीय सीताराम तिवारी की बाल्यावस्था मौजा बदरका, जिला उन्नाव में व्यतीत हुई।"[16] इसी तरह डॉक्टर भवान सिंह राणा ने लिखा—"श्री चन्द्रशेखर आज़ाद के पूर्वजों के मूल स्थान, स्वयं आज़ाद के निवास स्थान आदि के विषय में अनेक भ्रान्तियाँ हैं। आज़ाद के पितामह मूलरूप से कानपुर के निवासी थे, जो बाद में गाँव बदरका, जिला उन्नाव में आ बसे थे।"[17] इन सबको लक्ष्य करते हुए श्री मन्मथनाथ गुप्त ने लिखा—"श्री चन्द्रशेखर आज़ाद अत्यन्त विराट मिथकों के खँडहर के नीचे जो प्रतिवर्ष बढ़ता ही गया है, इतने दब चुके हैं कि असली आज़ाद को सामने रखना कठिन ही नहीं बल्कि असम्भव है।"[18]

चन्द्रशेखर आज़ाद के पूर्वजों से सम्बन्धित खोज के क्रम में दो तथ्य विश्वसनीय जान पड़े। पहला—"उनके पुरखे भौती प्रतापपुर जिला कानपुर के रहनेवाले थे।" दूसरा—"उनके दादा का नाम श्री मैकूलाल तिवारी था।" इन तथ्यों की जाँच के लिए लेखक ने स्वयं 4 सितम्बर, 2022 को भौती प्रतापपुर का भ्रमण किया। साथ में कानपुर इतिहास समिति के श्री अनूप शुक्ल भी थे। वह स्थान जहाँ पूर्व में चन्द्रशेखर आज़ाद के पिता के हिस्से के खँडहर थे और दशकों पूर्व जहाँ कुछ साल छोटे बच्चों का स्कूल चला था, वहाँ वर्तमान में कुछ कोठरियाँ बनी हैं। सामने ओसारा और नीम का पेड़ है। पीछे किसी का लम्बा-चौड़ा खाली प्लॉट है। शाम होने को थी। कुछ लोगों से चर्चा की गई। लोगों ने सुनी-सुनाई बातें तो कहीं, किसी ने विश्वसनीय ढंग से कुछ नहीं बताया। वहाँ से हम लोग पास में ही स्थित चन्द्रशेखर आज़ाद के कथित परिवारीजनों के पास आए। हमारी भेंट परिवार के सदस्यों से हुई। श्री भानुप्रकाश और श्री चन्द्रप्रकाश भौती में सपरिवार रहते हैं। श्री चन्द्रप्रकाश का विवाह हुआ था, किन्तु पत्नी की असामयिक मृत्यु के बाद से वे निःसन्तान व विधुर हैं। हमारी मुलाकात सर्वप्रथम उन्हीं से हुई। पहले तो वे कुछ बताने को तैयार नहीं थे। घर की स्त्रियों ने भी मना किया, किन्तु समझाने पर उन्होंने जो बताया उसके अनुसार—'मैकूलाल तिवारी' के पाँच पुत्र हुए—तुलसीराम, गणेश, नवाब, गुमानीलाल और सीताराम। गणेश और नवाब कहाँ गए पता नहीं। इतना पता है कि इनमें से किसी एक या दोनों का परिवार भंडारा, महाराष्ट्र में बसा है।

तुलसीराम से मग्गूलाल और पुत्तनलाल हुए। गुमानीलाल से रामशंकर, उनसे उमाशंकर और उनसे हम तीन भाई भानुप्रकाश, चन्द्रप्रकाश तथा माधवचन्द्र हुए। माधवचन्द्र बर्रा जा बसे, उनका निधन हो चुका है। बर्रा में उनके परिजन आज भी रहते हैं। श्री मैकूलाल के पुत्रों में सबसे छोटे सीताराम तिवारी से सुखदेव और चन्द्रशेखर हुए।" श्री चन्द्रप्रकाश ने एक बात यह भी कही कि यह बात हम लोगों को भी पता नहीं थी, श्री विकास वाजपेयी ने हम लोगों को किताब में छपा दिखाया, तब हमें भी पता चला है। बात समाप्त कर जब हम लोग निकल रहे थे तो श्री भानुप्रकाश आ गए। श्री मैकूलाल की पाँच सन्ततियों पर कोई स्पष्ट जवाब नहीं दिया, लेकिन उन्होंने परिजनों के निश्चित मृत्यु वर्ष अवश्य बताए। उनके अनुसार "गुमानीलाल की मृत्यु 1971 में हुई, लेकिन इसके पूर्व 1962 में ही उनके इकलौते पुत्र रामशंकर काल-कवलित हो चुके थे। उमाशंकर की मृत्यु 2012 में हुई।"

वहाँ से हम लोग विकास वाजपेयी द्वारा निर्मित कराए गए 'आज़ाद चबूतरे' का अवलोकन कर वापस आ गए। शाम को भानुप्रकाश के पड़ोसी कवि श्री अशोक वाजपेयी का फोन आया और लम्बी वार्ता के क्रम में उन्होंने गाँव में श्रीमती इन्दिरा गांधी और श्री नारायण दत्त तिवारी के आने का उल्लेख किया। बकौल वाजपेयी, "श्री गुमानीलाल तिवारी से उनकी सगी बुआ का विवाह हुआ था। जिस जगह पर उनके यानी गुमानीलाल जी के वंशज आवासित हैं, वह उनके दादा ने दी थी। बातचीत के क्रम में श्री वाजपेयी ने बताया कि गुमानीलाल कलकत्ता नौकरी करने गए थे, एक बार लौटे तो फिर कहीं गए नहीं। घर पर रहते थे, खेतीबाड़ी कराते थे, घर के बाहर बने चबूतरे पर लेटकर पैर पर ताली बजाकर गाना गाया करते थे। गुमानीलाल जी हम लोगों के बचपन में अकसर कहा करते थे कि चन्द्रशेखर हमारा है।"

इन बातों से मन में और जिज्ञासा उत्पन्न हुई, लेकिन अभी तक सारे प्रमाण मौखिक और काफी हद तक सुनी-सुनाई बातों पर आधारित थे। मन में स्वाभाविक विचार उत्पन्न हुआ कि यदि पंडित सीताराम तिवारी भौती के निवासी रहे होंगे तो उनका नाम राजस्व के खातों में दर्ज हो सकता है। बात पुरानी है, अत: पुरानी खतौनी देखना जरूरी लगा। कानपुर कलेक्ट्रेट में भौती प्रतापपुर का बस्ता खुलवाया तो सबसे पुरानी खतौनी 1948 की मिली। सूची के हिसाब से उसके बाद की कई खतौनियाँ सीज की जा चुकी हैं। मौजूदा खतौनी के एक पृष्ठ पर पहले खाने में "कैलासी बेवा तुलसीराम, ब्राह्मण, साकिन कानपुर" लिखा है। जबकि उसके आगे के दसवें खाने में "गुमानीलाल वल्द मैकूलाल व मग्गूलाल व पुत्तनलाल पिसरान तुलसीराम ब्राह्मण साकिन देह" दर्ज है। बाकी पूरी खतौनी में न तो किसी सीताराम का उल्लेख है और न गणेश और नवाब नाम मिले। बन्दोबस्ती खतौनी से इतना स्पष्ट हो सका कि 'मैकूलाल' नाम के व्यक्ति भौती प्रतापपुर में थे, जिनसे तुलसीराम और गुमानीलाल हुए। श्री तुलसीराम की पत्नी का नाम श्रीमती कैलाशी तथा पुत्रों का नाम मग्गूलाल और पुत्तनलाल था। चूँकि खतौनी 1948 की है, अत: सम्भव है कि श्री मैकूलाल के अन्य पुत्रों का नाम खतौनी से कट गया हो। प्राप्त सूचना के अनुसार श्री सीताराम तिवारी संवत् 56 में (बमुताबिक 1899) भाबरा चले गए थे, जहाँ 1938 में उनकी मृत्यु हो चुकी थी। अलीराजपुर जाने के कई

वर्ष पूर्व से वे भौती से बाहर बदरका में रह रहे थे। बीच में सम्भवत: 1926 के आसपास एक बार भौती आए थे, फिर कभी नहीं आए। यह भी सम्भव है कि श्री तुलसीराम व श्री गुमानीलाल एक माँ से और श्री सीताराम दूसरी माँ से रहे हों। श्री सीताराम तिवारी के पिता की तीन शादियाँ हुई थीं। अभी तक किसी भी लिखित स्रोत से श्री सीताराम तिवारी के पिता का नाम नहीं मिल सका है, सिवाय मौखिक साक्ष्यों के। ऐसे में 'भौती' और 'मैकूलाल' से चन्द्रशेखर आज़ाद व उनके पिता का जुड़ाव आगे के शोध से प्राप्त तथ्यों पर निर्भर करता है।

आज़ाद के पूर्वजों पर सबसे प्रामाणिक ढंग से श्री मनोहरलाल त्रिवेदी, श्री शिवविनायक मिश्र तथा श्री रामदुलारे त्रिवेदी ने लिखा है। श्री मनोहरलाल के बारे में पूर्व में लिखा जा चुका है। श्री शिवविनायक मिश्र बदरका से 15 किलोमीटर दूर के गाँव बीघापुर के थे। अभिसूचना की फाइल में 'अन्त बीघापुर' को आज़ाद का गाँव मानकर छानबीन किये जाने का जिक्र मिलता है। लेकिन इन सभी सूचनाओं में विरोधाभास मिलता है। आरम्भ श्री मनोहरलाल त्रिवेदी के संस्मरण से करते हैं। उनके अनुसार—"आज़ाद के पिता श्री सीताराम जी ने अपने जीवन में तीन विवाह किये थे। उनकी पहली पत्नी मौरावाँ जिला उन्नाव की थीं। इनसे तिवारी जी को एक पुत्र भी हुआ था, परन्तु वह युवावस्था में ही मृत्यु को प्राप्त हुआ था। प्रथम पत्नी और पुत्र के रहते हुए भी दूसरा विवाह करने का कारण यह हुआ कि एक बार तिवारी जी अपनी पत्नी को लेने अपनी ससुराल मौरावाँ गए तो किसी कार्यवश उनके साले ने उनकी पत्नी को उस समय भेजने से इनकार कर दिया और कहा कि थोड़े दिन बाद भेज देंगे। श्री तिवारी जी कुछ क्रोधी, हठी और वचन के पाबन्द स्वभाव के थे। नाराज होकर तिवारी जी अकेले लौट आए और फिर अपना दूसरा विवाह मौजा सिकन्दपुर जिला उन्नाव में त्रिवेदी वंश में कर लिया। परन्तु उनकी यह पत्नी थोड़े दिनों बाद ही स्वर्ग सिधार गईं। तब तीसरा विवाह तिवारी जी ने चन्द्रमन खेड़ा, जिला उन्नाव में किया। तिवारी जी की यह तीसरी पत्नी श्रीमती जगरानी देवी ही अमर शहीद श्री चन्द्रशेखर आज़ाद की माताजी थीं।"[19]

श्री शिवविनायक मिश्र थोड़ा और पीछे से बात शुरू करते हैं—"श्री देवकीनन्दन मिश्र, बदरका वालों की बुआ श्रीमती गोविन्दा भौती ग्राम में तिवारियों के यहाँ ब्याही थीं। इन्हीं की कोख से श्री सीताराम तिवारी का जन्म हुआ। कुछ दिनों बाद श्रीमती गोविन्दा देवी जी का स्वर्गवास हो गया। तब श्री सीताराम जी के पिता ने दूसरा विवाह 'बेहसा' नामक देवी के साथ किया, किन्तु उनसे कोई सन्तान नहीं हुई। वह जीवनपर्यंन्त श्री सीताराम जी को साथ में रखकर बदरका में रहीं। श्री सीताराम जी के तीन विवाह हुए। पहला विवाह उन्नाव जिला सिकन्दपुर में हुआ। दूसरा विवाह मोरावाँ में, तीसरा विवाह चंदनखेरा में, जो नारायणखेरा के पास बैसवारे में है, श्री पांडेय भट्टाचार्य जी के यहाँ हुआ।"[20] पंडित रामदुलारे त्रिवेदी लिखते हैं—"श्री चन्द्रशेखर आज़ाद के पिता कुछ दिनों के बाद अपनी ससुराल के ग्राम सरौंसी सिकन्दपुर जिला उन्नाव में आ बसे।"[21] भौतीवालों के अनुसार—"सीताराम की एक शादी पिपरा में पाँड़े लोगों के यहाँ हुई थी।" इस बात का समर्थन श्री अशोक वाजपेयी, श्री भानुप्रकाश और श्री चन्द्रप्रकाश करते हैं।

इन समस्त सूचनाओं में सर्वाधिक प्रामाणिक सूचना श्री मनोहरलाल त्रिवेदी की मानी जा सकती है। उनके संस्मरण के अनुसार वे 16 साल की उम्र में 1913 में भाबरा आए थे अर्थात् उनका जन्म 1897 में हुआ होगा। उस समय आज़ाद, उनके बड़े भाई सुखदेव, पिता श्री सीताराम तथा माता श्रीमती जगरानी देवी, कुल चार लोगों का परिवार था। भाबरा में श्री सीताराम के पास पहले छोटे-बड़े 40 मवेशी थे। 1912 के अकाल में सब मर गए, सिर्फ तीन गाय शेष रही थीं। फिर श्री मनोहरलाल का तबादला तहसील नानपुर हो गया, जहाँ वे 5 साल रहे। इस दौरान वे भाबरा आते-जाते रहे। फिर उनकी बदली खट्टाली गाँव में हुई, तो उन्होंने आज़ाद को अपने पास रखकर पढ़ाया, यज्ञोपवीत कराया, पुनः अलीराजपुर तहसील में तबादला होने पर आज़ाद की तहसील में नौकरी भी लगवा दी। श्री त्रिवेदी के अनुसार सन् 1922 में आज़ाद भाबरा आए, फिर लापता हो गए। सन् 1926 में वे अपने खर्च पर श्री सीताराम तिवारी को देश ले गए। वे वहाँ एक मास रहे। बदरका, सिकन्दपुर आदि में सब रिश्तेदारों से मिलकर भाबरा आ गए। तब से भाबरा में ही रहे। सन् 1928 में पहले मास्टर श्री रुद्रनारायण भाबरा आए। दोहद रेलवे स्टेशन पर आज़ाद और सदाशिवराव उतरे तो मनोहरलाल ने ही उन्हें रिसीव किया। वे दोनों उन्हीं के घर रहे। सन् 1929 में मनोहरलाल सब जज के पेशकार के रूप में अलीराजपुर चले गए। दिसम्बर, 1930 में श्री रामसिंह की सूचना पर मनोहरलाल कानपुर में आज़ाद से मिले और श्री प्यारेलाल अग्रवाल के घर ठहरे। आज़ाद की शहादत की सूचना भी उन्होंने ही आज़ाद की माताजी को दी। आज़ाद के पिता का सन् 1938 में स्वर्गवास हुआ तो मनोहरलाल अलीराजपुर में थे। उनके दो साले सत्यनारायण और बाबू रामशंकर भाबरा में थे। रामशंकर तहसील में क्लर्क थे और सत्यनारायण व्यापारी थे। इन दोनों ने श्री सीताराम और श्रीमती जगरानी देवी की सेवा की। बाद में भाबरा के श्री भवानीलाल जैन ने भी माताजी की काफी सेवा की। 1949 में श्री सदाशिवराव और मास्टर श्री रुद्रनारायण माताजी को तीर्थाटन ले जाने भाबरा आए। माताजी ने वापस आकर भाबरा में ब्राह्मण भोज कराया। फिर वे झाँसी चली आईं और श्री सदाशिवराव के घर मार्च, 1951 में दिवंगत हुईं।

श्री मनोहरलाल त्रिवेदी ने 1964 में अपना संस्मरण लिखा अर्थात् इसके बाद ही किसी वर्ष उनकी मृत्यु हुई होगी। लेकिन एक बात स्पष्ट है कि 1913 से 1949 तक अर्थात् 36 सालों तक वे चन्द्रशेखर आज़ाद के परिवार से जुड़े रहे। 1913 से 1930 तक वे आज़ाद के सीधे सम्पर्क में रहे अर्थात् 17 साल तक आज़ाद से जुड़े रहे। 1925 से 1929 तक वे भाबरा में थे। जब आज़ाद की माँ का ऑपरेशन अलीराजपुर अस्पताल में सर्जन श्री कैलाश सिंह ने किया और एक आँख निकाला तब भी श्री मनोहरलाल ही वहाँ रहे। डेढ़ माह वे देखभाल करते रहे। संक्षेप में कहें तो आज़ाद के परिवार को सर्वाधिक निकट से जाननेवाले श्री मनोहरलाल त्रिवेदी थे।

श्री शिवविनायक मिश्र से आज़ाद का सम्पर्क तब था, जब वे कांग्रेस में थे यानी 1922 से 1925 तक। काकोरी के बाद वे बनारस में अन्तिम बार आज़ाद से मिले। फिर जीते जी कभी नहीं मिल पाए। आज़ाद के माता-पिता से श्री शिवविनायक मिश्र की कभी भेंट नहीं हुई। ऐसे में उनके पूर्वजों के बारे में कही गई बातें श्रुति आधारित हैं।

श्री रामदुलारे का आज़ाद के माता-पिता एवं भाई से कोई सम्पर्क नहीं था। इस प्रकार हम देखते हैं कि श्री मनोहरलाल त्रिवेदी के अलावा श्री सीताराम तिवारी तथा स्व.जगरानी देवी के सम्पर्क में इतने दिन कोई नहीं रहा। श्री सदाशिव और मास्टर रुद्रनारायण ने आज़ाद के पुरखों पर कुछ नहीं लिखा है। ऐसे में हमें श्री मनोहरलाल त्रिवेदी की बातों को प्रामाणिक मानना चाहिए।

इस तरह चन्द्रशेखर आज़ाद के पुरखों के सम्बन्ध में इतना ही स्पष्ट है कि वे मूलत: कानपुर के रहनेवाले थे। आज़ाद के पिता का ननिहाल बदरका में था, जहाँ उनका बचपन बीता। यहीं तीन विवाह हुए। पहले पुत्र सुखदेव का जन्म हुआ। फिर संवत् 56 यानी 1899 में वे अलीराजपुर और भाबरा आ गए। वहीं चन्द्रशेखर आज़ाद का जन्म हुआ। भाबरा में 1924 में सुखदेव की निमोनिया से मृत्यु हो गई। 1920 में घर छोड़ने पर आज़ाद 1922 और 1928 में दो बार भाबरा आए। 1938 में यहीं उनके पिता श्री सीताराम तिवारी की मृत्यु हुई। मार्च, 1951 में उनकी माँ झाँसी में मरीं। कानपुर और भौती से आज़ाद के पूर्वजों का सम्बन्ध मानने में कोई हर्ज नहीं है, किन्तु जब तक किसी सरकारी, समकालीन दस्तावेज से सीताराम तिवारी के पिता का नाम 'मैकूलाल' सिद्ध नहीं हो जाता, तब तक गाँव के किसी परिवार से चन्द्रशेखर आज़ाद का रक्त सम्बन्ध स्थापित करना उचित नहीं जान पड़ता। अभिसूचना की फाइलों में कहीं भी स्पष्ट रूप से भौती को आज़ाद के पुरखों का गाँव नहीं माना गया है। इस गाँव का कहीं उल्लेख भी नहीं है। किन्तु अपने एक पत्र में सी.आई.डी. अधिकारी शंभुनाथ शुक्ल ने पनकी के पास के एक गाँव को आज़ाद के पुरखों का गाँव बताया है जो नि:सन्देह 'भौती' ही है।

चन्द्रशेखर आज़ाद 1922 में घर से 15 दिन रहकर गए तो अगले 6 साल वे भाबरा नहीं लौटे। 1923 से क्रान्तिकारी गतिविधियों से जुड़े। पुन: 1928 में 3-4 दिन भाबरा रहकर गए। यही उनकी अपने माता-पिता से अन्तिम भेंट थी। आज़ाद अपने माता-पिता की सहायता करते थे अथवा नहीं? इस पर कुछ संस्मरणों व बयानों की बातें द्रष्टव्य हैं। बकौल श्री मनोहरलाल त्रिवेदी दिसम्बर, 1930 में जब वे श्री आज़ाद से मिलने कानपुर गए थे तो श्री गणेश शंकर विद्यार्थी जी ने श्री बालकृष्ण शर्मा नवीन के हाथों उनके पास रु. 250 आज़ाद के माता-पिता के लिए भेजे थे। वे आगे लिखते हैं, जब श्री आज़ाद को यह सब बात मालूम हुई तो वे बहुत क्रोधित हो गए। उनके पलंग के पास ताला लगी हुई एक अलमारी थी। उन्होंने उस ताले को जोर से पकड़कर तोड़ डाला। यह कहते हुए कि क्या मैं अपने माता-पिता के लिए किसी से भीख माँगता हूँ? उन्होंने अलमारी खोल दी। उसमें कुछ थैलियों में नोट, कुछ में रुपये तथा दूसरा सामान भी रखा हुआ था। श्री आज़ाद ने कहा, यह रुपया मैं अपनी जान पर खेलकर लाया हूँ। अगर मैं उन्हें दे दूँ तो कोई मेरा क्या करेगा? लेकिन मैं ऐसा नहीं कर सकता। यह केवल मातृभूमि की सेवा के लिए ही है। मेरे ही माता-पिता नहीं हैं, सभी क्रान्तिकारियों के हैं। फिर आज़ाद ने मुझसे कहा कि आप मेरे माता-पिता का ध्यान रखना। मैं अगर उन्हें कष्ट में देखूँगा या सुनूँगा तो पिस्तौल की दो गोलियाँ उनकी सेवा के लिए बहुत हैं। मैं उनकी यही सेवा कर सकूँगा।"[22]

इस संस्मरण को श्री विश्वनाथ वैशम्पायन ने यथावत अपनी लिखी आज़ाद जीवनी में दिया है। श्री मनोहरलाल ने अपना संस्मरण 1964 में लिखा, जबकि श्री विश्वनाथ वैशम्पायन ने आज़ाद की जीवनी 1965 में लिखी। लेकिन इसके वर्षों पूर्व 'विप्लव' के आज़ाद अंक में 1939 में यह बात सर्वप्रथम काशीराम ने लिखी थी। कैलाशपति ने अपने पूर्वोक्त बयान में कहा था कि कानपुर में एक व्यक्ति है जो आज़ाद के सगे चचेरे भाई के सम्पर्क में रहता है और आज़ाद उसी के माध्यम से अपने माता-पिता की सहायता करते हैं। इस सम्बन्ध में केन्द्रीय समिति के सदस्य रह चुके श्री सदगुरु दयाल अवस्थी ने पत्रकार श्री भगवती प्रसाद माधव को दिये साक्षात्कार में बताया था—"माताजी का उल्लेख करते समय आज़ाद का गला भर आता था। मैंने आग्रह के साथ विनय किया था कि उनको कुछ सहायता भेजी जाए। पंडित जी ने इनकार कर दिया था और कहा था वह बड़ी हठीली हैं। किसी से सहायता नहीं लेंगी और उसका बेटा कोई कमाई नहीं करता, यह उस पर एक गोली भी खर्च नहीं कर सकता। मैंने अपनी प्रार्थना नहीं छोड़ी, निरन्तर करता रहा। अन्त में पंडित जी मान गए थे। माताजी का पता-ठिकाना देकर कप्तान श्री रामसिंह के हाथ उनकी सेवा में कुछ धन भेजा गया था।"[23] उल्लेखनीय है कि इस कथ्य का किसी अन्य स्रोत में उल्लेख नहीं मिलता।

सन्दर्भ

1. अमर शहीद आज़ाद के संस्मरण, आज़ाद की जन्मभूमि, उनके पूर्वज और बाल्यकाल, 'अमर शहीद चन्द्रशेखर आज़ाद', विश्वनाथ वैशम्पायन, पृ. 32
2. 'व्यक्तिगत पत्रावली', चन्द्रशेखर आज़ाद
3. कैलाशपति का बयान, राष्ट्रीय अभिलेखागार, पृ. 63
4. 'सेनापति आज़ाद', का. काशीराम, आज़ाद अंक, 'विप्लव', फरवरी, 1939, पृ. 35
5. 'आज़ाद की माँ', विश्वनाथ गंगाधर वैशम्पायन, 'विप्लव', नवम्बर, 1939, पृ. 72-75
6. 'क्रान्ति सेनापति श्री चन्द्रशेखर आज़ाद', पंडित रामदुलारे त्रिवेदी, लोकहित प्रकाशन, 2001, पृ. 67
7. 'आज़ाद के पूर्वज : अमर शहीद आज़ाद के संस्मरण', विश्वनाथ वैशम्पायन, पृ. 35
8. 'अमर शहीद श्री चन्द्रशेखर आज़ाद के संस्मरण', मनोहरलाल त्रिवेदी, आज़ाद अंक, 'नर्मदा', अप्रैल, 1964, पृ. 17
9. 'आज़ाद की अन्त्येष्टि और बनारस जीवन के संस्मरण', शिवविनायक मिश्र, आज़ाद अंक, 'नर्मदा', पृ. 22
10. 'आज़ाद और भौती', विकास वाजपेयी, पृ. 3
11. वही, विकास वाजपेयी, पृ. 8
12. 'अमर शहीद श्री चन्द्रशेखर आज़ाद', आज़ाद अंक, 'नर्मदा', विश्वनाथ पांडेय, पृ. 83
13. वही, शिवविनायक मिश्र, पृ. 28
14. 'श्री चन्द्रशेखर आज़ाद : कानपुर के विद्रोही', बाबू नारायण प्रसाद अरोड़ा, पृ. 123-126
15. 'स्वर्गीय श्री चन्द्रशेखर आज़ाद : आज़ादी के परवाने', रामरख सहगल, पृ. 244
16. 'श्री चन्द्रशेखर आज़ाद और उनका युग', मन्मथनाथ गुप्त, पृ. 32
17. 'भारत के महान अमर क्रान्तिकारी श्री चन्द्रशेखर आज़ाद', डॉ. भवान सिंह राणा, पृ. 10

18. वही, मन्मथनाथ गुप्त, पृ. 32
19. 'अमर शहीद श्री चन्द्रशेखर आज़ाद के संस्मरण', आज़ाद अंक, 'नर्मदा', मनोहरलाल त्रिवेदी, पृ. 18
20. वही, शिवविनायक मिश्र, पृ. 22
21. वही, पंडित रामदुलारे त्रिवेदी, पृ. 67
22. वही, 'नर्मदा', आज़ाद अंक, मनोहरलाल त्रिवेदी, पृ. 20
23. 'क्रान्तिकारी आन्दोलन का आज़ाद-युग', सदगुरु दयाल अवस्थी एवं भगवती प्रसाद माधव, पृ. 105

जन्म

जन्म-तिथि

चन्द्रशेखर आज़ाद के जीवन के इर्द-गिर्द जमा मिथकों के अम्बार में एक मिथक उनकी जन्म-तिथि को लेकर भी है। वे कब और कहाँ पैदा हुए इसको लेकर भी तरह-तरह की भ्रान्तियाँ देखने को मिलती हैं। बाजार में मिलनेवाली आज़ाद की जीवनियों की बात छोड़ें, उनके करीबी सहयोगियों में भी प्राय: भ्रम की स्थिति है और इसका मुख्य कारण यही है कि उनके पिता ने आज़ाद की सही जन्म-तिथि कहीं दर्ज नहीं की और उनकी माताजी को केवल माह और हिन्दी तिथि याद थी, जिसके आधार पर कुछ लोगों ने गणना की है, बाकी ने मान लिया है। इसके पूर्व की हम आज़ाद की सही जन्म-तिथि प्राप्त किये जाने की सम्भावना पर विचार करें, विभिन्न लेखकों द्वारा दी गई जन्म-तिथियों पर दृष्टिपात किया जाना उचित व प्रासंगिक होगा।

चन्द्रशेखर आज़ाद से जुड़ी खबर दैनिक 'आज' में सर्वप्रथम दिसम्बर, 1921 में छपी थी। उस समय वे संस्कृत छात्र समिति से जुड़े थे और असहयोग आन्दोलन में सक्रिय थे। 18 दिसम्बर, 1921 को खबर छपी—"स्वराज यज्ञ में काशी की आहुति, 80 स्वयंसेवकों की गिरफ्तारी, श्रीयुत सम्पूर्णानन्द जी गिरफ्तार।" इन समस्त 80 स्वयंसेवकों की सूची थाना चौक व थाना कोतवाली के अन्तर्गत दी गई है। चन्द्रशेखर की गिरफ्तारी कोतवाली के अन्तर्गत हुई थी। 42वें क्रमांक पर 'श्री चन्द्रशेखर' लिखा है। आगे और भी गिरफ्तारियाँ हुईं। तत्पश्चात 28 दिसम्बर, 1921 को 'आज' में सजा का विवरण छपा "काशी की आहुतियाँ स्वीकार, 115 को कड़ी सजा, नाबालिग अभियुक्तों की रिहाई।" इस केस की सुनवाई मजिस्ट्रेट 'जंट' ने की थी। जंट के अनुसार वह नाबालिगों को भी बेंत की सजा देना चाहता था, मगर कलेक्टर साहब तैयार नहीं हुए। कुल 17 नाबालिगों को छोड़ दिया गया। इनकी सूची में पहले स्थान पर 'आज़ाद (चन्द्रशेखर)' लिखा है। यानी दिसम्बर, 1921 में चन्द्रशेखर आज़ाद 16 साल से कम आयु के थे। 15,14,13 में से किसी आयु वर्ग में रहे होंगे। ज्यादा सम्भावना 14, 15 की है। इसी क्रम में पर्चा बाँटने के जुर्म में चन्द्रशेखर आज़ाद फरवरी, 1922 में पुन: गिरफ्तार हुए। इसके बाद खरेघाट नामक मजिस्ट्रेट ने उन्हें 12 बेंत की सजा सुनाई। यह सजा 23 फरवरी, 1922 को सुनाई गई। और 26 फरवरी, 1922 के 'आज' में यह खबर छपी। खबर के मुताबिक "23 फरवरी को काशी में आज़ाद नामक बालक को जिसकी अवस्था लगभग 14 वर्ष की है, 12 बेंत लगाने का हुक्म दिया गया।" बाद में यह खबर तत्कालीन 'मर्यादा' पत्रिका में भी फोटो के साथ छपी थी। आज़ाद के फोटो के नीचे लिखा था—"वीर

बालक आज़ाद। यह 14 वर्ष का बालक है। परीक्षार्थियों को रोकने के अपराध में उसे 12 बेंत की सजा हुई थी।" इन समकालीन स्रोतों से स्पष्ट है कि 1921-22 में आज़ाद 14-15 वर्ष के थे। अर्थात् उनका जन्म 1905-06 में कभी हुआ होगा। तत्पश्चात 1939 में 'विप्लव' का आज़ाद अंक भी प्रकाशित हुआ। इसके अतिरिक्त भी समय-समय पर 'विप्लव' में आज़ाद पर कुछ लेख छपे। लेकिन किसी भी लेख में आज़ाद की उम्र अथवा जन्म-तिथि पर कुछ नहीं लिखा गया।

सन् 1955 में श्री यशपाल का 'सिंहावलोकन' पहली बार प्रकाशित हुआ। आज़ाद का वर्णन तो उन्होंने बहुत किया है, लेकिन उनकी जन्म-तिथि पर कुछ नहीं लिखा। एक जगह इतना भर लिखा है कि—"कांग्रेस के सविनय कानून भंग आन्दोलन ने उन्हें आकर्षित कर लिया। उस समय उनकी उम्र तेरह-चौदह या पन्द्रह वर्ष रही होगी।"[1] 1948 में प्रकाशित श्री रामरख सहगल की पुस्तक में आज़ाद की उम्र अथवा जन्म-तिथि का कोई जिक्र नहीं है। चन्द्रशेखर आज़ाद के हिस्ट्री नोट में उम्र के कॉलम में 'बॉर्न अबाउट, 1905' दर्ज मिलता है।"[2] नर्मदा के आज़ाद अंक में प्रकाशित अपने लेख 'श्री चन्द्रशेखर आज़ाद' में बनारसीदास चतुर्वेदी लिखते हैं—"आज़ाद का जन्म 23 जुलाई, 1906 को हुआ था।"[3] श्री मनोहरलाल त्रिवेदी 1913 में भाबरा आए और आज़ाद को सम्भवत: 1914 में पढ़ाया करते थे। उस समय आज़ाद 7-8 साल के थे। यानी उनका 1905-06 में जन्म हुआ होगा। श्री शिवविनायक मिश्र ने अपने संस्मरण में आज़ाद का जन्म 1905 में होना दर्शाया है। श्री विश्वनाथ पांडेय ने अपने लेख में लिखा—'श्री चन्द्रशेखर जी आज़ाद' का जन्म श्रावण शुक्ल द्वितीया संवत् 1963 (23 जुलाई, 1906) को हुआ था।"[4] 'आज़ाद और भौती' में श्री विकास वाजपेयी ने श्री रामदुलारे त्रिवेदी के हवाले से आज़ाद की जन्म-तिथि 23 जुलाई, 1906 लिखी है। हालाँकि बदरका में आज भी आज़ाद की जन्म-तिथि 7 जनवरी को मनाते हैं, जिसका स्रोत ज्ञात नहीं है। 'कानपुर के विद्रोही' नामक पुस्तक में लिखा मिलता है—"कानपुर के अन्तर्गत भौती प्रतापपुर नामक ग्राम में पंडित चन्द्रशेखर का जन्म सन् 1907-08 में हुआ था। आपके पिता का नाम पंडित बैजनाथ था।"[5]

उल्लेखनीय है कि संयुक्त प्रान्त के ब्रिटिश क्षेत्र में जन्म और मृत्यु की तिथियाँ चौकीदार अपनी चौपड़ियों में दर्ज करते थे, जो बाद में थाने के रजिस्टरों में दर्ज होती थी। आज़ादी के समय इन रजिस्टरों को राजस्व अभिलेखागारों (जिन्हें यहाँ मुवाफिसखाना कहा जाता है) में जमा हो गई। प्राय: कलेक्ट्रेट के मुवाफिसखाने में 20वीं सदी के कुछ दशकों तक ये रिकॉर्ड मिल जाते हैं। चूँकि अलीराजपुर रियासत थी। यदि वहाँ ऐसी प्रथा रही होगी तो न सिर्फ आज़ाद की वास्तविक जन्म-तिथि ज्ञात की जा सकेगी, वरन् उनके भाई और पिता की सटीक मृत्यु-तिथि भी पता की जा सकेगी। इस दिशा में शोध जारी है।

चन्द्रशेखर आज़ाद की जन्म-तिथि कैसे निर्धारित की गई, इस सम्बन्ध में श्री भगवानदास माहौर ने अपने लेख 'यश की धरोहर' में विस्तार से चर्चा करते हुए लिखा है—"आज़ाद की माताजी का देहान्त तारीख 22 मार्च, 1951 को झाँसी में मेरे ही घर पर हुआ। वे मेरे और भाई श्री सदाशिव मलकापुरकर के साथ मेरे घर पर ही उस समय 2 साल से रह रही थीं और तभी उन्होंने आज़ाद के जन्म और बाल्यकाल की बातें

हमें बताई थीं, जिन्हें मैंने नोट कर लिया था। माताजी ने बताया था कि श्री चन्द्रशेखर का जन्म सावन सुदी दूज सोमवार के दिन 2:00 बजे हुआ था। संवत् माताजी को विस्मृत हो गया था। मैंने पुराने पंचांगों को देखकर आज़ाद जी की जन्म-तिथि का निश्चय किया है, जो तारीख 23 जुलाई, 1906 है।"[6] बाद में इसके आधार पर श्री माहौर ने कुंडली बनाई थी, जो उनकी पुस्तक में प्रकाशित है।

इस प्रकार हम देखते हैं कि वर्तमान में श्री चन्द्रशेखर आज़ाद की जो जन्म-तिथि आज पूरी दुनिया मानती है उसकी गणना आज़ाद की माँ द्वारा उपलब्ध कराए गए हिन्दी माह, दिन और तिथि के आधार पर की गई है। यह तभी गलत हो सकती है जब सम्भावित वर्षों में सावन दूज को किन्हीं दो या ज्यादा में सोमवार पड़े, जो लगभग असम्भव है। अपनी कृति 'संस्मृतियाँ' में श्री शिववर्मा ने भी 23 जुलाई, 1906 को ही आज़ाद का जन्म माना है।[7] चन्द्रशेखर आज़ाद की जन्म-तिथि की श्री माहौर द्वारा की गई गणना सर्वप्रथम 'यश की धरोहर' में प्रकाशित हुई थी। यह सूचना पुस्तक के वर्तमान संस्करण में 'चन्द्रशेखर आज़ाद' के अन्तर्गत दर्ज है।[8] इस पुस्तक का प्रथम संस्करण 1959 में श्री बनारसीदास चतुर्वेदी के सम्पादकत्व में निकला था अर्थात् आज़ाद की शहादत के 28 वर्ष बाद आज़ाद की जन्म-तिथि की गणना की जा सकी।

चन्द्रशेखर आज़ाद की माता स्वर्गीय जगरानी देवी के अनुसार उनके पुत्र का जन्म "सावन दूज दिन सोमवार को दिन में 2:00 बजे हुआ था।" श्री माहौर के अनुसार यह 23 जुलाई, 1906 होगी। हमने गूगल पर 'प्रोकेरला' (Prokerala.com) पर जाकर 1904, 1905, 1906, 1907, और 1908 में सावन दूज (श्रावण द्वितीया) की स्थिति को चेक किया तो निम्न परिणाम प्राप्त हुआ—

वर्ष	मास/दिन	तिथि	दिन
1904	सावन दूज	29 जुलाई	शुक्रवार
1905	सावन दूज	18 जुलाई	मंगलवार
1906	सावन दूज	23 जुलाई	सोमवार
1907	सावन दूज	11 जुलाई	रविवार
1908	सावन दूज	30 जुलाई	गुरुवार

उपरोक्त चार्ट से स्पष्ट है कि एकमात्र 1906 की श्रावण द्वितीया को ही सोमवार था। अन्य वर्षों में अलग-अलग दिन थे। इस आधार पर यदि गणना करें तो 1921 में चन्द्रशेखर आज़ाद 15 वर्ष के तथा 1922 में 15 साल कुछ माह के होंगे। यही कारण था कि सजा के समय उन्हें 'नाबालिग' माना गया। मर्यादा पत्रिका में इसी आधार पर उनकी सम्भावित आयु 14 वर्ष लिखी है। इस गणना के आधार पर स्पष्ट है कि श्री चन्द्रशेखर आज़ाद की वास्तविक जन्म-तिथि 23 जुलाई, 1906 है। 23 जुलाई, 1906, स्थान-भाबरा, मध्य प्रदेश डालकर उक्त साइट से कुंडली चेक की गई। उसके अनुसार यह विक्रम संवत् 1963 के श्रावण शुक्ल पक्ष की द्वितीया है। शक संवत् 1828

है। नक्षत्र अश्लेषा है। उस दिन सूर्योदय 5:56 प्रात: तथा सूर्यास्त 7:09 सायं पर हुआ था। भाबरा का अक्षांश-देशान्तर 22032' उत्तरी, 740 19' पूर्वी है।

जन्म-स्थान

जितनी भ्रम की स्थिति चन्द्रशेखर आज़ाद की जन्म-तिथि को लेकर रही कमोबेश उतनी ही भ्रामक दशा उनके जन्म-स्थान को लेकर भी रही है। यद्यपि इस मुद्दे का समाधान हो चुका है और निर्विवाद रूप से आज़ाद की जन्म-स्थली के रूप में 'भाबरा' को स्वीकार कर लिया गया है। किन्तु रचनाओं की क्रमिकता के आधार पर कुछ मूल स्रोतों में दी गई जन्म-स्थल की सूचनाओं पर दृष्टिपात करना उचित होगा।

अभिसूचना फाइल में 28 नवम्बर, 1930 की स्पेशल डिप्टी सुपरिंटेंडेंट ऑफ सी.आई.डी. उत्तर प्रदेश एन.सी. मिश्र के द्वारा हस्ताक्षरित 'ड्राफ्ट हिस्ट्री नोट ऑफ चन्द्रशेखर आज़ाद'[9] में निवासी के कॉलम में अन्तगाँव, जिला-उन्नाव, ईंटगाँव, जिला-लखनऊ और मोहल्ला बैजनाथटोला शहर बनारस दर्ज है। इसी तरह पंजाब सी.आई.डी. के एस.पी. शेख अब्दुल अजीज को लिखे एक पत्र में चन्द्रशेखर आज़ाद से जुड़ी जो सूचना 20 जून, 1929 को भेजी गई है, उसमें उनके पिता का नाम बैजनाथ राम उर्फ सीताराम दर्ज है। जाति ब्राह्मण, निवास-बैजनाथ टोला लिखा है। उम्र-25 साल, लम्बाई औसत, रंगत गहरी और चेहरे पर चेचक का दाग लिखा है। हिस्ट्री नोट में भी पिता का नाम बैजनाथ उर्फ सीताराम पांडेय और शिवअनन्त शर्मा दर्ज है। इसी तरह पिल्डिच को लिखे 20 जुलाई, 1929 के पत्र में उनके पिता का नाम शिवअनन्त शर्मा, जाति ब्राह्मण तथा निवास-ज्ञानवापी, थाना चौक वाराणसी लिखा है, लेकिन पता तसदीक न होना दर्ज है। 1 दिसम्बर, 1930 को झाँसी के एस.पी. एच.ए. इंग्लिस को लिखे पत्र के अनुसार कैलाशपति ने यह सुझाव दिया है कि सदाशिवराव को पता है कि आज़ाद के माता-पिता कहाँ रहते हैं? एस.आई. राम भरोसे को तुरन्त भेजने का आग्रह किया है ताकि उसे पूना जेल भेजकर सदाशिवराव से पूछताछ की जा सके।

इसी तरह आज़ाद की व्यक्तिगत पत्रावली में संकलित एक पत्र में डिप्टी एस.पी. एन.सी. मिश्र ने ए.एस.बी. के निर्देश पर 19 मार्च, 1936 को कानपुर में बतौर डिप्टी एस.पी. नियुक्त शम्भुनाथ से यह जानना चाहा है कि चन्द्रशेखर आज़ाद का वास्तविक निवास स्थान कहाँ था? जिसके जवाब में 24 मार्च, 1936 को भेजे गए अपने पत्र में डिप्टी एस.पी. शम्भुनाथ ने लिखा है कि "चन्द्रशेखर आज़ाद को जिला उन्नाव में अन्त बीघापुर गाँव का रहनेवाला माना जाता है। जहाँ से उनके माता-पिता बनारस चले गए थे।" शम्भुनाथ पत्र में आगे लिखता है कि "कानपुर के एक मुखबिर ने मुझे हाल ही में बताया कि आज़ाद कानपुर में पनकी रेलवे स्टेशन के पास के रहनेवाले थे। मैं इस सूचना पर काम कर रहा हूँ।"

ध्यातव्य है कि पनकी रेलवे स्टेशन से सटा दक्षिण का गाँव भौती प्रतापपुर है जिसे अधिकांश संस्मरणों में चन्द्रशेखर आज़ाद के पुरखों का गाँव स्वीकार किया गया है। उन दिनों यह रेलवे लाइन ही कानपुर नगर व कानपुर देहात की सीमा-रेखा बनाती थी। इस रेलवे लाइन को ब्रिटिश काल में ईस्ट इंडियन रेलवे कहते थे। यह दिल्ली से इलाहाबाद

को जोड़ती थी। वर्तमान में इलाहाबाद से कानपुर की तरफ बढ़ने पर क्रमश: कानपुर सेंट्रल, गोविन्दपुरी, पनकी, भावपुर, मैथा, रूरा तथा झींझक रेलवे स्टेशन देखने को मिलते हैं। इसके आगे जनपद इटावा शुरू हो जाता है।

1 दिसम्बर, 1967 को पृष्ठांकित 'श्री चन्द्रशेखर आज़ाद' नामक हिस्ट्री नोट्स में लिखा है कि श्री चन्द्रशेखर आज़ाद के जन्म-स्थान, माता-पिता, प्रारम्भिक शिक्षा और जीवन के बारे में कुछ पता नहीं है। 1 जून, 1922 को धारा 17 सी.एल.ए. एक्ट के अन्तर्गत दोषसिद्धि के समय स्वयं को चन्द्रशेखर उर्फ आज़ाद पुत्र शिवअनन्त शर्मा, ब्राह्मण, निवासी ज्ञानवापी, थाना चौक वाराणसी, बताया। घोषित फरार के रजिस्टर में उनके पिता का नाम बैजनाथ राम उर्फ सीताराम, ब्राह्मण, निवासी बैजनाथ टोला, थाना भेलूपुर वाराणसी दर्ज है। यह बताया गया था कि आज़ाद जिला-उन्नाव में अन्त बीघापुर गाँव के रहनेवाले हैं। ऐसी भी अफवाह थी कि वे जिला लखनऊ, थाना काकोरी के ईंटगाँव के रहनेवाले हैं। लेकिन निश्चय के साथ सिर्फ इतना ही कहा जा सकता है कि वे एच.एस.आर.ए. के नेता के रूप में प्रसिद्धि प्राप्त करने के पूर्व थोड़े समय तक वाराणसी में रहे थे। वे बैजनाथ लॉज के कमरा नम्बर पाँच में रहा करते थे। कुछ कागजों में उन्हें अयोध्या का होना भी बताया गया है।

1 जून, 1922 को काशी के डिप्टी मजिस्ट्रेट छैलबिहारी के सामने आज़ाद का मुकदमा पेश हुआ था। इसकी खबर 2 जून, 1922 के 'आज' में छपी थी। उक्त खबर में लिखा है—"श्री आज़ाद उर्फ चन्द्रशेखर ने कहा कि मेरे पिता का नाम स्वतंत्र शर्मा है। मैं ज्ञानवापी पर रहता हूँ और पढ़ता हूँ।" इससे स्पष्ट है कि चन्द्रशेखर आज़ाद के शहीद होने के दिन तक सी.आई.डी. को या ब्रिटिश हुकूमत को न आज़ाद के पिता का सही नाम पता था और न ही उनके निवास-स्थान का।

श्री शिवविनायक मिश्र के अनुसार—"वाराणसी में आज़ाद पहले ज्ञानवापी के पास पुतलीवाले शिवाले में रहते थे। उसके पहले बड़ी पियरी पर मेरे मकान में भी रहते थे। काशी के बैजनत्था मोहल्ले में भी आज़ाद फरार होने के दिनों में एक कोयले की दुकान करनेवाली बुढ़िया के यहाँ ठहरा करते थे।"[10] स्पष्ट है कि ज्ञानवापी और बैजनत्था या बैजनाथटोला का पता यहीं से अस्तित्व में आया। अन्त बीघापुर मूलत: शिवविनायक मिश्र का गाँव था। सम्भवत: किसी मुखबिर ने इसे ही आज़ाद का गाँव मान लिया। इन तमाम साक्षियों से स्पष्ट है कि आज़ाद खुद को गुप्त रखने के लिए जब क्रान्तिकारी दल से नहीं जुड़े थे, तब भी अपना पता और वल्दियत गलत दर्ज कराते रहे। बाद में इन्हीं को 'हिस्ट्री नोट' में डाला गया। अखबारों की खबरों को ही अनेक लेखकों ने आधार बनाया, अत: वे श्री चन्द्रशेखर आज़ाद का पता गलत लिखते रहे, इसके कुछ उदाहरण द्रष्टव्य हैं।

विप्लव के विविध अंकों में आज़ाद पर सबसे पहला लेख नवम्बर, 1938 में श्री सुखदेवराज ने 'आज़ाद का बमवाद' शीर्षक से लिखा। फिर फरवरी, 1939 में 'आज़ाद अंक' छपा। 'विप्लव' के मार्च, 1939 के अंक में श्री सुखदेवराज ने पुन: एक लेख लिखा—'अल्फ्रेड पार्क गोलीकांड।' तत्पश्चात नवम्बर, 1939 में वी.जी. वैशम्पायन का लेख 'आजाद की माँ' छपा। फरवरी, 1940 के अन्त में इन्द्रपाल का लेख 'सेनापति आज़ाद' छपा। 'विप्लव' के शुरू से लेकर अन्त तक समस्त अंको में कुल मिलाकर

17 लेख चन्द्रशेखर आज़ाद पर छपे। इनमें से एकमात्र श्री विश्वनाथ वैशम्पायन के लेख में चन्द्रशेखर आज़ाद के वास्तविक घर और माताजी का आँखों-देखा विवरण दिया गया था। लेकिन इसके बाद भी प्रकाशित तमाम जीवनियाँ आज़ाद का जन्म-स्थान गलत लिखती रहीं। 1939 में ही पंडित रामदुलारे त्रिवेदी ने 'काकोरी कांड के दिलजले' पुस्तक लिखी। उसमें आज़ाद के पिता का जन्म-स्थान तो 'भौंती' लिखा है, लेकिन आज़ाद का जन्म-स्थान नहीं लिखा। सन् 1948 में दो पुस्तकें छपीं, पहली 'कानपुर के विद्रोही' इसमें आज़ाद का जन्म-स्थान 'भौती' ही दर्शाया गया, जबकि दूसरी किताब 'आज़ादी के परवाने' में आज़ाद का जन्म स्थान काशी का बैजनाथ टोला लिखा गया।

सन् 1955 में श्री यशपाल का 'सिंहावलोकन' छपा। जिसमें वे तृतीय खंड में लिखते हैं—"आज़ाद कानपुर चुन्नीगंज के मकान में आकर रात बहुत देर तक अपने गत जीवन की बातें सुनाते रहते थे। कुछ आज़ाद से सुनी चर्चा और कुछ आज़ाद के बहुत समीपी साथी श्री भगवानदास माहौर और फरारी में उन्हें प्राय: स्थान देनेवाले मास्टर श्री रुद्रनारायण जी से सुनी बातों के आधार पर विश्वास है कि आज़ाद का जन्म-स्थान मध्य भारत की झाबुआ तहसील का भाबरा ग्राम था। उस समय यह गाँव अलीराजपुर रियासत के अन्तर्गत था। आज़ाद के पिता का नाम पंडित श्री सीताराम तिवारी था और माता श्रीमती जगरानी देवी थीं। तिवारी जी की आर्थिक स्थिति अच्छी नहीं थी। इसलिए उन्नाव जिले में अपने बहनोई श्री शिवनन्दन और श्री रामप्रसाद मिश्र के यहाँ रहते थे। किसी बात से चिढ़कर उन्नाव छोड़कर अलीराजपुर चले गए।"[11]

सन् 1959 में श्री भगवानदास माहौर, श्री सदाशिव मलकापुरकर तथा श्री शिववर्मा ने 'यश की धरोहर : क्रान्तिकारियों के संस्मरण' प्रकाशित कराई। 'विप्लव' के आज़ाद विषयक लेख जहाँ आज़ाद तथा उनकी पार्टी की विचारधारा को समझने के लिए सर्वोत्तम है, वहीं आज़ाद के व्यक्तिगत जीवन पर सर्वाधिक प्रकाश 'यश की धरोहर' से पड़ता है। यहाँ स्पष्ट करना आवश्यक है कि 1955 के 'सिंहावलोकन' के संस्मरण में ऊपर लिखी बातें यश की धरोहर में हूबहू आई हैं। प्राय: यही परिचय दिया गया है—"श्री चन्द्रशेखर आज़ाद का जन्म मध्य भारत के झाबुआ तहसील के ग्राम भाबरा में हुआ था।"[12] इसके बाद नर्मदा पत्रिका का आज़ाद अंक 1964 में प्रकाशित हुआ। इस अंक के लेखों ने चन्द्रशेखर आज़ाद के व्यक्तिगत जीवन को सर्वाधिक आलोकित किया। खासकर श्री मनोहरलाल त्रिवेदी के संस्मरण ने आज़ाद के पिता के बदरका से अलीराजपुर आने, भाबरा में बसने से लेकर मृत्युकाल तक का जो रेखाचित्र खींचा है, उससे यह स्पष्ट हो जाता है कि आज़ाद का बचपन इसी गाँव में बीता। इसी लेख में विश्वसनीय ढंग से बताया गया कि आज़ाद के बड़े भाई सुखदेव का जन्म तो बदरका में हुआ था, मगर खुद आज़ाद (व उनके पूर्व एक बहन जो बचपन में मर गई) का जन्म भाबरा में हुआ।"[13]

इस अंक के अगले लेख में श्री शिवविनायक मिश्र ने बदरका निवासी अपने सम्बन्धी श्री कालीशंकर अवस्थी के द्वारा सुनाए हाल के आधार पर बयान किया है कि "आज़ाद मध्य प्रदेश के गाँव में पैदा हुए थे। श्री कालीशंकर ने श्री सीताराम को देखा था।"[14] यही नहीं इस अंक के एक संस्मरण 'श्री चन्द्रशेखर आज़ाद का स्मारक' में लेखक

श्री जगदीश प्रसाद चतुर्वेदी ने 'भाबरा' का मोहक शब्द चित्र खींचा है। श्रीमती शकुन्तला शुक्ल ने अपने संस्मरण 'अमर शहीद श्री चन्द्रशेखर आज़ाद की पूजनीय माताजी से दो बार भेंट' में 1947-48 में स्व. जगरानी देवी से मुलाकात के क्रम में लिखा है—"मैंने सुना था कि आज़ाद कानपुर के पास के रहनेवाले तथा चट्टू या दमा के तिवारी थे। कान्यकुब्ज ब्राह्मण थे।"[15] श्री मन्मथनाथ गुप्त ने अपने संस्मरण में लिखा—"मैंने श्री चन्द्रशेखर आज़ाद के विषय में कुछ संस्मरण बल्कि एक पुस्तक ही लिखी थी। यह 1938 में मैंने खुद छपवाई थी। मैं वर्षों तक आज़ाद के साथ था, किन्तु मुझे यह पता नहीं लगा कि उनका घर किस जिले में था? वह कभी-कभी यूँ ही अपने बचपन का जिक्र किया करते थे। उनका घर मध्य भारत के पास था। इतना भर पता चलता था।"[16]

आगे इन सारे तथ्यों को एकत्र करके श्री विश्वनाथ वैशम्पायन ने 1965 में 'शहीद श्री चन्द्रशेखर आज़ाद' नाम से जो संस्मरणात्मक पुस्तक प्रकाशित कराई, उसने सारे विवादों पर वैसे तो विराम लगा दिया। या यूँ कहें कि श्री वैशम्पायन ने उस समय बदरका बनाम भाबरा पर जो भ्रम की स्थिति थी, उसे दूर करने के लिए स्पष्ट शब्दों में लिखा—"कुछ लोग मानो यह दृढ़ निश्चय कर बैठे हैं कि वे लोग उन्नाव जिले के बदरका ग्राम को उनकी जन्मभूमि सिद्ध करके ही दम लेंगे। जबकि स्वयं आज़ाद, उनकी पूज्य माता जगरानी देवी और भाबरा के पुराने लोग कह रहे हैं कि आज़ाद की जन्मभूमि अलीराजपुर रियासत का भाबरा ग्राम है। स्वयं माताजी ने जब वे झाँसी रहीं, मुझे, श्री सदाशिव मलकापुरकर, माहौर जी, मास्टर श्री रुद्रनारायण, बनारसीदास चतुर्वेदी आदि अनेक व्यक्तियों को आज़ाद के भाबरा में जन्म की बात बताई थी। फरवरी, 1965 में जब हम भाबरा आज़ाद की मूर्ति का अनावरण करने गए थे तो हमें भाबरा ग्राम के 88 साल के वयोवृद्ध श्री हैदर खान ने भी यह बताया था। उनके अनुसार उनके सामने श्री सीताराम तिवारी आकर बसे थे। उसी प्रकार आज़ाद के परिवार के अभिन्न मित्र श्री मनोहरलाल जी ने भी इसकी पुष्टि की।"[17]

'चन्द्रशेखर आज़ाद की जन्म-स्थली' के नाम से श्री सदाशिव मलकापुरकर जी ने करीब तीन पृष्ठ का लेख लिखा था, जो श्री सुधीर विद्यार्थी जी द्वारा सम्पादित पुस्तक 'अग्निपुंज' के पृष्ठ 279-281 पर प्रकाशित है। इस लेख के अनुसार, "कानपुर के दैनिक प्रताप (27 फरवरी, 1959) में प्रकाशित 'शहीदे वतन आज़ाद' शीर्षक श्री विनयराज अग्रवाल के लेख के आरम्भ में बदरका को ही उनकी जन्म-स्थली बताया गया था। संसार साप्ताहिक (क्रान्ति अंक : कांग्रेस अधिवेशन, नवम्बर, 1946) में आज़ाद का जन्म कमच्छा के पश्चिम वैद्यनाथ नामक मुहल्ले में श्री बैजनाथ शर्मा के घर होना बताया गया है। भाबरा से श्री भगवानदास माहौर के नाम लिखे 20 जून, 1958 के पत्र में श्री मनोहरलाल त्रिवेदी ने वही विवरण दिये जो बाद में नर्मदा अंक में छपे। 27 फरवरी, 1965 को जब हम भाबरा कार्यक्रम में गए तो वहाँ के निवासियों द्वारा दिये गए बयानों में एक इस प्रकार है—"मैं दौलत शेर खाँ वल्द मुन्ना खाँ निवासी भाबरा इस समय 88 वर्ष का हूँ। मैं श्री सीताराम तिवारी को तभी से जानता हूँ जब वह सबसे पहले भाबरा आए थे। कुछ समय बाद उनकी पत्नी अपने पुत्र को लेकर आईं जिनका नाम शुकदेव था। श्री चन्द्रशेखर का जन्म यहीं भाबरा में इसी झोंपड़ी में हुआ था, जहाँ मैं बैठा

हूँ। दस्तखत दौलत शेर खाँ व अन्य वृद्ध सज्जन।"[18] श्री कैलाश द्विवेदी के हवाले से श्री विकास वाजपेयी ने 1973 में लिखा कि "आज़ाद की माँ से जब एक बार मेरी भेंट हुई तो उन्होंने कहा कि सुखदेव (आज़ाद के बड़े भाई) का जन्म बदरका में हुआ था। श्री चन्द्रशेखर के बारे में बताया कि मैं झाँसी से भाबरा जा रही थी। रास्ते में बड़े जोर की पीड़ा हुई। फिर मैंने अपने को भाबरा तक रोक रखा। इस घटना से प्रतीत होता है कि आज़ाद का जन्म भाबरा जाते समय मार्ग में ही हुआ।"[19]

स्पष्ट है कि श्री चन्द्रशेखर आज़ाद के पूर्वज भले भौती प्रतापपुर के रहे हों, उनके पिता बदरका में रहे हों, लेकिन स्वयं आज़ाद का जन्म भाबरा में हुआ था। इस तथ्य में कोई संशय नहीं है तथापि कुछ लोग अनायास भ्रम बनाए रखना चाहते हैं। जो इतिहास सम्मत नहीं है।

सन्दर्भ

1. 'सिंहावलोकन', यशपाल, पृ. 389
2. 'व्यक्तिगत पत्रावली', चन्द्रशेखर आज़ाद
3. 'चन्द्रशेखर आज़ाद', बनारसीदास चतुर्वेदी, आज़ाद अंक, 'नर्मदा', पृ. 13
4. 'अमर शहीद श्री चन्द्रशेखर आज़ाद', श्री विश्वनाथ पांडेय, आज़ाद अंक, 'नर्मदा', पृ. 83
5. 'कानपुर के विद्रोही', बाबू नारायण प्रसाद अरोड़ा, पृ. 123
6. 'यश की धरोहर', भगवानदास माहौर, पृ. 75-76
7. 'संस्मृतियाँ : क्रान्तिकारी शहीदों के संस्मरणात्मक रेखाचित्र', शिववर्मा, पृ. 9
8. 'यश की धरोहर : क्रान्तिकारियों के संस्मरण', भगवानदास व अन्य, पृ. 75-76
9. 'व्यक्तिगत पत्रावली', चन्द्रशेखर आज़ाद
10. 'आज़ाद की अन्त्येष्टि और बनारस जीवन के संस्मरण', पं. शिवविनायक मिश्र, आज़ाद अंक, 'नर्मदा', पृ. 27-28
11. 'सिंहावलोकन', यशपाल, तृतीय भाग, पृ. 338
12. 'यश की धरोहर', भगवानदास माहौर व अन्य, पृ. 75
13. 'अमर शहीद चन्द्रशेखर आज़ाद के संस्मरण', मनोहरलाल त्रिवेदी, आज़ाद अंक, 'नर्मदा', पृ. 17-18
14. वही, शिवविनायक मिश्र, पृ. 22
15. अमर शहीद श्री चन्द्रशेखर आज़ाद की माताजी से दो बार भेंट, शकुन्तला शुक्ल, 'नर्मदा', पृ. 97
16. 'चन्द्रशेखर आज़ाद के संस्मरण', मन्मथनाथ गुप्त, पृ. 128
17. 'शहीद श्री चन्द्रशेखर आज़ाद', विश्वनाथ वैशम्पायन, पृ. 33
18. चन्द्रशेखर आज़ाद की जन्म-स्थली, सदाशिव मलकापुर, 'अग्निपुंज : शहीद चन्द्रशेखर आज़ाद की क्रान्तिकारी जीवन-कथा', सुधीर विद्यार्थी, पृ. 280-81
19. 'भौती और आज़ाद', विकास वाजपेयी, पृ. 7-8

बाल्यकाल

चन्द्रशेखर आज़ाद के बचपन के जीवन पर बहुत कम संस्मरण मिलते हैं। श्री मनोहरलाल त्रिवेदी और 'यश की धरोहर' के अलावा थोड़े संस्मरण श्री विश्वनाथ वैशम्पायन द्वारा लिखित जीवनी में मिलते हैं। वर्तमान में विश्वसनीय ढंग से आज़ाद के बचपन पर जानकारी देनेवाला शायद ही कोई मिले। काशी प्रवास या किशोरावस्था के संस्मरण फिर भी अधिक हैं, किन्तु आज़ाद के 'भाबरा' गाँव के जीवन के संस्मरण बेहद कम हैं, साथ ही उनकी प्रामाणिकता का भी प्रश्न है। इस खंड में सर्वप्रथम उस स्थान यानी 'भाबरा' की स्थिति पर दृष्टि डालेंगे जहाँ चन्द्रशेखर आज़ाद ने आँखें खोलीं और कम से कम 13 साल की आयु तक रहे। श्री राहुल सांकृत्यायन की आत्मकथा के अध्ययन से आभास मिलता है कि इस वर्ष की आयु तक भी करने और कहने के लिए कितना कुछ होता है।

श्री मनोहरलाल त्रिवेदी के अनुसार—"पंडित श्री सीताराम तिवारी जी भाबरा में संवत् 56 के देशव्यापी अकाल के समय में ही पहुँच गए थे। वहाँ उनके एक रिश्तेदार जिनका नाम श्री हजारीलाल था, पहले से ही रह रहे थे। तिवारी जी वहाँ जंगलात में सिपाही की जगह नौकर हो गए, परन्तु कुछ दिनों में ही उन्होंने यह नौकरी छोड़ दी, क्योंकि एक बार कुछ आदिवासी बदमाशों ने उन्हें मार-पीटकर उनसे कुछ रुपये और कपड़े छीन लिये थे। तदनन्तर तिवारी जी गाय आदि रखकर दूध बेचकर तथा कुछ व्यापार कर जीवन-निर्वाह करते रहे। मैं सन् 1913 में जब भाबरा आया तब 16 साल का था। पहले तिवारी जी के पास छोटे-बड़े 40 मवेशी थे, परन्तु सन् 1912 में पानी कम बरसने के कारण वे और तो सब मर गए, केवल तीन गाय उनके पास शेष रही थीं।"[1]

श्री शिवविनायक मिश्र ने अपने संस्मरण में थोड़ी भिन्नता प्रकट करते हुए लिखा है—"श्री सीताराम तिवारी जी को आर्थिक कष्टों के कारण बदरका ग्राम, जिला उन्नाव छोड़ना पड़ा था। बदरका निवासी श्री रामलखन जी अवस्थी उस समय अलीराजपुर रियासत में पुलिस के दारोगा थे। उन्होंने ही श्री सीताराम को अपने साथ ले जाकर पुलिस में भर्ती करा दिया था। श्री सीताराम जी वहाँ बस गए, फिर लौटकर बदरका नहीं आए। श्री चन्द्रशेखर आज़ाद जिस ग्राम में मध्य प्रदेश में पैदा हुए थे, उस ग्राम में भीलों और मुसलमानों की आबादी अधिक थी। ब्राह्मणों के दो-एक घर थे। श्री सीताराम जी की नौकरी थोड़े दिनों बाद पुलिस से छूट गई। उन्होंने इसके बाद बाग की रखवाली के निमित्त रुपये 5 मासिक की नौकरी की।"[2]

श्री मनोहरलाल त्रिवेदी के अनुसार संवत् 56 यानी सन् 1899 में पंडित सीताराम बदरका से भाबरा गए थे। कैसा रहा होगा उस समय का भाबरा, आज यह बतानेवाला

कोई नहीं है, लेकिन तत्कालीन परिस्थितियों पर प्रकाश डालने के लिए कैप्टन सी. ई. लुआर्ड द्वारा संकलित 1908 का 'वेस्टर्न स्टेट्स मालवा' का गजेटियर है। इसके खंड पाँच में तमाम रियासतों के आँकड़े संकलित हैं। ये आँकड़े पटवारियों के गाँव सम्बन्धी कागजों से लिये गए हैं। अलीराजपुर के आँकड़े 'नारायण वामन नायक' ने संकलित किये हैं। इन सूचनाओं के आधार पर यदि उस जंगल, जमीन और तत्कालीन परिस्थितियों पर दृष्टि डालें जिसमें चन्द्रशेखर आज़ाद का बचपन बीता था तो स्वत: स्पष्ट हो जाता है कि जो आज़ाद खयाली और दिलेरी उनमें थी, वह कहाँ से आई थी?

अलीराजपुर[3]

अलीराजपुर रियासत अंग्रेजों के समय राजसी राज्य था। यह सेंट्रल इंडिया में भोपावर एजेंसी के अधीनस्थ था। गुजरात और महाराष्ट्र की सीमा पर स्थित अलीराजपुर मध्य प्रदेश के मालवा क्षेत्र में स्थित है। इसका क्षेत्रफल 836 वर्ग मील है। अलीराजपुर का विक्टोरिया पुल 1897 की हीरक जयन्ती के उपलक्ष्य में बनाया गया था। 1947 में आज़ादी मिलने के बाद राजा का परिवार दिल्ली चला गया। जहाँ अलीराजपुर के अन्तिम शासक सुरेन्द्र सिंह ने 1980 के दशक में स्पेन में बतौर भारतीय राजदूत काम किया। आज़ादी के बाद अलीराजपुर को नवनिर्मित झाबुआ जिले का हिस्सा बनाया गया। 17 मई, 2008 को इससे अलग कर एक स्वतंत्र जिला बनाया गया।

वर्तमान में इस जिले में कुल पाँच तहसीलें—अलीराजपुर, जोबट, सोंडवा, कट्टीवाड़ा और चन्द्रशेखर आज़ाद नगर (भाबरा) हैं। पुराने समय में भाबरा जोबट तहसील में था। अलीराजपुर नाम अली व राजपुर के संयोग से बना है। राजसी रियासत की पुरानी राजधानी 'अली' में थी। यहीं पर उनका दुर्ग था। इस स्थान की स्थापना आनन्द देव ने 1437 ई. में की थी। बाद में 'राजपुर' को राजधानी बनाया गया। इस रियासत की आबादी भूटान या अलास्का के बराबर है। इस इलाके में भगोरिया मेला बड़ी धूमधाम से मनाया जाता है। कट्ठीवाड़ा के जंगलों में आम की एक दुर्लभ प्रजाति 'नूरजहाँ' मिलती है। यहाँ का भूगोल पहाड़ी है तथा आमों की खेती पर निर्भर है। वर्तमान में नूरजहाँ आम के मात्र चार पेड़ बचे हैं जो अलीराजपुर जिले में ही हैं। अधरकाँच गाँव की 'गलसन माला' भी काफी प्रसिद्ध है। चाँदी की हँसली भी खूब बनती है। इस गाँव की पिथोरा पेंटिंग्स भिलाला और राथवा जनजातियाँ दीवारों पर बनाती हैं। इस रियासत के जैन मन्दिर भी दर्शनीय हैं। लक्ष्मी तीर्थ मन्दिर में पद्म प्रभु स्वामी की मूर्ति है। यह दो हजार साल पुराना मन्दिर है। यह स्थान मुख्यालय से 8 किलोमीटर दूर है।

मालवा गजेटियर के अनुसार—"अलीराजपुर के प्रमुख राठौड़ राजपूत थे। परम्परा कहती है कि कोई 'दीपसेन' भाबरा परगना के मोतीपोल गाँव में बसे, वहीं किला बनवाया। जिसके अवशेष आज भी हैं। उनके 21वें पीढ़ी के वंशज उदयदेव या आनन्ददेव हुए जिन्होंने सैयद सल्तनत में सन् 1437 के करीब अली का किला बनवाया। आनन्ददेव के दो पड़पोतों में मुगलदेव को अलीराजपुर तथा केसरदेव को जोबट रियासत का क्षेत्र मिला। सन् 1818 में जब ब्रिटिश सम्प्रभुता स्थापित हुई उस समय रियासत पर आभासी रूप से मकरानी साहसी 'मुसाफिर मकरानी' शक्ति में था, जो राणा प्रताप सिंह प्रथम का

मंत्री था। उनकी मृत्यु के बाद उनके पुत्र जसवन्त सिंह पैदा हुए। जिनसे उनके भतीजे केशरी सिंह का लम्बा झगड़ा चला। चूँकि इस रियासत के मुखिया अंग्रेजों के राजभक्त रहे, अत: 1857 में यहाँ कोई महत्त्वपूर्ण घटना नहीं हुई।

जसवन्त सिंह सन् 1862 में मरे। उनके बाद उनके बड़े पुत्र गर्गदेव गद्दी पर बैठे, मगर अक्षम होने के कारण उन्हें सन् 1869 में अपदस्थ कर दिया गया और रियासत को अधीक्षण में रख दिया गया। छोटे भाई रूपदेव को प्रशासन में प्रमुख पद पर रखा गया। सन् 1871 में गर्गदेव मरे। उनके बाद रूपदेव राजा बने। सन् 1881 में वे भी नि:सन्तान मरे। सरकार ने सोंडवा ठाकुर परिवार से विजय सिंह को रखना चाहा, मगर मकरानियों और फूलमाल के ठाकुरों ने उसे मान्यता नहीं दी। समुचित पर्यवेक्षण के अभाव में पटवारियों और जिले के अफसरों ने जनता को चूस डाला। उन्होंने लगान मनमाना बढ़ाकर वसूला। भीलों में भारी असन्तोष था। चिट्टू भिलाला के साथ मिलकर सोंडवा के पटेल, तोकरिया-झीरन के भवान तर्वी ने असन्तुष्ट तबके को जोड़कर नानपुर, छकतला और भाबरा गाँवों को लूट लिया जबकि राजपुर को धमकी दी गई। मकरानियों का नेता 'दाद मुहम्मद' था। उसने खानदेश, छोटा-उदयपुर और गुजरात से आदमी बुलाकर अपनी ताकत बढ़ा ली। अन्त में दाद मुहम्मद एक झड़प में मारा गया। चिट्टू और भवान को पकड़कर जेल भेज दिया गया। जीत सिंह गुजरात भाग गया, वहीं मर गया। 1882-83 में उसकी रियासत जब्त कर ली गई। विजय सिंह सन् 1890 में नि:सन्तान मरे। उनके वारिस के रूप में भारत सरकार ने सोंडवा वंश से प्रताप सिंह को चुना। प्रताप सिंह भगवान सिंह के पुत्र हैं। उनका जन्म 12 सितम्बर, 1881 को हुआ जबकि उन्हें 10 जून, 1891 को गद्दी पर बैठाया गया। राणा ने इंदौर के डेली कॉलेज से शिक्षा प्राप्त की। सन् 1901 में प्रयोग के तौर पर उन्हें नानपुर और खट्टाली के दो परगनों का प्रशासन दिया गया। सन् 1902 में उन्हें प्रथम वर्ग के मजिस्ट्रेट की शक्तियाँ दी गईं और सन् 1904 में उन्हें पूर्ण शासकीय शक्तियाँ दी गईं। राणा प्रताप सिंह के पुत्र फतेह सिंह का जन्म 22 अगस्त, 1904 को तथा छोटी रानी से एक पुत्री का जन्म 11 नवम्बर, 1904 को हुआ।"

उल्लेखनीय है कि 1899 में जिस समय पं. सीताराम तिवारी बदरका से अलीराजपुर आए, उस समय प्रताप सिंह को राजा चुना तो गया था लेकिन शक्ति पूरी तरह अंग्रेजों के हाथ में थी। 1904 में जब प्रताप सिंह को शक्ति मिली तब तक पं. सीताराम तिवारी भाबरा में बस चुके थे। ऐसी मान्यता है कि रहने की जगह प्रताप सिंह ने ही पं. सीताराम को दी थी। इस सम्भावना से इनकार नहीं किया जा सकता है कि रिश्तेदार दारोगा के प्रभाव में स्थानीय पटवारियों व प्रशासन से पंडित सीताराम को यह जमीन मिली होगी।

गजेटियर में 'अलीराजपुर' कस्बा के सम्बन्ध में निम्न विवरण दर्ज मिलता है—"अलीराजपुर परगना भाबरा में स्थित रियासत का मुख्य कस्बा है। इसे स्थानीय लोग राजपुर कहते हैं। यह समुद्र से 977 फीट की ऊँचाई पर स्थित है। $22^0 17$ 'उत्तरी अक्षांश और $74^0 27$' पूर्वी देशान्तर है। यह इंदौर से 120 मील दक्षिण-पश्चिम में स्थित है। 1901 में यहाँ की जनसंख्या 3954 थी। इसमें 2059 पुरुष तथा 1895 स्त्रियाँ थीं। आबादी में 2346 हिन्दू, 104 जैन, 927 मुस्लिम, 577 जीववादी थे। यहाँ 601 घर थे।

इस कस्बे को 1800 में मुसाफिर मकरानी ने राजधानी बनाया था। वह राणा प्रताप सिंह का दीवान था। इसके पूर्व राजधानी 'अली' में थी। एक स्टेट अतिथि गृह, एक सराय, एक स्कूल, एक सार्वजनिक पुस्तकालय, एक जेल, एक अस्पताल और एक ब्रिटिश डाकघर इस कस्बे में स्थित हैं। यह कस्बा रतलाम-गोधरा मार्ग पर स्थित दोहद स्टेशन से 55 किमी. तथा बरवानी से धार और महू को जानेवाली पक्की सड़क पर स्थित कुक्षी से 27 किमी. की दूरी पर स्थित है।"[4]

अलीराजपुर गजेटियर में चैप्टर ए में प्रशासनिक खंडों के ऊपर विस्तार से लिखा गया है। गजेटियर के आधार पर तत्कालीन परिस्थितियों का संक्षिप्त विवरण प्रस्तुत किया जा रहा है।

जंगल

अलीराजपुर के जंगल पर प्रकाश डालते हुए मालवा गजेटियर लिखता है—"इस रियासत में मिलनेवाले जंगल सतपुड़ा के जंगलों में मिलनेवाली प्रजाति के गुणधर्मवाले हैं। इनमें सागौन एवं अर्जुन की प्रजातियाँ, धौरा, सन्दन, अंजन, शीशम, आबनूस, लोबान, कोचिया, पलास और गलगल के वृक्ष मुख्य हैं।"[5] जंगल सामान्यत: मिलजुमला प्रजातियों के हैं, लेकिन कुछ जगहों पर सागौन की प्रमुखता है। थोड़े से हिस्से में अंजन झाड़ियों और सलाई के साथ उगते हैं। इन जंगलों में मिलनेवाली झाड़ियों की और वृक्षों की सामान्य प्रजातियाँ निम्नवत हैं—अचार या चिरौंजी, अकोला, अल, आम, अमलतास, अंजन, आँवला, अस्ट्रा (अप्टा), बबूल, बहेड़ा, बैकल, बाँस, बेल, बिया, भीलाम, भोकार या गोंडी, बोर, चियोला, सिरिस, चिलारी, चिल्ला या लैंजा, धामन, धौरा, दुद्धी, गनियर, गुरार, हल्दू, हरसिंगार या सेहारो या सरई, जामुन, जमरासी, कचनार, काहू, कलक, कलम, कलन, कपिलो या शेन्द्री, करंज, करौंदा, कर्राई, कस्सी, खैर, खाकर, कुसुम, लेंडिया या खर्की, महुआ, मकोय, मड़ोर फल, मेसिंग, मोहिनी, मोका, निर्गुंडी, ओला, पलाश या खाकरा, पासी या पादरी, पेंड्रा, फांडा, फुरूसया धौरी, रिंज-रिंजरा, रोहन, साग, साद, सलाई, सेमल, सेंधी (सिन्धी या खजूर), शीशम, शीवान, तेंदू, तेवरी-खैर, ताड़, उम्बी।

इनमें बैकल जलावनी के काम आता है, सिरिस भी निम्न किस्म की लकड़ी होती है, चिलारी भी जलाते हैं। कलान, कपिलो, खाकर, मरोड़फल, मोहिनी, ओला, पलास, फांड्रा, फरूस या धौरी, सिरिस, तेउरी खैर, उम्बी वगैरह निम्न गुणवत्ता वाली जंगली लकड़ी हैं, जो ईंधन के काम आती हैं। कचनार का फल सब्जी के रूप में खाते हैं। करंज से औषधीय तेल निकलता है। करौंदा खाते हैं। खैर से कत्था बनता है तथा छाल से चमड़ा बनाया जाता है। कुसुम की कतरी बनती है जो गन्ना पेरने की मशीन में प्रयोग होती है। महुआ के फूल खाते हैं, दारू उतारते हैं, बीज जिसे टोली या डोली कहते हैं, से तेल निकलता है। मकोय का फल खाते हैं और लकड़ी से कोयला बनता है। मासिंग के बीज औषधीय हैं। निर्गुण की पत्तियों का प्रयोग किण्वन के लिए किया जाता है। पलाश से गोंद और लाख मिलता है। फूलों का इस्तेमाल रँगने में करते हैं। डंडी का प्रयोग दवा में होता है। पासी के फूलों का प्रयोग लकड़ी के रूप में होता है। पेंड्रा के फूलों से कपड़ा धोते हैं। रिंजरा से गोंद निकलता है, जो औषधीय है। रोहन की छाल

रँगने के काम आती है, लकड़ी कुएँ में लगती है। सलाई से गोंद मिलता है। सेमल से रुई मिलती है, जो कड़ी गद्दियों में भरते हैं। सेंधी की डंडी इमारती होती है, शाखों से झाड़ू और चटाई बनती है, टोकरी के लिए छड़ियाँ मिलती हैं और इससे पीने के लिए जूस निकलता है। सीवान की जड़ औषधीय होती है, लकड़ी से ढोल बनती है। तेंदू का फल खाते हैं और लकड़ी इमारती होती है। टीनास की लकड़ी से बैलगाड़ी का ढाँचा बनता है। ताड़ से पीने को ताड़ी, पंखा, झाड़ू मिलती है। आँवला का फल औषधीय होता है।

अस्ट्रा की पत्ती से बीड़ी बनती है, पौधे की पूजा की जाती है। बबूल से गोंद मिलता है, लकड़ी से गाड़ी व औजार बनते हैं। बहेड़ा की पत्ती से रँगाई करते हैं, फल औषधीय होता है। बैकल की पत्तियों का भी औषधीय गुण होता है। बाँस का प्रयोग घर बनाने में तथा टोकरी बनाने में किया जाता है। बेल का फल खाया जाता है, जबकि पत्ती हिन्दू पूजा में काम आती है। बीया की लकड़ी इमारती होती है। इससे औजार और ढोलक बनती है। भिलाम का फल खाते हैं और इससे निशान लगाने की स्याही बनती है। गोंडी के फूल सब्जी हैं, फल खाए जाते हैं और लकड़ी से दरवाजे बनते हैं। बोर का फल खाया जाता है, इससे कंघी बनती है तथा लकड़ी से जुआठ बनती है। लैंजा की लकड़ी के औजार बनते हैं। धामन से कोयला तथा औजार बनते हैं। दूधी का फल पेचिश में खाते हैं, लकड़ी से कोयला बनता है तथा पानी के भीतर की रचना में इसका प्रयोग करते हैं। गनियर दवा में काम आती है। गुरार से घर की बीम बनती है। हल्दू का प्रयोग बतौर इमारती लकड़ी और औजार बनाने में होता है। हरसिंगार के फूल का इस्तेमाल हिन्दू धर्म कार्यक्रमों में होता है। फूलों से रंग निकलता है। डंठलों से छप्पर बनता है। जामुन खाई जाती है और इसकी लकड़ी से औजार बनते हैं। जमरासी की लकड़ी का प्रयोग घरों में और औजारों में होता है।

'इन जंगलों का प्रशासन' एजेंसी फॉरेस्ट अफसर' (ए.एफ.ओ.) के हाथ में रहता है। पूरे स्टेट में वर्तमान में एक फारेस्ट अफसर, तीन रेंज ऑफिसर, 6 सब रेंज अफसर और 34 गार्ड हैं।[6] "इन जंगलों में तेंदुआ, भालू, भैंस और कभी-कभी बाघ मिल जाते हैं।"[7] इस क्षेत्र की जलवायु समशीतोष्ण है। गर्मी में तापमान 106-90 डिग्री, बरसात में 90-70 डिग्री तथा जाड़ों में 75-50 डिग्री रहता है। पूरे स्टेट में बारिश 35" होती है। 1882-83 में सर्वाधिक 58" वर्षा दर्ज की गई थी, जबकि अकाल वर्ष अर्थात् 1899-1900 में सबसे कम 13.76" वर्षा दर्ज की गई।"

स्मरणीय है कि इसी साल श्री सीताराम तिवारी यहाँ आए थे। 1906 में जिस साल चन्द्रशेखर आज़ाद का जन्म हुआ, उस साल बारिश औसत से थोड़ा ज्यादा 39.87" थी। जिस माह अर्थात् सावन में आज़ाद का जन्म हुआ, वह बारिश का ही महीना था। जब श्री सीताराम तिवारी भाबरा में बसे होंगे तो बाँस, बीया, धौरा, हल्दू, जमरासी, काहू, कलाम, थुम्बी, मोथा, साग, सागौन, शीशम की लकड़ी से घर बनाया होगा। जिसमें गुरार की बीम डाली होगी, सेहारो या सरई, काहू की छप्पर डाली होगी। भोकर या गोंडी की लकड़ी का चौखटा बनाया होगा। रोहन की लकड़ी का नीचक देकर कुआँ बँधवाया होगा। पेंड्रा के फूलों से उनके कपड़े धोए जाते होंगे। ताड़, खजूर के झाड़ से घर बहौरा जाता होगा। बोर की कंघी से बाल बनाते होंगे और घर में तमाम खाने-पीने

लायक जंगली उत्पादों का सेवन किया जाता होगा।

जंगल के उत्पादों पर प्रकाश डालते हुए मालवा गजेटियर आगे लिखता है—"जंगल के उत्पादों का निपटारा विभागीय एजेंसियों के द्वारा किया जाता है। मूल्यवान लकड़ियाँ दो डिपॉट में एकत्र की हैं, जिनमें से एक अलीराजपुर में है, जबकि दूसरा भाबरा में। निम्न किस्म की लकड़ियाँ और बाँस जिन्हें कृषि वर्ग के लोग प्रयोग करते हैं, को खेती करनेवाले विभाग के पर्यवेक्षण में स्वयं काटते हैं जिससे बेकार में नुकसान न हो। उत्पाद को दोहद (पंचमहाल) और कुक्षी (धार) भेजा जाता है, जो निकटतम विदेशी बाजार हैं। गोंद, महुआ के फूलों, लाख और शहद आदि का बड़ा व्यापार होता है। वन्य जातियों का समस्त महुआ के पेड़ों पर, यहाँ तक कि फॉरेस्ट रिजर्व में भी, नियंत्रण होता है। इसे उनकी सम्पत्ति माना जाता है। छोटी सी निर्यात ड्यूटी वसूल की जाती है। घास और सूखा ईंधन जंगल से एकत्र करने पर रोक नहीं है, वह मुफ्त है और सिर पर गट्ठर में लकड़ी लाने पर कोई शुल्क वसूली नहीं की जाती। ईंधन और चारे का कोई रिजर्व नहीं बनाया गया है। आबादी के थोड़ा होने और जंगल के पर्याप्त होने से बड़े रिजर्व जरूरी हो जाते हैं। अच्छी घास व चारा देनेवाले जंगल के कुछ हिस्सों को बरसात के मध्य में चरवाही से निषिद्ध कर दिया जाता है। जंगल का अंश पूरी स्टेट में करीब 250 वर्ग मील है। अभी वर्गीकरण का काम पूरा नहीं किया जा सका है।"[8]

आबादी

सन् 1901 में पूरे अलीराजपुर स्टेट की आबादी 50,185 व्यक्तियों की थी। इनमें 25,595 पुरुष तथा 24,590 स्त्रियाँ थीं। जनघनत्व 60 व्यक्ति प्रतिवर्ग मील था। पूरे स्टेट में 307 गाँव थे, जिनमें कुल आवासित घर 9267 थे। 1891 से 1901 के बीच आबादी 28 प्रतिशत घटी। खासकर 1899-1900 के समय पड़े दुर्भिक्ष एवं उसके बाद फैली बीमारी के कारण। पूरी रियासत की कुल आबादी में जीववादी 41,850 हैं। इनमें अकेले भिलाला और भील की संयुक्त आबादी 63 प्रतिशत है। 6440 हिन्दू (13 प्रतिशत), 1735 मुस्लिम (3 प्रतिशत) हैं। मुसलमानों में अधिकांश रियासत के पूर्व प्रबन्धक (मैनेजर) के परिवार के मकरानी हैं। 139 जैन, 18 क्रिस्तान हैं। क्रिस्तानों में सभी अमखुट, सारदी और मेंढा में स्थापित 'कनाडाई प्रेसबिटेरियन मिशन' के सदस्य हैं। कुल आबादी का 1 प्रतिशत अर्थात् 688 लोग साक्षर हैं। मुख्य जाति व जनजाति में सर्वाधिक 47 प्रतिशत भिलाला (24,022), 31 प्रतिशत भील (15,807) तथा 4 प्रतिशत पटेलिया (2015) हैं।[9]

कृषि

यदि कृषि की दशा पर ध्यान दें तो गजेटियर के अनुसार 20वीं सदी के आरम्भ में अलीराजपुर स्टेट में ज्यादातर हिस्सा पहाड़ी था, जहाँ सिर्फ खरीफ की फसल होती थी अथवा निम्न गुणवत्तावाली थोड़ी सी रबी की फसल होती थी। गजेटियर लिखता है—"कृषक भील और भिलाला हैं, जो रुचि न लेनेवाले खेतिहर हैं और कभी-कभार ही खेतों की सिंचाई करते हैं। राजपुर और नानपुर के थोड़े से माली और थोड़े से भिलाला अपनी जमीन की सिंचाई करते हैं। कुछ गाँवों में जैसे—नानपुर, छकताल और भाबरा

परगना में रबी की फसल हो सकती हैं, लेकिन ज्यादातर गाँव में सिर्फ खरीफ की फसल उगाई जाती है। भाबरा में थोड़ा चावल पैदा किया जाता है।"[10]

जमीनों में काले रंग की चीकट काली मिट्टी उपजाऊ होती है। इसके अलावा भूरी और बरदी मिट्टी पाई जाती है, जो पथरीली मिट्टी है। पहाड़ों से सटी 'काचला' मिट्टी मिलती है, जहाँ अच्छी बारिश में धान व रबी की फसल उगा सकते हैं। किसान बुधवार या शनिवार को शुभ मानकर बीज बोते हैं। एक बीघा खेत की जुताई का दाम चार आना से आठ आना तक होता है। खरीफ में मुख्यत: बाजरा, मक्का, ज्वार, उरद, तुअर, मूँग, साँवाँ, तिल्ली और रमेली बोते हैं। रबी में मुख्यत: गेहूँ, चना और गन्ना उगाते हैं। सहायक फसलों में दालें, उरद, तुअर और चावल हैं। तेल मुख्यत: तिल्ली और रमेली का होता है। फल महुआ और करंजी (कंजी) का होता है। रेशों में बहुत थोड़ा सा सन उगाते हैं। मसालों में सामान्यत: अजवाइन, धनिया और थोड़ी मात्रा में अदरक, प्याज और लहसुन भी उगाते हैं। मुख्य खाद्यान्न जोन्हरी, बाजरा, साँवी (साँवाँ) हैं, जो बारिश बाद से चलता है। नवम्बर से मार्च तक ज्वार, फरवरी से मई तक गन्ना और चना चलता है। आदिवासी जातियाँ मुख्यत: बाजरा, साँवी, गुजरा और बट्टी पर गुजारा करती हैं। सिंचाई सिर्फ सब्जियों की, गन्ने की, गेहूँ और चना की ही की जाती है, वह भी बेहद कम पैमाने पर। पानी का मुख्य संसाधन कुएँ हैं। पानी निकालने का मुख्य साधन 'चरस' है। एक बीघा जमीन की सिंचाई की औसत लागत 10 ₹ है। कच्चा कुआँ खुदवाने की कीमत 50-100 ₹ है, जबकि ईंट का कुआँ 300-400 ₹ में बँधता है। पूरे स्टेट में मात्र 282 एकड़ भूमि सिंचित है। प्रत्येक गाँव में 90 प्रतिशत तक आबादी कृषि पर जीवित रहती है।

1901 की जनगणना के अनुसार भाबरा परगना का रकबा 100 वर्ग मील या 125400 एकड़ था। कुल आबादी 14842 थी। खेती की जा रही एरिया 20300 एकड़ थी यानी कुल कृषि भूमि का 0.49 प्रतिशत भूमि पर ही कृषि हो रही थी।[11] "दोहरी कृषि के अन्तर्गत भाबरा परगना की 500 एकड़ जमीन थी जो कुल कृषित भूमि का 2.5 प्रतिशत है। इसी तरह मिश्रित कृषि के अन्तर्गत 1200 एकड़ यानी कुल कृषित भूमि का 5.9 प्रतिशत भूमि थी।"[12] "भाबरा परगना में उपज के हिसाब से देखें तो सर्वाधिक मक्का (4100 एकड़) उगाया जाता था। दूसरे स्थान पर ज्वार (2600 एकड़) तथा तीसरे स्थान पर बाजरा (2500 एकड़) की खेती की जाती थी।"[13] चावल 2600 एकड़, तिल 1000 एकड़, साँवी 1600 एकड़, उड़द 1000 एकड़, चना 2500 एकड़ में उगाया जाता था जबकि गेहूँ का उत्पादन शून्य था।

पशु

पशुओं की कोई विशेष स्थानीय नस्ल नहीं है। एक बैल की औसत कीमत 25 रुपये, छोटे बैल की कीमत 30 रुपये है। गाय की कीमत 20 रुपये, भैंस की 40 रुपये, भैंसा की 15 रुपये और बकरी की 2 रुपये है। पशुओं को चराने के लिए प्रचुर मात्रा में भूमि है, खराब दिनों में भी कोई दिक्कत नहीं होती। खाद को पास के खेतों में डाला जाता है। खाद गाय के गोबर और गाँव के कचरे से बनती है। बैल खरीदने के लिए स्टेट बीज

या नकद के रूप में एडवान्स देता है। यह अग्रिम प्राय: जून-जुलाई में दिया जाता है, जिसे दिसम्बर-जनवरी में खरीफ की फसल कटने के बाद वसूल किया जाता है। बीज के कर्ज पर ब्याज की दर 6.25 प्रतिशत होती है, जबकि नकद पैसे पर 6-12 प्रतिशत। जुताई के सीजन में दरबार की तरफ से रोज ही बैल दिये जाते हैं और फसल आने पर प्रत्येक बैल पर दो मन अनाज के रूप में वसूला जाता है।[14]

मज़ूरी

गाँवों में मजूरी अभी भी वस्तु में दी जाती है। निराई के लिए एक व्यक्ति को प्रतिदिन डेढ़ सेर अनाज दिया जाता है। जिन्हें नकद में मजूरी दी जाती है, उन्हें डेढ़ से दो आना मिलता है। कटाई-ढुलाई करनेवाले मजूरों को 4-6 सेर अनाज दिया जाता है। मजूरी और मूल्यों में सामान्य बढ़ोतरी हुई है। इस वृद्धि का मुख्य कारण 1899-1900 का अकाल है, जिसके कारण आबादी घट जाने के कारण माँग के हिसाब से मजूरों की आपूर्ति घट गई। अनाजों के मूल्य में वृद्धि का कारण उनका बड़े पैमाने पर निर्यात है।[15] यदि अनाजों का मूल्य देखें तो 1902-03 में कुछ इस प्रकार था—ज्वार एक रुपये में 21 सेर, मक्का 22 सेर, चना 12 सेर, मूँग 9 सेर, उड़द 18 सेर, बाजरा 18 सेर, चावल 8 सेर और नमक 11 सेर मिलता था।[16]

फीस

1905-06 में ₹ 29,131 का राजस्व मिला और ₹ 33,806 का खर्च हुआ, जबकि 1906-07 में ₹ 9786 का राजस्व मिला और ₹ 10,223 का खर्च हुआ। डहिया कृषि पर लगनेवाले पुराने कस्टम (चुंगी) को समाप्त कर दिया गया और खेती के लिए जंगलों की अन्धाधुन्ध कटाई को रोक दिया गया। सभी कृषकों से प्रति हल एक रुपया कम्यूनिकेशन फीस वसूली जाती है जो कच्ची लकड़ी, बाँस, ईंधन तथा घास के लिए होती है। लेकिन चरवाही पर कोई फीस नहीं वसूली जाती। जंगलों में काम करनेवाली जाति में भील, भिलाला और नायक होते हैं, जो जंगलों में ही रहते और काम करते हैं। उन्हें रोज की मजदूरी के तौर पर प्रति व्यक्ति दो आना, प्रति महिला एक आना छह पैसा और प्रति बालक एक आना दिया जाता है। यहाँ सिर्फ तेल, घी और खादी का मोटा कपड़ा विनिर्मित किया जाता है।[17]

व्यापार

पहले व्यापार की वस्तुओं पर आवागमन शुल्क इतना ज्यादा था कि वाणिज्य ठप पड़ गया था, लेकिन सन् 1887 के जुबिली वर्ष में इन्हें हटा दिया गया और रतलाम-गोधरा लाइन के खुलने से व्यापार में वृद्धि हुई। लेकिन अच्छे सम्प्रेषण की कमी के कारण यह बहुत समृद्ध रूप से बढ़ नहीं रहा है। सम्प्रेषण का एक ही साधन रतलाम-गोधरा शाखा है जो बॉम्बे, बड़ौदा और सेंट्रल इंडियन रेलवे का हिस्सा है। इनमें राजपुर से दोहद स्टेशन 55 किमी. और बोदेली स्टेशन 5 किमी. दूर है। निर्यात की मुख्य वस्तुओं में अनाज, तिल, आम, डोली, महुआ, धवली मूसली, चिरौंजी, तेल और घी होते हैं।

आयात की वस्तुओं में मुख्यत: मसाले, नमक, चीनी, कपड़े, बने सामान, रुई, अफीम, मिट्टी का तेल (किरोसीन) और धातुएँ हैं। व्यापार के प्रमुख केन्द्र राजपुर, भाबरा, नानपुर, खटाली, अमुआ और उमराली हैं। राजपुर और उमराली में पशु बाजार लगता है। अमुआ अनाज की मुख्य मंडी है। व्यापार करनेवाली प्रमुख जातियों में बनिया, मेहसाण, ओसवाल, पोरवाड़ हैं। वे कपड़ा और अनाज का धन्धा करते हैं। तेली तेल, महुआ और डोली का धन्धा करते हैं। बोहरा (मुस्लिम) अनाज, मसाला, चीनी, गुड़ और विविध वस्तुओं का धन्धा करते हैं। प्रमुख व्यापार मार्ग जो इस एस्टेट से गुजरता है वह गुजरात-मालवा रोड और राजपुर-दोहद रोड है। सामानों की ढुलाई का मुख्य साधन बैलगाड़ी, लद्दू जानवर, बैल या ऊँट हैं, जिनसे ढोकर सामान दोहद या बोदेली रेलवे स्टेशन तक लाया जाता है। बड़े गाँवों में मिलनेवाले दुकानदार सामान्यतया बनिया, बोहरा और तेली हैं।[18]

सम्प्रेषण

पिछले अकाल के समय रेलवे का असर दिख रहा था। बड़ी मात्रा में रियासत में अनाज का आयात करके लाया गया, जिससे वास्तविक अभाव का खतरा न रहे। हालाँकि इसकी भारी कीमत देनी पड़ी, लेकिन गरीबों में वितरण करने के लिए सदैव भोजन उपलब्ध था, जिसके कारण अप्रवासन पर रोक लगी। रियासत में सम्प्रेषण के साधन बहुत अच्छे नहीं हैं। रियासत से दो मार्ग गुजरते हैं—उत्तर से दक्षिण को दोहद-राजपुर मार्ग और पूरब से पश्चिम को गुजरात-मालवा (हटनी से उदयपुर) मार्ग, जिसका ज्यादातर हिस्सा कच्चा है और ज्यादा अच्छी हालत में नहीं है। पूरब से पश्चिम को गुजरनेवाला प्रमुख मार्ग नानपुर और राजपुर से होकर गुजरता है, जो अभी भी निर्माणाधीन है। यह प्रमुख व्यापार मार्गों में से एक है। राजपुर में एक ब्रिटिश पोस्ट ऑफिस की स्थापना की गई है और भाबरा तथा नानपुर में दो अन्य पोस्ट ऑफिस खोली गई हैं।[19]

अकाल

सन् 1899-1900 के अकाल ने रियासत पर काफी गम्भीरता से हमला बोला। इससे कमजोर हुए भीलों की, इसके बाद उग्र हुए कालरा और पेट की बीमारियों से बड़ी तादाद में मौतें हुईं। पुअर हाउस-राजपुर, भाबरा, नानपारा, छकतला और चाँदपुर में खोले गए, जहाँ बुजुर्गों, बच्चों और बीमारों को भोजन दिया जाता था। हटनी-नानपुर, नानपुर-राजपुर, राजपुर-उदयपुर, राजपुर-भाबरा और भाबरा-सेजवाड़ा मार्गों को बचाव कार्यों के लिए खोल दिया गया। नये कुएँ खोदने तथा बन्द पड़े कुओं और तालाबों को खोदने का काम भी कराया गया। तकावी लोन दिये गए और लगान घटाने का काम अकाल वर्ष में खुलकर किया गया।[20]

प्रशासन

सामान्य प्रशासनिक मामलों में रियासत में अपील और रिफरेंस का अन्तिम प्राधिकार 'चीफ' को मिला है। उसकी सहायता के लिए दीवान (मिनिस्टर) रहता है, जो मेडिकल,

जंगल और पी.डब्ल्यू.डी. को छोड़कर समस्त प्रशासनिक तंत्र पर सीधा नियंत्रण रखता है। बाकी के क्षेत्र क्रमशः एजेंसी सर्जन, जंगल अफसर (एफ.ओ.)और इंजीनियर के नियंत्रण में रहते हैं। प्रशासन के विविध विभागों में—ट्रेजरी और अकाउंट्स, कस्टम, मेडिकल, जंगल, सार्वजनिक निर्माण विभाग (पी.डब्ल्यू.डी.), पुलिस, शिक्षा और न्याय विभाग हैं। रियासत की आधिकारिक भाषा हिन्दी है, इसी में सारे रिकॉर्ड रखे जाते हैं। पोलिटिकल एजेंट के साथ पत्राचार के लिए दीवान के कार्यालय से एक इंग्लिश ब्रांच भी जुड़ी रहती है। प्रशासनिक उद्देश्य से रियासत को पाँच परगनों में बाँटा गया है। ये हैं—भाबरा, राठ, नानपुर, छकतला और चाँदपुर। इनमें से प्रत्येक पर 'कमासदार' होता है, जो जिले का मजिस्ट्रेट और रेवेन्यू अफसर होता है।[21] सामान्य प्रशासन और न्याय के मामलों में 'चीफ' ही अन्तिम प्राधिकारी माना जाता है। आपराधिक मामलों में वह सेशन जज, जिले के दीवान और प्रथम श्रेणी के मजिस्ट्रेट की शक्तियाँ रखता है। चीफ की शक्ति के बाहर के समस्त मामलों का मुकदमा पोलिटिकल एजेंट सुनता है। कमासदारों को द्वितीय और तृतीय श्रेणी के मजिस्ट्रेटों की शक्तियाँ मिली होती हैं। रियासत के न्यायालयों में सामान्य दिशा-निर्देश के लिए 'ब्रिटिश कोड' का पालन किया जाता है।[22]

राजस्व

सामान्यतया पूरा राजस्व ₹ 1.6 लाख का होता है, इनमें ₹ 52000 भू-राजस्व से, ₹ 12000 कस्टम से, ₹ 23000 एक्साइज से, ₹ 26000 जंगल से और ₹ 5000 कानून और न्याय से आता है। प्रशासन तंत्र पर होनेवाले सामान्य खर्चों में चीफ के व्यवस्थापन पर ₹ 50000, पुलिस पर ₹ 17000, धार राज्य को दिया जानेवाला अनुग्रह ₹ 9600 और 'मालवा भील कार्प्स' की देखभाल के लिए दिया जानेवाला योगदान ₹1500 का होता है। पुराने दिनों में बड़ौदा का 'बाबा शाही' और इंदौर का 'हाली' रुपया प्रयोग में लाया जाता था। सुपरिंटेंडेंसी की शुरुआत हो जाने के बाद से ब्रिटिश रुपया प्रचलन में है।[23] पुराने समय में लगान की वसूली मुख्यतः वस्तुओं के रूप में होती थी। इसके अलावा रियासत घी, भाँग, रस्सी और मुर्गियाँ भी कुछ मात्रा में प्रत्येक किसान से लेती थी। अभी तक वहाँ कोई भू-बन्दोबस्त नहीं हुआ है। हर साल हल के अनुसार जमीन का मूल्यांकन किया जाता है। हर हल को 13 बीघा (9.37 एकड़) का माना जाता है। प्रत्येक साल प्रत्येक हल द्वारा कृषित खेती पर लगान फिक्स दर पर वसूल किया जाता है। इसे जिले के अफसर वसूलते हैं।[24]

एक्साइज

एक्साइज देयकों की वसूली प्रत्येक परगना में ठेके पर दी जाती है। 1905 में इस मद से होनेवाली आय ₹ 22015 थी। भील कृषकों को जो जमीन उनके नियंत्रण में है, उन पर प्रति हल 6 आना से 1 रुपये तक का भुगतान करने पर शराब चुआने का विशेषाधिकार प्राप्त है। जंगली जातियों में पीने का भारी व्यसन पाया जाता है। रियासत में अफीम नहीं उगाई जाती। स्थानीय उपभोग के लिए अफीम का विक्रय एस्टेट के नियंत्रण में

किया जाता है। कुक्षी (धार) से हर साल करीब चार पाउंड अफीम आयात की जाती है। दरबार ने इसका खुदरा मूल्य एक रुपये में $3^3/_4$ तोला तय कर रखा है। इस साधन से हर साल करीब 1200 रुपये आते हैं। दरबार के द्वारा बेची जानेवाली दवाओं के आयात पर कोई ड्यूटी (चुंगी) नहीं लगाई जाती है। इस मद से हर साल 50 रुपये आते हैं। शराब के ठेके की कोई नियमित व्यवस्था नहीं है। भीलों से प्रति हल प्रतिवर्ष 6 आना से एक रुपया लिया जाता है या एक गाँव से एकमुश्त पैसा बाँध दिया जाता है। यह शुल्क शराब चुआने का अधिकार देती है। निश्चित स्थानों पर खुदरा बिक्री के लिए नीलामी होती है। रियासत में 47 दुकानें हैं, या कहें प्रत्येक 19 वर्गमील में एक दुकान है जिसमें 1068 लोग लगे हैं। क्षमता के हिसाब से शराब एक, दो या चार आना की दर से बेची जाती है। इस स्रोत से मिलनेवाला राजस्व 0.22 लाख रुपये है। विदेशी दारू बिलकुल नहीं पी जाती और किण्वन से प्राप्त दारू बहुत कम उपयोग में लाई जाती है।[25]

विभाग

रियासत में पी.डब्ल्यू.डी. विभाग का पर्यवेक्षण एजेंसी इंजीनियर करता है और एक ओवरसियर की देख-रेख में स्टाफ अफसर काम करते हैं।[26] रियासत की फौज में एक दफादार और 10 सवारों के बॉडीगार्ड (अंगरक्षक) हैं।[27]

पुलिस

रियासत में पुलिस की कुल संख्या 202 है। अंगुष्ठ छाप दर्ज करने के लिए एक क्लर्क को इंदौर में प्रशिक्षण दिया गया है। वह वर्तमान में पुलिस को निर्देश देता है। राजपुर में एक जेल स्थापित की गई है। जेल का औसत खर्च 500 रुपये है तथा प्रत्येक कैदी पर सालाना 30 रुपया खर्च होता है।[28] पूरे अलीराजपुर रियासत में पुलिस की स्थिति कुछ इस प्रकार है—कोतवाल 1, कारकुन 1, गिरार दारोगा 1, जेलर 1, जमादार 7, दफेदार 10, सिपाही 156 हैं। सवार पुलिस में अफसर 1 और सवार 12 हैं। पुलिस का कुल खर्च ₹ 15451 आता है। पूरी रियासत में कुल 21 थाने हैं। भाबरा परगना में 4 थाने—भाबरा, सेजवाड़ा, बरझर और जीरान हैं। पूरे परगने में एकमात्र जमादार बरझर में है। कुल दो दफेदारों में से एक भाबरा में और एक जीरान में है। पूरे परगने में कुल 20 सिपाही हैं। इनमें सर्वाधिक 13 भाबरा थाने पर हैं। बरझर में 3, शेष दो पर 2-2 सिपाही हैं। पूरे भाबरा परगने का पुलिस पर कुल खर्च ₹ 1484 आता है। इसमें सर्वाधिक भाबरा थाने पर ₹ 884 का खर्च आता है।[29]

शिक्षा

वर्तमान में रियासत में कुल आठ प्राइमरी स्कूल हैं। शिक्षा प्राप्त कर रहे कुल बच्चों की संख्या 209 है। 1902 में एक प्राइवेट अंग्रेजी स्कूल खोला गया है।[30] सन् 1905 में पूरे अलीराजपुर एस्टेट में अपर प्राइमरी की संख्या मात्र 03 तथा पढ़नेवालों की संख्या 180 है। लोवर प्राइमरी की संख्या इस साल 4 और पढ़नेवाले मात्र 37 हैं। निजी स्कूल नहीं हैं।[31]

अस्पताल

रियासत में 15000 रुपये के सालाना खर्च पर दो अस्पताल चल रहे हैं। टीकाकरण भी तेजी से प्रोन्नति कर रहा है। 1907 में 2954 बच्चों को टीका दिया गया है। पोस्ट ऑफिसों में बहुत थोड़ी सी कुनैन बेची जाती है। रियासत के मुख्य बाशिन्दे आदिवासियों को इसमें जरा भी भरोसा नहीं है। वे अस्पताल ऑपरेशन कराने ही आते हैं, बाकी उपचार के लिए ज्यादातर अपनी जड़ी-बूटियों पर निर्भर रहते हैं।[32]

भील विद्रोह

अलीराजपुर में भीलों का गम्भीर विद्रोह हो चुका है। इस पर विस्तार से प्रकाश डालते हुए श्री सुभाष चन्द्र कुशवाहा अपनी कृति 'भील विद्रोह : संघर्ष के सवा सौ साल' में लिखते हैं, "जनवरी-फरवरी, 1883 में अलीराजपुर में एक बार फिर भीषण भील विद्रोह की धमक सुनाई देती है। अलीराजपुर शायद भारत की सबसे छोटी और कम महत्त्वपूर्ण रियासत है, जो आंशिक स्वतंत्रता को बरकरार रखे हुए है। विंध्य पर्वत शृंखला के पश्चिमी हिस्से में होने के कारण यह राज्य मराठों की घुसपैठ के कई खतरों से बच गया और कुछ हद तक अंग्रेजी शक्ति के विस्तार से बच गया। राज्य के शुरुआती रिकॉर्ड खो गए हैं और इसके मूल इतिहास को मिथकों से बचाया नहीं गया है। लेकिन सत्तारूढ़ परिवार स्वयं को उदयपुर घराने की वंश परम्परा से जोड़ता है और खुद को गौरवशाली मानता है। अलीराजपुर का क्षेत्र सीमित है। 800 वर्गमील से ज्यादा नहीं है। ज्यादातर जनसंख्या भीलों की है। जो 30000 के आसपास हैं। अलीराजपुर को हमेशा से एक प्रगतिशील छोटा राज्य माना जाता रहा है।

1882-83 में उपजे विद्रोह का मुखिया चिट्टो भिलाला था। वह सोरबा का रहनेवाला था। उसने सोरबा राज्य में बहुत सारी सम्पत्ति जमा कर रखी थी। उसके साथ 700 लोग थे, जो हथियारों से लैस थे। इनमें भीलों के अलावा अफगान भी थे। उसने नानपुर को लूटा, छकतला तथा वावी में डाके डाले। 7 जनवरी, 1883 को नानपुर, 11 को भाबरा और 16 को चाँदपुर लूटा। वहाँ लोग तलवारों से घायल किये गए। उनके घरों को तोड़-फोड़ दिया गया और कुछ में आग लगा दी गई थी। यह उपद्रव इतना शक्तिशाली था कि मध्य के गवर्नर जनरल के एजेंट सर लेपेल ग्रिफिन सूचना पर स्वयं पहुँचे थे। चिट्टो ने 25 जनवरी को मेजर बिडल्फ द्वारा भेजे गए घोषणा-पत्र के साथ एक संलग्नक लगाकर यह लिखकर लौटा दिया कि वह अलीराजपुर में राजा को स्थापित करना चाहता है। दरबार में राजा जी को कायम करना चाहिए। चिट्टो ऐसे व्यक्ति को गद्दी पर बैठाना चाहता था जो उसके प्रभाव में रहे। वे ब्रिटिश हस्तक्षेप से जारी सत्ता को स्वीकार नहीं करते। चिट्टो ने अपने गाँव सोरबा के आसपास कई डकैतियाँ डालीं। उसने नजफ खान से कहा था कि वेंकटराव उसका हक नहीं देते। वह पटेलों को लोहे की चेन में बाँधकर रखते हैं। उन्होंने सभी पटेलों को अपदस्थ कर रखा है। लगातार युद्ध व घेराबन्दी से थककर अप्रैल, 1883 में चिट्टो ने मि. हालैंड के सम्मुख आत्म-समर्पण किया था।

दीवान वेंकटराव की छवि ठीक नहीं थी। वह केवल बनिया और राजपूतों को व्यापार करने देता था। उसने भीलों पर अनावश्यक कर लाद दिया था। चिट्टो ने इसी कारण कुछ माह तक दीवान को राजमहल पर राज्य का झंडा नहीं फहराने दिया था। वस्तुतः इस बगावत का कारण दीवान की अलोकप्रियता ही थी। आठ साल तक पटेलों को और चिट्टो को हक न मिलने के कारण राज्य में यह असन्तोष फैला। बड़वानी की जिस तरह की जमीन पर प्रति हल एक से पाँच रुपये प्रतिवर्ष कर लगता था उसी प्रकार की जमीन पर अलीराजपुर में आठ से नौ रुपये देने पड़ते थे। इस मामले की सुनवाई में चिट्टो और भवानी को आजीवन कारावास की सजा हुई। भाबरा की लूट में भवानी का एक साथी ननकीया था। वहाँ एक बनिया मारा गया था। चिट्टो और भवानी की सारी सम्पत्ति जब्त कर ली गई।[33]

भाबरा

अलीराजपुर गजेटियर के अनुसार, "भाबरा गाँव परगना भाबरा में स्थित है। परगने का मुख्यालय यहीं स्थित है। यह 22°30′ उत्तरी अक्षांश और 74°22′ पूर्वी देशान्तर में अलीराजपुर से 21 मील उत्तर में स्थित है। इस स्थान को 1883 में भील उपद्रव में भीलों और मकरानियों ने लूट लिया था। यह दोहद से 22 मील दूरी पर है। 1901 में इसकी आबादी 659 व्यक्ति थी। इनमें 384 पुरुष, 275 स्त्रियाँ थीं। आवासित घरों की संख्या 31 थी। गाँव में एक स्कूल और अस्पताल है।"[34] भाबरा की स्थिति पर सन् 1901, 1931 और 1951 की जनगणना के आँकड़ों से भी अच्छा प्रकाश पड़ता है।

चन्द्रशेखर आज़ाद के जन्म के ठीक पहले अर्थात् 1901 में भाबरा की आबादी मात्र 659 (384 पुरुष एवं 275 स्त्रियाँ) थी, तथा घरों की संख्या मात्र 31 थी। यानी जब पंडित सीताराम तिवारी इस गाँव में आकर बसे तो यह 31 घरों का छोटा-सा गाँव था, जिसमें से एक घर उनका भी था। उस समय भी भाबरा में एक स्कूल और अस्पताल था। पुराना स्कूल वर्तमान बस अड्डे के पास था। भाबरा में एक थाना भी था, जो पं. सीताराम तिवारी के घर के ठीक सामने ही था। इसमें एक दफादार और 13 सिपाही पोस्ट थे। 1931 में अर्थात् आज़ाद की शहादत के वर्ष जो जनगणना हुई उसमें स्थिति पूरी तरह बदल गई थी। इन तीस सालों में घरों की संख्या 31 से बढ़कर 314 हो गई। आबादी 949 (505 पुरुष एवं 444 स्त्रियाँ) हो गई थी। इनमें हिन्दू 609 (310 पुरुष एवं 299 स्त्रियाँ), मुसलमान 310 (182 पुरुष एवं 128 स्त्रियाँ), जैन 35 (28 पुरुष एवं 07 स्त्रियाँ) थे। गाँव में जंगली (ट्राइब्स), ईसाई व अन्य की संख्या नगण्य दिखाई गई है। 1951 की जनगणना तक स्थिति और साफ दिखती है। 1951 के भाबरा में घरों की संख्या 340 तथा परिवारों की संख्या 341 थी। कुल आबादी 1633 (840 पुरुष एवं 793 स्त्रियाँ) थी। बिना घर के संस्थाओं में रहनेवाले 29 (25 पुरुष एवं 4 स्त्रियाँ) थे। पढ़े-लिखे में भाबरा में 1951 में 348 पुरुष एवं 140 स्त्रियाँ थीं। मालिक किसान 181 पुरुष एवं 170 स्त्रियाँ थीं। किसान व उनके आश्रित 23 पुरुष एवं 25 स्त्रियाँ थीं। कृषि मजदूर 3 पुरुष एवं 5 महिला थीं। कृषि के अतिरिक्त अन्य उत्पादन में 144 पुरुष एवं 135 स्त्रियाँ लगी थीं। व्यापार में 254 पुरुष एवं 223 स्त्रियाँ वस्त्र उद्योग के इतर

52 संस्थाओं का उल्लेख मिलता है। गाँव में हथकरघे शून्य हैं।

उपरोक्त तीन जनगणनाओं के तुलनात्मक अध्ययन से स्पष्ट है कि भाबरा बहुत पुराना गाँव नहीं हो सकता। सम्भवत: 1800 ई. के आसपास बसना शुरू हुआ होगा। क्योंकि 1901 में यहाँ मात्र 31 घर हैं और इनमें आदिवासी नगण्य हैं। 1931 की गणना में यहाँ आदिवासी शून्य दर्शाए गए हैं। सम्भव है कि उनकी संख्या हिन्दुओं के साथ जोड़ दी गई हो। क्योंकि 1971 में जब गाँव की कुल जनसंख्या 2651 हो गई थी तब अनुसूचित जाति की 136 (73+63) तथा अनुसूचित जनजाति की जनसंख्या 738 (385+353) थी। सन् 1981 की जनगणना में अनुसूचित जाति 138 (78+60) तथा अनुसूचित जनजाति की संख्या 919 (489+430) थी। इससे स्पष्ट है कि अनुसूचित जाति व जनजाति के लोग भाबरा में बाद में आकर बसे।

यहाँ मूलत: सूरत तथा अन्य इलाकों से आकर व्यापार करनेवाले—मकरानी, बोहरा, जैन, कलाल, माहेश्वरी, खान, पठान, खत्री, शेख, रँगरेज बसे। आगे कुम्हार, लुहार, वाणी, नाई, बंजारा वगैरह बसे। बाद में भील, भिलाला, पटेलिया भी आकर बसे। व्यापार से जुड़ी जातियों में सूद पर पैसा देने का रिवाज था। सम्भवत: इसी कारण से चिट्टो भिलाला के उद्गार के समय सन् 1883 में भाबरा को लूट लिया गया था। वर्तमान में यदि भाबरा के आसपास के गाँवों के साथ तुलना करें तो आदिवासियों की सबसे कम संख्या भाबरा में ही मिलती है। भाबरा पहले गाँव था। सन् 1984 में इसमें आसपास के अन्य तीन गाँवों—बिलझर, पोची इमली और कुक्षी को मिलाकर 'अर्बन एरिया' बना दिया गया। वर्तमान में भाबरा ब्लॉक और तहसील है। दोनों का मुख्यालय वर्तमान में इसी कस्बे में है।

इस सम्पूर्ण विवरण से स्पष्ट है कि 1899 में जब आज़ाद के पिता श्री सीताराम तिवारी बदरका से आए उस समय भाबरा 31 घरों का एक छोटा सा गाँव था, जिसमें आधे से ज्यादा रकबा जंगल था। चारों ओर खुले चरागाह थे, जिन पर कोई शुल्क नहीं लगता था। गाँव में एक-दो घर ही ब्राह्मण थे। उनके आने के साल भारी अकाल पड़ा था। वर्षा बेहद कम थी। लोग पलायन कर रहे थे। अकाल और भुखमरी से कमजोर हुए भील अन्य बीमारियों से मर रहे थे। भाबरा में रियासत की बनवाई गढ़ी थी। परगना के अधिकारी वहाँ रहते थे। पं. सीताराम के घर के सामने थाना था। भाबरा में उस समय पुअर हाउस में भोजन मिलता था। गाँव में स्कूल, अस्पताल, पोस्ट ऑफिस थी। यहीं पर अपने साथियों व मजूरों के सहयोग से झोंपड़ी बनाकर तिवारी जी रहने लगे। कभी पशुपालन किया तो कभी बाग की रखवाली। इसी गाँव और घर में चन्द्रशेखर आज़ाद का जन्म हुआ। उस समय गाँव में भीलों की तुलना में मुसलमान-बोहरा, मकरानी, शेख, खत्री तथा खान ज्यादा थे। गाँव में जैन भी थे, बाकी बनिया थे।

चन्द्रशेखर आज़ाद के बचपन की कहानियों पर भी प्राय: मिथकों की छाया है, लेकिन विविध स्रोतों से जो भी कथाएँ मिलीं, उन पर विचार किया जाएगा। इसके पूर्व श्री सदाशिव और श्री वैशम्पायन द्वारा वर्णित आँखों देखे भाबरा के 1928 और 1939 के मंजरों पर दृष्टि डालना समीचीन होगा। पहले श्री सदाशिव मलकापुरकर का संस्मरण पढ़ते हैं, जो उन्होंने 'यश की धरोहर' में 'चन्द्रशेखर आज़ाद के साथ' नाम से लिखा

था। हालाँकि संस्मरण अत्यन्त जीवन्त है, किन्तु इसमें भाबरा का विवरण नाममात्र को है। वे एक स्थान पर लिखते हैं कि "हम पाँच-छह दिन भाबरा में रहे। इन दिनों मेरा कार्यक्रम यही था कि सुबह-शाम आज़ाद के साथ भाबरा की निकटवर्ती पहाड़ियों पर चक्कर लगाना, गले तक ठूँसकर भोजन करना और दिन हो या रात खूब सोना।" आगे वे लिखते हैं, "बस्ती से लगभग दो फर्लांग की दूरी पर एक छोटा-सा तालाब है, जिससे गाँव का काम चलता है। इसके चारों ओर बड़े-बड़े घने पेड़ खड़े हुए हैं। इस स्थान से पहाड़ी जंगल का आरम्भ होता है। तालाब के किनारे घने वृक्षों के बीच एक टूटी हुई मड़िया है। महादेव जी की मूर्ति स्थापित है।"[35]

अपने संस्मरण में श्री विश्वनाथ वैशम्पायन ने भाबरा के बारे में अधिक सूचनाएँ दी हैं। वे लिखते हैं—"भाबरा अलीराजपुर रियासत में है। यहीं श्री चन्द्रशेखर आज़ाद की जन्मभूमि है। यहाँ की वनश्री देखने योग्य है। यहाँ न मिलों का कोलाहल है और न ही मानव के कृत्रिम सुखों के साधन। प्रकृति अब भी वहाँ के अधिक भाग पर अपना साम्राज्य बनाए है। पानी नहीं बरसा था फिर भी पहाड़ी पर हरियाली दिखाई देती थी। गाँव के पास ही एक छोटी सी नदी बहती है जो कुकुसी कहलाती है। इसमें पानी सूख गया था पर कहीं-कहीं गड्ढे भरे हुए थे। भील स्त्रियाँ इन गड्ढों से पीने के लिए पानी भर ले जाती हैं। भाबरा के आसपास के प्रदेश में भीलों की आबादी है। न इन्हें खाने का शौक है, न पहनने का। हाँ, इन्हें शौक है तो ताड़ी और अफीम का। इसके लिए तो वे अपने आप को बेच सकते हैं। कपड़े के नाम पर इनके बदन पर नीचे एक लँगोटी और सिर पर एक फटी पगिया बँधी रहती है। तीर-कमान वे हर वक्त साथ रखते हैं। यही है गाढ़े समय का उनका हथियार। भाबरा में सप्ताह में दो बार हाट लगती है। इसी कारण भाबरा में ज्यादातर दुकानदार ही रहते हैं और रहते हैं सरकारी नौकर। गाँव के एक छोर पर जंगल के सहारे एक जीर्ण-शीर्ण झोंपड़ी के सामने ले जाकर एक व्यक्ति ने हमें खड़ा कर दिया। यही है तिवारी जी का मकान। झोंपड़ी का एक ही कमरा है और आगे जरा सा सहन है। सब झोंपड़ी बाँस की बनी हुई है। कारण यहाँ के जंगल में बाँस कसरत से मिलता है। सामने आँगन में एक आम का और एक पपीते का पेड़ लगा हुआ है और उसके आगे बाँस की एक छोटी सी किवड़िया है, जो हाते का फाटक है। पिछली ओर कुछ साग-तरकारी लगा रखी है। अगर बकरियों से बच गई तो मुहल्लेवाले उस पर हाथ साफ करते हैं और उनसे बचने पर माँ के हिस्से में तरकारी आती है। रात को राव जी नाम का एक भील एक वक्त वहीं खाना मिलने पर एक भोथरी तलवार लिये बाहर सोता है, कारण जंगली भील मौका पाने पर चोरी करने से नहीं चूकते। चाय पीकर हम आसपास के जंगल में घूमने निकल जाते।"[36]

श्री जगदीश प्रसाद चतुर्वेदी अपने एक लेख में लिखते हैं, "आज़ाद जी की जीवन शक्ति को समझने के लिए हमें सबसे पहले इस भूमि को समझना होगा, जहाँ आज़ाद पैदा हुए और खेल-कूदकर बड़े हुए। विंध्य की पश्चिमी सीमा पर कट्ठीवाड़ा के बीहड़ वन के छोर पर स्थित भाबरा ग्राम तथा वहाँ के भील संगी-साथियों ने भी आज़ाद के जीवन में सहिष्णुता, दिलेरी, शस्त्रों से प्रेम, फुर्ती तथा आकस्मिक विपत्तियों से जूझने की सूझ-बूझ दी, जिसने उनको एक महापुरुष ही नहीं बनाया, एक महान नेता या

सेनानी भी बना दिया। यह ठीक है कि स्वाभिमान, निर्भीकता तथा विचारों में दृढ़ता के लिए वह अपने माता-पिता के ऋणी थे, विशेषत: पिता के जिन्होंने बैसवाड़े के एक स्वाभिमानी कान्यकुब्ज ब्राह्मण की मर्यादा को दुर्दिनों में भी नहीं छोड़ा था। मध्य प्रदेश के अलीराजपुर जिले में बसा हुआ छोटा-सा भाबरा बम्बई व मध्य प्रदेश की सीमा अंकित करता है। उसी तरह भाबरा के सबसे अन्तिम छोर पर बाँस की टट्टियों का एक छप्पर पड़ा हुआ उस स्थान का संकेत करता है, जहाँ आज़ाद उत्पन्न हुए व बढ़े। इस घर के बाद कट्ठीवाड़ा की चढाई प्रारम्भ हो जाती है। कट्ठीवाड़ा कितना दुर्गम है, इसका एक प्रमाण यही है कि आजकल भी वहाँ पर सायंकाल पश्चात जाना निरापद नहीं समझा जाता। जानवर और मनुष्य बारी-बारी से इस ताक में रहते हैं कि कोई शिकार तो हाथ नहीं लग रहा है।"[37]

धर्मयुग में श्री माँगीलाल सोलंकी ने भाबरा और भील इलाके पर कई लेख लिखे थे। उनमें से एक लेख था, "अमर शहीद चन्द्रशेखर आज़ाद का उन्मुक्त बचपन।" इसमें उन्होंने विस्तार से भाबरा पर लिखा है। वे लिखते हैं, "विंध्य की छोटी-बड़ी शृंखलाएँ पश्चिमी मध्य प्रदेश की आदिवासी बाहुल्य झाबुआ जिले की धरती पर दूर-दूर तक फैली हुई हैं। कहीं ये एक-दूसरे के समान्तर चली गई हैं, तो कहीं वर्तुलाकार। इन्हीं के बीच-बीच में कहीं गड्ढे-खाइयाँ हैं, कहीं नदी-नाले तो कहीं-कहीं छोटे-बड़े मैदान आ गए हैं। समूची धरती पथरीली है, अपने वन्ध्या प्रारब्ध को लिये हुए। इसी पर यहाँ-वहाँ खड़ी और बिखरी हुई हैं अग्निवंशी भील-भीलालों की पर्णकुटीर—अपने आदिम अँधियार से घिरी-भरी और शाश्वत दारिद्र्य को उजागर करती हुई। जिले के ठेठ दक्षिण में है जोबट तहसील। इसी का एक गाँव है भाबरा। गुजरात के समीप से लगा हुआ। यही कोई चार-पाँच हजार की आबादी है इसकी। आसपास की उपत्यकाएँ और खाइयाँ घने जंगलों से लदी-भरी हुई हैं। ताड़, महुआ, आम, बाँस आदि के वृक्षों की बहुलता है इनमें। यह प्राकृतिक पृष्ठभूमि इस गाँव के इर्द-गिर्द भाँति-भाँति की मनोरम एवं अनुपम सौन्दर्य छटाओं का सृजन करती है। यहीं पर बीता था बचपन अमर शहीद चन्द्रशेखर आज़ाद का। आज़ाद बचपन से ही घुमन्तू प्रकृति के रहे। बहुत छोटे थे, तब गाँव के घर-घर वे घूमते-फिरते रहते। तनिक बड़े होने पर दिनभर ही वे मौज-मस्ती करते। अधिकांश समय भील बालकों के संग जंगलों की खाक छानते फिरते। एक गाँव से दूसरे गाँव डोलते रहते और भाँति-भाँति के धमाल करते रहते। उन्हें तीर-कमान बनाने का भी बड़ा शौक था। तीर-कमान से ही वे जंगली जानवरों का शिकार करते थे। जंगल में ही आज़ाद भील बालकों से तीर से निशाना लगाना सीखते। शेर का आखेट करते समय भील संगी हाँक देने का कार्य करते थे। कुश्ती खेलने, दंड पेलने का भी उन्हें शौक था। अपने संगी-साथियों के साथ घूमते-फिरते आज़ाद झाबुआ जिले में थाँदला, झाबुआ और पटेलावद तहसीलों के गाँवों तक निकल जाते थे। आज भी इन तहसीलों के विभिन्न गाँवों में बड़े-बूढ़े उनसे सम्बन्धित भाँति-भाँति के किस्से सुनाते रहते हैं।

झाबुआ के आदिवासियों, यहाँ के ताड़ महुआ व आम्रवृक्षों से बौराई छनती-झिमती मादक हवाओं में आज भी आज़ाद का बचपन घुला मिलता है। यहाँ के जंगलों के

अनेक पेड़, झाड़ी-झंखाड़ और खेत-खलिहान उनकी बाल स्मृतियों से भरे पड़े हैं। आज भी ऐसे कई बड़े-बूढ़े इस गाँव में जीवित हैं, जो आज़ाद के सम्पर्क में रहे हैं और स्नेह से भरे-सने पुलक-पुलककर आज़ाद से सम्बन्धित विभिन्न घटनाओं एवं किस्सों को एक-दूसरे व नई पीढ़ी को सुनाते-बताते हैं। बालक चन्द्रशेखर का हर घर से रिश्ता था। जातीय भेदभाव का बोध उन्हें कभी नहीं रहा। मुस्लिम परिवारों में भी उनका आना-जाना रहा था। भीलों के तो वे बन्धु थे ही। जब वे बड़े होकर क्रान्तिकारी गतिविधियों में संलग्न हुए तब भी कई बार वे इस आदिवासी इलाके में आए थे। हाँ, तब उनका उद्देश्य था विदेशी हुकूमत की निगाह से बचना। गाँव के पास में ही एक गढ़ी है। प्राय: उसी में छुपकर वे पनाह लेते थे। भाबरा में एक मुस्लिम वृद्धा आज भी रहती हैं, जो उन्हें खाना दिया करती थीं। इनका नाम काली माँ है और इनकी उम्र लगभग 110 वर्ष की है।

भाबरा की उत्तरी सीमा से सटी हुई एक डामर की सड़क अलीराजपुर से दोहद की ओर जाती है। यहाँ से दोहद सिर्फ 48 किमी. दूर है। इसी सड़क से जुड़ी हुई एक पक्की सड़क दक्षिण की ओर जाती है, जहाँ गाँव का मुख्य बाजार है। थोड़ी ही दूर पर गाँव का मुख्य तिराहा आता है इसका एक मार्ग पश्चिम दिशा को जाता है। इसी मार्ग पर कुछ दूर चलने पर आज़ाद की कुटिया आती है। एक लम्बे अरसे तक यह अपने मूल रूप में खड़ी रही घास-फूस की छोटी-सी झोंपड़ी। वक्त के थपेड़े खा-खाकर यह गिरती-ढहती रही। आसपास के लोग घरों का कूड़ा-करकट यहाँ फेंकते रहे। झोंपड़ी की बल्लियाँ और लकड़ियाँ तक लोग उठाकर ले गए। अब झाबुआ नगर की आज़ाद साहित्य समिति की माँग पर झोंपड़ी की जगह पर ईंट-सीमेंट का एक कमरा बनवा दिया है। इस कमरे में मूल झोंपड़ी का एक बड़ा तैल चित्र टँगा हुआ है। ठीक उसी तरह जैसे झोंपड़ी में बालक चन्द्रशेखर का धनुष टँगा रहता होगा और जिसे देख-देखकर पुत्र बिछोह से व्यथित माँ जगरानी देवी अपने मन को ढाढ़स बँधाती रही होंगी।[38]

अलीराजपुर के वर्तमान कलेक्टर संयोग से पहले पुलिस सेवा में रहे हैं, और प्रशिक्षण इन पंक्तियों के लेखक के साथ किया है। कुछ सूचनाओं के लिए फोन किया तो उन्होंने स्थानीय एस.डी.एम. को मुझसे बात करने को कहा। मैंने एक प्रश्न-सूची बनाकर भेजी। प्रत्युत्तर में जो टाइपशुदा मैटर उन्होंने भेजा उसका सार-संक्षेप निम्नवत है—"आज़ाद कुटिया के आसपास के मकानों की स्थिति देखें तो पूरब में कुतुबुद्दीन नसरुद्दीन मकरानी तथा कुतुबुद्दीन अब्बास अली बोहरा के घर हैं। पश्चिम में अब्बास उसु खान का घर है तथा उत्तर में हुसैनी मस्जिद मुहल्ला है। दक्षिण में आमखुट रोड चला गया है। अर्बन एरिया के पूर्व में बड़ा भावटा, मेढ़ा नामक गाँव हैं। पश्चिम में रोलीगाँव है। उत्तर दिशा में कलियावाव तथा बड़ी करेटी है। दक्षिण में बीना गाँव स्थित है। गाँव के उत्तर दिशा में भाबरा नदी बहती है, जिसका उद्गम स्थान रोलीगाँव है। दक्षिण दिशा में अलीराजपुर स्टेट द्वारा एक गढ़ी का निर्माण किया गया था जो वर्तमान में क्षतिग्रस्त है। अमर शहीद का क्रीड़ास्थल यही भाबरा गढ़ी थी। ऐसा नगरवासी मौखिक रूप से बताते हैं।

नगर में अनुसूचित जनजाति में भील, भिलाला और पटेलिया हैं, जिनका मुख्य व्यवसाय कृषि है। ये लोग भगवान के रूप में बाबा देव की पूजा करते हैं। ये आत्मसुरक्षार्थ धनुष, बाण और हाथ के बने हथियार रखते हैं। अपने त्योहारों पर ये लोग आदिवासी

लोकगीत गाते हैं। होली और भगोरिया पर्व बड़े हर्षोल्लास के साथ मनाते हैं। हिन्दुओं में कलाल, माहेश्वरी, कुम्हार, वाणी, नाई, लुहार, बंजारा रहते हैं, जो व्यापार करते हैं। मुस्लिमों में मकरानी, खान, पठान, रँगरेज, खत्री, शेख रहते हैं। ये कृषि व व्यापार करते हैं। आज़ाद की कुटिया के आसपास रहनेवाले मुस्लिम इलाही बख्श, उसु मुहम्मद, मुहम्मद नज़ीर, भवानीलाल जैन इत्यादि लोग आज़ाद को अच्छे से पहचानते थे। इनमें से वर्तमान में कोई जीवित नहीं है। रियासत काल में राजा के बनाए भवन में सामुदायिक स्वास्थ्य केन्द्र नगर के मध्य में स्थित था। उसी समय में बस स्टैंड पर एक भवन में प्राथमिक विद्यालय संचालित था। भाबरा के आसपास महुआ डोली, तेंदू पत्ता, चारोली, गोंद, करंजवा, और निम्बोली बहुलता से मिलते हैं। जीव-जन्तुओं में तेंदुआ, लकड़बग्घा, बन्दर, सियार, जंगली सूअर, नीलगाय, अजगर, धामन, मोर, खरगोश और जंगली कुत्तों की प्रजातियाँ मिलती हैं।

ग्राम भाबरा में श्री सीताराम तिवारी को निवास करने के लिए राजा सर प्रताप सिंह के द्वारा भूमि दी गई थी, जिस पर वे झोंपड़ी बनाकर रहते थे। अमर शहीद के शहीदी के बाद इसे 'आज़ाद कुटिया' कहा जाने लगा। इस स्थान पर पंचायत के द्वारा 1955-56 में एक कमरे का निर्माण कर शहीद की प्रतिमा स्थापित की गई। तत्पश्चात मध्य प्रदेश गृह निर्माण (हाउसिंग बोर्ड, धार) के द्वारा 'आज़ाद स्मृति मन्दिर' का निर्माण कराया गया तथा 2012 में लोकार्पण किया गया। 28 फरवरी, 2011 द्वारा संसूचित अनापत्ति अनुसरण में 2 नवम्बर, 2011 को मध्य प्रदेश राजपत्र (असाधारण) प्राधिकार से अलीराजपुर जिले के ग्राम 'भाबरा' का नाम परिवर्तित कर 'चन्द्रशेखर आज़ाद नगर' कर दिया गया।[39] भाबरा की जनसंख्या 2011 की जनगणना के अनुसार 10,968 थी व नगरपालिका का क्षेत्रफल 22.10 वर्ग किमी. था। आबादी में अनुसूचित जाति 488 (4.45 प्रतिशत), अनुसूचित जनजाति 5705 (52.01प्रतिशत) तथा अन्य 4775 (43.54प्रतिशत) थी। स्मरणीय है कि अनुसूचित जनजाति में वृद्धि का कारण अन्य गाँवों का अर्बन एरिया से जुड़ना है।

अब हम उन कथाओं का जिक्र करें जो चन्द्रशेखर आज़ाद के बचपन से जुड़ी हैं। श्री भगवानदास माहौर ने लिखा है—"आज़ाद का जन्म भाबरा में ही एक टूटी-फूटी बाँस के टट्टरों की झोंपड़ी में हुआ था। पिताजी कुछ विशेष पढ़े-लिखे नहीं थे, माताजी तो बिलकुल निरक्षर ही थीं। आज़ाद का जन्म हद दर्जे की गरीबी, अशिक्षा, अन्धविश्वास और धार्मिक कट्टरता में हुआ था। जिस घर में उनका जन्म हुआ उसे जाति-पाँति, छुआछूत और नारी के प्रति तेरहवीं सदी की मनोवृत्ति वाला कहा जाए तो बहुत अनुचित नहीं होगा।"[40] श्री शिववर्मा ने भी आज़ाद के बचपन पर प्रकाश डाला है। वे लिखते हैं—"बचपन से ही पढ़ने-लिखने के बजाय तीर-कमान या बन्दूक चलाने में आज़ाद की रुचि अधिक थी। वे प्राय: स्कूल का बहाना लेकर घर से निकल जाते और रास्ते में अपने दोस्तों के साथ थानेदार-डाकू का खेल खेलते रहते या फिर तीर-कमान चलाने का अभ्यास करते। भाबरा के किसानों तथा आदिवासियों का जीवन उन्होंने निकट से देखा था। आज़ाद के बारे में अधिकांश लोगों ने या तो कल्पना के सहारे लिखा है या फिर दूसरों से सुनी-सुनाई बातों को एक जगह बटोरकर रख दिया है। कुछ लोगों ने

उन्हें जासूसी उपन्यास का नायक बनाकर उनके चारों ओर तिलिस्म खड़ा करने की कोशिश की है। दूसरी ओर कुछ ऐसे भी लोग हैं जिन्होंने अपने को ऊँचा दिखाने के खयाल से उन्हें निरा जाहिल साबित करने की कोशिश की है। फलस्वरूप उनके बारे में अजीब-अजीब धारणाएँ बनाई गई हैं।"[41]

श्री मन्मथनाथ गुप्त ने अपने संस्मरण में लिखा—"व्यक्तिगत रूप से आज़ाद के पिता श्री सीताराम तिवारी बहुत ही ईमानदार थे, पर जिस समय में वह पैदा हुए थे, जिन परम्पराओं को उत्तराधिकार में प्राप्त किया था, उनके कारण उन पर इतनी परतें पड़ गई थीं कि उनके लिए सत्य तक पहुँचना असम्भव था। श्री चन्द्रशेखर आज़ाद इसी प्रकार के अँधेरे गड्ढे में पैदा हुए थे, जिसका कोई ओर-छोर नहीं था। आज़ाद गाँव में चौथी जमात तक पढ़े। फिर बम्बई भाग गए। वह एक औसत ग्रामवासी के रूप में पैदा हुए थे। वह बड़ी कठिनाई से ग्राम-जीवन के चक्कर से निकल पाए थे। बहुत कम उम्र में ही आज़ाद ने मिथकों और चालू संस्कारों पर हँसना सीखा था। उन्होंने मुझसे हँसकर यह बताया था कि बचपन में उन्हें शेर का मांस यह समझकर खिलाया गया था कि इस प्रकार वे शेर की तरह साहसी हो जाएँगे। उस जमाने में भारत में विशेषकर मध्य भारत के जंगलों में शेर ही शेर थे, और शेर का मांस (शायद चवन्नी भर सूखा मांस) खिलाना, वन्य जीवन की रक्षा के मार्ग में नहीं आता था। उस युग में जो परिवार कट्टर शाकाहारी थे, उनके लिए यह प्रतीकात्मक ज्यादा था।"[42]

हालाँकि श्री मन्मथनाथ गुप्त की बातों का समर्थन तथ्यों से नहीं हो पाता। पहली बात तो 'शेर' से उनका तात्पर्य यदि लॉयन या टाइगर से है तो 1907-08 के लिखे गजेटियर के अनुसार वे अलीराजपुर स्टेट में कभी-कभार ही दिखते थे। हाँ, तेंदुआ अवश्य थे। दूसरे भीलों में साहसी बनने के जो टोटके 'सम्पदा' में दर्ज हैं, उनमें मांस खिलाने की प्रथा का कहीं उल्लेख नहीं मिलता।

श्री यशपाल ने 'सिंहावलोकन' में आज़ाद कथा में अपना हिस्सा जोड़ा है, "बचपन में श्री आज़ाद भी तो बच्चे ही थे खाने-पीने का शौक भी था। खाने में उन्हें गुड़ बहुत पसन्द था, देशी बारूद भरकर खिलौने की तोप चलाने का। पर इस खेल के लिए पैसे काफी न मिलते थे। एक दिन श्री आज़ाद ने बाग अपना ही समझ, कुछ फल तोड़कर गुड़ और बारूद के लिए बेच दिये। पिता की दृष्टि में यह अक्षम्य अपराध था। श्री आज़ाद पर इतनी मार पड़ी कि माँ का कलेजा दहल गया और श्री आज़ाद के स्वाभिमान ने उस घर में रहना ही स्वीकार नहीं किया। पढ़ने की भी इच्छा थी। माँ ने बहुत यत्न से बचाकर रखी अपनी पूँजी, ग्यारह रुपये श्री आज़ाद को दे दी। श्री आज़ाद भागकर विद्या के केन्द्र काशी में पहुँच गए।"[43] इस विवरण में यह बात विश्वसनीय है कि श्री आज़ाद को गुड़ पसन्द था। इसका पता अन्य जगहों से भी चलता है किन्तु खिलौना तोप के लिए फल बेचना, पिता की मार और माँ द्वारा ग्यारह रुपये देने की बात का अन्य संस्मरणों में उल्लेख नहीं मिलता और न ही आज़ाद की माता श्रीमती जगरानी देवी ने कहीं इसका उल्लेख किया है।

आज़ाद के घर छोड़ने को लेकर अलग-अलग मत दिये गए हैं। इस पर राज्य भाषा एवं संस्कृति, संस्कृति विभाग, मध्य प्रदेश के डाइरेक्टरेट द्वारा प्रकाशित 'झाबुआ' जिले

के सन् 2000 के गजेटियर में यह विवरण दर्ज है—"आज़ाद को छोटी अवस्था में पढ़ने के लिए संस्कृत के छात्र के रूप में काशी भेजा गया, लेकिन पहली बार वे वहाँ ज्यादा दिन नहीं रुके और अपने निवास-स्थान पर लौट आए, जहाँ भीलों के साथ रहकर वे मौज-मस्ती करते हुए धनुष चलाने में निष्णात हो गए। (मध्य प्रदेश के स्वतंत्रता संग्राम सैनिक, IV, पृष्ठ 149) उनके बारे में यह कथा बताई जाती है कि भीलों के द्वारा एक भील अपराधी को दंड दिया जा रहा था। आज़ाद वहाँ मौजूद थे,उन्हें भी उस पर तीर चलाने का मौका दिया गया। उन्होंने सच्चा निशाना लिया और भील को काना कर दिया। हालाँकि भीलों के रिवाज में यह मान्य था, लेकिन इस कृत्य को उनके परिवार ने अस्वीकार कर दिया और उनके चाचा ने पुनः उन्हें काशी भेज दिया।"[44]

आज़ाद के बचपन की एक कहानी श्री भगवानदास माहौर ने अपने संस्मरण में दी है, "स्त्रियों और यौन आकर्षण के सम्बन्ध में बात करते हुए आज़ाद ने मुझे अपने बाल जीवन की एक अजीब घटना सुनाई थी। चन्द्रशेखर के मन में अपने कट्टर पिता के प्रभाव से और पारिवारिक संस्कारों से ब्रह्मचर्य और धार्मिकता की भावना बचपन में ही दृढ़ थी। एक बार खेल-खेल में पड़ोस की एक जवान स्त्री 7-8 वर्ष के बालक चन्द्रशेखर आज़ाद को घर में पकड़ ले गई और उनसे तरह-तरह से धींगामस्ती करने लगी। खुदा जाने वह क्या करना चाहती थी, लेकिन वह जब कृतकार्य नहीं हुई तो उसने चन्द्रशेखर को जबरन नीचे दबा लिया और उनकी आँखों पर हाथ रखकर उनके कान में उसने हँसते-हँसते पेशाब कर दिया। यह बात बड़ी घृणा की भाव मुद्रा बनाकर आज़ाद ने मुझे सुनाई थी। इस घटना ने आज़ाद के बालमन पर क्या छाप छोड़ी होगी यह तो स्पष्ट ही है। जब कभी परिहास में आज़ाद मेरी बात को कुछ से कुछ सुन जाते थे, तो मैं उनको अपनी आँख पर हाथ रखकर कान ऊपर करके संकेत से चिढ़ाता कि मालूम होता है, कानों में उसका अभी तक कुछ असर बाकी है। श्री आज़ाद सदैव एक नैष्ठिक ब्रह्मचारी ही रहे।"[45]

आज़ाद के बचपन के बारे में उनकी माता से अधिक कौन जान सकता था। उनकी माता के सम्बन्ध में एक संस्मरण श्री बनारसीदास चतुर्वेदी ने 'आज़ाद की माताजी' नाम से लिखा था। यह लेख उनके ग्रन्थ 'संस्मरण' में 21वें यानी अन्तिम अध्याय के रूप में संकलित है। पुस्तक का प्रथम संस्करण अगस्त, 1952 में प्रकाशित हुआ था। वे लेख में लिखते हैं—"माताजी अपने बच्चे श्री चन्द्रशेखर की बातें किसी को सुनाना चाहती थीं। अमर शहीद श्री आज़ाद को तो वे तब भी नहीं समझ सकी थीं, आज भी नहीं समझ पातीं। वे उसी चन्द्रशेखर को जानती हैं जो उनके पेट में नौ महीने रहा था, जो बर्फी का बड़ा प्रेमी था, जो उनसे झगड़-झगड़कर पैसा लिया करता था और जो तिवारी जी से (अपने पिता) बोलता भी नहीं था। माताजी लड़कियों को अपनी बातें सुनातीं और आज़ाद का जिक्र करते ही उनका गला भर आता और वे फूट-फूटकर रोने लगतीं। माताजी ने कहा—"बेटा चन्द्रशेखर जब पैदा हुआ तो कमजोर-सा था। हमारे यहाँ गाय-भैंस तो थीं, पर वे दूध बहुत थोड़ा देती थीं। इसलिए दूध हम घी के लिए जमा देती थीं। ज्यादा दूध हमारे यहाँ होता ही न था। पर बच्चा साबूदाना खा-खाकर ही खूब मोटा-ताजा बन गया। पास-पड़ोस की स्त्रियाँ कहने लगीं, "बच्चा तो बहुत सुन्दर लगता

है, कहीं नजर न लग जाए।" इसलिए चन्द्रशेखर को काजल लगाकर उसके माथे पर दिठौना लगा दिया करती थीं। बच्चा खूब तन्दुरुस्त हो गया था। हाय! क्या मैंने उसे इतनी फिकिर से इसलिए पाला-पोसा था कि वह किसी दिन गोली से मारा जाए। चन्द्रशेखर अपने पिताजी से ज्यादा नहीं बोलता था। जो कुछ उसे लेना होता, मुझसे ही माँग लेता था, और मैं भी उसके पिताजी के पैसों की चोरी करके उसे दे दिया करती थी। जब वह बाहर चला गया था तब भी चिट्ठी मेरे पास भेजवाकर रुपये मँगाया करता था और मैं तिवारी जी की चोरी से उसे 2-4 रुपये भेजवा ही देती थी। बच्चे के लिए मैंने बाप की चोरी की। जब चोरी का पता चल जाता तो तिवारी जी नाराज होकर कहते—"तुम्हीं ने लड़के की आदत खराब कर दी है।" हमारे बच्चे को बर्फी अच्छी लगती थी। जब वह भाबरा आया था तब हमने बर्फी बनाकर उसको दी थी। उसके बाद बच्चे को फिर नहीं देखा। वही आखिरी मिलन था।

जब मास्टर श्री रुद्रनारायण भाबरा गए थे तो माताजी ने उन्हें एक अठन्नी यह कहकर दी थी कि इसकी बर्फी लेकर बेटा चन्द्रशेखर को खिला देना। मेरे बच्चे को बर्फी बहुत भाती है। आज़ाद की बाल्यावस्था की झलक उनके नेत्र में अब भी विद्यमान है, जब वह एक ओर से पीछे से आकर कन्धा पकड़कर 'ता' किया करता था और फिर दूसरी ओर से कन्धा पकड़कर 'ता' किया करता था। जब माताजी जाने लगीं तो आज़ाद का और उनके माता-पिता का जीवन चलचित्र की भाँति एक साथ घूम गया। आज़ाद का साबूदाना खाना, माताजी की कोमलता, चन्द्रशेखर का घर से भागना।[46]

आज़ाद के बचपन का सबसे विश्वसनीय स्वरूप श्री मनोहरलाल त्रिवेदी के संस्मरण में उभरा है। श्री विश्वनाथ वैशम्पायन ने भी अपनी पुस्तक में इसी कथ्य को प्रमाण माना है। चूँकि श्री मनोहरलाल त्रिवेदी ने आज़ाद का बचपन अपनी आँखों से देखा था, अत: उनके कथन ही प्राथमिक माने जाएँगे। वे लिखते हैं—"जब सुखदेव की उम्र तेरह-चौदह और आज़ाद की सात-आठ वर्ष थी (अर्थात् सन् 1913-14) तब मैं उन्हें पढ़ाया करता था। आज़ाद बचपन से ही न्यायप्रिय और उच्च विचारोंवाला था। एक बार मैं पढ़ा रहा था, तो जान-बूझकर एक शब्द मैंने गलत बोल दिया। इस पर आज़ाद ने वह बेंत, जो मैं उनको पढ़ने में डराने-धमकाने को अपने पास रखे रहता था, उठाया और दो बेंत मुझे मार दिये। यह देख तिवारी जी दौड़े उन्होंने आज़ाद को इसके लिए पीटना चाहा, लेकिन मैंने उन्हें रोक दिया। पूछने पर आज़ाद का उत्तर था, 'हमारी गलती पर मुझे और भाई को ये मारते हैं तो इनकी गलती पर मैंने इन्हें मार दिया।'

फिर जब मेरी बदली खट्टाली गाँव को हो गई, तो मैंने आज़ाद को अपने पास बुला लिया और अपने पास ही रखकर उनके पढ़ने-लिखने की व्यवस्था कर दी। एक वर्ष बाद आज़ाद का यज्ञोपवीत संस्कार भाबरा जाकर करवाया। जब बदली होने से मैं अलीराजपुर में आया तब आज़ाद को अलीराजपुर तहसील में नौकरी दिलवा दी। वहाँ के तत्कालीन तहसीलदार श्री सीताराम जी अग्निहोत्री जिला कानपुर के थे। आज़ाद के परिवार की सच्चाई और ईमानदारी से वे भली-भाँति परिचित और प्रभावित भी थे। अलीराजपुर में आज़ाद मेरे साथ मेरे ही घर में रहते थे। एक वर्ष बाद मैं कार्यवश छुट्टी लेकर देश चला गया। मेरे वापस आने के एक महीने पहले ही एक सौदागर के साथ

जो बनारस से मोती बेचने अलीराजपुर आया हुआ था, आज़ाद बिना कुछ चार्ज-वार्ज दिये ही चले गए, क्योंकि वे तहसीलदार साहब के कृपा पात्र थे, इसलिए उन पर विशेष कार्यवाही का मौका नहीं आया। आज़ाद की आयु उस समय लगभग 15 वर्ष की थी। इस प्रकार उनके चले जाने के दो वर्ष के बाद उनका पत्र मेरे पास आया कि वे बनारस में पढ़ रहे हैं और मैं फिकर न करूँ।

बाद में सन् 1922 में ही आज़ाद भाबरा आए और 15 दिन माता-पिता के साथ रहे। उस समय भी मैं अवकाश पर घर जा रहा था। आज़ाद कानपुर तक मेरे साथ ही आए, कानपुर पहुँचने पर मैंने उनसे घर चलने को कहा जो उन्नाव जिले में है, परन्तु आज़ाद ने कहा कि उन्हें आवश्यक रूप में किसी से मिलने जाना है, वे मिलकर फिर मेरे पास आएँगे। परन्तु फिर वे आए नहीं। कुछ महीनों तक तो पत्र-व्यवहार होता रहा। सन् 1923 से आज़ाद लापता रहे। इस बीच उन्होंने अपने विषय में कोई सूचना नहीं दी। सुखदेव प्रसाद इस समय पोस्टमैन के पद पर नौकर हो गया था। परन्तु दो वर्ष बाद ही निमोनिया की बीमारी से उसकी अकाल मृत्यु हो गई। यह दुख आज़ाद के माता-पिता को असह्य हो गया, आज़ाद लापता थे उधर सुखदेव प्रसाद नहीं रहा।"[47]

श्री विश्वनाथ वैशम्पायन आज़ाद की जीवनी में लिखते हैं कि "आज़ाद के जीवन में जो स्पष्टवादिता, सच्चाई तथा ईमानदारी के गुण थे, वे वंश-परम्परागत थे। उनके पिताजी बगीचे की चौकीदारी करते थे, परन्तु उन्होंने कभी उस बगीचे में कोई वस्तु मुफ्त नहीं ली। अपने बच्चों को बाग में घुसकर कभी फल-फूल को हाथ भी नहीं लगाने दिया। कभी किसी से उधार नहीं लेते थे, यहाँ तक कि अपनी पत्नी को पड़ोसी से माँगा नमक वापस करा दिया था। श्री सीताराम तिवारी कट्टर सनातनी थे और छुआछूत अत्यधिक मानते थे। आज़ाद के बड़े भाई के विषय में उन्हें यह मालूम हो गया था कि वे बीड़ी पीने लगे हैं। साथ ही उन्होंने यह अफवाह सुन ली थी कि किसी गाँव में एक स्त्री से उनका अनुचित सम्बन्ध हो गया था। इसी अपराध का सुखदेव को यह दंड दिया कि उन्हें चौके में भोजन नहीं दिया जाता था और उनकी थाली में साथ बैठकर कोई नहीं खाता था। आज़ाद की माता श्रीमती जगरानी देवी भी कट्टर सनातनी थीं। वे भी छुआछूत बहुत मानती थीं।

श्री मनोहरलाल जी त्रिवेदी आज़ाद को बहुत चाहते थे। श्री मनोहरलाल जी का स्थानान्तरण जब खट्टाली गाँव हुआ, तो वे उन्हें अपने साथ ले आए। इसके एक वर्ष बाद आज़ाद का भाबरा में यज्ञोपवीत संस्कार हुआ। उसके बाद घरवालों ने सोचा कि द्विज हो जाने पर शायद ब्राह्मण का बालक विद्याध्ययन में कुछ विशेष रुचि ले, पर वे तो केवल जन्म से ब्राह्मण थे, कर्म से क्षत्रिय। उन्हें तीर-कमान या बन्दूक चलाने में रुचि थी। वे सदा ऐसे मौके की ताक में ही रहते और किसी भील या शिकारी से ऐसे अवसर मिल जाते तो उस दिन को वे सफल समझते थे। खट्टाली जाने के पूर्व वे कुछ दिन भाबरा में ही रहे, क्योंकि उन दिनों श्री मनोहरलाल जी नानपुर में थे और वहाँ पर इन्हें पढ़ने की व्यवस्था थी। इसलिए इस बीच उनका कार्यक्रम यही होता कि घर से स्कूल के लिए निकल जाना और मार्ग से दोस्तों को जंगल के लिए ले जाकर थानेदार-डाकू का खेल खेलना, तीर-कमान चलाने को मिल जाता, तब उसका भी अभ्यास करते

रहना या जानवरों के शिकार का खेल खेलना। आज़ाद ने यह घटना बताते समय मुझसे कहा था कि इस बीच में उनकी तन्दुरुस्ती अच्छी बन गई थी, पर पढाई की खेती पर तुषारापात हो रहा था। इस समय तक वे छह कक्षा तक पढ़ गए थे।

श्री चन्द्रशेखर की तहसील में नौकरी लग गई और वे श्री मनोहरलाल जी के पास रहने लगे। श्री चन्द्रशेखर की नौकरी लगने से माता-पिता को प्रसन्नता हुई, परन्तु उनके पिता चन्द्रशेखर की पढाई छूटने से दुखी भी हुए। वे चाहते थे कि श्री चन्द्रशेखर संस्कृत पढ़े और वेदाध्ययन कर पंडित बने। आज़ाद अपनी नौकरी का वर्णन अत्यन्त रस लेकर करते थे—'बच्चन! वहाँ जो कुछ काम था सो तो था ही, मुझे सबसे बड़ा दुख था इस बात का कि जो भी अफसर आता उसे झुककर मुजरा करना पड़ता था, जो मुझे अच्छा नहीं लगता था। एक-दो बार तो मैंने यह कष्टप्रद कर्तव्य किसी तरह निभाया, परन्तु बाद में मैं ऐसे मौकों पर खिसक जाता था।' साथी कहते, 'शेखर तुम्हारी यह बात अच्छी नहीं, किसी दिन नौकरी से हाथ धो बैठोगे।' तो मैं निस्संकोच कहता, 'भाई यहाँ किसे नौकरी चाहिए? कल जाती है तो आज छूट जाए, इस जेलखाने से तो छुट्टी मिलेगी।' मैं स्वयं भी इससे छुटकारा पाने की ताक में था परन्तु मनोहर जी की कड़ी नज़र रहने के कारण मैं भाग नहीं पाता था। दूसरे मैंने अलीराजपुर, भाबरा, खट्टाली और ऐसे ही आसपास के कुछ गाँव देखे थे। उसके आगे न तो मैं कहीं गया था और न बाहर की दुनिया की कुछ जानकारी ही थी। जब फुरसत मिलती तो तालाब के किनारे जा बैठता या जंगल की ओर घूमने निकलता। अन्त में मनोहरलाल जी की अनुपस्थिति में वे मोतीवाले के साथ चम्पत हो गए।"[48]

आज़ाद के जीवन में उनके घर भाबरा पार्टी से सर्वप्रथम मास्टर श्री रुद्रनारायण गए थे। श्री बनारसी दास को लिखवाए संस्मरण में वे कहते हैं—"तिवारी जी ने बड़े गौरव के साथ कहा कि हमने कभी बेईमानी नहीं की। इस बगीचे से एक आम या भंटा तहसीलदार तक को मुफ्त में नहीं भेजा। और अगर ये (श्रीमती जगरानी देवी) सरकारी बगीचे में से कोई चीज़ ले ले तो इसका सिर ही काट लूँ। तिवारी ने एक पैसा बेईमानी से नहीं कमाया। ऐसा कहते हुए उस बुड्ढे का चेहरा लाल हो गया गौरव गरिमा से।" मास्टर रुद्रनारायण अज्ञातवास के दिनों में आज़ाद के मुख्य संरक्षक एवं प्रबन्धकर्ता क्रान्तिकारी थे। अत: उनका ये संस्मरण विश्वसनीय माना जाएगा। श्री शिववर्मा ने अपने संस्मरण में जिक्र किया है कि "श्री भगवानदास माहौर तथा श्री सदाशिव मलकापुरकर एक मानी में उनके दाहिने और बाएँ हाथ थे।"[49] इसी तरह श्रीमती सुशीला दीदी ने अपने संस्मरण में श्री विश्वनाथ और श्री चन्द्रशेखर का काया-छाया का सम्बन्ध माना है। अत: श्री भगवानदास माहौर, श्री सदाशिव मलकापुरकर व श्री विश्वनाथ वैशम्पायन के कथनों पर भी विश्वास किया जा सकता है।

श्री नन्दकिशोर निगम ने अपनी पुस्तक 'बलिदान' में 'पंडित जी की बाल्यावस्था' शीर्षक के अन्तर्गत कुछ इस प्रकार का विवरण दिया है—"उनका जन्म भाबरा, तहसील अलीराजपुर रियासत में उनकी माता के कथनानुसार 23 जुलाई, 1906 को हुआ था। उनके पिता श्री सीताराम जी ने अपना अधिकतर जीवन अलीराजपुर रियासत में अपनी पत्नी श्रीमती जगरानी देवी के साथ बिताया था, जहाँ वह नौकरी से रिटायर होकर राज्य

के उद्यानों के सुपरिंटेंडेंट हो गए थे। केवल 8 रुपये मासिक वेतन पर। पंडित जी को उन्होंने भाबरा की तहसील के प्राथमिक विद्यालय में भर्ती करा दिया था। इस विद्यालय में अधिकतर उस राज्य के आदिवासी भीलों के लड़के पढ़ते थे। पंडित जी बहुत ही थोड़े दिन उस विद्यालय में पढ़ पाए थे। परन्तु जब उनकी माता श्रीमती जगरानी देवी जी मुझे दिल्ली में (1945-46) में मिली थीं तो उन्होंने अपनी इच्छा प्रकट की थी कि वह अति आभारी होंगी यदि लोग पंडित जी के नाम से भाबरा में एक हाईस्कूल अथवा माध्यमिक विद्यालय खुलवा दें। पंडित जी का जन्म भाबरा में ही हुआ था। ऐसा ही पंडित जी ने मुझे स्वयं भी बताया था।

एक दिन पंडित जी, जब उनकी आयु 13 वर्ष की थी, उस राज्य के एक बाग में, जिसके उनके पिता सुपरिंटेंडेंट थे, चार बड़े-बड़े आम के फल तोड़कर घर ले आए। पता चलने पर पिता ने पुत्र की लांछना की और डाँटा। माली को आम लौटाकर क्षमा-याचना करने को कहा। लेकिन माँ के पक्ष लेने पर पंडित जी ने ऐसा नहीं किया तो उनके पिता ने घर से निकाल दिया। भीतर से रात को 9 बजे कुंडा बन्द कर दिया। पंडित जी ने 12 बजे रात तक प्रतीक्षा की। जब पिता नहीं आए तो वह पास ही के गाँव में चचेरे भाई श्री मनोहरलाल तिवारी के घर चले गए। वहीं रुककर पढ़ने का विचार था। लेकिन रात को पंडित जी ने भाई-भावज में विवाद सुन लिया। भावज उन्हें पिता के पास छोड़ने को कह रही थीं। पंडित जी ने उस समय निश्चय कर लिया कि वह उस घर में भी नहीं ठहरेंगे। पंडित जी के बम्बई जाने के सम्बन्ध में मैंने वही लिखा है जो पंडित जी ने स्वयं बताया था। परन्तु उनके चचेरे भाई श्री मनोहरलाल तिवारी ने उस बात को किसी अन्य रूप में वर्णन किया है। और कतिपय श्री वैशम्पायन ने भी ऐसा ही विचार श्री मनोहरलाल जी से ज्ञात कर अपनी पुस्तक में व्यक्त किया है।"[50]

इन स्रोतों की विश्वसनीयता क्या थी, इसकी समीक्षा करते हुए श्री शिववर्मा लिखते हैं—"वैशम्पायन की पुस्तक का प्रकाशन सितम्बर, 1967 में और निगम की पुस्तक का प्रकाशन उनके एक-दो महीने बाद का है। श्री सुखदेवराज की पुस्तक 1971 में छपी थी। श्री निगम का दावा है कि यह कहानी स्वयं आज़ाद ने उन्हें सुनाई थी। उनका कहना है कि आज़ाद बीमारी की हालत में उनकी तीमारदारी करते थे, उसी समय आज़ाद ने उन्हें अपनी सारी कहानी सुनाई और पुस्तक में उन्होंने जैसा आज़ाद से सुना वैसा ही लिख दिया है। यह बात लिखकर श्री निगम ने अपने को ऊँचा उठाने की धुन में आज़ाद को नीचा गिरा दिया है। श्री आज़ाद गुप्त संस्था के नियमों का पालन करने में दूसरों से अनुशासन की उम्मीद करते ही थे, साथ ही स्वयं भी उन नियमों का सख्ती से पालन करते थे। उन्होंने कभी किसी से केवल गप हाँकने के लिए न तो अपने बारे में कुछ बतलाया और न ही दल के बारे में कोई बखान किया। वे कहाँ जाते हैं, किससे मिलते हैं, क्या बात करते हैं, इसकी रिपोर्ट आवश्यक तौर पर सिर्फ किसी का दिल बहलाने के लिए किसी को देना पार्टी विरोधी काम मानते थे। यहाँ तक कि आगरा केन्द्र पर श्री भगवानदास और श्री सदाशिव राव को छोड़कर अन्य किसी से अपने गाँव तथा माता-पिता के बारे में भी बात नहीं की और श्री निगम जी का कहना है कि वे उनकी चारपाई के पास बैठकर दल के और अपने बारे में सारी कहानी सुनाया करते थे। इस

प्रकार श्री निगम जी की किताब का सारा आधार ही गलत है। श्री नन्दकिशोर निगम ने 'बलिदान' में और श्री सुखदेवराज ने 'जब ज्योति जगी' में श्री वैशम्पायन की पुस्तक 'अमर शहीद चन्द्रशेखर आज़ाद' से कहानी लेकर उसे और रोचक बनाने के उद्देश्य से उस पर अपना रंग चढ़ाया है।"[51]

श्री सदगुरु दयाल अवस्थी ने 'क्रान्तिकारी आन्दोलन का आज़ाद-युग' में पत्रकार श्री भगवतीप्रसाद माधव से वार्तालाप के क्रम में श्री काशीराम, श्री सुखदेवराज, श्री यशपाल, श्री नन्दकिशोर निगम और श्री विश्वनाथराव वैशम्पायन सभी के प्रमाणों की जगह-जगह आलोचना की है, लेकिन मुख्य निशाना वैशम्पायन ही रहे हैं। यहाँ यह स्पष्ट कर देना भी आवश्यक है कि श्री मनोहरलाल त्रिवेदी का आज़ाद से कोई रक्त सम्बन्ध नहीं था। आज़ाद से रक्त सम्बन्ध का उल्लेख खुद श्री त्रिवेदी ने कहीं नहीं किया है। कैलाशपति और श्री नन्दकिशोर निगम ने परोक्ष रूप से इन्हें आज़ाद का चचेरा भाई कहा है। श्री मनोहरलाल ने कहीं भी आज़ाद के पिता को चाचा या ताऊ तथा माता को चाची या ताई नहीं कहा है। वे बदरका के रहनेवाले सजाति थे, यही सम्बन्ध था। श्री सदाशिवराव मलकापुरकर एकमात्र क्रान्तिकारी थे जिन्हें आज़ाद के जीवन काल में उनके साथ उनके गाँव को देखने का सौभाग्य प्राप्त हुआ था।

बाबू कृष्णमूर्ति ने 27 फरवरी, 1974 को 'अजेय' नाम से कन्नड़ में एक बड़ी पुस्तक प्रकाशित कराई थी, इसके लिए वे उन सभी ज्ञात स्थानों पर गए थे, जहाँ आज़ाद के जीवन का कुछ काल बीता था। उन्होंने गहन शोध किया था, मौखिक इतिहास जमा किया था। अपनी पुस्तक में आज़ाद के बाल्यावस्था पर वे लिखते हैं—"कहा जाता है कि चन्द्रशेखर ने भील साथियों के साथ शिकार करके चीते का मांस खाया था कई बार। जब वे आठ साल के थे तो भाबरा में दीवाली के उत्सव पर माचिस की तीलियों के ढेर में आग लगाते समय उनकी हथेली बुरी तरह जल गई थी। लेकिन वे इससे जरा भी विचलित नहीं हुए थे। अपनी बाल्यावस्था में चन्द्रशेखर कम उम्र के भीलों के गिरोह के सरगना थे जिसका काम आसपास के पहाड़ियों और जंगलों में घूमना, खोज करना था। बागों और आमों के बागों पर धावा बोलना था, फल और बीज चुराना उनका काम था। जब किसी भी वृक्ष या भाबरा के आसपास किसी बाग से फूल या सब्जी गायब होती तो सभी मान लेते कि चन्द्रशेखर का काम होगा, इस कारण उनका सम्बन्ध उनके पिता से खराब हो गया। चन्द्रशेखर रात को गायब हो जाते, किसी आदमी के हाते में घुस जाते, उनके पेड़ों पर चढ़ जाते और सारे पके फल अपने साथियों के साथ तोड़ लाते। एक दिन सीताराम ने चन्द्रशेखर को एक बड़ा पका आम खाते देखा तो यह निश्चित होकर कि वह आम उनके बगीचे से चुराया गया है, अपने पुत्र को बुरी तरह धुना।

चन्द्रशेखर पिंजड़े में बन्द शेर की तरह अशान्त थे और कभी शान्ति से नहीं बैठते थे। उनकी बानरी सेना अलीराजपुर के आसपास लगातार धावा किया करती थी। बाद में भी जोबट, डंडाला, मेघनगर, पेटलवाद, अम्बुआ, रामपुर और अन्य गाँव के लोग उनकी कहानियाँ सुनाया करते थे। चन्द्रशेखर का प्रिय खेल पेड़ पर चढ़ना था, जिसमें वे बड़े वृक्षों पर तेजी से चढ़ते थे। आज भी इनमें से कुछ विशाल वृक्ष भाबरा के इर्द-गिर्द

हैं। चन्द्रशेखर धनुष-बाण चलाने में दक्ष थे, यह उनका नियमित खेल था। घर छोड़ने के कई साल बाद तक उनकी धनुष-बाण दीवार पर सजी रही।"

आगे वह कहानी है, जिसमें उन्होंने भील को तीर मारकर अन्धा किया था। फिर लिखते हैं—"आनेवाले दिनों में चन्द्रशेखर का जीवन पूरी तरह अनुशासनहीन हो गया। उन्होंने पढ़ना बन्द कर दिया। हालाँकि वे घर से पढ़ने के लिए निकलते थे लेकिन बिला नागा वे दोस्तों के साथ निकटवर्ती जंगल में जाकर दौड़ लगाते थे, जंगलों और पहाड़ों में खेलते थे। जब एक बार भाबरा आने पर इसका पता श्री मनोहरलाल त्रिवेदी को लगा तो उन्होंने चन्द्रशेखर को अपने साथ खट्टाली ले जाने का फैसला लिया और वहाँ एक स्कूल में नाम लिखा दिया। वहाँ चन्द्रशेखर ग्यारह साल के हुए। जब श्री त्रिवेदी का स्थानान्तरण अलीराजपुर हो गया तो चन्द्रशेखर उनके साथ थे। तब तक श्री त्रिवेदी को महसूस हो गया था कि चन्द्रशेखर को पढ़ने में कोई रुचि नहीं है। अत: उनको नौकरी में लगाने का फैसला किया।"[52]

शेष कथा श्री विश्वनाथ वैशम्पायन की पुस्तक से ली गई है। इन कहानियों में कितनी सच्चाई है कहना मुश्किल है। कुछ बातें असम्भव जान पड़ती हैं। सन् 1929 के पहले भारत में दियासलाई स्वीडन, ऑस्ट्रिया, जापान से बनकर आती थी। सन् 1929 से भारत में बनना शुरू हुई। इसका प्रचलन कम था। अत: दियासलाई और बारूद के साथ 1915-16 में आज़ाद के खेलने की बात को कहानी ही कहा जाएगा।

बचपन में चन्द्रशेखर आज़ाद क्या खेलते रहे होंगे, इसका सिर्फ अनुमान ही किया जा सकता है। श्रीमती शुचिता झा ने एक लेख में भीलों में खेले जानेवाले खेलों का उल्लेख करते हुए लिखा है—"पश्चिमी मध्य प्रदेश के मूलवासी कई तरह के खेल खेलते हैं। एक खेल है 'घुगमल' इसमें दूसरों के बैलों को उनके चिह्न, आवाज और घंटियों से पहचानना होता है। यह चाँदनी रात में खेला जाता है। इसमें गेस करने के लिए तीन अवसर मिलते हैं। इसमें एक पत्थर को छूकर शुरू करते हैं। जानवर के मालिक का नाम बताना पड़ता है। भीलों के बच्चों में खेला जानेवाला दूसरा खेल है 'धुकधुकदियाँ'। इसे जानवर चराते समय बच्चे छिछले तालों में खेलते हैं। इसमें पानी के भीतर दूसरे बच्चे को खोजना पड़ता है। इसे पानी का मार्को पोलो या लुका-छिपी कह सकते हैं। खोजनेवाला जिसे छू लेता है आगे वह खोजता है। इससे बच्चे अच्छे तैराक बनते हैं। अभी कुछ दशकों पूर्व तक शिकार एक अन्य जनजातीय खेल हुआ करता था, लेकिन अब इस पर रोक लगा दी गई है। लोग निशाना पेड़ों पर लगवाने लगे हैं। धनुष-बाण से कुछ बच्चे मछली मारना भी सीखते हैं। जो सर्वाधिक मछली मारता है, वही जीतता है। वे लूडो के स्थानीय रूप के तौर पर 'चाहरमार' नामक खेल खेलते हैं। इसमें दो खिलाड़ी होते हैं। इसके नियम शतरंज से काफी मिलते-जुलते हैं।"[53]

यद्यपि काफी कुछ समय के साथ बदल चुका है, किन्तु भीलों तथा स्थानीय लोगों के सांस्कृतिक, सामाजिक जीवन के सूक्ष्म अध्ययन से ऐसे अनेक विश्वसनीय तथ्य जुटाए जा सकते हैं, जिनसे चन्द्रशेखर आज़ाद के बचपन को समझा जा सके।

सन्दर्भ

1. 'अमर शहीद चन्द्रशेखर आज़ाद के संस्मरण', मनोहरलाल त्रिवेदी, आज़ाद अंक, 'नर्मदा', पृ. 17-18
2. 'आज़ाद की अन्त्येष्टि और बनारस के जीवन के संस्मरण', शिवविनायक मिश्र, आज़ाद अंक, 'नर्मदा', पृ. 22-23
3. अलीराजपुर स्टेट, 'मालवा गजेटियर', पृ. 598-614
4. वही, चैप्टर IV, अलीराजपुर कस्बा, पृ. 611
5. जंगल, अलीराजपुर स्टेट, 'वेस्टर्न स्टेट्स' (मालवा) 'गजेटियर', लुआर्ड, पृ. 598
6. वही, पृ. 603
7. वही, पृ. 508
8. वही, चैप्टर II, सेक्शन III, फॉरेस्ट, पृ. 603-04
9. वही, सेक्शन II, पृ. 600-01
10. वही, इकॉनमी, चैप्टर II, सेक्शन I, एग्रीकल्चर, पृ. 602
11. 'वेस्टर्न स्टेट्स (मालवा) गजेटियर', वैल्यूम-IV, पार्ट-B, टेबल्स, 'अपडिंक्स टू टेबल VIII', पृ. 618
12. वही, टेबल IX, पृ. 622
13. वही, टेबल X, पृ. 626
14. वही, इकोनॉमी, चैप्टर II, सेक्शन I, एग्रीकल्चर, पृ. 602-03
15. वही, चैप्टर II, सेक्शन II, वेजेज एंड प्राइजेज, पृ. 603
16. वही, टेबल XIII, पृ. 628
17. वही, चैप्टर II, सेक्शन III, फॉरेस्ट, पृ. 604 व सेक्शन IV, आर्ट्स एंड मैनुफैक्चर्स, पृ. 607
18. वही, चैप्टर II, सेक्शन V, कॉमर्स एंड ट्रेड्स, पृ. 607-08
19. वही, चैप्टर II, सेक्शन VI, मीन्स ऑफ कम्यूनिकेशंस, पृ. 608
20. वही, चैप्टर II, सेक्शन VII, फैमिन, पृ. 608
21. वही, चैप्टर III, सेक्शन I, एडमिनिस्ट्रेशन, पृ. 609
22. वही, चैप्टर III, सेक्शन II, लॉ एंड जस्टिस, पृ. 609
23. वही, चैप्टर III, सेक्शन III, फाइनेंस, पृ. 609
24. वही, चैप्टर III, सेक्शन IV, लैंड रेवेन्यू, पृ. 609
25. वही, चैप्टर III, सेक्शन V, मिसिलीनियस रेवेन्यू, पृ. 610
26. वही, चैप्टर III, सेक्शन VI, पब्लिक वर्क्स, पृ. 610
27. वही, चैप्टर III, सेक्शन VII, आर्मी, पृ. 610
28. वही, चैप्टर III, सेक्शन VIII, पुलिस एंड जेल, पृ. 610
29. वही, टेबल XXIV, पृ. 639
30. वही, चैप्टर III, सेक्शन IX, एजुकेशन, पृ. 610
31. वही, टेबल XXIII, पृ. 638
32. वही, चैप्टर III, सेक्शन X, मेडिकल, पृ. 610
33. 'भील विद्रोह : संघर्ष के सवा सौ साल', सुभाषचन्द्र कुशवाहा, पृ. 140-148
34. वही, चैप्टर IV, भाबरा, पृ. 612
35. 'यश की धरोहर', श्री सदाशिव मलकापुरकर, पृ. 66-90
36. 'आज़ाद की माँ', वी.जी. वैशम्पायन, आज़ाद अंक, 'विप्लव', पृ. 72-75
37. 'श्री चन्द्रशेखर आज़ाद का स्मारक', आज़ाद अंक, 'नर्मदा', जगदीशप्रसाद चतुर्वेदी, पृ. 51

38. 'अमर शहीद चन्द्रशेखर आज़ाद का उन्मुक्त बचपन', मांगीलाल सोलंकी, 'धर्मयुग', 11 अप्रैल, 1982, पृ. 33-35
39. एस.डी.एम. श्रीमती किरन अंजान के द्वारा दिनांक 30 जुलाई, 2022 तथा दिनांक 3 अगस्त, 2022 को भेजी गई सूचना।
40. 'चन्द्रशेखर आज़ाद : यश की धरोहर', श्री भगवानदास माहौर, पृ. 79
41. 'तिनकी अब कौन कहानी सुनो करें', शिववर्मा, 'अग्निपुंज', पृ. 65
42. 'चन्द्रशेखर आज़ाद और उनका युग', मन्मथनाथ गुप्त, पृ. 32-34, 52-53
43. 'सिंहावलोकन', यशपाल, खंड-3, पृ. 338
44. झाबुआ, 'गजेटियर ऑफ इंडिया', मध्य प्रदेश, डॉ. एन.पी. पांडेय, पृ. 51
45. 'चन्द्रशेखर आज़ाद', भगवानदास माहौर, 'यश की धरोहर', पृ. 80
46. 'आज़ाद की माता', बनारसीदास चतुर्वेदी, संस्मरण, भारतीय ज्ञानपीठ, 1952, पृ. 244-251
47. 'अमर शहीद चन्द्रशेखर आज़ाद के संस्मरण', मनोहरलाल त्रिवेदी, आज़ाद अंक, 'नर्मदा', पृ. 18-19
48. 'अमर शहीद चन्द्रशेखर आज़ाद', श्री विश्वनाथ वैशम्पायन, पृ. 39-40
49. वही, शिववर्मा, अग्निपुंज, पृ. 69-70
50. 'बलिदान', नन्दकिशोर निगम, पृ. 3-4
51. वही, शिववर्मा, 'अग्निपुंज', पृ. 56-57
52. 'आज़ाद द इन्वेंशिबल', बाबू कृष्णमूर्ति, पृ. 46-48
53. 'ट्राइबल गेम्स : प्रैक्टिकल एंड लो बजट स्पोर्ट्स प्लेड इन द ट्राइबल एरियाज', शुचिता झा, गूगल सर्च।

संस्कृत

चन्द्रशेखर आज़ाद के आरम्भिक जीवन में सर्वाधिक महत्त्व काशी का रहा। यहाँ वे आए तो संस्कृत पढ़ने के लिए थे, किन्तु प्रारब्ध ने उन्हें पहले असहयोग आन्दोलन से जोड़ा, फिर क्रान्ति-पथ पर डाल दिया। काशी में उनके आगमन की तिथि अथवा वर्ष ज्ञात नहीं, अनुमान से वे 1920 में किसी समय यहाँ आए होंगे। किन्तु काशी छोड़ने का वर्ष तय है। काकोरी एक्शन के बाद 1925 में उन्होंने काशी छोड़ा। यानी लगभग 05 वर्ष तक वे इस शहर में रहे। इस शहर में वे पहले कांग्रेसी बने, फिर क्रान्तिकारी बने। भाबरा के बाद आज़ाद के अल्पायु जीवन का इतना लम्बा कालखंड काशी में ही बीता। यहीं उनके भीतर राष्ट्रवाद की वह ज्वाला प्रज्वलित हुई, जिसकी दीप्ति से स्वतंत्रता संग्राम का इतिहास आज तक आलोकित हो रहा है। काशी में ही चन्द्रशेखर आज़ाद को पहली बार प्रसिद्धि मिली, और वह इतिहास के पन्नों में दर्ज हुईं। लेकिन दुर्भाग्य से वे पन्ने आज तक अपठित हैं। इस खंड में प्राथमिक एवं समकालीन स्रोतों से श्री चन्द्रशेखर आज़ाद के 'काशीवास' पर प्रकाश डालने का प्रयास किया जाएगा। काशी उनके नाम के साथ ऐसे जुड़ी है कि शहादत के दो-ढाई दशक के बाद तक तमाम लोग आज़ाद को काशी का ही मूल निवासी मानते रहे।

गृह त्याग के बाद चन्द्रशेखर आज़ाद पहले बम्बई गए, इसका पता न तो श्री मनोहरलाल त्रिवेदी के संस्मरण में मिलता है और न ही श्री शिवविनायक मिश्र के संस्मरण में। दोनों संस्मरण भाबरा छोड़ने के बाद आज़ाद का उल्लेख सीधा काशी में करते हैं। 'विप्लव' के दो लेखों में पहली बार 'बम्बई' प्रवास का उल्लेख मिलता है। श्री रामदुलारे त्रिवेदी की पुस्तक और यश की धरोहर में भी कहीं पर बम्बई प्रवास का उल्लेख नहीं आता। आज़ाद के बम्बई जाने का उल्लेख 'विप्लव' के आज़ाद अंक में सर्वप्रथम श्री यशपाल ने किया है। लेकिन उन्होंने काकोरी के बाद बम्बई जाना लिखा है। फरवरी, 1940 के 'विप्लव' में इंद्रपाल ने भी इस प्रसंग को लिया है परन्तु आज़ाद बम्बई कब गए इसका जिक्र नहीं किया है।

बम्बई की चर्चा विस्तार से श्री विश्वनाथ वैशम्पायन ने अपनी पुस्तक में की है। वे लिखते हैं—"मैं यह पहले ही बता चुका हूँ कि आज़ाद ने अन्तिम दिनों में अपने जीवन की अनेक महत्त्वपूर्ण घटनाएँ मुझे सुनाई थीं। इन दिनों हम इलाहाबाद के कटरे के एक मकान में रहते थे, साथियों के पकड़े जाने और मारे जाने के कारण वे बहुत दुखी थे। भविष्य में दल का किस प्रकार संगठन किया जाए, इस चिन्ता में उन्हें रात में नींद नहीं आती थी। कुछ साथियों की गद्दारी की बातें सोच-सोचकर जब वे क्षुब्ध हो उठते तो मुझे जगाकर बैठा देते और अपने जीवन के प्रसंग सुनाने लगते। भूतकाल के उनके

कष्ट के क्षण मधुर स्मृति बनकर उनकी मानसिक व्यथा हल्की करने में बहुत सहायक होते। उन्हीं 'चिन्ता और चिन्तन' के क्षणों में उन्होंने बताया था कि वे किस तरह और क्यों मोतीवाले के साथ बम्बई गए।"[1]

अपनी पुस्तक में पिछले पृष्ठों पर श्री वैशम्पायन, श्री मनोहरलाल त्रिवेदी के संस्मरण का जिक्र तो करते हैं, लेकिन मोतीवाले के बारे में दी गई जानकारी को अधूरा छोड़ देते हैं। श्री मनोहरलाल ने लिखा है—"एक वर्ष बाद मैं कार्यवश छुट्टी लेकर देश चला गया। मेरे वापस आने के एक महीने पहले ही एक सौदागर के साथ ही जो बनारस से मोती बेचने अलीराजपुर आया हुआ था। आज़ाद बिना चार्ज-वार्ज दिये ही चले गए, आज़ाद की आयु उस समय 15 वर्ष थी। इस प्रकार उनके चले जाने के 02 वर्ष के बाद ही उनका पत्र मेरे पास आया कि वे बनारस में पढ़ रहे हैं और मैं फिकर न करूँ। बाद में सन् 1922 में ही आज़ाद भाबरा आए और पन्द्रह दिन माता-पिता के साथ रहे।"[2] इस सूचना से इतना तो स्पष्ट है कि आज़ाद 1920 में बनारस में पढ़ रहे थे।

इतिहास की दृष्टि से एक स्रोत को पुष्टिकारक नहीं माना जाता। श्री वैशम्पायन की यह बात सत्य हो सकती है कि जीवन के अन्त में जब आज़ाद बम्बई जाने की सोच रहे हों तो पूर्व में बिताए वहाँ के पलों को याद कर रहे हों या श्री मनोहरलाल त्रिवेदी के संस्मरण से तथा श्री यशपाल के 'विप्लव' के संस्मरण से थीम उठाकर अपने संस्मरणों को ज्यादा निजी रूप देने के लिए बम्बई प्रसंग को कल्पित कर लिया हो। क्योंकि बम्बई प्रवास की कोई सूचना इतनी 'विशिष्ट' नहीं है, जिसे एक उर्वर दिमागवाला लेखक सोच न ले। न तो इसमें स्थान का नाम है, न समय का और न ही व्यतीत कालखंड का। यह घटना इसलिए सन्दिग्ध प्रतीत होती है, क्योंकि श्री विश्वनाथ वैशम्पायन ने अपनी पुस्तक 1965-67 में लिखी। आज़ाद ने यदि यह बात 1930 में बताई तो 35 साल तक श्री वैशम्पायन ने कभी किसी से इसका जिक्र क्यों नहीं किया?

उन्होंने 1939 के 'विप्लव' के अंक में आज़ाद की माँ पर अपना संस्मरण लिखा। इसके बाद 1955 में श्री यशपाल का 'सिंहावलोकन' आया। 'यश की धरोहर' 1959 में प्रकाशित हुई। इसके तीनों लेखकों—श्री भगवानदास माहौर, श्री सदाशिव मलकापुरकर, श्री शिववर्मा से उनके अच्छे सम्बन्ध थे। यदि इस प्रसंग की चर्चा हुई रहती तो आज़ाद की जीवनी में इसका जिक्र करते, लेकिन वहाँ ऐसा नहीं है। वहाँ लिखा है कि "आज़ाद का जन्म भाबरा में टूटे-फूटे बाँस के टट्टरों में हुआ था। अपने नटखटपने के कारण वे प्रायः अपने पिता के कोपभाजन बनते थे। जिनकी चार सन्तानें मर चुकी हैं, ऐसी माता के वे लाड़ले थे ही। तेजस्वी ब्राह्मण बालक और फिर संस्कृत पढ़ा-लिखा न हो, यह कैसे हो सकता है? एक दिन किसी बात पर पिता से मार खाकर आज़ाद घर से भाग निकले और इधर-उधर भटकते अन्ततः पढ़-लिखकर योग्य ब्राह्मण बनने वे काशी पहुँचे और एक क्षेत्र में रहकर व्याकरण पढ़ने लगे।"[3] हालाँकि इस पुस्तक के तीन लेखकों में से एक श्री शिववर्मा ने बाद में लिखी पुस्तक 'संस्मृतियाँ' में श्री वैशम्पायन की पुस्तक से बम्बई प्रवास का मत ले लिया है।

सबसे रोचक बात यह है कि जहाँ श्री मनोहरलाल त्रिवेदी ने मोतीवाले को स्पष्ट रूप से बनारस से आया लिखा है, वहीं श्री वैशम्पायन लिखते हैं—"सौभाग्यवश उन

दिनों वहाँ एक मोती बेचनेवाला आया था। उससे आज़ाद ने दोस्ती कर ली। प्राय: नौकरी से छुट्टी मिलने के बाद ये उसके डेरे पर जाते और उससे बम्बई की बात सुनते तथा शहर के विषय में तरह-तरह की जानकारी प्राप्त करते। अन्त में श्री मनोहरलाल की अनुपस्थिति में वे उसी मोतीवाले के साथ अलीराजपुर से चम्पत हो गए।"[4] अत: दोनों संस्मरणें में विरोधाभास-सा है। इसके इतर श्री नन्दकिशोर निगम ने तो मोतीवाले के साथ जानेवाली कथा को ही सन्दिग्ध बता दिया है। वे लिखते हैं, "पंडित जी का एक अनभिज्ञ के साथ भाबरा छोड़ना, उनका अपने माता-पिता या भाई-भावज से आज्ञा न लेना, इतना ही नहीं उनको बताना भी नहीं, मोतीवाले का पंडित जी को बम्बई की गलियों में ले जाकर छोड़ देना। वह उन्हें अपने ही घर ठहरा सकता था अथवा उनका कुछ अन्य प्रबन्ध कर उनकी नौकरी या काम-काज की व्यवस्था कर सकता था, पर पंडित जी के कथानुसार ही उन्होंने होटल में नौकरी की थी।"[5]

बम्बई भाबरा से 500 किलोमीटर दूर थी, जबकि काशी 1000 किलोमीटर से भी ज्यादा दूर। ऐसे में बम्बई-प्रवास की सम्भावना को न तो पूर्णत: नकारा जा सकता है और न ही किसी अन्य पुष्टिकारक साक्ष्य के अभाव में स्वीकार किया जा सकता है। इस बिन्दु पर अधिक शोध अपेक्षित है।

चन्द्रशेखर आज़ाद के काशी आगमन की तिथि अज्ञात है। लेकिन श्री मनोहरलाल त्रिवेदी के संस्मरण से स्पष्ट है कि वे 1920 में किसी समय बनारस आए। मंशा थी संस्कृत पढ़ने की। वे कैसे और किसके सम्पर्क से और किस संस्कृत पाठशाला में गए यह अज्ञात है। उनके साथ संस्कृत पाठशाला में पढ़े अथवा पढ़ाए गए किसी साथी-अध्यापक का संस्मरण आज तक प्रकाश में नहीं आया है। आज़ाद की व्यक्तिगत पत्रावली से संकेत मिलता है कि श्री लक्ष्मीनारायण शर्मा संस्कृत पाठशाला में उनके सहपाठी थे। काशीनाथ पाठशाला में आगे चलकर अध्यापन करनेवाले स्वामी शंकरानन्द भी अन्त तक निरन्तर आज़ाद के सम्पर्क में रहे। इससे अनुमान होता है कि आज़ाद ने काशीनाथ पाठशाला में ही शुरू में संस्कृत पढ़ी।

चन्द्रशेखर आज़ाद 1920 के मध्य में काशी पहुँचे थे। "इस वर्ष का आरम्भ भारतीय राजनीतिक क्षेत्र में दलबन्दियों से हुआ। नरम दलवाले कांग्रेस से अलग हो गए। पंजाब के अत्याचार और खिलाफत के सवाल पर जनता में खलबली बढ़ रही थी। 1920 की घटनाएँ खिलाफत के महान आन्दोलन को लेकर हुई थीं। महात्मा गांधी ने खिलाफत के सन्दर्भ में असहयोग-सम्बन्धी तजवीज पहली बार 10 मार्च, के घोषणा-पत्र में प्रकट की थी। 25 मार्च, 1920 को पंजाब के अत्याचारों की गैर सरकारी रिपोर्ट प्रकाशित हुई। गांधी जी ने कहा यदि सहयोग के द्वारा हमारा पतन और तेजोनाश होता है और हमारी धार्मिक भावनाओं को आघात पहुँचता है तो असहयोग हमारे लिए कर्तव्य हो जाता है। असहयोग आन्दोलन का बाकायदा आरम्भ 1 अगस्त, 1920 को हुआ। गांधी जी और अली भाइयों ने देश का दौरा किया। असहयोग कार्यक्रम को नागपुर अधिवेशन में स्वीकृत किया गया। नागपुर कांग्रेस के आदेश का उत्तर लोगों ने काफी दिया। राष्ट्रीय शिक्षा के क्षेत्र में आशातीत सफलता दिखी। राष्ट्रीय विद्यापीठ, राष्ट्रीय कॉलेज और राष्ट्रीय स्कूल जगह-जगह खोले गए। आज के बहुतेरे प्रान्तीय और जिला नेता उन्हीं लोगों में से हैं

जिन्होंने 1920-21 में वकालत और विद्यालय छोड़े थे।"[6]

कलकत्ता में भाषण देते हुए गांधी जी ने कहा, "मैंने कांग्रेस के विद्यापीठ में यह मजाक में नहीं कहा था कि लोगों की तरफ से पर्याप्त उत्तर मिले, तो एक ही वर्ष में स्वराज्य प्राप्त किया जा सकता है। इस वर्ष में से तीन मास बीत चुके हैं। यदि हम सच्चाई पर कुरबान हों, टेक के पक्के हों, राष्ट्र के वफादार हों, रोज देशभक्ति के ही जो गीत गाते हैं वे सच्चे दिल से गाते हों, गीता जी और कुरान शरीफ को प्राणों से प्यारा मानते हों, तो बाकी के नौ महीनों में अपना कार्यक्रम पूरा करके दिखा देंगे और इस्लाम को, पंजाब को और भारत को स्वतंत्र कर देंगे। शिक्षित वर्ग को ध्यान में रखकर ही मैंने एक वर्ष में पूरा कर सकने योग्य मर्यादित कार्यक्रम लोगों के सामने रखा है। एक लाख विदेशी अंग्रेज तीस करोड़ लोगों से मनचाहा करा सकें, यह सरकार और जनता दोनों को समान रूप से गिरानेवाली बात है।"[7]

'एक वर्ष में स्वराज' की बात उन दिनों के अखबारों में प्रमुखता से प्रकाशित होती थी और जनमानस पर खासकर युवाओं पर जादू की तरह असर कर रही थी। कांग्रेस के सामने यह प्रश्न भी था कि किस आयु सीमा के ऊपर के लोगों को स्वयंसेवक बनाया जाए। महात्मा गांधी निरन्तर छात्रों से विद्यालय छोड़ने का आह्वान कर रहे थे। ऐसे में आयु सीमा का प्रश्न अत्यन्त प्रासंगिक हो गया था। हसरत मोहानी साहब ने विद्यार्थियों के लिए आयु-सीमा सोलह वर्ष रखे जाने का विरोध किया था। असहयोग के प्रस्ताव का समर्थन करते हुए तारीख 30 दिसम्बर, 1920 को दिये गए भाषण में गांधी जी ने कहा—"हसरत मोहानी साहब विद्यार्थियों के मामले में रखी गई 16 वर्ष की वय-मर्यादा के विरुद्ध हैं। मैं कहूँगा कि 16 वर्ष के भीतर का कोई विद्यार्थी पाठशाला छोड़ने का निश्चय करेगा तो इस दुनिया में उसे कौन रोक सकता है? परन्तु छोटी उम्र के बालकों को हमें असहयोग का उपदेश नहीं करना चाहिए। उनका अन्त:करण जगाने का काम हमारा नहीं, उनके माँ-बाप का है। 'अन्तर्नाद' को न मानकर कांग्रेस की आज्ञा शिरोधार्य करने की बात से मैं सहमत नहीं हो सकता। इसीलिए मैं अलीगढ़ और काशी के विद्यार्थियों को अन्तर्नाद की पवित्रता बार-बार समझाने के पीछे लगा। इतना कर लेंगे तो मैं फिर एक बार याद दिलाता हूँ कि स्वराज्य लेने के लिए आपको एक वर्ष तो क्या, नौ महीने भी नहीं लगेंगे।"[8]

उल्लेखनीय है कि जिस समय आयु-सीमा पर यह चिन्तन चल रहा था उन दिनों चन्द्रशेखर की आयु चौदह वर्ष कुछ माह की थी। ऐसे में नियमानुसार न तो वे कांग्रेस के स्वयंसेवक बन सकते थे और न ही गांधी जी द्वारा दिया गया असहयोग का उपदेश उन जैसे नाबालिग छात्रों के लिए था। सम्भव है कि कांग्रेस के स्थानीय नेताओं द्वारा माता-पिता से आज्ञा प्राप्त कर आने की शर्त पर चन्द्रशेखर ने स्वयं को 'मुक्त' अर्थात् 'आज़ाद' घोषित किया होगा जो आगे चलकर उनका उपनाम बन गया। वैसे भी जब पूरा देश ही जेलखाना था। ऐसे में किसी क्रान्तिधर्मा बालक के द्वारा नाम में आज़ाद शब्द जोड़ना क्रान्तिकारी सोच का प्रतीक था।

चन्द्रशेखर आज़ाद के काशी के दिनों का सबसे विश्वसनीय संस्मरण श्री शिव विनायक मिश्र का है। वे लिखते हैं—"श्री आज़ाद अकसर अपने माता-पिता से कहा

करते थे कि हम संस्कृत पढ़ेंगे। श्री आज़ाद छोटी ही उम्र में एकाएक छिपकर बनारस चले आए। यहाँ से उन्होंने पिता को चिट्ठी भेजी कि मैंने संस्कृत पढ़ना आरम्भ कर दिया है, चिन्ता न करें। माता-पिता बहुत व्याकुल थे। पत्र पाकर सन्तोष हुआ। इन्हीं दिनों काशी में ही श्री आज़ाद से मेरी पहली भेंट हुई। जब उन्हें मालूम हुआ कि मैं भी उन्नाव जिले का हूँ और बदरका में ही मेरे छोटे भाई की शादी श्री देवीचरण जी वाजपेयी के यहाँ हुई है तो वह मुझसे घनिष्ठता बढ़ाने लगे। कभी-कभी वह मेरे घर पर भी आते-जाते थे और मुझे फूफा कहते थे। श्री चन्द्रशेखर आज़ाद बनारस में 14-15 वर्ष की उम्र में संस्कृत पढ़ने के लिए आए थे। ज्ञानवापी के पास पुतलीवाले शिवाले में श्री आज़ाद छात्र समिति में रहते थे। उसके पहले बड़ी पियरी पर मेरे मकान में भी वे काशी में रहते थे।"[9] उल्लेखनीय है कि व्यक्तिगत पत्रावली में असहयोग से जुड़ने के पहले आज़ाद के भाटवाली गली में लक्ष्मीनारायण मिश्र नामक लड़के के साथ तीन माह रहने का जिक्र है, जो बाद में शुद्धि सभा का सदस्य हो गया था।

श्री शिवविनायक मिश्र का पहला परिचय तो यह है कि उन्होंने जेल में बेंत खाते समय आज़ाद के नारे सुने थे तथा शहर में जब आज़ाद का स्वागत किया गया तो उसके आयोजक आप ही थे। आज़ाद की शहादत के बाद उनकी अन्त्येष्टि आपने की, उनका अस्थि-कलश सँजोकर रखा और काशी प्रवास का इकलौता फोटो जिसमें आज़ाद चरखे के साथ खड़े हैं उन्हीं के पास सुरक्षित रहा। आज़ाद के हस्तलेख वाला एकमात्र पोस्टकार्ड भी उन्हीं के पास से मिला। लेकिन श्री शिवविनायक कौन थे? यह जानना जरूरी है। खोजवा बाजार, वाराणसी में उनके परिजन आज भी रहते हैं। जे.पी. मेहता कॉलेज में अर्थशास्त्र के लेक्चरर रहे और सन् 2012 में सेवानिवृत्त हो चुके उनके पोते श्री सतीश कुमार मिश्र आज भी उसी घर में रहते हैं। लेखक को फोन पर दिये गए साक्षात्कार में उन्होंने बताया—

"बदरका से 13 किलोमीटर दूर 'बीघापुर' गाँव है। वहीं श्री बालगोविन्द मिश्र के पुत्र के रूप में दादा श्री शिवविनायक मिश्र का जन्म हुआ। आरम्भिक जीवन वहीं बीता। सन् 1917-18 में वे बनारस आ गए। आय का कोई स्रोत था नहीं। जीविका के लिए विश्वनाथ गली में एक यादव की मिठाई की दुकान पर कमर में जनेऊ लपेटकर बर्तन मलने और सफाई करने का काम करने लगे। उन दिनों पियरी पर वे किराए के मकान में रहते थे। फिर राजनीतिक चेतना जाग्रत हुई तो वे कांग्रेस से जुड़ गए। 1921 के असहयोग आन्दोलन में उन्होंने सक्रियता से भाग लिया। 18 दिसम्बर, 1921 को उन्हें धारा-143 के तहत 12 माह की कड़ी कैद की सजा मिली। बनारस में ही उनकी भेंट आज़ाद से हुई, जो स्वयं असहयोग में सक्रिय थे। श्री शिवविनायक मिश्र 1921 से 1926 तक नगर कांग्रेस कमेटी के सचिव तथा प्रदेश कांग्रेस कमेटी के सदस्य रहे। उनके छोटे भाई का विवाह बदरका में हुआ था।"

बकौल श्री शिवविनायक मिश्र जेल से छुट्टी के बाद 1 सितम्बर, 1922 को नीची बाग में आज़ाद का अभिनन्दन किया गया था। श्री शिवविनायक मिश्र 1930-32 के बीच नमक सत्याग्रह तथा सविनय अवज्ञा आन्दोलन में तीन बार जेल गए। जुर्माना की रकम वसूली के लिए उनका छापाखाना नीलाम कर दिया गया। आगे वे शहीद स्मारक

समिति, वाराणसी के अध्यक्ष बने। आज़ाद की अस्थियों को लहुराबीर की मूर्ति के नीचे रखवाया। बाद में अस्थि-कलश यात्रा के दौरान भाबरा भी गए। 08 दिसम्बर, 1970 को श्री शिवविनायक मिश्र का देहावसान हुआ।[10] उल्लेखनीय है कि श्री शिवविनायक मिश्र का उल्लेख डॉ. सम्पूर्णानन्द ने अपनी आत्मकथा में किया है तथा 'आज' अखबार में उनसे जुड़ी खबरें प्रकाशित होती रही हैं।

हू इज हू के अनुसार—"शिवविनायक मिश्र, बीघापुर, उन्नाव के मूल निवासी हैं। वर्तमान में 35/216, पियरी कलाँ, थाना-चौक, वाराणसी में रहते हैं। यह उन्नाव के एक साधारण परिवार से हैं। 10वीं तक शिक्षा पाई है। 1919 में उस समय नजर में आए जब सन्दिग्ध सत्याग्रह आन्दोलनकर्ता विष्णु जी वैद्य के साथ देखे गए। आगे बनारस में असहयोग आन्दोलन में सक्रिय भाग लिया और 1921 में सजा पाई। 18 दिसम्बर, 1921 को धारा-143 आई.पी.सी. में 12 माह की सजा हुई। छूटने पर शिवप्रसाद गुप्त के निर्देश में कांग्रेस के लिए काम किया। सविनय अवज्ञा आन्दोलन के समय बनारस के अधिनायकों में से एक के रूप में चुने गए और तीन बार सजा मिली। नमक कानून में 3 जुलाई, 1930 में 6 माह सश्रम कारावास के साथ सौ रुपये का जुर्माना। 12 दिसम्बर, 1931 को 107 सी.आर.पी.सी. में एक साल के लिए 500 रुपये की दो प्रतिभूतियाँ, और 500 रुपये का बांड भरा। 8 अप्रैल, 1932 को 17(1) सी.एल.ए. एक्ट में एक माह की कठोर कारावास की सजा मिली। जेल से छूटने पर शिवप्रसाद गुप्त व सम्पूर्णानन्द के साथ रहे, निष्क्रिय रहे। 1936 में अब आर्थिक तंगी में हैं।"[11]

उन दिनों बनारस में दूर-दूर से संस्कृत पढ़ने के लिए ब्राह्मण लड़के इकट्ठा होते थे। संस्कृत विद्यालय को राजा-महाराजा लोग दान दिया करते थे। धनाढ्य सीधे छात्रों को वस्त्र, बर्तन या पैसा भी देते थे। भोजन के लिए 'सदावर्त' या 'सत्र' चला करते थे। यहाँ नि:शुल्क भोजन मिलता था। हिन्दी के अनेक स्वनामधन्य लेखकों व कवियों ने बीसवीं सदी के आरम्भ में ऐसे विद्यालयों तथा सत्रों का मार्मिक चित्रण किया है। श्री राहुल सांकृत्यायन तथा कवि नागार्जुन ने काशी में संस्कृत की पढाई और 'सत्र' भोजन की चर्चा की है। राहुल सांकृत्यायन ने अपनी आत्मकथा के प्रथम खंड में ऐसे संस्कृत विद्यालय का वर्णन करते हुए लिखा है, "मोती राम का बाग चक्रपाणी ब्रह्मचारी के दखल में था। उन्हें अपने आसपास विद्यार्थियों को रखने का एक व्यसन-सा है। वे धनी नहीं थे, हाँ अपने खर्च के लिए उनको कोई कष्ट नहीं था, शहर में उनके कई दायक थे। उस परिमित आमदनी से भी यथाशक्ति वह विद्यार्थियों की सहायता करते थे। देश के नदियों और तालों का पानी जैसे सिमट-सिमटकर समुद्र में पहुँचता है, वैसे ही भारत के दूर और नजदीक के सभी प्रान्तों के कोने-कोने के गाँवों से ब्राह्मणों के विद्याकाम लड़के बनारस पहुँचते हैं।

बनारस के आसपास बहुत दूर तक सरयूपारीण ब्राह्मण ही रहते थे। इसलिए वहाँ के पंडितों और विद्यार्थियों में उनकी संख्या का अधिक होना स्वाभाविक था। कनौजिया की तरह सरयूपारी भी 'आठ कनौजिया नौ चूल्हा' को माननेवाले थे। यहाँ व्याकरण में लघु कौमुदी, रुद्री, यजुर्वेद संहिता पढाई जाती थी। हितोपदेश, रघुवंश, वाल्मीकि रामायण व अन्य काव्य ग्रन्थ भी पढ़ाए जाते थे। सत्यनारायण की कथा भी करवाते थे। बाद में

सिद्धान्त कौमुदी चलती थी। बनारस में पक्व अन्न देनेवालों की अपेक्षा अपक्व (सूखा) अन्न देनेवाले छत्रों की संख्या कम है। पटियाला के एक ब्राह्मण रविदत्त पंडित का छत्र था। पंजाब में उनके गृहस्थ शिष्यों की संख्या काफी थी और उन्हीं की सहायता से यह रोटी छत्र चलता था। जिसमें उस तरफ के कुछ विद्यार्थी भोजन करते थे। उसके दक्षिणवाले दरवाजे के पास संन्यासी-ब्रह्मचारी का रोटी छत्र था, जिसमें एक-दो विद्यार्थी रहते थे।

बाबू श्रीप्रकाश विलायत से लौटकर आए थे, उनकी अग्रवाल बिरादरी ने उनको च्युत कर दिया था। इसलिए जाति के पंचों पर मानहानि का मुकदमा दायर हुआ था। अखबारों का शौक 'विदेश यात्रा' वाले मुकदमे से बनारस में फैली सनसनी के कारण हुआ था। मुकदमे की कार्यवाही अखबारों में छपती थी। कचौड़ी गली में अन्नपूर्णा की ओर वाले छोर के पास एक अखबार के पन्ने टँगे रहते थे, जिसे मेरे जैसे बिना पैसा-कौड़ी के अखबार के पढ़ने के शौकीन पढ़ा करते थे। बढ़ते-बढ़ते यह शौक चौक जाते वक्त कारमाइकल लाइब्रेरी तथा रीवा कोठी के तरुण विद्यार्थी तक ले गया। दुर्गा कुंड पर भी पुस्तकों और हिन्दी अखबारों का अड्डा निकला। वहाँ ही पहले-पहल सरस्वती का पारायण मैंने शुरू किया था। डी.ए.वी. कॉलेज में संस्कृत पढ़ने के लिए फीस नहीं लगती थी, वहाँ तो बल्कि छात्रवृत्ति भी मिल जाया करती थी।"[12] यह संस्मरण 1910 का है, अर्थात् आज़ाद के काशी आने के ठीक एक दशक पूर्व का।

श्री नागार्जुन के जीवनीकार ने इस सत्र या क्षेत्र का ज्यादा स्पष्ट चित्रण किया है। वे लिखते हैं, "मीर घाट के रानी कोठा में मैथिल ब्राह्मण रहते थे। मिथिला के पूर्व महाराज लक्ष्मीश्वर सिंह की विधवा देवर से प्रताड़ित होकर स्वयं काशीवास कर रही थीं, उनका लक्ष्मीवती छात्रावास था, जिसके कमरे काशी पढ़ने आए श्रोत्रीय विद्यार्थियों को दिये जाते थे। खाली रहता तो अन्य ब्राह्मण बटुकों को दिये जाते थे। मीर घाट, बाँस फाटक, रानी भवानी गली, साक्षी विनायक में मैथिलों की बड़ी संख्या थी। सभी मन्दिरों में सत्र या क्षेत्र चलता था यानी निःशुल्क भोजन दिया जाता था। राम मन्दिर के सत्र का नियम था कि कोई आगन्तुक तीन दिन से अधिक भोजन नहीं कर सकता यदि ऊपर से उसकी पैरवी न हो। तारा मन्दिर में अपेक्षाकृत आसानी थी। इन सत्रों में भोजन में दाल-भात, दो-तीन तरकारी, घी, चटनी, नीबू, दही अन्त में मुख शुद्धि सुपारी दी जाती थी। यह भोजन एक साँझा होता था, लेकिन दिन में ही लोग इतनी मात्रा में खा लेते थे कि रात के भोजन की जरूरत ही नहीं पड़ती थी, बस दुग्ध पान या फक्का-फुक्की से ही काम चल जाता था। आवेदन पत्रों पर छात्रावास में महारानी लक्ष्मीवती से पाँच-पाँच, दस-दस रुपये अनुदान मिलते थे।

उन दिनों श्री भगतसिंह के वीरतापूर्ण कार्य लोगों की जुबान पर थे। काशी के माहौल में इस चेतना की धमक सुनी जा सकती थी। इसका अग्रदूत हिन्दी दैनिक 'आज' था। 'आज' ही था जिसने सत्याग्रहियों की नामावली छापने का साहस किया था। जब सरकार ने इसे दमनपूर्वक बन्द कर दिया तो पराड़कर जी और उनकी टीम ने साइक्लोस्टाइल पत्र 'रणभेरी' निकालना शुरू कर दिया था। काशी के पंडिताऊ परिवेश में पहली बार प्रगतिशीलता आई। पराड़कर जी द्वारा सम्पादित 'दैनिक आज' परायण करना सनातनी पंडितों की निगाहों में बहुत बड़ा अपराध था। कभी-कभार कोई छात्र 'आज' पढ़ता दिख

जाए तो उस पर पंडितों का ध्यान भी जाता, लेकिन नियमित तौर पर गली-मोहल्ले के नुक्कड़वाले वाचनालय में 'आज' का परायण करनेवाला छात्र परम्परावादी घृणा का कारण बन जाता था। उस समय छात्रों और अध्यापकों के दरमियान समलिंगी व्यभिचार के आतंक की अशुभ छाया व्याप्त थी, लोग अपने लड़कों को छात्रावासों में भेजने से हिचकिचाते थे। संस्कृत पंडितों के प्रति धनिक वर्ग का नजरिया बहुत घटिया था। सड़े-सूखे आम, रद्दी चादरें, खुरदरे कम्बल, घुन लगा अनाज, फटी-पुरानी किताबें संस्कृत पंडितों को दान दी जाती थीं। अंग्रेजी पद्धति की तरक्की ने धीरे-धीरे संस्कृत शिक्षा की कमर तोड़ दी।"[13] नागार्जुन 1926 के बाद काशी आए थे, अत: उनका विवरण चन्द्रशेखर आज़ाद के थोड़े समय बाद का है, लेकिन उसी दशक का है।

नागरी प्रचारिणी सभा से प्रकाशित 'हिन्दी विश्वकोश' में भी संस्कृत छात्रों पर किंचित प्रकाश डाला गया है—"संस्कृत के छात्र ब्राह्मण होने के नाते मुफ्त छात्रावास में रहते हैं, और सत्र में खाते हैं और कभी-कभी संस्कृत भक्तों की ओर से संस्कृत विद्यार्थियों को लोटा, कम्बल, दक्षिणा भी मिलती है।"[14] उल्लेखनीय है कि श्री राहुल सांकृत्यायन सरयूपारीण ब्राह्मण थे और आजमगढ़ से आए थे। श्री नागार्जुन मैथिल ब्राह्मण थे और बिहार से आए थे। श्री चन्द्रशेखर कान्यकुब्ज ब्राह्मण थे और अलीराजपुर से आए थे। अपनी पुस्तक में श्री विश्वनाथ वैशम्पायन ने लिखा है कि "आज़ाद ने एक बार बताया था कि बनारस में रहते समय उन्हें पता चला कि गोपाल मन्दिर में नैवेद्य का पत्तल बहुत सस्ता मिलता है और उसमें दो व्यक्तियों का पेट आसानी से भर जाता है, तो वे कई दिन नियम से वह भोग का पत्तल ले आते और उसमें दो व्यक्तियों का पेट भर भोजन हो जाता।"[15]

बनारस में संस्कृत विद्यालयों की क्या स्थिति थी, इस पर सर्वाधिक प्रकाश पद्मभूषण आचार्य बलदेव उपाध्याय के ग्रन्थ 'काशी की पांडित्य परम्परा' से पड़ता है। वे लिखते हैं—"काशी में भारतवर्ष के राजाओं ने अपने-अपने विद्यालयों की स्थापना की थी। उनका एकमात्र लक्ष्य था संस्कृत-विद्या की उन्नति द्वारा भारतीय धर्म तथा आचार-विचार की सुचारु रूप से रक्षा हो सके। यह उनका धार्मिक कृत्य था, जिसके लिए अपनी शक्ति के अनुसार एक विशिष्ट धनराशि की व्यवस्था राजकीय कोष से प्रतिवर्ष की जाती थी। गंगा के घाटों का तथा देवताओं के मन्दिरों का निर्माण करते थे, यहाँ पाठशालाएँ भी स्थापित की जाती थीं। जहाँ विद्यार्थियों के लिए तथा निर्धन व्यक्ति के लिए भोजन-छाजन के निमित्त अन्न सत्र का भी प्रबन्ध था, फलत: संस्कृत के विद्यार्थी अपने भोजन-छाजन के लिए कभी चिन्तित नहीं रहते थे। इसीलिए काशी में यह लोकोक्ति प्रसिद्ध है कि 'सत्रे भोजन मठे निद्रा' सत्र में भोजन तथा मठ में शयन।

काशी व्याकरण का नितान्त प्रख्यात अखाड़ा था जहाँ विद्वानों में प्राचीन काल से शास्त्रीय तत्त्वों के विषय में शास्त्रार्थ के रूप में मल्ल युद्ध होता आया है। राजा-महाराजा, धनी-मानी, श्रेष्ठ लोग काशी में विद्वानों की गोष्ठी का आयोजन प्राय: किया करते थे। उस गोष्ठी में समागत सभी पंडितों को समान रूप से दक्षिणा तथा मिष्ठान्न दिया जाता था। इस विद्वत्व गोष्ठी को पंडित सभा के नाम से पुकारा जाता था। इसका दुहरा उपयोग था, एक तो आर्थिक उपयोग, दूसरा विद्या-बुद्धि का परिष्कार। काशी के पंडित, छात्रों को

नि:शुल्क विद्या दान दिया करते थे। वे विद्यालय में अध्यापन करने के पश्चात छात्रों को अपने घर पर भी पढ़ाते थे। पंडित श्री गंगाधर शास्त्री, श्री तिवारी जी तथा श्री महाशय जी के बारे में यह बात सुनी जाती है कि उनके यहाँ अध्ययन करनेवाले छात्रों की भीड़ लगी रहती थी। जगह कम होने से छात्र गली में खड़े रहते थे, एक टोली के पढ़ने के बाद दूसरी टोली घर के अन्दर जाती थी। कुछ अध्यापक अपने छात्रों को नि:शुल्क भोजन तथा आवास भी देते थे अथवा इसका प्रबन्ध कर देते थे। अपना उच्चारण शुद्ध रखते थे। प्राचीन ऋषियों की भाँति धोती और उत्तरीय ही धारण करते थे।"[16]

संस्कृत अध्ययन के क्षेत्र में 'संस्कृत विश्वविद्यालय' ने महती भूमिका अदा की है। बलदेव उपाध्याय जी ने लिखा है—"काशी की पांडित्य परम्परा के इतिहास में 25 अक्टूबर, 1791, सुवर्णाक्षरों में अंकित किये जाने योग्य है। इसी दिन के मंगल प्रभात में 'काशी-राजकीय संस्कृत पाठशाला' की स्थापना की गई थी। काशी मंडल के रीजेंट डंकन साहब थे, जिन्होंने लॉर्ड कार्नवालिस से प्रार्थना कर काशी में एक संस्कृत विद्यालय की स्थापना करने की स्वीकृति प्राप्त कर ली। उन्हीं के अनुरोध पर तत्कालीन काशी नरेश महाराज महीप नारायण सिंह ने प्रचुर भूमि प्रदान कर इस विद्यालय की स्थापना की थी। इस पाठशाला के संचालनार्थ काशी नरेश मिर्जापुर जिले के सत्तासी परगना नामक अपनी जमींदारी का एक विशिष्ट भाग भी प्रदान किया। उन्होंने ही वह विस्तृत भूखंड भी प्रदान किया जहाँ अब सम्पूर्णानन्द संस्कृत विश्वविद्यालय स्थित है। इस संस्कृत विद्यालय की स्थापना का उद्‌देश्य मात्र संस्कृत का प्रचार ही नहीं था, बल्कि सरकारी अदालतों में इन पंडितों से सहायता भी लेना था। ये कचहरी में 'न्याय-पंडित' के पद पर नियुक्त किये जाते थे। 1791 से 1844 तक इस महाविद्यालय की व्यवस्था रीजेंट के हाथों में रही। 1918 तक कुल 05 अंग्रेज प्रिंसिपल रहे। प्रथम भारतीय के रूप में डॉ. गंगानाथ झा (1918-1923) तथा द्वितीय भारतीय के रूप में पंडित गोपीनाथ कविराज (1923-1937) प्रिंसिपल रहे। कॉलेज के भवन की नींव 01 नवम्बर, 1847 को पड़ी, जो 1852 में पूर्ण हुई। इसी कॉलेज की जगह 22 मार्च, 1958 को संस्कृत विश्वविद्यालय की स्थापना हुई। इस गवर्नमेंट संस्कृत कॉलेज ने प्रमाणित पांडित्य की शुरुआत 1879 से कर दी थी। अब संस्कृत में मौखिक के स्थान पर लिखित परीक्षा का आरम्भ हो गया था।"[17]

"उन दिनों गवर्नमेंट कॉलेज के अलावा बनारस में संस्कृत के दर्जनों अन्य विद्यालय भी थे। जैसे—संस्कृत महाविद्यालय, बी.एच.यू., गोयनका संस्कृत महाविद्यालय, ललिताघाट, बिरला संस्कृत महाविद्यालय, लालघाट, रणवीर संस्कृत पाठशाला, श्रीचन्द्र पाठशाला या उदासीन विद्यालय, मारवाड़ी संस्कृत विद्यालय, मीरघाट, नित्यानन्द संस्कृत महाविद्यालय, त्रिभुवन महाविद्यालय, वाल्मीकि विद्यापीठ, धर्मसंघ विद्यालय, मीरघाट, दरभंगा पाठशाला, बालशास्त्री वापट की पाठशाला, जगतगंज में दर्शनानन्द महाविद्यालय तथा दुर्गाकुंड में संस्कृत विद्यालय थे। दशाश्वमेध घाट पर 'कान्यकुब्ज पाठशाला' स्थित थी। वहाँ पंडित देवीप्रसाद पढ़ाते थे जो आगे संस्कृत महाविद्यालय, बी.एच.यू. में पढ़ाने लगे। पंडित रामशास्त्री भागवताचार्य कान्यकुब्ज मंडल के निवासी थे। यह मंडल प्राचीन काल से आचारवान, सच्चरित्र ब्राह्मणों का निवास-स्थान होने से नितान्त विख्यात था। प्राचीन काल से तिरवा-ठठिया, विष्णुगढ़ आदि सामन्त नरेशों

के द्वारा समादृत कश्यपगोत्री, सिउर उपाधि सम्पन्न, अवस्थी कुलोत्पन्न कान्यकुब्ज ब्राह्मण ही यहाँ रहते थे।"

उल्लेखनीय है कि चन्द्रशेखर आज़ाद स्वयं कश्यपगोत्री, दमा कुल के कान्यकुब्ज ब्राह्मण थे। यद्यपि किसी ने स्पष्ट उल्लेख तो नहीं किया है, किन्तु आन्तरिक साक्ष्यों से जान पड़ता है कि अपने आरम्भिक दिनों में आज़ाद दशाश्वमेध घाट पर स्थित कान्यकुब्ज पाठशाला में पढ़ते थे और भाटवाली गली में रहकर आसपास के सत्रों में भोजन करते थे। उनके समय गवर्नमेंट कॉलेज के प्रधानाध्यापक—'श्री गंगानाथ झा' थे। गवर्नमेंट कॉलेज और क्वीन्स कॉलेज का प्रबन्धन पहले एक था। उन दिनों बनारस में अनेक वैदिक पाठशालाएँ भी होती थीं। ऋग्वेद की कुल 09 पाठशालाएँ—रतन फाटक, भटकचेरी, ब्रह्मघाट तथा भैरवनाथ पर थीं। कृष्ण यजुर्वेद की तैत्तरीय शाखा से सम्बद्ध 10 पाठशालाएँ घासी टोला आदि में थीं। सामवेद की तीन प्रमुख शाखाएँ थीं। रामघाट में सामवेद विद्यालय था। कौथुमी शाखा का तथा अथर्ववेद शाखा के अध्ययन-अध्यापन की परम्परा नागर ब्राह्मणों में थी।

गवर्नमेंट कॉलेज में आचार्य-शास्त्री आदि की परीक्षा होती थी। गवर्नमेंट कॉलेज के अध्यापक अकसर किसी न किसी शिवालय में गरीब छात्रों को पढ़ाते थे। आचार्य बलदेव उपाध्याय इस पर प्रकाश डालते हुए लिखते हैं—"काशी के पंडित प्रातःकाल भगवती भगीरथी में स्नान के अभ्यासी थे। तदन्तर भूतभावन बाबा विश्वनाथ का अभिषेक तथा काशी पुराधीश्वरी भगवती अन्नपूर्णा का दर्शन एवं सप्तपदी का पाठ उनकी जीवन धारा की सामान्य दिशा थी। काशी के संस्कृत कॉलेज में अध्यापन काल प्रायः पूर्वाह्न में होता था। उसके बाद भोजनादि कार्यों का विधिवत सम्पादन करता था तथा कुछ समय विश्राम करने के पश्चात अपने छात्रों के अध्यापन में पुनः प्रवृत्त हो जाता था। यह व्यापार सायंकाल तक चलता रहता था। संध्या वेला में यह काशी के परिसर में विद्यमान उद्यानों एवं बगीचों में अपने मित्रों एवं छात्रों के साथ अवश्य जाता था। बाहरी अलंग से निपटकर घर लौटने पर अन्य उपस्थित छात्रों को पढ़ाया करता था। यह प्रक्रिया बहुत रात तक चला करती थी। रात्रि वेला में वह अपने भी पठनीय एवं अभ्यासनीय ग्रन्थों का मनन-चिन्तन किया करता था।"[18]

4 सितम्बर, 1920 को महात्मा गांधी ने असहयोग आन्दोलन की शुरुआत की। इसके कुछ महीने पूर्व ही चन्द्रशेखर आज़ाद काशी आए थे। असहयोग शुरू होने के ठीक अगले दिन यानी 05 सितम्बर, 1920 से दैनिक 'आज' अखबार की शुरुआत श्री शिवाप्रसाद गुप्त ने की थी। संस्कृत छात्रों में असहयोग आन्दोलन की पैठ बनाने के लिए कांग्रेस के स्थानीय नेतृत्व ने 'असहयोग संस्कृत छात्र समिति' का गठन किया था। चूँकि संस्कृत के विद्यालय, महाविद्यालय व पाठशालाएँ विश्वनाथ मन्दिर व गंगा जी के किनारे थीं, अतः इस समिति का कार्यालय ज्ञानवापी के पास पुतलीवाले शिवालय में बनाया गया था। उस समय तक किसी माध्यम से चन्द्रशेखर आज़ाद कांग्रेस से जुड़ चुके थे। इसलिए वे पुतलीवाले शिवालय में उस कार्यालय में ही रहने लगे। डॉ. सम्पूर्णानन्द के अनुसार—"उन दिनों (1921-22) हमारी सभाएँ प्रायः ज्ञानवापी के मैदान में होती थीं।"[19]

एक स्थान पर वे लिखते हैं कि "उन दिनों कारमाइकेल लाइब्रेरी हमारे नगर का सबसे बड़ा पुस्तकालय था।"[20] आज़ाद का जुड़ाव कारमाइकेल लाइब्रेरी से भी था। बाँस फाटक पर स्थित यह पुस्तकालय उत्तर भारत की सबसे पुरानी लाइब्रेरियों में से एक थी। इसकी स्थापना वर्ष 1872 में संकठा प्रसाद खत्री ने बनारस के तत्कालीन कमिश्नर सी.पी. कारमाइकेल के नाम पर की थी। वे पुलिस में बड़े अधिकारी थे। उनकी गहरी रुचि कला, साहित्य और भारतीय संस्कृति में थी। उनके प्रयासों के चलते बनारस म्युनिसिपैलिटी ने 1875-76 में चौक क्षेत्र में इस लाइब्रेरी के भवन निर्माण के लिए एक हजार रुपये की रकम दी। राजा शिवप्रसाद 'सितारे-हिन्द' इसके प्रथम अध्यक्ष रहे। राष्ट्रीय आन्दोलन के दौरान यह लाइब्रेरी राष्ट्रीय गतिविधियों में शामिल रही और उसकी गवाह बनी। अभी कुछ वर्ष पहले 'काशी विश्वनाथ कॉरिडोर' के निर्माण के समय इसे तोड़ दिया गया।

ऐसा जान पड़ता है कि चन्द्रशेखर आज़ाद पढ़ तो रहे थे लेकिन न तो औपचारिक शिक्षा में उनकी रुचि थी और न ही गति। अभिसूचना फाइल के हिस्ट्रीनोट में आज़ाद की शिक्षा पर कोई सूचना दर्ज नहीं है। धर्मेन्द्र गौड़ ने अपनी पुस्तक में हरे रंग की मोटी शीट पर चन्द्रशेखर आज़ाद के जिस हुलिया का अनुवाद हिन्दी में दिया है वह तो प्राप्त नहीं हो सका। श्री गौड़ ने शिक्षा के खंड में आज़ाद को 'अशिक्षित' लिखा है।[21] श्री विश्वनाथ वैशम्पायन के अनुसार वे छह कक्षा तक पढ़ गए थे।[22] श्री मन्मथनाथ गुप्त के अनुसार "आज़ाद गाँव में चौथी जमायत तक ही विद्यालय में पढ़े।"[23] संस्कृत विद्यालय के दिनों का आज़ाद का कोई संस्मरण प्रकाश में नहीं आया, किन्तु विद्यापीठ में उनके पढ़ने का आँखों-देखा हाल श्री राजाराम शास्त्री और श्री मन्मथनाथ गुप्त ने अपने संस्मरणों में किया है। श्री राजाराम शास्त्री लिखते हैं—"मैं विद्यापीठ के कॉलेज विभाग में था। अकसर मैं यह चर्चा सुना करता था कि आज़ाद किसी संस्कृत पाठशाला में पढ़ते हैं। तभी किसी ने मुझे बताया कि वे विद्यापीठ के नीचे क्लास में पढ़ने लगे हैं और विद्यापीठ अकसर आया करते हैं। शुरू-शुरू में विद्यापीठ गंगा जी के किनारे भदैनी मुहल्ले में स्थित थी। उसके बाद स्टेशन की तरफ भारत माता के मन्दिर के पासवाले बँगले और उसके पास स्टेशन के निकट वाले अपने नये भवन में चली गई थी।"[24] ध्यातव्य है कि बतौर संस्कृत छात्र आज़ाद कांग्रेस और असहयोग आन्दोलन से जुड़े थे। असहयोग वापस लिये जाने के बाद वे काशी विद्यापीठ से जुड़े और क्रान्तिकारी गतिविधियों की ओर उन्मुख हुए। इस समय का आँखों-देखा विवरण श्री मन्मथनाथ ने भी दिया है—"वे गांधी विद्यालय में भर्ती हो गए। मैं भी वहाँ पर छात्र था। उन दिनों विद्यालय वाराणसी के भदैनी में एक तीन मंजिल वाली इमारत में चालू था। वीर बालक के रूप में उन्हें सब जानते थे। छात्र और शिक्षक सब उन्हें सराहते थे। एक नीची श्रेणी में उन्हें भर्ती होना पड़ा। जब मैं बरामदा में इधर-उधर जाता था तो देखता था कि वे ऐसे छात्रों में नम्रता से बैठे हैं कि जिनकी उम्र और लम्बाई उनसे आधी थी। मुझे यह बात नहीं रुची, और स्पष्ट है कि उन्हें भी नहीं रुची।"[25]

भाबरा से काशी तक आज़ाद ने जो शिक्षा प्राप्त की थी, उसका निचोड़ श्री भगवानदास माहौर और श्री विश्वनाथ वैशम्पायन के संस्मरण में मिल जाता है।

यश की धरोहर में श्री माहौर लिखते हैं—"आज़ाद भाबरा (अलीराज रियासत का एक ग्राम जो अब मध्य भारत की झाबुआ तहसील में आ गया है) अपने घर से भागकर विद्याध्ययन के लिए पहुँचे थे और वहाँ एक क्षेत्र में रहकर व्याकरण रटने का मिथ्या व्यवसाय भी उन्होंने किया था। परन्तु 'अइ उण् ऋलृक' के रटने और 'डिंच्च पिच्च पिच्च डिंच्च' करके शब्द-सिद्धि की व्यर्थ की माथापच्ची करने के लिए तो वे पैदा ही नहीं हुए थे। अतएव काशी में उन्होंने 'स्त्री प्रत्यय' न साधकर क्रान्तिकारियों का सम्पर्क ही साधा था। मेरी जानकारी में तो संस्कृत के नाम पर उन्हें शिव महिम्नस्तोत्र के सवा दो, ढाई या पौने तीन श्लोक ही याद थे। किसी हालत में तीन से अधिक नहीं। वो भी इस प्रकार कि किसी का पहला चरण तो किसी का दूसरा तो किसी का तीसरा तो किसी का चौथा। कुल मिलाकर इन श्लोकों में पूरा श्लोक एक भी नहीं था। परन्तु इन ढाई-पौने तीन टूटे-फूटे श्लोक से वे गाँववालों की श्रद्धा-भक्ति प्राप्त करने के लिए अपने 'ध्यान' और 'भजन-पूजन' का सारा काम चला लेते थे। हाँ, नीति का एक श्लोक उन्हें और भी याद था और उसको वे मौका मिलने पर सुनाए बिना न मानते थे। वह था—

उष्ट्राणां विवाहेषु गीतं गायन्ति गर्दभाः।
परस्परं प्रशंसन्ति अहो रूप महोर्ध्वनि॥

यह उनको ठीक ऐसा ही याद था और इसका अर्थ भी वे ठीक जानते थे बस, इतना ही था उनका संस्कृत का ज्ञान।"[26]

इन्हीं दिनों काशी में गांधी जी का आगमन हुआ जिससे प्रभावित होकर चन्द्रशेखर ने कांग्रेस के आन्दोलन में हिस्सा लेना शुरू किया। एक प्रत्यक्षदर्शी के अनुसार—"असहयोग आन्दोलन गांधी की आँधी थी। द्रुत गति से उसने छात्रों, नौजवानों तथा शिक्षितों को खुद में समेटा। नवम्बर, 1920 में बनारस स्टेशन पर घोड़ों से खींची जानेवाली बग्घी रखी थी, जिस पर बैठकर गांधी जी विश्वविद्यालय के कमच्छा परिसर में आनेवाले थे। घोड़ों को खोल दिया गया और बड़ी-बड़ी रस्सियाँ बग्घी से बाँधी गईं। जिन्हें खींचकर एक बड़े जुलूस के साथ महात्मा गांधी को लेकर कमच्छा परिसर में पहुँचे।" पं. मदनमोहन मालवीय के पूर्व सचिव पं. चन्द्रबली त्रिपाठी के अनुसार, "विद्यार्थियों में बड़ी बेचैनी फैली थी। उनके चित्त डाँवाँडोल हो रहे थे। बनारस के कमच्छा स्थित सेंट्रल कॉलेज के मैदान में छात्रों की विशाल सभा लगी। छात्रों के अलावा हजारों की संख्या में बनारस और आसपास के लोग गांधी को सुनने के लिए उमड़ पड़े थे। पढाई-लिखाई का माहौल खत्म था, विश्वविद्यालय और कॉलेजों के बहिष्कार की बात चारों तरफ चल रही थी। पहले मालवीय जी ढाई घंटा बोले फिर गांधी जी ने अपने भाषण में ब्रिटिशराज की रावण राज से तुलना करते हुए उसका तख्ता पलट करने के लिए छात्रों से असहयोग आन्दोलन में सब कुछ त्याग संघर्ष करने की अपील की।

कमच्छा स्थित किंग एडवर्ड हॉस्टल के सामने के मैदान पर रात-दिन नेताओं की सभा और भाषणों का ताँता लगा रहता था। सभी नेताओं का यही आह्वान रहता कि भारत माता की परतंत्रता की बेड़ियों से छुड़ाने के लिए स्कूल-कॉलेज छोड़कर आज़ादी की जंग में कूद जाओ। असहयोग नीति एकदम नई वस्तु थी। सभी का चित्त दोलायमान

था। अध्ययन-अध्यापनादि कार्य बन्द हो गए थे। गांधीजी ने एक वर्ष में भारतवासियों को स्वराज्य दिलाने का आश्वासन दिया था। छात्रों में नई आशा संचरित हुई और वे बड़ी संख्या में राष्ट्रीय स्वयंसेवक के रूप में भर्ती हुए। रोज जुलूस निकलते, नारे लगते, गिरफ्तारियाँ होतीं और जेलें भरी जातीं। धीरे-धीरे मिशन संस्थाओं से छात्रों के बाहर आने और विदेशी वस्त्रों के बहिष्कार तक चलता रहा।"[27]

गांधी जी के निजी सचिव रहे महादेव भाई ने इस प्रसंग पर प्रकाश डालते हुए लिखा है—"काशी में जब गांधी जी पहले गए थे, तब जो दो सौ के करीब विद्यार्थी निकल आए थे, उनके सिवा नये और कोई नहीं निकले। फिर भी उन्होंने अपना काम धीरे-धीरे, किन्तु दृढ़ता से जारी रखा और यह कहने में हर्ज नहीं कि उसी के परिणामस्वरूप बाबू भगवानदास और शिवप्रसाद गुप्त ने वहाँ विद्यापीठ खोलने का निश्चय किया। उन विद्यार्थियों के नेता प्रोफेसर कृपलानी हैं। वे इन्हीं विद्यार्थियों को लेकर निकले थे। जब विद्यापीठ खोला गया, उस अवसर पर विद्यार्थियों को आशीर्वाद देने के लिए प्रिंसिपल आनन्द शंकर भाई भी उपस्थित थे। आज विद्यालय की स्थिति यह है कि उसमें विद्यार्थियों की जो संख्या है वह ज्यों की त्यों बनी हुई है, परन्तु पाठशाला में विद्यार्थियों की भर्ती होती जा रही है, यहाँ तक कि विद्यालय की अपेक्षा उस पाठशाला को चलाने पर संचालकों को अधिक ध्यान देना होगा।"[28]

बनारस के इसी उत्तेजना भरे वातावरण में सुदूर भाबरा के वन से आया एक अशान्त बालक भी सब देख, सुन और समझने की कोशिश कर रहा था। इसी दौरान 'असहयोगी संस्कृत छात्र समिति' बनी तो वह उसका सदस्य बना। इसके कोषाध्यक्ष श्री शिवविनायक मिश्र के सम्पर्क में आया। समिति का कार्यालय पुतलीवाले शिवाले में था। मिश्र के चलते आज़ाद भाटवाली गली से यहीं आ गए और सर्वश्री सम्पूर्णानन्द, श्रीप्रकाश, शिवविनायक मिश्र के साथ काम करते रहे। मनमोहन बनर्जी ने (जो आगे लाहौर षड्यंत्र केस में अप्रूवर बन गया।) अपने बयान में बताया कि—"1920-21 में बेतिया में सार्वजनिक सभाएँ होती थीं। जिन्हें मैं अटेंड करता था। उन बैठकों में गांधी जी के पक्ष में प्रोपेगैंडा होता था। क्रान्तिकारी पुस्तकों को पढ़कर और इन बैठकों में शामिल होकर मैंने विचार बनाया कि मुझे देश सेवा करनी है।"[29] ठीक यही परिदृश्य बनारस में चन्द्रशेखर आज़ाद के साथ घट रहा था। ज्ञानवापी से टाउनहॉल तक होनेवाली सार्वजनिक बैठकों में हिस्सा लेकर तथा प्रणवेश चटर्जी और मन्मथनाथ द्वारा दी पुस्तकें पढ़कर उन्होंने देश सेवा का दृढ़ व्रत लिया होगा।

सन्दर्भ

1. 'अमर शहीद चन्द्रशेखर आज़ाद', श्री विश्वनाथ वैशम्पायन, पृ. 43
2. 'अमर शहीद चन्द्रशेखर आज़ाद के संस्मरण', मनोहरलाल त्रिवेदी, आज़ाद अंक, 'नर्मदा', पृ. 19
3. 'यश की धरोहर', भगवानदास व अन्य, पृ. 76-77
4. वही, विश्वनाथ वैशम्पायन, पृ. 40
5. 'बलिदान', नन्दकिशोर निगम, पृ. 4
6. 'कांग्रेस का इतिहास', पट्टाभि सीतारमैया, पृ. 187-189, 195, 211

7. 'गांधी जी के साथ पच्चीस वर्ष', महादेव भाई की डायरी, 13.12.1920, खंड-2, पृ. 369
8. वही, 'महादेव भाई की डायरी', खंड-3, पृ. 26
9. 'आज़ाद की अन्त्येष्टि और बनारस जीवन के संस्मरण', शिवविनायक मिश्र, आज़ाद अंक, 'नर्मदा', पृ. 22
10. श्री सतीश कुमार मिश्र का साक्षात्कार तथा सूचना विभाग पुस्तिका, वाराणसी।
11. शिवविनायक मिश्र, 'हू इज हू', पृ. 321
12. 'मेरी जीवन-यात्रा', जिल्द-1 राहुल सांकृत्यायन, पृ. 108-121
13. 'युगों का यात्री, नागार्जुन की जीवनी', तारानन्द वियोगी, पृ. 26,27,31,33,43,44
14. 'हिन्दी विश्वकोश', खंड-4, नागरी प्रचारिणी सभा, काशी, पृ. 4
15. वही, विश्वनाथ वैशम्पायन, पृ. 59
16. 'काशी की पांडित्य परम्परा', आचार्य बलदेव उपाध्याय, पृ. 136
17. वही, आचार्य बलदेव उपाध्याय, पृ. 136-137
18. वही, आचार्य बलदेव उपाध्याय, पृ. 135
19. 'कुछ स्मृतियाँ और कुछ अस्फुट विचार', डॉ. सम्पूर्णानन्द, पृ. 47
20. वही, डॉ. सम्पूर्णानन्द, पृ. 5
21. 'आज़ाद की पिस्तौल और उनके गद्दार साथी', धर्मेन्द्र गौड़, पृ. 62
22. 'अमर शहीद आज़ाद के संस्मरण', विश्वनाथ वैशम्पायन, पृ. 39
23. 'चन्द्रशेखर आज़ाद और उनका युग', मन्मथनाथ गुप्त, पृ. 50
24. 'अमर शहीदों के संस्मरण : चन्द्रशेखर आज़ाद', राजाराम शास्त्री, पृ. 170
25. 'गांधीवादी से क्रान्तिकारी', मन्मथनाथ गुप्त, 'अग्निपुंज', पृ. 220
26. 'यश की धरोहर', श्री भगवानदास माहौर, पृ. 48
27. 'छात्र आन्दोलन का इतिहास', श्याम कृष्ण पांडेय, डॉ. रचना सिंह, पृ. 120-21
28. वही, 'महादेव भाई की डायरी', खंड-3, पृ. 85
29. मनमोहन बनर्जी का बयान, 'कम्पलीट लाहौर कॉन्स्पिरेसी केस ट्रिब्यूनल प्रोसिडिंग्स', पृ. 90

सत्याग्रह

इस प्रकार हम पाते हैं कि काशी में जिस प्रयोजन से अर्थात् शिक्षा ग्रहण करने चन्द्रशेखर घर से भागकर आए थे, वह तो पूरा नहीं हुआ, किन्तु वे कहीं और खिंच गए। 'असहयोग संस्कृत छात्र समिति' का सदस्य बने तो वे कांग्रेस से तथा स्थानीय नेताओं से जुड़ गए। गांधी जी ने 1 अगस्त, 1920 को असहयोग आन्दोलन की घोषणा की। 5 सितम्बर, 1920 को 'आज' अखबार का आरम्भ हुआ। कलकत्ता अधिवेशन में 8 सितम्बर, 1920 को असहयोग आन्दोलन का प्रस्ताव रखा गया। 9 सितम्बर को इसे स्वीकार किया गया। इस समय आज़ाद काशी में भाटवाली गली में अपने मित्र के साथ रहते थे और संस्कृत पढ़ते थे। पास में कारमाइकेल लाइब्रेरी थी। वहीं बालक चन्द्रशेखर 'आज' अखबार पढ़ते और काशी की गतिविधियों को देखते रहते थे। सन् 1921 का वर्ष अत्यन्त हलचलकारी रहा। यह वर्ष चन्द्रशेखर आज़ाद के जीवन में व्यापक परिवर्तन लेकर आया। वे एक साधारण ग्रामीण संस्कृत छात्र के जीवन से ऊपर उठकर राजनीति की ओर उन्मुख हुए।

श्री सीतारमैया ने कांग्रेस के इतिहास में लिखा—"इस वर्ष बैजवाड़ा में 31 मार्च, व 1 अप्रैल की कांग्रेस कार्य-समिति की बैठक में तय हुआ कि स्वराज्य-कोष के लिए 1 करोड़ रुपया जमा किया जाए, एक करोड़ कांग्रेस के मेम्बर बनाए जाएँ और बीस लाख चरखे चलवाए जाएँ। 15 जून को बम्बई की बैठक में तय हुआ कि किसी असहयोगी पर यदि दीवानी और फौजदारी मुकदमा चलाया जाए तो उसे उसकी सुनवाई में कोई हिस्सा न लेना चाहिए। 28-30 जुलाई, 1921 को बम्बई में महासमिति की महत्त्वपूर्ण बैठक हुई। युवराज के आगमन के सिलसिले में महासमिति ने निश्चय किया कि 'उनके आगमन के सिलसिले में सरकारी तौर पर या अन्य किसी प्रकार से जो भी समारोह हों, हरेक का यह कर्तव्य है कि न तो उनमें शरीक हों और न किसी प्रकार की कोई सहायता ही उनके आयोजन में करें'।" असहयोगी की शर्तें—चरखा चलाना जानता हो, विदेशी कपड़ा त्याग चुका हो, खद्दर पहनता हो, हिन्दू-मुस्लिम एकता में विश्वास रखता हो, खिलाफत और पंजाब के अन्यायों को दूर करने और स्वराज्य प्राप्त करने के लिए अहिंसा में विश्वास रखता हो और यदि हिन्दू हो तो अस्पृश्यता को राष्ट्रीयता के लिए कलंक समझता हो।

1921 में सरकार का मुकाबला करने की प्रवृत्ति देश के सार्वजनिक जीवन में मुख्य बात थी। 17 नवम्बर, 1921 को युवराज भारत में आए, बम्बई में उतरे। जगह-जगह विदेशी कपड़ों की होली जली। शहर में चार दिनों तक खून-खच्चर होते रहे। युवराज के आगमन के फलस्वरूप देशभर में स्वयंसेवकों के दल संगठित हुए। अब तक कांग्रेस के स्वयंसेवक ऐसे सामाजिक कार्यकर्ता मात्र थे जो मेलों और उत्सवों के अवसर पर

यात्रियों की सहायता करते थे। संक्रामक रोग फैलने पर, राष्ट्रीय अवसरों पर काम करते थे। आगे क्रिमिनल लॉ अमेंडमेंट के अन्तर्गत ताजीरात हिन्द की 144 धारा या 108 के अनुसार जेल भेजा जाने लगा। इसी अवसर पर कांग्रेस और सरकार में समझौते की बातचीत चल पड़ी। लेकिन तार मिलने में देरी के कारण कलकत्ता में गांधी व वायसराय लॉर्ड रीडिंग की मुलाकात न हो सकी और युवराज के आगमन पर बहिष्कार जारी रहा।

1921 के दिसम्बर के अन्तिम सप्ताह में अहमदाबाद कांग्रेस हुई, जिसमें असहयोग का कार्यक्रम अपनी चरम सीमा पर जा पहुँचा। वातावरण में सनसनी थी। हर एक के दिल में यही आशाएँ उमड़ रही थीं—एक साल में स्वराज्य। गांधी जी ने यह वादा किया था कि यदि मेरे कार्यक्रम को पूरा किया गया तो स्वराज्य एक साल में मिल जाएगा। हर शख्स अपनी तरफ से शक्ति-भर कुछ करने और जो कुछ भी भुगतना पड़े उसे भुगतने के लिए तैयार था—इसलिए कि वह दैवी घटना जल्दी से जल्दी हो जाए, वह सुदिन जल्दी से जल्दी आ जाए। अब लोग भय छोड़ चुके थे। एक तरह का आत्मसम्मान का भाव राष्ट्र में पैदा हो चुका था। सरकार की प्रतिष्ठा और रौब की जड़ बहुत कुछ हिल गई थी और स्वराज्य की कल्पना के सम्बन्ध में लोगों का काफी ज्ञान बढ़ गया था।

स्वयंसेवक संस्थाओं के सदस्य होने पर ही गिरफ्तार हो सकते थे। स्वयंसेवक बनने की जो शर्तें थीं उसकी अन्तिम शर्त थी, "इस कांग्रेस को विश्वास है कि 18 वर्ष और उससे अधिक उम्र का प्रत्येक व्यक्ति स्वयंसेवक संघ में शामिल हो जाएगा। सशस्त्र क्रान्ति के स्थान पर सत्याग्रह ही एकमात्र शस्त्र और प्रभावपद उपाय रह जाता है।" यह कांग्रेस 18 वर्ष और उससे अधिक उम्र के अधिक के विद्यार्थियों से और विशेषकर राष्ट्रीय विद्यालयों के विद्यार्थियों और अध्यापकों से कहती है कि वे तुरन्त उपर्युक्त प्रतिज्ञा-पत्र पर हस्ताक्षर करके राष्ट्रीय स्वयंसेवक संघ के सदस्य बन जाएँ। स्पष्ट है कि कांग्रेस का सदस्य बनने की औपचारिक आयु 18 वर्ष या उससे अधिक थी। नाबालिग को सदस्य नहीं बनाया जा सकता था।[1]

तत्कालीन बनारस के राजनीतिक गतिविधियों का सबसे विश्वसनीय दस्तावेज 'आज' अखबार था। एक तरफ 'आज' अखबार में राष्ट्रीय स्तर पर घटित हो रही राजनीतिक गतिविधियों का ब्योरा होता था तो दूसरी तरफ स्थानीय स्तर पर छिड़े राजनीतिक घमासान की विस्तृत सूचना छपती। फरवरी, 1921 का महीना खास उत्साह भरा रहा। इसी माह महात्मा गांधी का दोबारा काशी आगमन हुआ। इसके पूर्व वे 25 नवम्बर, 1920 को वाराणसी आए थे और 26 नवम्बर को काशी हिन्दू विश्वविद्यालय में सार्वजनिक सभा में भाषण दिया था। गांधी जी ने पुनः विद्यालय-कॉलेज छोड़ने के लिए छात्रों से आह्वान किया जबकि पंडित मदनमोहन मालवीय गांधी जी के इस विचार से पूरी तरह असहमत थे। दोनों बड़े नेताओं की वैचारिक टकराहट लगातार 'आज' व अन्य अखबारों की सुर्खियाँ बनती रहीं।

8 फरवरी, 1921, महात्मा गांधी वाराणसी 'काशी विद्यापीठ' की स्थापना करने तथा जनसभा को सम्बोधित करने के लिए पधारे थे। 'आज' अखबार ने एक-एक दिन की खबरों को विस्तार से छापा है। चूँकि इस कॉलेज का, इन जनसभाओं का चन्द्रशेखर आज़ाद सहित लाखों हृदयों पर गहरा प्रभाव पड़ा। अतः इन्हें देखना जरूरी है। इसका

प्रचार पहले शुरू हो गया था। सर्वप्रथम 'आज' में बॉक्स में एक खबर छपी—"काशी विद्यापीठ की स्थापना : महात्मा गांधी जी बुधवार और बृहस्पतिवार, सौर 28 माघ 1977 (माघ शुक्ल, 2, तारीख 10 फरवरी) को आठ बजे सवेरे, मोहल्ला भदैनी में, काशी विद्यापीठ की स्थापना करेंगे। काशी की जनता का परम कर्तव्य है कि इस अवसर पर महात्मा जी और काशी विद्यापीठ के स्वागत के लिए तैयार हो जाएँ।"[2]

तत्कालीन परिस्थितियों पर प्रकाश डालते हुए 'आज' में खबर छपी 'काशी में असहयोग की लहर, छात्रों में विचित्र उत्साह, स्कूलों में धड़ाधड़ हड़ताल।' "यह पहले से ही निश्चित था कि तारीख 8 फरवरी को सर्वव्यापी हड़ताल का प्रयत्न किया जाए। तदनुसार प्राय: 12 बजे दिन को असहयोगी छात्र हिन्दू कॉलेज के मैदान में एकत्रित हुए और वहीं से डंका पीटते प्रस्थान किये। हिन्दू कॉलेज के प्राय: सभी छात्रों ने उनका साथ दिया। यहाँ से लोग हिन्दू हाईस्कूल गए। हेडमास्टर के 6 दिन प्रयत्न करने पर भी छात्र न ठहर सके और सभी छात्रों ने असहयोगियों का साथ दिया। इस संवाद के पाते ही बंगाली टोला स्कूल और जयनारायण स्कूल के लड़के (यद्यपि स्कूल बन्द था) स्वयं आकर इनके साथी हो लिये। असहयोगी छात्र हरिश्चन्द्र स्कूल गए। स्कूल के अध्यापकों ने पहले से ही छात्रों को राजभक्ति की शिक्षा दे रखी थी। यहाँ इसका विशेष प्रभाव नहीं पड़ा। आधे से अधिक छात्र असहयोगियों के साथ हो लिये। दयानन्द स्कूल के हेडमास्टर ने पहले से ही स्कूल का दरवाजा बन्द कर रखा था। लड़के झरोखा से ताकते और अपने उत्साह को दबाकर रह गए। क्वीन्स कॉलेज में भी विशेष उत्साह था। कॉलेज में प्रिंसिपल ने राजभक्ति और अपने प्रति कृतज्ञता की शिक्षा पहले से ही दे रखी थी और छात्रों से अनुरोध किया था कि इस राजकीय कॉलेज का नाम रखो। पर असहयोग ने लोगों को जगा ही दिया और अनेक छात्र आ मिले। स्कूल में मिस्टर घोष ने छात्रों को रोकने की बड़ी चेष्टा की पर करीब 40 छात्र वहाँ से भी निकल आए। हेडमास्टर ने लड़कों को क्लासों में बन्द कर रखा था इससे वे अधिक संख्या में नहीं मिल सके। लंदन मिशन स्कूल के हेडमास्टर ने यह सब संवाद सुनकर स्कूल ही बन्द कर दिया। पर सब लड़के इन्तजार में खड़े थे और असहयोगियों के पहुँचने पर उनके साथ हो लिये। इस तरह प्राय: पाँच हजार हड़ताली छात्रों का दल क्षत्रिय स्कूल में पहुँचा। हेडमास्टर ने पहले से ही किलेबन्दी कर रखा था और सहकारी मास्टर बाबू महादेवप्रसाद को एक छात्र के साथ सन्तरी बनाकर खड़ा कर रखा था। छात्रों के घोर प्रयत्न और प्रार्थना करने पर भी आपका दिल न पिघला और आपने स्पष्ट कह दिया कि मैं आप लोगों के बहकानें में नहीं आ सकता हूँ और न छात्रों से मुलाकात होने दे सकता हूँ। जो छात्र सम्मिलित भी होना चाहते थे उन्हें आप फाटक बाहर नहीं आने दिये। छात्रों ने सभा कर कहला भेजा कि हम लोग कल तक निर्णय कर लेंगे। अन्त में असहयोगियों ने वहीं एक सभा की। स्कूल और कॉलेज के बहिष्कार की शपथ खाई।"[3]

यदि इन दिनों के 'आज' अखबार पर नजर डालें तो काशी का राजनीतिक तापमान काफी ऊपर था। गांधी जी के भाषण के अलावा हिन्दू स्कूल, ज्ञानवापी मैदान तथा टाउन हॉल के मैदान में स्थानीय नेता लगातार सभाएँ कर स्कूलों के बहिष्कार, सरकारी

नौकरियों के बहिष्कार, विदेशी वस्त्रों के बहिष्कार के साथ खादी और चरखा स्वीकार करने के लिए आह्वान कर रहे थे। उन दिनों 'आज' में पूरे पृष्ठ के समाचार निकला करते थे। यथा—'विद्यार्थी और असहयोग' सत्यवती देवी; 'असहयोग और विद्यार्थी' अब्दुल माजिद; 'शिक्षा और सरकार', 'विद्यार्थियों से प्रार्थना' भगवान दास; 'संस्कृत परीक्षा और असहयोग', 'काशी में असहयोग की लहर', 'मालवीय जी की राजभक्ति', 'असहयोगी छात्रों की प्रशंसनीय दृढ़ता', 'असहयोगी विद्यार्थी क्या करें?', 'संस्कृत परीक्षार्थी और असहयोग', 'काशी में असहयोगियों की धरपकड़, अफसरों की मनमानी'। असहयोगी विद्यार्थी क्या करें विषय पर बी.जी. पटेल की 'पटेल योजना' छपी थी। यह मूलतः बम्बई के असहयोगी छात्रों के लिए थी। इसमें साधारण नियम, गाँव का काम आदि के अन्तर्गत तमाम नियम दिये गए थे। इसमें सत्य, सादा जीवन, प्रचारक बनाना, राष्ट्रीय स्कूलों में शिक्षा ग्रहण करना, तिलक फंड के लिए चन्दा जुटाना, रण विद्या में निपुणता का अभ्यास करना आदि को कर्तव्य बताया गया।

निश्चित रूप से इन खबरों को न केवल आज़ाद पढ़ते होंगे, बल्कि स्वीकार करने का प्रयास करते होंगे। संस्कृत के छात्रों के लिए समिति बन गई थी। जिसकी बैठक टाउन हॉल एवं पुतलीवाले शिवाले में हुई थी। इन सबसे प्रभावित होकर बालक चन्द्रशेखर ने स्वयं को असहयोग के प्रचार में लगा दिया। उल्लेखनीय है कि अल्पवय होने से तकनीकी रूप से चन्द्रशेखर कांग्रेस के अनुबन्धित स्वयंसेवक नहीं थे और न ही वे किसी सरकारी विद्यालय के छात्र थे। अतः उनके सम्मुख विद्यालय छोड़ने का प्रश्न भी नहीं था। फिर भी उन्होंने तथा उनके जैसे सैकड़ों संस्कृत छात्रों ने खादी तथा चरखा क्यों अपना लिया इस पर अनेक विद्वानों ने अपने संस्मरणों में आश्चर्य व्यक्त किया है। इसका जवाब 'आज' अखबार में प्रकाशित श्री सदाशिव शास्त्री के एक विस्तृत उपदेशात्मक लेख में मिलता है। श्री शास्त्री 'संस्कृत की परीक्षा देना कि नहीं' शीर्षक लेख के अन्तर्गत लिखते हैं—

"आजकल मातृभूमि की परतंत्रता दूर करने के लिए व्यापारी, नौकर, छात्र सब श्रेणी के विचारशील मनुष्य नाना रूप से असहयोग व्रत पालन में व्यस्त हैं। अंग्रेजी के विद्यार्थी सरकारी स्कूल, कॉलेजों की उच्च शिक्षा और उच्च पदवियों को ग्रहण करना पाप समझते हैं, यद्यपि उस शिक्षा से उन्हें बड़े-बड़े पद और बड़ी आर्थिक आय की निश्चित आशा है। वे भारतीय सन्तान हैं, भारत माता का कष्ट उपेक्षणीय समझना भारी कृतघ्नता है, इसलिए धर्म के नाते सरकारी शिक्षा को तुच्छ समझते हैं। इधर हमारे संस्कृत के छात्रों की ओर दृष्टिपात कीजिए। यह देशव्यापी असहयोग आन्दोलन संस्कृत के भोले-भाले छात्रों का स्पर्श तक नहीं कर पाया। बड़े दुख का विषय है कि जिन सरकारी संस्कृत कॉलेजों की संस्कृत परीक्षा (काशी क्वीन्स कॉलेज की आचार्य, बिहार और बंगाल की तीर्थ, लाहौर की शास्त्री परीक्षा) पास विद्वानों को 15 मासिक मिलना कठिन है, जनता में जिसकी प्रतिष्ठा नहीं है, निरन्तर 12 वर्ष तक पढ़कर जिसके पास करने पर भी अलौकिकता बनी रहती है, ऐसी दुर्गुण सम्पन्न संस्कृत परीक्षाओं के लिए संस्कृत छात्र प्राणोत्सर्ग करने को तैयार हैं, यह कितनी शोचनीय दशा है। जिस संस्कृत विद्या के अध्ययन का पवित्र उद्देश्य कर्तव्य से भूले हुए प्राणियों को कर्तव्य

पथ-प्रदर्शन कराना था, काल माहात्म्य से उस संस्कृत विद्या के अध्ययन करनेवाले स्वयं कर्तव्यच्युत हो रहे हैं। जिनके फल से आज उन्हें उपदेश देना पड़ता है कि असहयोग शिक्षा ग्रहण करो।

अब अंग्रेजी के छात्रों से तथा देश के नेताओं से निवेदन है कि अपने संस्कृतपाठी भाइयों को इस प्रकाशमय युग में भी प्रगाढ़ अन्धकार में पड़े रहने देना अत्यन्त चिन्ताजनक होगा। अत: इनकी ओर प्रकाश डालकर इन्हें उज्ज्वलित करना चाहिए। यद्यपि इनमें अलौकिकता दोषपूर्ण रूप से विद्यमान है, समाचार-पत्रों को छूते तक नहीं, सार्वजनिक सभा-सोसाइटी में योग देना परीक्षा के ग्रन्थाभ्यास में विघ्नस्वरूप समझते हैं, नवीन परिस्थिति से नितान्त अपरिचित हैं, यदागम परिभाषा, और अर्थ तत्त्व के नवीन प्राचीन मत के परिष्कारों से छुट्टी नहीं पाते, तथापि मुझे पूर्ण आशा है कि समझाने से समझ सकते हैं। परन्तु इन्हें अकर्मण्य तथा अशिक्षित समझ कोई उत्तेजित करने की चेष्टा ही नहीं करता। स्मरण रहे, इन्हें मातृभाषा के पढ़ने वाले कहकर पुण्यमय आन्दोलन की ओर प्रोत्साहित करने की उपेक्षा करना मानो एक बड़े बन्धु समुदाय को देश सेवा के सौभाग्य से वंचित रखना है। ये लोग बड़ी सुगमता से असहयोग आन्दोलन का पालन कर सकते हैं। प्राय: इन लोगों का संरक्षण प्राचीन शैली के वैश्य भक्तों द्वारा परिचालित होता है। केवल वर्ष में एक बार कॉलेज जाकर परीक्षा दे देना भर ही इनका सरकार से सम्बन्ध है। इतना मात्र छोड़ना क्या कठिन है? केवल नवीन भावों के हृदय में आने की देर है। संस्कृतवालों को आन्दोलन में सम्मिलित करने से यह भी एक बड़ा लाभ है कि इन्हीं के समकक्ष पुराने ढाँचे के ग्रामीण तथा नगरीय लोगों में असहयोग अनायास प्रचारित हो जाएगा। इन्हीं के उपदेशक ये ही संस्कृतपाठी हैं। मुझसे सैकड़ों संस्कृत छात्रों ने अपनी आन्तरिक उत्कट इच्छा व्यक्त की है कि हम लोग परीक्षा छोड़ना चाहते हैं।

प्यारे अंग्रेजी के आदर्श छात्रों, जैसे अगप लोगों ने अपने अमूल्य समय की ओर ध्यान न देकर स्कूल, कॉलेज और परीक्षा छोड़ी वैसे ही संस्कृत छात्रों से सरकारी संस्कृत परीक्षा से पीछा छुड़वाइए। काशी क्वीन्स कॉलेज की प्रथमा, मध्यमा और आचार्य परीक्षा का समय अतीव सन्निकट है। ऐसा उद्योग होना चाहिए जिससे छात्र परीक्षा में न बैठ सकें। प्रात:काल ही कॉलेज जाकर प्रीतिपूर्वक सानुनय समझाकर निषेध करना चाहिए। सफलता अवश्य होगी, जैसे कलकत्ता में हुई है। बिहार और बंगाल की संस्कृत परीक्षा भी समीप है उनके लिए भी पूर्ण प्रयत्न होना चाहिए। काशी, कलकत्ता और पटना के, क्रमश: फैजाबाद, वर्धमान, धारा, वगैरह केन्द्रों में भी निषेध का प्रबन्ध होना चाहिए। आशा है, कर्मवीर नवयुवक ऐसा सुयोग न चूकेंगे। विशेष उल्लेख योग्य बात यह है कि ब्राह्मणादि के अतिरिक्त आजकल सरकारी संस्कृत परीक्षाओं में बहुसंख्यक संन्यासी, उदासी, कबीरपंथी, अयोध्या के वैष्णव, साधुगण प्रतिवर्ष अधिकाधिक आया करते हैं। खेद और विस्मय है जिन विरक्त महात्माओं का कर्तव्य है सदुपदेश द्वारा अधर्म परीक्षा छुड़ाने का, वे ही पदवी के लोलुप हो परीक्षा में बैठते हैं। अबकी कांग्रेस में बहुत से विद्वान साधु भी उपस्थित हुए थे। स्वयं शंकराचार्य महाराज ने असहयोग का समर्थन गीता के प्रमाणों से किया था। फिर क्यों कांग्रेस के आदेश की अवहेलना की जाती है?

जिन गृहस्थों की परीक्षा के ऊपर जीविका निर्भर है वे भी परीक्षा छोड़ रहे हैं, फिर आप लोगों को इतना ममत्व क्यों? आप लोगों को तो ईश्वरदत्त आचार्य पदवी प्राप्त ही है। आशा है, साधुगण इस प्रार्थना पर ध्यान देंगे और परीक्षा की दुर्वासना छोड़ देने का दृढ़ संकल्प कर लेंगे।"[4] श्री सदाशिव शास्त्री के इस लेख का व्यापक असर पड़ा।

महात्मा गांधी के निजी सचिव श्री महादेव देसाई ने फरवरी, 1921 में गांधी जी के बनारस आगमन के पूर्व की घटनाओं पर प्रकाश डालते हुए अपनी डायरी में लिखा, "गांधी जी बिहार प्रान्त छोड़कर संयुक्त प्रान्त में गए। खास तौर पर किसानों से मिलने के लिए और काशी विद्यापीठ का उद्घाटन करने के लिए। किसानों के दो बड़े जलसे गोरखपुर और फैजाबाद में हुए। गोरखपुर के लाख आदमियोंवाले जलसे की व्यवस्था बिलकुल ठीक थी। लीडर ने भी साफ तौर पर कहा कि गांधी जी के फैजाबाद के भाषण में अहिंसा पर अत्यन्त जोर दिया गया। गोरखपुर से रात को साढ़े आठ बजे गाड़ी चली। काशी जाते समय भटनी स्टेशन पर लगभग ग्यारह बजे गाड़ी बदलती है। गाड़ी प्रत्येक स्टेशन पर खड़ी रहनेवाली थी। हर स्टेशन पर बड़ी-बड़ी लाठियों और मशालोंवाले किसान आकर कान फोड़नेवाली आवाजें लगाते थे। ऐसी हालत में अपनी चिढ़ नियंत्रित नहीं रख सकता था। भटनी में दर्शन न मिलने पर लोगों ने पटरी पर खड़े होकर रोका। मैं उतरकर पैरों पर पड़ा। तो भी वे हटने को तैयार नहीं थे। अन्त में मैं क्रोध में भर गया और कहा, आप लोगों को शरम नहीं आती, तो वे बोले, 'भगवान के दर्शन करने आए हैं इसमें शर्म की क्या बात।' यों कह-कहकर हमें शरमाने की कोशिश करते। एक स्टेशन पर डेढ़ बजे गांधी जी आजिज आ गए। इसके बाद गांधी जी की सौम्य मूर्ति में हुई विकृति का वर्णन करने के लिए मेरे पास शब्द नहीं हैं। गांधी जी को इस दशा में मैंने पहले कभी नहीं देखा था। अन्त में उन्होंने अपना माथा पीटकर कहा, 'तुम्हारे पैरों पड़ता हूँ, भले बनकर यहाँ से हट जाओ।' गांधी जी के इस प्रकार 3 बार कपाल पीटने के बाद लोग वहाँ शान्त हो गए।"[5]

'आज' में ही एक छोटी खबर काशी विद्यापीठ की स्थापना के पूर्व और छपी थी, "हमारे मान्य अतिथि : महात्मा गांधी, श्रीमती गांधी, मौलाना मुहम्मद अली, श्रीयुत देवीदास, डॉ. देसाई कल सवेरे काशी पहुँचे। मौलाना अबुल कलाम आज़ाद दिन के 10 बजे की गाड़ी से काशी आए। पं. मोतीलाल नेहरू रात को प्रयाग से आए। आज सवेरे काशी विद्यापीठ के आरम्भोत्सव में आप सब लोग सम्मिलित होंगे।" 'आज' में एक अन्य खबर छपी—'काशी में महात्मा गांधी' आज प्रातःकाल गोरखपुर से महात्मा गांधी काशी पधारे। तीन बजे काशी विद्यापीठ भदैनी से उनकी सवारी निकलेगी और सायंकाल 5 बजे टाउन हॉल में उनका भाषण होगा। कल सवेरे आठ बजे आप विद्यापीठ आरम्भ करेंगे और विद्यार्थियों को उपदेश देंगे। इसके बाद 11 बजे की गाड़ी से आप फैजाबाद चले जाएगे।[6]

इसके ठीक अगले दिन अर्थात् 10 फरवरी, 1921 को टाउन हॉल में विशाल जनसभा हुई, जिसकी खबर 'आज' में छपी। शीर्षक था, 'आठ महीने में स्वराज, चरखा का महामंत्र, सच्ची शिक्षा क्या है? काशी में महात्मा गांधी, एक लाख दर्शकों की भीड़', "महात्मा गांधी, श्रीमती गांधी, मौलाना मुहम्मद अली कल सवेरे की रेल

से गोरखपुर से आए। रेल करीब दो घंटे देर कर आई। दर्शकों की बड़ी भीड़ थी। चार बजे सवेरे से ही लोग स्टेशन पर पहुँच गए थे। गांधी जी के आते ही 'भारत माता की जय' की ध्वनि से स्टेशन गूँज उठा। भीड़ में से बड़ी कठिनाई से गांधी जी और उनके साथी बाहर लाए गए। दिन में महात्मा जी विद्यापीठ के मन्दिर भदैनी में विश्राम करते रहे। विद्यापीठ की निरीक्षण सभा का अधिवेशन तीसरे पहर वहीं हुआ। उसके उपरान्त महात्मा जी टाउन हॉल पधारे। लोगों को सन्देश था। शाम को 4 बजते-बजते भीड़ इतनी बढ़ गई कि टाउन हॉल का सारा मैदान भर गया। स्थानाभाव से लोग आसपास के पेड़ों पर चढ़ गए। मकानों की दीवार और छतें स्त्रियों से गुँथ गईं और सबके-सब अनिमेष दृष्टि से उसी महाशक्ति की प्रतीक्षा कर रहे थे। प्राय: 5 बजे नगर के उत्सुक लोगों को दर्शन देते आप अन्य के साथ मैदान में पधारे। सभा में उस समय तक प्राय: एक लाख की भीड़ हो गई थी और स्थानीय अनेक नेता तथा रईस उपस्थित थे। बाबू भगवानदास ने सभापति का आसन ग्रहण किया। वन्देमातरम् के भीषण हर्षनाद में महात्मा जी ने सन्देश सुनाया। उन्होंने बढ़ती ताकत का कारण ठंडी हिम्मत को बताया। फैजाबाद में हुई लूटपाट का जिक्र किया। महात्मा जी ने आगे कहा—

"सरकार शान्ति के कारण लाचार है। असहयोग में भले कोई कुछ न छोड़े, रंज नहीं मगर खून, गाली, लकड़ी चलने पर रंज होता है। फैजाबाद के किसान और बम्बई के विद्यार्थियों की करनी से मैं असन्तुष्ट हूँ। मेरी शर्त को याद रखिए मैं एक वर्ष में अर्थात् सितम्बर तक पूर्ण स्वराज चाहता हूँ। वह केवल शान्ति रखने से मिल सकता है। गुस्से में कोई काम नहीं होना चाहिए। यदि ऐसा हुआ तो स्वराज नामुमकिन है। हमें परदेसी लिबास भी छोड़ देना चाहिए। संस्कृत के विद्यार्थी हमसे पूछते हैं कि उनका क्या कर्तव्य है? अब कर्तव्य का प्रश्न नहीं रहा। सरकारी विद्यालयों का त्याग ही एकमात्र कर्तव्य है। जब तक हमारे दुखों का प्रतिकार न किया जाए तब तक सरकारी विद्यालय हराम हैं। यदि विद्यार्थी विद्यालयों का बहिष्कार कर देश की सेवा करना चाहते हैं, उन्हें फौरन चरखा ग्रहण करना चाहिए। यदि चार घंटे रोज यही काम करें तो हर विद्यार्थी इतना सूत कात सकता है कि चार दिन में एक धोती तैयार हो सकती है। जितना समय जलसों में नष्ट होता है, उतना समय सूत कातें। यदि एक वर्ष में स्वराज्य प्राप्त करना है तो दो बातें आवश्यक हैं—एक तो शान्ति का पाठ करना और दूसरे विदेशी वस्त्र का त्याग करना और उसको सफल बनाने के लिए चरखा ग्रहण करना। जेल से मत घबराइए। जो जेल जानेवालों को छुड़ाने का प्रयत्न करते हैं अपनी बुजदिली दिखाते हैं। जेल में हमें शान्तचित्त रहना चाहिए। उसे महल समझ लेना चाहिए। हमारा काम जेल जाना है, सरकार का काम जेल भेजना है। इतनी बड़ी सभा से मैं खाली हाथ नहीं जा सकता। मैं भीख माँगता हूँ, जो आप लोगों को देना हो दें। याद रखिए यदि आपने चरखे को अपनाया और अपने हाथ से ही बने कपड़े पहनने का संकल्प किया तो स्वराज्य सितम्बर में मिल जाएगा।"[7]

इसके बाद दैनिक 'आज' में काशी विद्यापीठ की स्थापना की खबर छपी। "काशी विद्यापीठ का आरम्भोत्सव : महात्मा गांधी का उपदेश : विद्यार्थियों का कर्तव्य, सरकारी कॉलेजों में पढ़ना पाप है।"

"कल बृहस्पतिवार तारीख 10 फरवरी को आठ बजे प्रातःकाल काशी विद्यापीठ का स्थापना होना निश्चित था। प्रातःकाल का समय होते भी जनता समय से प्रायः दो घंटा पूर्व ही एकत्र होने लगी थी। समय होते-होते प्रायः 8 हजार की भीड़ इकट्ठी हो गई। जिसमें अधिकांश छात्र थे। इस सभा की प्रधान विशेषता यह थी कि इसमें काशी के रईस और काशी विश्वविद्यालय के अधिकांश अध्यापकगण उपस्थित थे। कुछ उपस्थित सज्जनों के नाम—मौलाना मुहम्मद अली, मौलाना अबुल कलाम आज़ाद, सेठ जमनालाल बजाज, पं. मोतीलाल नेहरू, पं. जवाहरलाल नेहरू, बाबा रामचन्द्र, पं. गौरीशंकर मिश्र, प्रिंसिपल ध्रुव, अध्यापक तैलंग, प्रो. शेषाद्रि, श्री ज्ञानेन्द्रनाथ बसु, साह सीताराम, साह राधाशरण। सभा की कार्यवाही पं. यज्ञनारायण जी उपाध्याय पठित वेदमंत्र और वन्दना से आरम्भ हुई। मौलाना अबुल कासिम ने कुरान की आयतें पढ़ीं। तत्पश्चात वेद से स्तुति पाठ कर विद्यापीठ के सभापति बाबू भगवानदास ने अपना भाषण आरम्भ किया। बाबू भगवानदास जी ने बोलते हुए देवों, असुरों के संघर्ष की व्याख्या की। उनका पूरा भाषण हिन्दू धर्मग्रन्थों के उद्धरणों, श्लोकों से भरा था। बाबू भगवानदास के भाषण के बाद महात्मा गांधी ने निम्नलिखित उपदेश दिया—

"बाबू भगवानदास, बहिनों और भाई लोग, मेरे हृदय में इस समय एक बात का दुख है, उसे मैं किसी तरह आप लोगों से छिपा नहीं सकता। यहाँ आने के पहले मैं हमारे भाई साहब पं. मदनमोहन मालवीय के पास गया और पूछा कि क्या आप यहाँ विद्यापीठ के आरम्भोत्सव में आते हैं। उन्होंने कहा नहीं, मेरा वहाँ न जाना ही अच्छा होगा। वे हमारे कितने घनिष्ठ हैं, मैं बतला नहीं सकता। आज वे हमारे साथ नहीं हैं। उनको आज यहाँ न देखना हमारे लिए इसका कितना दुख है बयान नहीं कर सकते हैं, पर हमारी लड़ाई ऐसी है कि यह सब दुख बर्दाश्त करना होगा। पिताओं को पुत्र का, पति को पत्नी का, पत्नी को पति के विपत्तियों का दुख सहना पड़ेगा। भगवानदास ने सुमधुर शब्दों में हमें बतलाया है कि यह लड़ाई धर्मयुद्ध है, मुझे इस बात में जरा भी संशय नहीं रह गया है, नहीं तो मैं उस तरफ कमर न करता, जिसके प्रतिनिधि मालवीय हैं। मेरी आत्मा यही कहती है कि या तो यह मेरा हो जाए या नष्ट हो जाए। यदि मैं ऐसा न करता तो मैं इसे पाप समझता हूँ।

कल मेरे पास कानपुर के कई विद्यार्थी आए। वे वहाँ से पढाई छोड़कर आए हैं। मैंने उनसे पूछा आप लोग पढ़ना छोड़कर क्यों आए? उन्होंने उत्तर दिया हम लोग चाहते हैं कि इससे बढ़कर कोई अच्छा राष्ट्रीय काम कर सकते हैं। मैंने उनसे कहा, यह सबब अच्छा नहीं। यदि आप इस खयाल से पढाई छोड़कर आए होते कि सरकारी सहायता से चलने वाले विद्यालयों में पढ़ना पाप समझते हैं, तभी अधिक लाभ होता। मेरी बात को वे कुछ समझ गए, पर उनकी मुखाकृति से साफ झलकता था कि उनके हृदयों में अभी कुछ संशय रह गया है, क्योंकि उन्होंने प्रश्न किया कि परीक्षा के केवल दो ही मास रह गए हैं और यदि हम उपाधि लेकर असहयोग करेंगे तो अच्छा है। मैंने कहा यह ठीक नहीं। जब हमें दृढ़ हो गया है कि इन विद्यालयों में शिक्षा लेना पाप है, तो इसे त्यागना ही उचित होगा। यही तो सवालात है, हमारे बिस्तर के नीचे पचासों वर्ष से साँप बैठा है। हमें उसका पता नहीं है। आज हमें उसका एकाएक पता लगता है। हम उस

बिस्तरे पर कभी नहीं रह सकते, चाहे हमारे पिता उसे छोड़ने के लिए मना करें, चाहे वे उसके लिए हमें गाली दें, पर हम उस बिस्तरे पर कभी नहीं रह सकते। मैं पिता की यह बात नहीं मान सकता क्योंकि पिता को यह बात मालूम नहीं कि उस बिस्तरे पर मेरी शान्ति नहीं रह सकती। यही खयाल कर विद्यालयों को छोड़िए। यह समय परीक्षाओं का प्रश्न उठाने का नहीं है।"

गांधी जी के द्वारा दिया गया यह भाषण काफी लम्बा है। संक्षेप में इसके बाद उन्होंने अपने मित्र एंड्रयूज का जिक्र करते हुए कहा कि काशी में बाबू भगवानदास और पटना में श्री राजेन्द्र प्रसाद के कारण इन स्थानों पर उन्हें असहयोग के सफल होने का विश्वास है। भूमि की सरदारी अपने हाथ में नहीं है। यह अपरिहार्य है कि अपरिहार्य को परिहार्य न करना क्षम्य है। पर शिक्षा अपरिहार्य नहीं है। यदि उसके बदले में हमें कुछ भी न मिले तो भी सरकारी विद्यालय छोड़ देना चाहिए। फिर गांधी जी तुलसीदास द्वारा मलिन राज्य त्यागने की बात करते हैं। हमारी राष्ट्रीय भाषा हिन्दुस्तानी है। अंग्रेजी को हमें मातृभाषा का स्थान नहीं देना चाहिए। राष्ट्रीय विद्यालय के सम्बन्ध में गांधी जी ने कहा--

"यहाँ आपको वे विशाल भवन नहीं मिलेंगे। यहाँ न मकान है न बड़ी जमीन। झोंपड़ी में रहकर काम करना अच्छा है। महल में झंडे की सलामी बुरी है। मैं यहाँ आ गया हूँ इसका कारण यह है कि मा. भगवानदास और बा. शिवप्रसाद के दिलों में असहयोग की प्रतिष्ठा हो गई है। असहयोग को बढ़ाने के लिए ही इस विद्यापीठ की स्थापना की गई है। असहयोग ही हमारे लिए शास्त्र है। दूसरे तत्त्व ज्ञान, मजहबी ज्ञान आदि शास्त्र नहीं हैं। हमको राष्ट्र की सेवा करनी चाहिए। राष्ट्र के लिए हम सब काम करेंगे। भूमि को अपना करना नामुमकिन है पर वस्त्र नहीं छीनने देना चाहिए। हर साल 60 करोड़ रुपये कपड़ों के लिए विदेश चले जाते हैं। हम सबको प्रतिज्ञा करनी चाहिए कि विदेशी वस्त्र धारण करना महापाप है। पहला धर्म चरखा चलाना है। विद्यालय को चलानेवाले इसे याद रखेंगे। इससे हमारी आर्थिक शुद्धि होगी। दूसरा कर्तव्य अपनी मातृभाषा को बढ़ाना है। इसे लिख-पढ़ न सकना शर्म की बात है। जो कुछ अंग्रेजी में तालीम मिली है, उसे मातृभाषा में हजम कीजिए। हमें उर्दू और देवनागरी दोनों लिपि सीखनी चाहिए। इस विद्यालय को आप लोग सुशोभित कीजिए। इससे यह कार्यदक्ष यज्ञ और शीघ्रता से चलेगा। हमारे माननीय मालवीय जी भी समझ जाएँगे। अगर हिन्दू-मुसलमान यहाँ मिलकर काम करेंगे तो हमारा स्वराज आपके मार्फत आ जाएगा। हमें मालवीय जी का चित्तहरण करना चाहिए। उन्होंने मुझसे कहा है कि अगर मेरे चित्त में विश्वास हो जाए कि ऐसा करना ठीक है तो मैं हिन्दू विश्वविद्यालय छोड़ दूँगा। उनका कहना है कि छोड़ने से हिन्दुस्तान की हानि है। हमारा कर्तव्य है कि हम बतलावें कि न छोड़ने में हानि है।"[8]

कुछ दिन बाद बनारस में संस्कृत की परीक्षाएँ शुरू हो गईं जबकि इन्हें रोकने के प्रयास में असहयोगी छात्र समिति लगातार प्रयास करती रही। इन घटनाओं का उल्लेख करते हुए 'आज' ने लिखा--"संस्कृत परीक्षाएँ, परीक्षा भवन में पुलिस का पहरा"--"काशी में आजकल मध्यमा तथा प्रथमा, की संस्कृत परीक्षाएँ हो रही हैं। सुना जाता है कि गत वर्ष की भाँति इस बार भी कुछ असहयोगियों ने परीक्षार्थियों को

समझाने का विचार किया था। इस सम्बन्ध की कुछ नोटिसें भी बाँटी गई थीं। पहले ही दिन आठ आदमी नोटिस बाँटने के लिए गिरफ्तार हुए। दूसरे दिन परीक्षा सदन में आकर परीक्षार्थियों को समझाने लगे और गिरफ्तार कर लिये गए। अब बारदोली के कांग्रेस वर्किंग कमेटी के आज्ञानुसार सब कार्य बन्द कर दिया गया है। कोई भी समझाने के लिए अब नहीं जाता। क्वीन्स कॉलेज में 7 बजे सवेरे से 4 बजे सायंकाल तक घुड़सवार तथा प्यादे सिपाहियों का पहरा रहता है। कॉलेज के सारे मैदान में लाल-लाल पगड़ियाँ दिखाई देती हैं। अपने-अपने स्थानों से चलने के समय से ही परीक्षार्थी सिपाहियों के साथ-साथ जाते हैं। जो गाड़ियों में जाते हैं उनकी गाड़ियों पर सिपाही रहते हैं। पुलिस का बड़ा भारी प्रबन्ध है, किन्तु असहयोगियों ने कांग्रेस की आज्ञानुसार कार्य बन्द कर रखा है। कल 14 फरवरी मंगलवार को गोरे तथा काले सिपाहियों का एक दल शहर में से बाजा बजाता हुआ, शस्त्रों से सुसज्जित होकर निकला। इसका क्या तात्पर्य था सो नहीं मालूम हुआ।"[9]

संस्कृत परीक्षाओं को लेकर संस्कृत छात्रों की एक विशाल जनसभा हुई जिसकी सूचना दैनिक 'आज' में 'काशी समाचार' कॉलम के अन्तर्गत प्रकाशित हुई। अखबार लिखता है—"कल 'संस्कृत छात्र असहयोग समिति, काशी' की एक बृहत् सभा टाउन हॉल में हुई। सभापति का आसन काशी के विद्वान पं. दुखभंजन कवि के पुत्र पं. देवीप्रसाद जी ने ग्रहण किया था। जनता की उपस्थिति 4000 के करीब थी। मुख्य वक्ताओं में प्रो. कृपलानी, पं. रामदास गौड़, महोपदेशक नन्दकुमार जी, यज्ञनारायण जी तथा स्वामी सच्चिदानन्द जी थे।"[10]

संस्कृत परीक्षाओं को रोकने का प्रयास करने पर कुछ स्थानों पर असहयोगी छात्रों के साथ विद्यालय प्रशासन ने कठोर बर्ताव किया। ऐसी ही एक सूचना दैनिक 'आज' में प्रकाशित हुई। 21 फरवरी, "संस्कृत परीक्षा और असहयोग। मि. वरल का घृणित व्यवहार", "आज से काशीस्थ राजकीय संस्कृत परीक्षाएँ आरम्भ हुई हैं। स्थानीय क्वीन्स कॉलेज में आचार्य तथा सम्पूर्ण मध्यमा के विद्यार्थियों की, क्वीन्स कालीजिएट स्कूल में बी.एड. मध्यमा के परीक्षार्थियों की और बंगाली टोला स्कूल में प्रथमा के परीक्षार्थियों की सीट लगी हैं। आज बहुत सवेरे से असहयोगी स्वयंसेवकों का दल कॉलेज के चारों तरफ के रास्ते तथा कुछ दूर तक के रास्तों पर खड़े होकर परीक्षा के लिए जानेवालों को सम्मिलित होने के लिए समझाते थे और जो इसको स्वीकार करते थे उनके प्रवेश पत्र फाड़ या फड़वा देते थे। क्वीन्स कॉलेज में प्राय: 434 सीटों में से केवल 154 भरी थीं और कालिजिएट की प्राय: 447 सीटों में से केवल 115 सीटें भरी थीं। क्वीन्स कॉलेज के फाटक पर असहयोगी बालक लेट गए थे। जिससे बहुत से परीक्षार्थी भीतर से न जा सके तथापि पं. मुरलीधर झा, पं. रामभवन जी तथा एकाध और सज्जन उनके ऊपर से होकर चले गए। एक बड़ी शोचनीय दुर्घटना भी इस सम्बन्ध में हो गई। कुछ असहयोगी बालक कॉलेज के हॉल के भीतर भी जाकर परीक्षार्थियों को समझा-बुझा रहे थे। इतने में कॉलेज के प्रधानाध्यापक मि. वरल यहाँ पहुँचे और निरपराध एक बालक को बेंतों से मारने लगे और ठोकरों से भी मारा जिससे उसका घुटना फूट गया। दो-तीन और बालकों को भी उन्होंने मारा। इस घटना के बाद मि. वरल ने पुलिस को सूचना दी और

लगभग 50 पुलिस फाटक पर तथा कॉलेज के हाते में इधर-उधर तैनात हो गए। पुलिस शस्त्रधारी नहीं थे और उनका व्यवहार भी बहुत अच्छा था। मि. वरल ने तथा परीक्षार्थियों के निरीक्षक कविराज गोपीनाथ ने मुझे कोई भी बात बतलाने से इनकार किया।"[11]

दैनिक 'आज' ने असहयोग आन्दोलन के दौरान संस्कृत परीक्षाओं पर प्रकाश डालते हुए पुनः खबर छापी—"संस्कृत परीक्षार्थी और असहयोग। शान्ति का अदृष्टपूर्ण उदाहरण। हथियारबन्द पुलिस लौट गई", "कल बृहस्पतिवार तारीख 25 को राजकीय संस्कृत परीक्षा का चौथा दिन था। प्रात:काल से असहयोगी विद्यार्थी कॉलेज के आसपास विराजमान थे। दिन बढ़ते-बढ़ते काशी की जनता कल की स्थिति से उत्सुक और चिन्तित होकर वहाँ पर एकत्रित होने लगी। कॉलेज के भीतर प्राय: 50 हथियारबन्द सिपाही लाइन इंस्पेक्टर के साथ मौजूद थे। घुड़सवार और नगर पुलिस भी उपस्थित थी। हथकड़ियाँ भी मौजूद थीं। एक डिप्टी कलेक्टर भी अहाते के भीतर प्राय: दो बजे तक बैठे रहे। दस बजते-बजते हजारों आदमी इकट्ठे हो गए। 'संस्कृत असहयोगी छात्र' परीक्षार्थी विद्यार्थियों को शान्तियुक्त प्रार्थनाओं द्वारा रोकते थे। इनके इस अकथनीय शान्तिप्रिय प्रयास का यह परिणाम हुआ कि खंड मध्यमा में केवल 22 विद्यार्थी और पूर्ण मध्यमा और आचार्य में कुल 32 विद्यार्थी जा सके। इनमें से कई तो कॉलेज के बरामदे में शयन किये थे। असहयोगी संस्कृत विद्यार्थियों ने जिस सहनशीलता से काम लिया, अफसरों को दंग कर दिया। लाचार संगीन शस्त्रधारी सैनिक प्राय: 10 बजे दलबादल सहित लौट गए। नगर कोतवाल भी, जो पहले से ही उपस्थित थे, चले गए। ठीक 10 बजे दिन में बाबू भगवानदास कॉलेज के दरवाजे पर पहुँचे। एक स्थान पर खड़े होकर उपस्थित जनता और विद्यार्थियों से आपने कहा कि विद्यार्थियों ने शान्तिपूर्वक रूप से काम किया है इससे उनका गौरव और बढ़ गया है। आपने यह भी कहा कि रास्ते में लेटना उचित नहीं है क्योंकि इससे मन पर नहीं असर पड़ता है, शरीर को बाधा होती है जिस मत को आप ठीक समझते हैं उसे औरों को समझाना मात्र आपका काम है। महात्मा गांधी ने लेटकर बाधा डालने को मना किया है और उनकी बात माननी चाहिए। आपने सभी से निवेदन किया कि यहाँ भीड़ न लगाइए और सब लोग अपने-अपने काम पर चले जाइए। इस पर बहुत से लोग चले गए। बाबू भगवानदास करीब 11 बजे तक वहाँ थे। विद्यार्थीगण अपने काम में प्राय: 5 बजे तक लगे रहे। उसके बाद महात्मा जी की जय बोलते मैदान में गए, जहाँ उनकी सभा हुई। सभापति का आसन मौलाना मु. हुसैन खाँ साहब ने ग्रहण किया था। जनता की भीड़ सात हजार थी। अनेक नये लोगों ने इस आन्दोलन में भाग लिया।"[12]

संस्कृत के असहयोगी छात्र जिनमें चन्द्रशेखर आज़ाद भी शामिल थे लगातार संस्कृत की परीक्षाओं से छात्रों को विमुख करने के लिए स्थानीय नेताओं के निर्देशन में प्रयासरत थे। इन प्रयासों का विवरण काशी का प्रमुख पत्र 'आज' विस्तार से प्रकाशित कर रहा था। ऐसी ही एक खबर 'आज' में छपी, 'असहयोगी छात्र और अधिकारी', "क्वीन्स कॉलेज की विगत प्रथमा, मध्यमा और आचार्य परीक्षाओं के समय संस्कृत पाठशालाओं के असहयोगी छात्र परीक्षार्थियों को परीक्षा से परांगमुख रखने के लिए रोज-ब-रोज किन-किन उपायों की योजना करते रहे हैं, इसका संक्षिप्त विवरण 'आज'

के पिछले अंक में दिया जा चुका है। अवश्य ही अधिकारियों ने इन निरीहों के दमन के लिए जो-जो आयोजन किये उनका विवरण अभी तक जैसा चाहिए वैसा नहीं दिया गया है। डॉ. अब्दुल करीम की गिरफ्तारीवाले दिन की घटनाओं की रिपोर्ट में तो बहुत-सी त्रुटियाँ रह गई हैं और उनकी पूर्ति के लिए प्रयत्न करना चाहिए। कुछ पूर्ति पूर्व प्रकाशित प्रोफेसर रामदास जी गौड़ एम.ए. और 'आज' के प्रतिनिधि के प्रश्नोत्तर से हुई है। आशा है कि बहुत शीघ्र ही उस दिन की समस्त घटना पर प्रकाश डाला जा सकेगा।

अब तक इस सम्बन्ध में जितनी बातें मालूम हुई हैं उनके भरोसे हम निस्संकोच कह सकते हैं कि असहयोगी विद्यार्थियों में से किसी इक्के-दुक्के को छोड़कर शेष सबने अत्यन्त शान्ति, संयम, सहनशीलता, प्रेम और स्वार्थ त्यागवृत्ति का परिचय दिया। सवेरे 4 बजे से रात 8 बजे तक भूखे-प्यासे काम करना, किसी के भी व्यवहार से दुखित व रुष्ट न होना, प्रत्येक प्रार्थना में हाथ जोड़ना, गिड़गिड़ाना और अकसर पैर पर शीश भी पटक देना तो उनके लिए मामूली बात थी। दो-एक विद्यार्थियों ने परीक्षार्थियों के हाथों मार भी खा ली, परन्तु अपना भाव वही पहले का ही प्रेम और विनय को रखा।

आज्ञापालन गुण का तो विद्यार्थियों ने जैसा परिचय दिया शायद उसका दसवाँ हिस्सा भी हम सदैव 'डिसिप्लिन' की शिक्षा पानेवाले अंग्रेजी विद्यालयों के छात्रों में देख न सकें—कम से कम इस समय तक विश्वास नहीं है। अनेक स्वधर्मियों के ही नहीं विधर्मियों के भी सबूट चरणों ने उनकी छाती पर कवायद की, उनके सामने संगीनें चमकाई गईं। भरी बन्दूकें दिखाई गईं, उड़ा देने की, जेल भेजने की धमकियाँ दी गईं पर वे अपनी जगह से हिले तक नहीं। डोमों के लड़के बुलाए गए कि उनकी छूत सहन न होगी। पर जो लोग इस अपूर्व उपाय की सृष्टि करने के लिए अपनी बुद्धि को सराहते न थकते थे उनकी निराशा का ठिकाना न रहा जब उन्होंने देखा कि ब्राह्मण और संन्यासी छात्रों ने यह कह-कहकर उन्हें अपनी छातियों पर लोटा लिया कि "यह भी तो हमारे भाई हैं, एक दिन इन्हें मिलाना ही था, आज ही सही।" यह दृश्य था जिससे मित्र ही नहीं शत्रु भी स्तम्भित हो गए। इतने महान त्याग की आशा उनसे किसी को न थी। उनके हठ से हारकर सशस्त्र पुलिस के जवान लौट गए।

प्रयाग का 'लीडर' पत्र कह रहा है कि अधिकारी असहयोगी विद्यार्थियों को जेल में ठूँसते तो उन्हें उनके सामने हार स्वीकार करनी पड़ती। पर हमारा कहना है—हमारा ही क्यों, असलियत का पता पा जानेवाले बहुतों का है कि जब मुकाबला था तब तो अधिकारियों को हार लेनी ही पड़ी थी, उसने तो उस समय बहादुरी दिखाई है जब ये विजयी वीर घर लौट रहे थे। पर दूसरे दिन इन असहयोगियों का यही फौलादी हठ मोम हो गया। बाबू भगवानदास तथा अन्य नेताओं ने उन्हें आज्ञा कर दी कि परीक्षार्थियों से दूर-दूर से प्रार्थना करो उनका रास्ता मत रोको, पुलिस जिन स्थानों पर मना करे उनसे दूर रहो, सड़क पर भीड़ मत लगाओ, और न लगने दो। और देखनेवालों ने देखा कि उन्होंने कितनी मुस्तैदी से इस आदेश का पालन आरम्भ कर दिया। सड़क तो दूर, पटरी पर भी आ-जा सकने के सिवा कोई खड़ा न हो सकता। परीक्षार्थियों की ताक में रहना उन्होंने बिलकुल छोड़ दिया, सिर्फ यही देखने लगे कि कोई निष्प्रयोजन खड़ा होकर भीड़ तो नहीं बढ़ाता है।

इसके विरुद्ध अधिकारियों ने हमसे अपनी सम्मति में कहकर घटनाओं को हमारे मुँह से ही कहवा देना चाहते हैं। उनका औचित्य-अनौचित्य इतना स्पष्ट है कि बिना किसी टीका के ही प्रत्येक विद्या-बुद्धि का आदमी उसे समझ लेगा। दुख है कि वास्तविक स्थिति यह होते भी प्रयाग का 'लीडर' उन पर असल में लांछन लगा रहा है। कहना व्यर्थ है कि उसमें प्रकाशित समाचार और सम्मतियाँ इतनी आधार रहित हैं कि उनका उत्तर देना समय और स्थान नष्ट करना है। हम केवल 'लीडर' के सम्पादक से यही कहना चाहते हैं कि हो सकता है कि सहयोगी होने के कारण असहयोगी मात्र आपकी दृष्टि में फाँसी की सजा के काबिल हों, पर यह सजा उन्हें उन्हीं कामों के बदले में दिलाइए जो उन्होंने किये हों। पर जो बातें उन्होंने की ही न हों उन्हें उनके सिर मढ़ना कहाँ का न्याय है। छोटे जुर्म का भारी दंड देना वैसा अन्याय नहीं है जैसा कि कोई जुर्म किये बिना लादना। अधिकारी हमारे दमन के लिए तुला बैठा है, मौका ढूँढ़ रहा है। यहाँ तक कि शराब और ताड़ी जैसी हरेक मजहब में हराम मानी हुई चीजों की आड़ लेकर भी वह हम पर वार करने से नहीं चूक रहा है। ऐसी दशा में हमारे सर्वथा वैध कार्यों को भी अवैध बनाना देश के लिए हितकर होगा या अहितकर इस पर जरा सोच लेना चाहिए।"[13]

जिन दिनों चन्द्रशेखर आज़ाद ने वाराणसी में असहयोग में सक्रिय भागीदारी शुरू की थी, उन दिनों वहाँ के प्रमुख कांग्रेसी नेताओं में अब्दुल करीम अग्रणी थे। हू इज हू के अनुसार, "अब्दुल करीम मूलतः सासाराम या आरा के थे लेकिन बनारस में चेतगंज में रहते थे। उन्हें 1921 में दो बार सजा हुई। एक बार तीन माह सश्रम कारावास, दूसरी बार एक वर्ष का सश्रम कारावास। नवम्बर, 1922 में वे पुनः एक साल सश्रम कारावास की सजा पाकर जेल गए। नवम्बर, 1930 में भी तीन माह का सश्रम कारावास भोगा। इसके पहले आगरा मेडिकल कॉलेज में हड़ताल करने के कारण फरवरी, 1914 में उन्हें स्कूल से निकाल दिया गया। अबुल कलाम आज़ाद ने उन्हें सितम्बर, 1915 में काबुल भेजा था। वापस आने पर जनवरी, 1917 में सिल्क लेटर षड्यंत्र में जेल चले गए। छूटने पर असहयोग आन्दोलन में सक्रिय हो गए। 1924 में उन्हें बनारस कांग्रेस कमेटी का वाइस प्रेसीडेंट चुना गया। वे अखिल भारतीय कांग्रेस कमेटी के सदस्य भी रहे। 1930 में वे बनारस जिला कांग्रेस कमेटी के अध्यक्ष रहे।"[14]

पंडित मदन मोहन मालवीय असहयोग आन्दोलन में स्कूल-कॉलेज के छात्रों को शामिल किये जाने के सर्वथा विरुद्ध थे। इस बात को लेकर उन्होंने गांधी जी के विचारों से प्रखर असहमति व्यक्त की थी। इलाहाबाद से प्रकाशित उनके पत्र 'द लीडर' में इस सम्बन्ध में आलोचनात्मक टिप्पणियाँ प्रकाशित होती रहती थीं। जबकि दैनिक 'आज' में 'द लीडर' व मदन मोहन मालवीय दोनों की आलोचना की जाती थी। ऐसे ही एक अवसर पर 'आज' में एक पत्र छपा कि असहयोग आन्दोलन के लिए धरना कर रहे छात्रों को कुचलकर मालवीय जी भीतर गए थे। जिसके प्रतिवाद में मालवीय जी के द्वारा भेजा गया पत्र 'आज' में प्रकाशित हुआ।

'संस्कृत परीक्षा और मालवीय जी'। पंडित मदन मोहन मालवीय लिखते हैं— "सम्पादक महाशय मेरे क्वीन्स कॉलेज जाने के सम्बन्ध में कल के 'आज' में आपने

एक प्रतिष्ठित सज्जन का एक पत्र छापा है जिसमें लिखा है कि मेरा एक पैर श्रीयुत सत्यनारायण पांडेय, सिगरा पाठशाला की छाती पर पड़ा था। यह बात बिलकुल अचरज है। मेरा पैर किसी के शरीर पर नहीं पड़ा था। मैंने देख-देखकर पैर वहीं रखा था जहाँ पृथ्वी खाली थी। गुरुवार को प्रात:काल मेरे पास दो छात्र आए थे। उन्होंने विद्यार्थियों के विषय में जो बातें मुझसे कही थीं उनको सुनकर मैं बंगाली टोला हाईस्कूल और क्वींन्स कॉलेज को गया था। क्वीन्स कॉलेज के भीतर मैं पंडित गोपीनाथ कविराज से, जो संस्कृत परीक्षा के अध्यक्ष थे, विद्यार्थियों के हित में परामर्श करने के लिए गया था। फिर उनसे मैं नहीं मिला और न किसी अफसर से मुझसे संस्कृत की परीक्षा के विषय में कोई लिखा-पढ़ी हुई है।"[15]

उन दिनों बनारस में कांग्रेस की क्या स्थिति थी इस पर सबसे प्रामाणिक सूचना डॉ. सम्पूर्णानन्द से मिलती है। वे लिखते हैं—"मैं अगस्त, 1921 में काशी लौटा। उन्हीं दिनों श्री शिवप्रसाद गुप्त ने 'मर्यादा' का प्रकाशन अपने जिम्मे लिया था। यह पत्रिका कई साल पहले श्री मालवीय जी के आशीर्वाद से प्रयाग से निकली थी। इन दिनों श्री कृष्णकान्त मालवीय उसके सम्पादक थे। पत्रिका आर्थिक कठिनाइयों में थी। मित्र के नाते श्री शिवप्रसाद जी ने उसके प्रकाशन का भार अपने ऊपर ले लिया, परन्तु कृष्णकान्त जी को यह आश्वासन दे दिया, आप जब चाहे इसे प्रयाग लौटा सकते हैं। उन्होंने उसका सम्पादन मुझे सौंपा। काशी आकर पत्रिका सँभल गई। मैं सम्पादन के साथ राजनीतिक काम में लग गया। उन दिनों काशी के कांग्रेस जीवन में सबसे सक्रिय सदस्यों में डॉ. अब्दुल करीम, श्री बैजनाथ सिंह, प्रो. रामदास गौड़, श्री शिवसिंह, डॉ. मोहम्मद शकूर और पं. श्री शिवविनायक मिश्र थे। कांग्रेस के वार्षिक चुनाव में मैं जिला कांग्रेस कमेटी का मंत्री चुन लिया गया। कमेटी के अध्यक्ष डॉ. भगवानदास जी थे।

ब्रिटिश युवराज प्रिंस ऑफ वेल्स को उत्तर प्रदेश में लखनऊ, इलाहाबाद और काशी क्रमश: 11,12 और 13 दिसम्बर, 1921 को आना था। काशी में पहला काम था नोटिस निकालकर जनता से इस बात की अपील करना कि वह कांग्रेस के आदेशों का पालन करे और 13 दिसम्बर को पूर्ण हड़ताल हो। नोटिस छपी पर बात लीक हो जाने से डिस्ट्रिक्ट मजिस्ट्रेट हम लोगों के एकत्र होने के पहले डॉ. भगवानदास के यहाँ पहुँचे और नोटिस उठा ले गए। डॉ. भगवानदास के आग्रह पर यह निश्चित हुआ कि अकेले उनके हस्ताक्षर से नई नोटिस निकाली जाए। पंडित श्री शिवविनायक मिश्र का छोटा सा छापाखाना था, उसमें रातभर में नोटिस छप जाए। बाँटने का काम श्री कृपलानी और गांधी आश्रम के अन्य सदस्यों के जिम्मे हुआ। दूसरे दिन युवराज के आने के एक दिन पहले, नोटिस बँटी। डॉ. भगवानदास, पंडित शिवविनायक, श्री कृपलानी तथा गांधी आश्रम के प्राय: सभी सदस्य गिरफ्तार हो गए।

स्वयंसेवकों की भर्ती करनी थी, कमेटी के क्लर्क को प्रयाग भेजकर प्रतिज्ञा पत्र मँगाए और भर्ती का काम छेड़ दिया। इस काम में मेरे सहायक 'असहयोगी संस्कृत छात्र समिति' के सदस्य थे। बड़े साहसी, परिश्रमी, संयमी और अनुशासन माननेवाले कार्यकर्ता थे। दिखावटीपन छू नहीं गया था। सात-आठ दिनों में कई सौ स्वयंसेवक बन गए थे। प्रतिज्ञा-पत्रों की कॉपियाँ कहाँ रखी जाती थीं, यह मैं नहीं जानता था।

सारा काम गुप्त ढंग से हो रहा था, फिर भी बात फैल गई। कानपुर और प्रयाग में स्वयंसेवकों की सूचियाँ समाचार-पत्रों में छपने लगीं। हमारे स्वयंसेवक भी इसके लिए उत्सुक थे। काशी में 'आज' ही एक पत्र था। 18 या 19 दिसम्बर को 'आज' ने नाम कम्पोज करके फिर नहीं छापा। नामों का प्रकाशन न होता तो स्वयंसेवक अनुशासन की मर्यादा तोड़ बैठते। आगे के लिए मैंने जो कार्यक्रम बनाया वह इस प्रकार था। स्वयंसेवकों की नामावली नहीं प्रकाशित की गई। वरन कांग्रेस कमेटी के दफ्तर पर, कई अन्य जगहों पर, जिसमें कोतवाली के सामने नोटिस बोर्ड भी था, मेरे हस्ताक्षर से नोटिसें चिपकाई गई थीं, हम स्वयंसेवक भर्ती कर रहे हैं, लोग आए और भर्ती हों। कोतवाली की नोटिस लगाने का काम चन्द्रशेखर आज़ाद के जिम्मे था। पुलिस ने उसे कई बार उखाड़ फेंका, पर किसी न किसी प्रकार नई नोटिस फिर लग जाती थी। यह भी निश्चय हो गया कि मेरे गिरफ्तार हो जाने पर क्रमशः कौन लोग सँभालेंगे। मैंने दस-बारह नाम तय कर लिये थे।"[16]

आज़ाद द्वारा कोतवाली पर नोटिस चस्पाँ किये जाने के वाकये का उल्लेख श्री शिवविनायक मिश्र ने कुछ इस प्रकार किया है—"आज़ाद बड़े चतुर और वीर बालक थे। एक बार श्री सम्पूर्णानन्द जी ने उनको कांग्रेस का एक नोटिस कोतवाली के पास चिपकाने को दिया। वहाँ पर पुलिस का सख्त पहरा था। आज़ाद अपनी पीठ में नोटिस उलटकर चिपकाकर ले गए और नोटिस की पीठ पर लेई लगाकर सिपाही से जाकर बात करने लगे। उनके पीछे तार का खम्भा था। आज़ाद उसी से सटककर खड़े हो गए और सिपाही से बात करते रहे। पीठ को घुमाकर खम्भे में नोटिस चिपका दिया। सिपाही जब दूसरी तरफ को जाने लगा तो आज़ाद भी चलते बने। थोड़ी देर में राह चलने वाले नोटिस को पढ़ने लगे। भीड़ को देखकर सिपाही उधर से घूमकर आया तो देखा कि कोई नोटिस चिपका हुआ है। बहुत परेशान हुआ। आज़ाद बहुत चतुर थे। उसी समय से हम लोगों ने समझ लिया था कि यह बालक होनहार है।"[17]

डॉ.सम्पूर्णानन्द अपने संस्मरण में लिखते हैं—"24 दिसम्बर, 1921 को लगभग 9 बजे सवेरे मैं गिरफ्तार हो गया। लगभग 10 बजे तक जिला जेल पहुँच गया। डॉ. भगवानदास और श्री शिवविनायक मिश्र तो सेंट्रल प्रिजन भेज दिये गए थे। गांधी आश्रम के मित्र जिला जेल में थे। मैं गिरफ्तार तो हुआ, पर मेरी बनाई सारी योजना अस्त-व्यस्त हो गई। पहले दिन 20 की जगह पर 75 व्यक्ति गिरफ्तार हुए। यही क्रम प्रायः एक सप्ताह तक चलता रहा।"[18] उल्लेखनीय है कि पहले दिन की गिरफ्तारी में चन्द्रशेखर आज़ाद भी थे। यह बात न तो आज तक इतिहास की किसी पुस्तक में दर्ज है और न आज तक इसकी किसी ने चर्चा की है, सिवाय अभिसूचना फाइल में बनी उनकी हिस्ट्री नोट के और 'आज' अखबार के। हिस्ट्री नोट के दोषसिद्धि के कॉलम में पहले स्थान पर लिखा है—"बनारस, 21.12.1921, सेक्शन-143, आई.पी.सी.; वन डे एस.आई. (सिम्पल इम्प्रिजनमेंट)।"[19] यहाँ एक तथ्य की ओर ध्यानाकर्षण आवश्यक है कि अभिसूचना फाइल में चन्द्रशेखर आज़ाद की पहली सजा 21.12.1921 को दर्शाई गई है, जो असम्भव है। क्योंकि उनकी गिरफ्तारी ही 24 दिसम्बर को हुई। यह तिथि 27.12.1921 को हो सकती है, शायद 27 को भूलवश 21 समझ लिया गया है।

आज अखबार में डॉ. सम्पूर्णानन्द व उनके साथ हुई गिरफ्तारियों का पूरा विवरण दर्ज है। 25 दिसम्बर, 1921 के 'आज' में खबर छपी, "स्वराज-यज्ञ में काशी की आहुति, 80 स्वयंसेवकों की गिरफ्तारी, श्रीयुत सम्पूर्णानन्द जी गिरफ्तार, कांग्रेस और खिलाफत कमेटियों की ताला तोड़कर तालाशी, पुलिस की अन्धाधुन्ध मार; निरपराधियों पर भालों और डंडों का वार।" खबर में भीतर लिखा है कि—

"कोतवाल ने जिला मजिस्ट्रेट मिस्टर डरविन साहब को लिखा पत्र व वारंट डॉ. सम्पूर्णानन्द जी को दिखाया। उनके घर के बाहर तीन हजार लोगों की भीड़ हो गई थी। जाते समय आपकी आरती उतारी गई और 'वन्देमातरम्' व 'भारत माता की जय' ध्वनि में आप विदा हुए। पुलिस आपको डिस्ट्रिक्ट जेल ले गई। श्री सम्पूर्णानन्द जी की गिरफ्तारी के बाद प्रात:काल 9 बजे के करीब ज्ञानवापी से कपिलदेव जी की अध्यक्षता में एक दल स्वयंसेवकों का निकला। गीत गाते हुए यह दल लोगों से कांग्रेस के सेवक बनने के वास्ते अपील करता था। नायक के हाथ में एक झंडा था जिस पर मोटे अक्षरों में नवयुवकों से कांग्रेस-स्वयंसेवक बनकर काशी की लाज रखने की प्रार्थना की गई थी। यह दल कोतवाली के पास पकड़ लिया गया। उसी समय दूसरा दल भी निकला। वह चौक में पकड़ा गया। उसी समय पुलिस का नाटक शुरू हो गया। कोतवाली के पास कितने ही सवार आ गए चौक के आसपास भी सवार दौड़ रहे थे। यह सब सवार बन्दूक और भालों से सुसज्जित थे। इसके अतिरिक्त खुफिया पुलिस के सिपाही लट्ठ लिये घूम रहे थे।

जनता का उत्साह और कौतूहल इन्हें देख-देख क्षण-क्षण बढ़ने लगा और भारी भीड़ जमा होने लगी। ज्ञानवापी से आज एक के बाद एक सात दल निकले। उनमें से तीन दल चौक और चार दल कोतवाली में पकड़े गए। आठवाँ दल कचौड़ी गली, कुंज गली आदि स्थानों में से घूमकर वापस ज्ञानवापी आया। इस दल को पुलिस ने नहीं पकड़ा। सभी दल बड़े आनन्द से 'गांधी जी की जय' का घोष करते हुए, माला पहने, प्रसन्नतापूर्वक जेल तीर्थ की यात्रा कर रहे थे और जनता की वीरता और धीरता प्रसन्न हो उत्साहित होती हुई शान्ति का पाठ पढ़ रही थी। किन्तु पुलिस की दशा शोचनीय थी। सदा ही आराम से रहने के आदी होने के कारण आज वह अति क्रुद्ध थी। क्योंकि सवेरे से सायंकाल तक कमर बाँधे इधर-उधर दौड़ते ही आज इसका दिन बीता। जरा सी भीड़ होने पर उस क्रोध का विकास भली प्रकार हो जाता था। दारोगा अपने बेंत को, खुफिया के सिपाही अपने लट्ठ को काम में लाकर अपनी वीरता दिखा रहे थे, तमाशाइयों के अतिरिक्त कितने ही राह चलनेवालों को भी पुलिस का प्रसाद मिल जाता था। गरीब खोमचेवालों पर भी भली प्रकार बाहुबल अपनाया गया। कइयों के तो खोमचे बिखर गए। अनेकों को डंडे का और एक-दो को भाले का भी प्रसाद मिला, पर यह सब होते भी बनारस की जनता आज भी बहुत शान्त रही। यद्यपि बहुत से लोग तमाशाई थे। कुछ बच्चे थे, किन्तु हद दर्जे तक शान्ति रही। वास्तव में आज जनता ने काशी की लाज रख ली। ऐसी शान्ति की ऐसे अवसरों पर आशा कम रहती है। जनता इसके लिए बधाई की पात्र है, और पुलिस बेचारी भी अपने काम के लिए क्षम्य हो सकती है। क्योंकि यह सब नाटक करना तो उसका सामयिक कर्तव्य है, किन्तु कोतवाली में स्वयंसेवकों

के साथ बेतुका व्यवहार करके पुलिस ने अति निन्दनीय और अक्षम्य कार्य किया है।"

खबर के बाद 'अभियुक्तों की सूची' यह लिखते हुए दी गई है कि निम्नलिखित स्वयंसेवक गिरफ्तार हुए। थाना चौक में 31 नामों की सूची दी है, फिर कोतवाली में 32 से 79 तक यानी 37 लोगों की सूची दी है। कोतवाली की सूची में पहले पर (अर्थात् 32वें पर) कपिलदेव का नाम है और 42वें नम्बर पर 'श्री चन्द्रशेखर' लिखा है। जीवन में पहली बार चन्द्रशेखर का नाम यहीं अखबार में छपा। यह खबर गिरफ्तारी के ठीक दूसरे दिन यानी 25 दिसम्बर, 1921 को छपी थी। फिर पहले दिन, दूसरे दिन की गिरफ्तारी करके खबर छपती रही। सभी में गिरफ्तार स्वयंसेवकों की नाम-सूची छपती रही।[20]

28 दिसम्बर के 'आज' में शीर्षक था, "काशी की आहुतियाँ स्वीकार, 115 को कड़ी सजा, नाबालिग अभियुक्तों की रिहाई, एक अभियुक्त को 20 बेंत की सजा।" खबर के मुताबिक, "सोमवार 25 दिसम्बर को डिस्ट्रिक्ट जेल में 12 बजे जेलर साहब के सामने उन 78 स्वयंसेवकों का मुकदमा पेश हुआ जो 24 दिसम्बर को पकड़े गए थे। हर एक दल को अलग-अलग पेश किया गया था, परन्तु सब पर एक ही जुर्म, एक ही फैसला और प्राय: सब दलों का एक ही बयान होता था। जो लोग चौक में पकड़े गए थे, उनके विषय में दारोगा मुनीश्वर दत्त ने कहा कि यह लोग गले में हार डाले जय-जय करते हुए शहर में चक्कर कर रहे थे और कहते थे कि हम कांग्रेस के वालंटियर हैं और तुम लोग भी हजारों की संख्या में भर्ती हो जाओ इसी से स्वराज मिलेगा, इत्यादि। मैंने उन्हें ऐसा करने से रोका। अपने-अपने घर चले जाने को कहा पर इन लोगों ने कहा कि हम कानून की कोई परवाह नहीं करते, हम घर न जाएँगे, हम अपना काम कर रहे हैं, आप अपना करें तब मैंने इन सबको 143 धारा के अनुसार गिरफ्तार किया क्योंकि इनके पीछे मजमा लगा था। इन्होंने जमानत देने से इनकार किया। मैंने इन्हें हवालात में बन्द कर दिया और मजमे को सवारों की मदद से हटवा दिया। अभियुक्तों से छीना गया एक झंडा भी कोर्ट में दिखलाया गया।

अभियुक्तों से अपनी बात कहने को कहा गया तो वे बोले कि वे बेईमान अदालत में कुछ न बोलेंगे। किसी ने कहा कि हम तो सुनने आए हैं, कहने नहीं आए। जिस शौक से यहाँ लाए हो उसी शौक से जो चाहे करो। मजिस्ट्रेट ने इन लोगों पर जुर्म साबित पाया और 50-50 रुपये जुर्माने की सजा दी। यह सुनकर अभियुक्तों ने कहा कि हम एक धेला भी न देंगे। किसी ने कहा कि खूब गोली चलाओ, फाँसी हो पर कौड़ी भी न मिलेगी। इस पर मजिस्ट्रेट ने समझाया कि जुर्माना न देने से छह हफ्ता कठिन कारावास भुगतना होगा और उस पर भी जुर्माना वसूल करने का यत्न किया जाएगा। हवालात में जो नकद रुपये तुम लोगों का जमा होगा वह जब्त किया जाएगा। घर पर जो कुछ मिलेगा उससे वसूल करने की कोशिश की जाएगी। साथ-साथ कैद भी भुगतोगे। पर किसी ने भी जुर्माना देना स्वीकार न किया। छह हफ्ते कैद की सुनकर बड़े प्रसन्न होकर 'अल्लाह अकबर' 'वन्देमातरम्' 'भारत माता की जय' का घोष करते हुए भीतर चले जाते थे और बाहर से भी कुछ लोग जो आ गए थे, जय-जय दोहराते थे। अभियुक्त मन्नू जी ने माफी माँगी। मजिस्ट्रेट साहब ने कहा कि 562 धारा के अनुसार 50 रुपये का मुचलका छह माह के वास्ते लिख दो तो छूट जाओगे। सादा कागज पर मुचलका

लिख देने से अभियुक्त छोड़ दिया गया। अभियुक्तों में 16 वर्ष से कम उम्र वाले अलग छाँट लिये गए। रात को जेल के भीतर भेज दिया गया।

जो लोग कोतवाली में पकड़े गए थे उनके विषय में दारोगा मोहम्मद तसलीम ने कहा कि 24 दिसम्बर को ये लोग माला डाले मजमा कसीर साथ लिये घूमते हुए कोतवाली के सामने आए तो मैंने इन्हें तुरन्त मुन्तसिर हो जाने का हुक्म दिया, पर इन्होंने न माना। मैंने गिरफ्तार किया और 143 के अनुसार चालान किया। मजमे ने ईंटें फेंकी। एक सब इंस्पेक्टर बाल-बाल बच गया। मजमे को सवारों ने मुन्तसिर करवाया। अभियुक्त शबराती ने कहा कि मैं रास्ते से चला जाता था। पुलिस ने बेवजह मुझे मारा। मैंने नम्रता से कहा कि भाई मुझे क्यों मारते हो मैं तो अपने काम से जा रहा हूँ इस पर एक सिपाही ने तैश में आकर मुझे पकड़ लिया और मुझे कोतवाली ले गया और वहाँ वह अत्याचार किया कि कह नहीं सकता। इस दारोगा (मुहम्मद तसलीम) ने कहा कि तेरी दाढ़ी का बाल-बाल नोचकर रख दूँगा। अफसोस है सरकार जब ऐसे लोगों को अधिकारी बनाती है तो हम क्या सफाई दें। इसी प्रकार अभियुक्त बाबूनन्दन ने कहा कि दारोगा ने मुझे बेंत मारे, मुख्तार हुसैनी ने बाईं आँख की भौंह के पास एक निशान चोट का दिखाया। अभियुक्त मातादीन ने बड़ा शोर मचाया और कहा कि दारोगा तसलीम, दारोगा बजरंग बहादुर और दो कांस्टेबलों ने मिलकर मुझे बहुत मारा। गाल पर चोट भी दिखाई। इस बीच कलेक्टर साहब आ गए, तो अभियुक्त ने कहा कि हिन्दुस्तानियों के हाथों हमें कतल करवा रहे हैं, इत्यादि। जज साहब ने चुप रहने का हुक्म दिया पर वह कहता ही रहा। तब जज साहब ने चपरासी से कहा कि कपड़ा या कागज मुँह में देकर इसे बन्द करो। इस पर दारोगा मुहम्मद तसलीम जल्दी से अभियुक्त की ओर बढ़े पर फिर जज साहब ने रोक दिया। अपना काम खत्म होने पर जब जज साहब ने अभियुक्त से पूछा तो उसने कहा कि मैं लोगों से शान्त रहने को कह रहा था पर इन चारों ने मिलकर मुझे मारा। अब भी मैं बहुत डरता हूँ यदि यह दारोगा मुझे कहीं पाएगा तो पीस ही डालेगा, मुझे जीने न देगा। शुक्र है अब आपके सामने मैं हूँ, वरना यह आदमी न जाने मेरे साथ क्या करता? शोक है मुझे बोलने से भी रोका जा रहा है। अब मैं क्या सफाई दूँ, मेरी चोट ही मेरी बात की काफी शहादत है। अफसोस अब अदालतों में यही न्याय रह गया है। ऐसे आदमी को जिसे 6 साल की सजा करनी चाहिए कुछ भी नहीं कहा जाता है और मैं कैद किया जाता हूँ। धन्य हैं महात्मा गांधी, जो मुझे शान्ति रखने की शिक्षा दे रहे हैं। उनके नाम की जय में मुझे सन्तोष और शान्ति मिल रही है, वरना मेरा दिल आज टूट जाता।

जज साहब ने इन अभियुक्तों का वही फैसला किया और सबने ही जुर्माना देने से इनकार करते हुए कठिन कारावास सहर्ष 'अल्लाहो अकबर' और 'भारत माता की जय' करते हुए स्वीकार किया। इनमें से 16 वर्ष से कम वाले अलग छाँट लिये गए। तत्पश्चात उन लोगों का मुकदमा हुआ जो 25 दिसम्बर को पकड़े गए थे इसमें भी 16 साल से कम वालों को छाँट लिया गया। जुर्माने के लिए कुछ अभियुक्तों ने कहा कि खाने का ठिकाना नहीं तो जुर्माना कहाँ से दूँ? इस पर जज साहब ने कहा कि वही तो नॉन को-ऑपरेटर होते हैं जिनको खाने को नहीं मिलता। जो लोग दशाश्वमेध थाने में

25 दिसम्बर को पकड़े गए थे जज साहब ने उनमें भी 16 साल से कम वालों को छँटवाकर वही सजा दी। जिसे अभियुक्तों ने सहर्ष स्वीकार करते हुए जेल को जयकारों की ध्वनि से गुँजा दिया। इस प्रकार 115 अभियुक्तों में से एक ने क्षमा प्रार्थना की थी और 97 ने छह हफ्ता कड़ी कैद स्वीकार की। निम्नलिखित 17 नाबालिग थे। इनके बारे में जंट साहब ने कहा कि मैं इन्हें बेंत की सजा देता पर कलेक्टर साहब ने मना कर दिया है। पर रामप्रसाद जी गदाई (फकीर) हैं, उन्हें तो अवश्य ही 20 बेंत की सजा होगी और बाकी केवल बेंत लगते दिखाकर छोड़ दिये जाएँगे।

1. आज़ाद (चन्द्रशेखर)
2. कन्हैयालाल
3. हबीब
4. अब्दुल खालिक
5. नूर मुहम्मद
6. गुलाम
7. कालिका प्रसाद
8. जग्गू तेली
9. बुलाकी वल्द मकबर शेख
10. राजाराम वल्द सीताराम
11. लक्ष्मीनारायण वल्द गोवर्धन बनिया
12. यमुना वल्द नन्दलाल पांड़े
13. गुलाम मुहम्मद वल्द नज्जू
14. कालिका तेली
15. सुक्खू भर
16. रामप्रसाद कहार गदाई
17. महादेव हलवाई

ये सब 17 अभियुक्त सेंट्रल जेल भेजे गए। वहाँ पर रामप्रसाद को टिकटिकी से बाँधने के पहले नंगा किया गया। चूतड़ों पर एक खद्दर का कपड़ा रख दिया गया और 20 बेंत लगाई गई।"[21]

इस पूरी खबर से स्पष्ट है कि डॉ. सम्पूर्णानन्द जिस दिन गिरफ्तार हुए यानी 24 दिसम्बर, 1921, को उसी दिन जुलूस के साथ थाना कोतवाली में चन्द्रशेखर गिरफ्तार हुए। 25 दिसम्बर के 'आज' में छपी नाम-सूची में उनका नाम छपा। 28 दिसम्बर को सभी 115 स्वयंसेवकों को मजिस्ट्रेट जंट के सामने पेश किया गया। इनमें 24 और 25 को थाना-चौक, कोतवाली तथा दशाश्वमेध में सारे गिरफ्तार लोग थे। एक ने माफी माँगी, 97 को छह हफ्ता कड़ी कैद की सजा हुई, 17 नाबालिग थे अर्थात् 16 साल से कम। चन्द्रशेखर भी उनमें एक थे। उनके नाम में पहले आज़ाद फिर कोष्ठक में चन्द्रशेखर लिखा है। स्मरणीय है अभी आज़ाद को बेंत नहीं मारी गई है। आज़ाद ने जेल में रामप्रसाद कहार (फकीर) को 20 बेंत खाते देखा। अखबार में आज़ाद की वल्दियत व पता नहीं दिया गया है, अभिसूचना के हिस्ट्री नोट में भी कोई वल्दियत दर्ज

नहीं है। सम्भव है कि नाबालिग होने के कारण अथवा बताए न जाने के कारण ही कोर्ट के कागजों में उनकी वल्दियत दर्ज न की गई हो।

संस्कृत के असहयोगी छात्रों तथा चन्द्रशेखर आज़ाद के प्रयासों पर डॉ. सम्पूर्णानन्द ने अपने संस्मरण में प्रकाश डाला है—"उत्तर प्रदेश की सरकार प्रतिवर्ष संस्कृत की परीक्षाएँ लिया करती थी जिसके फलस्वरूप आचार्य और शास्त्री जैसी उपाधियाँ दी जाती थीं। देश में यह संस्कृत की सबसे पुरानी परीक्षा पद्धति थी और गवर्नमेंट संस्कृत कॉलेज की उपाधियों का सर्वत्र बहुत आदर था। गांधी जी का आह्वान सुनकर कुछ विद्यार्थियों ने इन परीक्षाओं के बहिष्कार का निश्चय किया। पुलिस आई, सवार लाये गए, पर यह लड़के साहस के साथ खड़े रहे। नगर के कुछ कांग्रेसजन ने भी इनका नेतृत्व किया। जिनमें डॉ. अब्दुल करीम प्रमुख थे। इन वीर विद्यार्थियों का जनता में बहुत आदर हुआ। इस प्रदेश में सरकारी कामों के सक्रिय विरोध का यह पहला प्रयोग था और काशी को यह गौरव प्राप्त हुआ। कुछ लोगों ने बहिष्कार को असफल बनाने का भी यत्न किया। उनमें पंडित मदनमोहन मालवीय भी थे। ऐसे लोगों की जनता में बड़ी आलोचना हुई। जेल से आने के बाद इन लोगों ने 'असहयोग संस्कृत छात्र समिति' नाम की संस्था बनाई। चुटकी माँग लाते थे। वही जीविका का मुख्य साधन था। दिन-रात कांग्रेस के काम में लगे रहते थे। ऐसे परिश्रमी, त्यागी और साहसी स्वयंसेवक बड़े भाग्य से मिलते हैं। मुझे आगे चलकर उनकी चर्चा करनी है। इस समय इतना ही सूचित करता हूँ कि इन छात्र समिति के सदस्यों में प्रसिद्ध क्रान्तिकारी चन्द्रशेखर आज़ाद भी थे।"[22]

स्मरणीय है कि ये संस्मरण 1961 में छपे, यानी 1921 से 40 साल बाद। स्मृति के सहारे लिखे इन संस्मरणों में मानवीय भूलें हैं। असहयोग संस्कृत छात्र समिति का गठन कब हुआ इस पर स्पष्ट सूचना नहीं मिली है, लेकिन 22 दिसम्बर,1921 को अर्थात् डॉ. सम्पूर्णानन्द और चन्द्रशेखर आज़ाद की प्रथम गिरफ्तारी के ठीक दो दिन पहले 'आज' में एक खबर छपी थी—"असहयोग संस्कृत छात्र समिति काशी, आय-व्यय का हिसाब।" नीचे लिखा है—"असहयोग संस्कृत छात्र समिति की आमदनी व खर्च का ब्योरा तारीख 07 फरवरी, 1921 ई. से लगायत 10 दिसम्बर, 1921 तक।" इससे स्पष्ट होता है कि इस समिति की स्थापना असहयोग शुरू होने (04 सितम्बर, 1920) के करीब 05 माह बाद 07 फरवरी, 1921 को हुई थी। समिति के कोषाध्यक्ष श्री शिवविनायक मिश्र थे। ब्योरे को देखना मनोरंजक होगा।

नोट—अंकों में लिखी संख्या रुपयों को दर्शाती है।

आमदनी

1205 रु. चन्दा से आया, मारफत मौलवी हकीम मुहम्मद हुसैन खाँ, डॉ. मुहम्मद शकूर जी, बाबू रामदास जी गौड़, पंडित कृष्णचन्द्र जी शर्मा व अन्य कई सज्जनों के द्वारा।

600 रु. शहर कांग्रेस कमेटी काशी से सहायता मिली।

87 रु. स्वामी अखिलानन्द जी के द्वारा आया कलकत्ता से।

51 रु. श्री सेठ गनेशमल जी जोधपुरवाले।

1943 रु. कुल जोड़

खर्च

835 रु. प्रचार खर्च खाते में।

504 रु. विद्यालय खर्च खाते में जिसमें पुतलीवाले शिवाले का खर्च भी शामिल है।

384 रु. छात्रावास खर्च खाते में।

1724 रु. कुल खर्च में।

35 रु. पंडित ब्रह्मानन्द जी आर्य उपदेशक को कर्जा दिया गया जो अब तक नहीं मिला।

1759 रु. कुल योग

1831 रु. रोकड़ शेष रही।

हस्ताक्षर पंडित श्री शिवविनायक मिश्र

कोषाध्यक्ष

नोट—जिसे ब्योरेवार हिसाब देखना है देख सकता है—कोषाध्यक्ष[23]। शिवविनायक

इस आय-व्यय के ब्योरे से दो तथ्य महत्त्वपूर्ण निकलते हैं। पहला, चन्द्रशेखर आज़ाद जिस पुतलीवाले शिवाले में रहते थे, वहीं इस समिति का मुख्यालय था, वहीं विद्यालय तथा छात्रावास भी था, जिसका खर्च 'असहयोगी संस्कृत छात्र समिति' को प्राप्त चन्दे से दिया गया है। विद्यालय का 504 रुपये तथा छात्रावास का 384 रुपये मिलाकर दस माह में 888 रुपये का खर्च हुआ। औसतन 88.8 रुपये माह।

वस्तुतः आय-व्यय का ब्योरा प्रकाशित होने के तीन दिन पूर्व ही डॉ. भगवानदास के साथ पंडित शिवविनायक मिश्र को सजा की घोषणा हो चुकी थी। दैनिक 'आज' में प्रकाशित खबर के अनुसार, "गत सोमवार तारीख 19 दिसम्बर को किसी समय जिला मजिस्ट्रेट जे.एच. डार्विन ने जेल में जाकर श्री भगवानदास जी और पंडित शिवविनायक मिश्र को एक साल की सादी कैद का हुकुम सुनाया। मजिस्ट्रेट ने हुकुम सुनाने के समय की सूचना किसी को भी देने की आवश्यकता नहीं समझी। सब काम गुप्त रीति से हुआ ऐसा प्रतीत होता है। मुकदमे में पत्रादि की जब नकल मिल सकेगी तब वे प्रकाशित होंगे। मुकदमा दफा 107 जाबिता फौजदारी के अनुसार चलाया गया था। अभियुक्तों से अभिरक्षा के अथ जमानत मुचलका माँगा गया था।"[24]

बाबू कृष्णमूर्ति ने अपनी पुस्तक 'अजेय' की शुरुआत एक जुलूस से की है। जो गलियों से गुजर रहा है। इसका नेतृत्व कर रहे हैं शंकरानन्द ब्रह्मचारी। डॉ. अब्दुल करीम, श्रीप्रकाश और श्री सम्पूर्णानन्द भाषण दे रहे हैं। कोदई चौकी पुलिस स्टेशन से कांस्टेबल रघुनन्दन तिवारी, दफादार मुहम्मद अमीन खान और जगमोहन लाल, सब इंस्पेक्टर के घोड़े के पीछे गोदौलिया पहुँचते हैं। पुलिसवाले स्वामी शंकरानन्द को घेरकर लाठी से पीटने लगते हैं। उनके हाथ में तिरंगा है। इसी समय काशी विद्यापीठ से जो छात्र समूह आया है उसी में से एक चन्द्रशेखर आज़ाद हैं, जो धोती-कुर्ता पहने हैं, माथे पर चन्दन का तिलक लगाए हैं, पत्थर उठाकर दारोगा को मारकर भागते हैं। दफादार मुहम्मद अमीन और कांस्टेबल रघुनन्दन उन्हें दौड़ाते हैं। वह दशाश्वमेध फिर घोड़ा घाट की ओर भागते हैं। फिर दशाश्वमेध में नहाकर कारमाइकल पुस्तकालय

चले जाते हैं। वहाँ उनका सहपाठी पंडित रामदेव शास्त्री का सन्देश सुनाता है कि कल क्वीन्स कॉलेज की परीक्षा का बहिष्कार किया जाना है। वे लोग वहाँ जाते हैं। पुलिस से बचकर आज़ाद फिर भागते हैं। बाद में वे पकड़े जाते हैं और खरेघाट वाला प्रसिद्ध मुकदमा होता है। आगे बाबू कृष्णमूर्ति 'आज' का अंग्रेजी अनुवाद देते हैं, वहाँ वर्ष गलत लिखा है, 23 फरवरी, 1922 की जगह 1923 लिखा है।

इस उपन्यास को शुरू करने पर ऐसा जान पड़ता है कि पुस्तक में इतिहास को बेहतरीन ढंग से सजाया गया है। लेकिन साक्ष्यों के आलोक में जब परीक्षण किया जाता है तो यह उलझ जाता है। जैसा कि हमने देखा, डॉ. सम्पूर्णानन्द को 24 दिसम्बर, 1921 को उनके घर से गिरफ्तार कर लिया गया था और एक वर्ष सपरिश्रम कारावास तथा सौ रुपये जुर्माने की सजा सुनाई गई थी। वे पहले जिला जेल बनारस में रहे, फिर उन्हें लखनऊ जेल के लिए स्थानान्तरित कर दिया गया था। यानी फरवरी, 1922 में वे जेल में थे। जबकि बाबू कृष्णमूर्ति उन्हें भाषण देते दिखा रहे हैं। दूसरे 'आज' में प्रकाशित जिस खबर का वे हवाला दे रहे हैं, उसी से स्पष्ट है कि आज़ाद को क्वीन्स कॉलेज में पर्चा बाँटते समय पकड़ा गया था। कोर्ट में थाने वालों के बयान भी अखबार में छपे हैं लेकिन उनमें कभी भी न तो स्वामी शंकरानन्द वाली घटना का जिक्र है और न ही आज़ाद पर उस दिन के इतर किसी घटना का आरोप है। कथानक को रोमांचक बनाने में यह ऐतिहासिक छेड़छाड़ की गई है। फरवरी के 'आज' में ऐसे किसी जुलूस का जिक्र नहीं है जिसमें गोदौलिया पर पुलिस ने स्वामी शंकरानन्द पर लाठी बरसाई हो। ऐसी घटनाओं पर 'आज' में विस्तृत रिपोर्ट छपती थी।

फिर आया 1922 का वर्ष। यह वर्ष भी चन्द्रशेखर आज़ाद के जीवन में उतना ही परिवर्तनकामी रहा। इसके पूर्व कि हम चन्द्रशेखर आज़ाद के जीवन से जुड़े घटनाक्रम पर आए, इस वर्ष की राष्ट्रीय राजनीतिक दशा का विहगावलोकन करना समीचीन होगा। "14-16 जनवरी, 1922 को बम्बई में हुए कांग्रेस के सर्वदल सम्मेलन में तय हुआ कि बारदोली में सत्याग्रह आन्दोलन किया जाए। गांधी जी ने 1 फरवरी, 1922 को वायसराय के नाम पत्र लिखा। लेकिन 5 फरवरी को चौरी चौरा हो गया। 12 फरवरी को बारदोली में कार्य-समिति की बैठक हुई, जिसमें इन घटनाओं के कारण सामूहिक सत्याग्रह करने का विचार छोड़ दिया गया। कांग्रेसियों से अनुरोध किया गया कि गिरफ्तार होने और सजा पाने के लिए कोई काम न किया जाए। रचनात्मक कार्यक्रम दिया गया। 24-25 फरवरी को दिल्ली में महासमिति की बैठक में बारदोली के सारे प्रस्तावों का समर्थन हुआ। गांधी जी के विरुद्ध यह आवाज उठी कि उन्होंने आन्दोलन को बिलकुल ठंडा कर दिया। उन पर चारों तरफ से बौछारें पड़ने लगीं। बंगाल और महाराष्ट्र तो गांधी जी पर टूट ही पड़े। 13 मार्च, 1922 को गांधी जी को गिरफ्तार कर लिया गया। राजद्रोह के अपराध में 18 मार्च से अहमदाबाद में मुकदमा शुरू हुआ। लोकमान्य तिलक के दृष्टान्त पर गांधी जी को 6 साल की सजा दी गई। गांधी जी के दैवी-शक्ति सम्पन्न होने के सम्बन्ध में जो धारणा फैली हुई थी उसका अन्त हो गया। 9 जून, 1922 को लखनऊ में महासमिति की बैठक हुई। कौंसिल प्रवेश की बात उठी। कांग्रेसियों और असहयोगियों ने म्युनिसिपैलिटी और स्थानिक बोर्डों के लिए खड़ा होना

आरम्भ कर दिया था। 20-24 नवम्बर, 1922 को महासमिति की बैठक चितरंजन दास के घर पर हुई। इसमें निर्णय किया गया कि देश सामूहिक सत्याग्रह के लिए तैयार नहीं है। अन्त में गया कांग्रेस हुआ। कौंसिल प्रवेश की बात पर सबसे ज्यादा मतभेद हुआ और हल्ला मचा। लेकिन अन्त में निर्णय कौंसिल बहिष्कार का रहा। गया कांग्रेस के सभापति देशबन्धु दास थे।"[25]

विगत पृष्ठों में हमने देखा कि चन्द्रशेखर आज़ाद 'असहयोगी संस्कृत छात्र समिति' के सदस्य थे। इस समिति का गठन 7 फरवरी, 1921 को हुआ। इसकी पहली सार्वजनिक बैठक बनारस के टाउन हॉल मे 17 जुलाई, 1921 को हुई। इसी समय आज़ाद इससे जुड़े। अगले 9-10 महीनों तक वे चरखा चलाकर सूत कातने, नोटिस बाँटने, दुकानों पर धरना देने आदि का काम श्री सम्पूर्णानन्द, श्री अब्दुल करीम एवं श्री शिवविनायक मिश्र की देखरेख में करते रहे। पहली बार जब प्रिंस ऑफ वेल्स के आगमन के विरोध की तैयारी की गई तो डॉ. सम्पूर्णानन्द सहित सारे लोग पकड़े गए। उसी दिन 24 दिसम्बर, 1921 को चन्द्रशेखर आज़ाद भी पकड़े गए। नाबालिग होने के कारण 17 लोगों को मजिस्ट्रेट ने एक दिन की सादी सजा देकर छोड़ दिया था। इसके मात्र एक महीना बाद पिकेटिंग करते समय उन्हें पुलिस द्वारा पकड़े जाने की खबर भी 'आज' में छपी है, लेकिन इस बार उन्हें न तो थाना लाया गया, न जेल भेजा गया। अत: यह घटना सिवाय 'आज' के कहीं दर्ज नहीं है। 24 दिसम्बर को गिरफ्तार तथा 28 दिसम्बर 1921 को छोड़े जाने के बाद चन्द्रशेखर आज़ाद की अगली खबर 25-26 जनवरी, 1922 के 'आज' में छपी।

25 जनवरी, 1922 के 'आज' में खबर छपी—"काशी में शराब पर पहरा लाठी और बेंतों का प्रयोग, 23 जनवरी की गिरफ्तारी"—चौक पर पहरा, चमरौटिया पर पहरा। आगे खबर है—"गत 22 जनवरी को चमरौटिया पर शराब की दुकान पर जब स्वयंसेवक पहरा दे रहे थे, कोतवाली के 3 दारोगा लट्ठधारी सिपाही वहाँ आए। स्वयंसेवकों के साथ इनका व्यवहार अभद्र एवं अनुचित था। गालियाँ तो दी ही गईं, साथ ही श्री ज्ञानचन्द्र आदि स्वयंसेवकों पर बेंतों की मार भी पड़ी थी। उन्हें गिरफ्तार नहीं किया गया था। वे ही स्वयंसेवक गत 23 को भी पहरा देने आए। इनके साथ कुछ और भी स्वयंसेवक थे जो सब गिरफ्तार कर लिये गए और कोतवाली में लाए गए। कोतवाली में केवल दो स्वयंसेवक श्री ज्ञानचन्द्र व श्री विश्वनाथ शर्मा को हवालात में रख लिया और बाकी आधी रात के बाद छोड़ दिये गए। श्री ज्ञानचन्द्र व श्री विश्वनाथ शर्मा को रात को भोजन नहीं मिला। समाचार मिला है कि इन दोनों अभियुक्तों को दूसरे दिन जब कुछ खाना दिया गया तो यह कहकर उसे अस्वीकार कर दिया कि उन्हें हवालात में रात को भोजन क्यों नहीं दिया गया। इसी दिन मछोदरी व श्री भैरवनाथ की शराब की दुकानों पर भी पहरा पड़ा और चार स्वयंसेवक इन स्थानों पर भी गिरफ्तार हुए। 24 की कार्रवाई—"चौक में पहरा, चमरौटिया पर पहरा, राजघाट और मछोदरी, काल भैरव पर पहरा।" चमरौटिया पर 3 बजे से पहरा पड़ना आरम्भ हुआ। पहले स्वयंसेवकों से दारोगा बजरंग बहादुर से जो वरदी में नहीं थे, बहुत देर तक बहस होती रही कि आप सादी वरदी में हमें गिरफ्तार नहीं कर सकते। गिरफ्तार भी अगर कर सकते हैं पर बेंत

नहीं मार सकते। जवाब में दारोगा साहब ने कहा, "हम सब कुछ कर सकते हैं। 8 बजे रात तक 3 स्वयंसेवक पकड़े गए।"[26]

26 जनवरी, 1922 के 'आज' में छपा—"काशी में शराब पर पहरा, पुलिस का समझाना, संवाददाता की मुसीबतें। 25 जनवरी की कार्रवाई 'चमरौटिया की दुकान' परसों की तरह कल भी चमरौटिया की शराब की दुकान पर पहरा पड़ा। कुछ सिपाही आकर दुकान के पास खड़े रहे। स्वयंसेवक 8 बजे रात तक पहरा देते रहे। पर कोई उठकर नहीं गया। पुलिस बराबर स्वयंसेवकों को समझाती रही कि लोग पहरा न दिया करें, पर स्वयंसेवक अपने काम पर अड़े रहे।"[27]

स्वयंसेवकों पर बेंत—

श्रीयुत सम्पादक आज

महाशय हम लोग 4 आदमी आज रविवार तारीख 22 जनवरी को सवा छह बजे संध्या समय चमरौटिया (इलाका कोतवाली) शराब की दुकान पर पिकेटिंग करने गए। अपने भाइयों को समझा ही रहे थे कि एक लट्ठधारी पुलिसवाला आया। श्री विश्वनाथ शर्मा, 'आज़ाद' और श्री ज्ञानचन्द्र जी से कहा कि चलिए। कई बातें पूछी जा रही थीं कि एक साहब, जिनको भाई 'आज़ाद' समझा रहे थे, ने कहा कि 'सिपाही साहब ये हमें रोकते हैं।' इसे भाई ज्ञानचन्द्र जी सड़क पर की एक दुकान पर लाकर समझाने लगे। इतने में दो दारोगा कई लट्ठबन्द सिपाहियों के साथ आए और श्री ज्ञानचन्द्र व श्री गोकुलदास को बेंत मारकर धक्के देते हुए हटाया। इतने ही में श्री विश्वनाथ शर्मा तथा आज़ाद को तीन सिपाही दुकान पर से पकड़ लाए। श्री विश्वनाथ जी ने पूछा कि 'क्यों बुलाया' तो दारोगा ने कहा, बदमाश सुअरों अभी चले जाओ और धक्के देते हुए हटाया। काशीपुरा की चौमुहानी तक धक्के देकर ले आए। रास्ते में सैकड़ों गालियाँ मिलीं, पर हम लोग बराबर शराब न पीने और पुलिस फ़ौज की नौकरी छोड़ने तथा स्वयंसेवक बनने के लिए कहते रहे। दारोगा बेंत लपलपाते पचासों गालियाँ देते हुए चले गए। भाई ज्ञानचन्द्र जी उन्हें बराबर आशीर्वाद ही देते रहे।

काशी

22 जनवरी

(इस पत्र को आज़ाद व उनके साथियों ने 'आज' के संवाददाता को भेजा था। चन्द्रशेखर आज़ाद द्वारा लिखे गए पत्रों में वर्तमान में प्राप्त यही पहला पत्र है।)

घटनाक्रम तेजी से बदल रहा था। चौरी चौरा के बाद जब महात्मा गांधी के द्वारा 12 फरवरी, 1922 को सार्वजनिक असहयोग वापस लिये जाने की घोषणा कर दी गई तो ठीक अगले दिन संस्कृत छात्र समिति ने भी इस सन्दर्भ में बैठक कर असहयोग प्रचार बन्द किये जाने की घोषणा कर दी। इस बैठक की सूचना 'आज' अखबार में प्रकाशित हुई—"गत 13 फरवरी, 1922 सोमवार को पुतली के शिवालय में संस्कृत

छात्र समिति की एक अन्तरंग बैठक में निर्णय हुआ कि असहयोग प्रचार सम्बन्धी सब कार्य बन्द कर दिया जाए यद्यपि पहले से ही समिति के सदस्य इसमें भाग नहीं लेते हैं तथापि अब और भी दृढ़ता से इस नियम का पालन किया जाए। नये साल के लिए पदाधिकारियों का चुनाव भी हुआ।"

चन्द्रशेखर आज़ाद की अगली खबर 'आज' में फरवरी, 1922 में छपी, जिसने उन्हें बनारस सहित पूरे देश भर में प्रसिद्धि दिलाई। 'आज' में एक छोटा कॉलम छपा करता था—'काशी के मुकदमे'। 22 फरवरी, 1922 के 'आज' में काशी के मुकदमे कॉलम में यह घटना छपी है—"अभियुक्तों की पेशी, 23 को फैसला सुनाया जाएगा।" अखबार आगे लिखता है, "गत 12 फरवरी को आठ विद्यार्थी गिरफ्तार हुए थे। उनका मुकदमा कल 22 फरवरी, मंगलवार को सायंकाल 05 बजे स्थानीय जिला जेल में ज्वाइंट मजिस्ट्रेट श्री खरेघाट के सामने पेश हुआ। दारोगा मुहम्मद अमीन खाँ ने कहा कि 12 फरवरी को गश्त करता हुआ मैं तेलियाबाग पहुँचा और देखा कि 12-13 असहयोगी परीक्षा के बहिष्कार का एक विज्ञापन बाँट रहे थे। 15-20 और भी आदमी वहाँ थे। कांस्टेबल रघुनन्दन तिवारी जो वहाँ चौमुहानी पर नियुक्त था, उसके तथा मेरे मना करने पर इन लोगों ने नहीं माना। मैंने विज्ञापन जब्त करने के साथ 143 दफा के अनुसार गिरफ्तार किया। चार-पाँच भाग गए। विज्ञापन बाँटने से जनता में बेचैनी थी और बाहर से जो परीक्षार्थी आए थे उनको इसका यह काम नागवार मालूम होता था। उस दिन फाटक वगैरह पर इन लोगों का पहरा था। गिरफ्तारी के बाद सब लोग भाग गए और यह गिरफ्तारी का ही परिणाम था कि परीक्षा निर्विघ्न समाप्त हो गई। गवाह ने अदालत के पूछने पर यह भी कहा कि जो 15-20 आदमी वहाँ थे उनमें विद्यार्थी भी जरूर रहे होंगे। यह लोग पूरी नहीं खा रहे थे, विज्ञापन बाँट रहे थे, इनके नाम ये हैं—कपिलदेव, दीनदयाल गुप्त उर्फ बचई, अरि महाशय, बलदेव शर्मा, ईश्वरी दत्त, आज़ाद, रामदास, विद्याधर।

पंडित कपिलदेव ने कहा कि 12 फरवरी को परीक्षा थी ही नहीं, फिर पहरा देने की क्या आवश्यकता थी? हम लोगों के पास विज्ञापन नहीं थे, हम लोग भोजन कर रहे थे। हम राष्ट्रीय विद्यालय के छात्र हैं। रविवार होने के कारण हम लोगों ने बगीचे में जाकर भोजन करने की योजना बनाई थी। किसी बाँटनेवाले से नोटिस मिल गई थी, हम लोग आठ आदमी थे और आठ ही विज्ञापन थे। फिर हम बाँटते किसको? हम लोग सफाई न देंगे क्योंकि हम लोग गुनहगार नहीं हैं। सफाई देने पर भी आपसे न्याय की आशा नहीं है। केवल यही कहते हैं कि हम लोगों ने नोटिस नहीं बाँटी। सब अभियुक्तों ने भी यही कहा। कांस्टेबल रघुनन्दन तिवारी ने कहा कि यह लोग तेलियाबाग की चौमुहानी पर ठहरे थे। फाटक से निकलकर स्कूल की तरफ जाकर नोटिस बाँट आते थे। परीक्षा तो उस दिन न थी। लेकिन लड़के पढ़ने के लिए आए थे। अदालत के याद दिलाने पर कि उस दिन रविवार था कहा कि लड़के गेंद खेलने आए थे। यह लोग खाना खा चुके थे। कांस्टेबल मो. इस्माइल ने दारोगा के बयान का ही समर्थन किया, फैसले के लिए 23 फरवरी नियत हुई।

इसके बाद पंडित रामदेव जी का मुकदमा पेश हुआ। दारोगा जगमोहन लाल ने कहा कि 13 फरवरी को क्वीन्स कॉलेज के सदर फाटक पर मेरी नियुक्ति थी। आज्ञा थी

कि कॉलेज के कर्मचारियों व उन लोगों के सिवाय जिनके पास प्रवेश पत्र हों और कोई भी भीतर न जाने पावे। रामदेव न जाने कहाँ से भीतर घुस गया। भीतर से परीक्षाध्यक्ष ने कहला भेजा एक असहयोगी आ गया है, अत: मैंने इसे 448 धारा (बिना आज्ञा घर में घुस जाना) के अनुसार गिरफ्तार किया। पंडित रामदेव जी ने कहा कि कॉलेज के कुएँ के चबूतरे पर पानी पीकर आसन बिछाये मैं बैठा था, वह स्थान बड़ा अच्छा था। मैं वहाँ शान्त होकर आर्य जाति की वर्तमान दशा पर विचार करता स्वयं गा रहा था। वहाँ और कोई नहीं था, मैं किसी को सुना नहीं रहा था। महादेव पंडित ने खुद ही सुन लिया था। ऐसी-ऐसी प्रार्थनाएँ मैं प्रतिदिन ईश्वर से किया करता हूँ । यह धर्म सम्बन्धी बात है। गौ हमारी पूज्य देवी है।

पंडित महादेव शास्त्री ने हलफ लेने के बाद कहा कि गरीबपरवर 13 फरवरी को 1 बजे के करीब मैं लघुशंका करने गया। एक आदमी जो वहाँ बैठा था मुझे देखकर कहने लगा कि 'गोमांस भक्षक संग कर्तार एक पश्यन्तु।' उस आदमी को ठीक ढंग से पहचानता नहीं, क्योंकि इसके पहले कभी देखा नहीं है। पंडित गोपीनाथ कविराय ने हलफ लेकर कहा कि 13 फरवरी को यह आदमी बिना आज्ञा के कॉलिज में घुस आया था। इसने पंडित महादेव शास्त्री को गाली दी, उन्होंने मुझसे रिपोर्ट की। मैं परीक्षा इंचार्ज था। पंडित रामशास्त्री तैलंग ने हलफ देकर कहा कि कुएँ के चबूतरे पर कम्बल बिछाए एक आदमी बैठा था मुझे देखकर कहने लगा कि—"यदा यदा हिं धर्मस्य ग्लानिर्भवति भारत, अभ्युत्थानं धर्मस्य तदात्मानं सृजाम्यहम्॥" हे भगवान अवतर! फैसले के लिए 23 फरवरी नियत है।"[28]

24 फरवरी, 1922 (शुक्रवार) के 'आज' में इसी कॉलम के तहत शीर्षक लगा है—"पंडित रामदेव को तीन मास की कड़ी सजा, श्री आज़ाद को 12 बेंत, सात को अदालत उठने तक।" खबर इस प्रकार है—

"कल 23 फरवरी को सायंकाल 05 बजे स्थानीय जिला जेल में ज्वाइंट मजिस्ट्रेट श्री खरेघाट ने उन स्वयंसेवकों के मुकदमे का फैसला किया जो क्वीन्स कॉलेज की परीक्षाओं के सम्बन्ध में गिरफ्तार किये गए थे। पं. रामदेव को ताजीरात हिन्द की 524 (धमकी देना) तथा 446 (बिना आज्ञा घर में घुसना) धारा के अनुसार 3 मास की कड़ी कैद का दंड मिला। आज़ाद (नाबालिग) को ताजीरात हिन्द की 143 धारा (मजमा नाजायज) के अनुसार 12 बेंत की सजा की आज्ञा हुई। दोनों अभियुक्त हुकुम सुनकर बड़े प्रसन्न हुए। श्री आज़ाद ने उत्साहपूर्वक हँसकर मजिस्ट्रेट से कहा कि और जितने बेंत चाहिए लगवाइए। पं. कपिलदेव, पं. बलदेव, पं. ईश्वरीदत्त, श्री रामदास, श्री दीनदयाल गुप्त, श्री अरि महाशय तथा पं. विद्याधर को अदालत उठने तक की सजा देकर छोड़ दिया गया। आज़ाद तथा पं. रामदेव जी कमर में रस्सी बाँधकर पैदल शिवपुर जेल में भेज दिये गए।"[29]

26 फरवरी (रविवार) को 'आज' अखबार में खबर छपी—'श्री आज़ाद को बेंत की सजा', बेंत लगाने पर 'भारत माता की जय'—

"गत 23 फरवरी को काशी में श्री आज़ाद नामक बालक को जिसकी अवस्था लगभग 14 वर्ष की है, 12 बेंत लगाने का हुक्म हुआ था। उसको उसी दिन शिवपुर

जेल पंडित रामदेव जी के साथ भेजा गया और वहाँ बाल कोठरी (सॉलिटर सेल) में रखा गया। दूसरे दिन 24 फरवरी को उन्हें नौका पर बिठाकर कलेक्टर साहब के बँगले पर ले गए। कलेक्टर साहब ने सहानुभूति दिखलाते हुए कहा कि तुम बच्चे हो इस काम को छोड़ दो और माफी माँग लो, तुम्हें छोड़ दिया जाएगा। माफी न माँगोगे तो बेंत लगेंगे। श्री आज़ाद ने उत्तर दिया कि मैं कांग्रेस की आज्ञा मानता हूँ और किसी सजा से नहीं डरता। कलेक्टर साहब ने कहा कि तब अदालत तुम्हारे साथ रियायत नहीं कर सकती। श्री आज़ाद ने कहा कि मैं रियायत नहीं चाहता जो चाहो करो। इस पर जेल में वापस लाकर फिर बाल कोठरी में बन्द कर दिया। 25 फरवरी को प्रात:काल कोठरी से निकाल दिया और सायंकाल 4 बजे टिकठी पर बाँधकर चूतड़ों पर 12 बेंत लगाए और जेल से बाहर कर दिया। बेंत लगाते समय आज़ाद 'भारत माता की जय' बोलने लगे। बेंत लगाने से लाल और नीले निशान हो गए और बहुत चोट आई है। चूतड़ फूल गए हैं।"[30]

इस पूरी खबर के विश्लेषण से कुछ बातें स्पष्ट होती हैं। जिस दिन यानी 12 फरवरी को असहयोग की नोटिस बाँटते चन्द्रशेखर आज़ाद व अन्य पकड़े गए थे, ठीक उसी दिन महात्मा गांधी ने चौरी चौरा के कारण असहयोग आन्दोलन को वापस लिया था। चूँकि उन दिनों प्रचार माध्यम सीमित थे, सम्भव है कि यह सूचना उस समय तक किसी को मिली न हो। दूसरे 12 फरवरी को जिन आठ विद्यार्थियों को चेतगंज पुलिस ने असहयोग की नोटिस बाँटने के जुर्म में पकड़ा, उनमें से चार को 24 दिसम्बर, 1921 को कोतवाली पुलिस ने पकड़ा था; ये थे—कपिलदेव, बचई (दीनदयाल), आज़ाद और विद्याधर। इनके नाम उस सूची में क्रमश: 32, 39, 42 और 41वें स्थान पर दर्ज हैं। शेष चार अरि महाशय, बलदेव शर्मा, ईश्वरदीन तथा रामदास 12 फरवरी को ही पकड़े गए। जो चार लोग 1921 में पहली बार पकड़े गए थे, उनमें आज़ाद को नाबालिग होने के कारण बिना सजा एक दिन के बाद छोड़ दिया गया था। बाकी सभी बालिग थे। अत: वे छह सप्ताह का सश्रम कारावास काटकर लौटे थे। यानी डेढ़ महीना जेल रहकर लौटे, जो दूसरी बार पकड़े जाने के चार-छह दिन पहले ही पूरी हुई होगी। कपिलदेव ने जिस राष्ट्रीय विद्यालय का उल्लेख किया वह काशी विद्यापीठ था। इससे संकेत मिलता है कि आज़ाद बेंत खाने के पूर्व ही काशी विद्यापीठ से जुड़ चुके थे।

इस प्रकार 12 फरवरी को आज़ाद पकड़े गए, 22 फरवरी को खरेघाट के सामने पेशी हुई, 23 को सजा सुनाई गई और 25 फरवरी, 1922 को इस दंड का क्रियान्वयन किया गया। 12 से 22 तक सभी लोग जिला जेल में रहे। 23 को सजायाफ्ता हो जाने के बाद उन्हें केन्द्रीय कारागार शिवपुर ले जाया गया। वहीं पर 25 को सजा दी गई। यहाँ यह भी स्मरण रखना चाहिए कि नोटिस बाँटते समय जो आठ लोग पकड़े गए थे उसमें मात्र आज़ाद नाबालिग थे। अदालत ने सात को, जो बालिग थे, अदालत उठने तक की सजा देकर छोड़ दिया था। ऐसा क्या हुआ कि सिर्फ नाबालिग को 12 बेंतों की सजा दी गई? इसके दो कारण हो सकते हैं—पहला, आज़ाद ने एक बार में अपना नाम-पता ठीक से न बताया हो, दूसरा—उन्होंने नोटिस बाँटने की सजा स्वीकार की हो

और मजिस्ट्रेट को अपनी भाव-भंगिमा से चिढ़ा दिया हो।

ब्रिटिश सरकार ने असहयोग आन्दोलन को व्यापक पैमाने पर फैलने से रोकने के लिए छात्रों, नाबालिग बच्चों तथा संन्यासियों को इससे विरत रखने हेतु विशेष प्रयास किया। इस सम्बन्ध में 'आज' अखबार में रामदास गौड़ से 'आज' के संवाददाता द्वारा की गई वार्ता पठनीय है। यह वार्ता 'काशी में असहयोगियों की गिरफ्तारी' के नाम से 9 मार्च, 1921 को श्री अब्दुल करीम की गिरफ्तारी के बाद प्रकाशित हुई थी। श्री रामदास गौड़ ने अपने बयान में बताया कि "रिसाला जब चक्कर लगाकर आया तो फौरन दूसरा धावा बोला गया। संन्यासियों के काषाय वस्त्र को पहचानकर लखेदा गया और साहब ने खुद बढ़-बढ़कर अपनी बेंत की मुठिया से मारा।" (काशी में असहयोगियों की गिरफ्तारी, मजमा नाजायज पुलिस का था, भीड़ भगाने का अद्भुत प्रकार, संन्यासियों की विशेष दुर्दशा, श्रीयुत रामदास गौड़ की साक्षी, आज, बुधवार, 25 सौर, फाल्गुन, संवत् 1977)

दिसम्बर, 1921 में मजिस्ट्रेट जंट ने एक नाबालिग रामप्रसाद कहार को 20 बेंत सिर्फ इसलिए लगवाए थे क्योंकि वह गदाई (फकीर) था। अंग्रेज बच्चों, साधुओं, फकीरों के किसी भी आन्दोलन से जुड़ने से घबराते थे। तकनीकी रूप से ये सभी कांग्रेस के स्वयंसेवक भी नहीं होते थे। दिसम्बर, 1921 में भी जज का कहना था कि वह 17 नाबालिगों को बेंत लगवाना चाहता था, लेकिन डी.एम. साहब ने मना कर दिया था, फिर भी खौफ पैदा करने के लिए रामप्रसाद कहार गदाई को बीस बेंत मरवाई गई और सारे 16 नाबालिग कैदियों को दिखाया गया। कौन जाने इसी घटना ने आज़ाद को बेंत खाने के लिए दृढ़ संकल्प कर दिया हो।

आज अखबार में कहीं भी चन्द्रशेखर आज़ाद के पिता के नाम अथवा पते का उल्लेख नहीं है। उनके हिस्ट्री नोट में तथा ब्रीफ में निम्न उल्लेख दर्ज है, "23 दिसम्बर, 1922, बनारस, सेक्शन 143 आई.पी.सी, 12 बेंत (stripes)।" इससे स्पष्ट है कि चन्द्रशेखर आज़ाद ने 24 दिसम्बर, 1921 में पकड़े जाने पर भी अपने पिता और घर का पता नहीं बताया था और न ही 12 फरवरी, 1922 को पकड़े जाने पर बताया था, अन्यथा सरकारी रिकॉर्ड में अवश्य दर्ज होता। नाम व पता न बताना स्वयं में जुर्म है। शायद इसी से चिढ़कर मजिस्ट्रेट खरेघाट ने सजा दी होगी। हमने देखा कि किस व्यक्ति ने मजिस्ट्रेट के सामने क्या बोला इसका विस्तृत ब्योरा उन दिनों 'आज' अखबार में छपता था। लेकिन, "बाप का नाम स्वाधीन, अपना नाम आज़ाद और घर का पता जेलखाना" पर तत्कालीन अखबार मौन हैं। यदि उस समय इस प्रकार की वार्ता होती तो 'आज' में जरूर छपी होती क्योंकि यह चटपटी खबर थी। अर्थात् यह कथा या तो बाद में गढ़ी गई या स्वयं आज़ाद ने मित्रों के पूछने पर ऐसा कह दिया होगा। यह 'कथा' कब से शुरू हुई इस पर दृष्टिपात करना मनोरंजक होगा।

इस पूरी कहानी का आरम्भ साप्ताहिक पत्र 'भविष्य' ने किया था। उल्लेखनीय है कि चाँद और भविष्य के सम्पादक उस समय श्री रामरख सहगल थे। उनका कर्मयोगी प्रेस लिमिटेड था। 27 फरवरी,1931 को जब श्री चन्द्रशेखर आज़ाद शहीद हुए तो भविष्य के विशेष संवाददाता ने शहादत स्थल का निरीक्षण किया था। 05 मार्च,1931 के अंक में भविष्य लिखता है, "स्वर्गीय चन्द्रशेखर आज़ाद का जन्म काशी के नाथ

टोला में हुआ था। उसके पिता का नाम पं. बैजनाथ था। थोड़ी उम्र से ही उस पर अपने देश को आज़ाद कराने की धुन सवार हो गई थी। 1921-22 में असहयोग आन्दोलन के समय वह अहिंसावादी स्वयंसेवक थे। गिरफ्तार कर जब वे अदालत में लाए गए, तो मजिस्ट्रेट ने उनसे पूछा—"तुम्हारा नाम क्या है? आज़ाद ने अपनी आज़ादी के आवेश में उत्तर दिया मेरा नाम आज़ाद है, पिता का नाम स्वतंत्र, निवास स्थान जेलखाना है।"[31] सम्भवत: 'स्वतंत्र' शब्द 'आज़ाद' का हिन्दी रूपान्तर है। आज़ाद ने इसके पहले कभी पता बताया नहीं। जब बताया तो ज्ञानवापी बताया।

समकालीन स्रोतों में यानी आज़ाद की तत्कालीन खबरों में, पुलिस या कोर्ट के रिकॉर्ड में तथा अभिसूचना की फाइल में कहीं भी यह कथा दर्ज नहीं है। आज़ाद के प्रथम जीवनीकार पं. बलदेव शर्मा ने इस कथा का उल्लेख भविष्य के आधार पर किया है। आज़ाद सम्बन्धी संस्मरणों में सबसे पुराना नेहरू जी की आत्मकथा में है, जो 1936 में छपी थी। वहाँ यह कथा नहीं है। वहाँ बेंत की सजा का कारण जेल का नियम भंग करना बताया गया है। सही नाम-पता न बताना भी जेल का नियम भंग करना है। 1939 के फरवरी में 'विप्लव' का आज़ाद अंक छपा। पूरे 'विप्लव' में एक दर्जन से ज्यादा साथियों के संस्मरण छपे हैं। लेकिन कहीं भी यह कथा वर्णित नहीं है। इसी साल यानी 1939 में श्री रामदुलारे त्रिवेदी की 'काकोरी कांड के दिलजले' छपी। वहाँ भी यह कथा नहीं है। 1948 में दो पुस्तकें छपीं। दोनों के लेखक आज़ाद को जाननेवाले थे। पहली थी श्री रामरख सहगल की 'आज़ादी के परवाने'। वहाँ इस कथा का जिक्र आता है। इसी साल यानी 1948 में 'कानपुर के विद्रोही' में भी यह कथा छपी। सन् 1955 में श्री यशपाल का 'सिंहावलोकन' छपा। इसमें बेंत मारने के कारणों पर और सजा के क्रियान्वयन पर चश्मदीदी सूचनाएँ दर्ज हैं। मगर इस कथा का जिक्र नहीं है। 1959 में 'यश की धरोहर' छपी, जिसे आज़ाद के तीन विश्वस्त साथियों ने लिखा था। लेकिन उस पुस्तक में भी यह कहानी नहीं मिलती।

1961 में डॉ. सम्पूर्णानन्द के संस्मरण में भी आज़ाद का जिक्र आता है, लेकिन यह कथा नदारद है। 1964 में नर्मदा का आज़ाद अंक छपा। उनके व्यक्तिगत जीवन पर इससे ज्यादा विश्वसनीय सामग्री, इसके पूर्व कभी नहीं छपी थी। श्री शिवविनायक मिश्र ने आज़ाद को बेंत लगते समय उठनेवाले नारे की आवाज उसी जेल में रहते हुए स्वयं सुनी थी, लेकिन उन्होंने भी इस कथा का कहीं उल्लेख नहीं किया। नर्मदा के आज़ाद अंक में श्री विश्वनाथ वैशम्पायन का भी लम्बा-चौड़ा संस्मरण है, लेकिन इस कथा का जिक्र नहीं है। इस अंक में श्री यशपाल के दो बड़े संस्मरण हैं, वहाँ भी जिक्र नहीं है। डॉ. जवाहरलाल रोहतगी के संस्मरण में बेंत की सजा का उल्लेख तो है, मगर यह कहानी नहीं है। श्री विश्वनाथ पांडेय ने भी बेंत की घटना लिखी है, पर बिना उक्त कथा का उल्लेख किये। श्रीमती सुशीला देवी तथा श्री भगवानदास माहौर ने भी अपने संस्मरण में इस कथा का कहीं जिक्र नहीं किया है। श्री मन्मथनाथ गुप्त ने भी इस वाकये का अपने संस्मरण में उल्लेख नहीं किया है। संक्षेप में नर्मदा के दो दर्जन से अधिक लेखों में से किसी ने भी इस घटना का उल्लेख नहीं किया है।

1967 में दो पुस्तकें छपीं। एक तो श्री विश्वनाथ वैशम्पायन की 'अमर शहीद

चन्द्रशेखर आज़ाद'। इस पुस्तक की रचना पुराने साथियों से वार्ता करके, उस समय तक प्रकाशित समस्त संस्मरणों का अध्ययन करके की गई थी, इसमें इस वाकये का जिक्र है। श्री नन्दकिशोर निगम की पुस्तक 'बलिदान' भी इसी साल कुछ माह बाद छपी। उसमें भी इस घटना का उल्लेख है। आगे जो भी पुस्तकें छपीं ज्यादातर में इस घटना को प्रामाणिक मानकर लिखा गया। श्री विश्वनाथ वैशम्पायन ने नाम-आज़ाद, घर-जेलखाना तो पूर्ववत लिखा, पर पिता का नाम 'स्वतंत्र' की जगह बदलकर 'स्वाधीन' कर दिया। आगे ठीक यही शब्द श्री नन्दकिशोर निगम ने भी लिखा।

जिन पुस्तकों में यह वाकया पहली बार छपा उन दोनों में आज़ाद के पिता का नाम व पता गलत लिखा है। 'आज़ादी के परवाने' के अनुसार, "काशी के बैजनाथ टोला में स्वर्गीय चन्द्रशेखर आज़ाद का जन्म हुआ था। उनके पिता का नाम पंडित बैजनाथ था।" इसी तरह 'कानपुर के विद्रोही' में लिखा है, "कानपुर के अन्तर्गत भौती प्रतापपुर नामक ग्राम में 1907-08 में पंडित चन्द्रशेखर का जन्म हुआ था। आपके पिता का नाम पं. बैजनाथ था।" स्पष्ट है कि 27 फरवरी, 1931 को शहीद होने वाले आज़ाद के पिता व निवास-स्थान का जिसे 1948 में यानी 17 साल बाद ज्ञान न हो उनके द्वारा दी गई सूचना कितनी विश्वसनीय होगी। इस पूरे विश्लेषण से स्पष्ट है कि 'आज' अखबार में श्री चन्द्रशेखर आज़ाद उर्फ़ आज़ाद ने 01 जून, 1922, को अपना नाम चन्द्रशेखर, अपने पिता का नाम स्वतंत्र बताया था, उसी में घर जेलखाना जोड़कर पहले भविष्य में 05 जून, 1931 को छपा, फिर उसी को आज़ाद की प्रथम जीवनी ने छापा, फिर आज़ादी के परवाने में छपा, उसी की नकल 'कानपुर के विद्रोही' ने की। 1967 में श्री वैशम्पायन ने स्वतंत्र का अनुवाद करके स्वाधीन कर दिया तो श्री निगम ने भी स्वाधीन कर दिया। कॉपी-पेस्ट का कार्यक्रम चलता रहा। ऐसा जान पड़ता है कि भविष्य के संवाददाता को तथा आगे के अन्य लेखकों को चन्द्रशेखर आज़ाद को मिली तीनों सजाओं की स्पष्ट व अलग जानकारी नहीं थी।

अब हम आज़ाद की उस सजा का उल्लेख करने जा रहे हैं, जो अखबारों में तो छपी है, लेकिन श्री शिवविनायक मिश्र को छोड़कर किसी ने उसका संकेत तक नहीं किया है। यह घटना जून, 1922 की है। श्री शिवविनायक मिश्र ने अपने संस्मरण में लिखा है, "बेंत लगाने के बाद भी आज़ाद फिर पकड़े गए थे और धरना देने में उन्हें सजा हुई थी।"[32] लेकिन यह सजा आज़ाद की किसी भी जीवनी या संस्मरण में दर्ज नहीं है। अभिसूचना इकाई के हिस्ट्री नोट और ब्रीफ में इसका उल्लेख अवश्य मिलता है। हिस्ट्री नोट के अनुसार, "बनारस, 01 जून, 1922, सेक्शन 17(2) सी.एल.ए. एक्ट, रु. 20 फाइन।" यानी 01 जून, 1922 को चन्द्रशेखर आज़ाद को धारा 17(2) सी.एल.ए. एक्ट के तहत 20 रुपये का जुर्माना हुआ था। ब्रीफ में इस दौरान दर्ज कराये नाम व पता का उल्लेख मिलता है। 01 जून, 1922 को क्रिमिनल लॉ अमेंडमेंट एक्ट की धारा-17 के तहत दोषसिद्धि के समय उन्होंने अपना नाम चन्द्रशेखर उर्फ आज़ाद पुत्र शिवअनन्त शर्मा, ब्राह्मण, निवासी ज्ञानवापी, थाना-चौक, वाराणसी बताया था।"[33] 'आज' अखबार ने आज़ाद के पिता का नाम 'स्वतंत्र' दिया है। हिस्ट्री नोट से दो बातें पता चलती हैं। पहली आजाद उनकी उर्फियत थी। दूसरी उन्होंने अपनी जाति व

हाल निवास भी ठीक बताया। उन दिनों वे ज्ञानवापी में ही रहते थे। स्मरणीय है कि जीवन में पहली बार किसी सरकारी दस्तावेज में उन्होंने नाम, पिता का नाम व पता लिखाया था।

यह पूरी घटना 02 जून, 1922 के 'आज' अखबार में विस्तार से प्रकाशित हुई थी। अखबार के पृष्ठ-05 पर शीर्षक है, 'श्री आज़ाद का मुकदमा, 20 रु. जुर्माना वरना 03 मास सादी कैद।' अखबार आगे लिखता है, "कल 01 जून को काशी जिला जेल में काशी के डिप्टी मजिस्ट्रेट श्री छैल बिहारी के सामने श्री आज़ाद का मुकदमा पेश हुआ। दारोगा सुशील कुमार घोष थाना बडागाँव ने अपने बयान में कहा कि 30 मई (1922) को 07 बजे प्रात:काल बड़ेगाँव में सड़क के किनारे हनुमान जी के मन्दिर पर यह असहयोगी सरकार के विरुद्ध व्याख्यान दे रहा था और कहता था कि सरकार से असहयोग करो, कांग्रेस के स्वयंसेवक बनो, मैं भी स्वयंसेवक हूँ, स्वराज्य फंड के लिए चन्दा माँगता था और यह भी कहता था पुलिस और पलटन को हमारा साथ देना चाहिए। यदि पुलिस और पलटन कांग्रेस का साथ दें तो एक दिन में स्वराज्य हो जाए। अदालत के पूछने पर दारोगा ने यह भी कहा कि वहाँ 20-25 आदमियों का मजमा था, जिसमें अभियुक्त ने नोटिसें तकसीम की। नोटिसों में निम्न शीर्षक नोटिस थी।

1. अंग्रेजी नोटिस जिसमें हावड़ा पुलिस कॉन्फ्रेंस में श्री पूर्णचन्द्र विश्वास के भाषण के कुछ अंश हैं, 2. 18 तारीख को याद रखिए, 3. स्वराज्य से लाभ, 4. गांधी जी से जेल में बर्ताव, 5. देश के करोड़ों रुपये कैसे बच सकते हैं, 6. खद्दर एकता की निशानी है, 7. हमारा भावी कर्तव्य, 8. कपड़े के खरीदारों से प्रार्थना।

श्री आज़ाद ने जिरह करने पर कहा कि "मैं ईश्वर को मानता हूँ और इस अदालत को बिलकुल न्याय की अदालत समझता हूँ। यह बात बिलकुल सत्य है कि आपने व्याख्यान दिया था। इस पर श्री आज़ाद ने कहा कि इन्होंने मुझे हरौंहा से बुलवाया था और हरौंहा के स्कूल में मैंने ये नोटिस इन्हें दी थी। मुखिया बड़ागाँव माताबदल अपने बयान में दारोगा के बयान का पूर्णतया समर्थन किया। तीसरे गवाह भोला पांडेय ने कहा कि मैं रामनगर का रहनेवाला हूँ। इनका बाकी बयान वही था, जो दारोगा का था। श्री आज़ाद उर्फ चन्द्रशेखर ने कहा कि मेरे पिता का नाम स्वतंत्र शर्मा है। मैं ज्ञानवापी पर रहता हूँ और पढ़ता हूँ। मैं कुछ कहना नहीं चाहता और अदालत के किसी भी प्रश्न का उत्तर नहीं दूँगा। मैंने बड़ेगाँव में नोटिसें नहीं बाँटे, और स्थानों में बाँटे थे। मुझे 12 बेंत की एक बार और अदालत उठने तक की कैद की सजा एक बार हो चुकी है। मेरे माता-पिता जीवित हैं। उन्होंने मुझे घर से कभी नहीं निकाला। कांग्रेस का कार्य करना मैं अपना कर्तव्य समझता हूँ। अपने खाने के लिए मैं करघा चलाकर कमा लेता हूँ। मैं इस अदालत को स्वीकार नहीं करता। अतः बयान पर हस्ताक्षर भी नहीं करता। मैं कोई सफाई भी नहीं देना चाहता। फैसला सुनाते हुए मजिस्ट्रेट ने कहा कि मैं तुम्हें क्रिमिनल लॉ अमेंडमेंट एक्ट की धारा 67(2) के अनुसार दोषी ठहराकर 20 रुपये जुर्माना करता हूँ। यदि जुर्माना न दोगे तो तीन मास की सादी कैद की सजा भोगोगे।"[34]

यदि हम नीचे दी गई तालिका पर गौर करें तो स्थिति स्पष्ट हो जाएगी—

क्रम	गिरफ्तारी	जुर्म	सजा	पिता/पता	उम्र	मजिस्ट्रेट
1	24/12/ 1921	143 आई.पी.सी.। कोतवाली में पकड़े गए।	26/12/ 1921 को 1 दिन की सादी कैद	-	15 साल 1 माह	ज्वाइंट मजिस्ट्रेट जंट
2	12/02/ 1922	धारा-143 आई.पी. सी.। क्वीन्स कॉलेज पर नोटिस बाँटते समय थाना चेतगंज में पकड़े गए।	25/02/ 1922 को 12 बेंत की सजा	-	15 साल 07 माह	ज्वाइंट मजिस्ट्रेट खरेघाट
3	30/5/ 1922	धारा-17(2) सीएलए एक्ट, बड़ागाँव में भाषण व नोटिस	1/6/ 1922 को 20 रुपये का अर्थदंड	शिव अनन्त शर्मा, ज्ञानवापी	15 साल 11 माह	डिप्टी मजिस्ट्रेट छैलबिहारी

नोट-अन्तिम दंड में अभिसूचना फाइल में पिता का नाम कहीं तो शिवअनन्त शर्मा है और कहीं अनन्त शर्मा। लेकिन दैनिक 'आज' में स्वतंत्र शर्मा मिलता है। चन्द्रशेखर आज़ाद की उम्र 23.07.1906 के हिसाब से परिगणित करने पर वही आई है, जो तालिका में दर्शाई गई है। ऐसा प्रतीत होता है कि कोर्ट ने प्रथम व द्वितीय सजा के समय उन्हें नाबालिग स्वीकार कर न तो बयान लिया न ही जिरह की। अन्तिम सजा में उन्हें बालिग स्वीकार कर उनका बयान भी लिया गया व जिरह भी की गई।

चन्द्रशेखर आज़ाद सत्याग्रही से क्रान्तिकारी कैसे बने, इस सम्बन्ध में ज्यादातर लोगों का यही कहना और मानना है कि बेंत खाने के बाद आज़ाद का हृदय बदल गया और वे क्रान्तिकारी हो गए। उनका गांधीवाद से भरोसा उठ गया, आदि। चौरी चौरा के कारण गांधी जी ने 12 फरवरी, 1922 को असहयोग आन्दोलन स्थगित कर दिया था। इसकी जगह रचनात्मक कार्यक्रम शुरू किया था, जिसमें स्वयंसेवक भर्ती करना, तिलक या स्वराज फंड के लिए चन्दा जुटाना, अस्पृश्यता उन्मूलन का प्रचार करना, खादी का प्रचार करना था। आज़ाद 30 मई, 1922 को बड़ागाँव में गांधी जी के रचनात्मक कार्यक्रम का प्रचार करते पकड़े गए थे। यह स्थान शहर बनारस से 20-25 किमी. दूर जौनपुर मार्ग पर स्थित है। आज़ाद के पास से मिली नोटिसों व उनके बयान से स्पष्ट है कि वे अभी गांधीवाद में भरोसा रखते थे। असहयोग स्थगित होने के करीब चार माह बाद भी लोगों से सरकार से असहयोग करने की अपील कर रहे थे।

इन प्रमाणों के आधार पर हम निष्कर्ष निकाल सकते हैं कि श्री चन्द्रशेखर 1920 में काशी में संस्कृत पढ़ने आए। आगे असहयोग संस्कृत छात्र समिति में शामिल होकर जुलाई-अगस्त, 1921 से राजनीति में सक्रिय हुए। पहले 24 दिसम्बर, 1921 को पकड़े गए। एक दिन की सादी कैद हुई। फिर 12 फरवरी, 1922 को पकड़े गए, 12 बेंतों की

सजा हुई। फिर 31 मई, 1922 को पकड़े गए, 20 रुपये का जुर्माना हुआ। लेकिन इस दौरान चन्द्रशेखर आज़ाद ने कभी अपना घर जेलखाना नहीं बताया।

चन्द्रशेखर आज़ाद से जुड़े लोगों ने भी कितनी भ्रामक व अधूरी सूचनाएँ दी हैं, इसकी एक बानगी पेश है। श्री मन्मथनाथ गुप्त ने अपनी पुस्तक में लिखा, "चन्द्रशेखर आज़ाद कभी जेल में, सिवाय एक-दो रात के हवालाती के रूप में नहीं रहे थे। एकमात्र मुकदमा जो उन पर चला था उसका मैं जिक्र कर चुका।" लेकिन हमने देखा कि आज़ाद को तीन सजा हुई थी। पहली बार 24 दिसम्बर को पकड़े गए और 26 को छूटे। दूसरी बार जब बेंत पड़ी तो 12 फरवरी, 1922 को पकड़े गए, 23 को सजा हुई, 25 को बेंत मारी गई। तब छूटे यानी 13वें दिन जेल से छूटे थे। इस तरह कुल मिलाकर वे 15 दिन हवालात में रहे थे और 20 रुपये जुर्माना भरा था।

नोट—सी.आई.डी. की 07.12.1929 की डायरी के अनुसार, "असहयोग आन्दोलन के तीन माह पूर्व आज़ाद बनारस में भाट की गली में लक्ष्मीनारायण शर्मा के साथ रहे थे। लक्ष्मीनारायण शर्मा इस समय कहाँ हैं, पता करना होगा क्योंकि वह आज़ाद का परम मित्र है।"[35] इससे संकेत मिलता है आज़ाद ने सम्भवत: अपने सहपाठी के पिता का नाम अपने पिता की जगह लिया होगा।

अपनी कर्मठता, अल्पवय, दृढ़ता एवं बारम्बार ब्रिटिश सरकार के द्वारा दंडित किये जाने के कारण चन्द्रशेखर आज़ाद काशी में अत्यन्त प्रसिद्ध हो गए थे। श्री शिवविनायक मिश्र के अनुसार 1 सितम्बर, 1922 को उनका ज्ञानवापी में सार्वजनिक सम्मान किया गया था। अपने संस्मरण में वे लिखते हैं, "हम लोग जब जेल से छूटकर आए, तो सार्वजनिक सभा में श्री आजाद का स्वागत कांग्रेस कमेटी के द्वारा ज्ञानवापी में हुआ था। मैं उस समय कांग्रेस कमेटी का मंत्री था।"[36] इस सभा में आज़ाद के मित्र क्रान्तिकारी श्री मन्मथनाथ गुप्त उपस्थित थे। वे 'नर्मदा' अंक में लिखते हैं, "आज़ाद बेंत खाकर वापस आए तो पहले की तरह मारे-मारे फिरने लगे। हाँ, उन्हीं की तरह बहुत से लोगों ने चाहा तो ज्ञानवापी में आज़ाद के स्वागत के लिए एक सभा का आयोजन हुआ। उन दिनों सभाओं की धूम थी। ज्ञानवापी और टाउन हॉल में सभाएँ हुआ करती थीं। लोग उसमें आते भी खूब थे। मुझे इस समय यह तो स्मरण नहीं कि इस सभा में कौन-कौन बोले थे। और क्या बोले थे, किन्तु इतना स्मरण है कि आज़ाद के स्वागत में तकरीरें हो चुकने के बाद आज़ाद को खड़ा किया गया, किन्तु सभा इतनी बड़ी थी और आज़ाद इतना छोटा था कि दूर के लोगों को कुछ ठीक-ठीक दिखाई नहीं पड़ा, तब लोगों ने उठकर हल्ला किया, तो आज़ाद को मेज पर खड़ा कर दिया गया। उस समय लोगों ने जो तुमुल ध्वनि की है, वह अभी तक मुझे याद है। आज़ाद कुछ दो-चार वाक्य भी बोले थे। किन्तु मुझे स्मरण नहीं कि क्या बोला। आज़ाद फूलों की मालाओं से करीब-करीब इतना लदे थे कि उनका छोटा-सा शरीर दिखाई नहीं पड़ता था।"[37]

मन्मथनाथ गुप्त जी ने इस घटना का वर्णन अपनी आत्मकथा में इस प्रकार किया," बेंत खाने में अपूर्व वीरता के कारण वे फौरन जनता के सामने आ गए। और ज्ञानवापी में उनको अभिनन्दित करने के लिए एक विराट सभा की गई। मैं स्वयं उस सभा में मौजूद था। प्रमुख स्थानीय कांग्रेस नेताओं ने ज्वलंत शब्दों में उनके साहस के

लिए उनका अभिनन्दन किया और नौकरशाही की निन्दा की। इस सभा में चन्द्रशेखर का अभिनन्दन एक वीर और त्राता के रूप में किया गया। काशी के इतिहास में यह एक महान दिवस था। सारा काशी नगर इस छोटे से लड़के को अभिनन्दित करने के लिए वहाँ एकत्रित हुआ था, क्योंकि इस छोटे लड़के ने विराट ब्रिटिश नौकरशाही की अवज्ञा की थी और उसका मजाक उड़ाया था। जब नेताओं की स्पीचें समाप्त हो गईं, तब चन्द्रशेखर को मंच पर खड़ा किया गया। वे मालाओं से इतने लदे हुए थे कि चेचक का दागयुक्त उनका छोटा-सा चेहरा मुश्किल से दिखाई पड़ता था। केवल उनकी दो छोटी-छोटी आँखें शेर की तरह जल रही थीं, उनके चेहरे पर एक मधुर हास्य थी। इस मधुर हास्य को उन्होंने अपने शहादत के दिवस तक बनाए रखा। किन्तु उनकी आँखें जल रही थीं। इसी सभा में मैंने पहले-पहल चन्द्रशेखर को देखा था।"[38] इस सम्मान का आँखों-देखा वर्णन प्रोफेसर राजनाथ पांडेय ने अपने एक संस्मरण में इस प्रकार किया है, "ज्ञानवापी की मस्जिद के पिछवाड़े वाले मैदान में आयोजित वह एक शामवाली सभा की मुझे अब तक अच्छी तरह याद है, जिसमें मंच पर बीचोबीच किशोर चन्द्रशेखर आज़ाद फूल-मालाओं से सजाकर बैठाए गए थे और बाबू शिवप्रसाद गुप्त उनके अदम्य साहस, धैर्य और असीम सहनशीलता का बखान करके उनका परिचय समस्त सभा को दे रहे थे। बेंत खाने के बाद अस्पताल में मरहम-पट्टी होने के उपरान्त स्वस्थ हो जाने पर यह सभा आयोजित हुई थी।"[39]

चन्द्रशेखर आज़ाद नवम्बर, 1920 से दिसम्बर, 1922 तक विशुद्ध असहयोगी रहे। महात्मा गांधी में किसी न किसी रूप में विश्वास भी करते रहे। लेकिन मन में संशय का उदय असहयोग के वापस लिये जाने से ही हो चुका था। मार्च-अप्रैल, 1923 तक वे प्रणवेश चटर्जी व मन्मथनाथ के सहयोग से नवसृजित बंगाली क्रान्तिकारी दल अनुशीलन समिति के सम्पर्क में आए।

सन्दर्भ

1. 'कांग्रेस का इतिहास', खंड-1, पट्टाभि सीतारमैया, पृ. 212-215, 218-227
2. 'दैनिक आज, रविवार', 24 सौर माघ, संवत् 1977 (6 फरवरी, 1921)
3. 'दैनिक आज', गुरुवार, 12 सौर फाल्गुन, संवत् 1977 (24 फरवरी, 1921)
4. 'दैनिक आज', शनिवार, 23 सौर माघ, संवत् 1977 (6 फरवरी, 1921)
5. 'महादेव भाई की डायरी', 8.2.21, खंड-3, पृ. 82
6. 'दैनिक आज', बुधवार, 27 सौर माघ, संवत् 1977 (9 फरवरी, 1921)
7. 'दैनिक आज', 28 सौर माघ, संवत् 1977 (10 फरवरी, 1921)
8. 'दैनिक आज', शुक्रवार, 29 सौर माघ, (11 फरवरी, 1921)
9. 'दैनिक आज', गुरुवार, 4 सौर फाल्गुन, संवत् 1977 (16 फरवरी, 1921)
10. 'दैनिक आज', 8 सौर फाल्गुन, संवत् 1977 (20 फरवरी, 1921)
11. 'दैनिक आज', मंगलवार, 10 सौर, फाल्गुन, संवत् 1977 (22 फरवरी, 1921)
12. 'दैनिक आज', शुक्रवार, 13 सौर फाल्गुन, संवत् 1977 (25 फरवरी, 1921)
13. 'दैनिक आज', शनिवार, 28 सौर फाल्गुन, संवत् 1977 (12 मार्च, 1921)
14. अब्दुल करीम, 'हू इज हू', पृ. 2

15. 'दैनिक आज', मंगलवार, 17 सौर फाल्गुन, संवत् 1977 (1 मार्च, 1921)
16. 'कुछ स्मृतियाँ और कुछ अस्फुट विचार', डॉ. सम्पूर्णानन्द, पृ. 58
17. 'आज़ाद की अन्त्येष्टि और बनारस जीवन के संस्मरण', पं. शिवविनायक मिश्र, पृ. 23-24
18. वही, डॉ. सम्पूर्णानन्द, पृ. 45-50
19. 'व्यक्तिगत पत्रावली', चन्द्रशेखर आज़ाद
20. 'दैनिक आज', रविवार, अग्रहायण, संवत् 1978 (25 दिसम्बर, 1921)
21. 'दैनिक आज', बुधवार अग्रहायण,संवत् 1978 (28 दिसम्बर, 1921)
22. वही, डॉ. सम्पूर्णानन्द, पृ. 59
23. 'दैनिक आज', बृहस्पतिवार, अग्रहायण, संवत् 1978 (22 दिसम्बर, 1921)
24. श्री भगवानदास जी को एक साल, पंडित शिवविनायक मिश्र को भी वही, दफा 107 का अद्‌भुत उपयोग, काशी में रोडिंग न्याय की चरम सीमा, 'दैनिक आज', बुधवार, 6 सौर, पौष, संवत् 1978
25. 'कांग्रेस का इतिहास', पट्टाभि सीतारमैया, खंड 1, पृ. 234-246
26. 'दैनिक आज', बुधवार, माघ, संवत् 1978 (25 जनवरी, 1922)
27. 'दैनिक आज', बृहस्पतिवार, माघ, संवत् 1978 (26 जनवरी, 1922)
28. 'दैनिक आज', बुधवार, फाल्गुन, संवत् 1978(22 फरवरी, 1922)
29. 'दैनिक आज', शुक्रवार, फाल्गुन, संवत् 1978 (24 फरवरी, 1922)
30. 'दैनिक आज', रविवार, फाल्गुन, संवत् 1978 (26 फरवरी, 1922)
31. 'साप्ताहिक भविष्य', 05 मार्च, 1931
32. वही, पं. शिवविनायक मिश्र, पृ. 23
33. 'हिस्ट्री नोट ऑफ चन्द्रशेखर आज़ाद', एन.सी. मिश्रा, 28 नवम्बर, 1930
34. 'दैनिक आज', शुक्रवार, ज्येष्ठ, संवत् 1979 (02 जून, 1922)
35. 'व्यक्तिगत पत्रावली', चन्द्रशेखर आज़ाद
36. वही, पं. शिवविनायक मिश्र, 'नर्मदा', आज़ाद अंक, पृ. 23
37. 'चन्द्रशेखर आज़ाद के संस्मरण', मन्मथनाथ गुप्त, आज़ाद अंक, 'नर्मदा', पृ. 130
38. 'क्रान्तिकारी की आत्मकथा', मन्मथनाथ गुप्त, पृ. 152
39. 'शहीद शिरोमणि आज़ाद के दर्शन—तीन बार', प्रोफेसर राजनाथ पांडेय, शहीद अंक, 'नर्मदा', पृ. 47-50, 1960

आज़ाद

चन्द्रशेखर आज़ाद के जीवन के चतुर्दिक मिथकों की जो धुन्ध जमा हो गई है, उनमें कुछ पर पिछले पृष्ठों में तथ्यों के आलोक में विचार किया गया है। इस खंड में ऐसे ही दो अन्य मिथकों पर विचार किया जाएगा—

1. 'आज़ाद' उपनाम चन्द्रशेखर ने कब और कैसे धारण किया?
2. उन्हें कितने बेंतों की सजा हुई थी—12,15 या 16 और बेंत मारे जाने का कारण क्या था?

समकालीन स्रोतों में 'आज़ाद' शब्द का सबसे पुराना उल्लेख अखबारों में, अदालती कागजातों में तथा अभिसूचना की फाइल में मिलता है। लेकिन अभिसूचना व ट्रायल की फाइलों में यह उनके क्रान्तिकारी बनने के बाद दिखता है। सिर्फ 'आज' अखबार में और 'मर्यादा' पत्रिका में यह तखल्लुस उस समय मिलता है, जब वे गांधीवाद और असहयोग आन्दोलन में पूर्ण आस्था रखते थे तथा जब उनके क्रान्तिकारी स्वरूप का अता-पता भी नहीं था। इसके पूर्व की हम 'आज़ाद' उपनाम के सही इतिहास पर प्रकाश डाले हमें उनके मित्रों द्वारा लिखे संस्मरणों पर दृष्टिपात कर लेना चाहिए। चन्द्रशेखर आज़ाद के प्रथम जीवनीकार के अनुसार, नाम बेंत खाने के बाद पड़ा। 'काकोरी कांड के दिलजले' से इस पर कोई प्रकाश नहीं पड़ता। 'विप्लव' के किसी भी लेख से इस विषय पर कोई सूचना नहीं मिलती। 'कानपुर के विद्रोही' में लिखा है—"बेंत लगे और अन्त में 14 वर्ष का कोमल किन्तु वीर बालक मूर्च्छित होकर गिर पड़ा। तभी से आपका नाम आज़ाद पड़ गया।"[1] अक्षरशः यही सूचना 'आज़ादी के परवाने' में छपी है। फिर श्री यशपाल की 'सिंहावलोकन' छपी। वहाँ भी 'आज़ाद' उपनाम पर कोई सूचना नहीं मिलती। 'यश की धरोहर' ने एक नई जानकारी दी है—

"उन दिनों 20-21 का सत्याग्रह आन्दोलन चल रहा था। बालक आज़ाद उसके प्रति आकर्षित हुए और बढ़-चढ़ कर काम करने लगे। नेताओं का ध्यान उनकी ओर आकर्षित हुआ। सत्याग्रह आन्दोलन में अपनी कम उम्र के कारण उन्हें बेतों की सजा मिली जो उन्होंने शहीद बहादुरी से भुगती तथा श्रीप्रकाश जी से उन्होंने 'आज़ाद' नाम पाया।"[2] 1960 के अंक में सुशीला दीदी के संस्मरण में इस घटना का किंचित जिक्र है। 1961 में डॉ. सम्पूर्णानन्द का संस्मरण छपा, जिसमें तीन जगहों पर चन्द्रशेखर आज़ाद का जिक्र मिलता है। परन्तु आजाद उपनाम पर चर्चा कहीं नहीं मिलती। इसके बाद 1964 में नर्मदा का आज़ाद अंक छपा। उस पर दृष्टि डालें। इस घटना के चश्मदीद रहे श्री शिवविनायक मिश्र ने कहीं भी 'आज़ाद' उपनाम को बेंतवाली घटना से नहीं जोड़ा

है। श्री यशपाल ने भी अपने संस्मरण में इस पर कहीं नहीं लिखा है। श्री विश्वनाथ पांडेय लिखते हैं, "उन्हीं दिनों महात्मा गांधी का असहयोग आन्दोलन प्रारम्भ हुआ था। आज़ाद ने जो बनारस में संस्कृत शिक्षा प्राप्त करते थे, उसमें सक्रिय भाग लिया और परिणामस्वरूप वे क्रूर बेंतों वाली सजा द्वारा दंडित किये गए। यह घटना सन् 1921 में हुई। यही चन्द्रशेखर जी के जीवन की पहली घटना थी। इस घटना में उनकी बहादुरी और दृढ़ता देखकर ही श्रीप्रकाश जी ने उन्हें 'आज़ाद' उपनाम दिया।"[3]

श्री नन्दकिशोर निगम ने इस पूरे घटनाक्रम को और मसालेदार बनाया है। लम्बा-चौड़ा ड्रामा लिखने के बाद वे इस निष्कर्ष पर पहुँचते हैं कि "विद्यापीठ में लौटने पर डॉ. सम्पूर्णानन्द जी ने उनको 'आज़ाद' के नाम से ही सम्बोधित किया और तभी से उनका नाम चन्द्रशेखर आज़ाद विख्यात हो गया।"[4] 'नर्मदा' अंक के अपने संस्मरण में श्री मन्मथनाथ गुप्त ने भी कुछ नहीं लिखा। किन्तु उन्होंने अपनी पुस्तक में लिखा है, "जिस दिन बेंत मारी गई उसी दिन से बालक चन्द्रशेखर, 'चन्द्रशेखर आज़ाद' कहलाने लगे। उन्होंने यह नाम अपने आप ग्रहण किया था। श्रीप्रकाश या डॉ. सम्पूर्णानन्द ने यह नाम नहीं दिया था, जैसा कि कई लोगों ने लिखा है।"[5]

श्री विश्वनाथ वैशम्पायन ने भी आज़ाद उपनाम को बेंत खाने से जोड़ते हुए लिखा—"इसी के बाद से वे चन्द्रशेखर 'आज़ाद' के नाम से पुकारे जाने लगे और जीवन के अन्त तक आज़ाद ही रहे। कुछ व्यक्तियों ने यह भी कहा या लिखा है कि उनका नाम आज़ाद श्रीप्रकाश या डॉ. भगवानदास जी ने रखा था, परन्तु वैसी कोई बात नहीं थी। उन दिनों यह प्रथा-सी चल पड़ी थी कि लोग अदालत में अपना वास्तविक नाम न बताकर उलटे-सीधे नाम बता दिया करते थे। उस तरह चन्द्रशेखर ने अपना नाम 'आज़ाद' बताया था और फिर श्रीप्रकाश जी आदि उन्हें इसी नाम से पुकारने लगे।"[6] वस्तुतः इस मिथक का उत्स भी 'भविष्य' साप्ताहिक के उसी अंक में मिलता है यानी 5 मार्च, 1931 के अंक में जिसका उल्लेख पूर्व में किया जा चुका है।

श्रीप्रकाश जी का आज़ाद के बनारस जीवन के समय से जुड़ाव था। हू इज हू के अनुसार, "श्रीप्रकाश पुत्र डॉ. भगवानदास, निवास—सेवा आश्रम, सिगरा, थाना दशाश्वमेध धनी व सम्पन्न परिवार से आते हैं। सेंट्रल हिन्दू कॉलेज, बनारस से स्नातक किया और ट्रिनिटी कॉलेज, कैम्ब्रिज गए। भारत लौटे पर कभी वकालत नहीं की। हिन्दू विश्वविद्यालय में अवैतनिक प्रोफेसर रहे। फिर 'आज' के सम्पादक बने। शिवप्रसाद गुप्त को प्रेरित कर काशी विद्यापीठ की स्थापना करवाई। 1920 में कांग्रेस से जुड़े। बाद में अखिल भारतीय कांग्रेस कमेटी के सचिव बने। लगान नहीं अभियान में काफी सक्रिय रहे। सविनय अवज्ञा के समय 25.4.1930 को छह माह का सश्रम कारावास व सौ रुपये का जुर्माना हुआ। 18.3.1930 को 17 सी.एल.ए. में 12 माह का सश्रम कारावास व 500 रुपये का जुर्माना हुआ। कांग्रेस पार्लियामेंटरी बोर्ड के सदस्य चुने गए मगर इस्तीफा दे दिया। मई, 1934 में। कांग्रेस सोशलिस्ट पार्टी का गठन किया। दिसम्बर, 1934 में स्वराज के टिकट पर एम.एल.ए. बने। प्रान्तीय राजनीतिक कॉन्फ्रेंस, इटावा के अध्यक्ष रहे। जनवरी, 1935 में युक्त प्रान्तीय कांग्रेस कमेटी के अध्यक्ष बने। लेकिन नवम्बर, 1935 में इस्तीफा दे दिया। साम्यवाद की तरफ रुझान रखते हैं। सक्षम,

ऊर्जावान, धनवान, संगठन की क्षमता से युक्त, अधिकार व प्रभाव लेकिन अपरिवर्तनीय रूप से ब्रिटिश विरोधी।"[7]

इन समस्त विवरणों से 'आज़ाद' उपनाम को लेकर दो प्रश्न उभरते हैं—1. यह उपनाम कब रखा गया, 2. यह उपनाम किसने रखा। हर किसी ने बिना शक के यह दुहराया है कि यह नाम चन्द्रशेखर ने बेंतवाली सजा के बाद रखा। किसने यह नाम दिया, इस पर मतैक्य नहीं है। स्वयं रख लिया, डॉ. भगवानदास, श्रीप्रकाश या डॉ. सम्पूर्णानन्द ने रखा, ऐसा कहा जाता है। हम प्रथम मुद्दे पर विचार करें कि आज़ाद उपनाम कब रखा गया? चन्द्रशेखर आज़ाद को बेंत की सजा 25 फरवरी, 1922 को केन्द्रीय कारागार, शिवपुर में हुई। इसके पूर्व 24 दिसम्बर, 1921 को डॉ. सम्पूर्णानन्द की गिरफ्तारी के दिन बतौर स्वयंसेवक चन्द्रशेखर कोतवाली थाने से जेल गए थे और 26 को अदालत उठने तक कैद की सजा काटकर वापस आए थे। चूँकि वे नाबालिग थे, अत: उन्हें बेंत या जेल की सजा नहीं मिली थी। उनके जैसे 16 अन्य नाबालिग चौक व कोतवाली थाने के अन्तर्गत पकड़े गए थे। इन 17 नामों की सूची 'आज' अखबार में 28 दिसम्बर, 1921 को पृष्ठ नम्बर-6 पर छपी है। जिसमें पहले स्थान पर आज़ाद (चन्द्रशेखर) लिखा है।

26 जनवरी, 1922 के 'आज' में स्वयं के साथ पुलिस द्वारा अभद्रता किये जाने के सम्बन्ध में जिन चार असहयोगियों ने 'आज' अखबार को पत्र लिखा था उसमें भी 'आज़ाद' नाम ही दिया गया था। बेंत मारने की घटना 25 फरवरी, 1922 को हुई है, जिसकी खबर 26 फरवरी, 1922, के 'आज' में छपी है। इसके पूर्व 22 फरवरी तथा 24 फरवरी, 1922 की खबरों में 'आज़ाद' नाम आया है। इससे स्पष्ट हो जाता है कि 25 फरवरी, 1922 को बेंत मारे जाने के पूर्व 28 दिसम्बर, 1921, 26 जनवरी, 1922, 22 फरवरी, 1922 तथा 24 फरवरी, 1922 को चन्द्रशेखर के लिए 'आज़ाद' उपनाम का प्रयोग हुआ है। अत: बेंत खाने का आज़ाद उपनाम रखने से कोई सम्बन्ध नहीं है। उन दिनों मौलाना अब्दुल कलाम 'आज़ाद' राष्ट्रीय स्तर के नेता थे। कानपुर में अब्दुल कादिर सुभानी आज़ाद लोकप्रिय नेता थे। क्रान्तिकारियों में बाबा पृथ्वी सिंह 'आज़ाद' गदर आन्दोलन के समय से एक महत्त्वपूर्ण नाम थे। इससे स्पष्ट होता है कि उन दिनों आज़ाद एक प्रचलित उपनाम था जिसे ब्रिटिश हुकूमत द्वारा लादी गई पराधीनता के विरुद्ध प्रतीक के रूप में अपनाए जाने का चलन था। यदि यह नाम डॉ. सम्पूर्णानन्द जी ने दिया होता तो वे गर्व से अपने संस्मरण में लिखते। चन्द्रशेखर आज़ाद जीवन भर नाम-पता बदलकर बताते रहे, ऐसे में यह स्वीकार करने में कोई हर्ज नहीं कि उन्होंने स्वयं यह उपनाम धारण किया था।

अब हम अगले प्रश्न पर आते हैं कि उन्हें क्यों और कितनी बेंत मारी गई थी? क्यों प्रश्न इसलिए कि जिस जुर्म में वे पकड़े गए थे, उसी जुर्म में उनके साथ सात अन्य वयस्क पकड़े गए थे, सभी को अदालत उठने तक की सजा देकर छोड़ दिया गया था। मगर नाबालिग होते हुए भी आज़ाद को बेंत की सजा दी गई, आखिरकार क्यों? किसी निष्कर्ष पर पहुँचने के पहले हम आज़ाद के साथियों के संस्मरणों में इस घटना के जिक्र पर दृष्टिपात कर लें। 'भविष्य साप्ताहिक' के अनुसार अपना नाम आज़ाद,

पिता का नाम स्वतंत्र, निवास जेलखाना बताने पर चिढ़कर मजिस्ट्रेट ने 15 बेंत लगाने की सजा दी।"[8] अपनी आत्मकथा में श्री नेहरू ने उल्लेख करते हुए लिखा, "कुछ वर्ष पहले मैंने उनका नाम जरूर सुना था, जबकि 1921 में असहयोग आन्दोलन के जमाने में स्कूल से असहयोग करके वे जेल गए थे। उस समय वे पन्द्रह साल के रहे होंगे। जेल के नियम भंग करने के अपराध में नंगा करके इन्हें बेंतों से पीटा गया और वे हर बेंत पर महात्मा गांधी की जय का नारा लगाते थे। जब तक कि वे बेहोश नहीं हो गए।"[9]

फिर पं. रामदुलारे त्रिवेदी ने लिखा, "लोगों ने आज़ाद को 1921 के असहयोग से जाना। अंग्रेज युवराज के बहिष्कार करने का प्रचार करने के अपराध में बनारस में धड़ाधड़ स्वयंसेवक गिरफ्तार हो रहे थे। पुलिस ने एक 15 वर्षीय को पकड़ा और मजिस्ट्रेट ने उसे तम्बीह देकर छोड़ दिया। युवक फिर दूने उत्साह से काम में जुट गया। कई दफे गिरफ्तारी हुई और अन्त में मजिस्ट्रेट ने उस किशोर को 15 बेंतों की सजा दी। बेतों के वार हो रहे थे, पर किशोर के माथे पर न तो शिकन थी, और न ही मुँह से निकलती थी 'आह'। लोगों ने आश्चर्य से मुँह में उँगली दाबी। यह किशोर थे—हमारे वीर सेनापति चन्द्रशेखर आज़ाद।"[10] आज़ादी के परवाने में वही कहानी अक्षरशः दुहरा दी गई है, जो भविष्य में छपी थी। वहाँ भी 15 बेंत का जिक्र मिलता है।[11] इसी साल छपे ग्रन्थ 'कानपुर के विद्रोही' में अक्षरशः वही कहानी लिखी गई है, जो भविष्य और आज़ादी के परवाने में लिखी है। यहाँ भी 15 बेंत मारने का जिक्र है।[12]

श्री यशपाल ने अपनी औपन्यासिक शैली में लिखी 'सिंहावलोकन' में इस घटना का विवरण दर्ज करते हुए अन्त में लिखा, "तेरह-चौदह वर्ष के आज़ाद को इस प्रकार बारह बेंत लगाए गए। आज़ाद हर बेंत की चोट पर वन्देमातरम्! और महात्मा गांधी की जय! पुकारते रहे।"[13] यश की धरोहर में सिर्फ इतना दर्ज मिलता है कि "सत्याग्रह आन्दोलन में अपनी कम उम्र के कारण उन्हें बेंतों की सजा मिली जो उन्होंने बड़ी बहादुरी से भुगती।"[14] डॉ. सम्पूर्णानन्द जी ने अपने संस्मरण में लिखा, "हमारी गिरफ्तारी के बाद आज़ाद की गिरफ्तारी हुई। लड़के को बड़ी बेदर्दी से बेंत लगाए गए। हर प्रहार पर वन्देमातरम् कहता गया।"[15] श्री बनारसीदास चतुर्वेदी ने लिखा, "सन् 1921 में काशी में उन्होंने सत्याग्रह आदोलन में भाग लिया था, उन्हें बेंतों की सजा मिली। जो उन्होंने बड़ी बहादुरी से भुगती।"[16]

श्री शिवविनायक मिश्र ने लिखा—"पहले-पहल श्री आज़ाद को 15 बेंत की सजा हुई थी, उस समय उनकी उम्र 14-15 वर्ष की थी। वह स्वयंसेवक दल के साथ गिरफ्तार हुए थे। मैं व श्री बाबू भगवानदास जी सेंट्रल जेल में सजा काट रहे थे। वे छूट गए थे, वहाँ पर श्री आज़ाद को 15 बेंत लगाए गए। मैं अपनी बैरक में टहल रहा था, तो किसी की आवाज कई बार 'महात्मा गांधी की जय' आई। थोड़ी देर में एक कैदी ने जिसका नाम गंगाराम था, बताया कि एक लड़के चन्द्रशेखर को बेंत लगाए थे, तो उसने हर बेंत पर महात्मा गांधी की जय बोला।"[17] डॉ. जवाहरलाल रोहतगी ने अपने संस्मरण में लिखा—"सुना है आज़ाद भी उन दिनों किसी कॉलेज पर पिकेटिंग कर रहे थे। खरेघाट मजिस्ट्रेट ने उन्हें 12 बेंतों की सजा दी थी।"[18] श्री विश्वनाथ पांडेय ने सिर्फ यही जिक्र

किया है कि उन्हें क्रूर बेंतोंवाली सजा द्वारा दंडित किया गया। श्रीमती सुशीला देवी ने भी अपने संस्मरण में लिखा, "जेल के अन्दर उनके साथ अमानुषिक व्यवहार किया गया, उनको नंगा करके बेतों से पीटा गया जब तक कि वे बेहोश नहीं हो गए।"[19]

काकोरी में उनके साथी रहे और आज़ाद को क्रान्तिकारी दल की तरफ ले आनेवालों में से एक श्री मन्मथनाथ गुप्त ने लिखा—"काशी में उन दिनों मिस्टर खरेघाट नाम का एक पारसी मजिस्ट्रेट था। इन्हीं की अदालत में शुरू के असहयोगी के मुकदमे गए। और लोगों को तो जेल हुई। किन्तु आज़ाद को 15 बेंत की सजा हुई और सब लोग डिस्ट्रिक्ट जेल में रखे गए, किन्तु आज़ाद रखे गए सेंट्रल जेल में। वहीं पर उन्हें बेंत भी लगाए गए।"[20] इसे और रोचक कथा बनाते हुए, श्री विश्वनाथ वैशम्पायन ने लिखा—"1921 के आन्दोलन में संस्कृत कॉलेज बनारस पर धरना देते समय आज़ाद भी पकड़े गए। इन सत्याग्रहियों के मुकदमे श्री खरेघाट की अदालत में चला करते थे। चन्द्रशेखर आज़ाद के साथ जो विद्यार्थी गए थे, उन्हें कठोर कारावास का दंड दिया गया और चन्द्रशेखर की अवस्था 15 वर्ष की होने के कारण उन्हें 15 बेतों की सजा का आदेश हुआ।"[21] श्री नन्दकिशोर निगम ने लिखा—"खरेघाट मजिस्ट्रेट ने उनको 15 बेंत की सजा दी। उनको जेल ले जाया गया। उनको खुले मैदान में 15 बेंत लगाए गए। पहले 10 बेंतो तक तो वह वन्देमातरम् कहते रहे, परन्तु 11वाँ बेंत पड़ते ही उनके मुख से महात्मा गांधी की जय का नारा निकला।"[22]

यहाँ हमने आज़ाद के कुल 16 साथियों के संस्मरण दिये हैं। इनमें से 08 ने जिक्र किया कि आज़ाद को 15 बेंत मारी गई। 07 ने बेंतों की संख्या का उल्लेख नहीं किया है। श्री यशपाल और श्री जवाहरलाल रोहतगी, मात्र दो ने 12 बेंत का उल्लेख किया। इसके पूर्व की हम यथार्थ जानें हमें कुछ बातें स्पष्ट कर देनी चाहिए। कुछ लोगों ने लिखा है कि आज़ाद को सेंट्रल प्रिजन भेजा गया, बाकी को जिला जेल में रखा गया। वस्तुत: विचाराधीन कैदियों को जिला जेल में रखा जाता है, जबकि सजायाफ्ता को केन्द्रीय कारागार में। यह प्रथा आज भी प्रचलन में है। बेंत लगाते समय श्री नेहरू जी के अनुसार आज़ाद 'गांधी जी की जय' बोलते रहे। भविष्य, आज़ादी के परवाने और कानपुर के विद्रोही के अनुसार वन्देमातरम् और गांधी जी की जय बोलते रहे। श्री यशपाल ने भी यही दो शब्द बताए हैं। डॉ. सम्पूर्णानन्द ने मर्यादा में लिखा कि महात्मा गांधी की जय बोला, जबकि संस्मरण में लिखते हैं कि 'वन्देमातरम्' बोला। श्री शिवविनायक मिश्र के अनुसार आज़ाद ने हर बार 'महात्मा गांधी की जय' बोला। श्री मन्मथनाथ गुप्त के अनुसार श्री आज़ाद ने 'महात्मा गांधी की जय' बोला। श्री नन्दकिशोर निगम के अनुसार 10 बेंत तक वन्देमातरम् बोला 11वें बेंत पर महात्मा गांधी की जय बोला। श्री विश्वनाथ वैशम्पायन के अनुसार आज़ाद ने 'भारत माता की जय' 'महात्मा गांधी की जय' और 'वन्देमातरम्' के नारे लगाए।

उपरोक्त तथ्यों की जाँच हम दो समकालीन स्रोतों से करें तो यथार्थ का पता चलता है। पहला स्रोत तो दैनिक 'आज' है, जो इस तरह की घटनाओं का सूक्ष्म विवरण देता है। 26 फरवरी, 1922 के 'आज' में स्पष्ट लेख है कि 12 बेंत का हुक्म हुआ था। 25 फरवरी प्रात:काल निकाल दिया गया। शाम 4 बजे टिकठी में बाँधकर 12 बेंत लगाए

गए। बेंत लगाते समय आज़ाद 'भारत माता की जय' बोलने लगे। यह बात खबर के शीर्षक में आई। इसके पूर्व 24 फरवरी, 1922 के 'आज' में सजा होने के जिक्र में भी आया हैं कि आज़ाद (नाबालिग) को ताजीरात हिन्द की 143 धारा (मजमा नाजायज) के अनुसार 12 बेंतों की सजा की आज्ञा हुई। इसी तरह 02 जून, 1922, के 'आज' में बड़ागाँव में व्याख्यान देने व नोटिस बाँटने पर पकड़े जाने पर जिरह में भी अपनी पूर्ववर्ती सजाओं का उल्लेख करते हुए आज़ाद ने स्वयं कहा, "मुझे 12 बेंत की एक बार और अदालत उठने तक ही कैद की सजा एक बार हो चुकी है।"

अभिसूचना फाइल में आज़ाद के हिस्ट्री नोट में और ब्रीफ में 23.2.1922 की सजा में 12 बेंत (strips) ही लिखा मिलता है। इसके आलावा डॉ. सम्पूर्णानन्द द्वारा सम्पादित और काशी से प्रकाशित पत्रिका 'मर्यादा' के अंक-6, भाग-22, चैत्र 1979 के पृष्ठ 334 पर चरखे के साथ आज़ाद का चित्र छपा है और नीचे लिखा है, "वीर बालक आज़ाद : यह 14 वर्ष का बालक है। परीक्षार्थियों को रोकने के अपराध में उसे 12 बेंत की सजा हुई थी। टिकठी से नंगा बाँधकर उसे बेंत लगाए गए। वह हर बेंत की मार पर 'महात्मा गांधी की जय' बोलता गया। उसने चलते समय अधिकारियों से कहा, बेंत महात्मा गांधी को मारे गए हैं, क्योंकि वह इस आन्दोलन के नेता हैं। इसकी वीरता देखकर अधिकारी भी चकित हो गए थे।"[23] शिवपुर जेल में जिस स्थान पर बेंत मारी गई वहाँ श्री कमलापति त्रिपाठी ने जो स्मृति पट्ट लगवाया है उसमें भी 12 बेंत का ही उल्लेख है। अत: इन समकालीन स्रोतों से प्रमाणित है कि आज़ाद को 12 बेंत मारे गए थे। तथा उन्होंने 'भारत माता की जय' बोला था।

अन्त में हम इस बात की चर्चा करेंगे कि आज़ाद को ही बेंत क्यों मारी गई? भविष्य साप्ताहिक के अनुसार नाम-पता गलत बताने के जुर्म में बेंत मारी गई। प्रथम जीवनी के अनुसार नाम, पिता का नाम व घर क्रमश: आज़ाद, स्वतंत्र तथा जेलखाना बताने के कारण बेंत की सजा दी गई। नेहरू जी के अनुसार आज़ाद ने जेल का कोई नियम तोड़ा था। श्री मन्मथनाथ गुप्त ने इस बात का खंडन किया। पंडित रामदुलारे त्रिवेदी के अनुसार बार-बार गिरफ्तारी से आजिज आकर यह सजा हुई। यश की धरोहर के अनुसार कम उम्र के कारण यह सजा हुई, वरना जेल होती। श्री बनारसीदास के अनुसार सत्याग्रह में भाग लेने के कारण बेंत मारी गई।

उल्लेखनीय है कि जेल नियमों के अनुसार नाम-पता न बताना या गलत बताना भी नियम भंग की श्रेणी में आता था। चूँकि आज़ाद नाबालिग थे अत: उनसे जिरह नहीं हुई। किन्तु नाम व पता न बताने के कारण उन्हें ज्वाइंट मजिस्ट्रेट ने सजा सुनाई तो वे हँसे थे। फिर नाव में बैठाकर डी.एम. के पास ले जाकर माफी माँगने को कहा गया, तो उन्होंने मना कर दिया। जिस दिन आज़ाद की सजा छपी है, उसी दिन के 'आज' में एक 13 वर्षीय लड़के को जेल भेजने की खबर भी छपी है। अत: यह तर्क अनुचित है कि नाबालिग होने के कारण जेल न भेजकर बेंत की सजा दी गई। सम्भवत: उस समय तक आज़ाद नाम-पता बदलकर झूठ बोलने में निष्णात न हुए हों। यदि नाम-पता गलत बताने से सजा मिली होती तो इतनी बड़ी खबर 'आज' में जरूर छपती। क्योंकि कोर्ट में या जेल में क्या हुआ इसका विवरण मय बयान तफसील से छपा करता था। अत:

स्पष्ट है कि सजा का कारण नाम-पता बताने से इनकार करना, डराने के लिए दी गई सजा पर हँसना और कलेक्टर के सामने पेश करने पर माफी न माँगना था।

सन्दर्भ

1. 'कानपुर के विद्रोही', बाबू नारायण प्रसाद अरोड़ा, पृ. 124
2. 'यश की धरोहर', भगवानदास माहौर व अन्य, पृ. 77
3. 'अमर शहीद श्री चन्द्रशेखर आज़ाद', विश्वनाथ पांडेय, 'नर्मदा', आज़ाद अंक, पृ. 83-84
4. 'बलिदान', नन्दकिशोर निगम, पृ. 8
5. 'चन्द्रशेखर आज़ाद और उनका युग', मन्मथनाथ गुप्त, पृ. 58
6. 'अमर शहीद चन्द्रशेखर आज़ाद', विश्वनाथ वैशम्पायन, पृ. 51
7. श्रीप्रकाश, 'हू इज हू', पृ. 338
8. 'चन्द्रशेखर आज़ाद', विशेष संवाददाता, साप्ताहिक भविष्य, 5 मार्च, 1931
9. मैं क्या करूँ, जवाहरलाल नेहरू, 'नर्मदा' अंक, पृ. 65; 'मेरी कहानी', जवाहरलाल नेहरू, पृ. 314-316
10. 'काकोरी कांड के दिलजले', पंडित रामदुलारे त्रिवेदी, पृ. 65
11. 'चन्द्रशेखर आज़ाद : आज़ादी के परवाने', रामरख सहगल, पृ. 244
12. 'कानपुर के विद्रोही', बाबू नारायण प्रसाद अरोड़ा, पृ. 124
13. 'सिंहावलोकन', यशपाल, खंड 03, पृ. 389
14. 'यश की धरोहर', भगवानदास व अन्य, पृ. 14
15. 'कुछ स्मृतियाँ और कुछ अस्फुट विचार', डॉ. सम्पूर्णानन्द, पृ. 63
16. 'चन्द्रशेखर आज़ाद', बनारसीदास चतुर्वेदी, 'नर्मदा', आज़ाद अंक, पृ. 14
17. 'आज़ाद की अन्त्येष्टि और बनारस जीवन के संस्मरण', श्री शिवविनायक मिश्र, 'नर्मदा' अंक, पृ. 23
18. 'पंडित मोतीलाल नेहरू और चन्द्रशेखर आज़ाद', डॉ. जवाहरलाल रोहतगी, 'नर्मदा', आज़ाद अंक, पृ. 67
19. 'चन्द्रशेखर आज़ाद', श्रीमती सुशीला देवी, 'नर्मदा', पृ. 103
20. 'चन्द्रशेखर आज़ाद के संस्मरण', मन्मथनाथ गुप्त, 'नर्मदा' अंक, पृ. 129
21. 'अमर शहीद चन्द्रशेखर आज़ाद', विश्वनाथ वैशम्पायन, पृ. 51
22. 'बलिदान', नन्दकिशोर निगम, पृ. 08
23. 'मर्यादा', अंक-6, भाग-22, चैत्र 1979, पृ. 334

क्रान्ति-पथ

सन् 1920 में चन्द्रशेखर आज़ाद काशी संस्कृत पढ़ने आए थे। इस शहर ने उनका निरन्तर रूपान्तरण किया। वे देहाती से शहरी बने, संस्कृत के छात्र से असहयोगी बने और अन्त में क्रान्तिकारी बनकर उभरे। 1920 के मध्य से जुलाई-अगस्त, 1921 तक वे येन-केन-प्रकारेण संस्कृत के छात्र रहे। असहयोगी संस्कृत छात्र समिति से जुड़कर वे गांधीवादी बने। तीन बार सजा पाई। 12 फरवरी, 1922 को असहयोग आन्दोलन स्थगित कर दिये जाने पर वे गांधी जी के रचनात्मक कार्यों में जुट गए। 1923 के आरम्भ में वे क्रान्तिकारी दल के सम्पर्क में आए। इस घटना के साक्षी के रूप में श्री मन्मथनाथ गुप्त, श्री मनमोहन गुप्त, श्री राजाराम शास्त्री, श्री रामकृष्ण खत्री और श्री शचीन्द्रनाथ बख्शी के संस्मरण सबसे महत्त्वपूर्ण हैं। श्री शिवविनायक मिश्र व डॉ. सम्पूर्णानन्द यद्यपि कांग्रेसी थे, किन्तु आज़ाद के रूपान्तरण के साक्षी रहे हैं। अत: उनके संस्मरण भी महत्त्व के हैं। इनके अतिरिक्त अन्य संस्मरणों की समीक्षा व अभिसूचना फाइल के तथ्यों के आधार पर हम किसी पुख्ता निष्कर्ष पर पहुँचने का प्रयास करेंगे कि आज़ाद किस तरह क्रान्ति-पथ पर अग्रसर हुए।

"1922 में खिलाफत के प्रश्न का अचानक अन्त हो गया था। गया में अपरिवर्तनवादियों की जो जीत हुई थी वह स्थायी नहीं थी। 1923 के मुहर्रमों में बंगाल और पंजाब में भयंकर दंगे हुए। 27 फरवरी, 1923 को इलाहाबाद में बैठक हुई। रचनात्मक कार्य फैलाने पर जोर रहा। इसकी रिपोर्ट मई, 1923 के बम्बई आन्दोलन कार्य-समिति की बैठक में पेश की गई। वहीं महासमिति की भी बैठक हुई। मौलाना अबुल कलाम आज़ाद इसके सभापति थे। कांग्रेस का विशेष अधिवेशन दिल्ली में हुआ। महासमिति की 8-10 जुलाई को नागपुर में बैठक हुई। 18 जुलाई के गांधी-दिवस को झंडा-दिवस कहकर मनाने का आह्वान किया गया जो शीघ्र ही एक अखिल भारतीय आन्दोलन हो गया। दिल्ली कांग्रेस इसके बाद हुई थी। यह सितम्बर, 1923 के तृतीय सप्ताह में मौलाना अबुल कलाम आज़ाद के सभापतित्व में हुई। दिल्ली के विशेष अधिवेशन के बाद कांग्रेस का आगामी अधिवेशन मौलाना मुहम्मद अली के सभापतित्व में 'कोकनड़ा' में होना निश्चित हुआ। इसी अधिवेशन में कांग्रेस के अलग-अलग विभाग करने की योजना तैयार करने की आवश्यकता समझी गई और इन विभागों के वेतनभोगी कार्यकर्ताओं के सम्बन्ध में राष्ट्रीय सर्विस की भी एक योजना तैयार करने को कहा गया। अखिल भारतीय सर्विस की भी एक योजना तैयार करने को कहा गया। अखिल भारतीय चरखा संघ बना जिसे खद्दर का काम चलाने का अधिकार दिया गया।"[1]

इन्हीं राष्ट्रीय परिस्थितियों के मध्य असहयोगी बालक चन्द्रशेखर का रूपान्तरण

हो रहा था। उनके विचारों में आमूल बदलाव आ रहा था। चन्द्रशेखर आज़ाद के विचार परिवर्तन पर अनेक लोगों ने लिखा है। भविष्य साप्ताहिक के अनुसार "बेंतों का आघात उनके शरीर पर नहीं आत्मा पर लगा और कहा जाता है कि उसी दिन से वे विद्रोही हो गए। इस अमानुषिक दंड का उनके मन पर बड़ा ही बुरा प्रभाव पड़ा। सन् 1921 का असहयोग आन्दोलन शान्त था पर कहा जाता है आपने हिंसात्मक क्रान्ति की शरण ली। यहाँ राजेन्द्र लाहिड़ी और शचीन्द्रनाथ बख्शी से उनकी मुलाकात हुई। ये तीनों अन्तरंग मित्र हो गए।"[2] प्रथम जीवनी के लेखक ने इन्हीं शब्दों को हूबहू उतारा है। पं. जवाहरलाल नेहरू के अनुसार, "इन्हें बेंतों से पीटा गया था बाद को वे उत्तर भारत में आतंकवादियों के एक मुख्य आदमी बन गए।"[3] पं. रामदुलारे त्रिवेदी के अनुसार—"जब असहयोग आन्दोलन स्थगित हो गया तो श्री आज़ाद का मन इस मार्ग से उचाट हो गया। वे सशस्त्र क्रान्ति का आयोजन करनेवाले किसी सशस्त्र क्रान्तिकारी संघ के सदस्य बने।"[4]

सुखदेवराज के अनुसार आज़ाद की क्रान्तिकारी चेतना रोषपूर्ण विवशता का प्रकटीकरण था। उन्होंने 'आज़ाद का बमवाद' में लिखा—"देश की रोषपूर्ण विवशता में सब लोग धैर्य धारण नहीं कर सकते थे। कुछ नवयुवकों का विचलित हो जाना आश्चर्य की बात न थी। जब बिल्ली बचाव की कोई सूरत नहीं देखती तो वह दुस्साहसी हो अन्तिम प्रयत्न करती है। पीछा करनेवालों की आँखों पर ही उसका वार होता है। जब किसी कमजोर से कमजोर पुरुष का भी गला दबाया जाए तो वह भी एक बार छटपटाता है और आक्रमणकारी पर पूरे जोर से वार करता है। आतंकवाद एक अवचेतन प्रयास है जो दलित देश में गला घोंटे जाने पर परिणाम का लिहाज न कर अपनी स्वाधीनता की स्वाभाविक इच्छा से जाग उठी थी। आज़ाद इसी लहर के प्रतीक थे।"[5]

श्री जय नाम से किसी साथी ने आज़ाद अंक (विप्लव) के अपने लेख 'आज़ाद और उनकी पार्टी' में लिखा है, "आज़ाद असहयोग आन्दोलन में शरीक हुए थे। उन्होंने जेल में जाकर बेंत भी खाए थे। अन्य कितनी ही तकलीफें उठाई थीं। लड़ने का हौसला था। मुसीबतों की परवाह न की। लेकिन जब कांग्रेस के नेताओं ने लड़ाई बन्द कर दी तो आज़ाद को भी बड़ा दुख हुआ। देश के नौजवानों का अहिंसात्मक आन्दोलन पर से विश्वास उठ गया। वे अब लड़ाई का दूसरा मार्ग खोजने लगे। असहयोग आन्दोलन के असफल हो जाने के बाद उत्तर भारत के कुछ नौजवानों ने एक गुप्त विप्लवी संगठन 'हिन्दुस्तान प्रजातंत्र संघ' के नाम से बनाया। आज़ाद इसी में शामिल हो गए।"[6] श्री यशपाल का मत है कि विद्रोह की प्रचंड आग उन्हें इधर ले आई। वे लिखते हैं—"सन् '20-'21 की बात, चौदह-पन्द्रह वर्ष की आयु में वे विद्याभ्यास के लिए फुरसत न पा सत्याग्रह आन्दोलन में बेंतों की सजा पा रहे थे। इसके बाद सन् '24 में हम उन्हें काकोरी षड्यंत्र में फँसा पाते हैं। आज़ाद के दिमाग में विद्रोह की जैसी प्रचंड आग जल रही थी, उसमें विद्याभ्यास हो ही नहीं सकता था।"[7]

श्री नारायण प्रसाद अरोड़ा लिखते हैं—"इन बेतों को ही खाकर पंडित चन्द्रशेखर जन्म-जन्मान्तर के लिए अंग्रेजी सरकार के विद्रोही और हिंसात्मक क्रान्ति के उपासक बन गए।"[8] श्री रामरख सहगल ने 'आज़ादी के परवाने' में अक्षरशः वही लिखा है, जो

भविष्य साप्ताहिक ने 5 मार्च, 1931 को लिखा था। श्री यशपाल ने 'सिंहावलोकन' में लिखा—"आज़ाद बेंतों की सजा पाकर जेल से छूटे तो आन्दोलन में और भी तत्परता से भाग लेने लगे। उसी समय उनका सम्पर्क काकोरी दल के लोगों, श्री मन्मथनाथ गुप्त आदि से हो गया। उन्होंने श्री रामप्रसाद बिस्मिल के साथ कई डकैतियों में भाग लिया।"[9] यश की धरोहर में जिक्र आया, "सन् '20-'21 का सत्याग्रह समाप्त हो जाने के बाद काशी में श्री मन्मथनाथ गुप्त आदि के सम्पर्क से वे गुप्त क्रान्तिकारी दल में सम्मिलित हुए।"[10]

इस मामले में अंग्रेजों की समझ कितनी अस्पष्ट थी इसकी एक बानगी एस.टी. हॉलिन्स, डी.आई.जी, सी.आई.डी. ने प्रस्तुत की है, "चन्द्रशेखर आज़ाद हिन्दुस्तान सोशलिस्ट रिपब्लिकन आर्मी के मुखिया थे। वे संयुक्त प्रान्त के गोरखपुर में पैदा हुए। अच्छी देहयष्टि और बुद्धिमत्तावाले व्यक्ति थे। वे 19 साल की उम्र में सरकारी सेवा में आए। फिर उन्होंने मार्क्स और एंजेल की पुस्तकें पढ़ी। तथा कम्युनिस्ट पार्टी के प्रकाशन पढ़े जो रूस से भारत आए थे। उन्होंने अपनी नौकरी छोड़ी और तमाम नवयुवकों को अपने पास जमा कर उनमें क्रान्तिकारी विचार भरे और जल्द ही उनकी पहचान क्रान्तिकारी दल के नेता के रूप में की जाने लगी। वे युवा भारतीयों की नजरों में रोमांटिक व्यक्तित्व बन गए।"[11]

असहयोग आन्दोलन के दौरान चन्द्रशेखर आज़ाद को जिन दो लोगों ने सबसे निकट से देखा वे थे डॉ. सम्पूर्णानन्द और श्री शिवविनायक मिश्र। डॉ. सम्पूर्णानन्द ने अपने संस्मरण में इस विषय पर चर्चा की है। वे लिखते हैं, "बहुत से युवकों को सशस्त्र क्रान्ति के सिवाय और कोई कार्य नहीं देख पड़ता था। कोई इनके विचारों और कार्य शैलियों से सहमत हो न हो, परन्तु इनकी त्यागवृत्ति, देशभक्ति और वीरता का लोहा तो मानना ही पड़ता है। भारतीय गुप्तचर इनका पीछा करते थे, भारतीय पुलिस इनको गिरफ्तार करती थी, बहुधा भारतीय मजिस्ट्रेट और जज इनको दंड देते थे। गुलाम देश में ऐसा ही होता है, परन्तु ऐसे नररत्नों के रक्त से ही स्वतंत्रता की देवी के मन्दिर की नींव दृढ़ होती है।"[12] "इतिहास में तो देशों को स्वाधीनता सशस्त्र विद्रोह के द्वारा ही मिली थी, और कोई दूसरा उपाय देखा-सुना नहीं गया। परन्तु हमारे यहाँ सशस्त्र विद्रोह की सामग्री नहीं थी।"[13] "मैं चन्द्रशेखर आज़ाद की चर्चा पहले कर चुका हूँ। आज़ाद की भी लड़कपन की उम्र थी। यों तो संस्कृत छात्र समिति के सभी सदस्य प्रशंसा के पात्र थे, परन्तु कार्य-क्षमता और निर्भीकता में आज़ाद का कोई समकक्ष नहीं था। हमारी गिरफ्तारी के बाद आज़ाद भी गिरफ्तार हुए। लड़के को बड़ी बेदर्दी से बेंत लगाए गए। हर प्रहार पर वन्देमातरम् कहता गया। बाहरी घाव तो भर ही गया परन्तु हृदय में अपमान ने जो घाव किया यावज्जीवन बना रहा। सरकार ने अपनी मूर्खता और बर्बरता से एक बालक को अपना कट्टर शत्रु बना लिया। साम्राज्य यों ही अपनी कब्र खोदते हैं और क्रान्तिकारियों की सृष्टि करते हैं।"[14]

उन दिनों आज़ाद के क्या हालात थे इस पर श्री शिवविनायक लिखते हैं, "बेंत लगाने के थोड़ी देर बाद आज़ाद को जेल से बाहर निकाल दिया गया। उनको तीन आने पैसे जेलवालों ने दिये। वह उन्हें फेंककर चल दिये और किसी तरह शहर पहुँचे।

सरायगोवर्धन में पंडित गौरीशंकर जी शास्त्री ने कई दिन तक उनकी सेवा की थी। बेंत के घाव बहुत दिन के बाद भर गए, मगर उनके दाग नहीं गए। आज़ाद ने घावों के दागों को मुझे दिखाया था। हम लोग जब जेल से छूटकर आए, तो सार्वजनिक सभा में आज़ाद का स्वागत कांग्रेस कमेटी द्वारा ज्ञानवापी में हुआ था। मैं उस समय नगर कांग्रेस कमेटी का मंत्री था। श्री आज़ाद उस समय बहुत पढ़े-लिखे नहीं थे। असहयोग आन्दोलन के बाद काकोरी ट्रेन अभियान के पहले श्री आज़ाद ने हिन्दू स्कूल तथा विद्यापीठ में पढ़ने की कोशिश की, मगर उनका मन पढ़ने में लगता नहीं था। स्वभाव के वे बड़े तेज थे। संस्कृत छात्र समिति के विद्यार्थियों से उनकी आपस में अनबन हो जाती थी। उन्होंने गुस्से में एक बार चाकू निकाल लिया था। कई बार मैं तथा डॉ. अब्दुल करीम जी उन्हें बहुत समझाया करते थे। जब से श्री आज़ाद को बेंत लगे थे, तब से वह अंग्रेजी राज के कट्टर विरोधी हो गए। धीरे-धीरे उनका मन अहिंसा से उठता गया। काशी विद्यापीठ में उस समय के पुराने क्रान्तिकारी मेरे मित्र श्री सेठ दामोदर स्वरूप जी भी थे। श्री आज़ाद उनसे घुल-मिल गए और क्रान्तिकारियों से भी उनका सम्बन्ध बढ़ता ही गया।"[15]

श्री विश्वनाथ पांडेय ने लिखा है, "असहयोग आन्दोलन समाप्ति के पश्चात आज़ाद श्री मन्मथनाथ गुप्त के सम्पर्क से क्रान्तिकारी दल में सम्मिलित हुए। अहिंसात्मक आन्दोलनों को उन्होंने निरर्थक समझा। कुछ ही दिनों में अपनी व्यावहारिक सूझ-बूझ, अदम्य साहस और व्यक्तित्व के द्वारा आज़ाद ने क्रान्तिकारी दल में अपना विशिष्ट स्थान बना लिया।"[16] श्रीमती सुशीला देवी ने आज़ाद के क्रान्तिकारी बनने की घटना का जिक्र करते हुए लिखा, "जेल में आज़ाद को नंगा करके बेंतों से पीटा गया, जब तक कि वे बेहोश नहीं हो गए। उसी घटना से उनके जीवन ने एक पलटा खाया और वे एक आतंकवादी बन गए।"[17]

इस सम्बन्ध में श्री विश्वनाथ वैशम्पायन का मत है कि "जेल में बेंत खाने के और घावों के ठीक हो जाने के पश्चात आज़ाद काशी विद्यापीठ में भर्ती हो गए। 1921 में बनारस में महात्मा गांधी ने काशी विद्यापीठ की स्थापना की थी। आज़ाद जब काशी विद्यापीठ में भर्ती हुए तो वह 1922 का समय था। गांधी जी के आन्दोलन के साथ-साथ देश में क्रान्तिकारी आन्दोलन भी चल रहा था। 1923 में क्रान्तिकारियों का एक केन्द्र बनारस में भी स्थापित हो गया और वहीं से फिर उत्तर प्रदेश में फैलता गया। जिन दिनों आज़ाद विद्यापीठ में भर्ती हुए उन्हीं दिनों वहाँ श्री मन्मथनाथ गुप्त तथा प्रणवेश चटर्जी भी पढ़ते थे। बनारस में बंगाल के क्रान्तिकारी संगठन करने आ चुके थे और उनसे श्री मन्मथनाथ तथा प्रणवेश चटर्जी इस दल की दीक्षा भी ले चुके थे। आज़ाद की देशभक्ति की चर्चा विद्यापीठ में तो थी ही, क्रान्तिकारियों की आँख उन पर लगी रही। प्रणवेश ने आज़ाद से मित्रता की और धीरे-धीरे उन्हें दल का सदस्य बना लिया। प्रणवेश अपनी इस सफलता पर अत्यन्त प्रसन्न थे। उन्होंने इसकी चर्चा श्री मन्मथनाथ से की। इस प्रकार प्रणवेश चटर्जी की मार्फत आज़ाद हिन्दुस्तान प्रजातांत्रिक संघ में आए। अन्त में जब प्रणवेश काकोरी-षड्यंत्र में पकड़े गए तो उन्होंने कमजोरी भी दिखाई। सजा होने के बाद उन्होंने चीफ कोर्ट में बयान दिया, जिसमें श्री मन्मथनाथ गुप्त तथा श्री जोगेशचन्द्र चटर्जी के बारे में बहुत कुछ बताया जो अभी तक पुलिस को मालूम

नहीं था। जेल से छूटने के पश्चात श्री चटर्जी दिल्ली चले गए और शायद आत्मग्लानि से उन्होंने आत्महत्या कर ली।"[18]

इस विषय में श्री नन्दकिशोर निगम ने लिखा, "इस निश्चय पर पहुँचने के बाद की भारत की स्वाधीनता प्राप्त करने के लिए उनको हिंसा का मार्ग अपनाना पड़ेगा, वे ऐसे दल की खोज में लगे। बनारस में ऐसा दल था और उसके सूत्र थे श्री मन्मथनाथ गुप्त और प्रणवेश चटर्जी। जब श्री मन्मथनाथ ने चन्द्रशेखर आज़ाद की वीरता सुनी तो उन्होंने उनसे सम्बन्ध स्थापित कर लिया। वे दोनों भी काशी विद्यापीठ के विद्यार्थी थे। उन्हीं दिनों बंगाल के क्रान्तिकारी दल ने श्रीयुत जोगेशचन्द्र चटर्जी को उत्तर प्रदेश में दल को बढ़ाने और उसका संगठन करने के लिए भेजा था। श्री मन्मथनाथ तथा प्रणवेश द्वारा पंडित जी का सम्पर्क श्री जोगेश से भी हो गया।"[19]

इस प्रकार हम देखते हैं कि बनारस जीवन के प्रत्यक्षदर्शी लेखकों के अलावा ज्यादातर ने यह मान लिया है कि बेंत खाने से जो घृणा व प्रतिक्रिया हुई उसी के कारण आज़ाद गांधीवाद से क्रान्तिवाद की तरफ मुड़े। लेकिन बात इतनी सरल न थी, अपितु इसके मूल में अन्य कई कारण थे। चन्द्रशेखर आज़ाद स्वभाव से साहसी तथा उग्र थे। असहयोग आन्दोलन के असमय स्थगन से उनके जैसे तमाम युवा निराशा में डूब गए थे। बनारस पूर्व में भी क्रान्तिकारी दल का अड्डा रह चुका था। असहयोग के बाद बंगाली दलों के सहयोग से वहाँ पुन: क्रान्तिकारी गतिविधियाँ सिर उठाने लगी थीं। बेंत लगने व सार्वजनिक रूप से सम्मानित किये जाने की आज़ाद से जुड़ी खबरें अखबारों में निकली थीं। वे अपरिचित न थे। जितनी आवश्यकता उन्हें ऐसे दल की थी, उतनी ही आवश्यकता ऐसे दल को उनकी थी। अत: दोनों ने एक-दूसरे को खोज लिया। इस खोज का स्थान बना—काशी विद्यापीठ तथा सूत्र बने श्री दामोदर स्वरूप सेठ, प्रणवेश चटर्जी तथा श्री मन्मथनाथ गुप्त।

प्रत्यक्षदर्शियों के संस्मरणों से हम जानेंगे कि आज़ाद क्रान्तिकारी दल से कैसे जुड़े? पहले यह प्रश्न उठता है कि उन्होंने संस्कृत विद्यापीठ कब छोड़ा? काशी विद्यापीठ कब आए? कांग्रेस कब छोड़ी? क्रान्तिकारी दल के कब सम्पर्क में आए? इन सारे प्रश्नों के उत्तर आपस में जुड़े हैं। 30 मई, 1922 को वे बड़ागाँव में पकड़े गए 1 जून, को उन्हें 20 रु. का अर्थदंड हुआ। तब तक वे कांग्रेसी ही थे। वे गांधीवादी तथा कांग्रेस का स्वयंसेवक बनने का आह्वान कर रहे थे। यह बेंत लगने के चार माह बाद की घटना है। दो माह तो घाव ठीक होने में लग गया। श्री शिवविनायक मिश्र ने ज्ञानवापी में उनका सार्वजनिक सम्मान कराया था, जिसमें श्री मन्मथनाथ गुप्त भी शामिल हुए थे। यह कार्यक्रम श्री शिवविनायक के जेल से छूटने के बाद हुआ था। अपने संस्मरण में श्री मिश्र जी ने कांग्रेस कमेटी की ओर से ज्ञानवापी में आयोजित इस सार्वजनिक स्वागत की तिथि 1 सितम्बर, 1922 लिखी है अर्थात् उस समय तक आज़ाद क्रान्तिकारियों के सम्पर्क में नहीं आए थे। कामरेड रामकृष्ण खत्री का 'विप्लव' के आज़ाद अंक में 'हम मिले' के नाम से जो लेख है उसमें 1923 की गर्मियों में आज़ाद से मिलने का वे जिक्र करते हैं, इससे स्पष्ट है कि तब तक आज़ाद पूरी तरह क्रान्तिकारी दल से जुड़ चुके थे और नये सदस्य बनाने में लगे थे। उत्तर भारत में गर्मियाँ मार्च-अप्रैल के बाद

शुरू हो जाती हैं। अत: निश्चित रूप से इतना ही कहा जा सकता है कि चन्द्रशेखर आज़ाद सितम्बर, 1922 में कभी संस्कृत विद्यालय छोड़कर काशी विद्यापीठ आ गए और मार्च-अप्रैल, 1923 में क्रान्तिकारी दल के सम्पर्क में आए।

संस्कृत विद्यापीठ छोड़ने के बाद उन्होंने पुतलीवाले शिवालय में रहना भी छोड़ दिया। वे कहाँ रहे इसका पता अभिसूचना की फाइल से चलता है। वे बैजनाथ लॉज के कमरा नं. 15 में रहने लगे। हिस्ट्री नोट के अनुसार, "बैजनाथ लॉज में शचीन्द्रनाथ बख्शी का कमरा था। आज़ाद के उस समय के मित्रों में शचीन्द्रनाथ बख्शी, एक पंजाबी जिन्हें मास्टर जी कहा जाता था, बनारस के महावीर सिंह, शचीन्द्र के एक बंगाली दोस्त तथा आगे चलकर आज़ाद के काफी निकटवर्ती बने कुन्दनलाल थे। ऐसा कहा जाता है कि आज़ाद और शचीन्द्रनाथ बख्शी गुप्त रूप से श्री गौणचन्द्र मलिक, श्री प्रफुल्ल और श्री राजेन्द्रनाथ लाहिड़ी से जुलाई, 1925 में बनारस में मिले। इस दौरान श्री मनमोहननाथ गुप्त के भी प्रगाढ़ सम्पर्क में आए। आज़ाद अमृतसर के रहनेवाले तथा मुरब्बा विक्रेता श्री ज्ञानचन्द्र के यहाँ भी आया-जाया करते थे, जिसने असहयोग आन्दोलन में भाग लिया था। वे बाँस फाटक पर आर्ट प्रेसवाले श्री विश्वनाथ शर्मा से भी मिलते-जुलते थे, जो काशी विद्यापीठ में नौकरी कर रहा था।"[20]

श्री मन्मथनाथ गुप्त ने अपनी आत्मकथा में इस प्रसंग पर विस्तार से प्रकाश डाला है। वे लिखते हैं, "बेंत लगने के बाद बाबू शिवप्रसाद गुप्त ने नन्हे आज़ाद को अपने संरक्षण में ले लिया था। वे उनके संरक्षक बन गए थे और विद्यापीठ में उनको पढ़ने के लिए भेजा था। चूँकि वे अब तक संस्कृत पढ़ रहे थे और लघु कौमुदी के अलावा कुछ नहीं जानते थे, इसलिए उनको बहुत नीचे के दर्जे में भर्ती किया गया। मैं समझता हूँ कि यह 1923 की बात है। जिस दिन पहले-पहल वह आए उस दिन सभी छात्र उनको देखने के लिए गए। लोगों ने उनके बारे में इतना सुना था, इसलिए दर्शन की यह लालसा स्वाभाविक थी। कुछ दिनों तक वे आँधी के केन्द्र से रहे, फिर सब भूलकर मामूली छात्र की तरह उनके साथ बर्ताव करने लगे। ऐसा देखा गया कि वे कुछ मिलनसार कम थे और सच बात तो यह है कि उनको अपनी पढाई में कोई दिलचस्पी नहीं थी। इसलिए एक दिन वे स्कूल से गए तो फिर नहीं लौटे। बाद को वे श्री शिवप्रसाद गुप्त के यहाँ से भी चल दिये। इस प्रकार फिर एक बार वे संस्कृत-छात्र हो गए। विद्यापीठ के एक छात्र प्रणवेश ने उनसे सम्बन्ध कायम रखा। आज़ाद ने पार्टी में शामिल होने के बाद ब्रह्मचारी गोविन्द प्रकाश को लाकर पार्टी में भर्ती किया। उनका असली नाम रामकृष्ण शिवलाल खत्री था। उनके लाए लोहार ने एक टोपीदार तमंचा बनाया था, जो लम्बे समय तक हमारे शस्त्रागार में रहा। हमारा शस्त्रागार व साहित्य-केन्द्र बदलता रहा था।"[21]

वाराणसी में क्रान्तिकारी आन्दोलन को सींचनेवाले आज़ाद को संरक्षण देने वाले पुरोधाओं में पहला नाम श्री शिवप्रसाद गुप्त का है। उनके पूर्वज आजमगढ़ से आकर नगवा, बनारस में बसे थे। हू इज हू के अनुसार, "शिवप्रसाद गुप्त नगवा में रहते हैं। उन्होंने बनारस व इलाहाबाद में शिक्षा पाई है। भगतसिंह के चाचा अजीत सिंह से इनका गुप्त पत्राचार 1910 में पकड़ा गया। 1914 में इंग्लैंड गए और अमरीका होते जनवरी, 1916 में वापस लौटे। वहाँ विनय कुमार सरकार व अन्य क्रान्तिकारियों के सम्पर्क में

थे। अखिल भारतीय कांग्रेस कमेटी के सदस्य बने। 1921 में बनारस में हिन्दी दैनिक 'आज' शुरू किया। काशी विद्यापीठ की स्थापना की। जो क्रान्तिकारियों का मदरसा बना। 1930 में बस्ती और बनारस से क्रमश: तीन माह व एक साल का सश्रम कारावास मिला। मई, 1929 में यूरोप गए। 1932 में बनारस से पुन: तीन माह का सश्रम कारावास मिला। 1933 में पक्षाघात हुआ। 1934 में सितम्बर में अखिल भारतीय कांग्रेस कमेटी से इस्तीफा दे दिया।"[22]

बनारस में क्रान्तिकारी गतिविधियों पर प्रकाश डालते हुए श्री मन्मथनाथ अपने लेख 'चन्द्रशेखर आज़ाद के संस्मरण' में लिखते हैं, "यों तो सन् 1922 में ही संयुक्त प्रान्त में फिर से क्रान्तिकारी आन्दोलन आरम्भ हो गया, किन्तु 1923 से ही जोर-शोर से काम होने लगा। इस काम का केन्द्र स्थान बनारस ही बना। बनारस केन्द्र में काम सबसे अधिक हुआ। आज़ाद भदैनी में स्थित काशी विद्यापीठ में तीसरे या चौथे दर्जे में भर्ती हुए थे। असहयोग आन्दोलन ठप हो जाने से संयुक्त प्रान्त में बड़े जोर-शोर से नौजवान क्रान्तिकारी दल में भर्ती किये जा रहे थे। बंगाल के कुछ क्रान्तिकारी क्रान्ति का प्रचार करने के लिए आए थे। विद्यालय में पढ़ने के अतिरिक्त हमारा सभी समय इसी प्रचार में लगता था।"[23] इस सम्बन्ध में श्री गुप्त थोड़ा और तफसील से लिखते हैं, "चन्द्रशेखर आज़ाद का गांधीवादी से क्रान्तिकारी बनना किसी भी तरह एक शुद्ध बौद्धिक प्रक्रिया नहीं है। आज़ाद पूर्णरूप से कर्मवीर थे। वे खड़े रहना पसन्द नहीं करते थे। गांधी जी ने जो एकाएक आन्दोलन बन्द कर दिया, उससे आज़ाद की स्थिति एक कटी पतंग (गुड्डी) की तरह हो गई। पुराने जीवन में लौट जाना सम्भव नहीं था क्योंकि उसका अस्तित्व ही नहीं रह गया था। धनी देशभक्त श्री शिवप्रसाद गुप्त ने कहा कि तुम मेरे घर पर आकर रहो, पर आज़ाद ने इसे स्वीकार नहीं किया। वे दो-एक दिन श्री शिवप्रसाद गुप्त के यहाँ रहे, पर जल्दी ही रस्सी तुड़ाकर भाग गए। क्योंकि उससे उनकी गतिविधियों की स्वतंत्रता नष्ट होती थी। इस समय तक वे समझ गए थे कि संस्कृत व्याकरण घोटने या उस पर मगज मारने का कोई अर्थ नहीं होता। इससे उनको वह लक्ष्य नहीं प्राप्त होता था, जो धीरे-धीरे उनके मानस में मूर्त हो रहा था। वे गांधी विद्यालय में भर्ती हो गए। मैं भी वहाँ पर छात्र था। जबलपुर के एक परिवार से आया हुआ प्रणवेश चटर्जी भी यहाँ छात्र था। वह भी 1921 में जेल गया था। अब वह क्रान्तिकारी दल का सदस्य था। उसने आज़ाद के साथ दोस्ती की। आज़ाद जल्दी ही स्कूल छोड़ गए। उस समय राजनीतिक मैदान स्वराज्य दल और अपरिवर्तनवादियों के चोचलों के कारण बहुत गर्म था और उस समय निरन्तर जो सभाएँ इस या उस मतवाद के समर्थन में हो रही थीं, उनमें आज़ाद जाया करते थे, वे जल्दी ही इतना जान गए जिससे वे अपना रास्ता तय कर सकते थे।

प्रणवेश ने आज़ाद के साथ सम्पर्क बराबर कायम रखा। यहाँ तक कि उस समय भी कायम रखा जबकि आज़ाद विद्यालय छोड़ गए। आज़ाद किसी जगह पर मुफ्त में रहते थे और खाते क्या थे यह वही जानें, क्योंकि उन्होंने खाने को कभी महत्त्व नहीं दिया। वे चौक में ज्ञानचन्द्र नामक एक मुरब्बेवाले के यहाँ कुछ देर तक खाता देखते थे। वे इसी तरह कुछ छोटे-मोटे काम और कर लेते थे। उन दिनों उनका मुख्य कार्य था कारमाइकेल पुस्तकालय में जाकर अखबार पढ़ना और राजनीतिक सभाओं में जाकर

व्याख्यान सुनना। जब प्रणवेश ने कुछ परिचय के बाद यह खोला कि वह एक क्रान्तिकारी दूत है तो आज़ाद ने उसका विश्वास नहीं किया। प्रणवेश ने उन्हें हिन्दी की कुछ पुस्तकें दी थी। जिन्हें आज़ाद चाट गए थे। हम लोगों ने इस सम्बन्ध में एक कार्यक्रम बना रखा था कि किस प्रकार अच्छे चरित्रवाले युवकों को क्रान्तिकारी साहित्य दिया जाए। पहले आनन्द मठ उपन्यास दिया जाता था। इसके बाद वीरों और शहीदों की जीवनियाँ दी जाती थीं। चाहे अपने देश के वीर हों या दूसरे देश के। जब हम देखते थे कि नवयुवक कुछ रुचि ले रहा है, तो खुलकर क्रान्तिकारी शहीदों की जीवनी दी जाती थीं। दुर्भाग्य से उन दिनों (1922-23) बहुत अच्छी हिन्दी पुस्तकें नहीं थीं। हमारे पास गुप्त पुस्तकालय में बांग्ला में अधिक अच्छी पुस्तकें थीं, जैसे—श्री शचीन्द्रनाथ सान्याल की 'बन्दी जीवन'। प्रणवेश और आज़ाद की भेंट अजीब स्थानों में होती थी, जैसे मसान-घाट। आज़ाद में दिलचस्पी बढ़ रही थी, पर कई बार मिलने के बाद और कुछ पुस्तकें पढ़ने के बाद प्रणवेश को ऐसा लगा कि आज़ाद के मन में कुछ प्रतिरोध है। यह प्रतिरोध हिंसा या अहिंसा के विषय में नहीं, बल्कि और भी कोई बात थी। प्रणवेश का यही खयाल था कि कोई बड़ा तोपखाना काम में लाया जाए, इसलिए उसने मुझसे कहा कि तुम अपना भाग्य आजमाओ। इसलिए उनके और मेरे बीच एक भेंट की योजना बनी और प्रणवेश ने यह कहा कि मैं किसी बहाने से चला जाऊँगा और तुम बातचीत करना। मणिकर्णिका मशान घाट पर यानी उसकी सीढ़ियों पर हम लोग मिले। वहाँ गंगा के किंनारे लाशें बराबर जलती दिखाई दे रही थीं। थोड़ी ही देर में मुझे यह महसूस हुआ कि मेरा और उनका मन एक ही स्वर में बँध गया है और हमें अधिक बातचीत करने की जरूरत नहीं है। किसी प्रकार का औपचारिक समारोह या दस्तखत आदि नहीं हुए। वे हम लोगों के दल के सदस्य हो गए और उसी दिन से उनका जोश सर्वत्र दिखने लगा।

आज़ाद का धीरे-धीरे काशी के सब महत्त्वपूर्ण क्रान्तिकारियों जैसे—सर्वश्री राजेन्द्र लाहिड़ी, शचीन्द्रनाथ बख्शी, रवीन्द्र मोहनकार, कुन्दनलाल, बजरंगबली गुप्त, महावीर सिंह, मनमोहन गुप्त आदि से परिचय कराया गया। आज़ाद बाद में एक लोहार को, योगेन्द्र शुक्ल को और रामकृष्ण खत्री को दल में ले आए। धीरे-धीरे आज़ाद जिले के बाहर भी जाने लगे और वहाँ भी बड़े सफल रहे। वे क्रान्तिकारी आन्दोलन के बहुत महत्त्वपूर्ण लोगों से मिलने-जुलने लगे। अब वे दिन-रात राजेन्द्रनाथ लाहिड़ी, रामप्रसाद बिस्मिल, रोशन सिंह, अशफाक उल्ला जैसे लोगों में विचरते रहे। इसके अलावा बख्शी और मुकुन्दीलाल, बजरंगी गुप्त तथा मेरे भाई मनमोहन गुप्त के साथ दिखाई देते थे। गणेश मोहल्ले में हमारे घर पर वे हर समय आते रहते थे। इसी तरह वे राजेन्द्र लाहिड़ी के घर भी आते थे। राजेन्द्र लाहिड़ी का घर उस जगह पर स्थित था, जहाँ से एक सड़क दशाश्वमेध की ओर जाती है और दूसरी गोदौलिया को। राजेन्द्र लाहिड़ी के भाई जितेन्द्र लाहिड़ी एक दवा के दुकान के मालिक थे। वही वाराणसी के क्रान्तिकारी जिलापति थे।"[24]

उस दौर के चन्द्रशेखर आज़ाद के सहपाठियों में से एक श्री राजाराम शास्त्री भी थे। वे मूलतः इटावा के रहनेवाले दुबे थे। 1981 में उन्होंने 'अमर शहीदों के संस्मरण' नाम से जो पुस्तक लिखी उसमें उन्होंने तत्कालीन विद्यापीठ का शानदार चित्र खींचा है। वे लिखते हैं—"दानवीर बाबू शिवप्रसाद गुप्त की कृपा से इस विद्यापीठ की स्थापना

सन् 1921 में हुई थी और महात्मा गांधी ने इसका उद्घाटन किया था। इसमें अध्ययनरत सभी विद्यार्थी और अध्यापक वही थे जो अंग्रेजी स्कूल-कॉलेजों को छोड़कर गांधी द्वारा संचालित असहयोग आन्दोलन में शामिल हुए थे। इनमें डॉ. भगवानदास, आचार्य नरेन्द्र देव, बाबू श्रीप्रकाश जी, बाबू सम्पूर्णानन्द जी, श्री केशर जी, श्री बीरबल सिंह जी और बाबू रामशरण जी जैसे गुरुजन थे। श्री त्रिभुवन नारायण सिंह, श्री लालबहादुर शास्त्री, श्री अलगू राय शास्त्री, श्री हरिनाथ शास्त्री, पं. कमलापति त्रिपाठी, श्री परिपूर्णानन्द वर्मा, श्री सुमंगल प्रकाश और श्री देवव्रत शास्त्री यहीं पढ़े।"[25]

'अमर शहीद चन्द्रशेखर आज़ाद' शीर्षक के अन्तर्गत वे लिखते हैं, "1922 में मैं काशी विद्यापीठ में पढ़ने के लिए गया। विद्यापीठ में मेरी चन्द्रशेखर आज़ाद से मित्रता हुई। उस समय काशी में ही नहीं, प्रत्युत सर्वत्र आज़ाद की बहादुरी की कहानियाँ आम चर्चा का विषय बनी हुई थीं। लोग उनके दर्शनों के लिए लालायित रहते थे। मैं भी विद्यापीठ में अकसर सोचा करता था कि वह बहादुर बालक कैसा होगा? उनके दर्शनों की तीव्र लालसा से मैं उत्कंठित रहने लगा था। प्रथम बार जब मैंने आज़ाद को विद्यापीठ में देखा तो देखता ही रह गया। वह मेरे ही समान छोटे कद के थे और हम दोनों लगभग एक ही उम्र के थे। फिर हम एक-दूसरे के घनिष्ठ मित्र हो गए। कभी-कभी वह विद्यापीठ में ही रात को सो जाया करते थे और तब खूब रात तक हम दोनों में बातें हुआ करती थीं। फिर किसी बात पर थोड़े दिन बातचीत बन्द रही। एक बार गर्मी की छुट्टी में मैं अपने दोस्त श्री दानबहादुर सिंह के गाँव खैरहा (म.प्र.) चला गया। वहाँ घोड़े पर चढ़ना और बन्दूक चलाना सीखने लगा। एक दिन बातचीत के दौरान दानबहादुर सिंह ने मुझे बताया कि 'बनारस में क्रान्तिकारी पार्टी स्थापित हो चुकी है और चन्द्रशेखर आज़ाद उसके सदस्य बन गए हैं। जब मैंने यह सुना तो मुझे आज़ाद के प्रति और आकर्षण बढ़ा। बाद में हमारी अनबन खत्म हो गई थी।'

स्टेशन के सामने जो एक बड़ी सड़क जाती है उस पर कुछ दूर आगे जाकर एक बँगले में उन दिनों प्रसिद्ध क्रान्तिकारी श्री दामोदर स्वरूप सेठ रहा करते थे। वहाँ और भी कई एक साथ रहा करते थे। एक दिन चन्द्रशेखर आज़ाद ने आकर बहुत ही मैत्री भाव से पूछा, "एक जरूरी काम करना है, यदि कर सको तो बहुत अच्छा हो।" उन्होंने मुझे घी का एक छोटा टीन का डिब्बा लाकर दिया और कहा कि इसे श्री दामोदर स्वरूप सेठ के हाथ में जाकर दे आना और यदि वह न मिले तो वापस मुझे दे देना। इसे खोलना नहीं, और किसी को दिखाना भी नहीं। इसमें कारतूस रखे हैं। किसी तरह डरते-डरते मैंने वह डिब्बा ले जाकर दामोदर सेठ को दिया। उसी दिन प्रत्यक्ष रूप से मैंने जाना कि आज़ाद क्रान्तिकारी पार्टी में काम करते हैं।"[26]

चन्द्रशेखर आज़ाद ने श्री रामकृष्ण खत्री को किस तरह क्रान्तिकारी दल से जोड़ा इसका विशद वर्णन उन्होंने 'विप्लव' के आज़ाद अंक में, 'हम मिले' के शीर्षक से तथा अपनी आत्मकथा 'शहीदों की छाया में' किया है। उन्हें मियादी बुखार था। ज्ञानवापी के नुक्कड़ पर कारमाइकेल लाइब्रेरी के बगल में स्थित 'रसायनशाला' के कविराज पंडित जी इलाज कर रहे थे। आज़ाद ने तीमारदारी से उनका भरोसा जीता था।

बनारस क्यों और कैसे क्रान्तिकारी गढ़ बना इस पर श्री शचीन्द्रनाथ बख्शी की

जीवनी तथा श्री मनमोहन गुप्त की पुस्तक से काफी प्रकाश पड़ता है। श्री मनमोहन गुप्त लिखते हैं, "अब तक बनारस क्रान्तिकारियों का भी एक गढ़ बन चुका था। बनारस षड्यंत्र के मामले में सजा पाए हुए देशत्यागी स्वनामधन्य श्री रासबिहारी बोस के पुराने साथी महान क्रान्तिकारी तथा क्रान्ति मार्ग के दार्शनिक श्री शचीन्द्रनाथ सान्याल उन दिनों बनारस में ही रहकर अपना काम करते थे। उनके आसपास अनेक नवयुवक मँडराने लगे थे। बंगाल से भी क्रान्तिकारियों के एक जत्थे ने आकर बनारस में क्रान्तिकारी संगठन बनाना आरम्भ कर दिया था। जिसमें मुख्य थे—स्वामी सत्यानन्दपुरी। उन्होंने ही श्री शचीन्द्रनाथ सान्याल के हाथों को मजबूत बनाने में बड़ी सहायता की थी। स्वयं, कुछ दिनों यहाँ रहकर हाथ बँटाया, फिर जोगेशचन्द्र चटर्जी जैसे कार्यकर्ता को पार्टी के काम के लिए यहाँ छोड़ा। ये सत्यानन्दपुरी वही है, जिन्होंने पूर्व एशिया में नेताजी श्री सुभाषचन्द्र बोस का भी हाथ बँटाया था।"[27] श्री मनमोहन गुप्त ने और भी कई कहानियाँ अपने संस्मरण में दी हैं।

बनारस में क्रान्तिकारी दल के पुनर्निर्माण का सबसे विशद वर्णन श्री शचीन्द्रनाथ बख्शी की जीवनी 'अपने लिए जिए तो क्या जिए' (जो उनके पुत्र श्री राजेन्द्रनाथ बख्शी ने लिखी है) में मिलता है। स्वयं श्री शचीन्द्रनाथ बख्शी ने भी शहीदों से जुड़े संस्मरण लिखे हैं।[28] जीवनी के अनुसार,"वे वाराणसी के पातालेश्वर मुहल्ले में अपने पिता व परिवार के साथ रहते थे। वे काफी सम्पन्न लोग थे। श्री शचीन्द्रनाथ विद्यार्थी जीवन में ही वाराणसी के एक जिम्नास्टिक क्लब 'हेल्थ इम्प्रूविंग एसोसिएशन' के संयुक्त सचिव बन गए थे। इस संस्था ने जुलाई-अगस्त, 1922 में उत्तरी बंगाल में आई भीषण बाढ़ में काफी मदद भेजी। इस टोली में एक गायक श्री रासमोहन भट्टाचार्य थे। उन्होंने ही श्री शचीन्द्रनाथ को सशस्त्र क्रान्ति के लिए प्रेरित किया। वे अगस्त, 1922 में इस विषय पर चर्चा कर रहे थे। उन लोगों ने तय किया कि क्रान्ति के लिए नौजवान, धन व शस्त्रों का संग्रह कर वे दिसम्बर,1922 में गया में होनेवाले कांग्रेस के अधिवेशन में जाकर बंगाल के पुराने क्रान्तिकारी नेताओं से मिलकर सलाह व दिशा-निर्देश प्राप्त कर भविष्य का कार्यक्रम निर्धारित करेंगे।"

शचीन्द्रनाथ बख्शी कौन थे इसका पता सी.आई.डी. की फाइल में मिलता है। उनकी व्यक्तिगत पत्रावली के अनुसार, "शचीन्द्रनाथ बख्शी पुत्र काली पादो बख्शी, बंगाली कायस्थ, जन्म 1903, निवास पातालेश्वर, वाराणसी, एंग्लो-बंगाली स्कूल, बनारस से मैट्रिक पास किया। इंटर की परीक्षा में फेल हो गया। (क्वीन्स कॉलेज, 1922-23) इसी दौरान सतीशचन्द्र सिन्हा के प्रभाव में आया। काकोरी के बाद जनवरी, 1927 में भागलपुर से गिरफ्तार। काकोरी केस में आजीवन कारावास 13.4.1927 को मिला।"[29]

जीवनी के अनुसार श्री शचीन्द्रनाथ बख्शी ने जिम्नास्टिक क्लब के सदस्य हरेन्द्र भट्टाचार्य, हरिहर मित्रा, जितेन्द्र भट्टाचार्य व हरिहर मुखर्जी को जोड़ने की कोशिश की। लेकिन कार्यकारिणी समिति की बैठक में जब उनको समर्थन नहीं मिला तो इस्तीफा देकर 'सेंट्रल हेल्थ यूनियन' नाम से नई संस्था बनाकर उसका विज्ञापन भी छपवा दिया। अंग्रेज जिला कलेक्टर जे.एच. डार्विन ने भी दस रुपये चन्दा दिया था। जिम्नास्टिक क्लब के पुराने सदस्य भी इसी संस्था में आ मिले। नये सदस्य जुड़ते गए और दो

महीने में ही यह संस्था बनारस की सबसे बड़ी संस्था बन गई। इससे आगे श्री राजेन्द्र लाहिड़ी, श्री मन्मथनाथ गुप्त, श्री कुन्दनलाल व श्री चन्द्रशेखर आज़ाद भी जुड़े। अब शस्त्र खोजे जाने लगे। होटल डी-पैरी से श्री बख्शी ने किसी अंग्रेज की पिस्तौल चोरी कराई। विप्लवी साहित्य जमा किया जाने लगा। उन दिनों बंगाल में विप्लवी आन्दोलन का संचालन मुख्य रूप से दो दलों के द्वारा किया जाता था, एक था 'युगान्तर' तथा दूसरा 'अनुशीलन'। युगान्तर के अधिकतर बुद्धिजीवी नेता कांग्रेस में शामिल हो गए। अनुशीलन का संचालन श्री पुलिन बिहारी दास करते रहे। उन्होंने ही 'भारत सेवक संघ' बनाई। बाद में कुछ विवाद पर इसे विघटित कर दिया। श्री पुलिन बिहारी ने 'अनुशीलन' से भी इस्तीफा दे दिया। तब सारा दायित्व अनुशीलन के दो पुराने नेताओं—श्री प्रतुलचन्द्र गांगुली व श्री नरेन्द्र मोहन सेन पर आ गया। इन्हीं दोनों ने उत्तर भारत में क्रान्तिकारियों के संगठन की मजबूत नींव रखी।

गया अधिवेशन में श्री शचीन्द्रनाथ बख्शी और श्री रासमोहन भट्टाचार्य इन दोनों नेताओं से मिले। वापस आकर निर्देश के क्रम में केदारघाट पर उन लोगों ने 15 रुपये माह पर दोमंजिला मकान किराए पर लिया। कुछ दिन बाद श्री प्रतुलचन्द्र गांगुली, श्री नरेन्द्र सेन, श्री रवीन्द्र मोहन सेन, श्री रमेशचन्द्र चौधरी, श्री रमेशचन्द्र आर्य, श्री क्षेत्र सिन्हा व श्री सतीश सिन्हा आकर वहाँ रुके। तय हुआ कि बनारस का दायित्व श्री सतीश सिन्हा सँभालेंगे। इसी समय जनवरी, 1923 में अनुशीलन समिति के श्री प्रतुलचन्द्र गांगुली तथा श्री नरेन्द्र सेन ने बनारस में केन्द्र स्थापित किया। वहाँ दो स्वतंत्र केन्द्र बने। पहला श्री सतीश सिन्हा का निवास था, दूसरा एक आश्रम। दोनों में समन्वय का जिम्मा श्री शचीन्द्रनाथ बख्शी का था। श्री बख्शी ने श्री प्रतुलचन्द्र गांगुली तथा श्री नरेन्द्र सेन को श्री शिवप्रसाद गुप्त से उनके घर पर मिलवाया तो उन्होंने 500 रुपये की मदद की थी। यह मुलाकात जनवरी, 1923 में की गई थी। श्री बख्शी जी के पातालेश्वरवाले मकान के पास, गणेश महाल में 134 नं. के मकान में दोमंजिल पर एक कमरा व एक कमरानुमा बरामदा उनके कब्जे में था। इसमें बख्शी जी के कॉलेज के सहपाठी श्री हरिदास लाहिड़ी रहते थे। उनको सरकारी नौकरी मिल गई तो वह कमरा छोड़ गए। किराया उचित था इस कमरे को बख्शी जी ने श्री सतीश सिन्हा को दे दिया, जिसमें वे रहने लगे।

सीक्रेट कोड व भाषा में पत्राचार होने लगा। बाद में श्री नरेन्द्र सेन संन्यासी होकर रामकृष्ण मिशन में बनारस में रहे और वहीं मरे। अनुशीलन दल के नेताओं ने बनारस में रहकर दस-बारह दिन जो पथ प्रदर्शन किया उसके बाद संगठन का विस्तार शुरू हो गया। श्री सान्याल की इलाहाबाद में अपनी क्रान्तिकारी कमेटी थी। सितम्बर, 1923 के दिल्ली में हुए कांग्रेस के विशेष सम्मेलन में इन दोनों को मिलाने का प्रयास विफल रहा। मगर श्री त्रैलोक्यनाथ चक्रवर्ती के प्रयास से 1924 की गर्मियों में बनारस का अनुशीलन दल और इलाहाबाद की क्रान्तिकारी कमेटी मिलकर एक हो गई और 'हिन्दुस्तान रिपब्लिकन एसोसिएशन' नाम पड़ा। इस एकीकरण से क्रान्तिकारी कार्यों में तीव्रता आई और धन के साथ-साथ शस्त्रों की कमी महसूस की जाने लगी। उधर "1923 के अन्त से श्री शचीन्द्रनाथ बख्शी सी.आई.डी. के रडार पर भी आ गए थे।"[30]

इस विस्तृत सूचना से अनेक बातें साफ हो जाती हैं। बनारस में अनुशीलन समिति ने अपना केन्द्र बनाया। इसका केन्द्र बना गणेश महाल के लॉज का एक कमरा। यह केन्द्र, जनवरी, 1923 में स्थापित हुआ था। सम्भवतः मार्च-अप्रैल तक प्रणवेश व श्री मन्मथनाथ गुप्त ने चन्द्रशेखर आज़ाद को इससे जोड़ दिया था, क्योंकि मई-जून में वे स्वयं श्री रामकृष्ण खत्री को जोड़ने में लगे थे। बाद में जब शचीन्द्रनाथ सान्याल के दल का बनारस की अनुशीलन से विलय हो गया और हथियारों आदि के लिए धन की आवश्यकता पड़ी तब एक्शन शुरू किये गए।

बनारस में अनुशीलन समिति की नींव डालनेवाले में प्रमुख नाम श्री प्रतुलचन्द्र गांगुली का है। यही संगठन बाद में एच.आर.ए. के रूप में विकसित हुआ। व्यक्तिगत पत्रावली में दर्ज विवरण के अनुसार, "प्रतुलचन्द्र गांगुली जनवरी, 1923 में बनारस में देखा गया। वह शचीन्द्रनाथ बख्शी से मिलने आया था। लाहिड़ी प्रेम महाविद्यालय, वृन्दावन से मिला। बनारस में वह 18 से 23 मार्च तक रहा। अनुशीलन के कामों को व्यवस्थित करने के लिए पूर्व में बनारस में बैठक की थी।" प्रतुलचन्द्र गांगुली आगे भी सक्रिय रहे।"[31] आगे चलकर इनकी भेंट चन्द्रशेखर आज़ाद से कानपुर में हुई थी। श्री विश्वनाथ वैशम्पायन ने अपनी पुस्तक में इस मुलाकात का उल्लेख करते हुए लिखा है, "प्रतुलचन्द्र गांगुली आज़ाद से चटगाँव आर्मरी रोड की योजना के सम्बन्ध में चर्चा करने आए थे। भैया ने उनके सामने साथियों तथा हथियारों का सहयोग देने का प्रस्ताव रखा था। सम्भवतः यह 1930 की बात है। कानपुर में दलिहाई मोहल्ले में सिद्धा महाराज ने जो मकान किराए पर ले रखा था, उसी में यह भेंट हुई थी। प्रतुलचन्द्र गांगुली ने आज़ाद के इस सहयोग के लिए आभार प्रदर्शन किया तथा हथियारों की मदद स्वीकार की। आज़ाद ने उन्हें एक या दो सर्विस रिवॉल्वर दिये।"[32]

श्री शचीन्द्रनाथ बख्शी ने 'बेमिसाल चन्द्रशेखर आज़ाद' नामक संस्मरण में लिखा, "वीर शहीद चन्द्रशेखर आज़ाद सही माने में धरती पुत्र थे। उन्होंने साधारण गरीब परिवार में जन्म लिया। विद्याध्ययन के लिए काशी आकर सन् 1921 में असहयोग में बेंत खाए। उसके बाद सन् 1923 के मध्य में श्री मन्मथनाथ के क्रान्तिकारी दल में आने के बाद उनके ग्रुप के सदस्य प्रणवेश चटर्जी के द्वारा चन्द्रशेखर क्रान्तिकारी दल में आए। उस समय आज़ाद केवल 16 वर्ष के थे। तब तक उनके व्यक्तित्व का विकास नहीं हुआ था। लेकिन चन्द्रशेखर की ज्वलन्त देशभक्ति, अदम्य साहस तथा असीम उत्साह किसी मँजे और सुलझे क्रान्तिकारी से कम न थे। चन्द्रशेखर के चंचल स्वभाव और प्रत्येक काम के करने में उतावलेपन की मनोवृत्ति के कारण शुरू में कोई उन्हें अधिक जिम्मेदार नहीं समझता था, लेकिन ईमानदारी, लगन, त्याग की भावना तथा अनुशासनबद्ध आचरण के कारण चन्द्रशेखर के चरित्र में गम्भीरता आती रही और इस तरह बालक चन्द्रशेखर के व्यक्तित्व का विकास होता गया।"[33]

श्री शचीन्द्रनाथ बख्शी ने बनारस में संगठन की जो चर्चा की है उसका विशद वर्णन ख्यातनाम क्रान्तिकारी श्री जोगेन्द्रचन्द्र चटर्जी की आत्मकथा में भी मिलता है। वे लिखते हैं, "जुलाई, 1923 में कलकत्ता में श्री प्रतुलचन्द्र गांगुली से वार्ता के बाद मैं कोमिल्ला वापस आ गया। मैं उस बरसात के दिन को नहीं भूलूँगा, जिस दिन मैं

बनारस के लिए प्रस्थान करनेवाला था। 1923 में यू.पी. में बड़े पैमाने पर क्रान्तिकारी गतिविधियाँ आरम्भ हो गईं। इसने 1924 में एक बड़ी करवट ली जब मैं सान्याल के साथ जुड़ गया। मैंने यू.पी. का चार्ज ले लिया तथा श्री शचीन्द्र सान्याल कलकत्ता चले गए। बनारस का बंगाल से बहुत नजदीक सम्बन्ध है। शहर के एक अच्छे-खासे हिस्से में बंगाली लोग रहते हैं। बंगाली टोला बनारस के अन्दर एक छोटा बंगाल है। बनारस स्टेशन पर वहाँ के हमारे पार्टी इंचार्ज श्री सतीश सिन्हा मुझे लेने आए। उन्होंने गणेश मोहाल में मेरे रहने के लिए एक कमरे की व्यवस्था किया, वे स्वयं भी वहीं रहते थे। मैं उनके तथा उनके बड़े भाई क्षेत्र सिन्हा के बहुत करीब था। जुलाई, 1923 में सतीश सिन्हा से चार्ज लेकर मैंने उन्हें कार्यमुक्त कर दिया। वे बंगाल चले गए। उन्होंने मुझे कुछ पते और भी कुछ सामान दिया।

गोदौलिया में स्वामी सत्यानन्दपुरी ने कल्याण आश्रम स्थापित किया था। मेरे बनारस आने के पूर्व वे जा चुके थे। वहाँ श्री सचिन चक्रवर्ती नाम के दूसरे ब्रह्मचारी थे। एक अन्य नवयुवक श्री शचीन्द्रनाथ बख्शी समिति के पूर्णकालिक कार्यकर्ता हो गए। पातालेश्वर मोहल्ला में उनका बहुत बड़ा मकान था तथा सिकरौल में उनके बरफ का कारखाना था, जो बनारस कैंट स्टेशन के करीब ही था। वे गुप्त क्रान्तिकारी कार्यों को अपना पूरा समय देते थे। समिति के अन्य सदस्य श्री मन्मथनाथ गुप्त उस समय गांधी विद्यापीठ के विद्यार्थी थे। वह पार्टी में अपने छोटे भाई श्री मनमोहन गुप्त के माध्यम से भर्ती किये गए। समिति के एक और सदस्य प्रणवेश चटर्जी भी विद्यापीठ के विद्यार्थी थे। उन्होंने ही चन्द्रशेखर आज़ाद को पार्टी में भर्ती किया था। दशाश्वमेध स्थित गांधी आश्रम की दुकान पर विभिन्न प्रकार के लोग इकट्ठे होते थे। गोपनीय अनुशीलन समिति के श्री उपेन्द्रनाथ धर इस दुकान के इंचार्ज थे। इसी दुकान के बगल में स्टार कम्पनी नामक एक दुकान थी। यह लाहिड़ी परिवार द्वारा संचालित की जाती थी। मैंने उसी दुकान को मिलने-जुलनेवालों का केन्द्र बनाया। श्री उपेन्द्रनाथ धर मुझे सहायता करने को हमेशा तत्पर रहते थे। खैर, बनारस में संगठन का कार्य दृढ़ करने के बाद मैं इलाहाबाद जाकर सान्याल से मिला। कई बार की वार्ता और श्री त्रैलोक्य चक्रवर्ती की मध्यस्थता से श्री सान्याल ने अपनी पार्टी का विलय कर लिया।

बनारस में हमारा क्रान्तिकारियों के भर्ती का काम सुचारु रूप से चल रहा था। हमारा मुख्य उद्देश्य नये रिक्रूटों में देशभक्ति की प्रबल भावना का संचार करना था। इस प्रकार के साहित्य जिससे मानसिक विकास हो सकता था, उन्हें पढ़ने के लिए दिये जाते थे। इस बात पर विचार विमर्श तथा वाद-विवाद होता था कि देश के प्रति नवयुवकों की क्या जिम्मेदारी है। अधिक से अधिक लोगों से सम्पर्क तथा राष्ट्रसेवा के लिए प्रोत्साहित करना हमारा रोजमर्रा का काम था। गुप्त क्रान्तिकारियों को हमेशा आर्थिक कठिनाइयाँ घेरे रहती थीं। मैंने प्रणवेश चटर्जी को अंग्रेजी पढ़ाने के लिए एक ट्यूशन की व्यवस्था कर ली। इससे मुझे 13 रु. माहवार मिलता था। बनारस में सन्तोषजनक ढंग से संगठन बनाने के बाद मैं उ.प्र. के अन्य जिलों में अपना ध्यान केन्द्रित कर सकता था। कार्तिक ब्रह्मचारी ने जब मेरी गोपनीयता भंग कर दी उस दिन से सी.आई.डी. के लोग मेरे पीछे साये की तरह लग गए। मैंने घर बदल दिया। चूँकि बनारस में मेरी पहचान पुलिस के

समक्ष स्पष्ट हो चुकी थी, अतः मैंने कानपुर जाने का निश्चय किया। कानपुर जाने से पूर्व शहर का प्रभार राजेन्द्रनाथ लाहिड़ी को दे दिया।

सान्याल बाबू ने जब अनुशीलन को अंगीकृत कर लिया तो प्रतुलचन्द्र गांगुली, नरेन्द्र मोहन सेन तथा शचीन्द्रनाथ सान्याल की उपस्थिति में 'हिन्दुस्तान रिपब्लिकन आर्मी' का गठन हुआ था। सितम्बर, 1923 में दिल्ली के कांग्रेस अधिवेशन में बनारस की अनुशीलन समिति व शचीन्द्रनाथ सान्याल की क्रान्तिकारी कमेटी को मिलाने का प्रयास किया गया। 1924 की गर्मियों में शचीन्द्रनाथ सान्याल ढाका के एक गाँव में जाकर श्री त्रैलोक्य चक्रवर्ती से मिले। वस्तुतः इस विषय पर पूर्व में श्री जोगेशचन्द्र व प्रतुल गांगुली की वार्ता कलकत्ता में विफल हो चुकी थी। तीसरी बार सान्याल जब श्री त्रैलोक्य चक्रवर्ती से मिले तो सहमति बनी। यह मिलन पूर्व बंगाल के जनपद तीपेरा के सब-डिवीजन उदय ब्राह्मण बेरिया के गाँव मूलचंग में हुआ। मैमन सिंह से अमूल्य मुखर्जी एस्कार्ट करके सर्वश्री प्रतुल गांगुली, नरेन्द्र मोहन सेन तथा शचीन्द्रनाथ सान्याल को लेकर आए। सहमति के बाद अनुशीलन दल से सान्याल दल का विलय तो हो गया। अब नामकरण की बात उठी। अनुशीलन बंगाल में ही प्रसिद्ध थी, अतः बाहर काम करने के लिए एक अलग पार्टी की जरूरत पड़ी। अतः अनुशीलन की आनुषंगिक दल के रूप में 'हिन्दुस्तान रिपब्लिकन आर्मी' का गठन हुआ।"[34]

यदि श्री शचीन्द्रनाथ बख्शी और श्री जोगेशचन्द्र चटर्जी द्वारा दी गई सूचनाओं की तुलना व विश्लेषण किया जाए तो चन्द्रशेखर आज़ाद के पार्टी से जुड़ने का समय मई-जून, 1923 होगा। श्री बख्शी के अनुसार उन्हें मध्य 1923 में दल में लाया गया, यानी जून,1923 में। श्री जोगेन्द्रचन्द्र जब जुलाई, 1923 में बनारस पहुँचे उस समय आज़ाद पार्टी के सदस्य थे और तब पार्टी का नाम अनुशीलन समिति था। आज़ाद बैजनाथ लॉज में श्री शचीन्द्रनाथ बख्शी के कमरे पर तथा उसी गणेश मोहाल में स्थित श्री मन्मथनाथ गुप्त के घर जाया करते थे।

श्री जोगेशचन्द्र ने बनारस में जिस बंगाल की बात की है उस पर मुंशी प्रेमचन्द द्वारा 1933 में सम्पादित पत्रिका 'हंस' के काशी अंक में प्रचुर सामग्री मिलती है। साथ ही डॉ. सम्पूर्णानन्द ने अपने संस्मरण में लिखा, "काशी में बंगालियों की बहुत घनी बस्ती है, नित्य ही लोगों का आना-जाना लगा रहता है। फलतः बंगाल में जो कुछ होता है उसका प्रभाव हमारे यहाँ तत्काल देख पड़ता है। मेरे कई बंगाली मित्र थे। उनके साथ मैं एकाध बार उनकी गुप्त सभाओं में गया और उन जगहों को भी देखा जहाँ लोग व्यायाम किया करते थे। यह सब व्यायाम भावी क्रान्ति के लिए तैयारी का भाग था। उन दिनों बंगालियों के साथ घूमने-फिरने में खतरा था। सारे नगर में सरकारी गुप्तचरों का जाल बिछा था। इन्हें लोग 'टिकटिकी' कहते थे। बंगाल में टिकटिकी शायद छिपकली को कहते हैं। लेकिन इस खतरे की आशंका से उत्साह और बढ़ता था। गुप्त ढंग से काम करने में एक विशेष रस होता है और यदि पकड़े जाने की सम्भावना हो तो वह इससे दूना हो जाता है।"[35]

चन्द्रशेखर आज़ाद पर भी पुलिस की नज़र उसी समय से पड़ गई थी। हिस्ट्री नोट के ड्रॉफ्ट में दर्ज है, "एक राजनीतिक सन्दिग्ध के रूप में वह तब पकड़ में आया जब

यह देखा गया कि वह बारम्बार शचीन्द्रनाथ बख्शी के बैजनाथ लॉज, बनारस में स्थित रूम पर आता-जाता है। बाद में उसे सत्येन्द्रनाथ सान्याल के घर पर हुई एक बैठक में भी देखा गया, जहाँ मन्मथनाथ गुप्त और शचीन्द्रनाथ बख्शी भी थे।"[36]

श्री शिवविनायक मिश्र के संस्मरणों से तथा अभिसूचना की फाइल से स्पष्ट है कि चन्द्रशेखर आज़ाद चौक में श्री ज्ञानचन्द्र मुरब्बेवाले के यहाँ आते-जाते थे, तथा उनकी बही देखा करते थे। अभिसूचना की फाइल के अनुसार अमृतसर से ज्ञानचन्द्र व उसके परिजनों द्वारा जो पत्राचार होता था, काफी दिनों तक उनको इंटरसेप्ट किया गया, क्योंकि पुलिस को शंका थी कि आज़ाद को इनसे आर्थिक सहयोग मिलता है, शायद पत्राचार भी होता हो, किन्तु कुछ मिला नहीं। ज्ञानचन्द्र कौन थे? कहाँ के रहनेवाले थे? आदि के सम्बन्ध में किये गए पत्राचार का जवाब देते हुए शेख अब्दुल अजीज, एस.पी. स्पेशल ड्यूटी, सी.आई.डी. पंजाब को 24 जुलाई, 1929 को भेजे गए पत्र के अनुसार, "ज्ञानचन्द्र पुत्र हुकम चन्द्र खत्री, मुरब्बेवाला बनारस में 1911 से रह रहा है। उसके घर का पता है—ओटाला, थाना-झंडीयाला, अमृतसर।"

बाबू कृष्णमूर्ति ने अपने शोध के दौरान बनारस में कई परिवारों से सत्तर के दशक में भेंट की। चन्द्रशेखर आज़ाद के बनारस जीवन के एक संस्मरण का जिक्र करते हुए वे लिखते हैं, " श्री रमाकान्त मिश्रा, एक समर्पित कांग्रेसी कार्यकर्ता और आज़ाद से कुछ वर्ष बड़े होंगे। आज़ादी के बाद उन्होंने अनेक शैक्षणिक संस्थाएँ शुरू की। उन्होंने उन दिनों की एक घटना का जिक्र करते हुए बताया कि मैं बाजार से तकादा करके अपने साबुन की फैक्टरी लौट रहा था तो देखा कि कॉलेज के युवा लड़कों का एक दल एक पठान की फैन्सी दुकान के सामने पिकेटिंग कर रहे थे। नवयुवतियाँ पठान को उस दिन हड़ताल होने के कारण दुकान बन्द करने का आग्रह कर रही थीं। पठान अंग्रेजों का चापलूस था, नृशंस था और धौंस जमाता रहता था। पिछली हड़तालों में उसने सत्याग्रहियों को पीटकर भगा दिया था, मगर दुकान बन्द नहीं किया था। उस दिन जब नवयुवतियाँ धरना दे रही थीं तो वह अपने गल्ले पर तिरस्कारपूर्ण खीसें निपोरता बैठा हुआ था। जब युवतियों ने जोर-जोर से नारे लगाना शुरू किया तो वह दरवाजे पर आया, आराम से इस पर झुककर पान चबाता रहा और उन पर परिहास करता रहा। आज़ाद वहाँ पहुँचे और दूर से वह नजारा देखा। घमंडी पठान, सत्याग्रहियों के प्रति बैरभाव से भरा उन औरतों पर छींटाकशी करता हुआ, चुनिन्दा अश्लील गालियों से उनके सम्मान और स्त्री गरिमा का माखौल उड़ाता हुआ परपीड़ा का सुख ले रहा था। आज़ाद का चेहरा जर्द पड़ गया। जब पठान ने उन औरतों में से एक के ऊपर पान की पीक मारकर उसके चेहरे को रँग दिया तो आज़ाद के भीतर का ज्वालामुखी मानो फट पड़ा। अचानक आज़ाद बाघ की तरह पठान पर उछले, उसे पीटना, जमीन पर पटकना और लात मारना शुरू किया। किसी ने सूचना दी कि पुलिस आ गई तो अचानक आज़ाद वहाँ से गायब हो गए। मैंने यह अपनी आँखों से देखा फिर अपनी साबुन फैक्टरी पर चला गया। करीब 15 मिनट बाद आज़ाद भागते हुए आए और कहा कि पुलिस उनका पीछा कर रही है। एक पल तो समझ में नहीं आया कि क्या करूँ? मजदूर साबुन बनाने में व्यस्त थे। मैंने उनसे भी काम में लग जाने को कहा। उन्होंने अपने सिर पर एक पड़ा हुआ गमछा

लपेटा और स्टोव पर रखा हुआ साबुन का मिक्चर चलाने लगे। थोड़ी देर बाद पुलिस उन्हें खोजते हुए आई। मैंने बताया कि वहाँ कोई नहीं आया है, तो वे चले गए। आज़ाद ने मुझे धन्यवाद कहा और चले गए।"[37]

आगे उन्होंने आज़ाद के द्वारा 'आज' अखबार को लिखे गए एक पत्र का अनुवाद भी दिया है। इसे आज़ाद के पत्र वाले भाग में देखा जा सकता है। श्री श्यामबिहारी श्यामल ने जयशंकर प्रसाद के जीवन पर लिखे उपन्यास 'कंथा' में भी आज़ाद द्वारा सुँघनी साहू के गोदाम पर हथियार छुपाने और स्वयं छुपने का उल्लेख किया है किन्तु किसी समकालीन प्रमाण के अभाव में इस आख्यान को कल्पनाप्रसूत ही स्वीकार किया जाएगा।

अभिसूचना की फाइलों में इंस्पेक्टर बनर्जी तथा इंस्पेक्टर मुखर्जी के द्वारा दर्ज की गई डायरियों के पन्ने मौजूद हैं। इन डायरियों में चन्द्रशेखर आज़ाद के सम्बन्ध में दर्ज सूचनाओं का सिलसिलेवार विवरण नीचे दिया जा रहा है—

इंस्पेक्टर बनर्जी की डायरी, दिनांक : 20 जून, 1925[38]

इंस्पेक्टर बनर्जी ने डायरी में आज़ाद का वास्तविक नाम चन्द्रशेखर, पिता का नाम सीताराम पांडेय, निवासी अन्तगाँव (उन्नाव) लिखा है। साथ ही कमच्छा में स्थित बैजनाथ लॉज में किराए के कमरा नं. 15 में रहने का उल्लेख किया है।

सन् 1925 के जून-जुलाई में पुलिस-सी.आई.डी. का मानना था कि चन्द्रशेखर आज़ाद मूलत: जनपद उन्नाव के रहनेवाले हैं, किन्तु विस्तृत जानकारी किसी के पास नहीं थी। एस.पी. उन्नाव ने बनारस के अधिकारियों को चन्द्रशेखर आज़ाद के सम्बन्ध में प्राप्त सूचनाओं से अवगत कराने हेतु पत्र लिखा—

> प्रिय
>
> क्या आप मुझे चन्द्रशेखर आज़ाद पुत्र सीताराम पांडेय, निवासी अन्तगाँव, उन्नाव के चरित्र और कहाँ रहता है के बारे में नोट भेज सकते हैं। छानबीन शान्तिपूर्वक हो।
>
> आपका आज्ञाकारी
> बी.बी.थामसन, एस.पी., उन्नाव[39]

8 जुलाई, 1925 को बी.बी. थामसन के पत्र के जवाब में भेजी गई सूचना थी—

"आज़ाद का वास्तविक नाम चन्द्रशेखर वल्द सीताराम पांडेय, अन्तगाँव, उन्नाव है। अब वह किराए के कमरे में (कमरा नं.15) बैजनाथ लॉज, कमच्छा, वाराणसी में रहता है। इंस्पेक्टर बनर्जी की डायरी में उसका उल्लेख 20 जून, 1925 को पृष्ठ-111 पर और 4 जुलाई, 1925 को पृष्ठ-125 पर है। ऐसा मालूम पड़ता है कि उसे बनारस में असहयोग के समय सजा हुई थी, अब एस.एन.बख्शी (पी.पी.एफ.बी-12) और क्रान्तिकारी प्रकृति के अन्य सन्दिग्धों से मिल रहा है।"[40]

इंस्पेक्टर बनर्जी की डायरी, दिनांक : 18 जुलाई, 1925[41]

आज़ाद और एस.एन.बख्शी के दशाश्वमेध, बनारस में स्थित स्टार कम्पनी पर जाने के सम्बन्ध में पता चला है कि वे निम्न से मिले—

1. गुरचन्द्र मलिक, हेड कम्पाउंडर
2. प्रफुल्ल, कम्पाउंडर
3. राजेन्द्रनाथ लाहिड़ी वल्द खतीभूषण लाहिड़ी, कम्पनी का मैंनेजिंग डाइरेक्टर और बनारस हिन्दू विश्वविद्यालय में एम.ए. का छात्र।

ये सभी सन्दिग्ध शारीरिक व्यायाम और स्वयंसेवा से जुड़े हैं, जो इनके प्रोग्राम का हिस्सा हैं। इसे सन्देहपूर्वक देखना चाहिए। आज़ाद उर्फ चन्द्रशेखर आज़ाद बैजनाथ लॉज से 14 जुलाई, 1925 से गायब है। एस.एन. बख्शी ने 13 जुलाई, 1925 को बनारस छोड़ा। शायद इलाहाबाद, कानपुर या इटावा गया। वह पुनः 17 जुलाई को बनारस में दिखा।

उपरोक्त पत्रों व तथ्यों के आलोक में हम स्पष्ट रूप से कह सकते हैं कि चन्द्रशेखर आज़ाद की सी.आई.डी. द्वारा निगरानी 'काकोरी' के बाद नहीं अपितु थोड़ा पूर्व से हुई थी। काकोरी एक्शन 9 अगस्त, 1925 की रात को किया गया था, जबकि इंस्पेक्टर बनर्जी ने अपनी डायरी में दिनांक: 20 जून,1925 को आज़ाद का वास्तविक नाम चन्द्रशेखर लिखा है। साथ ही 4 जुलाई, 1925 को शचीन्द्रनाथ बख्शी व अन्य क्रान्तिकारी प्रकृति के लोगों से उनके मिलने का जिक्र किया है अर्थात् चन्द्रशेखर आज़ाद काकोरी एक्शन के दो महीना पहले से सी.आई.डी. के रडार पर आ गए थे।

सन्दर्भ

1. 'कांग्रेस का इतिहास', पट्टाभि सीतारमैया, पृ. 250-255
2. 'साप्ताहिक भविष्य', 5 मार्च, 1931
3. 'मैं क्या करूँ', पं. जवाहरलाल नेहरू, 'नर्मदा' अंक, पृ. 65, आत्मकथा, पृ. 314-316
4. 'काकोरी कांड के दिलजले', पं. रामदुलारे त्रिवेदी, पृ. 66
5. 'आज़ाद का बमवाद', सुखदेवराज, आज़ाद अंक, 'विप्लव', नवम्बर, 1938, पृ. 52-53
6. 'आज़ाद और उनकी पार्टी', श्री जय, आज़ाद अंक, 'विप्लव', फरवरी, 1939, पृ. 56-57
7. 'सिंहावलोकन', यशपाल, आज़ाद अंक, 'विप्लव', पृ. 74
8. 'कानपुर के विद्रोही', नारायणप्रसाद अरोड़ा, पृ. 124
9. 'सिंहावलोकन', यशपाल, खंड-3, पृ. 389
10. 'यश की धरोहर', भगवानदास व अन्य, पृ. 77
11. 'नो टेन कमांडेंट्स', एस.टी. हॉलिन्स, पृ. 261
12. 'कुछ स्मृतियाँ और कुछ अस्फुट विचार', डॉ. सम्पूर्णानन्द, पृ. 38
13. वही, डॉ. सम्पूर्णानन्द, पृ. 41
14. वही, डॉ. सम्पूर्णानन्द, पृ. 63
15. 'आज़ाद की अन्त्येष्टि और बनारस जीवन के संस्मरण', पं. शिवविनायक मिश्र, पृ. 23
16. 'अमर शहीद चन्द्रशेखर आज़ाद', विश्वनाथ पांडेय, 'नर्मदा', आज़ाद अंक पृ. 84
17. 'चन्द्रशेखर आज़ाद', सुशीला देवी, आज़ाद अंक, 'नर्मदा', पृ. 103
18. 'अमर शहीद चन्द्रशेखर आज़ाद', श्री विश्वनाथ वैशम्पायन, पृ. 56

19. 'बलिदान', नन्दकिशोर निगम, पृ. 10
20. 'हिस्ट्री नोट एंड ब्रीफ, व्यक्तिगत पत्रावली', चन्द्रशेखर आज़ाद
21. 'चन्द्रशेखर आज़ाद और उनका युग', पृ. 68-73
22. शिवप्रसाद गुप्त, 'हू इज हू', पृ. 319
23. 'हमारे जुझारू क्रान्तिकारी', पृ. 100-104; 'भारत के क्रान्तिकारी', पृ. 159; 'क्रान्तिकारी आन्दोलन एक दस्तावेज', पृ. 120-125; 'क्रान्तिकारी की आत्मकथा', पृ. 151-154
24. 'चन्द्रशेखर आज़ाद के संस्मरण', मन्मथनाथ गुप्त, आज़ाद अंक, 'नर्मदा', पृ. 130-132
25. 'अमर शहीदों के संस्मरण', राजाराम शास्त्री, पृ. 25-26
26. वही, राजाराम शास्त्री, पृ. 170-174
27. 'भारत के शहीद', मनमोहन गुप्त, पृ. 120
28. 'व्यक्तिगत पत्रावली', शचीन्द्रनाथ बख्शी, बी-12
29. शचीन्द्रनाथ बख्शी, 'व्यक्तिगत पत्रावली'
30. 'अपने लिए जिए तो क्या जिए', राजेन्द्रनाथ बख्शी, पृ. 1-49
31. 'व्यक्तिगत पत्रावली', प्रतुलचन्द्र गांगुली, जी-1
32. वही, विश्वनाथ वैशम्पायन, पृ. 209
33. 'बेमिसाल चन्द्रशेखर आज़ाद', 'वतन पर मरनेवालों का', शचीन्द्रनाथ बख्शी, पृ. 139
34. 'आज़ादी की खोज में', जोगेशचन्द्र चटर्जी, पृ. 112-130
35. वही, डॉ. सम्पूर्णानन्द, पृ. 8-9
36. 'हिस्ट्री नोट एंड ब्रीफ', 'व्यक्तिगत पत्रावली', चन्द्रशेखर आज़ाद
37. 'आज़ाद द इन्वेंशिबल', बाबू कृष्णमूर्ति, पृ. 61
38. 'इंस्पेक्टर बनर्जी की डायरी', दिनांक : 20 जून, 1925
39. एस.पी. उन्नाव द्वारा भेजा गया पत्र'
40. एस.पी. उन्नाव के पत्र का जवाब, 8 जुलाई, 1925
41. 'इंस्पेक्टर बनर्जी के डायरी के अंश', 18 जुलाई, 1925, पृ. 145-150

धन-कार्य

अभी तक हमने जन्म से लेकर चन्द्रशेखर के 'आज़ाद' बनने तथा क्रान्तिकारी दल से जुड़ने तक की कहानी में कितना मिथक है और कितना यथार्थ इसे जाना। आगे काशीवास के दौरान आज़ाद ने क्या क्रान्तिकारी कृत्य किये इस पर प्रकाश डाला जाएगा। अंग्रेजी सरकार की भाषा में जो डकैती या सरकारी मुलाजिमों पर हमला था, क्रान्तिकारियों की भाषा में वही 'एक्शन' था। एच.आर.एन. ने 1924 में इनका आरम्भ किया।

"1924 का आरम्भ हुआ तो देश के वातावरण में भारी उदासी फैली हुई थी। गांधी जी की अचानक और भयानक बीमारी ने सारी बातों को ढक लिया था। 12 जनवरी, 1924 को महात्मा गांधी के अपेंडिसाइटिस का कर्नल 'मैडॉक' द्वारा ऑपरेशन के समाचार से देशभर में चिन्ता उत्पन्न हो गई। अन्त में 5 फरवरी, 1924 को गांधी जी को बिना शर्त छोड़ दिया गया। कोकनड़ा कांग्रेस में फूट पड़ गई थी। मई के माह में गांधी जी ने अपना वक्तव्य प्रकाशित किया। उन्होंने कौंसिल प्रवेश की धारणा को असंगत बताया। इस बैठक में जिस प्रस्ताव ने काफी जोश पैदा किया वह 'गोपीनाथ साहा' द्वारा आर्नेस्ट डी की हत्या के अधिकार और मृतक के परिवार के प्रति संवेदना-प्रकाशन के सम्बन्ध में था। महासमिति ने इस प्रकार की सारी राजनीतिक हत्याओं को जोरदार शब्दों में धिक्कारा और अपनी स्पष्ट राय प्रकट की कि इस प्रकार के कृत्य कांग्रेस की अहिंसा की नीति के विरुद्ध हैं, स्वराज्य के मार्ग में रुकावट डालते हैं, और सत्याग्रह की तैयारी में बाधक बनते हैं। इस प्रस्ताव पर खूब वाग्युद्ध हुआ। यह प्रस्ताव देशबन्धु को पसन्द नहीं आया। इस पर गांधी जी की आँखों में आँसू आ गए।

इस साल दिल्ली, गुलबर्गा, नागपुर, लखनऊ, शाहजहाँपुर, इलाहाबाद, कोहाट में साम्प्रदायिक दंगे हुए। कोहाट के दंगे ने तो भारतवर्ष की कमर ही तोड़ दी। गांधी जी ने प्रायश्चित्त के लिए 21 दिनों का व्रत रखा। 21-24 नवम्बर, 1924 को बम्बई में पहले कांग्रेस का सर्वदल-सम्मेलन फिर महासमिति की बैठकें हुईं, जिनमें गांधी जी शामिल हुए। परिषद ने बंगाल सरकार द्वारा जारी किये गए क्रिमिनल लॉ अमेंडमेंट आर्डिनेंस के विरुद्ध निन्दा का प्रस्ताव किया और उनके साथ ही 1818 के रेगुलेशन 3 को रद्द करने पर जोर दिया। गांधी जी देशबन्धु और नेहरू जी के आगे बहिष्कार के मामले में झुक गए। तीनों लोगों ने एक सम्मिलित वक्तव्य जारी किया। कांग्रेस सदस्यों के लिए डेढ़ साल के बजाय 2000 गज कता सूत प्रतिमास देना गांधी जी ने तय किया। फिर बेलगाँव कांग्रेस हुई, जिसका सभापति गांधी जी को बनाया गया। इसमें सबसे बड़ा बहिष्कार हिंसा का बहिष्कार माना गया। सब प्रकार के बहिष्कार उठा लिये गए और केवल एक

बहिष्कार विदेशी कपड़ों का रह गया। बंगाल में लॉर्ड रीडिंग ने 1924 का आर्डिनेंस नं. 1 जारी कर दिया था, जिसके द्वारा उन लोगों को, जिन पर स्थानिक सरकार द्वारा क्रान्तिकारी दल से सम्बन्ध रखने का सन्देह किया जाता हो, गिरफ्तार किया जा सकता था और स्पेशल कमिश्नरों की अदालतों में उनके मामले का सरसरी निगाह से फैसला किया जा सकता था। गांधी जी ने इस बात को माना कि यह सब कुछ स्वराजियों के विरुद्ध किया जा रहा है।"[1]

चन्द्रशेखर आज़ाद काशी विद्यापीठ के दिनों में श्री दामोदर स्वरूप सेठ के सम्पर्क में आए जो बनारस षड्यंत्र में छह साल तथा असहयोग में ढाई साल सजा काट चुके थे। काशी विद्यापीठ में अवैतनिक पढ़ाते थे, तथा अपना स्वतंत्र क्रान्तिकारी दल खड़ा करना चाह रहे थे। हू इज हू के अनुसार, "दामोदर सरूप उर्फ मास्टर जी मूल रूप से बरेली के रहनेवाले हैं। ये कुल 6 बार जेल गए। पहली बार 1915 में बनारस षड्यंत्र केस में इन्हें सात साल का सश्रम कारावास हुआ। फरवरी, 1922 में बरेली से 6 माह तथा फरवरी, 1923 में बरेली से ही एक साल का सश्रम कारावास हुआ। 1930 में बदायूँ से छह मास सश्रम कारावास हुआ। 1931 व 1933 में बरेली से क्रमश: एक साल तथा दो साल की सश्रम कारावास की सजा हुई। वे गवर्नमेंट स्कूल के हेड क्लर्क के पुत्र थे। 1913 में मैट्रिक किया। बनारस केस में 1921 में छूट गए थे। वे मूलत: बरेली के रहनेवा़ले थे। वहीं इलाहाबाद बैंक में काम करने लगे। 1925 में उन्हें काकोरी केस में पकड़ा गया। लेकिन स्वास्थ्य खराब होने के कारण छोड़ दिया गया। वे कांग्रेस के प्रान्तीय अधिनायक बने। बाद में कम्युनिस्ट रुझान के हो गए।"[2]

मई-जून, 1923 में प्रणवेश चटर्जी और श्री मन्मथनाथ गुप्त ने आज़ाद को उस क्रान्तिकारी दल से जोड़ा जिसका नाम 'अनुशीलन दल' था। उसका मुख्यालय गणेश महाल में बैजनाथ लॉज का कमरा नम्बर 15 था, जिसमें वाराणसी के तत्कालीन कर्ता-धर्ता श्री सतीश सिन्हा रहते थे। इसी स्थान पर उन दिनों तक दल से जुड़े तमाम क्रान्तिकारी आते-जाते थे। इनमें प्रमुख थे—मास्टर जी, श्री महावीर सिंह, श्री कुन्दनलाल, श्री शचीन्द्रनाथ बख्शी, श्री मन्मथनाथ गुप्त, उनके भाई श्री मनमोहन गुप्त इत्यादि। वे लोग अलग-अलग जगहों पर एकत्र होकर आपस में विचार-विमर्श किया करते थे। योजनाएँ बनाते, नये सदस्य जोड़ने का प्रयास करते, जब्त या विदेशी क्रान्तिकारी साहित्य जमा करते और उनका अध्ययन करते, नये हथियार जमा करने का प्रयास करते। चन्द्रशेखर आज़ाद इन सारी गतिविधियों में भाग लेते। बकौल श्री मन्मथनाथ, "आज़ाद हम लोगों द्वारा दिया साहित्य बहुत जल्दी वापस कर देते थे। ऐसा लगता था कि वे बिना पढ़े लौटा देते हैं।" आज़ाद ने उस दौरान दल से तीन लोगों को जोड़ा। पहला एक लोहार था। जिसने दल के लिए एक टोपीदार तमंचा बनाया था। वह लोहार गाहे-बगाहे धन से भी सहायता करता था। दूसरे ब्रह्मचारी श्री रामकृष्ण खत्री तथा तीसरे श्री योगेश शुक्ल। श्री योगेश शुक्ल बिहार में बड़ा नाम रहे। बाद में उन्होंने ही श्री जयप्रकाश नारायण को हजारी बाग जेल से भगाया था।

जुलाई, 1923 में श्री सतीश सिन्हा से श्री जोगेश चटर्जी ने वाराणसी का कार्यभार सँभाल लिया। अब मिलन का अड्डा दशाश्वमेध पर श्री राजेन्द्र लाहिड़ी के भाई की

दुकान हो गई। श्री कुन्दनलाल गुप्त ने श्री वैशम्पायन जी को उन दिनों की याद करते हुए बताया था, "काशी में दशाश्वमेध घाट पर गांधी आश्रम का खद्दर भंडार था। पड़ोस में ही श्री राजेन्द्र लाहिड़ी के भाई की होम्योपैथी की दुकान थी। तब राजेन्द्र लाहिड़ी हिन्दू विश्वविद्यालय के चतुर्थ श्रेणी के विद्यार्थी थे। अकसर हम सब इसी दुकान पर बैठकर राजनीति की चर्चा करते थे। श्री राजेन्द्र लाहिड़ी कभी-कभी सशस्त्र क्रान्ति के मार्ग की चर्चा कर हम सबों के विचारों को जानने का प्रयत्न करते। सन् 1923 के प्रारम्भ में एक गुप्त सभा बुलाई गई। यह गुप्त सभा बनारस क्रान्तिकारी संगठन की दृष्टि से एक सुदृढ़ चरण था। इस बैठक में पहली बार श्री कुन्दनलाल गुप्त जी को यह बात ज्ञात हुई कि श्री राजेन्द्र लाहिड़ी का सम्बन्ध बंगाल के क्रान्तिकारियों से था। बैठक में श्री मन्मथनाथ गुप्त, श्री चन्द्रशेखर आज़ाद, श्री जोगेन्द्र शुक्ल और भी साथी थे। इसी बैठक में यह निश्चय हुआ कि उत्तर भारत में क्रान्तिकारी संगठन स्थापित किया जाए और उसका केन्द्र बनारस रहे।"[3]

जोगेशचन्द्र चटर्जी बनारस में अपना कार्य पूरा कर कानपुर गए। अपनी आत्मकथा में वे लिखते हैं—"1924 में बनारस की अनुशीलन व इलाहाबाद का सान्याल ग्रुप मिलकर-एच.आर.ए. बना था। इस संगठन का काम बनारस में श्री राजेन्द्र लाहिड़ी, कानपुर में सुरेशचन्द्र भट्टाचार्य, रायबरेली में श्री बनवारी लाल, उसकी संस्तुति पर ही आगे चलकर प्रतापगढ़ में श्री कुन्दनलाल, इटावा में पं. ज्योतिशंकर दीक्षित, शाहजहाँपुर में श्री रामप्रसाद बिस्मिल, इलाहाबाद में श्री शचीन्द्र के छोटे भाई जितेन्द्रनाथ सान्याल, मेरठ में विष्णुशरण दुबलिश देखते थे। हम लोगों ने यह निर्णय लिया कि मैं कानपुर जाकर वहाँ अपने को व्यवस्थित करूँगा। कानपुर में नेशनल स्कूल था। मनीलाल अवस्थी उसके हेडमास्टर थे। वीरभद्र तिवारी वह पहले व्यक्ति थे, जिन्हें सुरेश भट्टाचार्य ने मुझसे मिलवाया। वह सुरेश के रिक्रूट तथा सक्रिय व्यक्ति थे। हेडमास्टर अवस्थी अपने परिवार के साथ स्कूल के ही क्वार्टर में रहते थे। वह भी हम लोगों के शुभचिन्तकों में थे, मगर सक्रिय नहीं थे। इस प्रकार मैंने कानपुर में अपने संगठन के लिए सबसे सक्रिय व्यक्ति वीरभद्र तिवारी तथा कैलाश नारायण को पाया। वीरभद्र अधिक सक्रिय थे। उन लोगों के कारण नेशनल स्कूल हमारे क्रिया-कलापों का केन्द्र हो गया।"

"कानपुर का संगठन इन्हीं लोगों के कारण फैला। प्रत्येक दिशा से पैसे का भारी दबाव पड़ रहा था। सान्याल बाबू ने कलकत्ते से पैसे की माँग की। क्योंकि यूरोपियन जहाजों को अस्त्र-शस्त्र की डिलिवरी लेने के लिए पैसे देने थे। राजेन्द्र लाहिड़ी ने बनारस में पैसे की माँग किया। क्योंकि उन्होंने किसी अन्य स्रोत से कर्ज लिया था। इसके अलावा किसी अन्य आदमी को हमें माहवार पैसा देना पड़ता था। कानपुर में ही काम चलाते रहने के लिए पैसों की आवश्यकता थी। बाबू शिवप्रसाद गुप्त ने शचीन्द्रनाथ सान्याल को बारह सौ रुपये दिये, जिनमें से छह सौ रुपये सान्याल बाबू ने रख लिया। श्री सान्याल ने यह गोपनीयता बनाए रखी थी कि बनारस के बाबू शिवप्रसाद गुप्त से वह नियमित रूप से 150 रुपये माहवार पाते थे। यह उनके जेल में रहने के बाद भी उन्हें मिलता था। यद्यपि उन्होंने 10 रुपये माहवार पुस्तकों के लिए गुप्त जी से पाने की बात मुझे बताया था। उन्होंने एक बार मुझसे बताया था कि देशबन्धु सी.आर.दास ने उन्हें वायसराय की

हत्या के लिए 10000 रु. देने का प्रस्ताव किया था। एकीकरण के कुछ दिनों बाद ही उन्होंने मुझसे यह बात बताई थी।"[4]

कानपुर में क्रान्तिकारी गतिविधियों की जड़ रोपनेवालों में सुरेशचन्द्र भट्टाचार्य अग्रणी हैं। हू इज हू के अनुसार, "सुरेशचन्द्र भट्टाचार्य बनारस के गणेश महाल के मूलवासी थे। बाद में उनका रहना कानपुर में हो गया था। वे बनारस में छात्र यूनियन लीग के सदस्य व सचिव रहे। वे बनारस षड्यंत्र केस में सजायाफ्ता प्रियनाथ भट्टाचार्य के दल के थे। वे इसी समय चन्द्रेरनगर जाकर बम बनाना सीखकर आए। बाद में जेल गए। छूटने पर 'उत्साह' नामक हिन्दी अखबार के सम्पादक हो गए। 1920 में कानपुर में 'प्रताप' के सम्पादक मंडल में शामिल किये गए। 1923 में कानपुर के आदर्श बंग विद्यालय में अध्यापक हो गए। साथ ही 'वर्तमान' में सहायक सम्पादक बने। काकोरी केस में सजा मिली। मार्च, 1934 में छूटकर पुनः प्रताप के सम्पादक-मंडल में शामिल हो गए।"[5]

ध्यातव्य है कि 1924 में श्री सान्याल के दल का बनारस अनुशीलन दल में विलय हो जाने से गतिविधियाँ तेज हो गईं। धन और हथियार की जरूरत पड़ने लगी। ऐसे में 1924 के अन्त से यानी दिसम्बर माह से 'एक्शंस' शुरू किये गए। श्री जोगेशचन्द्र चटर्जी के नेतृत्व में खागा और पूरामुफ्ती में मनी एक्शन करने का प्रयास किया गया, जो प्रायः विफल रहा। इन एक्शंस का उल्लेख श्री चटर्जी की आत्मकथा व काकोरी की विभिन्न फाइलों में मिलता है। संक्षेप में इन पर प्रकाश डाला जा रहा है।

खागा एक्शन

एच.आर.ए. के बैनर तले मनी एक्शन का यह प्रथम प्रयास था, जो विफल रहा। श्री जोगेशचन्द्र चटर्जी अपनी आत्मकथा में एच.आर.ए. के द्वारा स्वयं के नेतृत्व में किये गए खागा एक्शन का उल्लेख किया है। वे लिखते हैं, "कानपुर का नेशनल स्कूल हमारे कार्य का केन्द्र था। हेडमास्टर मनीलाल अवस्थी तथा अध्यापक वीरभद्र तिवारी का गैर कानूनी लोगों से सम्बन्ध था। उस प्रकृति के एक व्यक्ति का हमसे परिचय कराया गया। उसका नाम छत्रपाल सिंह था। उसका परिचय एक क्रान्तिकारी के रूप में हमसे कराया गया, परन्तु बाद में यह पता चला कि अपराध उसका धन्धा था तथा राजनीति से उसका कोई वास्ता सरोकार नहीं था। हम लोगों ने छत्रपाल की सूचना पर फतेहपुर में एक एक्शन करने की योजना बनाई। एक्शन का स्थान खागा रेलवे स्टेशन से करीब 10 मील दक्षिण था। जब हम लोग नियत समय पर उस स्थान पर पहुँचे, तो छत्रपाल एक्शन का वास्तविक स्थान इंगित न कर सका, अतः हमें निराश होकर वापस आना पड़ा।"[6]

श्री मन्मथनाथ ने 'एक अन्य एक्शन' के नाम से खागा एक्शन का जिक्र किया है। वे लिखते हैं, "जिस समय पहला मनी एक्शन हुआ उस समय जोगेश बाबू इसका नेतृत्व करने के लिए मौजूद थे। यह स्थान फतेहपुर में था। यह एक्शन हो नहीं सका था।"[7] इस एक्शन पर श्री मन्मथनाथ गुप्त ने अपनी आत्मकथा में बड़े विस्तार से प्रकाश डाला है।[8] यह उनके जीवन का पहला एक्शन था। बनारस से वे रवीन्द्रनाथ कार के साथ आए थे। किसी महाजन के घर पर एक्शन होना था। मन्मथनाथ को खुखरी दी गई थी। लेकिन बाग में गलती से किसी साथी की पिस्तौल दग जाने से, ग्रामीण चौकन्ने हो गए।

अतः पार्टी वापस आ गई। यह एक्शन कब हुआ, इसकी तिथि कहीं दर्ज नहीं मिलती। लेकिन श्री जोगेशचन्द्र चटर्जी जब कानपुर आए तब तक 'एच.आर.ए.' का गठन हो चुका था। बनारस में अपनी पहचान खुलने के कारण वे कानपुर आए। एच.आर.ए. का गठन 1924 में हुआ। उसी के बाद वे कानपुर आए। यहीं "खागा एक्शन" की योजना बनी जो विफल रही। मन्मथनाथ जी ने अपनी आत्मकथा में इसी के बाद जोगेशचन्द्र चटर्जी जी की गिरफ्तारी दिखा दी है, जबकि चटर्जी की आत्मकथा व काकोरी फाइल से स्पष्ट है कि 'खागा एक्शन' की विफलता के बाद इलाहाबाद में पूरामुफ्ती का धन-कार्य किया गया। यह धन-कार्य 9 अगस्त, 1924 को किया गया। इससे स्पष्ट है कि खागा एक्शन जून-जुलाई, 1924 में हुआ होगा।

पूरामुफ्ती एक्शन

प्रारम्भिक धन-कार्यों में से एक 9 अगस्त, 1924 को अर्थात् काकोरी के ठीक एक वर्ष पूर्व पूरामुफ्ती में किया गया था। यह स्थान वर्तमान में इलाहाबाद में है। इस मनी एक्शन में बनवारी पहली बार शामिल हुए थे। काकोरी फाइल के अनुसार, "बनवारी जब इलाहाबाद आते थे तो अकसर मुट्ठीगंज की रानी धर्मशाला में रुकते थे। यहाँ और बनारस की कृष्णा धर्मशाला में वह 'तारा सिंह' के नाम से रुकते थे। 1924 की बारिश में जोगेशचन्द्र की चिट्ठी पाकर बनवारी इलाहाबाद आए। वे जोगेशचन्द्र से मिले और दोनों रामप्रसाद से मिलने रेलवे स्टेशन पर गए। जोगेशचन्द्र सान्याल के घर रुके। रामप्रसाद और बनवारी मुट्ठीगंज की रानी धर्मशाला में रुके। उस समय तक बनारस की पार्टी नहीं आई थी। उन्हें एक मनी एक्शन करना था। जोगेश और बनवारी बनारस जाकर लाहिड़ी से रात को उनके घर पर मिले। वे दोनों सुबह की ट्रेन से लौटते समय बनारस पार्टी से उस स्टेशन पर मिले जहाँ अप-डाउन ट्रेनें एक-दूसरे को क्रास करती थीं। असल में इलाहाबाद में जोगेश के न मिलने पर बनारस पार्टी, बनारस लौट रही थी। खाली बेचन शर्मा किसी काम से वहाँ से बनारस गए, बाकी पार्टी वहीं से इलाहाबाद लौट गई। वे सभी रानी धर्मशाला में रुके। इन लोगों में मन्मथनाथ गुप्त, प्रणवेश चटर्जी और रवीन्द्रनाथ कार थे। मन्मथनाथ, आर.सी. कार और प्रणवेश के साथ बनवारी ट्रेन से 10 बजे दिन में कानपुर की तरफ निकले।

प्रणवेश और बनवारी ने एक्शन के स्थान से एक स्टेशन पहले उतरकर मोमबत्ती खरीदी। फिर वे इलाहाबाद की तरफ एक स्टेशन आगे तक गए जबकि बाकी दो और भी आगे तक गए। प्रणवेश और बनवारी शाम की ट्रेन पकड़ने रेलवे स्टेशन आए तो सम्भवतः थाने का एक सिपाही सादे कपड़े में मिला। आमों के लिए प्रसिद्ध एक रेलवे स्टेशन पर वह मिला और वहाँ उनके आगमन का कारण पूछा। उन्होंने बताया कि वे एक सभा में शामिल होने के लिए आए थे। लेकिन बाकी लोग आए नहीं, इसलिए लौट रहे थे। उन्होंने शाम की ट्रेन पकड़ी और एक स्टेशन पर उतरकर वहाँ से शाम 7 बजे घटनास्थल के लिए चले। इस रेलवे स्टेशन पर वे रामप्रसाद, जोगेश और कानपुर के दूसरे तमाम अन्य लोगों से मिले। कानपुर समूह के सिर्फ एक सिक्ख को बनवारी ने पहचाना। (सम्भवतः भगतसिंह थे) कुल 14-15 लोग रहे होंगे। रात बेहद अँधेरी थी

और बारिश हो रही थी। जोगेश ने बताया कि कानपुर से एक बन्दूकवाला आया है। फिर वे शिकायतकर्ता के घर पहुँचे। रामप्रसाद ने खपरैल छत पर चढ़कर बन्दूक से फायर किया। गाँव का कोई भी आदमी नहीं आया। लेकिन दूसरे गाँव के कुछ लोग आ गए। जोगेश ने उन पर फायर किया और वे भाग गए। इस धन-कार्य में जो एकमात्र सम्पत्ति मिली वह चाँदी की एक हँसुली और थोड़ी नकदी थी।

वे लोग टुकड़ों में पैदल ही इलाहाबाद निकले। वे लोग जो रानी धर्मशाला में रुके थे 7:30 बजे सुबह लौटे। पूरे समय बारिश होती रही। घटनास्थल पर एक कुल्हाड़ी छूटी थी। इस कुल्हाड़ी को बनवारी ने खुसरो बाग में एक लोहार से बनवाया था। एक्शन के पूर्व वह जोगेश को लेकर शिकायतकर्ता के घर गया था और शिकायतकर्ता ने वास्तव में जोगेश के साथ इस मुखबिर को देखा था। यह मुखबिर एच.आर.ए. का सदस्य है। वह छोटा, काला-सा 35 साल के करीब का आदमी है। एक बार वह किसी लम्बे से अजनबी को लेकर इलाहाबाद के गुप्त घर पर आ गया तो छेदालाल उस पर बहुत बिगड़ा और कहा कि तुम जो कि श्री रासबिहारी बोस के साथ काम कर चुके हो, तुम्हें यहाँ किसी अजनबी को नहीं लाना चाहिए, यह बेहतर पता होना चाहिए। यह मुखबिर देखने में गँवई है। बनारसीलाल ने पूर्व में बताया कि इस एक्शन में रामप्रसाद ने प्रेमकृष्ण की पिस्तौल प्रयोग की और रामप्रसाद ने ही इसकी गोलियाँ खरीदीं। घटना के बाद बनवारी प्रतापगढ़ लौट गया और बाकी अपने घरों को लौट गए।"[9]

इस एक्शन का विवरण दर्ज करते हुए जोगेशचन्द्र चटर्जी लिखते हैं, "सम्पर्क बढ़ने के साथ-साथ खर्चे भी बढ़ने लगे। बनारस तथा बहुत से अन्य स्थानों से धन की माँग मेरे पास आने लगी। उन आर्थिक कठिनाइयों में मैं एक्शन करने की सोचने लगा। लकड़ी के स्टाल पर मैंने ठाकुर जंगबहादुर सिंह से एक दिन इस विषय पर चर्चा की। उन्होंने इलाहाबाद जिले के एक स्थान के बारे में सुझाव दिया। मैं उनके साथ उस गाँव में जहाँ एक्शन किया जाना था, स्थल निरीक्षण करने गया। उस गाँव का एक आदमी तो उनका अन्तरंग मित्र था। वहीं हम लोग ठहरे। मैंने जहाँ एक्शन किया जाना था, उस घर का तथा अन्य आवश्यक चीजों का अध्ययन किया। उसके बाद हम लोग कानपुर वापस आ गए। यहाँ एक्शन की रूपरेखा बनाई गई तथा एक्शन में भाग लेने के लिए सदस्यों को अपने बनारस, इलाहाबाद, कानपुर तथा शाहजहाँपुर की शाखाओं से बुलाया गया। जहाँ तक अब मुझे याद है, बनारस से तीन व्यक्ति मन्मथनाथ गुप्त, रवीन्द्रनाथ तथा प्रणवेश चटर्जी आए थे। रायबरेली से बनवारीलाल तथा कानपुर से भगतसिंह, जंगबहादुर सिंह, वीरभद्र तिवारी तथा मैं शामिल हुए। इलाहाबाद से जितेन्द्र ने पं. केशवदेव मालवीय को बुलवा दिया, जिन्हें मैंने ले जाना उचित न समझा। इस एक्शन में कोई धन न मिला। धन उन्होंने जमीन के अन्दर गाड़ रखा था। हम लोगों ने घर के लोगों का शारीरिक उत्पीड़न करना ठीक न समझा। पड़ोस के गाँव के एक व्यक्ति को गोली लगने से वह मर गया। मैंने निर्णय लिया कि यू.पी. के गाँवों में अब इस प्रकार के एक्शन नहीं किये जाएँगे। भारी आर्थिक दबाव में मैंने निर्णय लिया कि कोमिल्ला जाकर कुछ पैसे ले आऊँ।"

फिर वे गुप्त रूप से कोमिल्ला गए, पैसे लाकर सबको देकर पुनः कानपुर आ गए। जोगेशचन्द्र आगे लिखते हैं, "राजेन्द्र लाहिड़ी तथा रामप्रसाद बिस्मिल अकसर कानपुर

आने लगे। मैं भी शाहजहाँपुर का नियमित यात्री था। एच.आर.ए. का प्रादेशिक सम्मेलन पार्टी के मुख्यालय कानपुर में आयोजित किया गया। इसमें जिन्होंने भाग लिया उनमें राजेन्द्र लाहिड़ी, सुरेश भट्टाचार्य, वीरभद्र, रामप्रसाद बिस्मिल तथा मैं था। पीलखाना में पीली कोठी धर्मशाला में सम्मेलन हुआ। पार्टी ने पूर्व के कार्यों की समीक्षा की। भविष्य के कार्यों का प्रस्ताव रखा। कार्यकारिणी में सुरेशचन्द्र भट्टाचार्य ने झाँसी डिवीजन का प्रतिनिधित्व किया। शचीन्द्रनाथ बख्शी को लखनऊ में व्यवस्थित किया गया था। वहाँ अपेक्षित सफलता न मिली। बख्शी मेरे साथ झाँसी गए। वहाँ मैंने अपने सभी महत्त्वपूर्ण लोगों से उन्हें मिलवाया।"[10]

यह बैठक कब हुई स्पष्ट ज्ञात नहीं लेकिन पूरामुफ्ती के बाद अर्थात् अगस्त, 1924 या इसके बाद कभी हुई। श्री एम.एन.राय पर वारंट था। अत: वे फ्रेंच बस्ती पांडिचेरी में रुके थे। उनसे सम्पर्क करने जोगेशचन्द्र जी रवाना हुए। वहीं उनकी भेंट शिवचरणलाल के भाई रामचरण लाल तथा झाँसी के अयोध्या प्रसाद से हुई। मद्रास में सी.आई.डी. जोगेशचन्द्र के पीछे पड़ी। मद्रास से जब वे कलकत्ता पहुँचे तो सी.आई. डी. ने उन्हें गिरफ्तार कर लिया। मन्मथनाथ जी लिखते हैं, "जोगेश बाबू कलकत्ता यह रिपोर्ट लेकर गए थे कि संयुक्त प्रान्त में क्या हो रहा है। गिरफ्तारी के समय उनके पास से एक कागज बरामद हुआ, जिसमें उन्होंने अपनी स्मृति की सहायता के लिए कुछ बातें लिख रखी थीं। इस कागज में यह लिखा था कि संयुक्त प्रान्त के 23 जिलों में संगठन हो चुका है। जोगेश बाबू सन् 1924 में बंगाल आर्डिनेंस के लागू किये जा़ने के दो दिन पहले गिरफ्तार किये गए।" उल्लेखनीय है कि बंगाल क्रिमिनल लॉ आर्डिनेंस अक्टूबर, 1924 में लागू हुआ। जो 1925 में एक्ट बना। अत: श्री जोगेशचन्द्र चटर्जी को अक्टूबर, 1924 में पकड़ा गया होगा।

यदि घटनाक्रमों पर संक्षिप्त दृष्टि डालें तो 1924 में किसी महीने में जोगेशचन्द्र बनारस से कानपुर आए। मनीलाल अवस्थी तथा वीरभद्र तिवारी ने छत्रपाल गैंग से सम्पर्क कराया। जून-जुलाई, 1924 में फतेहपुर के खागा में किसी महाजन के घर पर मनी एक्शन की योजना बनी जो विफल रही। फिर 9 अगस्त, 1924 को इलाहाबाद के पूरामुफ्ती में एक घर में मनी एक्शन हुआ। इसमें भगतसिंह भी शामिल हुए। इसमें चाँदी की एक हँसुली भर मिली। फिर जोगेशचन्द्र चटर्जी कोमिल्ला जाकर पैसा ले आए तथा श्री शचीन्द्रनाथ सान्याल व श्री त्रैलोक्यनाथ चक्रवर्ती से मिलकर आए। सितम्बर, 1924 में एच.ए.आर. का पीली कोठी कानपुर में प्रादेशिक सम्मेलन किया गया। इसके बाद शचीन्द्रनाथ बख्शी को लखनऊ से ले जाकर झाँसी में व्यवस्थित किया और जोगेशचन्द्र स्वयं मद्रास होकर पांडिचेरी गए। वहाँ से कलकत्ता पहुँचने पर अक्टूबर, 1924 में पकड़े गए। श्री मन्मथनाथ जी ने लिखा, "जोगेश बाबू के बंगाल में गिरफ्तार होने के बाद पार्टी के सामरिक विभाग का नेतृत्व श्री रामप्रसाद के हाथ में आया।"[11] पूरामुफ्ती एक्शन पर जोगेश बाबू अपनी आत्मकथा में आगे लिखते हैं, "दंडित हो जाने के बाद प्रणवेश चटर्जी ने जेल से अवध चीफ कोर्ट में जाकर बयान दिया था, जिसमें पूरामुफ्ती (इलाहाबाद) वाली घटना का उल्लेख किया था।"[12]

उल्लेखनीय है कि खागा और पूरामुफ्ती के एक्शनों में चन्द्रशेखर आज़ाद ने भाग

नहीं लिया था। भगतसिंह पूरामुफ्ती एक्शन में शामिल थे। एक्शंस का दौर शुरू होने के पहले दल के लिए पैसों का प्रबन्ध करने के उद्देश्य से चन्द्रशेखर आज़ाद श्री रामकृष्ण खत्री के सुझाव पर गाजीपुर में उदासी अखाड़े के एक साधु का चेला बनकर रहे। गुरुमुखी सीखी। जपुजी पढ़ी। लेकिन साधु को जल्दी मरता न देखकर आज़ाद वापस आ गए। इसका उल्लेख श्री रामकृष्ण खत्री ने अपनी आत्मकथा में विस्तारपूर्वक किया है। आज़ाद सर्वप्रथम बमरौली एक्शन में लिये गए थे। अपने संस्मरण में श्री शचीन्द्रनाथ बख्शी लिखते हैं, "वे सन् 1924 में 17 वर्ष की अवस्था से ही एक्शन में बुलाए जाने लगे। इसके बाद चन्द्रशेखर आज़ाद काकोरी ट्रेन अभियान तक प्राय: सभी मनी एक्शंस में रहे। उस समय तक बमरौली, बिचपुरी, द्वारकापुर, सराय महेश के एक्शन हो चुके थे। इन सभी में आज़ाद साथ थे। इन एक्शनों में चन्द्रशेखर आज़ाद तथा अन्य साथियों ने काफी अनुभव प्राप्त कर लिया था।"[13]

दिसम्बर, 1924 से अगस्त, 1925 के दरम्यान मात्र साढ़े सात महीने में कुल 5 एक्शन किये गए जो निम्न थे—

1. बमरौली एक्शन—25 दिसम्बर, 1924 (जिला पीलीभीत)
2. बिचपुरी एक्शन—09 मार्च, 1925 (जिला शाहजहाँपुर)
3. द्वारकापुर एक्शन—24 मई, 1925 (जिला प्रतापगढ़)
4. सराय महेश एक्शन-26 जुलाई, 1925(जिला रायबरेली)
5. काकोरी एक्शन—09 अगस्त, 1925 (जिला लखनऊ)

इन एक्शंस में से दो, बमरौली और बिचपुरी का विस्तृत विवरण काकोरी मुकदमे के दौरान दिया गया जो सरकारी फाइलों में दर्ज है। यहाँ यह स्पष्ट किया जाना आवश्यक है कि श्री शचीन्द्रनाथ बख्शी व अशफाक उल्ला खाँ काकोरी केस में बाद में पकड़े गए थे। उन पर पूरक मुकदमा चला था। उन्हें फँसाने के लिए बमरौली व बिचपुरी मामलों में भी गवाहियाँ कराई गई थीं। बनारसीलाल अप्रूवर ने उसी समय ये बातें बताईं।

इन एक्शनों का संक्षिप्त विवरण प्रस्तुत किया जा रहा है—

बमरौली एक्शन

'काकोरी जजमेंट' के अध्याय-3 के रूप में बमरौली एक्शन का उल्लेख है। जजमेंट के अनुसार, "बमरौली पीलीभीत का एक गाँव है जो शाहजहाँपुर जिले से सटा हुआ है। जिस घर पर क्रान्तिकारियों ने हमला बोला वह बलदेव प्रसाद का है, जो सूद पर पैसा देता है और जिसका चीनी का कारखाना है। कुछ दिन पहले ही उसके घर में सेंधमारी हुई थी, इसलिए उसने और घरवालों ने आदत बना ली थी कि पहले पहर में सो लेते थे और रात के दूसरे पहर में जब सेंधमारों के आने की सम्भावना बढ़ जाती थी तब वे जागते थे। वह अपने घर की छत पर पड़ी मड़ैया में अपने दो पुत्रों के साथ सो रहा था। घर की औरतें नीचे थीं, यह अभी काफी जल्दी थी। ज्यादातर गाँववाले अभी सोये नहीं थे। तभी उसकी नींद गोली चलने की आवाज से खुल गई। छत की मुँडेर से उसने देखा कि क्रान्तिकारी उसके आँगन में पड़ी सीढ़ी लगाकर छत पर चढ़ने ही वाले थे। उसने एक डंडे से उन्हें रोकने का प्रयास किया, लेकिन उसे गर्दन में गोली मार दी गई। गोली

मांस को चीरकर निकल गई। वह पीछे मुड़कर पश्चिम में सटे छत की ओर भागा, जो लालता प्रसाद का था। उसके कूल्हे में भागते समय एक गोली लगी। वह सीढ़ियों से उतरकर लालता प्रसाद के चीनी कारखाने में चला गया। तब तक कई गाँववाले जमा हो गए थे। वे और लालता प्रसाद के कारखाने के आदमियों ने बलदेव प्रसाद के घर का रुख किया। घर बन्द था। ग्रामीणों ने क्रान्तिकारियों पर पत्थर फेंकना शुरू किया जो अभी भी छत पर थे।

मोहनलाल पहलवान ने चुनौती दी थी कि क्रान्तिकारी आकर एक-एक कर लड़ लें। इस पर एक क्रान्तिकारी ने उसके पेट में गोली मार दी जिससे उसकी तत्काल मौत हो गई। मोहनलाल के भान्जे चन्द्रिका प्रसाद अपने पिता के कारखाने में सोये थे। बलदेव प्रसाद के एक बेटे जगन्नाथ और चार अन्य लोगों को गोली मारी गई, हालाँकि उनकी चोटें खतरनाक नहीं थीं। इसके बाद गाँववाले छिटक गए और उनमें से कुछ यहाँ-वहाँ छुपकर देखने लगे कि क्या हो रहा है। बलदेव प्रसाद एक टट्टी या गाय के गोबर से बने उपलों के ढेर के पीछे छुप गया था। जो वहाँ से उत्तर की तरफ कुछ गज की दूरी पर था और उसके घर के सामने था। कुछ देर बाद उसने देखा कि क्रान्तिकारी उसके घर से बाहर आए, दरवाजे पर चन्द मिनटों के लिए रुके और गिनती करके देखा कि सभी आ तो गए, फिर उन्होंने जमीन पर देखा, कुछ उठाया और चल पड़े। बलदेव प्रसाद का अनुमान है कि उसका नुकसान 4000 रुपये का हुआ, जिसमें से 1600 रुपये नकद जमीन में गड़ा हुआ था, बाकी गहने थे। नकद जबरी निकाला गया और गहने औरतों से उतरवा लिया गया। यही बात बलदेव प्रसाद के एक लड़के गजाधर लाल ने भी बताई। लालता प्रसाद, कालका प्रसाद ने भी बताया।

बलदेव प्रसाद और सभी गवाहों ने अशफाक उल्ला को इन क्रान्तिकारियों में से एक के रूप में पहचाना। गजाधरलाल और लालता प्रसाद ने बख्शी को भी पहचाना। गाँववालों ने बताया कि उस दिन अँधियारी थी, बादल भी थे, लेकिन कारखाने के बेल से, अलाव से और क्रान्तिकारियों द्वारा जलाई गई मोमबत्ती से इतनी रोशनी मिल रही थी कि उन्हें पहचाना जा सके। क्रान्तिकारियों के रूप-रंग कुछ गाँववाले थे, कुछ कस्बावाले थे। यह उनकी भाषा, कपड़े और बनावट के आधार पर बताया जा रहा था। कुछ गाँववालों ने एक क्रान्तिकारी का नाम तुरन्त पहचानकर बता दिया—रोशन सिंह। दोनों अप्रूवरों के अनुसार एक्शन की साजिश उसी ने रची। बलदेव प्रसाद ने कहा कि उसने अशफाक को छत पर देखा था। उसी ने उसको गोली मारी थी। दुबारा उसने उसे दरवाजे से बाहर आते देखा। तिदारी (जानवरों के घर) में छुपे लालता प्रसाद ने बताया कि अशफाक के हाथ में बन्दूक थी। लालता प्रसाद ने मन्मथनाथ गुप्त को भी पहचाना।

चौकीदार रामदयाल ने डकैती की रिपोर्ट थाना बिलसंड को दी। द्वितीय अफसर एस.आई. छतरसिंह आधी रात को गाँव पहुँचा। थानाध्यक्ष एस.आई. रामचन्द्र शर्मा अगले दिन आया। मोहनलाल के शव को पोस्टमॉर्टम के लिए पीलीभीत भेजा गया और सात घायलों की दवा बिलसंड हॉस्पिटल में कराई गई। मोहनलाल का पोस्टमॉर्टम सिविल सर्जन डॉ. गुलजारीलाल ने किया। एक गोली पेट के दाएँ से बाएँ को पार हो गई थी। शायद राइफल से गोली मारी गई थी। ग्रामीणों का कहना था कि शॉटगन

थी। जिन नौ ग्रामीणों पर मुकदमा चला उन्हें पीलीभीत सेशन कोर्ट ने छोड़ दिया। सब इंस्पेक्टर ने रोशन सिंह को साक्ष्य के अभाव में नहीं पकड़ा। चौकीदार ने रात को दस बजे से थोड़ा पहले रिपोर्ट दर्ज कराई थी। यह गाँव थाने से 3 मील दूर था। मौके से न तो मोमबत्ती मिली न माचिस। विवेचना के दौरान गाँव के लोगों ने बताया कि कुछ डकैत पढ़े-लिखे मालूम होते थे। वे शब्दों का उच्चारण सही ढंग से कर रहे थे। यह प्रश्न उठा कि काकोरी के मुख्य केस के गवाहों ने रोशन सिंह को और मन्मथनाथ को ही पहचाना, जबकि इस मामले में सिर्फ अशफाक और बख्शी को ही क्यों? अभियोजन का जवाब था कि जो ज्यादा दिखे या पहचाननेवाले के ज्यादा निकट थे वे ही पहचाने गए।"[14]

श्री राजेन्द्रनाथ बख्शी के अनुसार, "इस एक्शन में 12-13 सदस्यों ने हिस्सा लिया था। शाहजहाँपुर के श्री रामप्रसाद बिस्मिल, श्री अशफाक उल्ला खाँ व श्री रोशन सिंह के अतिरिक्त लगभग सभी लोग बनारस के थे। इस दल में चन्द्रशेखर आज़ाद भी थे। यह मनी एक्शन 25 दिसम्बर, 1924 की रात को किया गया था। बमरौली गाँव से निकलकर सभी लोग कई मील दूर जाकर जब काफी थक गए तो सुस्ताने बैठे। इस प्रकार के काम में मन व शरीर दोनों थक जाते हैं। बमरौली की पूरी योजना रोशन सिंह ने बनाई थी और उन सभी में रोशन सिंह सबसे बड़े थे। काफी देर सुस्ताने के बाद रोशन सिंह अचानक खड़े हो गए और बोले बहुत आराम कर लिये अब चला जाए। सभी लोग उठकर खड़े हुए और फिर कई मील चलकर एक रेलवे लाइन तक सबको पहुँचाकर सभी लोगों को बिस्मिल के सुपुर्द कर रोशन सिंह अकेले ही अपने घर की ओर चल दिये। रामप्रसाद सबको लेकर पैदल ही शाहजहाँपुर तक आए। एक्शन के लिए पहले दिन सभी लोग दोपहर तीन बजे स्टेशन पर उतरे थे और पैदल ही चलते हुए दूसरे दिन दोपहर 12 बजे शाहजहाँपुर पहुँचे थे। सभी लोग थककर चूर हो गए थे। सबका बुरा हाल था। सभी के साथ बिस्मिल भी शिथिल पड़ गए थे। केवल अशफाक के चेहरे पर कोई शिकन नहीं आई थी और सिर्फ वही सुस्थिर दिखाई दे रहे थे लेकिन इस एक्शन में लगभग 55-56 मील लगातार पैदल चलना किसी को भी रुचिकर न लगा था। शहर में अशफाक ने राजा साहब की कोठी इन सभी लोगों के लिए रखी थी। वहाँ शिकार पार्टी कहकर रुकवाया था। कोठी में पहुँचकर सभी लोग राइफल, बन्दूक, पिस्तौल सब एक जगह पटककर भूखे-प्यासे ही ढेर हो गए।"[15] बमरौली घटना का उल्लेख श्री मन्मथनाथ ने भी अपनी आत्मकथा में 'पीलीभीत के एक गाँव की घटना'[16] कहकर किया है। इसमें उन्होंने पहलवान मोहनलाल का नाम तो नहीं लिया है, लेकिन उसका रामप्रसाद से वाग्युद्ध होता दिखाया है। उन्होंने मोहनलाल के हाथ में राइफल दिखाया है और पं. रामप्रसाद बिस्मिल द्वारा गोली मारना दर्शाया है।

'द ट्रिब्यून' के पूर्व एडिटर-इन-चीफ रहे डॉ. हरीश खरे ने बमरौली एक्शन से भगतसिंह को भी जोड़ा है। वे लिखते हैं, "25 दिसम्बर की ठंड में गन्ना व्यापारी बलदेव सिंह के घर जो मनी एक्शन हुआ था उसके अगुआ चन्द्रशेखर आज़ाद थे। बलदेव प्रसाद सूदखोर था उसके यहाँ से 8000 रुपये, सोने-चाँदी के गहने लूटे गए। बलदेव प्रसाद के लठैत पहलवान मोहनलाल पर ठाकुर रोशन सिंह ने गोली चला दी

थी। वह मर गया। ठिकाने पर पहुँचकर भगतसिंह ने कहा, "आइंदा मुझे किसी डकैती में साथ लेकर न आना मैं किसी हिंसा को बर्दाश्त नहीं कर सकता, जिसमें हमें किसी इनसान की जान लेने पर मजबूर होना पड़े।"[17] लेकिन इस सूचना में तमाम बातें गलत हैं। बलदेव प्रसाद महाजन था न कि सिंह। स्वयं बलदेव प्रसाद ने अपना नुकसान मय गहनों के चार हजार रुपये का बताया है न कि आठ हजार का। बलदेव के अनुसार अशफाक ने गोली मारी थी न कि रोशन सिंह ने। इस टोली का नेतृत्व श्री रामप्रसाद बिस्मिल ने किया न कि चन्द्रशेखर आज़ाद ने। यह आज़ाद का पहला एक्शन था। वे दल के सामान्य सदस्य मात्र थे।

रंगून से पेशावर तक 'रिवॉल्यूशनरी' नाम का जो पर्चा बाँटा गया था उसका खर्च बमरौली एक्शन से निकाला गया था। दिसम्बर, 1924 में बमरौली एक्शन हुआ, फिर एच.आर.ए. ने 'द रिवॉल्यूशनरी' पर्चा निकाला जिसमें संगठन के उद्देश्यों का जिक्र था। यह 1 जनवरी, 1925 को निकाला गया। यह पर्चा अंग्रेजी में था। यह पर्चा श्री शचीन्द्रनाथ सान्याल ने 'बलराज' के छद्म नाम से तैयार किया था। इस पर्चे को बनारस से ही देश के विभिन्न प्रान्तों में भेजा गया था। श्री विश्वनाथ वैशम्पायन के अनुसार, "बनारस के लक्सा मुहल्ले में क्रान्तिकारियों ने एक मकान ले रखा था। इसमें सामने के कमरे में तबला, हारमोनियम, बीड़ी-माचिस आदि पड़ा रहता था, ताकि देखनेवाले लोग यह समझें कि यहाँ कुछ शोहदे जमा होकर लफंगई करते हैं। यहाँ आज़ाद भी आया करते थे। पैम्फ़लेट का जो बंडल आया वह इसी मकान में खोला गया। उसके अनेक छोटे बंडल बनाकर उत्तर प्रदेश के केन्द्रों को भेजा गया। इन पर्चों को बाँटने में सबसे अधिक सफलता आज़ाद को मिली। काशी विद्यापीठ के एक अधिकारी ने जब दफ्तर खोला तो दफ्तर के हर रजिस्टर से वह पर्चा निकला। इसका रहस्य यही था कि आज़ाद ने दफ्तर के एक चपरासी को अपना मुरीद बना लिया था, जिसकी यह करामात थी।"[18]

बमरौली एक्शन सन् 1924 का आखिरी एक्शन था इसके बाद आया 1925 का वर्ष।

"सन् 1924 में कांग्रेस की राजनीति मुख्यत: कौंसिलों में किये गए काम तक सीमित रही। अब स्वराजियों को अपरिवर्तनवादियों की तरफ से परेशानी नहीं रही। बड़ी कौंसिल में स्वराज्य पार्टी 1924-25 में विरोधी दल का काम करती रही। आरम्भ में लगातार और एक-सा अड़ंगा डालने का जो संकल्प किया गया था, उससे कहीं काम न लिया गया। मार्च, 1925 में गांधी जी ने केरल के वायकोम-सत्याग्रह में समझौता होने में मदद की। 16 जून, 1925 को देशबन्धु दास का दार्जिलिंग में परलोकवास हुआ। 6 अगस्त को सर सुरेन्द्रनाथ बनर्जी का परलोकवास हुआ। गांधी जी ने स्वराजियों के हाथ में सारी शक्ति देने और बंगाल में स्वराज्य पार्टी की जड़ मजबूत जमाने में कोई कसर न उठा रखी। अगस्त, 1925 में गांधी जी ने लिखा—'मैं कांग्रेस की सहायता और उसके नाम का उपयोग उसी हद तक करूँगा जिस हद तक शिक्षित भारतीय मुझे अनुमति दे।' 21 सितम्बर, 1925 को पटना में हुई महासमिति की बैठक में खद्दर का राजनीतिक महत्त्व छिन गया। हाथ कता सूत देने की शर्त केवल चार आना न देने की हालत में ही लागू रही।

अब राजनीतिक काम का भार स्वराज्य पार्टी को सौंप दिया गया। स्वराज्य पार्टी स्वयं कांग्रेस हो गई। सूत की शर्त स्वराजियों को नामंजूर थी। गांधी जी ने लॉर्ड बर्कन हेड और लॉर्ड रीडिंग को करारा उत्तर देने के लिए स्वराजियों को जो माँगा, दे डाला। गांधी जी ने बचा-खुचा असहयोग भी समेट लिया। उस समय गांधी जी की जैसी मनोदशा थी उसमें पं. मोतीलाल नेहरू के लिए कोई चीज सिर्फ माँगने की देर थी और वह उन्हें तुरन्त मिल जाती। गांधी जी ने महासमिति के अध्यक्ष की हैसियत से स्वराज्य-पार्टी द्वारा बड़ी कौंसिल में किये गए काम की आलोचना तक न होने दी। कांग्रेस खद्दर समर्थकों व कौंसिल के समर्थकों में बँट गई। खद्दर समर्थकों में असन्तोष था। 1 नवम्बर, 1925 को नागपुर में अखिल भारतीय स्वराज्य पार्टी की बैठक हुई। फिर श्रीमती सरोजिनी नायडू की अध्यक्षता में कानपुर अधिवेशन हुआ। यह अधिवेशन मजदूरों के प्रदर्शन और कुछ प्रतिनिधियों के उपद्रव को छोड़कर निर्विघ्न समाप्त हो गया। इस अधिवेशन में अमरीका के मिस्टर होल्म्स मौजूद थे। जुलाई, 1925 में पूरे महीने साम्प्रदायिक दंगे होते रहे।"[19]

बिचपुरी एक्शन

सन् 1925 का पहला एक्शन बिचपुरी था। जिसका विस्तृत उल्लेख काकोरी जजमेंट में दर्ज मिलता है। उक्त दस्तावेज के अनुसार, "अप्रूवर बनारसीलाल ने स्वीकार लिया कि वह जिस क्रान्तिकारी दल का सदस्य था उसके द्वारा की गई डकैतियों में से एक में उसने स्वयं भाग लिया। उसके अनुसार यह होली के त्योहार पर की गई थी। एक दिन पहले रामप्रसाद उसके घर आए और कहा कि उसके लिए उनके पास कुछ तफरीह है। उन्होंने उसे पीलीभीत के जानिब शाहजहाँपुर से अगले स्टेशन शहबाजनगर पर अन्य सदस्यों से मिलने का निर्देश दिया। जब अगले दिन बनारसीलाल स्टेशन पर पहुँचा तो वहाँ उसे रामप्रसाद, अशफाक, बख्शी, मन्मथनाथ गुप्त, रामकृष्ण खत्री और 'क्विक सिल्वर' (ऐसा विश्वास किया जाता है कि चन्द्रशेखर आज़ाद) मिले। वह उन लोगों के साथ पीलीभीत वाली ट्रेन में शहबाजनगर से शेरगढ़ गया। वहाँ वे ट्रेन से उतरे तो बनारसीलाल को पता चला कि पूरा दल बीस या पच्चीस लोगों का था, जिसमें आधे लोग तो समाज के थे बाकी आधे गाँव के बदमाश थे।

वे लोग पीलीभीत की दिशा में दो मील पैदल चले तो वह गाँव मिला, जिसके एक घर की तरफ एक बदमाश ने संकेत करते हुए बताया कि इस घर में एक्शन होना है। रात घिरने तक दल वहीं लाइन के पास रहा। फिर एक बंडल खोलकर हथियार बाँटे गए। रामप्रसाद और अशफाक ने राइफल ली, ये राइफलें बाद में बनारस में राजकुमार सिन्हा के पास मिली थीं। बख्शी, मन्मथनाथ गुप्त और समाज के दूसरे सदस्यों के पास पिस्तौल और रिवॉल्वरें थीं। रामकृष्ण खत्री और क्विक सिल्वर को 'खुखरी' दी गई थी। बनारसीलाल के पास एक बड़ा चाकू था और देहाती बदमाशों के पास दो बन्दूकें और लाठियाँ थीं। रामप्रसाद ने दो बदमाशों को गाँव में यह देखने के लिए भेजा कि क्या सब ठीक है? वे इस खबर के साथ लौटे कि होली मनाने वालों की भारी भीड़ जमा है और इसलिए यह उचित अवसर नहीं था। इस पर रामप्रसाद ने प्रोग्राम को पूरी तरह रद्द करने का प्रस्ताव रखा, लेकिन बदमाशों ने कहा कि वे कहीं और एक्शन कर

सकते हैं। इसलिए वे लोग एक या दो मील और गए जब तक दूसरा गाँव नहीं मिल गया। एक बदमाश को इसमें भेजा गया तो वह सन्तोषजनक खबर लेकर आया। तब दल गाँव में गया।

रात 9-10 बजे थे, जिस घर को लूटा जाना था उसके बाहर एक टूटी बैलगाड़ी पड़ी थी। रामप्रसाद इसके ऊपर चढ़कर दीवार पर चढ़ने का प्रयास कर रहे थे। वे विफल रहे, फिर अशफाक और बदमाशों में से एक झुके हुए छप्पर पर चढ़े। वहीं से बदमाश घर में उतर गया और किवाड़ खोल दिया। रामप्रसाद और अशफाक छत पर चढ़ गए और वहीं रहे। बन्दूक लिये दो बदमाश घर के बाहर खड़े रहे बाकी का दल जिसमें बनारसीलाल भी था, भीतर चला गया। गाँववालों ने इकट्ठा होकर घर को घेर लिया लेकिन रामप्रसाद और अशफाक ने गोली दाग कर उन्हें तितर-बितर कर दिया। घर के बाहर खड़े बदमाशों ने भी गोली दागी। रामप्रसाद और अशफाक चाँदनी रात में उस छत पर और साथ में जुड़ी छत पर टहल रहे थे। क्रान्तिकारियों ने आँगन में फूस जलाया और कपड़ों को आग लगा दिया। उन्होंने कमरों में और बरामदों में चिराग जलाए। दल के एक-दो लोगों के पास इलेक्ट्रिक टॉर्च भी थी। क्रान्तिकारियों ने घर से निकाली सम्पत्ति को आँगन में जमा किया। उन्होंने घर के पुरुषों को पीटा। बनारसीलाल ने क्विक सिल्वर को खुखरी एक बच्चे के गले पर रखे देखा। केवल राइफलों और बन्दूकों से गोली चलाई गई। क्योंकि रामप्रसाद ने रिवॉल्वरों और पिस्तौलों को आपातकाल के लिए बचाकर रखने के लिए कहा था।

बख्शी ने घरवालों को धमकाया और लूट में भाग लिया। जब रामप्रसाद ने सीटी बजाई तो क्रान्तिकारियों ने मात्र महिलाओं के कपड़े छोड़कर गहने और कपड़ों को एकत्र किया। घर से बाहर आए और कच्चे रास्ते से निकल गए। लूट के माल को एक पीपल के नीचे देखा गया। रामप्रसाद ने कहा कि यह उनके किसी काम का नहीं है और बदमाशों से इसे ले जाने को कहा। दल बँट गया। बदमाश एक दिशा में गए, जबकि क्रान्तिकारी दूसरी दिशा में। क्रान्तिकारी सुबह-सवेरे पीलीभीत पहुँचे। वहाँ से कुछ ने बरेली की ट्रेन पकड़ी, शेष ने लखनऊ की। बनारसीलाल ने शाहजहाँपुर की ट्रेन पकड़ी। शाहजहाँपुर के मुख्तार श्यामलाल भी उसी ट्रेन में थे। बनारसीलाल का कथन मजिस्ट्रेट ने 19 अक्टूबर, 1925 को दर्ज किया। इसमें उसने बख्शी को बंगाली बाबू कहा। बनारसीलाल के अनुसार उसने बमरौली एक्शन के समय भी बख्शी को देखा था जब वे उसके घर अन्य षड्यंत्रकारियों के साथ रुके थे।

मजिस्ट्रेट खान साहब सैयद ऐनुद्दीन थे। नारायणपुर के पास की अमराई से रामप्रसाद ने दो आदमियों को गाँव में भेजा था। पहले अंगनलाल का पक्का मकान लूटना था। अप्रूवर मजिस्ट्रेट को बिचपुरी गाँव में ले गया था। तोती और बिहारी के मकान पर ले गया, जिसमें वे घुसे थे। इंस्पेक्टर विशेश्वर सिंह को मजिस्ट्रेट ने पुलिस डायरी देखने के लिए भेजा। एक्शन की सूचना विशालपुर थाने पर दी गई थी। 10 मार्च, 1925 को सुबह को वहाँ से बिचपुरी गाँव से दो दगे कारतूस मिले। उन्हें पीलीभीत थाने पर जमा करा दिया। एफ.आई.आर. श्यामलाल ने दर्ज कराई। तोती और बिहारी दोनों घायल थे। इंस्पेक्टर ने 10 की सुबह पहुँचकर जो दृश्य देखा वह बनारसीलाल के बयान के समान

था। श्यामलाल को हॉस्पिटल भेजा गया जहाँ वह अगले रोज मर गया। पीलीभीत के सिविल सर्जन ने जो पोस्टमॉर्टम किया उसमें पता चला कि मृतक के पेट में गोली के बने दो घाव थे। फिर तोती का बयान है। बिहारी तोती का चचेरा भाई था। बिहारी की आँख के नीचे चाकू घुसाया गया और उसकी जाँघों के बीच तेल में भीगा कपड़ा रखकर जलाया गया और अगर उसने धन का पता नहीं बताया तो उसके लड़के का गला काटने की भी धमकी दी गई। उन्होंने औरतों के गहने उतरवा लिये। ऊपर के दो क्रान्तिकारी लगातार घूमते रहे। वे औरतों के कपड़े छोड़कर सब ले गए। तोती ने अनुमान लगाया कि उसका 900 रुपये का नुकसान हुआ। उसने अशफाक की पहचान छत पर घूम रहे दो में से एक क्रान्तिकारी के रूप में की। उसने मुख्य केस में अभियुक्त राजकुमार सिन्हा और रामकृष्ण खत्री की भी पहचान की। छत में एक क्रान्तिकारी ने श्यामलाल को गोली मारी थी क्योंकि वह उन्हें गाली दे रहा था। श्यामलाल रेलवे में प्वाइंटमैन था। वहाँ से एक कारतूस मिला, दूसरा दीवार में गड़ा मिला, तीसरा रीवा नाम के लड़के को खेत में, तोती के घर से सौ-डेढ़ सौ कदम पर अगले रोज मिला।"[20]

श्री राजेन्द्रनाथ ने इस घटना का विस्तृत विवरण दिया है। उनके अनुसार, "यह मनी एक्शन होली के त्योहार के अवसर पर 9 मार्च, 1925 को किया गया था। 10 मार्च, को होली थी। बिचपुरी में तोती कुर्मी का घर था। इस एक्शन से ज्यादा कुछ हासिल न हो सका था।"[21]

श्री मन्मथनाथ गुप्त, जो इस एक्शन में खुद शामिल हुए थे, ने अपनी आत्मकथा में इस पर विस्तार से प्रकाश डाला है। वे लिखते हैं, "बिचपुरी पीलीभीत का एक गाँव है, इस अवसर पर और मैं समझता हूँ कि यह एकमात्र अवसर था पं. रामप्रसाद इस कार्य में मदद देने के लिए कुछ पेशेवर डकैतों को ले आए थे। इस प्रकार इस घटना का चरित्र आधा तो जबर्दस्ती चन्दे का रहा और आधा एक मामूली जुर्म का रहा। ये पेशेवर डकैत हिस्से के आधार पर आए थे। ये लोग हमें दुधमुँहे समझते रहे और हम इन्हें अपराधी समझते रहे। यथासमय हम इस अभागे व्यक्ति के मकान पर टूट पड़े और खोज के बाद भी कहीं रोकड़ का पता नहीं लगा। कई जगह हमने फर्श को भी खोद डाला। मकान मालिक को हर तरह की धमकियाँ और गालियाँ दी गईं किन्तु उसने कोई जगह नहीं बताई। पेशेवर डकैतगण यह चाहते थे कि मकान मालिक की उँगलियाँ जला दी जाएँ तब वह कुछ बताएगा। रामप्रसाद ने चाँदी के जेवरों की गठरी लौटा दी लेकिन एक डकैत ने उसमें से कुछ चुरा लिये। उन्होंने हमारे सामने और सुनाकर इन डकैतों को यह चेतावनी दे दी थी कि कोई भी घर की स्त्रियों पर हाथ न लगावे, नहीं तो फौरन गोली मार दी जाएगी। मोटे तौर पर डकैतों का व्यवहार स्त्रियों के प्रति खराब नहीं रहा। इस प्रकार हम इस बार बिना कुछ पाए ही लौटे और यही नहीं गाँव में एक हत्या भी हो गई। उस समय हमें यह नहीं मालूम था कि कोई मारा गया है। यह मनी एक्शन एक भयंकर लज्जाजनक घटना थी। आगे के कामों में क्रान्तिकारी दल के नियमित सदस्यों के अतिरिक्त किसी को नहीं लिया गया।"[22]

इस एक्शन में श्री रामकृष्ण खत्री भी शामिल हुए थे। उन्होंने अपनी आत्मकथा में 'बिचपुरी एक्शन' के नाम से इस घटना का काफी रोचक और विस्तृत विवरण दर्ज किया

है। वे लिखते हैं, "सन् 1925 की होली से एक या दो दिन पहले मुझको शाहजहाँपुर जाने के लिए पार्टी से आदेश मिला। सो सर्वश्री चन्द्रशेखर आज़ाद व मन्मथनाथ गुप्त के साथ मैं दूसरे ही दिन (होलीवाले दिन) शाहजहाँपुर पहुँच गया। वहाँ हम लोग एक धर्मशाला में टिकाए गए। दिनभर सड़कों पर होली का हुड़दंग होता रहा। इस कारण उस सारे दिन हम लोग धर्मशाला से बाहर बिलकुल नहीं निकले। उसी दिन रात को या दूसरे दिन सुबह पंडित रामप्रसाद बिस्मिल व श्री अशफाक उल्ला खाँ से मेरा परिचय हुआ। बनारस के महावीर सिंह भी थे, उरई के श्री मुकुन्दीलाल से भी वहीं पहला परिचय हुआ था। बख्शी जी भी झाँसी से वहाँ पहुँच गए थे। बाद में मालूम हुआ कि कानपुर से सरदार भगतसिंह अन्य दो-एक साथियों के साथ आए थे, किन्तु वे कहाँ ठहराए गए थे और वे एक्शन में थे या नहीं मैं बतला नहीं सकता। क्योंकि उनसे न शहर में परिचय हुआ और न ही मैंने उन्हें एक्शन में देखा था।

अगले दिन बनारसीलाल, जो कि बाद में हमारे केस में मुख्य सरकारी गवाह बन गया था, के यहाँ खिचड़ी बनी थी। मुझे भी मुकुन्दीलाल के साथ बाजार भेजकर आधा सेर घी मँगाया गया। भोजन के थोड़ी देर बाद हम दो-दो, तीन-तीन के गुटों में शाहजहाँपुर स्टेशन गए थे। वहीं से पीलीभीत की गाड़ी मिली। हमसे 6-7 पेशेवर डाकू भी जुड़े। एक्शन के समय रामप्रसाद छत पर चढ़ गए और हवा में फायर करते रहे। मेरी ड्यूटी अन्दर शचीन्द्रनाथ बख्शी, चन्द्रशेखर आज़ाद, मन्मथनाथ गुप्त, पहलवान, मुकुन्दीलाल के साथ थी। 45 मिनट या एक घंटे के एक्शन के बाद रामप्रसाद ने सीटी बजाकर हमें जमा किया। हमने दो-दो की लाइन में कूच किया। हम पैदल ही 40 मील दूर पीलीभीत आए। रास्ते में पुलिस का गस्ती दल भी मिला। पंडित जी और अशफाक उल्ला खान ने शाहजहाँपुर वाली गाड़ी पकड़ी। हम बरेली गए। दूसरे दिन बनारस पहुँचे थे। बाद में पता चला कि गोली लगने से वहाँ एक व्यक्ति की मृत्यु हो गई थी। तो आश्चर्य भी हुआ, साथ में बड़ा दुख भी हुआ था। इस खबर से हम सभी को आत्मग्लानि महसूस हुई, और हम लोगों में आपस में देहात में एक्शन बन्द करने की चर्चा का सूत्रपात हुआ।"[23]

श्री सुधीर विद्यार्थी ने 'अशफाक उल्ला और उनका युग' में लिखा है, "अशफाक उल्ला ने रामप्रसाद बिस्मिल के नेतृत्व में 9 मार्च, 1925 को बिचपुरी में मनी एक्शन किया गया। इस एक्शन में कोई बड़ी रकम हाथ नहीं लगी। चाँदी और सोने के कुछ गहने मिले जिन्हें बनारसीलाल ने गलवाकर पाँच सौ रुपये में बिकवाया। इससे बिस्मिल को निराशा मिली। पेशेवर डकैतों का प्रयोग भी सफल नहीं रहा। क्योंकि लूट के समय वे किसी पर अत्याचार करने या जान से मारने में हिचकिचाते नहीं थे। बिस्मिल इन डकैतियों से ऊब चुके थे। केन्द्रीय समिति में काफी विचार-विमर्श के बाद जब यह तय हो गया कि क्रान्तिकारी अब सिर्फ सरकारी सम्पत्ति या बैंक का धन ही लूटेंगे तो बिस्मिल इस योजना का खाका तैयार करने लगे।"[24]

द्वारकापुर एक्शन

बिचपुरी के ढाई माह बाद 24 मई, 1925 को जिला प्रतापगढ़ के गाँव द्वारकापुर में एक्शन किया गया। इसका उल्लेख करते हुए श्री राजेन्द्रनाथ बख्शी लिखते हैं, "प्रतापगढ़

जिले के गाँव द्वारकापुर में तीसरा मनी एक्शन 24 मई, 1925 को शिवरतन वैश्य के घर किया गया। यह मनी एक्शन रात में 8 से 9 बजे के बीच किया गया था, जिसमें आठ-नौ लोग थे। शिवरतन को पकड़कर उसके हाथ को दाँतों से काटा गया था तथा रखे धन को बताने के लिए उसके सिर पर छोटी कुल्हाड़ी से तीन बार वार किया गया था। शिवरतन के अनुसार क्रान्तिकारियों ने लगभग दो हजार रुपये का सामान उड़ा लिया था। इसी बीच गाँव के ही रामसरन के विरोध करने पर उसे गोली मार दी गई थी, जिससे उसकी मृत्यु हो गई तथा चार अन्य लोग घायल भी हुए थे। सभी क्रान्तिकारी लूटे गए सामान के साथ भागने में सफल हो गए थे, जो चार लोग घायल हुए थे उनमें गाँव के ही किशोरदत्त के पैर में, पंचम के कन्धे के नीचे हाथ में पीछे की ओर, रामसहाय के दाहिने घुटने के नीचे पैर में तथा बादल के बाएँ हाथ के अगले हिस्से में गोली लगी थी, जो इन लोगों को घायल करके निकल गई थी। द्वारकापुर के इस एक्शन में किसी भी अभियुक्त की पहचान न हो सकी थी। यह एक्शन रविवार के दिन किया गया था। यह एक्शन शहरी लोगों द्वारा किया गया था, जो जूते-मोजे पहने थे। बरामद सामानों में एक जोड़े जूते तथा कई तरह के कारतूस थे। इनसे स्पष्ट होता था कि विभिन्न प्रकार की पिस्तौल व रिवॉल्वर एक्शन करनेवालों के पास थे। गाँव के घरों में साधारणतया डाका डालनेवालों के पास इस प्रकार के कारतूस तथा बन्दूक-पिस्तौलें आदि नहीं होती। बमरौली मनी एक्शन में भी इस प्रकार के कारतूस मिले थे, जिससे स्पष्ट हो रहा था कि द्वारकापुर का यह एक्शन भी साधारण डकैती नहीं, बल्कि षड्यंत्र के तहत डाली गई थी। इस एक्शन में किसी भी अभियुक्त की पहचान न हो पाने के कारण द्वारकापुर एक्शन का अभियोग किसी पर नहीं लगाया जा सका था।"[25]

द्वारकापुर एक्शन पर श्री मन्मथनाथ गुप्त ने अपनी आत्मकथा में विवरण दिया है। श्री रामकृष्ण खत्री ने भी अपनी आत्मकथा में विस्तार से विवरण दिया है। श्री मन्मथनाथ लिखते हैं, "एक दूसरे मौके पर इस जगह का नाम न लूँगा, हमारे दल को एक दूसरे तरीके की विपत्ति का सामना करना पड़ा। इस एक्शन में हम केवल आठ आदमी थे। हम एक सूदखोर महाजन के घर पर पहुँच गए। पास ही पंडित जी (रामप्रसाद) मकान के दरवाजे पर खड़े थे। इस बार छत पर नहीं बल्कि जमीन पर थे। गाँववाले किसी तरह दबक-दबक कर बगल के रास्ते से आए और एकाएक उन्होंने पंडित जी और उनकी राइफल पर लाठियाँ बरसानी शुरू कर दीं। पंडित जी गिर चुके थे और शायद गाँववाले उनका हाथ-पैर तोड़ देते यदि इस अवसर पर श्री शचीन्द्रनाथ बख्शी बड़ी बहादुरी के साथ आगे न निकल आते और अपने ऑटोमैटिक रिवॉल्वर से भीड़ का सामना न करते। हमें हुक्म था कि स्त्रियों पर हाथ न डालें, किन्तु दो स्त्रियाँ जिनमें से एक की उम्र 30 या 32 के करीब थी और एक इससे हमउम्र औरत बहुत लड़ाकू साबित हुई और हम पर हमला करने लगीं। वे दोनों एकाएक हम दोनों पर टूट पड़ीं। वे हमारे रिवॉल्वरों को पकड़े थीं और साथ ही हमको मार भी रही थीं। हम बिलकुल असहाय थे। मैंने अपनी पूरी ताकत लगाकर अपनी रिवॉल्वर छीन लिया, किन्तु आज़ाद का रिवॉल्वर छिन चुका था। वे उन दिनों इतने तगड़े नहीं थे जितने कि वे बाद के दिनों में हो गए थे। आज़ाद क्रोध से पागल हो गए, लेकिन आदेश मिलने पर हम चल दिये। राजेन्द्र लाहिड़ी के

पास वह रकम थी जो मिली थी। गाँववाले हम पर ईंटों और चैलों की बरसात कर रहे थे। रास्ते में किसी चीज से ठोकर खाकर लाहिड़ी धन के साथ एक गड्ढे में गिर गए। कप्तान के हुक्म पर गठरी वहीं छोड़कर हम आगे बढ़े। आगे के गाँववाले भी शोर के कारण उठ रहे थे। अन्ततः पंडित जी ने रुककर भीड़ के 40-50 गज के करीब आ जाने पर निशाना लगाकर भीड़ के अन्दर दो गोलियाँ चला दीं। फौरन एक आदमी चीखकर गिर पड़ा। थोड़ी दूर पीछा करके गाँववाले चले गए। यह घटना शुरू से अन्त तक एक दुर्घटना के रूप में रही। हमें कुछ फायदा नहीं हुआ। इसके विपरीत हमने एक रिवॉल्वर खो दिया। इस घटना से पार्टी ने फिर सोचना शुरू किया और यह तय हुआ कि गाँव में डकैतियाँ न की जाएँ।"[26]

अनेक तथ्यात्मक विरोधाभासों के साथ द्वारकापुर एक्शन का उल्लेख श्री रामकृष्ण खत्री ने इस प्रकार किया है, "बिचपुरी एक्शन के डेढ़-दो माह के बाद श्री कुन्दनलाल गुप्त जो कि उन दिनों प्रतापगढ़ जिले में पार्टी के संगठनकर्ता थे, की सूचना पर उसी जिले के द्वारकापुर कस्बे के एक महाजन के यहाँ पार्टी ने मनी एक्शन का निश्चय किया। इस एक्शन में भाग लेनेवाले सभी साथी बनारस में एकत्र हुए थे। शाहजहाँपुर से पंडित रामप्रसाद बिस्मिल व उनके साथ रामशंकर उर्फ बच्चा आए थे। झाँसी से श्री शचीन्द्रनाथ बख्शी, रायबरेली से बनवारीलाल आए। इनके अलावा बनारस से सर्वश्री राजेन्द्रनाथ लाहिड़ी, चन्द्रशेखर आज़ाद, मन्मथनाथ गुप्त, महावीर पहलवान व मैं था। श्री कुन्दनलाल गुप्त भी प्रतापगढ़ से आ गए थे। जिस रोज एक्शन पर जाना था उस रोज सुबह ही हम सब बनारस की छोटी गैबी नामक मुहल्ले की एक धर्मशाला के एक छोटे से कमरे में जो शायद 8 बाई 10 की नाप का होगा और जिसमें उन दिनों चन्द्रशेखर आज़ाद रहा करते थे, एकत्र हुए। वहाँ बनारस का एक साथी जितेन्द्र भट्टाचार्य भी था। वह मन्मथनाथ गुप्त के साथ आया था। उसे एक पिस्तौल दिखाते समय रामशंकर से गोली चल गई थी। किसी को लगी नहीं। गुस्से में पंडित रामप्रसाद बिस्मिल ने रामशंकर के गाल पर एक जोरदार थप्पड़ जड़ दिया। इस घटना के पूर्व वहाँ गर्मी का मौसम होने के कारण आज़ाद सबके पीने के लिए लेमन की बोतल ले आए थे। वे एक कोने में रखी हुई थीं। उनमें से एक बोतल झट से आज़ाद ने उठाकर उसको वहीं फर्श पर तोड़ा और पंडित जी से कहा, "आप सब लोग यहाँ से एक-एक करके खिसकिए और सब स्टेशन पर पहुँचिए, मैं बाहरवालों से निपटता हूँ। आज़ाद ने बाहर जाकर दुकान पर हंगामा खड़ा किया कि ऐसी बोतल देते हो कि वह गैस से फट गई और जब तक लोग और कमरे की गैस निकल नहीं गई तब तक उलझाए रखा। सभी लोग स्टेशन पहुँच गए। गाड़ी छूटने के ठीक पहले आज़ाद भी आ गए।

शाम के 5 बजे के लगभग हम लोग प्रतापगढ़ स्टेशन पर उतरे और वहाँ से सीधे द्वारकापुर गाँव के लिए पैदल चल पड़े। नौ-साढ़े नौ पर गाँव पहुँचे तो साहूकार अपने मकान के सामने खटिया पर सो रहा था। आज़ाद ने इस खयाल से कि कहीं वह भाग न जाए अपना पिस्तौल जमीन पर रखकर उसको धर दबोचा और मकान के अन्दर ले गए। डरा-धमका कर खजाने का पता पूछने लगे। आज़ाद भूल गए कि वे अपना पिस्तौल बाहर छोड़ आए हैं। उसको साहूकार के यहाँ की महिलाओं में से किसी एक

ने टोकरी से ढक दिया। एक्शन चल रहा था। इसी बीच बाहर गाँववाले बड़ी तादाद में इकट्ठा हो गए। पंडित जी ग्रामीणों के हमले में घायल हो गए। सिर में काफी चोट आई। हम लोग निकलने लगे तो दो-ढाई सौ लोगों ने तीन तरफ से घेर लिया। काफी ढेले-पत्थर हम पर फेंके। माल वाली चादर राजेन्द्रनाथ लाहिड़ी और मैं पकड़े चल रहे थे। हम दोनों गड्ढे में गिर गए। माल वहीं छोड़कर हम निकल गए। अन्त में रामशंकर ने गोली चला दी, जिससे एक मर गया।

रात्रि 12 के लगभग प्रतापगढ़ के पास एक नदी या नहर में हमने मुँह-हाथ धोए। हथियारों को एक पोटली में बाँधा। वहीं मालूम हुआ कि श्री चन्द्रशेखर आज़ाद का पिस्तौल घटनास्थल पर ही छूट गया। इस प्रकार पिस्तौल के जाने का सबसे बड़ा अफसोस हुआ। विशेष करके आज़ाद को। उसके बाद से यह नियम कर दिया गया था कि एक्शन के वक्त में अपने-अपने हथियार सूत की डोरी के साथ बाँधकर गले में लटकाए रखें। रास्ते में हम लोगों से दारोगा ने पूछताछ की। फिर हम लोग ट्रेन से इलाहाबाद जाकर मुट्ठीगंज की धर्मशाला में ठहरे। काकोरी केस में द्वारकापुर डकैती का आरोप लगाकर आज़ाद की छूटी पिस्टल को बतौर सबूत पेश किया गया। लेकिन गाँववालों के हमारे खिलाफ गवाही न देने से पुलिस को हम लोगों पर से द्वारकापुर डकैती का आरोप ही वापस लेना पड़ा।"[27]

सराय महेश एक्शन

काकोरी अभियान के पूर्व अन्तिम धन-कार्य सराय महेश गाँव, जिला रायबरेली में 26 जुलाई, 1925 को किया गया। "इस एक्शन में दल के सदस्य पुलिस पार्टी बनकर गए थे। इसमें बनारस के एक व्यक्ति ने जिसके आँख के नीचे निशान था, थानेदार बना था। उसने खाकी जोधपुर के ब्रीच पहन रखे थे, जो सी.आई.डी. से मिले थे। साथ में लाल साफा भी बाँधा था। उसके पास झब्बा भी था, जिसे आज़ाद ने बनारस में बनवाया था। हवलदार शाहजहाँपुर से 12 बोर की बन्दूक ले आया था। इस एक्शन में मुकुन्दी, कुन्दनलाल, मन्मथनाथ गुप्त, आज़ाद, शचीन्द्रनाथ बख्शी, रामप्रसाद, राजेन्द्रनाथ लाहिड़ी, केशवचन्द्र चक्रवर्ती, रामकृष्ण खत्री, बनवारी, बड़े, मास्टर, हवलदार, इंजीनियरिंग कॉलेज का एक छात्र, दारोगा बना बनारस का आदमी जो लम्बा-सा था, लम्बे बाल रखे था, खद्दर पहनता है और बनारस में काफी चर्चित है, ने भाग लिया। इनमें से मात्र पाँच—अशफाक, बड़े, हवलदार, मास्टर और आज़ाद शाहजहाँपुर से आए। पहली बार एक्शन का प्रयास 14 जून, 1925 को किया गया था। उस समय अशफ़ाक, मास्टर, बड़े, हवलदार और आज़ाद रायबरेली में रुके थे। 10 लोगों को आना था, लेकिन पाँच लोग ही आए थे। वे लोग सराय में रुके थे। वहाँ एक हिजड़ा नौकर था। आज़ाद ने उसे सभी के लिए खाना बनाने का निर्देश दिया था। हिजड़े को इस बात का आश्चर्य हुआ कि मुसलमान का बनाया खाना, हिन्दू और मुसलमान एक साथ खाएँगे।

बनवारी ने इस एक्शन को रोकने के लिए लाहिड़ी से कहकर टेलीग्राफ भेजवाया लेकिन वह तार रामप्रसाद को नहीं मिला। बनारस के आदमियों सहित रामप्रसाद जायस

होकर बैठक की जगह पहुँचे। कारण पता चलने पर वे बिना एक्शन किये बनारस लौट गए। इस एक्शन में माताप्रसाद सिन्हा मुखबिर था। वह सराय महेश के पास दीवान के पुरवा में रहता था। एक्शन के पूर्व कुन्दनलाल रायबरेली से बनवारी को लेकर बनारस में बैजनत्था लॉज गए। वहाँ से रामप्रसाद और बनवारी सराय महेश गाँव गए और माताप्रसाद सिन्हा के घर रुके। वह उन दोनों को ले जाकर 'राजकुमार सिन्हा' का घर दिखाकर ले आया, जहाँ एक्शन होना था। वे लोग गाँव के पटवारी से भी मिले और दोनों (माताप्रसाद व पटवारी) में बातचीत भी हुई। घर देखकर वे रायबरेली लौट आए। माताप्रसाद ने यह व्यवस्था कर रखी थी कि समाज (सोसाइटी) जरूरत पड़ने पर उसकी लाइसेंसी बन्दूक का प्रयोग कर सकता था। एक्शन के दो-तीन दिन पूर्व लाहिड़ी रायबरेली आए और श्यामाचरण के साथ रुके। बनारसी को बनारस से रामप्रसाद का भेजा तार मिला, "पिताजी आ रहे हैं वहाँ मिलो।"

एक्शन के दिन वे लोग प्रतापगढ़ से फुरसतगंज होते घटनास्थल पर पहुँचे। वे टिकट लेकर चढ़े थे। घटनास्थल के निकट पासी पुरवा से बनवारी ने दो आदमियों को बुलाकर सराय महेश में जिलादार का घर दिखाने को कहा। उसने बताया कि थानेदार उनसे मिलना चाहते हैं। यह लोग दल के साथ उस स्थान तक आए, फिर अपने गाँव लौट गए। बनवारी ने दरवाजे पर जाकर आवाज दी कि दारोगा आए हैं, दरवाजा खोलो। एक आदमी चिराग लेकर आया। 26 जुलाई को एक्शन के बाद आज़ाद, बनवारी और मुकुन्दी इमली के पेड़ के सामने के एक हलवाई के पास गए और 12 लोगों का खाना बनाने को कहा। जब वे लोग लौटकर स्टेशन पर आए तो पाया कि रामप्रसाद व अन्य आठ बजे की लोकल ट्रेन से जा चुके थे। अत: वे लोग पूड़ीवाले के पास लौटे। राजेन्द्रनाथ लाहिड़ी बनारस में किसी यूरोपी अफसर के बैरे के सम्पर्क में थे जहाँ से गोलियाँ मिलती थीं। प्रतापगढ़ और रायबरेली लाहिड़ी की सर्किल में था, अत: बनवारी अकसर बनारस लाहिड़ी से मिलने जाते थे। वहाँ बनवारी कुछ बार लाहिड़ी के घर में रुके, कुछ बार कृष्णा धर्मशाला जो रेलवे स्टेशन के पास हैं, में रुके और कुछ बार रामकृष्ण मिशन के पास एक किराए का कमरा लेकर रुके। जुलाई में रायबरेली में वास्तविक एक्शन के बाद बनवारीलाल बनारस म्युनिसिपल कार्यालय के निकट एक कमरा किराए पर लेकर रुके।"[28]

सराय महेश एक्शन का जिक्र श्री मन्मथनाथ ने अपनी आत्मकथा में इन शब्दों में किया है, "एक गाँव में हमने बिलकुल नया तरीका इस्तेमाल किया था। इस अवसर पर हम सब लोग पुलिसवाले बने थे। पं. रामप्रसाद बहुत गोरे थे इसलिए वे अंग्रेज पुलिस कप्तान बने थे। बनारस के एक व्यक्ति जिनकी लम्बी दाढ़ी थी, वे सिख दारोगा बने। बाकी सबने मामूली कांस्टेबलों की पोशाकें पहनी ताकि किवाड़ खोले जा सकें। हमने यह बहाना किया कि पुलिसवाले मकान की तलाशी लेने आए हैं। अन्त तक किसी को ज्ञात नहीं हुआ कि हम तलाशी के अलावा कुछ और कर रहे हैं। जब हम शान्तिपूर्वक गाँव से बाहर पहुँच गए तब गाँववालों की तरफ से आवाज उठी कि हम कदाचित ठीक-ठाक पुलिसवाले नहीं थे।"[29]

काकोरी एक्शन

अब हम उस एक्शन की तरफ बढ़ते हैं जिसने न सिर्फ आज़ाद के काशी-प्रवास का अन्त कर दिया अपितु 'हिन्दुस्तान रिपब्लिकन एसोसिएशन' में नेतृत्व को ही आमूल-चूल बदलकर रख दिया। इस एक्शन में पार्टी की क्षति भी बड़ी थी, लेकिन आज़ाद को बतौर सेनापति उभरने का अवसर भी इसी के बाद मिला। इस एक्शन पर श्री राजेन्द्रनाथ बख्शी ने लिखा, "काकोरी षड्यंत्र केस अपने समय का सबसे बड़ा क्रान्तिकारी मुकदमा था, कई मनी एक्शंस करने के पश्चात भी यथेष्ट धन एकत्र न हो सका था तथा इन एक्शंस में गाँव के कई लोग भी मारे गए थे। गोपनीयता के कारण इन क्रान्तिकारियों के प्रयास व उद्देश्य के बारे में किसी को कोई सूचना न मिल पाती थी। तथा उन्हें कोई चन्दा देने को तैयार न होता था। श्री केशव चक्रवर्ती 1925 के पूर्वार्ध में जर्मनी से लौटे, वे एम.एन.राय के माध्यम से माउजर पिस्तौलों की खेप हिन्दुस्तान भेजवाने की व्यवस्था कर वापस लौटे थे। इसे समुद्र में 3 मील के अन्दर इंटरनेशनल वाटर्स में लेना था। वे जर्मन मालवाहक जहाज का नाम भी नोट कर लाए थे। उन दिनों भारत आनेवाले जहाजों का विवरण कलकत्ता के अंग्रेजी दैनिक स्टेट्समैन के कामर्शियल पेज पर शिपिंग इंटेलिजेंस में छपा करता था। जर्मनी से माउजर पिस्तौलों के आने की सूचना मिलने के बाद धन की शीघ्र व्यवस्था करनी थी।

धन एकत्रित करने के उद्देश्य से दल के 11 लोग शाहजहाँपुर पहुँचे और पं. रामप्रसाद बिस्मिल के घर इकट्ठे होकर विकल्पों पर विचार किया। कई प्रस्तावों पर विचार करने के उपरान्त 8 डाउन सहारनपुर-लखनऊ पैसेंजर ट्रेन से अंग्रेजी सरकार का खजाना लूटने का निश्चय किया गया। 9 अगस्त, 1925 की सायंकाल काकोरी व आलमनगर स्टेशन के मध्य 8 डाउन पैसेंजर ट्रेन को रोककर 10 क्रान्तिकारियों ने मनी एक्शन किया। गार्ड की वैन से उतारे गए बक्से को तोड़कर उसमें रखे धन को निकाल लिया गया, जो 4553 रुपये 3 आना व 6 पाई था। उस जमाने में अंग्रेजों के कठोर प्रशासन और रुतबे के बीच यह एक्शन अंग्रेजी सरकार के लिए खुली चुनौती थी। इस तरह देश में खलबली सी मच गई। पूरा प्रशासन सक्रिय हो उठा। स्कोर्टलैंड यार्ड के स्पेशल सी.आई.डी. सुपरिंटेंडेंट आर.ए. हंटन को जाँच सौंपी गई। बाद में पता चला कि लखनऊ के अमीनाबाद क्षेत्र में स्थित, छेदीलाल धर्मशाला में 7 अगस्त, 1925 को 6 लोग रुके थे। रजिस्टर में दीनदयाल ब्राह्मण के हस्ताक्षर थे। ये वस्तुत: रामप्रसाद बिस्मिल के हस्ताक्षर थे। 8 अगस्त को धर्मशाला छोड़ी गई। काकोरी स्टेशन से ट्रेन छूटने के बाद लगभग एक मील ट्रेन जाने पर श्री राजेन्द्रनाथ लाहिड़ी ने चेन खींची ।

बैठक में श्री मन्मथनाथ गुप्त, श्री कुन्दनलाल, श्री चन्द्रशेखर आज़ाद ने यह प्रश्न उठाया था कि अगर रेल का गार्ड अंग्रेज हुआ तो क्या उसे जिन्दा छोड़ा जाएगा। अंग्रेजी हुकूमत के खिलाफ हमारे मन में संवेदना इतनी तीव्र थी कि बदला लेने की भावना सदा जाग्रत रहती थी। ट्रेन एक्शन में शामिल 10 लोग सर्वश्री पं. रामप्रसाद बिस्मिल, अशफाक उल्ला खाँ, शचीन्द्रनाथ बख्शी, राजेन्द्रनाथ लाहिड़ी, चन्द्रशेखर आज़ाद, मन्मथनाथ गुप्त, केशवचन्द्र चक्रवर्ती, मुकुन्दीलाल, मुरारीलाल और बनवारीलाल थे। इसमें 5-6 लोग बनारस संगठन के थे। एक्शन के बाद सदस्यों के ठहरने के जो ठिकाने थे वे वहाँ

चले गए और आज़ाद जैसे लोगों ने रात पार्क में बैठकर बिता दी। इस घटना में एक मुसलमान जो अपनी नई ब्याही बीवी को देखने उतरे थे, वे ही गोली के शिकार हो गए थे। लूट की राशि श्री रामप्रसाद बिस्मिल और श्री राजेन्द्रनाथ लाहिड़ी के पास रखी गई थी। इस एक्शन में भी एक आदमी मारा गया। उनकी लाश से माउजर की गोली मिली। उत्तर प्रदेश की किसी भी एक्शन में तब तक माउजर पिस्तौल का इस्तेमाल नहीं हुआ था। जब आर.ए. हंटन ने जाने-माने क्रान्तिकारियों की स्थिति के बारे में पता करवाया तो शाहजहाँपुर से बिस्मिल व अशफाक गायब मिले। बनारस से शचीन्द्र बख्शी, मन्मथनाथ गुप्त, मुकुन्दीलाल गायब मिले। तुरन्त कोई गिरफ्तारी नहीं हुई। डेढ़ माह का समय बीत गया। 26 सितम्बर, 1925 को प्रात: चार बजे एक साथ और एक ही समय पर पूरे प्रदेश में छापा मारा गया। दुर्गा पूजा का समय था। 39-40 लोग गिरफ्तार किये गए। उसी दिन काकोरी एक्शन में शामिल काफी लोग पकड़े गए सिवाय 5 के मुकुंदीलाल, राजेन्द्रनाथ लाहिड़ी, अशफाक उल्ला खाँ, शचीन्द्रनाथ बख्शी व चन्द्रशेखर आज़ाद। लगभग दो माह बाद 17.01.1926 बनारस की कारमाइकेल लाइब्रेरी में मुकुन्दीलाल पकड़ लिये गए। कुछ दिनों बाद राजेन्द्रनाथ लाहिड़ी (10.01.1926) कलकत्ता के पास दक्षिणेश्वर में एक बम बनाने की फैक्टरी में पकड़े गए। शचीन्द्रनाथ बख्शी लगभग 15 मास बाद सितम्बर, 1926 में भागलपुर में पकड़े गए और अशफाक उल्ला रूस जाने के लिए पैसों के प्रबन्ध में लगे हुए थे कि 7.12.1926 को दिल्ली में पकड़ लिए गए।

काकोरी ट्रेन एक्शन की योजना का अशफाक उल्ला ने विरोध किया था। उनका कहना था कि "हम यह काम करके सरकार को चुनौती तो अवश्य दे देंगे। परन्तु यहीं से पार्टी के अन्त का प्रारम्भ हो जाएगा, क्योंकि दल अभी उतना संगठित और दृढ़ नहीं है। इसलिए अभी सरकार से सीधा मोर्चा लेना ठीक नहीं होगा।" लेकिन किसी ने सुना नहीं और हुआ अन्त में वही।

इस मुकदमे में 20 देशभक्तों को सजा मिली थी। सर्वश्री रामप्रसाद बिस्मिल, रोशनसिंह, राजेन्द्रनाथ लाहिड़ी तथा अशफाक उल्ला खाँ को फाँसी दी गई। श्री शचीन्द्रनाथ सान्याल और श्री शचीन्द्रनाथ बख्शी को काला पानी हुआ। श्री मन्मथनाथ गुप्त को 14 साल, श्री राजकुमार सिन्हा, श्री रामकृष्ण खत्री, श्री जोगेशचन्द्र चटर्जी को 10-10 साल, बाकी को 7-7 साल या 5-5 साल की सजा हुई। अपील में कुछ लोगों की सजाएँ बढाई भी गई थीं। सफाई के लिए जो डिफेंस कमेटी बनी उसमें पं. मोतीलाल नेहरू, पं. जवाहरलाल नेहरू, श्री गोविन्द वल्लभ पन्त, श्री मोहनलाल सक्सेना थे। वकीलों में श्री बी.के. चौधरी, प्रो. कृपाशंकर हलेजा, श्री हरकरणनाथ मिश्र तथा श्री चन्द्रभान गुप्त थे। बनारसीलाल तथा इन्द्रभूषण मित्रा अप्रूवर बन गए। यह मुकदमा 18 माह चला। शाहजहाँपुर में बिस्मिल क्रान्तिकारियों को बनारसीलाल के घर ठहराते थे। इन्द्रभूषण बिस्मिल के पत्रवाहक का काम करता था। इन दोनों को छोड़ दिया गया। चन्द्रशेखर व कुन्दनलाल पकड़े नहीं गए। बाकी जिनको जेल मिली वे थे—1. बनवारीलाल, 2. भूपेन्द्रनाथ सान्याल, 3. गोविन्दचरण कार, 4. जोगेशचन्द्र चटर्जी, 5. मुकुन्दीलाल, 6. मन्मथनाथ गुप्त, 7. प्रणवेश कुमार चटर्जी, 8. प्रेमकिशन खन्ना, 9. राजकुमार सिन्हा, 10. रामदुलारे त्रिवेदी, 11. रामकृष्ण खत्री, 12. रामनाथ पांडेय, 13. शचीन्द्रनाथ

सान्याल, 14. सुरेशचन्द्र भट्टाचार्य, 15. विष्णुशरण दुबलिश, 16. हरगोविन्द, 17. शचीन्द्रनाथ विश्वास, 18. दामोदर स्वरूप सेठ।"[30]

"सर्वश्री मोतीलाल नेहरू, बाबू पुरुषोत्तम दास टंडन, लाला लाजपत राय, गणेश शंकर विद्यार्थी जी ने क्रान्तिकारियों के प्रति खुले रूप से सहानुभूति प्रदर्शन किया और 'प्रताप' ने 'देश के नररत्न' शीर्षक से समाचार छापा। इन क्रान्तिकारियों को छुड़ाने के लिए 'डिफेंस फंड' खोला गया जिसमें कानपुर ने खुलकर योगदान दिया। श्री अरोड़ा जी, गणेश जी, प्यारेलाल जी, पं. बालकृष्ण शर्मा, श्री गंगासहाय चौबे आदि कांग्रेसी नेता खुलकर क्रान्तिकारियों को प्रश्रय और निर्देशन देने लगे। 'प्रताप' कार्यालय इन तरुणों का गढ़ बन गया। दल की सहायता करनेवाले व्यवसायियों में लाला लल्लूमल दयाल, लाला छंगामल, बाबू फूलचन्द्र जैन, श्री रूपचन्द्र जैन, लाला सालिगराम बजाज तथा कपड़ा व्यापारी और नयागंज के अनेक व्यापारी थे। लाला सालिगराम, ठा. रामसिंह, डॉ. मुंशीराम शर्मा। श्री प्यारेलाल अग्रवाल, पटकापुर के पं. द्वारिका प्रसाद मिश्र के अनुज बलभद्र प्रसाद मिश्र के घर के द्वार सदैव क्रान्तिकारियों के लिए खुले रहे। डी.ए.वी. कॉलेज का हॉस्टल भी क्रान्तिकारियों का केन्द्र रहा। श्री रामचन्द्र मुसद्दी तथा उनकी धर्मपत्नी श्रीदेवी मुसद्दी ने भी काफी सेवा की।"[31]

पं. लक्ष्मीकान्त त्रिपाठी के अनुसार, बलभद्र प्रसाद मिश्र पटकापुर के द्वारका प्रसाद मिश्र के छोटे भाई थे। इनके द्वार सदैव क्रान्तिकारियों के लिए खुले रहे और कई अवसरों पर पुलिस से मकान घिर जाने पर भी इन्होंने क्रान्ति के अग्रदूतों को सुरक्षित बाहर पहुँचाया। अनेक लेखकों ने आगे चलकर क्रान्तिकारियों द्वारा किये गए मनी एक्शन के औचित्य पर सवाल खड़े किये। पंडित लक्ष्मीकान्त त्रिपाठी लिखते हैं, "सरकारी खजानों को लूटने का औचित्य तो मेरी समझ में आता है, लेकिन घरों में डकैती डालने का औचित्य आज तक मेरे मन व मस्तिष्क को प्रभावित न कर सका। क्योंकि इससे जनता में क्रान्तिकारियों के प्रति अश्रद्धा तो होती ही थी साथ ही में अमूल्य क्रान्तिकारी जीवन के प्रति इससे सस्ता उपहास और क्या हो सकता था?"[32]

धन-कार्य की जरूरत क्यों थी, इस सम्बन्ध में श्री मन्मथनाथ गुप्त व श्री जोगेशचन्द्र चटर्जी दोनों ने लिखा है। मन्मथनाथ जी लिखते हैं, "पार्टी के पास धन की कमी होने लगी थी। संगठन के लिए धन की जरूरत थी। कुछ ऐसे कार्यकर्ताओं का होना आवश्यक है जो दिन-रात इसी में लगे रहते। पार्टी की ओर से ऐसे लोगों के लिए खाने-पीने का प्रबन्ध करना पड़ता था। जो क्रान्तिकारी दिन-रात काम करते थे, वे यही कोशिश करते थे कि जहाँ तक हो सके, वे अपनी जीविका उपार्जन करें। प्रणवेश को एक गृह-शिक्षक की आवश्यकता थी। उसके घर वाले इस पद के लिए दस रुपये माहवार खर्च करने के लिए तैयार थे। इसलिए मैंने यह काम जोगेश बाबू को दिलवाया। जिस समय शचीन्द्र बाबू लखनऊ में थे, उस समय वे गृह-शिक्षक का काम कर कुछ कमा लेते थे। चन्द्रशेखर भी इसी प्रकार राष्ट्रीय विचार के एक बहुत बड़े मुरब्बेवाला के यहाँ खाता लिखा करते थे। इसके अतिरिक्त पार्टी को इधर से उधर लोगों को भेजने में एक बहुत बड़ी रकम खर्च करनी पड़ती थी। वह रकम और ज्यादा इसलिए भी होती थी क्योंकि पार्टी को डाक विभाग पर कम एतबार था। इसलिए अकसर महत्त्वपूर्ण पत्र भी व्यक्तियों के हाथों

से भेजे जाते थे। पर्चों का खर्च तथा अस्त्र-शस्त्रों का खर्च भी पार्टी को बर्दाश्त करना पड़ता था। सदस्य चन्दा देते थे, और जहाँ तक उनका वश चलता था, वहाँ तक देते थे, किन्तु फिर भी यह रकम बहुत कम होती थी, क्योंकि पार्टी के अधिकांश सदस्य छात्र होते थे। और छात्र दे ही क्या सकते हैं? जो रकम चन्दे से मिलती थी, वह पार्टी में सदस्यों की भर्ती के लिए जरूरी किताबों के खरीदने के लिए भी काफी नहीं होती थी। अवश्य ऐसे लोग भी थे, जो पार्टी को बड़ी रकमें देते थे। जैसे शिवप्रसाद गुप्त जी। एक-एक मुश्त में पाँच-पाँच सौ शचीन्द्र दादा को देते थे। इन सबके बावजूद पार्टी का खर्च पूरा नहीं पड़ता था। स्वाभाविक रूप से खर्च पूरा करने के लिए जबर्दस्ती के चन्दे के उपाय का प्रयोग किया गया। जबर्दस्ती चन्दा भारतीय क्रान्तिकारियों के दिमाग की उपज नहीं है। इसका अर्थ है एक धनी व्यक्ति पार्टी को रुपया देना नहीं चाहता, पार्टी उससे धन की माँग करती है। पार्टी जानती है खुशी से धन नहीं देगा, तब उससे जबर्दस्ती धन ले लिया जाता है। जब पार्टी का सब काम धन के अभाव में गड़बड़ में पड़ने लगा तो यह तय हुआ कि इस उपाय से धन प्राप्त किया जाए। जोगेश बाबू इसके विशेषज्ञ थे अत: इसका नेतृत्व उन्हें ही सौंपा गया।"[33]

इन एक्शंस का मूल्यांकन करते हुए श्री मन्मथनाथ गुप्त ने अन्यत्र लिखा, "इस सम्बन्ध में जितनी भारी विपत्तियाँ उठाई गईं, उनको देखते हुए पार्टी के कोष में धन बहुत कम आया। किन्तु फिर भी यह बिलकुल व्यर्थ नहीं हुए। पार्टी को हजारों रुपये कहाँ से मिलते जो उसके यंत्र को चलाने के लिए, उसके गुप्त छापेखानों के खर्च के लिए तथा उसके सदस्यों के भरण-पोषण के लिए जरूरी थे। इसलिए यदि कोई गलती थी तो वह गलती ऐसी पार्टी के बनावट में अन्तर्निहित थी। पार्टी के प्रति न्याय करने के लिए यह बता देना जरूरी है कि इस सम्बन्ध में पार्टी की गलतियाँ गलत नेतृत्व के कारण थीं। पं. रामप्रसाद बहुत ही बहादुर व्यक्ति थे। संगठन और सही खबर प्राप्त करना ऐसे अभियानों की सफलता के लिए जरूरी था और पं. रामप्रसाद की यह कमजोरी थी कि वे अच्छे संगठनकर्ता न थे। यदि वे इतने सहज-विश्वासी न होते तो कम विपत्ति उठाकर अधिक सफलता मिलती। अन्त में पार्टी गाँव के एक्शनों से परेशान हो गई। क्योंकि इनमें विपत्तियों को देखते हुए बहुत कम लाभ होता था। इसलिए इस सम्बन्ध में एक प्रादेशात्मक प्रस्ताव पास हुआ कि अब से न केवल किसी गाँव में, बल्कि किसी भी व्यक्ति के घर में एक्शन नहीं किया जाएगा। यह तय हुआ कि अब से केवल सरकारी रेलवे को अथवा बैंकों की सम्पत्ति पर ही एक्शन किया जा सकता है। इन अभियानों से कोई फायदा भले न हुआ हो, किन्तु इन अभियानों के बगैर चन्द्रशेखर आज़ाद जैसी हस्ती की सृष्टि नहीं हो सकती थी। इन अभियानों के कारण लोगों को वास्तविक युद्ध तथा इस प्रकार के मौकों के लिए व्यावहारिक ट्रेनिंग प्राप्त होती थी। बाद को यह ट्रेनिंग आज़ाद के बहुत काम आई। दूसरे लोग जो आज़ाद नहीं भी हो सके, उनके जीवन में बराबर इस ट्रेनिंग की छाप रही। अवश्य इस ट्रेनिंग के लिए जो दाम देना था वह बहुत अधिक था।"[34]

श्री कुन्दनलाल गुप्त ने श्री वैशम्पायन जी को उन दिनों की याद करते हुए बताया था, "दल के संगठन के लिए धन की आवश्यकता थी। मजबूरी में मनी एक्शनों से

धन जुटाना पड़ता। श्री रामप्रसाद बिस्मिल के नेतृत्व में मैंने तथा श्री चन्द्रशेखर आज़ाद ने अनेक एक्शनों में भाग लिया। इन एक्शनों के बाद हम सभी उदास रहते परन्तु श्री आज़ाद की दशा विशेष उल्लेखनीय रहती। ये एक्शन कर जब हम गाँवों से लौटते तो घरों, सरायों या धर्मशाला में ठहरे रहते। समय काटने के लिए हँसी-मजाक भी चलता। यह सब इसलिए होता कि मन पर अवसाद का एक बोझ-सा होता उसे हल्का किया जाए। परन्तु आज़ाद इसमें भाग न लेते। उनका हृदय बालकों जैसा कोमल होने के कारण वे अत्यन्त दुखी होते तथा उस भावना में साथियों को बुरा-भला कह जाते। परन्तु मोर्चे पर वे अपना कर्तव्य दृढ़तापूर्वक निभाते, उसमें कहीं भी कमी न रह पाती। ऐसी एक्शनों के बाद कई-कई दिन तक वे दुखी रहते। बाद की चर्चा में भी किसी मनी एक्शन की घटना का उल्लेख होते ही वे उदास हो जाते।"[35]

आज़ाद जब काशी विद्यापीठ में पढ़ रहे थे यानी सन् 1922 में एक बार भाबरा गए थे। वहाँ वे दस-पन्द्रह दिन माता-पिता के साथ रह भी आए, इसके बाद उन्होंने घर से सम्बन्ध विच्छेद कर लिया। क्रान्तिकारी दल से जुड़ाव के आरम्भिक दिनों का विवरण देते हुए श्री रामकृष्ण खत्री ने अपनी आत्मकथा में लिखा है, "एक दिन प्लेटफॉर्म पर एक अंग्रेज सिपाही ने जब सिगरेट का धुआँ एक हिन्दुस्तानी नौजवान बहन के मुँह पर फेंका तो आज़ाद ने सिपाही को झपट्टे के साथ गिरा दिया और उसके ऊपर चढ़कर घूसों और थप्पड़ों की मार लगाना शुरू किया। बाद में कहा कि इच्छा तो करती है साले को जान से ही मार डालूँ। इसी तरह श्री राजेन्द्रनाथ लाहिड़ी के दशाश्वमेध रोडवाले मकान पर सर्वश्री शचीन्द्रनाथ बख्शी, मन्मथनाथ गुप्त, चन्द्रशेखर आज़ाद, कुन्दनलाल गुप्त और रामकृष्ण खत्री जमा थे। उनमें 20 फुट ऊँचे छज्जे से कूदने की शर्त लगी। सर्वश्री बख्शी, आज़ाद, मन्मथनाथ और कुन्दनलाल तो कूद गए मगर लाहिड़ी और रामकृष्ण खत्री नहीं कूदे। फिर एक किलो सन्देश खाने की शर्त श्री राजेन्द्रनाथ लाहिड़ी ने लगाई मगर वे यह शर्त भी हार गए।"[36]

इस प्रकार सन् 1924-25 के कुछ महीनों में आज़ाद की भरपूर ट्रेनिंग हुई थी। उन्होंने गाँवों में प्रत्यक्ष एक्शन के खतरे को महसूस किया था। प्रत्यक्ष युद्ध का अनुभव किया था। गोपनीयता के गुर सीखे थे। संगठन को गौर से देखा, समझा और महसूस किया था। साहस और प्रत्युत्पन्नमति उनमें जन्मजात थी। भाबरा की पहाड़ियों में और कट्ठीबाड़ा के जंगलों में उनका पर्याप्त विकास हो गया था। नियति उनको भावी कर्तव्यों के लिए तैयार कर रही थी। बनारस उनके लिए कदापि निरापद नहीं रह गया था। क्योंकि वहाँ वे फरवरी, 1922 से ही काफी प्रसिद्ध हो गए थे। तमाम कांग्रेसी, संस्कृत विद्यालय और काशी विद्यापीठ के छात्र उनको पहचानते थे। मर्यादा में उनकी उन दिनों की तसवीर छप चुकी थी। गनीमत यही थी कि न तो किसी को उनके असली माता-पिता के बारे में ज्ञात था और न वास्तविक घर का पता था। बनारस में भी वे निरन्तर स्थान बदलते रहे थे। शुरू में आए तो कुछ समय बड़ी पियरी पर पं. शिवविनायक के घर रहे। फिर भाटवाली गली में रहे, फिर ज्ञानवापी पर पुतलीवाले शिवाला में रहे। द्वारकापुर एक्शन के समय वे छोटी गैबी पर किसी धर्मशाला के एक कमरे में रह रहे थे और सितम्बर, 1925 में धर-पकड़ के समय वे बैजनत्था में सम्भवतः मन्दिर की धर्मशाला में रहते थे।

सामान्य काशीवासी उनका पता भले न जानते हों लेकिन उनके क्रान्तिकारी साथियों में कुछ तो जानते ही होंगे। वे गणेश महाल में श्री मन्मथनाथ के घर आते-जाते थे, जो काकोरी केस में सितम्बर, 1925 में पकड़े गए थे। वे उसी महाल में बैजनाथ लॉज के कमरा नं. 15 में स्थित ऑफिस आते-जाते थे। श्री शचीन्द्रनाथ बख्शी पुलिस के शक के घेरे में आ गए थे। उन्हीं के यहाँ आते-जाते आज़ाद भी पुलिस के रडार पर आए। लेकिन कोई आरोप था नहीं अत: सी.आई.डी. की उन पर निगरानी नहीं थी। इस पर अभिसूचना की फाइलों में काफी सूचना है। उन पर लिखे ब्रीफ में दर्शाया गया है कि "9 अगस्त, 1925 को काकोरी ट्रेन एक्शन हुआ और ऐसा माना गया कि इस घटना में जो क्रान्तिकारी शामिल थे उनके नेता चन्द्रशेखर आज़ाद ही थे। ऐसी सूचना मिलती है कि काकोरी घटना के बाद आज़ाद, शचीन्द्र बख्शी और केशव चक्रवर्ती को जतिन विश्वास नाम के एक व्यक्ति ने लखनऊ में शरण दी थी और इसके बाद आज़ाद, केशव चक्रवर्ती और राजेन्द्र लाहिड़ी कुछ पिस्तौलों और लूट के नकदी के साथ इलाहाबाद होते वाराणसी गए थे।"[37]

श्री मन्मथनाथ गुप्त ने अपनी आत्मकथा में इस बात का जिक्र किया है कि वे जिस दिन पकड़े गए उसी दिन चन्द्रशेखर आज़ाद के कमरे की भी तलाशी ली गई। यह बैजनत्थावाला कमरा था, जहाँ से पुलिस को कुछ मिला नहीं। एक बार वहीं आज़ाद पकड़े जाते बचे। फिर श्री ज्ञानचन्द्र मुरब्बेवाला की दुकान पर भी पकड़े जाते बचे। उन्होंने श्री ज्ञानचन्द्र, श्रीप्रकाश और पं. शिवविनायक से सलाह और सहायता प्राप्त की और सितम्बर, 1925 में एक दिन सुबह 4 बजे गायब हुए। उनके विश्वस्त साथी श्री विश्वनाथ वैशम्पायन ने लिखा है कि "आज़ाद की यह आदत थी कि जब भी कोई ऐसा साथी पकड़ा जाता जो उन्हें तथा उनके रहने की जगह जानता था तो वे रहने की जगह तुरन्त ही बदल देते थे और आवश्यकता हुई तो शहर भी। अपने इसी नीति के कारण अनेक लोगों के मुखबिर होने पर भी पुलिस उनका पता बरसों तक न पा सकी।"[38]

"आज़ाद की निगरानी सी.आई.डी. ने जून, 1925 से शुरू कर दी थी यानी काकोरी घटना के ठीक दो महीना पहले से। लेकिन उन पर नियमित नजर जुलाई, 1925 से रखी जा रही थी। 11.07.1925 की डायरी के अनुसार उन्हें 'स्टार एंड कम्पनी' नामक दुकान पर देखा गया था। जहाँ एस.एन. बख्शी अकसर आया-जाया करते थे। 18.07.25 की डायरी में दर्ज है कि 09.07.1925 को 'स्टार एंड कम्पनी' की बैठक में जो लोग मौजूद थे उनमें शचीन्द्र बख्शी, गौड़चन्द्र मलिक, प्रफुल्ल, राजेन्द्रनाथ लाहिड़ी और आज़ाद थे। आज़ाद ने 14 जुलाई, 1925 को बैजनाथ लॉज छोड़ा। 26.09.1925 की डायरी के अनुसार आज़ाद 19.07.25 से एक हफ्ते के लिए गायब था। इस दौरान वह कहाँ रहा, किसी को पता नहीं। 15.08.1925 की डायरी में दर्ज है कि उसने 27.07.25 को पुन: बनारस छोड़ा (इसी समय बख्शी भी गायब रहा)। 13.08.25 को वह लौटा और उसने सीताराम पाठक तथा ब्रह्मानन्द स्वामी से बात की। 19.09.25 की डायरी के अनुसार आज़ाद ने बनारस पोस्ट ऑफिस और ट्रेजरी के बीच पैसे ले जाने का क्या प्रबन्ध है, जानने की कोशिश की।"[39]

अभिसूचना की फाइलों के अनुसार बनारस में उन्हें सी.आई.डी. ने 19 सितम्बर, 1925 को अन्तिम बार देखा गया। इसके बाद सी.आई.डी. की डायरी आज़ाद को लेकर मौन है। बनारस छूटने के बाद भी आज़ाद पार्टी के काम से यहाँ आते रहे। ऐसे ही एक बार मिलने का ज़िक्र पं. शिवविनायक ने किया है। श्री मनमोहन गुप्त ने भी आज़ाद के बनारस आने के कुछ प्रसंगों का विवरण दिया है। लेकिन यह आना यदा-कदा था। बनारस अब आज़ाद का नियमित आवास नहीं रहा। सन् 1920 में जब चन्द्रशेखर बनारस आए तो सुदूर मध्य भारत के भीलांचल के जंगलों से निकले महज एक साधारण छात्र थे। किन्तु सन् 1925 में जब बनारस छोड़ा तब तक वे 'वीर बालक', 'आज़ाद' और काकोरी के नामजद प्रसिद्ध क्रान्तिकारी के रूप में ख्याति प्राप्त कर चुके थे। अगले ढाई-तीन साल उन्होंने झाँसी में अज्ञातवास में बिताए।

सन्दर्भ

1. 'कांग्रेस का इतिहास', पट्टाभि सीतारमैया, पृ. 260-269
2. दामोदर स्वरूप सेठ, 'हू इज हू', पृ. 86
3. कुन्दनलाल गुप्त, 'अमर शहीद चन्द्रशेखर आज़ाद', विश्वनाथ वैशम्पायन, पृ. 102
4. आज़ादी की खोज में, जोगेशचन्द्र चटर्जी, पृ. 129-131
5. सुरेशचन्द्र भट्टाचार्य, 'हू इज हू', पृ. 54
6. वही, जोगेशचन्द्र चटर्जी, पृ. 139
7. 'क्रान्तिकारी की आत्मकथा', मन्मथनाथ गुप्त, पृ. 170
8. वही, मन्मथनाथ, पृ. 182
9. 'काकोरी फाइल', पृ. 131, इन्फार्मेशन रिगार्डिंग पूरामुफ्ती डकैती, 09.08.1924
10. वही, जोगेशचन्द्र चटर्जी, पृ. 140-142
11. 'क्रान्तिकारी की आत्मकथा', मन्मथनाथ गुप्त, पृ. 179
12. वही, जोगेशचन्द्र चटर्जी, पृ. 140
13. 'बेमिसाल चन्द्रशेखर आज़ाद', वतन पर मरनेवालों का, शचीन्द्रनाथ बख्शी, पृ. 139-40
14. 'द बमरौली डकैती', चैप्टर-iii, काकोरी जजमेंट, पृ. 110-121
15. 'अपने लिए जिए तो क्या जिए', राजेन्द्रनाथ बख्शी, पृ. 52-55
16. वही, मन्मथनाथ गुप्त, पृ. 185
17. 'भगतसिंह की पिस्तौल की खोज', जुपिंदर जीत सिंह, पृ. 7-8
18. वही, विश्वनाथ वैशम्पायन, पृ. 65
19. 'कांग्रेस का इतिहास', पट्टाभि सीतारमैया, पृ. 272-283
20. 'द बिचपुरी डकैती', चैप्टर-iv, काकोरी जजमेंट, पृ. 122-134
21. वही, राजेन्द्रनाथ बख्शी, पृ. 55-58
22. वही, मन्मथनाथ, पृ. 182-185
23. 'शहीदों की छाया में', रामकृष्ण खत्री, पृ. 82-87
24. 'अशफाक उल्ला और उनका युग', सुधीर विद्यार्थी, पृ. 40
25. वही, राजेन्द्रनाथ बख्शी, पृ. 58-59
26. वही, मन्मथनाथ, पृ. 187-190
27. वही, रामकृष्ण खत्री, पृ. 88-93
28. 'काकोरी फाइल', द इन्फार्मेशन रिगार्डिंग रायबरेली (सराय महेश) डकैती ऑफ 26.7.1925

29. वही, मन्मथनाथ गुप्त, पृ. 190
30. वही, राजेन्द्रनाथ बख्शी, पृ. 59-81
31. 'कानपुर का नवजागरण', पं. लक्ष्मीकान्त त्रिपाठी, 'दैनिक जागरण', रजत जयन्ती अंक
32. वही, लक्ष्मीकान्त त्रिपाठी
33. वही, मन्मथनाथ गुप्त, पृ. 169-170
34. वही, मन्मथनाश गुप्त, पृ. 191
35. वही, श्री विश्वनाथ वैशम्पायन, पृ. 57-65
36. वही, रामकृष्ण खत्री, पृ. 75-82
37. ब्रीफ हिस्ट्री नोट्स, 'व्यक्तिगत पत्रावली', चन्द्रशेखर आज़ाद
38. 'अमर शहीद चन्द्रशेखर आज़ाद', विश्वनाथ वैशम्पायन, पृ. 213
39. ब्रीफ हिस्ट्री नोट्स, 'व्यक्तिगत पत्रावली', चन्द्रशेखर आज़ाद

अज्ञातवास

सितम्बर, 1925 में चन्द्रशेखर आज़ाद बनारस से अचानक गायब हो गए। पुलिस की नजर में फरार हो गए। काकोरी एक्शन उस समय तक अजेय समझी जानेवाली बर्तानवी हुकूमत को खुली चुनौती थी। यह चुनौती दी थी नौजवानों के एक ऐसे संगठन ने जिनमें ज्यादातर की मसें भी अभी नहीं भीगी थीं और दल ने बाकायदा 'पीला परचा' (द रिवॉल्यूशनरी के रूप में घोषणा-पत्र) रंगून से पेशावर तक एक ही समय में वितरण कर सरकार को भौचक्का कर दिया था। ब्रिटिशराज का क्रूर पंजा कसने लगा था। 25-26 सितम्बर, 1925 की रात को सरकार ने एक साथ धावा बोलकर तमाम क्रान्तिकारियों को पकड़ लिया था, मगर सर्वश्री आज़ाद, राजेन्द्रनाथ लाहिड़ी, शचीन्द्रनाथ बख्शी, मुकुन्दीलाल, अशफाक उल्ला, कुन्दनलाल गुप्त जैसे बड़े नाम बच गए थे। काकोरी एक्शन के बाद किसी को पता नहीं चला कि आज़ाद कहाँ गए?

आज़ाद से अन्तिम भेंट के सम्बन्ध में रामकृष्ण खत्री ने जिक्र किया है कि "उन दिनों श्री चन्द्रशेखर आज़ाद सब साथियों से यही कहते थे कि देखो भाई, पुलिस जल्दी ही कोई न कोई कार्यवाही करेगी। जिसको जहाँ सुरक्षित जगह मिले वहाँ चला जाए। बनारस में कोई न रहे।" मेरे पूछने पर कि भाई तुम खुद क्यों नहीं जा रहे हो तो उन्होंने उत्तर दिया, "स्वामी जी मेरी चिन्ता मत करो। ऐसा कोई माई का लाल इस संसार में पैदा नहीं हुआ है जो कि आज़ाद को जिन्दा पकड़ ले। मैंने अपनी व्यवस्था कर ली है। किसी को मेरी चिन्ता करने की जरूरत नहीं है। किसी के उपहास उड़ाने पर आज़ाद ने गुस्से में कहा, जब तक प्राण रहेंगे तब तक जो कोई मुझे पकड़ने आएगा उससे लड़ता रहूँगा। मगर जीते-जी कोई भी मेरे हाथों में हथकड़ी नहीं पहना सकेगा।"[1]

श्री विश्वनाथ वैशम्पायन ने काकोरी अभियान के बाद काशी में चन्द्रशेखर आज़ाद की स्थिति के सम्बन्ध में चर्चा करते हुए अपने संस्मरण में लिखा, "एक दिन आज़ाद शाम को पाँच बजे काशी में चौक में ज्ञानचन्द्र की दुकान पर बैठे थे। किसी व्यक्ति ने यह सूचना दी कि आज़ाद के नाम वारंट है। खुफिया इंस्पेक्टर भवानी सहाय वारंट लेकर घूम रहा है। आज़ाद को सावधान किया गया और वे तुरन्त कचौड़ी गली के रास्ते निकलकर अपने निवास-स्थान पर बैजनत्था की ओर चले गए। 10 मिनट के बाद ही भवानी सहाय आठ-दस आदमियों के साथ ज्ञानचन्द्र की दुकान पर पहुँचा। उसने ज्ञानचन्द्र से आज़ाद के बारे में पूछा। ज्ञानचन्द्र ने पूछा, आखिर आज़ाद को क्यों खोज रहे हो? भवानी सहाय ने कहा, मुलाकात करना है, क्योंकि शाम को आज़ाद यहीं दुकान पर बैठते हैं। यह कहकर भवानी सहाय वहाँ से चल दिया। आज़ाद सवेरे चार बजे ज्ञानचन्द्र के घर पर गए। ज्ञानचन्द्र ने आज़ाद को खर्च के लिए पचास रुपये दिये और आज़ाद रुपये लेकर

काशी के बाहर चल दिये। आज़ाद बनारस से गायब हो गए थे। उन्होंने साथियों को तो यह बताया कि वे अपने घर जा रहे हैं, परन्तु वे घर न जाकर सीधे झाँसी गए। किसी भी साथी को अपने वहाँ होने की सूचना नहीं दी। वहाँ उनके जाने की कल्पना भी कोई नहीं कर सकता था। क्योंकि एक बार ही उन्हें शचीन्द्रनाथ बख्शी के पास भेजा गया था और यह बात श्री लाहिड़ी के सिवा और किसी को मालूम नहीं थी।"[2]

काकोरी के बाद की स्थिति पर श्री मन्मथनाथ ने अपनी आत्मकथा में लिखा—"चन्द्रशेखर ने एकाएक यह इच्छा जाहिर की कि बहुत दिनों से वे घर नहीं गए हैं, इसलिए घरवालों से मिलने जाना चाह रहे हैं। किसी को भी ठीक-ठाक पता न था कि उनका असली घर कहाँ है? वे बहुत ही बचपन से काशी में रहते थे और घरवालों के प्रति उनके मन में कोई विशेष आकर्षण नहीं था। किन्तु जीवन के इस सन्धिकाल में उन्हें एकाएक अपने विस्मृत घरवालों की याद आई और बिना कुछ तैयारी किये ही वे एक दिन बनारस से फरार हो गए। 25 सितम्बर की रात को जिस समय मैं गिरफ्तार किया जा रहा था, उसी समय बनारस में एक दर्जन मकानों की इसी प्रकार तलाशी चल रही थी। श्री राजेन्द्र बाबू के घर पर तलाशी हुई, किन्तु वे नहीं मिले। वे बम बनाना सीखने कलकत्ते जा चुके थे। चन्द्रशेखर आज़ाद के कमरे में भी तलाशी हो रही थी, किन्तु वे गायब थे। श्री शचीन्द्रनाथ बख्शी तो गिरफ्तारी से बाल-बाल बचे।"[3]

श्री शिवविनायक ने अपने संस्मरण में लिखा है, "आज़ाद का नाम जब काकोरी केस में आया और पुलिस उन्हें पकड़ने के फेर में थी उस समय आज़ाद छिपकर मुझसे मिले। उन दिनों वे विद्यापीठ में पढ़ते थे। मुझसे मिलकर आज़ाद ने मुझसे अलग एकान्त में बातें करनी चाही। एकान्त में उन्होंने मुझसे स्पष्ट ही कह दिया था कि वे काकोरी कांड में शामिल हैं और पुलिस उनकी तलाश में है। उन्होंने मुझसे पूछा कि अब वे क्या करें? मैंने हँसकर कहा कि मैं तो इस समय अहिंसावादी हूँ, मेरी सलाह से तुम्हारा काम न बनेगा। अब अपने नये गुरुओं से जाकर पूछो। आज़ाद ने मुस्कुराकर कहा, जल्दी बताओ कि हम क्या करें। इस समय सभी साथी तिड़ी-बिड़ी हुए हैं। मैंने आज़ाद से कहा, तुम्हारे जैसे बहादुर लोगों का यही मार्ग है कि अपने तरीके से जितने दिन छिपकर रह सको, रहो और देश की जो सेवा कर सको, करो। किसी ऐसे-वैसे का विश्वास न करना। आज़ाद ने मेरे पैर पकड़ लिये। मैंने आशीर्वाद दिया। मैंने आज़ाद की जेब टटोली। सिर्फ ढाई आने पैसे उसकी जेब में था। मैंने उसको घर में खाना खिलाया और उसके विदा होते समय जो साढ़े तीन रुपये मेरी जेब में थे मैंने उन्हें दे दिये। आज़ाद को मैंने पीछे के दरवाजे से निकाल दिया। आज़ाद कुछ दिन काशी में रहे, फिर बाहर चले गए।"[4]

बाबू कृष्णमूर्ति ने इस दौरान आज़ाद के श्रीप्रकाश जी से मिलने का जिक्र किया है। 'नर्मदा' अंक में बनारसीदास चतुर्वेदी जी ने अपने संस्मरण में स्वीकार किया है कि श्रीप्रकाश जी ने, डॉ. सम्पूर्णानन्द जी ने तथा स्व. शिवप्रसाद गुप्त जी ने आज़ाद की बहुत मदद की। शिवप्रसाद जी तो क्रान्तिकारियों के संरक्षक ही थे। इस आलोक में बाबू कृष्णमूर्ति का विवरण विश्वसनीय माना जा सकता है। काकोरी एक्शन के समय बनारस के पुलिस कप्तान वी.पी. पाठक थे। बाबू कृष्णमूर्ति लिखते हैं, "एक दिन सुबह आज़ाद श्रीप्रकाश जी के घर पहुँच गए। घर के भीतर बनारस के एस.पी, वी.पी.पाठक

बैठे थे। श्रीप्रकाश जी ने नौकर के बताने पर बाहर आकर बात किया और कुछ रुपये देकर विदा किया। उन्होंने आज़ाद से कहा कि बनारस काफी गर्म है, तुम्हारे लिए। चारों तरफ जासूस फैले हैं। पुलिस को पता है कि तुम बनारस में हो, बिना समय नष्ट किये तुम यहाँ से निकल जाओ। वहाँ से आज़ाद ज्ञानचन्द्र मुरब्बेवाला की दुकान पर गए जहाँ उनका छोटा भाई और आज़ाद के बचपन का दोस्त रघुनाथ बैठा था। वे वहीं एक कुर्सी पर बैठ गए। तभी एक लड़के ने आकर बताया कि सी.आई.डी. का इंस्पेक्टर भवानी सहाय तुम्हारे घर की तलाशी ले रहा है और यहाँ आनेवाला है। वहाँ तुम्हारी माँ से पूछ रहा था कि क्या चन्द्रशेखर आज़ाद यहाँ आया था। इंस्पेक्टर के आने तक आज़ाद निकल गए थे। वे वैद्यनाथ महादेव मन्दिर गए। जिसे स्थानीय लोग बैजनत्था कहते हैं। वे वहीं कुछ समय से रह रहे थे। वी.पी. पाठक ने वहाँ उन्हें गिरफ्तार करने के लिए पुलिस बल भेज दिया। मन्दिर को घेरवा लिया। मैला-कुचैला कपड़ा पहने कुछ पुस्तकों का बंडल लिये गरीब छात्र बनकर आज़ाद मेन गेट से निकल गए। रात चार बजे उन्होंने मुरब्बेवाले का दरवाजा खटखटाया। ज्ञानचन्द्र ने भीतर से लाकर 50 रुपये दिये। आज़ाद ने स्वामी शंकरानन्द ब्रह्मचारी से उधार लिया 'आनन्द मठ' उपन्यास ज्ञानचन्द्र को उन्हें देने को दे दिया। रघुनाथ आ गया तो उसे गले लगाकर आज़ाद सुबह की धुन्ध में गायब हो गए।"[5]

बैजनत्था में पुलिस घेरे के एक मामले का जिक्र पं. शिवविनायक मिश्र के संस्मरण में इस प्रकार मिलता है, "काशी के बैजनत्था मुहल्ले में आज़ाद फरार होने के दिनों में एक कोयले की दुकान करनेवाली बुढ़िया के यहाँ आकर ठहरा करते थे। एक बार पुलिस को कुछ सन्देह हो गया, तो उसने बैजनत्था मुहल्ले को घेरकर आज़ाद को पकड़ना चाहा। पुलिस को आज़ाद ने देख लिया और वे बुढ़िया की ही दुकान में छिप गए। वे कोयले के अन्दर घुस गए और बुढ़िया से बोले कि बोरे में ऊपर से कोयले भर दो और बोरे को खुला रहने दो। पुलिस आई और तलाशी लेकर चली गई। श्री आज़ाद समाधिस्थ होकर बोरे में बैठे रहे। पुलिस की आँख में धूल झोंककर आज़ाद इस तरह बच गए और थोड़ी देर बाद बाहर निकलकर चले गए।"[6]

काकोरी अभियान के पश्चात पुलिस-सी.आई.डी. अत्यन्त सक्रिय हो गई थी। समस्त क्रान्तिकारियों पर सूक्ष्म दृष्टि रखी जा रही थी। बनारस में सी.आई.डी. के इंस्पेक्टर द्वय बनर्जी-मुखर्जी अपनी डायरियों में लगातार सूचनाएँ दर्ज कर रहे थे। जिनमें अनेक सूचनाएँ चन्द्रशेखर आज़ाद के सम्बन्ध में थीं। इन सूचनाओं पर दृष्टिपात करना समीचीन होगा।

इंस्पेक्टर बनर्जी की डायरी, 15 अगस्त, 1925

"डमरी गिरी जी (Damri Giri ji) ने आज़ाद को बनारस कैंट स्टेशन पर 27 जुलाई, 1925 की सुबह देखा और वे फैजाबाद तक साथ ही गए। आज़ाद ने कहा कि वह बरेली जा रहा है। आज़ाद 13 अगस्त की सुबह में लौटा, उसे बैजनाथ लॉज पर देखा गया। जहाँ वह थोड़ी देर सीताराम पाठक से बातें करता रहा। फिर वह पास के मठ में काठियावाड़ी साधु स्वामी ब्रह्मानन्द से मिला और उनसे कुछ देर तक बातचीत की, फिर वह अपने एक दोस्त के लिए दाद की दवा लेने के लिए लॉज पर आया, लेकिन

स्वामी यह नहीं दे पाए। दोपहर में वह गोदौलिया की तरफ गया और नजरों से ओझल हो गया। उस रात को लॉज पर नहीं लौटा। लेकिन 14 अगस्त को वह वापस आया और रात नौ बजे तक रहा।"[7] (टी.एफ. 189)

इंस्पेक्टर मुखर्जी की डायरी, 22 अगस्त, 1925

"आज़ाद का असल नाम चन्द्रशेखर शर्मा बताया जाता है जो फैजाबाद के एक गाँव का रहनेवाला है। उसे असहयोग आन्दोलन के दौरान 1921-22 में दो बार सजा हुई थी। इस अवसर पर बनारस लौटने पर उसने अपना भाड़ा दिया और कुछ नये कपड़े खरीदे। डमरी गिरी जी ने पूछा कि पुलिस तुमको क्यों पूछ रही थी, इससे वह सतर्क हो गया। वह और महावीर सिंह सत्येन्द्रनाथ सान्याल से उनके घर पर जाकर मिले जहाँ उनसे एस.एन.बख्शी और मन्मथनाथ गुप्त भी मिले। इस दौरान बख्शी और मन्मथ बैजनाथ लॉज में आज़ाद से नहीं मिल रहे थे। हर रोज शाम को आज़ाद अमृतसर के रहनेवाले ज्ञानचन्द्र मुरब्बेवाले की दुकान पर जाता है, जिसे असहयोग आन्दोलन में सजा हुई थी। आज़ाद उसकी बही लिखता है और वह उसे इसके लिए कुछ देता है। आज़ाद बाँस फाटक पर विश्वनाथ शर्मा और प्रेसवाले के यहाँ भी जाता है, जो विद्यापीठ में काम करता है। वह कांग्रेस कार्यालय में संस्कृत छात्र समिति के शंकरानन्द ब्रह्मचारी के बारे में पूछ रहा था। जो चरखा प्रचार में लगा है। उसके एक अन्य मित्र श्रीराम पांडेय हैं, जो चन्दौली के कांग्रेसी कार्यकर्ता हैं। वह हाल में सीताराम पाठक से मिल रहा था, और सीताराम पाठक के भाई के लिए दाद की दवा चाह रहा था। सत्येन्द्र सान्याल ने आज़ाद को मदद करने के लिए कहा है और पुलिस से नहीं डरने को कहा है।

इस सप्ताह में एस.एन. बख्शी अपने पुराने सहयोगियों से मिलता रहा। उनमें से मुख्य हैं—

1. 18 अगस्त को वह 4/10 कश्मीरी होटल, चौक गया।
2. लगभग हर रोज देवेन्द्र देव भट्टाचार्जी जी से मिला लेकिन देवेन्द्र एक दिन अचानक इलाहाबाद चला गया।
3. मन्मथनाथ गुप्त।
4. रिक्रूटर अरुणचन्द्र सेन। जिसने एस.एन. बख्शी को देख रहे एक सिपाही को 21 अगस्त को धमकाया। यह अरुण सेन छुपा हुआ ब्लैकमेलर है। वह और उसका सहायक विशेश्वर भट्टाचार्जी जी एक जैसी विधि प्रयोग करते हैं। (ये लोग टेरिटोरियल फोर्स में भर्ती करानेवाले के रूप में नियुक्त किये गए थे। लेकिन डी.एम. ने इन्हें इस पद से बर्खास्त कर दिया है।)[8]

आज़ाद का नाम 'मफरूर' के रूप में 1927 में रजिस्टर में काकोरी एक्शन में धारा-396, 302, 120 (बी) और 121 (ए) आई.पी.सी.में दर्ज था।[9]

इंस्पेक्टर बनर्जी की डायरी, 28 अगस्त, 1925

"आज़ाद के साथियों में खपड़हा, जौनपुर का रहनेवाला जगपति उपधिया भी है, जिसकी

रामापुरा क्रासिंग पर घी की दुकान है।"[10]

इंस्पेक्टर मुखर्जी की डायरी, 19 सितम्बर, 1925

"आज़ाद के पास से दो पैम्फ़लेट और दो पुस्तकें 'अमेरिका को स्वाधीनता कैसे मिली' व एक अन्य पुस्तक मिली थी। आज़ाद सितम्बर से बनारस पोस्ट ऑफिस के लिए पैसे का प्रबन्ध कैसे किया जाता है, यह जानने में रुचि दिखा रहा है। जिससे राय बनती है कि वह लूट के उद्देश्य से बैंक से पोस्ट ऑफिस पैसा ले जानेवाले ठेकेदार पर हमला करने की मंशा रखता है।"[11]

इंस्पेक्टर मुखर्जी की डायरी, 30 सितम्बर, 1925

इस डायरी में 29 सितम्बर को आज़ाद की गतिविधियों का जिक्र है। साथ ही उनके पास मौजूद कुछ किताबों का भी जिक्र है। "भावेश चन्द्र चटर्जी नाम के एक 16 साल के लड़के की तलाशी ली गई लेकिन कुछ खास नहीं मिला। व्यायाम की एक किताब जिसमें उसकी बंगाली व अंग्रेजी की हस्तलिपि थी, को कब्जे में लिया गया। शिवविनायक मिश्र के भाई शिवशंकर मिश्र के बारे में कहा गया कि क्रान्तिकारियों के दल से सम्बन्ध रखता है और उसके पास 'हिन्दुस्तान रिपब्लिकन एसोसिएशन' के नियम कायदों की एक हिन्दी प्रति मुद्रण के लिए शायद भारत प्रेस पर है, जो शिवविनायक मिश्र का है। यह पता चला है कि अभी हाल ही में आज़ाद उस प्रेस पर गया था।"[12]

प्राय: यह माना जाता है कि काकोरी एक्शन के बाद बनारस छोड़ने पर आज़ाद सीधे झाँसी गए, किन्तु ऐसा नहीं है। आज़ाद बनारस से कहाँ गए इसका पता श्री कुन्दनलाल के संस्मरण से चलता है। जब पुलिस धर-पकड़ कर रही थी तो श्री कुन्दनलाल गुप्त प्रतापगढ़ में थे। प्रतापगढ़ में पुलिस की हलचल बढ़ गई और श्री गुप्त जी को अपनी गिरफ्तारी का सन्देह हो गया तो वे उसी रात प्रतापगढ़ से रवाना हो गए और इलाहाबाद आ गए। वहाँ उन्होंने दल के एक सदस्य की सहायता से एक मकान किराए पर लिया। वे अधिकतर दिन में चुपचाप मकान में पड़े रहते और रात को ही बाहर निकलते थे। वे लिखते हैं, "कुछ ही दिनों बाद एक दिन आज़ाद भी वहाँ आ गए और कुछ दिन बाद एक दिन शाम को मैं आज़ाद को घर में अकेला छोड़कर बाहर गया था। लौटकर देखा कि आज़ाद ऊपर के कमरे में हैं और दरवाजा बन्द कर रखा है। मैंने दरवाजे पर दस्तक देकर आवाज दी। दरवाजा खुला और मेरी छाती पर माउजर पिस्टल तना था। वे मेरी आवाज न पहचान सके इसलिए किसी भी व्यक्ति का यथोचित स्वागत करने को वे सजग थे।"

इलाहाबाद में ही गन कैपों के विस्फोट की दुर्घटना हुई। उस दुर्घटना में श्री कुन्दनलाल जलने से बाल-बाल बचे। इस विस्फोट से उन्हें यह शंका हो गई कि इस धड़ाके से अड़ोस-पड़ोस के लोगों को शंका न उत्पन्न हो जाए। इसलिए आज़ाद ने वहाँ से हट जाने का निर्णय लिया। उन्होंने यह बात श्री कुन्दनलाल जी को भी बता दी, परन्तु यह नहीं बताया कि वे इलाहाबाद से कहाँ जाएँगे। इसके कुछ मास बाद कुन्दनलाल जी झाँसी पहुँचे और आज़ाद से मिले। उन दिनों आज़ाद ओरछा के पास ढिमरपुरा गाँव में

रहते थे।"[13] इस प्रकार हम देखते हैं कि बनारस में श्री ज्ञानचन्द्र मुरब्बेवाला से 50 रुपये लेकर आज़ाद सीधे झाँसी नहीं गए बल्कि इलाहाबाद आकर कुछ दिन काकोरी के ही अन्य मफरूर श्री कुन्दनलाल गुप्त के साथ रहे। वहाँ से झाँसी गए।

प्रश्न उठता है कि अज्ञातवास काटने के लिए चन्द्रशेखर आज़ाद आखिर झाँसी ही क्यों गए? झाँसी प्रवास के चश्मदीद-सर्वश्री शचीन्द्रनाथ बख्शी, भगवानदास माहौर, सदाशिव मलकापुरकर, विश्वनाथ वैशम्पायन और मास्टर रुद्रनारायण थे। संयोग से इन सभी के संस्मरण मिल जाते हैं। अत: झाँसी प्रवास की मूल बातों का उल्लेख इन्हीं क्रान्तिकारियों के संस्मरणों से किया जाएगा। चन्द्रशेखर आज़ाद सर्वप्रथम श्री शचीन्द्रनाथ बख्शी के नेतृत्व में झाँसी पहुँचे थे, ऐसा उनके संस्मरण में उल्लेख मिलता है। श्री बख्शी ने लिखा, "सन् 1924 से ही बनारस तथा लखनऊ छोड़कर मैंने झाँसी को अपना हेडक्वार्टर बनाया था। सन् 1925 में मैंने वहाँ दृढ़ संगठन तैयार कर लिया था। इसी बीच मैंने अनुभव किया कि यहाँ भी मेरे पीछे सी.आई.डी. लग गई है। मैंने अनुभव किया कि मुझे झाँसी छोड़नी पड़ेगी। अब मेरे सामने प्रश्न था कि यहाँ का संगठन किसे सौंपा जाए। पहले मैंने मन्मथनाथ गुप्त से बात चलाई पर वे कॉलेज की पढाई छोड़कर बनारस से जाने को तैयार न थे। तब आज़ाद की बात मेरे ध्यान में आई। क्यों न उन्हीं को यह भार सौंपा जाए। सन् 1925 के प्रारम्भ में इसी सम्बन्ध में आज़ाद को मैंने झाँसी बुलाया। उन्हें मैंने सात-आठ दिन झाँसी रखकर कुछ प्रमुख व्यक्तियों जैसे—मास्टर रुद्रनारायण, श्री भगवानदास माहौर, श्री सदाशिव मलकापुरकर, श्री विश्वनाथराव वैशम्पायन आदि से परिचय करा दिया। काकोरी के बाद दशहरे पर मैं बनारस पहुँचा तो चन्द्रशेखर ने कहा कि पुलिस उसका भी पीछा करने लगी है। वे किसी भी प्रकार से जेल जाने को तैयार नहीं। तब मैंने राजेन्द्र लाहिड़ी से परामर्श कर आज़ाद को झाँसी जाने के लिए कह दिया। परन्तु इसकी जानकारी मेरे और राजेन्द्र लाहिड़ी के सिवा अन्य किसी को नहीं थी।"[14]

श्री बख्शी की बात की तसदीक श्री विश्वनाथ वैशम्पायन ने की है, "जिस समय शचीन्द्रनाथ बख्शी झाँसी में दल के संगठन के नाते मुकरियाना मुहल्ले में रहे थे, उस समय आज़ाद एक बार वहाँ आए थे। उसी समय बख्शी बाबू ने आज़ाद से हम सबका परिचय करा दिया था। उस समय उनके सिर पर लम्बे बाल थे। वे खद्दर का कुर्ता तथा खद्दर की ही तहमत बाँधे थे। इससे कुछ ही समय पहले वे एक महन्त के अखाड़े से भागकर आए थे। उनका शरीर स्वस्थ और कसा हुआ था। मुकरियाने के इसी मकान में मैंने पहले-पहल रिवॉल्वर देखा। यहीं पर गोली चलाने की वह दुर्घटना आज़ाद के सामने हुई थी जिसका उल्लेख माहौर जी ने 'यश की धरोहर' में किया है।"[15] इस प्रथम मिलन का चश्मदीदी उल्लेख श्री भगवानदास माहौर ने इस प्रकार किया है, "आज़ाद से मेरा परिचय झाँसी में सन् 1924 में अन्त में हुआ था। झाँसी के जिला संगठनकर्ता श्री शचीन्द्रनाथ बख्शी से वे मिलने आए थे। इस प्रथम परिचय के अवसर पर यह घटना घटी। बैठे-बैठे बात हो रही थी। श्री बख्शी के हाथ में रिवॉल्वर था। रिवॉल्वर से निशाना साधने के सम्बन्ध में ही बातचीत हो रही थी। बातों-बातों में ही आज़ाद एकदम बिजली की गति से उछले और इसके पूर्व कि हम समझ सकें उन्होंने बख्शी के हाथ के

रिवॉल्वर के रुख को छत की ओर करके अपने दोनों हाथों से उसे जकड़ लिया। बख्शी के रिवॉल्वर में गोली थी और वे भूल से ट्रिगर को आधा दबा चुके थे। दुर्घटना होने से बची। आज़ाद काकोरी के बाद से फरार होकर झाँसी आए। झाँसी में उनके लिए अन्य और बातों के अतिरिक्त आकर्षण के केन्द्र मास्टर रुद्रनारायण थे जिनके वे छोटे भाई ही बन गए। झाँसी में मास्टर रुद्रनारायण से उनको बड़ी सहायता मिली। फिर उनके जीवन के अन्त तक, इलाहाबाद के अल्फ्रेड पार्क में उनके शहीद होने तक, झाँसी ही उनका मुख्य आकर्षण का केन्द्र बना रहा।"[16]

बकौल श्री विश्वनाथ वैशम्पायन, "उस समय भी आज़ाद को झाँसी बहुत पसन्द आई थी। बुंदेलखंड के पहाड़, जंगल तथा पहाड़ी इलाके को वे गुरिल्ला युद्ध के लिए बहुत उपयुक्त समझते थे। यहाँ पर सदस्यों को पिस्तौल, रिवॉल्वर तथा राइफल आदि चलाने की शिक्षा देने के लिए केन्द्र स्थापित करने का उनका विचार था। बख्शी बाबू के पास जिस समय आज़ाद आकर कुछ दिन रहे उसी बीच मास्टर रुद्रनारायण से उनका घनिष्ठ परिचय हो गया। इस विषय में श्री शचीन्द्रनाथ बख्शी का कथन है कि मास्टर रुद्रनारायण को तहसील पीलीभीत के बमरौली गाँव में मनी एक्शन की योजना में ले जाने के लिए बुलाया गया था, परन्तु वे अस्वस्थ होने के कारण एक दिन देर से पहुँचे इससे वे फिर बैठक में ही शामिल होकर लौट गए थे। बमरौली एक्शन में आज़ाद तथा सरदार भगतसिंह भी थे। भगतसिंह ने एक्शन में भाग तो लिया परन्तु लौटने पर वे कई दिन उदास रहे। खैर, उस दिन मास्टर रुद्रनारायण को स्टेशन से बख्शी जी ले आए थे। क्रान्तिकारी किसी नवाब की खाली कोठी में रुके थे। मास्टर जी समय बचाने के लिए काँटों के तारों के बीच ही घुस पड़े। परिणाम उनका पैर लहू-लुहान हो गया। जब वे अन्दर गए तो उनके घावों की ओर किसी का ध्यान नहीं गया, परन्तु आज़ाद ने उन्हें देख लिया और तुरन्त कहीं से स्पिरिट और पट्टियाँ लाकर उनके घावों की मरहम-पट्टी की। मास्टर रुद्रनारायण से आज़ाद का यह प्रथम परिचय था।"[17]

"काकोरी अभियान के बाद से मास्टर रुद्रनारायण के यहाँ आने-जानेवालों पर नजर रखने के लिए गुप्तचर विभाग का आदमी बराबर दरवाजे पर बैठा रहता था। फिर भी मास्टर रुद्रनारायण से पूर्व परिचित होने के कारण ही काकोरी के बाद जब आज़ाद इलाहाबाद से झाँसी आए तो पहले वे मास्टर रुद्रनारायण जी के यहाँ रुके। चूँकि उनका वहाँ ठहरना संकटापन्न था फिर भी मास्टर साहब ने उन्हें अपने यहाँ ठहराने में आना-कानी नहीं की। मास्टर रुद्रनारायण पुलिसवालों से पंजा व कलाई लड़ाया करते थे। कुछ दिनों पश्चात आज़ाद भी इस दंगल में शामिल होने लगे। सी.आई.डी. का हेड कांस्टेबल कम्मोद सिंह कई बार मास्टर रुद्रनारायण से कहा करता, "मास्टर अगर आज़ाद हाथ आ जाए तो हमारे पौ बारह हो जाएँ।" मास्टर साहब ने आज़ाद को झाँसी न रहने की सलाह दी। आखिर यह निश्चय किया गया कि वे ओरछा के पास ढिमरपुरा गाँव में सातार नदी के किनारे हनुमान जी के मन्दिर में साधु-वेश में रहें। वे कमर में मूँज की करधनी बाँध लँगोटी लगाकर यात्रा पर निकल पड़े। साथ में एक कम्बल और रामायण का गुटका भी ले लिया। सातार पर ये हनुमान भक्त ब्रह्मचारी कहलाने लगे। प्रारम्भ में आज़ाद ने गाँव में मधुकरी से निर्वाह किया। धीरे-धीरे ब्रह्मचारी जी ने गाँव के लोगों को रामायण

भी सुनाना शुरू किया। साथ ही छोटे बच्चों के लिए हनुमान जी के मन्दिर के चबूतरे पर पाठशाला प्रारम्भ हो गई। उनके चाल-चलन और व्यवहार से प्रभावित होकर ढिमरपुरा के ठाकुर मलखान सिंह ने स्कूल के लिए उन्हें अपने घर में सामने की चौपाल दे दी। अब दिन भर ब्रह्मचारी हरिशंकर जी का समय मलखान सिंह की चौपाल में कटता था। मलखान सिंह के साथ कभी-कभी शिकार खेलने भी जाने लगे और बन्दूक से अच्छा निशाना लगाने लगे। इसी दौरान जब कुछ सिपाहियों ने उन पर शक किया तो उन्होंने उन्हें चकमा दिया। मलखान सिंह के परिवार में आज़ाद की चरित्र परीक्षा भी हुई।"[18]

वर्ष 1926 में सी.आई.डी. की डायरी में आज़ाद के सम्बन्ध में सिर्फ एक इंट्री है, 11.3.1926 की, जिसके अनुसार, "ऐसी सूचना मिली है कि वह अपने भाई के साथ राजगढ़ (राजपूताना) में जनवरी, 1926 में रह रहा था।"[19] इस सूचना पर गलत का निशान लगा है। यानी यह सूचना तसदीक नहीं हुई। वस्तुत: बनारस से हटने के बाद पुलिस के रडार से चन्द्रशेखर आज़ाद हट गए। जब तक वे झाँसी में शान्त बैठे रहे तब तक वे रडार से बाहर ही रहे।

इस अवधि में कांग्रेस की गतिविधियों पर दृष्टिपात करना उचित होगा। "6-7 मार्च, 1926 को कांग्रेस महासमिति की बैठक रायसीना (दिल्ली) में हुई जिसमें कानपुर के निश्चय की पुष्टि की गई। कोकनड़ा के प्रस्ताव के अनुसार स्वयंसेवकों का दल 'हिन्दुस्तानी सेवा दल' गठित हुआ था। असहयोग का जो पत्थर गया में ऊँचाई से ढलकना शुरू हुआ था वह 1926 के आरम्भ में साबरमती में करीब-करीब नीचे आ गिरा। 6 अप्रैल, 1926 को लॉर्ड इरविन भारत में आए। सितम्बर में लाला लाजपतराय और पं. मोतीलाल नेहरू में बड़ी कौंसिल के काम के सम्बन्ध में फिर मतभेद उठ खड़ा हुआ। लाला जी का खयाल था कि स्वराजियों की वाक्-आउट की नीति हिन्दू हितों के लिए स्पष्टतया हानिकर है। गोहाटी कांग्रेस स्वभावत: तनातनी के वातावरण में हुई। इसका कारण सहयोग और असहयोग का पारस्परिक संघर्ष था। उसी दौरान स्वामी श्रद्धानन्द की रोगशय्या पर हत्या कर दी गई। इस जमाने में कांग्रेस का काम वार्षिक अधिवेशनों में लम्बे-चौड़े प्रस्ताव पास करना और कौंसिलों में मुठभेड़ करते रहना मात्र रह गया था।"[20]

श्री विश्वनाथ वैशम्पायन आगे लिखने हैं—"ढिमरपुरा में रहते हुए आज़ाद ने धीरे-धीरे दल के सदस्यों से मिलना प्रारम्भ किया। वहाँ बैठकर उन्होंने काकोरी के बाद बिखरे सूत्रों को एकत्रित करना प्रारम्भ किया। शुरू में मुकदमे की कार्रवाई जो अखबारों में छपती थी उसे काटकर दे आते थे। ढिमरपुरा में रहते-रहते ब्रह्मचारी जी के वेश में परिवर्तन हुआ। कम्बल की जगह कुरता और लँगोटी की जगह धोती ने ले ली। उन्हें साइकिल भी मिल गई। जिस पर वे ओरछा से झाँसी आने लगे। इसी दौरान काकोरी के एक अन्य फरार कुन्दनलाल जी झाँसी आए। वे श्री सदाशिव मलकापुरकर के पास ठहरे रहे और तब आज़ाद के पास उनके आने का समाचार लेकर मैं ढिमरपुरा गया। बाद में उनके आदेश पर ही कुन्दनलाल जी (दल में वे नम्बर वन के नाम से प्रसिद्ध थे) को ढिमरपुरा पहुँचाया गया। काकोरी का मुकदमा चल रहा था। आज़ाद तथा कुन्दनलाल को छोड़कर उस मुकदमे से सम्बन्धित सभी व्यक्ति गिरफ्तार हो चुके थे। पुलिस की

दौड़-धूप शिथिल पड़ गई थी। अब आज़ाद ने भी धीरे-धीरे दल को फिर से संगठित करने का काम शुरू किया और इसके लिए वे अनेक बार कानपुर तथा बनारस आदि गए। वहाँ वे नये तथा पुराने सदस्यों से मिले। उसी प्रकार विजयकुमार सिन्हा, शिववर्मा तथा कुन्दनलाल गुप्त भी झाँसी आने-जाने लगे। इन लोगों के आने पर या तो आज़ाद स्वयं झाँसी आते या फिर उन लोगों को ढिमरपुरा बुलाते। एक बार झाँसी से ओरछा जाते समय आज़ाद की पुलिस से भिड़न्त हो गई थी। तब से वे अत्यधिक सतर्क हो गए थे।

सातार नदी के किनारे जिस हनुमान मन्दिर में आज़ाद रहते थे, कुछ दिनों से वहाँ एक साधु भी आ टिका था। इस साधु ने एक दिन एक कहार की हत्या कर दी। इस विषय की जब तहकीकात होने लगी तो इसकी लपेट में ब्रह्मचारी जी भी आ गए। खैर, एक रात्त जैसे अचानक वे ढिमरपुरा में आए थे, वैसे ही अचानक वहाँ से चले गए। भाई श्री सदाशिव मलकापुरकर, श्री विश्वनाथ गंगाधर वैशम्पायन, श्री बालकृष्ण गिधौशेवाले, श्री सोमनाथ, श्री कालिका प्रसाद अग्रवाल आदि को सातार तट पर उनके गुप्त निवास का पता था। जब वे वापस झाँसी आ गए तो मास्टर रुद्रनारायण ने इन्हें नई बस्ती मुहल्ले में एक मोटर ड्राइवर श्री रामानन्द जी के यहाँ रखवा दिया। श्री रामानन्द जी को अपना बड़ा भाई बना लेने में आज़ाद को बड़ी देर न लगी, वे हरिशंकर के नाम से पुकारे जाने लगे। अब वे सदर बाजार में बुंदेलखंड मोटर कम्पनी में मोटर चलाने तथा मोटर मैकेनिक का काम सीखने लगे। मास्टर रुद्रनारायण जी कायस्थ थे और रामानन्द भी। रामानन्द मास्टर साहब की मोटर ठीक करने जाया करते थे। उनका नौकर रामदयाल भी बुंदेलखंड कम्पनी में ड्राइविंग सीख रहा था। मास्टर साहब के कहने पर रामानन्द जी ने आज़ाद को अपने साथ रख लिया। लोग आज़ाद को उनका भाई समझते थे।"[21]

सी.आई.डी. की डायरी में वर्ष 1927 में भी आज़ाद के सम्बन्ध में सिर्फ़ एक इंट्री है जो काकोरी के बाद आज़ाद व अन्य कहाँ गए की चर्चा करती है। 24.09.1927 की डायरी के अनुसार, "काकोरी डकैती के तुरन्त बाद सचिन बख्शी, आज़ाद और केशव चक्रवर्ती ने अमीनाबाद में बंगाली क्लब के लाइब्रेरियन जतिन बिस्वास के यहाँ शरण ली और वहाँ एक दिन बिताया। आगे आज़ाद, केशव और राजेन लाहिड़ी इलाहाबाद होते बनारस के लिए निकल गए, उनके साथ तीन माउजर पिस्तौलें और लूटी गई नकदी का 1500 रुपये था। बनारस में पहुँचकर उन्होंने इसे सूरजकुंड के एक मकान में रखा।"[22]

चन्द्रशेखर आज़ाद 1926 में पूरी तरह अज्ञातवास में रहे सरकारी अमले को उनकी भनक तक न लग सकी। फिर आया 1927 का वर्ष। श्री पट्टाभि सीतारमैया लिखते हैं—"कानपुर में गांधी जी ने एक वर्ष के क्षेत्र संन्यास का व्रत लिया था। उन्होंने देशबन्धु स्मृति कोष के लिए बिहार का दौरा किया। कौंसिल के काम में उनके लिए कोई आकर्षण न था। लाला जी भी इसे निष्ठारहित और शक्तियों का अपव्यय मानते थे। 1927 में जब गांधी जी ने अपना दौरा शुरू किया तो राजा-महाराजाओं के दिल का डर निकल चुका था। उनमें से कुछ ने तो गांधी जी को बुलाना भी शुरू कर दिया था। गांधी जी कुछ समय तक ही दौरा कर पाए थे कि बीमार पड़ गए। 1927 की गर्मियों में हिन्दू-मुस्लिम दंगों की बाढ़-सी आ गई। सबसे भीषण दंगा 3-7 मई तक लाहौर में हुआ। 'रंगीला रसूल' और 'रिसाला वर्तमान केस' जैसी पुस्तकों पर सजा में अन्तर पर

यह दंगा हुआ। कलकत्ता में अक्टूबर, 1927 में पहले एकता सम्मेलन हुआ, फिर वहीं 20, 29, 30 अक्टूबर को महासमिति की बैठक हुई। 8 नवम्बर, 1927 को साइमन कमीशन की घोषणा हुई। कांग्रेस के सिवाय भी भारत की सब पार्टियाँ इस कमीशन की नियुक्ति से नाराज हुईं कि उसमें एक भी भारतीय नहीं रखा गया है। बकौल मिल बिल्किंसन अमृतसर कांड के पश्चात ब्रिटिश सरकार के किसी भी कार्य की भारत में इतनी भारी निन्दा नहीं हुई जितनी साइमन कमीशन की नियुक्ति की।

1927 की कांग्रेस मद्रास में डॉ. अंसारी के सभापतित्व में हुई। इस कांग्रेस में कमीशन के हर हाल में बहिष्कार का प्रस्ताव पास हुआ। काकोरी केस के अभियुक्तों को बर्बरतापूर्ण सजाएँ दी जाने पर और उसमें जनता में रोष की प्रबल भावना फैलने पर भी सरकार ने उनकी सजाएँ न घटाईं। उस पर भी एक विशेष प्रस्ताव के द्वारा दुख प्रकट किया गया और कांग्रेस ने उनके परिवारों के साथ अपनी हार्दिक सहानुभूति प्रकट की। अन्त में कांग्रेस के ध्येय की भी पृथक प्रस्ताव द्वारा परिभाषा की गई। इसके अनुसार यह कहा गया, "यह कांग्रेस घोषित करती है कि भारतीय जनता का लक्ष्य पूर्ण राष्ट्रीय स्वतंत्रता है।" यह प्रस्ताव कुछ साल तक कांग्रेस के हरेक अधिवेशन में पेश होता चला आ रहा था। यूरोप से जवाहरलाल जी के लौट आने के कारण इस प्रस्ताव को और भी बल प्राप्त हुआ। गांधी जी उस समय समिति की बैठक में मौजूद नहीं थे और उन्हें इस प्रस्ताव का पता तभी चला जबकि वह पास हो गया।"[23]

श्री भगवानदास माहौर इन दिनों को याद करते हुए लिखते हैं, "आज़ाद काकोरी कांड के मुकदमे में फरार अभियुक्त घोषित किये जा चुके थे और उन्हें पकड़वाने के लिए सरकार द्वारा हजारों रुपये के इनामों की घोषणा हो चुकी थी। मगर आज़ाद बड़े हल्के दिल से झाँसी में एक मोटर कम्पनी में मोटर का काम सीख रहे थे। वे मोटर चलाने की परीक्षा झाँसी के पुलिस सुपरिंटेंडेंट को दे आए और उससे मोटर ड्राइवरी का लाइसेंस भी ले आए। बुंदेलखंड में एक बार एक मोटर का हैंडिल मार रहे थे तो वह बड़ी शक्ति से बैक हुआ। आज़ाद के हाथ की हड्डी टूट गई। लोग उनको तुरन्त अस्पताल ले गए। वहाँ क्लोरोफार्म दिया जाने लगा तो उन्होंने मना कर दिया। खैर, डॉक्टर ने और मित्रों ने मिलकर उन्हें क्लोरोफार्म दिया। हाथ की हड्डी बैठा दी गई। यह बात 1927 की है। टूटा हाथ फुलस्लिंग में डाले रहते। आज़ाद झाँसी में हम सब साथियों के घरों में घुल-मिल गए थे। मेरी माँ के वे प्रिय बेटा बन गए। आज़ाद केवल मास्टर रुद्रनारायण के ही छोटे भाई नहीं बन गए थे, वे उनकी पत्नी के झगड़ालू देवर, उनकी छोटी लड़की के प्रिय चाचा बन गए थे। उनकी पहुँच चौके तक थी। जब मास्टर साहब के पिता ने एक मामूली ड्राइवर को इस तरह घर में घुसने पर विरोध जताया तब मास्टर साहब को अपने पिता को आज़ाद की असलियत बतानी पड़ी। वहाँ वे अपनी भावज के हाथ से खिचड़ी की तपेली खींचकर उसमें हाथ डालकर चाट जाते थे। आज़ाद के भोजन के लिए मुझे, श्री सदाशिव और श्री विश्वनाथ को अपने घरों से रोटियाँ चुरानी पड़ती थीं। मैं भी रातभर आज़ाद के साथ गायब रहता। घर वापसी पर वे ही आकर स्थिति सँभालते। एक बार आज़ाद हम लोगों को श्री सदाशिव के घर पिस्तौल दिखा रहे थे। वहाँ सदाशिव का डेढ़-दो साल का भान्जा था। तभी उसके पिता आ गए और

उसने 'काका दम्बूक' कहा तो आज़ाद ने ही बात बनाकर सँभाला। वे परतेजा सहिष्णु थे। उनके साथ साइकिल पर चढ़ना मुसीबत का काम था। उनकी रेस चलती थी। झाँसी के किले या छावनी पर वे किसी अंग्रेज से भी यह रेस कर आते।"[24]

श्री विश्वनाथ वैशम्पायन ने अपने संस्मरण में लिखा, "आज़ाद की देखभाल रामानन्द की पत्नी गुनार देवी ने भी बहुत की। हाथ टूटने के समय वे नई बस्ती में इन्हीं के साथ रहते थे। कभी-कभी वे मास्टर रुद्रनारायण के यहाँ खाने जाते थे, मगर यह उन्हें (आज़ाद) अच्छा नहीं लगता था। मेरे पते से आज़ाद पत्र मँगाते थे। पर मेरे घर बहुत ही कम आते थे। साइकिल दौड़ाने से पंजा-कलाई लड़ाने तक चलता रहा। मास्टर साहब का ड्राइवर रामदयाल ढीमर दारू पीकर अपनी पत्नी को पीटता था। उसे मना करने पर नहीं माना तो आज़ाद ने उसे भी पीटा। उनके पड़ोसी धनीराम बढ़ई पर एक बार जब सूदखोर पठान ने वसूली के लिए हमला बोला तो उसे आज़ाद ने पटककर मारा था। वे अन्याय का सदैव प्रतिकार करते थे, लेकिन अतिरेक तक नहीं। ढिमरपुरा में उन्होंने एक साधु को कुतिया के साथ अनैतिक व्यवहार करते देखा था। परन्तु वे शान्त रहे। झाँसी के सदर बाजार में जब सोल्जरों ने उपद्रव किया, औरतों को छेड़ा, लोगों को गाली दी, मारा तो उन्होंने पिस्तौल मुझे दे दी, ताकि उत्तेजना में कुछ कर न बैठें।"[25]

सी.आई.डी. की डायरी में 24 सितम्बर, 1927 के बाद 1 मई, 1928 की इंट्री है जिसमें उल्लेख है कि "आज़ाद 30 अप्रैल, 1928 को कलकत्ता में देखे गए थे।"[26]

वास्तव में झाँसी से आज़ाद के सम्बन्ध का पता सी.आई.डी. को उस समय हुआ, जब फणीन्द्रनाथ घोष ने अप्रूवर बनने पर 'रामदुलारे' और 'रामानन्द' के बारे में पुलिस को बताया। यदि घोष की गिरफ्तारी व बयान सम्बन्धी टाइमलाइन पर दृष्टि डालें तो, "8 जून, 1929 को मछवा बाजार में फणीन्द्रनाथ घोष और बैजनाथ सिंह को सी.आई.डी. ने पकड़ा। 11 जून, 1929 को दोनों को लाहौर किले में लाकर बन्द किया गया। 14 जून, 1929 से फणीन्द्रनाथ घोष ने पुलिस के समक्ष अपना बयान देना शुरू किया। 20 जून, 1929 को फणीन्द्रनाथ ने पुलिस से क्षमा-प्रार्थना की। 8-10 जुलाई, 1929 को फणीन्द्रनाथ घोष द्वारा एस.डी.एम. ठाकुर सूरज नारायण सिंह को झाँसी में स्थान आदि दिखाया गया। वे लोग 8 जुलाई, 1929 को उस स्थान पर भी गए जहाँ बम परीक्षण किया था। 9 जुलाई, 1929 को रामदुलारे शर्मा पुत्र कान्ताप्रसाद का घर सर्च किया गया। वह म्युनिसिपल बोर्ड में काम करता था। 10 जुलाई, 1929 को फणीन्द्रनाथ की रामानन्द द्वारा शिनाख्त की गई।"[27] 16 मई, 1930 से न्यायालय के समक्ष फणीन्द्र ने बयान देना शुरू किया।

फणीन्द्रनाथ घोष द्वारा दिये गए बयान के आधार पर पुलिस ने न सिर्फ रामदुलारे व रामानन्द ड्राइवर के घरों की तलाशी ली बल्कि दोनों से गहन पूछताछ भी की। 18 जुलाई, 1929 को अपने बयान में 'बुंदेलखंड मोटर एंड साइकिल एजेंसी', झाँसी के रामानन्द ने बताया कि "हरिशंकर ब्राह्मण (आज़ाद) ने नौसिखिया के रूप में फरवरी (?) के करीब फर्म ज्वाइन की और बाद में रहने के लिए नई बस्ती में उसके घर आए। वर्कशॉप में काम करते समय एक इंजन के बैक फायर करने से उनकी दाईं कलाई में चोट आ गई थी। हरिशंकर अकसर झाँसी से बाहर जाया करते थे और कारण बताते थे

कि वे घर पैसा पहुँचाने जा रहे हैं। उन्होंने बताया था कि वे पूना के रहनेवाले हैं और उनका एक भाई है जो रेलवे विभाग में 90 रुपया माहवार पर क्लर्क है। बतौर ड्राइवर प्रशिक्षित हो जाने पर उन्होंने रोजगार की तलाश में झाँसी छोड़ दिया और एक बार जब झाँसी आए तो बताया कि वे ग्वालियर में सेवा में हैं। होली के कुछ रोज पहले वे तीन लोगों (फणीन्द्रनाथ घोष, भगतसिंह और महाराष्ट्री के साथ आए) रामानन्द के साथ कानपुर रोड पर 30 मील गाड़ी से आए। वहाँ आज़ाद व उनके तीनों साथी जंगल में चले गए और इसके थोड़ी ही देर बाद धमाके की आवाज हुई। आज़ाद ने इसके बाद यह कहते हुए झाँसी छोड़ दी कि वे ग्वालियर जा रहे हैं। जून की शुरुआत में वे पुनः झाँसी में दिखे और यह कहा कि उन्होंने ग्वालियर की नौकरी छोड़ दी है और अब पूना जा रहे हैं।"[28] 19 जुलाई, 1929 को रामदुलारे को गिरफ्तार करके लाहौर ले जाया गया, जहाँ उसने अपना बयान दिया। 8 अगस्त, 1929 को उसे छोड़ा गया।

अभिसूचना फाइल में 22 जुलाई, 1929 की इंट्री के अनुसार,"चन्द्रशेखर आज़ाद कुछ महीने हरिशंकर के नाम से झाँसी में रहे और एक स्थानीय मोटर कम्पनी में चालक के तौर पर काम किया। उनके पास झाँसी का लाइसेंस नं. 67, 1928 था। उन्होंने जून, 1928 में हरिशंकर पुत्र सीताराम, ब्राह्मण, निवासी नई बस्ती के नाम से ड्राइविंग लाइसेंस भी प्राप्त कर लिया।" 11.08.29 की इंट्री के अनुसार, "आज़ाद जब झाँसी में थे तो रामानन्द के साथ रहते थे जो उसका मित्र ड्राइवर था। उनके यहाँ झाँसी से और बाहर से, पंडित और बाबू आते रहते थे।"

निकटस्थ व्यक्तियों की गिरफ्तारी व बयान के कारण सी.आई.डी. के लोगों को धीरे-धीरे आज़ाद और उनके साथियों के बारे में पता चल रहा था। 10.09.1929 को सी.आई.डी. अफसर ने लिखा, "कैलाश भगवानदास माहौर का नाम है।" 16.09.1929 को लिखा, "भगवानदास के पिता तुलसीराम की झाँसी में दूध की दुकान थी। रघुनाथ 'एम' विश्वनाथ वैशम्पायन का नाम था।" झाँसी के कप्तान इंग्लिस को स्पेशल, एस.बी, सी.आई.डी, यू.पी., मिस्टर पील ने नैनीताल से 19.09.1929 को पत्र लिखा, "रुद्रनारायण अपने असली रंग में छोटे दल का सही रिंगलीडर है। मैंने कल ही बिग्गाने को यह कहते हुए लिखा है कि वह रुद्रनारायण को तारांकित सन्दिग्धों की सूची में रखे। रुद्रनारायण अब विचलित है। उसे यह महसूस हो रहा है कि उसके नजदीकी चेलों में से अगर कोई पकड़ा गया और बयान दे दिया तो खुद उसे भी पकड़ा जा सकता है। अतः उनमें से किसी का न पकड़ा जाना ही उसके हित में होगा। मुझे आशा है कि हम आज़ाद को घुटनों के बल ला देंगे।"[29]

इसी तरह जिला अभिसूचना शाखा के दारोगा रामभरोसे तिवारी ने अपनी रिपोर्ट में मास्टर रुद्रनारायण के सम्बन्ध में अपने मुखबिर तथा श्री सदाशिव मलकापुरकर के बहनोई श्रीधर राव के बीच हुई वार्ता का उल्लेख करते हुए लिखा कि श्रीधर राव कहता है, "सारे उपद्रवों की जड़ में रुद्रनारायण है और मुझे आश्चर्य होता है कि पुलिस उसे गिरफ्तार क्यों नहीं करती। उसने तमाम लड़कों को बिगाड़ा है, वे अपने घरों से भी भाग गए हैं। मुझे बताया गया कि रुद्रनारायण उन्हें बम बनाना सिखा रहा था इसलिए पुलिस उनके पीछे थी। वह सदाशिव को अपने घर फोटोग्राफी और पेंटिंग्स सिखाने के

बहाने बुलाता है। लेकिन वह ये बदमाशी करता है। रुद्रनारायण ने तमाम लड़कों को इसी तरह बिगाड़ा है। शायद उसे पता हो कि सदाशिव कहाँ गया। रुद्रनारायण को बम बनाना आता है या नहीं मुझे नहीं पता, मैंने बस सुना है। रुद्रनारायण इस तरह की कोई भी बदमाशी कर सकता है। उसे सामान्य इनसान के तौर पर मत लेना। जो लड़के घर से भागे हैं उनमें एक मोटर ड्राइवर है, जिसके चेहरे पर चेचक के दाग हैं, और जिसका नाम हरिशंकर है। यह ड्राइवर मेरी दुकान में अकसर सदाशिव से मिला करता था। मैं फिर से सागर गया। वहाँ एक बाग के काछी से पता चला कि सदाशिव, जिसे वह जानता है, कुछ रोज पहले तीन अन्य लड़कों के साथ उसकी बाग में आया और वहाँ चार-पाँच दिन रुका। मेरा मानना है कि उनमें—1. हरिशंकर ड्राइवर, 2. भगवानदास माहौर, 3. विश्वनाथ वैशम्पायन थे और काछी ने बताया कि वे बहुत कसरत किया करते थे। ज्यादातर धोती की जगह लँगोटा पहने रहते थे। काछी ने सदाशिव से कहा कि चूँकि वहाँ उसका परिवार भी रहता था अत: उनका इस तरह नंगे रहना उचित नहीं है। भगवानदास और विश्वनाथ वैशम्पायन वहाँ से जबलपुर चले गए, जबकि सदाशिव और हरिशंकर (आज़ाद) उसी दिन गायब हो गए।"[30]

सी.आई.डी. को सदाशिव मलकापुरकर के सम्बन्ध में भी काफी कुछ ज्ञात हुआ। व्यक्तिगत पत्रावली के अनुसार, "सदाशिव मलकापुरकर वल्द रघुनाथ राव, धर्मशाला, बजरिया, झाँसी, एस. 167 का जन्म सन् 1908 के लगभग हुआ। वह जाति का ब्राह्मण है तथा हिन्दी से 5वीं पास है।"[31] ए.आई.बी., सी.आई.डी., मिस्टर जी.बी. पील ने 5 जुलाई, 1929 को ठाकुर विशेश्वर सिंह को पत्र लिखा, "सदाशिव ने 1929 में परीक्षा के लिए फार्म भरा था, लेकिन परीक्षा में उपस्थित नहीं हुआ। समय-सीमा के भीतर सूचित करें कि सदाशिव किन तिथियों में अपने कॉलेज से गायब था।"[32] सी.आई.डी. ने 23.09.1929 को अपने डायरी में लिखा कि फणीन्द्रनाथ घोष ने अपने बयान में जिस मराठी का उल्लेख किया है वह सदाशिव था।

उल्लेखनीय है कि भुसावल में पकड़ जाने के बाद श्री सदाशिवराव का लम्बा बयान 23.09.29 को डिप्टी एस.पी., सैयद अहमद शाह तथा सी.आई.डी. के इंस्पेक्टर ताजुद्दीन के समक्ष हुआ था।

श्री सदाशिव मलकापुरकर ने अपने बयान में कहा, "हम दो भाई हैं। एक मुझसे बड़े हैं उनका नाम शंकरराव रघुनाथ मलकापुर है। वह झाँसी रेलवे कारखाना में टाइमकीपर का काम करते हैं। मेरी दो बहन थीं। उनमें से एक का ब्याह श्रीधर जनार्दन देव, झाँसी से हुआ था। वह पिछले साल मर गई। दूसरी का विवाह स्वर्गीय दांकर राव मस्तौफी से हुआ था, जो दतिया रियासत में दतिया के रहनेवाले थे। स्वर्गीय दांकर राव दतिया रियासत में बतौर क्लर्क कार्यरत थे। मैं करीब तीन साल का था जब मेरे पिताजी मरे। वे झाँसी में रेलवे मेल सेवा में सार्टर (श्रेणीबद्ध करनेवाले) थे। मेरे पिता पाँच भाई थे। हमारा मूल स्थान जिला सागर की तहसील रहेली में रहेली है। मेरे चाचा काशीनाथ राव और गोविन्द राव खेती करते हैं, जबकि महादेव राव मुहल्ला अहेरियन में महादेव जी के मन्दिर में पुजारी हैं। मेरी माँ अभी भी जिन्दा हैं और झाँसी में मेरे भाई तथा जीजा के साथ रहती हैं। रहेली में करीब छह साल रहकर पढ़ने के बाद मैं झाँसी आ गया। इसके

पहले मेरे चाचा केशो राव जिनके कोई सन्तान नहीं है ने मुझे गोद ले लिया और पूरी सम्पत्ति मेरे नाम कर दी। उनकी अचल सम्पत्ति उरई तहसील के गाँव सोमई (जिला जालौन) में जिला सागर की तहसील खुरी के भैंसवा, अमखेड़ा, कंजिया, सागर आदि गाँवों और नरसिंहपुर जिले के बखेरी, खमरिया आदि गाँवों में थी। मेरी माँ ने नरसिंहपुर की सम्पत्ति को 7-9 साल के लिए 5500 रु. में रेहन पर दे दिया। सोमई में मैंने पिछले साल जुलाई में 1200 रु. रेहन पर रखा।

मैं रहेली से हिन्दी में 5वीं पास कर झाँसी आया और अपने जीजा के साथ रहने लगा। मेरे भाई भी साथ आए। हमने झाँसी की सरस्वती पाठशाला में दाखिला ले लिया। हिन्दी मिडिल पास करने के बाद मैंने 1924 के करीब झाँसी में मैकडोनाल्ड हाईस्कूल में दाखिला लिया। यहाँ से मैट्रिक करने के बाद 1926 में गवर्नमेंट इंटरमीडिएट कॉलेज, झाँसी में दाखिला ले लिया। मेरी पढाई का खर्च मेरे जीजा श्रीधर राव उठाते हैं, जिनकी झाँसी में कपड़ा सिलाई की दुकान है। मैं झाँसी में कांग्रेस की बैठकों में स्वयंसेवक बनने लगा। तिलक महाराज की मृत्यु के बाद झाँसी में उनके सम्मान में धूमधाम से जुलूस निकला। देश के लिए उन्होंने जो सेवा की उस पर भाषण दिये गए। मैंने महसूस किया कि तिलक को देशसेवा के लिए इतना सम्मान मिला। मुझे अपनी मातृभूमि की सेवा के लिए कुछ करना चाहिए। इन सबसे मेरे राजनीतिक दृष्टिकोण में भारी बदलाव आया।

यह शायद 1924 की बात होगी, बनारस के रहनेवाले शचीन्द्रनाथ बख्शी झाँसी आए और मुहल्ला मुकरियाना में रहने लगे। तत्पश्चात झाँसी में म्युनिसिपल कमेटी में काम करने लगे। हम म्युनिसिपल पब्लिक लाइब्रेरी के पास कबड्डी खेला करते थे। इस तरह मैं उनसे परिचित हो गया। बख्शी 20-21 साल के थे। उन दिनों झाँसी के भगवानदास भी मैकडोनाल्ड हाईस्कूल के छात्र थे और मेरे कक्षा मित्र थे। वह भी मेरे साथ कबड्डी खेला करते थे और बख्शी से परिचित हो गए। बख्शी हमें लाइब्रेरी ले जाते जहाँ बहस होती। फिर हमने अखाड़ा खोलने की योजना बनाई। मैं और भगवानदास बख्शी के घर भी जाने लगे। जब बख्शी को लगा कि वे हमारी विचारधारा को कुछ हद तक बदल सके हैं तो उन्होंने हमें 'बन्दी जीवन' और 'राजनीति शरीयन्त' और अन्य राजनीतिक पुस्तकें दी। इन पुस्तकों के अध्ययन ने हमारे भीतर क्रान्तिकारी विचारों को उत्पन्न किया। फिर बख्शी ने बताया कि वे एच.आर.ए. के साथ हैं तथा पार्टी ने उन्हें वहाँ भेजा है। उन्होंने हमें पीला पर्चा दिया। बख्शी ने मुझे और भगवानदास को पार्टी में शामिल किया।

एक दिन जब मैं बख्शी से मिलने उनके घर गया तो मैंने एक आदमी को वहाँ बैठे देखा। मेरे द्वारा पूछने पर बख्शी ने बताया कि वे पार्टी के सदस्य हैं। यह आदमी दो-तीन दिन रहने के बाद बख्शी को अपने साथ ले गया। काकोरी के बाद बख्शी ने उस शख्स का नाम चन्द्रशेखर आज़ाद बताया था। जब काकोरी ट्रायल चल रहा था तो चन्द्रशेखर आज़ाद मुझे पब्लिक लाइब्रेरीवाले रोड पर मिले। उन्होंने बताया कि वे झाँसी के पास रह रहे थे। मगर असली जगह नहीं बताई। काकोरी केस खत्म होने पर वे पुनः मुझसे मिले। इसके बाद वे मुझसे और भगवानदास से मिलने लगे। वे मुझसे मेरे घर पर मिलते जहाँ भगवानदास आ जाते। एक दिन आज़ाद ने मुझे ले जाकर वह जगह दिखाई

जहाँ रहते थे। यह स्थान बेतवा नदी के तट पर ओरछा रेलवे स्टेशन से एक किलोमीटर पर थी। चारों तरफ जंगल था और हनुमान जी की मूर्ति के पास एक झोंपड़ी थी। उस झोंपड़ी में उनका बिस्तर भी था। उन दिनों आज़ाद साधु-वेश में रहते थे। वे लँगोट और कम्बल धारण करते थे। इसके 15-20 दिन बाद आज़ाद मुझे मेरे घर पर मिले और बताया कि कोई काम न मिलने पर वे मोटर चलाना सीख रहे हैं। उन दिनों वे धोती, शर्ट और काली टोपी पहना करते थे। वे मेरे घर पर व मेरे जीजा की दुकान पर मिलने लगे, जहाँ मैं अकसर बैठा करता। आज़ाद को हरिशंकर कहा जाता था।

दिसम्बर, 1927 या जनवरी, 1928 में चन्द्रशेखर आज़ाद आए और बताया कि उनके दाएँ हाथ की कलाई एक मोटर के हैंडिल के झटके से टूट गई थी और बुंदेलखंड मोटर कम्पनी के मालिक शिवलाल ने उन्हें कार से सदर बाजार में रहनेवाले डॉक्टर के पास इलाज के लिए भेजा। जिसने उनकी कलाई की मलहम-पट्टी की और देखने आता था। उसी समय आज़ाद मुझे नई बस्ती के घर ले गए। उस घर में उनके साथ कम्पनी में गाड़ी चलाना सीख रहे रामानन्द व उसकी पत्नी भी रहते थे। रामानन्द का एक बेटा भी था जिसको आज़ाद हिन्दी अक्षर सिखाया करते थे। मेरे द्वारा पूछे जाने पर आज़ाद उर्फ हरिशंकर ने बताया कि रामानन्द उनका चचेरा भाई है। आज़ाद ने दो माह अपनी कलाई का इलाज करवाया। आज़ाद की कलाई तो ठीक हो गई लेकिन हड्डी आज भी ऊपर को उठी है। ठीक होने के थोड़े दिन बाद किसी काम से कहीं जाना बताकर वे झाँसी से चले गए। जब वे लौटे तो उनके पास 0.32 बोर की आटोमैटिक पिस्तौल थी। उन्होंने बताया कि पार्टी ने उन्हें आत्मसुरक्षा हेतु दिया है। इस काले रंग की स्वचालित कोल्ट पिस्टल में दो मैगजीनें थीं। प्रत्येक में 7 गोलियाँ लगती थीं। आज़ाद ने दोनों मैगजीनों के साथ यह पिस्तौल और 19 गोलियाँ मुझे रखने के लिए दीं। मैंने पिस्तौल को घर की बखरी में रख दिया, जहाँ अपनी किताबें रखा करता था।

जून, 1928 में हरिशंकर ने रामानन्द के साथ मिलकर लाल कुर्ती के तेलियों की कार को ओवरहाल किया। यह वही कार थी जिससे आज़ाद ने चलाना सीखा था। फिर लाइसेंस के लिए आवेदन किया। जब मिला तो उन्होंने अपना मोटर लाइसेंस मुझे दिखाया। मेरे पूछने पर बताया कि इसके लिए प्रार्थना-पत्र भगवानदास ने लिखा था। उनके लाइसेंस का नं. 67 था। जुलाई, 1928 में उन्होंने हार्डीगंज की धर्मशाला में एक व्यक्ति से मिलवाया और उसका नाम महावीरप्रसाद बताया। एक-दो दिन बाद आज़ाद महावीरप्रसाद को धर्मशाला से रामदुलारे के घर ले गए। जब महावीरप्रसाद झाँसी से चले गए तो आज़ाद की आँख आ गई (अर्थात् कंजंक्टीवाइटिस का संक्रमण हो गया)। एक दिन उन्होंने मुझे बताया कि कमेटी की बैठक होनेवाली है। जिसमें उनकी उपस्थिति अनिवार्य थी। लेकिन आँख खराब होने से वे चल नहीं पा रहे हैं और मुझे उनके साथ चलना चाहिए। मैंने बताया कि यात्रा से उनकी आँख और खराब हो जाएगी और दो लोगों की यात्रा के लिए हमारे पास भाड़ा भी नहीं, अत: बैठक में न शामिल हों। इस पर आज़ाद बोले बैठक में काफी महत्त्वपूर्ण लोग रहेंगे। लेकिन अन्ततः यही तय हुआ कि वे झाँसी नहीं छोड़ेंगे, आज़ाद ने मुझे बताया कि बैठक 11 अगस्त, 1928 को दिल्ली में होगी। 14 या 15 अगस्त को महावीर झाँसी लौटे और पुनः रामदुलारे के घर में रुके।

आज़ाद और मैं उनसे वहीं मिले। महावीरप्रसाद ने शिकायत की कि किस कारण से आज़ाद ने बैठक में शरीकत नहीं की। आज़ाद ने कहा, उनकी अनुपस्थिति का कारण आँख की तकलीफ थी। मैं चला आया। आज़ाद व महावीर बैठक की बातों पर चर्चा करने लगे। इसके बाद आज़ाद मेरे घर आए और बताया कि हमारे दल की केन्द्रीय बॉडी का मुख्यालय झाँसी को बनाया गया है और महावीरप्रसाद को उसका प्रभारी बनाया गया है। थोड़े दिन बाद बच्चू आए थे, वहाँ से उनको बिहार ले जाने के लिए।

अक्टूबर के आखिर में झाँसी में युक्त प्रान्त राजनीतिक कॉन्फ्रेंस हुई। आज़ाद कहीं चले गए। इसके खत्म होने पर आज़ाद लौटे। महावीर झाँसी में नवम्बर के अन्त तक रहे। झाँसी में बच्चू व अन्य को महावीर को नं. 1 कहते सुना था। दिसम्बर, 1928 में न तो आज़ाद आए और न ही महावीर। 1929 की जनवरी के मध्य में आज़ाद आए और रामानन्द के घर 8-10 दिन रहे। वे लाहौर एक्शन के बाद की स्थिति का आकलन करते रहे। मैं 13 फरवरी, 1929 को आज़ाद के साथ राजामंडी आगरा गया। वहाँ बम बनाने का काम चल रहा था। वहीं पर बांग्ला में लिखी जोगेश दा की जेल से भेजी गई चिट्ठी पढ़ी गई तथा उन्हें छुड़ाने की योजना बनी। इस समय भगतसिंह के पास एक बड़ा मिलिट्री रिवॉल्वर और 0.32 बोर कोल्ट आटोमैटिक पिस्टल थी। आज़ाद के पास माउजर और एक छोटा मिलिट्री रिवॉल्वर था। इसी समय आज़ाद का पर्स निकल गया जिसमें 50 का नोट था। जब आज़ाद टिकट ले रहे थे उसी समय पर्स निकला। उन्होंने बताया कि जिस आदमी ने उनका पर्स निकाला उसे देखा लेकिन उन्होंने इस डर से एक्शन नहीं लिया क्योंकि उस समय उनके पास बमों से भरा सूटकेस था। पर्स में आज़ाद का लाइसेंस भी था। एक्शन नहीं हो सका। सभी लौट आए। फिर बबीना के आगे जंगल में जाकर बम परीक्षण किया गया। रणजीत ने पीपल पर चढ़कर जगह देखी थी, थोड़ा आगे जाकर रणजीत ने ऑटोमैटिक पिस्टल से दो गोलियाँ दागकर उसे चेक किया था। हमें झाँसी के भगवती वैद्य बन्धे पर मिले। वे खनियाधाना से लौट रहे थे और मोटर में थे।

आज़ाद ने एस.पी. झाँसी के नाम मुझसे प्रार्थना पत्र लिखवाया जिसमें कहा गया था कि जब वे लाल कुर्ती से लौट रहे थे, उनका लाइसेंस नं. 67 गिर गया है और नया लाइसेंस जारी करने के लिए कहा गया था। मैंने दरख्वास्त पर हरिशंकर अंग्रेज में दस्तखत किया। पहले दरख्वास्त पर हिन्दी में आज़ाद ने स्वयं हस्ताक्षर किये थे। उन्हें डुप्लीकेट लाइसेंस मिल गया। उन्होंने मुझे बताया कि वे अपने साथ ए.एस.पी. के यहाँ एक अन्य ड्राइवर को ले गए थे। जिसने लाइसेंस खो जाने की बात तसदीक की। ऐसा करते समय उसने आज़ाद का वह जेब छू लिया जिसमें भरा रिवॉल्वर था, यह बताने के लिए कि इस जेब से लाइसेंस गिरा था। इससे आज़ाद को डर लगा कि कहीं रिवॉल्वर का पता न चल गया हो और उन्होंने मन बना लिया था कि अगर ए.एस.पी. ने पाकेट चेक करने के लिए कहा तो वे उसे गोली मार देंगे। 25 जून, 1928 का प्रार्थना-पत्र कैलाश की हैंड राइटिंग में है। डुप्लीकेट लाइसेंस बम परीक्षण के कुछ दिन पूर्व मिला था। शिवराम राजगुरु बनारस की किसी संस्कृत पाठशाला में पढ़ता था। बनारस में जब बाबा सावरकर बीमार थे तो वह उनकी तीमारदारी करता था। रघुनाथ झाँसी में पार्टी के आदेश पर मनी एक्शन करने आया था पर आज़ाद ने इसका अनुमोदन नहीं किया।

आज़ाद का कहना था कि अगर झाँसी में एक्शन हुआ तो उनका रहस्य खुल जाएगा।

मार्च, 1929 में भगवानदास ने पढाई छोड़ दी और ग्वालियर से आकर झाँसी में रहने लगे। मैं जमीन की व्यवस्था करने सागर चला गया और 5 मई, 1929 को लौटा। सहारनपुर फैक्टरी के पकड़े जाने के कुछ दिन बाद आज़ाद ने झाँसी छोड़ा और मुझसे कहा कि वे पूना में मोटर ड्राइवर बनकर रहेंगे। यदि उन्हें किसी यूरोपी की गाड़ी चलाने को मिली तो वे वही चलाएँगे। मैंने मई में अपनी कुछ जमीन 1200 रुपये में बेची। 10-11 जुलाई, 1929 को झाँसी लौटा, फिर भैंसवा चला गया। वहाँ 11-12 दिन रहा। कुछ हो न सका तो लौट आया। गाँव में पता चला पुलिस मुझे खोज रही है। झाँसी लौटने पर मैंने घूमना बन्द कर दिया बल्कि गुप्त रूप से अपने पुराने मित्र कलाकार रुद्रनारायण के घर रहने लगा। उन दिनों भगवानदास भी गुप्त रूप से मेरे साथ रुद्रनारायण के घर रहते थे। मास्टर हमें भोजन भी कराते थे। मैं 12 अगस्त, 1929 को खुरी जमीन को मापने गया। जीजा नहीं आए तो मैं वापस आ गया। भगवानदास और मैं 5-6 दिन गुप्त रूप से रहे। हम ग्वालियर चले गए जहाँ तीन हफ्ता रहा। वहाँ से आगरा जाकर 2-3 दिन रेलवे स्टेशन राजामंडी की धर्मशाला में रहे। वहीं से राजगुरु से पूना मिलने जाते समय भुसावल में गिरफ्तार हो गए।"[33]

ठाकुर विशेश्वर सिंह ने 31.10.29 की अपनी डायरी में लिखा, "इंस्पेक्टर हरिहरदीन सिंह आज़ाद की खोज में एक पहचान करनेवाले के साथ जाएँगे।" वह 13.11.1929 की डायरी में लिखता है, "रामानन्द ने मुझे आगे बताया कि उसे ढिमरपुरा, ओरछा रियासत के निवासी और जमींदार चतुरी नागल ने बताया था कि आज़ाद साधु-वेश में महावीर जी की मूर्ति के पास एक झोंपड़ी में लम्बे समय रहे। दिन के समय आज़ाद उस गाँव के जमींदार के बच्चों को पढ़ाया करते थे। एक दिन उनकी भेंट रियासत के एक उपनिरीक्षक से हो गई। जब उसने उनका स्थान पूछा तो उन्होंने बताया कि वे बनारस के मूलवासी हैं। उपनिरीक्षक ने कहा कि इसका सत्यापन कराया जाएगा। जिस पर आज़ाद ने वह जगह छोड़ दी। आगे उपनिरीक्षक ने उस ठाकुर से 300 रुपये वसूले जिसके बच्चों को आज़ाद पढ़ा रहे थे। तब से वे गाँव वापस नहीं आए। मैंने इंस्पेक्टर जगरनाथ सरीन के साथ गाँव का दौरा किया। ओरछा रेलवे स्टेशन से एक मील पर जहाँ एक नाला बेतवा में गिरता है, हनुमान जी की मूर्ति है। पहले वहाँ उस स्थान पर एक साधारण झोंपड़ी थी। लेकिन अब इसके स्थान पर पक्की इमारत बनवा दी गई है। रियासत का एक ब्राह्मण यहाँ साधु-वेश में कुछ समय से रह रहा है, और उसने वहाँ आज़ाद के रहने की बाद से पूर्ण अनभिज्ञता जाहिर की। चतुरी नागल गाँव में नहीं मिले, लेकिन मुझे पता चला कि ठाकुर जमींदारों के डर से वह कोई बयान नहीं देना चाहते। लेकिन इससे लाहौर केस में अभियुक्त सदाशिवराव के द्वारा अपने बयान में बताई गई कहानी कन्फर्म हो गई।"[34]

एच.एस.आर.ए. से जुड़े क्रान्तिकारियों के बड़ी संख्या में पकड़े जाने तथा माफी माँगकर सुल्तानी गवाह (अप्रूवर) बन जाने से संगठन को काफी नुकसान हुआ। झाँसी के संगठन को सर्वाधिक नुकसान रामदुलारे के बयान से हुआ। 31 जुलाई, 1930 को मजिस्ट्रेट के समक्ष रामदुलारे ने अपने लम्बे बयान में बताया कि "सितम्बर, 1928 को

अन्त में युक्त प्रान्त राजनीतिक कॉन्फ्रेंस-22 का आयोजन झाँसी में हुआ। सेवा समिति के सौजन्य से मैं पंडाल का प्रभारी था। वहीं पंडित जी (आज़ाद), बच्चू (विजयकुमार सिन्हा) व एक अन्य व्यक्ति मिले। उन दिनों कुन्दनलाल मेरे साथ रहता था। वह मेरे साथ 15-20 दिन रहा। पंडित जी ने रुकने का स्थान माँगा। मैंने बाहर की चाबी दे दी। मैं अविवाहित था व अकेले रहता था। पंडित जी ने कॉन्फ्रेंस के अन्तिम दिन चाबी दे दी। विलेजर ने कुन्दनलाल को इसी पते पर 10 रुपये की टेलीग्राफ मनी भेजी। यह मकान मुहल्ला पन्नालाल में था। फिर मैं निजाई मुहल्ले में मिलापचन्द्र के घर चला गया। यह दिसम्बर, 1928 या जनवरी, 1929 में हुआ। पुरानी निजाई के घर में सेवा समिति का चपरासी शिवराज भी मेरे साथ रहता था। मैंने यह घर पंडित जी को दिखा दिया। वे मुझसे अकसर वहाँ मिला करते थे। उन्होंने मेरे घर पर मुंगलिस रखी थी। वे और सदाशिव उसी से व्यायाम करते थे। वे उस समय कपड़े उतारकर लँगोट पहन लेते थे। एक दिन जब छू जाने पर कोट में किसी चीज का अहसास हुआ तो पंडित जी ने मुझे पहली बार रिवॉल्वर दिखाया, पार्टी में शामिल होने को कहा, गुप्तता की कसम दिलाई और धमकी भी दी। यह फरवरी, 1929 में हुआ।

पंडित जी इसके बाद भी व्यायाम करने आते थे। एक बार मार्च में वे दो साथियों को लेकर आए। उस समय शिवराज चपरासी मेरे साथ था। वे सुबह जल्दी आए। उनके साथ सरदार और दादा थे। वे मेरे साथ एक दिन-रात रहे। मैं उन्हें छोड़कर 11:30 पर कार्यालय चला गया। 5:30 शाम को लौटा तो वे घर पर नहीं थे। भगत आया तो उसके पास चमड़े का सूटकेस था। बाहर सदाशिव की साइकिल खड़ी थी। वे लोग रात 8 बजे लौटे। सरदार और दादा मेरे साथ रुके जबकि पंडित जी और सदाशिव चले गए। इसके पहले पंडित जी के साथ राजगुरु भी आकर रुका था। 20 मार्च, 1929 को सदाशिव बच्चू को लेकर आया। वह पहले भी मेरे साथ कॉन्फ्रेंस के समय रह चुका था। पंडित जी और बच्चू निजाई मुहल्लावाले घर में दो सूटकेस व छींट की रजाई ले आए थे। "फिर अभियोजन गवाह-284 शिवराज ने अपने बयान में बताया कि उसकी चचेरी बहन रामदुलारे से ब्याही है। वह छह मास रामदुलारे के साथ रहा। जब सरदार और दादा के साथ पंडित जी आए थे तो रामदुलारे ने मेरी माँ को इन मेहमानों के लिए खाना बनाने को बुलावा भेजा था। रामदुलारे ने बताया कि मिलापचन्द्रवाले मकान में राजगुरु दो बार आकर रुका। एक बार तो करीब 10 दिन रहा।"[35]

वे लोग रामदुलारे के घर से कहाँ गए थे इस पर अभियोजन साक्षी-290 रामानन्द द्वारा मजिस्ट्रेट के समक्ष दिये गए बयान से पता चलता है, "पिछली साल (यानी 1929) फाग के 10-15 दिन पहले, हरिशंकर मेरे घर आया। मैं उन दिनों देवकी तेली की फोर्ड कार चलाता था। हरिशंकर ने इसे 8 रुपये पर भाड़े पर लिया। हम एजेंसी गए। वहाँ से तेल भरवाकर पंचकुइयाँ गए। वहाँ से हरिशंकर ने 22-23 मील गाड़ी चलाई। पंचकुइया में और लोग बैठे थे। वे लोग कार से उतरे। जंगल में नदी के किनारे वे लोग चमड़े का केस लेकर गए और सवा घंटे बाद लौटे। मैंने गोली चलने जैसी आवाज सुनी। इसके बाद हरिशंकर गाड़ी चलाकर ठकवाँ बाँध ले गया। यह बाँध बेतवा नदी पर बना है। बाँध पर हम चौकीदार से मिले। मैं कार में रहा। हरिशंकर और तीन अन्य बाँध देखने

गए। लौटने पर हरिशंकर ने गाड़ी चलाई, सूरज डूबने तक झाँसी लौटे।"[36]

उल्लेखनीय है कि 1929 में होली 25 मार्च को पड़ी थी। इसके 10-15 दिन पूर्व बम परीक्षण किया गया था। अर्थात् 10-15 मार्च, 1929 को यह किया गया होगा। पुलिस ने उस एजेंसी के मैनेजर और तीन मिस्त्रियों को बतौर अभियोजन गवाह पेश किया था। बुंदेलखंड साइकिल एंड मोटर एजेंसी, सदर बाजार, झाँसी के मैनेजर और अकाउंटेंट उमानन्द पुत्र पं. फूल सिंह, पंडित, 42, ललितपुर (झाँसी) ने अपने बयान में बताया, "अब करीब दो साल होने को हैं, मेरी कम्पनी में हरिशंकर नाम का एक आदमी ड्राइविंग सीखता था। उसे पंडित और मोटा पंडित भी कहते थे। वह औसत कद का तगड़ा आदमी था और उसकी उम्र 22 से 24 के बीच की थी। वह गेहुँआ रंगत का था। वह मेरी कम्पनी में 4-5 महीने ड्राइविंग सीखता रहा। मैं उस आदमी को पहचान सकता हूँ। रामानन्द ड्राइविंग सीख रहा था, वह दूसरे चालक हरिशंकर से जुड़ा था। रामदुलारे नाम का क्लर्क जो म्युनिसिपैलिटी में नौकरी करता है, भी हरिशंकर के साथ था। कोर्ट में जिस आदमी को लाया गया, उसे मैंने रामदुलारे के रूप में पहचाना।"[37]

इसके बाद सिराजुद्दीन शेख मिस्त्री का बयान हुआ। यह वही व्यक्ति है जिसकी बेटी के ब्याह के समय आज़ाद और रामानन्द कई मील से बहँगी में ढोकर घी लाए थे। आज़ाद की शहादत के बाद शिनाख्त करने के वास्ते भी पुलिस इसे झाँसी से इलाहाबाद ले गई थी। अपने बयान में सिराजुद्दीन शेख, मूल निवासी-जिला रोहतक, उम्र 40 वर्ष ने कहा, "मैं एजेंसी में बारह साल कार्यरत रहा। कुछ दो साल पहले हरिशंकर नाम का एक आदमी एजेंसी में ड्राइविंग सीख रहा था, करीब आठ महीने सीखा। मैंने रामानन्द को हरिशंकर की सोहबत में देखा था। एक साल पूर्व रामानन्द ने मुझे बताया था कि वह एक तेली के लिए फोर्ड कार खरीद रहा है। जब रामानन्द ने मुझे यह बताया, उसके 15 या 20 दिनों बाद बताया कि वह एजेंसी पर तेल भरवाने फोर्ड कार ले आया था। रामानन्द कार चला रहा था और हरिशंकर उसके साथ था। मैं हरिशंकर को पहचान लूँगा।"[38]

एक अन्य मिस्त्री लक्ष्मीनारायण पुत्र बसन्त लाल, ब्राह्मण, 43, मैकेनिक ने बहलफ बयान किया कि "अब दो साल होने को हैं, हरिशंकर नाम का एक व्यक्ति 5-6 महीने तक मोटर ड्राइविंग और मैकेनिक का काम सीखता रहा। मैं मोटर ड्राइवर रामानन्द को उसके साथ देखता रहता था। मैं हरिशंकर को पहचान लूँगा।"[39] तीसरे मिस्त्री कल्लू पुरोहित पुत्र पंडित लोकनाथ पुरोहित, ब्राह्मण, 23, बिजौर स्टेट, मध्य भारत ने बहलफ बयान दिया, "कुछ दो साल पहले अन्तिम होली के पहले (6 मार्च, 1928, मंगलवार के पूर्व) हरिशंकर एजेंसी में मोटर ड्राइविंग और मैकेनिक का काम सीख रहा था। करीब 8 माह तक। मैं मोटर ड्राइवर रामानन्द को उसके साथ देखा करता था। रामानन्द एक तेली के यहाँ गाड़ी चलाता था। कार फोर्ड थी। मैं हरिशंकर को पहचान जाऊँगा।"[40]

कार के मालिक देवकी तेली ने अपने बयान में कहा, "मैं कार फोर्ड को टैक्सी के रूप में चलवाता हूँ। करीब पाँच महीने रामानन्द मेरा ड्राइवर रहा। 18 महीना पहले (जनवरी, 1929) पंडित कहा जानेवाला एक आदमी कभी-कभार रामानन्द के साथ रहा करता था। पिछली साल के फागुन में पंडित ने रामानन्द द्वारा चलाई जा रही मेरी कार 8 रुपये में यह कहकर किराए पर ली और बताया कि उसे अपना परिवार उड़ीसा

ले जाना है। कार 12 बजे दोपहर में ली और 5-6 बजे शाम को लौटा दी। इसी समय पंडित ने मेरी कार मात्र एक बार भाड़े पर ली।"[41]

झाँसी में बम परीक्षण की घटना का उल्लेख फणीन्द्रनाथ घोष ने निम्न शब्दों में किया है, "भगतसिंह, चन्द्रशेखर आज़ाद और मैं उस रात बनाए गए पाँच बमों में से एक जिन्दा बम लेकर झाँसी गए। हम इसे विस्फोटक क्षमता की जाँच करने के लिए लेकर जा रहे थे। हम बम को चमड़े के केस में लिये थे। हमने तीसरी क्लास में यात्रा किया और सुबह झाँसी में उतर गए। हम रामदुलारे के घर गए। वहाँ एक छोटा लड़का भी था, जो उसका साला था। वहीं हमसे सदाशिव भी मिला। चन्द्रशेखर आज़ाद एक टैक्सी ले आए। भगतसिंह, चन्द्रशेखर आज़ाद, सदाशिव और मैं टैक्सी में बैठ गए और बम लेकर जंगल गए। टैक्सी रामानन्द नाम का एक हिन्दू चला रहा था। आने-जाने में हमने 40-42 मील दूरी तय किया होगा। भगतसिंह, आज़ाद, सदाशिव और मैं जंगल के किनारे एक पहाड़ी पर चढ़ गए। भगतसिंह ने बम में कैप लगाया और फेंका। यह फटा। भगतसिंह को बम का एक टुकड़ा मिला जिसे उन्होंने उठा लिया। विस्फोट से पेड़ की डालें टूट गई थीं। कार में लौटने पर आज़ाद ने ड्राइवर से पूछा कि क्या उसने कोई शोर सुना, तो उसने बताया कि बन्दूक चलने जैसी तेज आवाज सुनी। कार में बैठकर हम रामदुलारे के घर लौटे। रास्ते में एक बन्धे पर रुके। हमने एक कांग्रेसी को भी देखा जो चन्द्रशेखर आज़ाद को जानते थे। आज़ाद ने झाँसी में गाड़ी चलाना सीखा था। वहीं से अधीक्षक से उसे लाइसेंस मिला था। अगली सुबह मैं और भगतसिंह आगरा जाने के लिए स्टेशन गए। सदाशिव को आज़ाद ने भेजा था। वह साइकिल से आया। उसने साइकिल बुक किया। रामदुलारे के पास एक किताब की कई प्रतियाँ थीं। भगतसिंह ने उनमें से एक ले ली।"[42]

जनवरी, 1931 में सोर्स एस. 12 ने मुलाकात के दौरान सी.आई.डी. अफ़सर को बताया, "झाँसी में मंगली प्रसाद मुख्य संगठनकर्ता है। वह आज़ाद और मुखबिरों के सीधा सम्पर्क में था। 1929 में उसने एक घर में बम बनाने में आज़ाद की सहायता की। वह सोर्स से 1930 में मिला। सिपरी बाजार, झाँसी में सालिगराम शुक्ल के साथ मंगली का परिचय ग्वालियर के लड़कों से भी कराया गया जो मूलतः विश्वनाथ वैशम्पायन के सम्पर्क में थे। मंगली ने जुलाई, 1928 में कुन्दनलाल गुप्त को शरण दी।"[43]

उल्लेखनीय है कि इलाहाबाद से चन्द्रशेखर आज़ाद झाँसी कब आए इस सम्बन्ध में किसी भी क्रान्तिकारी साथी ने अपने संस्मरण में महीना नहीं दिया है। किन्तु झाँसी के साथ काम करनेवाले द्वारा दी गई गवाहियों के आधार पर कालक्रम का निर्धारण किया जा सकता है। मजिस्ट्रेट के समक्ष दिये गए अपने बयान में बुंदेलखंड मोटर एंड साइकिल वर्क्स के कर्मचारियों में से उमानन्द और लक्ष्मीनारायण के अनुसार हरिशंकर यानी आज़ाद ने एजेंसी में 5-6 माह काम सीखा, जबकि सिराजुद्दीन और कल्लू पुरोहित के अनुसार 8 माह काम सीखा। आज़ाद को काम सिखानेवाले मूलतः अन्तिम दो थे, इसलिए एजेंसी में आज़ाद द्वारा आठ माह की अवधि बिताए जाने की सूचना अधिक विश्वसनीय जान पड़ती है। इन चारों गवाहों का बयान कोर्ट में 31 जुलाई, 1930 को हुआ। इससे दो वर्ष पूर्व 31 जुलाई, 1928 है। कल्लू पुरोहित के अनुसार हरिशंकर

यानी आज़ाद 1928 की होली (6 मार्च, 1928) के पहले एजेंसी पर थे। यदि आज़ाद आठ माह पूर्व यहाँ आए होंगे तो निश्चित रूप से यह जुलाई, 1927 होगा। एजेंसी पर ही उनका हाथ टूटा था। श्री भगवानदास माहौर के अनुसार यह घटना, 1927 में हुई थी।

इन साक्ष्यों के विश्लेषण से निष्कर्ष निकाला जा सकता है कि इलाहाबाद में गन कैप विस्फोट की घटना के क्रम में दिसम्बर, 1925 में श्री भूपेन्द्रनाथ सान्याल की गिरफ्तारी के पश्चात आज़ाद चुपचाप झाँसी आ गए और कुछ हफ्तों तक मास्टर रुद्रनारायण के घर रहे। वहाँ रुकना सुरक्षित नहीं था अत: मास्टर रुद्रनारायण द्वारा प्रबन्ध किये जाने पर वे सातार तट पर स्थित हनुमान मन्दिर में चले गए और अगले 15-16 माह ढिमरपुरा में बतौर साधु रहे। उक्त मन्दिर में एक अन्य साधु द्वारा किसी कहार की हत्या कर दी गई जिससे पुलिस की सरगर्मी तेज हो जाने से आज़ाद पुन: झाँसी वापस आ गए। जुलाई, 1927 में मास्टर श्री रुद्रनारायण ने अपने परिचित के माध्यम से उन्हें बुंदेलखंड मोटर एंड साइकिल वर्क्स में ड्राइविंग तथा मोटर मैकेनिक का काम सीखने के लिए बतौर अप्रेंटिस रखवा दिया जहाँ वे अगले आठ महीने यानी मार्च, 1928 तक रहे। इस दौरान वे कई बार बाहर गए। यहीं से श्री कुन्दनलाल गुप्त अगस्त, 1928 की बैठक में उन्हें कानपुर ले गए। तत्पश्चात 8-9 सितम्बर, 1928 को एच.एस.आर.ए. के गठन व सेनापति बनने के बाद वे दल के कार्यों में व्यस्त होते गए।

सन्दर्भ

1. 'शहीदों की छाँव में', रामकृष्ण खत्री, पृ. 95-96
2. 'अमर शहीद चन्द्रशेखर आज़ाद', विश्वनाथ वैशम्पायन, पृ. 72-79
3. 'क्रान्तिकारी की आत्मकथा', मन्मथनाथ गुप्त, पृ. 210-213
4. 'आज़ाद की अन्त्येष्टि और बनारस जीवन के संस्मरण', शिवविनायक मिश्र, आज़ाद अंक, 'नर्मदा', पृ. 24
5. आज़ाद द इन्वेंशिबल, बाबू कृष्णमूर्ति, पृ. 109-113
6. वही, शिवविनायक मिश्र, पृ. 24
7. 'इंस्पेक्टर बनर्जी की डायरी', 'व्यक्तिगत पत्रावली', चन्द्रशेखर आज़ाद, 15 अगस्त, 1925, पृ. 128-129
8. 'इंस्पेक्टर मुखर्जी की डायरी', 'व्यक्तिगत पत्रावली', चन्द्रशेखर आज़ाद, 22 अगस्त, 1925
9. 'व्यक्तिगत पत्रावली', चन्द्रशेखर आज़ाद
10. 'इंस्पेक्टर बनर्जी की डायरी', 'व्यक्तिगत पत्रावली', चन्द्रशेखर आज़ाद, 28 अगस्त, 1925
11. 'इंस्पेक्टर मुखर्जी की डायरी', 'व्यक्तिगत पत्रावली', चन्द्रशेखर आज़ाद, 19 सितम्बर, 1925, पृ. 193-195, 187
12. 'इंस्पेक्टर मुखर्जी की डायरी', 'व्यक्तिगत पत्रावली', चन्द्रशेखर आज़ाद, 30 सितम्बर, 1925, पृ. 7-12
13. वही, विश्वनाथ वैशम्पायन, पृ. 102-103
14. 'बेमिसाल चन्द्रशेखर आज़ाद', शचीन्द्रनाथ बख्शी, 'वतन पर मरनेवालों का', पृ. 140-145
15. वही, विश्वनाथ वैशम्पायन, पृ. 103
16. 'यश की धरोहर', भगवानदास व अन्य, पृ. 45
17. वही, विश्वनाथ वैशम्पायन, पृ. 104

18. वही, विश्वनाथ वैशम्पायन, पृ. 107
19. ब्रीफ हिस्ट्री नोट, 'व्यक्तिगत पत्रावली', चन्द्रशेखर आज़ाद
20. 'कांग्रेस का इतिहास', पट्टाभि सीतारमैया, पृ. 285-290
21. वही, विश्वनाथ वैशम्पायन, पृ. 114
22. 24.9.1927 की डायरी के अंश, 'व्यक्तिगत पत्रावली', चन्द्रशेखर आज़ाद
23. 'कांग्रेस का इतिहास', पट्टाभि सीतारमैया, पृ. 293-301
24. वही, भगवानदास माहौर, पृ. 44-82
25. वही, विश्वनाथ वैशम्पायन, पृ. 122
26. ब्रीफ हिस्ट्री नोट, 'व्यक्तिगत पत्रावली', चन्द्रशेखर आज़ाद
27. 'हैंगिंग ऑफ भगतसिंह, कम्पलीट ट्रिब्यूनल प्रोसीडिंग्स ऑफ लाहौर कान्स्पिरेसी केस', मलविन्दर सिंह वढैच, पृ. 38-88
28. 'व्यक्तिगत पत्रावली', चन्द्रशेखर आज़ाद
29. 'व्यक्तिगत पत्रावली', सदाशिव मलकापुरकर, मिस्टर पील द्वारा झाँसी के एस.पी. को लिखा पत्र, 19.9.1929
30. उपनिरीक्षक रामभरोसे तिवारी, डी.आई.एस. की रिपोर्ट, 9.9.1929, 'व्यक्तिगत पत्रावली' सदाशिव मलकापुरकर
31. ब्रीफ हिस्ट्री नोट, 'व्यक्तिगत पत्रावली', सदाशिव मलकापुरकर
32. ठाकुर विशेश्वर सिंह को भेजा गया मिस्टर पील का पत्र, 5 जुलाई, 1929; 'व्यक्तिगत पत्रावली', सदाशिव मलकापुरकर
33. 23.9.1929 के बयान के मुख्य अंश, 'व्यक्तिगत पत्रावली', सदाशिव मलिकापुरकर
34. ठाकुर विशेश्वर सिंह की डायरी के अंश, 13.11.1929, 'व्यक्तिगत पत्रावली', चन्द्रशेखर आज़ाद
35. रामदुलारे का मजिस्ट्रेट के समक्ष दिया बयान, 'कम्पलीट ट्रिब्यूनल प्रोसीडिंग्स ऑफ लाहौर कान्स्पिरेसी केस', पृ. 479-487
36. वही, रामानन्द का मजिस्ट्रेट के समक्ष दिया बयान, पृ. 478
37. वही, उमानन्द का मजिस्ट्रेट के समक्ष दिया बयान, पृ. 478
38. वही, सिराजुद्दीन शेख का मजिस्ट्रेट के समक्ष बयान, पृ. 479
39. वही, लक्ष्मीनारायण मिस्त्री का बयान, पृ. 479
40. वही, कल्लू पुरोहित का बयान, पृ. 479
41. वही, देवकी तेली का बयान, पृ. 479
42. वही, फणीन्द्रनाथ घोष का बयान, पृ. 72-73
43. सोर्स एस. 12 द्वारा जनवरी, 1931 में दी सूचना

सेनापति

चन्द्रशेखर आज़ाद सी.आई.डी. और सरकार की नजरों से ओझल भले रहे हों, मगर कुछ समय पूरी तरह शान्त रहकर, वे पुनः सक्रिय हो गए थे। काकोरी केस ने 'हिन्दुस्तान रिपब्लिकन एसोसिएशन' को जो मर्णान्तक चोट दी थी, उससे उबरना आसान नहीं था। लेकिन ढिमरपुरा में साधुवेश में रहते समय ही आज़ाद ने क्रान्ति दल के बिखरे सूत्रों को समेटना शुरू कर दिया था। बुंदेलखंड मोटर में काम करते हुए भी वे श्री रामानन्द के बयान के अनुसार बीच-बीच में गायब हो जाते थे। इस समय वे कानपुर, दिल्ली जाते थे। सर्वश्री रामप्रसाद बिस्मिल, अशफाक उल्ला खाँ, राजेन्द्र लाहिड़ी, जोगेशचन्द्र चटर्जी, शचीन्द्रनाथ बख्शी सभी जेल में थे। काकोरी षड्यंत्र केस का मुकदमा चल रहा था। क्रान्तिकारी दल नेतृत्वविहीन हो गया था। ऐसे में वरिष्ठ और अनुभवी होने के कारण क्रान्तिकारी दल का नेतृत्व स्वयं चन्द्रशेखर आज़ाद के कन्धों पर आ गया। सन् 1927 में भी चन्द्रशेखर आज़ाद प्रायः पुलिस-सी.आई.डी. की दृष्टि से ओझल रहे। अगला वर्ष अर्थात् 1928 एक नये क्रान्तिकारी दल के गठन का साक्षी बना। श्री पट्टाभि सीतारमैया ने इस वर्ष की सामान्य राजनीतिक घटनाओं पर चर्चा करते हुए लिखा—

"जब 1928 का साल आरम्भ हुआ तो देश के राजनीतिक वातावरण में साइमन कमीशन की नियुक्ति के कारण रोष ही रोष विद्यमान था। देश कमीशन के बहिष्कार में जी-जान से जुटा था। 3 फरवरी को कमीशन बम्बई में उतरा। वहाँ से दिल्ली आया। फिर लाहौर, लखनऊ। लखनऊ में कमीशन के आने के दिन निःशस्त्र व शान्त भीड़ पर पुलिस ने कई बार जान-बूझकर और अकारण डंडे बरसाए। युक्त प्रान्त की पुलिस ने तो जवाहरलाल जी को न छोड़ा। भारत के विभिन्न भागों की जातियों व सम्प्रदायों से व्यक्तिगत सम्पर्क स्थापित करने के बाद कमीशन 31 मार्च को बम्बई से रवाना हो गया। फरवरी-मार्च, 1928 में कांग्रेस की सर्वदल-सम्मेलन की बैठक दिल्ली में की गई, सम्मेलन में उपस्थित सभी संस्थाएँ और कांग्रेस इस बात पर सहमत हो गए कि भारत की वैधानिक समस्या पर विचार 'पूर्ण उत्तरदायी शासन' को आधार मानकर ही होना चाहिए। 19 मई को डॉ. अन्सारी के सभापतित्व में पुनः हुए सम्मेलन में यह निश्चय हुआ कि भारतीय विधान के सिद्धान्तों का मसविदा तैयार करने के लिए पं. मोतीलाल की अध्यक्षता में एक कमेटी नियुक्त की जाए, जो 1 जुलाई, 1928 तक अपनी रिपोर्ट दे दे।

नेहरू कमेटी की रिपोर्ट पर विचार करने के लिए सर्वदल सम्मेलन की बैठकें फिर 28-30 अगस्त, 1928 को लखनऊ में हुई। इसी साल रिजर्व बैंक बिल व सार्वजनिक रक्षा बिल (पब्लिक सेफ्टी) पर खूब वाद-विवाद चला, जिसका कांग्रेस पार्टी ने खूब विरोध किया। फिर पं. मोतीलाल नेहरू के सभापतित्व में कलकत्ता कांग्रेस हुई। यहाँ

पचास हजार से ज्यादा मजदूरों ने प्रदर्शन किया। देश में युवक आन्दोलन का प्रादुर्भाव होना इस वर्ष की एक विशेषता थी। देश में जगह-जगह युवक संघ व छात्र संघ बन गए। बम्बई व बंगाल में तो उनका बड़ा जोर था। अगस्त में हालैंड में विश्व युवक सम्मेलन में, इन संस्थाओं में से कुछ के प्रतिनिधियों ने भाग लिया। युवकों ने साइमन कमीशन के सम्बन्ध में किये गए बहिष्कार प्रदर्शनों में भी खूब भाग लिया। लखनऊ में पुलिस की लाठियाँ और डंडों की मार तो खास तौर पर उन्होंने खाई थी। दिसम्बर, 1928 में कांग्रेस का अधिवेशन कलकत्ता में होने वाला था, उस समय गांधी जी वर्धा आश्रम में थे। सर्वदल सम्मेलन बुरी तरह असफल रहा। मुसलमानों के सिवा अन्य अल्पसंख्यक जातियों ने एक-एक करके साम्प्रदायिक प्रतिनिधित्व को धिक्कारा। राजनीतिक वातावरण इस समय बहुत अन्धकारमय था।"[1]

श्री भगवानदास माहौर के अनुसार, "झाँसी में आज़ाद ने कांग्रेस नेताओं में श्री र. वि. धुलेकर और श्री सीताराम भागवत से भी अपना सम्पर्क स्थापित कर लिया और ये लोग बनती सहायता आज़ाद को दिया करते थे। आज़ाद श्री आ. गो. खेर से भी मिले थे। आज़ाद ने झाँसी को क्रान्तिकारियों का एक गढ़ बना लिया। पार्टी के सदस्य और सहानुभूति रखनेवालों की संख्या भी पर्याप्त हो गई। आज़ाद ने दल का संगठन करने के लिए मुझे ग्वालियर भेजा था। जो उस समय सन् 1928 में कॉलेज के पास ही खुली जगह में था। कुल 10-12 कमरे ही थे। वहाँ एक बार आज़ाद को डराने के लिए बच्चों ने भूत प्रोग्राम किया। मगर वे कब डरने वाले थे। आज़ाद सदा संकट के सभी कामों में आगे रहते थे। खैर, बाद में आज़ाद के आदेशानुसार हॉस्टल का वह कमरा छोड़कर पास ही एक मकान किराए पर लेकर रहना पड़ा। दल के पास पैसे की तंगी तो सदा ही रहती थी। एक बार हालत बहुत ही खराब हो गई। यद्यपि काकोरी के बाद पैसे के लिए मनी एक्शन की नीति आज़ाद को बिलकुल पसन्द न पड़ती थी। परन्तु परिस्थितियों से मजबूर होकर उन्हें कानपुर के साथियों का एक मन्दिर में एक्शन का प्रस्ताव स्वीकार करना पड़ा। इसके लिए तय हुआ कि साथी शिववर्मा, मुझे और राजगुरु को अपने साथ ले जाएँ। खैर किसी कारणों से मन्दिर एक्शन की योजना पूरी नहीं हो पाई थी। पैसों के चक्कर में वे एक राज्य के सरदार के यहाँ रुके, जहाँ उसके कारिन्दा ने आज़ाद को पुलिस से पकड़वाने की योजना बना ली। वे वहाँ से भी बच गए।"[2]

श्री विश्वनाथ वैशम्पायन ने लिखा, "सब कठिनाइयों के होते हुए भी आज़ाद अपने लक्ष्य को एक क्षण के लिए भी न भूले। धीरे-धीरे बिखरे हुए सदस्य फिर एक-दूसरे के सम्पर्क में आ गए और तब संगठन को एक व्यवस्थित रूप देने का निश्चय किया गया। इसके लिए श्री विजयकुमार सिन्हा, श्री शिववर्मा तथा सरदार भगतसिंह ने विभिन्न प्रान्तों का दौरा किया। श्री विजयकुमार सिन्हा श्री राजकुमार सिन्हा के भाई थे जो काकोरी षड्यंत्र के मुकदमे में अभियुक्त थे। श्री विजय युवक संगठनों तथा रामकृष्ण मिशन में भी काम करते रहे। प्रताप के सम्पादक श्री गणेश शंकर विद्यार्थी के भी सम्पर्क में थे। कानपुर के दल में सर्वश्री महावीर, बटुकेश्वर दत्त, अजय घोष, पं. रामदुलारे त्रिवेदी, सुरेन्द्र पांडेय, ब्रह्मदत्त, शिववर्मा, जयदेव कपूर, डॉ. गयाप्रसाद, सदगुरु दयाल अवस्थी, वीरभद्र तिवारी आदि भी विद्यार्थी जी से सम्बन्धित थे। श्री कुन्दनलाल

गुप्त के कथनानुसार श्री विजयकुमार को दल के अनेक सदस्यों का पता तो चल गया परन्तु श्री चन्द्रशेखर आज़ाद का पता न चल सका। बाद में कानपुर की एक बैठक में श्री कुन्दनलाल गुप्त आज़ाद को ले गए। यहाँ पर उनकी सुखदेव तथा सरदार भगतसिंह से भेंट कराई गई। ऐसा कहा जाता है कि इसके पूर्व आज़ाद बमरौली मनी एक्शन के समय भगतसिंह से मिल चुके थे। उस समय वे दल में 'बलवन्त सिंह' के नाम से जाने जाते थे। कानपुर की इस बैठक में दल को फिर संगठित कर सुव्यवस्थित रूप से चलाने का निश्चय किया गया। युक्त प्रान्त में युवकों के संगठन तथा शस्त्र जुटाने के कार्य पर ही अधिक बल दिया जा रहा था। कॉलेजों तथा विभिन्न विश्वविद्यालयों के क्रान्तिकारियों का संगठन जोरों पर था। गुप्त संगठन के साथ ही साथ सदस्य मजदूर सभा तथा यूथ लीग आदि में भी काम करते थे।"[3]

नये क्रान्तिकारी दल का गठन क्यों हुआ? इस सम्बन्ध में अनेक सिद्धान्त व धारणाएँ रही हैं। इनमें डिप्टी एस.पी. मिश्र का यह निष्कर्ष सर्वाधिक विश्वास योग्य जान पड़ता है कि "काकोरी की सजाओं ने युवाओं के मन में प्रतिशोध की जो भावना भरी उसका प्रतिफल एच.आर.एस.ए. का गठन था।"

दैनिक जागरण के रजत जयन्ती अंक में पंडित लक्ष्मीकान्त त्रिपाठी ने नये दल के उदय के सम्बन्ध में लिखा कि "कानपुर के विजयकुमार सिन्हा के नेतृत्व में क्रान्तिकारी आन्दोलन को पुनर्जीवित किया गया। सन् 1927 में एक ऐतिहासिक बैठक कानपुर में हुई जिसमें कानपुर के सदस्यों सर्वश्री अजय घोष, बटुकेश्वर दत्त, विजयकुमार सिन्हा, सुरेन्द्र पांडेय, महावीर सिंह राठौर, महावीर पांडेय, शिववर्मा, रामचन्द्र जेल यात्री, सिद्धा महराज, रामभरोसे, कैलाश द्विवेदी, गुलजारी लाल, रामसिंह, ब्रह्मदत्त मिश्र, डॉ. गयाप्रसाद, जयदेव कपूर, वीरभद्र, सदगुरु दयाल अवस्थी के अतिरिक्त भगतसिंह ने भाग लिया। इसी बैठक में दल को अधिक सुदृढ़ आधारों पर गठित करने का निर्णय लिया गया। इस बैठक में विजय कुमार तथा भगतसिंह को पंजाब, संयुक्त प्रान्त, बिहार का दौरा कर दल की शाखाएँ खोलने का भार दिया गया था। एक दूसरी बैठक जुलाई में क्रान्तिकारियों की कानपुर में हुई, जिसमें सर्वाधिक महत्त्वपूर्ण निर्णय यह किया गया कि अब पंजाब और संयुक्त प्रदेश एक साथ मिलकर संगठन बनाएँगे। इस बैठक में चन्द्रशेखर आज़ाद भी उपस्थित थे।"[4] कामरेड रामचन्द्र ने अपनी पुस्तक 'हिस्ट्री ऑफ नौजवान भारत सभा' में उल्लेख किया है कि "जुलाई, 1928 में किसी समय क्रान्तिकारियों की कानपुर में ग्रुप मीटिंग हुई जिसमें परिस्थितियों की समीक्षा करते हुए संगठन के सुधार व एक नये केन्द्रीय क्रान्तिकारी संगठन की स्थापना का फैसला किया गया। जिसके अन्तर्गत भगतसिंह और विजयकुमार सिन्हा ने प्रमुख केन्द्रों का भ्रमण किया। महत्त्वपूर्ण क्रान्तिकारियों से सलाह-मशविरा किया।"[5]

जिस संगठन ने क्रान्तिकारी अभियान को भारत में अपने उत्कर्ष पर पहुँचा दिया, वह था हिन्दुस्तान सोशलिस्ट रिपब्लिकन एसोसिएशन-एच.एस.आर.ए.। सभी को पता है कि इस संगठन की नींव 8-9 सितम्बर, 1928 को दिल्ली के फिरोज तुगलक किले के खँडहरों में पड़ी थी, पर कैसे? इस पर प्राप्त इतिहास से ज्यादा प्रकाश नहीं पड़ता। एच.एस.आर.ए. के गठन में अहम भूमिका निभानेवालों में श्री विजयकुमार सिन्हा और

श्री शिववर्मा का सर्वाधिक रोल रहा, अतः इस संगठन के उदय की कहानी भी उनकी व्यक्तिगत पत्रावलियों में ही मिलती है।

श्री शिववर्मा मूलतः हरदोई के रहनेवाले थे। डिप्टी एस.पी. बनर्जी ने ए.आई. बी. को 9.6.1929 को जो रिपोर्ट भेजी है, उसके अनुसार, "असहयोग आन्दोलन के दिनों में 1921-22 में शिववर्मा ने हरदोई में स्कूल छोड़ दिया था। वह उस समय 8वीं के छात्र थे। कुछ दिनों बाद 9वीं में दाखिला ले लिया था। डिप्टी एस.पी. बनर्जी ने 09.06.29 को ए.आई.बी. को जो रिपोर्ट भेजी उसके अनुसार, "सितम्बर, 1928 की दिल्ली बैठक के बाद शिववर्मा और दादा अमृतसर आ गए। वहाँ एक-दो दिन रहे। वहीं सुखदेव आया। वहाँ से तीनों लाहौर आए जहाँ वे कालीचरण के साथ रुके। एक-दो दिन बाद दादा लाहौर से चला गया। शिववर्मा वहाँ से पुनः अमृतसर आया। जहाँ कालीचरण भी अकसर आता रहा।"[6] बनर्जी द्वारा सी.आई.डी. के डी.आई.जी. को 25.5.1929 को जो पत्र भेजा गया है उसमें उस कारण का पता चलता है जिसके चलते एक नये दल के उदय की आवश्यकता महसूस की गई। बनर्जी ने श्री शिववर्मा के बारे में लिखा, "अखबारों में काकोरी केस की जो प्रोसिडिंग्स छपा करती थी उसे पढ़कर उसे क्रान्तिकारी समाज का पता चला। फिर उसने बन्दी जीवन, सावरकर की जीवनी और पत्रों को खरीद कर पढ़ा। उसकी मुलाकात सुरेन्द्रनाथ पांडेय से हुई, जिससे उसे क्रान्तिकारी दल के बारे में आगे की जानकारी हुई। पांडेय के माध्यम से वह 1927 में ब्रह्मदत्त मिश्र और विजयकुमार सिन्हा के सम्पर्क में आया। शिववर्मा मार्च, 1928 में झाँसी गया और सिपरी बाजार में रुका था। जुलाई, 1928 के करीब वह पंडित जी (आज़ाद) से मिला। वह किसी के द्वारा भर्ती नहीं किया गया था। दिल्ली बैठक के बाद उसे युक्त प्रान्त का प्रभारी बनाया गया था।"[7]

श्री शिववर्मा ने सहारनपुर में 13 मई, 1929 को अपनी गिरफ्तारी के बाद 22 मई, 1929 को पुलिस के समक्ष 27 पृष्ठों का लम्बा बयान दिया। हालाँकि इससे पुलिस को बहुत कम लाभ हुआ होगा। श्री वर्मा ने अपने बयान में कहा, "कानपुर में मैंने ब्रह्मदत्त मिश्रा, सुरेन्द्र पांडेय और विजयकुमार सिन्हा के साथ मिलकर नवम्बर-दिसम्बर, 1927 में काम करना शुरू किया। लेकिन हमारी विचारधाराओं में थोड़ा अन्तर था। कुछ समय इन तीनों जन के साथ काम करने के बाद मेरे और पांडेय में मतभेद उभरा। विजयकुमार सिन्हा ने मेरा साथ दिया और ब्रह्मदत्त मिश्र ने सुरेन्द्र पांडेय का पक्ष लिया। विजय कानपुर में पत्रकार थे। हमारे मतभेद के मूल में प्रोपेगैंडा के स्वरूप पर मतान्तर था। पांडेय का मत था कि देश की आज़ादी के लिए हमें खुला और गुप्त दोनों तरह का प्रोपेगैंडा अपनाना चाहिए, जबकि मेरा मत गुप्त संगठन के ही पक्ष में था। इसी समय हमें महसूस हुआ कि किसी अन्य प्रान्त के महत्त्वपूर्ण सदस्य से दल को किस तरह काम करना चाहिए इस सम्बन्ध में मशविरा करना चाहिए। मुझे विजयकुमार से सुखदेव का पता मिला अतः मैंने उन्हें समय निर्धारित करने के लिए पत्र लिखा। स्थान लाहौर में गोल बाग और समय दिसम्बर, 1927 का रखा। समय पर मैं लाहौर गया तो सुखदेव मुझे बच्छोवाली मुहल्ले के एक घर में ले गए। जहाँ मेरी मुलाकात भगतसिंह से हुई, जिनको मैं सर्वाधिक सम्मान करता था। मैंने पार्टी किस लाइन पर काम करे इस

सम्बन्ध में लम्बी वार्ता की। अन्ततोगत्वा वे गुप्त प्रोपेगैंडा की मेरी विचारधारा से सहमत हो गए। वहाँ दो-तीन दिन रहकर मैं कानपुर आ गया और यहाँ के साथियों को बताया।

इसी दौरान फरवरी-मार्च, 1928 में मेरी मुलाकात संयोगवश आर्यसमाज, कानपुर के वाचनालय में गयाप्रसाद से हुई। वे डॉक्टर थे। बातचीत से वे योग्य लगे। बाद में मैं उनके गाँव जाकर मिला। बन्दी जीवन तथा अन्य साहित्य पढ़ने को दिया। मैंने उन्हें दल में भर्ती किया। मई, 1928 में कानपुर में मुझे सुखदेव का पत्र मिला कि किसी ऐसे आदमी को भेजो जो पंजाब में ठहर सके। मैंने गयाप्रसाद को लिखा कि वे घर और डिस्पेंसरी छोड़कर तुरन्त आ जाएँ। मेरे पत्र मिलने के बाद 1928 के जून के दूसरे-तीसरे हफ्ते में गयाप्रसाद कानपुर आए। उन्हें मैंने अपने हॉस्टल के कमरे में ठहराया। सुखदेव जून के अन्तिम हफ्ते में आए। मेरे यहाँ रुके। जिस रिवॉल्वर के साथ मैं पकड़ा गया, उसे सुखदेव के पास वहीं पहली बार देखा। इस समय तक मेरे दिमाग में एक नया विचार आया था। मैंने विजयकुमार, सुरेन्द्र पांडेय और ब्रह्मदत्त से यह विचार साझा किया कि हम अपने घर छोड़ दें और अपना पूरा समय पार्टी को दें। दस-बारह रोज बाद सुखदेव पुन: कानपुर आए। उन्होंने इस विचार का समर्थन किया। लाहौर जाने के लिए मैंने गयाप्रसाद को 20-25 रु. दिये।

हम चारों ने घर छोड़ दिया और घर छोड़ने के पूर्व हमने निश्चय किया कि सम्भवत: सितम्बर, 1928 के दूसरे हफ्ते में हम दिल्ली के पास फिरोजशाह तुगलक किले में मिलेंगे। फिर मैं लाहौर चला गया जहाँ गुरुदत्त भवन के पीछे रुका। वहाँ मुझे युक्त प्रान्त का कालीचरण मिला। वहाँ से अमृतसर गया। 1928 में सितम्बर के दूसरे हफ्ते में मैं और सुखदेव बैठक के लिए दिल्ली गए। इस बैठक में मेरे अलावा पंजाब से सुखदेव और भगतसिंह, युक्त प्रान्त से विजयकुमार, बंगाल या बिहार से खुदीराम, बिहार से दादा तथा मुझे पता नहीं कहाँ से नं. 1 शामिल हुए। सुरेन्द्रनाथ पांडेय और ब्रह्मदत्त भी आए लेकिन पुराने मतभेद के कारण शामिल नहीं हुए और हमेशा के लिए पार्टी छोड़ दिया। इस बैठक में सुखदेव को पंजाब का तथा मुझे युक्त प्रान्त का प्रभारी बनाया गया। बैठक में एक केन्द्रीय समिति बनी जिसमें मैं, सुखदेव, दादा, खुदीराम तथा नं. 1 थे। नं. 1 को जहाँ-जहाँ मुख्यालय जाएगा वहाँ-वहाँ उसका प्रभारी बनाया गया था।

अक्टूबर, 1928 में मैंने लाहौर में रहकर चाँद के फाँसी अंक के लिए लेख लिखकर भेजे। फिरोजपुर गया तो बी.एस. निगम के नाम से गयाप्रसाद मुझे ठहरे मिले। मैंने और विजयकुमार ने फतेहगढ़ जेल में श्री जोगेशचन्द्र चटर्जी से साक्षात्कार के लिए समय माँगा, मगर मिला नहीं, सी.आई.डी. हमारे पीछे पड़ी थी। बतौर संगठनकर्ता युक्त प्रान्त में मैंने इलाहाबाद, बनारस और कानपुर का दौरा किया। इलाहाबाद में चाँद प्रेस में रुका। बनारस में बनारस हिन्दू कॉलेज में जयदेव कपूर के साथ रुका। फिर कानपुर रुकते हुए 12-13 नवम्बर, 1928 को आगरा लौट आया। सभी साथी बाहर गए थे। दिसम्बर, 1928 में सभी लौट आए तो पता चला कि लाहौर के पंजाब नेशनल बैंक में मनी एक्शन की योजना थी जो पूरी नहीं हो सकी। 18-19 दिसम्बर, 1928 को बनारस की नागरी प्रचारिणी सभा के वाचनालय में मैंने सांडर्स के मारे जाने की खबर सुनी। दिसम्बर में चाँद के लिए लिखे गए लेखों का पैसा लेने गया। उदय प्रकाश मेरे लेटर

बॉक्स का काम करता था। सुखदेव को पंजाब में 'स्वामी' तथा युक्त प्रान्त में 'विलेजर' कहते थे। एच.एस.आर.ए. का पैम्फलेट लाहौर मर्डर के बाद आगरा के नूरी दरवाजा में दिसम्बर, 1928 में देखा था।"[8]

एच.एस.आर.ए. के गठन में श्री शिववर्मा के अलावा जिस क्रान्तिकारी ने सर्वाधिक महत्त्वपूर्ण भूमिका निभाई वे निश्चित रूप से श्री विजयकुमार सिन्हा थे। उनकी व्यक्तिगत पत्रावली के अनुसार, "वह बंगाली कायस्थ है। उसने बालकृष्ण शर्मा के साथ मिलकर 'बंगाल के क्रान्तिकारी आन्दोलन का इतिहास' का डॉक्टर बी.एन. दत्त के लिए अनुवाद किया तथा 22 मई, 1927 को दत्त से गुप्त समाज बनाने के सम्बन्ध में सलाह माँगी। उसने वीरभद्र तिवारी के घर पर हुई बोल्शेविकों की महत्त्वपूर्ण बैठक में भी भाग लिया। वह लखनऊ में आई.डी.टी. (इंडियन डेली टेलीग्राफ) तथा फ्री प्रेस बॉम्बे में पत्रकार रहा। काकोरी केस में क्रान्तिकारियों को मिले मृत्युदंड तथा जघन्य दंड ने युवाओं के दिलों में क्रान्तिकारी भावना पैदा की। स्वर्गीय चन्द्रशेखर आज़ाद ने युक्त प्रान्त में क्रान्तिकारियों का एक दल खड़ा किया। अगस्त, 1927 में जब शौकत उस्मानी कानपुर आए तो सिन्हा ने उनका साक्षात्कार लिया। 'झाँसी की रानी' का बांग्ला से हिन्दी में अनुवाद किया। वह चितरंजन दास मेमोरियल फंड कमेटी का सदस्य था। विजयकुमार सिन्हा, सुरेन्द्रनाथ पांडेय, मुनेश्वर अवस्थी ने रामप्रसाद की पुस्तक का सम्पादन किया। विजयकुमार अपने भाई से बरेली जेल में मिलता रहा। वह फतेहगढ़ जेल में रामप्रसाद के सम्पर्क में था। उसने रामप्रसाद के शाहजहाँपुर में किसी मित्र के पास रखे हथियार और कारतूस प्राप्त किये।"[9]

हू इज हू के अनुसार, "राजकुमार सिन्हा सामान्य आदमी हैं। मैट्रिक पास हैं। कानपुर के पी.एन. हाईस्कूल से पढाई पूरी कर 1922 में बनारस में हिन्दू विश्वविद्यालय में दाखिला लिया। वहाँ राजेन्द्रनाथ लाहिड़ी, जोगेशचन्द्र चटर्जी तथा शचीन्द्रनाथ सान्याल के सम्पर्क में आकर क्रान्तिकारी दल में दीक्षित हुए। बनारस में प्रह्लाद हास्टल में 30.10.1925 को उनके कमरे की तलाशी में दो राइफलें और पुलिस अफसरों की पगड़ी व बैज मिले। काकोरी केस में दस साल का सश्रम कारावास मिला। 1.10.1935 को छूटे। अब कार्टूनिस्ट बनकर पेट चला रहे हैं (सितम्बर, 1936) पुराने मित्रों से गुप्त सम्बन्ध स्थापित कर लिया है।"[10]

हू इज हू के अनुसार, "विजयकुमार सिन्हा उर्फ बब्बू पुत्र मुकुन्द कुमार उर्फ मार्कंडेय दास सिन्हा 24/41 सिन्हा भवन, मुहल्ला करांची खाना, कानपुर। राजकुमार सिन्हा के छोटे भाई हैं। कानपुर के क्राइस्ट चर्च कॉलेज से एफ.ए. किया है। 1926 में पढाई छोड़कर फ्री प्रेस के प्रतिनिधि के तौर पर कुछ काल तक काम किया। काकोरी के षड्यंत्रकारियों के सम्पर्क में रहे। फिर फणीन्द्रनाथ घोष, चन्द्रशेखर आज़ाद, यशपाल, सुखदेव, शिववर्मा के साथ मिलकर एच.एस.आर.ए. की युक्त प्रान्त की शाखा का सितम्बर, 1928 में पुनर्गठन किया। दिल्ली में इसका पंजाब व बिहार के संगठनों से विलय किया। नवम्बर, 1928 में आगरा में बम फैक्टरी शुरू की। बाद में इसे सहारनपुर स्थानान्तरित किया। दिसम्बर, 1928 में लाहौर में थे और पीछे से सांडर्स मर्डर की योजना में शामिल थे। बरेली में 19.8.1929 को गिरफ्तार हुए। 7.10.1930 को धारा

121, 302, 109, 120बी आई.पी.सी. व विस्फोटक अधिनियम में दूसरे लाहौर षडयंत्र केस में आजीवन कारावास (काला पानी) की सजा दी गई।"[11]

कानपुर में शिववर्मा-विजयकुमार सिन्हा तथा सुरेन्द्रनाथ पांडेय-ब्रह्मदत्त मिश्र की जोड़ी बन गई थी। हू इज हू के अनुसार, "ब्रह्मदत्त मिश्र महराजपुर गाँव, कानपुर के रहनेवाले थे। वे साधारण परिवार से थे। उन्होंने कानपुर के डी.ए.वी. कॉलेज से फाइन आर्ट किया था। इन्हें 1925 में सुरेशचन्द्र भट्टाचार्य दल में लाए। बाद में इनका सम्बन्ध विजयकुमार सिन्हा, जयदेव कपूर, सुरेन्द्रनाथ पांडेय, बटुकेश्वर दत्त, शिववर्मा व सुखदेव से हो गया था। इन्हें द्वितीय लाहौर केस के सिलसिले में गिरफ्तार भी किया गया। उन्होंने बयान दिया, जिससे बाद में मुकर गए। सजा हुई। 12.10.34 को छूटे। कानपुर में लाउंड्री शुरू की।"[12]

हू इज हू के अनुसार, "सुरेन्द्रनाथ पांडेय पुत्र हीरालाल पांडेय, सचेंडी, कानपुर एच.एस.आर.ए. के प्रमुख संगठनकर्ता थे। साधारण संसाधन वाले युवक थे। एफ.ए. तक की शिक्षा कानपुर के डी.ए.वी. कॉलेज से प्राप्त की। पहली बार ब्रह्मदत्त के सहयोगी के रूप में जून, 1928 में नजर में आए। और हिन्दी साप्ताहिक 'क्रान्ति' में योगदान देते थे। लाहौर केस में मई, 1929 में पकड़े गए। लेकिन पर्याप्त साक्ष्य न होने से जुलाई, 1930 में छोड़ दिये गए। छूटने पर कानपुर के क्रान्तिकारी संगठन को पुनर्गठित किया और दल के हथियारों के संरक्षक बने। अक्टूबर, 1931 में भवानी सिंह के साथ बॉम्बे में गिरफ्तार हुए, आगे छूट गए। कानपुर यूथ लीग का दिसम्बर, 1931 में नौजवान भारत सभा में विलय कर दिया। मजदूर सभा के माध्यम से कानपुर कांग्रेस कमेटी पर नियंत्रण करने की कोशिश की। 14 दिसम्बर, 1932 को दस-दस हजार की दो प्रतिभूतियाँ भरी, सजा हुई। 6 जून, 1935 को छूटे।"[13]

हू इज हू के अनुसार, "वीरेन्द्रनाथ पांडेय अन्तर्प्रान्तीय जुड़ाववाले सक्रिय क्रान्तिकारी थे। इन्होंने अपने भाई सुरेन्द्रनाथ पांडेय से क्रान्तिकारी विचार पाए। पहली बार 1929 मार्च में सालिगराम शुक्ल के सहयोगी के रूप में नजर में आए। बाद में दल के सदस्य बने। दल के हथियारों तथा राजद्रोहात्मक साहित्य के संरक्षक बने। ऐसा माना गया कि अक्टूबर, 1930 की कानपुर शहर की लूट में शामिल थे। 19 अगस्त, 1930 को आर्डिनेंस-V की धारा-IV में 6 माह की सश्रम कारावास की सजा मिली। 17 अगस्त, 1932 को 110 में तीन साल के लिए मुचलका भरा।"[14]

वस्तुत: काकोरी केस ने एक नये दल के उदय का रास्ता साफ किया। विजयकुमार सिन्हा इंडियन डेली टेलीग्राफ में पत्रकार थे। बकौल श्री मन्मथनाथ गुप्त आई.डी.टी. और उर्दू के 'अवध अखबार' में काकोरी केस की सुनवाई का विवरण रोज छपता था। यहाँ तक कि क्रान्तिकारियों द्वारा लगाए जानेवाले नारों, गाए जानेवाले गानों का भी विवरण छपता था। श्री विजयकुमार सिन्हा के भाई श्री राजकुमार सिन्हा स्वयं इस केस में सजा पाने वालों में थे। देश के दिग्गज वकील नेताओं ने डिफेंस कमेटी बनाकर बचाव का प्रयास किया। लेकिन औपनिवेशिक न्याय प्रणाली ने जितनी भयानक सजाएँ दीं, उसकी निन्दा कांग्रेस को अपने अधिवेशन में करने पड़ी।

सर्वश्री विजयकुमार सिन्हा, शिववर्मा, सुरेन्द्रनाथ पांडेय तथा ब्रह्मदत्त मिश्र ने कुछ

समय मिलकर प्रयास किया किन्तु मतभेद के कारण अन्ततः सुरेन्द्र व ब्रह्मदत्त इस दल में शामिल नहीं हुए। श्री शिववर्मा पंजाब से भगतसिंह व सुखदेव को ले आए। श्री सिन्हा बंगाल व बिहार से खुदीराम तथा फणीन्द्रनाथ घोष को ले आए। 8-9 सितम्बर, 1928 को फिरोज शाह तुगलक किले के खँडहरों में इन्हीं के मध्य हुई बैठक में नये संगठन का उदय हुआ। झाँसी से कुन्दनलाल आए थे। पैसों के अभाव, आँख खराब होने तथा सम्भवतः सतर्कता के चलते आज़ाद इस बैठक से दूर रहे लेकिन उन्हें कमांडर इन चीफ बनाया गया तथा उनके फरारी के स्थान झाँसी को प्रथम मुख्यालय बनाया गया।

उधर सी.आई.डी. भी सक्रिय थी। 17.9.28 की डायरी में दर्ज है "विद्यार्थी ने सुबली को 27.7.28 को बताया कि बनारस का दल आनेवाले समय में और डकैतियाँ नहीं करेगा लेकिन डिप्टी एस.पी. बनर्जी पर और बनारसीलाल पर एक हमला और करेगा। विद्यार्थी को बनर्जी से और आज़ाद को बनारसीलाल से निपटने का जिम्मा दिया गया। विद्यार्थी और आज़ाद कुछ समय साथ भी रहे।"[15] इस विवरण में बनर्जी का मतलब जितेन्द्रनाथ बनर्जी, डिप्टी एस.पी. है, जिसे बनारस की खुफिया का प्रमुख बनाया गया है। विद्यार्थी श्री कुन्दनलाल गुप्त हैं। सुबली श्री मनमोहन गुप्त हैं। बनारसीलाल काकोरी केस का अप्रूवर है। उल्लेखनीय है कि नये संगठन अर्थात् एच.एस.आर.ए. के गठन का पता सी.आई.डी. को महज एक माह में चल गया। अभिसूचना फाइल में सी-75 की सूचना 31.10.28 को इस प्रकार से दर्ज की गई, "युक्त प्रान्त में एक नया क्रान्तिकारी दल गठित हो गया है जो जितेन सान्याल और तारा कुमार के दल से अलग काम कर रहा है। इसको आज़ाद, कुन्दनलाल तथा सुबली से निर्देश मिल रहा है। वे कुछ महीनों से बनारस चौक की बगल में एक मकान में बम बना रहे हैं, इसकी खोल भूपेन चक्रवर्ती ने ढाली थी। इन बमों का इस्तेमाल काकोरी के अप्रूवरों को उड़ाने में किया जाएगा।"[16]

सी.आई.डी. के फाइलों में 1928 में आगे दो-तीन छोटी सूचनाएँ दर्ज मिलती हैं, जैसे कि "आज़ाद के बारे में बताया गया कि वे चतुरसेन सक्सेना सी.ओ. (केयर ऑफ) शंकरलाल जी बर्मन, पटोदियाना, उत्तर घसीटी (घटियारी), अजमेर में रह रहे हैं। आज़ाद उन्नाव में दिखे थे और माना जा रहा है कि वे वहाँ से कानपुर गए। 25.10.28 को दर्ज है कि विजयकुमार सिन्हा ने चर्चा की है कि आज़ाद उसके दल से जुड़े हैं। आज़ाद के बारे में बताया जा रहा है, वे दिल्ली के निकट कहीं छुपे हैं।"[17]

आज़ाद के ब्रीफ में इस प्रकार की सूचना दर्ज है, "चन्द्रशेखर आज़ाद ने 'हिन्दुस्तान सोशलिस्ट रिपब्लिकन आर्मी' में प्रमुख केन्द्रों पर रंगरूटों को भर्ती करने में, फंड जमा करने में, हथियार जमा करने में और बम बनाने में गहरी रुचि ली। उनका देशहित में राजनीतिक हत्याओं में विश्वास था और उन्होंने इसकी वकालत की तथा ऐसी गतिविधियों में सक्रिय रूप से भागीदारी की। उन्होंने बंगाल, बिहार, पंजाब और ग्वालियर के आतंकवादियों के साथ सूत्र भी स्थापित किये। आज़ाद ने 1928 में भगतसिंह, भगवतीचरण और पंजाब के अन्य क्रान्तिकारियों से इस आशय से सम्बन्ध स्थापित किया ताकि एच.एस.आर.ए. की पंजाब शाखा को पुनर्जीवित किया जा सके। वे अपनी गतिविधियों को झाँसी, ग्वालियर, कानपुर और दिल्ली से संगठित करते रहे। सितम्बर, 1928 में युक्त प्रान्त, पंजाब और बिहार की एच.एस.आर.ए. की शाखाओं

को दिल्ली में की गई एक बैठक के बाद एक में मिला दिया गया था तथा सुखदेव, जिसे बाद में द्वितीय लाहौर षड्यंत्र केस में फाँसी पर लटकाया गया, को पंजाब का प्रभारी बनाया गया; शिववर्मा जिसे बाद में द्वितीय लाहौर षड्यंत्र केस में आजीवन कारावास की सजा दी गई को युक्त प्रान्त का प्रभारी बनाया गया और फणीन्द्रनाथ घोष जो बाद में द्वितीय लाहौर षड्यंत्र केस में मुख्य अप्रूवर बन गया और जिसे क्रान्तिकारियों ने गोली मार दी थी, को बिहार क्षेत्र का प्रभारी बनाया गया। खुद चन्द्रशेखर आज़ाद को सैन्य विभाग का प्रमुख नियुक्त किया गया। दल का केन्द्रीय कार्यालय आगरा में था। ऐसा माना जातां है कि आज़ाद ने फणीन्द्रनाथ घोष से बातचीत के बाद तय किया था कि काकोरी केस में आगरा जेल में बन्द जोगेशचन्द्र चटर्जी को बाहर निकाला जाएगा।

कुन्दनलाल उर्फ विद्यार्थी, केशव चक्रवर्ती और मनमोहननाथ गुप्त उर्फ सुबली ऐसा जान पड़ता है कि आज़ाद से सम्पर्क बनाए हुए थे। प्रान्तीय समिति के 7-8 सदस्यों के साथ चन्द्रशेखर आज़ाद के अधीन एक दल युक्त प्रान्त में 1928 में बना था। यही दल वाराणसी के किसी मकान में बम भी बना रहा था और बम बनाने का असली काम मार्कंडेय लाल उर्फ विश्वनाथ पांडेय, इलाहाबाद का एक नवयुवक और भूरू उर्फ फूफेन्द्र चक्रवर्ती कर रहे थे। ऐसा कहा जाता है कि बम्बई में साइमन कमीशन पर बम फेंका जाना था और काम को अंजाम देने के लिए हरेन्द्र भट्टाचार्य तथा मार्कंडेय लाल को लगाया गया था। लेकिन बम दुर्घटनावश फट जाने से मार्कंडेय लाल मारा गया और हरेन्द्र भट्टाचार्य घायल हो गया था, जबकि मनमोहननाथ गुप्त उर्फ सुबली, जिसके बारे में माना जाता है कि उसी रेलगाड़ी की दूसरी बोगी में यात्रा कर रहा था, इस विस्फोट के बाद बचकर भाग गया।"[18]

उन दिनों को और इस घटना को याद करते हुए श्री मनमोहन गुप्त ने अपनी पुस्तक 'भारत के शहीद' में लिखा, "जब काकोरी केस का मुकदमा लखनऊ की एक विशेष अदालत में चल रहा था, उन दिनों चन्द्रशेखर नेताहीन हिन्दुस्तान प्रजातंत्र संघ के अन्य कार्यकर्ताओं को बटोर रहे थे। वे प्रायः बनारस आ जाते थे। हम लोगों के साथ उनका सम्पर्क बराबर बना रहा। इधर हम लोगों ने जितेन्द्रनाथ सान्याल के नेतृत्व में काकोरीवालों में से कुछ लोगों को बाहर निकालने की चेष्टा की, मगर उनमें से कोई बाहर आने को राजी नहीं हुआ। सक्रिय रूप से भाग श्री कुन्दनलाल गुप्त आदि भी लेते रहे। मैंने बनारस में एक सम्मेलन किया। उसमें कुछ कर्मी बंगाल के और बिहार के थे, बाकी बनारस के ही कार्यकर्ता साथी थे। हमने तय किया कि हमें सरकार को चुनौती देनी है। शायद 9 दिसम्बर, 1927 थी। जिन चारों को फाँसी की सजा सुनाई गई थी उनमें से किसी एक को छुड़ाना था। चन्द्रशेखर, रामप्रसाद की माँ और मैं रामप्रसाद से मिलने गए। रामप्रसाद राजी हो गए। लेकिन बाद में उन्होंने मना कर दिया। दूसरे दिन चन्द्रशेखर मार्कंडेय मिश्र की माँ से मिलने गए। लेकिन रामप्रसाद तैयार न हुए। फिर हम लोगों ने जब भाई के माध्यम से राजेन्द्र लाहिड़ी से सम्पर्क स्थापित किया तो वे तैयार हो गए। रात-दिन मेहनत करके हम लोग किसी प्रकार से दो छोटे-छोटे बम और दो हल्के से डायनामाइट बनाने का मसाला जुटा पाए थे। हम छह लोग तैयार थे जिनमें आज़ाद सहित सभी बनारस से थे। योगेन्द्र शुक्ल भी थे। तीन डायनामाइट और

अस्त्र-शस्त्र से लैस हम दो लोग, लखनऊ में हीवेट रोड के चौराहे पर के एक मकान में ठहरे थे। बाकी लोग इधर-उधर ठहरे थे। 19 दिसम्बर, 1927 को राजेन्द्र लाहिड़ी को फाँसी होनी थी, उसी रात को हमें धमाका करना था। लेकिन अनजान कारणों से सरकार ने उन्हें 17 दिसम्बर को ही फाँसी दे दी। यह सही है कि मनमाड़ वाले धमाके से हमने एक महान क्रान्तिकारी श्री मार्कंडेय मिश्र को खोया जिसे मैं असाधारण क्षति समझता हूँ। मार्कंडेय केवल वीर बहादुर तथा बेमिसाल क्रान्तिकारी ही नहीं थे, वे एक शोधमग्न वैज्ञानिक तथा इंजीनियर भी थे। मार्कंडेय वाले उस (न चाहते हुए भी विस्फोटित) धमाके ने भारतीय राष्ट्रीय आन्दोलन की नींद तोड़ी।"[19]

वास्तव में श्री मनमोहन गुप्त ने 'मनमाड़ बम विस्फोट' के नाम से हुई इस दुर्घटना के तथ्यों को जान-बूझकर अपनी पुस्तक से गायब कर दिया है सिर्फ नाम भर लिया है। सन् 1928 के अभिसूचना के कागजों में 31.10.1928 की एक रिपोर्ट है जिसमें 'मनमाड़ बम विस्फोट' पर विस्तार से चर्चा है। इस रिपोर्ट में लिखा है, "केशव चटर्जी (केशोचन्द्र) पूजा के दौरान सुबली (मनमोहन गुप्त) से मिला, जिसने उसे मनमाड़ स्टेशन के पास हुए बम विस्फोट के बारे में बताया। यह धमाका ट्रेन में हुआ था। उस समय सुबली के साथ फणी बनर्जी भी था। सुबली ने बताया कि युक्त प्रान्त में एक नया दल बन गया है जो जितेन्द्र सान्याल और तारा कुमार चटर्जी से अलग काम कर रहा है। 7-8 लोगों की एक प्रान्तीय समिति चन्द्रशेखर आज़ाद, प्रतापगढ़ के कुन्दनलाल और सुबली के नीचे काम कर रही है। वे कुछ माह से बनारस में चौक के पास एक मकान में बम बना रहे थे। इलाहाबाद का एक नवजवान शायद मार्कंडेय लाल उर्फ श्री विश्वनाथ पांडेय एक्सपर्ट था। खोल शायद भूरू उर्फ चक्रवर्ती ने ढाले थे। इन बमों का निर्माण असल में काकोरी केस में निम्न गवाहों को मारने के उद्देश्य से किया गया था—1. श्रीप्रकाश, 2. शाहजहाँपुर का बनारसीदास, 3. प्रयनाथ चक्रवर्ती, वाराणसी और 4. इन्दू। उन्होंने डिप्टी एस.पी. जितेन्द्र बनर्जी के इलाहाबाद स्थित घर को भी उड़ाने पर विचार किया था लेकिन विफल रहे। तब उन्होंने बम्बई में साइमन कमीशन पर बम फेंकने की सोची। हरेन्द्र भट्टाचार्य और मार्कंडेय लाल को यह काम सौंपा गया था। बम दुर्घटनावश फट गया। जिसमें मार्कंडेय लाल मारा गया और हरेन्द्र भट्टाचार्य घायल हो गया। सुबली उसी ट्रेन के दूसरे कम्पार्टमेंट में यात्रा कर रहा था। लेकिन विस्फोट के बाद भाग निकला। युक्त प्रान्त दल के कुछ सदस्य बनारस में अभी भी रिवॉल्वर और विस्फोटक बना रहे थे।"[20]

श्री विश्वनाथ वैशम्पायन ने लिखा, "दिल्ली की बैठक 8-9 सितम्बर, 1928 में हुई। वहाँ फणीन्द्र ने बिहार में मनी एक्शन की योजना बनाने का आश्वासन दिया था। आज़ाद, भगतसिंह और राजगुरु के साथ जाकर मुजफ्फरपुर की एक धर्मशाला में रुके। बेतिया में अनेक आढ़तों को देखा पर वे सभी साधारण परिस्थिति के लोग थे। बाद में आज़ाद जोगेन्द्र शुक्ल के साथ मुजफ्फरपुर तथा हाजीपुर भी इस सम्बन्ध में गए परन्तु उन्हें वह स्थान भी योग्य प्रतीत न हुआ। इसलिए मनी एक्शन की योजना स्थगित कर दी गई। इसके बाद दिसम्बर, 1928 में भगतसिंह ने पंजाब नेशनल बैंक लूटने का प्रस्ताव रखा। इसमें भाग लेनेवाले थे सर्वश्री कुन्दनलाल गुप्त, कैलाशपति, महावीर सिंह,

हंसराज, जयगोपाल, राजगुरु, भगतसिंह, सुखदेव तथा किशोरीलाल। इस एक्शन का नेतृत्व आज़ाद के ही हाथों में था। इसके लिए कई बार आज़ाद पंजाब नेशनल बैंक, लाहौर का निरीक्षण कर आए थे। लेकिन एक्शन के भीषण परिणामों को समझकर यह योजना रद्द कर दी गई।"[21] इस योजना का पता सी.आई.डी. को भी चल गया था। उनकी रिपोर्ट है, "4.12.1928 को चन्द्रशेखर आज़ाद ने भगत, महावीर सिंह, हंसराज वोहरा, कालीचरण, जयगोपाल, किशोरीलाल और सुखदेव के साथ पंजाब नेशनल बैंक लाहौर पर धावा बोलने का प्रयास किया। मगर यह योजना पूरी न हो सकी।"[22]

श्री गयाप्रसाद ने अपने बयान में कहा, "जब वे लोग आगरा में थे तो पंडित जी ने उन्हें (गयाप्रसाद को) हरदोई के छेदालाल को बरेली से तथा उनके बहनोई को ले आने को कहा। वे दोनों दल के सदस्य हैं। उन दोनों की जरूरत शायद जोगेशचन्द्र चटर्जी के बचाव के समय पड़ती। शिववर्मा सहारनपुर छेदालाल से जुड़े थे। श्री गयाप्रसाद ने 9 जून, 1929 को दिये गए अपने बयान में बताया, "नवम्बर, 1928 के मध्य में भगतसिंह और पंडित जी फिरोजपुर आए। वे बाहर के देशों तथा बंगालियों की राय लेने पर चर्चा कर रहे थे। भगतसिंह ने कहा कि कोई ऐसा एक्शन किया जाना चाहिए जिससे पार्टी बाहर के देशों में जानी जाने लगे। 16.11.28 को प्रताप शाम को आया उसके पास सूटकेस था, जिसे उसने पंडित जी को सौंप दिया। चार-पाँच दिन बाद पंडित जी आए और अपने स्थान पर ले गए। कुछ समय बाद उन्होंने बच्चू से सौ रुपये लिये और कहीं चले गए। पंडित जी वापस आए तो शिववर्मा से कहा कि हरदोई के उमाकान्त त्रिपाठी को बुला लो। यह सबसे ज्यादा फायदेवाला एक्शन होगा। बच्चू ने कहा कि पैसा शौकत उस्मानी से मिल रहा है। फंड की कोई कमी नहीं है। अगले दिन पंडित जी किसी अन्य मकान में चले गए और यह कहते गए कि बच्चू शक्कर मंडी का घर छोड़कर कोई दूसरा ले लेना। पंडित जी के पास तीन पिस्तौलें थीं। सुखदेव पाँच बम के खोल ले आया जिसे शिव, दादा, भगतसिंह ने विजयकुमार की मौजूदगी में भरा। एक बार शिववर्मा ने गयाप्रसाद को बताया कि इलाहाबाद का कोई छात्र पार्टी की वित्तीय सहायता करता था और बच्चू महेन्द्र प्रताप के परिवार के सदस्यों से पैसा ले आता था।"[23]

श्री विश्वनाथ वैशम्पायन के अनुसार, "आगरे के मकान में ही साइमन कमीशन पर भी प्रहार की योजना बनी। उसमें पहली बार नागपुर में प्रयत्न का निश्चय किया गया परन्तु धनाभाव के कारण वह सम्भव न हो सका। इसके बाद दिल्ली में प्रयत्न करने का निश्चय किया गया। आगरे में जो बमों का मसाला बना था उसका परीक्षण झाँसी में किया गया। बेतवा के जंगल में बम फेंकने का अभ्यास भगतसिंह ने किया। उन्होंने बम पर कैप लगाकर उसे फेंका। प्रयत्न बहुत सफल रहा। वहाँ से ये लोग सुकुआँ ढुकुआ का बाँध देखने गए। वहाँ से दतिया और दतिया से झाँसी गए। झाँसी से फणीन्द्र तथा भगतसिंह आगरा गए, साथ में आज़ाद की साइकिल भी लेते गए। लाठी प्रहार में 17 नवम्बर, 1928 को लाला लाजपत राय की मृत्यु हो गई थी। इसके लिए जिम्मेदार सांडर्स की हत्या की योजना भी आज़ाद ने तैयार की। 8-9 दिसम्बर, 1928 को मोजंग हाउस में एक बैठक में लाला जी के हत्यारों को मारने की योजना बनी। यह एक्शन ठीक पुलिस स्टेशन के सामने होने वाला था। एक्शन के समय आज़ाद डी.ए.वी. कॉलेज के

गेट पर थे। राजगुरु की पहली गोली ने ही सांडर्स का काम तमाम कर दिया। भगतसिंह ने कई गोलियाँ उस पर चलाकर विश्वास कर लिया। जब ट्रैफ़िक इंस्पेक्टर फर्न दो सिपाही व हवलदार चानन सिंह के साथ पकड़ने दौड़ा तो बचाव में गोली चलानी पड़ी। आज़ाद की गोली से चानन सिंह मारे गए। बाद में सभी भेष बदलकर लाहौर से निकले थे। आज़ाद भक्त मंडली में निकलकर सही-सलामत आगरा पहुँच गए।"[24]

इस घटना का उल्लेख सी.आई.डी. की फाइल में इस प्रकार दर्ज है, "भगतसिंह और आज़ाद ने लाहौर के एस.एस.पी. स्कॉट की हत्या करने की योजना बनाई थी। शिवराम राजगुरु और भगतसिंह के साथ 17.12.28 को वे लाहौर गए। शिवराम राजगुरु और भगतसिंह ने सांडर्स की गोली मारकर हत्या कर दी। जो लाहौर का ए.एस.पी. था। यह हत्या स्कॉट की भूल में हुई थी। एक हेड कांस्टेबल चरन सिंह ने घटना के बाद क्रान्तिकारियों का पीछा करने की कोशिश की, लेकिन चन्द्रशेखर आज़ाद ने उसे गोली मार दी थी।"[25]

सांडर्स वध के बाद भगतसिंह लाहौर से कैसे बाहर निकले यह जगत प्रसिद्ध है। लेकिन आज़ाद के बाहर निकलने की घटना को लोगों ने मिथकीय स्वरूप प्रदान कर दिया है। यहाँ इस पर दृष्टिपात करना उचित होगा। उन दिनों की बातें श्री शिववर्मा ने अपने संस्मरण में तफसील से लिखी हैं। इस घटना पर वे लिखते हैं कि "इस घटना का वर्णन करते हुए नन्दकिशोर निगम ने अपनी पुस्तक बलिदान में लिखा है 20 दिसम्बर, 1928 की जिस गाड़ी से भगतसिंह, राजगुरु और दुर्गा भाभी जा रहे थे, उसी के एक थर्ड क्लास के डिब्बे में संड-मुसंड साधु बने रामनामी ओढ़े आज़ाद भी गए थे। इसी से मिलती-जुलती हिट सुखदेवराज ने अपनी पुस्तक 'जब ज्योति जगी' में मारी है। पुस्तक के सफा 55 पर वे लिखते हैं, "चन्द्रशेखर आज़ाद कीर्तन मंडली में शामिल हो गए और पुलिस की आँखों में धूल झोंककर लाहौर से निकल भागे और मथुरा होते हुए सीधे आगरा जा पहुँचे। इन दोनों साथियों ने यह कहानी सम्भवत: वैशम्पायन की पुस्तक से लेकर उसे और रोचक बनाने के उद्‌देश्य से उस पर अपना रंग चढ़ाया है। इन तीनों पुस्तकों में वैशम्पायन की पुस्तक का प्रकाशन सितम्बर, 1967 में और निगम की पुस्तक का प्रकाशन उसके एक-दो महीने बाद का है। सुखदेवराज की पुस्तक 1971 में प्रकाशित हुई थी। वैसे निगम का दावा तो यह है कि यह कहानी स्वयं आज़ाद ने उन्हें सुनाई थी। जब उनकी बीमारी की हालत में आज़ाद उनकी तीमारदारी कर रहे थे, तब यह कहानी सुनाई। यह बात लिखकर निगम ने अपने को ऊँचा उठाने की धुन में आज़ाद को नीचे गिरा दिया है।

आज़ाद जब मथुरा से आगरा पहुँचे तो उनके सिर के बाल पूर्ववत मौजूद थे। लेकिन अगर निगम की बात मान ली जाए तो उनका सिर मुंडा होना चाहिए था। तथ्य यह था कि आज़ाद लाहौर से 25 दिसम्बर, 1928 को सुखदेव की माता, एक बच्ची जिसे मुखबिर जयगोपाल ने सुखदेव की बहन बताया है और किशोरीलाल इन तीनों को साथ लेकर मथुरा के लिए रवाना हुए थे। वह दरअसल उनके एक घरेलू सेवक पं. शिवरामदास की लड़की थी जिसे सुखदेव की माँ ने अपनी बेटी के रूप में अपना रखा था। इन चारों के लिए लाहौर से मथुरा के लिए एक वापसी टिकट खरीदा गया था। इसका नम्बर था

069764 और यह हमारे केस में एक्जिविट के तौर पर पेश भी किया गया था। आज़ाद के साथ यह लोग दिल्ली तक आए। वहाँ से वे अकेले ही मथुरा पहुँचे। फिर वह गाड़ी छोड़कर दूसरी गाड़ी से आगरा आए।"[26]

एच.एस.आर.ए. के इतिहास में सांडर्स की हत्या ही पहला बड़ा एक्शन था, और यह 1928 के अन्त में हुआ। इस तरह 9 अगस्त, 1925 को काकोरी के बाद 1926, 1927 और 1928 के अन्त तक आज़ाद ने कोई बड़ा एक्शन नहीं किया। इसीलिए इन वर्षों में सी.आई.डी. की निगरानी फाइलें प्रायः खामोश हैं। लेकिन इस समय के चन्द्रशेखर आज़ाद की पहचान स्थापित करने, उनका सही पता-ठिकाना खोजने, उनका नाम मफरूर रजिस्टर के सही वर्ग में रखवाने से सम्बन्धित अनेक कागज इन फाइलों में दफन हैं। 1928 में सी.आई.डी. में आज़ाद को लेकर क्या हलचल थी, इसका पता इन कागजों पर नजर डालने से चलता है।

"31 मार्च, 1928 को सी.आई.डी. के डी.आई.जी. ने इलाहाबाद से लखनऊ के एस.पी. को इस आशय का पत्र भेजा है कि मफरूर का नाम क्लास 'ए' की जगह क्लास 'बी' में दर्ज कर लिया जाए, कारण मफरूर (फरार) का पता तसदीक नहीं हो सका है।"[27] बीच में 1928 का आज़ाद से सम्बन्धित कोई कागज नहीं है। सितम्बर, 1928 के कुछ कागज हैं। 11 सितम्बर, 1928 को सी.आई.डी. के डी.आई.जी. के स्टॉफ अफसर ने कुमाऊँ डिवीजन के एस.पी. को पत्र लिखकर बताया है कि "आज़ाद उर्फ चन्द्रशेखर तथा आज़ाद उर्फ विशारद जिसे हम बनारस में खोज रहे हैं, से जुड़े कागज मैंने भेज दिये हैं। कृपा करके मुझे अभी रानीखेत में धारा-109 में दोषसिद्ध हुए 'आज़ाद' की फोटो भेजने की कृपा करें।"[28]

इस सम्बन्ध में 17.9.1928 की 'बी' की डायरी के अंश भी पढ़ने लायक हैं, "28.7.1928 को केशव चक्रवर्ती ने विभूति गांगुली के द्वारा सुबली (मनमोहन गुप्त) को एक पत्र दिया। इसमें पत्र लेखक ने सुबली को 29.7.1928 को सारनाथ जाकर विद्यार्थी (कुन्दनलाल) से मिलने को कहा था। सुबली ने ऐसा ही किया। विद्यार्थी ने उसे बताया कि आगे कोई डकैती नहीं करेंगे मगर बनर्जी और बनारसीलाल पर जानलेवा हमला करेंगे। विद्यार्थी बनर्जी पर करेगा और आज़ाद बनारसीलाल पर। विद्यार्थी 27 साल का, छिछले चेहरे का, अलग तरह के छोटे कान, उस पर उगे बाल तथा बिना मूँछ और दाढ़ी का है। कांग्रेस सचिव पिलखुआ क्रान्तिकारी दल का सदस्य है और विद्यार्थी से जुड़ा है। उसे पंडित जी कहा जाता है। विद्यार्थी समय-समय पर काकोरी के मफरूर आज़ाद के साथ रहता है। आज़ाद के बारे में पता चला है कि वह चतुरसेन सक्सेना के नाम से अजमेर के उत्तर घसीटी के पटोदियाने में किसी शंकरलाल जी वर्मा के साथ रह रहा है। सुबली ने फणी को संकेत दिया कि जल्द ही कोई एक्शन किया जाएगा। फणी कहीं से एक टूटी रिवॉल्वर ले आया था। सुबली और भूपेन चक्रवर्ती ने इसे ठीक करके वापस फणी को दे दिया। केशव, सुबली, फणी बनर्जी और भूपेन चक्रवर्ती ने बनारस में भाड़े का मकान लेने की बात की है। इलाहाबाद, शाहजहाँपुर आदि में भी लेना है, जहाँ दल के सदस्य छुप सकें और बम बना सकें। जब सुबली बरेली जा रहा था तो विद्यार्थी भी उसी के साथ बनारसी की टोह लेने शाहजहाँपुर गया।"[29] अजमेर के एस.पी. लायल

ब्लैक को 21 सितम्बर, 1928 को किसी ने पत्र लिखा है जिसमें चतुरसेन सक्सेना के नाम से चन्द्रशेखर आज़ाद के अजमेर में रहने की बात लिखी है।"[30]

"3 और 4 अक्टूबर, 1928 को सी.आई.डी. के डी.आई.जी. को नैनीताल के एस.पी. ने चन्द्रशेखर उर्फ जुगल किशोर के दो फोटो भेजने का उल्लेख किया है। जो वहाँ 6 अगस्त, 1928 को 109 सी.आर.पी.सी. के अन्तर्गत सजायाफ्ता होकर तीन माह की सजा काट रहा था और उस समय अल्मोड़ा जेल में था।"[31] लेकिन 16 अक्टूबर, 1928 को एस.पी. को भेजे गए पत्र में स्पष्ट किया गया है कि "आपके द्वारा भेजे गए फोटो काकोरी केस में वांछित चन्द्रशेखर आज़ाद के नहीं हैं।" उल्लेखनीय है कि चन्द्रशेखर उर्फ जुगल किशोर के ये फोटोग्राफ्स आज भी चन्द्रशेखर आज़ाद की व्यक्तिगत फाइल में मौजूद हैं।[32] इसी तरह एस.पी. बनारस जे.सी. वेमाउथ को 27 अक्टूबर, 1928 को भेजे गए पत्र में जिक्र है कि "मैं समझता हूँ कि हेड कांस्टेबल भवानी सहाय जो आपके जिला अभिसूचना का स्टॉफ है, चन्द्रशेखर उर्फ आज़ाद की पहचान कर सकता है, जो कि काकोरी केस का फरार है। यदि ऐसा है तो बड़ी कृपा होगी कि आप उसे कुछ सप्ताह की ड्यूटी के लिए भेज दें।"[33] उल्लेखनीय है कि यह वही भवानी सहाय है जिसने बैजनाथ लॉज में आज़ाद के कमरे की तलाशी ली थी, ज्ञानचन्द्र मुरब्बेवाला के घर की तलाशी ली थी और दुकान पर आज़ाद पकड़े जाने से साफ बचे थे।

7 नवम्बर, 1928 को ए.एस.बी. की तरफ से ए.आई.बी. को जो पत्र भेजा गया है उसके अनुसार, "जब शनिवार या रविवार को लखनऊ स्टेशन पर था तो लखनऊ के कोतवाल प्रभुदयाल सिंह ने बताया कि उसे सूचना मिली थी कि आज़ाद उन्नाव में थे और वहाँ से वे कानपुर गए हैं। यह 1 से 3 नवम्बर के बीच की बात है। उसने बताया कि एक आदमी को उसने उन्नाव भेजा था जिसने आगमन का सत्यापन किया और कानपुर तक आज़ाद का पीछा किया।"[34] 14 नवम्बर, 1928 को लखनऊ के एस.पी. को लिखे पत्र से स्पष्ट है कि यह खबर मिस्टर विलियम्सन ने दी थी। लखनऊ का कप्तान सी.आर.पीटर्स था। 30 नवम्बर, 1928 को पुनः पीटर्स को पत्र लिखकर कहा गया है कि सब इंस्पेक्टर सालिगराम से उन्नाव में आज़ाद जहाँ के निवासी हैं, उस गाँव या मुहल्ला का नाम, पिता का नाम, इस समय वह कहाँ है? आदि भेजें। इसके सम्बन्ध में हमारी सूचना बस इतनी है कि आज़ाद उन्नाव के रहनेवाले हैं। क्या एस.आई. रिपोर्ट में आए फिरोज से पूछकर आज़ाद का सही और अद्यावधिक विवरण दे सकते हैं?"[35] आगे सालिगराम सिन्हा की रिपोर्ट है जिसमें वह कांस्टेबल सैयद अली के हवाले से लिखता है कि अक्टूबर, 1928 में आज़ाद उन्नाव में अपने घर पर रह रहे थे। उसे एक छात्र सैयद वासी हैदर से यह बात पता चली। 21.10.28 को हैदर ने एक पोस्टकार्ड छोड़ा था। फिरोज उम्र 35 साल सैयद मुहम्मद शाह, उन्नाव का नौकर आज़ाद को भली-भाँति जानता है, जिनका उन्नाव में कोई स्थायी घर नहीं है।"[36] चूँकि पुलिस को यह सूचना थी कि आज़ाद अजमेर में शंकरलाल वर्मा के साथ रह रहे हैं, अतः एस.पी. अजमेर ने डी.आई.जी.,सी.आई.डी. इलाहाबाद को शंकरलाल के पत्रों को इंटरसेप्ट करने के लिए लिखा।"[37] 'आर.' की डायरी के 12.12.28 के अंश में चन्द्रशेखर आज़ाद का उल्लेख है। पता चला है कि वह लखनऊ में थे।"[38]

साथियों के संस्मरणों और सरकारी दस्तावेजों के मिलान से 'चन्द्रशेखर आज़ाद' की वस्तुस्थिति पर काफी प्रकाश पड़ता है। वे 1925 के अन्त से 1928 के पूर्वार्द्ध तक ढिमरपुरा से झाँसी तक रहकर बिखरे क्रान्तिकारियों से मिलते रहे। सितम्बर, 1928 तक एच.आर.ए. की जगह एच.एस.आर.ए. नाम से नया संगठन खड़ा हुआ तो उन्हें इसका कमांडर इन चीफ बना दिया गया। वे बिहार से लाहौर तक एक्शन के अवसर की तलाश कर आए और श्री लाला लाजपत राय की हत्या का बदला लेने के लिए 'सांडर्स' को भी उड़ा आए और इसकी जिम्मेदारी लेते हुए दल ने लाहौर में पर्चे तक छाप दिये। इधर ब्रिटिश सरकार को यह तक पता नहीं कि चन्द्रशेखर आज़ाद के पिता का वास्तविक नाम क्या है? वे कहाँ के रहनेवाले हैं? दिखते कैसे हैं? आजकल कहाँ हैं? उनके साथी कौन हैं? सुनी-सुनाई बातों पर वे नैनीताल से अजमेर तक कुलाबें मिलाते रहे, जबकि आज़ाद कलकत्ता से लाहौर तक घूमते रहे।

एच.एस.आर.ए. के इतिहास में अगले दो साल यानी 1929 और 1930 सर्वाधिक क्रान्तिपूर्ण रहे। दल का पता सी.आई.डी. को लग चुका था, अत: वह भी पूरी ताकत से इसे नष्ट करने में लगी थी। अभिसूचना की फाइलों में सर्वाधिक कागजात इन्हीं दो वर्षों से जुड़े मिलते हैं, साथ ही चन्द्रशेखर आज़ाद के साथियों के सर्वाधिक संस्मरण भी इन्हीं दो वर्षों के हैं। हालाँकि इनमें से कई संस्मरण विरोधाभासी व असम्भव तथ्यों के कारण अत्यन्त सन्दिग्ध हो जाते हैं। सन् 1928 में ही चन्द्रशेखर आज़ाद 'भाबरा' जाकर अन्तिम बार अपने माता-पिता से मिलकर आए थे। वहाँ जाना सुरक्षित है या नहीं इसका पता लगाने के लिए पहले आज़ाद ने मास्टर रुद्रनारायण को 'भाबरा' भेजा था। जब सकारात्मक संकेत मिला तभी वे गए। साथ में श्री सदाशिव मलकापुरकर को लेकर गए। कुछ दिन वहाँ रहकर वापस आ गए। सन् 1929 में देश का क्या राजनीतिक माहौल था इस पर दृष्टिपात करते हुए श्री पट्टाभि सीतारमैया लिखते हैं—

"सन् 1929 के आरम्भ में भारत की स्थिति अत्यन्त दुविधापूर्ण थी। इस समय साइमन कमीशन के साथ-साथ सेंट्रल कमेटी भी देश में दौरा कर रही थी। साइमन कमीशन ने 14 अप्रैल, 1929 में अपना भारतीय कार्य समाप्त कर दिया। कमीशन वाले विलायत में पहुँचे ही थे कि मई, 1929 में अनुदार दल की सरकार सामान्य चुनाव में हार गई। मजदूर दल का मंत्रिमंडल बना। मैकडोनाल्ड साहब प्रधानमंत्री बने और वेजवुड बेन साहब भारत मंत्री। लॉर्ड इरविन चार मास की छुट्टी लेकर जून में इंग्लैंड पहुँचे। पब्लिक सेफ्टी बिल जनवरी, 1929 में ही दुबारा पेश हो चुका था, परन्तु उस पर विचार अप्रैल में हुआ। ट्रेड डिस्प्यूट बिल 8 अप्रैल को पास हुआ। इसके पास होने के साथ-साथ एक स्मरणीय घटना भी हो गई। घटना यह हुई कि जब राय लेने के बाद असेम्बली फिर से एकत्रित हो रही थी और अध्यक्ष आगे की कार्रवाई की घोषणा कर रहे थे उसी समय दर्शकों के झरोखे में से सरकारी पक्ष के बीच दो बम आकर गिरे और उनके फूटने से कुछ लोग घायल हुए।

20 मार्च, 1929 के दिन पंजाब, बम्बई और संयुक्त प्रान्त में ताजीरात हिन्द की 121अ धारा के अनुसार सैकड़ों घरों की तलाशी ली गई। जो लोग गिरफ्तार किये गए, उनमें महासमिति के आठ लोग भी थे। गिरफ्तार लोगों पर मेरठ षड्यंत्र केस चला। मई,

1929 में महासमिति की बैठक बम्बई में हुई। 15 जुलाई को दिल्ली में कार्य-समिति की बैठक हुई। असेम्बली बम केस के अभियुक्त श्री भगतसिंह और दत्त को आजन्म काले पानी की सजा दी गई। उन्होंने प्रकट किया कि बम तो प्रदर्शन के लिए फेंका गया था। लाहौर षड्यंत्र केस के अभियुक्तों के साथ पाशविक व्यवहार किया गया। वे न्यायाधीश के सामने खुली अदालत में पीटे गए। अदालत के बाहर भी उनके साथ दुर्व्यवहार किया गया। जेलों के भीतर भी अत्यन्त कठोरता का व्यवहार किया जा रहा था। चौसठवें दिन भूख-हड़ताल से यतीन्द्रनाथ दास चल बसे। 26 जुलाई, 1929 को प्रयाग में महासमिति की बैठक हुई, इसमें अखिल भारतीय राष्ट्रीय मुस्लिम दल बना।

जेल में भूख-हड़तालों के चलते 12 सितम्बर, 1929 को सरकार ने असेम्बली में एक बिल पेश किया। इस बिल में न्यायाधीशों को अधिकार दिया गया कि यदि अभियुक्त लोग अपने ही कृत्यों से अपने को अदालत में उपस्थित होने में असमर्थ बना लें तो उनकी अनुपस्थिति में भी मुकदमे की सुनवाई जारी रह सकती है। गवर्नर जनरल ने लाहौर-षड्यंत्र केस के बारे में एक आर्डिनेंस निकाल दिया। यतीन्द्रनाथ दास का देहावसान 13 सितम्बर, 1929 को हो चुका था। उनकी मृत्यु पर देशभर में मातम छा गया और देशवासियों के हृदय उनकी प्रशंसा से गद्‌गद हो गए। स्थान-स्थान पर विशाल प्रदर्शन हुए। कलकत्ते का जुलूस तो अनोखा ही था। कई विदेशों से भी सहानुभूति सूचक सन्देश आए। आयरलैंड के मैकस्विनी परिवार का पैगाम विशेष रूप से उल्लेखनीय है। 28 सितम्बर को महासमिति (लखनऊ) ने जेल में होनेवाले अनशनों के विषय में प्रस्ताव पास किया। समिति ने इन बन्दियों की हार्दिक प्रशंसा करते हुए यह राय दी कि गम्भीरतम परिस्थिति उत्पन्न हुए बिना भूख-हड़ताल नहीं करनी चाहिए।

पायोनियर के भूतपूर्व सम्पादक विलसन साहब समाचार-पत्रों में पत्र पर पत्र छपवा रहे थे। वायसराय साहब 15 दिसम्बर, 1929 को दक्षिण भारत के लिए रवाना हो रहे थे। इसलिए उन्होंने डॉ. सपूर को लिखा कि अगर पहले हैदराबाद में न मिल सका तो 23 दिसम्बर को दिल्ली में गांधी जी और नेहरू जी से मुलाकात होगी। लॉर्ड इरविन 23 दिसम्बर को दिल्ली लौट आए। उसी दिन दिल्ली से 1 मील दूर पुराने किले के स्थान पर उनकी गाड़ी के नीचे बम फटा। लॉर्ड इरविन तो बाल-बाल बच गए, परन्तु उनके खाने की गाड़ी को नुकसान पहुँचा और उनका एक नौकर घायल हुआ। गांधी जी, मोतीलाल, जिन्ना, सप्रू, बिट्ठल भाई मिले। लॉर्ड इरविन ने हँसते-हँसते बातचीत की। उनके दिल पर प्रात:कालीन दुर्घटना का कोई असर न था। पौन घंटे तो बम की घटना और उसके परिणामों पर ही चर्चा होती रही। फिर लॉर्ड इरविन ने प्रस्तुत विषय को हाथ में लिया। हम लोगों को लाहौर जाते हुए रास्ते में ये समाचार मिला कि वायसराय की गाड़ी के नीचे बम फूटा और वायसराय भवन में भारत की आशाएँ चूर्ण हुईं। लाहौर अधिवेशन में श्री यतीन्द्रनाथ और श्री फुंगी विजया के महान आत्मोत्सर्ग की प्रशंसा की गई। बम दुर्घटना पर यह प्रस्ताव पास हुआ, "यह कांग्रेस वायसराय साहब की गाड़ी पर किये गए बम प्रहार पर खेद प्रकट करती है और अपने इस विश्वास को दोहराती है कि इस प्रकार का कार्य न केवल कांग्रेस के उद्‌देश्य के विरुद्ध है बल्कि राष्ट्रीय हित को भी हानि पहुँचाता है। कांग्रेस वायसराय, लेडी इरविन, उनके गरीब

नौकरों और साथ के अन्य लोगों को सौभाग्यवश बाल-बाल बच जाने पर बधाई देती है। इसी अधिवेशन में 'पूर्ण-स्वाधीनता' के लक्ष्य की घोषणा की गई। 31 दिसम्बर की आधी रात को कांग्रेस ने मिलकर पूर्ण स्वाधीनता का झंडा फहराया। सुभाष बाबू ज पं. मोतीलाल में कहा-सुनी हो गई।"[39]

आज़ाद पर उनके साथियों के द्वारा लिखे गए संस्मरणों की सबसे बड़ी कमजोरी तिथियों का अभाव है। एक भी संस्मरण ऐसा नहीं है, जिसमें सिलसिलेवार घटनाओं को रखा गया हो। इसलिए भी चन्द्रशेखर आज़ाद के इतिहास पर लिखने में थोड़ी मुश्किल आती है। यद्यपि किसी गवाह या अप्रूवर के बयान को प्रमाण नहीं माना जा सकता, लेकिन तिथिवार घटनाओं के वर्णन के मामले में सर्वाधिक सुविधाजनक 'कैलाशपति' का बयान है, 1929 की घटनाओं पर उसके बयान से विवरण प्रस्तुत है।

कैलाशपति 28 अक्टूबर, 1930 को पकड़ा गया था। जब आज़ाद व अन्य क्रान्तिकारी साथी पुनः संगठन खड़ा करने का प्रयास कर रहे थे और धन की आवश्यकता थी तो श्री विजयकुमार सिन्हा के कहने पर कैलाशपति 26 जून, 1928 को बड़हलगंज सब पोस्ट ऑफिस से पैसा लेकर भागा था। फिर वह महावीर सिंह के साथ लाहौर चला गया, जहाँ 30 जून, 1928 को वह सुखदेव से मिला। अपने बयान में कैलाशपति कहता है कि "19 जुलाई, 1929 में जब मैं ग्वालियर वाले मकान में था तो मुनेश्वर प्रसाद अवस्थी (कानपुर) उसी दिन आगरा के लिए निकला। वह काकोरी केस के अप्रूवरों—बनारसीलाल तथा शिवचरणलाल शर्मा के खिलाफ किसी एक्शन में व्यस्त था। यह तथ्य मुझे आज़ाद से पता चला जो जुलाई, 1929 के अन्त में ग्वालियर आए और उसी घर में रुके जिसमें मैं था। भगवानदास के आने के एक हफ्ते बाद उस घर में वैशम्पायन आए जिन्हें उस समय बच्चन कहा जाता था। एक हफ्ते बाद आज़ाद और सदाशिव एक साथ आए। जब जुलाई, 1929 में आज़ाद, वैशम्पायन, सदाशिव, भगवानदास, पोतदार और मैं ग्वालियरवाले मकान में थे तभी सदाशिव का भाई झाँसी से भगवतीचरण का सन्देश लाया। भगवतीचरण झाँसी आज़ाद से मुलाकात करने गए थे। उन दिनों दल भगवतीचरण को सन्देह की दृष्टि से देखता था और आज़ाद ने उन्हें दूर ही रखा। वे अन्त में नवम्बर, 1929 में दिल्ली में मिले।

सदाशिव ने आगरा बम फैक्टरी में पिकरिक एसिड बनाना सीख लिया था। आज़ाद ने भी सीखा था, लेकिन थोड़ा खराब ढंग से। यह तय किया गया कि ग्वालियरवाले घर में पिकरिक एसिड तैयार की जाए। इस प्रयास में आज़ाद, वैशम्पायन, सदाशिव, भगवानदास, पोतदार और मैं जुट गए। आगरा बम फैक्टरी के अवशेष जिसमें गन काटन और बम के खोल थे, झाँसी भेजा गया था, वहाँ से ग्वालियर वाले मकान पर लाया गया। वैशम्पायन पोटैशियम क्लोरेट और एंटीमनी ट्राई सल्फाइड ले आए, इन्हीं अवयवों की कमी थी। पहले दो प्रयास विफल रहे। तीसरे प्रयास में पोतदार द्वारा प्रयोग की जा रही जे.बी. कोहेन की पुस्तक 'प्रैक्टिकल केमिस्ट्री' के सहयोग से पिकरिक एसिड बनी। मरकरी का फल्मीनेट और पिकरिक एसिड ग्वालियर हाउस में बने। सिर्फ आज़ाद को पता था कि टिन बम कैसे बनाए जाते हैं। तीन बम बनाए गए। इनमें से एक भगवानदास, वैशम्पायन और मैंने मिलकर प्रयोग किया जो सफल रहा। बाकी दो बमों

को एक्शन के लिए अथवा आत्मसुरक्षा के लिए तैयार रखा गया, क्योंकि सिवाय आज़ाद के दल के किसी के पास भी कोई हथियार नहीं थे। आज़ाद के पास एक माउजर पिस्तौल और 0.32 बोर का रिवॉल्वर था, जो अब काशीराम के पास है। इसी हथियार का उपयोग राजगुरु ने मिस्टर सांडर्स की हत्या में किया था।

उन दिनों पार्टी को धन की भारी कमी थी। वैशम्पायन को कई बार धन का प्रबन्ध करने के लिए भेजा गया, लेकिन वह हर बार खाली हाथ लौटे। इसके दो महीना बाद (सितम्बर, 1929) आज़ाद और वैशम्पायन कानपुर गए। करीब 15 रोज बाद वैशम्पायन अकेले लौटे। उनके पास 100 रु. और दो हथियार थे, एक वही 0.32 बोरवाला रिवॉल्वर मेरे लिए था और एक 0.32 बोर का ऑटोमैटिक पिस्तौल भगवानदास के लिए। इन बमों को मिस्टर हार्टन और खैरात नबी पर मेरठ में फेंका जाना था, मगर धन के अभाव में कुछ हुआ नहीं। आज़ाद ने मुझे सूचना दी कि मेरठ में सराय में जो बम फटा उसे वहाँ कुन्दनलाल ने रखा था। जब हम लोग अगस्त, 1929 में पिकरिक एसिड बना रहे थे तो घर के मालिक, दो-तीन दोस्तों के साथ आ गया था। उसने पिकरिक एसिड बनाते देख लिया था। मालिक को शक हो गया था, लेकिन आज़ाद ने मजाक में बताया कि हम चाय बना रहे थे। (इस घटना का उल्लेख श्री भगवानदास ने 'यश की धरोहर' में भी किया है)। मुनेश्वर अवस्थी के बक्से से जो बम का खोल मिला था उसे मैंने विमलप्रसाद जैन को सितम्बर, 1929 में दिखाया था और ऐसा खोल अक्टूबर, 1929 में बन गया था। पहले बागपत का हिन्दू लोहार आया, फिर चाँदनी चौक के एक मुस्लिम से कहा गया। नवम्बर, 1929 में मैंने वह बम का खोल भवानी सिंह को दे दिया। मिस्टर सांडर्स की हत्या के बाद ग्वालियरवाले घर में ही मैं पहली बार आज़ाद से मिला। पिकरिक एसिड बनाने में डी.वी. तेलंग और पोतदार काफी मददगार रहे।

जब दल ग्वालियर में था तो हमने निम्न नाम अपना रखे थे—कैलाशपति-कल्याण, आज़ाद-पंडित जी, सदाशिव पोतदार-'पी', वैशम्पायन-बच्चन, डी.वी. तेलंग-मुंड, मुनेश्वर-खंजर। जब अगस्त, 1929 में वैशम्पायन कानपुर से लौटे तो उन्होंने आज़ाद का सन्देश मुझे बताया कि मैं दिल्ली चला जाऊँ और वहाँ एच.एस.आर आर्मी के लिए एक केन्द्र संगठित करूँ। जिस दिन मैं दिल्ली गया उसके अगले ही दिन अगस्त, 1929 में भुसावल में भगवानदास और सदाशिव पकड़े गए। वे ग्वालियर से बम्बई जा रहे थे। दिल्ली में विमलप्रसाद जैन, काशीराम, भवानी सिंह, भवानी सहाय, नन्दकिशोर निगम से परिचय हुआ। अक्टूबर, 1929 के पहले मैं धर्मशाला में भगीरथ के यहाँ रहा। खाना विमलप्रसाद जैन के घर खाया। अक्टूबर से मैं निगम के साथ न्यू हॉस्टल में रहा। निगम का पार्टी का नाम 'साहिब' था। मैं अक्टूबर, 1929 में काशीराम के मार्फत भगवतीचरण से कुदसिया बाग में मिला। उन्होंने मुझे 20 रु. दिया और पंडित जी को भेजने को कहा। इसी के 2-3 दिन बाद मुझसे श्री यशपाल और भगवतीचरण गोधूलि बाद उसी बाग में मिले। यशपाल मोटरसाइकिल से गिरे थे। उनका हाथ स्लिंग में था। भगवतीचरण ने बताया कि अहमदनगर ट्रेन डकैती उनके लड़कों ने की है। नया बाजार में दोनों रहते थे। मैं भी वहाँ गया। वहाँ बैटरी और तार देखा था। मैंने उन्हें मिस्टर होर्टन

और के.बी. अब्दुल अजीज को मारने की आज़ाद की योजना बताई। उन्होंने कोई उत्साह नहीं दिखाया। वे वायसराय की ट्रेन उड़ाने की बात कह रहे थे। लेकिन इस एक्शन को अंजाम देने के पहले वे आज़ाद से मिलने को उतावले थे।

नवम्बर, 1929 में लाहौर जाते समय वैशम्पायन मेरे यहाँ रुके तो मैंने भगवती से उनकी भेंट कराई और आज़ाद से मिलवाने को कहा। वे वापस नहीं लौटे तो भवानी सिंह को सन्देश के साथ आज़ाद के पास भेजा। आज़ाद ने भगवतीचरण से मिलने के पहले मुझे मिलने के लिए बुलाया। मैं और भवानी सिंह कानपुर गए, जहाँ रामसिंह के घर पर आज़ाद मिले। आज़ाद, वीरभद्र तिवारी, सदगुरु दयाल अवस्थी और मैं जिला कांग्रेस कार्यालय के पास अखाड़े में मिले। हमने मनी एक्शन द्वारा पैसा जमा करने का निर्णय लिया। ताकि दल को आतंकवादी एक्शन के लिए अच्छे से संगठित किया जा सके। वीरभद्र तिवारी को युक्त प्रान्त में संगठन का प्रभार दिया गया और कहा गया कि वह एक्शन के लिए स्थान चयन करें। सदगुरु दयाल को वीरभद्र की सहायता करने तथा हावड़ा ग्रुप और आज़ाद ग्रुप में समन्वय स्थापित करने को कहा गया। मुझे यही काम दिल्ली और राजपूताना में करना था। मैंने आज़ाद से दिल्ली आने और भगवतीचरण से मिलने को कहा। तदनुसार आज़ाद वैशम्पायन के साथ दिल्ली नवम्बर, 1929 के दूसरे सप्ताह में आए और नया बाजार हाउस में 2-3 दिन रहकर कानपुर चले गए।

वायसराय की ट्रेन उड़ाने के पीछे मुख्यतः यशपाल और भगवतीचरण थे। उन्होंने इसके लिए समर्थकों से 4000 रु. पंजाब व दिल्ली में जमा किया था। ज्यादा पैसा दिल्ली के एक हिन्दू ठेकेदार ने और हिन्दुस्तान टाइम्स के चमनलाल ने दिया था। दिसम्बर, 1929 के पहले सप्ताह में भगवतीचरण आज़ाद से मिलने कानपुर गए और मुझे 22 दिसम्बर, 1929 तक दिल्ली छोड़ने को कहा क्योंकि वायसराय की ट्रेन हमले के बाद पुलिस की गतिविधियाँ बढ़ जातीं। आज़ाद 22 दिसम्बर, 1929 को दिन के 9 बजे दिल्ली पहुँचे। उनको लेकर मैं नया बाजार हाउस गया। जहाँ भगवतीचरण और यशपाल के अलावा भी चार अन्य लोग थे। 11 बजे कुदसिया बाग में बैठक हुई। आज़ाद के साथ वी.बी. तिवारी और मिसेज तिवारी थीं। आज़ाद ने मुझे बताया कि वे मिसेज तिवारी को पुलिस विजिलेंस जो, लाहौर कांग्रेस के कारण बढ़ी है, को चकमा देने के लिए प्रयोग कर रहे थे। मुझे पता नहीं कि मिस्टर और मिसेज तिवारी कहाँ रुके थे।

आज़ाद और वैशम्पायन मुझसे वी.पी. जैन के घर मिले। आज़ाद, वी.बी. तिवारी, यशपाल, भगवतीचरण और मैं वहाँ मौजूद थे। वी.बी.तिवारी ने बतौर प्रान्तीय संगठनकर्ता यह बैठक अटेंड की। आज़ाद ने कहा कि यशपाल और भगवतीचरण ने पूरी तैयारी कर रखी है। मगर गणेशशंकर विद्यार्थी जैसे नेता नहीं चाहते कि इस समय यह विस्फोट हो। अतः इसे आगे के लिए स्थगित कर देना उचित होगा। वी.बी.तिवारी और भगवतीचरण चाहते थे कि यह हो। मगर आज़ाद की बात मानी गई। बैठक 5 बजे शाम को समाप्त हुई, लेकिन यशपाल उसके पूर्व उठकर चले गए थे। भगवती ने मुझे नोटिस वापस कर दी जिन्हें मैंने जला दिया। 22 दिसम्बर, 1929 की रात को आज़ाद भवानी सहाय के घर सिरकी बाजार में रहे। वहाँ चिरंजीलाल का रिश्तेदार हेमराज और भवानी सहाय भी रात को सोए। वैशम्पायन ने वह रात न्यू हॉस्टल में निगम के साथ

बिताई। अगली सुबह आज़ाद, भवानी सहाय और मैं 8 बजे घर से निकलकर कुदसिया बाग गए। हम अगले 2-3 दिन भवानी सहाय के घर पर रहे, क्योंकि निगम लाहौर के कांग्रेस अधिवेशन में चले गए।

26 दिसम्बर, 1929 की सुबह आज़ाद, वी.पी. जैन और मैं नलगढ़ा के लिए निकले। वैशम्पायन 25 की शाम को लाहौर के लिए निकले। हम लोग पैदल नलगढ़ा के लिए चले। 8 मील चलने के बाद हमने 1-8 या 1-12 में बैलगाड़ी ले ली। रामचन्द्र शर्मा और ब्रह्मानन्द वकील नलगढ़ा डेयरी फार्म पर ही थे। शूटिंग के लिए पाँच अन्य लोगों की पार्टी वहाँ थी। बाकी लोग 2 दिन में दिल्ली चले गए। विमलप्रसाद जैन 28 दिसम्बर, 1929 को दिल्ली चले गए। यह पता करने कि दिल्ली में वायसराय की ट्रेन उड़ाने के प्रयास के बाद पुलिस क्या कर रही थी। वे 31 दिसम्बर को वापस नलगढ़ा आए। हम 2 जनवरी, 1930 की शाम को दिल्ली के लिए निकले और न्यू हॉस्टल में निगम के कमरे पर गए।"[40]

एच.एस.आर.ए. के इतिहास में आज़ाद और भगतसिंह के मिलन के बाद सर्वाधिक महत्त्वपूर्ण संयोग आज़ाद और भगवतीचरण वोहरा के मिलन को माना जाता है। यह मिलन कब और कैसे हुआ? इस सम्बन्ध में सर्वाधिक प्रामाणिक सूचना श्रीमती दुर्गा देवी के मौखिक बयान से मिलती है। उन्होंने अपने साक्षात्कार में बताया कि—

"जिस वक्त 1925 में, काकोरी केस में गिरफ्तार कैदियों को छुड़ाने की एक स्कीम बनी थी, हम लोग सब चीजें वगैरह जैसे कपड़े, जेवर जो भी हो बेच करके दे रहे थे। चन्द्रशेखर आज़ाद को बहुत दिक्कत थी, तब तक हम लोग उनसे मिले नहीं थे, मेरे पति ने तीन हजार रुपया झाँसी में किसी के जरिये भेजा। चन्द्रशेखर आज़ाद ने यह रुपया लौटा दिया और कहा कि हम पुलिसवालों का रुपया नहीं लेते। उसके बाद उन्होंने वैशम्पायन को लाहौर भेजा। वे वहाँ पर किसी मकान में रहे और हमारी वहाँ की सब गतिविधियाँ समझते, देखते रहे। उनको चन्द्रशेखर आज़ाद ने यह कह दिया था कि तुम वहाँ दुर्गा जी से मिलने मत जाना और चाहे जो कुछ करो। लेकिन वैशम्पायन हमारे पास आए क्योंकि उनको कहीं से मालूम हुआ कि उनका 10-15 दिन ठहरने, खाने-पीने का जितना भी इंतजाम है, वह मैंने ही किया था। जब उनको यह मालूम हुआ तो वो मेरे से मिलने आए, बातचीत हुई, मुझ पर उन्होंने यह जाहिर नहीं किया कि ऐसी कुछ बात है। उन्होंने जाकर आज़ाद को कहा कि देखो, ऐसी-ऐसी बात है। हम लोग नाहक सन्देह कर रहे हैं। वे पुलिस के आदमी नहीं हैं। फिर हमें दिल्ली में चन्द्रशेखर आज़ाद ने खास तौर से लाहौर से बुलाया और वह हमसे मिले और बहुत रोए। यह मुलाकात सांडर्स वध के तुरन्त बाद, जब कलकत्ता से मैं लौट आई थी और असेम्बली बम केस के पहले हुई। जब सांडर्स वध के बाद हम गाड़ी में लाहौर में बैठे तो हमें नहीं पता था कि चन्द्रशेखर आज़ाद उसी गाड़ी में यात्रा कर रहे हैं। यह मुझे बाद में मालूम हुआ। मैंने उनको देखा भी नहीं और न लोगों की कोई बात हुई।

कुछ दिनों बाद चन्द्रशेखर आज़ाद ने हमें बुलाया। फिर मेरे पति चन्द्रशेखर आज़ाद के साथ हो लिये। वे तो अपना बाहर ही बाहर मिल लिये क्योंकि फरार थे ही, मेरे पास लाहौर में खास आदमी भेजा गया कि मैं दिल्ली में आकर मिलूँ। मेरे पति ने ही चिट्ठी

भेजी थी। तब मैं वहाँ से चली थी मिलने पर चन्द्रशेखर आज़ाद ने कहा कि हम एक बहुत कीमती आदमी को खो रहे थे। यह तो मेरा दाहिना बाजू है और अफसोस जाहिर किया। जब भगवतीचरण और चन्द्रशेखर आज़ाद आपस में मिले थे तब एक-दूसरे से चिपककर रो पड़े थे। दिल्ली में चन्द्रशेखर आज़ाद से मिलकर एक-दो दिन में मैं लाहौर लौट गई थी। फिर 8 अप्रैल, 1929 को सियालकोट से लाहौर होते हुए दिल्ली पहुँची थी। भगतसिंह को असेम्बली में जाने के पहले मिले। कुदसिया गार्डन में भगतसिंह, भगवतीचरण और चन्द्रशेखर आज़ाद मिले।

असेम्बली में बम फेंके जाने के लिए मुकदमा चला। सुखदेव के पकड़े जाने के बाद धन्वन्तरि, यशपाल, एहसान इलाही और मेरे नाम वारंट निकल आया तो हम सब एक तरह से फरार हो गए। मैंने भी मकान छोड़ दिया, नौकरी छोड़ दी। हम लोगों ने एक कोठी ले रखी थी किराए पर, जेल के सामने जेल रोड पर। उसी में रहते थे। उस वक्त चन्द्रशेखर आज़ाद हमारे साथ ही रुके थे और हम सब लोगों की एक पार्टी हो गई थी। चन्द्रशेखर आज़ाद को कहीं और रखा था। वहाँ पर यह स्कीम बनी कि हमको भगतसिंह को छुड़ाना है। उसमें वैशम्पायन भी थे,चन्द्रशेखर आज़ाद भी थे। चन्द्रशेखर आज़ाद दिन में आते थे, खाते-पीते थे और रात को कहीं और जाकर सोते थे।

मैं एक पैदाइशी क्रान्तिकारी नहीं हूँ। हमारे 99 प्रतिशत साथी ऐसे होंगे जो इमोशनल फेज से आए। एक्सेप्शंस तो होती ही हैं। जैसे मेरे पति थे, चन्द्रशेखर आज़ाद थे। मैंने आज़ाद से कहा कि अब क्रान्तिकारी काम हमको पूरा-पूरा दिया जाए। आज़ाद ने कहा, बापू भाई की सेक्रेटरी की पोजीशन थी। मैंने कहा वह सब काम तो नहीं, अब हमको पूरी तौर पर काम करना है। जैसे कि अन्य सदस्य करते हैं। दिल्ली में आज़ाद जैसा काम औरों को देते थे, वैसा ही हमको भी देते थे। अब कुछ काम ही नहीं होता था सिवाय कि इधर से उधर चीजें पहुँचाएँ, जैसे कहीं से पिस्तौल लानी है, बम लाने हैं, या कोई पैसे का इन्तजाम करना है।

जिस वक्त भगतसिंह को फाँसी की सजा हुई उस वक्त हम लोगों ने यह सोचा कि कुछ एक्शन होना चाहिए। चन्द्रशेखर आज़ाद के बहुत पीछे पड़े। यूँ आज़ाद मुझको बहुत मानते थे। उन्होंने मुझसे कहा कि तुम हमारी माँ-बहन की जगह पर हो और यह लड़का हमारी पार्टी की प्रॉपर्टी है। तंगी की हालत में भी वे एक इकन्नी निकाल के सुबह मेरे लड़के को जलेबी मँगा देते थे। जब-जब दो-चार महीने में मैं उनके साथ रही, तो उन्होंने हमको हर तरह से प्रोटेक्शन दिया और जो उनके बहुत ही रिलायबल लोग थे, उनके साथ हमको रखते थे, जैसे कि विश्वनाथ वैशम्पायन को बहुत अधिक मानते थे। उसी के साथ हमको बम्बई भेजा। हमारे बहुत कहने पर आज़ाद ने इसको 'आर्गनाइज' किया था। बम्बई से लौटे तो आज़ाद से बहुत डर लग रहा था। आज़ाद से हमने परमीशन नहीं ली थी, क्योंकि मौका ही नहीं मिला। हमें डर था कि वे बिगड़ेंगे। खैर, उनको समझाया-बुझाया।"[41]

जैसा कि पूर्व में लिखा गया है कि सन् 1929 का वर्ष एच.एस.आर.ए. और पुलिस-सी.आई.डी. दोनों की भयंकर सक्रियता का वर्ष था। इस साल 1-10 जनवरी के बीच आगरा की हींग मंडी वाले मकान पर अगले एक्शन के लिए बम बनाए जा रहे थे।

14-15 फरवरी, 1929 को श्री जतिन दास ने सफलतापूर्वक बम बना लिया, जिसका परीक्षण 6 मार्च, 1929 को झाँसी में किया गया। आगरा में 24-25 मार्च को एच.एस. आर.ए. की बैठक में तय हुआ कि रामशरण दास और बटुकेश्वर दत्त असेम्बली में बम फेंकने जाएँगे। लेकिन सुखदेव के अड़ जाने के कारण 28-29 मार्च, 1929 को रामशरण की जगह भगतसिंह का नाम जोड़ा गया। 30 मार्च, 1929 को भगत व दत्त दिल्ली आकर रोशनारा रोड पर रुके। 4 अप्रैल को दोनों ने जाकर कश्मीरी गेट पर फोटो खिंचवाई। 6 अप्रैल को उन्होंने सेंट्रल असेम्बली जाकर चीजों को देखा। 8 अप्रैल, 1929 को सेंट्रल असेम्बली में बम फेंककर वहीं गिरफ्तारी दे दी। 9-10 अप्रैल तक भगतसिंह को चाँदनी चौक तथा बटुकेश्वर दत्त को दरियागंज के लॉकअप में रखकर पूछताछ की गई। 15 अप्रैल, 1929 को लाहौर के बमखाने में श्री सुखदेव, किशोरीलाल और जयगोपाल पकड़े गए। 1, 2 और 7 मई को पुलिस ने एच.एस.आर.ए. के आगरा, झाँसी व सहारनपुर के ठिकानों पर छापा मारा। 13 मई, 1929 को श्री शिववर्मा व श्री जयदेव कपूर सहारनपुर केन्द्र से गिरफ्तार हो गए। 15 मई, 1929 को सहारनपुर से ही श्री गयाप्रसाद पकड़े गए।

असेम्बली बम अभियान के सम्बन्ध में श्री शिववर्मा ने अपने बयान में कहा, "भगतसिंह ने कहा कि असेम्बली में बम कांड से अस्वाभाविक तबाही ही पैदा हो सकती है, इसलिए यह एक्शन नहीं किया जाना चाहिए, जबकि सुखदेव ने इसके पक्ष में दृढ़ता से प्रवचन दिया। इस बहस के दौरान सुखदेव ने भगतसिंह पर बुजदिल होने और अपने जीवन पर खतरा आने से बचने का आरोप लगाया। भगतसिंह ने अपनी सलाह वापस ले ली और कार्य को दृढ़ता से पूरा किये जाने को कहा। जब भगतसिंह आगरा से दिल्ली आए तो अपने साथ चार जिन्दा बम ले आए थे। एक मुझे दिया था। एक सुखदेव अपने साथ लाहौर ले गए और दो असेम्बली में फेंका गया।"[42]

5 मार्च से 12 जून, 1929 तक असेम्बली बम केस का ट्रायल चला। 12 मार्च को भगतसिंह व बटुकेश्वर दत्त दोनों को आजीवन कारावास की सजा दी गई। उसी दिन भगतसिंह को मियाँवाली तथा दत्त को लाहौर जेल भेज दिया गया। 15 जून से दोनों ने भूख-हड़ताल शुरू कर दी। 10 जुलाई, 1929 को लाहौर षड्यंत्र केस का ट्रायल शुरू हुआ तो भगतसिंह को सेंट्रल जेल लाहौर भेजा गया। 12 जुलाई को भगतसिंह व साथियों ने पुन: भूख-हड़ताल शुरू कर दी। 9 अगस्त, 1929 को पं. जवाहरलाल नेहरू, भगतसिंह से उसी जेल में मिले। श्री जतिन दास ने भूख-हड़ताल जारी रखी और 13 सितम्बर, 1929 को शहीद हुए। 11 सितम्बर, 1929 को ही भुसावल में आज़ाद के दो साथी श्री भगवानदास माहौर और श्री सदाशिव मलकापुर पकड़े गए। 30 सितम्बर को श्री राजगुरु की गिरफ्तारी हुई। अक्टूबर में श्री भगवतीचरण ने कैलाशपति से मिलकर आज़ाद से मिलाने का आग्रह किया। 15 अक्टूबर, 1929 को अहमदगढ़ ट्रेन एक्शन हुआ। नवम्बर, 1929 में श्री भगवतीचरण और आज़ाद का मिलन हुआ। 22 दिसम्बर, 1929 को कुदसिया गार्डन की बैठक हुई। 23 दिसम्बर को श्री यशपाल ने वायसराय की ट्रेन के नीचे धमाका किया। 25 दिसम्बर को लाहौर अधिवेशन में हिन्दुस्तान सोशलिस्ट रिपब्लिकन एसोसिएशन की नोटिसें बाँटी गईं। 26 दिसम्बर को आज़ाद कुछ साथियों

के साथ नलगढ़ा फार्म हाउस गए। अधिवेशन 31 दिसम्बर तक चला। उसी दिन आज़ाद दिल्ली वापस लौट आए।

अभिसूचना की फाइलों के अवलोकन से स्पष्ट है कि जितनी सक्रियता क्रान्तिकारी दल में थी, उतनी ही सक्रिय इस दौर में पुलिस व सी.आई.डी. भी थी। भगतसिंह और बटुकेश्वर दत्त की गिरफ्तारी से यह जगजाहिर हो गया था कि क्रान्तिकारियों का दल सक्रिय है। मुखबिरों ने उस दल की तमाम गुप्त बातों को पुलिस के सामने प्रकट कर दिया। लेकिन एक चीज जो अभी भी पुलिस के सामने रहस्य बनी थी, वह इस दल का सेनापति था, जिसे पकड़े बिना इन क्रान्तिकारियों को रोकना असम्भव था। इस प्रकार सी.आई.डी. की फाइलों में 1929 में 01.05.1929 से 19.12.1929 तक करीब दो दर्जन सूचनाएँ आज़ाद के सम्बन्ध में संकलित हैं। इसमें मुखबिरों के बयान, सूत्रों के हवाले, अधिकारियों की डायरियाँ तथा आधिकारिक पत्र व रिपोर्ट सब शामिल हैं। ये सारी सूचनाएँ—आज़ाद कौन हैं, उनकी दल में क्या भूमिका है? वे किससे मिलते-जुलते हैं? कहाँ आते-जाते हैं? कहाँ देखे गए? किसके साथ रहे? आदि से सम्बन्धित हैं। इन सूचनाओं के विश्लेषण से स्पष्ट है कि फणीन्द्रनाथ घोष के कारण पुलिस को झाँसी, सहारनपुर, कानपुर के सेंटरों का पता चल गया। लेकिन आज़ाद की वास्तविक पहचान, माता-पिता तथा सटीक हुलिया या फोटो अभी भी पुलिस-सी.आई.डी. के हाथ नहीं लगे थे।

अभिसूचना की फाइलों में 1929 के कागजों पर दृष्टि डालें—

"1 मई, 1929 को नियत योजना के अनुसार शिववर्मा सहारनपुर से झाँसी गया। किले की म्युनिसिपल लाइब्रेरी के बगल में खुले मैदान में आज़ाद से मिला। जिसने उसे कुछ लिफाफे दिये जिसे तमाम अखबारों के पतों पर भेजना था। ये लिफाफे सहारनपुर वाले घर से मिले थे। शिववर्मा उसी रोज रात की ट्रेन से झाँसी से चला गया। वह 2 मई, 1929 को आगरा आया।"[43] 25.05.1929 की 'एस.' की डायरी के अंश हैं, जिसमें उल्लेख है, "दल का सदस्य जिसे पंडित जी कहते हैं, शायद आज़ाद थे। कहा जाता है कि आज़ाद पटना स्थित सदाकत आश्रम जाया करते थे।"[44] फिर 15 जून, 1929 की एक रिपोर्ट कहती है कि "आज़ाद कमलापति तिवारी के घर आया करते थे।"[45] 15 जून की सूचना है, "वह 02.05.1929 को झाँसी में थे, ऐसी सूचना मिली है।"[46] एक अन्य पत्र में उल्लेख है कि "कुन्दनलाल और आज़ाद दोनों निस्सन्देह मनमाड़ बम षड्यंत्र से जुड़े थे।"[47] एक पत्र के अनुसार, "आज़ाद पुरानी अनुशीलन दल के एक सदस्य के साथ दिसम्बर, 1928 में मिर्जापुर आए थे।"[48] किसी मुखबिर के बयान के अंश में पहली बार पुलिस को इल्म हुआ कि आज़ाद ही दल को नेतृत्व दे रहे हैं। इस बयान के अनुसार, "सूचना मिली है कि आज़ाद यू.पी. के दल के नेता हैं और खुद को दल के अचिन्हित सदस्यों के साथ इलाहाबाद या कानपुर में छुपा रखा है।"[49]

बनारस से यह सूचना मिली कि "काशीनाथ पाठशाला, बनारस के शंकरानन्द ब्रह्मचारी के बारे में बताया गया कि वे आज़ाद के सम्पर्क में हैं।"[50] इसी तरह 'एस.' की डायरी में दर्ज है, "जिस दिन रामदुलारे (झाँसी) के घर की तलाशी हुई उस दिन आज़ाद मुनेश्वर प्रसाद अवस्थी के साथ झाँसी में थे। आज़ाद पहाड़ी पर बने एक मन्दिर

में सिपरी बाजार के निकट थे। रामदुलारे के घर से मिली मुसलमानी टोपी आज़ाद की है, जो पिछली रात यहीं थे।"[51] ठाकुर विशेश्वर सिंह की 7.7.1929 की डायरी, "आज़ाद इधर-उधर भेष बदलकर खूब जाते हैं। कभी मुस्लिम बनकर, कभी सलवार और पगड़ी पहने पंजाबी बनकर, तो किसी समय हैटधारी जेंटिलमैन बनकर या झाड़ जैसी दाढ़ी लगाए साधु के वेष में, जो उनके पास रहती है। आज़ाद झाँसी बहुत आते हैं। वे ग्वालियर कॉलेज के छात्र भगवानदास से काफी सम्पर्क में हैं। ग्वालियर कॉलेज में भी पार्टी के सदस्य हैं और आज़ाद उनसे मिलते हैं। वहाँ के अधिकांश कांग्रेसी नेता आज़ाद से परिचित हैं।"[52]

"फिर बी.एस. की रिपोर्ट है, जिसमें बुंदेलखंड मोटर के रामानन्द का पूरा बयान है।"[53] स्मरणीय है कि रामानन्द के बारे में सर्वप्रथम सी.आई.डी. को फणीन्द्रनाथ घोष ने बताया था। एस.पी. झाँसी ने भी अपने पत्र में इसकी तसदीक किया है कि "चन्द्रशेखर कुछ महीने झाँसी में हरिशंकर के नाम से रहे, और एक स्थानीय मोटर कम्पनी में बतौर ड्राइवर काम किया। इनके पास झाँसी का लाइसेंस नं. 67, 1928 था।"[54] एक रिपोर्ट कहती है, "पता चला है कि आज़ाद का जुड़ाव हरिद्वार के ब्रह्मानन्द भारती के शिष्य गौरीशंकर उर्फ छेदा से है, जहाँ वह अकसर जाते हैं।"[55] झाँसी की अभिसूचना इकाई ने सूचना दी, "जब आज़ाद झाँसी में थे तो वे साथी चालक रामानन्द के साथ रहते थे, उनके यहाँ अकसर स्थानीय और बाहरी बाबू और पंडित आया करते थे।"[56] सी.आई.डी. पंजाब ने सूचना दी कि "ऐसा माना गया कि आज़ाद क्रान्तिकारी दल के भगवतीचरण और एक या दो अन्य के साथ टेहरी रियासत में शरण लिये हैं।"[57] एस.बी, यू.पी. की सूचना है कि "सूत्र से पता चला है कि आज़ाद प्रेम महाविद्यालय के प्रधानाचार्य, जुगल किशोर के साथ, अगस्त में रुके थे।"[58]

एच.डी. की रिपोर्ट कहती है, "यह पाया गया कि आज़ाद घिरगाँव खुदाबख्श के सम्पर्क में रहे हैं। अगस्त के मध्य में किसी समय किसी आदमी से पैसा माँगने आज़ाद उरई गए थे। उस समय उन्हें पैसे की भारी जरूरत थी।"[59] सी.आई.डी. पंजाब ने इसी बीच सूचित किया कि "आज़ाद को पंजाब-यू.पी. षड्यंत्र केस के ट्रायल के लिए अभियुक्त सूची में शामिल करते हुए, फरार दर्शाया गया।"[60] एस.पी. झाँसी ने सूचना दी, "ऐसा विश्वास है कि भुसावल में गिरफ्तार सदाशिव का भाई शंकरराव आज़ाद के व्यक्तिगत सम्पर्क में है और उनके कहने पर लाहौर गया था।"[61] सरीन की डायरी में दर्ज है कि "28.09.29 को शंकरराव ने कहा कि वह आज़ाद के लिए धन चाहता है।"[62] सरीन की डायरी में यह भी लिखा है, "भानप्रताप ने कहा कि दशहरा की छुट्टियों में आज़ाद लश्कर, ग्वालियर में एक गुप्त बैठक में शामिल होंगे। सदाशिव के पकड़े जाने के पूर्व भगवानदास, भानप्रताप, राधेश्याम, आज़ाद और एक या दो अन्य ग्वालियर में थे। लेकिन गिरफ्तारी के बाद बिखर गए। सदाशिव को ज्ञात सारे स्थान उन्होंने छोड़ दिये और दल के गोला, बारूद व हथियार छुपा दिये गए। आज़ाद स्वयं शायद कानपुर की तरफ चले गए।"[63] इसी डायरी में अगली तिथि पर अंकित है, "लश्कर की गुप्त बैठक 07.10.29 को हुई। आज़ाद ने सदाशिव के विश्वासघात पर शिकायत की और भानप्रताप को पैसों की व्यवस्था करने को कहा। वह बाद में केमिकल खरीदने के लिए बम्बई निकल गए।

उनके कानपुर में रुकने की कोई खबर नहीं आ रही थी।"[64] उल्लेखनीय है आज़ाद द्वारा भानप्रताप को लिखे एक पत्र की नकल ठाकुर विशेश्वर सिंह ने सागर सिंह के मार्फत प्राप्त की थी, जिसका हिन्दी अनुवाद आज़ाद के पत्र (परिशिष्ट) में देखा जा सकता है।

इसके बाद ठाकुर विशेश्वर सिंह की डायरी में लिखा मिलता है कि "रामानन्द ने मुझे बताया कि आर.एन. सिंह 22.11.29 को उससे आकर घर पर मिले और बताया कि आज़ाद रामानन्द से मिलने को व्यग्र थे। सही मायने में जो महत्त्वपूर्ण है वह है भानप्रताप की रात-दिन निगरानी रखना। क्योंकि आज़ाद कोई भी अपॉइंटमेंट हमेशा के लिए नहीं रखते। भानप्रताप से आज़ाद ने 20 नवम्बर को राजपूत बोर्डिंग हाउस, ग्वालियर में पौ फटने के पहले मुलाकात की। उससे कहा कि सागर सिंह से अपने मतभेदों को दूर कर ले।"[65] इसी तरह एक रिपोर्ट के मुताबिक, "मुझे पता चला है कि आज़ाद को कुछ माह पहले नरसिंह मिश्र के गीताप्रेस पर गोरखपुर में देखा गया था।"[66] मिस्टर जे.एन.बी. ने रिपोर्ट दर्ज की, "असहयोग आन्दोलन के पहले आज़ाद तीन महीना भाट की गली, बनारस में लक्ष्मीनारायण शर्मा के साथ रहे थे। इस समय लक्ष्मीनारायण कहाँ हैं इसका पता लगाया जा सकता है, क्योंकि आज़ाद उसके परम मित्र हैं।"[67] इसी तरह जे.बी. एल. की डायरी में दर्ज है कि "आज़ाद उत्तरी शेरामऊ, शाहजहाँपुर इन्दर भीखम सिंह के यहाँ शायद आएँगे।"[68]

अब हम हिन्दुस्तान सोशलिस्ट रिपब्लिकन एसोसिएशन और चन्द्रशेखर आज़ाद की सक्रियता के अन्तिम वर्ष यानी 1930 की ओर बढ़ते हैं। श्री भगवानदास और श्री सदाशिव की गिरफ्तारी से आज़ाद चिन्तित हुए। सर्वश्री भगतसिंह, बटुकेश्वर दत्त, शिववर्मा, सुखदेव, राजगुरु, गयाप्रसाद जैसे सारे लोगों के पकड़े जाने के बाद इन लोगों के सहारे आज़ाद दल को सक्रिय रखने का प्रयास कर रहे थे। सन् 1930 राजनीतिक रूप से भी अत्यन्त सरगर्मियों भरा था। कांग्रेस के इतिहास में श्री पट्टाभि सीतारमैया लिखते हैं—

"2 जनवरी को नई कार्य-समिति की बैठक हुई। 26 जनवरी, 1930 को पूरे देश में पूर्ण स्वराज्य दिवस मनाया गया। 25 जनवरी को लॉर्ड इरविन ने पार्लियामेंट में जो भाषण दिया था, उसके जवाब में गांधी जी ने 'यंग इंडिया' में 11 शर्तें लिखी। उनमें 9वीं शर्त थी—हत्या या हत्या के प्रयत्न में साधारण ट्रिब्यूनलों द्वारा सजा पाए हुओं के सिवा, समस्त राजनीतिक कैदी छोड़ दिये जाएँ। सारे राजनीतिक मुकदमे वापस ले लिये जाएँ, 124अ धारा और 1818 का तीसरा रेगुलेशन उठा लिया जाए और सारे निर्वासित भारतीयों को देश में वापस आने दिया जाए। 10वीं शर्त—खुफिया पुलिस उठा ली जाए, अथवा उस पर जनता का नियंत्रण रहे। 11वीं शर्त-आत्मरक्षार्थ हथियार रखने के परवाने दिये जाएँ और उन पर जनता का नियंत्रण रहे। स्वाधीनता दिवस देशभर में बड़ी धूम-धाम से मनाया गया।

14-16 फरवरी को कार्य-समिति की बैठक साबरमती में हुई। कुछ समय बाद अहमदाबाद में महासमिति की बैठक हुई। नमक पर सत्याग्रह का निर्णय हुआ। साबरमती की बैठक के बाद थोड़े दिनों में वातावरण में नमक ही नमक व्याप्त हो गया। 2 मार्च, 1930 को गांधी जी ने लॉर्ड इरविन को लिखी चिट्ठी में अन्तिम चेतावनी भेजी। इसमें एक जगह वे लिखते हैं, "यह सभी को मालूम है कि भले ही हिंसक दल कितना ही

असंगठित या सम्प्रति महत्त्वहीन हो, फिर भी उसका जोर बढ़ता जा रहा है। उसका और मेरा ध्येय एक ही है। परन्तु मेरा दृढ़ विश्वास है कि वह मूक जनता का कष्ट निवारण नहीं कर सकता। मेरा यह विश्वास भी दिन-दिन दृढ़तर होता जा रहा है कि ब्रिटिश सरकार की संगठित हिंसा को शुद्ध अहिंसा ही रोक सकती है। मेरी इच्छा इस शक्ति द्वारा सरकार की संगठित हिंसा और हिंसक दल की बढ़ती हुई असंगठित हिंसा दोनों का मुकाबला करने का है। हाथ पर हाथ धरे बैठे रहने से ये दोनों शक्तियाँ स्वच्छन्द होकर विचरेंगी। मेरा अहिंसा की सफलता में निःशंक और अटल विश्वास है। ऐसी दशा में और प्रतीक्षा करना मेरे लिए पाप होगा।" लेकिन ब्रिटिश सरकार की तरफ से सकारात्मक जवाब न मिलने पर गांधी जी ने लिखा—

"अब तो जेलखाने की शान्ति ही एकमात्र शान्ति है। सारा भारत ही एक विशाल कारागृह है। मैं अंग्रेजी कानून को मानने से इनकार करता हूँ और इस जबर्दस्ती की शान्ति की एकता को मानने से इनकार करता हूँ। और इस जबर्दस्ती की शान्ति की एकता को भंग करना अपना पवित्र कर्तव्य समझता हूँ। इस शान्ति से राष्ट्र का गला रुँधा हुआ था। अब उसके हृदय की चीत्कार प्रकट होना चाहिए।" 12 मार्च, 1930 को गांधी जी 79 साथियों को लेकर दांडी के लिए कूच पर निकल पड़े। कूच के बीच में ही 21 मार्च, 1930 को अहमदाबाद में महासमिति की बैठक हुई। इसी समय के आसपास पं. मोतीलाल नेहरू ने आनन्द भवन का शाही दान किया। उस वर्ष कांग्रेस के अध्यक्ष पं. जवाहरलाल नेहरू थे। गांधी जी की गिरफ्तारी होने ही वाली थी। श्री अब्बास तैयब जी उनके उत्तराधिकारी मुकर्रर हुए। 14 फरवरी, 1930 को कार्य-समिति ने नमक सत्याग्रह के विषय में जो प्रस्ताव पास किया था, 21 मार्च को महासमिति ने अहमदाबाद की बैठक में उसका समर्थन किया। गांधी जी को कूच में 24 दिन लगे। उन्होंने 5 अप्रैल की सुबह समुद्र तट पर नमक बीनकर नमक कानून तोड़ा।

23 अप्रैल, 1930 को बंगाल आर्डिनेंस फिर जारी कर दिया गया। 27 अप्रैल को वायसराय साहब ने भी कुछ संशोधन करके 1910 के प्रेस एक्ट को आर्डिनेंस रूप में फिर से जीवित कर दिया। फिर गांधी जी ने धरसाना हमले के पहले वायसराय को दूसरा पत्र लिखा, जिसमें एक स्थान पर जिक्र है, "और अब देश की छाती पर एक नया आर्डिनेंस और लाद दिया गया है इसकी कोई मिसाल नहीं मिलती। भगतसिंह वगैरह के मुकदमे में कानून के द्वारा देर होती, उससे बचने के लिए साधारण जाब्ते को ताक में रखने का आपको अच्छा अवसर मिल गया। इन कृत्यों को फौजी शासन कहा जाए तो आश्चर्य क्यों होना चाहिए?" 5 मई, 1930 की रात को 1 बजकर 10 मिनट पर गांधी जी को चुपके से गिरफ्तार करके मोटर लॉरी में बिठा दिया गया। यरवदा जेल भेजा गया। गिरफ्तारी से देश के इस छोर से उस छोर तक सहानुभूति की लहर अपने-आप फैल गई। इसका असर विश्वव्यापी हुआ। गिरफ्तारी के बाद कांग्रेस कार्य-समिति की बैठक प्रयाग में हुई। उसने कानून-भंग का क्षेत्र और भी विकसित कर दिया।

14 अप्रैल को जवाहरलाल जी को पकड़कर सजा दे दी गई। नमक कानून के साथ-साथ ताजीरात हिन्द की धाराएँ मिलाकर लम्बी-लम्बी सजाएँ दी जाती थीं। गांधी जी की गिरफ्तारी व पुकार पर हजारों महिलाएँ मैदान में निकल आईं। उन्होंने आते ही

शराब और विदेशी कपड़े की दुकानों पर धरना देने का काम अपने हाथों में ले लिया। 27 जून को प्रयाग में कार्य-समिति की बैठक हुई। विलायती कपड़े का बहिष्कार दिन-दिन जोरदार और कारगर होता जा रहा था। खद्दर से किसी भाँति कपड़े की माँग पूरी होती दिखती न थी। पं. मोतीलाल को 30 जून, 1930 के दिन गिरफ्तार करके 6 महीने की सजा दे दी गई। जुलाई, 1930 से सर सप्रू तथा जयकर की मध्यस्थता में वार्ता चल रही थी। मध्य प्रान्त में जंगल सत्याग्रह शुरू किया गया। उसमें सफलता मिली। सीमा प्रान्त में गढ़वाली सिपाहियों ने, एक सभा में बैठे लोगों पर गोली चलाने से मना कर दिया। 12 नवम्बर, 1930 को गोलमेज परिषद शुरू हुई। इसमें कांग्रेस शामिल नहीं हुई।"[69]

कैलाशपति 28 अक्टूबर, 1930 को पकड़ा गया था। पकड़े जाते ही वह दिल्ली षड्यंत्र केस में अप्रूवर बन गया। नवम्बर-दिसम्बर, 1930 में उसने तेरह से भी ज्यादा किस्तों में अपना बयान दिया, जो भविष्य जैसे साप्ताहिक पत्रों में भी छपता रहा। उसने अपने बयानों में इस अन्तिम एक साल का तिथिवार विवरण दिया, इसे संक्षेप में देखना उचित रहेगा। कैलाशपति ने बताया—

"न्यू हॉस्टल में आज़ाद की निगम से मुलाकात हुई। वे कई बार उनके घर गए, भोजन भी किया। दो या तीन जनवरी, 1930 को मैं, यशपाल और आज़ाद कुदसिया बाग में मिले। दो-तीन दिन बाद भगवतीचरण आए। हम सब ने तय किया कि दिल्ली केन्द्र को कुछ समय आगे बढ़ाना है। भगवतीचरण, आज़ाद और मैं 6-7 जनवरी, 1930 को कुदसिया बाग में मिले। उसी समय यह फैसला लिया गया कि आज़ाद 'फिलासफी ऑफ बम' को छपवाने की व्यवस्था करेंगे, जिसे भगवतीचरण ने लिखा था। इसे स्वतंत्रता दिवस पर बाँटा जाना था। 7 या 8 जनवरी को आज़ाद कानपुर चले गए। 22 या 23 जनवरी, 1930 को मुझे एक टेलीग्राफ मिला, निगम के पते पर जिसमें 'सेंड सिंह इमीडिएटली' लिखा था। सिंह का मतलब था भवानी सिंह, मैं कानपुर पहुँचा। मैं रामसिंह के घर गया। आज़ाद मुझे क्लर्क क्वार्टर ले गए। वहीं वी.बी. तिवारी को बुलवाया गया। हामिद पर्चे ले आया। मैंने इन्हें अपनी बेडिंग में बाँध लिया और दिल्ली वापस आ गया। अगले दिन मैंने उन्हें भवानी सहाय को देकर बता दिया कि ये कैसे बाँटे जाने हैं। 24 जनवरी को तय किया गया कि 25 जनवरी को इन्हें बाँटा जाएगा।

जब हम लोग 1 जनवरी को नलगढ़ा से लौटे तो मैंने रामचन्द्र शर्मा को राइफल खरीदने के लिए 150 रुपये दिये। जब 0.30 बोर की राइफल कश्मीरी गेट पर स्थित 'इलाहीबख्श एंड कम्पनी' से खरीदी गई उस वक्त आज़ाद, वी.पी. जैन, रामचन्द्र शर्मा, डॉ. अमर सिंह और एक ईसाई हेड क्लर्क वहाँ मौजूद थे। इसी क्लर्क के माध्यम से यह राइफल खरीदी गई। इस समय निम्न कारतूस भी रामचन्द्र ने खरीदे थे—0.30 बोर की सैवेज राइफल के 200, 0.32 बोर ऑटोमैटिक पिस्तौल के 300, 0.12 बोर के 400 कारतूस। इन कारतूसों का इस्तेमाल मार्च और मई, 1930 में नलगढ़ा पर आज़ाद, भवानी सिंह, भवानी सहाय, वी.पी. जैन और मैंने किया था। इसमें से कुछ कारतूसों का इस्तेमाल आज़ाद, विश्वम्भर दयाल, भवानी सिंह और हजारी लाल ने जून, 1930 में उस समय भी किया था, जब वे गढ़वाल में ठहरे थे। वे वहाँ भवानी सिंह के पिता की 0.12 बोर की राइफल से जंगल में शिकार करते थे। आज़ाद की 0.32 बोर की पिस्तौल भी

साथ रहती थी। कुछ 0.32 बोर की पिस्तौल के कारतूसों का इस्तेमाल सितम्बर, 1930 में आज़ाद, विश्वम्भर दयाल, मदन गोपाल और मैंने अजमेर में किया था। फरवरी-जून, 1930 के मध्य वी.पी. जैन 0.32 बोर के 25 या 30 कारतूस ले आए।

आज़ाद मार्च और मई, 1930 में दो बार नलगढ़ा आए थे। जब आज़ाद नलगढ़ा डेरी फॉर्म पर आए थे तो उन्होंने खुद को 'रामनारायण गुप्त' या संक्षेप में 'गुप्त' नाम दिया था। मार्च-अप्रैल, 1930 में भगवतीचरण और आज़ाद दिल्ली में ठहरे रहे। यशपाल, भगतसिंह और दत्त को बाहर निकालने की योजना में व्यस्त रहे। भगवतीचरण और आज़ाद लाहौर भी गए। जब मार्च, 1930 में आज़ाद कानपुर से दिल्ली आए थे तो उन्होंने मुझे बताया कि सदगुरु दयाल अवस्थी कलकत्ता गए थे, वहाँ हावड़ा से किसी एम.एस-सी. को कानपुर लाए हैं। आज़ाद और तिवारी दोनों उससे मिले और कहा कि वे बंगाल एसोसिएशन के साथ सहयोग करने को तैयार हैं, लेकिन यह तब तक सम्भव नहीं है, जब तक कि लाहौर केस के बन्दियों को छुड़ा नहीं लिया जाता। भगतसिंह को निकाल लाने से क्रान्तिकारी आन्दोलन में भारी उत्साह पैदा होने की सम्भावना है।

जब अप्रैल, 1930 में आज़ाद दिल्ली में थे तो उन्होंने मुझे बताया कि उन्होंने अपनी 0.32 बोर वाली वेब्ले पिस्तौल जलगाँव में सदाशिव के भाई शंकरराव के हाथों डबल रोटी में भगवानदास को भेज दी थी। भगवानदास ने शंकर के द्वारा आज़ाद को एक हथियार भेजने का सन्देश भेजा था, जिससे वह जयगोपाल को गोली मारता। अप्रैल, 1930 में भगवतीचरण, आज़ाद और मेरे बीच यूनिवर्सिटी के दीक्षान्त के समय वायसराय को मारने की सम्भावना पर बात की गई। 15 या 25 मई, 1930 को आज़ाद के साथ रमेश नाम का लड़का आया था। उस समय आज़ाद और भगवतीचरण कपड़ा मार्केट में खयालीराम गुप्त के घर पर ठहरे थे। लाहौर जाने से पूर्व आज़ाद ने मुझसे कहा था कि मुसद्दीलाल मुझे 2500 रुपये देंगे, जिसे मुझे लाहौर पहुँचाना था, लेकिन वह पैसा आया नहीं।

फरवरी, 1930 के तीसरे सप्ताह में मैं, वीरभद्र तिवारी, आज़ाद और सदगुरु दयाल अवस्थी, गयाप्रसाद लाइब्रेरी की बगल के एक मकान में मिले, जहाँ हमने लाहौर कन्स्पिरेसी केस के अभियुक्तों को छुड़ाने की योजना पर बात की। पहली योजना गैस के प्रयोग से छुड़ाने की थी, जिसका प्रबन्ध यशपाल कर रहे थे। लेकिन फरवरी के आखिर तक स्पष्ट हो गया कि गैस नहीं बन सकती। तब मेरे, भगवतीचरण और आज़ाद के द्वारा कानपुर में फैसला किया गया कि ताबड़तोड़ हमला बोलकर छुड़ाया जाए और जिन लोगों ने अभियोजन को सहायता देनेवाले बयान दिये हैं, उन्हें गोली से उड़ा दिया जाए। इस योजना को भगवतीचरण ने कानपुर में एक कागज पर लिखा था। फरवरी, 1930 की इस बैठक में ही यह निर्णय लिया गया था कि बंगाल और महाराष्ट्र के प्रतिनिधियों को भी हिन्दुस्तान सोशलिस्ट रिपब्लिकन एसोसिएशन की सेंट्रल कमेटी में स्थान दिया जाए। सदगुरु दयाल कलकत्ता जाकर बंगाल संगठन के मामले का प्रबन्ध करेंगे, जबकि वैशम्पायन को महाराष्ट्र के मामलों का प्रबन्धन करना था। इस अवसर पर तिवारी ने बताया कि उसका परिचय प्रतुल गांगुली द्वारा भेजे 'यंग सोशलिस्ट रिपब्लिक' के एक नेता से है। इस पर आज़ाद ने कहा कि यह स्पष्ट कर दिया जाना चाहिए कि हावड़ा ग्रुप

को एच.एस.आर.ए. और बंगाल के विभिन्न संगठनों के बीच कड़ी का काम करना है।

मार्च, 1930 में मुझे लाहौर षड्यंत्र केस के बन्दियों को छुड़ाने में प्रयोग करने के लिए भगवतीचरण के लिए रिवॉल्वर व नोटिस लेने के लिए कानपुर जाना पड़ा। ये वी.बी. तिवारी के पास थे। उसने मिलने पर बताया कि पुलिस के कारण इन्हें कानपुर के पास किसी गाँव में रखवाया गया है। इसी समय मैंने और तिवारी ने चिटगाँव कांड के बारे में चर्चा की। तिवारी ने बताया कि हावड़ा का एम.एस-सी. कानपुर आया था, उसके साथ चिटगाँव का कोई मफरूर भी था। उन्होंने कहा कि आज़ाद को तुरन्त कानपुर बुलाओ। मैं दिल्ली लौटा और तिवारी को मैसेज दिया तो आज़ाद, भवानी सहाय के साथ तुरन्त कानपुर के लिए निकल गए। अगले दिन भवानी सहाय नोटिस लेकर लौट आए, जिन्हें मैंने भगवतीचरण को सौंप दिया। जब आज़ाद कानपुर से लौटे तो बताया कि चिटगाँव ग्रुप आगे भी तोड़-फोड़ करना चाहता है। आज़ाद ने मुझे बताया कि चिटगाँव के मफरूर ने दिल्ली में उनसे खयालीराम गुप्त के माध्यम से मिलने की कोशिश की थी। लेकिन उन्होंने कहा कि वह पहले यू.पी. में उस आदमी से मिले जिसका पता उनके पास था (यानी, वी.बी. तिवारी से)। मई में लाहौर के लिए निकलते समय आज़ाद ने मुझे बताया था कि काशीपुर कांड चिटगाँव ग्रुप ने किया है।

मई, 1930 में भगवतीचरण लाहौर यह देखने गए कि यशपाल ने एक्शन की क्या व्यवस्था की है। एक सप्ताह बाद आज़ाद, मदनगोपाल, मास्टर छैलबिहारी के साथ पहुँचे। छैलबिहारी लाल और मदनगोपाल बहावलपुर रोडवाले घर में क्रमश: सूरज और केवल नाम के नौकर के रूप में काम कर रहे थे। 2 जून के धमाके के बाद यशपाल ने मदनगोपाल को कुल्लू और छैलबिहारी को शिमला भेज दिया। बहावलपुर रोडवाले घर से मिले कागजों की फोटो मैंने देखी। 6 में से 4 यशपाल की हस्तलिपि में है। एक कागज शायद भगवतीचरण का लिखा है। हिन्दी की पांडुलिपि की एक छोटी फोटो, जिसमें दाएँ हाशिए के बीच में पिन बनी है, आज़ाद के हस्तलिपि में एक हिन्दी गीत है। भगवती के कहने पर वैशम्पायन ने मेरी मुलाकात आसफ से कराई थी जिसका असली नाम सम्पूर्ण सिंह टंडन है। उसने ही मुझे रावी रोड पर बम फटने से भगवतीचरण के मरने और सुखदेवराज के पैरों में चोट लगने की बात बताई। 27.05.1930 को भगवतीचरण की मृत्यु के बाद और 2.06.1930 को बहावलपुर रोड विस्फोट के पहले कुदसिया बाग में खयालीराम गुप्त और आसफ मुझसे मिले तभी उसने पूरी घटना मुझे बताई। आसफ ने बताया कि वह भी उस मकान में था। उसने बताया कि भगवतीचरण की पत्नी हालाँकि काफी दुखी थी पर आँसू नहीं गिराया। पंडित जी (आज़ाद) ने उन सभी से धैर्य रखने को कहा, खासकर सिराज (सुखदेवराज) को, जो यह कहकर रो रहा था कि अब किसके साथ वह काम करेगा।

आसफ ने बताया कि पहले प्रयास में पंडित जी वास्तव में कार से जेल पहुँच गए थे, मगर एक तकनीकी खराबी के चलते सफलता नहीं मिली। अगला प्रयास दो कारों और दोगुना सदस्यों के साथ किया जाएगा। इसके लिए कार खरीदने के वास्ते पैसे की व्यवस्था दिल्ली से करनी होगी। लेकिन तीसरे दिन आसफ मिला तो बताया कि मात्र 200 रु.मिल पाए हैं। 2 जून, 1930 को बहावलपुरवाले मकान में विस्फोट के बाद

आज़ाद दिल्ली आए और बताया कि लाहौर में क्या हुआ। आज़ाद मेरे साथ कुछ दिन सीताराम बाजारवाले मकान में रहे, फिर कानपुर चले गए। वे जून के मध्य में काशीराम के साथ वापस लौटे। जून, 1930 में जब वे दिल्ली में थे तो उन्होंने बताया कि आज़ाद के नेतृत्व में बचाव दल जेल व कैदियों तक पहुँच गया था। वैन खड़ी थी, बचाव दल भगतसिंह के पहले कदम उठाने की प्रतीक्षा कर रहा था और भगतसिंह आशा कर रहे थे कि बचाव दल वाले टूटे पड़ेंगे, इसी बीच वैन चली गई।

जून, 1930 में आज़ाद ने मुझे बताया कि मिस्टर पील को वायसराय ट्रेन के मामले की विवेचना दी गई है। उसे मारना जरूरी है। मैं पील का पता नहीं खोज पाया। सितम्बर में आज़ाद जब दिल्ली आए तो मुझे बताया कि पील सब्जीमंडी के पास दिलकुशा में रहता है। जाकर स्थान देख आओ। मैंने वी.पी. जैन और नन्दकिशोर निगम के साथ वह जगह जाकर देखा तो बाहर गोरखा गार्द लगी थी। उस समय के लिए तो इस विचार को स्थगित रखा गया, लेकिन जब भगतसिंह को फाँसी हो गई तो मैंने तय कर लिया था कि जिस दिन भगत को फाँसी पर लटकाया जाएगा, काउंटर-डेमांस्ट्रेशन में मैं पील को मारने की कोशिश करूँगा, परिणाम चाहे जो हो। आज़ाद ने मुझे पील का पता वी.बी. तिवारी के द्वारा उपलब्ध किया जाना बताया था। काशीराम ने सितम्बर में मुझे बताया कि वी.बी. तिवारी के अनुसार पील देखने में एंग्लो-इंडियन लगता है।

लाहौर षड्यंत्र के बन्दियों के बचाव के लिए पैसों की कमी थी। अप्रैल, 1930 में कुदसिया बाग में भगवतीचरण ने रेलवे क्लियरिंग ऑफिस में मनी एक्शन करने की योजना बनाई थी। वहाँ की सूचना भी ले आए थे। इससे 90000 रुपये मिलने की आशा थी। मगर कार न होने के कारण यह योजना पूरी न हो सकी। इसी बीच दुर्गा देवी अपने बेटे हरी के नाम बैंक में जमा धन और गहना बेचकर तीन हजार ले आईं। जून, 1930 के शुरू में आज़ाद लाहौर से लौटे और मेरे साथ सीताराम मार्केटवाले मकान में तीन-चार दिन रुके थे। 9 जून, 1930 को नन्दकिशोर निगम के घर में एक बैठक हुई जिसमें आज़ाद, वैशम्पायन, काशीराम, वी.पी. जैन और निगम थे, वहाँ यह फैसला किया गया कि दिल्ली में फर्जी साबुन फैक्टरी के नाम से बम बनाने का कारखाना डालेंगे। वी.पी. जैन इसके मैनेजर होंगे। आज़ाद ने बम बनाने के लिए कानपुर में भी फैक्टरी डालने की बात कही। पैसे के लिए काशीराम मुजफ्फरनगर मुसद्दी के पास गए। कोई पैसा नहीं मिला। फिर आज़ाद काशीराम के साथ कानपुर गए। वहाँ भी इन्तजाम न हो सका।

हमने क्लियरिंग अकाउंट ऑफिस लूटने की योजना बनाई। दुर्भाग्य से जिस दिन क्लियरिंग अकाउंट ऑफिस का भुगतान दिवस था, उसी दिन यानी 1 जुलाई, 1930 को मोतीलाल नेहरू की गिरफ्तारी के चलते हड़ताल हो गई। पुलिस की चौकसी बढ़ गई। 27 जून, 1930 को आज़ाद लेखराम से कार ले आए और भवानी सिंह के पास खड़ी करवा दिया। पहले आज़ाद के बुलाने पर कानपुर से वैशम्पायन आ गए। काशीराम 27 या 28 को विद्याभूषण को ले आए। हमलावर दस्ते में आज़ाद, विद्याभूषण, वैशम्पायन और लेखराम को जाना था। आज़ाद ने 1 जुलाई को वैशम्पायन को पुलिस लाइन व कोतवाली भेजकर पुलिस की तैयारी का पता कराया। अन्तत: यह योजना छोड़ दी गई। हमें इम्पीरियल बैंक से पैसे के आवागमन का अध्ययन करने को कहा गया,

ताकि इसे अगले महीने में लूटा जा सके। आज़ाद ने मुझसे लेखराम की कार के लिए झूठा नम्बर प्लेट बनवाने को कहा। भवानी सहाय ने डी-4449 पेंट कर दिया। इसे मैंने 30 जून, 1930 को न्यू हॉस्टल में आज़ाद को दे दिया। जब क्लियरिंग हाउस का एक्शन न हो पाया तो मुझे कोई और लक्ष्य ढूँढ़ने को कहा गया था। भवानी सिंह और विश्वम्भर दयाल से राय करके मैंने गाडोदिया स्टोर्स को चुना।

5 जुलाई, 1930 को आज़ाद और विश्वम्भर दयाल ने उस स्थान को जाकर देखा। 6 की शाम को आज़ाद, मैं, धन्वन्तरि, लेखराम, काशीराम और विद्याभूषण न्यू हॉस्टल में शाम को 7 बजे मिले। आज़ाद ने खाकी हॉफ पैंट और कोट पहना था। मोजा और अंग्रेजी जूता डाला था। सिर खाली था। उनके पास 0.32 बोर की लूटी हुई वेब्ले पिस्तौल थी। कुल 13250 रुपये लूटा गया था। माल भवानी सिंह के कमरे पर लाया गया। जब मैं सीतारामवाले घर पहुँचा तो आज़ाद को वहीं पाया। आज़ाद ने मुझे 4000 रुपये का बंडल दिया, जिसमें 100, 10 और 5 के नोट थे। आज़ाद ने बताया कि बम की खोल बनाने के लिए फैक्टरी खोलने के लिए वी.बी. तिवारी को 6000 देना है, जिससे हथियार खरीदे जा सकें। यह फैक्टरी कानपुर में लगनी थी। आज़ाद ने यह भी बताया कि पंजाब पार्टी को मजबूत बनाने के लिए धन्वन्तरि को वे 3000 देंगे। 6250 उस समय न्यू हॉस्टल में करेंसी नोट में बदलने के लिए रखा गया था। फिर आज़ाद नई दिल्ली चले गए। हमने वी.पी. जैन से चाँदी के सिक्कों को नोट से बदलने के लिए कहा। वे शहर गए और लौटकर बताया कि उन्होंने असली घी स्टोर के ज्योतिप्रसाद से व्यवस्था कर दी है। वे शाम 5 बजे दुकान में पैसे का इन्तजार करेंगे। वहाँ रुपये बदले गए।

इन पैसों में 2500 से साबुन की दुकान खोली जानी थी, जिसमें विस्फोटक बनता। एक साइक्लोस्टाइल मशीन खरीदी जानी थी। 6000 रुपये कानपुर में लेथिंग फैक्टरी डालने और हथियार खरीदने के लिए वी.बी. तिवारी को दिया गया। इसके अलावा तिवारी को 1500 रुपये साइक्लोस्टाइल मशीन खरीदने के लिए अलग से दिया गया। 3000 रु. धन्वन्तरि को पंजाब के लिए दिया गया था, इसी से उसे 1000 रु. संगठन के लिए साइक्लोस्टाइल और टाइपराइटर खरीदने के लिए था। बचे 4000 में 2000 सीमान्त प्रान्त के किसी आदमी को भेजना था। साइक्लोस्टाइल मशीन खरीदने और ब्रिटिश सरकार के खिलाफ दुष्प्रचार (प्रोपेगैंडा) के लिए आसफ ने सीमाप्रान्त की जनजातियों के नेता बादशाह गुल के लड़के को यह पैसा दिया था। निगम को मार्च, 1930 में टाइफाइड ज्वर आया था। आज़ाद ने दुर्गावती देवी और विश्वनाथ वैशम्पायन को सितम्बर, 1930 में बम्बई जाते समय मुझसे 250 रु. दिलाया था।

आज़ाद न्यू हॉस्टल में 3-4 दिन रुके और फिर 6250 रुपये के करेंसी नोट मुझे दिये। रुपया 4000 में से 1500 के साथ वे कानपुर के लिए निकले। मैंने गाडोदिया वालों को एक्शन के बाद एक धमकी भरा पत्र भेजा जो उन्होंने हिन्दुस्तान टाइम्स को भेज दिया। विश्वम्भर दयाल को गाडोदिया वाले जानते थे। जुलाई, 1930 में श्री यशपाल ने मुझे प्रकाशो के मामले में सुखदेवराज से अपने उलझे सम्बन्धों के बारे में बताया। जुलाई, 1930 से दिल्ली की बम फैक्टरी शुरू हुई। 26 अगस्त, 1930 को लाहौर में गिरफ्तारियों के बाद आज़ाद, मैंने और यशपाल ने तय किया कि फैक्टरी बन्द कर दी

जाए जो सितम्बर के अन्तिम सप्ताह में हुआ। साबुन की फैक्टरी, झंडेवालारोड पर थी। इसके लिए केमिकल यूनिवर्सल ड्रग स्टोर के बाबूराम गुप्त के पास से आता था। अगस्त में बचा सामान स्टोर को वापस किया। जब दिल्ली में साबुन फैक्टरी खोली जा रही थी तो आज़ाद ने कहा कि पिकरिक एसिड और बम के खोल जो दिल्ली और कानपुर में बनेंगे, वे पूरे देश में बम बाँटने के लिए पर्याप्त होंगे और इससे पूरे देश में गुरिल्ला युद्ध किया जा सकेगा। इस समय आज़ाद ने यह भी कहा था कि अगली बार वायसराय की ट्रेन पर झाँसी या ग्वालियर के पास हमला किया जाएगा। जहाँ बचना मुश्किल होगा। साबुन कम्पनी का नाम 'हिमालय ट्वायलेट' था। यह सोप फैक्टरी 12 जुलाई, 1930 को भाड़े पर पी.वी. जैन के नाम से ली गई थी। 17 जुलाई को गिरवर सिंह आए, 21 को वैज्ञानिक पहुँचे, उसी दिन यशपाल, वी.पी. जैन और प्रकाशो के साथ मैंने पिकरिक एसिड बनाना शुरू किया।

13-14 अगस्त, 1930 को मैंने यशपाल को कानपुर दंड के लिए भेजा। लेकिन यह 14 या 15 को लौटे और प्रकाशो को फैक्टरी से लेकर चले गए, उनके साथ वैज्ञानिक भी थे। मैंने उसी दिन कानपुर के मैनेजर वाच कम्पनी को टेलीग्राम देकर आज़ाद को दिल्ली भेजने के लिए कहा। इस टेलीग्राम के मिलने पर आज़ाद और वैशम्पायन आए और सीधे कश्मीरी गेट पर भवानी सिंह के घर गए और धन्वन्तरि के नई दिल्ली से वहाँ आने का प्रबन्ध किया। आज़ाद, वैशम्पायन और धन्वन्तरि साथ में फैक्टरी आए। उसी दिन वैशम्पायन और धन्वन्तरि लाहौर यशपाल की खोज में गए। उन्हें यह आदेश दिया गया था कि यदि जरूरी हो तो यशपाल को गोली मार दें। 17 या 18 अगस्त को आज़ाद नई दिल्ली से दीदी को फैक्टरी ले आए। 19 को वैशम्पायन और धन्वन्तरि लाहौर से लौट आए। उसी रात वैशम्पायन कानपुर चले गए। 26 को मैंने प्रकाशो को फैक्टरी पर देखा। वी.पी. जैन ने बताया कि वे सिविल अस्पताल के सामने के एक मकान से उसे ले आए। 28 को यशपाल आए। दोपहर बाद एक बजे फैक्टरी में मिलने की व्यवस्था रखी गई। अगले दिन आज़ाद, धन्वन्तरि और दीदी फैक्टरी आए। उनके पीछे यशपाल और खयालीराम आए। आज़ाद, यशपाल और दीदी हाल में बात करते रहे और वी.पी. जैन, मैं और धन्वन्तरि रसोई से सटे कमरे में बैठे रहे। वहीं गिरवर सिंह ने बताया कि यशपाल ने प्रकाशो को फुसलाने की गलती स्वीकार की है। सात बजे शाम आज़ाद, धन्वन्तरि और मैंने यशपाल का वाद सुना और उन्हें क्षमा कर दिया और वायसराय की ट्रेन उड़ाने की विशेष ड्यूटी पर लगा दिया। प्रकाशो को औपचारिक रूप से यशपाल की पत्नी स्वीकार कर लिया गया।

31 अगस्त, 1930 के करीब वैशम्पायन कानपुर से आए और आज़ाद से शिकायत की कि वी.बी. तिवारी डबल गेम (दोहरी चाल) खेल रहा है। आज़ाद और वैशम्पायन उसी दिन कानपुर निकल गए। अगस्त के अन्त में भवानी सिंह फैक्टरी में आए। 1 सितम्बर, 1930 को कानपुर से दुर्गा देवी और उनके बेटे हरि के साथ काशीराम व वैशम्पायन आए। उनके साथ चमड़ों के 2-3 सूटकेसों में हथियार और कारतूस थे। अगले दिन आज़ाद और उसी दिन लाहौर से धन्वन्तरि और दीदी पहुँचे। सितम्बर के मध्य में आज़ाद और भवानी सिंह कानपुर गए। फैक्टरी 28 सितम्बर, 1930 को खाली

की गई। अगस्त, 1930 के मध्य में नलगढ़ा के ब्रह्मानन्द फैक्टरी आए। अगले दिन वे आज़ाद की बेडिंग देकर गए जो मई, 1930 में जब आज़ाद पंजाब दल के साथ नलगढ़ा गए थे, तो लारी में छूट गई थी, और जिसे दादरी पुलिस की सहायता से खोजा गया था।

पिकरिक एसिड की ज्यादातर धुलाई प्रकाशो करती थी। दिल्ली में 30 एलबीएस पिकरिक एसिड तैयार की गई थी। अगस्त, 1930 के मध्य में ब्रह्मानन्द के लाइसेंस पर आज़ाद और वी.पी. जैन ने 0.12 बोर के 100, 0.32 बोर के ऑटोमैटिक पिस्तौल के 50 कारतूस खरीदे। यह सब आज़ाद ने मुझे दिया, जिसे मैं सीताराम मार्केटवाले घर पर ले गया। निगम ने 15 रुपये का चमड़े का थैला खरीदा था, जिसमें ये रखे थे। आज़ाद वायसराय की ट्रेन को उड़ाने में यशपाल की सेवाओं का उपयोग करना चाहते थे, लेकिन अपनी व्यक्तिगत निगरानी में। चूँकि यशपाल एक्सपर्ट थे और दल उसके बिना नहीं कर पाता, इसलिए आज़ाद उनकी बदमाशियों को नजरअन्दाज कर रहे थे। वायसराय की ट्रेन उड़ाने के लिए जो 4000 रुपये मिले थे उन्हें यशपाल ने अपनी ऐयाशियों पर खर्च किया। जिससे पंजाब दल में वह खासा अलोकप्रिय हो गए और मार्च, 1930 में प्रकाशो के अपहरण से यह खाई और बढ़ गई। धन्वन्तरि और सुखदेवराज मुख्य आरोप लगाने वाले थे। लाहौर षड्यंत्र केस में बचाव के प्रयास के दौरान भी यशपाल पर अपने लाभ के लिए धन के दुर्विनियोग का आरोप लगा। यशपाल पर जब भगवतीचरण घायल हुए और मरणासन्न थे तो मेडिकल सहायता का प्रबन्ध करने में लापरवाही का आरोप लगा। जब आज़ाद मई, 1930 में लाहौर में थे तो उन्हें यह सब पता चला और उन्होंने फैसला किया कि यशपाल के खिलाफ बड़ी कार्यवाही की जाएगी। यह एक्शन इसलिए टाल दिया गया कि यशपाल को पिकरिक एसिड की आपूर्ति करनी थी, जो उन्होंने साबुन फैक्टरी में अगस्त में की।

अगस्त के मध्य में आज़ाद, धन्वन्तरि, वीरभद्र तिवारी, सदगुरु दयाल अवस्थी और मैंने कानपुर में नहर के पास स्थित एक मुहल्ले में बैठक की। इस बैठक में यह निर्णय लिया गया कि यशपाल को गोली मार दी जाए और उसके स्थान पर पंजाब का प्रान्तीय संगठनकर्ता धन्वन्तरि को बना दिया जाए। मुझे वापस दिल्ली जाने और यशपाल को बताने को कहा गया कि उसे कानपुर में सेंट्रल कमेटी की एक बैठक करनी है। आशय यह था कि जब यशपाल कानपुर पहुँचे तो उसे जंगल में ले जाकर आज़ाद और वी.बी. तिवारी गोली मार देंगे। तदनुसार मैंने यशपाल को कानपुर भेजा। वह तिवारी से पटकापुर के पास एक होटल में मिला, जहाँ भगवतीचरण और यशपाल रुका करते थे। तिवारी ने यशपाल को उसके खिलाफ बाकी योजना के बारे में बता दिया और यशपाल के तुरन्त दिल्ली लौट जाने का प्रबन्ध किया। वहाँ से पिकरिक एसिड और हथियार लेकर पंजाब चले जाने को कहा गया। जिससे वहाँ जाकर वह कोई ऐसा कांड करे कि आज़ाद का गुस्सा शान्त हो जाए। यशपाल ने इसी हिसाब से काम किया। उसने एक मिलिट्री की अच्छी रिवॉल्वर, गन कॉटन की अच्छी मात्रा और पिकरिक एसिड, 15 या 20 कार्बाइन और कुछ नाइट्रोग्लिसरीन लिया। उसे मारने धन्वन्तरि और सुखदेवराज को भेजा गया। इसी दौरान यशपाल ने यह तथ्य प्रचारित कर दिया कि उसे आज़ाद ने बिना ट्रायल के उसकी अनुपस्थिति में दोषी ठहरा दिया। इससे उसके अपने दलवालों

की सहानुभूति जाग उठी और पार्टी में भेद पड़ गया। तिवारी ने यशपाल का पक्ष लिया। इस तरह धन्वन्तरि उसे दंड तो नहीं दे सका, मगर रिवॉल्वर और विस्फोटक आदि उसे मिल गया। यशपाल दिल्ली आया और ट्रायल की माँग की। यह साबुन फैक्टरी में हुआ। जिसमें आज़ाद, धन्वन्तरि और मैं जज बने। धन्वन्तरि के अनुसार इन्द्रपाल ने यशपाल को आज़ाद से ट्रायल की माँग करने के लिए भेजा था और धमकी दी थी कि अगर यशपाल को कोई नुकसान होता है तो वह आज़ाद से बदला लेगा और उसका कटार की धार पर भरोसा रहेगा। यशपाल ने आज़ाद से स्वीकार किया कि यह सच था। जब यशपाल दूसरे दिन दिल्ली में फिर दिखा तो मैं बड़ा आश्चर्यचकित हुआ।

जब धन्वन्तरि पंजाब का प्रान्तीय संगठनकर्ता बना दिया गया तो लाहौर केस के बन्दियों को पुन: निकालने की योजना पर काम शुरू किया गया। लेकिन सितम्बर के शुरू में धन्वन्तरि ने आज़ाद को बताया कि यशपाल इसमें सहयोग करने की बजाय इन्द्रपाल और उनके साथियों को वह सब कुछ करने को उकसा रहा था, जिससे योजना विफल हो जाए। उसने इन्द्रपाल को गिरफ्तार भी करवा दिया। आज़ाद ने मेरे पास यह सूचना भेजी और सेंट्रल पार्टी के अन्य सदस्यों सहित मैं इस निष्कर्ष पर पहुँचा कि यशपाल की दोस्ती में इन्द्रपाल ऐसा कर सकता है। जब ये तथ्य आज़ाद की नजर में आए तो एच.एस.आर.ए. के कमांडर-इन-चीफ के तौर पर उन्होंने यशपाल को वायसराय की स्पेशल ट्रेन को उड़ाने की खास ड्यूटी सौंपी ताकि प्रान्तीय संगठन से वह कोई सम्बन्ध न रखे। यह पंजाब पार्टी में और विवाद न हो, इसे रोकने का उपाय था।

गाडोदिया एक्शन के पैसों से खरीदे हथियार आज़ाद और वैशम्पायन के पास थे। आज़ाद ने इन्हें आतंकवाद शुरू करने के लिए विभिन्न प्रान्तों को बाँट दिया था। जब अगस्त, 1930 की बैठक जिसमें यशपाल का भाग्य तय होना था, में हिस्सा लेने मैं कानपुर गया था, तो मुझे दया शुक्ल के साथ रखा गया। आज़ाद, काशीराम, वैशम्पायन और विद्याभूषण उस समय 25 से 26 साल के पंडित बलभद्र के पटकापुर के पासवाले घर पर रुके थे। बलभद्र 1929 में दिल्ली के हिन्दू कॉलेज में द्वितीय वर्ष का छात्र था और काशीराम का घनिष्ठ मित्र था और क्रान्तिकारियों से सहानुभूति रखता था। इसी घर में वे रिवॉल्वर और गोला-बारूद साफ व पैक किये गए, जिन्हें बाद में दिल्ली में बाँटा गया। वहीं इनमें ग्रीस भी लगाई गई। पैक में दो दिन लगा था। जब हम लोग बलभद्र के आवास पर थे तभी आज़ाद ने काशीराम को कानपुर के आर्म डीलर 'विश्वास एंड कम्पनी' के पास यह पता करने को भेजा था कि क्या एअर पिस्टल आ गई है।

सितम्बर, 1930 में दिल्ली में मुझे 4 मिलिट्री रिवॉल्वर, 100 कारतूस व अन्य सामान मिला। धन्वन्तरि को 3-4 रिवॉल्वर और 100 कारतूस, वैशम्पायन को 2-3 मिलिट्री रिवॉल्वर व कुछ कारतूस, विद्याभूषण को 2-3 मिलिट्री रिवॉल्वर, एक माउजर व आज़ाद को ब्लैक ऑटोमैटिक 0.45 बोर की अमेरिकन गवर्नमेंट पैटर्न की पिस्तौल और 2 मिलिट्री रिवॉल्वर मिला। आज़ाद के पास शायद 0.38 बोर की निकल प्लेटेड रिवॉल्वर भी थी। आज़ाद ने अपनी माउजर पिस्तौल यशपाल को दी थी। इस माउजर के अलावा सारे हथियार गाडोदिया स्टोर के एक्शन से मिले धन से खरीदा गया था। माउजर पिस्तौल वही है जो सीताराम बाजारवाले घर से मिला है। इस प्रकार कुल 13-14

मिलिट्री रिवॉल्वर और 3-4 ऑटोमैटिक पिस्तौल तथा कारतूस थे।

सितम्बर के आरम्भ में घर में आज़ाद, विद्याभूषण और वी.पी. जैन को दो बजे दिन में वी.बी. तिवारी के आचरण पर चर्चा करते पाया और संयुक्त प्रान्त में दल के पुनर्गठन के लिए वे योजनाएँ बना रहे थे। इस बैठक में यह भी फैसला किया गया कि बी.एच.यू. जो इन दिनों पूजा के कारण बन्द था में रुका जाए। विद्याभूषण काकोरी केस में अभियोजन गवाही करनेवाले बनारसीदास और जगतनारायण मुल्ला, लखनऊ का पता लगाएँ तथा संयुक्त प्रान्त में मनी एक्शन के लिए कोई स्थान चुन लें। केशव और विद्याभूषण को आगरा जाकर शिवचरणलाल शर्मा को चिह्नित करना था, जिसे बाद में आज़ाद और विद्याभूषण मारनेवाले थे। काशीराम आज़ाद को नवम्बर, 1929 में बनारस ले गया था जहाँ तीन लोगों से मिलवाया था। एक राजा, दूसरा विद्याभूषण और तीसरा मुंशी। आजाद सर्वाधिक भरोसा राजा पर करते थे। उन्होंने उनका नाम संयुक्त प्रान्त के संगठन के पुनर्गठन के समय विद्याभूषण की मदद के लिए लिया था।

जून, 1930 में जब आज़ाद दिल्ली से लाहौर गए तो वी.पी. जैन, भवानी सिंह और काशीराम को पैसे की व्यवस्था करने अलग-अलग स्थानों पर भेजा गया था। यह धन क्रान्तिकारियों से सहानुभूति रखनेवालों से एकत्र किया जाना था। मेरठ के आसपास काफी जैन थे। इसीलिए वी.पी.जैन को वहाँ भेजा गया। क्रान्तिकारियों से सहानुभूति रखनेवालों में ज्यादातर जैन थे। जुलाई या अगस्त, 1930 में मैंने इलाहीबख्श एंड कम्पनी से 3 एअर पिस्टल खरीदी थी। मैंने मई के मध्य में सीताराम बाजार वाला घर लिया था। उस समय आज़ाद और भगवतीचरण, खयालीराम गुप्त के साथ रह रहे थे। उसी समय भगवती ने जो एसिड, बम के चार खोल, कपड़े आदि दिये थे वे तीन ट्रंकों में भरे रखे थे। इनमें से दो बाद में पुलिस को मिले। तीसरा मैंने हजारीलाल को दे दिया था। एसिड शायद वायसराय ट्रेन केस से बची हुई थी, बम की खोल उसी लाट की थी जो अप्रैल, 1929 में लाहौर बम फैक्टरी से पकड़ी गई थी।

सीताराम बाजारवाले घर में मिले कपड़ों में कई आज़ाद के हैं। उनकी रात की एक टोपी अभी भी वहीं है। सीताराम बाजारवाले घर में मिली इटली की फेल्ट हैट की पहचान मैंने आज़ाद की सम्पत्ति के रूप में की। सीताराम बाजारवाले मकान में मैं रहता था। एक दूसरा घर जोगीवाड़ा गली में था जहाँ भवानी सहाय, भवानी सिंह और भगीरथ रहा करते थे। इसे अक्टूबर के शुरू में भवानी सहाय या भवानी सिंह ने किराए पर लिया था। इस घर को लेने का उद्देश्य नये पनप रहे क्रान्तिकारियों को शरण देना था। किराया और लड़कों का खर्च मैं देता था। कपूरचन्द की तलाशी की सूची में जो चीजें मिली हैं, मैंने देखी हैं।

अगस्त की बैठक में जो तय हुआ था उसके अनुसार प्रान्तीय क्रान्तिकारी संगठनों के आधार पर ऑल इंडिया क्रान्तिकारी दल का निर्माण किया जाना था। यह 'ए' पर है। 'बी' के अनुसार यशपाल का प्रकाशो को लेकर जो मामला था, उसमें आज़ाद का मत था कि उसे गोली मार दी जाए और धन्वन्तरि उर्फ प्रेम को उसकी जगह रखा जाए। 'सी' में वे बातें हैं जो उस समय मेरे और आज़ाद के बीच हुई थी। आज़ाद का कहना था कि हमें पहले आतंकवाद को विकसित करना चाहिए और जिन्हें दंडित करना है

उनका चयन करना चाहिए। इस मामले में उन्होंने जो नाम बताए वे थे—

1. पंजाब के गवर्नर
2. संयुक्त प्रान्त के गवर्नर सर मि. हेले
3. के.बी. अब्दुल अजीज
4. सैयद अहमद शाह, डिप्टी एस.पी, लाहौर
5. अप्रूवर
   - (i) लाहौर षड्यंत्र केस
   - (ii) पुराने अप्रूवर, दीनानाथ और बनारसीदास
   - (iii) गद्दार शिवचरणलाल शर्मा

'डी' में भगवतीचरण की याद में प्रदर्शन का प्रस्ताव था, जिस पर आज़ाद का फ़ैसला था कि यह प्रदर्शन सिर्फ पंजाब के क्रान्तिकारी करेंगे। वहाँ जो लिखी चीजें मिली हैं उनमें कुछ मेरे, कुछ विश्वम्भर दयाल के, कुछ हजारीलाल के हस्तलेख में हैं। जब साबुन फैक्टरी चल रही थी तो आज़ाद ने कहा था कि अगर इसे चलाते रहना है तो इसे किसी सक्षम हाथों में देना होगा और ऐसा व्यक्ति हावड़ा का एम.एस-सी. है। जो बटुकेश्वर दत्त का साथी और भवानीपुर दल से जुड़ा है। पता चला कि यह एम.एस-सी. कानपुर आया और आज़ाद के सम्पर्क में था। ऐसा माना जाता है कि उसके पास डायनामाइट की 108 छड़ें हैं। बम विस्फोट की टाइमिंग के लिए जो घड़ी कपूरचन्द के मकान से पकड़ी गई थी, आज़ाद के अनुसार उसे डायनामाइट के साथ प्रयोग करने के वास्ते हावड़ा का एम.एस-सी. ले आया था। आज़ाद इसी समय डायनामाइट की एक छड़ दिल्ली भी ले आए थे, मगर इसे किसी भी प्रयोग से दूर रखा।

जब मैं और आज़ाद सितम्बर, 1930 में अजमेर गए तो बहावलपुर रोड विस्फोट की चर्चा चली। आज़ाद ने पछतावा जताया कि घर में जो अच्छी रिवॉल्वर छूट गई थी वह पुलिस के हाथों पड़ गई। मदन ने तब कहा कि वह इसे अपने साथ ले आया था और इसे दिखाया। यह 0.38 बोर की काली, 7 चेम्बर वाली रिवॉल्वर थी। इसे विश्वम्भर दयाल के उपयोग के लिए मदन के पास छोड़ा गया। कपूरचन्दवाले मकान से मिली 0.12 बोर वाली बन्दूक को असल में मदन और उसके दोस्त ने अजमेर से चुराया था। एक बार इस बन्दूक से प्रैक्टिस करने के लिए आज़ाद, विश्वम्भर दयाल, भवानी सिंह और हजारीलाल आनन्द पर्वत की तरफ गए थे। 1930 के जुलाई में मैंने भगीरथ को जयपुर यह अध्ययन करने के लिए भेजा कि क्रान्तिकारी दल गठित करने के रास्ते और साधन क्या हैं? सितम्बर के शुरुआत में जब मैं आज़ाद के साथ अजमेर गया तो हम वहाँ दो दिन रुके। विश्वम्भर दुग्धशाला में काम कर रहा था और उसकी दशा खराब थी। मैंने आज़ाद से उसकी मदद के लिए कहा, लेकिन आज़ाद निर्भाव थे। मदनगोपाल का डेयरी फॉर्म था। जब आज़ाद अजमेर आए थे तो रामचन्द्र बापट और हेमचन्द्र उनसे मिले थे तथा शूटिंग प्रैक्टिस में भी गए थे।

पहली बार 27 जून, 1928 को मैं कानपुर में शिववर्मा के डी.ए.वी. कॉलेज हॉस्टल

के कमरे में आज़ाद से मिला। वहाँ विजयकुमार सिन्हा, गयाप्रसाद और सुखदेव थे। ग्वालियर का मकान मैंने 9 सितम्बर, 1929 को छोड़ा। दिल्ली पहुँचने पर 10 सितम्बर से वी.पी. जैन के साथ खारी बावली पर रहा। मध्य अक्टूबर से निगम के साथ न्यू हॉस्टल में रहा। यहाँ मैं फरवरी, 1930 तक रहा। भवानी सहाय के साथ सिरकी बाजारवाले घर में फरवरी, 1930 के अन्त से अप्रैल के अन्त तक रहा। आज़ाद और वी.पी. जैन के साथ पहली बार 26 दिसम्बर, 1929 को नलगढ़ा गया। वहाँ एक सप्ताह रहा। 12-14 मार्च, 1930 में होली के अवकाश पर आज़ाद, भवानी सिंह, भवानी सहाय और वी.पी. जैन के साथ दुबारा नलगढ़ा गया। वहाँ तीन दिन रहकर शूटिंग का अभ्यास किया। 1930 के पहले हफ्ते में दरीबा के पास खजूर गली में भवानी सहाय के भाड़े पर लिये मकान में चला गया। मई, 1930 के मध्य में सीताराम बाजार में खुद के लिए एक मकान लिया। इस घर पर आज़ाद, विश्वम्भर दयाल, भवानी सिंह और नन्दकिशोर निगम का आगमन हुआ करता था। जयपुर में भगीरथ नाई का काम सीख रहा था। मैं कुल छह बार अजमेर गया। इसके अलावा कानपुर, लाहौर, अमृतसर, शिवपुरी, लश्कर, ग्वालियर आता-जाता रहा।

आज़ाद के चरित्र को जहाँ तक मैं जानता हूँ, मैं नहीं कहूँगा कि उनकी दृष्टि किसी बड़े क्रान्तिकारी की है। आज़ाद छोटे स्तर पर एक्शन करने की तरफ ज्यादा झुके रहते हैं। लेकिन यशपाल से जुड़ने के बाद वे ज्यादा बड़े एक्शन पर ध्यान केन्द्रित कर सकते हैं। अब चूँकि वायसराय और गवर्नर जब ट्रेन से गुजरते हैं तो काफी गोपनीयता रखी जाती है, ऐसे में आज़ाद का दल यूरोपीय पर्यटकों और ब्रिटिश सैनिकों को ले जानेवाली ट्रेन को उड़ा सकते हैं। यदि वे इसमें विफल होंगे तो आज़ाद अपना ध्यान एकाकी पुलिस अफसरों को या अप्रूवरों की हत्या करने पर केन्द्रित कर सकते हैं, जिनके खिलाफ आज़ाद कटु क्रोध से भरे हैं।

आज़ाद की सबसे खास पहचान उनकी तेज चाल है। वह अपनी धोती बनियों की तरह बाँधते हैं और उसके झूलते सिरे को हमेशा बाएँ हाथ से पकड़े रहते हैं। एक बार आज़ाद ने बताया था कि झाँसी में अच्छे नवयुवक हैं और वहाँ काम अच्छा चल रहा है। झाँसी का तेलंग आज़ाद का खास दोस्त है और शायद आज़ाद के मूवमेंट को जानता हो। कमिश्नर झाँसी की हत्या के प्रयास के बाद आज़ाद ने एक मैसेंजर भेजकर पता करवाया कि क्या अभियुक्त एच.एस.आर.ए. से जुड़ा है। मैसेंजर ने रिपोर्ट दी कि अभियुक्त का दल से कोई सम्बन्ध नहीं है। किरकी शस्त्रागार (आर्सनल) में एक आदमी काम करता है, जो कानपुर का रहनेवाला है या कानपुर से जुड़ा है और पार्टी को गोला-बारूद की आपूर्ति करता है। यह आदमी कानपुर के वीरभद्र तिवारी के सम्पर्क में है।

मेरा विश्वास है कि आज़ाद के किसी भी अन्य जगह के स्थान पर कानपुर में मिलने की सबसे ज्यादा सम्भावना है। अगस्त में मुझे आज़ाद ने बताया कि कानपुर में जब घरों की तलाशी ली जा रही थी तो आज़ाद उनमें से एक घर के आगेवाले घर में थे। यह तलाशी बम विस्फोट के सिलसिले में चल रही थी। वे बाहर निकले और जेब में हाथ डाले, पिस्तौल पर हाथ रखे, एक सी.आई.डी. अफसर सेन, जो उन्हें पकड़ने के लिए लगा था, के बगल से गुजर गए। अगर कानपुर में आज़ाद होंगे तो निम्न में

किसी एक के सम्पर्क में जरूर होंगे। उनका पीछा करने से उन्हें पकड़ना सम्भव होगा—

1. डी.ए.वी. कॉलेज में एफ.ए क्लास का छात्र जिसे पहाड़ी कहा जाता है। उस पर सी.आई.डी. को पहले से भी शक है और स्थानीय सी.आई.डी. एक बार उसके मकान की तलाशी भी ले चुकी है।
2. सुरेन्द्रनाथ पांडेय का भाई वीरेन्द्रनाथ पांडेय
3. कांग्रेस कमेटी के रामसिंह
4. मनीलाल अवस्थी

यदि कानपुर से बाहर होंगे तो आज़ाद या तो बुंदेलखंड रियासत में या बम्बई में मिलेंगे। जब सितम्बर में आज़ाद दिल्ली से कानपुर जा रहे थे, तो कहा था कि पैसों के लिए वे कानपुर में एक्शन करेंगे। आज़ाद के माता-पिता अभी जीवित हैं, और वह साल में दो या तीन बार उनसे मिलने जाते हैं। कानपुर में एक व्यक्ति है जो उनके सगे चचेरे भाई के सम्पर्क में है। आज़ाद के माता-पिता की सहायता वह उनके चचेरे भाई के माध्यम से करता है। माता-पिता का पता भुसावल बम केस में सजायाफ्ता सदाशिवराव को है।

अपना प्रेस स्थापित करने के पहले भवानी सहाय को चाँदनी चौक के किसी प्रेस में काम सीखने के लिए भेजा गया था। भगीरथ के पार्टी का नाम 'चंचल' है। भवानी सहाय का 'रामपरसाद' है। भवानी सिंह का पार्टी नाम 'रणवीर सिंह या सिंह' है। गाडोदिया स्टोर एक्शन के बाद व पहले उसमें भाग लेनेवालों के लिए शरण की व्यवस्था भवानी सिंह ने की। सितम्बर, 1930 के मध्य में आज़ाद के साथ वह कानपुर जाकर अस्सी रुपये ले आया जिसे बतौर किराया फैक्टरी बन्द करने के पहले दिया गया। वह हम लोगों के साथ नलगढ़ा भी गया था। गिरफ्तारी के पहले मेरी हालत बहुत तंग थी तो भवानी सिंह ने गहने बेचकर चालीस रुपये दिया था। उसके पिता कैप्टन नाथू सिंह भारतीय सेना के सेवानिवृत्त अफसर हैं और गढ़वाल में ख्याति-नाम हैं। मई, 1930 में आज़ाद छैलबिहारी लाल, विश्वम्भर दयाल और हजारीलाल, भवानी सिंह के साथ उनके घर गढ़वाल गए थे। और वहाँ शूटिंग का अभ्यास किया गया था। कैलाशपति जिस घर में रह रहा था, वहाँ से मिसेज चन्द्रावती पकड़ी गई थी। वह ड्रिल मास्टर राजबली सिंह की पत्नी हैं।

सितम्बर, 1930 के शुरू में धन्वन्तरि ने मुझे दिल्ली में बताया था कि सुखदेवराज, किसी विश्वस्त साथी के साथ के.बी. अब्दुल अजीज को गोली मारने की व्यवस्था कर चुका है। दिल्ली के सिविल सचिवालय में कोई क्लर्क है। भगवतीचरण, धन्वन्तरि और वैशम्पायन जब दिल्ली आते हैं, तो उसी के यहाँ रुकते हैं। जब अगस्त में आज़ाद दिल्ली में थे जो उन्होंने बताया था कि वे 1916 के फरार पृथ्वी सिंह के सम्पर्क में हैं। आज़ाद ने कहा कि वे पृथ्वी सिंह के साथ काम करने की सोच रहे हैं। जिन्हें बड़ौदा से धन्वन्तरि लेकर आया था। मेरा मानना है 9 अक्टूबर, 1930 के बम्बई शूटिंग केस में पृथ्वी सिंह और नाना साहब शामिल हो सकते हैं, जिन्हें बम्बई पुलिस खोज रही है। मेरा सोचना है कि 9 अक्टूबर को बम्बई में जो गोलीकांड हुआ वह क्रान्तिकारी दल का काम था और इस केस में जो स्त्री और बच्चा वांछित है वह मुसम्मात दुर्गा देवी व उनका बेटा हरि है। अगर ऐसा है तो विश्वनाथ राव वैशम्पायन वहाँ जरूर होगा। क्योंकि

जब भगवतीचरण मर रहे थे तो उन्होंने उसकी देखभाल का जिम्मा उसे दिया था। यह बात मुझे स्वयं आज़ाद ने बताई थी। हरि मुसम्मात दुर्गा देवी के नन्हे बेटे का नाम है। भगवतीचरण का पार्टी का नाम 'अर्जुन' था। यशपाल की उर्फियत सोहन सिंह है। दुर्गा देवी और हरि दो या तीन दिन झंडेवाला साबुन फैक्टरी, दिल्ली में सितम्बर, 1930 के शुरू में रहे थे। दुर्गा देवी ने 4 सितम्बर, 1930 को वैशम्पायन के साथ दिल्ली छोड़ा था। दुर्गा देवी के मिलने की सम्भावना कानपुर में नारायण प्रसाद अरोड़ा के घर पर है, जहाँ पर वह पूर्व में रुक चुकी हैं और वहाँ उसकी बेहतर आवभगत हुई थी।

जब साबुन फैक्टरी बन्द हो गई तो हजारीलाल ने रसायन और अन्य साजो-सामान, जिसमें दो अटैचियों में मिलिट्री पैटर्न के रिवॉल्वर, एक पिस्टल थी, को कपूरचन्द के घर में शिफ्ट कर दिया था। हजारीलाल का पार्टी का नाम पांडेय, तारा, श्रीकृष्ण और रामू है। काशीराम अपनी चाची से बहुत जुड़ा है, जो हरदोई में रहती हैं। जब भी सम्भव होता है तो वह उनके यहाँ जाता है और पैसे देता है। मेरी समझ से यदि उसके घर पर करीब से नजर रखी जाए तो उसे पकड़ा जा सकता है। आज़ाद या तो ग्वालियर में होंगे या कानपुर में। अगर काशीराम कानपुर में होगा तो आज़ाद उसके साथ होंगे। काशीराम को किताबें पढ़ने का भारी शौक है। वह किताबें पढ़ने पुस्तकालयों में जाता है। कानपुर की सभी लाइब्रेरियों पर ध्यानपूर्वक नजर रखनी चाहिए। काशीराम ने एक बार मुझे बताया था कि लाहौर जेल में जब वह जयदेव से मिला था तो बी.एच.यू. में जयदेव के एक मित्र के सम्पर्क में आ गया था जो आज़ाद का जाननेवाला है इस तरह काशीराम को बनारस में भी शरण मिल सकती है। एक बार जब आज़ाद से नाराज हुआ तो काशीराम ने कहा था कि वह हरदोई के पास दोस्तों के साथ गाँव में बस जाएगा। काशीराम अकसर जयदेव के माता-पिता को लिखता रहता है। उसके पत्रों को सेंसर किया जा सकता है। काशीराम गिरधर नाम बताता है।

जब मैं सितम्बर के पहले हफ्ते में आज़ाद के साथ अजमेर में था, तो आज़ाद ने मुझे खयालीराम गुप्त को कहलाया था कि वह आगरा जाकर शिवचरणलाल शर्मा, जो गुप्त का जाननेवाला था, के सम्बन्ध में सूचना प्राप्त करे। जब गुप्त आगरा जाकर लौटा और सूचना देने को था तभी उसे वैशम्पायन के साथ पुनः आगरा भेज दिया गया ताकि वैशम्पायन, शिवचरणलाल को पहचान लें। बाद में वैशम्पायन ने रिपोर्ट दी कि शिवचरणलाल को खत्म करना आसान है, लेकिन यह योजना पूरी नहीं की जा सकी, क्योंकि वैशम्पायन दुर्गा देवी के साथ बम्बई चले गए। आज़ाद और विद्याभूषण को आगरा साथ में जाकर शिवचरणलाल को समाप्त करना था। अक्टूबर में खयालीराम गुप्त को एक मिल पर जो बिएवार में थी,एक्शन के सम्बन्ध में सूचना जुटाना था। उसका दल का नाम 'भूतनाथ' था। अगस्त, 1930 में खयालीराम गुप्त ने यशपाल को एक छोटा रिवॉल्वर दिया था, क्योंकि उसके पास उस समय कोई हथियार नहीं था। यशपाल ने अपना रिवॉल्वर मेरे पास छोड़ दिया और उसकी जगह उन अटैचियों से मिलिट्री पैटर्न का रिवॉल्वर ले लिया, जो कपूरचन्द के यहाँ जमा की गई थी। जब यशपाल लाहौर से समुचित ट्रायल की माँग करने के लिए लौटा तो उसके साथ खयालीराम भी था। गहरे ग्रे रंग की कॉटन के कपड़े की एक कोट जो मेरे पास के शाट्र्स से मिलती-जुलती है,

खयालीराम गुप्त के घर में उस समय से पड़ी थी, जब भगवतीचरण और आज़ाद वहाँ रुका करते थे। यह वास्तव में आज़ाद की है, जिन्होंने कई बार मुझे उसे खयालीराम से लेने के लिए कहा। खयालीराम गुप्त यशपाल के प्रमुख मित्र हैं। दिल्ली में मुसम्मात प्रकाशो कुछ समय उसके घर पर रही थी।

आज़ाद सम्भवत: दक्षिण भारत के महान क्रान्तिकारी रामाराजू के सम्पर्क में हैं। संयुक्त प्रान्त में कोई आदमी उन दोनों के मध्य कड़ी है। सितम्बर, 1930 में जब आज़ाद दिल्ली छोड़ रहे थे, कानपुर जा रहे थे तो कानपुर पहुँचने पर उन्होंने कहा था कि वे रामाराजू से सम्पर्क करने का प्रयास करेंगे। उन्होंने वी.बी. तिवारी के असन्तोषजनक आचरण का प्रसंग उठाया और कहा कि वे पार्टी का पुनर्बलीकरण ज्यादा अच्छे लोगों जैसे पृथ्वी सिंह या रामाराजू के साथ करेंगे।

सम्पूर्ण सिंह टंडन पंजाब और सीमा प्रान्त के बीच कड़ी है। सितम्बर, 1930 में आज़ाद ने बताया था कि आसफ (सम्पूर्ण सिंह) पेशावर से हथियार लेने गया है। आसफ ने मुझसे पंजाब से सरकार का ध्यान हटाने के लिए दिल्ली में कुछ करने को कहा था। जिसका मतलब के.बी. अब्दुल अजीज और सार्जेंट स्मिथ पर हमले से था। मैंने पैसों की कमी का हवाला दिया था। सुरेन्द्रनाथ पांडेय दल के लिए किसी आदमी की सहायता से इंदौर से हथियार ले आता था। पांडेय की गिरफ्तारी के बाद ब्रह्मदत्त ने अप्रूवर बनने पर इंदौरवाले आदमी का नाम खोल दिया होगा। अत: उन्होंने उसे आपूर्ति बन्द कर दी। इंदौर के आदमी को 'पहलवान' कहते थे। विद्याभूषण के पार्टी का नाम 'रमेश' था। वह बलिया का था। उसका बिहार से सम्पर्क था। जोगेश शुक्ल को मोतिहारी जेल से छुड़वाने की योजना आज़ाद विद्याभूषण के माध्यम से बना रहे थे। विचार यह था कि वार्डन को घूस खिलाकर रस्सीवाली सीढ़ी से जेल में प्रवेश किया जाए। विद्याभूषण बी.एच.यू. का एम.ए. है, जयदेव का सहयोगी और काशीराम का गहरा दोस्त है। वी.बी. तिवारी के विश्वासघात के बाद आज़ाद ने विद्याभूषण को संयुक्त प्रान्त का प्रान्तीय संगठनकर्ता बनाया था। यह सितम्बर के प्रथम सप्ताह में दिल्ली में हुआ।"[70]

जब यशपाल को प्राण दंड दिया गया तो खयालीराम ने उनकी मदद की थी। दिल्ली बम फैक्टरी में जब यशपाल पेश होने आए तो खयालीराम उनके साथ अंगरक्षक बनकर आए। हू इज हू के अनुसार, "खयालीराम गुप्त मूलत: फफूँद, इटावा के रहनेवाले थे। इंटर करके पहले फिरोजाबाद में, फिर दिल्ली में चूड़ी की दुकान खोल ली। फिर रामप्रसाद बिस्मिल व आगे आज़ाद के सम्पर्क में आए। भगवतीचरण वोहरा ने उनका परिचय कैलाशपति व यशपाल से 1929 में कराया। दिल्ली में विस्फोटकों के संरक्षक यही थे। 5 दिसम्बर, 1930 को दिल्ली पुलिस ने पकड़ा और रेगुलेशन III, 1818 में जेल भेजा। जून, 1934 में छूटे।"[71]

यदि जनवरी-दिसम्बर, 1930 की मुख्य घटनाओं पर विहंगम दृष्टिपात करें तो एच.एस.आर.ए. और चन्द्रशेखर आज़ाद के प्रयासों पर रोशनी पड़ती है। 1 जनवरी, 1930 को आज़ाद साथियों सहित नलगढ़ा फॉर्महाउस से दिल्ली वापस लौटे। 6-7 जनवरी के बीच कुदसिया बाग में तय हुआ कि 'फिलॉसफी ऑफ बम' को छपवाया जाए। 25 जनवरी, 1930 को इस पर्चे का वितरण हुआ। 1 फरवरी को जलगाँव में

श्री भगवानदास माहौर तथा श्री सदाशिव ने वादामाफी मुखबिर बने जयगोपाल तथा फणीन्द्र घोष पर हमला किया था। इसके लिए आज़ाद ने शंकरराव से डबल रोटी में छुपाकर अपनी पिस्तौल भेजी थी। फरवरी, 1930 में यह योजना बनी कि लाहौर केस के बन्दियों को छुड़ाना है। श्री यशपाल को तैयारी के लिए कहा गया। मार्च में कैलाशपति कानपुर से नोटिस व रिवॉल्वर ले आया। इसी समय श्री यशपाल श्रीमती प्रकाशो को ले आए। अप्रैल में बन्दियों को छुड़ाने की योजना के लिए आवश्यक धन की प्राप्ति के लिए रेलवे क्लियरिंग ऑफिस में एक्शन की योजना बनी। मई में श्री भगवतीचरण लाहौर यशपाल की तैयारी देखने गए। वहीं पर आज़ाद को प्रकाशो प्रकरण सहित यशपाल के सम्बन्ध में अन्य बातें पता चलीं। मई, 1930 में आज़ाद, भवानी सिंह के साथ गढ़वाल गए। इसी माह कैलाशपति ने सीताराम बाजार में कमरा लिया। 28 मई, 1930 को बम दुर्घटना में श्री भगवतीचरण शहीद हो गए। 2 जून, 1930 को बहावलपुरवाले मकान में रखे दो बम स्वत: फट गए। सभी ने तुरन्त मकान छोड़ दिया।

जून में ही आज़ाद ने मिस्टर पील को उड़ाने की बात सोची। 9 जून को एक बैठक में तय हुआ कि फर्जी साबुन फैक्टरी की आड़ में दिल्ली में बम फैक्टरी खोली जाएगी। 1 जुलाई को पं. मोतीलाल जी की गिरफ्तारी के कारण हड़ताल हो गई। पुलिस चौकसी के कारण रेलवे क्लियरिंग ऑफिस में मनी एक्शन की योजना स्थगित कर दी गई। बदले में 6 जुलाई को गाडोदिया स्टोर का एक्शन किया गया। 12 जुलाई को एक मकान किराए पर लेकर बम फैक्टरी शुरू हुई। जुलाई-अगस्त में एयर पिस्टल से प्रैक्टिस की जाने लगी। 11 अगस्त को कानपुर में बैठक कर श्री यशपाल को गोली मारने का निर्णय हुआ। 13-14 अगस्त को श्री यशपाल कानपुर गए। वीरभद्र से सूचना पाकर वापस लौट गए। उनकी माँग पर बम फैक्टरी में 29 अगस्त, 1930 को ट्रायल हुआ और उन्हें माफ किया गया। मई में गाड़ी पर छूटी आज़ाद की बेडिंग अगस्त में बम फैक्टरी में पहुँची। 31 अगस्त को श्री वैशम्पायन ने आज़ाद को बताया कि वीरभद्र तिवारी डबल गेम खेल रहा है।

4 सितम्बर को श्री वैशम्पायन दिल्ली से गए। इस दौरान वी.बी. तिवारी पर चर्चा हुई। सितम्बर में आज़ाद ने श्री पृथ्वी सिंह से और श्री रामाराजू से सम्पर्क किया और संगठन के नवसृजन पर विचार कर रहे थे। सितम्बर में ही श्री सम्पूर्ण सिंह टंडन को पेशावर से असलहा लाने के लिए भेजा गया। सितम्बर की शुरुआत में कैलाशपति के साथ आज़ाद अजमेर जाकर दो दिन रुके, शूटिंग की। सुखदेवराज ने सितम्बर में अब्दुल अजीज पर हमला की योजना बनाई। सितम्बर (4 सितम्बर, 1930) में आज़ाद ने दिल्ली में सभी प्रान्तीय संगठकों को हथियार बाँटे। 28 सितम्बर को किराया जमाकर दिल्ली की बम फैक्टरी बन्द कर दी गई। 4 अक्टूबर को पंजाब में सी.आई.डी. के एस.एस.पी. खान बहादुर अजीज खान पर हमला हुआ। 6-7 अक्टूबर को भगतसिंह ने 'ह्वाई आई एम अथिस्ट' लिखा। 7 अक्टूबर को लाहौर षड्यंत्र में विशेष ट्रिब्यूनल से भगतसिंह व साथियों को फाँसी की सजा दी। इसके प्रतिकार में श्री पृथ्वी सिंह, श्री सुखदेवराज और श्रीमती दुर्गा देवी ने बम्बई में 9 अक्टूबर को लेमिंग्टन रोड चौकी पर गोली चलाई। नवम्बर घटनाहीन रहा। 1 दिसम्बर, 1930 को कानपुर में सालिगराम शुक्ल शहीद हुए।

यदि इन समस्त घटनाओं का विश्लेषण करें तो सन् 1930 में फिलॉसफी ऑफ बम का वितरण, जलगाँव में अप्रूवरों पर हमला, श्री भगवतीचरण की शहादत, दिल्ली में बम फैक्टरी, गाडोदिया स्टोर एक्शन, यशपाल को सजा, वीरभद्र की गद्दारी, अब्दुल अजीज पर हमला, भगत व साथियों को सजाए मौत का फैसला, लेमिंग्टन रोड शूटिंग केस और श्री सालिगराम की शहादत जैसी ऐतिहासिक घटनाएँ एक के बाद एक घटीं। इसी वर्ष दल के साथियों में फूट, आपसी टकराव, गद्दारी भी सामने आई। आज़ाद ने केन्द्रीय समिति को भंग कर दिया। अब वे दक्षिण भारत, बम्बई और सीमा प्रान्त से सम्पर्क स्थापित कर दल को विस्तार देने का प्रयास करने लगे।

चन्द्रशेखर आज़ाद द्वारा 4 सितम्बर, 1930 को प्रान्तीय इकाइयों में हथियार बाँटकर केन्द्रीय समिति को भंग किये जाने का उल्लेख प्रायः सभी संस्मरणों में मिलता है किन्तु इस महत्त्वपूर्ण घटना का विस्तृत उल्लेख एकमात्र काशीराम ने अपनी पुस्तक में किया है। वे लिखते हैं, "एक दिन मैं लखनऊ जाने की तैयारी में था कि भाई आ गए। भाई बहुत गम्भीर नजर आए। वह सरल मुस्कान जो सदा उनके होंठों पर खेला करती थी, गायब थी। कोई भी इससे प्रभावित हुए बिना नहीं रह सकता था। उन्होंने कहा, जगदीश आज मेरे साथ दिल्ली चलना होगा। उन्होंने आहिस्ता-आहिस्ता ठहर-ठहर कर फिर कहना शुरू किया—"पार्टी के किस्मत का फैसला होने वाला है। पार्टी भंग होने की सम्भावना है। पार्टी भंग होने पर क्या होगा?" ठीक समय पर भाई के साथ दिल्ली पहुँच गया। स्टेशन से हम अपने डेरे पर और भाई अपने स्थान को चले गए। चलते समय अगले दिन शाम को, परेड पर जैन मन्दिर के पीछे मिलने की बात तय हुई। वे दो दिन पुराने साथियों से मिलने-जुलने में बीते। हम हँसे भी, हँसी-मजाक में भी हिस्सा लिया। पार्टी के काम के सम्बन्ध में भी बातचीत हुई। पर यह सब हुआ मन के अन्दर घुटन की दहकती आग को दबाकर। मेरी हिम्मत नहीं पड़ रही थी पार्टी के अन्दर चल रहे संघर्ष तथा पार्टी को अपनी जबान पर लाने की।

नियत समय पर लाल किले के पास जैन मन्दिर के पीछे परेड ग्राउंड में भाई से मिलना हुआ। भाई के साथ बच्चन भी थे। भाई आए और रो पड़े। उनके आँसू रोके नहीं रुकते थे। हम भी रोए। बच्चन की आँखें भी नम थीं। आँसुओं को रोककर भाई ने कहा—"पार्टी भंग हो गई।" कुछ ठहरकर फिर बोले—"जगदीश, अब तुम जहाँ चाहे जा सकते हो, जो जी चाहे कर सकते हो।" मैं हक्का-बक्का, भाई के मुँह से ऐसी बात सुनने की आशा मुझे बिलकुल नहीं थी। फिर बोले—"मेरा कोई वश नहीं चला। लोगों की हठधर्मी, समझौता कराने में असफल रही। पार्टी को भंग करना पड़ा। मैं अब फिर से पार्टी का संगठन करूँगा" वे कहते गए। "जगदीश तुम ठीक कहते थे। जमाना बदल रहा है—मैं तो अब किसी और काम का हूँ नहीं, मरना और मारना ही जानता हूँ। चलो कानपुर चलो, वहाँ एक प्रेस का प्रबन्ध करेंगे—तुम प्रेस चलाना और मजदूरों के साथ काम करना। चलो, कल कानपुर में ही चलकर बातचीत होगी।"

पार्टी खत्म हो चुकी थी। क्या से क्या हो गया, क्रान्ति सफल बनाने का स्वप्न हवा हो गया। पार्टी में फूट और संगठन के विघटन की बात पार्टी के प्रति देशद्रोहियों के विद्रोह की घोषणा कर रही थी। यह घटना सड़क पर चलनेवालों की चर्चा का विषय

बनी हुई थी। पुलिस खूब चौकन्नी और जोश में थी। बहुत खुश थी। अंग्रेज खुश थे कि बिना प्रयास के ही यह खतरा टला। अब तो क्रान्तिकारियों को बीन-बीनकर जेल में बन्द करना ही उनका काम रह गया था। कांग्रेस के अन्दर मिली-जुली प्रतिक्रियाएँ दिखीं। हमारे हमदर्द बहुत दुखी थे। नेता लोगों ने सन्तोष की साँस ली। और पार्टी सदस्यों के बारे में क्या कहा जाए। कटी पतंग की नाईं अधर में लटककर रह गए। कहीं मुँह दिखाने को न रहे। उत्साह भंग।

भाई आए और कुछ फुसफुसाकर सुबह ग्रीन पार्क में मिलने को कहकर चले गए। नियत दिन और समय पर मैं ग्रीन पार्क में पहुँचा। एक बेंच पर बैठे आज़ाद मेरा इन्तजार कर रहे थे। उनके साथ भाई के मुँह लगे अंगरक्षकों में से एक था। कुछ देर बाद भाई कहने लगे, "जगदीश मेरा दिमाग सही नहीं है। कुछ सोच नहीं पा रहा हूँ। कुछ दिन मैं अकेला ही रहूँगा। कुछ तय कर लेने पर तुम्हें सूचित करूँगा। इस समय तुम किसी सुरक्षित स्थान पर चले जाओ। जेब में से सौ रुपये के नोट निकालकर मेरी ओर बढ़ा दिया। मैं अधिक सह न सका। सहसा ही आँखों से अश्रुधारा बह चली। जेब में पड़ी पिस्तौल को निकालकर आहिस्ता से भाई की गोद में रख दिया। और जरा पीछे हटकर हाथ जोड़ दिया। बिदा के अन्तिम क्षणों में नोट वापस कर दिया। फौजी अनुशासन की नाईं सैल्यूट किया और चुपचाप साइकिल उठाकर चल दिया। घूमता-घामता डेरे पर पहुँचा। मेरे इन्तजार में आजाद का भेजा एक आदमी बैठा था। कल आज़ाद ने बुलाया है, कहकर गया। शाम को दिल्ली से आए एक मित्र मिले। बहुत उतावली में थे। उन्होंने कहा भैया कालिया पकड़ा गया। पुलिस का मुखबिर बन रहा है। तुम्हारा सब सामान, फोटो आदि पुलिस के हवाले कर दिया।"[72]

अभिसूचना की फाइलों के अवलोकन से सी.आई.डी. और पुलिस के द्वारा चन्द्रशेखर आज़ाद व एच.एस.आर.ए. को लेकर जो तैयारियाँ चल रही थीं, उस पर प्रकाश पड़ता है। जनवरी, 1930 में आज़ाद को लेकर काफी सूचनाएँ दर्ज की गई। 6 जनवरी, 1930 को दर्ज किया गया, "बम्बई से एक पूर्व एजेंट ने मिस्टर बनर्जी को सूचना दी है कि आज़ाद बॉम्बे में थे। वे अपने दोस्त पं. चन्द्रभाल अवस्थी, उन्नाव के साथ दरिया महाल, कालबा देवी रोड, बॉम्बे में ठहरे थे। ऐसा विश्वास किया जा रहा है कि आज़ाद आगरा की ओर गए।"[73] एक रिपोर्ट कहती है कि "30.06.1930 को शाम के समय आजाद को गोदौलिया से जाते देखा गया। वे गेरुवा रंग का कुर्ता पहने थे।"[74] एक अफसर की डायरी में दर्ज है, "आज़ाद आजकल लाहौर के निकट कहीं हैं। स्वामी नरसिंह दास आज़ाद और उनके दोस्त को कोटा या उदयपुर के किसी पहाड़ी गाँव में लाने का प्रयास कर रहे हैं।"[75] एक डायरी के अंश हैं, "एस-24 ने मुझे सूचना दी है कि उसे पता चला है कि आज़ाद या तो बरेली में रह रहे हैं या कहीं सेठ दामोदरदास के संरक्षण में रह रहे हैं।"[76]

एक डायरी लिखती है, "गयाप्रसाद उर्फ लनाई, जो हरहुर, थाना-अचलगंज, उन्नाव के हैं, के बारे में कहा जा रहा है कि वे आजाद के सम्पर्क में हैं।"[77] शायद यह सूचना तसदीक नहीं हुई थी, इसे गलत काटा गया है। मुखबिर एस-12 की सूचना है कि "मुनीश्वर प्रसाद अवस्थी ने बनारस में कहा कि हमें पता चला है कि आज़ाद वहाँ

एक दिन थे।"[78] बिहार और उड़ीसा की एस.बी. से प्राप्त मेमो के अनुसार, "चन्द्रशेखर आज़ाद साधारणतया देहरादून में राजपुर के निकट स्थित शक्ति आश्रम आया करते हैं।"[79] 'एस.' पुनः अपनी डायरी में दर्ज करता है, "पता चला है कि आजकल आज़ाद साधु वेश में गंगा के किनारे कलकत्ता में रह रहे हैं।"[80] एस.जी. की डायरी में दर्ज है, "मनावा उर्फ बंगी प्रोपेगैंडा के लिए रायबरेली गया था। 6 मई को जब वह लौटा तो उसे ज्ञात हुआ कि आज़ाद कानपुर में मई के प्रथम सप्ताह में आए थे।"[81] मुखबिर सी-101 ने रिपोर्ट दी कि "एक पखवारा पूर्व केशव चक्रवर्ती उत्तर प्रदेश गए थे और फिर कलकत्ता लौट आए। उन्होंने कहा कि वे आज़ाद, सदगुरु दयाल अवस्थी और श्री भगवतीचरण से मिले थे।"[82]

एक सूचना के अनुसार, "इलाहाबाद में छिवकी से 9 मील दूर के एक गाँव में आज़ाद रह रहे थे।"[83] दिल्ली के स्पेशल सुपरिंटेंडेंट ने रिपोर्ट दी, "बिरला मिल्स के बलभद्र ने 13 जुलाई को आज़ाद से मिलने के लिए दिल्ली छोड़ा। यह बलभद्र सतियावती देवी के पति हैं जिसे आज़ाद की मिस्ट्रेस माना जाता है।"[84] दिल्ली की बम फैक्टरी का पता पुलिस को मात्र एक महीने में चल गया। 12 जुलाई को फैक्टरी शुरू हुई, 15 अगस्त की रिपोर्ट कहती है, "चन्द्रशेखर आज़ाद के अधीन दिल्ली में एक बम फैक्टरी है। कैलाशपति इसका इंचार्ज है। आज़ाद ने सुरेन्द्रनाथ को बताया कि भगवतीचरण की मृत्यु के बाद से वे दुर्गा देवी के घनिष्ठ सम्पर्क में हैं।"[85]

आज़ाद के सम्बन्ध में किस तरह का भ्रम और अस्पष्टता व्याप्त थी, इसकी एक बानगी 'जी.' की डायरी में दर्ज है, "मैंने सुना है कि आज़ाद बीना और कोला स्टेशनों के मध्य कुली का काम कर रहा है।"[86] यह सूचना आज़ाद की शहादत के मात्र साढ़े चार माह पूर्व की है। डी. की डायरी कहती है कि "आज़ाद कानपुर में किसी पांडेय से मिले। यह पांडेय या तो सुरेन्द्रनाथ पांडेय होंगे या वीरेन्द्र पांडेय।"[87] मुखबिर सी-102 ने बताया कि "जीवन मैती, अगम दत्त और अन्य संयुक्त प्रान्त दल से मिले, जिसे 'हिन्दुस्तान रिपब्लिकन पार्टी' कहा जाता है। एक पंडित जी (शायद आज़ाद) संयुक्त प्रान्त से हावड़ा अपने दल के संगठन के लिए आए।"[88] यहाँ स्पष्ट कर दें कि जिस पंडित जी की बात हो रही है वे आज़ाद न होकर सदगुरु दयाल अवस्थी थे। एस.जी.-2 ने रिपोर्ट दी—"उसने सुरेन्द्रनाथ पांडेय उर्फ महाशय और बच्चन को साथ पाया। आज़ाद ने उसे फरार हो जाने और दल में शामिल हो जाने को कहा।"[89]

इस प्रकार हम पाते हैं कि कैलाशपति के गिरफ्तार होने तक अर्थात् अक्टूबर, 1930 तक पुलिस को आज़ाद व उनके साथियों के बारे में कुछ बातें तो टीक पता चल गई थीं, बाकी वह आज़ाद के बारे में काफी हद तक पूर्ववत अटकलबाजियाँ कर रही थी। जो उनसे कभी मिला हो उस पर निगरानी, जो बचपन में साथ रहा हो उस पर चौकसी। डेढ़ से तीन रुपये प्रतिदिन पर आज़ाद को पहचाननेवाले 'आईडेंटिफायर' लगाए जाते थे, जिन्हें भाड़ा अलग से दिया जाता था। उनके नाम, पते इन फाइलों में हैं। लगातार एक स्थान से दूसरी जगह के लिए उनकी माँगें हैं। वायसराय या गवर्नर के मूवमेंट या गवाहों की सुरक्षा के सम्बन्ध में भी पत्र हैं। आज़ाद के डिस्क्रिप्टिव रोल का वितरण है, यदि किसी ने उन्हें कहीं देखा तो उसके लिए अलर्ट और लुक ऑउट नोटिसें हैं।

उड़ीसा से उत्तराखंड तक उनके नाम का या शक्ल का कोई दिखा तो हल्ला-गुल्ला मचा।

नवम्बर-दिसम्बर, 1930 में सी.आई.डी. पुलिस की क्या सक्रियता थी इस पर एक संक्षिप्त दृष्टि डालना समीचीन होगा।

28 नवम्बर, 1930 को सी.आई.डी. के स्पेशल डिप्टी एस.पी. ने आज़ाद के कुल 25 साथियों की सूची जारी की जिनमें सर्वश्री लक्ष्मीनारायण शर्मा, हिन्दू सभा, बनारस; रामदास गौड़, प्रो. बनारस; मन्मथनाथ गुप्त, बनारस; कैलाशपति, दिल्ली; काशीराम, हरदोई; विद्याभूषण, बनारस; हजारीलाल, बिहार; धन्वन्तरि, गुरुदासपुर, लाहौर; सुखदेवराज, लाहौर; विश्वनाथराव वैशम्पायन, झाँसी; यशपाल, लाहौर; भवानी सिंह, गढ़वाल; भवानी सहाय, अलवर; विश्वम्भर दयाल, अलवर; विमलप्रसाद जैन, मेरठ; मदनगोपाल, अजमेर; दुर्गा देवी, लाहौर; प्रेमनाथ, लाहौर; हंसराज उर्फ वायरलेस, लायलपुर; शिवचरण बनिया, यू.पी.; रामकृष्ण, लाहौर तथा लेखराम, हिसार के नाम शामिल हैं। दिसम्बर तक कैलाशपति का बयान पूर्ण हो गया था। इस बयान के अन्त में जिन 27 लोगों का विवरण दिया गया है। उनमें सर्वश्री भगीरथ, भगवत दयाल शर्मा, वीरभद्र तिवारी, छैल बिहारी, चन्द्रवती, ध्रुवदेव इंजीनियर, केशवचन्द्र गुप्त, खयालीराम गुप्त, नन्दकिशोर निगम, राजेलाल, रामलाल, रामाराजू, सम्पूर्ण सिंह टंडन तथा विश्वनाथ राव वैशम्पायन के नाम गायब हैं। इनमें जो दो नाम सर्वाधिक चौंकाते हैं—वे हैं, वीरभद्र तिवारी का नाम व श्री विश्वनाथ वैशम्पायन का नाम। ये दोनों नाम सी.आई.डी. की दूसरी सूची में नहीं था।

5 नवम्बर, 1930 को पी. बिग्गाने ने झाँसी के एस.एस.पी. को लिखे पत्र में लाहौर केस में गवाही देनेवाले रामदुलारे के भय को बताया है और उसकी सुरक्षा के लिए अनुरोध किया है।[90] सादे वस्त्रों में मय हथियार शैडो लगाने को कहा गया है। दिसम्बर, 1930 तक जो भी आज़ाद को पहचाननेवाले थे उनमें पहलू लोहार, बैजनाथ और मूले धीमर को सर्वाधिक विश्वसनीय माना गया। गोरखपुर के एस.पी. को, बैजनाथ को तुरन्त कानपुर के ग्रुप अफसर इंस्पेक्टर शम्भुनाथ के पास भेजने के लिए सी.आई.डी. के स्पेशल सुपरिंटेंडेंट ने लिखा। साथ ही पत्र में यह भी उल्लेख है कि, "यदि उसके पास पैसा न हो तो रेल का भाड़ा अग्रिम दे दें। यह बात मानने के काफी प्रमाण हैं कि आज़ाद कानपुर या उसके आसपास हैं।"[91] यह नॉट बावर का पत्र है। उसने 17 दिसम्बर, 1930 को ही छपरा के एस.पी. को भी वहाँ गए आज़ाद की पहचान करनेवालों को तत्काल कानपुर में इंस्पेक्टर शम्भुनाथ के पास भेजने को लिखा। साथ में भाड़ा देने को लिखा।[92] शम्भुनाथ ने 19.12.1930 को एस.पी. को लिखा कि झाँसी से आज़ाद के दो पहचानने वाले—1. रामचरण वल्द राम परसाद कहार, नई बस्ती व 2. बैजनाथ वल्द जवाहर कहार, नई बस्ती, झाँसी से आ गए हैं। लेकिन विश्वनाथ वैशम्पायन की पहचान करनेवाला अभी तक कोई नहीं मिला है।[93]

16.11.1930 की डायरी के एक अंश के अनुसार कानपुर में जहाँ आज़ाद की बम की खोल बनती थी, उसका उल्लेख है। इसी तरह ए.टू.डी.आई.जी. सी.आई.डी. ने डिप्टी एस.पी. तृतीय को 31.12.1930 को लिखा कि कैलाशपति के बयान के बाद मिस्टर मिश्र के द्वारा तैयार चन्द्रशेखर आज़ाद की हिस्ट्रीशीट अधूरी है। इसे जिलों में

वितरण के लिए पूर्ण कर लें। इसी तरह कैलाशपति ने बताया था कि सदाशिव को आज़ाद के माता-पिता का सही पता मालूम है, अतः नॉट बावर ने बम्बई के डिप्टी कमिश्नर पुलिस को लिखा कि "कृपया झाँसी डिस्ट्रिक्ट इंटेलिजेंस स्टाफ के एस.आई. रामभरोसे का जेल में सदाशिव से साक्षात्कार कराने की कृपा करें।"[94] सितम्बर, 1930 में पुलिस को श्री भगवतीचरण की शहादत व उनके गाड़े जाने की जानकारी मिल चुकी थी। 08.09.1930 को सी.आई.डी. पंजाब ने मिस्टर बिग्गाने को इस सम्बन्ध में लिखा। 23 अगस्त, 1930 के एक पत्र से स्पष्ट है कि उस समय तक पुलिस कैलाशपति को पहचानती नहीं थी, न उनके पास कोई कैलाशपति को पहचाननेवाला था।

सन् 1931 चन्द्रशेखर आज़ाद के शहादत का वर्ष है। इस साल क्या कुछ हुआ, इसे हम अगले खंड में देखेंगे, लेकिन नवम्बर व दिसम्बर, 1930 के कागजों से स्पष्ट है कि स्पेशल पुलिस अधीक्षक, सी.आई.डी. नॉट बावर ने सटीक सूचना के आधार पर झाँसी से लेकर छपरा तक गए आज़ाद के पहचाननेवालों को कानपुर में इंस्पेक्टर शम्भुनाथ के नीचे जमा करना शुरू करा दिया था। साथ ही सदाशिव के द्वारा आज़ाद के माता-पिता की भी खोज शुरू कर दी थी। कानपुर पर फोकस का बड़ा कारण कैलाशपति का बयान था। बैजनाथ को 45 रुपये माह पर रखा गया था। इसका पता नॉट बावर द्वारा झाँसी के एस.पी. को 19.02.31 को लिखे पत्र से चलता है।[95]

एस.आई. डी.आई.एस. झाँसी ने 17 जनवरी, 1931 को एक विस्तृत रिपोर्ट भेजी थी। यह वही एस.आई. था जिसे नॉट बावर ने बम्बई सदाशिव का साक्षात्कार करने को भेजा था। वह 12.01.31 को बम्बई गया, तो पता चला कैदी पूना जेल में है, पूना गया तो पता चला कि वह यरवदा जेल में है, वह वहाँ के अफसर मिस्टर त्रिवेदी से मिला तो इस साक्षात्कार के लिए उन्होंने एस.आई. के साथ में अपना डिप्टी एस.पी. भेज दिया। यह साक्षात्कार दो घंटा चला। पहले तो सदाशिव ने पंजाब के सी.आई.डी. अफसरों को भला-बुरा कहा और बताया कि मैंने सब कुछ बताया तो भी मुझे 15 साल मिला, जबकि मेरे साथी भगवानदास ने मुँह भी नहीं खोला तो उसे 9 साल मिला। पहले तो वह बात करने को तैयार नहीं था लेकिन फिर बताया कि किस तरह उसे काकोरी केस के शचीन्द्रनाथ बख्शी ने दल में शामिल किया और उनके द्वारा वह आज़ाद के सम्पर्क में आया। 1925 में उसने आज़ाद के मोटर कम्पनी में काम करने की बात बताई, जो हमें पूर्व से पता थी। उसने मुझे बताया कि उसे आज़ाद के माता-पिता के बारे में कुछ पता नहीं है और न तो उसने कभी इस विषय पर आज़ाद से बात की। जो उसे पता है, वह बस इतना है कि वह बनारस में पढ़ रहे थे।

डिप्टी एस.पी. मिस्टर कोठावाला ने कहा कि वे उसको छुड़ाने का हर सम्भव प्रयत्न करेंगे। यदि वह उन्हें कोई मदद दे सके। कैदी ने अन्त तक पुलिस से कोई मदद लेने से मना किया और जब-तब याद दिलाता रहा कि उसे उनकी दया से 15 साल मिल चुका है और ज्यादा की जरूरत नहीं है। उसकी बातों से झलक रहा था कि उसकी सोच भयानक रूप से ब्रिटिश विरोधी है। अन्त में सदाशिव ने मुझसे कहा कि क्या उसका स्थानान्तरण पूना से यू.पी. के किसी जेल में कराया जाना सम्भव है। वह अपने स्थानान्तरण के लिए काफी उत्सुक दिखा। मैंने सदाशिव को यह पता नहीं लगने दिया

कि मैं उससे इसलिए मिलने आया हूँ कि हम आज़ाद के माता-पिता का पता लगाना चाहते हैं। मैंने इस प्रश्न को गोल-मोल घुमाकर पूछा। उसने आज़ाद के बारे में बहुत सी बातें बताई जो हमें पहले से पता थीं। अप्रूवर के बयानों से मुझे लगता है कि यदि उसे आज़ाद के माता-पिता के बारे में पता होता तो वह हमें उसे भी बताता। वर्तमान में सदाशिव से अन्य कोई सूचना प्राप्त करने की आशा नहीं है। मुझे सी.आई.डी. इंस्पेक्टर पूना मिस्टर रेज से पता चला कि सदाशिव से पहले भी अनेकों बार पूछताछ हो चुकी है, लेकिन उसने कुछ भी बताने से मना कर दिया।[96]

आज़ाद के अन्तिम महीनों में कई नामचीन नेता उनसे मिले थे। उनमें से एक बाबा पृथ्वी सिंह भी थे। यह भेंट 1930 के किसी माह में हुई थी। सरदार पृथ्वी सिंह 1915 के गदर पार्टी के सदस्य थे। भगतसिंह ने आज़ाद को सूचना कराई थी कि पृथ्वी सिंह कहीं बम्बई में है। आज़ाद जब 1930 में दिल्ली में थे तभी धन्वन्तरि को उन्हें ढूँढ़ने का काम सौंपा था। उन दिनों स्वामीराव (बाबा पृथ्वी सिंह) श्रीराम वाजपेयी से मिलने इलाहाबाद में थे। उन्हें खोजते धन्वन्तरि गणेश रघुनाथ वैशम्पायन का पत्र लेकर बम्बई से इलाहाबाद आए। पत्र मिलने पर भेंट तय हुई। इस भेंट के गवाह सुखदेवराज ने 'जब ज्योति जगी' में लिखा, "निश्चित योजनानुसार मीटिंग अल्फ्रेड पार्क में होनी थी। अतः भैया मुझे लेकर अल्फ्रेड पार्क में जा पहुँचे, ठीक आठ बजे पृथ्वी सिंह को लेकर धन्वन्तरि वहाँ आ पहुँचा। भैया पृथ्वी सिंह को लेकर एक ओर चले गए और मैं तथा धन्वन्तरि दूसरी ओर बैठकर गपशप करते रहे।" यह बैठक रात को आठ बजे हुई। इसका खुलासा पृथ्वी सिंह की आत्मकथा से होता है। वे लिखते हैं, "धन्वन्तरि से बातचीत के क्रम में यह तय हुआ कि मैं रात को निश्चित स्थान पर चन्द्रशेखर आज़ाद से मिलूँ। मैं युवक क्रान्तिकारी से सुखदेव नाम के दूसरे क्रान्तिकारी के साथ एक पार्क में मिला और उनसे वर्तमान राजनीतिक परिदृश्य पर वार्ता की। मैंने पाया कि युवा क्रान्तिकारियों का अपने विचारों के क्रियान्वयन का अपना तरीका था, जिसके बारे में वे बिलकुल स्पष्ट थे। मुझे लगा कि यदि मुझे मौत से वास्ता रखना है तो, ये आदर्श साथी थे। वे इस बात से निश्चित थे कि जनता को अत्याचारी शासकों को आतंकित करने या उन्हें मारने से मुक्ति नहीं मिलेगी।"[97]

पृथ्वी सिंह आज़ाद की आत्मकथा 1964 में 'क्रान्तिपथ के पथिक' नाम से छपी थी। अंग्रेजी में यह आत्मकथा 1987 में पहली बार छपी थी। इसके पूर्व 1944 में राहुल सांकृत्यायन ने 'सरदार पृथ्वी सिंह : एक क्रान्तिकारी जीवनी' नाम से उनकी जीवनी लिखी थी। इस पुस्तक को सांकृत्यायन जी ने पृथ्वी सिंह से पूछकर लिखा था। 'चन्द्रशेखर आज़ाद से भेंट' शीर्षक के अन्तर्गत राहुल जी ने लिखा—"एक दिन सवेरे किसी ने उनसे एक तरुण क्रान्तिकारी का परिचय कराया। एक ही नजर में पृथ्वी सिंह को विश्वास हो गया कि यह तरुण विश्वासपात्र है। दोनों ने एक दूसरे के सामने दिल खोल दिया। तरुण का प्रस्ताव था कि तुम सोवियत रूस जाकर क्रान्तिकारी संस्थाओं के साथ सम्बन्ध स्थापित करो। अँधेरा होने पर एक और तरुण आया, उसके चेहरे, उसकी एक-एक भाव-भंगी से वीरता और निर्भयता टपक रही थी, यह तरुण था चन्द्रशेखर आज़ाद, जो के पीछे इलाहाबाद के अल्फ्रेड पार्क में पुलिस की गोलियों का जवाब देते-देते शहीद

हुआ।"[98] श्री विश्वनाथ वैशम्पायन के अनुसार इस भेंट के प्रतीक के तौर पर आज़ाद ने पृथ्वी सिंह को 11 गोलियों वाला आटोमैटिक पिस्टल तथा 50 कारतूस भेंट किये। इसके बाद कानपुर में श्री रामचन्द्र मुसद्दी के मकान पर एक बार फिर आज़ाद और पृथ्वी सिंह की भेंट हुई थी। (सितम्बर, 1930) श्री वैशम्पायन के अतिरिक्त किसी ने भी बाबा पृथ्वी सिंह की आज़ाद से दुबारा भेंट का जिक्र नहीं किया है।

सन्दर्भ

1. 'कांग्रेस का इतिहास', पट्टाभि सीतारमैया, पृ. 304-315
2. 'यश की धरोहर', भगवानदास माहौर, पृ. 62-60
3. 'अमर शहीद चन्द्रशेखर आज़ाद', विश्वनाथ वैशम्पायन, पृ. 134-135
4. 'कानपुर का नवजागरण', रजत जयन्ती अंक, 'दैनिक जागरण', पं. लक्ष्मीकान्त त्रिपाठी
5. 'नौजवान भारत सभा', कामरेड रामचन्द्र, पृ. 50
6. डिप्टी एस.पी. बनर्जी का ए.आई.बी. को भेजा पत्र, 9.6.1929, शिववर्मा, 'व्यक्तिगत पत्रावली'
7. डिप्टी एस.पी. बनर्जी का डी.आई.जी. सी.आई.डी. को भेजा पत्र, 25.5.1929, शिववर्मा, 'व्यक्तिगत पत्रावली'
8. बयान, शिव वर्मा 22/05/1929, 'व्यक्तिगत पत्रावली', शिववर्मा
9. ब्रीफ हिस्ट्री नोट, विजयकुमार सिन्हा, 'व्यक्तिगत पत्रावली', एन.सी. मिश्र, 18.3.1936
10. राजकुमार सिन्हा, 'हू इज हू', पृ. 331
11. विजयकुमार सिन्हा, 'हू इज हू', पृ. 330
12. ब्रह्मदत्त मिश्र, 'हू इज हू', पृ. 69
13. सुरेन्द्रनाथ पांडेय, 'हू इज हू', पृ. 345
14. वीरेन्द्रनाथ पांडेय, 'हू इज हू', पृ. 357
15. सी. की डायरी, 17.08.1928, पी.पी.एफ/सी. 15
16. सी. 75, दिनांक 31.10.1928 जी./बी.55
17. ब्रीफ हिस्ट्री नोट ऑफ आज़ाद, पी.पी एफ/सी. 15, खंड 2
18. वही, ब्रीफ ऑफ चन्द्रशेखर आज़ाद, पृ. 3-4
19. 'श्री चन्द्रशेखर आज़ाद और उनका युग', मनमोहन गुप्त, पृ. 125-133
20. 'व्यक्तिगत पत्रावली', चन्द्रशेखर आज़ाद
21. 'अमर शहीद चन्द्रशेखर आज़ाद के संस्मरण', विश्वनाथ वैशम्पायन, पृ. 161
22. ब्रीफ हिस्ट्री नोट, 'व्यक्तिगत पत्रावली', चन्द्रशेखर आज़ाद, पृ. 4
23. गयाप्रसाद का बयान, व्यक्तिगत पत्रावली, शिववर्मा
24. वही, विश्वनाथ वैशम्पायन, पृ. 165-166
25. ब्रीफ हिस्ट्री नोट, 'व्यक्तिगत पत्रावली', चन्द्रशेखर आज़ाद, पृ. 4
26. 'तिनकी अब कान कहानी सुन्यो करैं', शिववर्मा, 'अग्निपुंज', पृ. 65
27. नं. डी/2-1925/79, मार्च, 31, 1928, 'व्यक्तिगत पत्रावली', चन्द्रशेखर आज़ाद
28. 'व्यक्तिगत पत्रावली', चन्द्रशेखर आज़ाद, ए टू डी.आई.जी., सी.आई.डी. का पत्र एस.पी. कुमायूँ, 11 सितम्बर, 1928
29. वही, 'बी' की डायरी के अंश, 17.09.28, पी.पी.एफ./सी. 15
30. वही, एस.पी. अजमेर, कैप्टन डी.सी. लाल ब्लैक को पत्र, 21.09.28

31. वही, नैनीताल के एस.पी. का पत्र डी.आई.जी., सी.आई.डी., 3/4.10.28
32. वही, एस.पी.एस.आर. मेयर्स को भेजा गया पत्र, 16.10.28
33. वही, एस.पी. बनारस जे.सी. वेमाउथ को भेजा पत्र, 27.10.28
34. वही, ओ.एच.एम.एस. फ्रॉम ए.एस.बी.टू ए.आई.बी. 7.11.28
35. वही, लखनऊ के एस.पी. पीटर्स को पत्र, 30 नवम्बर, 1928
36. वही, सालिगराम सिन्हा की रिपोर्ट
37. वही, एस.पी. अजमेर का पत्र डी.आई.जी., सी.आई.डी. को, 4.12.28
38. वही, 'आर.' की डायरी के अंश, 12.12.28
39. 'कांग्रेस का इतिहास', पट्टाभि सीतारमैया, पृ. 320-335
40. अप्रूवर कैलाशपति का बयान, पृ. 3-16
41. साक्षात्कार, दुर्गा देवी वोहरा, श्यामलाल मनचन्दा, नेहरू स्मारक संग्रहालय एवं लाइब्रेरी, पृ. 13-22
42. बयान, शिववर्मा, व्यक्तिगत पत्रावली
43. 'व्यक्तिगत पत्रावली', शिववर्मा
44. 'व्यक्तिगत पत्रावली', चन्द्रशेखर आज़ाद, एस. की डायरी के अंश, 25.05.29
45. वही, 'डी' की डायरी के अंश, 15.06.29
46. वही, एस.बी., यू.पी., 15.06.29
47. वही, एस.बी., यू.पी., 21.06.29
48. वही, टी.एच.बी., 26.06.29
49. वही, सी. 93 के बयान के अंश, 25.06.29
50. वही, डी.आई.एस., बनारस, 06.07.29
51. वही, 'एस.' की डायरी के अंश, 07.07.29
52. ठाकुर विशेश्वर सिंह की डायरी के अंश, 7 जुलाई, 1929, 'व्यक्तिगत पत्रावली', शिववर्मा
53. 'व्यक्तिगत पत्रावली', चन्द्रशेखर आज़ाद, बी.एस. की रिपोर्ट, 18.07.29
54. वही, एस.पी. झाँसी का पत्र, 22.7.29
55. वही, सी.वी. की रिपोर्ट, 1.8.29
56. वही, डी.आई.एस., झाँसी की रिपोर्ट, 11.08.29
57. वही, सी.आई.डी.,पंजाब, 15.08.29
58. वही, एस.बी., यू.पी., 24.8.29
59. वही, एच.डी. की रिपोर्ट, 10.09.29
60. वही, सी.आई.डी. पंजाब, 14.09.29
61. वही, एस.पी. झाँसी का पत्र, 22.09.29
62. वही, सरीन की डायरी के अंश, 30.09.29
63. वही, सरीन के डायरी के अंश, 1.10.29
64. वही, सरीन के डायरी के अंश, 13.10.29
65. वही, ठाकुर विशेश्वर सिंह की डायरी के अंश, 25.11.29
66. वही, टी.एच.ई. की रिपोर्ट, 5.12.29
67. वही, मिस्टर जे.एन.वी. की रिपोर्ट, 7.12.29
68. वही, जे.बी.एल. की डायरी, 9.12.29

69. 'कांग्रेस का इतिहास', पट्टाभि सीतारमैया, पृ. 337-375
70. वही, कैलाशपति का बयान
71. खयालीराम गुप्त, 'हू इज हू', पृ. 173
72. 'क्रान्ति के वे दिन', काशीराम, पृ. 94-96
73. चन्द्रशेखर आज़ाद, 'व्यक्तिगत पत्रावली', अभिसूचना रिपोर्ट, 6.1.30
74. वही, एच.एच.एस. की रिपोर्ट 17.1.30
75. चन्द्रशेखर आज़ाद, 'व्यक्तिगत पत्रावली', 'आर.' की डायरी के अंश, 21.1.30
76. वही, 'एस' की डायरी के अंश, 26.1.30
77. वही, एच.एच.एस. की डायरी के अंश, 31.1.30
78. वही, एस-12 की सूचना, 5.2.30
79. वही, मेमो नं. 2883/246-25, एस.वी. बिहार-उड़ीसा, 25.03.30
80. वही, 'एस.' की डायरी के अंश, 11.5.30
81. वही, एस.जी. की डायरी के अंश, 25.5.30
82. वही, सी-101, की सूचना, 26.05.30
83. वही, टी.एच.ए. की रिपोर्ट, 25.06.30
84. वही, दिल्ली के स्पेशल सुपरिंटेंडेट की रिपोर्ट, 15.7.30
85. वही, एस.जी. 2 की रिपोर्ट, 15.08.30
86. वही, 'जी' की डायरी के अंश, 8.10.30
87. वही, 'डी.' की डायरी के अंश, 15.10.30 (डी-30)
88. वही, सी-102 की रिपोर्ट, 25.10.30
89. वही, एस.जी. 2, 4.11.30
90. वही, एस.पी. झाँसी एच.ए. इंग्लिस को पी. बिग्गाने का पत्र, 15.11.30
91. वही, एस.पी. झाँसी, ए.जी. क्राफोर्ड को, स्पेशल सुपरिंटेंडेंट, सी.आई.डी. का पत्र, 17 दिसम्बर, 1930
92. वही, एस.पी. छपरा को, जे.आर.एच. नॉट बावर का पत्र, 17.12.30
93. वही, उ.प्र., एस.बी., सी.आई.डी. के इंस्पेक्टर शम्भुनाथ शुक्ल का पत्र एस.पी. को, 19.12.30
94. वही, नॉट बावर का पत्र डिप्टी कमिश्नर बम्बई, के.बी. जे. पेटीगारा के नाम, 14.12.30
95. वही, नॉट बावर द्वारा एस.पी. झाँसी को लिखा पत्र, 15.2.31
96. वही, सदाशिव राव मलकापुरकर के नॉट बावर द्वारा भेजे गए सब-इंस्पेक्टर द्वारा लिये गए साक्षात्कार पर आधारित रिपोर्ट, 17.1.31
97. द लीजेंड्री क्रूसेडर बाबा पृथ्वी सिंह आज़ाद, पृ. 144
98. 'सरदार पृथ्वी सिंह : एक क्रान्तिकारी जीवनी', राहुल सांकृत्यायन, पृ. 114

वीरगति

चन्द्रशेखर आज़ाद के जीवन के अन्तिम दो माह भयंकर तनाव तथा सी.आई.डी. की सक्रियता के दिन थे। प्राप्त सूचना के अनुसार जनवरी 1931 के अन्तिम सप्ताह में आज़ाद कानपुर से स्थायी रूप से इलाहाबाद आकर रहने लगे थे। उनकी व्यक्तिगत पत्रावली में जनवरी माह में अनेक प्रविष्टियाँ देखने को मिलती हैं। जिनका संक्षिप्त विवरण निम्नवत है—

8 जनवरी, 1931—झाँसी का सक्रिय क्रान्तिकारी शंकरराव आज़ाद से मिलने 03.05.30 को ग्वालियर गया। जून, 1930 में किसी समय आज़ाद इलाहाबाद में छिवकी से 8 मील पश्चिम के किसी गाँव में थे। जुलाई में वे कानपुर आएँगे। बिरला मिलवाला बलभद्र दिल्ली से हरिद्वार आज़ाद से मिलने गया। 1930 के शुरू में आज़ाद आगरा, कानपुर, इलाहाबाद और बनारस के मध्य घूम रहे थे। जनवरी से पता चल रहा है कि वे बरेली या कहीं अन्यत्र दामोदर स्वरूप सेठ के संरक्षण में बैठ गए हैं। जनवरी के अन्त से उनका इरादा कानपुर शिफ्ट होने का है। जहाँ मुहल्ला चमनगंज में गोपीनाथ ने उनके लिए एक घर देख रखा है। बनारस के महावीर सिंह आज़ाद के दोस्त हैं। विद्यापीठ के वासुदेव झा व गोकुलदास आज़ाद के सम्पर्क में हैं।[1]

9 जनवरी, 1931—सितम्बर, 1930 में आज़ाद छपरा जेल से जोगेन्द्र शुक्ल को छुड़वाने का प्रबन्ध करने के लिए गोरखपुर गए। वे सम्भवतः कैलाशपति के दोस्त और मुनेश्वर प्रसाद अवस्थी से गोरखपुर में मिले। आज़ाद शायद धौलपुर-मुरैना के बीच कहीं हैं। इसी दौरान नन्दकिशोर से ज्ञात हुआ कि झाँसी व बीना के मध्य वे मुक्त घूम रहे हैं और राजनीतिक जुलूस निकाल रहे हैं। यह भी अफवाह थी कि बीना और कोटा के बीच आज़ाद कहीं रेलवे कुली का काम कर रहे हैं। अक्टूबर के अन्त में सुरेन्द्रनाथ, आज़ाद उर्फ महाशय व बच्चन से कर्जन पार्क, कानपुर में मिले। आज़ाद हमीरपुर के शत्रुघ्न सिंह से मिलने जाते समय मऊ में थे। दीवान शत्रुघ्न सिंह अभी जेल से आए हैं। नवम्बर, 1930 में आज़ाद कानपुर के मनीलाल अवस्थी के सम्पर्क में थे। अवस्थी, कैलाश बिहारी और वीरभद्र तिवारी नेशनल स्कूल से जुड़े हैं। नवम्बर में राजपूताना के युवकों का एक दल आगरा में टुंडला रेलवे पुल के नीचे जमुना घाट पर आज़ाद की प्रतीक्षा कर रहा था, मगर वे आए नहीं। लेकिन बताया गया कि यह मन्दिर क्रान्तिकारियों की बैठक का प्रिय स्थान है।

21 जनवरी, 1931—इलाहाबाद स्वराज्य-भवन में कांग्रेस कार्यकारिणी ने रियायती प्रस्ताव स्वीकार किया।

26 जनवरी, 1931—गांधी जी व उनके 26 साथियों को बिना शर्त छोड़ दिया गया।[2]

फरवरी, 1931 का महीना भारत के इतिहास में पं. मोतीलाल नेहरू के देहावसान तथा चन्द्रशेखर आज़ाद की शहादत के लिए हमेशा याद किया जाता रहेगा। अपने अन्तिम दिनों में आज़ाद की क्या मनःस्थिति थी, वे किन परिस्थितियों में कानपुर से इलाहाबाद आए, इलाहाबाद में उनकी किससे व क्यों मुलाकात हुई तथा किन परिस्थितियों में अल्फ्रेड पार्क में सी.आई.डी. से घिरकर लड़ते हुए वे शहीद हुए आदि प्रसंगों पर विस्तार से चर्चा की जाएगी। पट्टाभि सीतारमैया के अनुसार—

"पंडित मोतीलाल नेहरू जेल में सख्त बीमार हो गए। अतः सजा की मियाद खत्म होने से पहले ही उन्हें छोड़ दिया गया। उसके थोड़े दिन बाद ही उनकी मृत्यु हुई। गांधी जी 26 जनवरी को छूटते ही पं. मोतीलाल नेहरू से मिलने के लिए इलाहाबाद चल दिये। जहाँ वे बीमार पड़े हुए थे। कार्य-समिति के सब सदस्यों को भी बुलाया गया। वहीं स्वराज्य भवन में 31 जनवरी और 1 फरवरी, 1931 को कार्य-समिति की बैठक हुई। कार्य-समिति के सदस्य 3 फरवरी तक इलाहाबाद में रहे। पं. मोतीलाल की हालत दिन-ब-दिन खराब होती जा रही थी और यह आवश्यक समझा गया कि उन्हें एक्स-रे परीक्षा के लिए लखनऊ ले जाया जाए। तब तक करीब-करीब सभी लोग थोड़े दिन के लिए वहाँ से चले गए थे। पर गांधी जी सहित कुछ लोग वहीं रहे। गांधी जी तो मोतीलाल जी के साथ लखनऊ भी गए। जहाँ 6 फरवरी, 1931 को पं. मोतीलाल जी की मृत्यु हो गई।

उसी समय गोलमेज परिषद में गए हुए प्रतिनिधि लौटकर हिन्दुस्तान आए और 6 फरवरी को कांग्रेस से अपील की। 13 फरवरी को इलाहाबाद में कार्य-समिति की बाजाब्ता बैठक हुई। गांधी जी ने लॉर्ड इरविन को मुलाकात के लिए एक संक्षिप्त पत्र लिखा, जिसमें उनसे बहैसियत एक मनुष्य बातचीत करने की इच्छा प्रकट की। यह पत्र 14 तारीख को भेजा गया। 16 तारीख को बड़े सवेरे तार द्वारा इसका जवाब आ गया। 16 फरवरी, 1931 को ही गांधी जी दिल्ली के लिए रवाना हो गए। और पुरानी समिति के अन्य सदस्य भी शीघ्र दिल्ली पहुँच गए। गांधी जी ने 17 फरवरी को वायसराय से पहली बार मुलाकात की। तीन दिन तक लगातार बात चली। 19 को वायसराय भवन ने सरकारी विज्ञप्ति जारी की। 19 फरवरी को पुनः वार्ता हुई। काफी प्रतीक्षा के बाद 26 फरवरी को वायसराय का बुलावा आ ही पहुँचा।

27 फरवरी, 1931 को गांधी जी वायसराय के पास गए और साढ़े तीन घंटे तक बहुत खुलकर साफ-साफ और मित्रतापूर्वक बातचीत हुई। 1 मार्च को उन्हें पुनः वायसराय भवन बुलाया गया। 3 मार्च को लगा समझौता भंग हो जाएगा। किन्तु 5 मार्च, 1931 को समझौते पर हस्ताक्षर हुए। समझौते की बातचीत के दौरान सरदार भगतसिंह और उनके साथी राजगुरु व सुखदेव की फाँसी की सजा को किसी अन्य सजा के रूप में तब्दील कर देने के बारे में गांधी जी व वायसराय के बीच बार-बार लम्बी बातें हुईं। क्योंकि उन्हें फाँसी की सजा दी जानेवाली थी, उससे देश में बहुत हलचल मच रही थी। स्वयं कांग्रेसवाले भी इस बात के लिए बहुत उत्सुक थे कि इस समय जो सद्भाव चारों ओर दिखाई पड़ रहा है उसका लाभ उठाकर उनकी फाँसी की सजा बदलवा ली जाए।

लॉर्ड इरविन इस बारे में कुछ करने में असमर्थ थे अलबत्ता कराची में कांग्रेस अधिवेशन हो लेने तक फाँसी रुकवा देने का उन्होंने जिम्मा लिया। 23 मार्च को फाँसी के बाद दंगे भड़के। कानपुर में 25 से ही गणेश शंकर विद्यार्थी लापता थे। उनकी लाश का पता 29 तारीख को जाकर लगा।"[3]

चन्द्रशेखर आज़ाद अन्त समय में कानपुर से इलाहाबाद क्यों आए, इस पर अलग-अलग मत हैं। श्री काशीराम के अनुसार पार्टी भंग हो चुकी थी, इसलिए आज़ाद थोड़े दिन एकाकी रहकर योजना बनाना चाहते थे। श्री विश्वनाथ वैशम्पायन के अनुसार उनकी दक्षिण भारत जाने की इच्छा थी। श्री यशपाल के अनुसार आज़ाद उन्हें और श्री सुरेन्द्रनाथ पांडेय को रूस जाने का प्रबन्ध कर रहे थे। शिवचरण मिस्त्री (शर्मा नहीं) के बयान में आता है कि आज़ाद ने कहा कि कानपुर में किसी पर भरोसा नहीं रहा, वे बेहतरी के लिए कुछ दिन कहीं बाहर जाएँगे। लेकिन उन दिनों के आज़ाद के मन को जाने बिना व्यक्तिगत आग्रहों पर आधारित ये वक्तव्य अधूरे हैं।

पं. मोतीलाल की स्थिति नाजुक थी। 23 जनवरी, 1931 को मलाका जेल से छूटकर कानपुर पहुँचा वीरभद्र लगातार मनी (महावीर पांडेय) आदि के माध्यम से आज़ाद को पत्र भेजकर मिलने की गुहार कर रहा था और माफी माँग रहा था, लेकिन आज़ाद पैसे के दुरुपयोग, पुलिस से तिवारी के सम्बन्धों, मनीलाल अवस्थी की गिरफ्तारी व श्री सालिगराम की शहादत से भिन्नाए थे, अतः किसी भी कीमत पर वीरभद्र को खत्म करना चाहते थे। उधर 26 जनवरी, 1931 को सरकार ने कांग्रेस कार्य-समिति के कुल 26 लोगों को जेल से छोड़ दिया। नैनी से पं. जवाहरलाल नेहरू और यरवदा से महात्मा गांधी छूटे। गांधी जी 27 या 28 जनवरी, 1931 की शाम को इलाहाबाद आ गए। अन्ततः 6 फरवरी, 1931 को मोतीलाल जी का स्वर्गवास हो गया। कांग्रेस के चोटी के नेताओं का जमावड़ा इलाहाबाद में था। क्रान्तिकारी पार्टी को जिन्दा रखने के लिए जरूरी था, भगतसिंह व साथियों की फाँसी को टलवाना। कानपुर की परिस्थितियाँ जटिल थीं। पुलिस की सक्रियता हद दर्जे तक बढ़ गई थी। वहाँ रहना निरापद न था। इलाहाबाद में सी.आई.डी. का मुख्यालय था। आज़ाद की पुरानी आदत थी कि वे सामान्य अपेक्षा के विरुद्ध कार्य करते थे। पुलिस अपेक्षा नहीं करती थी कि वे पुलिस के सामने से गुजर जाएँगे, पुलिस के आसपास रहेंगे। जब तक पर्याप्त मुखबिरों ने आज़ाद की इन आदतों का सी.आई.डी. से खुलासा नहीं कर दिया, तब तक ये बेहद कारगर रहीं। कैलाशपति, वीरभद्र, शिवचरण, फणीन्द्रनाथ ने आज़ाद की आदतों का सूक्ष्म विवरण सी.आई.डी. को दिया था। तदनुरूप पुलिस इस बात से बिलकुल गाफिल न थी कि वे सी.आई. डी. के गढ़ इलाहाबाद में, कर्नलगंज थाने के निकट कटरा में रह रहे हैं। फलस्वरूप इलाहाबाद में भी सतर्कता बढ़नी ही थी।

चन्द्रशेखर आज़ाद इलाहाबाद में प्रायः कटरा में रुकते थे। प्रयाग प्रदीप के अनुसार—"कटरा औरंगजेब के समय से जयपुर के महाराज जयसिंह सवाई ने बसाया था। यह जगह और इसके निकटवर्ती स्थान उनको माफी में मिले थे। कटरे की आबादी में अब तक 35 एकड़ भूमि जयपुर राज्य के कब्जे में है। उसके निकट के दो गाँव राजापुर और फतेपुर बिछुआ की मालगुजारी उनको मिलती है। कहते हैं मुसलमानी

राज्य के समय यहाँ 12 दायरे (फकीरों के आश्रम) और 18 सरायें थीं। उनमें से कुछ दायरे अब तक मौजूद हैं और इसी कारण कुछ लोग इस नगर को 'फकीराबाद' भी कहते थे।"[4] सम्भवत: कटरा में सरायों की उपलब्धता के कारण क्रान्तिकारी यहाँ रुका करते थे। उल्लेखनीय है कि कटरा से अल्फ्रेड पार्क की दूरी लगभग एक किमी. है।

आज़ाद के कानपुर से इलाहाबाद आने का मुख्य प्रयोजन नेहरू-गांधी से भेंटकर लॉर्ड इरविन के साथ चल रही वार्ता में क्रान्तिकारियों को छोड़े जाने या उनकी सजा कम करने की शर्त जुड़वाने का प्रयास करना था। चूँकि इस वार्ता के मुख्य व्यक्ति महात्मा गांधी थे, जो इलाहाबाद में मौजूद थे, अत: आज़ाद यहाँ आए। आज़ाद जानते थे कि महात्मा जी से सीधे मिलने से न तो कोई बात बनेगी, न वे मानेंगे अत: वे उनके निकटतम नेताओं पं. मोतीलाल व पं. जवाहरलाल से मिले। वरिष्ठ नेहरू से उनके जीवित रहते मिले तथा कनिष्ठ नेहरू से पं. मोतीलाल के स्वर्गवास के बाद मिले। कोई आश्वासन नहीं मिला। इसी दौरान गांधी जी से अभिवादन का वाकया श्री सुरेन्द्र शर्मा ने नर्मदा अंक के अपने संस्मरण में दिया है।[5]

महात्मा गांधी 28 जनवरी, 1931 से 16 फरवरी, 1931 तक यानी 17-18 दिन आनन्द भवन में रहे। यह भेंट इसी दरमियान की है। 16 को गांधी जी को इरविन को भेजे तार का जवाब मिला और वे वार्ता के लिए दिल्ली रवाना हो गए। 18 को मोतीलाल जी की त्रयोदशी थी। वह कार्यक्रम सम्पन्न कर अगले दिन नेहरू जी भी दिल्ली निकल गए। उसके पहले आज़ाद ने नेहरू जी से आनन्द भवन में जो भेंट की थी, वह ज्यादा उत्साहवर्धक न थी। अत: आज़ाद ने तुरुप के पत्ते के रूप में दल की दोनों स्त्रियों को गांधी जी से मिलने सीधा दिल्ली भेजा। श्रीमती सुशीला देवी ने अपने संस्मरण में लिखा, "एक विशेष कार्य से दिल्ली से मैं आज़ाद भैया के पास गई थी। उनके ऊपर दूसरे षड्यंत्र का मुकदमा चल रहा था। वकीलों की राय हुई कि यदि इस समय षड्यंत्र का कोई दूसरा साधारण अभियुक्त जो फरार हो अपने को अदालत में पेश कर दे तो मुकदमा और आगे खींचा जा सकता है। मैंने अपने को इसके लिए उपयुक्त समझा, लेकिन पार्टी के नेता की आज्ञा लेना परमावश्यक था और इसीलिए मुझे उनके पास प्रयाग जाना पड़ा। लेकिन उन्होंने मेरे प्रस्ताव को स्वीकार नहीं किया। उन्होंने मुझे और दुर्गा भाभी को गांधी जी के पास एक प्रस्ताव देकर भेजा था।"[6] स्मरणीय है कि जिस दिन आज़ाद की सी.आई.डी. से गोली चली और वे शहीद हुए अर्थात् 27 फरवरी, 1931 को उस दिन भी दिल्ली में गांधी-इरविन की वार्ता चल रही थी।

आज़ाद के अन्तिम दिनों में उनके साथ रहीं श्रीमती सुशीला देवी ने 'आपबीती' में विस्तार से तत्कालीन परिस्थितियों का विवेचन करते हुए लिखा है, "मुझे इलाहाबाद जाने को कहा गया। वहाँ मेरे और दुर्गा भाभी के छिपकर रहने का कोई स्थान नहीं था। हम दोनों श्री पुरुषोत्तमदास टंडन के यहाँ उनको मिलने गई। उन्होंने पूछा कि हम कहाँ ठहरी हैं, मैंने स्पष्ट शब्दों में कह दिया कि हम जगह की तलाश में हैं क्योंकि लोग हम फरारों को अपने यहाँ ठहराने में भय अनुभव करते हैं। उन्होंने अपने यहाँ ठहरने को कहा परन्तु उनके गांधीवादी होने की वजह से हम हिचकिचाए। हम नहीं चाहते थे कि उनके गांधीवादी कांग्रेसी होने के कारण हमारी वजह से उनकी स्थिति बिगड़े। उन्होंने

कहा कि कोई परवाह नहीं मैं सब कुछ झेल लूँगा। वह एक हिम्मती नेता थे। उन्होंने एक मास से अधिक हमें अपने पितृस्नेह की छाया में रखा। वे हमेशा अपनी पत्नी को हमारी सुख-सुविधा का अपने बच्चों से भी पहले ध्यान रखने को कहा करते थे। उनसे प्राप्त किये गए पितृस्नेह को हम कभी नहीं भूल सकते। हमें अपनी क्रान्तिकारी प्रवृत्तियों के लिए कहीं भी आने-जाने की पूरी छूट थी। उन्होंने कभी भी हमारी गतिविधि पर कोई प्रतिबन्ध नहीं लगाया।

उसके बाद हम दोनों श्री रामरख सिंह सहगल के मातृ मन्दिर में रहने चली गई। उनकी पत्नी विद्यावती जी भी कन्या महाविद्यालय की छात्रा थीं। श्री वीरभद्र तिवारी पर सन्देह हो जाने के कारण श्री आज़ाद ने दल का केन्द्रीय कार्यालय कानपुर से इलाहाबाद लाने का निश्चय किया। लीला उन दिनों में मातृ मन्दिर की अधिष्ठाता थीं और वह स्थान क्रान्तिकारी दल की प्रवृत्तियों के लिए तथा शस्त्रास्त्र रखने के लिए महफूज था। श्री आज़ाद दिन में जहाँ से भी सम्भव होता आवश्यक हथियार इकट्ठा करते और रात को हमारे पास सुरक्षित रखने के लिए पहुँचा देते। कुछ कारणों से अपने लिए पृथक् मकान की व्यवस्था करना आवश्यक समझा गया। कटरा क्षेत्र में एक मकान श्री सुखदेवराज के नाम पर किराए पर लिया गया। वे उन दिनों में चाँद कार्यालय में काम करते थे।

उन दिनों कांग्रेस का आन्दोलन धीमा पड़ चुका था और कांग्रेस के नेता सरकार से कोई समझौता करने के लिए प्रयत्नशील थे। महात्मा जी लॉर्ड इरविन से समझौता वार्ता कर रहे थे। क्रान्तिकारी भी यह आशा कर रहे थे कि महात्मा जी द्वारा वायसराय पर जोर डालकर सरदार भगतसिंह और पार्टी के अन्य लोगों का मृत्युदंड बदला जा सकता है। इस निमित्त श्री चन्द्रशेखर आज़ाद ने किसी व्यक्ति को इस काम के लिए महात्मा जी से मिलने के लिए दिल्ली भेजने का विचार किया। इस कार्य के लिए मुझे और दुर्गा भाभी को चुना। हम दिल्ली जाने के लिए इलाहाबाद से रवाना हुईं। श्री रघुनन्दनशरण ने महात्मा जी से हमारे मिलने के लिए समय नियत कर लिया और हमें अपनी गाड़ी में डॉक्टर अन्सारी की कोठी पर ले गए। हम महात्मा जी से मिलीं और उनके सामने सरदार भगतसिंह का तथा पार्टी के कुछ सदस्यों का मामला रखा। हमने श्री चन्द्रशेखर आज़ाद का यह सन्देश भी उन्हें सुनाया कि यदि महात्मा जी सबके मृत्युदंड बदलवा सकें तो हमारी क्रान्तिकारी पार्टी उनको आत्मसमर्पण कर देगी। महात्मा जी ने कहा कि मुझे सरदार भगतसिंह से भी बहुत प्यार है, बावजूद उसके तरीकों व कार्यप्रणाली से असहमत होने के। और इस प्रकार की शर्तों को भी उचित न मानते हुए मैं अपने तरीकों से इसके लिए पूरा यत्न करूँगा। हमें महात्मा जी के शब्दों से तसल्ली हो गई और जैसा कि हमें बाद में पता चला महात्मा जी ने इसके लिए पूरा प्रयत्न भी किया।

पार्टी के नेता श्री चन्द्रशेखर आज़ाद आर्थिक कठिनाइयों, पुराने साथियों के बिछुड़ जाने और बड़ी-बड़ी योजनाओं के विफल हो जाने से बहुत विक्षुब्ध थे। इन सभी बातों के कारण उनका मन बहुत उदास था। उनके कुछ चुने हुए साथी गिरफ्तार किये जा चुके थे और कुछ फाँसी पर चढ़ाए जा चुके थे। इस कारण से उनके पास अच्छे कार्यकर्ताओं का अभाव हो गया था। इसलिए मैं भी सचमुच चिन्ता में पड़ गई कि अब क्या करना चाहिए।"[7]

श्रीमती सुशीला देवी ने नर्मदा के आज़ाद अंक के अपने संस्मरण, 'चन्द्रशेखर आज़ाद' में लिखा, "12 घंटे पूर्व मैं उनके पास ही थी। प्रयाग में जिस दिन भैया ने पुलिस से अन्तिम संग्राम किया था। एक विशेष कार्य से ही दिल्ली से उनके पास गई थी। लेकिन उन्होंने मुझे और भाभी दुर्गा को गांधी जी के पास एक प्रस्ताव देकर भेजा था कि यदि गांधी जी भगतसिंह व दत्त की फाँसी को मंसूख करा सकें और चलनेवाले मुकदमे को वापस करा सकें तो आज़ाद अपनी पार्टी सहित अपने को गांधी जी के हाथों में सौंप सकते हैं। फिर वे चाहे जो कुछ करें। भैया पार्टी भंग करने के लिए तैयार हो गए थे। गांधी जी ने उत्तर दिया कि वे गारंटी नहीं कर सकते। एक पार्टी के लिए बड़े प्रश्नों पर होनेवाले समझौते को नहीं अटकाया जा सकता। गांधी जी के इस उत्तर से हमें कुछ निराशा तो हुई। लेकिन हमने यत्न जारी रखे। उसी समय हमारे ऊपर यह अनभ्र वज्रपात हुआ। भैया पुलिस के बड़े दल के साथ अकेले संग्राम करते-करते जूझ गए। यह सच है कि वे एक कुशल संगठनकर्ता नहीं थे। क्योंकि वे हर छोटे-मोटे क्रान्तिकारी पर विश्वास कर लेते थे। जिसके कारण उन्हें कई बार मुसीबतों का सामना करना पड़ा। और अन्त में विश्वासघात के ही कारण उन्हें अपने प्राणों का उत्सर्ग करना पड़ा।"[8]

हालाँकि श्री विश्वनाथ वैशम्पायन इससे इत्तेफाक नहीं रखते कि आज़ाद गांधी जी को पार्टी सौंपना चाहते थे। बल्कि उनका मत है कि आज़ाद दक्षिण भारत जाकर पुनः नये सिरे से संघर्ष करना चाहते थे। भवानी सिंह रावत की पत्रावली में एक स्थान पर उल्लेख मिलता है कि "दीदी (सुशीला) भगोड़ा जीवन से घृणा से भर गई हैं और आत्मसमर्पण करने की सोच रही हैं। दो-तीन साल की सजा के बाद वे गैर-क्रान्तिकारी का जीवन नये ढंग से शुरू करना चाहती हैं। वे काशीराम से मिलीं।"[9] सम्भव है कि स्वयं की आत्मसमर्पण की इच्छा को सुशीला जी ने आज़ाद के नाम प्रक्षेपित कर दिया हो। सुशीला दीदी, दुर्गा देवी के दिल्ली जाने की तिथि सुखदेवराज ने श्री वैशम्पायन के पकड़े जाने के पूर्व अर्थात् 10 फरवरी, 1931 को लिखा है। सुशीला दीदी ने यह तिथि आज़ाद की शहादत के मात्र 12 घंटे पूर्व ही लिखा है, अर्थात् वे दोनों 26 फरवरी, 1931 को इलाहाबाद से दिल्ली गईं। 16 फरवरी तक गांधी जी इलाहाबाद में ही थे।

आज़ाद के अन्तिम दिनों में इलाहाबाद में दुर्गा देवी भी मौजूद थीं और शहादत के ठीक एक दिन पूर्व ही सुशीला देवी के साथ महात्मा गांधी से मिलने दिल्ली चली गई थीं। उन्होंने अपने साक्षात्कार में उन दिनों को याद करते हुए बताया कि "गांधी जी से मिलने का मौका मुझे पहली बार तब मिला जब भगतसिंह आदि को फाँसी की सजा सुनाई गई थी। 1930 में जब गांधी-इरविन वार्ता चल रही थी। दिल्ली में डॉ. अंसारी की कोठी में गांधी जी ठहरे हुए थे। रघुनन्दनशरण हमको अपनी गाड़ी में ले गए थे। सुशीला दीदी और मैं गए थे। मुझे यह कहा गया था कि मैं कहूँ उनसे कि 'पोलिटिकल प्रिजनर्स' के मसले को भी अपने समझौता वार्ता में रखें। वहाँ पहले तो जवाहरलाल जी मिले। वे तो बड़े क्षुब्ध हुए, कहा तो कुछ नहीं उन्होंने, लेकिन उनको कोफ्त हो रही थी कि 'समथिंग शुड बी डन'। लेकिन उसके बाद जब गांधी जी को मिले तो पहले वे समझे कि हमसे फरार लाइफ की मुसीबत नहीं झेली जाती, हमको मुक्ति दिलाएँ। तो मुझे जरा फील भी हुआ। मैंने कहा, हम अपने बारे में नहीं आए हैं, हम तो इसलिए आए हैं कि

भगतसिंह, राजगुरु, सुखदेव को फाँसी हो रही है। उन्होंने कहा, वह तो हिंसा में विश्वास रखते हैं और यह है, वह है और हम लोग चले आए। कोई जवाब नहीं दिया।"[10] यहाँ पार्टी समर्पण की बात नहीं है।

27 फरवरी, 1931 की सुबह ब्रिटिश हुकूमत के जवानों से लड़ते हुए श्री चन्द्रशेखर आज़ाद शहीद हुए। उस दिन से आज तक उनकी शहादत को लेकर किस्से-कहानियाँ कहे और सुने जाते रहे हैं। श्री आज़ाद के जीवन के चतुर्दिक मिथकों का जो घटाघोप छाया हुआ है, उनमें से चार उनकी शहादत से जुड़े हुए हैं—

1. चन्द्रशेखर आज़ाद ने पिस्तौल की अन्तिम गोली स्वयं को मारी अथवा नहीं?
2. सी.आई.डी. का मुखबिर कौन था जिसने उनकी उपस्थिति की सटीक सूचना दी?
3. क्या पार्क में आज़ाद व सुखदेवराज के अतिरिक्त कोई तीसरा साथी भी था?
4. उनका अन्तिम आयुध माउजर था अथवा कोल्ट थी?

इन चारों प्रश्नों की उत्पत्ति कब हुई? क्यों हुई? कैसे हुई? पर विचार करते हुए समकालीन व प्राथमिक स्रोतों के आधार पर सत्य का अन्वेषण करने का प्रयास किया जाएगा।

वीरगति बनाम आत्मघात

चन्द्रशेखर आज़ाद की शहादत की सूचना—द लीडर, द पायनियर, अभ्युदय, साप्ताहिक भविष्य तथा दैनिक 'आज' में प्रमुखता से प्रकाशित हुई थी। द लीडर,द पायनियर, अभ्युदय, साप्ताहिक भविष्य इलाहाबाद से निकलते थे। दैनिक 'आज' वाराणसी से निकला करता था। इनमें सबसे बड़ी खबर 'द लीडर' में निकली। दो दिनों में तीन पृष्ठों से ज्यादा की खबर में लगभग हर पहलू को समेटा गया है। इसमें सी.आई.डी. के अधिकारियों की प्रेस नोट, पोस्टमॉर्टम रिपोर्ट तथा इन्क्वेस्ट रिपोर्ट पर भी प्रकाश डाला गया है। आज़ाद को वीरगति कैसे मिली? इस पर इन समकालीन अखबारों का क्या कहना है, इन्हें एक-एक करके देखते हैं।

'द लीडर' में चन्द्रशेखर आज़ाद की शहादत से जुड़ी खबरें दो दिन यानी 1 और 2 मार्च, 1931 को प्रकाशित हुईं। पहले दिन 3 और दूसरे दिन 2 चित्र भी प्रकाशित किया गया। 1 मार्च, 1931 की खबर में शुरू में एक स्थान पर लिखा है कि "ऐसा प्रतीत होता है कि दोनों ओर से गोलियाँ खत्म हो गई थीं। पुलिस को तो आपूर्ति हो गई, लेकिन सन्दिग्ध की गोलियाँ खत्म हो जाने के कारण वह लड़ाई को जारी नहीं रख सका। दूसरी कहानी यह है कि अपनी गोलियाँ समाप्त होती देखकर मृतक ने आत्महत्या कर ली।"[11] 2 मार्च की खबर में एक जगह शीर्षक है, 'क्या आदमी ने आत्महत्या की?' खबर के मुताबिक, "फायरिंग की सूचना पाकर घटनास्थल पर लोगों की भीड़ जमा हो गई और लोगों ने घटना को होते देखा। इन दर्शकों में से कुछ दावे से कह रहे हैं कि तगड़े आदमी ने अन्त में आत्महत्या की। सांघातिक चोट उसने स्वयं की।"[12] स्पेशल सुपरिंटेंडेंट, सी.आई.डी. नॉट बावर ने प्रेस में जो बयान दिया, उसमें एक स्थान पर

कहा, "अन्त में वह अपनी पीठ के बल गिरा। मुझे पता नहीं कि उसे किसी ने मारा था, या वह पहले लगी चोटों के कारण मर गया।"[13]

'द पायनियर' में चन्द्रशेखर आज़ाद की शहादत को लेकर एकमात्र खबर 1 मार्च, 1931 को प्रकाशित हुई। नॉट बावर का बयान तो वैसा ही छपा। आगे खबर में एक जगह लिखा है कि "ऐसा बताया जाता है सिपाहियों में से एक ने तथाकथित रूप से देखा कि घायल व्यक्ति उठा, पिस्तौल कनपटी पर रखी और फायर कर दिया।"[14] इसी तरह 'अभ्युदय' में अगले दिन छपा, "प्रयाग में सनसनी फैलानेवाला गोलीकांड। क्रान्तिकारी और पुलिस में गोलियाँ चलीं। प्रसिद्ध क्रान्तिकारी चन्द्रशेखर आज़ाद का देहान्त। उस रोज सब ओर आज़ाद की बहादुरी के किस्से थे। कोई कहता कि आज़ाद ने अपनी कनपटी पर अन्तिम गोली मार ली। वे ब्रिटिश पुलिस के हाथों नहीं पड़ना चाहते थे। अपने नाम आज़ाद को सार्थक कर दिया उन्होंने।"[15] 'भविष्य' इलाहाबाद से ही छपने वाला साप्ताहिक था। भविष्य के अगले अंक में 5 मार्च, 1931 को विशेष संवाददाता के हवाले से जो खबर छपी उसके अनुसार, "आज़ाद ने अन्त तक अपनी आज़ादप्रियता को निभाया। उनकी जीवित अवस्था में कोई भी व्यक्ति उनका शरीर स्पर्श नहीं कर सका।"[16] 'आज' में भी इसी से मिलती-जुलती खबर छपी। दैनिक 'आज' बनारस से निकलता था। इसके संस्थापक चन्द्रशेखर आज़ाद के काशीवास के संरक्षकों में से एक रहे श्री शिवप्रसाद गुप्त थे। 'आज' के रविवार के अंक में (1 मार्च) 'सन्दिग्ध क्रान्तिकारी की मृत्यु' नाम से जो खबर छपी उसमें अन्त में लिखा था, "घटनास्थल पर बड़ी भीड़ इकट्ठी हो गई थी। कुछ दर्शकों का कहना है कि मृत व्यक्ति ने आत्महत्या कर ली है। जिस गोली से उसकी मृत्यु हुई, वह उसने स्वयं अपने ऊपर चलाई थी।"[17]

यहाँ स्पष्ट कर दें कि 'द लीडर' तथा 'अभ्युदय' के संस्थापक श्री मदनमोहन मालवीय थे तथा उन दिनों प्रधान सम्पादक श्री कृष्णकान्त मालवीय थे। इस अखबार की भाषा कांग्रेस और क्रान्तिकारियों के प्रति प्रायः सौम्य नहीं रहती थी किन्तु इसे अंग्रेजपरस्त न्यूज पेपर नहीं कह सकते। अतः इसकी भाषा संयत और मर्यादित रही। 'द पायनियर' पूरी तरह अंग्रेजपरस्त अखबार था। तत्कालीन दस्तावेजों के अध्ययन से ऐसा प्रतीत होता है कि द पायनियर को बतौर गजट संरक्षित रखा जाता था। यह अखबार कांग्रेस और क्रान्तिकारियों के प्रति सदैव कटुतापूर्ण रहा। अतः उसकी भाषा भी अवमाननापूर्ण है। चाँद और भविष्य दोनों कर्मयोगी प्रेस, इलाहाबाद से निकलते थे, और दोनों के सम्पादक श्री रामरख सहगल थे। उन्हें क्रान्तिकारियों से सहानुभूति रखनेवाला माना जाता था। सुखदेवराज उन दिनों भविष्य में काम करते थे और घटनास्थल से भागकर वहीं गए थे।

समकालीन अखबारों के विश्लेषण से निष्कर्ष निकलता है कि भविष्य को छोड़कर हिन्दी व अंग्रेजी दोनों भाषा के अखबारों में आम जनता में 'कनपटी पर स्वयं को गोली मार ली' की चर्चा थी। पायनियर के अनुसार इस सूचना का स्रोत कोई सिपाही था। 'द लीडर' व 'अभ्युदय' के अनुसार इस सूचना का स्रोत घटना को देख रहे लोगों में आम चर्चा थी। 'द लीडर' ने इस मत की सत्यता को अगले दिन होनेवाले पोस्टमॉर्टम पर छोड़ दिया। अभ्युदय व भविष्य इस पर शान्त रहे, जबकि 'द पायनियर' ने 1 मार्च की खबर में इसका स्पष्ट खंडन किया, जिसका आधार पोस्टमॉर्टम न होकर प्रारम्भिक

जाँच को बताया गया। 'द पायनियर' लिखता है, "सिर की प्रारम्भिक जाँच में चमड़ी व मांस के जलने का निशान नहीं मिला है, जैसा कि इस प्रकृति की आत्मघाती चोटों के साथ रहता है। यह आत्महत्या के मत को खारिज कर देता है।"[18]

एकमात्र 'द लीडर' में श्री चन्द्रशेखर आज़ाद का पंचायतनामा और पोस्टमॉर्टम रिपोर्टें छपीं। हालाँकि यह सूत्रों से प्राप्त सूचना पर आधारित रिपोर्ट है, न कि मेडिकल बोर्ड, पुलिस अथवा प्रशासन द्वारा उपलब्ध कराई गई औपचारिक रिपोर्टें। 2 मार्च की खबर में 'द लीडर' लिखता है, "जिस स्थान पर वह व्यक्ति हत होकर गिरा वहाँ पिस्तौल के अलावा दो खाली मैगजीन और 16 जिन्दा कारतूस मिले। पुलिस के अनुसार इनमें से ज्यादातर उसी जगह जमीन पर पड़े थे जहाँ से वह फायर कर रहा था। उसी जगह से 22 दगे कारतूस भी मिले। शरीर से 448 रुपये, 9 आना, 4 पैसा मिला, जिसमें करेंसी नोट और कुछ सिक्के थे। बनियान के ऊपर और शर्ट के नीचे उसने पिस्तौल रखने के लिए चमड़े की बेल्ट और होलस्टर लगा रखी थी। उसने धोती, बनियान, शर्ट और कोट पहन रखा था।"[19]

आगे 'व्यक्ति की पहचान' शीर्षक से 2 मार्च को जो खबर छपी, उसमें उल्लेख है कि "जब वह मरकर गिरा तो जिन्दा कारतूस उसके बाएँ हाथ के पास ज़मीन पर पड़े मिले। जो दर्शाता है कि वह फायर करते समय अपने बाएँ हाथ का प्रयोग कर रहा था। पोस्टमॉर्टम परीक्षण कल किया जाएगा। चूँकि सिर में गोली के बाहर निकलने का कोई छेद नहीं है, जान पड़ता है कि गोली सिर में फँसी है। जब कल इसे निकाला जाएगा तो यह स्पष्ट हो जाएगा कि उसने आत्महत्या की या पुलिस ने उसे गोली मारी। शव को दोपहर को पार्क से हटाया गया। मिस्टर डालचन्द ने तलाशी की सूची बनाई।"[20]

इसके अगले शीर्षक में पोस्टमॉर्टम से प्राप्त निष्कर्ष का उल्लेख निम्न शब्दों में किया गया है, "जो व्यक्ति कल मारा गया, आज सुबह मर्चुरी में उसके शरीर का पोस्टमॉर्टम सिविल सर्जन लेफ्टिनेंट कर्नल टाउसेंड ने डॉक्टर गेडे तथा डॉक्टर राधामोहन लाल की सहायता से किया। पोस्टमॉर्टम के दौरान शरीर से चार गोली तथा गोली का एक टुकड़ा निकाला गया। दाएँ पैर के निचले हिस्से में गोली के दो घाव थे, गोलियों से टीबिया बोन फ्रैक्चर हो गई थी। एक गोली दाईं जाँघ से निकाली गई। सांघातिक चोटें दो थीं—एक सिर में दाईं तरफ और दूसरी छाती में। छाती वाली का पता तो पोस्टमॉर्टम के दौरान ही चला। यह कहा गया कि छाती में अथवा छाती के करीब वाला घाव उस गोली के कारण बना था जो कन्धे के पास दाईं भुजा से घुसकर लम्बी दूरी तय करते हुए कहीं दाएँ फेफड़े के पास फँसी थी। मृतक के सिर के दाईं ओर लगी गोली पेराइटल बोन को छेदते हुए, मस्तिष्क को चीरते हुए, सिर के नीचे मस्तिष्क के बाएँ भाग में रुकी थी। मेडिकल ओपिनियन उस मत को खारिज करता है, जिसमें घटना को देखनेवाले कुछ लोग यह मान रहे हैं कि सिर में बना सांघातिक घाव स्वयं मृतक ने किया था। मेडिकल की राय में यदि मृतक ने स्वयं को गोली मारी होती तो चमड़ी के जलने और जलकर सिकुड़ने के निशान बने होते, जो गोली के प्रवेश करने की जगह पर होते। लेकिन इस मामले में ऐसा निशान नहीं दिखा। पोस्टमॉर्टम के समय मर्चुरी पर विशेष पुलिस प्रबन्ध दिखा। जिलाधिकारी के द्वारा नियुक्त किये गए मजिस्ट्रेट खान साहिब

रहमान खान कादरी मर्चुरी पर उपस्थित रहे, और बाद में एक अन्य मजिस्ट्रेट ठाकुर महेन्द्रपाल सिंह भी आ गए।"[21]

इन समस्त खबरों के विश्लेषण से कई तथ्य सामने आते हैं और कई प्रश्न भी उठते हैं—

1. सिर पर गोली दाईं तरफ पेराइटल बोन में लगी है, जो कनपटी के थोड़ा ऊपर होती है। कनपटी की हड्डी को टेम्पोरल बोन कहा जाता है।
2. कोल्ट पिस्टल व कारतूस शहीद आज़ाद के बाईं तरफ मिले थे, जिसके आधार पर पुलिस व प्रेस का मत है कि आज़ाद बाएँ हाथ से गोली चला रहे थे, जबकि सिर की चोट दाईं तरफ है।
3. सिर में लगी गोली भीतर फँसी है, उसके निकलने का मार्ग नहीं है। विशेषज्ञों का मत है कि सिर से सटाकर फायर करने से गोली के बाहर निकलने की प्रबल सम्भावना थी।
4. डॉक्टरों के अनुसार गोली के प्रवेश पर चमड़ी के जलने या झुलसने के निशान नहीं हैं, जो पिस्तौल से आत्मघात के मामलों में प्रायः देखे जाते हैं।
5. तलाशी के दौरान मौके पर 22 चले और 16 जिन्दा कारतूस मिले हैं, अर्थात् वह अन्तिम गोली नहीं थी।
6. जिस सिपाही ने अथवा व्यक्ति ने शहीद को उठते, कनपटी पर पिस्तौल रखकर दागते देखा, उसका नाम किसी भी समकालीन अथवा बाद की पत्र-पत्रिका में नहीं मिलता।

इस तरह 'द लीडर', 'द पायनियर', 'अभ्युदय', 'भविष्य','दैनिक आज' की खबरों से व पोस्टमॉर्टम-इन्क्वेस्ट रिपोर्ट से 'आत्मघात' के सिद्धान्त पर प्रश्न खड़े होते हैं, किन्तु यह भी ध्यान रखने की आवश्यकता है कि उन दिनों अंग्रेजों की हमेशा कोशिश रहती थी कि किसी 'शहीद' को बड़ा न बनने दिया जाए, अतः वे इन्क्वेस्ट रिपोर्ट या पोस्टमॉर्टम रिपोर्ट में मनमाफिक परिवर्तन करा सकते थे। शरीर से मिली बुलेट का परीक्षण होने से स्पष्ट हो जाता कि वे किस बोर व बन्दूक की हैं। लेकिन ऐसी जाँच नहीं हुई। विशेषज्ञों द्वारा गोलियों को देखकर भी पहचाना जा सकता था। लेकिन ऐसी भी कोई सूचना दर्ज नहीं मिलती। सत्य जानने के लिए उस पूरे घटनास्थल को ध्यान में रखना होगा।

चन्द्रशेखर आज़ाद जहाँ छुपकर गोली चला रहे थे, उसके दाईं ओर नाला था। जिसमें छुपकर सिपाही फायर कर रहे थे। सामने नॉट बावर को आज़ाद लक्ष्य कर रहे थे। आज़ाद के शरीर से मिली समस्त पाँच गोलियाँ दाईं ओर लगी हैं। एक सिर में, दूसरी कंधे से नीचे घुसती हुई भीतर सीने में, तीसरी जाँघ में और दो घुटने के नीचे। इनमें से पैर की तीनों गोलियों का तो पता चलता है। नॉट बावर और मौके पर मौजूद श्री सुखदेवराज दोनों के अनुसार जाँघ में लगी गोली नॉट बावर की पिस्तौल की थी। घुटनों के नीचे की लगी गोलियाँ बाद में यह जाँचने के लिए कि क्रान्तिकारी जिन्दा है या नहीं, मारी गई थीं। सिर व सीने की गोलियों के बारे में न तो नॉट बावर को कुछ ज्ञात है, न किसी अन्य पुलिसकर्मी को और कुछ लोगों का यह भी तर्क है कि यदि

यह राइफल की गोली होती तो सिर फट जाता। लेकिन इस सम्बन्ध में इतना ही कहा जा सकता है कि ऐसा तब होता यदि निकट से अथवा सटाकर फायर किया जाता। दूर से आने पर गोली की मारक क्षमता घटती जाती है। साथ ही बाएँ हाथ से दाईं तरफ फायर करना मुश्किल रहा होगा। तत्कालीन पत्र-पत्रिकाओं में प्रकाशित इन्क्वेस्ट रिपोर्ट और पोस्टमॉर्टम करनेवाले डॉक्टरों का मेडिकल अभिमत चाहे जो रहा हो किन्तु आम जनमानस ने 'आज़ाद ने खुद को गोली मार ली' को ही स्वीकार किया। उनकी प्रथम जीवनी में भी यही जिक्र आया है कि कहा जा रहा है कि गोली चुक जाने के कारण उन्होंने स्वयं गोली मार ली।

ध्यातव्य है कि आज़ाद के जीवनकाल में अप्रूवर बने अनेक निकटस्थ क्रान्तिकारियों ने पुलिस को अनेक महत्त्वपूर्ण जानकारियाँ उपलब्ध कराई थीं। जिनमें चन्द्रशेखर आज़ाद के व्यक्तित्व, चरित्र, विचारधारा के साथ उनकी आदतों पर भी विस्तार से सूचना मिलती है। लेकिन किसी के भी बयान में आज़ाद द्वारा किये गए इस संकल्प का उल्लेख नहीं मिलता है कि वे जीते-जी अपने शरीर को किसी को स्पर्श नहीं करने देगे। सर्वप्रथम इसका उल्लेख नॉट बावर द्वारा शहादत के बाद सी.आई.डी. मुख्यालय को भेजी गई रिपोर्ट में मिलता है। किन्तु 1939 के बाद आज़ाद पर लिखे गए संस्मरणों में उनके क्रान्तिकारी साथियों ने तरह-तरह से इस संकल्प को अभिव्यक्त किया है।

अब हम चन्द्रशेखर आज़ाद पर लिखित संस्मरणों में आज़ाद के इस संकल्प का अन्वेषण करेंगे। आज़ाद की 1931 में प्रकाशित प्रथम जीवनी में इस संकल्प का उल्लेख नहीं मिलता। पंडित जवाहरलाल नेहरू ने 'मेरी कहानी' में लिखा—"दो-तीन हफ्ते बाद मैंने दिल्ली में सुना कि चन्द्रशेखर आज़ाद पर प्रयाग में पुलिस ने गोली चलाई वे मर गए। पुलिस के एक बड़े दल द्वारा उन्हें पार्क में घेर लिया गया। दोनों ओर से गोलियाँ चलीं और अन्त में वे मारे गए।"[22] यह आत्मकथा 1936 में छपी थी। इसी तरह काकोरी में शामिल रहे क्रान्तिकारी पंडित रामदुलारे त्रिवेदी ने लिखा, "श्री चन्द्रशेखर आज़ाद को अल्फ्रेड पार्क में पुलिस ने घेर लिया। एक तरफ वीर सेनापति आज़ाद और दूसरी ओर चारों ओर से घेरे हुए दसियों सशस्त्र पुलिस के अधिकारी, तमाम सिपाही। श्री आज़ाद ने सामना किया, डटकर गोली चली और कुछ पुलिसवालों को घायल करके श्री चन्द्रशेखर आज़ाद शहीद हो गए।"[23] यह पुस्तक पहली बार 1939 में छपी थी। इसी साल फरवरी, 1939 में 'विप्लव' पत्रिका का 'आज़ाद' अंक छपा। इसके एक लेख 'आज़ाद क्या थे?' में वी.पी. नाम से किसी साथी ने लिखा है, "आज़ाद बहुत कुछ फौजी तबीयत होने के कारण फाँसी की बनिस्बत गोली को ही पसन्द करते थे। जब हम लोग उन्हें यह कहकर तंग करते कि मोटे होने के कारण आपसे भागा भी न जाएगा," उस समय अकसर अपनी स्वाभाविक सिधाई के साथ खड़े होकर कहने लग जाते कि "तुम लोगों के लिए तो काफी मोटी रस्सी तैयार है, किन्तु मुझे जिन्दा कोई पकड़ ही न सकेगा।"[24] नॉट बावर की रिपोर्ट के अलावा किसी साथी के संस्मरण में यही आज़ाद के इस संकल्प का प्रथम लिखित साक्ष्य है। यह सम्भवत: शिववर्मा द्वारा लिखा संस्मरण है।

अपने संस्मरण 'मोटे भैया' में डॉ. प्रकाशपाल ने लिखा है कि शहादत के बाद

जब यशपाल इलाहाबाद से कानपुर आए और गुमसुम बैठे थे तो, "मैंने पूछा, क्यों? अर्थात् गुमसुम क्यों हैं? तो वे बोले, "मोटे भैया मारे गए?"[25] इसी अंक के एक लेख में श्री सुखदेवराज महेन्द्रा ने लिखा, "अल्फ्रेड पार्क में पुलिस ने घेरा डाला। निराशा से उत्पन्न दुस्साहस क्या होता है, इसका परिचय 27 फरवरी, 1931 के दिन श्री आज़ाद ने आत्मसमर्पण के बदले प्राण देकर दिया।"[26] आगे के एक लेख, 'वे आज़ाद थे' में लेखक ने लिखा है कि एक बार जब आज़ाद उसके यहाँ रुके थे और काफी थके होने के कारण सोना चाहते थे तो सोने के पहले उन्होंने सावधान करते हुए कहा, "आपकी असावधानी से पुलिस मुझे सोते में पकड़ ले, तो मुझे गोली मार दीजिए, मेरी यह प्रतिज्ञा है कि मैं जीते-जी पुलिस के हाथ न आऊँगा।"[27] इसी लेख के अन्त में लेखक अपनी पत्नी से कह रहा है कि "भैया लोग कहते थे, एक बहादुर मारा गया। कुछ लोग कहते थे, सेनापति मारा गया।"

इसी अंक में 'सिंहावलोकन' नाम से लिखी आपबीती में श्री यशपाल ने कुछ इस प्रकार का वर्णन किया, "अल्फ्रेड पार्क में आज़ाद घिर गए और वहीं वह शहीद हुए। परन्तु इस अन्तिम समय में भी, सब ओर से गोलियों की बौछार पड़ने पर भी, वे औसान न भूले। आज़ाद ने एक नहीं बीसियों दफे हम लोगों से कहा होगा कि गिरफ्तार वह नहीं होंगे। यह बँदरिया का नाच नाचना हमें मंजूर नहीं," वे कहा करते थे। बँदरिया के नाच का अर्थ उनकी भाषा में था, "अदालत में पेश होना।" दाईं कनपटी पर पिस्तौल रखकर, वे कहा करते, "पकड़े जाने के पहले मैं यों समाप्त हो जाऊँगा।" "आज़ाद की मृत्यु के पश्चात पुलिस ने खम ठोंक-ठोंक कर कहा कि आज़ाद पुलिस की गोली का शिकार हो गए। परन्तु जो लोग आज़ाद के गोलियों से छलनी हो गए शरीर को अल्फ्रेड पार्क से हटाए जाने से पहले वहाँ पहुँच गए थे, जिन्होंने आज़ाद के लहूलुहान शव को देखा है, उनका कहना है कि आज़ाद की कनपटी पर गोली का घाव था। इस घाव की शाबाशी पुलिस अपने सर लेना चाहती है। उनका कहना है कि अगर पिस्तौल कनपटी पर रखकर मारी जाती, तो आसपास के बाल और खाल जल जाती। दलील के तौर पर यह बात ठीक है, परन्तु अगर पिस्तौल का मुँह कनपटी से 9-10 इंच के अन्तर पर रहा हो, तो बालों और खाल के जलने की कोई सम्भावना नहीं हो सकती। मेरी धारणा तो यह है कि आजाद ने जख्मी होकर गिरफ्तार होने के बजाय, स्वयं अपने हाथों अपना अन्त कर लिया।"[28]

नवम्बर, 1939 के 'विप्लव' अंक का एक लेख, 'मद्रास में 'विप्लव' की चिनगारियाँ' हैं, इसे जे. रंगाराव ने लिखा है। इसमें लिखा है, "इलाहाबाद में आज़ाद को गोली मार दी गई।"[29] इसी तरह फरवरी,1940 के अंक में इन्द्रपाल का लेख छपा 'सेनापति आज़ाद' जिसमें उसने आज़ाद के शहादत के सम्बन्ध में लिखा, "जेल में मेरे मेहरबान सिपाही ने कहा, चन्द्रशेखर आज़ाद मारा गया। कब? जुमे के रोज। कहाँ? इलाहाबाद में। कैसे? पुलिस से लड़ते-लड़ते।"[30] भगतसिंह की पहली बड़ी जीवनी, 'अमर शहीद सरदार भगतसिंह' रामरख सहगल के सम्पादन में अगस्त, 1947 में कर्मयोगी प्रेस से निकली थी, इसके लेखक श्री शचीन्द्रनाथ सान्याल के भाई व स्वयं क्रान्तिकारी रहे श्री जितेन्द्रनाथ सान्याल थे। पुस्तक में लिखा है, "चन्द्रशेखर आज़ाद ने 27 फरवरी, 1931

को इलाहाबाद के अल्फ्रेड पार्क (कम्पनी बाग) में पुलिसवालों के साथ वीरतापूर्वक युद्ध करते हुए प्राण विसर्जन किया।"[31] इस पुस्तक में भगतसिंह के साथियों के सम्बन्ध में जो संस्मरण दिया गया है और उसमें भी स्वर्गीय श्री चन्द्रशेखर आज़ाद का जो परिचय दिया गया है, पूरी तरह 'भविष्य' में छपी सूचना की नकल है।

इसके एक वर्ष बाद यानी 1948 में श्री रामरख सहगल की ही पुस्तक 'आज़ादी के परवाने' छपी। इसमें भी वही परिचय शब्दश: छपा जो भविष्य और भगतसिंह की जीवनी में छपा था। 1948 में ही श्री नारायण प्रसाद अरोड़ा की 'कानपुर के विद्रोही' छपी। इसमें भी प्राय: भविष्य व ऊपर की पुस्तकोंवाली सूचना ही है। इसमें लिखा है, "1931 की 27 फरवरी को 10 बजे इलाहाबाद के अल्फ्रेड पार्क में एक विश्वासघाती सहयोगी की भीरुता के कारण आज़ाद पुलिस की गोलियों का शिकार हुए।"[32] सन् 1955 में श्री यशपाल की 'सिंहावलोकन' पुस्तक के रूप में छपी। वे लिखते हैं, "उस समय उत्तर प्रदेश में पुलिस का इंस्पेक्टर जनरल हॉलिंस था। हॉलिंस ने अंग्रेजी पत्रिका 'मेन ओनली' के अक्टूबर, 1954 के अंक में भारत के अपनी नौकरी के संस्मरणों के प्रसंग में आज़ाद और पुलिस की इस लड़ाई का जिक्र किया है। हॉलिंस ने तो यही लिखा है कि आज़ाद पुलिस की गोलियों से मारे गए। परन्तु लड़ाई के समय मौजूद लोगों का कहना है कि लड़नेवाले ने आखिरी गोली अपनी कनपटी पर मार ली।"[33] एस.टी. हॉलिन्स ने उसी दिन मौका-मुआयना किया था। अपनी पुस्तक जो 1954 में छपी थी, में उसने लिखा, "उसकी रिवॉल्वर से अभी धुआँ निकल रहा था, जबकि सादे कपड़ों के एक जवान की गोली उसके सिर में लगी, वह तुरन्त गिर पड़ा और मर गया। इस तरह हिन्दुस्तान सोशलिस्ट रिपब्लिकन आर्मी के कमांडर चन्द्रशेखर आज़ाद का अन्त हो गया।"[34]

'यश की धरोहर' पहली बार 1959 में प्रकाशित हुई थी। इसमें आज़ाद के विश्वस्त साथियों में से एक श्री भगवानदास माहौर ने लिखा, "एक बार किसी बात पर मैं अपना ही एक प्रेम गीत गाकर सुना रहा था। हृदय लगी प्रेम की बात ही निराली मनमथशर हो... आज़ाद बोले, क्या साला प्रेम-फ्रेम का पिनपिनाता रहता है। कल कहीं सड़क के किनारे पुलिस की गोली खाकर लुढ़कते नजर आओगे। फनमथशर, कनमथशर! हमें मतलब मनमथशर से! अरे कुछ बम फटकर पिस्तौल झटककर, ऐसा कुछ गा। देख मैं गाऊँ अपनी एक, एक ही कविता जिसे जिन्दगी में कर जाने के लिए ही जिन्दा हूँ। और आपने अपने गले को और भारी-भरकम बनाते हुए स्वरों पर स्टीम रोलर-सा चलाना शुरू किया—

दुश्मन की गोलियों का हम सामना करेंगे, आज़ाद ही रहे हैं आज़ाद ही रहेंगे।

देख, इसे कहते हैं कविता। क्या साला हृदय लगी, प्रेम की बात मनमथशर पिनपिनाता रहता है। हृदय में लगेगी थ्री नॉट थ्री की एक गोली, मनमथशर फनमथशर नहीं। 27 फरवरी, 1931 को अल्फ्रेड पार्क में उन्होंनें इसे चरितार्थ करके दिखाया।"[35]

इसके बाद आया 1964 में 'नर्मदा' का 'आज़ाद' अंक। श्री मनोहरलाल त्रिवेदी ने लिखा, "इसके दो महीने बाद ही आज़ाद अल्फ्रेड पार्क में पुलिस की मुठभेड़ में शहीद हो गए।"[36] इसी तरह श्री शिवविनायक मिश्र ने लिखा, "27 फरवरी, 1931 को

श्री चन्द्रशेखर आज़ाद इलाहाबाद के अल्फ्रेड पार्क में पुलिस से एकाकी युद्ध करके शहीद हो गए।"[37] श्री बटुकनाथ अग्रवाल ने लिखा, "काफी समय तक संघर्ष करने के बाद आज़ाद ने अपनी आखिरी गोली से अपने को मारकर अपनी जीवन लीला समाप्त कर ली।"[38] श्री विश्वनाथ पांडेय ने भी लिखा, "अन्त में केवल एक गोली रह जाने पर आज़ाद ने इससे स्वयं को नष्ट कर देना श्रेयस्कर समझा।"[39] श्री शिवदयाल दीक्षित के अनुसार, "वे लड़ते-लड़ते ही वीरगति प्राप्त कर चुके थे।"[40] श्रीमती सुशीला देवी ने अपने संस्मरण में लिखा, "एक दिन हममें से एक साथी ने उनसे कह दिया, भैया आप तो मोटे होते जा रहे हैं। सरकार को आपकी कलाई के लिए शायद कोई विशेष हथकड़ी तैयार करानी पड़े। इतना कहना था कि भैया का चेहरा लाल हो गया। उन्होंने तमककर उत्तर दिया, आज़ाद की कलाई में हथकड़ी लगाना अब बिलकुल असम्भव है। एक बार सरकार लगा चुकी। अब तो शरीर के टुकड़े-टुकड़े हो जाएँगे, लेकिन जीवित रहते पुलिस आज़ाद को बन्दी नहीं बना सकती। भैया पुलिस के बड़े दल के साथ अकेले संग्राम करते-करते जूझ गए।"[41]

सुरेन्द्र शर्मा ने अपने काफी लम्बे संस्मरण में लिखा, "उस दिन प्रेस में जाकर मैंने प्रूफ फोरमैन के हाथ दिया और वापसी में अल्फ्रेड पार्क के किनारेवाली सड़क से आ रहा था। मन में विचार आया कि आज सवेरे से मुहल्ले में हल्ला मच रहा था कि किसी डाकू और पुलिस में यहाँ गोली चली है। चारों तरफ नजर दौड़ाई। एक पेड़ के नीचे कुछ लोग इकट्ठे थे। पास जाकर साइकिल से उतरकर पूछताछ करने लगा। लोगों ने कहा, आज यहाँ चन्द्रशेखर आज़ाद के साथ पुलिस की खूब लड़ाई हुई। अन्त में जब रिवॉल्वर के सब कारतूस खत्म हो गए तब आज़ाद स्वयं ही एक गोली अपने मस्तक में मारकर शहीद हो गए। पुलिस अभी-अभी उनकी लाश उठाकर ले गई है।"[42] श्री विश्वनाथ वैशम्पायन ने अपनी पुस्तक में 'आज़ाद का बलिदान' शीर्षक के अन्तर्गत उस समय तक जो पढ़ा-सुना था सबका निचोड़ दिया।"[43] इसी साल श्री नन्दकिशोर निगम की 'बलिदान' छपी। उन्होंने लिखा, "जब उन्होंने देखा कि केवल एक ही गोली बची है, तो अपने दृढ़ निश्चय के अनुसार कि वह कभी जीते-जी पुलिस के हाथों में नहीं पड़ेंगे, उन्होंने अपनी अन्तिम गोली अपनी कनपटी पर लगाकर छोड़ दी और उनकी पवित्र तथा महान आत्मा अपने नाशवान शरीर के चोले को छोड़कर प्रकृति के अंशों में जा मिली।"[44]

श्री मन्मथनाथ गुप्त ने 'चन्द्रशेखर आज़ाद और उनका युग' नामक अपनी पुस्तक में उस समय तक प्राप्त औरों के विचारों को संकलित मात्र किया है। श्री शिववर्मा ने 'संस्मृतियाँ' में लिखा, "1931 की 28 फरवरी की शाम को मद्रास प्रान्त की राजमहेन्द्री जेल में बन्द होने से पहले जेल के एक अधिकारी ने बतलाया कि कल इलाहाबाद के अल्फ्रेड पार्क में पुलिस से लड़ते हुए चन्द्रशेखर आज़ाद की मृत्यु हो गई। उस रातभर मैं अपनी कोठरी के दरवाजे पर लोहे को पकड़े बैठा रहा। अपने विभिन्न रूपों में आज़ाद की मूर्ति बार-बार आँखों के सामने आती रही। पकड़े जाने पर किसे किस तरह फाँसी दी जाएगी इसे लेकर अकसर हम लोग एक दूसरे का मजाक उड़ाया करते थे। भगतसिंह के नीचे का गड्ढा गहरा करना होगा नहीं तो उसके पैर जमीन पर टिक जाएँगे, विजय

और शिव के पैरों में वजन पूरा करने के लिए बालू की बोरी बाँधनी पड़ेगी आदि और आज़ाद को सम्बोधित कर जब हम लोग कहते हैं कि पंडित जी के लिए खास तौर पर मोटा रस्सा मँगाना पड़ेगा तो वे अपनी पिस्तौल पर हाथ रखकर बोल उठते, 'इसके रहते किसकी हिम्मत है जो पंडित जी के जीवित शरीर पर हाथ लगा सके।' कौन जानता था कि उस समय के हँसी-मजाक के इन शब्दों के पीछे इतना सत्य छिपा था।"[45]

इस विमर्श के अन्त में हम श्री शचीन्द्रनाथ बख्शी के लेख, 'शहीद चन्द्रशेखर आज़ाद और आत्महत्या?' से उदाहरण देंगे। श्री बख्शी लिखते हैं, "जनश्रुति है कि इस महान योद्धा ने 27 फरवरी, 1931 को इलाहाबाद के अल्फ्रेड पार्क में ब्रिटिश पुलिस से संघर्ष करते हुए अपनी पिस्टल की अन्तिम गोली से अपनी इहलीला समाप्त कर ली। जनसाधारण के साथ सरकारी अफसरों, साहित्यकारों, इतिहास लेखकों तथा समाज के हर वर्ग में यही धारणा बनी हुई है। 3 अगस्त, 1976 को अल्फ्रेड पार्क की सार्वजनिक सभा में मैंने दावा किया था कि ब्रिटिश पुलिस से घिर जाने के बाद आज़ाद ने स्वयं को अपनी अन्तिम गोली नहीं मारी थी, बल्कि पुलिस की गोली से ही शहीद हुए थे। मैं उस समय लखनऊ जेल में आजीवन कारावास काट रहा था। जेलर के माध्यम से इस कायरतापूर्ण कथित आत्महत्या की घोषणा का मैंने विरोध किया था तथा विरोधस्वरूप तीन दिनों का अनशन भी किया था। 1938 में रिहा होने पर मैंने पोस्टमॉर्टम रिपोर्ट, नॉट बावर के बयान का अध्ययन किया था। 4 अगस्त, 1976 को लखनऊ से प्रकाशित नेशनल हेराल्ड ने 'आज़ाद डिड नॉट कमिट सुसाइड' तथा इलाहाबाद से प्रकाशित 'नादर्न इंडिया' पत्रिका ने 'न्यू लाइट ऑन आज़ाद डेथ' नाम से अल्फ्रेड पार्क के मेरे बयान को छापा।"

19 अगस्त, 1976 को इस घटना के एक अन्य प्रत्यक्षदर्शी एच.पी. वार्शनी ने 'नॉदर्न इंडिया' पत्रिका के सम्पादक के नाम जो पत्र लिखा, वह भी छपा था। उन्होंने लिखा—

"27 फरवरी, 1931 को अल्फ्रेड पार्क में आज़ाद को पुलिस द्वारा घेर लिए जाने के बाद मैं इस दुखद घटना का चश्मदीद गवाह बना। मैं म्योर कॉलेज गेट जो थार्नहिल रोड (अब दयानन्द मार्ग) की ओर खुलता है, से अपनी गाड़ी से लौट रहा था तथा तत्कालीन अल्फ्रेड पार्क के गेट से अन्दर घुसना चाह रहा था। तभी मैंने देखा थोड़ी दूर पर पुलिस की एक गाड़ी खड़ी है और दक्षिण-पूर्वी छोर से दोतरफा गोलियों के बौछार की आवाज आ रही है। एक सिपाही ने मुझे अन्दर जाने से रोका। उस समय पार्क की कोई चहारदीवारी नहीं थी तथा कँटीले तार के कारण उस दृश्य को देखने में कोई कठिनाई नहीं हो रही थी। कई खाकी वर्दीधारी पुलिस अधिकारी, पार्क के बीच से गुजरनेवाले नाले के पास वृक्षों की आड़ लेकर दक्षिण-पूर्व की तरफ ऊँचाई पर स्थित शीशम के पेड़ की तरफ गोली चला रहे थे। पाँच या छह शीशम के पेड़ वहाँ थे, जहाँ वर्तमान में आज़ाद का स्मारक बना है। उस तरफ से भी गोलियों की बौछार आ रही थी। दोंनों तरफ से गोलियों का निशाना साधनेवाले पेड़ों की आड़ लिये हुए थे। कई मिनटों तक गोलियों की बौछार जारी रही, फिर पुलिसवालों की तरफ से आवाज आई, "गिर गया, गिर गया।" नजदीक ही एकत्रित लोगों ने कहा, "चन्द्रशेखर आज़ाद मारे गए।" तुरन्त ही पुलिस ने उस स्थान की घेराबन्दी कर दी। हम लोग दो या तीन दिन बाद ही उक्त स्थान पर जा सके।"[46]

इस घटना के एक अन्य चश्मदीद पंडित ओंकारनाथ मिश्र ने 'वाणी' पत्रिका में अपना संस्मरण, 'जब चन्द्रशेखर आज़ाद जी की अंग्रेजों से मुठभेड़ हुई' शीर्षक से लिखा था। वे सपरिवार कटरा में रहते थे तथा जी.आई.सी में 12वीं के छात्र थे। अपने भाई के साथ ताँगे से कॉलेज से लौटते समय डिप्टी एस.पी. विशेश्वर सिंह को पुलिया पर बैठे देखा था। लेख में प्राय: वही प्रचलित कहानी दुहराई गई है कि "बाद में पता चला कि जब आज़ाद जी ने अपने को चारों ओर से घिरा देखा, तो उन्होंने अपनी पिस्तौल से स्वयं को गोली मार ली और शहीद हो गए।"[47]

इस घटना के एक अन्य चश्मदीद रहे प्रोफेसर राजनाथ पांडेय ने 'नर्मदा' के शहीद अंक के अपने संस्मरण 'शहीद शिरोमणि आज़ाद के दर्शन : तीन बार' में लिखा—"स्थान—अल्फ्रेड पार्क, इलाहाबाद, समय—प्रात:काल 9-10 बजे, 27 फरवरी, 1931, मैं इक्के में बैठकर चौक से कटरे, दस बजे से लगने वाली बी.ए. प्रथम वर्ष की अंग्रेजी कक्षा में शरीक होने जा रहा था कि हिन्दू बोर्डिंग हाउस के सामने अल्फ्रेड पार्क के कोनेवाले द्वार से एक आदमी को चिल्लाकर दौड़ते हुए देखा, जिसका होंठ फटा हुआ था और सारा मुँह लहूलुहान था। पर बात समझ में कुछ न आई। इक्का आगे बढ़ गया था। फिर इंडियन प्रेस जानेवाली सड़क पर पार्क की रेलिंग के पास कितने ही लोगों को खड़ा देखा। यह भी एक असाधारण बात थी, पर कुछ भी रहस्य समझ में नहीं आया था। वास्तव में उस समय चारों ओर से सशस्त्र फौजी पुलिस से घिरे हुए, 'हिन्दुस्तान-सोशलिस्ट-रिपब्लिकन सेना' के प्रधान सेनापति चन्द्रशेखर आज़ाद और भारत के अंग्रेज शासकों के प्रतिनिधि नॉट बावर के बीच संग्राम चल रहा था। परन्तु, मुझे इसका पता तब चला, जब विश्वविद्यालय के अंग्रेजी विभाग के एक कक्षा भवन के सामने उस समय के हमारी यूनियन के प्रेसिडेंट श्री काशीराम तिवारी (जो आज मध्य प्रदेश की विधानसभा के एक विधायक हैं) तथा स्वर्गीय श्री आर. एन. गुर्टू विद्यार्थियों के एक गिरोह के साथ आकर हमारे प्रोफेसर से हमें कक्षा से मुक्त करने के लिए कहने लगे। उस युग के तरुणों के हृदय स्वर्गीय आर.एन. गुर्टू के निम्न शब्द अब तक कानों में गूँज रहे हैं—

'अवर कामरेड आज़ाद इज डेड एंड लाइंग इन स्टेट इन अल्फ्रेड पार्क। वी वांट टू पे अवर होमेज। इट उड बी काइंड ऑफ यू टू डिसपर्स दि क्लास।'

ग्यारह बजते-बजते विश्वविद्यालय के छात्रों और छात्राओं की एक भारी भीड़ अपने आराध्य की अन्तिम झाँकी प्राप्त करने के लिए पार्क में घुस पड़ी। पुलिस के किरिच-बन्दूक हमें रोक न सके। क्षण भर में ही आज़ाद का शव और जामुन का वह पेड़ (जिसे पाँचवें-छठे दिन सरकार ने कटवाकर उसकी जड़ें तक खुदवा डाली थीं), जिसके नीचे वह महानिद्रा में पड़े हुए थे, विद्यार्थियों के घेरे के अन्दर था। उनका दाहिना हाथ कोट की आस्तीन के बाहर था, किन्तु बायाँ कमीज और उसके ऊपर कोट की आस्तीनों के अन्दर था। दिखता था उनका सीना कमीज से गज भर ऊपर उठा हुआ हो। पिस्तौल के दर्जनों कारतूस, कुछ रुपये और नोट दाहिने हाथ के पास ढेर भर सब पड़े थे। उनके पीछे से पीठ में गोली मारकर उन्हें धराशायी किया गया था।

मैं उस समय उस जामुन के पेड़ पर चढ़ चुका था, जबकि गोरी फौजी पुलिस को

कुछ आशंका हुई और वे झटपट आज़ाद के शरीर को उठाने लगे थे। मैंने 'इंकलाब जिन्दाबाद' का नारा लगा दिया। क्षणभर में सारा अल्फ्रेड पार्क इंकलाबी नारे से गूँजने लगा। पलक मारते ही एक बस में रखकर वे गोरे चोरों की तरह आज़ाद का शव लेकर भाग खड़े हुए।

"उसी दिन मैंने एक कहानी, 'उसकी स्मृति में' लिखी थी, जिसे मेरे सहपाठी श्री केदारनाथ जी गुप्त ने (जो तब दारागंज में रहते थे और अब भारती-भंडार के निकट एक प्रेस चला रहे हैं) 'केसरवानी' पत्रिका में जिसके वे अवैतनिक सम्पादक थे, प्रकाशित कराया था।"

थाना कर्नलगंज में इस घटना की प्राथमिकी दर्ज की गई। रजिस्टर नम्बर 8 के सीड़ते पन्नों पर नीली-पीली पड़ती रोशनाई में उर्दू में 1931 के नीचे 20/1 के आगे लिखा है, "वकूअर (समय घटना) -27 फरवरी, 1931, मरकूबा (समय सूचना)—27 फरवरी, 1931, 307 ताजीरात ए हिन्द की दफा; 1. चन्द्रशेखर आज़ाद, 2. नाम नामालूम। यह रजिस्टर नम्बर 8 सिविल लाइंस हलक़ा (एक मील दक्खिन) का है। रजिस्टर के ऊपर, 'किताब याददाश्त जयराम देही' जिला इलाहाबाद, थाना कर्नलगंज, मौजा सिविल लाइंस, खास अकवाम व फिरके यूरोपीय साहबान व बैरिस्टर वकील साहबान लिखा है। सन् 1951 में आबादी 923 दर्ज है। वर्ष 1931 में इस हलक़े में कुल 23 केस दर्ज हुए थे।"[48]

चन्द्रशेखर आज़ाद की शहादत के बाद सी.आई.डी. मुख्यालय को भेजे गए नोट पर भी दृष्टिपात कर लेना चाहिए। इस नोट पर कोई तिथि अंकित नहीं है। यह मिस्टर नॉट बावर के द्वारा मीडिया को दिये गए बयान के इतर लिखित में सी.आई.डी. के लिए तैयार किया गया नोट है। नोट के अनुसार—

"चन्द्रशेखर आज़ाद जिसे सामान्यत: 'आज़ाद' कहा जाता है, विगत कई सालों से उत्तर भारत में क्रान्तिकारी आन्दोलन का एक प्रचंड चेहरा था। ऐसा अनुमान है कि उसने क्रान्तिकारी दल तब ज्वॉइन किया जब बनारस में अभी छात्र था और 1925 में उस षड्यंत्र में हिस्सा लिया जिसने काकोरी ट्रेन डकैती को अंजाम दिया। वह इस केस में गिरफ्तारी से बच निकला और तब से आगे फरार ही रहा। अपने साहस और व्यक्तिगत खतरों के प्रति अवज्ञा ने उसे जल्दी ही आगे की पंक्ति में नेता बनाकर खड़ा कर दिया। वह आनेवाले सालों में अनेक कांडों में और प्रयासों में प्रमुखता से जुड़ा रहा। जब क्रान्तिकारी समाज ने 'हिन्दुस्तान सोशलिस्ट रिपब्लिकन एसोसिएशन' का गठन किया तो आज़ाद को सैन्य विभाग का प्रभारी बनाया गया। सेनापति के अपने कर्तव्य के अन्तर्गत उनका काम कांड और एक्शन करना था।

इस प्रकार उसी के निर्देशन में लाहौर में असिस्टेंट सुपरिंटेंडेंट ऑफ पुलिस मिस्टर सांडर्स पर हमला किया गया और आज़ाद ने स्वयं हेड कांस्टेबल चंदन सिंह पर गोली चलाई थी, जबकि वह मिस्टर सांडर्स की मदद के लिए गया और वह मारा गया था। दिसम्बर, 1929 में वाइसरॉय की ट्रेन दिल्ली के पास उड़ाने का प्रयास किया गया था। उस समय भी गुप्त स्थान पर आज़ाद ही था। उत्तर भारत में क्रान्तिकारी दल के मुख्य संगठनकर्ता के रूप में उसने लायलपुर में बम निर्माण में हिस्सा लिया। विचाराधीन कैदियों

को छुड़ाने में तथा जून, 1930 में बहावलपुर रोड बम धमाके में भी वह जुड़ा था। वह आनेवाले महीनों में दिल्ली में हुई गाडोदिया स्टोर डकैती से भी जुड़ा था। वह दिल्ली के झंडेवाला हाउस में विस्फोटकों के निर्माण करनेवालों में से एक था। जिससे आगे कांड किये जाने थे। वह बेहद खतरनाक था और संकल्प किया था कि उसे जीते-जी कभी पकड़ा नहीं जा सकेगा। वह हमेशा सशस्त्र रहता था और ऐसा आतंक पैदा करके रखता था जिससे कोई उसके साथ विश्वासघात न कर सके।

27 फरवरी, 1931 को सुबह 8:30 पर ठाकुर विशेश्वर सिंह, डिप्टी एस.पी., सी.आई.डी. उत्तर प्रदेश ने तीन लोगों को अल्फ्रेड पार्क में देखा, जिसमें से उसका विश्वास था कि एक आज़ाद था। उसने और सी.आई.डी. के इंस्पेक्टर डालचन्द ने इन आदमियों का पीछा किया। लेकिन जब तीनों व्यक्तियों का ध्यान इस ओर गया कि उनका पीछा किया जा रहा है तो दोनों अफसरों ने अलग होकर दो अलग स्थानों से इन व्यक्तियों पर नजर रखने का फैसला किया। ठाकुर विशेश्वर सिंह के साथ सादे कपड़े में एक कांस्टेबल था। जब उसे निश्चय हो गया कि इन तीनों में से एक आज़ाद था तो उसने सादे कपड़े वाले कांस्टेबल को नॉट बावर को सूचित करने के लिए भेजा कि आज़ाद अल्फ्रेड पार्क में है। यह सूचना मिलते ही मिस्टर नॉट बावर कूदकर अपनी कार में उस कांस्टेबल के साथ सवार हुए जिसे ठाकुर विशेश्वर सिंह ने भेजा था। साथ में दो और सादे कपड़ों में कांस्टेबल भी थे। मौके पर पहुँचने पर ठाकुर विशेश्वर सिंह के द्वारा भेजे गए कांस्टेबल ने नॉट बावर को संकेत से घास पर बैठे दो आदमियों को दिखाया और कहा कि यही वे लोग थे। नॉट बावर अपने साथ के सादे कपड़ों में तीनों कांस्टेबलों के साथ पैदल चलकर उन दोनों के पास पहुँचे। वे कांस्टेबल उनके साथ कार में आए थे और थोड़ी दूरी पर पीछे चल रहे थे। मिस्टर नॉट बावर से जब 10 गज की दूरी रह गई थी तो पूछा कि वे कौन थे? दोनों आदमियों ने तत्काल रिवॉल्वरें निकाल ली और मिस्टर नॉट बावर पर गोली चला दी। मिस्टर नॉट बावर की रिवॉल्वर तैयार थी और पहला फायर उन्होंने ही किया।

उन्होंने उन दोनों में जो तगड़ा आदमी था उसी पर ध्यान केन्द्रित किया, जिसके बारे में उसका विश्वास था कि वह आज़ाद है और उनकी पहली गोली शायद आज़ाद के पैर पर लगी, हड्डी को तोड़ दिया इससे आज़ाद हकबका गया, जिससे उसके द्वारा नॉट बावर पर किया वार खाली गया। मिस्टर नॉट बावर और उनके आदमियों ने तेजी से लगातार कई फायर किये, जिनमें से दो आज़ाद के पैर में लगी। इनमें से एक ने दाएँ फेफड़े को चीर डाला। आज़ाद के साथी ने मिस्टर नॉट बावर पर कई फायर किये पर सभी मिस हो गए और फिर वह भाग गया। मिस्टर नॉट बावर ने जब वह भाग रहा था तो उस पर दो गोली दागी, लेकिन दोनों मिस हो गईं। इस समय तक नॉट बावर की गोली खत्म हो गई थी और वे जैसे ही मैगजीन निकालने के लिए रुके, आज़ाद के द्वारा चलाई गई एक गोली कंधे के ठीक नीचे बाईं भुजा से होकर गुजरी। तब मिस्टर नॉट बावर ने एक पेड़ की आड़ में आश्रय लिया और आज़ाद, जो गम्भीर रूप से घायल हो गया था, रेंगकर एक दूसरे पेड़ के पीछे चला गया। आज़ाद, जिस पेड़ के पीछे नॉट बावर खड़े थे, उस पर निरन्तर फायर करता रहा। इसी दरमियान ठाकुर विशेश्वर सिंह

ने आज़ाद को चक्कर लगाकर घेरने की कोशिश की। आज़ाद ने उसे देख लिया और उस पर फायर किया जो उसके निचले जबड़े में लगा।

करीब 10 मिनट बाद आज़ाद मरकर गिरा। उसे एक गोली सिर में पीछे से लगी जो शायद ठाकुर विशेश्वर सिंह के साथ के सादे कपड़ों वाले कांस्टेबल ने चलाई थी जिसे रास्ता बदलकर जाने के लिए निर्देशित किया गया था और वह आज़ाद के पीछे से पहुँच गया था। पूरा मामला शायद 15-20 मिनट चला। मिस्टर नॉट बावर और उनके आदमियों की गोलियाँ खत्म हो गई थीं और वे आज़ाद के द्वारा लगातार किये जा रहे फायर का जवाब नहीं दे पा रहे थे। ऐसा लगता है कि आज़ाद का साथी भागने में सफल होने के बाद घूमकर पीछे आ गया और यह देखकर कि पुलिस दल फायर क्यों नहीं कर रहा है, वह सरककर आया और मिस्टर नॉट बावर पर फायर करने ही वाला था कि तभी पीछे से, एस.आई. रिसाल सिंह ने उसे देख लिया, जो थाना कर्नलगंज से जल्दी में भेजे गए थे। उस आदमी ने एक बार पुनः पेच कसा और भाग गया।"[49]

सीक्रेट पुलिस एब्स्ट्रैक्ट ऑफ इंटेलिजेंस, यू.पी. 1931 में 28 फरवरी को आज़ाद की शहादत दर्ज है। रिपोर्ट लिखती है, "27 फरवरी को ठाकुर विशेश्वर सिंह डिप्टी एस.पी., सी.आई.डी., यू.पी. ने दो लोगों को अल्फ्रेड पार्क की तरफ जाते देखा। जिसमें से एक के बारे में उसका विश्वास था कि वह चन्द्रशेखर आज़ाद थे। उन्होंने मिस्टर नॉट बावर को (स्पेशल सुपरिंटेंडेंट ऑफ पुलिस, सी.आई.डी.) खबर भेजी। वह अपनी कार में आए। दो लोगों को एक पेड़ के नीचे बैठे देखा। उसने कार से उतरकर पूछा कि वे कौन थे, तो दोनों ने तत्काल अपनी रिवॉल्वरें निकालकर फायर करना शुरू कर दिया, लेकिन मिस्टर नॉट बावर ने पहले फायर किया जो आज़ाद के पैर में लगी। कई गोलियाँ एक-दूसरे ने चलाईं। नॉट बावर ने तीन बार आज़ाद को मारा जब तक कि उनकी मैगजीन खत्म नहीं हो गई। जब वे अपनी मैगजीन भर रहे थे तभी उन्हें आज़ाद ने बाईं ओर मारा। उन्होंने एक पेड़ के पीछे आड़ ले ली। उनका प्रतिद्वंद्वी निरन्तर उस पेड़ पर गोलियाँ चलाता रहा। लेकिन इसी बीच ठाकुर विशेश्वर सिंह ने पीछे से घूमकर एक गोली चलाई, ऐसा प्रतीत होता है कि वह आज़ाद के सिर में लगी, लेकिन खुद डिप्टी एस.पी. के निचले जबड़े में गोली लगी। तब तक आज़ाद शक्तिहीन होकर पीठ के बल जमीन पर गिरे। आज़ाद का साथी जो विवरण से सुखदेव जान पड़ता है, जो लाहौर षड्यंत्र केस में वांछित है, छात्रों की भीड़ में भाग गया, जो वहाँ जमा हो गई थी। रिवॉल्वर की नोक पर साइकिल छीनकर वह गायब हो गया।"[50]

उन दिनों चीफ सेक्रेटरी के हस्ताक्षर से ब्रिटिश स्टेट्स तथा प्रमुख रियासतों से जुड़ी खबरें हर पन्द्रह दिन पर दिल्ली भेजी जाती थीं। ये अत्यन्त महत्त्वपूर्ण फोर्ट नाइटली रिपोर्टें राष्ट्रीय अभिलेखागार, नई दिल्ली में संरक्षित हैं। आज़ाद की शहादत पर फरवरी, 1931 की द्वितीय फोर्ट नाइटली रिपोर्ट में लिखा मिलता है, "प्रान्त को सबसे खतरनाक क्रान्तिकारी से छुटकारा दिलाने के दौरान सी.आई.डी. के ठाकुर विशेश्वर सिंह और नॉट बावर ने अपनी जान पर खेलकर जो शानदार कार्य किये हैं, उसके लिए अलग से रिपोर्ट भेजी गई है।"[51]

मुखबिरी

अब हम श्री चन्द्रशेखर आज़ाद की शहादत से जुड़े किन्तु मिथकों से आच्छादित दूसरे बिन्दु की ओर बढ़ते हैं--आज़ाद की मुखबिरी किसने की? क्योंकि न तो पुलिस के पास उस समय उनकी कोई फोटो थी, न स्पष्ट पहचान। उनके आवागमन पर भी सी.आई.डी. की सूचना कितनी सटीक थी इसका नमूना हम देख चुके हैं। अज्ञेय ने 4 अगस्त, 1984 को दिये गए रेडियो साक्षात्कार के दौरान गोपाल दास के द्वारा पूछे प्रश्न के जवाब में कहा था कि कुल मिलाकर यह तो मानना पड़ता है कि पुलिस को कुछ सूचना मिल गई थी। ऐसे में यह तो स्वीकार करना पड़ेगा कि किसी ने तो पुलिस को अल्फ्रेड पार्क में आज़ाद की उपस्थिति की सूचना दी थी, मगर किसने? तत्कालीन अखबारों व पत्रिकाओं में नॉट बावर का जो वक्तव्य छपा, उसी को सही मान लिया गया। आम जनता के लिए यह प्रश्न वैसे भी उतना महत्त्वपूर्ण नहीं था। सी.आई.डी. खासकर नॉट बावर, शम्भुनाथ, विशेश्वर सिंह वगैरह को तो पता ही रहा होगा कि मुखबिर कौन था। लेकिन यह प्रश्न किसी को सबसे ज्यादा बेध रहा था, तो वह थे चन्द्रशेखर आज़ाद के क्रान्तिकारी साथी और उनसे सहानुभूति रखनेवाले लोग। उनमें से कई जेलों में बन्द थे जो 1937 में कांग्रेस की सरकार बनने पर छोड़े गए। उन्होंने तब अपने संस्मरण लिखे। लेकिन इन संस्मरणों में मुखबिर या गद्दार साथी की चर्चा प्राय: देखने को नहीं मिलती है।

आज़ाद की पहली जीवनी इस विषय पर मौन है। नेहरू जी के संस्मरण में इस तरफ कोई संकेत नहीं है। पंडित रामदुलारे त्रिवेदी ने जरूर लिखा है कि "फरवरी, 1931 में अपने ही विश्वासघाती सहयोगी की गद्दारी से श्री चन्द्रशेखर आज़ाद को अल्फ्रेड पार्क में पुलिस ने घेर लिया।"[52] 'विप्लव' के आज़ाद विषयक किसी भी लेख में विश्वासघाती गद्दार साथी पर कोई चर्चा नहीं है। श्री सुखदेवराज ने 'विप्लव' के अपने तीनों लेखों 'आज़ाद का बमवाद', नवम्बर, 1938; 'बमवाद और आज़ाद' फरवरी, 1939 तथा 'अल्फ्रेड पार्क गोली कांड का मामला', मार्च, 1939 के अन्त में बस इतना लिखा कि "1931 की फरवरी की 27 तारीख थी, दिन के दस बजे के लगभग इलाहाबाद की पुलिस को इत्तिला मिली कि अल्फ्रेड पार्क में दो क्रान्तिकारी बेखबर बैठे हैं।"[53] लेकिन यह इत्तिला किसने दी, इसका कहीं जिक्र नहीं किया है। 'भगतसिंह की जीवनी', 'आज़ादी के परवाने' तथा 'कानपुर के विद्रोही' में, "एक विश्वासघाती सहयोगी की नीचता के कारण आज़ाद पुलिस की गोलियों का शिकार हुए" लिखा मिलता है। स्मरणीय है कि सन् 1947-48 में प्रकाशित इन सभी पुस्तकों में 'साप्ताहिक भविष्य' की खबर को शब्दश: लिया गया है, लेकिन ऊपर का वाक्य 5 मार्च, 1931 के 'भविष्य' में नहीं हैं। यानी आज़ाद की शहादत के तुरन्त बाद 'मुखबिर' का प्रश्न उठा नहीं था, लेकिन 16-17 वर्ष में यह धारणा बनी थी कि उनके किसी एक साथी ने विश्वासघात व नीचता की।

श्री यशपाल ने 1955 में 'सिंहावलोकन' में सीधे तो कुछ नहीं कहा है लेकिन सर्वश्री सुखदेवराज, विश्वनाथ वैशम्पायन, सदगुरु दयाल अवस्थी, रामरख सहगल, भगवतीचरण वोहरा सहित परमानन्द कोब्रा को कठघरे में खड़ा किया है। श्री यशपाल

की पुस्तक 'सिंहावलोकन' के अलग-अलग संस्करणों में विरोधाभासी बातें देखने को मिलती हैं। प्रथम संस्करण में पुलिस द्वारा दिये गए विवरण को सन्देहास्पद माना गया है। जबकि वर्तमान संस्करण से आभास मिलता है कि यह घटना आकस्मिक थी तथा विशेश्वर सिंह ने अचानक आज़ाद को पार्क में देख लिया था, गोली चल गई और आज़ाद शहीद हो गए। तथा यदि इस घटना को लेकर कोई सन्देहास्पद हो सकता है तो वह 'सुखदेवराज' है। यश की धरोहर में अपने लम्बे संस्मरण में श्री भगवानदास माहौर ने इस पहलू की कोई चर्चा नहीं की है। 'नर्मदा' के 'आज़ाद' अंक के अपने संस्मरण में श्री विश्वनाथ वैशम्पायन ने स्पष्ट रूप से वीरभद्र तिवारी को नॉट बावर का मुखबिर कहा है। इसी अंक के अपने संस्मरण में श्री शिवदयाल दीक्षित ने लिखा कि "जब आज़ाद पार्क में सुखदेवराज से बातें करते घूम रहे थे उसी समय आज़ाद ने कटरा की ओर के सामने वाली सड़क पर आते वीरभद्र तिवारी को देखकर कहा कि यह ससुरा यहाँ कैसे घूम रहा है।"[54] 1967 में छपी अपनी पुस्तक में श्री विश्वनाथ वैशम्पायन ने सुखदेवराज के हवाले से वीरभद्र के उधर से गुजरने, आज़ाद द्वारा देखे जाने, फिर नॉट बावर से मुठभेड़ का जिक्र किया है।[55]

उल्लेखनीय है कि श्री यशपाल को प्राणदंड दिये जाने के पश्चात दल में कई समूह बन गए थे। सर्वश्री आज़ाद, विश्वनाथ वैशम्पायन, नन्दकिशोर निगम, सुखदेवराज, काशीराम, धन्वन्तरि आदि एक खेमे में थे। जबकि श्री यशपाल, इन्द्रपाल और खयालीराम गुप्त दूसरे खेमे में। शेष सदस्य प्राय: इस विभेद को मिटाने या कम करने के पक्षधर थे। यही कारण है कि सर्वश्री सुखदेवराज, काशीराम, नन्दकिशोर निगम तथा विश्वनाथ वैशम्पायन ने जहाँ हर तर्क व साक्ष्य से वीरभद्र तिवारी को दोषी ठहराने का प्रयास किया है, वहीं अकेले श्री यशपाल ने वीरभद्र तिवारी को बचाने का प्रयास किया। आरोप-प्रत्यारोप के इस दौर का आरम्भ लेखन के रूप में 'सिंहावलोकन' से शुरू होता है। 'नर्मदा' अंक से होकर श्री विश्वनाथ वैशम्पायन और श्री नन्दकिशोर निगम की पुस्तकों तक पहुँचता है।

इस प्रक्रिया का आरम्भ 'साप्ताहिक हिन्दुस्तान' में 15 जनवरी, 1967 को छपे श्री लल्लन प्रसाद व्यास के लेख, 'चन्द्रशेखर आज़ाद के विरुद्ध पुलिस को किसने सूचना दी' से हुआ। यह लेख 'सिंहावलोकन' के लगभग 12 साल बाद छपा। इस लेख में सिंहावलोकन, रामचन्द्र मुसद्दी के संस्मरणों से तथा सुखदेवराज के संस्मरणों से उद्धरण लिये गए हैं। व्यास इस लेख का बैकग्राउंड देते हैं, "एक दिन मुझे श्री वीरभद्र तिवारी का एक पत्र मिला। लिखा था कि वे मुझसे मिलना चाहते हैं। मैंने उनको लिखा कि समय मिलने पर मैं स्वयं उनके पास जाकर उनसे भेंट करूँगा।" फिर व्यास ने पं. परमानन्द, 'सिंहावलोकन' का उद्धरण देकर वीरभद्र की बेगुनाही सिद्ध करने का प्रयास किया है। आगे वीरभद्र से कब, कहाँ, कैसे मिले का उल्लेख किये बिना अथवा उसका नाम दिये बिना काफी लम्बा सफाई वक्तव्य दे दिया। इसके दो अंक बाद 5 फरवरी, 1967 के ही 'साप्ताहिक हिन्दुस्तान' में इस लेख की अशुद्धियाँ छपीं, जिसके लेखक थे, स्वयं वीरभद्र तिवारी। यहाँ उनकी फोटो 'आज़ाद के साथी वीरभद्र तिवारी' के कैप्शन के साथ लगी थी और पता दिया था, 8/160 ए, आर्य नगर, कानपुर। इसमें सिर्फ छापे की गलतियों का उल्लेख है, न कि तथ्यों की कमी का। अन्त में वीरभद्र ने एक अनुरोध

किया है, "इस लेख के फलस्वरूप जिज्ञासु पाठकों को मुझसे कुछ और पूछताछ करने की आवश्यकता जँचे, उनकी जानकारी के लिए मेरा स्थायी पता—107, रामनगर और वर्तमान पता 8/160, ए, आर्यनगर भी अंकित करा दें, कृपा होगी—वीरभद्र। 12 मार्च, 1967 को इसी अखबार में श्री वैशम्पायन का लेख वीरभद्र के विरुद्ध तथ्यों के साथ 'क्या वीरभद्र तिवारी निष्कलंक है?' शीर्षक से छपा। श्री लल्लन प्रसाद व्यास के लेख पर टिप्पणी करते हुए श्री काशीराम ने 'आज़ाद की मृत्यु और वीरभद्र तिवारी' नाम से जो लेख लिखा था वह 'साप्ताहिक हिन्दुस्तान' में 9 अप्रैल, 1967 को प्रकाशित हुआ था। फिर 18 जून को इसी पत्र में यानी 'साप्ताहिक हिन्दुस्तान' में श्री रामचन्द्र मुसद्दी का लेख 'आज़ाद की शहादत के लिए जिम्मेदार कौन, कुछ और तथ्य' शीर्षक से छपा।

श्री लल्लन प्रसाद व्यास के कंकड़ फेंकने से जो लहरें उठीं, उसमें वीरभद्र के खिलाफ जो तर्क-वक्तव्य थे, वे सतह पर आ गए। इन सबको समेटकर श्री यशपाल ने 'धर्मयुग' में इनका उत्तर दिया। श्री यशपाल ने चार किस्तों में (18 जून, 24 जून, 2 जुलाई, 9 जुलाई, 1967) साप्ताहिक 'धर्मयुग' में लेखमाला लिखी, 'सन्देहों का गोलमाल; श्री चन्द्रशेखर आज़ाद के प्रति विश्वासघात किसने किया था?' इन लेखों में सर्वश्री विश्वनाथ वैशम्पायन, सुखदेवराज, शिवचरण सभी को कठघरे में खड़ा करने का प्रयास किया गया। सितम्बर, 1967 में श्री विश्वनाथ वैशम्पायन की और नवम्बर, 1967 में श्री नन्दकिशोर निगम द्वारा लिखित आज़ाद की जीवनियों में काफी तथ्य आ गए। 20 अक्टूबर, 1967 को श्री विश्वनाथ वैशम्पायन का दिल का दौरा पड़ने से निधन हो गया। अगले माह 'दिनमान' के सम्पादक तथा पूर्व क्रान्तिकारी अज्ञेय ने 12 नवम्बर, 1967 के अंक में अपनी श्रद्धांजलि, 'एक क्रान्तिकारी की याद' शीर्षक से लिखी। उसमें भी यशपाल पर परोक्ष कटाक्ष किया। श्री यशपाल की लेखमाला के जवाब में श्री नन्दकिशोर निगम ने दो लेख, 'चन्द्रशेखर आज़ाद की मृत्यु जिम्मेदारी किसकी?' नाम से लिखे थे। जो क्रमश: 3 दिसम्बर और 10 दिसम्बर, 1967 को साप्ताहिक 'दिनमान' में छपे। श्री नन्दकिशोर निगम ने वीरभद्र के खिलाफ तथ्य व तर्क दिये।

अन्त में इन लेखों पर श्री यशपाल ने 'दिनमान' के 14 अप्रैल, 1968 के अंक में प्रतिवाद लिखा। दिनमान के 21 अप्रैल, 1968 के अंक में सुखदेवराज व वीरभद्र तिवारी के वक्तव्य छपे। तिवारी ने उन्हीं मुद्दों को रखा जो श्री लल्लन प्रसाद व्यास के लेख में दिया था। 1971 में श्री सुखदेवराज की 'जब ज्योति जगी' छपी। इसी बीच में अवकाश प्राप्त सहायक केन्द्रीय गुप्तचर रहे धर्मेन्द्र गौड़ ने 1972 में प्रकाशित अपनी पुस्तक 'आज़ाद की पिस्तौल और उनके गद्दार साथी' में वीरभद्र के साथ श्री यशपाल को भी पुलिस का मुखबिर सिद्ध करने का प्रयास किया। प्रमाणस्वरूप सी.आई.डी. के कुछ तथाकथित गोपनीय पत्र भी पुस्तक में प्रकाशित किये। 1981 में श्री सदगुरु दयाल अवस्थी के संस्मरणयुक्त पुस्तक 'क्रान्तिकारी आन्दोलन का आज़ाद-युग' छपी। इन सभी में वीरभद्र तिवारी की अलग-अलग रूपों में चर्चा मिलती है। इस तरह दिसम्बर, 1930 में कैलाशपति के बयान से लेकर 1981 में अवस्थी के संस्मरण तक 51 सालों में बहुत कुछ लिखा गया। यहाँ तक कि गड़े मुर्दे उखाड़ने और वीरभद्र को बेतहाशा बचाने के प्रयास में स्वयं श्री यशपाल पर भी उँगली उठने लगी।

यह यक्ष प्रश्न कि 'चन्द्रशेखर आज़ाद के अल्फ्रेड पार्क में होने की सूचना पुलिस को कैसे मिली?' आज भी अनुत्तरित-सा है। इस पर श्री यशपाल की अपनी धारणाएँ मिलती हैं। उन्होंने 'सिंहावलोकन' के 1955 के प्रथम संस्करण में डिप्टी एस.पी. द्वारा अचानक देखे जाने की थियरी पर सन्देह प्रकट किया जबकि उक्त पुस्तक के 1968 के बाद के संस्करण में इस सन्देह को छोड़ते हुए यह स्वीकार किया है कि आज़ाद के साथ 'किसी साथी ने विश्वासघात' नहीं किया। वे लिखते हैं कि "आमतौर पर समझा जाता है कि जिन लोगों को अल्फ्रेड पार्क से उनके सम्बन्ध या वहाँ उनकी परिस्थिति का ज्ञान था उन्हीं में से किसी ने आज़ाद की पीठ में छुरा घोंपा।" यशपाल के अनुसार वैशम्पायन, सुखदेवराज, दुर्गा भाभी, सुशीला दीदी, खोकी, मासी माँ, सुरेन्द्रनाथ पांडेय, रामरख सहगल, बाबा पृथ्वी सिंह, वीरभद्र और एक अज्ञात व्यक्ति अल्फ्रेड पार्क के इस महत्त्व से परिचित थे। इनमें से सुखदेवराज प्रायः नित्य और इसी समय पर आज़ाद से अल्फ्रेड पार्क में मिलते थे। यशपाल और सुरेन्द्रनाथ पांडेय उन्हें लगभग डेढ़ घंटा पहले पार्क के बाहर छोड़कर चौक की तरफ गए थे। सहगल जी ने 'आज' के भूतपूर्व प्रतिनिधि ठाकुर बरजोर सिंह को अल्फ्रेड पार्क में आज़ाद जी के दर्शन करने की सलाह दी थी। सहगल स्वयं आज़ाद से मिलते रहते थे। उनकी पत्नी दीदी की प्रिय सहेली थी। जबकि इस सम्बन्ध में श्री वैशम्पायन की अपनी धारणा है, उनके अनुसार, "अज्ञात व्यक्ति ने विशेश्वर सिंह को आज़ाद के अल्फ्रेड पार्क में होने की सूचना दी और विशेश्वर सिंह ने कटरे से वीरभद्र को उन्हें देखने भेजा था।"[56]

श्री चन्द्रशेखर आज़ाद की शहादत को लेकर आम जनमानस में, मीडिया में और साथियों की राय में जिन चरित्रों पर सन्देह किया गया उनमें कुछ मौखिक हैं और कुछ लिखित। मौखिक रूप से नेतराम का नाम लिया जाता है। नेतराम की कटरा में मिठाई की दुकान थी। स्थानीय लोगों का कहना है कि उसी ने आज़ाद के आने-जाने पर दृष्टि रखी और पुलिस को सूचना कर दी। कुछ लोगों का कहना है कि नेतराम की चौक की दुकान में ही पुलिस ने मुखबिर फणीन्द्रनाथ घोष को रखा था, जबकि कटरावाले तिमंजिले पर वीरभद्र व अन्य पहचान करनेवालों को रखा था। लेकिन यह नाम न तो आज़ाद के किसी साथी के संस्मरण में है, न ट्रायल फाइल में, न अभिसूचना फाइल में, न अखबारों में। इलाहाबाद के बाहर शायद यह नाम किसी ने सुना भी न हो। अतः इस नाम को हम छोड़ देते हैं। लिखित रूप से जिन लोगों पर मुखबिरी का आरोप लगा, वे निम्न हैं—

1. विश्वनाथ वैशम्पायन
2. सुखदेवराज
3. रामरख सहगल
4. सदगुरु दयाल अवस्थी
5. यशपाल
6. वीरभद्र तिवारी
7. अज्ञात मुखबिर

उपरोक्त सूची में अंकित किस व्यक्ति का आज़ाद से क्या सम्बन्ध था, उस पर

कब और किसने, क्या आरोप लगाया, वह आरोप कहाँ तक सम्भव है आदि बिन्दुओं पर हम क्रम से छानबीन करेंगे।

विश्वनाथ वैशम्पायन

श्री विश्वनाथ वैशम्पायन के पूर्वज कालिंजर युद्ध के समय पेशवाओं के साथ महाराष्ट्र से आकर कर्वी (वर्तमान चित्रकूट) में बस गए थे। उनका जन्म 28 नवम्बर, 1910 को वहीं हुआ। बाद में पिता का स्थानान्तरण झाँसी होने पर वे वहाँ आ गए। सरस्वती पाठशाला में उनका घनिष्ठ सम्बन्ध मास्टर रुद्रनारायण से हुआ। काकोरी केस के पूर्व जब पहली बार चन्द्रशेखर आज़ाद 1925 में झाँसी आए तो श्री शचीन्द्रनाथ बख्शी ने जिन युवकों से परिचय कराया उनमें वैशम्पायन भी थे। काकोरी के बाद जब आज़ाद फरारी की दशा में झाँसी आए तो इनसे प्रगाढ़ सम्बन्ध हुआ जो आज़ाद की शहादत तक बना रहा। 11 फरवरी, 1931 को आज़ाद की शहादत के मात्र 16 दिन पूर्व उन्हें कानपुर में गिरफ्तार कर लिया गया था।

श्री विश्वनाथ वैशम्पायन के बारे में आलोचना की दृष्टि से सर्वप्रथम श्री यशपाल ने 'सिंहावलोकन' के प्रथम संस्करण में लिखा, "वैशम्पायन ने 'नया समाज' के अपने लेख में आज़ाद के जीवन की एक घटना को अतिशयोक्ति से चित्रित कर बताया कि आज़ाद इस अनुभव के कारण स्त्रियों को अविश्वास के योग्य समझते थे। खैर, स्वयं वैशम्पायन के कानपुर में रिवॉल्वर जेब में होते हुए भी गिरफ्तारी के समय कुछ न कर सकने से आज़ाद किस परिणाम पर पहुँचे होंगे?"[57] इसके बाद श्री यशपाल ने 'धर्मयुग' में अपनी लेखमाला 'सन्देहों का गोलमाल' प्रकाशित की। इन लेखों में श्री यशपाल ने श्री वैशम्पायन के 12 मार्च के लेख में जो तथ्य व प्रमाण दिये हैं, उनका खंडन करते हुए स्वयं श्री वैशम्पायन पर कुछ आरोप डाले हैं और उन्हें सन्देह के घेरे में रखा है। वे लिखते हैं, "मुझे खूब याद है कि वैशम्पायन की गिरफ्तारी का समाचार पाकर आज़ाद कुछ क्षण स्तब्ध रह गए फिर उनके मुख से निकल गया, साले सब जनखे हैं। पुलिस को देखकर सिट्टी-पिट्टी भूल हथियार डाल देते हैं।" यशपाल के अनुसार विश्वनाथ वैशम्पायन की गिरफ्तारी में किसी के द्वारा सूचना देकर विश्वासघात की बात निराधार है।"[58]

यशपाल ने 'धर्मयुग' के लेख में लिखा, "वैशम्पायन की गिरफ्तारी सन्दिग्ध थी, उन्हें अकेले कांस्टेबल भूरे सिंह ने गिरफ्तार किया था। इसके बदले में उसे किंग्स मेडल मिला था। वैशम्पायन की गिरफ्तारी के बाद भी अफवाह फैली कि पुलिस की मार या उसके भय से वैशम्पायन ने पुलिस को सब कुछ बता दिया। अनुमान का कारण था गिरफ्तारी के समय सशस्त्र होते हुए भी साहस से न लड़ सकना और तुरन्त कुछ तलाशियाँ तथा व्यक्तियों को हिरासत में ले लिया जाना उदाहरणत: सनत, शिवचरण आदि। परन्तु आज़ाद का और हम लोगों का इस अफवाह पर विश्वास न हुआ। वैशम्पायन को कानपुर में सशस्त्र गिरफ्तार कर लेने के बाद स्पेशल पुलिस सुपरिंटेंडेंट नॉट बावर और आई.जी. हॉलिन्स के सामने पेश किया गया था। फिर उन पर बिना लाइसेंस शस्त्र रखने का मुकदमा चलाए बिना दिल्ली षड्यंत्र केस के लिए दिल्ली भेज दिया गया।

वैशम्पायन पर अवैध असलहे का मुकदमा नहीं चला। उन्हें 1818 के रेग्युलेशन 3 में जेल में नजरबन्द कर दिया गया था। अदालत से सजा पाए राजनीतिक अभियुक्त बी क्लास (यानी ऊँची श्रेणी) के कैदियों और केवल सन्देह मात्र (1818 के रेग्युलेशन-3) में नजरबन्द कर दिये गए कैदियों की स्थिति में बहुत अन्तर रहता था। बी क्लास के कैदियों के खुराक खर्च साधारण कैदियों से तिगुना लगभग ₹1, टॉयलेट की कुछ चीजें दी जाती थीं। रेग्युलेशन 3, 1818 में बन्द लोगों को मनपसन्द खुराक, पोशाक और रात ताले में बन्द न किये जाने की सुविधाएँ रहती थीं। जेल में जो चाहे मँगवा सकते थे। बहुत से नियत भत्ता खर्च न कर रिहाई के समय बाकी रुपया बचा ले जाते थे।"

फिर श्री यशपाल ने अपनी गिरफ्तारी का हवाला एस.टी. हॉलिन्स की पुस्तक से दिया है। आगे लिखा, "उसे (हॉलिन्स को) इलाहाबाद में कुछ अन्य क्रान्तिकारियों की मौजूदगी का भी समाचार था। उदाहरणत: एक सुन्दर युवती (दुर्गा देवी) जिसका पति (भगवती भाई) एक बम विस्फोट में समाप्त हो चुका था। वीरभद्र और कुछ अन्य लोगों का विश्वास है कि यह सूचना केवल वैशम्पायन ही दे सकते थे। अब भी कुछ लोग इसी प्रसंग में खास कर वैशम्पायन पर आर्म्स एक्ट में मुकदमा न चलाए जाने के कारण सन्देह करते हैं कि वैशम्पायन गिरफ्तारी के बाद दृढ़ नहीं रह सके थे। पुलिस ने इसी सहायता के मूल्य में उन्हें आर्म्स एक्ट की सजा से बरी रहने दिया। लेकिन यह अनुमान मात्र है। सम्भव है कि वैशम्पायन आर्म्स एक्ट में बरी रहने का कोई संगत कारण बता सकते हैं। ऐसा ही दृष्टिकोण श्री वीरभद्र पर आरोप लगाते समय भी उचित है।"[59]

इन सन्देहों का जवाब श्री विश्वनाथ वैशम्पायन ने अपनी पुस्तक के अन्तिम खंड में दे दिया था। वे लिखते हैं, "श्री यशपाल ने खुद को भगतसिंह के समय से क्रान्तिकारी होने का दावा किया है तो मैं उसके पहले पं. रामप्रसाद बिस्मिल के समय से क्रान्तिकारी दल का सदस्य था। श्री यशपाल का आरोप है कि मैंने लोगों से सुनकर वीरभद्र पर आरोप किये हैं, परन्तु मैं अपनी गिरफ्तारी की बात तो जानता ही था। इसके विपरीत यशपाल ने वही उगला है जो वीरभद्र ने उसे निगलवाया है। मुझमें कमजोरी आ जाने से मैंने पुलिस का साथ दिया था, इसलिए मुझ पर आर्म्स एक्ट का मुकदमा नहीं चला। लिखने से पहले वे कुछ साथियों से पूछते या 'आतंकवाद का इतिहास' ही पढ़ लेते। मैं वीरभद्र की कृपा से 11 फरवरी, 1931 को पकड़ा गया। वहाँ से मुझे शम्भुनाथ के घर ले जाया गया। फिर वहाँ से सिविल लाइंस के पुलिस लॉकअप में, जहाँ संगीन के पहरे थे, बन्द रहा। वहीं विशेश्वर सिंह और नॉट बावर मुझसे मिले। दोस्तों की तरह नहीं दुश्मनों की तरह। तभी विशेश्वर सिंह ने कहा था, "एक बार मैं आज़ाद से सामना करना चाह रहा हूँ।" मैंने कहा था, "भूलकर भी ऐसा न करना अन्यथा घर के लोगों को रोने के लिए छोड़ जाओगे।" मैं 11-13 फरवरी तक लॉकअप में रहा। वहाँ श्री यशपाल की तरह मैंने ऐश नहीं किया। मैंने भूख-हड़ताल कर दी जिसके बाद मुझे 13 तारीख को जिला जेल कानपुर भेज दिया गया। वहाँ मुझे तन्हाई की कोठरी में पैरों में बेड़ी डालकर रखा गया तथा 14 फरवरी को 1 दिन में ही आर्म्स एक्ट का मुकदमा हुआ, जिसमें मुझे दो वर्ष की सख्त कैद की सजा हुई, जिसका प्रमाण यह सर्टिफिकेट है—

"प्रमाणित है कि श्री विश्वनाथ गंगाधर वैशम्पायन पुत्र गंगाधर महादेव

वैशम्पायन रहनेवाले पंचकुइयाँ कोतवाली, झाँसी जिन्हें सजा यू/एस 19 (सी) आर्म्स एक्ट के अन्तर्गत 14.2.1931 को दो वर्ष की बामशक्कत सजा हुई।"

हस्ताक्षर बी.पी. शर्मा, ए.डी.एम. कानपुर

जेल की तन्हाई कोठरी में उन दिनों अर्जुन अरोड़ा जी बन्द थे आजकल एम.पी. हैं। कानपुर से मुझे बेड़ी, डंडा बेड़ी लगाकर और हथकड़ी डालकर दिल्ली भेजा गया। वहाँ दिल्ली षड्यंत्र का मुकदमा चला। उसे उठा लेने पर मुझ पर ग्वालियर षड्यंत्र चला, जिसमें मैं सेशंस से छूटा, परन्तु पुलिस ने मुझे फिर गिरफ्तार किया। श्री पोतदार भी मेरे साथ थे। यह गिरफ्तारी आर्डिनेंस के अन्तर्गत हुई थी। बाद में पोतदार छोड़ दिये गए। मुझे रेग्युलेशंस-3 में बन्द रखा गया जिसमें मैं 1939 तक रहा। इसमें जो कुछ सुविधाएँ मिलीं वे कानूनन मिली पुलिस की मेहरबानी से नहीं। मेरी गिरफ्तारी के बाद न तो मेरे कारण कोई गिरफ्तार हुआ, न कहीं तलाशी हुई, न मेरे पास कोई पत्र ही निकला। कानपुर में जो गिरफ्तारियाँ और तलाशियाँ हुईं वे शिवचरण के बम विस्फोट में घायल होने पर हुईं। मेरी गिरफ्तारी से इसका कोई सम्बन्ध नहीं।[60]

अपनी पुस्तक में 'मेरी गिरफ्तारी' शीर्षक से श्री वैशम्पायन ने विस्तार से अपनी गिरफ्तारी पर लिखा है। वे उस दिन कार बेच का पैसा लेने शिवचरण मिस्त्री (शर्मा नहीं) के पास गए थे। पार्टी की कार थी। पैसा मिलने पर वे लोग दक्षिण भारत जाते। वे लिखते हैं, "अगले दिन दोपहर बाद मैं शिवचरण के यहाँ कुलीबाजार के मकान में गया। बुलाने पर वह मुझे कुछ दूर ले गया। उसने बताया कि वीरभद्र बैठा है, मेरा जाना उचित नहीं है। करीब 10 मिनट में वीरभद्र उसके घर से निकल गया। मैंने उसे जाते हुए देखा। बाद में शिवचरण मुझे अपने घर ले गया। उसके घर मैं लगभग घंटे-डेढ़ घंटे रहा। शाम 4 बजे पैसा लेकर आदमी न आया तो मैं जाने को उठा और शिवचरण और उसकी माँ मुझे पहुँचाने नीचे तक आए। जीने के नीचे परछती में एक व्यक्ति भाँग घोट रहा था। शिवचरण ने उससे यह भी कहा, क्यों गुरु, भाँग छन रही है? यह कहकर वह आगे बढ़ा। मैंने साइकिल पर चढ़ने के लिए पैर मारा, तुरन्त ही आसपास की दुकानों से लोग मुझ पर टूट पड़े और उन्होंने मुझे एकाएक दबोच लिया। तब मुझे पता चला कि वह भाँग घोटनेवाला व्यक्ति और दुकानों में बैठे लोग सफेद कपड़ों में पुलिसवाले थे। मैंने शिवचरण की ओर देखा तो उसका चेहरा सफेद पड़ गया। यदि वह इस षड्यंत्र में न होता तो घर से जा रिवॉल्वर ला मेरी मदद करता। दूसरे मेरे साथ पुलिस उसे भी गिरफ्तार करती, पर यह सब कुछ नहीं हुआ। वह आराम से अपनी माँ के साथ लौट गया। जो लोग वीरभद्र की गद्दारी का प्रमाण चाहते हैं, क्या यह काफी प्रमाण नहीं है कि उसने मुझे शिवचरण के यहाँ बैठाकर पकड़वाने की व्यवस्था की। मेरी गिरफ्तारी के समय न तो शिवचरण गिरफ्तार हुआ, न उनके घर की तलाशी हुई।"[61]

श्री विश्वनाथ वैशम्पायन की पुस्तक का अन्तिम भाग सितम्बर, 1967 में छपा। इसके कुछ दिनों बाद 20 अक्टूबर, 1967 को उनकी मृत्यु हो गई। पुस्तक में उन्होंने 'सिंहावलोकन' से धर्मयुग तक श्री यशपाल द्वारा लगाए गए आरोपों का जवाब भी दिया तथा काफी आरोप श्री यशपाल पर भी लगाए। वैशम्पायन की मृत्यु के बाद अगले माह 'दिनमान' के सम्पादक तथा पूर्व क्रान्तिकारी अज्ञेय ने 12 नवम्बर, 1967 के अंक में

अपनी श्रद्धांजलि लिखी। बतौर सम्पादक अज्ञेय जी ने लिखा, "श्री विश्वनाथ गंगाधर वैशम्पायन अपने सहयोगियों के लिए बच्चन, एच.एस.आर.ए. के कर्मठ सदस्य और श्री चन्द्रशेखर आज़ाद के विश्वस्त सहायक नहीं रहे। रायपुर में जहाँ कई वर्षों से वह एक समाचार-पत्र का सम्पादन कर रहे थे हृदय गति बन्द हो जाने से उनकी मृत्यु हो गई। 1930 का कठिन वर्ष विश्वासघात, तलाशियाँ, धर-पकड़। पार्टी के सदस्यों में कुछ के स्वार्थ और चरित्रहीनता को लेकर अविश्वास, तनाव और फूट पड़ गई। किन्तु वैशम्पायन सदा की भाँति एकनिष्ठ और दृढ़ श्री चन्द्रशेखर आज़ाद के अन्तरंग मित्र और विश्वस्त साथी बने रहे और एच.एस.आर.ए. का काम अन्त तक करते रहे। वैशम्पायन सर्वथा विश्वस्त और पूरी तरह विश्वासपात्र नहीं थे, ऐसा मानने का कोई कारण नहीं है और प्रकारान्तर से अपनी सफाई देने के लिए दूसरे की चरित्र हत्या एक जघन्य अपराध है। इससे कोई अन्तर नहीं पड़ता कि यह अपराध मूल घटना के प्रायः 40 वर्ष बाद किया जाए।

सन् 1931-33 में दिल्ली षड्यंत्र केस वापस ले लिये जाने पर 1818 के कानून के अधीन राजबन्दी के रूप में वैशम्पायन जी जेल में रहे। दिल्ली के जेल रजिस्टर में स्वर्गीय विश्वनाथ वैशम्पायन के बारे में जो इन्द्राज है उसके अनुसार वह कानपुर से सजायाफ्ता कैदी नम्बर 9215 श्री विश्वनाथ वैशम्पायन वल्द गंगाधर विष्णुप्रिय, उम्र 20 वर्ष के रूप में आए और उन्हें कानपुर में 14 फरवरी, 1931 को आर्म्स एक्ट की धारा 19 सी में जे.एस. बैरन की अदालत में दो वर्ष की सजा हुई थी। अदालत में इसी इन्द्राज के अनुसार दो साल की सजा पूरी होने पर 03.12.1932 को श्री विश्वनाथ वैशम्पायन को रिहा किया गया। दिल्ली जेल के कॉन्विक्ट रजिस्टर का यह प्रमाण पर्याप्त होना चाहिए। देहरादून में अखिल भारतीय क्रान्तिकारी सम्मेलन में जब वैशम्पायन जी मिले तो उनकी बस एक व्यथा दिखी, "क्रान्तिकारियों का गलत इतिहास लिखा जा रहा है। लोगों को गुमराह किया जा रहा है। मुझे सारी शक्ति लगाकर सत्य और तथ्य को जनता के सामने रखना है चाहे यह कार्य कितना भी कठिन क्यों न हो, जिसमें भविष्य आशावान हो।" हाँ, सच में सिंह की खाल ओढ़कर सिंह बनने की कोशिश हो रही है। प्रेस और पैसे की प्रचुरता सत्य और तथ्य का गला घोट रही है। क्रान्ति और क्रान्तिकारियों के इतिहास की सहज धारा अवरुद्ध करने की संगठित कुचेष्टा हो रही है।"[62]

दिसम्बर 3 व 10 के अंकों में 'दिनमान' में ही श्री नन्दकिशोर निगम के दो लेख छपे। इसके चार माह बाद 'दिनमान' में ही 14 अप्रैल, 1968 को श्री यशपाल ने एक प्रतिवाद (श्री चन्द्रशेखर आज़ाद की मृत्यु जिम्मेवारी किसकी) लिखा। यह सवा दो पृष्ठों का लम्बा लेख है। यह लेख श्री नन्दकिशोर निगम तथा श्री विश्वनाथ वैशम्पायन दोनों का जवाब है। श्री यशपाल ने अपने प्रतिवाद में लिखा कि वैशम्पायन को आर्म्स एक्ट में सजा न होने की बात उन्होंने दिल्ली षड्यंत्र केस में वैशम्पायन के अभियुक्त साथियों से तसदीक करके लिखी थी। श्री यशपाल ने अपने ब्योरे को रिटायर्ड सीनियर सुपरिंटेंडेंट पुलिस पंडित शम्भुनाथ से तसदीक कर लिखा बताया। दूसरे आई.जी. रिटायर्ड एन.सी. मिश्र का भी हवाला दिया है। दोनों ने बताया कि वैशम्पायन का चालान आर्म्स एक्ट में नहीं हुआ। कानूनी दरख्वास्त द्वारा कोर्ट रिकॉर्ड रूम से पूछा गया तो उत्तर मिला कि

वैशम्पायन की आर्म्स एक्ट में सजायाबी दर्ज नहीं है।[63] बतौर सम्पादक अज्ञेय जी ने लिखा, "श्री नन्दकिशोर निगम जी वैशम्पायन के अभियुक्त साथी थे। 'दिनमान' का वर्तमान सम्पादक (अज्ञेय) भी इसी वर्ग में था, कुछ और साथी भी दिल्ली में या आसपास हैं। इन सब ने श्री यशपाल जी की बात का खंडन किया है।"[64]

श्री विश्वनाथ वैशम्पायन की गिरफ्तारी एवं दोषसिद्धि के सम्बन्ध में अपने संस्मरण में श्री सदगुरु दयाल अवस्थी ने भी सन्देह प्रकट करते हुए कहा है, "वैशम्पायन की गिरफ्तारी का घटनाक्रम सन्देहपूर्ण है। मैं इतना ही जानता हूँ कि शम्भुनाथ के घर पर टीकाराम ने वैशम्पायन को दो चाँटे मारे थे और सिविल लाइन का लॉकअप टार्चर के लिए विख्यात स्थान है। शाम को कोर्ट बन्द हो जाते हैं। वहाँ गहरा सन्नाटा छा जाता है। पुलिस को अपनी मनमानी करने की खुली छूट मिल जाती है। श्री कैलासनाथ द्विवेदी के सुपुत्र चि. प्रेमचन्द्र द्विवेदी ने मुझे बताया कि वैशम्पायन के प्रबल आग्रह पर पिताजी ने उनको सजा का एक सर्टिफिकेट बनवा दिया था। कैलास जी ने भी इसकी चर्चा मुझसे की थी। साथियों का कहना है कि वैशम्पायन दिल्ली कैदियों के कपड़ों में नहीं, सादे कपड़े में ही पहुँचे थे। जहाँ तक मेरी जानकारी है कानपुर जेल में वैशम्पायन की सजा का रिकॉर्ड उपलब्ध नहीं है। सम्भवत: वैशम्पायन पर शस्त्र कानून के अन्तर्गत मुकदमा कानपुर में नहीं चला, दिल्ली षड्यंत्र केस की असफलता के बाद दिल्ली में चला और उसमें उन्हें सजा नहीं मिली। वैशम्पायन रेग्युलेशन-3 के अन्तर्गत दिल्ली सरकार के राजबन्दी माने गए। 'क्रान्ति का वे दिन' में काशीराम ने इलाहाबाद स्टेशन पर खूब तन्दुरुस्त, जवान चेहरे, सेब की तरह लाल, कद में मुझसे भी दो इंच बढ़े हुए, नेता सरीखे दो व्यक्तियों—स्टेट बन्दी बच्चन और भवानी सहाय तथा उनके साथ बक्सों का अम्बार, होल्डाल, सुराही, मोटे-ताजे कबूतर, एक पिंजड़े में तोता, दूसरे में कबूतर के बारे में यही कहना है कि हवालाती रहनेवाले वैशम्पायन का इतनी जल्दी इस परिवर्तित रूप में आ जाना असम्भव था। वैशम्पायन की ही तरह काशीराम की किताब भी अप्रमाणित है।"[65]

अब हम अभिसूचना की फाइलों पर एक दृष्टि डाल लें। वैशम्पायन के सम्बन्ध में दर्ज है—

"विश्वनाथ वैशम्पायन उर्फ रघुनाथ 'एम.' उर्फ बावा उर्फ बच्चन उर्फ जिस्सा। पैदाइश करीब 1904 में बाँदा (कर्वी)। पिता-गंगाधर राव। विश्वनाथ के पिता गंगाधर राव सिविल सर्जन के हेड क्लर्क हैं। एच.एस.आर.ए. का सदस्य बनने के पूर्व झाँसी में स्काउट ऑफिस में सेवारत रहा। 16.04.1929 को बिना माता-पिता को कुछ बताए घर छोड़ दिया। 21.10.1930 को चन्द्रशेखर आज़ाद, सुरेन्द्र पांडेय, स्वर्गीय सालिगराम शुक्ल और मंगली प्रसाद से मिलकर जिला मजिस्ट्रेट कानपुर की हत्या का षड्यंत्र रचा। कोतवाली के पास कानपुर शहर में एक डकैती डाली। जिसमें चन्द्रशेखर आज़ाद और सालिगराम शुक्ल उसके साथ थे। दिल्ली व अन्य षड्यंत्र मामलों में वांछित है। इसकी गिरफ्तारी पर 1500 रु. का इनाम है।"

हिस्ट्री नोट्स के अनुसार श्री विश्वनाथ वैशम्पायन के लिए 1 नवम्बर, 1930 को लुकआउट नोटिस संख्या-5 जारी की गई। और दर्ज है कि ऐसा माना जाता है कि वह आज़ाद के सम्पर्क में है और आज़ाद के साथ है। मिस्टर सेवियर्स के अर्द्धशासकीय

पत्र के अनुसार (27.08.1930) विश्वनाथ वैशम्पायन आज़ाद के सम्पर्क में है। एस.जी.-2 ने वैशम्पायन के फोटो को पहचानते हुए कहा कि यह वह मराठी लड़का है, जिसकी तलाश मिस्टर पील को है। (10.10.1930) उपनिरीक्षक सेनगुप्त की रिपोर्ट से। भागराम ने वैशम्पायन की फोटो को शिव उर्फ बनिया के रूप में पहचाना। विशेश्वर सिंह की 12.11.1930 की डायरी के अनुसार वैशम्पायन के पिता ने पूछा कि क्या विश्वनाथ सचमुच वांटेड है। सच जानकर उसने कहा कि वह अपने सभी रिश्तेदार को लिख रहा है कि वे विश्वनाथ को झाँसी न आने दें। (एन.सी. मिश्र, 28 नवम्बर, 1930, इलाहाबाद)। 20 नवम्बर, 1930 को कानपुर से बनारस जाते समय विश्वनाथ इलाहाबाद में था। वह न्यू हॉस्टल के रूम नं. 89 में द्वितीय वर्ष के छात्र काशीराम के साथ रुका। उसने अपने एक दोस्त से कहा कि वह यात्रा करके अपना समय बिता रहा है। लेकिन चिन्तित और भयभीत-सा दिखा। इस सूचना को पूर्णतः सही माना जाए (10.12.1930)। 21 अक्टूबर, 1930 को कोतवाली कानपुर में मुस्लिम सेठ के यहाँ मनी एक्शन किया जिसमें वैशम्पायन, आज़ाद, सालिगराम शुक्ल, सुरेन्द्रनाथ पांडेय, मंगली तथा तीन अन्य शामिल थे।

उसे आर्म्स एक्ट की धारा 19 (एफ.) के अन्तर्गत कानपुर में दिनांक 14.02.1931 को दो साल के सश्रम कारावास की सजा दी गई थी। गिरफ्तारी के समय उसके पास से 0.38 वेब्ले रिवॉल्वर और 24 कारतूस मिले थे। 04.07.1933 को साक्ष्यों के अभाव में उसे दिल्ली षड्यंत्र केस से छोड़ दिया गया, लेकिन 1 जनवरी, 1934 को उसे पुनः गिरफ्तार कर बंगाल रेग्युलेशन-III, 1818 के अन्तर्गत जिला जेल दिल्ली, फिर नैनी भेजा गया। 31.11.38 को उसे वापस दिल्ली जेल भेजा गया, जहाँ उसने भूख-हड़ताल कर दी। उसे बिना शर्त के मार्च, 1939 में छोड़ा गया। 26.03.1939 को उसने झाँसी में एक छोटी सी जनसभा को सम्बोधित करते हुए ब्रिटिश विरोधी बातें कहीं। नवयुवक संघ ने 29.03.1939 को कानपुर में उसका स्वागत किया।[66]

हू इज हू के अनुसार, "विश्वनाथ वैशम्पायन को कानपुर से 1931, धारा 19 (आर्म्स एक्ट) के अन्तर्गत दो साल सश्रम कारावास की सजा दी गई। तत्पश्चात दिल्ली केस वापस लिये जाने पर 1933 में रेग्युलेशन III, 1818 में निरुद्ध है। वर्तमान में (सितम्बर, 1936) में नैनी जेल में बन्द है।"

विश्वनाथ वैशम्पायन आज़ाद के साथ है, यह बात पुलिस को भली-भाँति पता थी। 5 नवम्बर, 1930 को पी.बिग्गाने ने झाँसी के एस.पी. एच.ए. इंग्लिस को पत्र लिखा है कि "रामदुलारे का सोचना है कि आज़ाद उसके पीछे लगे हैं। उसकी सुरक्षा का प्रबन्ध करो। सादे कपड़े में पिस्तौल के साथ शैडो की जरूरत पड़ सकती है। पता चला है कि आज़ाद झाँसी या आसपास हो सकते हैं। इसे खुद तक रखना और शान्तिपूर्वक आज़ाद और वैशम्पायन पर निगरानी बढ़ा देना।"[67] आगे एस.पी. झाँसी के अर्द्धशासकीय पत्र में भी उल्लेख है कि हमने सुना है कि दूसरा फरार आज़ाद का निकटवर्ती दोस्त विश्वनाथ वैशम्पायन 18 को झाँसी में था। हमने बीना में उसकी टोह ली, मगर वह मिला नहीं। बजाय इसके रिपोर्ट मिली कि वह झाँसी आया और फिर लौट गया।"[68] स्मरणीय है कि 11 फरवरी, 1931 को श्री विश्वनाथ वैशम्पायन पकड़े गए। इसके दो माह पहले तक

सी.आई.डी. न तो उनको पहचानती थी न उनकी पहचान करनेवाला कोई सी.आई.डी. के पास था। इसका प्रमाण एस.पी. झाँसी को लिखा नॉट बावर का पत्र, 14.12.1930

मेरे प्रिय इंग्लिस—

हमारे रिकॉर्ड से स्पष्ट पता नहीं चल पा रहा है कि आज़ाद को पहचाननेवाले कहाँ हैं, उनमें से ज्यादातर भरोसेमन्द नहीं हैं। इस लाट का मेरे हिसाब से सर्वोत्तम बैजनाथ है और जहाँ तक मेरी जानकारी है, इस समय वह झाँसी में है। यदि ऐसा है तो क्या कृपा करके आप उसे इंस्पेक्टर शम्भुनाथ के पास जितना जल्दी सम्भव हो भेज देंगे। यह विश्वास करने के पुख्ता कारण हैं कि आज़ाद इस समय कानपुर में या आसपास हैं, यदि आप उसके साथ आज़ाद की बढ़िया पहचान करनेवाला कोई अन्य भी भेज सकें तो बेहतर होगा। उन्हें सामान्य 1-8 प्रतिदिन दिया जाएगा। इतना ही महत्त्वपूर्ण है वैशम्पायन का भी बढ़िया पहचाननेवाला हो और मैं कृतार्थ होऊँगा यदि झाँसी में ऐसे जो भी हों, उनकी कोई सूची मिल जाए। दो को अवश्य कानपुर भेजा जाना है, एक को इलाहाबाद और यदि उपलब्ध हो तो एक को बनारस।[69]

इस पत्र से एकदम स्पष्ट है कि दो महीना पूर्व तक पुलिस वैशम्पायन और ढाई महीना पहले तक आज़ाद को न पहचानती, न पहचाननेवालों पर विश्वास करती थी। इंस्पेक्टर शम्भुनाथ भी इतने ही कोरे हैं। 17 दिसम्बर, 1930 को नॉट बावर बैजनाथ को तुरन्त कानपुर भेजने के लिए एस.पी. गोरखपुर ए.जी. क्रोफोर्ड को पत्र लिख रहा है। इससे भी मजेदार पत्र इंस्पेक्टर शम्भुनाथ द्वारा भेजा गया है। नॉट बावर को 19.12.1930 को भेजे पत्र में आज़ाद के दो पहचाननेवाले—रामचरण पुत्र रामप्रसाद कहार, नई बस्ती, तथा बैजनाथ पुत्र जवाहर कहार, नई बस्ती, झाँसी के कानपुर पहुँचने की सूचना दी है और साथ ही यह भी लिखते हैं कि "अभी विश्वनाथ वैशम्पायन की पहचान करनेवाला कोई उपलब्ध नहीं है और जब मिल जाएगा तो भेजा जाएगा।"[70] 20.12.1930 को एक अर्द्धशासकीय पत्र नॉट बावर को भेजा गया है जो कहता है कि "मुझे डर है कि हमारे पास ऐसा कोई आदमी नहीं है जिसे आपके उद्देश्य के लिए पहचानकर्ता कहा जाए। वैशम्पायन के लिए दो मराठा हैं, स्कूली लड़के, स्थानीय जनपद अभिसूचना स्टाफ को तो मदद देने को तैयार हैं, लेकिन उनके माता-पिता उन्हें झाँसी के बाहर ले जाने देने को तैयार नहीं हैं। हम उन पर दबाव नहीं डाल सकते।"[71] अभिसूचना की फाइलों से स्पष्ट है कि श्री वैशम्पायन ही नहीं उनके घरवालों पर भी नजर रखी जा रही थी। 9 जनवरी, 1931 को आज़ाद व उनके साथियों के मूवमेंट में एक जगह लिखा है, "इस समय वैशम्पायन का भाई मुकुन्दराव और माँ झाँसी में हैं।" 6 नवम्बर, 1930 के स्पेशल एडिशनल एस.पी. सी.आई.डी. पील को किसी का पत्र है जिसमें आज़ाद और वैशम्पायन की मूवमेंट माँगी जा रही है।

इन तमाम साक्ष्यों, स्टेटमेंट से स्पष्ट है कि आज़ाद के जीवन के अन्तिम महीनों में सी.आई.डी. जितना परेशान आज़ाद को पकड़ने या पहचानने के लिए थी, उतना ही श्री विश्वनाथ वैशम्पायन के लिए भी थी। दोनों का नाम लगातार और साथ आया है। अर्थात् सी.आई.डी. स्पष्ट थी कि आज़ाद को अस्थिर करने के लिए उनके सबसे

विश्वस्त सहयोगी का साथ हटाना जरूरी है। सी.आई.डी. को आज़ाद से वैशम्पायन की निकटता की सूचना सबसे पहले कैलाशपति ने दी। उस समय से सी.आई.डी. न तो वीरभद्र को खोजती दिखती और न ही सदगुरु दयाल अवस्थी को। यशपाल का नाम फरारों में कहीं-कहीं अवश्य दिख जाता है। लेकिन बाकी दो का न तो आज़ाद के साथियों में नाम है, न मूवमेंट नोट में, न किसी निगरानी में, जबकि सेंट्रल कमेटी के भंग होने तक दोनों उसके सदस्य हैं, और वे निरन्तर कानपुर से इलाहाबाद आ-जा रहे हैं।

व्यक्तिगत पत्रावली से स्पष्ट है कि श्री विश्वनाथ राव वैशम्पायन आर्म्स एक्ट में ही पहली बार पकड़े गए थे। श्री यशपाल यह भी लिखते हैं कि "'विप्लव' पत्रिका के 'आज़ाद' अंक फरवरी, 1939 में वैशम्पायन के आज़ाद सम्बन्धी लेख पर सम्पादक के रूप में मैंने स्वयं टिप्पणी दी थी—वैशम्पायन आज़ाद के दाहिने हाथ ही नहीं दोनों हाथ थे। इस टिप्पणी का आधार था कि वैशम्पायन प्राय: ही आज़ाद के साथ रहते थे, बॉडीगार्ड के रूप में और आज़ाद के सन्देश जहाँ-तहाँ पहुँचाया करते थे।"[72] यहाँ ये स्पष्ट करना आवश्यक है कि आज़ाद अंक में श्री विश्वनाथ वैशम्पायन का न तो कोई लेख है और न सम्पादकीय टिप्पणी में ही श्री यशपाल ने उनका नाम लिखा है। श्री विश्वनाथ वैशम्पायन के सम्बन्ध में यह टिप्पणी मय फोटो के नवम्बर, 1939 के अंक में है। इसी अंक में श्री विश्वनाथ वैशम्पायन का लेख 'आज़ाद की माँ' छपा है। इस सूचना में लिखा है कि बच्चन 1930 के अन्त में कानपुर में गिरफ्तार हुए जबकि वैशम्पायन फरवरी, 1931 में गिरफ्तार हुए थे।[73]

1955 तक श्री यशपाल के सम्बन्ध श्री वैशम्पायन से तल्ख नहीं है। नया समाज में आज़ाद को स्त्री विरोधी कहने पर और सम्भवत: श्रीमती प्रकाशवती पर टिप्पणी करने से श्री वैशम्पायन से नाराज हुए तो 1955 में प्रकाशित अपनी पुस्तक 'सिंहावलोकन' में श्री यशपाल ने उक्त आलोचना लिखी। वीरभद्र तिवारी के प्रयास से लल्लन प्रसाद व्यास ने 15 जनवरी, 1967 को 'साप्ताहिक हिन्दुस्तान' में लेख लिखा, इसकी प्रतिक्रिया में उसी अखबार के 12 मार्च, 1967 के अंक में श्री विश्वनाथ वैशम्पायन ने भी लिखा। व्यास और वीरभद्र ने जहाँ यह बताने का प्रयास किया कि आज़ाद की शहादत में वीरभद्र का कोई हाथ नहीं है, वहीं सर्वश्री विश्वनाथ वैशम्पायन, काशीराम तथा रामचन्द्र मुसद्दी ने यह प्रमाणित करने के लिए तर्क व साक्ष्य दिये कि वीरभद्र जिम्मेदार था। वैशम्पायन की पुस्तक के शेष दो खंड सितम्बर, 1967 में प्रकाशित हो सके।

फरवरी, 1931 की प्रथम फोर्ट नाइटली रिपोर्ट में श्री विश्वनाथ वैशम्पायन की गिरफ्तारी के सम्बन्ध में सूचना भेजी गई, "कानपुर में लाहौर षड्यंत्र केस में फरार एक महत्त्वपूर्ण क्रान्तिकारी हाल ही में गिरफ्तार हुआ है। चूँकि क्रान्तिकारी के पास भरी पिस्तौल और कारतूस थे अत: एक कांस्टेबल ने काफी कुशलता और भारी जोखिम से गिरफ्तारी की।"[74] इस सूचना से भी स्पष्ट है कि पुलिस की दृष्टि में श्री विश्वनाथ वैशम्पायन की गिरफ्तारी अत्यन्त महत्त्वपूर्ण थी।

रामरख सहगल

श्री रामरख सहगल का जन्म 28 सितम्बर, 1896 को लाहौर के निकट रखटेढ़ा नामक

स्थान पर हुआ। श्री रामरख सहगल को उनकी मौसी रानी धनदेवी ने गोद लिया था। वे जौनपुर की थीं। उनकी किशोरावस्था जौनपुर में बीती। इस परिवार में श्री रामरख को छोड़ करके सभी विदेशी शासकों के नमकख्वार और वफ़ादार थे। वे राजनीति में भी सक्रिय रहे। पत्रकारिता में उनका प्रवेश 'चाँद' के प्रकाशन के साथ हुआ। यह क्रान्तिकारियों का एक गढ़ बन गया। सर्वश्री सरदार भगतसिंह, सुखदेव, शिववर्मा, सुशीला दीदी, दुर्गा भाभी आदि अनेक क्रान्तिकारी छद्म नाम से यहाँ कार्य करते थे अथवा नियमित रूप से लिखते थे। सरदार भगतसिंह अपने छद्म नाम बलवन्त और शिववर्मा हर नारायण कपूर के नाम से सम्बद्ध रहे। चाँद का 'फाँसी' अंक बहुत प्रसिद्ध हुआ। यह 1931 में छपा। आचार्य चतुरसेन शास्त्री के सम्पादन में प्रकाशित इस विशेषांक के अधिकांश लेख उच्चतम क्रान्तिकारियों—सर्वश्री भगतसिंह, चन्द्रशेखर आज़ाद, रामप्रसाद बिस्मिल, बटुकेश्वर दत्त, शचीन्द्रनाथ सान्याल, शिववर्मा आदि ने दिया था। यह अंक छपते ही जब्त हो गया। फिर पं. सुन्दरलाल की 'भारत में अंग्रेजी राज' से नुकसान हुआ। सहगल जी कर्ज में आ गए। 1924 में गिरफ्तार होकर 6 माह जेल में रहे। उन पर 500 रुपये का जुर्माना लगा। उनके यहाँ 40 बार तलाशी, तथा उन्हें तीन बार जेल हुई। मातृ मन्दिर की संचालिका के रूप में उन्होंने सुशीला दीदी को रखा। फरार सुखदेवराज को प्रेस में 60 रुपये माह पर प्रूफ रीडर का काम दिया।

श्री रामरख सहगल की डायरी, उनके पत्र 'कर्मयोगी' में 1946 में छपी थी। वे एक जगह लिखते हैं, "मोहनलाल जी जब रायबरेली जेल से छूटे, तो एक दिन हम लोगों से मिलने आए। उन्होंने मुझे बतलाया कि शहर भर में यह अफवाह बड़े जोरों से फैली हुई है कि स्वर्गीय चन्द्रशेखर आज़ाद की मुखबिरी मैंने की है, अर्थात् मैंने ही उनका पता पुलिस को दिया है। उन्होंने मुझे इस बात की सलाह भी दी कि इस सम्बन्ध में मुझे एक वक्तव्य प्रेस में अवश्य दे देना चाहिए, नहीं तो मेरी जिन्दगी भी खटके में पड़ सकती है। अब जरा विचार कीजिए अपने देशवासियों की कलुषित मनोवृत्ति तथा चरित्र-बल पर! जेल से छूटने पर मुझे पता चला कि यह सारा तूफान उठानेवाले एक ऐसे पत्रकार थे, जो 'भविष्य' की सफलता देखकर एक बार विचलित हो उठे थे। यह कायरतापूर्ण हमला उन्होंने उस समय करना ठीक समझा, जबकि मैं जेल की चहारदीवारी में पूर्वजों के पापों का प्रायश्चित्त कर रहा था। स्वर्गीय चन्द्रशेखर आज़ाद 27 फरवरी, सन् 1931 को स्थानीय 'कम्पनी बाग' में दिन के करीब 10 बजे पुलिस की गोलियों के शिकार हुए थे और मेरी गिरफ्तारी भारतीय दंड विधान की धारा 124 ए के तहत 2 मार्च, 1931 को हुई थी। जो आज़ाद जीवन में मेरे चरण स्पर्श करते नहीं अघाते थे, उन्हीं आज़ादी प्रिय 'आज़ाद' को पकड़वा देने का सेहरा मेरे सर बँधेगा, मैंने इसकी कल्पना स्वप्न में भी नहीं की थी।"[75]

जब 1967-68 में श्री यशपाल बनाम अन्य का विवाद चल रहा था तो साथी काशीराम ने अरविन्द आश्रम से एक पत्र भेजा, जो 'आज़ाद की मृत्यु और वीरभद्र तिवारी' के नाम से 9 अप्रैल, 1967 को 'साप्ताहिक हिन्दुस्तान' में छपा। लेख के अन्त में वे लिखते हैं, "आज़ाद की शहादत का जिम्मेदार कौन? यह प्रश्न दरअसल बहुत गम्भीर है। वीरभद्र तो इसकी एक क्षुद्र कड़ी मात्र है। असली आदमी तो वह जान पड़ता

है जिसने इलाहाबाद में पार्टी का रुपया हजम किया और पुलिस को आज़ाद के सम्बन्ध में इत्तला दी।"[76] इस पत्र के मात्र 12 दिन बाद दिनमान में वीरभद्र तिवारी का वक्तव्य छपा था। किन्तु वीरभद्र ने कहीं भी रामरख सहगल का नाम नहीं लिया है। श्री रामरख सहगल के सम्बन्ध में 'नर्मदा' अंक में श्री शिवदयाल दीक्षित ने अपने संस्मरण में 1964 में लिखा, "झाँसी आदि में रहने के बाद आज़ाद प्रयाग पहुँचे और एक मित्र द्वारा मुझे यह भी ज्ञात हुआ कि श्री रामरिद्धपाल सहगल (रामरख सहगल) की जानकारी में रैन बसेरा में ठहरे थे और सहगल ने ही पुलिस से मिलकर यह काम किया।"[77]

श्री यशपाल ने 'सन्देहों के गोलमाल' की तीसरी किस्त में इस पर विस्तार से चर्चा करते हुए लिखा, "श्री वीरभद्र पर विश्वासघात के आरोप तथा सन्देह की विवेचना के लिए ध्यान रखना सहायक होगा कि उस समय कितने ही लोगों ने परिस्थितियों की अपनी-अपनी जानकारी के आधार पर अपने पूर्वग्रह के कारण कितने लोगों पर सन्देह किया था। सबसे पहले इस विषय पर मुझसे पूछताछ की थी श्रीमती श्यामा कुमारी नेहरू ने। फरारी की अवस्था में आज़ाद और मैं श्रीमती श्यामा कुमारी नेहरू, उनके स्वर्गीय पिता श्यामलाल नेहरू और स्वर्गीया माता प्रसिद्ध श्रीमती उमा नेहरू से मिलते रहते थे। इन्हें और बहुत से कांग्रेसी लोगों को सन्देह था कि आज़ाद के सम्बन्ध में पुलिस को सूचना स्वर्गीय रामरख सहगल (प्रसिद्ध पत्र व्यवसायी 'चाँद' के सम्पादक) ने दी थी। इन लोगों की धारणा थी कि सहगल के पास दल का बहुत-सा रुपया जमा था, जिसे आज़ाद वापस लेने पर तुले थे। सहगल ने आज़ाद को ही समाप्त करा दिया। मैंने इस सन्देह को निराधार बताया था। यह सही है कि आज़ाद जब-तब सहगल से मिलते या अन्य प्रकार की सहायता लेते रहते थे। इलाहाबाद में दुर्गा भाभी, सुशीला दीदी एक-दो अन्य व्यक्ति सहगल के सूत्रों द्वारा सुरक्षित स्थान पा सकते थे। परन्तु दल का रुपया सहगल के पास कम से कम उस समय नहीं था।

इस समय आज़ाद आर्थिक मामलों में मुझसे सलाह लेते रहते थे। यह सही है कि दल उस समय आर्थिक कठिनाई में था। इसीलिए मैं नेहरू जी से मिला तो 1500 रुपये मिले। कुछ लोगों को सहगल द्वारा आज़ाद के प्रति विश्वासघात का सन्देह उनकी मृत्यु हो जाने के बाद भी बना है। काशीराम ने भी अपने अन्तिम पत्र में इसकी चर्चा की है।"[78] श्री यशपाल ने कमोबेश यही बातें अपनी पुस्तक 'सिंहावलोकन' में भी लिखी हैं, "इलाहाबाद के कुछ कांग्रेसी लोगों ने आज़ाद के सम्बन्ध में सूचना देने का कलंक श्री रामरख सहगल पर भी लगा दिया था। इस बात पर भी हम लोग विश्वास नहीं करते थे। श्री रामरख सहगल से हम लोगों का थोड़ा-बहुत सम्बन्ध रहता तो था पर उस समय आज़ाद के इलाहाबाद का पता सहगल को होने का कोई कारण नहीं था।"[79]

श्री यशपाल के कथन से स्पष्ट है कि श्री रामरख सहगल पर दल का कोई बकाया नहीं था। स्वयं सहगल की डायरी से स्पष्ट है कि यह अफवाह किसी प्रतिद्वंद्वी पत्रकार ने जान-बूझकर उड़ाई थी, जो व्यक्ति पुलिस की इतने बड़े क्रान्तिकारी को मार डालने में मदद करता, उसे पुलिस तीन दिन बाद देशद्रोह के जुर्म में जेल क्यों भेजती? 'द लीडर' की खबर के अनुसार आज़ाद की शहादत के बाद इलाहाबाद में जिन चार स्थानों की तलाशी ली गई उसमें श्री रामरख सहगल का बेली वाला घर, चाँद छापाखाना, चाँद

डिपॉट तथा रसूलाबाद में निराश्रित महिलाओं के लिए संचालित संस्था मातृ मन्दिर था। आज़ाद के पास से बच निकलने पर श्री सुखदेवराज भागकर वहीं भविष्य कार्यालय आए और सर्वप्रथम श्री रामरख सहगल को ही यह घटना बताई थी।

सुखदेवराज

श्री सुखदेवराज का जन्म 7 दिसम्बर, 1907 को पंजाब के खत्री वंश में हुआ था। वह पहले भगतसिंह के सम्पर्क में आए, फिर आज़ाद के सम्पर्क में आए। आज़ाद की शहादत के समय वे उनके साथ थे। मगर बच निकले थे। इस पर 'विप्लव' के किसी भी अंक में या 'सिंहावलोकन' की कड़ियों में श्री यशपाल ने कोई टिप्पणी नहीं की। जबकि 'विप्लव' के विभिन्न अंकों में श्री सुखदेवराज के कुल तीन लेख छपे। सन् 1955 में प्रकाशित 'सिंहावलोकन' पुस्तक में श्री यशपाल ने लिखा, "अल्फ्रेड पार्क से भाग जानेवाला साथी सुखदेवराज था। मुझे तथा दूसरे साथियों को भी सुखदेव का यह काम बहुत ही निन्दनीय लगा। राज के लिए भाग आना सम्भव इसलिए हो सका कि आज़ाद लड़ते रहे और पुलिस का ध्यान उनकी ओर ही केन्द्रित रहा। पुलिस का ध्यान आज़ाद की ओर चाहे जितना भी केन्द्रित रहा हो यह बात भी विस्मय की है कि भागते हुए सुखदेवराज पर किसी भी पुलिसवाले ने गोली नहीं चलाई। इस घटना के बारे में 1938 में सुखदेवराज से बातचीत हुई। अल्फ्रेड पार्क की चर्चा चलने पर उसने बताया कि आज़ाद ने ही उससे कहा था, 'मैं तो लड़ूँगा, तुम बचने की कोशिश करो।' इसलिए वह भाग आया। आज़ाद ने ऐसा जरूर कहा होगा, यह ठीक है, पर साथी का भी कुछ कर्तव्य होता है।

उसी वर्ष मई में सुखदेवराज लाहौर में गिरफ्तार हो गया। उसकी गिरफ्तारी के समय भी ऐसी ही घटना हुई। वह साथी जगदीश के साथ शालीमार बाग में पहचान लिया गया। पुलिस से घिर जाने पर जगदीश लड़ता-लड़ता शहीद हो गया। सुखदेवराज ने भाग जाने की कोशिश की परन्तु रास्ता न पा हथियार डालकर गिरफ्तार हो गया। सुखदेवराज को भी दूसरे लाहौर षड्यंत्र के साथियों के साथ रखा गया। साथियों को उसके प्रति इतनी विरक्ति थी कि आपस में कभी निभ न सकी। सुखदेवराज दरख्वास्त देकर जेल में अलग रहने लगा। सुखदेवराज ने आज़ाद द्वारा वीरभद्र को जाते देखने की बात कही। सुखदेवराज ने यह बात दूसरे लोगों को भी कही होगी। प्राय: ही आज़ाद का पता पुलिस को देने का सन्देह वीरभद्र पर किया गया है। सुखदेवराज की बात के सम्बन्ध में यह ध्यान रखना उचित होगा कि आज़ाद ने वीरभद्र के सम्बन्ध में अनुमान ही प्रकट किया था, निश्चय से नहीं कहा था। यदि निश्चय होता तो वे उसी समय पार्क से कहीं और चले गए होते। पार्क में जिस स्थान पर आज़ाद थे वहाँ से मेयो कॉलेज के साथ जानेवाली सड़क दो-अढाई सौ कदम दूर थी। इतने अन्तर से निश्चय से पहचान लेना कुछ कठिन था।"[80]

'सिंहावलोकन' में श्री यशपाल ने श्री सुखदेवराज पर जो आरोप लगाए थे, अपनी लेखमाला की चौथी कड़ी में उसका विस्तार करते हुए लिखा, "श्रीमती दुर्गा भाभी को आज़ाद के प्रति विश्वासघात का सन्देह सदा से सुखदेवराज पर है। भाभी काफी लम्बे

समय तक सुखदेवराज के निकट सम्पर्क में रहने के कारण उसकी अनेक करतूतों से परिचित थीं, और हैं। काफी समय तक मैं अंशतः इससे सहमत था। आज़ाद की शहादत के पूर्व ही राज दो घटनाओं में विस्मयजनक रूप से बच चुका है। पहली बार लाहौर नहर के किनारे वह विशम्भर के साथ था। विशम्भर पुलिस के सामने खड़ा रहा और राज सशस्त्र होने पर भी भाग गया। दूसरी बार वह दिल्ली चाँदनी चौक में धन्वन्तरि के साथ रहा, जिसे लड़ते हुए एक कांस्टेबल की लाठी सिर पर पड़ी, जिससे वह मूर्च्छित होकर गिर पड़ा। सुखदेव सशस्त्र होने पर भी भाग गया। आज़ाद का पुलिस से सामना होने पर भी वह उनके साथ था और सशस्त्र, परन्तु भाग गया। तीनों अवसरों पर राज को न तो पुलिस की गोली लगी, न पुलिस उसका पीछा कर सकी। एक-दो घटनाएँ ऐसी सम्भव मानी जा सकती हैं, तीन घटनाएँ एक-सी हो जाना चमत्कार ही जान पड़ता है। चौथी बार आज़ाद की शहादत के बाद मई, 1931 में सुखदेवराज एक अन्य फरार क्रान्तिकारी के साथ शालीमार बाग, लाहौर में था। दोनों पुलिस से घिर गए थे। साथी लड़ता हुआ खेत रहा और राज पिस्तौल पास होने पर भी हाथ उठाकर गिरफ्तार हो गया। शहीद का नाम जगदीश था। सुखदेव को सजा हुई तो केवल दो बरस।

दूसरे, लाहौर केस के साथियों को उस पर विश्वासघात का सन्देह था। भाभी भी यह जानती थीं कि मेरे विरुद्ध दल और आज़ाद के कान भरने का काम मुख्य रूप से राज ने ही किया था। 1938 में मेरी जेल से रिहाई के समय सुखदेवराज लखनऊ में मौजूद था। मुझसे भेंट होने पर उसने कहा था, "लेट्स फारगेट एंड फारगिव द पास्ट एंड बी फ्रेंड।" परन्तु पाँच वर्ष में ही भाभी को फिर उससे तल्ख तजुर्बे हो गए। दो वर्ष पूर्व एक विवाह के जमघट में दुर्गा भाभी की रिटायर्ड राय साहब शम्भुनाथ से भेंट हो गई। परिचय होने पर पुरानी चर्चा आज़ाद की शहादत के सम्बन्ध में छिड़ गई। सुखदेवराज का नाम सुनते ही राय साहब स्वयं बोल उठे, "अल्फ्रेड पार्क की घटना से कुछ ही दिन पूर्व सुखदेवराज मेरे यहाँ आया था। (सुखदेवराज उस समय फरार जरूर था, परन्तु उसके विरुद्ध कोई निश्चित केस न था) अपना परिचय देकर उसने अनुरोध किया था कि मुझे पुलिस में साठ रुपये की ही नौकरी दिला दीजिए। हमने कह दिया था मुनासिब जरिये से दरख्वास्त दो, देखा जाएगा। याद रहे सुखदेवराज पंजाब यूनिवर्सिटी का एम.ए. था। तब से दुर्गा भाभी आजाद के सम्बन्ध में विश्वासघात पर अपना विचार बदलने के लिए किसी तरह तैयार नहीं, यद्यपि मैं उन्हें कुछ और तथ्य बता चुका हूँ।"[81]

इस लेख पर श्री सुखदेवराज का वक्तव्य सर्वप्रथम श्री विश्वनाथ वैशम्पायन की पुस्तक में छपा, जो सितम्बर, 1967 में छपी थी। इसमें सुखदेवराज ने लिखा, "भाई वैशम्पायन ने एक कटिंग 'धर्मयुग' की भेजी है जिसमें श्री चन्द्रशेखर आज़ाद के प्रति किसने विश्वासघात किया? इसकी चर्चा है। लेखमाला लिखी है श्री यशपाल ने। श्री यशपाल से मेरा विरोध उसी समय से है जिस समय से वह प्रकाशो को पार्टी में लाया था। मुख्य विरोध भाई भगवतीचरण, धन्वन्तरि, दीदी तथा भाभी का था। आज आज़ादवाली घटना को हुए 37 साल हो गए। यह ठीक है कि आज़ाद ने मुझे भाग जाने को कहा। यह भी ठीक है कि पुलिस के साथ जमकर लड़ाई करने का कायदा क्रान्तिकारियों का नहीं था। यह सब होते हुए भी आज़ाद को पार्क में शहादत के समय

अकेला छोड़ जाने की जो गलती मैंने की उसके लिए मैंने अपने आप को कभी माफ नहीं किया। मैं सहगल जी के साप्ताहिक पत्र 'भविष्य' में काम करता था। दीदी और भाभी मेरे साथ ही रहती थीं, मेरी गिरफ्तारी के लिए दो हजार का इनाम उसी पोस्टर में घोषित था, जिसमें चन्द्रशेखर आज़ाद, यशपाल, वैशम्पायन तथा अन्य साथियों का था। मेरे खिलाफ आठ मुकदमे रजिस्टर थे—

1. बॉम्बे षड्यंत्र केस, दफा 307
2. अब्दुल अजीज को मारने का अभियोग, दफा 302
3. दिल्ली षड्यंत्र, दफा 392
4. बहावलपुर बम, दफा 504 (जिसमें भगवतीचरण शहीद हुए)
5. आज़ाद के साथ लड़ते-लड़ते भागे, दफा 307
6. शालीमार में गोली चलाने के अपराध में, दफा 307
7. लाहौर षड्यंत्र केस में दफा 4, 5, 6
8. बहावलपुर बम विस्फोट

यह सब बातें मेरे मुकदमे के प्रारम्भ में पं. ज्वालाप्रसाद पब्लिक प्रॉसीक्यूटर ने एक प्रश्न के उत्तर में कहीं। श्री यशपाल ने यह भी लिखा है कि मैं अर्जी देकर लाहौर षड्यंत्र के अन्य अभियुक्तों से अलग रहा। सच्चाई यह है कि मुझे शुरू से ही इन साथियों से अलग रखा गया था, जिसके विरोध में ट्रिब्यूनल में मैंने अर्जी दी। तथ्यों का तोड़-मरोड़ श्री यशपाल ने जिस प्रकार किया है उसको देखकर मुझे सन्देह होने लगा है कि यशपाल का दिमाग विकृत तो नहीं हो गया है। द्वेष की भावना से उसकी आँखों पर पट्टी बँध गई है या स्मृति विभ्रम हो गया है। मेरे गोली खाकर न मरने का दुख न तो आज़ाद को था और न धन्वन्तरि को, वह है तो केवल यशपाल को।

अब चार जगह निकल भागने के यशपाल के आरोप पर विचार करें—

1. पहला आरोप है कि विशेश्वर पर जब पुलिस ने गोली मारी तो मैं उसके साथ था और मैं वहाँ से भाग गया। यह घटना चार नवम्बर, 1930 की है। विशेश्वर के साथ मैं नहीं बल्कि टहल सिंह था। विशेश्वर गोली से शहीद हुआ, और टहल सिंह ने गोली चलाई और बाद में गिरफ्तार हुआ तथा उसे सात वर्ष की सजा हुई।
2. धन्वन्तरि और मैं 1 नवम्बर, 1930 को विशेश्वर की घटना से तीन दिन पहले चाँदनी चौक में कपड़ा खरीद रहे थे। उसी समय दो सी.आई.डी. वालों से सामना हुआ। जब हम आगे बढ़े तो वे चोर-चोर चिल्लाने लगे। बम की चोट के कारण मेरा पैर पूरा ठीक न था। मैं एक डॉक्टर की दुकान में घुस गया। एक रायबहादुर (जज) साहब ने मुझे घुसते देखा था। वे अन्दर आए तो मैं किवाड़ के पीछे था, उनके सीने पर पिस्तौल रख दी। वे लौटकर पुलिस से बात करने लगे। मैं छतों से होता हुआ निकल गया। धन्वन्तरि आगे जाकर पुलिस द्वारा नहीं बल्कि आम जनता के द्वारा घेर लिया गया और एक लाठीबाज ने उसके सिर पर लाठी का प्रहार किया। बाद में बाजार में आने पर मालूम हुआ कि

धन्वन्तरि गिरफ्तार हो गया।

3. तीसरी घटना आज़ाद के साथ की है जिसे विस्तारपूर्वक पूर्व में बताया जा चुका है।
4. चौथी घटना में तो मैं गिरफ्तार हो गया था। उस समय जो समाचार-पत्रों में छपा है उनसे स्पष्ट है कि कम से कम डेढ़ सौ सशस्त्र पुलिस ने शालीमार बाग (लाहौर) को घेर लिया था। जगदीश ने कभी कोई गोली नहीं चलाई। उसके पास रिवॉल्वर या पिस्तौल था ही नहीं। ये सारी बातें हमारे केस में आई थीं। मुझ पर दफा 307 का मुकदमा नहीं था, केवल आर्म्स एक्ट का था, जिसमें सजा हुई। शालीमार बाग की आठ फुट ऊँची दीवार थी। आने-जाने का एक रास्ता था जिसे पुलिस ने घेर रखा था।

क्रान्तिकारी जब फरार होते हैं तो उनकी गिरफ्तारी दो सूरतों में होती है—एक, पुलिस को पूर्व सूचना न हो और एक-दो आदमियों के साथ सामना हो तो पचास प्रतिशत मौका निकल भागने का होता है और ऐसे मौकों से हमने हमेशा ही लाभ उठाया। गुरिल्ला वार फेयर में जबकि दुश्मन की ताकत हमसे हजारों गुना ज्यादा मजबूत होती है, जमकर लड़ना कोई अर्थ नहीं रखता। आज़ाद की शहादत के समय और धन्वन्तरि की गिरफ्तारी के समय निश्चित पूर्व सूचना नहीं थी।

चन्द्रशेखर आज़ाद को गिरफ्तार कराने या मरवाने का लोभ किसको हो सकता है। उस दिन इलाहाबाद में दल के निम्नलिखित लोग थे—आज़ाद, यशपाल, सुरेन्द्र पांडेय, वीरभद्र, सदगुरु दयाल अवस्थी और मैं। (भवानी सिंह रावत का नाम छोड़ दिया है) आज़ाद को गिरफ्तार कराने या उनको मरवाने का मोटिव किसका हो सकता था? आज़ाद के साथ किन लोगों का झगड़ा था? किन लोगों को आज़ाद ने प्राणदंड देने की घोषणा की थी? कौन लोग उनसे छिप-छिपकर घूम रहे थे? और किन लोगों से दल के प्रति वफादारी का सबूत माँगा गया था? इसका उत्तर श्री यशपाल और वीरभद्र ही दे सकते हैं।[82]

इसका जवाब श्री यशपाल ने 14 अप्रैल, 1968 को 'दिनमान' में छपे प्रतिवाद में नहीं दिया। इसमें वे श्री वैशम्पायन व श्री नन्दकिशोर निगम के लेखों तक सीमित रहे। लेकिन श्री यशपाल के इस लेख के सप्ताह भर बाद दिनमान में इस प्रसंग की अन्तिम किस्त छपी। इसमें पहले सुखदेवराज का वक्तव्य है, फिर वीरभद्र तिवारी का। श्री सुखदेवराज लिखते हैं, "ऐसी स्थिति में आज़ाद ने स्वयं ही आग्रह किया कि मैं भाग जाऊँ। मेरे पास गोलियाँ काफी न होने के कारण लड़ाई जारी रखना नामुमकिन था। यशपाल ने अपने लेखों में मेरा भाग जाना एक कायरतापूर्ण बात कही है। यह बात सिर्फ व्यक्तिगत द्वेष की भावना से लिखी है। यशपाल की गिरफ्तारी सबको पता है। अपने गुरु जयचन्द्र विद्यालंकर को, भाई परमानन्द को, वैशम्पायन तथा दूसरे क्रान्तिकारियों को कायर कहनेवाला यशपाल अब अपने गिरेबाँ में मुँह डालकर अपनी करतूत स्वयं परखे। यशपाल के लेख के प्रकाशन के बाद 'पांचजन्य' के सम्पादक वचनेश जी ने दुर्गा भाभी से इंटरव्यू लिया और सुखदेवराज पर लगाए गए आरोपों के सम्बन्ध में जानकारी चाही। जो उत्तर उनको दुर्गा भाभी ने दिया वे बहुत स्पष्ट हैं। उन्होंने कहा कि

सुखदेवराज ने आज़ाद को गिरफ्तार कराने में किसी प्रकार का सहयोग अंग्रेजों को नहीं दिया तथा पार्टी के साथ किसी प्रकार का विश्वासघात नहीं किया।

दुर्गा भाभी ने कहा, वीरभद्र को अधिकांश लोग गद्दार मानते थे। चरित्र और पैसे की गड़बड़ी के सम्बन्ध में दुर्गा भाभी ने और भी स्पष्ट शब्दों में कहा कि आज़ाद को और पार्टी को स्त्री और पैसे की बातों ने बहुत उलझन में डाला। सुखदेवराज कभी भी इसका कारण नहीं बना, बल्कि दूसरे लोग ही इसका कारण रहे। जो चरित्र हत्या का प्रयास यशपाल ने मेरे और वैशम्पायन के विरुद्ध किया है उस सम्बन्ध में भाभी ने अत्यन्त खुली भाषा में कहा है कि श्री यशपाल के अलावा दूसरे साथियों के पास केवल कंगाली है, साधनहीनता है, प्रेस की शक्ति नहीं है। दूसरे क्रान्तिकारियों को हीन सिद्ध करने की कोशिश अनुचित है। ऐसा कीचड़ उछालना अशोभनीय है। दुर्गा भाभी का वक्तव्य मुझे स्वयं वचनेश जी से प्राप्त हुआ।"[83] इसी वक्तव्य के आगे वीरभद्र का वक्तव्य है, पर वहाँ श्री सुखदेवराज पर कुछ नहीं लिखा है। वचनेश त्रिपाठी द्वारा सम्पादित तीन पुस्तकों 'हम विद्रोही चिर अशान्त', 'क्रान्तिकारियों के ऐतिहासिक दस्तावेज' तथा 'क्रान्ति के वे दिन' में श्री सुखदेवराज द्वारा उल्लिखित दुर्गा देवी का वक्तव्य संकलित नहीं है।

श्री सुखदेवराज ने यह बात कही कि आज़ाद ने मुझे निकल जाने को कहा, पहली बार 'विप्लव' में लिखी, यानी 1938 में। तब से वे इसे लगातार लिखते आ रहे हैं। लेकिन 1 मार्च, 1931 के 'पायनियर' ने तो हेडिंग लगाई, 'डाइंग वार्निंग टू कम्पेनियन' और खबर लिखी, "आज़ाद देअर अपॉन इज स्टेटेड टू हैव रेज्ड हिज कम्पेनियन, आई एम अबाउट टू डाई, फॉर गॉड सेक, डोंट वेट फॉर मी, फ्लाई" यानी फिर आज़ाद ने अपने साथी से कहा कि "मैं मरने वाला हूँ, भगवान के लिए तुम मेरा इन्तजार मत करो, भागो।"[84] इसी अखबार में हेडिंग है, 'सस्पेक्ट्स ओपेन फायर', खबर में एक जगह लिखा है, "हिज कम्पेनियन जम्प्ड अप एंड रैन अवे आफ्टर इम्पटिंग हिज मैगजीन। ओपेंड फायर बाय दिस टाइम बोथ एट स्टाउट मैन एंड हिज कम्पेनियन" यानी उसका साथी अपनी मैगजीन खाली करने के बाद कूदकर भाग गया। अब तक तगड़े आदमी और उसके साथी दोनों पर गोली दागी गई। नॉट बावर ने भी अपने बयान में कहा कि "दोनों (आज़ाद व सुखदेवराज) ने पिस्तौल निकाल ली और जल्दी-जल्दी गोली चलाने लगे। उसका साथी फुर्ती से उठ खड़ा हुआ और अपने पिस्तौल की सारी गोलियाँ चलाकर भाग गया।" अभिसूचना मुख्यालय को प्रेषित रिपोर्ट में एक स्थान पर लिखा है कि आज़ाद के साथी ने मिस्टर नॉट बावर पर कई फायर किये। फिर वह भाग गया। जब वह भाग रहा था तो मिस्टर नॉट बावर ने उस पर दो गोली दागी, लेकिन दोनों मिस हो गई। चन्द्रशेखर आज़ाद की 1931 में छपी प्रथम जीवनी में भी आज़ाद द्वारा सुखदेवराज को भाग जाने के लिए कहने की बात छपी है।

इन समस्त तथ्यों से स्पष्ट है कि श्री सुखदेवराज ने पुलिस पर गोली चलाई, पुलिस ने श्री सुखदेवराज पर गोली चलाई, आज़ाद ने श्री सुखदेवराज को भागने को कहा, वह भागे, उनको भागते पार्क में घास छील रही राजकुमारी कहारिन की माँ ने देखा, जिस लड़के की साइकिल छीना उसने देखा। जौनपुर की रहनेवाली कहार जाति की

राजकुमारी की दो पुश्तें अंग्रेजों के समय से घरेलू नौकर व माली का काम किया करते थे। राजकुमारी अभी तक सर्वेंट क्वार्टर में रहती हैं और आया का काम कर रही हैं। उनके पिता अल्फ्रेड पार्क में फूल-पत्तियों को ठीक रखते थे, माँ घास काटती थीं। उस दिन भी काट रही थीं, जब गोली चली और पेड़ के पंछी उड़े तो जो जहाँ था वहीं खड़ा होकर देखने लगा। पेड़ों की आड़ में छुपे आदमी तो नहीं दिख रहे थे, मगर गोलियों की आवाज जरूर सुनाई पड़ रही थी। इतने में एक आदमी को राजकुमारी की माँ ने लाइब्रेरी की तरफ से साइकिल पर भागते देखा। जिसे वह जीवनपर्यन्त बताती थीं।[85] इन दो स्वतंत्र स्रोतों से स्पष्ट है कि आज़ाद द्वारा सुखदेवराज को भागने के लिए कहना तथा उनका पुस्तकालय की तरफ से भागना दोनों प्रमाणित है।

श्री सुखदेवराज ने तत्काल यह बात श्री रामरख सहगल और अगले दिन श्री पुरुषोत्तमदास टंडन को बताई। लेकिन किसी ने तत्क्षण श्री सुखदेवराज पर मुखबिरी का शक नहीं किया। 1939 के 'विप्लव' के अंकों में श्री यशपाल ने भी नहीं किया। 1955 के 'सिंहावलोकन' में शक किया, फिर 1967 के 'धर्मयुग' के लेखमाला में शक किया, जिसका जवाब श्री सुखदेवराज ने श्री वैशम्पायन को लिखकर तथा दिनमान में लेख छपवाकर दिया। श्री वैशम्पायन ने भी यही बात अपनी पुस्तक में लिखी कि "दुर्गा भाभी जब तक स्वयं लिखकर आरोप नहीं लगातीं, तब तक उनके नाम पर लिखी दूसरों की बात पर विश्वास नहीं किया जा सकता।"[86] लेकिन सबसे आश्चर्यजनक है, चन्द्रशेखर आज़ाद के अन्तिम दिनों पर श्रीमती दुर्गा देवी और श्री सुरेन्द्रनाथ पांडेय की चुप्पी।

सदगुरु दयाल अवस्थी

श्री सदगुरु दयाल अवस्थी का जन्म 20 दिसम्बर, 1905 ई. को लखनऊ में हुआ था। इनके पिता पं. सुखवासीलाल अवस्थी उस समय सब पोस्टमास्टर के पद पर कार्यरत थे। श्री अवस्थी की प्रारम्भिक शिक्षा का शुभारम्भ देवरिया में हुआ, परन्तु बाद में स्थान परिवर्तन होने पर उन्होंने सन् 1912 में कानपुर के क्राइस्ट चर्च स्कूल की तृतीय कक्षा में प्रवेश लेकर वहीं से 1920 में स्कूल लीविंग सर्टिफिकेट परीक्षा उत्तीर्ण की। इसके पश्चात शिक्षाक्रम में 4 वर्ष का व्यवधान पड़ा। सन् 1926 में पुनः इस स्कूल से ही इंटरमीडिएट की परीक्षा उत्तीर्ण की। स्नातक कक्षाओं में अध्ययन करने के लिए सन् 1927 में अपने कॉलेज में प्रविष्ट हुए। उस समय श्रीयुत भार्गव जी कॉलेज के प्राचार्य पद पर अधिष्ठित थे। 1928 में बी.ए. द्वितीय खंड की परीक्षा दी। इसी समय अमर शहीद सरदार भगतसिंह को श्री विजयकुमार सिन्हा ने साथ लाकर कॉलेज-छात्रावास में ठहराया। यह बात छात्रावास के अधिकारियों को भी ज्ञात न हो सकी, बाद में श्री अवतार सिंह उप्पल और श्री शिवनारायण वर्मा को इस विषय में कुछ पता चल सका।[87]

श्री सदगुरु दयाल अवस्थी केन्द्रीय समिति में थे। उन पर भी आज़ाद की शहादत में मुखबिरी का आरोप लगाया गया था। सर्वप्रथम श्री यशपाल ने 'सिंहावलोकन' में लिखा, "यह निश्चय हो जाने पर कि वीरभद्र सचमुच दल को धोखा दे रहा है, आज़ाद उसे दंड देना चाह रहे थे। ऐसा ही सन्देह दल के एक और पुराने साथी सदगुरु दयाल अवस्थी के प्रति भी उन्हें हो रहा था। आज़ाद ने वीरभद्र तिवारी और सदगुरु दयाल

अवस्थी दोनों को ही सन्देश भेजा कि वे आकर अपने व्यवहार की सफाई दें। आज़ाद के सन्देह के उत्तर में अवस्थी ने पत्र लिखकर उत्तर दिया कि उस पर किये गए सन्देह झूठे और निराधार हैं, पर मिलने नहीं आया। वीरभद्र स्वयं आया।" आगे उन्होंने 'धर्मयुग' लेखमाला की दूसरी किस्त में लिखा, "आज़ाद ने ऐसा ही एक सन्देश अवस्थी को भी भिजवाया था। परन्तु अवस्थी ने पत्र द्वारा आ सकने की या कोई उत्तरदायित्व लेने की अनिच्छा और अदेयता प्रकट कर दी थी।"[88]

श्री सदगुरु दयाल अवस्थी पर सबसे गहरा आरोप श्री विश्वनाथ वैशम्पायन ने अपनी पुस्तक में इन शब्दों में लगाया, "उत्तर भारत तथा बंगाल के क्रान्तिकारियों में जो सम्बन्ध स्थापित हुआ उसमें बंगाल की क्रान्तिकारी महिला मासी माँ का भी हाथ था। उसके साथ उनकी भान्जी माया देवी भी थीं। दोनों ही कानपुर के बालिका विद्यालय में अध्यापिका थीं। इन्होंने कानपुर आकर वीरभद्र तिवारी तथा सदगुरु दयाल अवस्थी से सम्बन्ध स्थापित किया तथा इन्हीं के द्वारा उनका आज़ाद से परिचय हुआ। इन्हीं के द्वारा बाद में बंगाल के क्रान्तिकारियों से सम्बन्ध स्थापित किया। माया देवी को खोकी के ही नाम से दल के लोग जानते थे। 1930 के दिसम्बर मास में मासी माँ ने भैया (आज़ाद) के सामने यह प्रस्ताव रखा कि वे खोकी को अपने साथ रखें, क्योंकि मासी माँ, खोकी और सदगुरु दयाल अवस्थी की घनिष्ठता को पसन्द नहीं करती थीं। जो कुछ हम लोगों को पता था उससे हमें विश्वास था कि जो कुछ भी हो वह अवस्थी को छोड़ न सकेगी। परन्तु खोकी के विश्वास दिलाने पर कि वह अवस्थी से कोई सम्बन्ध नहीं रखेगी, दीदी उसे अपने साथ रखने के लिए तैयार हो गईं। उससे इलाहाबाद में मिलने की बात तय हुई।

उन दिनों हम इलाहाबाद के कटरे में रहते थे। खोकी से मिलने मैं तथा दीदी अल्फ्रेड पार्क गए। खोकी को लेकर दीदी जब अल्फ्रेड पार्क से चली गई तो मैंने देखा कि सदगुरु दयाल अल्फ्रेड पार्क का चक्कर लगा रहे हैं। धीरे-धीरे यह खबर भी कानपुर में फैल गई कि आज़ाद के मिलने का स्थान अल्फ्रेड पार्क है तथा वे उसी के आसपास कहीं रहते हैं। इसी के बाद पुलिस मुखबिरों के साथ इस क्षेत्र में सक्रिय हो गई। मैं जब 10 तारीख की शाम को इलाहाबाद से चला तो इलाहाबाद स्टेशन पर ही मेरी सदगुरु दयाल अवस्थी से भेंट हो गई। वे मेरे कन्धे पर हाथ रखकर एक ओर ले जाकर बोले, "मुझे भैया से मिलना आवश्यक है।" मैंने उन्हें रात 10 बजे मिलने का समय दिया और उसी के साथ स्टेशन से बाहर चला आया। मैं चौक की ओर कुछ कदम चला और अवस्थी साइकिल पर वाटरमार्क्स की ओर चले गए। जब मैंने देखा वह आँखों से ओझल हो गए तो मैं तुरन्त लौटा और गाड़ी में जा बैठा। उन दिनों अवस्थी वाटरमार्क्स के एक इंचार्ज मुसलमान सज्जन के यहाँ रहते थे। ये सज्जन भी पुराने क्रान्तिकारी थे। अवस्थी अकसर स्टेशन और अल्फ्रेड पार्क के आसपास चक्कर लगाया करते थे। वे यहाँ इसलिए थे कि खोकी (माया देवी) दीदी के पास थी।"[89]

पंडित लक्ष्मीकान्त त्रिपाठी ने जागरण के रजत अंक में लिखा, "एक बम फैक्टरी आगरे में स्थापित हुई थी। बम फैक्टरी में—पिकरिक एसिड, गन काटन तथा फल्मिनेट ऑफ मरकरी बनने लगे। सदस्यों के रहने के लिए एक अलग मकान लिया गया। एक रात एक बजे के लगभग सदगुरु दयाल अवस्थी आए और विजय को अलग बुलाकर

कहा, पुलिस इस मकान में अपनी दृष्टि गड़ाए हुए है। अत: मकान को अभी हम लोगों को खाली कर देना चाहिए। जाड़े की रात, सबको मकान खाली करना पड़ा। वैशम्पायन के अनुसार, बाद में पता चला कि अवस्थी जी ने पुलिस का हौवा इसलिए खड़ा किया था कि या तो वे जोगेश दा के एक्शन में भाग नहीं लेना चाहते थे या फिर एक्शन होने ही नहीं देना चाहते थे। आगरे से सदस्यों को हटाने की यह एक चाल मात्र थी। एक नहीं अनेक अवसरों पर इन्होंने और वीरभद्र ने मिलकर कई योजनाओं को बड़ी चालाकी से कार्यान्वित होने के समय रोक दिया। इन दोनों का मुख्य प्रयोजन यह था कि संयुक्त प्रान्त में और विशेष रूप से कानपुर में कोई एक्शन न होने पावे।"[90]

इन सबका प्रतिवाद श्री सदगुरु दयाल अवस्थी तथा भगवती प्रसाद माधव ने अपनी पुस्तक 'क्रान्तिकारी आन्दोलन का आज़ाद-युग' में किया है। वे लिखते हैं, "यशपाल, वैशम्पायन और सुखदेवराज की पुस्तकों से प्रतीत होता है कि यह विशेष दृष्टिकोण व आग्रह लेकर लिखी हुई उनकी अपनी राम कहानियाँ हैं। वैशम्पायन ने वीरभद्र जी को श्री यशपाल का पक्षधर और मुझको व प्राय: पूरे कानपुर को वीरभद्र का साथी मान लिया है। भावुकता के आवेश में वैशम्पायन ने कितनी असत्य, अनर्गल और काल्पनिक बातों को प्रामाणिक रूप में प्रस्तुत करने का प्रयास कर डाला है। जो स्वयं नहीं कह सके, वह उन्होंने सुखदेवराज से कहलवा दी। मासी माँ के पति कलकत्ते में एक बम विस्फोट में घायल होकर स्वर्गवासी हुए थे। यह 1925 से कानपुर में डॉ. सेन बालिका विद्यालय में अध्यापिका थीं। बंगाल की क्रान्तिकारी पार्टी के साथ उनका सम्पर्क था। अपनी पुत्री ननीवाला सेनगुप्त को वह खोकी कहती थीं। हमारी पार्टी में खोकी का नाम माया देवी था। मैं पार्टी में बिहार और बंगाल का प्रतिनिधित्व भी करता था। इसलिए 1929 या 30 में मुझे उनसे मिलाया गया था। पंडित जी भी उनके यहाँ आते-जाते थे। चमनगंज में इनका मकान उनका एक सुरक्षित स्थान था। पंडित जी की वीरगति के बाद ननीवाला कलकत्ते में डाइनामाइट की छड़ों के साथ गिरफ्तार हुई। अलीपुर जेल में खोकी ने आत्महत्या कर ली। वैशम्पायन का यह लिखना कि केन्द्रीय समिति के भंग होने के बाद पंडित जी ने मुझसे सम्पर्क बन्द या कम कर दिया गलत है। वीरभद्र जी की गिरफ्तारी के बाद फैजाबाद और मलक्का जेल में उनकी गतिविधियों की सूचना मुझे निरन्तर मिलती रही और उस पर पंडित जी से परामर्श होता रहा। जनवरी, 1931 के अन्तिम सप्ताह में मैंने ही उन्हें सलाह दी थी कि थोड़ी देर के लिए वे कानपुर से हट जाएँ। उसके बाद पंडित जी से मेरी मुलाकात नहीं हुई।

यदि मैंने वैशम्पायन की सूचना कानपुर भेजी होती तो वे कानपुर स्टेशन पर ही पकड़ लिये जाते, उन्हें कानपुर भर में ढूँढ़ने की आवश्यकता न रहती। टेलीफोन से दी गई सूचना वैशम्पायन से घंटों पहले कानपुर पहुँच जाती। इलाहाबाद में मेरे चक्कर काटने के कई किस्से वैशम्पायन ने सुनाए हैं। मैं उनका खंडन दैनिक 'विश्वामित्र' और 'साप्ताहिक हिन्दुस्तान' में प्रकाशित भेंटवार्ता में कर चुका हूँ और बता चुका हूँ कि जनवरी, 1931 के अन्तिम सप्ताह से फरवरी के अन्त तक कभी इलाहाबाद नहीं गया। वैशम्पायन का यह कथन कि अवस्थी अकसर स्टेशन और अल्फ्रेड पार्क के चक्कर लगाया करते थे सर्वथा निराधार और अपने आप में असंगत है। ऐसी दशा में मेरे चक्कर

काटने और कानपुर में फैले आम ज्ञान की बात वह पंडित जी से अवश्य कहते और वे इलाहाबाद नहीं तो कम-से-कम अल्फ्रेड पार्क का आना-जाना अवश्य बन्द कर देते। लेकिन ऐसा नहीं हुआ। मैं इलाहाबाद जाता तो सीधे उनसे मिल लेता, मुझे वैशम्पायन के माध्यम की आवश्यकता नहीं थी। जब वैशम्पायन के अनुसार उन्होंने मुझे रात 10 बजे का समय दिया तो कहाँ मिलना है, यह क्यों नहीं बताया। इससे आभास मिलता है कि मैं परित्यक्त व्यक्ति नहीं था और पंडित जी से मिलने के स्थान की जानकारी रखता था। इलाहाबाद के अल्फ्रेड पार्क में चक्कर काटने वाले के साथ पंडित जी का सम्पर्क यहाँ कानपुर में निरन्तर बना रहा। पंडित जी की वीरगति से एक दिन पहले 26 फरवरी की रात क्रान्तिकारी भाई श्याम किशोर कपूर हुमायूँ बाग वाले मकान में साथ सोये थे और 27 फरवरी को सवेरे वहाँ से आए थे। जब मैं उस सवाल पर सोचता हूँ कि वैशम्पायन ने इन बातों का ऐसा उल्लेख क्यों किया है तब मेरे मस्तिष्क में उनके सम्बन्ध में कुछ सन्दिग्ध विचार आ जाते हैं। 27 को मैं गिरफ्तार हुआ था चमनगंजवाले मकान से।"[91]

इन तमाम विवरण से स्पष्ट है कि श्री सदगुरु दयाल अवस्थी के चरित्र पर जो सन्देह उठा था, उन्हें लेकर आज़ाद असन्तुष्ट जरूर थे, लेकिन इस कदर भी नहीं कि अवस्थी पुलिस को उनकी सूचना देते। किन्तु यह भी शोध का विषय है कि आज़ाद की शहादत के दिन ही कानपुर में श्री सदगुरु दयाल अवस्थी और इलाहाबाद में शिवचरण मिस्त्री पकड़े गए और 28 फरवरी को श्री अवस्थी को यूरोपियन लॉकअप इलाहाबाद में शिवचरण मिस्त्री के साथ रखा गया। 28 नवम्बर, 1930 यानी आज़ाद की शहादत के तीन माह पहले सी.आई.डी. के स्पेशल डिप्टी एस.पी. एन.सी. मिश्र के दस्तखत से आज़ाद के जिन 25 सहयोगियों की सूची जारी की गई है, उनमें 13वें नम्बर पर श्री यशपाल, 20वें पर श्रीमती प्रकाशो देवी और 12वें पर श्री विश्वनाथराव वैशम्पायन का नाम दर्ज है। इन 24 नामों में जो जेल में हैं उन्हें छोड़ दें तो न तो वीरभद्र तिवारी का नाम है और न सदगुरु दयाल अवस्थी का जो कि केन्द्रीय समिति के सदस्य थे। जबकि सर्वश्री लक्ष्मीनारायण शर्मा, रामदास गौड़, देवेन्द्रनाथ मुखर्जी, प्रेमनाथ, हंसराज, शिवचरण, रामकृष्ण और लेखराम जैसे सामान्य सम्पर्कवाले लोगों तक का नाम है।

अभिसूचना की फाइल में श्री सदगुरु दयाल अवस्थी के सम्बन्ध में विस्तृत सूचना तथा निगरानी सम्बन्धी महत्त्वपूर्ण पत्र व दस्तावेज देखने को मिलते हैं। ब्रीफ हिस्ट्री नोट के अनुसार, "यह कानपुर के क्रान्तिकारियों में प्रमुख क्रान्तिकारी है। उसका सम्पर्क बहुत व्यापक है। वह 1929 में पूरे भारत की नजर में उस समय आया था, जब उसने सुखदेवराज के साथ क्रान्तिकरियों के साथ बैठक में भाग लिया। उसे सांडर्स केस में पकड़ा गया था, मगर साक्ष्य के अभाव में छोड़ दिया गया। गायब हो गया। दुबारा कुख्यात चन्द्रशेखर आज़ाद और भगवतीचरण वोहरा के साथ एच.एस.आर.ए. शुरू किया। वह चन्द्रशेखर आज़ाद का निकट सहयोगी रहा। उसे गाडोदिया स्टोर की डकैती में शामिल सभी अभियुक्तों की जानकारी है। जनवरी, 1931 में कानपुर में आज़ाद के नेतृत्व में एच.एस.आर.ए. की महत्त्वपूर्ण बैठक में भाग लिया। बंगाल के लिए इसी बैठक में उसे कश्मीरी मलिक और कपूर का नाम दिया गया। वह और उसके दोस्तों ने वी.बी. तिवारी को गोली मारने का फैसला किया। 1930-31 में एच.एस.आर.ए.

कानपुर में सर्वाधिक सुदृढ़ इसी आदमी व उसके साथियों के निरन्तर प्रयासों के कारण रही। चन्द्रशेखर आज़ाद की मृत्योपरान्त वह एच.एस.आर.ए. का प्रान्तीय संगठनकर्ता बन गया। 18.03.1931 को षड्यंत्र केस से बरी किया गया।"[92]

हू इज हू के अनुसार, "सदगुरु दयाल अवस्थी उर्फ मिस्टर गुप्त, भैया, सक्सेना पुत्र सुखबासी लाल, मूलत: मुहल्ला दानाखोरी, कानपुर के रहनेवाले हैं। इनके पिता पोस्ट मास्टर थे। सनातन धर्म कॉलेज से बी.ए. किया। इन्हें विजयकुमार सिन्हा क्रान्तिकारी दल में ले आए। पकड़े गए पर अगस्त, 1931 में साक्ष्य के अभाव में छोड़ दिये गए। छूटने पर युक्त प्रान्त के क्रान्तिकारियों के प्रान्तीय संगठनकर्ता बन गए। ये दल के हथियारों के संरक्षक हैं। बंगाल, बिहार व बनारस से क्रान्तिकारी सम्बन्ध बनाया। जून, 1931 में हिन्दुस्तान वाशिंग कम्पनी शुरू की। पकड़े गए। दिसम्बर, 1932 को पकड़े गए। सजा हुई। 27.10.1934 को छूटे। छूटने पर फ्री इंडिया इंश्योरेंस कम्पनी में काम करने लगे।"[93]

सदगुरु दयाल अवस्थी की व्यक्तिगत पत्रावली के अवलोकन से आज़ाद की शहादत के पश्चात उनकी गतिविधियों पर प्रकाश पड़ता है। ऐसी महत्त्वपूर्ण गतिविधियों का नीचे तिथिवार उल्लेख किया जा रहा है—

20.02.1931—कानपुर के क्रान्तिकारियों के साथ सदगुरु दयाल अवस्थी ने पुनः वीरभद्र तिवारी को मारने की योजना बनाई। (कानपुर का सोर्स)

21.04.1931—अवस्थी और उसके दोस्तों का विचार है कि वीरभद्र तिवारी को गोली मार दी जाए, जिस पर उनका शक था कि वही सालिगराम व आज़ाद की मृत्यु तथा वैशम्पायन की गिरफ्तारी का कारण था। ('एस.' की डायरी)

03.12.1931—वीरभद्र पर हमले की सूचना मिलते ही सदगुरु दयाल अवस्थी ने 23 नवम्बर, 1931 को कानपुर छोड़ दिया। ('एस.' की डायरी)

20.12.1931—सुरेन्द्रनाथ ने फैसला किया है कि सदगुरु दयाल अवस्थी पर भरोसा नहीं किया जा सकता। ('एस.' की डायरी)

यद्यपि सी.आई.डी. का मानना था कि वीरभद्र तिवारी पर हमले के पीछे अवस्थी का हाथ था, किन्तु इसका खंडन करते हुए श्री सदगुरु दयाल अवस्थी ने अपने संस्मरण में बताया, "आज़ाद की वीरगति के तुरन्त बाद वीरभद्र को अपराधी मानकर उनको प्राणदंड देने का काम सुरेन्द्रनाथ पांडेय ने अपने हाथ में लिया था। उनके तत्त्वावधान में तीन आक्रमण भी हुए जो असफल रहे। इन आक्रमणों के लिए वीरभद्र ने मुझे दोषी माना, मेरे विरुद्ध परचा छपवाकर बँटवाया। 1948 के बाद वीरभद्र जी की पत्नी किसी कार्यवश मुझसे मिलीं। तब उन्हें मालूम हुआ कि उनके पति पर आक्रमण का कारण सुरेन्द्र पांडेय थे, मैं नहीं था। उसके पश्चात वीरभद्र का पत्र मुझे मिला जिसमें उन्होंने मेरे सम्बन्ध में गलत धारणा बनाने पर खेद प्रकट किया।"[94]

यशपाल

चन्द्रशेखर आज़ाद पर सर्वाधिक लेखन कार्य उनके साथियों में श्री यशपाल ने किया। पहला 'आज़ाद' अंक, 'विप्लव' का, फरवरी, 1939 में उन्होंने ही निकाला। वे स्वयं, उनकी पत्नी श्रीमती प्रकाशवती तथा मित्र इन्द्रपाल ने आज़ाद पर काफी लिखा। 'आज़ाद'

अंक में आज़ाद की विचारधारा पर सम्पादकीय टिप्पणी तथा 'सिंहावलोकन' नामक लेख में आज़ाद की चर्चा की। सन् 1955 में प्रकाशित अपनी पुस्तक 'सिंहावलोकन' में विस्तृत चर्चा की। 1964 में 'नर्मदा' के आज़ाद अंक में एक नया लेख व 'विप्लव' में छपा 'सिंहावलोकन' वाला लेख छपा। 18 जून से 09 जुलाई, 1967 तक 'धर्मयुग' में 'सन्देहों का गोलमाल' नाम से चार लेखों की लेखमाला छपी। और अन्त में 14 अप्रैल, 1968 को 'दिनमान' में श्री नन्दकिशोर निगम व श्री वैशम्पायन का प्रतिवाद छपा। इन लेखों में भी उन्होंने आज़ाद की चर्चा की है। श्री यशपाल ने पहले 'सिंहावलोकन' में, फिर 'धर्मयुग' लेखमाला में उन लोगों के नामों की चर्चा की जिन पर आज़ाद की मुखबिरी का सन्देह किया गया था। इनमें से श्री वैशम्पायन तथा श्री सुखदेवराज ने स्वयं के विरुद्ध खड़े किये गए प्रश्नों का तो जवाब दिया ही, वीरभद्र तिवारी के पक्ष में लेखन करने के कारण श्री यशपाल पर भी अनेक आरोप लगाए।

पहले श्री विश्वनाथ वैशम्पायन, श्री सुखदेवराज तथा कैलाशपति द्वारा श्री यशपाल पर लगाए गए आरोपों को देखेंगे। 'सिंहावलोकन' तथा 'धर्मयुग' में स्वयं पर लगाए आरोपों के जवाब के क्रम में श्री विश्वनाथ वैशम्पायन ने लिखा, "जिस समय श्रीमती प्रकाशवती घर से भागकर आनेवाली थीं उस समय श्री भगवतीचरण जी ने मुझे बताया कि श्रीमती प्रकाशो दल के लिए कई हजार रुपया लानेवाली थीं। श्रीमती प्रकाशवती और श्री यशपाल के बीच पत्र-व्यवहार चलता था जिसे एक युवक ले आता ले जाता था, जिसे चिप्पड़ कहा जाता था। बाद में पता चला उसका नाम प्रेमनाथ था। श्रीमती प्रकाशवती श्री यशपाल के बहन की शिष्या थीं। किला गुज्जर सिंह में एक मकान ले लिया गया था, जहाँ श्री सुखदेवराज, विशेश्वर तथा दीदी के रहने की व्यवस्था की गई थी। इन्हीं दिनों अचानक एक दिन श्रीमती प्रकाशवती कृष्णनगर वाले मकान में चली आईं। भाई श्री भगवतीचरण को श्री यशपाल ने यह सूचना दी और साथ ही यह बताया कि वह जो कई हजार रुपया ला रही थीं वह रास्ते में कहीं गिर गया। बापू भाई यह समाचार सुनकर गम्भीर हो गए। उसी बीच एक रात्रि को सुखदेवराज किला गुज्जर सिंह वाले मकान में रात को तीन बजे आए। जो कुछ राज ने उस समय बताया उसका सार यही है कि श्री यशपाल और प्रकाशो पति-पत्नी बन चुके हैं। दूसरे दिन जब दीदी वहाँ जाकर लौटीं तो उन्होंने कहा, मैं अब वहाँ नहीं जाऊँगी। उस दिन से दीदी हमारे साथ कृष्णनगर में रहने लगीं।

श्री यशपाल पर इस सम्बन्ध में यह आरोप था कि यदि उसे विवाह ही करना था तो उसे दल को स्पष्ट बता देना चाहिए था। वह सेंट्रल कमेटी का सदस्य होने के नाते भी कायदे-कानून सब जानता था। केन्द्रीय समिति ने श्री यशपाल को मृत्युदंड दिया और वीरभद्र ने जो केन्द्रीय समिति का सदस्य था इसकी जानकारी श्री यशपाल को दी। उन्हें अपने घर में छुपाया, फिर भगाया। इस बात का पता जब आज़ाद को चला तो उन्हें बहुत धक्का लगा। उन्होंने समिति भंग करते हुए कहा कि जब दल में इतने गद्दार हैं तो केन्द्रीय समिति को भंग कर देना ही उचित है। उन्होंने श्री यशपाल को जो हथियार चाहिए थे देकर अलग किया। इसके बाद यशपाल पंजाब गया। वहाँ भी उसका झगड़ा हुआ तब वह यू.पी. में ही प्रकाशो को ले टक्करें खाता रहा और अन्त में फिर आज़ाद

की शरण आया तथा उनकी सहायता से रूस जाने की योजना बनाई। पर आज़ाद की शहादत से वह योजना भी ठप हो गई। तब वे कमांडर-इन-चीफ बन बैठे।"[95]

श्री वैशम्पायन की ही पुस्तक में श्री सुखदेवराज का वक्तव्य व पत्र छपा है। श्री सुखदेवराज ने अपने पत्र में लिखा, "जिस दिन प्रकाशवती शाही मोहल्ला हीरामंडी का मकान छोड़कर कृष्णनगर के दल के मकान में आईं, उसी दिन सर्वनाश का जो क्रम शुरू हुआ उसकी इति दस महीने के बाद हुई अल्फ्रेड पार्क के इलाहाबाद में जहाँ चन्द्रशेखर आज़ाद ने वीरगति पाई। यशपाल की तड़क-भड़क और मुक्त हस्त से पार्टी के पैसे खर्च करने का असर पड़ा। एक दिन वह था कि कैलाशपति अपनी सुविधा का ध्यान न रखकर दूसरे साथियों की सुविधा का ध्यान रखता था, वही व्यक्ति प्रकाशवती कांड के बाद इतना स्वार्थी और शान-शौकत वाला आदमी हो गया कि एक दिन उसने भूखे-प्यासे यशपाल की भी सहायता करने से इनकार कर दिया। कैलाशपति ने मास्टर राजबली के घर में रहकर उसकी स्त्री चन्द्रावती को फँसा लिया। यह सब दल में फैली वासना की मनोवृत्ति के कारण ही हुआ। बाद में जब यशपाल को प्राणदंड हुआ तो उससे भयभीत हो वह चन्द्रावती को लेकर अहमदाबाद भाग जाना चाहता था। क्रान्तिकारी संगठन में यशपाल व कैलाशपति का यह कृत्य सर्वनाश का कारण बना।"[96]

'जब ज्योति जगी' में सुखदेवराज ने लिखा, "मैंने रात को ही भगवतीचरण के घर जाकर यशपाल, प्रकाशो की बात बताई तो उन्होंने इस बात की कड़ी नोटिस ली और मुझसे बोले, तुम यशपाल को निकाल बाहर करो। इश्क का रोग यदि क्रान्तिकारियों को लग गया तो हमारा सारा आन्दोलन ही चौपट हो जाएगा। यशपाल से कहो कि वह उसे दिल्ली छोड़ आए। खैर, वह लाहौर शहर से फर्स्ट क्लास के कूपे में लेकर दिल्ली चला गया। दिल्ली में कैलाशपति, धन्वन्तरि, वैशम्पायन आदि साथियों से जब गाडोदिया स्टोर एक्शन के बाद मेरी मुलाकात हुई तो इन लोगों ने बातचीत के दौरान मुझे बताया कि भैया यशपाल से बहुत नाराज हैं, मैंने जब इस नाराजगी का कारण पूछा तो मुझे बताया गया कि भैया एक दिन बम फैक्टरी देखने आए तो उन्होंने देखा कि क्राकरी और कटलरी का बहुत सा सामान वहाँ पड़ा है। यह पूछने पर कि इतना महँगा सामान किसलिए खरीदा गया है? पता चला कि यह सामान खरीदा नहीं गया है, यहाँ-वहाँ से उठाकर लाया गया है। इस उत्तर से भैया का मन आत्मग्लानि से भर गया। उन्होंने कहा,"इसका मतलब यह हुआ कि तुम त्याग के मार्ग को ठोकर मारकर भोग और अनीति के मार्ग पर अग्रसर हो रहे हो। उनका कहना था कि देश को अंग्रेजों की गुलामी से मुक्ति दिलाने के लिए जब हम कहीं से हथियार चुरा लाते हैं तो यह चोरी नहीं है। इसके विपरीत जब हम अपनी सुविधा और आराम या कोरी शान बनाने के उद्देश्य से किसी होटल आदि में से क्राकरी चुरा लेते हैं तो वह चोरी है और हमारा यह आचरण हमें स्वयं अपनी दृष्टि में भी गिरा देता है।" साथियों ने यह भी बताया कि प्रकाशो के मामले पर भी भैया बेहद नाराज हैं। इसके अतिरिक्त यशपाल पर यह भी आरोप था कि भगवती भाई की शहादत के लिए भी वह बड़ी सीमा तक उत्तरदायी थे। यदि बमों के अन्दर मसाला यशपाल ने अच्छी तरह से सफाई करने के बाद भरा होता और उनके घोड़े ठीक से फिट किये होते तो बम कदाचित भगवती भाई के हाथ में न फटता। ईमानदारी से उसकी लापरवाही ही

भगवती भाई की शहादत का मुख्य कारण है। यशपाल की लापरवाही इस बात से भी सिद्ध हो गई थी कि उसके भरे हुए दो बम 2 जून को बहावलपुर रोडवाली कोठी में रखे-रखे ही फट गए।"[97]

सन् 1968 में 'दिनमान' में प्रकाशित अपने वक्तव्य में भी श्री सुखदेवराज ने यशपाल पर अनेक आरोप लगाए। वह लिखते हैं, "यशपाल और वीरभद्र की साझेदारी उस समय से चली आ रही है, जिस समय से वीरभद्र ने यशपाल को मृत्युदंड से बचाया और उसके एवज में यशपाल ने वीरभद्र को सतर्क कर दिया। इस साझेदारी में पुलिस उस समय शामिल हुई जब कैलाशपति मुखबिर हुआ और उसके बयान के बावजूद वीरभद्र को नहीं पकड़ा गया। इस प्रकार तीन शक्तियों की धुरी का निर्माण हुआ। यशपाल, वीरभद्र और पुलिस के प्रतीक राय साहब शम्भुनाथ।"[98] 'साप्ताहिक हिन्दुस्तान' में 9 अप्रैल, 1967 को श्री काशीराम का पत्र छपा। उन्होंने लिखा, "वीरभद्र के शब्दों में यशपाल उनके मित्र हैं, एहसानमंद भी और वे जानकार साथी भी हैं। फिर प्रश्न है कि वीरभद्र ने लल्लन प्रसाद व्यास को पत्र क्यों लिखा? यशपाल को क्यों नहीं।"[99] कैलाशपति ने अपने बयान में कहा, "एक बार श्री भगवतीचरण और यशपाल की शाहखर्ची पर टिप्पणी करते हुए आज़ाद ने कहा था कि उन्होंने ट्रेन एक्शन पर 4000 रुपये खर्च किये थे।"[100]

श्री यशपाल से आज़ाद के मतभेद के कई कारण थे, जिन्हें ससन्दर्भ यहाँ क्रम से रखा जा रहा है—

1. श्री यशपाल ने 'सिंहावलोकन' में लिखा है कि उनका आज़ाद से पहला सम्पर्क नवम्बर, 1929 के दूसरे सप्ताह में कैलाशपति के माध्यम से कुदसिया बाग में हुआ।[101] इसके ठीक एक माह बाद 23 दिसम्बर, 1929 को वायसराय की गाड़ी के नीचे बम विस्फोट हुआ। श्री यशपाल ने 'सिंहावलोकन' में लिखा है, "एक दिन पूर्व यानी 22 दिसम्बर को लगभग छह बजे भगवती भाई आए तो मुझे बताया कि विस्फोट का फैसला स्थगित कर दिया गया। मैंने इस निर्णय का नैतिक विरोध किया। भगवती ने यह कहते हुए मेरी बात अस्वीकार कर दी कि यह बात ठीक नहीं है।"[102] अर्थात् एक माह के मिलन में ही यशपाल का आज़ाद से मतभेद हो गया।
2. 'विप्लव' के 'आज़ाद' अंक में श्री यशपाल ने एक घटना का जिक्र करते हुए लिखा, "आज़ाद का गुस्सा मैंने कई दफे देखा, बल्कि दो-तीन दफे तो वे मुझ पर ही बिगड़े। सन् 30 की बात है। कुछ सामान और पिस्तौलों का हिसाब जो मेरे चार्ज में था, मैंने आज़ाद को दे दिया। एक माह बाद उन्होंने कहा, जो हिसाब दिया वह ठीक नहीं। अँधेरा था और नदी का किनारा। मुझे उस समय तक मालूम न था कि आज़ाद के मन में मेरे प्रति कुछ दोस्तों ने सन्देह पैदा कर दिया है। उन्होंने गुस्से में बहुत जोर से डाँटकर कहा, यह झूठ है। मेरे शरीर में बिजली-सी कौंध गई! उसी तरह गुस्से में जवाब दिया 'खबरदार'। ऐसी बात सुनने की आज़ाद को आशा न थी। उनका स्वर बदल गया। चौंककर बोले, 'इसका मतलब! मैं आपे से बाहर हो रहा था।' बोला, 'इसका मतलब यह है, जो दूसरे को झूठा समझता है, खुद झूठा...' कुछ देर घूरकर मेरी तरफ देखते

रहकर एक दीर्घ नि:श्वास छोड़कर कहा, 'अच्छा' और वे चले गए।"[103] आज़ाद पर किसी साथी के गुस्सा होने का पूरे दल में यही एकमात्र उदाहरण मिलता है।

3. मार्च, 1930 में श्रीमती प्रकाशवती के पिता श्री बैजनाथ ने अपहरण की रिपोर्ट लिखाई, "मुसम्मात प्रकाशो देवी उर्फ सरला, पुत्री बैजनाथ, शाही मुहल्ला, लाहौर सिटी, आयु 16 वर्ष को प्रेमनाथ अपहरण कर ले गया।" पुलिस ने 500 रुपये का इनाम रखा। दोनों पार्टी की केन्द्रीय समिति की अनुमति और विवाह के बिना पति-पत्नी की तरह रहने लगे।[104] श्री विश्वनाथ वैशम्पायन के अनुसार भगवती भाई ने शहादत के ठीक एक दिन पूर्व यानी 27 मई, 1930 को यह बात आज़ाद को बता दी। यह भी कहा कि भगतसिंह को छुड़ाने के एक्शन के बाद इस पर विचार करने का आग्रह भैया ने मान लिया।[105]
4. "जिस बम से श्री भगवतीचरण शहीद हुए तथा जो बम बहावलपुर कोठी में अपने-आप फट गए उन्हें भरने का काम श्री यशपाल को सौंपा गया था। यह काम बड़ी सावधानी से किया जाना चाहिए था। क्योंकि जरा सी असावधानी बरतने से बम विस्फोट का खतरा बराबर बना रहता है।" एक बम से श्री भगवतीचरण शहीद हुए। दो बमों के अनायास फटने के बाद बहावलपुर कोठी से पुलिस को श्री यशपाल का प्रकाशो को लिखा पत्र, आज़ाद की हैंड राइटिंग में लिखी कविता व सरकारी पुस्तकालय की किताबें बतौर साक्ष्य मिली थीं।[106] श्री भगवतीचरण की क्षति आज़ाद के लिए असहनीय थी।
5. वायसराय ट्रेन के मामले में 4000 रुपये खर्च करने का जिक्र कैलाशपति ने अपने बयान[107] में किया है। दिल्ली बम फैक्टरी पर आज़ाद जब सोफा-कटलरी देखकर भड़के तो उन्हें बताया गया कि ये सामान खरीदकर नहीं चुराकर लाए गए हैं। इससे भी आज़ाद नाराज थे। सुखदेवराज के अनुसार, "श्री यशपाल का ध्यान अब पार्टी से हटकर पूर्णत: प्रकाशो में केन्द्रित हो चुका था। प्रकाशो के लिए अच्छी-अच्छी साड़ियों का प्रबन्ध करना उसे अधिक से अधिक सजा-सँवारकर रखना यही सब श्री यशपाल का एकमात्र काम रह गया था।"[108]
6. इसी दौरान मई, 1930 में नलगढ़ा फार्म पर चाँदमारी का अभ्यास किया जाना तय हुआ। आवश्यक सामान के साथ आज़ाद के पास एक बिस्तर था जिसमें एक राइफल थी। बिस्तर बस की छत पर रखवाकर आज़ाद ने उसे उतारने की जिम्मेदारी यशपाल को दी थी। लेकिन उसने बिस्तर नहीं उतारा। जब भैया ने पूछा, बिस्तर कहाँ है बाँगड़ू तो यशपाल बोला, उसकी निगरानी के लिए तो मैंने कैलाशपति से कह दिया था। इतनी अनुशासनहीनता भैया भला कब सहन कर सकते थे, गरजकर बोले, "बड़ा लाट साहब बना फिरता है, जो काम मैंने तुझे सौंपा था, तूने उसे कैलाशपति को कैसे सौंप दिया?"[109] बाद में वह बिस्तर पुलिस की मदद से दिल्लीवाले मकान पर पहुँचा था, ऐसा कैलाशपति ने अपने बयान में कहा है।
7. श्री सदगुरु दयाल अवस्थी ने लिखा, "एक्शन के लिए मूर्च्छा गैस और उसका

प्रतिरोधक तैयार करवाने तथा एक्शन (भगत) की योजना बनाने का काम यशपाल जी को दिया गया था। वह अपने प्रयत्नों में सफल नहीं हुए। भगवती जी ने जाकर देखा तो वापस आकर पंडित जी को रिपोर्ट दी कि वहाँ अभी शुरुआत भी नहीं हुई। यशपाल मौज कर रहा है। रुपया बेकार बर्बाद हो रहा है। उसका भरोसा छोड़कर हमें केवल भगत और दत्त को छुड़ाने का उपाय करना चाहिए। इस सूचना से पंडित जी बहुत आहत हुए। वह भाई भगवतीचरण के इस मन्तव्य से सहमत हो गए कि यशपाल ने पार्टी के साथ विश्वासघात किया है। कैलाशपति और धन्वन्तरि की सम्मति भी यही ज्ञात हुई। परन्तु निश्चय हुआ कि इस विषय पर एक्शन के बाद विचार किया जाएगा। भाई भगवतीचरण ने बताया कि मैंने विलम्ब को भगतसिंह के प्रति उपेक्षा माना और उन्हें छुड़ाने की बात कही तो यशपाल उखड़ गए, कहने लगे, "भगतसिंह चला हुआ कारतूस है, उसके लिए चार-पाँच आदमी लेकर जेल पर एक्शन करने से क्या लाभ। एक आदमी के लिए दल की शक्ति न्योछावर करना मूर्खता है। बीसियों भगतसिंह पैदा हो जाएँगे।" यशपाल के मुख से ऐसी बातें सुनकर मैं स्तम्भित रह गया। बात खत्म करते हुए मैंने कहा कि इस प्रश्न का फैसला आज़ाद ही करेंगे, यशपाल और भी ज्यादा बिगड़कर बोले, आज़ाद क्या करेगा, तुम जो समझा दोगे वही कर देगा। पूरे हालात भगत को लिखकर भेजो और पूछो। भगत को लिखा गया। जो जवाब आया उसका उल्लेख श्री यशपाल ने 'सिंहावलोकन' में किया है, "उस कलाकार से कह दो नित्य नई कल्पना (अर्थात् शेरदिल कांड) न गढ़ा करे। जो पहले सोचा है, वही होना चाहिए। उसे समझाओ कि परिस्थिति और नीति निश्चित करने में मोटा (भगवतीचरण) ज्यादा योग्य है। एक्शन में मोटे को बचाकर पंडित को आगे रखो। बुलाकर कहो वह मेनिफेस्टो लिखे, जब तक उसकी भावुकता पूरी नहीं होगी, वह हर काम में आगे सिर निकालेगा। वह एक काम तो कर चुका, कुछ दिन सन्तोष करे।"[110]

8. श्री यशपाल ने घायल भगवतीचरण के लिए मेडिकल सहायता लाने में विलम्ब किया। ऐसा आरोप कैलाशपति ने अपने बयान में तथा सुखदेवराज ने अपने संस्मरण में लगाया है।[111]
9. "मई, 1930 में श्री भगवतीचरण शहीद हुए। अगस्त में इन्द्रपाल गिरफ्तार हो गया। उसके कुछ समय पूर्व ही उसकी शादी हुई थी। गिरफ्तार होते ही उसने तमाम गुड़गोबर करके रख दिया। वह पुलिस का मुखबिर हो गया। सारे महत्त्वपूर्ण राज पुलिस के सामने उसने खोलकर रख दिया। उसने पुलिस को वह स्थान भी बता दिया जहाँ भगवतीचरण के पार्थिव शरीर को दफनाया गया था। यशपाल ने 'सिंहावलोकन' में लिखा है कि श्री भगवतीचरण के शव को पत्थर बाँधकर नदी में जल-समाधि दी गई। जबकि इन अस्थियों को कोर्ट में बतौर साक्ष्य प्रस्तुत किया गया। अन्तिम संस्कार के समय तो भैया के साथ जखीरे में यशपाल आया ही नहीं था। जहाँ तक मैं समझता हूँ यशपाल की गलतबयानी का कारण यह अपने चेले इन्द्रपाल के अपराध को जनता की दृष्टि में हल्का

करना चाहता हो। यह इतिहास के साथ एकदम गद्दारी है।[112] श्री वैशम्पायन ने लिखा, "इन्द्रपाल के गद्दार होने पर भी यशपाल ने उसके मुख से भैया की तारीफ 'सिंहावलोकन' में कराई है। यशपाल के कथनानुसार उसके दो चेले थे—जयगोपाल और इन्द्रपाल, बाद में दोनों ही मुखबिर हो गए थे।"[113]

10. बहावलपुर बम फटने के बाद भैया ने यशपाल को आदेश दिया, "सारा सामान यहाँ से हटा देना, ऐसा न हो कोई चीज पुलिस के हाथ पड़ जाए। यशपाल ने सारा सामान इन्द्रपाल के घर पहुँचा दिया। पुलिस को वहाँ यशपाल के द्वारा प्रकाशो को लिखा छूटा प्रेम पत्र मिला। मेरे नाम से यूनिवर्सिटी लाइब्रेरी से लाई दो पुस्तकें मिलीं। यशपाल की असावधानी एक बार फिर रंग लाई। और क्रान्तिकारियों के लिए संकट का कारण बनी। प्रेमपत्र में ध्रुव जी का उल्लेख था। पुलिस इंजीनियर साहब को लेकर विमान से ध्रुव जी के पास पहुँच गई। मुझ पर और यशपाल पर दो और तीन हजार रुपये का इनाम घोषित हो गया।"[114]
बहावलपुर वाले मकान से मिली चीजों का जिक्र श्री वैशम्पायन ने भी किया है। वे लिखते हैं, "बँगले की तलाशी में यशपाल के हाथ के लिखे पत्र के टुकड़े मिले। साथ ही साथ पंजाब यूनिवर्सिटी लाइब्रेरी की दो किताबें भी वहाँ मिलीं, जिन्हें सुखदेवराज अपने नाम लिखवाकर ले आया था। भैया का आदेश था कि वहाँ ऐसी कोई चीज न छोड़ी जाए, जिससे पुलिस को हमारा सुराग मिले। घबराहट में यशपाल पत्र के टुकड़े और पुस्तकें वहीं छोड़ आया। यह पत्र प्रकाशो को लिखा था। इसमें पुलिस को उसका पता भी हाथ लगा।"[115]

इस प्रकार केन्द्रीय समिति द्वारा श्री यशपाल को प्राणदंड देने का फैसला न तो तत्काल का निर्णय था, न अकेला आज़ाद का निर्णय था, न किसी एक कारण से लिया गया फैसला था, न किसी के कान भरने के कारण था। श्री यशपाल ने आज़ाद के आदेश के विरुद्ध वायसराय की ट्रेन के नीचे धमाका किया, उनसे पूछे बिना अपने चेले बनाकर उन्हें हथियार दिये, झूठ बोलकर प्रकाशो देवी को उनके घर से लाए, बिना विवाह साथ रहे, पार्टी के पैसे से ऐशो-आराम का सामान जुटाया, लापरवाही से बम भरा जिससे भगवतीचरण जैसे प्रतिभावान व्यक्ति शहीद हुए, बहावलपुर कोठी में उनकी लापरवाही के कारण पुलिस के हाथ महत्त्वपूर्ण साक्ष्य लगे, चाँदमारी जाते समय राइफल सहित बेडिंग बस पर छोड़ दिया, भगतसिंह को दगा कारतूस कहा, आज़ाद को बैल बुद्धि कहा, भगत व दत्त को छुड़ाने की जगह शेरदिल योजना बनाने लगे, जिस पर भगतसिंह ने नाराजगी जाहिर की। इन सब बातों का अन्तिम निष्कर्ष था, श्री यशपाल को प्राणदंड की घोषणा जो केन्द्रीय समिति में सर्वसम्मति से पारित हुई थी। अर्थात् यह सोच-विचार के बाद लिया गया पार्टी का फैसला था, न कि आज़ाद का तन्हा फैसला।

श्री यशपाल पर सबसे करारा हमला अवकाश प्राप्त सहायक केन्द्रीय गुप्तचर कर्मी रह चुके धर्मेन्द्र गौड़ ने बोला। सन् 1974 में प्रकाशित अपनी पुस्तक में लिखा, "स्वतंत्रता-सेनानी के रूप में मैंने यशपाल को रत्ती भर मान नहीं दिया। कारण है उनका ब्रिटिश गुप्तचर विभाग का सोर्स (मुखबिर) होना। बतौर सुबूत मैंने गुप्तचर विभाग के चार दस्तावेजों की फोटोस्टेट प्रतियों से सीधा-सादा जवाब दिया। जिसने यशपाल को

सिर से पाँव तक हिला डाला। अभी तक तो यशपाल का उत्तर देखने को मिला नहीं। मिलेगा भी क्या? मेरे देखे गए दस्तावेजों के अनुसार घटना से एक दिन पहले 26 फरवरी, 1931 को वीरभद्र ने शम्भुनाथ को जो सूचना दी वह वीरभद्र को कैसे मिली, पार्टी में तो उसका भरोसा कोई करता नहीं। निश्चय ही इसमें भी यशपाल का हाथ था। यशपाल को वीरभद्र ने इसीलिए गोली नहीं मारी वरना उसे पार्टी की गतिविधियाँ कौन बताता? वीरभद्र को इसी एहसान का बदला आज यशपाल चुका रहे हैं जनता को गुमराह करके कि आज़ाद के साथ विश्वासघात करने में उसका हाथ न था। वास्तविकता यह है कि इन दोनों की मिलीभगत ने ही आज़ाद को मौत के मुँह में धकेला। आज़ाद बेचारे मारे गए यशपाल और वीरभद्र की गद्‌दारी के कारण। दोनों ही ब्रिटिश गुप्तचर विभाग के मुखबिर थे।"[116]

धर्मेन्द्र गौड़ ने अपनी पुस्तक में श्री यशपाल के मुखबिर होने के सम्बन्ध में दो पत्रों की फोटोस्टेट प्रतियाँ प्रकाशित की हैं। इनमें 10 मार्च, 1947 की एक फोटो ही महत्त्वपूर्ण है जो एफ.आर. स्टॉकवैल एस.पी.,एस.बी. ने केन्द्रीय गुप्तचर अधिकारी, यू.पी., अजमेर और मारवाड़ श्री ई. वाल्स, आई.बी. को लिखी है। पत्र का मूल बिन्दु—

"यशपाल का संक्षिप्त परिचय-फिरोजपुर निवासी, पंजाबी हिन्दू। 1947 में 44 वर्ष की आयु। प्राथमिक शिक्षा पश्चिमी यू.पी. में प्राप्त की फिर मैट्रिक के बाद की लाहौर में, जहाँ उसने समय-समय पर विभाग को अमूल्य सूचनाएँ दीं। कारागार 1932-38। 1944 में फिर मुखबिर बनकर बहुत से कम्युनिस्ट पार्टी के तथा चम्पत हो जानेवाले अन्य आपराधिक व्यक्तियों को मय हथियारों, गोलियों, छपाई की मशीनों और आपत्तिजनक साहित्य सहित पकड़वाया। राजभक्त और वफादार मित्र है।"[117] इस खुलासे का प्रभाव गौड़ की पुस्तक के अन्त में 'कुछ अमूल्य पत्र' में दिखता है। श्रीमती ललिता वैशम्पायन, सर्वश्री बनारसीदास चतुर्वेदी, सुखदेवराज, काशीराम, भवानी सिंह रावत, बटुकनाथ अग्रवाल, शिवकुमार द्विवेदी, आनन्द हरि भवदत्त शुक्ल, वेंकट लाल ओझा, सुशीला आज़ाद, सुरेन्द्रनाथ पांडेय ने इसे ध्रुव सत्य मान लिया। किन्तु धर्मेन्द्र गौड़ की पुस्तक में मिथक-यथार्थ, तथ्य-कल्पना का मिला-जुला संसार रचा गया है। जिसे स्वीकार करने के पूर्व पुस्तक की इतिहास सम्मत समीक्षा परमावश्यक है।

धर्मेन्द्र गौड़ ने पुस्तक छपवाने के पहले पाँच लेख लिखे थे जो विभिन्न पत्र-पत्रिकाओं में छपे। इसी में एक लेख, 'यशपाल बेनकाब' भी था। इन पर जो प्रतिक्रियाएँ आईं उनमें एक पत्र श्री सुरेन्द्रनाथ पांडेय का 6 जुलाई, 1973 का है। जिसमें वे गौड़ की प्रशंसा के बाद मैसूर से लिखते हैं, "आपका लेख पढ़ने के बाद मेरा यह विचार हो गया है कि अल्फ्रेड पार्क की घटना आकस्मिक घटना नहीं है। वह सुनियोजित षड्यंत्र था, जिसमें पुलिस के साथ मिलकर कुछ क्रान्तिकारियों ने आज़ाद की हत्या कराई। उन सबको बेनकाब होना चाहिए।"[118] श्रीमती सुशीला देवी ने 7 नवम्बर, 1973 को पत्र लिखा। श्री भवानी सिंह रावत ने 19 जून, 1973 को पत्र लिखा, "यशपाल की जान बख्शी वीरभद्र ने और वीरभद्र की जान बख्शी यशपाल ने। ...महान दुख भी हुआ कि हमारे साथियों ने देशद्रोही कार्य किये। दोनों जिन्दा हैं, यह क्यों? इन्हें अब भी सजा मिलनी चाहिए। यह जनता को विचार कर निर्णय देना है।" श्री सुखदेवराज ने 3 दिसम्बर,

1972 को लिखा, "आपने श्री यशपाल और वीरभद्र के षड्यंत्र का भंडाफोड़ करके बड़ा काम किया है।"[119] उन्होंने दूसरा पत्र 21 मई, 1973 को लिखा। श्री बनारसीदास चतुर्वेदी ने 11 अप्रैल, 1977 के पत्र में लिखा, "जो तथ्य आपने प्रकाशित किये हैं वे श्री यशपाल के माथे पर कलंक का टीका लगा देते हैं।"[120]

धर्मेन्द्र गौड़ के लेख व उस पर आई क्रान्तिकारी साथियों की प्रतिक्रिया का गहरा असर श्री यशपाल पर पड़ा। श्रीमती प्रकाशवती पाल ने अपनी आत्मकथा 'लाहौर से लखनऊ तक' में 'जासूस धर्मेन्द्र गौड़ का खेल'[121] के नाम से लिखे लेख में इस मुद्दे पर काफी प्रकाश डाला है। उन्होंने लिखा कि धर्मेन्द्र गौड़ ने यशपाल जी को मजा चखाने के लिए कानपुर की 'एलगा' पत्रिका में जालसाजी में रचे अभियान का प्रकाशन कराया। धर्मेन्द्र गौड़ ने उल्लिखित प्रसंग और पत्रों के फोटो 'एलगा' कानपुर और बनारस के 'गांडीव' आदि पत्रों में प्रकाशित करवाए थे। यह सम्भवत: स्वतंत्र भारत में भी छपा था। (अगस्त, 1973) श्री यशपाल अपने पत्र में नेशनल हेराल्ड में 8 मई, 1976 और 14 अगस्त, 1976 को छपी दो खबरों क्रमश: 'आज़ाद की शहादत पर नई जानकारी' तथा 'चन्द्रशेखर आज़ाद की पिस्तौल' का हवाला दिया है। श्री यशपाल कम्युनिस्ट पार्टी के विश्वसनीय समर्थक थे, इस पर श्रीमती प्रकाशवती ने श्री शिववर्मा का लेख 'यशपाल एक समर्पित व्यक्तित्व' उद्धृत किया है। श्री यशपाल के द्वारा 18 जून, 1974 को तत्कालीन मुख्यमंत्री माननीय हेमवती नन्दन बहुगुणा जी को पत्र लिखकर स्वयं से जुड़ी सी.आई.डी. की फाइलें देखने की माँगवाला पत्र प्रकाशित किया है। उन्हें मुख्यमंत्री ने 13 अगस्त, 1974 को जवाब में लिखा था कि अभिसूचना विभाग में आपसे जुड़ा ऐसा कोई भी अभिलेख नहीं है। आगे धर्मेन्द्र गौड़ के परिचय के अन्त में लिखा कि "उसने खुफिया विभाग की कुछ पुरानी फाइलों से पत्रों के हेडिंग और नीचे के दस्तखत चुराकर मनमाने ढंग से दस्तावेज तैयार किये और ट्रिक फोटोग्राफी का इस्तेमाल किया। इसी के द्वारा दो पुस्तकें 'आज़ाद के गद्दार साथी' और 'आज़ाद की पिस्तौल' लिखी गई।" धर्मेन्द्र गौड़ द्वारा लिखित पुस्तक व लेख ऐतिहासिक रूप से अत्यन्त अविश्वसनीय एवं विरोधाभासों से भरे हुए हैं। विस्तृत जानकारी के लिए देखें परिशिष्ट।

श्री यशपाल ने 'सिंहावलोकन' में कई बार लिखा है कि वे आज़ाद के साथ रह रहे थे। 'सिंहावलोकन' के उद्धरण देखें, "आज़ाद ने नेहरू से मुलाकात के बाद इस घटना की बात हम लोगों को कटरे के मकान में सुनाई थी, लगभग तीसरे दिन शिवमूर्ति सिंह जी ने मुझे पन्द्रह सौ रुपये देकर कहा, शेष के लिए नेहरू जी प्रबन्ध कर रहे हैं, कटरे के मकान में लौटकर मैंने यह रुपया आज़ाद को सौंप देना चाहा।" इसी तरह वे एक जगह और लिखते हैं, "मैं और सुरेन्द्र पांडेय आज़ाद के साथ ही रहते थे। रात से साथ थे। पार्क के फाटक तक साइकिलों पर उनके साथ आए थे। हमें सामने से आता राज दिखाई दिया। आज़ाद उसके साथ पार्क में चले गए। तब तक हमें मालूम न था कि वे राज से पार्क में भेंट के लिए आए हैं।" आगे वे पुन: लिखते हैं, "सुरेन्द्र पांडेय और मैं आज़ाद के साथ ही रहते थे। पार्क के फाटक तक साइकिलों पर उनके साथ आए थे। शहादत की घटना के बाद भी दो दिन इलाहाबाद में ही रहे। सुरेन्द्र पांडेय और मैं जेल से मुक्ति और ब्रिटिश शासन की समाप्ति के बाद भी सभी सम्भव सूत्रों से आज़ाद की

शहादत के सम्बन्ध में पुलिस को सूचना मिलने के रहस्य की खोज करते रहे हैं। हम दोनों को वीरभद्र पर सन्देह का कोई कारण नहीं मिला।" अन्त में यशपाल 'सिंहावलोकन' में लिखते हैं, "इलाहाबाद में भैया आज़ाद की शहादत के समय कटरे के मकान में उनके साथ सुरेन्द्रनाथ पांडेय, भवानी सिंह और मैं रहते थे।"[122] यानी पाँच पृष्ठों पर श्री यशपाल ने पाँच बार लिखा कि वे आज़ाद के साथ ही कटरेवाले मकान में रहते थे।

श्री विश्वनाथ वैशम्पायन चन्द्रशेखर आज़ाद के शहादत के मात्र 16 दिन पूर्व कानपुर में गिरफ्तार हुए थे। लेकिन उन्होंने भी अपनी पुस्तक में अथवा किसी लेख में श्री यशपाल के कटरे के मकान में आज़ाद के साथ होने की बात नहीं की है। श्री वैशम्पायन लिखते हैं, "कैलाशपति के मुखबिर हो जाने के बाद जब हम लोग स्थायी रूप से इलाहाबाद में रहने लगे तो सुखदेव ने सहगल के भविष्य में काम करना प्रारम्भ कर दिया। हमने इलाहाबाद के कटरे में दो मकान ले रखे थे। एक में भाभी-दीदी और सुखदेवराज रहते थे, और दूसरे में आज़ाद तथा मैं। भैया ने इन लोगों को भी अपना मकान नहीं दिखाया था। आवश्यकता होने पर या तो वे स्वयं वहाँ चले जाते थे या फिर इन लोगों से अल्फ्रेड पार्क में मिलते थे।"[123] इस सम्बन्ध में सुखदेवराज का भी संस्मरण उपलब्ध है। वे लिखते हैं, "मैं, भाभी, दीदी कटरे के एक मकान में किराए पर रहते थे और भैया अलग एक मकान में। बाद में भाभी और दीदी दिल्ली चली गईं और मैं अकेला ही उस मकान में रह गया। उन दिनों मैं 'चाँद' प्रेस में 'भविष्य' अखबार में सम्पादकीय विभाग में काम करता था। इस प्रकार मेरे मिलने-जुलने का स्थान निश्चित था। जो बात भैया को कहलवानी या करवानी होती थी उसका सन्देश सामान्यत: वे वैशम्पायन के द्वारा मेरे पास भेज दिया करते थे। वैशम्पायन उनके अत्यन्त विश्वस्त साथी थे। वर्षों से वे उनके साथ काम करते चले आ रहे थे और गुप्त से गुप्त बातों का विवेचन भी भैया उनके साथ कर लेते थे। 12 फरवरी को दरवाजा खटखटाकर भैया ने कहा, "वैशम्पायन कानपुर में गिरफ्तार हो गया है। तुम फौरन मकान बदल लो, यहाँ रहने से मुसीबत में पड़ जाओगे। उस समय वे इतना ही कहकर चले गए। भैया के आदेशानुसार उसी दिन कटरेवाला वह मकान हमने छोड़ दिया और मुट्ठीगंज में किराए पर मकान लेकर उसमें चला गया। मैं 4 बजे चौक से नाश्ता करके साइकिल पर म्योर कॉलेज की ओर निकलता था। रास्ते में भैया मुझसे मिल लेते थे। आमतौर पर अल्फ्रेड पार्क के कोने पर, यहाँ कुछ देर हम दोनों बातचीत करते थे। जो भी आवश्यक निर्देश भैया मुझे देना चाहते थे, देते थे।"[124]

श्री भवानी सिंह रावत ने अपने संस्मरण में, "इलाहाबाद में भैया आज़ाद की शहादत के समय कटरे के मकान में उनके साथ सुरेन्द्रनाथ पांडेय, भवानी सिंह और मैं रहते थे" का खंडन करते हुए स्पष्ट लिखा है कि आजाद के साथ भवानी सिंह रावत, वैशम्पायन और सुरेन्द्रनाथ पांडेय ही रहते थे। श्री रावत के अनुसार उन्हें बाद में पता चला कि यशपाल चौक बाजार में किसी कांग्रेसी कार्यकर्ता के यहाँ रहने लगे हैं। श्री भवानी सिंह रावत ने लिखा है, "आज़ाद ने निश्चय किया कि हम सबको यहाँ से इस समय इलाहाबाद जाकर कुछ दिन रहना चाहिए। उस स्थिति में वहाँ जाकर पुराने क्रान्तिकारी भूपेन्द्रनाथ सान्याल के सहयोग से हमें दो मकान किराए पर कटरा इलाहाबाद में मिल

गए। एक मकान में आज़ाद, वैशम्पायन, सुरेन्द्रनाथ पांडेय और मैं (भवानी सिंह रावत) रहने लगे। दूसरे में सुखदेवराज, दुर्गावती (भाभी), सुशीला दीदी रहने लगे। जहाँ हम रहते थे अन्य साथियों को विशेष मालूम न था। क्योंकि आज़ाद जब किसी अन्य साथी से मिलना चाहते थे तो अल्फ्रेड पार्क जैसे स्थान में मिलकर बातचीत करते थे। कुछ दिन बाद मुझे मालूम हुआ कि श्री यशपाल भी चौक बाजार में किसी कांग्रेसी कार्यकर्ता के यहाँ रहने लगे हैं।"[125]

श्री वैशम्पायन ने अपनी पुस्तक में लिखा है कि मेरे पकड़े जाने पर भैया ने मकान बदल लिया था। इस संस्मरण से स्पष्ट है कि शहादत के ठीक पहले जिस मकान में आज़ाद व सुखदेवराज रहते थे, वे नहीं थे जिन्हें भूपेन्द्रनाथ सान्याल के सहयोग से कटरा में लिया गया था, बल्कि श्री वैशम्पायन की गिरफ्तारी के बाद लिये गए अलग मकान थे। श्री यशपाल के अनुसार शहादत के पहले आज़ाद जिस मकान में रह रहे थे उसे परमानन्द उर्फ क्रूम लेदर ने दिलाया था। श्री वैशम्पायन व सुखदेवराज के संस्मरण से स्पष्ट है कि वैशम्पायन के पकड़े जाने के पूर्व कटरे के मकान में आज़ाद के साथ सिर्फ वैशम्पायन थे। तो क्या श्री सुरेन्द्रनाथ पांडेय और श्री भवानी सिंह रावत ने श्री वैशम्पायन की गिरफ्तारी के बाद आज़ाद के साथ रहना शुरू किया? जबकि भवानी सिंह रावत के संस्मरण के अनुसार वे पहले दिन से कटरेवाले मकान में आज़ाद, सुरेन्द्रनाथ पांडेय तथा वैशम्पायन के साथ थे। श्री रावत ने वैशम्पायन के पकड़े जाने पर मकान बदलने की भी बात नहीं की है। श्री यशपाल के आज़ाद के साथ रहने की बात सर्वश्री वैशम्पायन, भवानी सिंह व सुखदेवराज में किसी ने नहीं की है। श्री सुरेन्द्रनाथ पांडेय का कोई संस्मरण है नहीं और श्रीमती दुर्गा देवी तथा सुशीला देवी ने अपने संस्मरणों में इन मकानों की स्थिति का कहीं विस्तार से जिक्र नहीं किया है, न इन मकानों की तलाशी का जिक्र तत्कालीन अखबारों में मिलता है। शहादत के पहलेवाला मकान परमानन्द कोबरा ने दिलाया था, इसका जिक्र सिर्फ 'सिंहावलोकन' में मिलता है।

शहादत के दिन आज़ाद के साथ कटरा के मकान में कौन था? इसे जानने के पूर्व प्रश्न यह उठता है कि कटरा के किस मकान में आज़ाद रह रहे थे? इस सम्बन्ध में चन्द्रशेखर आज़ाद के किसी भी साथी ने अपने संस्मरण में कोई उल्लेख नहीं किया है। अगली पीढ़ी के क्रान्तिकारी रहे श्री झारखंडे राय ने अपनी पुस्तक 'भारतीय क्रान्तिकारी आन्दोलन एक विश्लेषण' में लिखा है, "अपने अन्तिम दिनों में जब आज़ाद अपने गिने-चुने साथियों के साथ मानसिक उथल-पुथल के बीच इलाहाबाद के कटरा मुहल्ला की 'लक्ष्मी दीदी' के जर्जर मकान में समय बिता रहे थे, एक दिन मौके से वह जवाहरलाल नेहरू से मिले थे। नेहरू से मिलने का मुख्य उद्देश्य गोलमेज कॉन्फ्रेंस की सम्भावनाओं पर विचार-विनिमय करना था साथ ही, किसी भी समझौते के सन्दर्भ में क्रान्तिकारियों के विषय में क्या होगा, इस पर भी कांग्रेस नेतृत्व के विचार का पता लगाना था।" इस संस्मरण से स्पष्ट है कि आज़ाद कटरा में 'लक्ष्मी दीदी' के मकान में रहते थे। कई पीढ़ियों से कटरा क्षेत्र में आवासित कतिपय लोगों से वार्ता के क्रम में यह तथ्य प्रकाश में आया कि यह मकान कटरा के आलू मंडी के अन्दर कहीं स्थित था, जो नेतराम चौराहे से आधा फर्लांग से भी कम दूरी पर स्थित है।

अन्तिम दिन आज़ाद के साथ कौन था इस सम्बन्ध में अमर शहीद चन्द्रशेखर आज़ाद के बलिदान की अर्द्धशताब्दी पर 1981 में इलाहाबाद से प्रकाशित 'स्मारिका' के अपने लेख 'क्रान्तियुग की कहानी' में श्री भवानी सिंह रावत ने अनेक सूचनाएँ दी हैं। वे लिखते हैं कि "सर्वप्रथम मेरी भेंट शहीद चन्द्रशेखर आज़ाद से कानपुर में सन् 1928 में हुई जहाँ मुझे दिल्ली के पार्टी के आवश्यक कार्य के कारण जाना पड़ा। इसके बाद कई बार उनसे मिला। मैं करीब डेढ़ वर्ष आज़ाद के ही साथ फरारी जीवन व्यतीत करता रहा। आज़ाद की अन्तिम बलिदान तिथि 27 फरवरी, 1931 को मैं उनके साथ कटरा, इलाहाबाद में था। भैया सुबह मुझसे कह गए थे कि मैं लौटकर चाय-नाश्ता करूँगा और जल्दी में उस दिन टोपी पहनना भी भूल गए थे, लेकिन कौन जानता था होनहार क्या है। मैं अधिक समय तक भैया की प्रतीक्षा करता रहा। इसके पश्चात साथी यशपाल मेरे पास आए कि भैया अल्फ्रेड पार्क में अंग्रेज नॉट बावर पुलिस सुपरिंटेंडेंट से पिस्तौल की गोलियों से लड़ते हुए देश के लिए बलिदान हो गए।"[126]

श्री भवानी सिंह रावत ने सन् 2007 में श्री सुधीर विद्यार्थी द्वारा सम्पादित पुस्तक 'अग्निपुंज : शहीद चन्द्रशेखर आज़ाद की क्रान्तिकारी जीवन कथा' में प्रकाशित अपने लेख 'अन्तिम दिन मैं आज़ाद के साथ था' में विस्तार से उस दिन का वाकया लिखा, "27 फरवरी, 1931 की सुबह वे मुझसे बोले कि जल्दी ही किसी साथी से मिलना है, इसलिए चाय-नाश्ता नहीं करूँगा। चलते समय आज़ाद उस दिन सिर की टोपी पहनना भूल गए थे। उनके जाने के बाद मैं नाश्ता तैयार करके उनकी प्रतीक्षा में बैठा रहा लेकिन अधिक समय हो गया, वे नहीं आए तो मन में शंकाएँ होने लगीं। करीब 11 बजे श्री यशपाल ने आकर कहा कि किसकी प्रतीक्षा में बैठे हो। आज़ाद तो पुलिस के साथ गोलियों का मुकाबला करते हुए शहीद हो गए। सुनकर बड़ा धक्का लगा। शहर में पुलिस की हलचल थी। हम तुरन्त उस मकान को छोड़कर श्री यशपाल के साथ चौक बाजार चले गए जहाँ वे ठहरे हुए थे।"[127]

श्री भवानी सिंह रावत की व्यक्तिगत पत्रावली में उनके मूवमेंट पर विस्तृत सूचना मिलती है जिसके अनुसार, "वे 5 नवम्बर, 1930 को दिल्ली से कानपुर के लिए रवाना हुए। 10 नवम्बर, 1930 को श्रीधर के साथ जयपुर गए। 17 नवम्बर, 1930 को श्रीधर और बनर्जी के साथ मेरठ आए। 29 नवम्बर, 1930 को हापुड़ में किराए का मकान लेकर रहने लगे। 24 जनवरी, 1931 को मेरठ में प्रेम कुमार के साथ रहे। 7 फरवरी, 1931 को दिल्ली में काशीराम और भवानी सहाय के साथ रामकिशन या किशोरी लाल के मकान में 3-4 दिन रुके, जो दिल्ली के सदर बाजार के दाईं ओर की एक गली में स्थित था। 11 फरवरी, 1931 को मेरठ में बुढ़ाना गेट पर किराए का मकान लेकर रुके। 7 मार्च, 1931 को कानपुर आए और काशीराम के साथ 12-13 दिन रुके। पैसों की काफी तंगी थी। अत: मनी एक्शन की योजना बनाई गई। 20 अप्रैल, 1931 से 2 माह अकेले मवाना मेरठ में रहे। 4 जुलाई, 1931 को कानपुर आए और परेड के निकट काशीराम के साथ दो दिन रुके। 7 जुलाई, 1931 को दिल्ली चले गए।"

श्री भवानी सिंह रावत के संस्मरण व व्यक्तिगत पत्रावली के अवलोकन से अनेक प्रश्न खड़े होते हैं—

1. यदि शहादत के बाद श्री भवानी सिंह रावत श्री यशपाल के साथ कटरा से चौक गए या उन्होंने रावत को खबर दी तो इसका 'सिंहावलोकन' में जिक्र क्यों नहीं किया?
2. श्री यशपाल लिखते हैं कि 27 फरवरी को सुबह सुरेन्द्रनाथ पांडेय और मैं स्वेटरों के लिए कटरा से चौक जाने को तैयार हुए और साइकिलों से आज़ाद के साथ ही पार्क के फाटक तक आए।[128] जबकि श्री भवानी सिंह रावत के अनुसार यशपाल चौक में ही रहते थे, 26 फरवरी की रात को कटरा के मकान में यशपाल के होने अथवा 27 की सुबह उनके साथ अल्फ्रेड पार्क जाने का जिक्र भी भवानी सिंह रावत ने अपने संस्मरण में नहीं किया है। यदि श्री यशपाल चौक में ही रहते थे तो फिर कटरा से चौक जाने का क्या मतलब?
3. यदि श्री सुरेन्द्रनाथ पांडेय श्री यशपाल के साथ थे, तो शहादत के बाद सूचना देनेवालों में श्री भवानी सिंह रावत ने सिर्फ यशपाल का नाम ही अपने संस्मरण में क्यों लिया? श्री सुरेन्द्रनाथ पांडेय कहाँ गए? उनका नाम क्यों नहीं लिया?
4. श्री रावत के संस्मरण से ऐसा प्रतीत होता है कि श्री यशपाल से आज़ाद उक्त मकान पर कभी मिले ही नहीं थे। यदि आज़ाद की शहादत के बाद श्री सुरेन्द्रनाथ पांडेय साथ नहीं आए थे तो श्री यशपाल सीधे कटरेवाले मकान पर कैसे पहुँचे?
5. व्यक्तिगत पत्रावली से स्पष्ट है कि जिस दिन श्री विश्वनाथ वैशम्पायन गिरफ्तार हुए अर्थात् 11 फरवरी, 1931 को मेरठ में बुढ़ाना गेट के पास श्री रावत किराए के मकान में थे। वहाँ से वे कब इलाहाबाद आए और आज़ाद के साथ रहने लगे, इसकी जानकारी नहीं मिलती। पुन: आज़ाद की शहादत के बाद वे 7 मार्च, 1931 को कानपुर में काशीराम के साथ देखे गए। लेकिन श्री रावत के संस्मरण से ऐसा प्रतीत होता है कि वे कानपुर से आज़ाद के साथ इलाहाबाद आए थे। यह विरोधाभास क्यों?

भवानी सिंह रावत कौन थे इस सम्बन्ध में हू इज हू से जानकारी प्राप्त होती है। जिसके अनुसार, "भवानी सिंह उर्फ मुरली उर्फ बग्गर मूलत: पंचूर गाँव, पोस्ट ऑफिस दुगड्डा, जिला गढ़वाल के रहनेवाले थे। उनके पिता कैप्टन नाथू सिंह काफी प्रसिद्ध व्यक्ति थे। जिनके नाम पर बाद में पंचूर का नाम 'नाथूपुरा' पड़ा। उनका परिवार राजभक्त और सम्मानित माना जाता था। जब वे दिल्ली के हिन्दू कॉलेज में छात्र थे तभी 1929 में कैलाशपति ने उन्हें क्रान्तिकारी दल से जोड़ा था। बाद में वे यशपाल, काशीराम, चन्द्रशेखर आज़ाद के सम्पर्क में आए। गाडोदिया एक्शन से वापस आने पर कैलाशपति, काशीराम, विद्याभूषण, आज़ाद आदि को आश्रय दिया। भवानी सिंह दिल्ली षड्यंत्र में वांछित थे। वे फरार रहे। मेरठ, कानपुर, बॉम्बे गए। बॉम्बे में 24 सितम्बर, 1931 को सुरेन्द्रनाथ पांडेय तथा 'पयामे मजदूर' के सम्पादक मुहम्मद इस्माइल के साथ पकड़े गए। मई, 1932 में पासपोर्ट के लिए दरख्वास्त दी जिसे नामंजूर कर दिया गया।"[129]

जैसा कि पूर्व में संकेत किया गया है कि 'सिंहावलोकन' के अलग-अलग संस्करणों में कतिपय भिन्नताएँ पाई जाती हैं। यहाँ इन पर दृष्टिपात करना प्रासंगिक होगा। श्री यशपाल के 'सिंहावलोकन' का तीसरा भाग 1955 में छपा था। आज़ाद की शहादतवाले

खंड में उन्होंने 1968 के बाद काफी बदलाव किया है। वर्तमान में जो संस्करण उपलब्ध है, जब उसकी तुलना प्रथम संस्करण से की जाती है तो अनेक रोचक भिन्नताएँ[130] देखने को मिलती हैं।

1. प्रथम संस्करण के पृष्ठ 76 पर लिखा है, 'दूसरी बात जो सुखदेवराज ने बताई उसका महत्त्व है' जबकि वर्तमान संस्करण के पृष्ठ 398 पर लिखा मिलता है, 'सुखदेवराज की दूसरी बात का महत्त्व बन गया।' यह वाक्य सुखदेवराज द्वारा आज़ाद द्वारा पार्क के बाहर वीरभद्र तिवारी को जाते देखे जाने के सन्दर्भ में आया है।
2. प्रथम संस्करण में पृष्ठ 76 पर लिखा है, "इस सम्बन्ध में हॉलिन्स ने जो लिखा है वह भी विश्वास योग्य नहीं जान पड़ता। हॉलिन्स ने लिखा है कि विशेश्वर सिंह सुबह सैर के लिए अल्फ्रेड पार्क में गया था। वहाँ उसने आज़ाद को पहचान लिया। आज़ाद लगभग साढ़े आठ या नौ बजे अल्फ्रेड पार्क में गए थे। यह समय सुबह की सैर का नहीं होता।"

इस प्रसंग को वर्तमान संस्करण से हटा दिया गया है। ठाकुर विशेश्वर सिंह के सम्बन्ध में नई सूचना दी गई है, "मेरी तत्कालीन स्मृति, प्राप्त रेकॉर्डों और इन अफसरों से प्राप्त सूचना में संगति बैठती है। संक्षेप में अल्फ्रेड पार्क की घटना इस प्रकार थी। सी.आई.डी. के डी.एस.पी. विशेश्वर सिंह और कोर्ट इंस्पेक्टर डालचन्द प्रात: सैर से पार्क में होकर उसी सड़क से लौट रहे थे, जहाँ समीप पेड़ के नीचे आज़ाद और राज बैठे बतिया रहे थे। उस ओर नजर जाने पर विशेश्वर सिंह ने डालचन्द से कहा, वह आदमी आज़ाद जैसा लग रहा है। सन् 1921 में किशोर आज़ाद बनारस में बारह बेंत की सजा दी जाने के कारण जब प्रसिद्ध हो गए तब विशेश्वर सिंह बनारस मं इंस्पेक्टर था। बीच के 11 वर्ष में उसने आज़ाद को न देखा था, परन्तु आज़ाद की हुलिया, पुष्ट कद, गहरे साँवले चेचक से दागी चेहरा का जिक्र जगह-जगह गिरफ्तारी के लिए इनामी इश्तिहारों में मौजूद था।"

3. प्रथम संस्करण में आज़ाद द्वारा कटरे के मकान में नेहरू जी से मुलाकात की बात बताने का तथा श्री शिवमूर्ति द्वारा दिये 1500 रु. आज़ाद को देने की बात पृष्ठ 71-72 पर दर्ज है। पृष्ठ 76 पर, "इलाहाबाद में भैया आज़ाद की शहादत के समय कटरे के मकान में उनके साथ सुरेन्द्र पांडेय, भवानी सिंह और मैं ही रह रहे थे" लिखा मिलता है। लेकिन वर्तमान संयुक्त संस्करण में दो स्थान पर श्री यशपाल ने नई सूचना जोड़ दी है—

पृष्ठ 399—मैं और सुरेन्द्र पांडेय आज़ाद के साथ ही रहते थे। रात से साथ थे। पार्क के फाटक तक साइकिलों पर उनके साथ आए थे।

पृष्ठ 400—सुरेन्द्र पांडेय और मैं, आज़ाद के साथ ही रहते थे। हम दोनों पार्क के उस फाटक तक उनके साथ गए थे।

इस जोड़-तोड़ से भी अनेक प्रश्न उठते हैं। यदि यह बातें सत्य हैं तो 1968 के बाद क्यों जोड़ी गई? ठाकुर विशेश्वर सिंह की सम्भवत: 1967 के पूर्व मृत्यु हो चुकी

थी, फिर उन पर नई सूचना किससे मिली? पहले ठाकुर विशेश्वर सिंह की सैर की बात न मानना, फिर एकदम से मान लेना, क्यों? पार्क के फाटक तक साथ गए थे, साथ आए थे? में अन्तर क्यों? क्या यह स्वाभाविक है कि तीन फरार क्रान्तिकारी कटरा से अल्फ्रेड पार्क तक साइकिल से एक साथ जाएँ या आएँ?

पंडित नेहरू ने आज़ाद को पैसे भिजवाए थे, इसका पता न तो नेहरू जी की आत्मकथा से चलता है, न भाषण से। इस सम्बन्ध में सबसे पुराना लिखित साक्ष्य 'सिंहावलोकन' ही है। श्री सुखदेवराज ने अपने संस्मरण में नेहरू जी द्वारा यशपाल को धन दिये जाने के प्रसंग पर सन्देह व्यक्त करते हुए लिखा है, "यदि यशपाल कभी पार्टी के सिद्धान्तों का स्पष्टीकरण करने के लिए नेहरू जी से मिला होता तो अवश्य ही भैया इसका जिक्र कभी न कभी मुझसे करते। जहाँ तक मैं समझता हूँ यशपाल ने जो कुछ लिखा है वह मात्र गल्प साहित्य है जिसमें सत्य कम और गप्प अधिक है। बात दरअसल यह है कि उक्त धनराशि पंडित जी ने शिवमूरत सिंह की मार्फत रूस जाने के लिए आज़ाद को भेजी थी।"[131] श्री यशपाल ने 'सिंहावलोकन' में 1500 रु. का जो प्रसंग दिया है, उसकी भाषा भी विचारणीय है। वे लिखते हैं, "कटरे के मकान में लौटकर यह रुपया मैंने आज़ाद को सौंप देना चाहा। उन्होंने कहा 'नहीं तुम्हीं रखो' इस विचार से कि किसी दुर्घटना से सभी रुपया एक साथ न चला जाए, पाँच सौ मैंने उनकी जेब में डाल ही दिया।"[132] यह बात दोनों संस्करणों में आती है। यदि आज़ाद पैसा नहीं लेना चाह रहे थे तो, "उनकी जेब में डाल ही दिया" जैसी विवशता क्यों अपनाई गई? "किसी दुर्घटना से सभी रुपया साथ न चला जाए" में श्री यशपाल को किस दुर्घटना का अंदेशा था जिसमें सारा पैसा जाने से वे बचा रहे थे?

श्री यशपाल की इन्हीं विरोधाभासी बातों का उल्लेख करते हुए श्री मन्मथनाथ गुप्त ने अपनी पुस्तक में लिखा, "यशपाल ने 1955 में अपनी पुस्तक में वीरभद्र को देशद्रोही प्रमाणित किया, पर कोई दस साल बाद उन्होंने 'धर्मयुग' में चार लेख लिखे जिसमें वीरभद्र को निर्दोष बताया गया। इसका क्या जवाब है? यशपाल के सम्बन्ध में एक ही उपसंहार निकलता है कि उन्होंने जान-बूझकर इतिहास को झुठलाने की चेष्टा की। एक और काँटे का प्रश्न पेश आता है कि वीरभद्र ने यशपाल पर ऐसा कौन सा दबाव डाला जिससे यशपाल बिलबिलाकर बिलट गए? अवश्य ही दबाव बहुत अधिक रहा होगा, क्योंकि यह जाहिर है कि यशपाल जैसा परम बुद्धिमान और तजुर्बेकार व्यक्ति अपनी बातों के विरुद्ध सार्वजनिक रूप से लेख लिखने को राजी नहीं हो गया होगा। ऐसा मालूम होता है कि शिवमूरत के जरिये जवाहरलाल नेहरू ने आज़ाद को 1500 रुपये भेजे ताकि वे रूस भाग जाएँ। इनमें से यशपाल ने 1000 रुपये रखकर आज़ाद को 500 रुपये दिये, क्यों? वैशम्पायन ने यह उल्लेख तो कर दिया, पर यह नहीं बताया कि यशपाल ने इतनी बड़ी रकम अपने पास क्यों रखी?"[133]

श्री यशपाल ने 1955 से 1968 तक 13 वर्षों में वीरभद्र तिवारी के बचाव के कुल तीन प्रयास किये—1. सिंहावलोकन, 1955, 2. धर्मयुग लेखमाला, जून-जुलाई, 1967, 3. नन्दकिशोर का प्रतिवाद, 14 अप्रैल, 1968, दिनमान। इन तीनों में तर्क एक जैसे थे कि जिस तरह से सर्वश्री भगवतीचरण वोहरा, विश्वनाथ वैशम्पायन, सुखदेवराज,

रामरख सहगल, सदगुरु दयाल अवस्थी पर लगाए आरोप झूठे सिद्ध हुए या मेरे विरुद्ध किया प्रचार झूठा था, उसी तरह वीरभद्र तिवारी के विरुद्ध प्राणदंड का आदेश गलत था, उन पर लगाए आरोप झूठे थे। जिसे श्री विश्वनाथ वैशम्पायन, नन्दकिशोर निगम तथा सुखदेवराज ने गढ़ा है। आज़ाद की सूचना किसी क्रान्तिकारी ने पुलिस को नहीं दी। या तो परमानन्द कोबरा ने दी या यह अचानक था। इस सम्बन्ध में कानपुर दल के क्रान्तिकारी श्री सदगुरु दयाल अवस्थी का वक्तव्य भी द्रष्टव्य है। वे अपने संस्मरण में लिखते हैं कि "श्री यशपाल वीरभद्र के एहसान को भूले नहीं थे। वीरभद्र को मारने की योजना की असफलता श्री यशपाल की असफलता थी।"[134]

श्री यशपाल ने आज़ाद के साथ रहने के सन्दर्भ में तो श्री पांडेय का नाम लिया ही है इसके अलावा भी अपनी पुस्तक में कुछ पृष्ठों में कम से कम डेढ़ दर्जन बार अपना व श्री सुरेन्द्रनाथ पांडेय का नाम साथ-साथ लिया है। आज़ाद की शहादत के ठीक पूर्व श्री यशपाल ने बारम्बार श्री सुरेन्द्र पांडेय के साथ जो घनिष्ठता दर्शाई है, उसका दर्शन 'सिंहावलोकन' में न तो उस दौर यानी इलाहाबाद के अन्तिम दिनों के पहले होता है और न ही बाद में। बल्कि दोनों में काफी भेद है। श्री यशपाल ने सुरेन्द्रनाथ पांडेय की तरफ से यह तो लिख दिया कि मुझे और पांडेय को वीरभद्र पर सन्देह का कोई कारण नहीं मिला, जबकि पुलिस की रिपोर्ट व सदगुरु दयाल अवस्थी तथा श्री भवानी सिंह रावत के संस्मरणों से स्पष्ट है कि सुरेन्द्रनाथ पांडेय ने वीरभद्र पर बार-बार हमले करवाए। सन् 1968 के बाद श्री यशपाल का मानना है कि आज़ाद की शहादत इत्तेफाकिया थी, जबकि श्री सुरेन्द्र पांडेय व श्री भवानी सिंह इसे सख्त रूप से वीरभद्र की करतूत मानते थे।

श्री यशपाल ने आज़ाद की शहादत का बदला लेने की कभी नहीं सोची, जबकि सर्वश्री सुरेन्द्र पांडेय, सदगुरु दयाल तथा भवानी सिंह रावत ने कई कोशिश की। अधिकारियों से मिले, विशेश्वर की माता से बात की। आज़ाद की शहादत के बाद श्री यशपाल ने रूस जाने का विचार तत्काल त्याग दिया, जबकि श्री सुरेन्द्रनाथ पांडेय व श्री भवानी सिंह पकड़े जाने तक इसकी कोशिश करते रहे। श्री यशपाल में पार्टी नेतृत्व के लिए श्री सुरेन्द्र पांडेय के प्रति प्रतिस्पर्धात्मक भावना थी। 'सिंहावलोकन' से ज्ञात होता है कि शहादत के बाद पार्टी के नेतृत्व को लेकर श्री सुरेन्द्रनाथ पांडेय से खींचतान भी हुई। अन्त में पांडेय की बहन सुशीला के प्रस्ताव पर श्री यशपाल को कमांडर इन चीफ बनाया गया। संक्षेप में कहें तो आज़ाद की शहादत के बाद जहाँ श्री यशपाल पार्टी सँभालने की कवायद में व्यस्त हो गए वहीं श्री भवानी सिंह और श्री सुरेन्द्र पांडेय कानपुर आकर वीरभद्र को मारने के प्रयास में जुट गए। कई हमले हुए पर वह बच गया। फिर श्री भवानी सिंह कानपुर से मेरठ चले गए। श्री भवानी सिंह बम्बई में बीमार हुए तो श्री सुरेन्द्र पांडेय को बुलाया गया। वहीं 24 सितम्बर, 1932 को श्री सुरेन्द्रनाथ पांडेय तथा श्री भवानी सिंह रावत पकड़े गए।

श्री यशपाल 23 जनवरी, 1932 को इलाहाबाद में पकड़े गए। उन्हें 7 साल की सजा मिली थी। हू इज हू (पृ. 363) के अनुसार, "यशपाल इलाहाबाद में 23.1.1932 को सावित्री देवी के घर से गिरफ्तार हुए। उनके पास से एक रिवॉल्वर मिला जबकि उस परिवार से 2 रिवॉल्वर व 60 राउंड मिले। यशपाल को 14 साल का सश्रम कारावास

मिला। सजा 13.4.1933 को 307 आई.पी.सी. 19(एफ) आर्म्स एक्ट में मिली, 7 साल की क्योंकि लाहौर व दिल्ली षड्यंत्र केस के मुकदमों का अभियोजन नहीं हो सका।" प्रश्न उठता है कि कोई भी व्यक्ति जो पुलिस का मुखबिर रहा हो और जिसने चन्द्रशेखर आज़ाद जैसे क्रान्तिकारी के लिए मुखबिरी की हो उसे पुलिस क्या इतने लम्बे समय के लिए जेल भिजवाती? साथ में यह भी सच है कि यशपाल पर वायसराय को उड़ाने के प्रयास का आरोप था, जो बहुत बड़ा था। श्री यशपाल पर आज़ाद के जीवनकाल में अनुशासनहीनता, धन के दुर्विनियोग तथा दल में अनावश्यक प्रतिस्पर्धा पैदा करने सम्बन्धी कई आरोप लगे, जबकि आज़ादी के बाद श्री विश्वनाथ वैशम्पायन, श्रीमती दुर्गा देवी, श्री अज्ञेय, श्री सुखदेवराज तथा श्री नन्दकिशोर निगम आदि ने उन पर प्रत्यक्ष-परोक्ष रूप से प्रेस व मीडिया की शक्ति के दुरुपयोग तथा क्रान्तिकारी इतिहास लेखन को विकृत करने का आरोप लगाया। जो काफी हद तक सही जान पड़ता है। उल्लेखनीय है कि अभिसूचना मुख्यालय के सेंट्रल रिकॉर्ड में श्री यशपाल की व्यक्तिगत पत्रावली उपलब्ध नहीं है। जो आश्चर्यजनक है।

अभिसूचना की फाइलों में श्री सुरेन्द्रनाथ पांडेय के सम्बन्ध में भी विस्तृत सूचना मिलती है। ब्रीफ हिस्ट्री नोट के अनुसार, "सुरेन्द्रनाथ पांडेय पुत्र हीरा लाल पांडेय, सचेंडी, कानपुर को 1 मई, 1929 में लाहौर षड्यंत्र केस में गिरफ्तार किया गया। (एस. 17) उन्हें जुलाई, 1930 में साक्ष्यों के अभाव में छोड़ा गया। 22.11.30 की इंट्री के अनुसार, 'सुरेन्द्रनाथ पांडेय का कोई निश्चित पता नहीं चला। सदगुरु दयाल अवस्थी सोचते हैं कि वह सालिगराम शुक्ल के साथ झाँसी चले गए।' (28 नवम्बर 30, स्पेशल डिप्टी एस.पी., सी.आई.डी.) सुरेन्द्रनाथ पांडेय के लिए 06.12.1930 को पिल्डिच (ए टू डी.आई.जी., सी.आई.डी.) के द्वारा लुकआउट नोटिस सं. 50 जारी की गई। स्पेशल, एस.पी. सी.आई.डी. की 14.02.1931 की रिपोर्ट के अनुसार, 'सुरेन्द्रनाथ और रामसिंह (कानपुर) पिछले सप्ताह में झाँसी में थे।' ('एस' की डायरी) 01.10.1931 को गिरफ्तार, 109 सी.आर.पी.सी. में मुचलका भरा, फिर छोड़ा। 'टी.' की डायरी के अंश, 27.11.1931 'निस्सन्देह वीरभद्र तिवारी के जीवन पर हमले की योजना से सम्बन्ध है।' कानपुर में 14.12.1932 को धारा 110 एफ.सी.आर.पी.सी में गिरफ्तार 10000 रुपये प्रति व्यक्ति का निजी मुचलका तीन साल के लिए। 06.06.1935 को छोड़े गए। जालौन में 17.10.1940 में वीरभद्र तिवारी को आज़ाद के मुखबिरी के सन्देह में मारने का जो प्रयास रामऔतार अवस्थी के द्वारा किया गया, सूचना है कि उसके पीछे सुरेन्द्रनाथ पांडेय का हाथ था।"[135]

वीरभद्र तिवारी

अमर शहीद चन्द्रशेखर आज़ाद की शहादत के पूर्व से दल से जुड़े जिस एक व्यक्ति के चरित्र पर प्रश्न उठने लगे थे और जिसे बाद में दल के सदस्यों ने निश्चित रूप से पुलिस को सूचना देनेवाला मान लिया था, वह था वीरभद्र तिवारी। लेकिन श्री यशपाल ने अपनी लेखनी से जिस तरह से वीरभद्र तिवारी के पक्ष में तर्क देने का प्रयास किया उससे आज भी तमाम लोगों के मन में सन्देह बना हुआ है कि क्या वास्तव में वीरभद्र

मुखबिर था? इस सन्देह का कारण किसी ने इस विषय पर तफसील से जानने अथवा खोजने का प्रयास ही नहीं किया। जिन साथियों ने लिखा उन्होंने भी फौरी तौर पर ही लिखा। काकोरी की फाइलों से तथा अन्य दस्तावेजों से जो साक्ष्य मिले हैं, उससे सौ फीसदी सिद्ध होता है कि वीरभद्र अंग्रेजों का आदमी था।

आज़ाद के जीवनकाल में वीरभद्र तिवारी को काफी हद तक विश्वासघाती मान लिया गया था, इसका पता कैलाशपति के बयान से होता है जो आज़ाद की शहादत से दो-ढाई महीने पहले ही पूरा हुआ था। कैलाशपति ने अपने बयान[136] में कहा, "वीरभद्र तिवारी कानपुर में आज़ाद के पीछे की सांगठनिक प्रतिभा है और आज़ाद के ऊपर उसका काफी प्रभाव है। वह काकोरी हत्या व लूट में दोषी था, लेकिन अपने खिलाफ सबूतों को दबाने का जुगाड़ कर लिया। यह वीरभद्र ही था जिसने लाहौर कांग्रेस में बाँटे गए पर्चों का मसविदा तैयार किया था और जो किरकी आर्सेनल में अपने एक दोस्त के माध्यम से आज़ाद को गोला-बारूद आपूर्ति करता था। वह आज़ाद के हथियार की भी आपूर्ति करता था। किरकी से या कहीं और से पता नहीं। कानपुर की लेथ फैक्टरी का जो मिस्त्री था, जो बम बनाता था, वह वीरभद्र के आदमियों में से एक था। आज़ाद तथा वीरभद्र व सदगुरु दयाल अवस्थी के बीच जो विवाद हुआ उसी में यह फैक्टरी बन्द हो गई। एक बार दिन के समय वी.बी. तिवारी, आज़ाद को इंस्पेक्टर शम्भुनाथ के घर उस समय ले गया जब वह सोए थे। आज़ाद रुककर उन्हें कुछ मिनट करीब से देखा और फिर चले गए। इसी तरह वी.बी. तिवारी एक बार आज़ाद को दारोगा सेन गुप्त, सी.आई.डी. के घर ले जाकर सब इंस्पेक्टर को दिखाया था। जब अगस्त, 1930 के मध्य में मैं कानपुर की बैठक में शामिल होने गया था, तो आज़ाद ने नारियल बाजार में दिन के 9 बजे मुझे सेन को दिखाया था। सेन औसत आकार का 35-40 के बीच गेहुँआ रंगत का दुबला आदमी है।

सितम्बर, 1930 में जब आज़ाद दिल्ली साबुन फैक्टरी में थे तो यशपाल को लेकर दल के प्रति वी.बी. तिवारी की गद्दारी पर चर्चा हो रही थी। आज़ाद ने कहा कि वे दोनों अफसरों (शम्भुनाथ व सेनगुप्त) को मारना चाहते थे, लेकिन तिवारी ने ऐसा नहीं करने दिया, यह कहते हुए कि ये तो छोटी मछलियाँ हैं, इन्हें जब चाहें खत्म कर देंगे।

आज़ाद ने वी.बी. तिवारी के निम्न झूठे इलजामों की चर्चा की थी—

(i) फरवरी, 1930 में आज़ाद ने कानपुर में एक हिन्दू बनिया के यहाँ एक्शन करने का प्रस्ताव रखा जिसकी रोज की नकद की आमद 25000 रु. थी, नकदी हर शाम को ताँगे से ले जाई जाती थी। वी.बी. तिवारी ने हर सम्भव कोशिश कर उन्हें रोके रहा, यह कहते हुए कि भाड़े का मकान ले लें, धावा के लिए सही आदमी का चुनाव कर लें। तब करें।

(ii) तिवारी ने वचन दिया था कि धन जमा करने के लिए कानपुर में एक्शन किया जाएगा, इसके लिए कार खरीद ली जाए। लेकिन जब रेलवे क्लियरिंग अकाउंट नकद लूटने की योजना असफल हो गई और आज़ाद ने वैशम्पायन को तिवारी से मिलकर एक्शन के पहले व बाद में कार को छिपाने का प्रबन्ध करने के लिए भेजा तो भी तिवारी ने वैशम्पायन को यह कहते हुए टरका दिया कि कानपुर में

ऐसी व्यवस्था किया जाना सम्भव नहीं है।

(iii) कानपुर के नेशनल स्कूल में हेडमास्टर मनीलाल अवस्थी और मास्टर वी.बी. तिवारी कानपुर में 1927-28 में हुई एक डकैती से जुड़े थे। वी.बी. तिवारी पर मामला चला भी था, लेकिन जब मनीलाल छूटकर आया और तिवारी से अपना हिस्सा माँगा तो उसने सुनने से इनकार कर दिया।

(iv) गणेश शंकर विद्यार्थी सहित अनेक कांग्रेसी नेताओं ने आज़ाद को यह सूचना कराई थी कि तिवारी कांग्रेस कमेटी की गुप्त बैठकों की सूचनाएँ सी.आई.डी. को दे रहा था, परिणामस्वरूप वे उसे ऐसी बैठकों में आने की अनुमति नहीं देते।

(v) यशपाल की हत्या किये जाने के मामले में तिवारी ने गद्दारी की थी।

दिसम्बर, 1929 में वी.बी. तिवारी कांग्रेस में एच.एस.आर.ए. के पर्चों का वितरण करने के लिए लाहौर ले गया। इनका वितरण काशीराम, मुनेश्वर प्रसाद अवस्थी, सचिव हिन्दुस्तानी सेवा दल, बनारस और कानपुर के रामसिंह व अन्य के द्वारा किया गया था। मैं जब भी कानपुर गया तो मैं चर्च के पास मूलगंज में उस घर में रुका जो रामसिंह के पास था, जो तिवारी के आदमी हैं और स्थानीय कांग्रेसी कार्यकर्ता हैं या फिर गयाप्रसाद पुस्तकालय के पास दयाशंकर शुक्ल द्वारा अधिगृहीत मकान पर रुका। दयाशंकर भी वीरभद्र तिवारी का आदमी है और शायद जिला कचहरी में टाइपिस्ट है। वह जानता था कि मैं तिवारी का क्रान्तिकारी साथी हूँ।

जब आज़ाद 22 दिसम्बर, 1929 को कानपुर से कुदसिया बाग की बैठक में शामिल होने आए तो उनके साथ वी.बी. तिवारी और मिसेज तिवारी थीं। आज़ाद ने मुझे बताया कि वे श्रीमती तिवारी का इस्तेमाल पुलिस निगरानी से बचने के लिए कर रहे हैं, जो बढ़ गई है। जुलाई, 1930 के प्रथम सप्ताह में गाडोदिया एक्शन से मिले रुपयों में वी.बी. तिवारी को 6000 रुपये लेथ फैक्टरी और हथियार खरीदने के लिए दिया गया और 1500 रुपये साइक्लोस्टाइल मशीन खरीदने के लिए दिया गया। युक्त प्रान्त में संगठन के कार्यों के लिए वी.बी. तिवारी प्रान्तीय संगठनकर्ता था। 28 अगस्त, 1930 को दिल्ली बम फैक्टरी में श्री यशपाल को क्षमादान दिया गया। 31 अगस्त, 1930 को वैशम्पायन कानपुर से दिल्ली आए और आज़ाद से शिकायत की कि वी.बी. तिवारी डबल गेम खेल रहा है। आज़ाद और वैशम्पायन उसी दिन कानपुर के लिए निकल गए।"

इस बयान से अनेक बातें स्पष्ट होती हैं जैसे कि वीरभद्र कानपुर में किसी भी एक्शन से बच रहा था, ज्यादातर आदमी कानपुर में उसी के थे, कांग्रेस की सूचनाएँ वह लीक कर रहा था तथा श्री गणेश शंकर विद्यार्थी ने यह बात आज़ाद को सूचित करा दी थी। कुछ लोगों का मत है कि कैलाशपति के बयान में दो बातें पुलिस के लिए नई थीं— 1. वीरभद्र तिवारी किसी डकैती में शामिल रहा था, 2. उसने यशपाल की दल द्वारा हत्या किये जाने के फैसले में विश्वासघाती रुख अपनाया था। हालाँकि सन् 1925 में काकोरी केस में गिरफ्तारी के समय जो आरोप-पत्र तैयार किया गया था उसमें वीरभद्र के डकैती में शामिल होने का स्पष्ट उल्लेख दर्शाता है कि सी.आई.डी. के लिए यह कोई नई खबर नहीं थी। दूसरी सूचना जरूर नई थी। वीरभद्र सी.आई.डी. से पहले से जुड़ा था। कैलाशपति के बयान के बाद सी.आई.डी. ने उसे क्रान्तिकारी दल के

कमांडर इन चीफ के लिए बतौर मुखबिर विकसित करना शुरू किया। नवम्बर, 1930 में जब वीरभद्र जेल में था तभी सी.आई.डी. के इंस्पेक्टर शम्भुनाथ को कुली बाजारवाले बम फैक्टरी का पता चला था किन्तु इसका संचालन वीरभद्र करता है इस सम्बन्ध में निश्चित रूप से जानकारी सम्भवत: दिसम्बर, 1930 में कैलाशपति के बयान के ठीक बाद मिली। यह सूचना सी.आई.डी. के लिए न सिर्फ नई थी बल्कि वीरभद्र पर दबाव बनाने के लिए अत्यन्त महत्त्वपूर्ण भी थी। आगे चलकर इसी के आधार पर भयदोहन कर सी.आई.डी. ने वीरभद्र से काम लिया।

वीरभद्र के चरित्र का सबसे पुराना लिखित प्रमाण श्री यशपाल के 'सिंहावलोकन' में इस प्रकार दिया गया है, "कैलाशपति जैसे दल के महत्त्वपूर्ण व्यक्ति के मुखबिर बन जाने से हम सभी को बहुत धक्का लगा। कैलाशपति के परिचित अनेक लोगों के गिरफ्तार हो जाने के बाद भी वीरभद्र तिवारी के खिलाफ कोई कार्यवाही क्यों नहीं की गई? वीरभद्र उस समय भी श्रद्धानन्द पार्क में अपने मकान में ही रहता था और बाजार में जहाँ-तहाँ घूमता भी दिखाई दे जाता था। उसका घर सी.आई.डी. के इंस्पेक्टर शम्भुनाथ के घर से सटा हुआ था, बल्कि ऐसी धारणा थी कि दोनों परिवारों में काफी सौहार्द और सम्बन्ध भी था। आज़ाद के मन में सन्देह बैठ गया कि वीरभद्र विश्वासघाती है, दोहरी चाल चल रहा है। आज़ाद ने मुझसे इस विषय में चुन्नीगंज के मकान में कई बार परामर्श किया। मेरा भी अनुमान था कि वीरभद्र कोई ऐसी घटना होने नहीं देना चाहता था जिससे उस पर आँच आने का डर हो। मेरा विश्वास था कि वीरभद्र तिवारी बहुत गहरी समझ-बूझ और शरीर खूब लम्ब-तड़ंग होने के बावजूद स्वभाव से कुछ भीरु (जयचन्द जी की तरह) या अति सावधान था। इन दिनों केन्द्रीय समिति नहीं थी। हम लोगों में से जो आज़ाद के समीप रहता वे उसी से सलाह-मशविरा कर लेते थे। आज़ाद ने तय कर लिया कि वीरभद्र तिवारी को गोली मार देनी होगी। उन्होंने मुझसे कहा कि वीरभद्र बहुत ही धूर्त और तेज आदमी है। इस अवसर पर तुम मेरे साथ रहना। मैं तैयार हो गया। पर खयाल मुझे जरूर आया कि वीरभद्र ने बहुत आड़े समय मेरी सहायता की है और मुझ पर उसका एहसान है। लेकिन दल के साथ वीरभद्र के उचित व्यवहार न करने के सन्देह भी मौजूद थे। हम उसे मारने मेमोरियल वेल के समीप घाट पर गए। उस पर गोली चला देने की बात मेरे मन में आई भी नहीं। जब कोई व्यक्ति मुखबिर बन जाता था तो उसका विरोध या शत्रुता, दल के खास व्यक्तियों से नहीं, पूरे दल से हो जाती थी। ऐसा कोई कारण नहीं था कि वीरभद्र मुझे तरह दे जाता और आज़ाद को पकड़वा देता।

इसके बाद मैं और भैया इलाहाबाद चले गए। दिसम्बर-जनवरी में सुरेन्द्रनाथ पांडेय और भवानी सिंह भी आ गए थे। आपस में प्राय: सैद्धान्तिक बातचीत होती रहती थी। उस समय भैया के कहने से वीरभद्र को गोली मार देने के विचार में मुझे कोई नैतिक या भावनात्मक आपत्ति नहीं जान पड़ी थी। परन्तु जेल में या अब भी कभी वीरभद्र पर गोली चला देने के प्रयत्न की बात याद आने पर मानना पड़ता है कि यह उचित न होता। मेरे विचार में वीरभद्र के धोखे का रूप केवल यह था कि वह मुसीबत से बचे रहने के लिए घटना न होने देने के लिए बहाना बना देता होगा। अपने किसी आदमी

को उसने गिरफ्तार करा दिया हो ऐसा कोई प्रमाण कभी नहीं मिला। वीरभद्र के सम्बन्ध में यह मेरा अनुमान ही है।

सुखदेवराज की इस बात का महत्त्व बन गया कि आज़ाद ने वीरभद्र को जाते देखा था। यदि आज़ाद को ऐसा निश्चय और वीरभद्र पर सन्देह होता तो वे स्थान बदल लेते। वीरभद्र ने 'आज' और 'दिनमान' पत्रों में प्रकाशित अपने लेखों में स्वीकार किया है कि आज़ाद और उसके बीच कुछ कारणों से गलतफ़हमी पैदा हो गई थी। वह आज़ाद से बात करने की इच्छा से 27 फरवरी प्रात: 6 बजे की गाड़ी से इलाहाबाद पहुँचा था। उसे आशा थी कि आज़ाद इलाहाबाद में हैं। परन्तु उनका स्थान या मिल सकने का सूत्र मालूम न था। वीरभद्र की यह बात सही है। वीरभद्र स्टेशन से अपने परिचय के स्थान पर गया और 9 बजे आज़ाद तक सन्देश पहुँचाने के लिए अपने पुराने विश्वस्त साथी के मकान की ओर निकला। तब तक अल्फ्रेड पार्कवाली घटना हो चुकी थी। यह सूचना वीरभद्र को किस प्रकार हो सकती थी?"[137]

वीरभद्र तिवारी पर हमला करने के जुर्म में दस वर्ष की सश्रम कारावास की सजा काटनेवाले श्री रमेशचन्द्र गुप्त ने विस्तार से उन कारणों का उल्लेख किया है जिनके चलते क्रान्तिकारी दल का यह मानना था कि आज़ाद की शहादत में वीरभद्र तिवारी का ही हाथ है। वे लिखते हैं, "एच.आर.ए. कौंसिल के सदस्य वीरभद्र तिवारी भी थे। श्री विष्णुशरण दुबलिश उन दिनों मेरठ में अनाथालय के सुपरिंटेंडेंट थे। उसी अनाथालय के दफ्तर में एच.आर.ए. कौंसिल की बैठक हुई थी। जिसमें पंडित रामप्रसाद बिस्मिल, राजेन्द्रनाथ लाहिड़ी, दामोदर स्वरूप सेठ, सुरेशचन्द्र भट्टाचार्य तथा वीरभद्र तिवारी ने भाग लिया था। केवल इसी बैठक में भाग लेने के कारण दुबलिश, सुरेश बाबू आदि को काकोरी षड्यंत्र केस में सजा हुई। यदि वे मेरठ की इस बैठक में शामिल न होते, तो काकोरी एक्शन के मुकदमे में उन्हें बड़े मुश्किल से फँसाया जा सकता था। ठीक यही मुकदमा वीरभद्र तिवारी पर भी था। उसका कोई मेडिकल ग्राउंड भी नहीं था। फिर भी, वह छूट गए। यहीं से उन पर सन्देह का सूत्रपात होता है।

स्मरणीय है कि इस प्रकरण में पुलिस के चन्द्रमा सिंह आदि गवाह अभियुक्त वीरभद्र के सम्बन्ध में भी वही बयान दे रहे थे, जो उन्होंने मेरठ अनाथालय की बैठक में भाग लेनेवाले अन्य अभियुक्तों के विरुद्ध दिये थे। जिस पर भी वीरभद्र एकाएक रहस्यमय ढंग से रिहा हो गए। जेल हवालात में कैद काकोरी कांड के नेताओं को इस सम्बन्ध में सन्देह नहीं हुआ, इसकी वजह यही थी कि वीरभद्र ने शुरू से ही नेताओं को कुछ इस प्रकार की पट्टी पढ़ाकर उनका अटूट विश्वास जीत रखा था और स्वयं को दल के लिए इतना अपरिहार्य बना रखा था कि उसकी योग्यता तथा निष्ठा पर किसी नेता को कोई सन्देह होने का प्रश्न ही नहीं उठता था, वे सभी उसकी कर्मठता और कौशल के कायल-प्रशंसक थे। वास्तव में शुरू से ही दल का सारा तिकड़म इसी व्यक्ति के माध्यम से होता था। फिर भला किसी के मन में कोई शक क्यों उठता कि वे महाशय कैसे छूटे। वीरभद्र जब दल के लिए दिन-रात एक किये रहता था, और बराबर किये रहता था, तब नेता उस पर अविश्वास कैसे करते?

काकोरी एक्शन के हवालातियों से बातों ही बातों में पूछते रहकर वीरभद्र ने उन

सब मामलों में जानकारी हासिल कर पुलिस को दी होगी। यह तो हमें ज्ञात ही है कि अपनी रिहाई के महीने भर पहले से ही वीरभद्र काकोरी एक्शन के मुकदमे के पुलिस प्रभारी सुपरिंटेंडेंट हार्टन से एकान्त में बराबर मिलता रहा था। काकोरी षड्यंत्र के लोगों को फँसाने में बनारस के सुपरिंटेंडेंट द्वय मुखर्जी और बनर्जी का बहुत बड़ा हाथ समझा गया था। इसी धारणा के कारण मणीन्द्रनाथ बनर्जी ने निश्चय किया कि उन दोनों में से एक का सफाया कर दिया जाए। तदनुसार, मणीन्द्र ने बनारस में गोदौलिया नामक स्थान के निकट बनर्जी को यह कहते हुए रिवॉल्वर से गोली मारी 'लो यह राजेन्द्र लाहिड़ी को फाँसी पर चढ़वाने का पुरस्कार लो'। गोली पैर में लगी। इस पर मणीन्द्र को दस वर्ष की सख्त कैद की सजा हुई। जेल से बाहर आकर वीरभद्र ने एक तरफ तो क्रान्तिकारियों की मदद की और दूसरी तरफ पुलिसवालों को खबर देता रहा। क्रान्तिकारियों में बहुधा नौजवानों की ही बहुतायत रही है। उनके मुकाबले इस व्यक्ति के पास साधन कहीं अधिक थे। इसलिए क्रान्तिकारियों की कोई न कोई जरूरत इससे पूरी होती रही थी। कहते हैं कि पुलिसवालों ने आज़ाद को पकड़वाने के लिए वीरभद्र को केवल 15 दिन का समय देने के साथ ही साथ धमकाया था कि वह अगर इतने दिन में गिरफ्तार नहीं करा पाया तो स्वयं उसको गिरफ्तार कर लिया जाएगा। इन दिनों पुलिस को वीरभद्र के विरुद्ध कुछ ठोस सबूत भी हाथ लग चुके थे। जिसके बल पर वह उन्हें लम्बी सजा करा सकती थी। वायसराय बम एक्शन और दिल्ली षड्यंत्र के मुखबिर कैलाशपति को जो बम वायसराय की ट्रेन के नीचे रखने को दिया गया था, उसके सम्बन्ध में भी पुलिस को पता लग गया था कि वह बम वीरभद्र ने ही दिया था। इसका सबूत इतना पक्का था कि केवल इसी के आधार पर वीरभद्र को दिल्ली षड्यंत्र केस में गिरफ्तार किया जा सकता था।

इसके अतिरिक्त उसकी पत्नी भी उस पर निरन्तर दबाव डाल रही थी कि वह क्रान्तिकारियों से शीघ्रातिशीघ्र अलग हो जाए। सबूत यह भी है कि वीरभद्र की पत्नी एक प्रसिद्ध सी.आई.डी. अफसर की पत्नी से बराबर मिला करती थी। वीरभद्र ने इसी अफसर की पत्नी के जरिये स्वयं को गिरफ्तार कराया और जेल चला गया। जेल से उसके छूटने के बाद ही पुलिस को उसके विरुद्ध बहुत से सबूत मिल गए थे, जिनके बूते पर वह उस पर बुरी तरह दबाव डाल रही थी। साथ ही उसकी बेईमानियों से नाराज होकर पिस्तौल लिये आज़ाद उसको मारने के लिए घूम रहे थे। इस तरह वीरभद्र अपनी करनी से एक ऐसे मुकाम पर पहुँच गया था, जहाँ उसको पुलिस और क्रान्तिकारी दल में से एक को चुनना ही था। उसकी जान पुलिसवालों से तभी बच सकती थी, जब वह आज़ाद और अन्य महत्त्वपूर्ण क्रान्तिकारियों को गिरफ्तार करा दे या मरवा दे। तदनुसार उसने ऐसा ही किया था। वह इतने समय तक क्रान्तिकारियों का विश्वासपात्र बना रहा, यह उसकी धूर्तता का सबसे बड़ा प्रमाण है। वीरभद्र का किस्सा विचित्र रहा। एक तरफ तो वह पुलिस के बड़े अफसरों, यहाँ तक कि आई.जी. पुलिस से मिलता रहा और दूसरी तरफ चन्द्रशेखर आज़ाद और उनके दल का भी विश्वासपात्र बना रहा। मुझे यह भी विदित हुआ था कि क्रान्तिकारी दलवाले बहुत दिनों से वीरभद्र की तलाश में हैं, कुछ दिन पहले नारियल बाजार, कानपुर की गली में उसको गोलियों से भून देने का

एक असफल प्रयास भी हो चुका था।"[138]

श्री मन्मथनाथ गुप्त ने 15.09.1937 को प्रकाशित अपनी पुस्तक 'क्रान्ति युग के संस्मरण' तथा 'भारतीय क्रान्तिकारी आन्दोलन का इतिहास' में काकोरी केस में वीरभद्र के अचानक छूटने का वर्णन करते हुए लिखा कि "हमारे साथ काकोरी केस में कानपुर का वीरभद्र तिवारी भी गिरफ्तार हुआ था। यह हमारे दल की प्रान्तीय कौंसिल का सदस्य था।"[139] गुप्त जी अपनी एक अन्य रचना में लिखते हैं, "प्रमाणों से यह जाहिर है कि वीरभद्र जो यशपाल के अनुसार डबल खुफिया था, वर्षों से डबल खुफिया का कार्य कर रहा था और अन्त में जाकर पुलिसवालों ने उससे कहा होगा कि या तो आज़ाद को गिरफ्तार करा दो या हम तुम्हें गिरफ्तार करते हैं।"[140] 'वीरभद्र तिवारी काकोरी षड्यंत्र में गिरफ्तार हुआ था, किन्तु कुछ रहस्यजनक कारणों से छूट गया था। तभी से कुछ लोग उस पर सन्देह करते थे। किन्तु वीरभद्र ऐसा तजुर्बेकार था, बात करने में चालाक था, कि लोग उसकी बातों में आ जाते थे। यही नहीं, वह दल का एक प्रमुख व्यक्ति रहा। कहा जाता है, दल में बराबर उसका यही रवैया रहा कि पुलिस से भी मिला रहता और दल से भी। आज़ाद बहुत सीधे आदमी थे। और वे उसके चक्कर में बहुत जल्दी आ जाते थे, किन्तु कई बार धोखा खाकर आखिरी फैसला उसको साथ न रखने का किया था। वीरभद्र भी जानता था कि वह इस प्रकार दल से निकाल दिया गया है। इसीलिए इलाहाबाद में जब आज़ाद ने वीरभद्र को देखा तो वे चौकन्ने हो गए।"[141]

श्री मन्मथनाथ गुप्त ने अपनी आत्मकथा में भी वीरभद्र तिवारी पर विस्तार से चर्चा करते हुए लिखा है कि "पहले यह बताना अच्छा रहेगा कि संगठन का स्वरूप क्या था। पार्टी की एक प्रान्तीय कौंसिल थी। शचीन्द्र दादा, जोगेश बाबू, राजेन्द्र लाहिड़ी, विष्णुशरण दुबलिश और सुरेश भट्टाचार्य इस कौंसिल के सदस्य थे। इसके सदस्यों में वीरभद्र तिवारी नामक एक व्यक्ति भी थे। ये महाशय कानपुर के इंचार्ज थे। किन्तु सुरेश बाबू कानपुर के अधिवासी होते हुए भी झाँसी के इंचार्ज थे। वीरभद्र को कानपुर का इंचार्ज बनाने का कारण यह था कि उनका कांग्रेस में प्रभुत्व था। उनके पास साधन अधिक था और ते बहुत ही होशियार थे। किन्तु कहाँ तक इस व्यक्ति के साधन हितकर हुए, इसमें सन्देह है। बाद में ऐसा मालूम हुआ कि इन्होंने पार्टी के अस्त्रों का दुरुपयोग किया। इस प्रकार इन्होंने पार्टी के साधनों का तो इस्तेमाल कर लिया, किन्तु कहाँ तक पार्टी को इनसे फायदा रहा, यह बाद की कहानी है।

हमारे नेतागण बराबर सलाह-मशविरा कर रहे थे। इन मशविरों में कानपुर के वीरभद्र तिवारी एक कुंजी की जगह पर थे। इस जेल के सबसे पुराने कैदी होने के कारण वे इस जेल के वार्डरों आदि को जानते थे और उन्हीं के जरिये से बाहर खबर आती-जाती थी। और यह नेताओं के मंत्री के रूप में हो गए। यह बहुत ही चालाक थे तथा बहुत से विषयों में इनकी प्रतिभा बहुत तीक्ष्ण थी। बातचीत करने में यह बहुत दक्ष थे। यह लोगों की आवाजों की बहुत अच्छी नकल कर लेते थे। यह सदा हँसमुख रहते थे और दूसरों को हँसाते थे। किन्तु मेरी तरह के एक मामूली बुद्धि के व्यक्ति को भी यह ज्ञात हुए बिना नहीं रहा कि इन हँसियों की आड़ में इस व्यक्ति के दिमाग में कोई भयंकर योजना चल रही है। इनका ढंग एक अभिनेता का था न कि एक जीते-जागते

मनुष्य का। मैं नहीं जानता कि क्यों प्रारम्भ से ही मुझे इनसे वितृष्णा हो गई। इन्होंने इस बात को ताड़ लिया। फिर तो यह तरह-तरह की चापलूसी कर हमें अपनी तरफ मिलाने की कोशिश करने लगे, किन्तु मैं इनसे दूर रहा। सच बात तो यह है कि मैं शुरू से ही इनको शत्रुतापूर्ण दृष्टि से देखने लगा और इनके कार्यकलाप को बहुत ध्यान से देखता रहा। पंडित रामप्रसाद तथा अन्य लोग मेरी इस भावना को प्रोत्साहित नहीं करते थे, क्योंकि वे तो प्रतिदिन, प्रतिघड़ी इनसे लाभान्वित हो रहे थे। इसके अतिरिक्त मेरा अविश्वास केवल एक सहजता बुद्धिवश था, या यदि स्पष्ट शब्दों में कहा जाए तो बिलकुल युक्तिहीन, बेबुनियाद, कमोबेश औपन्यासिक था। इसलिए मुझे अपनी भावना अपने तक ही सीमित रखनी पड़ती थी।

इस युग में पुलिस के स्पेशल सुपरिंटेंडेंट, मिस्टर हर्टन, जिन पर हमारे इस मुकदमे की तहकीकात तथा परिचालन का भार था, रोज हममें से किसी न किसी व्यक्ति से मिला करते। यह भी हजरत उसी प्रकार की बातें किया करते, जैसी बनारस में पुलिस अफसर किया करते थे। इन्होंने बार-बार वीरभद्र से भेंट की। मैं यह नहीं जानता कि इन मुलाकातों से लौटकर वीरभद्र नेताओं से क्या कहते थे किन्तु जो कुछ भी कहते हों, उससे वे सन्तुष्ट हो जाते थे, यह तो स्पष्ट है। मिस्टर हर्टन मुझसे कभी नहीं मिले। वीरभद्र बार-बार हर्टन से मिलते रहे और इन मुलाकातों पर परदा डालने के लिए ही मालूम होता है, मिस्टर हर्टन कुछ दूसरे अभियुक्तों से बराबर मिला करते थे। वीरभद्र से मिस्टर हर्टन की जो मुलाकातें होती थीं और दूसरों से उनकी जो मुलाकातें होती थीं, उनमें प्रभेद बिलकुल स्पष्ट था। वीरभद्र के साथ मुलाकात घंटों होती रहती थी और दूसरी मुलाकातें मुश्किल से बीस मिनट चलती थीं। इन बातों से भी हमारे नेताओं की आँखें नहीं खुलीं और वे बराबर यह सोचते रहे कि वीरभद्र मुलाकात की सारी बातें आकर उनसे बता देते हैं और उनसे धोखा नहीं कर रहे हैं। यह तमाशा अपने सर्वोच्च शिखर पर उस दिन पहुँचा, जब एक दिन एकाएक वीरभद्र छूट गए और फिर भी नेताओं का उसमें विश्वास बना रहा। अविश्वास उत्पन्न होने की बात तो दूर रही, वे यह सोचते रहे कि वीरभद्र छूटकर दल को सँभालेगा।

वीरभद्र की रिहाई के बाद मुझसे न रुका गया। मैंने स्पष्ट रूप से खुलेआम सबके सामने उन पर यह अभियोग लगाया, कि उन्होंने हमारी गुप्त बातों की खबर देकर अपनी रिहाई करवाई है। कुछ साथियों ने मेरी बात को सही समझा, किन्तु बाकी यह कहते रहे कि किसी कानूनी नुक्ते के कारण वीरभद्र छूट गया है। इस सम्बन्ध में पहली बात यह है कि वीरभद्र को अदालत ने नहीं छोड़ा, पुलिस ने उनके खिलाफ मुकदमा वापस ले लिया था। मैं कोई आत्म-प्रशंसा नहीं कर रहा हूँ, किन्तु क्रान्तिकारियों की इस विशिष्ट टोली में अवश्य ही ये साथी बहुत ही विशिष्ट थे, मैं ही एक ऐसा व्यक्ति था जिसने वीरभद्र पर खुले तरीके से अभियोग लगाया।"[142]

इस सम्बन्ध में श्री विश्वनाथ वैशम्पायन ने अपनी पुस्तक में लिखा, "आज़ाद ने सेठ दामोदर स्वरूप की अध्यक्षता में केन्द्रीय समिति बनाई थी। जिसमें वीरभद्र, सदगुरु दयाल, आज़ाद, कैलाशपति तथा बाद में बनारस के श्री विद्याभूषण भी शामिल किये गए। लाहौर षड्यंत्र केस से छूटने पर सुरेन्द्रनाथ पांडेय भी घर छोड़कर दल का काम

करने लगे थे। 'फिलॉसफी ऑफ बम' पर्चे को 26 जनवरी, 1930 को बाँटने का प्रस्ताव था। इसके लिए सेठ दामोदर की अध्यक्षता में बैठक बुलाई गई। इस बैठक के बाद सेठ दामोदर जब बरेली लौटे तो उन्होंने जेल में शचीन्द्रनाथ बख्शी के पास गुप्त रूप से एक पत्र भेजा, जिसमें यह उल्लेख किया कि एक तो आज़ाद उनसे जेल में मिलना चाहते हैं। दूसरे उन्हें वीरभद्र को केन्द्रीय समिति का सदस्य बनाए जाने तथा बैठक में आया देखकर आश्चर्य हुआ। उन दिनों बख्शी जी भूख-हड़ताल कर रहे थे। बख्शी जी ने जेल से ही आज़ाद के पास गुप्त पत्र भेजा कि वे हरगिज न मिलने आवें तथा वीरभद्र तिवारी से सम्बन्ध न रखें क्योंकि उसने काकोरी में धोखा दिया है। उसका पकड़ा जाकर छूट जाना अवश्य सन्देहजनक है, तथा वह पुलिस को कुछ बताकर ही छूटा है। परन्तु आज़ाद ने उस पत्र को महत्त्व नहीं दिया। बल्कि वह पत्र वीरभद्र को दिखा दिया था। जब जनवरी, 1967 में यह चर्चा 'साप्ताहिक हिन्दुस्तान' में चली तो बख्शी बाबू ने यह घटना मुझे बताई।"[143] वीरभद्र तिवारी ने कुली बाजार में शिवचरण के घर के पास मुझे गिरफ्तार कराया। शिवचरण से मैं कार का पैसा लेने गया था। 11 फरवरी को वीरभद्र मुझे पूछता मुसद्दी जी के घर भी आया था। मेरे पहुँचने के पहले शिवचरण के घर में बैठा था। वीरभद्र ने मुझे शिवचरण के यहाँ बैठाकर पकड़वाने की व्यवस्था की।"[144]

"आज़ाद की शहादत के बाद जेल से 1939 में छूटने के बाद मैं झाँसी अकसर जाता था। ऐसे ही अवसर पर एक बार झाँसी के मास्टर रुद्रनारायण ने मुझे बताया कि वीरभद्र झाँसी में हैं। हम दोनों उनसे मिलने गए। मिलने पर मेरा पहला प्रश्न यही था कि आज़ाद को मारने में आपका हाथ कहाँ तक था? उनका उत्तर था, 'इस मामले में मैं अकेला दोषी नहीं हूँ, और भी लोग थे।' विस्तृत जानकारी माँगने पर मौन रहे। मैंने दूसरे दिन मिलने को कहा। उन्होंने घर पर ही रहने का आश्वासन दिया, लेकिन अगले दिन वे झाँसी से चले गए थे। झाँसी में खोला लोहे का कारखाना भी बन्द कर दिया। आज तक पुलिस ने किसी क्रान्तिकारी को संरक्षण दिया है, सिवाय मुखबिरों और गद्दारों के? श्री तिवारी के पास जो पिस्तौल या रिवॉल्वर थी, वह कैसी थी? उसका लाइसेंस उन्हें कहाँ मिला। पुलिस संरक्षण की बात भी बहुत से लोग जानते हैं। सत्य का सामना करने का उनमें नैतिक साहस नहीं है।"[145]

एच.आर.ए. के आरम्भिक प्रमुख संगठनकर्ता रहे महान क्रान्तिकारी श्री जोगेशचन्द्र चटर्जी लखनऊ जेल में बन्द थे। काकोरी केस में अकस्मात बिना कारण वीरभद्र तिवारी के छोड़े जाने पर आश्चर्य प्रकट करते हुए उन्होंने अपनी आत्मकथा में लिखा, "मजिस्ट्रेट कोर्ट में एक यादगार घटना, कानपुर के वीरभद्र तिवारी का 29 जनवरी, 1926 को अचानक रिहा होना था। यह अप्रत्याशित था, क्योंकि उसके विरुद्ध गम्भीर सजा हेतु पर्याप्त साक्ष्य था। सान्याल, रामप्रसाद तथा मैंने इस पर गहन विचार किया। हम एकमत से इस निष्कर्ष पर पहुँचे कि इसने पुलिस का प्रिय बनने की व्यवस्था कर लिया है। मैं विजय के माध्यम से लगातार अपने पार्टीजन से संवाद कर रहा था। विजय बहुत से लोगों के बारे में बहुत-सी चीजें मुझसे पूछते थे लेकिन वीरभद्र के विषय में कभी एक शब्द का भी उल्लेख नहीं किया, जबकि वीरभद्र तिवारी उनके विश्वसनीय नहीं, बल्कि यू.पी. पार्टी में इंचार्ज थे। हम लोग उन पर विश्वास नहीं कर सकते थे, क्योंकि काकोरी

केस में पर्याप्त साक्ष्य के बावजूद वे निचली अदालत से ही छोड़ दिये गए थे।"[146]

वीरभद्र तिवारी का बेहद जीवन्त चित्रण काशीराम ने अपने ग्रन्थ 'क्रान्ति के वे दिन' में किया है। श्री काशीराम ने भी दिल्ली के गाडोदिया स्टोर्स के मनी एक्शन में भाग लिया था। फिर छमाही परीक्षा देकर आज़ाद के कहने पर उनके साथ कानपुर आ गए। वह 'कानपुर' शीर्षक के अन्तर्गत लिखते हैं, "दिल्ली छूट गई। अब कुछ अरसे के लिए कानपुर ही हमारे क्रान्तिकारी जीवन की चहल-पहल का केन्द्र बन गया। कानपुर पहुँचने की सुबह म्युनिसिपल बोर्ड के दफ्तर में वीरभद्र तिवारी (नगरपालिका के एक कर्मचारी) से मिला। अपना परिचय दिया। शाम को तिलक हॉल में मिलने की बात ठहरी। वीरभद्र वहीं तिलक हॉल के उत्तर—तिलक पार्क के उत्तर-पश्चिम के कोने में ऊपर की मंजिल में रहते थे। उनके बगल में ही दूसरे हिस्से में खुफिया के विख्यात डी.एस.पी. शम्भुनाथ सपरिवार रहते थे। वीरभद्र के कमरे का एक दरवाजा शम्भुनाथ के मकान में खुलता था। दोनों परिवारों में काफी घनिष्ठता थी। शम्भुनाथ वीरभद्र के मित्र थे। वीरभद्र का डील-डौल, रूप-रंग और बातचीत करने का ढंग काफी लुभावना एवं आकर्षक था। कांग्रेस में उसका अपना प्रभाव देखने को मिला। शाम को पार्क में ही उससे भेंट हुई। वहीं से उसके कमरे में बातचीत करने चले गए। उसकी स्त्री बड़ी हँसमुख और अतिथि-सत्कार में निपुण थी। वहाँ पहुँचने पर चाय-नाश्ते के बाद बातचीत शुरू हुई। मेरे लिए ठहरने का प्रबन्ध और मेरी देखरेख की सब प्रकार की जिम्मेदारी उसकी थी। थोड़ी देर बाद वह मुझे सुनिश्चित स्थान पर ले चला। फिर आगे एक ऊपर के कमरे में दयाशंकर शुक्ल नामक लड़के के पास छोड़कर चला गया। न बिस्तर-कपड़े का प्रबन्ध किया, न खाने-पीने का। फिर आज़ाद ने आकर सब व्यवस्था कराई।

जब आज़ाद लाहौर में भगतसिंह को छुड़ाने में लगे थे और इस प्रयास में बम के परीक्षण के समय भगवतीचरण शहीद हो गए तो आज़ाद कानपुर वापस लौटे। काशीराम कानपुर में उनका इन्तजार कर रहे थे। उन्होंने लिखा, 'मैं आश्चर्यचकित था कि इन दो महीनों में भाई का एक भी सन्देशा नहीं मिला। लाहौर जाने के इन्तजार में, कानपुर से बाहर भी जाना सम्भव न था। सब काम एक तरह से ठप पड़ा था और मैं कैदी की तरह 24 घंटे अपने कमरे में पड़ा हर घड़ी भाई के सन्देश का इन्तजार करता रहा। ये दोनों महीने मैंने बहुत कठिनाई से काटे। जब भाई गए तो मेरे पास केवल 5 रु. थे। वे तो 5-10 दिन में ही खत्म हो गए। दयाशंकर कहीं बाहर चले गए थे। एक महीना तो शाम को दो पैसे के भुने आलू पर ही गुजारा किया। इस बीच वीरभद्र ने भी आना बन्द कर दिया था। एक दिन हिम्मत करके वीरभद्र से उसके दफ्तर में मिला। बहुत बेरुखी से बात की और फौरन भाग जाने को कहा।' ऐसी उलझन और परेशानी के समय एक दिन आज़ाद मेरे कमरे में आ धमके। वे एकदम बरस पड़े, 'जगदीश तुमसे ऐसी उम्मीद न थी। हम लोग वहाँ मुसीबत में पड़ गए और तुम यहाँ मजा मार रहे हो। मैंने दो तार भेजे तुम्हें बुलाने को, तुम टाल गए।' जब वे शान्त हुए तो मैंने कहा कि मेरी भी सुन लो। तुम्हारा कोई तार या सन्देशा मुझे आज तक नहीं मिला। सारी बात सुनी तो सोच में पड़ गए। बोले, 'तार भेजे, रुपये भेजे और एक आदमी को वीरभद्र के पास भेजा। यह सारी बदमाशी उसी की है।' बहुत रोकने पर भी एक मिनट न रुके। वीरभद्र को जा

पकड़ा। वह झाड़ बताई की वीरभद्र उमर भर याद रखेगा। और शाम को आकर रूठे को मनाया। यह एक और कारण था वीरभद्र से नाराजगी का।"

काशीराम ने उक्त पुस्तक में 'वीरभद्र' शीर्षक के अन्तर्गत अनेक सूचनाएँ दी हैं। वे लिखते हैं, "आज़ाद के अल्फ्रेड पार्क, इलाहाबाद में शहादत के सम्बन्ध में वीरभद्र को जिम्मेदार ठहराया जाता है। कोई-कोई दबी जबान से इसमें अवस्थी का भी हाथ बताते हैं। वीरभद्र ने कानपुर छोड़कर उरई में रहना शुरू किया। वहाँ उसने खूब प्रतिष्ठा प्राप्त की। जिला परिषद का अध्यक्ष बना। पं. जवाहरलाल नेहरू ने बड़ी प्रसन्नता से उसके हाथ से मानपत्र स्वीकार किया। आज तो वीरभद्र आर्यनगर में अपने निजी बँगले में रहता है। उसका बड़ा लड़का आजकल सर्किल इंस्पेक्टर है। पुलिस विभाग में। सरकार में उसका बड़ा मान है। तिलक हॉल में कांग्रेसजन उसकी प्रशंसा करते हैं। बहुत आड़े समय में, तिवारी जी के ये सुपुत्र, कांग्रेसमैनों की सहायता करते हैं। भाई आज़ाद की मृत्यु का जिम्मेवार कौन है? असली विश्वासघाती कौन है? असल में इस घटना का सूत्रपात होता है यशपाल और रानी के मामले को लेकर। इस बात से किसी को इनकार नहीं हो सकता।"[147]

श्री काशीराम ने अपने एक पत्र में लिखा, "सन् 1938-39 में श्री मोहनलाल गुप्त के साथ किसान सभा के कार्य से उरई गया तो वीरभद्र जी से मिलने उनके घर चला गया। मुझे देखकर वे घबरा गए, घर से जबर्दस्ती बाहर कर किवाड़ बन्द कर दी। यदि वे चाहते तो शान्ति में अपनी बात कह सकते थे। पं. जवाहरलाल नेहरू ने बोर्ड की ओर से उन्हें मानपत्र दिया तो समाचार-पत्रों में आलोचना हुई। सुनते ही नेहरू जी ने खेद प्रकट किया। तब भी वीरभद्र ने सफाई नहीं दी, क्यों?"[148]

श्री रामचन्द्र मुसद्दी कानपुर के एक प्रमुख कांग्रेसी नेता थे। वीरभद्र तिवारी ने आज़ाद की शहादत के पूर्व वाली रात को उनके साथ यात्रा की थी। इस सम्बन्ध में श्री रामचन्द्र मुसद्दी का मौखिक बयान उसी समय सबको पता चल गया था। हालाँकि लिखित रूप में उनका बयान 18 जून, 1967 को 'साप्ताहिक हिन्दुस्तान' में छपा। लेख के अनुसार—"26 फरवरी, 1931 की रात में वीरभद्र ने मेरे साथ कानपुर से इलाहाबाद तक यात्रा की और 27 फरवरी को आज़ाद जी इलाहाबाद में शहीद हुए। यह समाचार मैंने अपने भतीजे की बरात में बनारस में जाना। वीरभद्र इलाहाबाद में रात्रि में किसी से बिना बताए गुम हो गया था स्टेशन से। यह बात मुझे बनारस में स्मरण हुई। आज़ाद जी की शहादत से मैं बहुत शोकाकुल था। कानपुर में यह प्रसंग बहुत दिन चलता रहा। इस सन्दर्भ में वीरभद्र की मुखबिरी की बात जब फैली तब वीरभद्र से भी प्रश्नोत्तर किये गए, किन्तु सदैव वीरभद्र ने अपने को अछूता बताया। यहाँ तक कि स्व. गणेश शंकर विद्यार्थी एवं बालकृष्ण शर्मा 'नवीन' से भी वीरभद्र ने कहा कि उस दिन वह इलाहाबाद में ही नहीं था। यह बात तो मेरे कहने पर और समूचा घटनाक्रम मेरे द्वारा बताए जाने पर वीरभद्र ने बाद में स्वीकार कर ली कि वह उस दिन इलाहाबाद में मेरे साथ ही गया था। मेरे इस रहस्योद्घाटन पर गणेश जी ने वीरभद्र को प्रताड़ित किया और उससे तब से मिलना-जुलना भी समाप्त हुआ। कानपुर नगर में वीरभद्र की बहुत थू-थू हुई।

श्री रमेश गुप्त ने दो बार उस पर वार भी किये। दो-एक बार वीरभद्र मेरे घर आया

तो मैंने उससे बात करना भी अपराध समझा और मेरी पत्नी ने तो उसे घृणा की दृष्टि से देखने लगी। वस्तुतः मेरा दृढ़ मत है और मेरे पास प्रमाण है कि वीरभद्र ही आज़ाद की शहादत का जिम्मेदार है। बात यह है कि वीरभद्र एक बहुत बड़ा एक्टर जो क्षण में रो देता है, क्षण भर में हँस देता है। श्री लल्लन प्रसाद व्यास के लेख में श्री यशपाल जी के कथन से भी विदित होगा कि आज़ाद जी वीरभद्र की गतिविधियों से दुखी हो गए थे। शम्भुनाथ तो वीरभद्र के मकान के बगल में रहते थे और वीरभद्र के ही घर के से थे। शम्भुनाथ का जाल वीरभद्र पर पूरी तरह छाया हुआ था। आज़ाद की शहादत के पूर्व मैं और वीरभद्र सन् 1930 में फैजाबाद जेल में थे। अंग्रेज नॉट बावर जो, सी.आई. डी. का बड़ा अफसर था, जिसने चन्द्रशेखर आज़ाद के उस गोलीकांड में हिस्सा लिया था, एक दिन अनायास फैजाबाद जेल आया और उसने वीरभद्र को जेल के फाटक पर बुलाया। एक मिनट की उस मुलाकात ने न जाने क्या जादू किया कि वीरभद्र ने तभी से भयभीत होकर नाटकीय मुद्राएँ बनाने और एक्टिंग करना शुरू किया—"अब मेरा क्या होगा, मैं कहाँ जाऊँगा, कुछ नहीं बता सकता।"

इसके दूसरे-तीसरे दिन एकाएक वहाँ से वीरभद्र को हटाकर मलाका जेल, इलाहाबाद भेज दिया गया और बाद में वहाँ से भी छोड़ दिया गया। मैं पूछता हूँ क्यों? किस खुशी में? फैजाबाद जेल में ही वीरभद्र ने मेरी मार्फत एक चिट्ठी अपने घर भिजवाई। जिसमें उन्होंने सी.आई.डी. अधिकारी शम्भुनाथ को जेल में बुलाया। पर क्यों? क्या वीरभद्र ने आज़ाद को पकड़वाने का आश्वासन पुलिस को नहीं दिया? इसके बाद तो वीरभद्र कितना बड़ा आदमी बन गया। उरई म्युनिसिपल बोर्ड का चेयरमैन हो गया। उसके मानपत्र के बाद स्व.पं. जवाहरलाल नेहरू तो वर्षों जीवित रहे। वीरभद्र ने उनके समक्ष अपने निरपराध होने के तथ्यों को क्यों नहीं प्रकट किये। न जाने कितनी क्रान्तिकारी सभाएँ हो चुकी हैं। वीरभद्र ने सामना क्यों नहीं किया? सबके सामने अपनी निरपराधिता प्रमाणित क्यों नहीं की?"[149]

श्री सुखदेवराज ने अपनी आत्मकथा में लिखा, "गाडोदिया स्टोर के एक्शन में प्राप्त जो धन भैया ने यशपाल, कैलाशपति और वीरभद्र को पार्टी का काम चलाने के लिए दिया था उसे पार्टी के हित में तो भाई लोगों ने खर्च नहीं किया—इश्क में उड़ाना शुरू किया। यशपाल तो पहले ही प्रकाशो के प्रेमपाश में फँसा हुआ था। कैलाशपति और वीरभद्र क्रमशः चन्द्रावती और मायादेवी (खोकी) के मायाजाल में फँस गए। माया देवी को खोकी के नाम से दल में पुकारा जाता था। यह एक बंगाली लड़की थी और इसका आचरण बहुत ही सन्दिग्ध था। वीरभद्र के अतिरिक्त और भी कई लोगों के साथ इसके सम्बन्धों की चर्चा सुनने में आई जिसमें सदगुरु दयाल अवस्थी के साथ उसकी घनिष्ठता विशेष रूप से उल्लेखनीय है। ईमानदारी से भैया वीरभद्र को एक्शन में शामिल करके या तो उसके साहस की परीक्षा लेना चाहते थे या उसे फरार हो जाने के लिए मजबूर करके उसकी दुरंगी नीति को खत्म कर देना चाहते थे। दलिहाई की आढ़त में मनी एक्शन के लिए व्यवस्था का भार भैया ने वीरभद्र को सौंप दिया परन्तु वह एक्शन से पहले ही 'नमक सत्याग्रह' करके जेल चला गया और यह मनी एक्शन बिना उसके किया गया।"[150]

पंडित लक्ष्मीकान्त त्रिपाठी के अनुसार, "1929 में श्री रामसिंह के मकान पर दल की आवश्यक बैठक हुई। जिसमें सर्वश्री मन्नीलाल पांडेय, हमीद खाँ, विश्वनाथ पांडेय, सिद्धा महराज, रामचन्द्र मुसद्दी, कैलाश द्विवेदी, वीरभद्र तिवारी, योगेन्द्रनाथ शुक्ल, रामभरोसे तिवारी, रामचन्द्र जेलयात्री, सालिगराम, सदगुरु दयाल अवस्थी, कैलाशपति, अर्जुन अरोड़ा, सुरेन्द्रनाथ पांडेय, हजारीलाल, नारायण दास आदि की सहायता से दल को पुनर्गठित किया गया। यहीं पर दल की केन्द्रीय समिति का गठन किया गया। दामोदर स्वरूप सेठ को अध्यक्ष बनाया गया। वीरभद्र, सदगुरु दयाल, आज़ाद, कैलाशपति बाद में भगवतीचरण, यशपाल तथा विद्याभूषण इसमें सम्मिलित किये गए। बैठक में भगवतीचरण जी ने सुझाव दिया था कि केन्द्रीय समिति का वही सदस्य हो सकता है जिसने 'एक्शन' में भाग लिया है। इस प्रस्ताव का विरोध वीरभद्र और कैलाशपति ने बड़े तीव्र रूप से किया था, क्योंकि वे किसी भी एक्शन में भाग नहीं लेना चाह रहे थे। श्री दामोदर स्वरूप सेठ की यह प्रथम और अन्तिम बैठक थी, क्योंकि वीरभद्र के केन्द्रीय समिति में होने के कारण फिर उन्होंने कभी भाग नहीं लिया। श्री जोगेश चटर्जी ने भी इस प्रकार का पत्र जेल से आज़ाद को भेजा था, लेकिन आज़ाद नहीं माने। 1930 में कलक्टरगंज दलिहाई में स्थित एक कच्छी तेल की आढ़त की दुकान थी। इस आढ़त की सूचना सिद्धा महराज ने आज़ाद को दी थी। इसमें अच्छा व्यापार होता था। आज़ाद ने वीरभद्र को यहीं डाका डालने का कार्य सौंपा था, लेकिन वह धोखा देकर नमक सत्याग्रह में झंडा पकड़कर जेल चला गया था। जिससे उसे यह एक्शन न करना पड़े। अन्त में आज़ाद, सालिगराम शुक्ल, सुरेन्द्र पांडेय और वैशम्पायन ने यह कार्य किया। इस दुकान के एक व्यक्ति की अनजाने हत्या श्री सालिगराम से हो गई थी। किन्तु इस एक्शन में भी प्रत्याशित धनराशि प्राप्त न हुई।"[151]

श्री महावीरप्रसाद पांडेय ने अपने एक संस्मरण में वीरभद्र तिवारी के नमक सत्याग्रह में जेल जाने की घटना का चश्मदीदी वर्णन किया है। वे लिखते हैं, "एक दिन अक्टूबर, 1930 में मैं वीरभद्र जी के घर गया तो पता चला कि वे मनी एक्शन से बचने के लिए असहयोग में जेल जा रहे हैं। यह बात मैंने आज़ाद भैया को बताई तो वह बहुत झुँझलाए। इतने पर हमीद खाँ जो उन्नाव जेल में थे, ने मुझे वह पत्र दिखाया जिसमें भाभी जी (वीरभद्र की पत्नी) ने आज़ाद के नाराज होने का जिक्र किया था। वह पत्र मैंने आज़ाद को दे दिया। बाद में वीरभद्र ने तीन पन्ने का लम्बा पत्र मुझे दिया था। बहरहाल राजेन्द्र निगम की मौजूदगी में हमने इसे पढ़ लिया। पत्र अनुनय-विनय से भरा था। गलती मानी गई थी, क्षमा-प्रार्थना की गई थी। शाम को वह पत्र भी आज़ाद भैया के हाथों में पहुँच गया। एक पत्र और मैंने वैशम्पायन जी को दिया था जो गिरफ्तारी के समय उनकी जेब से मिला। फिर वीरभद्र को मारने की योजना बनी। आज़ाद भैया ने कहा था कि तुम कैलाश को आगे भेजना और खुद छुपे रहना। वह दरवाजा खटखटाए, वीरभद्र आवे तो गोली मार देना। मगर हर बार दरवाजा भाभी जी ने खोला।"[152]

महावीरप्रसाद पांडेय के अनुसार वीरभद्र अक्टूबर, 1930 में जेल गए। श्री सदगुरु दयाल अवस्थी के अनुसार, "पार्टी में विघटन का आरम्भ वीरभद्र जी की गिरफ्तारी के बाद अक्टूबर, 1930 में हुआ। वीरभद्र तिवारी जेल से छूटकर 23 जनवरी, 1931

को कानपुर आ गए थे। फैजाबाद और इलाहाबाद की मलाका जेल से मिली सूचनाओं के आधार पर पंडित जी ने अपनी यह धारणा पक्की कर ली थी कि वीरभद्र ने मुझे पकड़वाने के वायदे पर ही नॉट बावर के पंजे से अपनी गर्दन छुड़ाई है। वह अवधि के पहले छोड़े गए हैं (सजा चार माह की थी) और गुप्त रहकर इसी प्रयत्न में लगे हैं। मुझसे पंडित जी इसी प्रसंग में प्राय: प्रतिदिन चर्चा करते थे। एक दिन वह कहने लगे कि आज मंगली (वीरभद्र जी का साला) मिला था। उससे कह दिया है कि वीरभद्र की छाती पर फोर-फिफ्टी (रिवॉल्वर) रखा जाएगा। मैंने कहा, गलत किया, वह सतर्क हो जाएगा। वीरभद्र जी के प्राणदंड का निश्चय उनके जेल से छूटने के बाद (जनवरी, 1931) किया। जनवरी, 1931 के अन्तिम सप्ताह में मैंने ही उन्हें सलाह दी थी कि वह थोड़ी देर के लिए कानपुर से हट जाएँ। वीरभद्र थोड़े दिन इंदौर अपने बहनोई के घर चला गया, अपनी सुरक्षा में हमीद खाँ को रखा।"[153]

श्री नन्दकिशोर निगम ने अपनी पुस्तक में वीरभद्र तिवारी के सम्बन्ध में लिखा, "मुझे आज़ाद ने सितम्बर, 1930 में कानपुर में बताया था कि तिवारी धोखा दे रहा है। वह दल के भेद सी.आई.डी. शम्भुनाथ के द्वारा दे रहा है। जब मैंने उनसे कहा कि क्यों नहीं तिवारी को खत्म कर देते तो उन्होंने उत्तर दिया कि यू.पी. के दल के सदस्यों और आश्रय तथा रुपये देनेवालों के नाम व ठिकाने केवल तिवारी को मालूम हैं, जिन्हें वह बताता नहीं। मैं धीरे-धीरे नाम व ठिकाने मालूम कर रहा हूँ। जैसे ही मुझे पर्याप्त जानकारी हो जाएगी। तिवारी को एक पल भी जीवित नहीं रहने दूँगा। उस समय केवल यू.पी. में दल के लगभग 70 सदस्य थे। उन सबका पता केवल तिवारी को मालूम था।"[154] इसी प्रकार आज़ाद के अभिन्न मित्रों में से एक श्री भगवानदास माहौर के ववतव्य को श्री वैशम्पायन ने अपनी पुस्तक में प्रकाशित किया। श्री माहौर लिखते हैं, "अपने किसी सम्बन्धी के मार्फत वीरभद्र ने मुझसे भी कहला भेजा कि वे मुझसे मिलना चाहते हैं। मैंने उत्तर में कहला भेजा कि मुझसे मिलने से कोई लाभ नहीं। मुझे इस मामले की कोई सीधी जानकारी नहीं है। मित्रों और सहयोगियों की धारणा और भावना में सन्देह का कोई कारण नहीं दिखता। श्री यशपाल का लेख पढ़ लेने के बाद भी।"[155]

इस तरह हम देखते हैं कि वीरभद्र तिवारी पर आरोप न तो फर्जी थे, न झूठे और न उसे मारने का फैसला अचानक का था। वह कोई एक्शन नहीं होने देता था। जुलाई, 1930 में गाडोदिया एक्शन से मिले धन से वीरभद्र ने जो लेथ मशीन कानपुर में डाली, उसी में शिवचरण मिस्त्री को लगाया था। 13-14 अगस्त, 1930 को श्री यशपाल को दंड पाने कानपुर भेजा गया। वीरभद्र से सूचना पाकर वह तत्काल लौट गए। अगले दिन आज़ाद व वैशम्पायन दिल्ली आए। सीधा कश्मीरी गेट पर भवानी सिंह के घर गए। उसी दिन श्री यशपाल को समाप्त करने धन्वन्तरि और वैशम्पायन लाहौर गए। 17 या 18 अगस्त को आज़ाद दीदी को फैक्टरी ले आए। 19 को वैशम्पायन व धन्वन्तरि लौट आए। 26 को वी.पी. जैन, प्रकाशो को वापस फैक्टरी लाए। 31 अगस्त, 1930 को वैशम्पायन ने सूवना दी कि वी.बी. तिवारी डबल गेम कर रहा है। सितम्बर में कच्छी वाले एक्शन की योजना बनी। लेकिन इसके पूर्व अक्टूबर, 1930 में वीरभद्र जेल चला गया। उसे चार माह बाद फरवरी में छूटना था। लेकिन नॉट बावर और शम्भुनाथ ने उसे फैजाबाद

से मलाका जेल भेजवाकर जनवरी में मुक्त करा दिया। वह 23 जनवरी, 1931 को कानपुर आया। आज़ाद ने पहले खोकी व श्री यशपाल के माध्यम से फिर महावीरप्रसाद पांडेय व कैलास के माध्यम से वीरभद्र तिवारी को खत्म करना चाहा। मगर वह बच गया। जनवरी, 1930 के अन्त में आज़ाद इलाहाबाद आ गए। 11 फरवरी, 1931 को कार का पैसा लेने के चक्कर में शिवचरण के घर वैशम्पायन पकड़े गए और 26 फरवरी को वीरभद्र कानपुर से इलाहाबाद आया, 27 की सुबह आज़ाद शहीद हुए।

चन्द्रशेखर आज़ाद की शहादत के बाद कई नामों पर लोगों में चर्चा होने लगी। घटना के अगले दिन श्री सदगुरु दयाल अवस्थी पकड़ लिये गए, दो दिन बाद रामरख सहगल गिरफ्तार हो गए। ज्यादातर लोगों का शक वीरभद्र तिवारी पर गया और आज़ाद की शहादत के चार महीने बाद से ही उस पर जानलेवा हमले शुरू हो गए थे। 18 जुलाई, 1931 को कानपुर में उस पर तीन गोलियाँ दागी गईं। लेकिन तिवारी बिना चोट के बच निकला। उस पर क्रान्तिकारियों ने हमला किया था, क्रान्तिकारियों के बीच वह इस बात का सन्दिग्ध था कि उसी ने चन्द्रशेखर आज़ाद की सूचना पुलिस को दे दी थी।[156] उस पर दूसरा हमला 24 नवम्बर, 1931 को जालौन, उरई में किया गया। भीड़ में एक नौजवान ने अपनी पिस्तौल तिवारी की पीठ पर सटाकर घोड़ा खींच दिया, लेकिन बन्दूक चली नहीं, वह नौजवान रमेशचन्द्र गुप्त पकड़ा गया और उसे 10 साल की सश्रम कारावास मिली।[157]

वीरभद्र पर तीन हमले—

1. 18.7.1931 कानपुर में मेरठ कॉलेज के क्रान्तिकारी साथी बनारसीलाल, इन्दुभूषण, रणवीर सिंह ने प्रहार किया, लेकिन वह बच गया।[158]
2. 24.11.1931 रमेशचन्द्र गुप्त के द्वारा उरई में मारने का प्रयास। बच गया।
3. 17.10.1940 रामऔतार अवस्थी के द्वारा उरई,जालौन में मारने का प्रयास। (अभिसूचना फाइल) बच गया।

हू इज हू के अनुसार, "रणवीर उर्फ रिंग मास्टर उर्फ गोराचन्द्र उर्फ रामप्रकाश उर्फ सोहराब मूलतः पिलखुआ, मेरठ के थे। पंजाब में भी रहते थे। इनके पिता लायलपुर में अलहमद थे। वहीं से इन्होंने बी.ए., एल.एल.बी. किया। 1930 में भवानी सहाय के माध्यम से वे एच.एस.आर.ए. के सम्पर्क में आए। जून, 1931 में यशपाल के साथ कानपुर में वीरभद्र तिवारी को मारने का विफल प्रयास किया। दिसम्बर, 1931 में मेरठ में फरार क्रान्तिकारियों की बैठक में हिस्सा लिया। 1936 में मेरठ में वकील बनकर बस गए।"[159]

संक्षेप में, वीरभद्र के बचाव में श्री यशपाल, लल्लन प्रसाद व्यास और खुद वीरभद्र तिवारी ने जो दलीलें दी हैं वे निम्न हैं—

1. यशपाल ने 'धर्मयुग' में लिखा, वीरभद्र को रुपये का ही लालच था तो उसके पास कितने ऐसे अवसर आए जब वह दल के किसी भी प्रमुख आदमी को गिरफ्तार करवाकर रुपया प्राप्त कर सकता था। वायसराय स्पेशल ट्रेन उड़ाने की योजना वीरभद्र को मालूम थी, फिर भी उसने पुलिस को जानकारी नहीं

दी। 26 जनवरी, 1929 को 'बम का दर्शन' परचा बँटा था, उसको छपवाने की व्यवस्था वीरभद्र ने की थी।

2. लल्लन प्रसाद व्यास ने अपने लेख में लिखा, गदर पार्टी के प्रमुख नेता पं. परमानन्द मेरे घर पर आए थे। इस मुद्दे पर चर्चा उठी तो उन्होंने कहा कि बिलकुल झूठ है। वीरभद्र ने आज़ाद के विरुद्ध कोई सूचना पुलिस को कभी नहीं दी।[160]

   हू इज हू के अनुसार, "परमानन्द उर्फ पंडित मूलतः श्रीवास्तव कायस्थ थे। हमीरपुर के रहनेवाले थे। 13.4.1915 को उन्हें लाहौर से काला पानी भेजा गया था। उनके भाई पटवारी थे, जिन्होंने उन्हें पाला था। उनकी शिक्षा कायस्थ पाठशाला, इलाहाबाद तथा बनारस में हुई थी। बनारस में वे केशवदेव शास्त्री के अनुयायी हो गए। 1914 में आर्य समाज के मिशनरी बनकर अमेरिका गए। लेकिन जापान में रुके। वे गदर के नेताओं जगत राम, केशर सिंह, और ज्वाला सिंह के सम्पर्क में रहे। फिर तोसामारू जहाज से भारत लौट आए। वे पंजाब तथा बनारस के क्रान्तिकारियों के बीच समन्वय सूत्र बने। उन्हें 1915 के लाहौर षड्यंत्र केस में मृत्युदंड दिया गया था। जिसे अपील करने पर बाद में घटाकर काला पानी में बदल दिया गया।"[161]

3. 'दिनमान' में छपे अपने वक्तव्य में वीरभद्र तिवारी ने अपने बचाव में विस्तार से दलीलें दी। उसके अनुसार, "1930 में कानपुर क्रान्तिकारी दल का बड़ा व सुसंगठित अड्डा बन गया। जहाँ कुछ साथी कहीं भी कुछ भी करने को उतावले थे वहाँ मेरी राय में कानपुर में कुछ कार्यवाही करने का अर्थ हमारे छिपकर रहने और बम फैक्टरी चलाने की योजना का अन्त कर देना होता। यशपाल ने आज़ाद के क्रोधानल को हवा दी। कैलाशपति और धन्वन्तरि ने, मैंने और सदगुरु दयाल अवस्थी ने यशपाल को आगाह कर दिया और वे वापस लौट गए। इधर कानपुर में गणेश शंकर विद्यार्थी द्वारा राजनीतिक स्तर पर कुछ ऐसी बातें हो उठी थी, जिनसे लगता था कि बैठकर गम्भीरता से विचार किया जाए। दल का काम चन्दे से चलता था। धन का स्रोत सूख-सा गया था। धनाभाव से दल पीड़ित था। डकैती के सिवाय और कुछ न सूझता था। कानपुर के एक कच्छी आढ़ती को लूटकर लाने की योजना आज़ाद ने बनाई। मैंने और सदगुरु दयाल ने असहमति व्यक्त की। क्योंकि जरा-सी असावधानी से दल खतरे में पड़ जाता और कानपुर जैसा क्रान्तिकारी केन्द्र ध्वस्त हो जाता। इन्हीं कारणों से धीरे-धीरे गलतफहमियाँ बढ़ती गईं।

सितम्बर, 1930 में मैं 'नमक सत्याग्रह' में कच्छी डकैती के पूर्व ही जेल चला गया, जहाँ मुझे चार मास की सजा हुई। कानाफूसी हुई कि मैंने डकैती से बचने के लिए अपनी गिरफ्तारी आयोजित की थी। इस बात से भी आज़ाद को मुझ पर खीज हुई। इस ग्रुप ने एक गप गढ़ी कि फैजाबाद जेल में नॉट बावर मुझसे मिले। उनसे मैंने आज़ाद को पकड़वाने का वादा किया। अवधि के पूर्व मुझे जेल से छोड़ा गया कि फैजाबाद से इलाहाबाद मुझे इसीलिए भेजा गया कि मैं वहाँ आज़ाद को ढूँढूँ। इसमें एक भी बात

सच नहीं थी। फैजाबाद जेल में मैंने चक्कर बन्दी पर सत्याग्रह किया था, अतः मुझे नेता करार देकर वहाँ से मलाका जेल भेज दिया गया था। आज़ाद इन बातों को सुनकर बौखलाते थे। इन्हीं बातों ने मेरे विरुद्ध आज़ाद के मन में गाँठ डाल दी थी।

जनवरी, 1931 में अपनी चार माह की सजा पूरी कर मैं जेल से छूटकर आया तो आज़ाद से भेंट कर उनकी शंका का निराकरण करने की सोचा, क्योंकि जेल से आने पर मैंने पाया कि साथी, वरिष्ठ कांग्रेसी नेता, पार्टी के प्रश्रयदाता सभी सशंक, अवस्थी, मन्नीलाल पांडेय, मासी माँ, शिवचरण (मैकेनिक बम फैक्टरी) ने मुझे यह स्थिति बताई। अरोड़ा जी विस्मित व व्यथित। मन्नीलाल पांडेय के द्वारा मैंने आज़ाद से भेंट के लिए पत्र भेजा, ताकि भ्रम दूर हो जाए। श्री यशपाल से 26-27 को (जनवरी, 1931) सहसा भेंट हुई तब उनसे भी मैंने यही आग्रह किया। श्री यशपाल ने कहा, आज़ाद का पारा गरम है। मेरे खिलाफ लोगों ने खूब भरा है, शान्ति होने पर मिलवाऊँगा। कैलाशपति मुखबिर होकर पुलिस को बयान दिये जा रहा था। पुलिस पंजाब की न जाने कब आ धमके और तलाशियाँ-गिरफ्तारियाँ शुरू हो जाए। इसके निवारणार्थ मैंने बम फैक्टरी नष्ट की। मेरे इन सावधानी और मूकतापूर्वक किये गए कार्यों का भी अनर्थ लगाया गया। मैंने सी.आई.डी. इंस्पेक्टर शम्भुनाथ तथा टीकाराम के पीछे पार्टी के वैतनिक जासूस लगा रखे थे—सनक, चन्द्रमौलि, जगन्नाथ आदि। सरकार ने मुझे खतरनाक समझकर मेरे पीछे इन दो अफसरों को लगा रखा था।

11 फरवरी को भूरे सिंह कांस्टेबल ने सादे कपड़ों में वैशम्पायन को पकड़ लिया। वैशम्पायन की गिरफ्तारी कैलाशपति के बयानों पर यू.पी. में पहली थी। उसके बाद ही शिवचरण गिरफ्तार हो गया। इलाहाबाद में उसका बयान मि. कादरी मजिस्ट्रेट के सामने कलमबन्द कराया गया। मासी माँ से मुझे पता चल गया कि आज़ाद इलाहाबाद में ही कहीं हैं। शिवचरण को पुलिस द्वारा इलाहाबाद ले जाने के कारण मेरा माथा ठनका और मैंने आज़ाद से मिलने की ठानी। उनसे प्रान्त छोड़कर अन्यत्र जाने का अनुरोध करने के लिए मैं इलाहाबाद गया था। 26-27 की रात प्लेटफॉर्म पर अचानक रामचन्द्र मुसद्दी मिले। उनके भाई की बरात बनारस जा रही थी। उनके आग्रह पर मैं भी शामिल हो गया। 27 फरवरी को सवेरे 7 बजे मैं इलाहाबाद में गाड़ी से उतर गया। पुराने कांग्रेसी, काकोरी के मित्र श्री शीतला सहाय के घर गया। नहा-धोकर उनकी साइकिल लेकर कटरा सड़क से चला कि तभी करीब 9-10 बजे दिन के सुना कि कोई क्रान्तिकारी मारा गया। वह और कोई नहीं आज़ाद ही थे। यह जीवन का क्रूर संयोग था। आज़ाद की शहादत के सम्बन्ध में कुछ पत्रिकाओं में हाल में मुझसे सम्बद्ध कुछ लेख छपे हैं। जो केवल सुनी-सुनाई बातों पर आधारित हैं अथवा कुछ लोगों ने पूर्वग्रह जनित भावनाओं पर अनुमान के साक्ष्य खड़े किये हैं।"[162]

वीरभद्र तिवारी के बचाव में दी गई दलीलों में से कुछ का प्रत्युत्तर आज़ाद के कई क्रान्तिकारी साथियों ने दिया—

1. श्री नन्दकिशोर निगम ने लिखा, "मैं श्री यशपाल के इस कथन को तर्कसंगत नहीं समझता कि वीरभद्र को रुपये का ही लालच था तो उसके पास कितने ऐसे अवसर आए जब वह दल के किसी भी प्रमुख आदमी को गिरफ्तार करवाकर

रुपया प्राप्त कर सकता था। मेरी तो धारणा है कि उसने सी.आई.डी. का साथ अक्टूबर के बाद देना शुरू किया। अपनी जान बचाने की खातिर। जितने भी षड्यंत्र अभियोगों में दल के सदस्य सरकारी गवाह बने वे पकड़े जाने के पहले दल का काम ईमानदारी से करते थे। पकड़े जाने पर गैर कानूनी आचरणों के लिए दंडित किये जाने के भय से अथवा रुपये या स्त्री के लालच से वे सरकारी गवाह बन जाते थे। नवम्बर के अन्त तक ठाकुर विशेश्वर आज़ाद को नहीं पहचानता था। कानपुर रेलवे स्टेशन पर हमारे (मैं, वैशम्पायन, आज़ाद) पास से गुजरा। आज़ाद ने कहा, 'यह साला बशेसर सिंह है, जो मेरे पीछे पड़ा हुआ है। मैं जब चाहूँ इसे मार सकता हूँ। लेकिन मैं इसे गोली से नहीं मारूँगा। किसी दिन छुरे से मारूँगा।' यदि बशेसर सिंह आज़ाद को नवम्बर (1930) के अन्त तक नहीं पहचानता था, तो पार्क में कैसे पहचान गया?"[163]

2. श्री विश्वनाथ वैशम्पायन ने अपनी पुस्तक में लिखा, " 'सिंहावलोकन' में एक जगह पर श्री यशपाल ने लिखा कि 'बम का दर्शन' पर्चा छपवाने की व्यवस्था आज़ाद की थी जबकि 'धर्मयुग' में कह रहे हैं कि वीरभद्र ने की। अब वीरभद्र के आदेश पर यह तथ्य जोड़ा जा रहा है। कैलाशपति के मुखबिर होने के पूर्व वीरभद्र के विषय में पुलिस को यह पता नहीं था कि वह क्रान्तिकारी दल से जुड़ा है। जब उन्हें मालूम हुआ तभी उन्होंने उसका गला दबाया और वह आज़ाद का शत्रु बन बैठा। क्योंकि आज़ाद को मालूम हो चुका था कि वीरभद्र को पुलिस ने छोड़ दिया है। आज़ाद को अकेला बना देने के लिए आवश्यक था कि पहले मुझ पर वार होता। एक बार कानपुर स्टेशन पर हम दोनों को घेरने का प्रयास किया गया था। बाद में मुझे गिरफ्तार कराने की योजना बनी जो सफल रही।"[164]
3. वीरभद्र तिवारी ने अपने वक्तव्य में कानपुर से इलाहाबाद आने का कारण बताते हुए लिखा, "शिवचरण को पुलिस द्वारा इलाहाबाद ले जाने के कारण मेरा माथा ठनका और मैंने आज़ाद से मिलने की ठानी। उनसे प्रान्त छोड़कर अन्यत्र जाने का अनुरोध करने के लिए मैं इलाहाबाद गया था।" लेकिन किसी भी स्रोत से यह स्पष्ट नहीं होता कि शिवचरण उस दिन गिरफ्तार हुआ था। पुलिस ने उसकी गिरफ्तारी आज़ाद की शहादत के बाद इलाहाबाद में दिखाई। यदि शिवचरण गिरफ्तार ही नहीं था तो प्रश्न उठता है कि इस सम्बन्ध में वीरभद्र को कैसे पता चला और वह उसी दिन इलाहाबाद क्यों आया? स्टेशन पर उतरने के बाद कहाँ-कहाँ गया? किस-किस से मिला? कानपुर कब लौटा और श्री गणेश शंकर विद्यार्थी जी के पूछे जाने पर झूठ क्यों बोला? वीरभद्र ने 'दिनमान' में जो वक्तव्य 21 अप्रैल, 1968 को दिया है, वह लल्लन प्रसाद व्यास द्वारा प्रकाशित किये गए लेख से मिलता-जुलता तथा श्री रामचन्द्र मुसद्दी के लेख का सोचा-समझा जवाब जान पड़ता है।

इन समस्त आरोप-प्रत्यारोप और तथ्यों के विश्लेषण से यह निष्कर्ष निकलता है कि अल्फ्रेड पार्क की घटना अचानक नहीं थी। यह सुनियोजित थी। सर्वश्री विश्वनाथ

वैशम्पायन, सुखदेवराज, रामरख सहगल और सदगुरु दयाल अवस्थी के अपने बिन्दु हो सकते हैं, जिनसे सन्देह पैदा हो लेकिन सारे तर्क-तथ्य तथा और परिस्थितिजन्य साक्ष्य निरन्तर वीरभद्र को कठघरे में खड़ा कर रहे हैं। श्री वैशम्पायन की गिरफ्तारी व आज़ाद की शहादत के ठीक पहले दोनों मौकों पर उसकी उपस्थिति नियति का क्रूर मजाक नहीं हो सकती। इस खंड में विभिन्न स्रोतों से जितने बिन्दु उठाए गए हैं, उनका उत्तर यशपाल-वीरभद्र के लेखों में नहीं है। आज़ाद को समाप्त कराने का मोटिव वीरभद्र के लिए पुलिस द्वारा लम्बे समय तक जेल में जाने का भय और आज़ाद के जिन्दा रहने पर खुद के निश्चित रूप से मारे जाने के भय से निजात पाना था। आज़ाद के पकड़े या मारे जाने से ये दोनों भय समाप्त हो जाते।

वीरभद्र तिवारी के सम्बन्ध में विस्तृत जानकारी काकोरी केस की विभिन्न फाइलों में दर्ज मिलती है। डी.वी. हैमिल्टन, स्पेशल सेशन लखनऊ की कोर्ट में काकोरी ट्रेन केस सेशन ट्रॉयल नं. 1/7, 1926 के नाम से चल रहा था। काकोरी की फाइलों में वीरभद्र का ब्रीफ हिस्ट्री नोट भी है, "वीरभद्र, 1925 में आयु 25 वर्ष, विवरण लम्बाई 5'5'', दुबला बदन, गोरी रंगत, लम्बा चेहरा, लम्बी नाक, उठती मूँछें (भीनी मसें)।" इसी नोट में वर्णन है, "25 मार्च, 1925 को श्यामलाल ने कानपुर के रामदुलारे को लिखा कि वह उरई के वीरभद्र से हथियार झाँसी ले आए। जो उन दिनों कानपुर में कांग्रेस कार्यालय में काम करता था। वीरभद्र ने हथियार देने से मना कर दिया। अतएव रामदुलारे झाँसी नहीं जा पाया, जहाँ एक एक्शन करने की योजना थी। जून, 1925 में और के.जी. शर्मा के अनुसार फतेहपुर की मनी एक्शन में हिस्सा लेनेवालों में—वीरभद्र, रामदुलारे और एक वह आदमी था जो अकसर मनीलाल के साथ कानपुर के राष्ट्रीय स्कूल में रुका करता था। एक्शन की प्राप्ति 11 अगस्त, 1925 को एस.सी. भट्टाचार्य को मिली। वीरभद्र कानपुर की कांग्रेस ऑफिस पर मौजूद था। लखनऊ के ट्रेन एक्शन में जिन लोगों ने भाग लिया उनमें वीरभद्र, मुकुन्दी, अशफाक उल्ला, बनारसी, मदन, इन्दुभूषण मित्र, रोशन सिंह और बनारस के कुछ बंगाली थे। ऐसा कहा जाता है कि हथियार शायद वीरभद्र के पास हैं। बताया जा रहा है कि 30 अगस्त, 1925 को वीरभद्र और रामदुलारे कानपुर में थे। 300 रुपये जमा करने का प्रबन्ध किया जा रहा था, जिससे झाँसी आर्म्स एक्ट केस में अपील की जा सके। लखनऊ ट्रेन एक्शन में शामिल लोगों में फतेहगढ़ का देवपाल तथा शाहजहाँपुर का खियाली राम बताया जा रहा है। मेरठ में सितम्बर, 1925 में हुई गुप्त बैठक में वीरभद्र, लाला विष्णुसरन, रामप्रसाद, एस.सी. चटर्जी, दामोदर स्वरूप, बालमुकुन्द उर्फ अनुरागी, जुगल किशोर दीक्षित (बनारस) और गोविन्द कार उर्फ डी.एन. चौधरी मौजूद थे। बताया जा रहा है कि वीरभद्र कानपुर के क्रान्तिकारियों के दल का नेता है और वह रिवॉल्यूशनरी पर्चे को वितरित करनेवाले स्वयंसेवकों का प्रभारी था। लखनऊ में हुई ट्रेन एक्शन के सिलसिले में वीरभद्र 26.09.1925 को गिरफ्तार हुआ।"[165]

काकोरी फाइल के अनुसार वीरभद्र तिवारी ने काकोरी ट्रेन एक्शन के समय हथियारों का प्रबन्ध किया था। इसके पूर्व फतेहपुर में एक्शन में भाग लिया था। काकोरी ट्रेन एक्शन के बाद मेरठ में हुई बैठक में अन्य क्रान्तिकारियों के साथ शामिल हुआ था। इस बैठक में शामिल होने के कारण ही श्री विष्णुशरण दुबलिश आदि को सजा दी

गई किन्तु वीरभद्र तिवारी को साक्ष्यों के अभाव में छोड़ दिया गया। उल्लेखनीय है कि काकोरी केस में 26 सितम्बर, 1925 को विभिन्न स्थानों पर छापे मारकर सी.आई.डी. व पुलिस ने एक साथ करीब 40 लोगों को गिरफ्तार किया था। इनमें अनेक कांग्रेस के कार्यकर्ता भी थे। पकड़े गए लोगों में से तमाम लोग साक्ष्य के अभाव में बाद में छोड़ दिये गए। जबकि कुछ अन्य के नाम-पते तसदीक हुए और आगे भी गिरफ्तारियाँ हुईं।

इन्हें जोड़ते-घटाते हुए स्पेशल मजिस्ट्रेट ऐनुद्दीन के समक्ष 16 अप्रैल, 1926 को ऑर्डर ऑफ कमिटमेंट तैयार किया गया जो 28 लोगों के विरुद्ध था। इनके ऊपर धारा 396 के साथ धारा 121ए और 120बी आई.पी.सी. लगाई गई थी। इन 28 नामित में सर्वश्री अशफाक उल्ला, चन्द्रशेखर आज़ाद तथा शचीन्द्रनाथ बख्शी फरार थे। अत: उन्हें छोड़ दिया गया। इन्दुभूषण मित्र और बनारसीलाल ने क्षमा माँग ली (337 सी.आर. पी.सी.) तथा अप्रूवर बन गए। शेष दो नामितों ज्योतिशंकर दीक्षित (नं. 14) तथा वीरभद्र (नं. 16) का 29 जनवरी, 1926 को सरकार से प्राप्त निर्देशों के तहत क्राउन कौंसिल ने मुकदमा उठा लिया। अत: उन्हें करीब चार माह बाद जेल से जनवरी, 1926 में रिहा कर दिया गया। 16 अप्रैल को काकोरी की चार्ज शीट दाखिल हुई तो इनके नाम नहीं थे। यदि अन्तिम स्पेशल मजिस्ट्रेट सैयद ऐनद्दीन के समक्ष प्रस्तुत चार्ज शीट को देखें तो उसमें मात्र 21 नाम दिये गए हैं। इसी बात को वीरभद्र तिवारी के साथियों ने 'सन्दिग्ध परिस्थितियों में काकोरी से छूटा' कहा। आज तक किसी के पास यह पुख्ता सूचना उपलब्ध नहीं है कि वीरभद्र और ज्योतिशंकर दीक्षित को क्यों और कैसे छोड़ा गया।

लेकिन एक पुख्ता साक्ष्य राष्ट्रीय अभिलेखागार के होम पोलिटिकल सेक्शन की फाइल में आसानी से देखा जा सकता है। जो आज तक पुस्तकों में कहीं दर्ज या उल्लिखित नहीं है।

अप्रैल, 1926 की पाक्षिक रिपोर्ट प्रथम में लिखा है, "डॉ. किचलू ने लखनऊ म्युनिसिपल बोर्ड का पता किया, ऐसा लगता है कि उन्होंने राजनीतिक नेताओं को और ज्यादा पते न देने का फैसला किया है। डॉ. किचलू ने अपने प्रत्युत्तर में इस सम्बन्ध में बोर्ड द्वारा भेजे गए आशय पर प्रतिकूल इच्छा जाहिर की। कानपुर की एक रिपोर्ट कहती है कि ऐसा लग रहा है कि बेरोजगार अतिवादियों तथा असहयोगियों के लिए रोजगार ब्यूरो का विकास कर रही है। इस पक्ष में उन्होंने निम्न नियुक्तियाँ की हैं—

1. टर्मिनल टैक्सेशन डिपार्टमेंट के इंस्पेक्टर के रूप में एक विख्यात असहयोगी को 160 रुपये मासिक वेतन पर रखा गया।
2. क्रिमिनल लॉ अमेंडमेंड एक्ट के एक पूर्व सजायाफ्ता को 80 रुपये मासिक के पद पर रखा गया।
3. एक अन्य सुविख्यात अतिवादी को 60 रुपये मासिक के पद पर रखा गया।
4. और अन्त में, लेकिन अन्तिम नहीं के रूप में वीरभद्र जो काकोरी डकैती केस में साक्ष्यों के अभाव में छूटा था, को बतौर हैक्नी कैरिज इंस्पेक्टर 110 रुपये प्रति माह पर रखा गया।

मजिस्ट्रेट ने टिप्पणी की कि उसका विश्वास है कि इनमें से ज्यादातर सज्जन

सामान्य जीवन में प्रतिमाह 30 रुपये भी नहीं कमा सकते। इसी प्रकार की इलाहाबाद से आई रिपोर्ट कहती है कि बोर्ड की कार्य प्रणाली में अभी भी साम्प्रदायिक विचारों का बोलबाला है।"[166] (देखें चित्र)

इस पाक्षिक रिपोर्ट से शीशे की तरह साफ है कि चार्ज शीट में से नाम हटाए जाने के पूर्व ही वीरभद्र तिवारी और ज्योतिशंकर दीक्षित ने सरकार से डील कर ली थी। इसके थोड़े दिन पूर्व यानी अप्रैल के प्रथम पक्ष में कानपुर म्युनिसिपल बोर्ड ने वीरभद्र को मासिक 110 रुपये पर 'हैक्नी कैरिज इंस्पेक्टर' बनाया था अर्थात् अप्रैल, 1926 से वीरभद्र तिवारी सरकार का तनखैया सेवक था, साथ में क्रान्तिकारियों और कांग्रेस से भी जुड़ा रहा। 1929 में जाकर पहले श्री गणेश शंकर विद्यार्थी को इल्म हुआ कि वह सूचना लीक कर रहा है और सितम्बर, 1930 में श्री विश्वनाथ वैशम्पायन ने कानपुर से दिल्ली आकर बताया कि तिवारी डबल गेम कर रहा है। खास कर श्री यशपाल के प्रकरण में उसका खुलना घातक रहा। लेकिन उसके बाद भी अक्टूबर, 1930 तक वह दल में ही था। अक्टूबर में एक्शन से बचने के लिए वह 'नमक सत्याग्रह' में जेल गया। फिर जनवरी, 1931 के अन्तिम सप्ताह में छूटा। धर्मेन्द्र गौड़ ने अपनी पुस्तक में लिखा है, "वीरभद्र के विषय में ज्ञात हुआ रायबहादुर पंडित शम्भुनाथ द्वारा प्रेषित किये गए पार्टिक्यूलर्स से, कॉन्फिडेंशल रजिस्ट्रार के कार्यालय में शम्भुनाथ के पुराने सीक्रेट सर्विस बिलों से विदित हुआ कि वीरभद्र को 200 रु. मासिक वेतन प्राप्त होता था। उस समय वही उनका बेशकीमती मुखबिर था।"[167] यद्यपि यह सूचना सप्रमाण नहीं है।

वीरभद्र तिवारी कौन था? उसके परिजनों आदि के सम्बन्ध में प्रायः नहीं के बराबर जानकारी मिलती है। प्राप्त सूचनाओं के अनुसार, "वीरभद्र तिवारी पुत्र शिवप्रसाद मूलतः उरई (जालौन) का रहनेवाला था। वह पूर्व में राष्ट्रीय स्कूल, कानपुर से जुड़ा था। वहाँ अध्यापन का कार्य करता था। साथ ही कांग्रेस का स्वागत समिति का अधीक्षक था जिसके लिए उसे वेतन मिलता था।"

पूर्व में उरई में रहे व वर्तमान में झाँसी में आवासित श्री देवेन्द्र सिंह ने अपनी फेसबुक वाल पर वीरभद्र के सम्बन्ध में कतिपय सूचनाएँ प्रकाशित की हैं। श्री सिंह के अनुसार, "वीरभद्र के एक छोटे भाई बलभद्र तिवारी थे, जो डिस्ट्रिक्ट बोर्ड में बड़े बाबू थे और गोपालगंज के मकान में रहते थे। उनका पुत्र सन्तोष तिवारी मेरा क्लासमेट और लँगोटिया यार भी था। उसके घर मेरा बहुत समय व्यतीत होता था। वीरभद्र तिवारी सन्तोष के सगे ताऊ थे और एक ही घर में रहते थे। अतः उनको अकसर ही देखता था। इतने गम्भीर रहते थे कि मैं तो क्या सन्तोष से भी उनको बातें करते नहीं देखा। सन्तोष ने भी बताया कि आज़ाद वाला प्रसंग कभी घर में उसके सामने भी नहीं उठा। बलभद्र तिवारी की पुत्री का नाम विमला भट्टाचार्य था जो गर्ल्स जी.आई.सी. में प्रिंसिपल के पद से रिटायर हुई। वीरभद्र के दो बेटे हुए। बड़े बेटे का नाम रुद्रदत्त तिवारी था, जिनको सरकार ने दारोगा की नौकरी दी थी। उनके छोटे लड़के का नाम भरत या भारत था। वह जर्मनी चला गया और वहीं शादी करके रह गया। नारियल बाजार के हमले के बाद डरकर वीरभद्र तिवारी कानपुर छोड़कर अपने घर उरई आ गए। अपनी स्वच्छ छवि बनाने के लिए उन्होंने पत्रकारिता में अपनी कलम व लेखन पटुता का इस्तेमाल किया

व साप्ताहिक 'प्रहरी' अखबार निकाला। सामाजिक कार्यों में भाग लेना शुरू किया। वह न केवल नाटक देखने के शौकीन थे, बल्कि डिप्टीगंज की रामलीला में परशुराम का दक्षता से अभिनय भी करते थे।"[168]

वीरभद्र तिवारी की नाटकप्रियता का प्रमाण श्री सदगुरु दयाल अवस्थी द्वारा काकोरी केस में बतौर अभियोजन साक्षी दिये गए बयान में भी मिलता है। काकोरी फाइलों के खंड-4 में डिफेंस इविडेंस के 55 लोगों की सूची में 50वें स्थान पर सदगुरु दयाल का नाम दर्ज है। पूरी सूची में कुल दस गवाह थे जिन्हें सम्मन नहीं दिया गया था। सदगुरु दयाल अनसंमंड साक्षी थे। इसी खंड के पृष्ठ-133 पर बतौर डिफेंस विटनेस 49 सदगुरु दयाल का सशपथ बयान दर्ज है (10 फरवरी, 1927)। वे अपने बयान में कहते हैं, "मैं कानपुर में सनातन धर्म कॉलेज में पढ़ता हूँ। मैं कानपुर के राष्ट्रीय स्कूल के बारे में जानता हूँ। मैंने वहाँ 'शहीद अकाली' नाम के नाटक में हिस्सा लिया था। उन दिनों मैं क्राइस्ट चर्च कॉलेज में पढ़ता था। यह नाटक नवम्बर, 1924 या दिसम्बर में खेला गया था। स्कूल के लड़के, कुछ अध्यापक और एक या दो बाहरी मौजूद थे। रिहर्सल 3-4 महीने चली थी। रिहर्सल राष्ट्रीय स्कूल में की जाती थी। यह नाटक जिस दिन खेला गया, उस दिन 3:45-4 पर शुरू हुआ और रात को 8-9 बजे तक चला। मुझे याद नहीं कि स्कूल में कितनी मंजिलें थीं। रिहर्सल कभी दूसरी, तो कभी तीसरी मंजिल पर होती थी। मैं वहाँ थोड़ा देर से 4 या 4:30 बजे स्कूल से छूटने के बाद पहुँचा था। मैं वहाँ 7-8 बजे रात तक रहा। बाहरी लोग रिहर्सल देखने नहीं आते थे। अभियुक्तों में मैंने सिर्फ रामदुलारे को रिहर्सल में देखा था।"

आगे क्रास एग्जामिनेशन में श्री अवस्थी ने बताया कि "वीरभद्र इस नाटक का सचिव है। यह वही आदमी है जिसे इस केस में गिरफ्तार किया गया था। उसने समाचार-पत्रों में ड्रामा की नोटिसें जारी करवाई थीं, ड्रामा हुआ नहीं। शहीद अकाली खेला नहीं गया। इसकी जगह पर दूसरा ड्रामा खेला गया। मुझे रिहर्सल में एक्ट करनेवाले एक या दो लोगों के नाम याद हैं, सभी के नहीं। जो लोग शहीद अकाली की प्रैक्टिस कर रहे थे, लगभग उन्हीं लोगों ने दूसरा वाला नाटक भी किया, रामदुलारे ने इसमें भाग लिया। इस दूसरे नाटक की रिहर्सल एक या दो दिन पहले की गई थी। ताकि यदि पहला न हो पाए तो हम इस नाटक को कर लें, क्योंकि कुछ सिक्खों ने इस पर आपत्ति की। दूसरा नाटक भी राष्ट्रीय स्कूल के दूसरी या तीसरी मंजिल पर रिहर्सल किया गया था, लेकिन मुझे अच्छे से याद है कि इसकी रिहर्सल वहीं हुई थी। यह रिहर्सल दो या तीन बार की गई थी।"[169]

उरई में मच्छर चौराहे से 500-1000 मीटर की दूरी पर ही गोपालगंज मुहल्ला है, जहाँ वीरभद्र का घर था। मच्छर चौराहे पर मिठाई की एक दुकान थी और दुकानदार का पास में ही घर था। यह दुकान जिस सज्जन की थी, उनके भतीजे वर्तमान में सरकारी सेवा में हैं तथा नाम न देने की शर्त पर लेखक से अपने बचपन का एक किस्सा शेयर किया, "जब मैं 7-8 साल का था (1977-78) तो एक दिन मेरे पिताजी ने एक लम्बे, दुबले-पतले, साँवले व्यक्ति की ओर इशारा करके कहा कि इस आदमी को ध्यान से देखो। जब वह व्यक्ति गुजर गया तो पिताजी ने बड़ी घृणा से बताया कि यह वीरभद्र है,

इसी ने चन्द्रशेखर आज़ाद की मुखबिरी की थी। मच्छर चौराहे पर ताऊ जी की चाय-मिठाई की दुकान पर कस्बे भर के लोगों का जमावड़ा लगता था, मगर मैंने वीरभद्र को उस दुकान पर आते कभी नहीं देखा तो एक बार ताऊ जी से पूछ लिया कि वीरभद्र वहाँ कभी क्यों नहीं आते? ताऊ जी ने भी उतनी ही घृणा से जवाब दिया, 'वह साला क्या खाकर यहाँ आएगा?' मुझे आज भी अपने पिता और ताऊ जी की हिकारत से भरी बातें और वीरभद्र का चेहरा याद है। पूरे उरई कस्बे में वीरभद्र का कोई अभिवादन नहीं करता था, न तो शादी-ब्याह या किसी अन्य सामाजिक समारोह में बुलाता था। अस्सी के दशक में जब वीरभद्र तिवारी की मृत्यु हुई तो कोई उनकी अन्त्येष्टि में भी नहीं गया। उन पर जो कलंक लगा था, इससे समाज ने उनका बहिष्कार कर रखा था। वीरभद्र ने 1967 के 'साप्ताहिक हिन्दुस्तान' में अपना स्थायी पता—107 रामनगर लिखा है जो उरई का कस्बा है, और गोपालगंज से 4-5 किमी. दूर है। हो सकता है कि यहाँ वीरभद्र की कोई प्रॉपर्टी या कार्यालय रहा हो।"[170] सूचना है कि वीरभद्र के पुत्र को दारोगा की नौकरी श्री लालबहादुर शास्त्री के गृहमंत्री कार्यकाल में मिली। जो 4 अप्रैल, 1961 से 29 अप्रैल, 1963 तक इस पद पर थे।

अन्त में किसी भी इतिहास के विद्यार्थी के मन में यह प्रश्न उठना स्वाभाविक है कि वीरभद्र तिवारी यदि वास्तव में एच.एस.आर.ए. का सदस्य था और चन्द्रशेखर आज़ाद का साथी था तो उसका नाम आज़ाद के साथियों की सूची में तथा हू इज हू में क्यों नहीं मिलता? और अभिसूचना के सेंट्रल रिकॉर्ड में उसकी व्यक्तिगत पत्रावली क्यों नहीं मिलती? और उसे पुलिस ने कभी गिरफ्तार क्यों नहीं किया? निश्चित रूप से वीरभद्र आज़ाद की शहादत का दोषी है।

अज्ञात मुखबिरी

चन्द्रशेखर आज़ाद की मुखबिरी करने के लिए कुछ लोग अज्ञात मुखबिर का भी उल्लेख करते हैं। कुछ लोगों का अनुमान है कि "आज़ाद की शहादत के दिन जो व्यक्ति सुबह ठाकुर विशेश्वर सिंह के घर सूचना लेकर आया था, और उसने जिसे नाराज होते हुए, यह कहकर कोठरी में बन्द कर दिया था कि अगर इस बार सूचना गलत हुई तो मैं वापस आकर तुम्हारी मरम्मत करूँगा।" वही असली मुखबिर था। लेकिन इस बार अज्ञात मुखबिर के द्वारा दी गई सूचना सही थी, पार्क में चन्द्रशेखर आज़ाद ही थे। गोली चली, ठाकुर विशेश्वर सिंह का जबड़ा टूटा और आज़ाद को वीरगति मिली। ठाकुर विशेश्वर सिंह के घर में बन्द अज्ञात व्यक्ति कौन था इस सम्बन्ध में अनेक मत-मतान्तर हैं।

श्री सुरेन्द्रनाथ पांडेय और बाद में कभी श्री विश्वनाथ वैशम्पायन तथा अन्य लोगों ने विशेश्वर सिंह की मृत्यु के बाद उनके घर जाकर उसकी माँ से बातचीत की। विशेश्वर सिंह की माँ ने उस आदमी का जो हुलिया बताया उसके अनुसार, "वह गोरा, घुँघराले बालवाला था, उसके चेहरे पर चेचक के दाग थे।"अज्ञात मुखबिर के सम्बन्ध में सर्वप्रथम श्री यशपाल ने सन्देह किया कि वह परमानन्द कोबरा उर्फ क्रूम लेदर हो सकता है। बताया जाता है कि परमानन्द ही वह व्यक्ति था जिसने आज़ाद को कमरा दिलाया था। और वैशम्पायन के गिरफ्तार होने के बाद आज़ाद के खबरी का काम करता

था। आगे जब आज़ाद के कई अन्य साथियों ने इंस्पेक्टर शम्भुनाथ से पूछा था तो उसने भी परमानन्द वगैरह पर ही शक जताया था। इससे स्पष्ट होता है कि 'सिंहावलोकन' में श्री यशपाल के द्वारा दी गई सूचना या तो शम्भुनाथ के द्वारा दी गई थी अथवा शम्भुनाथ को श्री यशपाल ने यह सूचना दी थी। चूँकि पुलिस अन्त तक कटरावाले उस कमरे तक नहीं पहुँची जहाँ आज़ाद रहते थे। इससे स्पष्ट है कि यह कृत्य परमानन्द कोबरा का नहीं था। श्री विश्वनाथ वैशम्पायन के अनुसार परमानन्द तो काला था। अतः वह यह व्यक्ति नहीं हो सकता। आज़ाद की शहादत के दिन वह कानपुर में वीरेन्द्रनाथ पांडेय के साथ था। ऐसे में पुनः प्रश्न उठता है कि यदि अज्ञात मुखबिर परमानन्द कोबरा नहीं था तो फिर कौन था?और इंस्पेक्टर शम्भुनाथ ने परमानन्द का नाम क्यों बताया? इस सम्बन्ध में सदगुरु दयाल अवस्थी तथा कैलाशनाथ द्विवेदी का मानना है कि यदि अज्ञात मुखबिर की कहानी सही है तो यह व्यक्ति शिवचरण मैकेनिक हो सकता है।

शिवचरण मैकेनिक की व्यक्तिगत पत्रावली उपलब्ध है, जिसका पहला पत्र ही डिप्टी एस.पी.-II शम्भुनाथ का है। यह पत्र 12.08.1939 का है। वे लिखते हैं, "शिवचरण 1930-31 में एच. एंड एस. फैक्टरी में सरकार में नौकरी-पेशा था, मैकेनिक था। 1929-30 में चन्द्रशेखर आज़ाद ने जिस बम फैक्टरी की स्थापना की थी उसमें काम किया। जब चन्द्रशेखर आज़ाद को इलाहाबाद में गोली मारी गई तो शिवचरणलाल को गिरफ्तार करके इलाहाबाद ले जाया गया जहाँ उसने मजिस्ट्रेट को पूर्ण वक्तव्य दिया। लेकिन कानपुर में जो डकैती आज़ाद व उनके साथियों ने की थी, उसमें शिवचरण भी शामिल था, यह बात उसने छुपा ली। यह एक गलती उसने की, पर इसे पहली गलती मानकर क्षमा किया जा सकता है। मैं जब तक कानपुर में था वह हमारा राजभक्त बना रहा लेकिन अब मेरी अनुपस्थिति में जी.ओ. उसे कैसे डील कर रहे हैं, इसके बारे में मुझे कोई जानकारी नहीं है। पहले भी और आज भी दल में यह गहरा सन्देह है कि विश्वनाथ वैशम्पायन के पकड़े जाने के लिए शिवचरण उत्तरदायी था। वैशम्पायन को मैंने शिवचरण के घर के नीचे उतरते ही पकड़ा था। क्रान्तिकारियों ने खासकर वैशम्पायन ने इसे भुलाया नहीं है।"[171]

इस पत्र से दो बातें स्पष्ट हैं कि 'शिवचरण' शम्भुनाथ व सी.आई.डी. का स्वामिभक्त था। पार्टी के काम से शिवचरण को वीरभद्र तिवारी ने जोड़ा था। वीरभद्र तिवारी का घर और शम्भुनाथ का घर आपस में जुड़ा था और दोनों परिवारों में घनिष्ठता थी। इंस्पेक्टर शम्भुनाथ को खासकर आज़ाद के लिए लगाया गया था। जबकि वीरभद्र के मारे जाने का खतरा आज़ाद की तरफ से निरन्तर मँडरा रहा था। ऐसे में निश्चित है कि कार के पैसे के बदले में पहले वीरभद्र व शम्भुनाथ ने आज़ाद के सबसे करीबी श्री वैशम्पायन को पकड़ाया। शम्भुनाथ के ऊपर के पत्र में दावा है कि उसी ने वैशम्पायन को पकड़ा, शिवचरण के घर के नीचे पकड़ा और उसे पकड़वाने का शिवचरण पर सन्देह था जिसे वे 1939 में भी नहीं भूले हैं। इस घटना का जिक्र तो शम्भुनाथ ने किया है, मगर इस सम्बन्ध में श्री वैशम्पायन के सन्देह का खंडन नहीं किया है।

वीरभद्र से आज़ाद की अनबन, आज़ाद की तरफ से उठा जीवन भय, श्री वैशम्पायन की पकड़, श्री सालिगराम की शहादत, आज़ाद का गुस्सा, दल के गद्दारों पर अविश्वास,

शम्भुनाथ पर हमले की योजना जैसी तमाम बातें शिवचरण के बयान में विस्तार से आई हैं। उसे पढ़ते-पढ़ते आज़ाद की मुखबिरी का रहस्य खुलता-सा नजर आता है। चन्द्रशेखर आज़ाद की सूचना पुलिस को देनेवाला शिवचरण कौन था? कैसे क्रान्तिकारी दल के सम्पर्क में आया, इसका विस्तृत विवरण उसने अपने बयान में दिया है। वैसे तो यह पूरा बयान एक दर्जन पृष्ठों से ज्यादा का है। लेकिन यहाँ काम भर की बातों का संक्षिप्त विवरण ही दिया गया है। आज़ाद की शहादत 27 फरवरी, 1931 की है। उसके 14-15 दिन बाद 12 मार्च, 1931 को शिवचरण पुलिस के सामने अपना बयान दे रहा है।

यदि संक्षेप में उसके बयान का अवलोकन करें तो, "उसके पिता परसादी लाल सरकारी हार्नेस फैक्टरी में और फतेहगढ़ किले में ठेकेदार थे। जब वह सात साल का था तो उसके मामा ने उसे पाला। उसके पिता की इसी समय मृत्यु हो गई थी। उसके मामा का नाम रामदयाल था। वह भी उसी फैक्टरी में ठेकेदार थे। 1911 से उसने भी वहीं रहकर फिटिंग और इन्ग्रेविंग का काम सीख लिया। वहाँ वह 1916 तक काम करता था। बीच में उसने फैक्टरी छोड़ दी, लेकिन फिर वहाँ से जुड़ा तो अप्रैल, 1929 तक जुड़ा रहा। इसके बाद वह फर्रुखाबाद में अपने ससुराल चला गया, वहाँ घड़ी बनाने की दुकान खोल ली। लेकिन अप्रैल, 1930 में फिर से कानपुर लौट आया। उसने खुर्द महल पार्क के पास एक घर ले लिया। वह घर पर लाकर सिलाई मशीनों की मरम्मत करने लगा। वह मकान उसने फैक्टरी के अपने पूर्व परिचित बनकट से आठ रुपये माह पर लिया था। भाऊ दत्त शुक्ल ने उसे मकान दिलाया था।

एच.एस.आर.ए. से जुड़ाव के सम्बन्ध में शिवचरण ने अपने बयान में बताया, "एक बार आश्रम में झगड़ा हो गया था। वीरभद्र तिवारी वहाँ साक्षात्कार करने आया था। वहीं उससे मुलाकात हुई। उसके बाद वह और भाऊ दत्त मुझसे मिलने लगे। वे मेरे यहाँ आते और कोई प्राइवेट बात करते तो मुझे वहाँ से हटा देते। मैंने यह जानते हुए कि वीरभद्र तिवारी म्युनिसिपैलिटी में इंस्पेक्टर था, कोई काम दिलाने को कहा। वीरभद्र ने सलाह दी कि नौकरी बेकार है और बेहतर यह रहेगा कि बड़े स्तर की दुकान खोली जाए। मैंने कहा कि मैं आर्थिक रूप से बहुत कमजोर हूँ। उसने पूछा यदि वह मुझे पाँच सौ रुपया दे तो मोटी-मोटा कितनी आय कर सकता है। उस समय स्वामी दयाल वहाँ बैठा था। भाऊ दत्त भी था। एक माह बाद भाऊ दत्त ने आकर कहा कि वह पैसा भी ले आएगा और एक मकान की भी व्यवस्था करेगा। भाऊ दत्त और फूलचन्द्र ने मुझसे यह भी कहा कि अगर जरूरत हुई तो वह कुछ मशीनें भी देगा। घर लेने के अगले दिन भाऊ दत्त ने मुझे बताया कि माल रोड की मशीन लेने लायक है। वह मेरे साथ माल रोड गया और ज्योति प्रसाद घड़ीसाज के यहाँ मशीन देखी। यह लेथिंग मशीन थी। तय करने के बाद भाऊ दत्त ने उन्हें 425 रु. दिया और बताया कि वीरभद्र ने उसे पैसा दिया है। अगले दिन मशीन नये घर में लाई गई। दूसरे दिन मैं और भाऊ दत्त भारत इंजीनियरिंग कम्पनी गए और 125 रु. में ड्रिल मशीन लेकर आए। इन्दर सिंह से एक पंखा खरीदा गया। वीरभद्र ने खरीदे गए सामान का निरीक्षण किया। मैंने उससे मशीन को चलाने के लिए मोटर खरीदने को कहा तो उसने नाराज होकर कहा कि तुम खुद खरीद लो। मैंने अपने जेब से दो सौ रुपये खर्च करके मोटर खरीदा। बाद में वीरभद्र ने किस्तों में

यह पैसा दिया। फैक्टरी को स्थापित करने में एक महीना लगा। जब फैक्टरी स्थापित हो गई तो वीरभद्र ने इसका निरीक्षण किया और मुझसे जी-तोड़ मेहनत करने को कहा। फैक्टरी 2.8.30 को शुरू हुई।

मैंने कलकत्ता से रामचन्द्र मुसद्दी के घर लाए गए नमूने के अनुसार लोहे के पचास चरखे बनाए। उनमें से एक वीरभद्र के घर भेजा गया। भाऊ दत्त हिसाब रखा करता था। भाऊ दत्त पहले मारपीट में बन्द हुआ, छूटा। फिर किसी गाँव में असहयोग आन्दोलन में पकड़ा गया। उस दिन रामसिंह भागता हुआ फैक्टरी आया। वीरभद्र से उसे यह घटना पता चली थी, उसने बताया। उसी दिन दोपहर को वीरभद्र एक मोटे आदमी के साथ आया। वे कुर्सियों पर बैठकर बातें करने लगे। दोनों अंग्रेजी में बातें करते रहे, अतः मैं समझा नहीं। मोटे आदमी ने मुझे बुलाकर कहा, तुमने अच्छी फर्म शुरू की है। मैंने मोटे आदमी के बारे में पूछा तो वीरभद्र ने कहा, वह पहले फल का काम करता था, अब दतिया में रहता है, लोहे का काम और गाड़ी चलाना जानता है।

तीसरे दिन वीरभद्र ताँगे से अकेले उतरा। उसके हाथ में काला बक्सा था। उसमें से उसने दो चीजें निकाली। एक अंडाकार थी, दूसरी गोल। उसने पूछा, क्या मैं बड़े पैमाने पर ऐसी चीज बना सकता हूँ, इससे उसे भारी मुनाफा होगा। उसने बताया कि इससे दो ट्रेनों को जोड़ा जाता है। मैंने कहा कि बिना भट्ठी के इन्हें मोल्ड नहीं किया जा सकता। वह गुस्सा हो गया, बोला, इसे एक पंजाबी लड़के ने बनाया है और बड़े भाई (मोटा आदमी) ले आए हैं। उसने गुस्से में फैक्टरी छोड़ दी और कहा कुछ भी नहीं हुआ। अगले रोज वह फिर मोटे आदमी के साथ आया। मोटे आदमी ने कहा कि मैं मूर्ख हूँ और जैसा वे चाह रहे हैं मैं नहीं कर पा रहा हूँ। मोटे आदमी ने बनाने की जिद की। मैंने अंडाकार मोल्ड बनाने शुरू किये। मोटे आदमी ने 100 पीस का ऑर्डर दिया। जिन्हें बनाकर फैक्टरी में रखा गया। वे परीक्षण के लिए ले गए। लौटकर मोटे आदमी ने कहा, कि ये बहुत भारी हैं। वे कई रोज फैक्टरी में रहे। जेल जाने के पहले वीरभद्र ने कहा इनमें से कोई भी फिट नहीं था, उसने अपनी उपस्थिति में उन्हें नष्ट कराया। यह सब भाऊ दत्त के सामने हुआ। बाद में वह गोल मोल्ड बनाने को लाया। मशीन के बिना मैंने असमर्थता जाहिर की। वह गुस्से में चला गया और मैंने फैक्टरी 15 रोज के लिए बन्द कर दी।

जिस दिन वीरभद्र छूटा वह सीधा फैक्टरी आया। उसने हिसाब-किताबवाली नोटबुक माँगी। इसके लिए पहले जब वह जेल में था, उसका ठाकुर नौकर आया था, लेकिन मैंने यह कहकर नोटबुक देने से मना कर दिया था कि वह उसके हस्तलेख में है। अकाउंट बुक से वीरभद्र ने उन पन्नों को फाड़ दिया जो उसके हाथ से लिखे थे (याद रहे यह साक्ष्य जेल से लौटने के तुरन्त बाद मिटाया जा रहा है, क्यों?) मैंने वीरभद्र को उसकी पत्नी के बारे में रामसिंह और मोटे आदमी ने क्या कहा था, वह बताया तो उसने कहा कि वह वही औरत है जिसने उस (मोटे आदमी यानी आज़ाद) को महीनों छिपाकर रखा था। कुछ बातें हैं, जब हमारी मुलाकात होगी हम मामला सुलझा लेंगे। एक दिन मुझे साइकिल से मोटा आदमी आता दिखा। वह साइकिल से उतर गया और मुझसे पूछा कि वीरभद्र छूटकर आ गया, वह तुझसे कब मिला? उसने (आज़ाद ने) मुझे बताया कि किस

तरह यहाँ किसी को देखकर भी उसे घिन आती है और वह बेहतरी के लिए जगह बदल देगा। (वीरभद्र तिवारी 23 जनवरी, 1931 को जेल से छूटकर कानपुर आया है और उसी के कुछ दिन बाद आज़ाद इलाहाबाद गए हैं, यह बातचीत इसी दरमियान की है) इससे भी बड़ी बात रुपया फैक्टरी में बर्बाद किया गया। वह मूलगंज की तरफ चला गया।

दूसरे दिन वीरभद्र फैक्टरी आया और मुझसे पूछा कि मोटा आदमी कब आया था? उसने बताया कि एक पत्र मोटे आदमी को लिखा है। यह उस पर निर्भर करता है कि वह मिलना चाहेगा अथवा नहीं। जैसे ही वीरभद्र निकला 10-12 कदम ही गया होगा कि बच्चन मेरे घर आया और वीरभद्र के आने के बारे में पूछा। मैंने बताया कि वह तो यहाँ रोज आता है। मेरे पास मोटे आदमी ने बनने के लिए घड़ी छोड़ी थी। मैंने उसे बच्चन को दे दिया। जब यह अफवाह फैली कि मेरे कारण बच्चन की गिरफ्तारी हुई, मैं वहाँ से निकल गया। बच्चन की गिरफ्तारी के पाँचवें दिन आकर वीरभद्र ने मुझे घटना बताई। उसके बाद वह नियमित आता रहा। पिछले हफ्ते उसने मुझसे बाहर चले जाने को कहा और फिर वह मेरे पास कभी नहीं आया। जब बच्चन की गिरफ्तारी में मेरा हाथ होने की अफवाह फैली तो मैंने घर छोड़ दिया और अपने मामा रामदयाल के साथ मिश्री बाजार में रहने लगा।

पहली बार मैंने 25 अप्रैल, 1930 को मोटे आदमी को वीरभद्र तिवारी के घर से नीचे उतरते देखा था। वीरभद्र ने बताया कि वे उसके भाई हैं, ज्यादातर दक्खिन (दकन) की ओर रहते हैं। बच्चन मोटे आदमी को भैया कहता था (आगे फिर इसी बयान में शिवचरण कहता है) मोटे आदमी के बारे में वीरभद्र ने बताया कि वह ग्वालियर के रहनेवाले हैं और मोटर का काम जानते हैं। मोटा आदमी मुझे बताया करता था कि उसने वीरभद्र को जेल जाने से मना किया था, लेकिन उसने इस पर कोई ध्यान नहीं दिया और ज़ेल चला गया। मैंने मोटे आदमी को कई बार रामचन्द्र मुसद्दी के घर जाते देखा है जो नारायण कम्पनी के ऊपरी मंजिल पर रहते हैं। मोटा आदमी मुझे अकसर बताया करता था कि वह उस आदमी का पूरा खानदान नष्ट कर देगा, जो उसके रहस्यों को बताता है और उसके दल में ऐसे कई थे, जिनमें महिलाएँ भी शामिल थीं। मैंने पूरण सोनार को भी मोटे आदमी से मिलते-जुलते देखा था। वीरभद्र की गिरफ्तारी के बाद मोटा आदमी कई बार आया था। एक दिन उसके साथ पहाड़ी-सा दिखनेवाला लड़का भी था। उन्होंने इस बात पर चर्चा की थी कि इंस्पेक्टर शम्भुनाथ के घर में गिलिश बाजार की तरफ से बम फेंकना चाहिए।

सालिगराम का केस जिस रोज हुआ भाई और बच्चन सुबह 6 बजे फैक्टरी आए। मुझे बताया। मोटा आदमी साइकिल से था और बच्चन पैदल थे। मैं नीचे आया तो पाया कि वे नर्वस थे और पसीने से भीगे थे जबकि बाहर ठंड थी। मोटे आदमी ने मुझसे कहा कि जाकर देखो डी.ए.वी. कॉलेज के पास कौन मारा गया है। मैंने आकर बताया तो वे बातें करने लगे और यह कहकर हँसने लगे कि सुरेन्द्र भाग गया। उन्होंने मुझे मनसुख प्रेस के पास 12 बजे रामसिंह से मिलने को कहा। रामसिंह दिन में 10 बजे मेरे यहाँ आए। उन्होंने बताया कि उनका वीरभद्र की पत्नी से झगड़ा हुआ है। उन्होंने उसको इस बात के लिए बहुत डाँटा है, कि वह जब देखो शम्भुनाथ के घर में रहती है

और महत्त्वपूर्ण सूचनाएँ लीक करती है और मुनेश्वर अवस्थी को उसी ने पकड़वाया है। उसी शाम रामसिंह के साथ मोटा आदमी आया। रामसिंह ने वीरभद्र की पत्नी की कहानी मोटे आदमी को भी सुनाई और शिकायत की कि वह पुलिस में शिकायत करके गिरफ्तार करवा देगी। मोटे आदमी ने भी उसकी शिकायत की, कि वह उसके साथ भी ठंडेपन से पेश आती है। उसने रामसिंह को उसके यहाँ न जाने की सलाह दी। मैंने पूछा कि उसके खिलाफ आरोप क्या था? मोटे आदमी ने कहा कि सालिगराम के मामले में वीरभद्र की तलाश है। बाद में मंगली, वीरभद्र तिवारी का सोलह साल का ठाकुर नौकर और तिवारी फैक्टरी आए।

क्रिसमस डे के एक रविवार को दोपहर में फैक्टरी में मोटा आदमी, रामसिंह और वह पहाड़ी लड़का आया। मोटे आदमी ने अपनी जेब से एक खोल निकाली। इसकी कैप निकालकर मुझे बैठाने को कहा। मैंने गलत बैठा दी। उसका परीक्षण करने मोटा आदमी, रामसिंह और पहाड़ी जार्ज मऊ गए। मैं भी उनके साथ गया। हम चारों साइकिलों से गए। मोटे आदमी ने जार्ज मऊ में शेल को टेस्ट किया। लेकिन यह नहीं फटा। कैप देखने के बाद मोटा आदमी इतना क्रुद्ध हो गया कि उसने हिंसक ढंग से शेल को जिस दिशा में मैं खड़ा था, उधर को जमीन पर पटका। रँगड़ खाकर शेल फट गया और मेरे दाएँ हाथ की मध्य उँगली और बाईं जाँघ के मध्य में चोट लगी। उस चोट के निशान अभी भी मेरे शरीर पर हैं। मैं बेहोश होकर गिर पड़ा और मेरे ये साथी मुझे वहीं छोड़कर भाग गए। जब मैं होश में आया तो घिसटता हुआ घर पहुँचा। वहाँ डॉक्टर भल्ला ने मुझे पट्टी बाँधी। अगले दिन मेरे घर आकर मोटे आदमी ने मेरी माँ को किसी को नहीं बताने के लिए धमकी दी। इसके बाद मोटा आदमी खुद कभी फैक्टरी नहीं आया। हालाँकि वह बच्चन को मेरे यहाँ भेजता रहा। जेल से छूटने पर वीरभद्र लगातार मुझसे मिलता रहा पर मैंने चोट लगने की बात मोटे आदमी के डर से उसे भी नहीं बताई। एक दिन मोटा आदमी आया और बोला कि नवल किशोर के घर के और मोटर गैरेज के सामने पुलिस ने तलाशी ली। जहाँ वह बैठा था। वह बाल-बाल बचा। मोटा आदमी नवल किशोर के यहाँ जाया करता था और उससे पैसे पाता था।"[172]

—शिवचरण, मैथिल ब्राह्मण, 26 साल, मिश्री बाजार, थाना गिलिश बाजार
12 मार्च, 1931, 9 ए.एम.

उल्लेखनीय है कि शिवचरण मिस्त्री का एक लिखित बयान पूर्णचन्द्र 'सनक' की पुस्तक 'क्रान्तिकारी गुप्तचर के संस्मरण : चन्द्रशेखर आज़ाद' के अन्त में भी छपा है, लेकिन वह बयान व्यक्तिगत पत्रावली के बयान से काफी भिन्न है। 'सनक' ने अपनी पुस्तक का आरम्भ ही आज़ाद के बारे में शिवचरण के मत से किया है। 'सनक' ने अपनी पुस्तक में यशपाल का समर्थन किया है, जबकि श्री यशपाल ने अपने लेख में सनक का शिवचरण के साथ उल्लेख किया है। वीरभद्र ने 'दिनमान' के अपने वक्तव्य में सनक को शम्भुनाथ के पीछे गुप्तचर लगाना लिखा है। स्पष्ट है कि सनक, शिवचरण, वीरभद्र व यशपाल आपस में जुड़े थे।

अब नॉट बावर और शिवचरण के बयानों का साम्य देखिए। आज़ाद की शहादत के बाद नॉट बावर ने प्रेस में जो वक्तव्य दिया उसमें आज़ाद को 'तगड़ा आदमी' कहा

है। शहादत के ठीक 15 दिन बाद शिवचरण अपने बयान में आज़ाद को 'मोटा आदमी' कह रहा है। 1954 में 'ओनली मैन' में छपे अपने संस्मरण में एस.टी. हॉलिन्स ने आज़ाद को 'मोटा आदमी' लिखा है। क्या यह महज संयोग है? यह आधिकारिक भाषा है, जो शिवचरण को सिखाई गई है ताकि यह लगे कि जब आज़ाद शहीद हुए तो न तो शिवचरण उन्हें जानता था, न नॉट बावर। क्या यह सम्भव है कि जिस शिवचरण ने 25 अप्रैल, 1930 को आज़ाद को पहली बार देखा और 25 दिसम्बर, 1930 को अन्तिम बार उनसे बातें कर रहा है, वह आठ माह बाद भी उनका नाम न जानता हो। उसे वीरभद्र कभी अपना भाई जो दकन में रहते हैं कह रहा हो, फिर ग्वालियर का बता रहा हो और जिस आदमी का वह नाम तक न जान रहा हो, वह बार-बार उससे फैक्टरी में या रास्ते पर मिलकर अपने मन की उलझनें शेयर कर रहा हो। वीरभद्र कब आया, क्या बात की यह पूछ रहा हो, और शिवचरण ऐसा महान व्यक्ति है कि उसके यहाँ वीरभद्र रोज आता हो, यह बताता हो कि उसने मोटे आदमी को पत्र लिखा है, देखो वह मिलता है या नहीं। फिर भी वह मोटे आदमी का नाम न जान पाया हो। शिवचरण वैशम्पायन को तो पार्टी के नाम 'बच्चन' से पहली बार में ही पहचान गया, मगर आज़ाद को उनकी शहादत के 15 दिन बाद भी न पहचान पाया हो, जबकि दुनिया का बच्चा-बच्चा इस सत्य को जान चुका था। पुलिस ने उसे तब नहीं पकड़ा जब वैशम्पायन को उसी के घर के नीचे पकड़ा, न उसके घर की तलाशी ली, लेकिन आज़ाद के शहीद होते ही वह भी पकड़ा गया। 15 दिन वह कहाँ रहा? हालाँकि उसने अपने बयान में बताया है कि वह अपने मामा के साथ रहा किन्तु यह विश्वसनीय नहीं जान पड़ता है।

श्री वैशम्पायन ने अपने कथनानुसार इसी आशय का सन्देश जेल से आज़ाद को पत्र भिजवाकर दिया था। उन्होंने लिखा है, "उस समय तक हमें शंका न थी कि शिवचरण जो कुली बाजार के बम के कारखाने में रहता और पार्टी का सदस्य था, वीरभद्र से मिल गया है और हम लोगों के पकड़वाने के षड्यंत्र में शामिल था। 'सिंहावलोकन' के अनुसार जो व्यक्ति आज़ाद की शहादत के दिन विशेश्वर सिंह से मिला था वह एक नवयुवक, जरा मझला-सा कद, घुँघराले केशों और जरा गोरे रंग का था। आकर चुपके-चुपके इंस्पेक्टर साहब से बात किया करता था।"[173] "वैशम्पायन के अनुसार विशेश्वर सिंह गोरे रंग, घुँघराले बाल और चेचक के दाग वाले व्यक्ति से आज़ाद के अल्फ्रेड पार्क में होने की सूचना पाकर चला। श्री सुरेन्द्र पांडेय और श्री वैशम्पायन अलग-अलग ठाकुर विशेश्वर सिंह की बूढ़ी माता से मिले थे। उन्होंने ही यह हुलिया दिया था। श्री यशपाल ने श्री सुरेन्द्र पांडेय से प्राप्त जानकारी अपनी पुस्तक में दी है।"[174]

शिवचरण के सम्बन्ध में सबसे विश्वसनीय सूचना श्री सदगुरु दयाल अवस्थी ने दी है। उन्होंने अपने संस्मरण में बताया है, "वैशम्पायन की गिरफ्तारी शिवचरण के घर से बाहर आते ही हुई और शिवचरण के घर की तलाशी ही नहीं ली गई न तो उसका घर घेरा गया। अत: शिवचरण पर सन्देह हुआ। पं. कैलाशनाथ द्विवेदी की सूचना से सन्दर्भ पुष्ट हो गया। उन्होंने बताया इंस्पेक्टर शम्भुनाथ ने मुझे बुलाकर गिरफ्तार कर लेने की धमकी दी। वह कह रहे थे कि शिवचरण बम के धमाके से घायल हुआ, तुम उसे डॉ. रामसिंह भल्ला के पास ले गए। उन्होंने शिवचरण की चिकित्सा की। हम डॉ. भल्ला

पर मुकदमा चलाएँगे। तुमको उसमें गवाही देनी होगी वरना पुलिस तुम्हें ही गिरफ्तार कर लेगी। शिवचरण एक बम का परीक्षण करते हुए घायल हुआ था। पंडित जी ने मुझसे उसकी चिकित्सा का प्रबन्ध कराने के लिए कहा था। मैंने कैलाशनाथ को डॉ. भल्ला के पास में भेजकर व्यवस्था करवाई थी। यह बात मेरे अलावा पंडित जी, वीरभद्र जी, कैलाशनाथ, डॉ. भल्ला और शिवचरण को ही मालूम थी। कैलाशनाथ की सूचना का अर्थ यही था कि पुलिस को इसकी जानकारी हो गई थी। सवाल उठा कि यह जानकारी किसने दी और पुलिस डॉ. भल्ला पर तो मुकदमा चलाना चाहती है पर स्वयं शिवचरण पर विस्फोटक कानून के अन्तर्गत मुकदमा क्यों नहीं चलाना चाहती?

शिवचरण तक इंस्पेक्टर शम्भुनाथ किसी स्रोत से ही पहुँचे होंगे। शिवचरण जरा मझोले कद, गेहुँए रंग, घुँघराले बाल और चेहरे पर चेचक के दाग वाला था। शिवचरण शम्भुनाथ के चरणों में आ गया था। भल्ला वाली बात से हम समझ गए कि शिवचरण अब पुलिस का पक्का आदमी बन गया है। वैशम्पायन पार्टी की मोटर का रुपया लेने के लिए शिवचरण के पास आए थे। उनके विवरण से स्पष्ट है कि वह रुपया उन्हें नहीं मिला। पंडित जी पार्टी की कौड़ी-कौड़ी को पवित्र धरोहर मानते थे। यह सहन करना उनके स्वभाव के विरुद्ध था कि शिवचरण मोटर बेच ले और उसका रुपया पार्टी को न दे। उन्होंने किसी को रुपया वसूल करने के लिए शिवचरण के पास भेजा होगा। शिवचरण ने यही जवाब दिया होगा कि रुपया मैं पंडित जी को ही दूँगा। तब पंडित जी से मिलने के लिए समय व स्थान नियत हुआ होगा। स्थान निश्चित रूप से अल्फ्रेड पार्क होगा, क्योंकि इलाहाबाद में पंडित जी वहीं मिलते थे। समय और स्थान जानकारी के बाद शिवचरण का विशेश्वर सिंह के पास पहुँच जाना कोई आश्चर्य की बात नहीं हो सकती।

आज़ाद जी ने रुपये के लिए सन्देश इलाहाबाद से किसके द्वारा भेजा होगा? इलाहाबाद में जो साथी एकत्र थे उनमें से श्री यशपाल ही शिवचरण को जानते थे। वैशम्पायन का कथन यदि सत्य है तो सम्भव है कि परमानन्द कोबरा से ही यह काम लिया गया हो। कानपुर आकर उन्होंने वीरेन्द्र पांडेय की सहायता से शिवचरण से मुलाकात की। एक बार फिर मैं यह स्पष्ट कर दूँ कि विशेश्वर सिंह के यहाँ किसी अज्ञात व्यक्ति के पहुँचने की कहानी यदि प्रमाणित है तो अद्यतन तथ्यों के प्रकाश में शिवचरण का ही वहाँ पहुँचना सर्वाधिक सम्भव है। पंडित कैलाशनाथ द्विवेदी ने भी यही लिखा है कि ठाकुर विशेश्वर सिंह के घर में जो व्यक्ति था वह बम फैक्टरी का शिवचरण ही हो सकता है। इलाहाबाद में जो परिस्थिति थी वह पंडित जी के वहाँ रहने या पार्टी का केन्द्र बनाने के अनुकूल नहीं था। विशेष रूप से कटरे में ही विशेश्वर सिंह का मकान था और कटरे में ही श्री यशपाल तथा श्री सुरेन्द्र पांडेय ने अड्डा बना रखा था। पंडित जी और केन्द्र को वहाँ से हटाया क्यों नही गया? इसका उत्तर श्री यशपाल और श्री सुरेन्द्र भाई ही दे सकते हैं।"[175]

अन्त में निम्न तथ्यों के आधार पर हम इस निष्कर्ष पर पहुँचते हैं कि ठा. विशेश्वर सिंह को पार्क में आज़ाद की सूचना शिवचरण से मिली। शिवचरण की मुखबिरी के निम्न प्रमाण हैं—

1. शिवचरण के घर के नीचे उसी के आँख के सामने 11.02.1931 को

श्री विश्वनाथ वैशम्पायन पकड़े गए। शिवचरण का घर पुलिस ने न तो घेरा न तलाशी ली, क्यों?

2. गिरफ्तारी के बाद नाम आने पर वह वहाँ से गायब रहा? आज़ाद की शहादत के बाद पकड़ा गया, और 12.03.1931 को लम्बा बयान दिया। 12.02.1931 से अपनी गिरफ्तारी तक शिवचरण कहाँ रहा?
3. शिवचरण का बयान नॉट बावर व एस.टी. हॉलिन्स के बयान की शब्दावली से मिलता-जुलता है। उसने पूरे बयान में आज़ाद का नाम न लेकर मोटा आदमी कहा है, क्यों?
4. बम विस्फोट केस में शम्भुनाथ दवा देनेवाले डॉ. भल्ला को तो मुकदमे में घसीटने को कह रहा था। जबकि स्वयं शिवचरण को क्यों नहीं पकड़ रहा था?
5. ठाकुर विशेश्वर सिंह की माँ, श्री सुरेन्द्रनाथ पांडेय और श्री विश्वनाथ वैशम्पायन ने शहादत के दिन ठाकुर विशेश्वर सिंह को सूचना देनेवाले का जो हुलिया बताया था, वह हूबहू शिवचरण से कैसे मिलता था?
6. शिवचरण आज़ाद का पैसा हजम कर जाए, यह कहाँ सम्भव था? आज़ाद ने पैसा माँगा, उसने पैसे देने का वादा किया।
7. शिवचरण की गिरफ्तारी व बयान इलाहाबाद में हुआ, वह यहाँ क्या कर रहा था?
8. शम्भुनाथ के 1939 के पत्र से शीशे की तरह साफ है कि शिवचरण शम्भुनाथ व सी.आई.डी. का विश्वासपात्र था।
9. शिवचरण के बयान से स्पष्ट है कि वह वीरभद्र का बेहद करीबी था। उसे बम फैक्टरी में तिवारी ने ही रखवाया था।

शिवचरण और वीरभद्र तिवारी की बातों में कितना सत्य है, इसका विश्लेषण जरूरी है। इस वक्तव्य से दो बातें स्पष्ट हैं, पहली कि जिस दिन आज़ाद शहीद हुए उस दिन शिवचरण पुलिस के साथ इलाहाबाद में था और दूसरी कि वीरभद्र को विश्वास था कि शिवचरण आज़ाद को पकड़वा या मरवा सकता है। लेकिन दो बातें गलत हैं। पहली कि शिवचरण की गिरफ्तारी भी वैशम्पायन के ठीक बाद पुलिस ने कर ली। उस समय तो स्वयं शिवचरण के बयान के अनुसार वह हट गया था, क्योंकि उस पर बच्चन को पकड़वाने का आरोप था। शिवचरण को शहादत के बाद गिरफ्तार दिखाया गया था, और उसका बयान शहादत के 13 दिन बाद 12 मार्च, 1931 को इलाहाबाद में दर्ज किया गया। जिसमें उसने यही बताया है कि जेल से छूटने पर वीरभद्र सीधा फैक्टरी आया और बम फैक्टरी का जो हिसाब अपने हाथ से लिखा था उसे फाड़ दिया। वह हर रोज फैक्टरी आता था। बच्चन के पकड़े जाने के पाँच मिनट पूर्व शिवचरण के साथ ही था। दुनिया की नजर में शिवचरण बच्चन के पकड़ने के बाद गायब था। वह बिना गिरफ्तारी व लिखित बयान पुलिस कस्टडी में था। पुलिस उसे चुपचाप इलाहाबाद ले गई, यह बात वीरभद्र को कैसे पता चली? वह आज़ाद को हानि पहुँचा सकता है, यह बात वीरभद्र को उसी दिन आज़ाद से बताने की फुरसत क्यों मिली? निश्चित रूप से ये सूचनाएँ शम्भुनाथ से मिलीं। सत्य यह है कि 26 फरवरी, 1931 को जिसे वीरभद्र फरार बता रहा है, 27 को आज़ाद की शहादत तक कभी पकड़ा ही नहीं गया।

यहाँ स्पष्ट करना जरूरी है कि शिवचरण मैकेनिक और शिवचरणलाल शर्मा दो भिन्न व्यक्ति हैं। शिवचरणलाल शर्मा काकोरी केस में थे। वे रामचरण शर्मा के भाई थे। उन्होंने भी दल की सूचनाएँ पुलिस को दी थी। शिवचरणलाल शर्मा का उल्लेख श्री रामकृष्ण खत्री ने अपनी आत्मकथा 'शहीदों की छाया', में करते हुए पृष्ठ 95 पर उनका श्री रामप्रसाद बिस्मिल से मिलना लिखा है। बाद में ज्ञात हुआ कि कनखल योजना की सूचना पुलिस को इन्हीं के द्वारा प्राप्त हुई थी। शिवचरणलाल शर्मा एटा के रहनेवाले थे। इनका विस्तृत विवरण श्री रामदुलारे त्रिवेदी ने 'काकोरी कांड के दिलजले' में भी किया है, "मैनपुरी षड्यंत्र केस में इन्हें सात साल की सजा हुई। लेकिन बीच में छूटे। इनके भाई श्री रामचरण शर्मा का नाम कानपुर कम्युनिस्ट केस में आया। शिवचरणलाल को पुनः दल में लम्बी सजा काटकर निकलने की कसौटी पर कसकर विश्वासपात्र माना गया। जो भीषण भूल साबित हुई। जो पत्र मेरठ मीटिंग में आने के लिए शिवचरणलाल को लिखा गया था उसे पुलिस ने मुकदमा चलने पर अदालत में पेश किया। उतनी ही उसकी गवाही पुलिस दिला सकी। काकोरी की सभा में शिवचरणलाल का वारंट निकला पर गिरफ्तारी नहीं हुई न कभी मुकदमा चला, यद्यपि वे आज बड़े भारी नेता बने घूम रहे हैं।" [176] इसी तरह श्री मन्मथनाथ गुप्त जी ने अपनी आत्मकथा में लिखा है कि "मथुरा के शिवचरण गिरफ्तार हुए, किन्तु वे अजीब रहस्यमय तरीके से छोड़ दिये गए।"[177]

हू इज हू के अनुसार, "शिवचरणलाल शर्मा पुत्र गंगा राम, मूल निवासी नगला दारू, एटा मथुरा। ये औसत संसाधन के हैं। 1918 में मैनपुरी षड्यंत्र दल के प्रमुख सदस्य रहे, पकड़े गए। 1919 में सजा हुई। फरवरी, 1920 में सशर्त छूटे। लेकिन सन्दिग्ध आचरण के कारण सजा में छूट वापस ले ली गई। 'साप्ताहिक सैनिक' में आगरा में प्रूफ रीडर रहे। अप्रैल, 1926 में डकैती डालने का विफल प्रयास किया। मार्च, 1927 में मेरठ में 'प्रभात' अखबार से जुड़े। रामप्रसाद से मिले। सविनय अवज्ञा के समय नवम्बर, 1931 में पुनः सजा हुई। छूटने पर अछूतों के लिए काम करने लगे। 1933 में अर्जुन, प्रताप, 'हिन्दुस्तान टाइम्स' से जुड़े रहे।"[178]

अन्ततः अभिसूचना की फाइल से, श्री सदगुरु दयाल अवस्थी और श्री विश्वनाथ वैशम्पायन के संस्मरणों से आज़ाद की शहादत और पुलिस में मुखबिरी करने की जो कहानी उभरती है, वह कमोबेश इस प्रकार है—

"वीरभद्र तिवारी और इंस्पेक्टर शम्भुनाथ शुक्ला का घर सटा था। कानपुर के सभी क्रान्तिकारियों का कहना है कि दोनों घरों में गहरा रिश्ता था, जो शिवचरण के बयान से बिलकुल स्पष्ट है। कानपुर में आज़ाद काफी समय वीरभद्र के घर में रहे और उसी समय उसने ठा. विशेश्वर सिंह, सेनगुप्त दारोगा की पहचान भी कराई। एक बार दिल्ली आज़ाद के साथ वीरभद्र तिवारी तथा उसकी पत्नी दोनों गए, जिसका कारण कैलाशपति ने अपने बयान में पुलिस को चकमा देना बताया। भगतसिंह को छुड़ाने के लिए लाहौर में जो योजना बन रही थी, उसके लिए बम का परीक्षण करते समय श्री भगवतीचरण शहीद हो गए। श्री यशपाल पर एक्शन के पैसों के दुरुप्रयोग, दल का नियम भंग कर बिना ब्याह लड़की रखने का आरोप तो था ही, जब सुखदेवराज आदि ने उन्हें बताया कि जिस बम से वोहरा शहीद हुए और जो बम बहावलपुर कोठी में फटा, उसे भरने

की जिम्मेदारी यशपाल की थी। भगतसिंह को दगा कारतूस कहने, नलगढ़ा में राइफल सहित बिस्तर न उतारने, लड़की को घरवालों की मर्जी के बिना लाने तथा दल की मर्जी के बिना रखने, पैसा ले आने का झूठ बोलने, जैसे आरोप पहले से थे। भगतसिंह के न छूट पाने और दल के दूसरे 'दिमाग' श्री भगवतीचरण के शहीद हो जाने से आज़ाद का गुस्सा फूटना ही था। श्री यशपाल अपने साथियों को बिना पूछे हथियार देकर, अपने हिसाब से योजना बनाकर, आज़ाद के नेतृत्व को परोक्षतः चुनौती दे रहे थे। उन्हें दंड देने की योजना केन्द्रीय समिति में सर्वसम्मति से बनी। उस समय किसी ने विरोध नहीं किया। दिल्ली जाकर कैलाशपति ने श्री यशपाल को कानपुर भेजा। यशपाल के मन में शक था। इसलिए वे पहले आज़ाद से न मिलकर वीरभद्र से मिले। कानपुर में वे शिवचरण तथा वीरभद्र को जानते थे। वीरभद्र ने उन्हें प्राणदंड की बात बताकर वापस जाने को कहा।

वीरभद्र ने 'दिनमान' में दिये अपने वक्तव्य में कहा है कि मैंने और श्री सदगुरु दयाल अवस्थी ने श्री यशपाल को बताया। लेकिन श्री यशपाल ने सिर्फ वीरभद्र का नाम लिया है, जो अवस्थी की व्यक्तिगत फाइल पढ़ने से भी लगता है। वैशम्पायन व धन्वन्तरि को श्री यशपाल को खत्म करने लाहौर भेजा गया, मगर श्री यशपाल के पक्ष में इन्द्रपाल व खयालीराम गुप्त के आ जाने से पार्टी में टूट का खतरा उपस्थित हो गया। श्री यशपाल ने यह प्रचारित किया कि उनको सफाई का मौका नहीं दिया गया, न उनका पक्ष सुना गया। अन्ततः दिल्ली की बम फैक्टरी में श्रीमती सुशीला दीदी की मध्यस्थता में धन्वन्तरि, कैलाशपति व आज़ाद ने श्री यशपाल की बात सुनी, और दल को बचाने के लिए 28 अगस्त, 1930 को उन्हें क्षमादान दिया। उसी शाम कानपुर से दिल्ली आकर श्री विश्वनाथ वैशम्पायन ने बताया कि वीरभद्र तिवारी डबल गेम कर रहा है यानी एक तरफ क्रान्तिकारियों से जुड़ा है दूसरी तरफ सी.आई.डी. को सूचना दे रहा है। आज़ाद ने जब श्री यशपाल को क्षमादान दिया उसी समय दबाव बनाकर उस व्यक्ति का नाम पूछ लिया था, जिसने केन्द्रीय समिति की सूचना देकर गद्दारी की थी। उन्होंने वीरभद्र का नाम बताया था। हालाँकि 'सिंहावलोकन' में श्री यशपाल ने इस तथ्य को स्वीकार नहीं किया है। जबकि अन्य साथियों ने अपने संस्मरण में इसका उल्लेख किया है।

श्री भगवतीचरण वोहरा ने दल में गद्दारी रोकने के लिए नियम बनाया था कि केन्द्रीय समिति के हर सदस्य को तीन एक्शन में भाग लेना अनिवार्य था। ताकि व्यक्ति पर वारंट हो जाए, वह फरारी में रहे, और पुलिस से दूर रहे। पैसों की कमी से जब दल संकट में आ गया तो दिल्ली में गाडोदिया स्टोर का एक्शन कर करीब 13,000 रुपये लूटे गए। उसमें से 7500 रुपये अकेले वीरभद्र को असलहा खरीदने, बम की खोल ढालने हेतु लेथ मशीन लगाने और पर्चा छापने के लिए साइक्लोस्टाइल मशीन खरीदने के लिए दिया गया। उसी समय शिवचरण को लाकर कुली बाजार में लेथ फैक्टरी डाल दी गई। पैसा समाप्त होते ही आज़ाद ने कानपुर में एक्शन का दबाव बनाया ताकि वीरभद्र को उसमें शामिल किया जाए। लेकिन वह बचता रहा फिर एक्शन के लिए कहकर कार खरीदवा दिया। लेकिन उसे छिपाने से मना कर दिया। जब आज़ाद ने कानपुर में कच्छी आढ़त की दुकान पर एक्शन की योजना बना ली और वीरभद्र के पास बचाव का कोई रास्ता न बचा तो नमक कानून तोड़कर जेल चला गया, आज़ाद मना करते ही

रह गए। इससे आज़ाद खिन्न हो गए। इधर लेथ मशीन से कोई अच्छा परिणाम न मिला। गाडोदिया एक्शन से मिला धन बर्बाद होने से वीरभद्र पर उनका मन खराब हुआ। पहले श्री यशपाल प्रकरण में सूचना लीक करना, फिर कार में पैसा बर्बाद करवाना, फिर लेथ फैक्टरी में पैसा डुबाना और जब धन एक्शन के लिए कहा तो केन्द्रीय समिति का सदस्य होते हुए भी एक्शन में हिस्सा न लेते हुए जेल चले जाना। सब मिलाकर वीरभद्र, आज़ाद के गुस्से का कारण बना।

वीरभद्र को अक्टूबर, 1930 में चार माह की सजा मिली थी। जब वह सत्याग्रह में फैजाबाद जेल में था, तभी नॉट बावर उससे मिलने आया। जिसे सी.आई.डी. में स्पेशल ड्यूटी का एस.पी. बनाया गया था। इसके बाद वीरभद्र बेहद परेशान हो गया। इसके गवाह वीरभद्र के साथ जेल में बन्द श्री रामचन्द्र मुसद्दी थे, जिनके घर आज़ाद रुकते थे। उसने तुरन्त रामचन्द्र मुसद्दी के मार्फत अपनी पत्नी को पत्र भेजकर अपने पड़ोसी व पारिवारिक मित्र इंस्पेक्टर शम्भुनाथ को जेल में बुलवाया, जो नॉट बावर के अधीनस्थ कार्यरत थे। अधिकांश लोगों का यह अनुमान है कि नॉट बावर ने फैजाबाद जेल में वीरभद्र तिवारी को यह कहकर डराया होगा कि तुम्हें पुरानी डकैती में जेल भेज देंगे। इस डकैती का उल्लेख कैलाशपति ने अपने बयान में किया था, ऐसा सम्भव है। किन्तु सी.आई.डी. को 1930 के अन्त में वीरभद्र तिवारी के सम्बन्ध में जिन नई बातों का पता चला उनमें से एक यह भी थी कि कुली बाजार में चल रही बम फैक्टरी का असली संचालक वही है। निश्चित तौर से नॉट बावर ने वीरभद्र के भयादोहन में इस सूचना का भी इस्तेमाल किया होगा। नॉट बावर के मिलने के बाद वीरभद्र ने जेल में फर्जी चक्कर पर हड़ताल की, उसे नेता घोषित कर शम्भुनाथ व नॉट बावर ने मलाका जेल, इलाहाबाद शिफ्ट करा दिया।

मई, 1931 में दिल्ली षड्यंत्र केस में मिस्टर पील की गवाही के समय बचाव के वकील ने उनसे कहा था कि वीरभद्र को काकोरी केस में इस शर्त पर छोड़ा गया था कि वह काकोरी के शेष अभियुक्तों को पकड़वाने में पुलिस की मदद करेगा। मिस्टर पील ने इसकी जानकारी होने से मना किया था लेकिन यह स्वीकार किया था कि सी.आई.डी. के प्रार्थना-पत्र पर ही उसकी जेल परिवर्तित की गई थी। बचाव के वकील ने उन्हें बताया था कि जेल से छुड़ाने के लिए सी.आई.डी. के इंस्पेक्टर शम्भुनाथ ने वीरभद्र तिवारी की जमानत ली थी। इसी सिलसिले में शम्भुनाथ व तिवारी की पत्नी मलाका जेल में उससे मिलकर निकल रहे थे जब श्री वैशम्पायन ने उन्हें एक साथ देखा। सम्भवत: मलाका जेल में भी नॉट बावर मिला और समझौते के तहत वीरभद्र को समय के पूर्व जेल से छोड़ दिया गया।

वीरभद्र 23 जनवरी, 1931 को कानपुर आ गया। इसके थोड़े पहले ही कानपुर डी.ए.वी. कॉलेज में गजानन पोतदार की खोज में पहुँची पुलिस की क्रान्तिकारियों से मुठभेड़ हो गई और सालिगराम 1 दिसम्बर, 1930 को शहीद हो गए। जेल में नॉट बावर, शम्भुनाथ के वीरभद्र से मिलने की खबरें आज़ाद को मिलती रहीं। उन्हें भरोसा हो गया कि इस मुठभेड़ के पीछे भी वीरभद्र है। वीरभद्र के कानपुर आते ही आज़ाद ने उसे मारने की घोषणा कर दी। पहले श्री यशपाल के साथ वे खुद गए। मगर खोकी वीरभद्र को लेकर नहीं आई। चूँकि खोकी के सम्बन्ध श्री सदगुरु दयाल अवस्थी से थे, अत: बाद

में उन पर भी शक गया। लेकिन इसके पूर्व वीरभद्र श्री यशपाल से मिलकर आज़ाद से समझौता कराने को कह चुका था। श्री यशपाल ने गुस्सा ठंडा होने तक रुकने की सलाह दी थी। वीरभद्र ने एक पत्र आज़ाद को श्री महावीर पांडेय के माध्यम से तथा एक पत्र बच्चन के माध्यम से दिया था। जिसमें अनुनय-विनय तथा गलती की क्षमा माँगी थी।

उसकी टोह में आज़ाद कई बार फैक्टरी गए। जहाँ शिवचरण से पूछताछ की। आज़ाद का गुस्सा किसी भी तरह शान्त न हुआ। यशपाल को इसलिए क्षमा कर दिया क्योंकि प्राणदंड की घोषणा किये जाने के बाद भी वह पुलिस से प्रत्यक्ष नहीं मिले। मध्यस्थता कर रही श्रीमती सुशीला देवी ने आज़ाद के समक्ष मुख्य रूप से यही तर्क रखा था। साथ ही श्री यशपाल जिस लड़की को लाए थे, उसे सबके समक्ष पत्नी मान लिया। लेकिन वीरभद्र और उसकी पत्नी पर इंस्पेक्टर शम्भुनाथ के माध्यम से लगातार गोपनीय सूचना लीक करने का आरोप था, जो शिवचरण के बयान से भी स्पष्ट है। इस बीच वीरभद्र अपने बहनोई के घर इंदौर भाग गया। जब आज़ाद वीरभद्र को मारने में नाकाम रहे और कानपुर उनके लिए सुरक्षित नहीं रहा तो वे जनवरी, 1931 के अन्तिम सप्ताह में इलाहाबाद आ गए। जहाँ श्री शचीन्द्रनाथ के भाई श्री भूपेन्द्रनाथ के सहयोग से दो मकान किराए पर लिये गए। एक में आज़ाद व वैशम्पायन रहते थे। दूसरे में श्री सुखदेवराज, श्रीमती दुर्गा देवी और श्रीमती सुशीला देवी। आज़ाद ने तय कर लिया था कि पार्टी का धन सामान जुटाकर बम्बई शिफ्ट होंगे जहाँ वीर सावरकर व उनके भाई श्री बाबा सावरकर से जुड़कर लड़ेंगे।

कानपुर में पार्टी की कार बेचने का जिम्मा शिवचरण को दिया गया। उसने वहीं पर बच्चन व आज़ाद को पकड़वाने की योजना बना ली। संयोग से आज़ाद व वैशम्पायन ने रास्ते में शाल उतारकर नई सदरी पहन ली थी, फलतः बच गए। उसी दिन तय हुआ कि आइन्दा आज़ाद कानपुर नहीं आएँगे। अगली बार बच्चन अकेले गए। उनके जाने के पूर्व वीरभद्र शिवचरण के घर से निकला। शिवचरण ने कार का पैसा शाम को आने की बात की तो बच्चन श्री रामचन्द्र मुसद्दी के घर जाकर खाना खाकर सो गए। वीरभद्र ने वहाँ जाकर पूछा था। शाम को शिवचरण ने घंटा-डेढ़ घंटा बच्चन को पैसे के नाम पर इन्तजार कराया। फिर निकलकर थोड़ा आगे दुकानों के बीच में छोड़ा। आसपास दर्जन भर शम्भुनाथ के आदमी सादे कपड़ों में लगे थे, तुरन्त वैशम्पायन को धर दबोचा। उनके पास अवैध बेव्ले मिली। उन्हें शम्भुनाथ के घर ले जाकर थप्पड़ मारा गया। शम्भुनाथ व नॉट बावर स्पष्ट थे कि बच्चन ही आज़ाद के सर्वाधिक विश्वस्त हैं। उन्हें घेरने के पहले आवश्यक है कि बच्चन को हटाया जाए। बच्चन 11 फरवरी, 1931 को पकड़े गए। आज़ाद ने बच्चन के पकड़े जाने की सूचना श्री सुखदेवराज को दी। श्री सुखदेवराज उन दिनों भविष्य अखबार में प्रूफ रीडर थे। शायद शम्भुनाथ ने उन्हें तोड़ने का प्रयास किया था।

श्री सुखदेवराज ने कमरा बदलकर मुट्ठीगंज में नया कमरा ले लिया था। आज़ाद ने परमानन्द कोंबरा के माध्यम से कटरा में ही दूसरा कमरा ले लिया। सम्भवतः श्री वैशम्पायन के स्थान पर श्री भवानी सिंह रावत और श्री सुरेन्द्रनाथ पांडेय आ गए। आज़ाद किसी से इस कमरे पर नहीं मिले। वे अल्फ्रेड पार्क में मिलते थे। यह बात धीरे-धीरे

सबको पता चल गई। शिवचरण को भी दिखावे के लिए पुलिस ने पकड़ लिया था फिर किसी को पता नहीं कि वह कहाँ गया। उसे कटरा से अल्फ्रेड पार्क तक रेकी पर लगाया गया। वह ठा. विशेश्वर सिंह को रिपोर्ट कर रहा था। शायद पूर्व में दो एक बार उसने आज़ाद के बारे में बताया मगर ऐन वक्त पर वे बताए गए स्थान पर मिले नहीं। अत: विशेश्वर सिंह उस पर नाराज था।

श्री भवानी सिंह रावत के अनुसार श्री यशपाल चौक में किसी कांग्रेसी कार्यकर्ता के साथ रहते थे। हालाँकि 'सिंहावलोकन' में श्री यशपाल बार-बार लिखते हैं कि वे सुरेन्द्रनाथ पांडेय, आज़ाद के साथ ही रहते थे। श्री भवानी सिंह रावत के संस्मरणों से स्पष्ट है कि श्री यशपाल आज़ाद से अलग रह रहे थे। ऐसी मान्यता है कि आज़ाद ने श्री नेहरू जी से बात करके उन दोनों को रूस भेजने का प्रबन्ध किया था। दोनों शहादत के घंटाभर पूर्व आज़ाद से मिलकर गए। 27 फरवरी, 1931 की शहादत है, 26 की रात को श्री रामचन्द्र मुसद्दी की बारात में वीरभद्र कानपुर से इलाहाबाद तक आया। श्री सुखदेवराज के अनुसार उसे अल्फ्रेड पार्क के बाहर आज़ाद ने देखकर पहचाना। सम्भव है कि पहले शिवचरण ने देखकर ठा. विशेश्वर सिंह को सूचना दी। उसे घर में बन्द कर विशेश्वर सिंह ने वीरभद्र को तसदीक के लिए भेजा। डबल चेक के बाद डिप्टी एस.पी. विशेश्वर सिंह तथा डालचन्द्र मार्निंग वाक के बहाने खुद जाकर देख आए। पूर्णत: आश्वस्त हो जाने पर नॉट बावर को सूचित किया। जो अपनी गाड़ी से आया। पास पहुँचकर पूछना चाहा तो गोलीबारी शुरू हो गई जिसमें आज़ाद शहीद हुए। विशेश्वर सिंह घायल हुआ। वीरभद्र कानपुर लौट गया।

शिवचरण को उसी दिन अथवा अगले दिन पुलिस ने अरेस्ट दिखाया वह भी इलाहाबाद में। श्री गणेश शंकर विद्यार्थी ने आज़ाद को जीवन काल में ही सूचना दी थी कि वीरभद्र कांग्रेसी बैठकों की गुप्त बातें इंस्पेक्टर शम्भुनाथ शुक्ल के द्वारा सी.आई.डी. के आला अधिकारियों तक पहुँचा रहा है, अत: उसे इन बैठकों में नहीं बुलाया जाता। आज़ाद की शहादत के बाद विद्यार्थी जी ने वीरभद्र से पुछवाया तो उसने अनिश्चितता जता दी। रामचन्द्र मुसद्दी ने जब वापस आकर 26 फरवरी की घटना बताई तो विद्यार्थी जी ने वीरभद्र को बुलाकर बहुत डाँटा। शहादत के बाद सुरेन्द्रनाथ पांडेय ने वीरभद्र पर कई हमले करवाए। सी.आई.डी. व वीरभद्र को लगता रहा कि ये हमले सदगुरु दयाल अवस्थी करवा रहे हैं। दोनों ने एक-दूसरे के विरुद्ध कानपुर में पर्चेबाजी की। उधर शिवचरण ने पुलिस को उन्हीं की भाषा में लम्बा बयान दिया। बाद में इंस्पेक्टर शम्भुनाथ जब तक कानपुर रहे शिवचरण उनका विश्वस्त बना रहा। वे प्रमोट होकर अन्यत्र चले गए तो यह सम्बन्ध खत्म हो गया।

संक्षेप में कहें तो पार्टी में विघटन की शुरुआत श्री यशपाल ने की। इसे उन्होंने खुद स्वीकार किया है। वीरभद्र को सी.आई.डी. ने नवम्बर, 1930 में गला दबाकर साथ देने को विवश किया। पुलिस से उसकी जगजाहिर निकटता से आज़ाद बेहद नाराज थे और हर हाल में उसे खत्म करने पर तुले थे। उसी समय शिवचरण को योजना में शामिल किया गया, जिस पर उस समय तक कोई शक नहीं था। कार के पैसे का शिकंजा लगाकर पहले बच्चन को पकड़कर आज़ाद को अकेला किया गया फिर कटरा और

पार्क में रेकी लगाकर उन पर नजर रखी गई। शहादत के दिन शिवचरण की सूचना वीरभद्र से तसदीक कराने के बाद, नॉट बावर को दी गई। जंग हुई और आज़ाद शहीद हुए। शिवचरण वीरभद्र का आदमी था। बम फैक्टरी में उसे वीरभद्र ने ही लगवाया था। अत: कैलाशपति के बयान से जब पुलिस को वीरभद्र के द्वारा कुली बाजार में बम फैक्टरी चलाने का पता चल गया तो उसे नॉट बावर ने धमकाया। उसे बम फैक्टरी चलाने के जुर्म में जेल भेजने तथा म्युनिसिपल बोर्ड से मिलनेवाला पैसा बन्द कराने की धमकी दी गई होगी।

आज़ाद के जीवित रहते वीरभद्र को क्रान्तिकारियों के हाथों मारे जाने का डर भी सता रहा था। अत: उसने आज़ाद को पकड़वाने की बात स्वीकार कर ली और इस समझौते के तहत इंस्पेक्टर शम्भुनाथ से मशवरा कर उसे फैजाबाद से इलाहाबाद जेल लाया गया। जनवरी, 1931 को वीरभद्र छूटकर कानपुर आ गया था। सम्भव है कि उसी ने शिवचरण का नाम व बमवाली घटना इंस्पेक्टर शम्भुनाथ को बताई। बम विस्फोट वाली घटना पर इंस्पेक्टर शम्भुनाथ ने शिवचरण का भयादोहन कर उसे अपनी योजना में शामिल होने के लिए तैयार किया। दल को इसके बारे में पता न था। अत: पार्टी की कार उसे बेचने को दी गई। एक बार आज़ाद व वैशम्पायन पैसा लेने निकले तो पुलिस से घिरते बचे। अगली बार शिवचरण व वीरभद्र की मिलीभगत से उसी के घर के नीचे श्री विश्वनाथ वैशम्पायन वीरभद्र के द्वारा खरीदवाई कार का पैसा लेने के चक्कर में पकड़े गए। यदि श्री सदगुरु दयाल अवस्थी व श्री कैलाशनाथ द्विवेदी का यह अनुमान ठीक है कि ठाकुर विशेश्वर सिंह ने शिवचरण को अपने घर में बन्द किया था तो स्पष्ट हो जाता है कि नॉट बावर, वीरभद्र व शिवचरण तीनों इलाहाबाद में थे। लेकिन आज़ाद इन तीनों से सतर्क थे। ऐसे में उनके मूवमेंट की सटीक सूचना किसी ऐसे व्यक्ति ने दी जिसके प्रति आज़ाद सतर्क न थे, और जो वीरभद्र तथा शिवचरण दोनों का परिचित था। इस योजना में पूर्णचन्द 'सनक' भी हो सकते हैं।

चन्द्रशेखर आज़ाद के साथ विश्वासघात के प्रश्न पर श्री मन्मथनाथ गुप्त ने काफी मुखर होकर लिखा है। वे लिखते हैं, "अब प्रश्न यह उठता है कि किसने विश्वासघात किया? तो इस पर यह तथ्य सामने आता है कि कितने ही आदमी थे जो अकेले या मिलकर उनसे विश्वासघात कर सकते थे। इस मामले में मुझे याद है कि इलाहाबाद में आजाद की शहादत की अर्द्धशताब्दी के दिन मौजूद व्यक्तियों में से एक ने बिना कुछ सोचे मेरे सामने यह कहा कि यदि मैं मुँह खोलूँ तो बहुत से सिर लुढ़कते नजर आएँगे। वह व्यक्ति 1983 में अब भी जिन्दा है पर उसने अभी मुँह नहीं खोला। प्रमाणों से यह जाहिर है कि वीरभद्र, जो यशपाल के अनुसार डबल खुफिया था, उसके अलावा बहुत से लोग ऐसे थे जो आज़ाद और भगतसिंह की ख्याति से जलते थे। वे आज़ाद को अपने उत्थान के मार्ग में रोड़ा समझते थे। कानपुर के रमेशचन्द्र गुप्त को दो बार वीरभद्र को मारने के लिए भेजा गया। इसमें भी एक बात यह आती है कि बाद को रमेश ने खुलेआम सुरेन्द्र पर यह अभियोग लगाया कि जो अस्त्र उसे दिया गया था, वह बेकार था। सारे प्रमाणों से यह ज्ञात होता है कि आज़ाद इन सब बातों से लहरों-प्रतिलहरों से, यदि निश्चित रूप से नहीं, तो अस्पष्ट रूप से परिचित थे। गांधी-इरविन

चालू समझौता वार्ता से किसी प्रकार की आशा की किरण फूटती दिखाई नहीं देती थी। तीन प्रिय साथियों की फाँसी करीब-करीब थी, इसलिए उन्होंने सोचा कि गांधी-इरविन समझौता और विश्वासघात अपने-अपने रास्ते पर जारी है। उन्होंने बहुत चेष्टा की कि सारी समस्याएँ निबटाई जाएँ और उलझी हुई गाँठें सुलझाई जाएँ। उन्होंने यह सोचा कि न गांधी बाज आएँगे, न उच्चाकांक्षी यशपाल आदि बाज आएँगे। ऐसी काँटे की स्थिति में एक रास्ता शहादत का उनके पास खुला हुआ था। शहादत का अर्थ आत्महत्या नहीं है। जो व्यक्ति आत्महत्या करता है, वह असहाय है। पर शहीद मृत्यु को ही असहाय दुख के रूप में बना देता है।"[179]

चन्द्रशेखर आज़ाद की सूचना अन्तिम समय में पुलिस को किसने दी, यदि इस प्रश्न पर विचार करें तो सर्वश्री विश्वनाथ वैशम्पायन, सुखदेवराज, रामरख सहगल पर लगाए गए आरोप व्यक्तिगत दुर्भावना से प्रेरित जान पड़ते हैं, जिनका सम्पोषण पुलिस रिकॉर्ड तथा अन्य स्रोतों से नहीं होता, साथ ही इन बिन्दुओं का जवाब आरोपित क्रान्तिकारियों ने प्रायः दे दिया है। आज़ाद के प्रति गद्दारी हेतु भय, लालच अथवा अपमान का बदला जैसा कोई मोटिव आज़ाद की शहादत के पूर्व अथवा पश्चात इन साथियों के आचरण से व्यक्त नहीं हुआ। सर्वश्री यशपाल, सदगुरु दयाल अवस्थी तथा वीरभद्र तिवारी तीन ऐसे सदस्य थे जो केन्द्रीय समिति के सदस्य होने के बावजूद आज़ाद के अलग-अलग कारणों से कोपभाजन हुए। श्री यशपाल पर धन का दुरुपयोग, अनुशासनहीनता, लापरवाही आदि का आरोप लगाकर प्राणदंड दिया गया था। वीरभद्र को केन्द्रीय समिति की सूचना लीक करने, पुलिस से साँठ-गाँठ कर आज़ाद को पकड़वाने के आरोप में समाप्त करने की कोशिश की गई। कैलाशपति तथा वीरभद्र के वक्तव्यों से स्पष्ट है कि खोकी के कारण तथा एक्शन से बचते रहने के कारण सदगुरु दयाल अवस्थी भी आज़ाद का विश्वास खो चुके थे। आज़ाद की शहादत के ठीक पूर्व यशपाल व वीरभद्र की मौजूदगी, उसी दिन कानपुर में सदगुरु दयाल अवस्थी तथा इलाहाबाद में शिवचरण की गिरफ्तारी, फिर दशकों बाद श्री यशपाल द्वारा वीरभद्र को बचाने का प्रयास कई प्रश्न छोड़ जाते हैं। वीरभद्र तिवारी को उस समय म्युनिसिपल बोर्ड कानपुर से बतौर हैकिनी कैरिज इंस्पेक्टर तनख्वाह के रूप में मोटी रकम मिला करती थी। क्या यह बात श्री यशपाल तथा अन्य क्रान्तिकारियों को पता नहीं थी? श्री काशीराम के संस्मरण में स्पष्ट रूप से वीरभद्र तिवारी को म्युनिसिपल बोर्ड के कार्यालय में काम करना दर्शाया गया है। शिवचरण मिस्त्री ने भी अपने बयान में वीरभद्र को इंस्पेक्टर कहा है। इससे अनुमान है कि वीरभद्र ने क्रान्तिकारी साथियों को या तो यह कहकर भ्रम डाला होगा कि वह बोर्ड में अवैतनिक कार्य करता है। या फिर जानते हुए भी लोगों ने इसे नजरअन्दाज किया होगा।

तीसरा साथी

अल्फ्रेड पार्क में 27 फरवरी, 1931 की सुबह जब चन्द्रशेखर आज़ाद अंग्रेजों से संघर्ष करते हुए वीरगति को प्राप्त हुए, उस समय पार्क में कौन उनके साथ था, इसे लेकर इतिहास में प्रायः कोई भ्रम नहीं दिखता। सभी समवेत कहते हैं कि श्री सुखदेवराज उनके साथ थे। यही सूचना श्री यशपाल की रचना 'सिंहावलोकन'

तथा श्री सुखदेवराज की आत्मकथा 'ज़ब ज्योति जगी' में भी दर्ज है। शेष सभी ने इन्हीं दोनों के हवाले से लिखा है। क्योंकि उस दिन के शहादत स्थल के चश्मदीदों में इन्हीं दो ने लिखा है। लेकिन उस समय के अखबारों ने शक जाहिर किया है कि अल्फ्रेड पार्क में आज़ाद और सुखदेवराज के अलावा भी पार्टी का एक सदस्य था।

1 मार्च के 'द लीडर' में खबर छपी, "जिस पल फायरिंग शुरू हुई सी.आई.डी. का एक आरक्षी रामबदन सिंह जो पार्क के ही आसपास कहीं था, भागकर कर्नलगंज थाने पहुँचा, जो पार्क से ज्यादा दूर नहीं है। उसने वहाँ पुलिस को बताया कि तुरन्त पार्क पहुँचे, वहाँ एक यूरोपी पर कोई गोली चला रहा है। कहे अनुसार थानाध्यक्ष राय साहब चौधरी रिसाल सिंह ने थाने में उपलब्ध पुलिसकर्मियों को मय राइफलों के भागकर घटनास्थल पर पहुँचने को कहा। जब चौधरी रिसाल सिंह घटनास्थल पर पहुँचा तो देखा कि एक व्यक्ति मिस्टर नॉट बावर पर पेड़ की आड़ से फायर कर रहा था। जब वह उस रोड से आगे बढ़ा जिस पर नॉट बावर ने अपनी कार छोड़ रखी थी तो उसने देखा कि रोड के पास नई उम्र का एक लड़का उस स्थान की ओर आ रहा था जहाँ नॉट बावर खड़े थे, लेकिन थोड़ी देर बाद वह गायब हो गया। यह आशंका की जा रही है कि यह नया लड़का मृतक का साथी था और जहाँ फायरिंग चल रही थी वहाँ से भागकर आया था। शायद वह ऐसी पोजीशन देखने आया था जहाँ से वह मिस्टर नॉट बावर पर निशाना लगा सके।"

लगभग यही सूचना 1 मार्च, 1931 के 'द पायनियर' अखबार में भी छपी है। जो लिखता है, "आज शहर में पूरे दिन पार्क ही चर्चा का विषय बना रहा। मिस्टर नॉट बावर के विवरण में जो चीजें नहीं थीं उन्हें विवेचनाधिकारी और कर्नलगंज थाने के थानाध्यक्ष राय साहब चौधरी रिसाल सिंह ने जुटाया। वे घटना के प्रत्यक्षदर्शी हैं। ऐसा जान पड़ता है कि हथियारबन्द क्रान्तिकारी को भागने देकर उन्होंने उपनिरीक्षक का ध्यान उस दूसरे व्यक्ति की ओर दिलाया जिसने समर हाउस का चक्कर काटकर रास्ता बदल दिया था और मिस्टर नॉट बावर के पीछे पहुँच रहा था।"

इस सन्दिग्ध साथी के सम्बन्ध में 'द लीडर' ने अगले दिन यानी 2 मार्च को अधिक विस्तार से लिखा, "कुछ लोगों की धारणा है कि सी.आई.डी. के द्वारा चिन्हित दो लोगों के अलावा एक या दो साथी और भी इन लोगों के साथ पार्क में थे। जिस व्यक्ति ने मृतक के साथ फायर किया और भाग गया, ऐसा बताया जा रहा है कि उसने धोती, सफेद शर्ट, काला कोट या वेस्ट कोट पहन रखी थी। लेकिन जिस आदमी ने एक छात्र की साइकिल छीनी, छात्र के अनुसार उसने खाकी पायजामा और शर्ट पहन रखी थी और बेल्ट भी लगा रखी थी। इससे पता चलता है कि जिस व्यक्ति ने छात्र की साइकिल लूटी थी वह और जो व्यक्ति मृतक के बिलकुल साथ था, वे एक नहीं थे बल्कि उनकी पार्टी का कोई अन्य व्यक्ति भी पार्क में था। मिस्टर मेजर्स ने कर्नलगंज थाने के प्रभारी अधिकारी को धारा-307 (हत्या का प्रयास) का मृतक और एक अन्य फरार व्यक्ति पर मुकदमा पंजीकृत करने का निर्देश दिया।"

'द लीडर' और 'द पायनियर' की इन खबरों से ऐसी धारणा बनती है कि अल्फ्रेड पार्क में आज़ाद के साथ सुखदेवराज के अलावा एक व्यक्ति और भी था। यद्यपि अंग्रेजों

के सरकारी बयान में ऐसे किसी सन्दिग्ध का जिक्र नहीं मिलता, परन्तु उस समय के सी.आई.डी. के सर्वोच्च अधिकारी डी.आई.जी. एस.टी. हॉलिन्स के अक्टूबर, 1936 के 'मेन्स ओनली' पत्रिका में लिखे संस्मरण में भी पार्क में आज़ाद के साथ एक नहीं दो व्यक्ति दर्शाए गए हैं। यह संस्मरण वर्तमान में उनकी पुस्तक 'नो टेन कमांडेंट' में इस प्रकार लिपिबद्ध है, "कुछ दिन बाद नॉट बावर का एक लेफ्टिनेंट, विशेश्वर सिंह नाम का डिप्टी एस.पी. अल्फ्रेड पार्क में, इलाहाबाद हवाखोरी कर रहा था, तभी उसने एक तगड़े आदमी को देखा जो दो साथियों के साथ एक बेंच पर बैठा था। उसने ताड़ा और अचानक उसे विश्वास हो गया कि मोटा आदमी क्रान्तिकारी नेता ही था।" श्री बलदेव शर्मा द्वारा मई 1931 में लिखी गई प्रथम जीवनी में भी ज़िक्र आया है कि पार्क में आज़ाद के साथ एक नहीं बल्कि दो व्यक्ति थे।

पार्क के अन्दर की स्थिति को 1972 में प्रकाशित अपनी आत्मकथा में और 1939 में 'विप्लव' में प्रकाशित अपने संस्मरणों में श्री सुखदेवराज ने भी लिखा है, लेकिन उन्होंने कहीं भी दूसरे व्यक्ति का जिक्र क्यों नहीं किया? क्या वास्तव में कोई दूसरा साथी था भी? यदि था तो कौन था? कहाँ गया? इतिहास उसके नाम पर मौन क्यों है?

वस्तुतः इतिहास मौन नहीं है, बल्कि इतिहासकार मौन हैं। उस दूसरे व्यक्ति का नाम सरकारी दस्तावेज में ही उपलब्ध है। उस समय का सबसे प्रमाणित दस्तावेज माने जाने वाले इंटेलिजेंस ब्यूरो द्वारा संकलित 'टेररिज़्म इन इंडिया' (1917-1936) के पृष्ठ 109 पर लिखा है, "हजारीलाल दिल्ली षड्यंत्र केस में एक अभियुक्त था और मफरूरी की हालत में वह इलाहाबाद के अल्फ्रेड पार्क में आज़ाद के साथ था। जबकि पुलिस ने उन्हें घेर लिया और आज़ाद को गोली मार दी। हजारीलाल वहाँ से बच निकला और फिर 22 जून, 1931 को उसने और भवानी सहाय ने लखनऊ के बाहरी हिस्से में एक कपड़ा व्यवसायी को पकड़ा। पिस्तौल चलाई गई, एक बम भी फेंका गया, जिससे व्यापारी को हल्की चोटें आईं। फिर हजारीलाल पटना के एक छात्र सूरजनाथ चौबे के साथ अपने गृह कस्बा पटना भाग गया। उनके पहुँचने की खबर पता चल गई। उन्हें पटना शहर में 28 जून, 1931 को गाढ़ाबन्दी कर घेरा गया। चौबे को लाठी का प्रहार कर विरोध करने से अक्षम बना दिया गया, लेकिन हजारीलाल ने अपनी साइकिल एक पुलिस अफसर पर फेंककर भागने का प्रयास किया। जब वह भाग रहा था तो उसने एक बम भी फेंका। जिससे एक उपनिरीक्षक बुरी तरह घायल हो गया। एक हेड कांस्टेबल और स्वयं उसे भी चोट आई। दोनों, चौबे और हजारीलाल काफी हथियारबन्द थे।"

इस विवरण को पढ़ने के बाद यह स्पष्ट हो जाता है कि अल्फ्रेड पार्क में थानाध्यक्ष कर्नलगंज, जिस छात्र की साइकिल छीनी गई और सी.आई.डी. प्रमुख के द्वारा जिस दूसरे व्यक्ति के होने की सूचना दी गई है वह न तो भ्रामक है और न ही मनगढ़न्त, बल्कि स्पष्ट है कि उस दिन हजारीलाल भी पार्क में मौजूद था। इससे कई प्रश्न उठते हैं। सुखदेवराज ने इसकी चर्चा क्यों नहीं की? हजारीलाल के सबसे करीबी मित्र भवानी सिंह रावत भी क्या इस तथ्य से अनजान थे कि हजारीलाल इलाहाबाद में ही है? सदगुरु दयाल ने अपने संस्मरण में जो प्रश्न उठाया है कि आज़ाद पार्क में क्या करने गए थे? क्या उसका उत्तर यह है कि वे हजारीलाल से मिलने गए थे?

इसके पूर्व कि इन प्रश्नों का विश्लेषण किया जाए, हजारीलाल पर, उपलब्ध तथ्यों के आधार पर दृष्टिपात कर लेना समीचीन होगा। हजारीलाल मूलतः पटना का रहने वाला था। जहाँ कैलाशपति के अनुसार उसका पता—केयर ऑफ रघुनन्दन हलवाई, रामजानी चौराहा, दीवान मुहल्ला, पटना शहर था। उसके पिता का नाम पुखराज बहादुर था। एक अन्य दस्तावेज में उसका पता देवा मोहल्ला, खोद कलां, पटना भी लिखा मिलता है। कैलाशपति के अनुसार उसके पिता सम्भवतः सरकारी नौकरी में थे लेकिन इस समय (नवम्बर 1930) सेवानिवृत्त होकर बनारस में रह रहे हैं। हजारीलाल मैट्रिक फेल हो गया था। उसका बड़ा भाई पटना में प्रेस में काम करता है। इंटेलिजेंस की सूचना के अनुसार "वह 1925 में घर से भागकर बंगाल चला गया, जहाँ वह क्रान्तिकारी विचारधारा में दीक्षित हुआ। वह 1928 में पटना वापस लौटा, जहाँ चन्द्रशेखर आज़ाद और अन्य क्रान्तिकारी नेता आवागमन कर रहे थे। आज़ाद उसी साल उसे दिल्ली ले गए और इसके बाद से हजारीलाल निरन्तर घूमता रहा। वह दिल्ली, बनारस, लखनऊ और अम्बाला जैसी जगहों पर लम्बी अवधि तक और बारम्बार जाता रहा है। उसने अम्बाला में कार चलाना सीखा।"

हजारीलाल के सम्बन्ध में सर्वाधिक सूचना कैलाशपति के बयानों में मिलती है। उसके अनुसार, "हजारीलाल जुलाई, 1929 में लाहौर की क्रान्तिकारी पार्टी से सम्पर्क बनाने के लिए दिल्ली आया। वह रास्ते में दिल्ली में रुका और संयोग से भवानी सिंह के माध्यम से मुझसे मिला।" अपने बयान में कैलाशपति अन्यत्र कहता है कि "हजारीलाल जून, 1929 में सर्वप्रथम भवानी सिंह के सम्पर्क में आया। वह अगस्त, 1929 में पटना गया और सितम्बर के अन्त तक लौट आया। वह अक्टूबर में भिवानी (जिला हिसार) गया और दिसम्बर, 1929 में जब लौटा तो लगभग एक पखवारा तक बालकिशन के साथ किनारी बाजार में रहा। वहाँ वह बीमार पड़ गया और पुनः भिवानी निकल गया। जब जनवरी, 1930 में वहाँ से लौटा तो उसे एम.एल. वर्मा के साथ मोटर ड्राइविंग सीखने के लिए अम्बाला भेज दिया गया और वहाँ वह अप्रैल (1930) तक रहा। वह अप्रैल और मई में बालकिशन के साथ किनारी बाजार में दिल्ली में रहा, इसके बाद वह आज़ाद और अन्य के साथ शूटिंग का अभ्यास करने गढ़वाल भवानी सिंह के घर गया। वह जून से अगस्त, 1930 तक पटना में रहा तथा अगस्त और सितम्बर में किनारी बाजार वाले घर में रहा। नवम्बर या दिसम्बर, 1929 में वह एक वकील के लड़के शाम किशन को ले आया था, पार्टी में भर्ती कराने, जिसे मैंने मना कर दिया। वह लड़का पटना का था।"

वह अपना ज्यादातर समय क्वीन्स गार्डन में या चौरी बाजार में इन्द्रप्रस्थ लाइब्रेरी में बिताता है। हजारीलाल पटना में अपने जैन दोस्तों के माध्यम से भिवानी, दिल्ली और पटना के जैन समुदाय में जाना-पहचाना है। जुलाई, 1929 में जब मैं पहली बार हजारीलाल से मिला था तो वह या तो दिल्ली की धर्मशाला में रह रहा था या अपने जौहरी दोस्तों में से किसी एक के घर में रह रहा था। अम्बाला में मैंने उसके रहने की व्यवस्था वी.पी. जैन के एक मित्र के घर की थी जिसका नाम बी.एल. या एम.एल. वर्मा है और उसकी अम्बाला छावनी (कैंटोनमेंट) में मोटर वर्कशॉप है। चार-पाँच महीने

बाद हजारीलाल अम्बाला से दिल्ली लौटकर आया तो उसे कम्पाउंडर बालकिशन के साथ किनारी बाजार की एक गली के मकान में रखा। वहाँ मैं भी दो-तीन दफा गया हूँ। कुछ महीने बाद पार्टी ने उसी गली में भवानी सहाय के लिए एक दूसरा मकान किराए पर लिया। शायद जुलाई, 1930 में। और हजारीलाल उसमें चला गया। यह मकान तीन महीने तक रहा फिर जोगीवाड़ा में एक मकान ले लिया गया। मेरी गिरफ्तारी के समय तक हजारीलाल उसी मकान में रह रहा था। हजारीलाल, भवानी सिंह और विशम्भर दयाल का गहरा मित्र था जबकि मैं उस पर उलझाव भरा भरोसा करता था।

दिल्ली में रहते हुए हजारीलाल, कम्पाउंडर बालकिशन के साथ काफी मित्रवत हो गया और उसे भी क्रान्तिकारी मत में परिवर्तित कर दिया। मैंने हजारीलाल से कहा कि पता करो कि क्या बालकिशन विस्फोटकों के निर्माण के लिए एसिड की आपूर्ति कर सकता है। बालकिशन के माध्यम से हजारीलाल का परिचय यूनिवर्सल ड्रग स्टोर के बाबूराम गुप्ता से हुआ। उसने ड्रग स्टोर पर मेरा परिचय बालकिशन से कराया तथा बाबूराम गुप्ता से उसके घर पर मिलवाया। वहाँ क्रान्तिकारी योजना पर विचार-विमर्श किया गया और एसिड तथा अन्य जरूरी चीजों की आपूर्ति के प्रबन्ध पर चर्चा हुई जो भारी मात्रा में चाहिए था। इस व्यवस्था के अनुसार बाबूराम गुप्ता ने मुझे भारी मात्रा में एसिड वगैरह की आपूर्ति की।

हजारीलाल को कपूरचन्द से अगस्त में 30 रुपये और सितम्बर 1930 में 35 रुपये मिले। जिन्हें उसने क्रान्तिकारी दल के निमित्त मुझे सौंप दिया। जब साबुन फैक्टरी बन्द हो गई तो हजारीलाल ने केमिकल्स और अन्य तामझाम, जिसमें दो अटैचियों में रिवॉल्वर (मिलिट्री पैटर्न) और एअर पिस्टलें थीं, को हटाकर कपूरचन्द के घर में रख दिया। हजारीलाल के पार्टी के नाम पांडेय, तारा, श्रीकृष्ण, रामू हैं। हजारीलाल पार्टी द्वारा किराए पर लिये गए किनारी बाजार और जोगीबाड़ा के मकानों में रहता रहा है।

जून 1930 के आखिरी में हजारीलाल मेरे लिए रूज-विट्वर्थ की साइकिल ले आया और कहा कि यह उसे इगर्टन रोड के फुटपाथ पर मिली है। एक हफ्ते बाद मैंने इस साइकिल को रेलवे पार्सल के द्वारा अजमेर में मदन गोपाल के पास भेज दिया। हजारीलाल सम्भवत: इन स्थानों पर मिले—भिवानी (जिला हिसार), अजमेर, लुधियाना, रोहतक, पटना शहर। वह इन सभी स्थानों पर पटना शहर के कचहरी गेट पर रहने वाले प्रतापचन्द जौहरी के सम्बन्धों से गया है, प्रतापचन्द के व्यवसाय की शाखाएँ इन सभी जगहों पर हैं। अगस्त 1930 में हजारीलाल ने मुझे एक बार 0.25 बोर का कारतूस दिखाकर पूछा कि क्या मैं इनकी और ज्यादा आपूर्ति कर सकता हूँ। मैंने मना कर दिया और मामला वहीं खत्म हो गया। लेकिन इसी समय उसने मुझे बताया था कि विशम्भर दयाल के चाचा भोला चाँदनी चौक में किसी फर्म में काम करते हैं और उनके पास एक पिस्तौल है। हजारीलाल का डिस्क्रिप्टिव रोल निम्नवत है—

"उम्र 20-22 साल, मझला कद, दुबली काया लेकिन एथलेटिक। हल्की रंगत हथेलियों पर एग्जिमा के निशान हैं। खद्दर का पायजामा, शर्ट, कोट और गांधी टोपी पहनता है।"

कैलाशपति ने अपने बयान में अन्यत्र भी हजारीलाल का विवरण दिया है। एक

स्थान पर वह कहता है कि ऐसा विश्वास किया जाता है कि तलाशी के पहले चमड़े की अटैची में भरे मिलिट्री पैटर्न के रिवॉल्वरों तथा आज़ाद के निर्देश में बनी मुहरों को हजारीलाल ने कपूरचन्द के मकान से हटा दिया था। वह अन्यत्र कहता है कि आज़ाद, विशम्भर दयाल, भवानी सिंह और हजारीलाल जब जून, 1930 में भवानी सिंह के साथ गढ़वाल में ठहरे थे तो रामचन्द्र शर्मा के लाइसेंस पर प्राप्त कारतूसों में से कुछ का इस्तेमाल किया गया था। मैं उनके साथ नहीं गया था। उन्होंने वहाँ भवानी सिंह के पिता की 0.12 बोर तथा आज़ाद की 0.32 बोर की ऑटोमैटिक पिस्टल से जंगल में कुछ शूटिंग की थी। इसके अलावा अपने बयान में कई जगह कैलाशपति ने कपूरचन्द के मकान में सामान रखने, बाबूराम गुप्ता से सामान खरीदने में हजारीलाल की भूमिका की विस्तार से चर्चा की है। कपूरचन्द के मकान की तलाशी में मिले सामानों की शिनाख्त में भी उसने कई हस्तलेखों को हजारीलाल का बताया है। एक नोट बुक हजारीलाल की हैंड राइटिंग में मिली थी जिसमें स्याही, माचिस और पटाखे बनाने की विधियों के साथ अनेक केमिकल्स का नाम लिखा था। कैलाशपति के अनुसार एक बार आज़ाद, विशम्भर दयाल, भवानी सिंह और हजारीलाल आनन्द पर्वत की ओर शूटिंग की प्रैक्टिस करने गए थे।

कैलाशपति ने दिल्ली में पार्टी के लोगों के रहने के जिन आठ स्थानों का उल्लेख किया है उनमें से तीन में हजारीलाल के रहने का विवरण दिया है। पहला मकान शिर्की में चिरंजीलाल का मकान था, जिसमें कैलाशपति और भवानी सहाय के साथ हजारीलाल पूना के पंडित के रूप में रहता था। अनार गली के किनारी बाजारवाले घर में विमल प्रसाद जैन, कैलाशपति, आज़ाद, विद्याभूषण (रमेश), काशीराम और भवानी सिंह के साथ हजारीलाल 'पांडेय' के रूप में रहता था। न्यू हिन्दू हॉस्टल में वैशम्पायन, काशीराम, आज़ाद, विद्याभूषण, लेखराम, विमल प्रसाद जैन, धन्वन्तरि, विशम्भर दयाल तथा भवानी सहाय के साथ हजारीलाल रहा। हजारीलाल विशम्भर दयाल के साथ उसके गाँव भी गया था। कैलाशपति कहता है कि मैंने हरकेश के द्वारा सितम्बर, 1930 में वापस की गई पिस्तौल (एयर गन) हजारीलाल को सौंप दी थी। उसने इसे कपूरचन्द को दे दिया, जो उसके घर से मिली है।

इन तथ्यों के आलोक में इतना निश्चयपूर्वक कहा जा सकता है कि हजारीलाल जून-जुलाई, 1929 में दल के सम्पर्क में आया। लगातार घूमता रहा। भवानी सिंह व विशम्भर दयाल का करीबी मित्र रहा। साबुन फैक्ट्री बन्द होने पर सारा सामान कपूरचन्द के घर उसी ने रखवाया। उन्हें खरीदने में भी उसने मदद की थी। फिर वह फरार हो गया और शहादत के दिन आज़ाद के साथ पार्क में था।

पटना में जब हजारीलाल 28 जून, 1931 को पकड़ा गया (यानी आजाद की शहादत के ठीक चार माह बाद) तो पटना षड्यंत्र केस चला। इस सम्बन्ध में मन्मथनाथ गुप्त ने अपनी पुस्तक (भारत में सशस्त्र क्रान्ति की चेष्टा का इतिहास, खंड-II) में लिखा, "1931 में बिहार में पटना षड्यंत्र नाम से एक षड्यंत्र चलाया गया। इसमें यह भेद खुला कि बिहार के काम का सम्बन्ध चन्द्रशेखर आजाद से था। इन लोगों ने बम भी बनाए तथा अंग्रेजों को गिरजाघर में मार डालने की योजना बनाई। किन्तु वह कार्य रूप

में परिणत नहीं की गई। बात यह है कि जिस दिन ये लोग गिरजाघर पर हमला करने गए, इन्होंने देखा कि पुलिस पहले से ही तैनात है। इस पर ये लौट आए। इनका सन्देह रामललित नामक एक व्यक्ति पर गया, इसको इन लोगों ने खत्म कर दिया। पुलिस ने इस पर तहकीकात करते-करते एक मकान को घेरा, सूरजनाथ और हजारीलाल थे। यह मकान बम का कारखाना था। पुलिसवालों पर बम चला, एक सब इंस्पेक्टर मारा गया। किन्तु दोनों गिरफ्तार कर लिये गए। हजारीलाल को काला पानी तथा चौबे को दस साल की सजा हुई। हजारीलाल पहले तो बड़े अकड़े किन्तु सजा के बाद मुखबिर बन गए। फलस्वरूप बहुत से लोग गिरफ्तार किये गए और 11 व्यक्तियों पर मुकदमा चला। सूरजनाथ चौबे इस मुकदमे में फिर घसीटे गए और उन्हें आजन्म काला पानी की सजा हुई। कन्हई लाल मिश्र तथा श्यामकृष्ण को भी यही सजा मिली। फणीन्द्र घोष भी इसमें मुखबिर था।"

इस घटना का विवरण 'टेररिज्म इन इंडिया' में इस प्रकार मिलता है, "गिरफ्तारी के समय चौबे के पास दो बम, एक स्वचालित पिस्तौल और कई कारतूस मिले। हजारीलाल ने जो बम फेंका था उसके अलावा भी उसके पास एक बम तथा भरी सर्विस रिवॉल्वर के साथ 47 गोलियाँ मिलीं। चौबे को अन्ततः 10 साल की सश्रम कारावास तथा हजारीलाल को चौदह साल का काला पानी दिया गया, लेकिन हजारीलाल ने एक मूल्यवान बयान दिया जिसमें एच.एस.आर.ए. की तमाम गतिविधियों को शामिल किया गया था और उसकी दस साल की सजा कम कर दी गई। चौबे पर रामललित तथा दिल्ली में एक छात्र की हत्या का शक पहले से था। यूनाइटेड प्रॉविंस तथा दिल्ली में एच.एस.आर.ए. की शाखाओं से अपने जुड़ाव सम्बन्धी विस्तृत विवरण के अलावा हजारीलाल ने यह स्वीकार किया कि उसे शक था कि रामललित पुलिस का जासूस था और उसने तथा चौबे ने उसे मारने का असफल प्रयास किया। अन्ततः रामललित को या तो कन्हई मिश्र ने या हजारीलाल ने गोली मारी। इस सूचना के आधार पर पटना में षड्यंत्र केस चला। हजारीलाल को अप्रूवर बना लिया गया और लाहौर षड्यंत्र केस के अप्रूवर फणीन्द्र घोष ने भी गवाही दी। चौबे को सेशन जज ने मृत्यु दंड दिया लेकिन अपील पर उसकी सजा को कम कर काला पानी (आजीवन) कर दिया गया। अन्य तीन जिनमें कन्हई मिश्र भी था, को आजीवन काला पानी की सजा दी गई। दो अन्य को सात सालों के सश्रम कारावास की सजा दी गई।"

लेकिन हजारीलाल का मामला सन्दिग्ध-सा बना रहता है। पहले तो आज़ाद की शहादत के दिन यदि वह पार्क में था तो उसने यह बात किसी से कही क्यों नहीं? पटना के पूर्व लखनऊ में जो घटना दिखाई गई वह मूलतः सूरजनाथ चौबे द्वारा कारित थी। हजारीलाल उनके साथ हॉस्टल में रहा था। फिर 'टेररिज्म इन इंडिया' ने उसे दोषी क्यों कहा? उसे दिल्ली षड्यंत्र केस का हिस्सा माना गया। हालाँकि यह केस पूरा नहीं हो सका था। इसमें कई लोग पकड़े जरूर गए थे। दिल्ली कॉन्सिपेरेसी केस की फाइल (नम्बर 2 (13), 1931) में लिखा है कि "दिल्ली के सभी कैदियों ने तत्काल हजारीलाल से साक्षात्कार करने का अनुरोध किया, जिस पर पटना में मुकदमा चल रहा था। लाल की इच्छा नहीं थी कि उसे दिल्ली केस के झगड़े में डाला जाए। थामसन ने सलाह दी कि

डिफेंस कौंसिल लाल का साक्षात्कार कर सकते हैं। इसी के थोड़े समय बाद वात्स्यायन तथा अन्य जिन्होंने कौंसिल से इनकार कर दिया था, एच.एस.आर.ए. के एक सहानुभूति रखनेवाले फूलचन्द्र जैन से साक्षात्कार करने का अनुरोध किया। विमल प्रसाद जैन ने यह झूठा दावा किया कि वे फूलचन्द्र के चचेरे भाई हैं और वे भी इसमें शामिल हो गए।"

इस विवरण से साफ है कि हजारीलाल दिल्ली केस में शामिल नहीं था। उसे इसमें डाला जा रहा था।

फूलचन्द्र जैन के सम्पादन में स्वतंत्रता सेनानी ग्रन्थमाला नाम से 11 खंडों में एक सिरीज छपी जिसके तीन खंडों (6, 7, 10) में हजारीलाल के सम्बन्ध में सूचना दर्ज मिली है। एक खंड में "3803-हजारीलाल पुत्र पुखराज बहादुर, पटना के आगे 19सी आर्म्स एक्ट, 24/9/1933, तीन विस्फोटक एक्ट के अन्तर्गत पटना में आजीवन कैद की सजा का उल्लेख किया गया है। दूसरे खंड के क्रमांक 31 पर हजारीलाल आत्मज पुखराज बहादुर, देवा मुहल्ला, खादेंकला पटना लिखा है। यह वस्तुत: दिल्ली केस के सन्दिग्धों की सूची है। दिल्ली केस में नौ अभियुक्तों को प्रारम्भ में पुलिस पकड़ने में असमर्थ रही। इसलिए मुकदमे की प्रारम्भिक कार्यवाही में उन्हें राजपत्रित मफरूर घोषित किया गया। ये थे—1. काशीराम, 2. प्रकाशो, 3. भवानी सहाय, 4. यशपाल, 5. रामचन्द्र, 6. लेखराम, 7. भवानी सिंह, 8. सम्पूर्ण सिंह टंडन, 9. हजारीलाल।

श्री फूलचन्द्र की पुस्तक 'दिल्ली के स्वतंत्रता सेनानी' में एक स्थान पर पटना में हजारीलाल अप्रूवर की हत्या के मामले में ब्रह्मानन्द पांडेय को फाँसी दिये जाने तथा बलिया के मूल निवासी राधाकृष्ण तिवारी के जनवरी, 1940 में मेरठ जाते समय पकड़े जाने पर 4 साल की सजा का जिक्र मिलता है। इससे संकेत मिलता है कि बाद में हजारीलाल की हत्या हो गई थी। कैलाशपति के बयान के बाद सी.आई.डी. के स्पेशल डिप्टी एस.पी. एन.सी. मिश्रा ने 28 नवम्बर, 1930 को चन्द्रशेखर आज़ाद के साथियों की जो सूची जारी की है उसमें 9वें स्थान पर हजारीलाल, बिहार लिखा मिलता है अर्थात् पुलिस आज़ाद से उसके जुड़ाव के बारे में भली-भाँति परिचित थी।

हजारीलाल का उल्लेख भवानी सिंह रावत के लेखों में भी मिलता है। उन्होंने पहला गुमनाम लेख 1939 के 'विप्लव' के 'आज़ाद' अंक में 'कुछ सुखद स्मृतियाँ' नाम से लिखा है। इसमें आज़ाद की गढ़वाल यात्रा का जिक्र है, पर किसी का नाम नहीं लिखा गया है। उनका दूसरा लेख, 'क्रान्तिकारी युग की कहानी' नाम से अमर शहीद चन्द्रशेखर आज़ाद बलिदान अर्द्धशताब्दी स्मारिका, 1981 में छपा है। इस लेख में उन्होंने आज़ाद के हजारीलाल, छैलबिहारी, रामचन्द्र तथा विशम्भर दयाल के साथ उनके गाँव नाथूपुर जाने का वर्णन किया है। सन् 2007 में श्री सुधीर विद्यार्थी के सम्पादन में छपी पुस्तक अग्निपुंज में 'अन्तिम दिन मैं आज़ाद के साथ था' शीर्षक से भवानी सिंह ने लेख लिखा इसमें भी गाडोदिया एक्शन के बाद आज़ाद के साथ उस दल के अपने गाँव जाने का जिक्र किया है जिसमें हजारीलाल भी था। इसी प्रकार श्री वचनेश त्रिपाठी के सम्पादन में छपी पुस्तक 'क्रान्तिकारियों के ऐतिहासिक दस्तावेज' में भवानी सिंह का लेख 'आज़ाद जब मेरे घर आए' नाम से छपा है। इस लेख में भी भवानी सिंह ने प्राय: वही कहानी दोहराई है। लेकिन इलाहाबाद में आज़ाद की शहादत के दिन हजारीलाल भी उपस्थित

था इसकी जानकारी उन्हें थी या नहीं इसका जिक्र उन्होंने कहीं नहीं किया है।

हजारीलाल पर अनेक विश्वसनीय सूचनाएँ डॉ. नागेन्द्र मोहन प्रसाद श्रीवास्तव तथा डॉ. जयश्री दत्त की पुस्तक 'आज़ादी की जंग : बिहार के क्रान्तिकारी' में भी दी गई हैं। इस पुस्तक के अनुसार हजारीलाल हिसप्रस (हिन्दुस्तान समाजवादी प्रजातंत्र संघ) के पटना शाखा के नेता थे। हजारीलाल से सूरजनाथ चौबे का परिचय लाहौर के राधाकृष्ण के माध्यम से हुआ था। बाद में हजारीलाल को चौबे पर शक भी हुआ, क्योंकि उन्होंने बताया कि उनकी दोस्ती गुप्तचर विभाग के इंस्पेक्टर गांगुली से है। सूरजनाथ चौबे बम बनाने में माहिर थे। उन्होंने हजारीलाल, श्यामकृष्ण अग्रवाल तथा रामबाबू के साथ अनेकों बम बनाए। रामललित, हजारीलाल और चौबे ने एक पहाड़ी पर बम का परीक्षण किया। एक बम न तो फटा और न ही मिला। अगले दिन वह पुलिस को मिल गया। सूरजनाथ चौबे तथा उनके दल ने रामप्रताप मारवाड़ी तथा महिला डॉक्टर श्रीमती आदम्स को लूटने का विफल प्रयास किया।

सूरजनाथ चौबे तथा हजारीलाल ने पहले इंग्लिश चर्च पर बम फेंकने की योजना बनाई, मगर प्रार्थना में हत्या न करने का विचार मन में आया तो यह प्लान त्याग दिया। यह योजना चौबे की थी। फिर यूरोपीय क्लब (बाँकीपुर क्लब) पर हमले की योजना बनी। 12 बमों के साथ चौबे, हजारीलाल, कन्हई मिश्र तथा रामललित गए। रामललित ने कहा कि उसका दिल जोरों से धड़क रहा है, उसके पैर काँप रहे हैं तथा उसकी आँखों के आगे अँधेरा छा गया है। इस व्यवहार से बाकी को शक हो गया और वे रामललित को गुप्तचर विभाग का आदमी समझने लगे और उसकी हत्या का प्लान बनाया। हजारीलाल ने अपने बयान में कहा कि उसके कहने पर मंगल तालाब पर कन्हई मिश्र ने रामललित को गोली मार दी जबकि सूरजनाथ चौबे का दावा है कि उन्होंने कंकड़ बाग में रामललित के सिर में छह गोली मारकर हत्या की। हत्या करके वे भागे। राय महेन्द्र प्रसाद पटना सिटी से बनारस तक का तीन ट्रेन टिकट लाये तथा सूरजनाथ चौबे, हजारीलाल तथा रामबाबू बनारस चले गए। रामबाबू बनारस में ही रह गए, चौबे तथा हजारीलाल लखनऊ चले गए। लखनऊ में वे हजारीलाल के पिता पोखराज बहादुर के साथ ठहरे जो वहाँ नवाब अख्तर के यहाँ मुंशी का काम करते थे। वहाँ के एक व्यापारी प्रतिष्ठान से 1400 रुपये लूटने का प्रयास किया गया तथा गुप्तचर विभाग के एक अधिकारी से हाथापाई की गई। यहीं पर हजारीलाल ने तीन गोली चलाई, बम फेंका था। चौबे ने भी बम फेंका था।

बाद में 18 मई, 1931 को पटना में गिरफ्तार रामललित के रूम पार्टनर नरेन्द्र मोहन चटर्जी ने बताया कि ललित की हत्या चौबे ने की थी। राधेश्याम सोनार ने इसकी सूचना कोड भाषा में पत्र लिखकर चौबे तथा हजारीलाल को दी। यह पत्र लखनऊ पुलिस के हाथ पड़ गया। वे दोनों पटना लौट आए, जिसकी सूचना पुलिस के जासूस को लग गई। लखनऊ पुलिस भी पटना पहुँच गई। उ.प्र. गुप्तचर विभाग का इंस्पेक्टर मुंशी अहमद हुसैन पटना गया था। साथ में विशेष इंस्पेक्टर राय साहब राधाकिशन कौल भी था। हजारीलाल पर लखनऊ केस में 1000 का इनाम भी था। लखनऊ की घटना 22 जून, 1931 की थी। हजारीलाल के पिता लगातार उन्हें सूचना दे रहे थे। टुन्नू ग्वाला के घर

से रात को जब वे चले तो 28 जून को रात साढ़े आठ बजे भिखनापहाड़ी में अचानक गिरफ्तार हो गए। मुठभेड़ में एक बम फट गया। पुलिस तथा हजारीलाल जख्मी हुए। चौबे लाठी की चोट से असहाय हो गए। भागते समय हजारीलाल ने जो बम फेंका उसमें दारोगा तथा सिपाही घायल हुए। बाद में एक घंटे में रामनारायण सिंह दारोगा मर गया। आगे सूरजनाथ चौबे तथा हजारीलाल दोनों ने पुलिस को बयान दिया।

बाँकीपुर जेल में सूरजनाथ चौबे के विरुद्ध सेशन ट्रायल का फैसला सत्र न्यायाधीश जे.सी. शीयरर ने 11 सितम्बर, 1931 को सुनाया। चौबे को सात साल कठोर कारावास मिला। चौबे ने सत्र न्यायालय के फैसले के विरुद्ध पटना उच्च न्यायालय में अपील की, सजा कम कराने हेतु। पटना हाईकोर्ट ने सूरजनाथ की सजा बढ़ाकर दस साल कर दी। भिखनापहाड़ी बम कांड में हजारीलाल को चौदह साल की कठिन कारावास की सजा हुई लेकिन अप्रूवर बन जाने पर दस साल सजा कम हो गई। हजारीलाल का बयान 18-19 नवम्बर, 1931 को प्रथम श्रेणी के दंडाधिकारी एस.एफ. अशरफ के समक्ष बाँकीपुर जेल में अंकित किया गया। चौबे की पहली सजा सूरजनाथ चौबे बनाम सम्राट में हुई थी। हजारीलाल के बयान पर 11 लोगों के विरुद्ध पटना षड्यंत्र 22 दिसम्बर, 1931 से शुरू हुआ जिसमें सत्र न्यायालय ने सूरजनाथ चौबे को फाँसी की सजा दी जिसे पटना उच्च न्यायालय ने आजीवन कारावास में बदल दिया। 1932 में सूरजनाथ अंडमान गए। 1938 में रिहा हुए।

यह सूचना हजारीलाल के बयान, विभिन्न न्यायालयों की मूल फाइलों, तत्कालीन अखबारों की खबरों, गजट, आधिकारिक पत्राचार, भेंटवार्ता पर आधारित होने से अत्यन्त विश्वसनीय है। यद्यपि हजारीलाल की सम्पूर्ण टाइम लाइन हमारे पास नहीं है। लेकिन प्राप्त सूचनाओं से स्पष्ट है कि बम का परीक्षण, यूरोपी क्लब, इंग्लिश चर्च पर बम फेंकने का प्रयास, रामललित की हत्या कर बनारस आना, फिर लखनऊ जाना, वहाँ सी.आई.डी. से गोली चलना, फिर पटना जाकर वहाँ गिरफ्तार होना, दारोगा का घायल होकर मरना आदि घटनाएँ अल्फ्रेड पार्क की घटना के बाद की हैं। आज़ाद 27 फरवरी, 1931 को शहीद हुए। जबकि पटना में रामललित की हत्या मई महीने की है तथा लखनऊ में व्यापारी से लूट के प्रयास में 22 जून, 1931 को गोली चली और 28 जून, 1931 को चौबे के साथ हजारीलाल को गिरफ्तार किया गया। आज़ाद की प्रथम जीवनी में एक जगह उल्लेख मिलता है कि "कुछ लोगों का कहना है कि आज़ाद के साथ एक ही व्यक्ति नहीं बल्कि दो व्यक्ति थे। पुलिस इनका पीछा बनारस से ही कर रही थी।" इससे भ्रम होता है कि हजारीलाल जब पटना से रामललित की हत्या कर बनारस आया उसके बाद इलाहाबाद आया होगा, जो गलत है। सम्भव है कि फरवरी या जनवरी में हजारीलाल बनारस से इलाहाबाद आया हो तथा पुलिस उसका पीछा कर रही हो। हजारीलाल के बयान से यह भी स्पष्ट है कि लखनऊ केस में उसके साथ भवानी सहाय नहीं थे।

हजारीलाल कब, कैसे और कहाँ से इलाहाबाद पहुँचा, शहादत के समय अल्फ्रेड पार्क में क्या कर रहा था तथा गोली-बारी शुरू होने पर चुपचाप भाग क्यों गया? आज़ाद की शहादत में उसकी क्या भूमिका थी? जैसे प्रश्नों पर विस्तृत शोध अपेक्षित है।

चन्द्रशेखर आज़ाद और गांधी-नेहरू

चन्द्रशेखर आज़ाद का अपने समय के चोटी के अधिकांश नेताओं से व्यक्तिगत सम्बन्ध रहा, सिवाय गांधी जी के। यद्यपि जीवन के आरम्भिक दिनों में जब वे असहयोगी बने तो खाँटी गांधीवादी थे, लेकिन एक बार उधर से भरोसा उठने के बाद वे फिर कभी गांधीवाद पर भरोसा नहीं कर पाए। तथापि शहादत के कुछ दिन पूर्व इलाहाबाद में जब महात्मा जी दिख गए तो आज़ाद ने प्रणाम अवश्य किया। और उनसे मिलने दल की स्त्री क्रान्तिकारियों को दिल्ली भेजा। श्री मन्मथनाथ गुप्त ने अपनी पुस्तक में लिखा, "आज़ाद पर नेहरू परिवार का दृष्टिकोण अजीब था। मोतीलाल, कमला नेहरू आज़ाद के भक्त थे, पर नेहरू गड़बड़ा गए।"[180] नेहरू परिवार में आज़ाद श्री मोतीलाल नेहरू तथा श्री जवाहरलाल नेहरू से मिले थे, इसका पता विविध संस्मरणों से चलता है।

डॉ. जवाहरलाल रोहतगी ने अपने संस्मरण में कानपुर में श्री मोतीलाल और आज़ाद की भेंट का जिक्र करते हुए लिखा, "माननीय पं. मोतीलाल जी जब कभी कानपुर आते तो बराबर मेरे यहाँ ही ठहरते थे। एक बार जब वे मेरे यहाँ पधारे हुए थे, उन्होंने मुझसे कहा, 'मैंने सुना है कि चन्द्रशेखर आज़ाद कानपुर में ही हैं। क्या उससे आप मुलाकात करा सकोगे?' मैंने कहा, 'कोशिश करूँगा।' मैंने आज़ाद के पास खबर भेज दी कि पं. मोतीलाल जी आपसे मिलना चाहते हैं। कब आ सकोगे?आज़ाद ने कहला भेजा कि दिन के ग्यारह और बारह के बीच मैं आऊँगा। मुझे आश्चर्य हुआ और मैंने सोचा उस वक्त तो पुलिस के सिपाही चौराहे पर खड़े रहते हैं। उस समय आना बहुत ही खतरनाक है और मेरा घर तो सड़क के पास ही था। पर आज़ाद का कहना था कि आने के लिए वही वक्त सबसे अच्छा है। क्योंकि उस समय पुलिस को इस बात का कोई शक भी नहीं हो सकता कि कोई फरार क्रान्तिकारी दिन-दहाड़े इस तरह निकलेगा। आज़ाद साढ़े 11 बजे पधारे और मैं उन्हें पं. मोतीलाल के कमरे में पहुँचा आया। उन दोनों में शायद घंटे भर या पौन घंटे बातचीत हुई। वह बातें प्राइवेट ही थीं और उनका किसी को पता नहीं।"[181]

श्री विश्वनाथ वैशम्पायन ने इस मुलाकात के अतिरिक्त एक मुलाकात श्री मोतीलाल व आज़ाद के मध्य आनन्द भवन में होने का जिक्र अपनी पुस्तक में किया है। वे लिखते हैं, "सन् 1930 में जब कांग्रेस आन्दोलन चल रहा था, कुछ नेता इस पक्ष में थे कि कांग्रेस के आन्दोलन के साथ-साथ क्रान्तिकारी आन्दोलन भी चलता रहे। विशेष रूप से क्रान्तिकारी उन सब अत्याचारों का बदला लें जो कांग्रेसी सत्याग्रहियों पर करते हैं। इस विषय में पं. मोतीलाल जी ने आज़ाद को आनन्द भवन में बुलाया था। यह 1930 की घटना है। उन दिनों आज़ाद इलाहाबाद में ही थे। इन्हीं दिनों एक दिन दोपहर को आज़ाद ने कहा, 'बाहर चलना है।' लगभग 3 बजे का समय होगा। हम दोनों ही चल पड़े। जब हम लोग आनन्द भवन के पास पहुँचे तो उन्होंने बताया कि वे मोतीलाल जी से मिलने जा रहे हैं। पहले से समय निश्चित हो चुका है। इस विषय में मध्यस्थ थे राजर्षि पुरुषोत्तम दास टंडन। कुछ लोगों का कहना है कि कानपुर के डॉ. जवाहरलाल ने इस मंत्रणा का आयोजन किया था पर उस समय आनन्द भवन में आज़ाद को टंडन जी ही सीढ़ियों पर मिले। टंडन जी से आज़ाद पहले भी एक-दो बार मिल चुके थे।

उस दिन आज़ाद लगभग एक घंटे तक मोतीलाल जी के पास रहे। उस बीच मैं

आनन्द भवन के लॉन में बैठा रहा। श्रीमती कृष्णा कुमारी (श्रीमती कृष्णहठी सिंह) बाद को मेरे ही पास लॉन में आकर बैठी बातें करती रहीं। सम्भवत: वे भी इस भेंट की बात जानती थीं, इसीलिए उन्हें मेरे पास बैठकर बातें करने के लिए भेजा गया था जिससे मैं अकेला न रहूँ और वहाँ जो गुप्तचर विभाग के दूत रहते थे वे किसी प्रकार से शंका न कर सकें। उनकी चर्चा का विषय गांधी जी का आन्दोलन था। लगभग एक घंटे के पश्चात आज़ाद बाहर आए और हम दोनों फिर साथ हो लिये। घर पहुँचने तक किसी प्रकार की चर्चा आज़ाद ने नहीं की। पर मैंने यह देखा कि वे इस भेंट के बाद बहुत प्रसन्न थे। घर पहुँचने पर उन्होंने बताया कि मोतीलाल जी ने क्रान्तिकारियों को आर्थिक सहायता का वचन दिया है और हमें अपने कार्य की गति तीव्र करनी होगी। विशेष रूप से हमें कांग्रेस सत्याग्रहियों पर अत्याचार करनेवालों से बदला लेना होगा। इस प्रकार की हमारी कार्यवाहियों का पता मोतीलाल जी को चल चुका था।"[182] श्री वैशम्पायन ने थोड़ा पहले एक स्थान पर लिखा है कि "सन् 1931 में पं. मोतीलाल जी ने उन्हें बुलाया था और आर्थिक सहयोग का आश्वासन भी दिया था।"[183] वर्ष में (1930 या 1931) भ्रम का कारण यह है कि आज़ाद जनवरी, 1931 में ही किसी समय कानपुर से इलाहाबाद आकर कटरा के मकान में रहने लगे थे। अधिक सम्भावना है कि यह भेंट जनवरी, 1931 में हुई होगी। वैसे श्री यशपाल ने 'धर्मयुग' के अपने लेख में संकेत दिया है कि वे लोग अक्टूबर-नवम्बर, 1930 में कानपुर से इलाहाबाद आ गए थे। जबकि अन्य स्रोतों से स्पष्ट है कि आज़ाद ने शहादत के पूर्व स्थायी रूप से जनवरी, 1931 के अन्तिम सप्ताह से डेरा डाला था।

श्री जवाहरलाल नेहरू की आत्मकथा व अन्य स्रोतों के अनुसार, "पंडित मोतीलाल नेहरू की 30 जून, 1930 को गिरपतारी हुई। 8 सितम्बर, 1930 को गिरफ्तारी के ठीक 10 हफ्ते बाद उन्हें नैनी जेल से रिहा कर दिया गया। 11 अक्टूबर, 1930 को 6 माह की सजा पूरी करके जवाहरलाल नेहरू जी रिहा हुए। 13 अक्टूबर को वे और कमला नेहरू पंडित मोतीलाल नेहरू से मिलने मसूरी गए। 19 अक्टूबर, 1930 को जवाहरलाल जी को देहरादून में पुन: गिरफ्तार कर नैनी जेल लाया गया। पंडित मोतीलाल नेहरू 17 नवम्बर, 1930 को सपरिवार कलकत्ता चले गए। 1 जनवरी, 1931 को कमला नेहरू की गिरफ्तारी हुई। इसके बाद पंडित मोतीलाल जी इलाहाबाद आ गए। 12 जनवरी, 1931 को वे बेटे को देखने नैनी जेल में गए। 26 जनवरी, 1931 को श्री जवाहरलाल नेहरू नैनी जेल से और श्रीमती कमला नेहरू लखनऊ जेल से छोड़ दिये गए। 26 जनवरी को ही यरवदा जेल से छूटने पर गांधी जी ने 27 को कूच किया और अगले दिन यानी 28 जनवरी की रात में इलाहाबाद पहुँचे। स्वराज्य भवन में कांग्रेस की बैठक हुई जिसमें 30-40 लोग शामिल हुए। एक्स-रे कराने के लिए 4 फरवरी, 1931 को पंडित मोतीलाल को कार से इलाहाबाद से लखनऊ ले जाया गया। गांधी जी साथ थे। 6 फरवरी, 1931 को लखनऊ में ही पंडित मोतीलाल नेहरू का देहावसान हो गया। उनके पार्थिव शरीर को लखनऊ से इलाहाबाद लाया गया। पीछे की कार में गांधी जी थे।"[184]

6 फरवरी, 1931 को जब श्री मोतीलाल नेहरू के शरीर को इलाहाबाद लाया गया उस समय आज़ाद इलाहाबाद में ही थे। उस दिन की आज़ाद की स्थिति पर

प्रकाश डालते हुए उनके मित्र श्री सुरेन्द्र शर्मा अपने संस्मरण में लिखते हैं, "त्यागमूर्ति पं. मोतीलाल नेहरू की श्मशान यात्रा के समय उनकी अरथी का विराट जुलूस निकल रहा था। आनन्द भवन से संगम तक सहस्त्रों आदमियों की भीड़ उमड़ रही थी। महात्मा गांधी और अनेक बड़े-बड़े नेताओं से लेकर साधारण जनता तक सभी लोग नंगे सिर, नंगे पाँव उस जुलूस में सम्मिलित होकर देश के महान त्यागी नेता के प्रति अपने हृदय की अगाध श्रद्धा एवं उनके निधन पर मार्मिक वेदना व्यक्त कर रही थी। सागर की तरह उमड़ते नर-झुंडों के विराट समूह में चन्द्रशेखर आज़ाद भी उदास चल रहे थे। वह दिन भर बिना खाए-पिए उदास फिरते रहे। श्मशान यात्रा से लौटकर वे सीधे मेरे घर आए। थोड़ी देर पहले ही मैं वहाँ से वापस आकर बैठा था। मिलते ही खिन्न मन आज़ाद के मुँह से निकला, "भैया, आज इस देश का महान विधिवेत्ता उठ गया। उनके स्थान की कमी अब सहज में पूरी न हो सकेगी।"[185]

श्री यशपाल ने पं. मोतीलाल-आज़ाद की भेंट वार्ता पर लिखा, " 1931 की शुरू की बात कह रहा था। कुछ ही दिन पहले पं. मोतीलाल जी का देहान्त हो चुका था। आज़ाद एक बार मोतीलाल जी से मिल चुके थे। स्वयं कांग्रेस के कार्यक्रम को अपनाकर भी क्रान्तिकारियों की सहायता करने को वे नैतिकता के विरुद्ध नहीं मानते थे। हो सकता है कि आज़ाद का सन्देश पाकर स्वयं मोतीलाल जी ने ही उन्हें मिलने के लिए बुला लिया हो। उन्होंने आज़ाद को बुलाकर खाना खिलाया और बातचीत भी की थी। उस मुलाकात के समय पंडित जवाहरलाल जी की छोटी बहन कृष्णा भी थी। आज़ाद कृष्णा के उर्दू उच्चारण की नकल करके भी सुनाया करते थे।"[186]

जवाहरलाल नेहरू जी ने मार्च, 1931 में अपने एक भाषण में आज़ाद की शहादत का उल्लेख किया है। यह भाषण 15 मार्च, 1931 को यानी आज़ाद की शहादत के 17वें दिन बम्बई में हिन्दी में दिया गया था, जो 'दि बॉम्बे क्रॉनिकल' में छपा था। भाषण लम्बा है। भाषण के बीच में एक स्थान पर उन्होंने कहा, "हम दुनिया के सबसे ज्यादा ताकतवर साम्राज्य से लड़े हैं। हम निहत्थे थे लेकिन हमारे नेता ने हमें एक ऐसा हथियार दिया जिसने अहिंसात्मक होने पर भी हमारे दुश्मनों को घुटने टेकने पर मजबूर कर दिया। ज़ाती तौर पर मुझे यह कबूल कर लेने में कोई शर्म नहीं है कि दूसरे हथियारों का भी हजारों बार इस्तेमाल करने में मुझे कोई एतराज न होगा। शर्म तो मुझे इस बात की होती है कि किसी भी हथियार का इस्तेमाल न किया जाए। शर्म मुझे अपने मुल्क की गुलामी की है। अनेक बातों का खयाल करते हुए हमने अहिंसात्मक तरीका अख्तियार किया। लेकिन कुछ दूसरे लोग ऐसे भी हैं जिन्होंने एक दूसरा ही रास्ता अख्तियार किया है। वे हमारे बहादुर साथी ही हैं। उनमें से अधिकांश जेल में हैं। मुझे यह देखकर तकलीफ और शर्म महसूस होती है कि मैं जबकि रिहा हो चुका हूँ, वे जेलों में पड़े सड़ रहे हैं। अपने सभी साथियों को हम रिहा नहीं करा सके। यह मत समझिए कि इसकी वजह उनके लिए हमारी हमदर्दी में कोई कमी रही होगी। इसकी वजह महज हमारी कमजोरी थी। उन्हें रिहा करने लायक ताकत हमारे अन्दर नहीं थी। लेकिन जिस दिन हम ताकत पा जाएँगे, उनकी तरफ हमारा जो फर्ज है उसे पूरा करने से नहीं चूकेंगे।

मेरे बहादुर भाइयों में से एक को हाल ही में गोली से मार दिया गया। उसका नाम था चन्द्रशेखर आज़ाद। दस साल पहले वह बनारस के स्कूल में पढ़नेवाला महज 15 साल का लड़का था। पढ़ना छोड़कर वह असहयोग आन्दोलन में शामिल हो गया और जेल गया। वहाँ 'महात्मा गांधी की जय' के नारे लगाने के लिए उसे कोड़े लगाए गए लेकिन वह रुका नहीं। उसके नाजुक बदन पर एक-एक कोड़ा पड़ता था और उसके मुँह से फिर वही नारा निकलता था। वह तब तक यही करता रहा जब तक बेहोश नहीं हो गया। उस लड़के की अनोखी दिलेरी की कद्र किये बिना भला कौन रह सकता है। उन्होंने हमारे तरीकों से दूसरा ही तरीका अख्तियार किया था। लेकिन उसके नतीजों का उन्हें कोई डर नहीं था और आखिर उन्होंने उसकी खातिर बड़े से बड़ा जो हरजाना हो सकता था उसे अदा किया। लमहे-भर के लिए भी आप यह न सोच लें कि हम लोग जो इन साथियों से सहमत नहीं हैं, उनके मुकाबले ऊँचे हैं।"[187]

जवाहरलाल नेहरू से आज़ाद की मुलाकात का जिक्र पहली बार स्वयं नेहरू जी ने ही अपनी आत्मकथा में सन् 1936 में किया। उस समय तक आज़ाद के सभी साथी जेल में थे। अत: इस भेंट का जिक्र जिसने भी किया है, नेहरू जी की पुस्तक पढ़ने के बाद ही किया है। वहाँ पर पहली बार नेहरू जी ने आज़ाद के आनन्द भवन में आकर उनसे भेंट करने का निम्न शब्दों में जिक्र किया है—

"उन दिनों गांधी-इरविन समझौते की बात चल रही थी। लॉर्ड इरविन के साथ बातचीत के दौरान में गांधी जी ने सत्याग्रही कैदियों के अलावा दूसरे राजनीतिक कैदियों की रिहाई की भी पैरवी की थी। सत्याग्रही कैदी तो समझौते के फलस्वरूप अपने आप रिहा हो जानेवाले ही थे, लेकिन दूसरे ऐसे हजारों कैदी थे जो मुकदमा चलाकर जेल भेजे गए और ऐसे नजरबन्द भी थे जो बिना मुकदमा चलाए, बिना अभियोग लगाए या दंड दिये ही जेलों में ठूस दिये गए थे। इनमें से कितने ही नजरबन्द वर्षों से वहाँ पड़े हुए थे और उनके सम्बन्ध में देश भर में रोष फैला हुआ था। नजरबन्दों पर सरकार का यह आरोप था कि वे हिंसात्मक प्रचार के प्रत्यक्ष या अप्रत्यक्ष क्रान्तिकारी है। भगतसिंह की फाँसी की सजा रद्द कराने के लिए गांधी जी ने जो जोरदार पैरवी की उसको भी सरकार ने मंजूर नहीं किया। उसका भी समझौते से कोई सम्बन्ध न था। गांधी जी ने इस पर भी अलहदा तौर पर जोर इसलिए दिया कि इस विषय पर भारत में बहुत तीव्र लोक-भावना थी। मगर उनकी पैरवी बेकार गई।

उन्हीं दिनों की एक कौतूहलवर्धक घटना मुझे याद है, जिसने हिन्दुस्तान के आतंकवादियों की मन:स्थिति का आन्तरिक परिचय मुझे कराया। मेरे जेल में से छूटने के पहले ही या पिताजी के मरने से पहले या बाद यह घटना हुई। हमारे स्थान पर एक अजनबी मुझसे मिलने आया। मुझसे कहा गया कि वह चन्द्रशेखर आज़ाद है। मैंने उसे पहले कभी नहीं देखा था। हाँ, दस वर्ष पहले मैंने उसका नाम जरूर सुना था, जबकि 1921 के असहयोग आन्दोलन के जमाने में स्कूल से असहयोग करके वह जेल गया था। इस समय वह कोई पन्द्रह साल का रहा होगा और जेल कि नियम भंग करने के अपराध में जेल में उसे बेंत लगाए गए थे। बाद को उत्तर भारत में वह आतंकवादियों का एक मुख्य आदमी बन गया। इसी तरह का कुछ-कुछ हाल मैंने सुन रखा था। मगर इन

अफवाहों में मैंने कोई दिलचस्पी नहीं ली थी। इसलिए वह आया तो मुझे ताज्जुब हुआ।

वह मुझसे इसलिए मिलने को तैयार हुआ था कि हमारे छूट जाने से आमतौर पर ये आशाएँ बँधने लगीं कि सरकार और कांग्रेस में कुछ-न-कुछ समझौता होनेवाला है। वह मुझसे जानना चाहता था कि अगर कोई समझौता हो तो उनके दल के लोगों को भी कुछ शान्ति मिलेगी या नहीं? क्या उनके साथ तब भी विद्रोहियों का-सा बर्ताव किया जाएगा? जगह-जगह उनका पीछा इसी तरह किया जाएगा? उनके सिरों के लिए इनाम घोषित होते ही रहेंगे और फाँसी का तख्ता हमेशा लटकता रहा करेगा, या उनके लिए शान्ति के साथ काम-धन्धे में लग जाने की भी कोई सम्भावना होगी? उसने कहा कि खुद मेरा तथा मेरे दूसरे साथियों का यह विश्वास हो चुका है कि आतंकवादी तरीके बिलकुल बेकार हैं और उनसे कोई लाभ नहीं है। हाँ, वह यह मानने के लिए तैयार नहीं था कि शान्तिमय साधनों से ही हिन्दुस्तान को आज़ादी मिल जाएगी। उसने कहा, "आगे कभी सशस्त्र लड़ाई का मौका आ सकता है। मगर वह आतंकवाद न होगा।" हिन्दुस्तान की आज़ादी के लिए उसने आतंकवाद को खारिज ही कर दिया था। पर उसने फिर पूछा कि अगर मुझे शान्ति के साथ जमकर बैठने का मौका न दिया जाए रोज-रोज मेरा पीछा किया जाए, तो मैं क्या करूँगा? उसने कहा, "इधर हाल में जो आतंकवादी घटनाएँ हुई हैं वे ज्यादातर आत्म-रक्षा के लिए ही की गई हैं।"

मुझे आज़ाद से यह खबर सुनकर खुशी हुई थी और बाद में उसका और सबूत भी मिल गया कि आतंकवाद पर से उन लोगों का विश्वास हट गया है। एक दल के विचार के रूप में तो वह अवश्य ही लगभग मर गया है और जो कुछ व्यक्तिगत इक्की-दुक्की घटनाएँ हो जाती हैं वे या तो किसी कारण बदले के लिए या बचाव के लिए या किसी की व्यक्तिगत लहर के फलस्वरूप हुई घटनाएँ हैं। न कि आम धारणा के फलस्वरूप। अवश्य ही इसके यह मानी नहीं है कि पुराने आतंकवादी और उनके नये साथी अहिंसा के हामी बन गए हैं या ब्रिटिश सरकार के भक्त बन गए हैं। हाँ, अब वे पहले की तरह आतंकवादियों की भाषा में नहीं सोचते। मुझे तो ऐसा मालूम होता है कि उनमें से बहुतों की मनोवृत्ति निश्चित रूप से फासिस्ट बन गई थी।

"मैंने चन्द्रशेखर आज़ाद को अपना राजनीतिक सिद्धान्त समझाने की कोशिश की और यह भी कोशिश की थी कि वह मेरे दृष्टि बिन्दु का कायल हो जाए। लेकिन उसके असली सवाल का, कि 'अब मैं क्या करूँ?' मेरे पास कोई जवाब न था। ऐसी कोई बात होती हुई नहीं दिखाई देती थी कि जिससे उसको या उसके जैसों को कोई राहत या शान्ति मिले। मैं जो कुछ उसे कह सकता था वह इतना ही कि वह भविष्य में आतंकवादी कार्यों को रोकने की कोशिश करे, क्योंकि उससे हमारे बड़े कार्य को तथा खुद उसके दल को भी नुकसान पहुँचेगा। दो-तीन हफ्ते बाद ही, जब गांधी-इरविन बातचीत चल रही थी मैंने दिल्ली में सुना कि चन्द्रशेखर आज़ाद पर इलाहाबाद में पुलिस ने गोली चलाई और वह मर गया। दिन के वक्त एक पार्क में वह पहचाना गया और पुलिस के एक बड़े दल ने आकर उसे घेर लिया। एक पेड़ के पीछे से उसने अपने को बचाने की कोशिश की। दोनों तरफ से गोलियाँ चलीं। एक-दो पुलिसवालों को घायल कर अन्त में गोली लगने से वह मर गया।"[188]

यह भेंट सर्वप्रथम अप्रैल, 1936 में प्रकाशित अंग्रेजी संस्करण में दिखी। अक्टूबर, 1936 में नेहरू की आत्मकथा का हिन्दी संस्करण 'मेरी कहानी' के नाम से 'सस्ता साहित्य मंडल' से छपा। वहाँ भी इस भेंट का उल्लेख है। 1936 में ही अंग्रेजी पुस्तक के दस संस्करण आए। सभी में यह कथा है। आगे के भी सभी संस्करणों में इस भेंट का जिक्र है सिवाय न्यूयार्क से 1941 में प्रकाशित संस्करण के। इसे 'टुअर्ड फ्रीडम' के नाम से 'द जॉन डे कम्पनी' ने छापा था। यह संस्करण मूल से दो सौ पृष्ठ कम है और इसमें अनेक प्रसंग हटा दिये गए हैं। आज़ाद-नेहरू भेंट का प्रसंग 'कराची कांग्रेस' नामक जिस अध्याय में था, वह अध्याय ही इस संस्करण से हटा दिया गया है। आगे भी समस्त भाषाओं में छपी नेहरू की आत्मकथा में यह प्रसंग मिलता है।

श्री यशपाल के अनुसार इस भेंट के कुछ ही दिन पूर्व पं. मोतीलाल जी की मृत्यु हुई थी। श्री सुखदेवराज के अनुसार यह भेंट 11 फरवरी को कानपुर में वैशम्पायन जी की गिरफ्तारी के बाद हुई थी। अत: प्रबल सम्भावना है कि 12-15 फरवरी, 1931 के मध्य कभी यह भेंट हुई होगी। इस भेंट के प्रत्यक्षदर्शी न तो यशपाल हैं और न ही विश्वनाथ वैशम्पायन। श्री यशपाल ने 1955 में 'सिंहावलोकन' में यह कथा लिखी, जिसके 19 साल पूर्व 1936 में नेहरू जी इसे लिख चुके थे। जबकि वैशम्पायन जी ने बिना किसी अतिरिक्त दावे के इस बात को यथावत अपनी पुस्तक में दुहराया है। स्वयं नेहरू जी ने 15 मार्च, 1931 के अपने भाषण में इस भेंट का कोई संकेत नहीं किया है। सन् 1939 में छपे 'विप्लव' के 'आज़ाद' अंक में श्री यशपाल ने आज़ाद का कई जगह लम्बा संस्मरण दिया है, लेकिन आज़ाद के बाद वे भी नेहरू जी से मिले थे, वहाँ इस बात का उल्लेख नहीं किया है। श्री यशपाल ने 'सिंहावलोकन' में जरूर लिखा, "आज़ाद ने नेहरू जी से मुलाकात के बाद जब इस घटना की बात हम लोगों को कटरे के मकान में सुनाई तो उनके भी होंठ खिन्नता से फड़क रहे थे।"[189]

इस सम्बन्ध में श्री सुखदेवराज अपनी आत्मकथा में 'नेहरू-आज़ाद भेंट' शीर्षक के अन्तर्गत लिखते हैं, "गांधी-इरविन पैक्ट की चर्चा चल रही थी। भैया चाहते थे कि समझौते के अनुसार न केवल अहिंसावादी ही रिहा किये जाएँ बल्कि जो क्रान्तिकारी जेलों में पड़े हैं उन्हें भी छोड़ दिया जाए और जिन लोगों के वारंट हैं, वे वापस ले लिये जाएँ। समझौते में यह शर्त शामिल करवाने के लिए उन्होंने पंडित नेहरू से मिलने का निश्चय किया। सारांश यह है कि काफी देर बातचीत करने के पश्चात भैया पंडित जी को इस बात के लिए राजी नहीं कर सके कि गांधी-इरविन समझौते में क्रान्तिकारियों को भी जेल से छोड़ने आदि की शर्त शामिल कर ली जाए। अत: खिन्न मन से भैया वहाँ से लौट आए। नेहरू जी की हठधर्मी के प्रति उस दिन उन्हें बहुत दुख हुआ। लौटकर उन्होंने बताया कि भगतसिंह तथा अन्य साथियों को रिहा कर सकने के मामले में पंडित जी का रवैया हमारे अनुकूल नहीं है। उन्होंने भाभी से कहा कि अगर भगतसिंह को छुड़ाने का कोई और उपाय उन्हें नजर आए तो वह उन्हें बताएँ। फलस्वरूप भाभी और सुशीला दीदी वही बात कहने के लिए गांधी जी के पास गईं जो भैया जी ने नेहरू जी से कही थी। परन्तु गांधी जी ने भी नेहरू जी की तरह कोई सहायता करने से स्पष्ट इनकार कर दिया।"[190]

6 फरवरी, 1931 को पं. मोतीलाल का देहावसान हुआ। इस हिसाब से 18 फरवरी को उनकी तेरहवीं हुई। 18 फरवरी, 1931 तक के जवाहरलाल नेहरू जी के पत्रों व दस्तावेजों से स्पष्ट होता है कि वे इलाहाबाद में हैं। नेहरू वाङ्मय खंड-4 के पृष्ठ 478 पर 23 फरवरी, 1931 को किरण राय तथा बी.सी. राय को लिखी चिट्ठियों में मुकाम 'दिल्ली' लिखा है। बीच की कोई चिट्ठी नहीं है। 28 फरवरी, 1931 अर्थात् आज़ाद की शहादत के ठीक दूसरे दिन विजयालक्ष्मी पंडित को लिखा पत्र भी दिल्ली से है। संक्षेप में पिता की त्रयोदशी के बाद यानी 19 या 20 फरवरी को पं. जवाहरलाल नेहरू 'दिल्ली' चले गए थे। इसके लगभग एक सप्ताह बाद चन्द्रशेखर आज़ाद अल्फ्रेड पार्क में शहीद हुए। नेहरू जी ने अपनी आत्मकथा में भी कहा है कि आज़ाद की शहादत की खबर उन्होंने दिल्ली में सुनी तथा दुर्गा देवी ने अपने साक्षात्कार में भी कहा है कि दिल्ली में गांधी जी से मिलने के पूर्व वे नेहरू जी से मिली थीं। इस सम्बन्ध में धर्मेन्द्र गौड़ द्वारा यह लिखना कि जिस दिन शहादत हुई उसी दिन आज़ाद जवाहरलाल नेहरू जी से मिलकर आए थे, पूर्णतः भ्रामक एवं तथ्य विरुद्ध है। चन्द्रशेखर आज़ाद की शहादत के बाद इसकी सूचना बनारस श्री शिवविनायक मिश्र को भेजकर उन्हें श्रीमती कमला नेहरू ने बुलवाया था। वे आज़ाद की अन्त्येष्टि में शामिल होने अनेक लोगों के साथ रसूलाबाद घाट भी गईं। अगले दिन की शोक सभा में भी शामिल हुईं। इसकी रिपोर्टें 'द लीडर' में मौजूद हैं।

15 अगस्त, 1947 को देश आज़ाद हुआ। पं. जवाहरलाल देश के पहले प्रधानमंत्री बने। चन्द्रशेखर आज़ाद की माँ अकेले भाबरा में जीवन-यापन कर रही थीं। आज़ाद के बड़े भाई का 1924 में निधन हो गया था, पिता का 1938 में निधन हो गया था। 1928 में पहले मास्टर रुद्रनारायण भाबरा गए, फिर आज़ाद के साथ श्री सदाशिव मलकापुरकर भाबरा गए। सन् 1930 के दिसम्बर में आज़ाद ने श्री मनोहरलाल त्रिवेदी को श्री रामसिंह के द्वारा बुलाकर कानपुर में भेंट की थी। 1939 में जेल से रिहा होने पर श्री विश्वनाथ वैशम्पायन भाबरा गए। 'विप्लव' में उनके छपे लेख से पहली बार आज़ाद की माँ के सम्बन्ध में दुनिया को पता चल तो गया, पर किसी ने किया कुछ नहीं। इस दौरान पं. बनारसीदास चतुर्वेदी की दो बार आज़ाद की माता से मुलाकात हुई। सन् 1949 में श्री सदाशिव व श्री भगवानदास राजी करके माताजी को झाँसी लाए। श्री चतुर्वेदी के प्रयास से इसी वर्ष पं. नेहरू ने उन्हें पैसे भेजे। जिसकी सूचना 1 अप्रैल, 1949 के 'इंडियन एक्सप्रेस' (मद्रास) में निम्नवत छपी—

'मदर ऑफ ए हीरो' : 30 मार्च, झाँसी—

"पंडित नेहरू ने झाँसी के क्रान्तिकारी नेता स्वर्गीय चन्द्रशेखर आज़ाद, जो 1931 में पुलिस के साथ हुई मुठभेड़ में मारे गए थे, की 74 वर्षीय माता को 250 रुपये भेजे हैं। हिन्दी के लेखक श्री बनारसीदास चतुर्वेदी को उन्हें पहुँचाने के लिए चेक के साथ प्रधानमंत्री ने लिखा कि वे बुजुर्ग महिला को राहत पहुँचाने के लिए अग्रिम कदम भी उठा रहे हैं।" (ए.पी.आई.)। प्राप्त सूचना के अनुसार "आगे आज़ाद की माताजी को 25-25 रुपये उत्तर प्रदेश तथा मध्य प्रदेश सरकार से पेंशन भी मिलने लगी थी जो मार्च, 1951 में उनकी मृत्युपर्यन्त जारी रही।"[191]

चन्द्रशेखर आज़ाद और सी.आई.डी.

चन्द्रशेखर आज़ाद और उनके क्रान्तिकारी दल को समाप्त करने का काम अन्ततः सी.आई.डी. ने किया। कैसे, यह जानने के पूर्व इस संस्था के संक्षिप्त इतिहास पर दृष्टिपात करना उचित होगा। प्राप्त सूचना के अनुसार भारतीय पुलिस आयोग, 1902 के द्वारा सी.आई.डी. के गठन की संस्तुति की गई। इस आयोग के तत्कालीन अध्यक्ष एंड्रू फ्रेजर थे। इस संस्तुति के आधार पर सी.आई.डी. का गठन 1902 में किया गया। सन् 1929 में सी.आई.डी. को दो भागों में बाँट दिया गया। स्पेशल ब्रांच सी.आई.डी. (एस.बी., सी.आई.डी.) तथा क्राइम ब्रांच, सी.आई.डी. (सी.बी., सी.आई.डी.) पहली शाखा का काम क्रान्तिकारी व आतंकवादी गतिविधियों पर नियंत्रण रखना था, जबकि क्राइम ब्रांच का काम अपराध अन्वेषण में सहयोग देना था। राय बहादुर पंडित शम्भुनाथ, के.पी.एम. (किंग पुलिस मेडलिस्ट) को 'भारतीय सी.आई.डी.' का पिता कहा गया है। इस सम्बन्ध में धर्मेन्द्र गौड़ का मानना है कि चन्द्रशेखर आज़ाद की शहादत में मुख्य भूमिका निभाने के कारण इंस्पेक्टर शम्भुनाथ को प्रोन्नति देकर डिप्टी एस.पी. बना दिया गया, उन्हें रायबहादुर का तमगा दिया गया, साथ ही भारतीय सी.आई.डी. का पिता घोषित किया गया। किन्तु गौड़ की अधिकांश सूचनाओं की तरह यह सूचना भी पूरी तरह भ्रामक है। इंस्पेक्टर शम्भुनाथ शुक्ल का नाम कहीं भी आज़ाद की शहादत के दिन के घटनाक्रम से नहीं जोड़ा जाता। तत्कालीन अखबार, फोर्ट नाइटली रिपोर्ट तथा लंदन गजट के अनुसार आज़ाद की शहादत का पूरा श्रेय ठाकुर विशेश्वर सिंह व नॉट बावर को दिया गया। इसके लिए इन दोनों को किंग्स पुलिस मेडल भी मिला। भारतीय सी.आई.डी. का गठन सन् 1902 में हुआ, जबकि 1931 में शम्भुनाथ शुक्ल इंस्पेक्टर पद पर कार्यरत था। ऐसे में उसे सी.आई.डी. का पिता कैसे स्वीकार किया जा सकता है? भारतीय सी.आई.डी. के पिता के रूप में ख्यात रायबहादुर पंडित शम्भुनाथ असल में कलकत्ता न्यायालय के 19वीं सदी के प्रसिद्ध न्यायमूर्ति थे। सी.आई.डी. के गठन में उनकी क्या भूमिका थी यह शोध का विषय है।

चन्द्रशेखर आज़ाद पर सी.आई.डी. की नज़र सर्वप्रथम उस समय गई जब वे बनारस में क्रान्तिकारियों के सम्पर्क में आए। बनारस में उन दिनों बंगाली मुहल्ले में क्रान्तिकारियों का बोलबाला था। वहीं से बनारस षड्यंत्र में श्री शचीन्द्रनाथ सान्याल पकड़कर काला पानी भेजे गए थे। वहीं श्री शचीन्द्रनाथ बख्शी के हेल्थ क्लब की आड़ में 1923 की जनवरी से श्री प्रतुल गांगुली और श्री नरेन्द्र सेन ने अनुशीलन समिति की शाखा शुरू की थी। श्री मन्मथनाथ गुप्त और श्री प्रणवेश चटर्जी ने इस दल से चन्द्रशेखर आज़ाद को जोड़ा। बैजनाथ लॉज के कमरे में वे श्री शचीन्द्रनाथ बख्शी के यहाँ ही आते-जाते पहली बार राजनीतिक सन्दिग्ध के रूप में पहचाने गए। जून, 1925 में वे सन्दिग्ध मान लिये गए। उन दिनों बनारस में इंस्पेक्टर बनर्जी और इंस्पेक्टर मुखर्जी को बंगाली मुहल्ले में लगा रखा गया था, जो लगातार बनारस के क्रान्तिकारी दल पर नजर रखे रहते थे।

इंस्पेक्टर बनर्जी ने आज़ाद के सम्बन्ध में पहली रिपोर्ट 11 जुलाई, 1925 को दी कि वह बख्शी के पास बहुत आ-जा रहा है तथा स्टार एंड कम्पनी पर भी देखा गया। यह

कम्पनी असल में एक दवाखाना था, जिसे राजेन्द्र लाहिड़ी के घरवाले चलाते थे। यहाँ आज़ाद 9.7.1925 की बैठक में शामिल हुए थे जिसके सम्बन्ध में इंस्पेक्टर बनर्जी ने लिखा कि इसमें सचिन बख्शी, गौड़चन्द्र मलिक, प्रफुल्ल, राजेन्द्रनाथ लाहिड़ी, आज़ाद शामिल थे। आज़ाद ने 14 जुलाई, 1925 को बैजनाथ लॉज छोड़ा। 26.9.1925 की रिपोर्ट है कि आज़ाद 19.7.1925 से एक हफ्ता गायब रहे। कहाँ थे, पता नहीं। फिर 15.8.1925 की रिपोर्ट है कि आज़ाद और शचीन्द्र बख्शी दोनों 27.7.1925 से बनारस से गायब थे। उसे बनारस से फैजाबाद तक देखा गया। उसने बताया कि वह बरेली जा रहा है। 13.8.1925 को वह लौटा तो सीताराम पाठक और ब्रह्मानन्द स्वामी से बात की। 19.9.1925 की रिपोर्ट है कि आज़ाद बनारस पोस्ट ऑफिस से ट्रेजरी पैसा कैसे आता-जाता है, इसे समझने की कोशिश कर रहा था।

चन्द्रशेखर आज़ाद कौन हैं, कहाँ के हैं। इन सब पर सी.आई.डी. ने सूचना जुटाना उसी समय से शुरू कर दिया था। मुखर्जी की 22 अगस्त, 1925 की डायरी में उस समय तक आज़ाद व उनके साथियों के बारे में जो कुछ पता था, सब लिखा है। स्पेशल ब्रांच के डी.आई.जी. के असिस्टेंट हेराल्ड आर. रो ने 2 सितम्बर, 1925 को सी.आई.डी. के इंस्पेक्टर बनर्जी को पत्र लिखकर उन्नाव के किसी चन्द्रशेखर आज़ाद व आज़ाद की स्पष्टता के लिए कहा। सी.आई.डी. ने बैजनाथ लॉज की डमरी गिरजी से भी पूछताछ की। 9 अगस्त, 1925 को काकोरी एक्शन हुआ। 25-26 सितम्बर, 1925 की रात एक साथ छापा मारकर सी.आई.डी. ने बड़े पैमाने पर लोगों को गिरफ्तार किया। उस समय 'भवानी सहाय' बनारस में सी.आई.डी. का चीफ (हेड कांस्टेबल) था। उनके पास आज़ाद का वारंट था। उसे आज़ाद के रहने का कमरा तथा ज्ञानचन्द्र मुरब्बेवाला के यहाँ आने-जाने का पता था। भवानी सहाय ने ज्ञानचन्द्र के घर की भी तलाशी ली और दुकान पर छापा पड़ने के जरा देर पहले आज़ाद वहाँ से निकल गए। पहले इलाहाबाद जाकर कुन्दनलाल गुप्त के साथ छुपकर रहे। फिर वहाँ से नवम्बर, 1925 में झाँसी गए। झाँसी में शान्त बैठने के कारण वे कुछ समय के लिए सी.आई. डी. के रडार से लुप्त हो गए।

करीब दो वर्ष तक चन्द्रशेखर आज़ाद सी.आई.डी. के रडार से गायब रहे। इस बीच इंस्पेक्टर बनर्जी ने एक उड़ती-पुड़ती सूचना अपनी 11.3.1926 की डायरी में दर्ज की कि जनवरी, 1926 में आज़ाद राजगढ़ (राजपूताना) में अपने भाई के पास ठहरे थे, जो पूर्णतः झूठी सूचना थी। बनारस में 19.9.1925 की अन्तिम सूचना के बाद 24.9.1927 को सी.आई.डी. को इल्म हुआ आज़ाद व उनके साथी काकोरी एक्शन के बाद अमीनाबाद में जतिन विश्वास के पास रुके, फिर बनारस आए थे। सही कहा जाए तो बनारस से गायब होने के बाद सी.आई.डी. को एकदम सटीक सूचना आज़ाद की कभी मिली ही नहीं। दूसरी तरफ 1928 के सितम्बर में एच.एस.आर.ए. के नाम से जिस दल का गठन हुआ, आज़ाद उसके सेनापति भी बना दिये गए। काकोरी मामले में बनारसीलाल अप्रूवर बन गया था और बमरौली तथा बिचपुरी के एक्शंस की भी पोल खोल दी थी। उस समय तक मिस्टर बनर्जी डिप्टी एस.पी. हो गए थे। 17.8.1928 की अपनी डायरी में उन्होंने लिखा कि बनारसीलाल पर आज़ाद और बनर्जी पर विद्यार्थी

(कुन्दनलाल गुप्त) हमला करेंगे। 31.10.1928 तक सी.आई.डी. को स्पष्ट हो गया था कि नई क्रान्तिकारी पार्टी बन गई है। लेकिन आज़ाद कहाँ हैं, इस बारे में वह सिर्फ अटकलबाजी कर रही थी। इधर आज़ाद मास्टर रुद्रनारायण के घर रहे, फिर ढिमरपुरा साधु बनकर रहे, फिर बुंदेलखंड मोटर एंड साइकिल एजेंसी में हरिशंकर शर्मा बनकर काम करते रहे और रामानन्द ड्राइवर के साथ नई बस्ती में रहते थे।

ऐसा नहीं था कि झाँसी में सी.आई.डी. की उपस्थिति नहीं थी। धर्मेन्द्र गौड़ के अनुसार, "झाँसी में किसी ग्रुप ऑफिसर की नियुक्ति नहीं थी। केवल डी.आई.एस. (डिस्ट्रिक्ट इंटेलिजेंस स्टाफ) का एक सब इंस्पेक्टर, दो हेड कांस्टेबल और छह कांस्टेबल तैनात थे। एक हेड कांस्टेबल और दो कांस्टेबल पूरे शहर की राजनीतिक गतिविधियों पर नजर रखते थे और इतना ही स्टाफ झाँसी रेलवे स्टेशन पर सन्दिग्ध व्यक्तियों एवं क्रान्तिकारियों पर निगरानी रखने के लिए नियुक्त था। एक कांस्टेबल दफ्तर का काम देखता था और एक सब इंस्पेक्टर के घर का। इन्हें इतनी फुरसत ही कहाँ थी कि किसी अतिरिक्त कार्य में माथापच्ची करते।"[192] लेकिन ऐसा भी नहीं था कि सी.आई.डी. झाँसी से पूर्णत: गाफिल थी। खासकर मास्टर रुद्रनारायण को लेकर वे सशंक थे, अत: उनके यहाँ हेड कांस्टेबल कम्मोद सिंह फेरा लगा लेता था। इस सम्बन्ध में श्री भगवानदास माहौर ने 'यश की धरोहर में' बड़े रोचक शब्दों में लिखा, "झाँसी में आजाद मास्टर रुद्रनारायण के छोटे भाई बन गए। जिस आज़ाद को गिरफ्तार कराने के लिए ब्रिटिश साम्राज्यवाद की शक्ति हजारों रुपये का इनाम घोषित कर चुकी थी, नदियों में जाल, गुफाओं में बाँस, और कुओं में काँटे डाल रही थी वही आज़ाद ऐन संकट के समय मास्टर रुद्रनारायण के यहाँ सुरक्षित रह रहा था। कई बार पुलिस ने मास्टर साहब के घर की तलाशी भी ली। आज़ाद उनके यहाँ किसी तहखाने में छिपकर नहीं रहे, वे खुल्लमखुल्ला आते-जाते काम करते थे। अपनी ही तलाश में आए खुफिया पुलिस के अफसरों के साथ घंटों कलाई-पंजा लड़ाते थे और उनके मुख से 'शातिर आज़ाद' की कारगुजारी की बातें सुनकर उनके सामने स्वयं भी बड़े आश्चर्यचकित होते थे और फिर बाद में हम लोगों को बताते हुए खिलखिलाकर हँसते, "साले मुझे एक हौवा, एक जादूगर समझते हैं। कितना छोटा होता है इन चीफों-फीफों का दिमाग, गुलामों के दिमाग में बड़ी से बड़ी शान एक डिप्टी होने में है। वह ससुरा चीफ कुमोद सिंह कह रहा था, "अरे क्या कह रहे हो? ये क्रान्तिकारी लोग बड़े घराने के हैं। अशफाक उल्ला को देख लो तो, तुम्हारी कसम, एक डिप्टी से कम नहीं, एक डिप्टी से..."[193]

इस विषय पर श्री विश्वनाथ वैशम्पायन लिखते हैं, "मास्टर साहब कांग्रेस आन्दोलन में जेल जा चुके थे तथा उनके विषय में पुलिस को यह भी शंका थी कि वे क्रान्तिकारियों से सम्बन्ध रखते हैं। इसलिए उनके दरवाजे पर गुप्तचर विभाग का पहरा रहता था। मास्टर रुद्रनारायण पुलिस की इस कार्यवाही से कभी विचलित नहीं हुए। और उन्हें बड़े प्रेम से अपने कमरे में बुलाकर बैठाते तथा उनसे पंजा और कलाई भी लड़ावा करते। कुछ दिनों के पश्चात आज़ाद भी इस दंगल में शामिल होने लगे। इन सी.आई.डी. वालों में एक हेड कांस्टेबल 'कम्मोद सिंह' भी था। भगवान ने उसे एक ही आँख में दृष्टि देकर उसके द्वैत की भावना समाप्त कर दी थी। वे महोदय आज़ाद का जिक्र करते

हुए कहते, "मास्टर अगर आज़ाद हाथ आ जाए तो हमारे पौ बारह हो जाएँ।" मास्टर खिलखिलाकर हँसकर कहते, "देखो, शायद तुम्हारी तकदीर खुल जाए।" लाहौर षड्यंत्र केस में फणीन्द्र के मुखबिर हो जाने के बाद कम्मोद सिंह को जब यह पता चला कि आज़ाद बरसों झाँसी में रहकर उसकी छाती पर मूँग दलते रहे तो वह सन्नाटे में आ गया। इस घटना के बाद वह फिर मास्टर साहब के यहाँ न आया।"[194]

ललित कुमार मुखर्जी ने अपने इकबालिया बयान में कहा है कि "फरवरी, 1929 में पंडित जी (आज़ाद) ने मुझसे सी.आई.डी. अफसरों के घर दिखाने को कहा था, जिसमें इंस्पेक्टर बनर्जी, डी.आई.जी., सी.आई.डी. और सी.आई.डी. कार्यालय के मकान शामिल थे। इन सभी को पंडित जी के अनुरोध पर मैंने अजय कुमार घोष को दिखा दिया था, क्योंकि आज़ाद उस समय व्यस्त थे।"[195]

झाँसी में सी.आई.डी. की उपस्थिति तो थी, मगर आज़ाद की सटीक पहचान, फोटो आदि न होने से तथा यह अनुमान न होने से कि आज़ाद यहाँ हो सकते हैं, सी.आई.डी. उन्हें खोज नहीं पाई। झाँसी केन्द्र और चन्द्रशेखर आज़ाद की वहाँ उपस्थिति फणीन्द्रनाथ घोष की गिरफ्तारी और बयान के बाद ही सुनिश्चित हो सकी। फणीन्द्रनाथ घोष 8 जून, 1929 को पकड़ा गया था। लाहौर षड्यंत्र केस में 23 जून, 1929 से 27 जून, 1929 तक उसने मजिस्ट्रेट मुश्ताक अहमद के समक्ष लगातार पाँच दिन का लम्बा बयान दिया। उसने 26.6.1929 के बयान में बताया कि "मुझे चन्द्रशेखर आज़ाद से पता चला कि उन्होंने झाँसी में क्रान्तिकारी दल बना रखा है, एक आदमी को बम बनाना सीखने के लिए लगा रखा है, और दूसरे सदस्यों को भी इसका प्रशिक्षण दिया जाना है।"[196] इसके बाद सी.आई.डी. फणीन्द्रनाथ घोष को लेकर झाँसी गई। वहाँ रामदुलारे शर्मा के घर छापा डाला, ड्राइवर रामानन्द को गिरफ्तार करके पूछताछ की। फणीन्द्र के पकड़े जाने पर एक दिन में झाँसी में कई जगह तलाशियाँ हुईं।

श्री भगवानदास माहौर लिखते हैं, "मास्टर रुद्रनारायण को यह पहले ही पुलिस से मालूम हो गया था कि कल सवेरे तलाशियाँ होनेवाली हैं। पुलिस को यह पक्का विश्वास था कि मास्टर रुद्रनारायण का सम्बन्ध क्रान्तिकारियों से है। खुफिया पुलिस को यह चिन्ता रहती थी कि यदि बाहरवालों ने यहाँ आकर आज़ाद को पकड़ लिया तो उनकी बड़ी किरकिरी हो जाएगी। यदि वे ही आज़ाद को पकड़ सकें तो ठीक, नहीं तो आज़ाद कम से कम झाँसी में न पकड़े जाएँ। हम लोगों ने सब पुरानी जगहों से सारा सामान हटा दिया। आज़ाद, सदाशिव और मैं इधर-उधर हो गए। वैशम्पायन इस समय झाँसी में थे नहीं। एक महाशय रामदुलारे शर्मा (श्रीराम) के यहाँ, जहाँ कुछ कपड़े आदि सामान रखा था, हमने कई बार रात में सन्देश भिजवाया मगर वे न मिले। सवेरे स्वयं आज़ाद रामदुलारे के मकान की ओर साइकिल से चले, तो उन्हें दिखा कि मकान के आगे लोगों का हुजूम जमा है और वहाँ पुलिसवाले खड़े हैं। आज़ाद ने साइकिल लौटाना उचित न समझा और भीड़ में से रास्ता बनाते आगे को ही निकलते चले गए, पुलिस से पूछते हुए कि क्या बात है भाई।

कुछ देर बाद हम लोग नियत स्थान पर मिले तो आज़ाद ने बताया "ले...आ गया तेरा दादा...साले ने पाखाने के रोशनदान के छेद तक गिन रखे थे और पुलिस को

बताए। चलो फिलासफर जी खिसको। रामदुलारे को और मास्टर साहब को भी पुलिस कोतवाली ले गई है। सुना है तुम्हारा दादा भी पुलिस के साथ आया है।" न जाने आज़ाद इतनी जल्दी कहाँ से इतना पता लगा आए थे। फणीन्द्र घोष वास्तव में अप्रूवर हो गया था। उसने ही रामदुलारे शर्मा का नाम और मकान पुलिस को बताया। इसके पहले वह कुछ दिन रामदुलारे के मकान में झाँसी रह गया था। नई बस्ती में जिस मोटर ड्राइवर रामानन्द के यहाँ आज़ाद रहा करते थे उसको भी फणीन्द्र ने ही पुलिस को बताया। परिणामतः मास्टर रुद्रनारायण, रामानन्द और रामदुलारे को पुलिस ने बहुत तंग किया। रामदुलारे तो लाहौर षड्यंत्र केस में सरकारी गवाह बना ही रामानन्द को भी आज़ाद की खोज में पुलिस ने सारे हिन्दुस्तान में भटकाया और उसे स्वयं भी भटकना पड़ा।[197]

फणीन्द्रनाथ घोष ने झाँसी, आगरा, सहारनपुर, कानपुर के जो भी ठिकाने देखे थे, सब बता दिये। 18.7.1929 को रामानन्द का दिया बयान सी.आई.डी. को मिला। सी.आई.डी. के कान खड़े हो गए। 1929 में क्रान्तिकारियों की सक्रियता काफी बढ़ गई थी, अतः उन पर नजर रखने के लिए इसी वर्ष सी.आई.डी. को दो हिस्सों में बाँट दिया गया। स्पेशल ब्रांच और क्राइम ब्रांच। स्पेशल ब्रांच का काम सिर्फ क्रान्तिकारियों-आतंकवादियों पर नजर रखना व कार्यवाही करना था। पूरी सी.आई.डी. अर्थात् दोनों शाखाओं में कुल तीन एस.पी. रैंक के अधिकारियों की नियुक्ति हुई। इन सबके ऊपर डी.आई.जी., सी.आई.डी. का पद था। तीन एस.पी. में एक एस.पी., एस.बी. (जिन्हें ए.एस.बी. भी कहते थे) दूसरे एस.पी., सी.बी. तथा तीसरे स्पेशल ब्रांच में एक अतिरिक्त एस.पी. आतंकवाद से निबटने के लिए। सी.आई.डी. के समस्त वरिष्ठ अधिकारियों के ऑफिस भी इलाहाबाद शहर में ही थे।

स्पेशल ब्रांच में एस.पी. की सहायता के लिए कुल तीन डिप्टी एस.पी. पोस्ट किये गए। डिप्टी एस.पी. प्रथम मुखर्जी, डिप्टी एस.पी. द्वितीय जे.एन.बनर्जी, डिप्टी एस.पी. तृतीय ठाकुर विशेश्वर सिंह तथा मुख्यालय में एक डिप्टी एस.पी. एन.सी. मिश्र थे। ठाकुर विशेश्वर सिंह को कानपुर-झाँसी का इलाका दिया गया था। इनके नीचे अर्थात् तीनों डिप्टी एस.पी. के नीचे बहुत से इंस्पेक्टर, सब इंस्पेक्टर, हेड कांस्टेबल तथा कांस्टेबल नियुक्त थे। जैसे बनारस में सब इंस्पेक्टर आर. मोहन और हेड कांस्टेबल भवानी सहाय थे। कानपुर में इंस्पेक्टर शम्भुनाथ थे। यदि अभिसूचना की फाइलों का अवलोकन करें तो इंस्पेक्टर के रूप में रघुराज सिंह, ब्रह्मा सिंह, पिरभु सिंह, जगन्नाथ सरीन, हरिदीन, गोविन्द बिहारी, लाखन सिंह, गोपीनाथ दत्त आदि नाम मिलते हैं। इसी तरह सब इंस्पेक्टर में सेनगुप्त, इरशाद हुसैन, आर. मोहन (बनारस) आदि नाम देखने को मिलते हैं। लेकिन स्पष्ट नहीं कि इनमें से कौन स्पेशल ब्रांच का है, कौन डिस्ट्रिक्ट इंटेलिजेंस का। न तो यही स्पष्ट है कि कौन कहाँ नियुक्त था।

श्री सदाशिव मलकापुरकर, फणीन्द्रनाथ घोष, रामदुलारे शर्मा, ड्राइवर रामानन्द तथा अन्य के बयानों से स्पष्ट हो गया कि झाँसी एक अहम अड्डा है और चन्द्रशेखर आज़ाद ने पूरी फरारी यहीं काटी है। फिर ढिमरपुरा का भी पता चल गया तो ठाकुर विशेश्वर सिंह ने वह स्थान जाकर स्वयं देखा। गाँव के लोगों से तसदीक किया। नई बस्ती में रामानन्द के साथ रहते समय भी आज़ाद तमाम लोगों से खुलकर मिलते थे।

जब एक बार यह पहचान स्थापित हो गई कि हरिशंकर ड्राइवर असल में काकोरी के फरार प्रसिद्ध क्रान्तिकारी चन्द्रशेखर आज़ाद हैं तो नई बस्ती में उन्हें पहचाननेवाले मिल गए। सी.आई.डी. अन्त तक आज़ाद को पहचानने के लिए नई बस्ती से ही आदमी जुटाती रही। जानकारी मिलने पर ठाकुर विशेश्वर सिंह अजमेर से ग्वालियर तक छानबीन करते रहे। मदन गोपाल तथा फणीन्द्र ने मुखबिर बनकर जो कहर ढाया उसके कारण तमाम साथी और बम की फैक्ट्रियाँ पकड़ी गईं। दल के बारे में पुलिस व सी.आई.डी. को काफी कुछ पता चल गया।

सी.आई.डी. का इलाहाबाद में मुख्यालय था। कानपुर, बनारस में ग्रुप अफसर नियुक्त थे। उन्होंने झाँसी में भी शिविर स्थापित कर लिया। 14.9.1929 की सूचना के अनुसार आज़ाद को सांडर्स वध में भी सूचीबद्ध कर लिया गया था। अत: अब वे सिर्फ काकोरी के फरार न थे। वे दल के सेनापति हैं, पंडित जी उन्हीं की उर्फियत है, यह भी पुलिस को स्पष्ट हो चला था। सन् 1929 के मई-जून से सी.आई.डी. को आज़ाद की गतिविधि की थोड़ी-सी देर से सटीक जानकारी मिलने लगी थी। उधर दल भी अपनी पूरी त्वरा से गतिमान था। रुपयों की बेहद जरूरत होने पर मनी एक्शन होते रहे। सांडर्स वध के बाद, सेंट्रल असेम्बली अभियान हुआ। भगत और दत्त को छुड़ाने के चक्कर में श्री भगवतीचरण शहीद हुए। उनके जीवन काल में ही आज़ाद के मना करने पर भी श्री यशपाल ने इन्द्रपाल की सहायता से 23 दिसम्बर, 1929 को वायसराय की ट्रेन उड़ाने का प्रयास किया। फणीन्द्र ने अपने बयान में बताया कि पहले भी साइमन कमीशन को उड़ाने का प्रयास किया गया था। इससे पुलिस बेहद चौकन्नी हो गई। संयुक्त प्रान्त व दिल्ली की सी.आई.डी. मिल-जुलकर काम करने लगी। बम का सारा सामान मिल गया। 8.2.1930 तक सी.आई.डी. को इस केस में श्री यशपाल-भगवतीचरण की भूमिका का आभास मिल गया था।

26 अगस्त, 1930 को लाहौर पुलिस ने 'आतिशी चक्कर' दल के कई लोगों को पकड़ा जिसमें 'इन्द्रपाल' भी था। उसने वायसराय की ट्रेन का पूरा घटनाक्रम खोल दिया। भागराम भी पकड़ा गया। उसने भी काफी कुछ बता दिया। वे दोनों ही अप्रूवर बन गए। इसी समय दल ने श्री यशपाल को पहले प्राणदंड की घोषणा की। जिसे क्रियान्वित न कर पाने के बाद आज़ाद ने क्षमा कर दिया और गद्दारों से तंग होकर 4 सितम्बर, 1930 को केन्द्रीय समिति को भंग कर दिया। पार्टी चलती रही। 28 अक्टूबर, 1930 को कैलाशपति पकड़ा गया। जो खुद भी लाहौर षड्यंत्र केस में भगोड़ा था। उसने कपूरचन्दवाले घर से, नलगढ़ा डेयरी फार्म से काफी कुछ बरामद कराया। उसका बयान दिल्ली वायसराय ट्रेन केस का हिस्सा बना लेकिन बाद में वह केस ही समाप्त हो गया। कैलाशपति का बयान हिसप्रस के गुप्त संगठन के सारे रहस्यों को उजागर करनेवाला सिद्ध हुआ। इन्हीं रहस्यों में एक था वीरभद्र तिवारी का किसी पूर्व की डकैती से जुड़े होना तथा क्रान्तिकारी दल का हिस्सा होना, वायसराय ट्रेन केस से जुड़े होना तथा कानपुर में बम फैक्टरी का संचालक होना। कैलाशपति का बयान, दिसम्बर, 1930 में पूर्ण हो गया।

सी.आई.डी. को जैसे ही इल्म हुआ कि क्रान्तिकारियों का गढ़ कानपुर है, उन्होंने वहाँ अपना जाल गहन करना शुरू किया। धर्मेन्द्र गौड़ के अनुसार, "उस जमाने में

शम्भुनाथ कानपुर में डिस्ट्रिक्ट इंटेलिजेंस स्टाफ के सब इंस्पेक्टर इंचार्ज थे। टीकाराम और मुहम्मद नासिर खाँ भी उसी ओहदे पर क्रमशः शाहजहाँपुर तथा इलाहाबाद में कार्यरत थे। मुख्यतः शम्भुनाथ को ही आज़ाद को जिन्दा या मुर्दा गिरफ्तारी का भार सौंपा गया क्योंकि उनके एरिया में क्रान्ति के मुख्य गढ़ कानपुर, झाँसी, जालौन और इलाहाबाद थे। वैसे टीकाराम और नासिर खाँ की जिम्मेदारी भी कम नहीं की गई। उन दिनों कानपुर के डी.ए.वी. कॉलेज का हॉस्टल क्रान्तिकारियों की गतिविधियों का अच्छा-खासा अड्डा बन गया था। शम्भुनाथ ने धन का लालच देकर कुछ विद्यार्थियों को पटाया और उनसे हॉस्टल में रहने के लिए कहा गया। इन छात्रों का पूरा खर्च सरकार के जिम्मे था। जो शम्भुनाथ द्वारा उन्हें विभिन्न स्थानों पर, विभिन्न दिनों में नियमित रूप से मिलता रहा। इस 'इनफिल्ट्रेशन' क्रिया का परिणाम उत्साहवर्धक निकला। शम्भुनाथ को क्रान्तिकारियों की गुप्त गतिविधियों की सूचनाएँ और उनके इरादे ज्ञात होने लगे।

कानपुर के पुलिस अधीक्षक को दिखाने के बाद वे अपनी रिपोर्टें स्पेशल मैसेंजर द्वारा स्पेशल ब्रांच हेडक्वार्टर इलाहाबाद भेजने लगे। अंग्रेज अफसर शम्भुनाथ से प्रभावित हुए और डी.आई.एस. से उन्हें सी.आई.डी., स्पेशल ब्रांच में ले लिया गया। इन्हीं दिनों उरई निवासी वीरभद्र तिवारी नामक नवयुवक को फोड़ने में शम्भुनाथ ने बेहतरीन कामयाबी हासिल की। कुछ समय तक दोनों गिलिश बाजार, कानपुर के एक ही मकान में रहे भी थे। शम्भुनाथ की सिफारिश पर वीरभद्र तिवारी को सी.आई.डी., स्पेशल ब्रांच, यू.पी. में सोर्स की हैसियत से 200 रुपये मासिक वेतन पर नियुक्त कर लिया गया। इसके अलावा आने-जाने का खर्च और दीगर इजराजात भी दिये जाने लगे। वीरभद्र की केवल एक शर्त थी कि शम्भुनाथ के अलावा किसी और अफसर से मिलेगा नहीं। पार्टी का प्रमुख व्यक्ति होने के नाते उसे आज़ाद के मूवमेंट ज्ञात होते ही गए।"[198] इन मौखिक सूचनाओं के सत्यापन के लिए गौड़ ने कोई दस्तावेजी साक्ष्य नहीं दिये हैं।

सन् 1929 में जब स्पेशल ब्रांच बनी तो सर्वप्रथम नॉट बावर को ही इसका प्रथम एस.पी. बनाया गया। वह 1911 बैच का संयुक्त प्रान्त कॉडर का आई.पी.एस. था। वह कॉडर में 1921 तक रहा फिर इंडिया ऑफिस लंदन चला गया। वहाँ से 1923 में लौटा तो इलाहाबाद, लखनऊ, बरेली आदि जिलों में कप्तान रहा। फिर सी.आई.डी. में उसे पोस्ट किया गया। वायसराय की ट्रेन को उड़ाने के प्रयास के बाद ही सी.आई.डी. के प्रमुख यानी डी.आई.जी. को भी बदला गया। नये डी.आई.जी. के रूप में 1902 बैच के मिस्टर एस.टी. हॉलिन्स को लाया गया। वे सीतापुर और हरदोई में एस.पी. रहे थे। फिर वे अजमेर-मारवाड़ तथा टोंक में पुलिस प्रमुख रहे। 1918 में लौटे तो दो साल आगरा के कप्तान रहे। 1921 से 1926 तक पुनः टोंक में रहे। 1926 में लौटे तो जालौन में, इलाहाबाद में और जी.आर.पी. में एस.पी. बने। 1929 में ही वे डी.आई.जी. बने। बतौर डी.आई.जी. वे लखनऊ तथा आगरा रेंजो में रहे। इसी के बाद वे सी.आई.डी. में आए। हॉलिन्स ने स्वयं लिखा, "मुझे दिसम्बर, 1929 में सूचित किया कि मुझे सी.आई.डी. का कार्यभार लेना है।" लेकिन ऐसी सूचना है कि एस.टी. हॉलिन्स ने जनवरी, 1930 में चार्ज लिया। उसने अपने संस्मरण में पहले वायसराय की ट्रेन पर हमले का तफसील से बयान किया है। फिर लिखता है, "इस कांड के एक महीने के भीतर ही मैं सी.आई.

डी. प्रमुख के रूप में अपनी ड्यूटी सँभालने के लिए इलाहाबाद गया। इस विभाग में बतौर ए.एस.पी. मैं 22 साल पहले रहा था और अब यह काफी फैल गया था। (शायद 1903-04 में वह इलाहाबाद में ही सी.आई.डी. में ए.एस.पी. रह चुका था) स्पेशल और क्रिमिनल, प्रत्येक ब्रांच में एक-एक एस.पी. थे। मेरे पूर्ववर्ती स्पेशल ब्रांच में एक अतिरिक्त एस.पी. आतंकवाद से निबटने के लिए ले आए थे।

नॉट बावर (अब सर जॉन नॉट बावर, मेट्रोपोलिटन पुलिस कमिश्नर) नाम का अफसर बेहद निडर और उद्यमी था। इन तीन पुलिस अधीक्षकों के अलावा मेरे सारे अफसर और आदमी भारतीय थे। उन्होंने इन मुसीबत भरे दिनों में पूरे उत्साह और स्वामिभक्ति के साथ काम किया। जब मैंने कार्यभार सँभाला तो तुरन्त फैसला लिया कि नॉट बावर सीधे मेरे अधीनस्थ काम करेंगे। ताकि मैं अपनी सारी ऊर्जा क्रान्तिकारी आन्दोलन पर केन्द्रित कर सकूँ। वायसराय की हत्या के प्रयास का मामला अभी तक अनसुलझा था। नये-नये आतंकवादी कांड होते जा रहे थे। और सभी रिपोर्टों से सूचना मिल रही थी कि अभी और ज्यादा होने थे। सर्वाधिक दबाव मुखिया को घेरने का था। इन सभी का मुखिया चन्द्रशेखर आज़ाद 'हिन्दुस्तान सोशलिस्ट रिपब्लिकन आर्मी' का स्वयंभू कमांडर था। पूरे भारत की पुलिस उसे खोज रही थी।

नॉट बावर ने चन्द्रशेखर आज़ाद तथा क्रान्तिकारी दल के प्रमुख सदस्यों के बारे में काफी मात्रा में सूचना जमा की थी, और उन्हें उसकी आदतों तथा विशेषताओं की गहरी जानकारी थी। उन्होंने और मैंने उनकी गतिविधियों की साजिश रची और यह अनुमान लगाने की कोशिश की कि हमारे द्वारा उन्हें गिरफ्तार करने की कोशिश करने पर उनकी प्रतिक्रिया क्या रहती है। हमने 'वाचर्स' (निगरानी रखनेवालों) की सादे कपड़ों में विस्तृत व्यवस्था बनाई और सभी महत्त्वपूर्ण रेलवे स्टेशनों पर उनकी नियुक्ति की। जिनका काम था ट्रेन पर चढ़ रहे सन्दिग्ध लोगों का उनके गन्तव्य तक पीछा करना या उनके प्रस्थान की जानकारी हमें कोड में भेजना। हमारे द्वारा अपनाए गए तरीकों को कुछ सफलता मिली। हम वायसराय की हत्या के प्रयास का मामला नहीं सुलझा पाए। लेकिन दूसरी तरफ हम अधिक सफल थे। हमने क्रान्तिकारी नेताओं की गिरफ्तारी के लिए भारी इनाम घोषित किये। और हमारे 'वाचर्स' के द्वारा चिह्नित किये जाने से रेलवे स्टेशन पर चन्द्रशेखर आज़ाद के दो लेफ्टिनेंट पकड़े गए। उसी समय आतंकी दल की दो सुविख्यात महिला सदस्यों का इलाहाबाद तक पीछा किया गया। एक कलकत्ता से थी और दूसरी लाहौर से आई थी और दोनों यमुना के किनारे के विधवा आश्रम में गईं। नॉट बावर ने और मैंने इन घटनाओं पर वार्तालाप किया और हम इस निष्कर्ष पर पहुँचे कि इलाहाबाद में आतंकियों के जमघट का संकेत यह है कि वे कोई अन्य बड़े दर्शनीय कांड की योजना बना रहे हैं। हम दोनों ने औरतों को न पकड़ने का फैसला किया, क्योंकि हमें आशा थी कि उनमें से एक सुन्दर दिखनेवाली विधवा, जिसका पति कुछ महीना पहले बम का परीक्षण करते समय उड़ गया था, के कारण प्रेम विषयक होड़ के कारण दल के पुरुष सदस्यों के बीच कलह हो सकती है। इस बीच हमने चन्द्रशेखर आज़ाद पर कठोरतम निगरानी बना करके रखी।"[199] डी.आई.जी., सी.आई.डी. के इस लम्बे वक्तव्य से उनकी तैयारियों पर काफी अच्छा प्रकाश पड़ता है।

नॉट बावर और एस.टी. हॉलिन्स को इस अभियान में जिन दो देसी अफ़सरों से सबसे ज्यादा सहायता मिल रही थी, उनमें एक थे डिप्टी एस.पी. ठाकुर विशेश्वर सिंह तथा दूसरे सब-इंस्पेक्टर शम्भुनाथ शुक्ला। विशेश्वर सिंह की नियुक्ति इलाहाबाद में थी, मगर वे कानपुर, झाँसी, ग्वालियर आते-जाते रहते थे। जबकि शम्भुनाथ की नियुक्ति कानपुर में थी। ठाकुर विशेश्वर सिंह उत्तर प्रदेश में फर्रुखाबाद जिले के थाना छिबरामऊ के गाँव रोहली के रहनेवाले थे। उनके एक बड़े भाई ठाकुर तिलक सिंह तथा बूढ़ी माताजी थीं। विशेश्वर सिंह उन दिनों इलाहाबाद के कटरा में कहीं रहते थे। 'सिंहावलोकन' के अनुसार जब आज़ाद बनारस में असहयोगी छात्र थे, तो ठाकुर विशेश्वर सिंह वहाँ इंस्पेक्टर थे। हालाँकि ऐसा कोई प्रमाण लेखक को अभी तक नहीं मिला है। सब-इंस्पेक्टर शम्भुनाथ मूलतः कहाँ के रहनेवाले थे यह तो ज्ञात नहीं, किन्तु कानपुर में वीरभद्र तिवारी के पड़ोस में रहते थे। इस मकान की स्थिति के सम्बन्ध में श्री सदगुरु दयाल अवस्थी लिखते हैं, "श्री रामचन्द्र मुसद्दी का मकान वीरभद्र जी का दिया हुआ था। वह सिर्फ मिलने या वैशम्पायन जैसे एक आध व्यक्ति के रहने के काम में ही आता था। उसकी स्थिति ऐसी थी कि पंडित जी उसमें रह नहीं सकते थे। मुसद्दी जी का वह फ्लैट शम्भुनाथ जी और वीरभद्र जी के फ्लैट की बगल में था। अन्तर इतना ही था कि मुसद्दी जी के फ्लैट का जीना सड़क पर और वीरभद्र जी के फ्लैट का जीना गली में था। तीनों फ्लैटों के छज्जे और छतें मिली हुई थीं।"[200]

शम्भुनाथ और वीरभद्र के पारिवारिक रिश्ते अच्छे थे, इसका पता शिवचरण के बयान से चलता है। श्री यशपाल को जब आज़ाद ने प्राणदंड दिया था तो उन पर अनुशासनहीनता, दल के पैसे का दुरुपयोग तथा विलासिता का आरोप लगा था। लेकिन पुलिस में न जाने, या पुलिस को सूचना न देने तथा दल में फूट पड़ने से रोकने की बात पर ही उन्हें क्षमादान मिला था। वे पुलिस के पास जा भी नहीं सकते थे, क्योंकि दिल्ली षड्यंत्र केस में वे फरार घोषित थे। पकड़े जाने का अर्थ था निश्चित जेल। वीरभद्र के ऊपर अलग आरोप था। वह था, केन्द्रीय समिति का सदस्य होते हुए सूचना लीक करना। कैलाशपति के बयान से भी इसका आभास मिलता है। श्री मुसद्दी का कथन है कि गणेश शंकर विद्यार्थी जी तो उसे कांग्रेस कमेटी की गुप्त बैठकों में बुलाते ही नहीं थे और आज़ाद को भी आगाह करवा दिया था। शिवचरण मिस्त्री ने अपने बयान में श्री रामसिंह द्वारा वीरभद्र की पत्नी से इस बात पर झगड़ने का उल्लेख है क्योंकि वह रात-दिन इंस्पेक्टर शम्भुनाथ के घर में घुसी रहती है और दल की सूचनाएँ लीक करती है। श्री रामसिंह ने यह बात आज़ाद को भी बता दी। श्री रामसिंह कांग्रेसी नेता थे। कैलाशपति कानपुर में उन्हीं के पास रुकता था। आज़ाद के जीवनकाल में मास्टर श्री रुद्रनारायण और श्री सदाशिव मलकापुरकर के अलावा सिर्फ श्री रामसिंह ही भाबरा गए थे। श्री सदगुरु दयाल अवस्थी के अनुसार पैसा पहुँचाने, जबकि श्री मनोहरलाल त्रिवेदी के अनुसार उन्हें बुलाने। कैलाशपति ने कानपुर के जिस व्यक्ति के माध्यम से आज़ाद के चचेरे भाई द्वारा माँ-बाप को सहायता पहुँचाने का जिक्र है वह शायद 'रामसिंह' ही थे। उन्हीं के यहाँ वह रुका करता था।

सी.आई.डी. की टीम ने अपनी तैयारियाँ कर ही ली थीं, उन्हें पता था कि आज़ाद मोटे हो गए हैं और सेठ की तरह लगने लगे हैं, वे अब छोटे नहीं बड़े स्टेशनों से ट्रेन

में बैठते हैं, गाड़ी छूटते समय चढ़ते हैं, पुलिस के आसपास से निकलते और रहते हैं, उनके पास हमेशा भरी पिस्तौल रहती है, उन्होंने संकल्प लिया है कि वे जिन्दा नहीं पकड़े जाएँगे, उन्होंने कानपुर-झाँसी को अड्डा बना रखा है। चूँकि बनारस के बाद एक स्थान पर टिककर आज़ाद सबसे लम्बा झाँसी में रहे, अत: पुलिस व सी.आई.डी. ने उनके पहचानने के लिए आदमियों को वहीं से उठाया। जिन तीन पहचानकर्ताओं का नाम सी.आई.डी. की फाइलों में बार-बार आता है—मूले धीमर, पहलू लोहार तथा बैजनाथ लोहार, ये सभी नई बस्ती झाँसी के रहनेवाले थे। नॉट बावर ने इनमें सबसे विश्वसनीय बैजनाथ को माना। इन्हें डेढ़ से तीन रुपया रोज, रहने-खाने तथा आने-जाने की व्यवस्था पर रखा गया था। झाँसी में मराठों की बड़ी संख्या थी। जैसे बनारस में आज़ाद का सम्पर्क अधिकतर बंगाली क्रान्तिकारियों से रहा वैसे झाँसी में श्री विश्वनाथ वैशम्पायन, श्री सदाशिव मलकापुरकर, श्री पोतदार, तैलंग सभी मराठी थे। अत: पुलिस ने मराठा परिवारों के नाबालिग बच्चों को जोड़ा, खासकर श्री विश्वनाथ वैशम्पायन के लिए।

सदाशिव जी झाँसी में अपने जीजा श्रीधर राव के साथ रहते थे। सी.आई.डी. की जिला शाखा के दारोगा रामभरोसे तिवारी का एक मराठी सोर्स उनके सम्पर्क में था, जिससे बातचीत के आधार पर तिवारी ने 9.9.1929 को विस्तृत रिपोर्ट दी थी, जिसमें श्रीधर ने कहा था कि इन सारे लड़कों को रुद्रनारायण बिगाड़ रहा है। झाँसी का मुख्य संगठनकर्ता मंगली प्रसाद है। सी.आई.डी. को यह स्पष्ट जानकारी हो गई थी कि सोर्स-12 ने शम्भुनाथ को बताया कि पंडित जी चन्द्रशेखर आज़ाद को कहते हैं। उसने 25.9.1929 की डायरी में लिखा कि वीरेन्द्र ने मुझे बताया कि आज़ाद को सामान्यत: पंडित जी कहा जाता है। 21.10.1929 की इंट्री में उल्लेख है कि शम्भुनाथ ने अपनी डायरी में 13.10.1929 को लिखा कि चन्द्रशेखर कानपुर में सेनगाँव में सीता देवी से मिला। एक माह के लिए पहचान करनेवाला चाहिए। डी.आई.जी. की तरफ से जवाब आया कि उसकी सम्भावित जगहों को और स्पष्ट चिह्नित करो। पुन: 26.1.1930 को शम्भुनाथ ने लिखा कि "24 जनवरी को मुझे सोर्स-24 मिला तो बताया कि आज़ाद बरेली या कहीं अन्यत्र सेठ दामोदर के संरक्षण में है। आज़ाद कानपुर शिफ्ट होना चाहते हैं और शहर के बाहर के मुहल्ला चमनगंज में गोपीनाथ सिंह उनके लिए कमरे की व्यवस्था करेगा। सोर्स को आशा थी कि आज़ाद 25-28 जनवरी तक कानपुर आ जाएँगे।"

फिर शम्भुनाथ लिखता है कि "यह सूचना मिलने के बाद मैं व्यक्तिगत रूप से दारोगा टीकाराम के साथ लखनऊ की तरफ से आनेवाली (आजाद को पहचाननेवालों के साथ) हर ट्रेन पर निगरानी रख रहा हूँ। कानपुर-लखनऊ के मध्य चलने वाली लारियों पर भी नजर रखने का प्रबन्ध किया गया है। मैं यह भी देख रहा हूँ कि क्या कानपुर के क्रान्तिकारी मुहल्ला चमनगंज में भाड़े का मकान लेते हैं।"[201] इस दौरान शम्भुनाथ के कई पत्र हैं। 29.3.1930 को उसने ए.एस.बी. (असिस्टेंट स्पेशल ब्रांच) को लिखकर पूछा कि आजाद को पहचानने वाले पहलू लोहार को रखना है या वापस करना है, जैसा आपका आदेश हो। वह जाने के लिए परेशान नहीं है।" जवाब आया कि "वापस कर दो।" 11.5.1930 को शम्भुनाथ ने आज़ाद पर कितना इनाम है, यह जानना चाहा था। ए.टू., डी.आई.जी. बिग्गाने ने 14.5.1930 को इसका जवाब भेजा कि "आज़ाद पर

5,000 रुपये इनाम है, जो भी जानना चाहे, उन्हें सूचित कर दें।"[202]

नवम्बर, 1930 के कई पत्राचार बेहद महत्त्वपूर्ण हैं। 4.11.1930 को ए. टू डी.आई. जी. का इंस्पेक्टर शम्भुनाथ को पत्र आया। जिसमें लिखा, "अति गोपनीय सूचना मिली है कि कानपुर का मनीलाल अवस्थी आज़ाद के सम्पर्क में है। इस व्यक्ति का कैलाश बिहारी और वीरभद्र तिवारी के साथ क्या सम्बन्ध है, शायद आपको पता है। मनीलाल द्वारा खोले गए नेशनल स्कूल के बारे में भी आप जानते हैं। इस स्कूल का इस्तेमाल छत्रपाल सिंह के डकैती गैंग ने किया था। मनीलाल और कैलाश बिहारी को 110 सी.आर.पी.सी. में भेजकर बांड भरवाया गया था। मनीलाल अवस्थी ने हाईकोर्ट में जो रिवीजन डाला था कोर्ट ने उसे इस आधार पर छोड़ दिया था कि अगर किसी ने डकैतों को संरक्षण दिया है तो उस पर 216 ए आई.पी.सी. लगनी चाहिए। मैं मनीलाल अवस्थी का 1927 तक का लिखा हिस्ट्री नोट भेज रहा हूँ, इसे अपडेट करवा देना। जैसा कि यह विश्वास करने के ठोस आधार हैं कि आज़ाद अब बार-बार कानपुर आ-जा रहा है, अतएव मनीलाल पर बेहद सतर्कतापूर्वक निगरानी की व्यवस्था की जानी चाहिए। पहला कदम यह रहे कि विश्वसनीय व्यक्तिगत निगरानी रखनेवाले को लगाया जाए। इस काम के लिए जो भी सर्वोत्तम आदमी हो उन्हें काम पर लगाया जाए। उन्हें हर तरह से प्रोत्साहित किया जाए। उदारतापूर्वक पैसा दिया जाए तथा पाँच हजार रुपये की विशाल इनाम राशि का प्रलोभन दिया जाए। मैं यह भी संस्तुति करता हूँ कि शम्भुनाथ मिस्टर मिश्र (एन.सी.) से मिलकर चन्द्रशेखर आज़ाद की व्यक्तिगत पत्रावली का बेहद ध्यानपूर्वक अध्ययन करके डिप्टी एस.पी. तृतीय (ठाकुर विशेश्वर सिंह) से फरार की गिरफ्तारी के सम्बन्ध में किये जानेवाले सफल एक्शन की सम्भावना के बारे में राय-मशविरा कर लें।"[203]

जब इंस्पेक्टर शम्भुनाथ ने अपना पूरा ध्यान इन हिदायतों पर केन्द्रित किया तो उसे कुली बाजार की बम फैक्टरी का भी पता चल गया। उसने 16.11.1930 की अपनी डायरी में लिखा, "शंकर को मुहल्ला सिरकी के लक्ष्मीनारायण से पता चला है कि आज़ाद पन्द्रह दिन पहले इसी कारखाने में कानपुर आए थे। शंकर को लक्ष्मीनारायण से यह भी पता चला है कि इसी कारखाने में बम का खोल तथा पिस्तौल की नली ढाली जाती है। इसके मालिक का नाम व पूर्व इतिहास लक्ष्मीनारायण को पता नहीं है। इन्हें प्राप्त करने का प्रबन्ध किया जा रहा है तथा कारखाने पर निगरानी रखी जा रही है। लक्ष्मीनारायण ने शंकर से वायदा किया है कि उस कारखाने में जो भी सामान बनता है, वह उसका नमूना दिखाएगा। कारखाने को चलानेवाला 23 साल का एक लड़का है, गेहुँआ रंगत, गोल चेहरे और औसत कद का।"[204]

इस वक्तव्य से स्पष्ट है कि नवम्बर, 1930 के मध्य तक कुली बाजार की बम फैक्टरी का पता इंस्पेक्टर शम्भुनाथ को नहीं था। इसे आज़ाद के निर्देश पर वीरभद्र ने गाडोदिया एक्शन से मिले पैसों से स्थापित किया था। इसके जिस संचालक का उल्लेख शम्भुनाथ ने किया है, वह वीरभद्र द्वारा रखवाया गया मैकेनिक शिवचरण है, जिसका हुलिया बाद में ठाकुर विशेश्वर सिंह की माँ और श्री सदगुरु दयाल अवस्थी के बताने के हिसाब से ठीक वही है, जो शम्भुनाथ ने लिखा है। पत्र से यह भी स्पष्ट है कि अभी तक शिवचरण से शम्भुनाथ की भेंट नहीं है। इसी फैक्टरी में श्री रामसिंह ने शिवचरण

तथा आज़ाद को वीरभद्र तिवारी की पत्नी द्वारा शम्भुनाथ के घर में घुसे रहने तथा सूचनाएँ लीक करने की शिकायत की और आज़ाद द्वारा कहा गया कि वह मुझसे भी बेहद ठंडेपन से व्यवहार कर रही है।

शम्भुनाथ द्वारा यह लिखे जाने के मात्र पन्द्रह दिन बाद सालिगराम 1 दिसम्बर, 1930 को शहीद हुए। उन्हें भी शम्भुनाथ की टीम ने ही गोली मारी थी। सूचना तो यह है कि शम्भुनाथ ने सालिगराम का हाथ पकड़ लिया था। इससे आज़ाद को स्पष्ट हो गया कि इसमें भी वीरभद्र का हाथ है। फैजाबाद जेल में पहले नॉट बावर, फिर शम्भुनाथ के मिलने, फिर तिवारी के मलाका जेल आने की सूचना आज़ाद को मिल रही थी। वस्तुत: इसका आरम्भ कैलाशपति के बयान से हुआ। वह 28 अक्टूबर, 1930 को पकड़ा गया। नवम्बर में ज्यों मनीलाल और वीरभद्र का कृत्य पता चला, 4.11.1930 को तुरन्त शम्भुनाथ को उपरोक्त पत्र आया और इसी के साथ नॉट बावर ने तुरन्त जेल में वीरभद्र तिवारी से मिलकर उसे ब्लैकमेल किया। स्वयं को फँसता देख तिवारी ने सी.आई.डी. की मदद की बात स्वीकार की। उसी के बाद सालिगराम शहीद हुए और तिवारी की जेल बदली गई। मिस्टर पील के बयान में आया कि वीरभद्र तिवारी की जेल सी.आई. डी. ने प्रार्थना पत्र देकर बदलवाई थी। चमनगंज में मकान भी ले लिया गया था, खोकी और मासी माँ भी वहाँ रहने लगी थीं, श्री सदगुरु दयाल भी वहीं रहते थे, और आज़ाद भी वहीं रहते या आते-जाते थे। सी.आई.डी. की नजर में वह मकान भी था।

जेल से छूटकर वीरभद्र तिवारी 23 जनवरी, 1931 को कानपुर आया। उसके महीना भर पहले से नॉट बावर ने आज़ाद को पहचानने वाले सारे आदमियों को कानपुर में जमा करना शुरू कर दिया था। 19.12.1930 को इंस्पेक्टर शम्भुनाथ ने नॉट बावर को लिखा कि वाचर्स रामचरण व बैजनाथ ने आज दोपहर आमद करा ली। नॉट बावर सारे आदमी इंस्पेक्टर शम्भुनाथ के पास ही भेज रहा था। वीरभद्र जेल से छूटकर सीधा फैक्टरी आया, अपने हाथ से लिखा हिसाब फाड़ा। कई बार आज़ाद भी वहाँ आए। वीरभद्र रोज वहाँ आता था। पत्र भेजकर माफी माँगने की बात हुई। बात बनती न देखकर वीरभद्र मध्यप्रदेश अपनी बहन के घर चला गया। इसी दौरान डॉक्टर भल्ला द्वारा बम लगने का इलाज करने की बात इंस्पेक्टर शम्भुनाथ को पता चल गई। उसने डॉक्टर पर तो मुकदमा चलाने की बात की, मगर शिवचरण पर कुछ नहीं कहा। यानी वीरभद्र के जेल से वापस आने के बाद शिवचरण मैकेनिक से इंस्पेक्टर शम्भुनाथ का सम्बन्ध स्थापित हो गया। लेकिन दल को खासकर आज़ाद को इसकी स्पष्ट जानकारी नहीं थी। अत: शिवचरण को पार्टी की कार बेचने के लिए दी गई थी।

सी.आई.डी. और नॉट बावर को आज़ाद की इस आदत का पता था कि वह बिना पैसा लिए मानेंगे नहीं। अत: पहली बार जाल बिछा तो सौभाग्य से वे बच निकले। जनवरी, 1931 के अन्त में आज़ाद इलाहाबाद चले गए थे। 11 फरवरी, 1931 को उसी कार का पैसा लेने आए आज़ाद के सबसे विश्वस्त साथी श्री विश्वनाथ वैशम्पायन भी कानपुर में पकड़े गए। शिवचरण के घर से उनके पकड़े जाने के पाँच मिनट पूर्व वीरभद्र वहीं से निकला, शिवचरण के सामने ही शम्भुनाथ के आदमियों ने उन्हें पकड़ा, फिर उन्हें शम्भुनाथ के घर ले जाया गया, जहाँ बकौल सदगुरु दयाल अवस्थी दारोगा

टीकाराम ने दो थप्पड़ मारा। आगे वैशम्पायन जी ने आज़ाद को सूचित करा दिया कि शिवचरण भी पुलिस से मिल गया है। जिस दिन श्री वैशम्पायन इलाहाबाद से कानपुर जा रहे थे, स्टेशन पर सदगुरु दयाल अवस्थी से उनकी भेंट हुई थी। अवस्थी जी ने इसे अस्वीकार नहीं किया है। श्री वैशम्पायन की गिरफ्तारी के बाद शिवचरण गायब हो गया। आज़ाद की शहादत के दिन सिर्फ दो गिरफ्तारी हुई, पहली इलाहाबाद में 'शिवचरण' की दूसरी कानपुर में सदगुरु दयाल अवस्थी की। फिर 28 फरवरी को दोनों को इलाहाबाद के यूरोपीय हवालात में साथ रखा गया। आगे जब श्री सुरेन्द्र पांडेय और भवानी सिंह रावत ने गद्दारों पर हमला करने की ठानी तो पांडेय ने वीरभद्र को तो मुख्य गद्दार माना, साथ ही अवस्थी पर भी विश्वास करना बन्द कर दिया। 'शिवचरण' पर किसी ने ध्यान ही नहीं दिया।

फाइलों के अध्ययन से एक चीज तो स्पष्ट है कि पहलू, बैजनाथ, रामचरण, मूले के रूप में नॉट बावर वाचर्स भले जमा कर रहा था, लेकिन उसे किसी पर भरोसा था नहीं, सिवाय बैजनाथ के। कारण यह था कि 1928 के बाद शायद ही किसी ने आज़ाद को देखा हो। ऐसे में सी.आई.डी. को उस व्यक्ति की तलाश थी, जिसने तत्काल में आज़ाद को देखा हो और पुलिस के सम्पर्क में ऐसे कई लोग थे—ड्राइवर रामानन्द, रामदुलारे शर्मा, वीरभद्र। लेकिन इन सबसे पुलिस का जुड़ाव उजागर होने से आज़ाद सतर्क थे और इनके मूवमेंट का पता तुरन्त चल जाता। जबकि शिवचरण का पुलिस से लगाव उस समय सिवाय विश्वनाथ वैशम्पायन के, वह भी गिरफ्तारी के बाद, किसी को भी पता नहीं था। जबकि आज़ाद आदतन उससे पैसा लेने पर तुले थे। चूँकि बम फैक्टरी बन्द हो चुकी थी, शिवचरण को पुलिस ने पकड़ा नहीं,* उसे वहाँ कम ही लोग जानते थे, अतः उसके गायब होने पर न तो किसी को शक हुआ, न किसी ने उसकी खोज की। वीरभद्र ने अप्रैल, 1968 के 'दिनमान' के अपने वक्तव्य में लिखा कि जब मुझे पता चला कि पुलिस शिवचरण को इलाहाबाद ले गई है तो मेरा माथ ठनका। उधर शिवचरण व वीरभद्र का आदमी 'पूर्णचन्द्र सनक' भी आज़ाद और इंस्पेक्टर शंभुनाथ शुक्ला से बराबर मिल रहा था। उसकी भूमिका भी पूर्णतः संदिग्ध थी। वह दोनों पक्षों के लिए खबरी या गुप्तचर का काम करता था।

चमनगंजवाले मकान में मासी माँ रहती थीं। सदगुरु दयाल अवस्थी भी वहाँ रहते थे। सदगुरु दयाल को पता था कि आज़ाद अल्फ्रेड पार्क में मिलते हैं। वीरभद्र को मासी माँ से पता चला कि आज़ाद इलाहाबाद में है। वह तथाकथित रूप से आज़ाद को आगाह करने आया। अवस्थी ने मासी माँ को और मासी माँ ने वीरभद्र को मिलने का सम्भावित स्थान बताया होगा। वीरभद्र ने इंस्पेक्टर शम्भुनाथ को और उसने नॉट बावर को बताकर शिवचरण को बतौर वाचर्स अल्फ्रेड पार्क के इर्द-गिर्द लगाया होगा। अन्तिम दिन आज़ाद किसी से मिलने को कहकर आए थे। कम से कम वह व्यक्ति सुखदेवराज तो नहीं थे। शहादत के पूर्व सुखदेवराज के अलावा तीसरा साथी हजारीलाल भी अल्फ्रेड पार्क में था। उस व्यक्ति की क्या भूमिका थी, यह भी अज्ञात है। अवस्थी का मानना है कि आज़ाद ने पैसा लेकर शिवचरण को बुलवाया होगा। उन्होंने परमानन्द कोबरा से सूचना भेजी होगी। श्री वैशम्पायन का मत है कि शहादत के दिन परमानन्द वीरेन्द्रनाथ

के साथ कानपुर में था। सम्भव है कि शिवचरण से ही मिलना तय हो। अत: तसदीक करने के लिए वीरभद्र को भी इलाहाबाद बुला लिया गया हो, क्योंकि आज़ाद को न तो साफ तौर पर ठाकुर विशेश्वर सिंह पहचानता था, न इंस्पेक्टर शम्भुनाथ। श्री नन्दकिशोर निगम के अनुसार आज़ाद ठाकुर विशेश्वर सिंह को पहचानते थे तथा कैलाशपति के अनुसार शम्भुनाथ की पहचान उसके घर पर वीरभद्र तिवारी ने ही सोते समय कराई थी। आज़ाद उसे तथा सेनगुप्त दारोगा को भी पहचानते थे। डालचन्द द्वारा आज़ाद को पहचानने का तो प्रश्न ही नहीं था।

यद्यपि धर्मेन्द्र गौड़ का मानना है कि इंस्पेक्टर शम्भुनाथ उस दिन इलाहाबाद में थे। लेकिन शम्भुनाथ के इलाहाबाद में होने का पता अखबार, अभिसूचना की फाइल या अन्य किसी भी स्रोत से नहीं होती और न ही इसकी पुष्टि किसी समकालीन स्रोत से होती और न ही पुलिस कप्तान को पूर्व सूचना होने की पुष्टि होती। शिवचरण को बुलाने की बात भी अनुमानपरक जान पड़ती है। प्रबल सम्भावना यही थी कि आज़ाद अपनी योजना पर वार्ता करने या दूसरे साथी से मिलने तथा हवाखोरी करने गए थे। शिवचरण कई दिनों से उन पर निगरानी रखे था। पूर्व में उसकी सूचना पर आज़ाद मिले नहीं। अत: अन्तिम सूचना पर विश्वास न करते हुए ठाकुर विशेश्वर ने शिवचरण को कटरे के अपने मकान में बन्द कर दिया और 8:30 बजे अल्फ्रेड पार्क गया। 27 फरवरी तक इलाहाबाद में मौसम बेहद गरम-सा हो जाता है। साढ़े छह तक सूर्योदय हो जाता है। ऐसे में किसी डिप्टी एस.पी. रैंक के अधिकारी का बाबू के साथ 8:30 बजे टहलने या हवाखोरी करने के लिए जाना बेतुका-सा लगता है। यह पुष्ट सूचना थी, जिस पर वह लोग गए। लेकिन सिर्फ एक सोर्स पर इतनी बड़ी टीप को मान लेना असम्भव था। वीरभद्र का ऐन वक्त पर दिखना स्पष्ट करता है कि उसने 'शिवचरण' की सूचना को तसदीक किया तभी ठाकुर विशेश्वर सिंह पार्क में गया। तीसरे साथी हजारीलाल का गायब होना व इतिहास से ओझल होना भी संकेत करता है कि शायद इस साजिश में वह भी शामिल था।

दो स्रोतों से सूचना के सत्यापित हो जाने और स्वयं अपनी आँखों से देख लेने के बाद ही ठाकुर विशेश्वर ने यह खबर अपने एस.पी. नॉट बावर को दी थी। घटना होने के बाद शिवचरण को पुलिस ने गिरफ्तार दिखा दिया। हालाँकि उसकी व्यक्तिगत पत्रावली में उसकी गिरफ्तारी तथा छोड़े जाने के सम्बन्ध में विस्तृत सूचना उपलब्ध नहीं है। उसे सम्भवत: ठाकुर विशेश्वर के घर से हवालात पहुँचा दिया गया। कानपुर में श्री सदगुरु अवस्थी को पकड़ लिया गया। इसका जिक्र स्वयं अवस्थी ने अपने संस्मरणों में किया है, किन्तु 1936 के हू इज हू में इस गिरफ्तारी का कोई जिक्र नहीं है। वीरभद्र जिस तरह चुपके से आया था, उसी तरह चुपके से कानपुर वापस हो गया। वह तो श्री रामचन्द्र मुसद्दी ने भंडाफोड़ दिया कि वह 26 को मेरे साथ ही कानपुर से इलाहाबाद आया था। उधर सुखदेवराज ने भी साथियों को बता दिया कि आज़ाद ने वीरभद्र को पार्क के बाहर से गुजरते देखकर पहचान लिया था। वीरभद्र ने जेल से वापस आने के बाद की स्थिति पर अपने वक्तव्य में लिखा कि अवस्थी, मन्नीलाल पांडेय, मासी माँ तथा शिवचरण ने मुझे बताया था कि आज़ाद, साथी, कांग्रेसी नेता, पार्टी के प्रश्रयदाता सभी मुझसे सशंक थे। इसी वक्तव्य में उसने लिखा कि यशपाल को मैंने और सदगुरु

दयाल अवस्थी ने आगाह किया था। कच्ची आढ़ती की लूट से मैंने और सदगुरु दयाल अवस्थी ने असहमति व्यक्त की। शहादत के बाद जब श्री वैशम्पायन और मास्टर रुद्रनारायण ने झाँसी में वीरभद्र से भेंट की तो उसने बस इतना कहा कि मैं अकेला नहीं था। तमाम साक्ष्यों से ऐसा प्रतीत होता है कि कानपुर में आज़ाद को वीरभद्र तिवारी, वीरेन्द्रनाथ पांडेय, सदगुरु दयाल अवस्थी आदि पर अधिक भरोसा नहीं था।

21 मई, 1931 के 'साप्ताहिक भविष्य' में काफी लम्बी खबर छपी थी। दिल्ली षड्यंत्र केस के मामले में अभियुक्तों की ओर से सी.आई.डी. के स्पेशल सुपरिंटेंडेंट मिस्टर पील से जिरह की गई। गवाह (मिस्टर पील) ने कहा, "मैं उस अवसर पर उपस्थित था, जब सरकार की ओर से पुलिस अफसरों को वायसराय ने तमगे दिये थे। वीरभद्र तिवारी के बारे में आपने कहा कि उनकी गिरफ्तारी काकोरी केस में हुई थी, परन्तु मामला नहीं चलाया गया। मैं यह नहीं कह सकता कि वे इस शर्त पर छोड़े गए थे कि वे पुलिस को षड्यंत्रकारियों की खबरें बतलाया करेंगे। मेरे विभाग का कोई भी आदमी तिवारी से मिलने के लिए फैजाबाद जेल नहीं गया था। सी.आई.डी. की प्रार्थना पर तिवारी फैजाबाद जेल से हटाकर इलाहाबाद लाए गए थे।" इस पर मिस्टर बलजीत ने कहा कि तिवारी सी.आई.डी. से सम्बन्ध रखते हैं और वे पुलिस के गुप्तचर हैं। फिर उन्होंने प्रश्न किया कि क्या यह बात सच है कि तिवारी को छुड़ाने के लिए शम्भुनाथ, सी.आई.डी. के अफसर ने उनकी जमानत ली थी। उत्तर—मैं नहीं जानता। आगे एक प्रश्न के उत्तर में गवाह ने कहा कि मुझे यह नहीं मालूम कि तिवारी फरार अभियुक्तों के पते बताने की शर्त पर छूटे थे।"[205]

यह जिरह वायसराय की ट्रेन उड़ानेवाले मुकदमे में 12 मई, 1931 में दिल्ली की अदालत में सी.आई.डी. के स्पेशल एस.पी. मिस्टर पील से की गई थी। अभियुक्तों की तरफ से मिस्टर बलजीत सिंह ने प्रश्न पूछे थे। इससे स्पष्ट है कि आज़ाद की शहादत के समय वीरभद्र पर यह आरोप थे कि उसने काकोरी केस में षड्यंत्रकारियों का पता बताने का वायदा किया था। वीरभद्र को फैजाबाद से मलाका जेल सी.आई.डी. के प्रार्थना-पत्र पर भेजा गया, उसकी जमानत इंस्पेक्टर शम्भुनाथ शुक्ल ने ली। जेल से उसे पूर्व शर्त पर छोड़ा गया। वह सी.आई.डी. से जुड़ा है, तथा फरार अभियुक्तों के पते बताता है।

इस सम्पूर्ण विवरण से स्पष्ट है कि चन्द्रशेखर आज़ाद सर्वप्रथम जून-जुलाई, 1925 में बनारस में सी.आई.डी. के रडार पर आए। काकोरी के बाद गायब होने पर फणीन्द्रनाथ घोष के पकड़े जाने तक वे सी.आई.डी. की नजर से बाहर रहे। जून, 1929 में फणीन्द्र के बयान, फिर रामदुलारे शर्मा व रामानन्द के पकड़े जाने से उनका हुलिया व गतिविधि सी.आई.डी. को मिली। जनवरी, 1930 से जब कानपुर में उनका आना-जाना बढ़ा तो सोर्स-12, 24, वीरेन्द्र, शंकर, लक्ष्मीनारायण, पूर्णचन्द्र 'सनक' और आगे वीरभद्र तिवारी से सी.आई.डी. को आज़ाद की सटीक सूचना मिलने लगी। जब कानपुर में गद्दारों की संख्या बढ़ गई और पकड़े जाने का खतरा बढ़ गया तो आज़ाद इलाहाबाद आ गए। वहाँ सर्वश्री विश्वनाथ वैशम्पायन, सुखदेवराज, यशपाल, सुरेन्द्र पांडेय, भवानी सिंह रावत, दुर्गा देवी, सुशीला देवी तथा खोकी थीं। सी.आई.डी. को लगा वे लोग कोई बड़ी घटना करनेवाले हैं। श्री वैशम्पायन ने सदगुरु दयाल अवस्थी को 10 फरवरी को इलाहाबाद में

देखा, घटना के दिन यानी 27 फरवरी को वीरभद्र, यशपाल, सुखदेवराज अज्ञात साथी (शिवचरण मिस्त्री) तथा सुरेन्द्र पांडेय अल्फ्रेड पार्क के आसपास रहे। हजारीलाल भी पार्क में थे। उस दिन सुशीला देवी और दुर्गा देवी दिल्ली में थीं और मैकेनिक 'शिवचरण' ठाकुर विशेश्वर सिंह के घर में बन्द था। श्री सदगुरु दयाल ने अपनी गवाही खुद दी है कि वे 26 की रात अमुक के साथ फलाँ मकान पर सोए और 2-2:30 बजे 27 को पुलिस ने उन्हें पकड़ लिया। लेकिन सरकारी दस्तावेजों में इस दिन उनकी गिरफ्तारी न दर्शाया जाना सन्देह पैदा करता है। श्री सुरेन्द्रनाथ पांडेय तथा श्री भवानी सिंह रावत ने जिस तरह गद्दारों की खोज व हमले का प्रयास किया उससे उनकी भूमिका तो स्पष्ट है। लेकिन श्री यशपाल द्वारा अन्तिम दिन आज़ाद के साथ रहने की सन्दिग्ध सूचना पर पांडेय का मौन, श्री भवनीसिंह द्वारा 50 साल बाद अन्तिम दिन आज़ाद के साथ रहने की बात कहना तथा कब से वे इलाहाबाद आए स्पष्ट न करना भी सन्देह के परे नहीं है और अनेक प्रश्न खड़ा करता है। जिस दिन श्री चन्द्रशेखर आज़ाद शहीद हुए, उस दिन और उसी समय इलाहाबाद तथा अल्फ्रेड पार्क में अनेक क्रान्तिकारी साथियों का जमघट था, लेकिन इनके द्वारा दिये विवरण विरोधाभासों से भरे होने के कारण अधिक शोध की अपेक्षा रखते हैं।

आज़ाद का अन्तिम साथी : माउजर बनाम कोल्ट

स्वतंत्रता की बलिवेदी पर अपना सर्वस्व निछावर करनेवाले हुतात्माओं के भौतिक अवशेष और उनसे जुड़ी वस्तुएँ मानव जाति के द्वारा पूज्य बन जाएँ तो इसमें आश्चर्य क्या? ये अवशेष सम्बन्धित वीरों के प्रति जहाँ हमारी स्मृतियों को जाग्रत करती हैं, वहीं हमारे हृदय में उनके उत्सर्ग एवं बलिदान के प्रति श्रद्धा आरोपित करती हैं जिनका मूल्य अपरिमित होता है।

27 फरवरी, 1931 को तत्कालीन अल्फ्रेड पार्क, इलाहाबाद (वर्तमान प्रयागराज) में 'हिन्दुस्तान सोशलिस्ट रिपब्लिकन आर्मी' के सेनापति व भारतीय क्रान्तिकारियों के गौरव चन्द्रशेखर आज़ाद ने अंग्रेजों से लड़ते हुए वीरगति प्राप्त की। 28 फरवरी, 1931 को उनके पार्थिव शरीर को अन्त्य परीक्षण के बाद रसूलाबाद घाट पर दग्ध किया गया। पंचायतनामा के समय प्राप्त हथियार, रुपये तथा अन्य सामग्री को नियमानुसार थाना कर्नलगंज के मालखाने में जमा कर दिया गया और लोग भूल गए। वर्षों बाद सत्तर के दशक में सी.आई.डी. के पूर्वकर्मी धर्मेन्द्र गौड़ ने 'आज़ाद की पिस्तौल और गद्दार साथी' के नाम से एक छोटी पुस्तिका लिखकर यह सिद्ध करने का प्रयास किया कि श्री चन्द्रशेखर आज़ाद अन्तिम दिन जिस हथियार से लड़े थे वह उनका माउजर बमतुल बुखारा था और वर्तमान में इलाहाबाद संग्रहालय में रखी कोल्ट पिस्टल उनकी शहादत के पश्चात कटरावाले मकान की तलाशी में मिली थी। मई, 1981 में 'नार्दर्न इंडिया पत्रिका' और 'अमृत प्रभात' में भी ऐसी ही खबर प्रकाशित की गई थी। उसी समय से 'माउजर बनाम पिस्टल' का विरोधाभास बना हुआ है।

आज़ाद की कोल्ट के बारे में श्री विश्वनाथ वैशम्पायन ने लिखा, "1966 में जब मैं मिलने गया था तो मुक्तिनारायण जी शुक्ल ने सबसे पहले कौतूहलपूर्ण घटना का जो

वर्णन किया, वह थी एक पिस्टल के विषय में। वह पिस्टल उन्होंने आज़ाद को दिया था। आज़ाद के पास अन्तिम समय तक रहा। परन्तु श्री विद्याभूषण शुक्ल का कहना है कि उन्होंने प्रोफेसर बनर्जी का जो पिस्टल भैया को दिया था वही उनके पास अन्त तक रहा। मुक्तिनारायण जी को अलवर रियासत के कमांडर इन चीफ गंगा सिंह ने जो अमेरिकन पिस्टल बख्शीश दी थी, सम्भवत: वह बाद में भगवतीचरण के पास रही।"[206]

धर्मेन्द्र गौड़ लिखते हैं, "पाठकों ने 9 जून, 1972 को भारत के लगभग सभी हिन्दी पत्रों में प्रकाशित एक समाचार की ओर मेरा ध्यान दिलाया कि शहादत के समय चन्द्रशेखर आज़ाद के पास 10 राउंड फायर करनेवाली 0.32 बोर की ऑटोमेटिक 'कोल्ट' पिस्तौल थी, जिसे भारत सरकार ने लंदन से मँगवा लिया है और स्वतंत्रता की रजत जयन्ती के पुनीत अवसर पर इसे लखनऊ स्थित शहीद स्मारक में उस महान सेनानी की यादगार में जनता के अवलोकन के लिए रखा जाएगा। मेरा वक्तव्य इन्हीं पत्रों में फिर प्रकाशित हुआ कि यह कोल्ट तो आज़ाद की शहादत के उपरान्त कटरा (प्रयागराज) वाले मकान की तलाशी लेने पर बरामद हुई थी, जिसे नॉट बावर ने स्वयं हड़प लिया और जल्दी ही छुट्टी लेकर लंदन भाग गया। शहादत के समय की 10 राउंड फायर करनेवाली 'माउजर' पिस्तौल तो आज भी रायबहादुर पंडित शम्भुनाथ सी.आई.डी. ब्रांच, यू.पी. लखनऊ के कब्जे में है। शायद इसी आधार पर आज़ाद के पुराने साथी श्री रामकृष्ण खत्री ने सरकार के समक्ष आपत्ति पेश कर दी कि यह तो कोल्ट है आज़ाद की माउजर होनी चाहिए वह कहाँ गई?"[207]

श्री यशपाल ने धर्मेन्द्र गौड़ के इस दावे का खंडन करते हुए लिखा, " गौड़ ने लिखा है कि इस श्रेय के लिए शम्भुनाथ राय बहादुर ही नहीं बने, उन्हें 15 हजार रुपया इनाम मिला और माउजर भी भेंट किया गया। लेकिन सरकारी जाब्ते से परिचित कोई भी व्यक्ति इस बयान का विश्वास नहीं कर सकता।"[208] जबकि धर्मेन्द्र गौड़ ने अपने बयान को सही ठहराया। धर्मेन्द्र गौड़ यशपाल को चुनौती देते हुए लिखते हैं, "सरकारी जाब्ते में माहिर यशपाल क्या यह बताने का कष्ट करेंगे कि किस थाने में इन वाकयात की इंट्री है? 'आज़ाद' की शहादत के बाद कटरावाले मकान की तलाशी में बरामद किया गया 'कोल्ट' पिस्तौल नॉट बावर लंदन लेकर भाग गया था। इसी कोल्ट को आज राष्ट्रीय सम्मान दिया जा रहा है, न कि शहादत के समयवाले माउजर को। यशपाल का यह दावा कि शहादत के समय आज़ाद के पास वेब्ले स्कॉट था दोनों ओर से गलत साबित हुआ। आगे चलकर धर्मेन्द्र गौड़ का खंडन आज़ाद के साथी श्री मन्मथनाथ गुप्त ने भी किया है। उनके अनुसार, "गौड़ की बेलगाम कल्पना उनके पूर्वग्रह के कारण ऐतिहासिक तथ्य बन गई।" धर्मेन्द्र गौड़ आगे लिखते हैं, "माउजर की कीमत 75 रुपये थी और चोरी से मिली थी 300 रु. में, रामप्रसाद बिस्मिल ने एक माउजर पिस्तौल 300 रु. में खरीदी थी।"

माउजर प्राप्त किये जाने की कहानी धर्मेन्द्र गौड़ ने कुछ इस तरह बयान की है, "दल के कुशल तैराक केशव चक्रवर्ती को तैराकी संघ के मंत्री शचीन्द्रनाथ बख्शी ने तैराकी प्रतियोगिता में भाग लेने के लिए जर्मनी भेजा। वे जर्मनी से सही सलामत वापस लौट आए। उन्होंने कई अदद 'माउजर' पिस्तौल भेजने की व्यवस्था जर्मन कार्गो से

कर ली थी। रुपयों का इन्तजाम करने की गरज से 6 अगस्त, 1925 को दल के प्रमुख सदस्य शाहजहाँपुर में एकत्र हुए और तीसरे दिन 9 अगस्त को काकोरी के निकट खजाना लूटा। क्रान्तिकारियों के हाथ आठ हजार छह सौ रुपये लगे। कुछ रुपया दल का कर्ज चुकाने में खर्च हुआ। शेष रकम लेकर शचीन्द्रनाथ बख्शी और राजेन्द्र लाहिड़ी माउजर पिस्तौल की डिलीवरी लेने कलकत्ता पहुँचे। इसी खेप में लाई गई 'माउजर' पिस्तौल की गोली से लाहौर में सांडर्स का काम तमाम किया गया। इन्हीं में से एक 'माउजर' अल्फ्रेड पार्क, इलाहाबाद में अमर सेनानी चन्द्रशेखर 'आज़ाद' का अन्तिम साथी था।"[209]

प्रथम द्रष्ट्या धर्मेन्द्र गौड़ द्वारा किया गया विवरण अत्यन्त विश्वसनीय जान पड़ता है। किन्तु अन्य साक्ष्यों के आलोक में परीक्षण करने वह महज 'अफवाह' सिद्ध होता है। इस सम्बन्ध में आज़ाद के बनारस के मित्र 'रामकृष्ण खत्री' का लेख 'आज़ाद की पिस्तौल का सही इतिहास' काफी विश्वसनीय सूचनाएँ देता है—"सन् 1969-70 में जब स्वर्गीय चन्द्रभानु गुप्त उत्तर प्रदेश के मुख्यमंत्री थे, एक दिन भाई जयदेव कपूर एवं वचनेश त्रिपाठी ने मुझे सूचना दी कि उन्हें पता चला है कि उ.प्र. की पुलिस बीच-बीच में विभिन्न स्थानों पर डाकुओं से पकड़े गए हथियारों की प्रदर्शनी लगाया करती है, उनके साथ शहीद चन्द्रशेखर आज़ाद की पिस्तौल को भी रखा जाता है। इस खबर से हम सभी के दिलों को आघात पहुँचा। कुछ समय बाद वाराणसी में लहुराबीर चौराहे पर शहीद आज़ाद की मूर्ति के समारोह में देश के अनेक प्रसिद्ध क्रान्तिकारी आमंत्रित किये गए थे। उस मूर्ति का अनावरण स्व. चन्द्रभानु गुप्त तत्कालीन मुख्यमंत्री, उत्तर प्रदेश ने किया था। समारोह के पहले सर्किट हाउस जहाँ मुख्यमंत्री ठहरे हुए थे, क्रान्तिकारियों का एक प्रतिनिधि मंडल जिसमें मेरे अलावा भाई शचीन्द्रनाथ बख्शी, डॉ. भगवानदास माहौर, स्व. भूपेन्द्रनाथ सान्याल, स्व. रामदुलारे त्रिवेदी थे, उनसे मिला और आज़ाद के पिस्तौल के सम्बन्ध में जो कुछ सुना था उसकी जानकारी देते हुए उनसे निवेदन किया कि स्वतंत्र भारत की पुलिस हमारा एक बार सम्मान न करना चाहे तो इतना दुख न होगा, किन्तु इस प्रकार समाज के आततायी डाकुओं के हथियारों के साथ हमारे साथी शहीद आज़ाद की पिस्तौल रखकर प्रदर्शन करना घोर अपमानजनक बात है। यह सुनते ही गुप्त जी को बहुत बुरा लगा और उन्होंने वहाँ बैठे हुए इलाहाबाद के कमिश्नर को तुरन्त आदेश दिया कि उस पिस्तौल को पुलिस मालखाने से निकालकर इलाहाबाद के संग्रहालय में एक विशेष कक्ष बनाकर सुरक्षित रखा जाए। कमिश्नर ने उनसे कहा कि इलाहाबाद के संग्रहालय में सुरक्षा का विशेष प्रबन्ध नहीं है। अच्छा हो कि उस पिस्तौल को लखनऊ के संग्रहालय में रखा जाए। इस पर गुप्त जी ने अपने निजी सचिव को इस सम्बन्ध में तुरन्त कार्यवाही करने का आदेश दिया।

लखनऊ वापस जाने पर एक सप्ताह के बाद मैंने गुप्त जी से पुनः उनके निवास-स्थान पर भेंट की। उन्होंने उस समय के गृह सचिव श्री मुस्तफी (जो बाद में लखनऊ यूनिवर्सिटी के वाइस चांसलर भी रहे) को टेलीफोन कर आदेश दिया कि इलाहाबाद से पिस्तौल यहाँ लाने का कार्यक्रम मेरे परामर्श से बनाया जाए। वहाँ से सीधा मैं सेक्रेटिएट जाकर श्री मुस्तफी से मिला। श्री मुस्तफी ने बताया कि कार्यक्रम आप लोगों की भावना के अनुसार ही बनाया जाएगा। किन्तु इलाहाबाद के जिलाधिकारी को अभी यह पता

नहीं कि वह पिस्तौल कहाँ है। मालखाने में जब पिस्तौल नहीं मिली तो जिलाधिकारी ने बिना पूरी छानबीन किये और इसके महत्त्व को न समझते हुए सूचना दी कि पिस्तौल का पता नहीं कहाँ है। श्री मुस्तफी ने मेरे सामने उत्तर प्रदेश के सभी जिलाधिकारियों को वायरलेस द्वारा यह आदेश भिजवाए कि उनके जिलों में पुराने क्रान्तिकारियों के जितने भी हथियार हैं, उनका पता लगाकर उनकी सूचना तुरन्त दें। अपने वायदे के अनुसार श्री मुस्तफी पिस्तौल की खोज के लिए सीधे इलाहाबाद पहुँचे और वहाँ के कमिश्नर, जिलाधिकारी एवं एस.पी. को साथ लेकर मालखाने पहुँचे। पूरी तरह मालखाने की छानबीन की और सन् 1931 का रजिस्टर निकलवाया। 27 फरवरी, 1931 का जिसमें आज़ाद की पिस्तौल का उल्लेख था। उसे सबको दिखलाया।

'Colt Pistol'
P.T.F.A, MFG. Co Hortford C.T. (U.S.A)
Patented APR. 20 1897 Dec. 22, 1903
Colt, Automatic Calibre
.32 Calibre Rimless, Smokeless.

अन्त में उसके साथ एक नोट लिखा हुआ है कि वह पिस्तौल नॉट बावर एसएसपी (जिनकी पहली गोली से आज़ाद घायल हुए थे) इंग्लैंड जाते समय कुछ पुलिस के चापलूसों ने भेंट कर दी थी जिसे वे अपने साथ इंग्लैंड ले गए थे।

चूँकि नॉट बावर उत्तर प्रदेश शासन से पेंशन पाते थे, अतः श्री मुस्तफी ने उन्हें वह पिस्तौल वापस करने के लिए लिखा। लेकिन काफी इन्तजार के बाद भी जब नॉट बावर से कोई जवाब नहीं मिला तब इस मामले में केन्द्र से मदद माँगी गई। केन्द्रीय शासन के सम्बन्धित सचिव ने उस समय के इंग्लैंड में अपने हाई कमिश्नर श्री अप्पा साहब को लिखा कि नॉट बावर से मिलकर और उन्हें समझा-बुझाकर अथवा वह जो भी मूल्य माँगे उसे देकर हर हालत में वह पिस्तौल प्राप्त कर ली जाए। पहले तो उन्होंने देने से आनाकानी की किन्तु इस शर्त पर वह पिस्तौल श्री अप्पा साहब को वापस की कि इसके बदले में उत्तर प्रदेश सरकार अल्फ्रेड पार्क में स्थित आज़ाद की मूर्ति की एक फोटो के साथ धन्यवाद का पत्र भेजे। ऐसा किया गया, इस प्रकार वह पिस्तौल सन् 1972 के प्रारम्भ में भारतवर्ष में इंग्लैंड से वापस आई और दिल्ली से लखनऊ लाई गई। 27 फरवरी, 1973 को उस पिस्तौल को लखनऊ के गंगा प्रसाद मेमोरियल हॉल के सामने एक सुसज्जित वाहन पर शीशे के बन्द बक्से में रखकर जुलूस निकाला गया और आमसभा हुई। तत्कालीन मुख्यमंत्री श्री कमलापति त्रिपाठी के अस्वस्थ होने के कारण उनके प्रतिनिधि के रूप में राज्य मंत्रिमंडल के सदस्य स्व. बेनी सिंह अवस्थी ने ससम्मान लखनऊ संग्रहालय को वह कोल्ट पिस्तौल भेंट की थी। बाद में उसे इलाहाबाद ले जाकर संग्रहालय के एक विशेष कक्ष में रखा गया।

इलाहाबाद संग्रहालय से आज़ाद का माउजर चोरी चला जाना नितान्त भ्रमात्मक प्रचार है। 27 फरवरी, 1931 को पुलिस मुठभेड़ के समय उनकी जेब में कोल्ट पिस्तौल ही थी। माउजर नहीं था। कोल्ट पिस्तौल छोटी होती है। जिसे वे अपनी सुरक्षा के लिए सदैव जेब में डाले रहते थे। माउजर का साइज बहुत बड़ा होता है। जिसे जेब में नहीं रखा

जा सकता है। यह सत्य है कि आज़ाद के पास माउजर भी रहता था। दल के सेनापति के नाते उनके अधिकार में अन्य बहुमूल्य अस्त्र-शस्त्र भी थे। लेकिन उनका प्रयोग तभी किया जाता था जब वे पार्टी को लेकर किसी एक्शन पर जाते थे।"[210]

श्री रामकृष्ण खत्री के लेख से धर्मेन्द्र गौड़ के एक प्रश्न का उत्तर तो मिल जाता है कि किस थाने में इस वाकयात की इंट्री है। रामकृष्ण खत्री ने यद्यपि यह नहीं लिखा है कि किस मालखाने का रजिस्टर देखा गया था, सदर मालखाने का या कर्नलगंज थाने का। चूँकि एफ.आई.आर. कर्नलगंज में लिखी गई जो आज भी रजिस्टर नम्बर 8 (हल्का सिविल लाइंस) में देखी जा सकती है। पंचयतनामा भी थाने से ही भरा गया अत: शहीद के पास से हुई बरामदगी भी वहीं जमा हुई होगी। यद्यपि वर्तमान में 1931 का मालखाना रजिस्टर प्राप्त नहीं हो पाया है किन्तु गृह सचिव, कमिश्नर, जिलाधिकारी और एस.पी. ने स्वयं जो इंट्री देखी थी, वह सही होगी। यदि एक बार रजिस्टर की बात को परे भी रख दिया जाए तो उससे भी ज्यादा निष्पक्ष एवं महत्त्वपूर्ण स्रोत 'द लीडर' की फाइल है। 'द लीडर' में 1 मार्च, 2 मार्च, 9 मार्च तथा 11 मार्च, 1931 को चन्द्रशेखर आज़ाद की शहादत के सम्बन्ध में खबरें छपी थीं। 2 मार्च को छपी रिपोर्ट के अनुसार, "डालचन्द ने सर्च रिपोर्ट बनाई, फिर पुलिस लाइंस में इन्क्वेस्ट रिपोर्ट तैयार कर शव को पोस्टमॉर्टम हेतु भेजा।"

'द लीडर' में आगे लिखा है—

"The pistol with which he fired was .32 Bore colt automatic pistol well oiled. At the place where he fell dead was also found Besides the pistol, two empty magazines and also 16 live catridges."[211]

अर्थात् जिस पिस्तौल से वे फायर कर रहे थे वह .32 बोर की अच्छे से तेल दी गई स्वचालित कोल्ट पिस्तौल थी। जिस स्थान पर वे शहीद होकर गिरे वहाँ पिस्तौल के अलावा दो खाली मैगजीन और 16 जिन्दा कारतूस भी मिले।

इस तरह हम देखते हैं कि मालखाना रजिस्टर में दर्ज और 'द लीडर' में प्रकाशित खबर के अनुसार आज़ाद के पास से जो पिस्टल मिली थी वह 'कोल्ट' ही थी।

धर्मेन्द्र गौड़ ने अपनी पुस्तक में बार-बार कहा है कि 'कोल्ट' पिस्तौल कटरावाले मकान की तलाशी में मिली थी। इस सम्बन्ध में भवानी सिंह रावत ने अपने लेख, 'अन्तिम दिन मैं आज़ाद के साथ था' में लिखा है कि "27 फरवरी को करीब 11 बजे यशपाल ने आकर सूचना दी कि आज़ाद शहीद हो गए। हम तुरन्त उस मकान को छोड़कर यशपाल के साथ चौक बाजार चले गए जहाँ वे ठहरे थे। फिर हम कानपुर चले गए।"[212] श्री रावत के बयान से स्पष्ट है कि कटरा का उक्त मकान पुलिस को पता नहीं था।

1 मार्च से 31 मार्च, 1931 के 'द लीडर' में आज़ाद की शहादत के बाद सिर्फ एक दिन पुलिस तलाशी की खबर छपी थी—2 मार्च को। जिसके अनुसार 28 फरवरी को चार स्थानों पर एक साथ यू.पी. सी.आई.डी. के द्वारा तलाशी की गई थी। तलाशी की गई जगहों में 'चाँद' प्रेस (एंडमोस्टन रोड पर), चौक में 'चाँद' बुक डिपोट, 'चाँद' प्रेस के मालिक रामरख सहगल का बेली रोड पर स्थित बँगला और रसूलाबाद में स्थित महिलाओं के संरक्षण हेतु संचालित मातृ मन्दिर थे। इन जगहों की तलाशी क्रमशः मिस्टर

ब्लंडेन, पुलिस अधीक्षक; सरदार हरदत्त सिंह, डिप्टी एस.पी.; सी.आई.डी. के अधीक्षक मिस्टर प्लिडीच और मिस्टर वॉल्श द्वारा की गई। खबर के अनुसार इन तलाशियों में कुछ मिला नहीं। 'चाँद' प्रेस से कुछ पुस्तकें व कागज पुलिस जरूर उठाकर ले गई। तलाशी के दौरान इन स्थानों पर इसकी छानबीन भी की गई कि यहाँ कोई नया व्यक्ति आकर रुका तो नहीं था।

इस खबर से स्पष्ट है कि सी.आई.डी. को यह पता था कि आज़ाद व उनके साथी इलाहाबाद में हैं, परन्तु यह ज्ञात नहीं था कि कहाँ रहते हैं। इंस्पेक्टर शम्भुनाथ सर्च टीम में शामिल भी नहीं थे। ऐसे में कटरा के मकान की तलाशी, उससे कोल्ट का मिलना, शम्भुनाथ को दिया जाना क्या विश्वसनीय सूचना है? चारों सर्च टीमों में सिर्फ सरदार हरदत्त सिंह डिप्टी एस.पी. थे, शेष तीन एस.पी. रैंक के वरिष्ठ अधिकारी थे। क्या पिस्तौल मिलने पर वे प्रेस कॉन्फ्रेंस नहीं करते? अर्थात् आज़ाद की शहादत के बाद आज तक कटरा के मकान का पता ही नहीं किया जा सका। फिर कैसी तलाशी और कैसी बरामदगी?

अन्त में प्रश्न उठता है कि चन्द्रशेखर आज़ाद की वह 'माउजर' कहाँ गई जिसकी चर्चा धर्मेन्द्र गौड़ ने अपनी पुस्तक में की है। सर्वप्रथम यह समझ लेना चाहिए कि एच.एस.आर.ए. में हथियार आते कहाँ से थे और उनका प्रयोग कैसे किया जाता था। प्राप्त सूचना के अनुसार यह क्रान्तिकारी संगठन विदेशों से भी हथियार मँगाता था। लेकिन धनाभाव में बहुत कम। सीमा पार के कबाइली भी हथियार देते थे। यू.पी.की सीमा पर टीकमगढ़, झाँसी, ग्वालियर के आसपास के रजवाड़ों से भी हथियार व गोला बारूद मिल जाता था। इलाहाबाद किले के भीतर स्थित आर्डिनेंस फैक्टरी से किले की नदीवाली दीवार से हथियार की स्मगलिंग होती थी। ये हथियार जब तक केन्द्रीय समिति रही, तब तक संगठन की संयुक्त सम्पत्ति थे। एक्शन के समय भेजे जाते थे फिर वापस हो जाते थे। यशपाल व वीरभद्र को प्राणदंड की घोषणा के बाद सूचनाओं के लीक होने से हठात् आज़ाद ने 4 सितम्बर, 1930 को केन्द्रीय समिति भंग कर दी और सभी को हथियार बाँट दिये। उसी समय अपना 'माउजर' यशपाल को दे दिया था। इसका पता मुख्य अप्रूवर व दिल्ली में पार्टी के संयोजक रह चुके कैलाशपति के बयान में मिलता है।

कैलाशपति ने अपने बयान में कहा कि "दिल्ली में सितम्बर, 1930 में रिवॉल्वरों का वितरण निम्न प्रकार किया गया (सूची)। आज़ाद ने अपना माउजर पिस्टल भी यशपाल को दे दिया। इनमें माउजर को छोड़कर सभी हथियार गाडोदिया स्टोर्स की एक्शन से मिले पैसे से खरीदे गए थे। सीताराम बाजार हाउस से बरामद चीजों में से यह माउजर भी एक है।"[213]

इस प्रकार हम देखते हैं कि चन्द्रशेखर आज़ाद द्वारा अन्तिम संग्राम में प्रयुक्त हथियार 'कोल्ट पिस्टल' था, जो वर्तमान में इलाहाबाद संग्रहालय में रखा है। यह उन्हें कहाँ से मिला कह पाना सम्भव नहीं है, जबकि 'माउजर' लम्बे समय तक आज़ाद के साथ रहा। यह काकोरी एक्शन से प्राप्त पैसे से खरीदा गया था। सितम्बर, 1930 में दिल्लीवाले मकान में आज़ाद ने यह माउजर यशपाल को दे दिया था जो किसी कारणवश कैलाशपति के नाम से लिए गए सीताराम बाजारवाले मकान पर रखा था

और कैलाशपति की गिरफ्तारी व हाउस सर्च के दौरान दिल्ली पुलिस द्वारा बरामद किया गया था। कैलाशपति 28 अक्टूबर, 1930 को गिरफ्तार हुआ था और उसी के बाद यानी अक्टूबर या नवम्बर, 1930 में माउजर पुलिस के पास चला गया, ऐसे में 27 फरवरी, 1931 को आज़ाद के पास उक्त माउजर के होने का कोई प्रश्न ही नहीं उठता। घटना के दिन कोल्ट ही आज़ाद के साथ था इसका साक्ष्य मालगोदाम रजिस्टर की इंट्री तथा 2 मार्च, 1931 को 'द लीडर' में छपी खबर है।

जून, 1972 में नॉट बावर द्वारा वापस भेजने के बाद से आज़ाद की कोल्ट पिस्टल लखनऊ संग्रहालय में रखी थी। शहीद स्थल पर आनेवाले अकसर उक्त पिस्टल को देखने की इच्छा से पास में स्थित इलाहाबाद संग्रहालय में जाते, किन्तु वहाँ इसे न पाकर निराश होते। इस सम्बन्ध में म्यूजियम के डाइरेक्टर डॉ. सतीशचन्द्र काला ने 29.09.1975 को तत्कालीन मुख्यमंत्री, उ.प्र. श्री हेमवन्ती नन्दन बहुगुणा को पत्र लिखा कि "इलाहाबाद के नागरिकों की इच्छा है कि आज़ाद की पिस्तौल इलाहाबाद के संग्रहालय में रखी जाए ताकि मूर्ति व स्मारक के साथ वे इस बहुमूल्य पिस्तौल के भी दर्शन कर सकें। संग्रहालय में स्वतंत्रता संग्राम नामक विशाल कक्ष खोला जा रहा है। हम आज़ाद की पिस्तौल को इस कक्ष में रखना चाहेंगे। नागरिकों की ओर से विनम्र निवेदन है कि आप कृपया आज़ाद की पिस्तौल को इलाहाबाद संग्रहालय को देने की कृपा करें।"[214]

मुख्यमंत्री की तरफ से पत्र प्राप्ति का उत्तर 21 अक्टूबर, 1975 को मिला। 11 मार्च, 1976 को श्याम सुन्दर जी (उपसचिव, सांस्कृतिक कार्य अनुभाग) का अर्द्धशासकीय पत्र डॉ. सतीशचन्द्र काला को मिला जिसके अनुसार, "मुझे यह सूचित करने की अपेक्षा की गई है कि शासन ने यह निर्णय लिया है कि अमर शहीद चन्द्रशेखर आज़ाद की पिस्तौल, जो इस समय राज्य संग्रहालय लखनऊ में प्रदर्शित हो रही है, इलाहाबाद संग्रहालय में स्थायी प्रदर्शन हेतु रखी जाए। तदनुसार उक्त पिस्तौल को पूर्ण सम्मान सहित इलाहाबाद संग्रहालय में भेजने हेतु व्यवस्था अपेक्षित है।"[215]

डॉ. सतीशचन्द्र ने आज़ाद की पिस्तौल के सम्बन्ध में जानकारी के लिए 26 मार्च, 1976 को राष्ट्रीय अभिलेखागार, दिल्ली को पत्र लिखा। डाइरेक्टर की तरफ से 01.04.1976 को अर्द्धशासकीय पत्र लिखकर श्याम सुन्दर जी को सूचित किया गया कि वे लोग 10 अप्रैल, 1976 को आज़ाद की पिस्तौल लेने लखनऊ आएँगे। पत्र में सुबह 9 बजे तक पिस्तौल देने तथा समुचित पुलिस व्यवस्था के साथ इलाहाबाद तक भेजने का अनुरोध किया गया। उसमें जो योजना बताई गई थी उसके अनुसार इलाहाबाद के मम्फोर्डगंज में भारत स्काउट कार्यालय से नगर कभेटी कांग्रेस, वरिष्ठ अधिकारी तथा नागरिक पिस्तौल का स्वागत तथा उस पर माल्यार्पण करेंगे। वहीं से एक विशाल जुलूस के साथ विश्वविद्यालय क्षेत्र, कटरा बाजार तथा आज़ाद स्मारक से होता हुआ यह भव्य जुलूस 5:30 बजे सायंकाल संग्रहालय में पहुँचेगा जहाँ स्वायत्त शासन मंत्री डॉ. राजेन्द्र कुमारी वाजपेयी की अध्यक्षता में सार्वजनिक सभा होगी और उन्हीं के कर कमलों द्वारा पिस्तौल संग्रहालय के शो केस में रख दी जाएगी। पिस्तौल को लेकर हम 11 अप्रैल, 1976 को 4 बजे सायंकाल इलाहाबाद पहुँचेंगे।"

उसी दिन अर्थात् 1 अप्रैल, 1976 को ही श्री सतीशचन्द्र काला ने लखनऊ संग्रहालय

के निदेशक डॉ. नीलकंठ पुरुषोत्तम जोशी को भी पत्र भेजा तथा पिस्तौल के साथ आज़ाद की फोटो, लेबुल तथा बिजली का वह स्टैंड जिस पर पिस्तौल घूमती थी, वह भी देने की अपेक्षा की। सांस्कृतिक कार्य अनुभाग ने 6 अप्रैल, 1976 को आयुक्त एवं गृह सचिव को पुलिस सुरक्षा उपलब्ध कराने के लिए लिखा। राष्ट्रीय अभिलेखागार के निदेशक टी.आर. सरीन ने पत्र भेजकर 19 अप्रैल, 1976 को इलाहाबाद म्यूजियम के निदेशक को बताया कि उनके पास कुछ खास सूचना नहीं है और पत्र में नॉट बावर की प्रेस रिपोर्ट मात्र भेजी। किसी कारण से 10 अप्रैल का कार्यक्रम रद्द हो गया। 15 जून, 1976 को श्री श्यामसुन्दर ने पुन: अर्द्धशासकीय पत्र डॉ. सतीशचन्द्र काला को लिखा। अगली तिथि 3 जुलाई, 1976 तथा समय प्रात: 10 बजे का निर्धारित किया गया।

आगे की योजना भी पत्र में वर्णित है। 24 जून, 1976 के पत्र द्वारा उन्होंने सूचना दी कि उक्त तिथि व समय पर आयुक्त एवं सचिव श्री महेश प्रसाद इलाहाबाद नगर महापलिका के प्रशासक श्री बी.के. टंडन को आज़ाद की पिस्तौल समर्पित करेंगे तथा पत्र में पुलिस एस्कोर्ट की व्यवस्था होना भी बताया गया। लेकिन राजेन्द्र कुमारी वाजपेयी के स्वागत में बालकृष्ण टंडन (आई.ए.एस.) स्वयं लखनऊ नहीं गए और अपने स्थान पर श्री जितेन्द्र प्रसाद, उप प्रशासक, नगरपालिका, इलाहाबाद तथा निदेशक डॉ. सतीशचन्द्र काला को भेजने के बाबत 01.07.1976 को श्री महेश प्रसाद को पत्र लिखा। अन्तत: उक्त तिथि व अवधि पर यह कार्यक्रम सम्पन्न हुआ। 3 जुलाई, 1976 को इलाहाबाद संग्रहालय के निदेशक डॉ. सतीशचन्द्र काला ने उक्त पिस्तौल की प्राप्ति रसीद पर हस्ताक्षर किये। उल्लेखनीय है कि इलाहाबाद संग्रहालय में स्थायी प्रदर्शन हेतु इसे प्राप्त किया गया न कि लीज पर जैसा कि प्राय: होता है। पिस्तौल मैगजीन के साथ व निम्न विवरण सहित सौंपी गई—

One colt automatic pistol 0.32 calibre Rimless, smokeless, Patented, April 20, 1897, December 22, 1903, manufactured by colt Horfort CT. USA. The pistol is said to have been received from John knott Bower and said to have been used by the great martyr Sri chandrashekhar Azad in his last battle with the police at the 'Alfred Park', Allahabad. The number of the pistol being erased is undecipherable.[216]

कुछ लोगों को इस बात पर आश्चर्य होगा कि आज़ाद ने अपनी माउजर इतनी आसानी से यशपाल को क्यों और कैसे दे दिया? इस सम्बन्ध में स्मरणीय है कि पार्टी का कुछ भी व्यक्तिगत नहीं माना जाता था। इसके पूर्व भी आज़ाद ने पृथ्वीसिंह आज़ाद को अपना हथियार दिया था। भुसावल में फणीन्द्र घोष को मारने के लिए सदाशिव मलकापुरकर तथा भगवानदास माहौर ने हथियार मँगाया तो आज़ाद ने अपनी पिस्तौल भेजी थी। 'सिंहावलोकन' में यशपाल ने लिखा है कि "भगत वगैरह की फाँसी के बाद जब कानपुर में साम्प्रदायिक दंगे हो गए, उस समय प्रकाशवती प्रेमनगर में थी। मुहल्ले पर मुसलमानों की भीड़ चढ़ आई थी। घर में एक पिस्तौल और माउजर राइफल भी थी। उन्होंने हिम्मत की। छत पर चढ़कर दो फायर कर दिये। भीड़ छँट गई।"[217] निश्चित रूप से यह माउजर उस माउजर से भिन्न थी जिसे आज़ाद ने यशपाल को दिया था और

जिसे सीताराम मार्केटवाले घर की तलाशी में पुलिस ने बरामद कर लिया था। आज़ाद की शहादत के बाद यशपाल कुछ समय एच.एस.आर.ए. के सेनापति रहे। अत: उनके पास और भी हथियार रहे होंगे।

ट्रिब्यूनल प्रोसीडिंग्स के अनुसार जिस पिस्टल के साथ भगतसिंह असेम्बली में पकड़े गए, जिसकी बैलिस्टिक रिपोर्ट से सिद्ध हुआ कि इसी से 17 दिसम्बर, 1928 को सांडर्स को गोली मारी गई, इस सम्बन्ध में राबर्ट चर्चिल का 26 जून, 1930 का बयान अभियोजन साक्षी 31 के रूप में कम्प्लीट ट्रिब्यूनल प्रोसीडिंग्स में है। वह भी 1903 की कोल्ट थी और जिस पिस्टल के साथ आज़ाद शहीद हुए वह भी उसी कम्पनी की 1903 की कोल्ट थी। आज़ाद की पिस्टल का नम्बर मिटाया गया है, पर अन्त में 5 स्पष्ट है। जबकि भगतसिंह की पिस्टल का अन्तिम अंक 6 है। यानी दोनों पिस्टल साथ ही आई होंगी। भगतसिंह की कोल्ट पिस्तौल पर खुदा नम्बर 168896 है इस आधार पर अनुमान किया जा सकता है कि चन्द्रशेखर आज़ाद की कोल्ट पिस्तौल का नम्बर 168895 रहा होगा।[218]

स्पष्ट है कि चन्द्रशेखर आज़ाद शहादत के दिन जिस पिस्तौल के साथ लड़े थे वह निस्सन्देह कोल्ट थी। यह पिस्तौल उन्हें कैसे प्राप्त हुई इसकी स्पष्ट जानकारी नहीं मिल पाती, किन्तु सदाशिव मलकापुरकर ने अपने बयान[219] में कहा है कि जुलाई, 1928 में यानी एच.एस.आर.ए. के गठन के पूर्व जब आज़ाद झाँसी आए तो उनके पास कोल्ट पिस्तौल थी। इससे आभास मिलता है कि दल के पास कोल्ट पिस्तौल जुलाई, 1928 के पूर्व से विद्यमान थी। फणीन्द्रनाथ घोष ने जिन दो पिस्तौलों का जिक्र किया है वे भी सम्भवत: कोल्ट थीं। अत: सम्भव है कि इन पिस्तौलों को किसी आर्डिनेंस फैक्टरी से निकाला गया होगा। संगठन ऐसी दो फैक्ट्रियों इलाहाबाद व किरकी से हथियार प्राप्त करता रहा था। इन्हीं दो में से किसी से कोल्ट पिस्तौल प्राप्त की गई होगी। यह भी कहा जाता है कि जिस रिवॉल्वर के साथ भगतसिंह ने केन्द्रीय असेम्बली में प्रवेश किया था, वह उनको कलकत्ता में अपने क्रान्तिकारी बंगाली मित्रों से इसी प्रवास में प्राप्त हुई थी और कलकत्ता से लौटते समय वे उसको अपने साथ ले आए थे।"[220] (भगतसिंह दिसम्बर, 1928 के तीसरे सप्ताह में कलकत्ता गए थे)

समस्त साक्ष्यों से स्पष्ट है कि भगतसिंह द्वारा सांडर्स वध के समय प्रयोग की गई पिस्तौल और अमर शहीद चन्द्रशेखर आज़ाद के द्वारा अन्तिम महासमर में प्रयोग की गई पिस्तौल एक लॉट की 0.32 बोरवाली 1903 मॉडल की कोल्ट पिस्तौलें थीं। इस पिस्तौल को जॉन ब्राउनिंग ने डिजाइन किया था तथा हॉर्टफोर्ड कम्पनी के पास इसका 20 अप्रैल, 1897 का पेटेंट था। यह मॉडल पहली बार 22 दिसम्बर, 1903 को लाया गया था और सन् 1945 तक इसके कुल पाँच मॉडलों में लगभग पाँच लाख सत्तर हजार पिस्तौलें विनिर्मित की गईं। उन दिनों यह मॉडल यूनाइटेड स्टेट्स पुलिस में सबसे लोकप्रिय हुआ करता था। इसके अतिरिक्त द्वितीय विश्वयुद्ध के पहले तमाम क्रान्तिकारी दल भी कोल्ट के 1903 व 1908 मॉडल को अत्यधिक पसन्द करते थे क्योंकि यह छोटी थी और इसे आसानी से छिपाया जा सकता था। इसकी मारक क्षमता काफी अच्छी थी और उसमें पड़नेवाली सामान्य रुकावटें भी काफी कम थीं।

सन्दर्भ

1. 'व्यक्तिगत पत्रावली', चन्द्रशेखर आज़ाद
2. वही, 'व्यक्तिगत पत्रावली'
3. 'कांग्रेस का इतिहास', पट्टाभि सीतारमैया, पृ. 391-422
4. 'प्रयाग प्रदीप', शालिग्राम श्रीवास्तव, पृ. 213; शहीद अंक, 'नर्मदा', पृ.-44-47
5. 'चन्द्रशेखर आज़ाद के संस्मरण और जवानी के दिन', सुरेन्द्र शर्मा, आज़ाद अंक, 'नर्मदा', पृ. 115-116
6. 'चन्द्रशेखर आज़ाद', सुशीला देवी, आज़ाद अंक, 'नर्मदा', पृ. 102
7. 'आप बीती', सुशीला दीदी मोहन, सत्यदेव विद्यालंकार, पृ. 366-368
8. 'चन्द्रशेखर आज़ाद', सुशीला देवी, 'नर्मदा', आज़ाद अंक, पृ. 102-104; शहीद अंक, 'नर्मदा', पृ.-44-47
9. 'व्यक्तिगत पत्रावली', भवानी सिंह रावत
10. साक्षात्कार, दुर्गा देवी वोहरा, श्यामलाल मनचन्दा, पृ. 27
11. 'सी.आई.डी. के साथ सन्दिग्ध क्रान्तिकारी की जंग', 'द लीडर', 1 मार्च, 1931
12. 'क्या व्यक्ति ने आत्महत्या की?' 'द लीडर', 2 मार्च, 1931
13. सी.आई.डी. के सुपरिंटेंडेंट का बयान, 'द लीडर', 1 मार्च, 1931
14. 'द पायनियर', 1 मार्च, 1931
15. 'प्रयाग में सनसनी फैलानेवाला गोलीकांड', 'अभ्युदय', 1 मार्च, 1931
16. 'चन्द्रशेखर आज़ाद', 'साप्ताहिक भविष्य', 5 मार्च, 1931
17. 'आत्महत्या का सन्देह, सन्दिग्ध क्रान्तिकारी की मृत्यु', 'आज', रविवार, सौर 17, फाल्गुन, सम्वत 1987 वि. (1 मार्च, 1931)
18. वही, 'द पायनियर', 1 मार्च, 1931
19. 'क्या व्यक्ति ने आत्महत्या की?', 'द लीडर', 2 मार्च, 1931
20. 'व्यक्ति की पहचान', 'द लीडर', 2 मार्च, 1931
21. 'पोस्टमॉर्टम एंड क्रिमेशन', 'द लीडर', 1 मार्च, 1931
22. 'मैं क्या करूँ', जवाहरलाल नेहरू, आज़ाद अंक, 'नर्मदा', पृ. 65
23. 'चन्द्रशेखर आज़ाद', 'काकोरी-कांड के दिलजले', पं. रामदुलारे त्रिवेदी, पृ. 69
24. 'आज़ाद क्या थे?', श्री पी.वी., आज़ाद अंक, 'विप्लव', फरवरी, 1939, पृ. 18
25. 'मोटे भैया', डॉ. प्रकाश पाल, आज़ाद अंक, 'विप्लव', फरवरी, 1939, पृ. 19
26. 'बमवाद और आज़ाद', आजाद अंक, सुखदेवराज महेन्द्रा, 'विप्लव', पृ. 40
27. 'वे आज़ाद थे, कोई एक', आज़ाद अंक, 'विप्लव', पृ. 59
28. 'सिंहावलोकन', यशपाल, आज़ाद अंक, 'विप्लव', पृ. 78-79
29. 'मद्रास में 'विप्लव' की चिनगारियाँ', 'विप्लव', नवम्बर, 1939, पृ. 115
30. 'सेनापति आज़ाद', इन्द्रपाल, 'विप्लव', फरवरी, 1940, पृ. 46
31. 'सरदार भगतसिंह', जितेन्द्रनाथ सान्याल, पृ. 66-67
32. कानपुर के विद्रोही, नारायण प्रसाद अरोड़ा, पृ. 125
33. 'सिंहावलोकन', खंड-3, यशपाल, पृ. 397
34. 'नो टेन कमांडेंट्स', एस.टी. हॉलिन्स, पृ. 263
35. 'यश की धरोहर', भगवानदास माहौर, पृ. 75
36. 'अमर शहीद चन्द्रशेखर आज़ाद के संस्मरण', मनोहरलाल त्रिवेदी, 'नर्मदा', आज़ाद अंक, पृ. 20

37. 'आज़ाद की अन्त्येष्टि और बनारस जीवन के संस्मरण', श्री शिवविनायक मिश्र, 'नर्मदा', आज़ाद अंक, पृ. 25
38. 'चन्द्रशेखर आज़ाद', बटुकनाथ अग्रवाल, 'नर्मदा', आज़ाद अंक, पृ. 79
39. 'अमर शहीद श्री चन्द्रशेखर आज़ाद', श्री विश्वनाथ पांडेय, पृ. 84
40. 'तिवारी श्री चन्द्रशेखर आज़ाद', शिवदयाल दीक्षित, पृ. 95
41. 'चन्द्रशेखर आज़ाद', श्रीमती सुशीला देवी, पृ. 103
42. 'चन्द्रशेखर आज़ाद, ज़वानी के दिन', सुरेन्द्र शर्मा, 'नर्मदा', पृ. 126
43. 'आज़ाद का बलिदान', 'अमर शहीद चन्द्रशेखर आज़ाद', श्री विश्वनाथ वैशम्पायन, पृ. 252-264
44. 'बलिदान', नन्दकिशोर निगम, पृ. 112-113
45. 'संस्मृतियाँ', शिववर्मा, पृ. 77
46. एच.पी. वार्शनी का वक्तव्य, 'वतन पर मरनेवालों का', शचीन्द्रनाथ बख्शी, पृ. 148
47. पं. ओंकारनाथ मिश्र, 'स्मारिका', पृ. 64-66
48. रजिस्टर नम्बर 8, हलक़ा सिविल लाइन, थाना कर्नलगंज, प्रयागराज।
49. चन्द्रशेखर आज़ाद को जॉन रेजीनाल्ड हार्नबो नॉट बावर, स्पेशल सुपरिंटेंडेंट ऑफ पुलिस, सी.आई.डी., यूनाइटेड प्रॉविंस, इलाहाबाद द्वारा गोली मारे जाने के सम्बन्ध में नोट, 'व्यक्तिगत पत्रावली'।
50. सीक्रेट पुलिस एब्स्ट्रैक्ट ऑफ इंटेलिजेंस, यू.पी. पैरा-122(सी), पृ. 182, वॉल्यूम-XLIX (49), नं. 8, शनिवार, 28 फरवरी, 1931, सी.आई.डी., एस.बी., यू.पी.
51. फोर्ट नाइटली रिपोर्ट, यूनाइटेड प्रॉविंस, सेकेंड हाफ, फरवरी, 1931
52. वही, पं. रामदुलारे त्रिवेदी, पृ. 69
53. 'अल्फ्रेड पार्क गोली कांड का मामला', सुखदेवराज महेन्द्रा, 'विप्लव', मार्च, 1939
54. वही, शिवदयाल दीक्षित, 'नर्मदा', आज़ाद अंक, पृ. 93
55. वही, श्री विश्वनाथ वैशम्पायन, पृ. 253
56. वही, विश्वनाथ वैशम्पायन, पृ. 328
57. 'सिंहावलोकन', यशपाल, प्रथम संस्करण, 1955, पृ. 66
58. 'सिंहावलोकन', यशपाल, पृ. 398
59. वही, 'धर्मयुग', 18 जून, 1967
60. वही, 'चन्द्रशेखर आज़ाद की शहादत के लिए जिम्मेदार कौन', श्री विश्वनाथ वैशम्पायन, पृ. 328
61. वही, 'मेरी गिरफ्तारी', श्री विश्वनाथ वैशम्पायन, पृ. 212-214
62. 'एक क्रान्तिकारी की याद', अज्ञेय, 'दिनमान', 12 नवम्बर, 1967
63. 'ऐतिहासिक दस्तावेज : चन्द्रशेखर आज़ाद की मृत्यु जिम्मेदारी किसकी', एक प्रतिवाद, यशपाल, दिनमान, 14 अप्रैल, 1968
64. वही, अज्ञेय, 12 नवम्बर, 1967
65. सदगुरु दयाल अवस्थी, 'क्रान्तिकारी आन्दोलन का आज़ाद-युग', पृ. 198-199
66. ब्रीफ हिस्ट्री नोट, 'व्यक्तिगत पत्रावली', विश्वनाथ वैशम्पायन
67. एस.पी. झाँसी, एच.ए. इंग्लिस को पी. बिग्गाने का पत्र, एस.एन.1930
68. एस.पी. झाँसी के द्वारा, आई.जी. को 20.10.1930 को भेजा अर्द्धशासकीय पत्र संख्या 567
69. एस.पी. झाँसी, एच.ए. इंग्लिस को जे.आर.एच. नॉट बावर का भेजा पत्र, 14 दिसम्बर, 1930
70. इंस्पेक्टर शम्भुनाथ शुक्ला, सी.आई.डी., यू.पी., एस.बी., कानपुर द्वारा नॉट बावर को 19.12.30 को भेजा गया पत्र।

71. नॉट बावर को 20.12.30 को मिला अर्द्धशासकीय पत्र।
72. 'सन्देहों का गोलमाल', यशपाल, 'धर्मयुग', 18 जून, 1967
73. श्री विश्वनाथ गंगाधर वैशम्पायन, नवम्बर, 1939, 'विप्लव', पृ. 72-73 के बीच फोटो
74. फोर्ट नाइटली रिपोर्ट, यूनाइटेड प्रॉविंस, फरवरी फर्स्ट हाफ, 1931
75. 'क्रान्तिवीर भगतसिंह, अभ्युदय और भविष्य', चमनलाल, पृ. 536
76. आज़ाद की मृत्यु और वीरभद्र तिवारी, सरदार भगतसिंह के पुराने साथी प्रसिद्ध क्रान्तिकारी काशीराम का पत्र, 'साप्ताहिक हिन्दुस्तान', 9 अप्रैल, 1967
77. तिवारी श्री चन्द्रशेखर आज़ाद, शिवदयाल दीक्षित, 'नर्मदा', पृ. 94
78. वही, 'सन्देहों का गोलमाल', यशपाल, 2 जुलाई, 1967
79. वही, 'सिंहावलोकन', पृ. 75
80. 'सिंहावलोकन', यशपाल, 1955, पृ. 75-76
81. वही, 'सन्देहों का गोलमाल', 9 जुलाई, 1967
82. वही, श्री विश्वनाथ वैशम्पायन, परिशिष्ट, पृ. 320
83. 'चन्द्रशेखर आज़ाद की शहादत : एक और दस्तावेज', सुखदेवराज, 'दिनमान', 21 अप्रैल, 1967
84. 'पुलिस एनकाउंटर विद एनार्किस्ट इन पार्क, वार्निंग टू कम्पेनियन', 'द पायनियर', 1 मार्च, 1931
85. राजकुमारी, पब्लिक लाइब्रेरी, प्रयागराज के लाइब्रेरियन के द्वारा सुनाया गया संस्मरण।
86. वही, विश्वनाथ वैशम्पायन, पृ. 329
87. सदगुरु दयाल अवस्थी, डॉ. रामकुमार अवस्थी, ऋतम्भरा 1972-73, विश्वनाथ सिंह सनातन डिग्री कॉलेज, नवाबगंज, कानपुर
88. वही, 'सन्देहों का गोलमाल', 24 जून, 1967
89. वही, श्री विश्वनाथ वैशम्पायन, पृ. 210-212
90. 'कानपुर का नवजागरण', रजत जयन्ती अंक 'दैनिक जागरण', पं. लक्ष्मीकान्त त्रिपाठी
91. 'क्रान्तिकारी आन्दोलन का आज़ाद-युग', सदगुरु दयाल अवस्थी व भगवती प्रसाद माधव, पृ. 183, 224-225
92. सदगुरु दयाल अवस्थी, 'व्यक्तिगत पत्रावली'
93. सदगुरु दयाल अवस्थी, 'हू इज हू', पृ. 309
94. वही, सदगुरु दयाल अवस्थी, पृ. 227-228
95. वही, विश्वनाथ वैशम्पायन, पृ. 218
96. सुखदेवराज का पत्र, 25.8.67, वैशम्पायन की पुस्तक, पृ. 330-332
97. 'जब ज्योति जगी', सुखदेवराज, पृ. 106-107
98. सुखदेवराज का वक्तव्य, अप्रैल, 1968, 'दिनमान'
99. 'आज़ाद की मृत्यु और वीरभद्र तिवारी', 'साप्ताहिक हिन्दुस्तान', 9 अप्रैल, 1967
100. कैलाशपति का बयान, पृ. 78
101. वही, 'सिंहावलोकन', पृ. 224
102. वही, 'सिंहावलोकन', पृ. 238-239
103. 'सिंहावलोकन', आज़ाद अंक, 'विप्लव', पृ. 76
104. 'जब ज्योति जगी', सुखदेवराज, पृ. 104-107
105. वही, विश्वनाथ वैशम्पायन, पृ. 216
106. जब ज्योति जगी, सुखदेवराज, पृ. 120

107. कैलाशपति का बयान, पृ. 78
108. वही, सुखदेवराज, पृ. 117
109. वही, सुखदेवराज, पृ. 115
110. 'क्रान्तिकारी आन्दोलन का आज़ाद-युग', सदगुरु दयाल अवस्थी, पृ. 141-143
111. वही, सुखदेवराज, पृ. 123, कैलाशपति का बयान
112. वही, सुखदेवराज, पृ. 126-167
113. वही, विश्वनाथ वैशम्पायन, पृ. 225
114. वही, सुखदेवराज, पृ. 132
115. वही, विश्वनाथ वैशम्पायन, पृ. 226
116. 'आज़ाद की पिस्तौल और गद्दार साथी', धर्मेन्द्र गौड़, पृ. 27-28
117. वही, धर्मेन्द्र गौड़, पृ. 40-41
118. वही, धर्मेन्द्र गौड़, पृ. 77-78
119. वही, धर्मेन्द्र गौड़, पृ. 71
120. वही, धर्मेन्द्र गौड़, पृ. 70
121. 'लाहौर से लखनऊ तक', प्रकाशवती, पृ. 187-193
122. वही, 'सिंहावलोकन', पृ. 394, 396, 399, 400, 401
123. वही, विश्वनाथ वैशम्पायन, पृ. 242
124. वही, सुखदेवराज, पृ. 191-192
125. 'अन्तिम दिन मैं आज़ाद के साथ था', 'अग्निपुंज', भवानी सिंह रावत, पृ. 180
126. 'क्रान्ति युग की कहानी', भवानी सिंह, 'अमर शहीद चन्द्रशेखर आज़ाद बलिदान अर्द्धशताब्दी स्मारिका', पृ. 75-76
127. 'अग्निपुंज', सुधीर विद्यार्थी, पृ. 180-181
128. वही, 'सिंहावलोकन', पृ. 396
129. भवानी सिंह, 'हू इज हू', पृ. 57
130. वही, 'सिंहावलोकन', पृ. 396-400; प्रथम संस्करण, पृ. 71-76
131. वही, सुखदेवराज, पृ. 189-190
132. वही, यशपाल, पृ. 396
133. 'चन्द्रशेखर आज़ाद और उनका युग', मन्मथनाथ गुप्त, पृ. 231-234
134. 'क्रान्तिकारी आन्दोलन का आज़ाद-युग', सदगुरु दयाल अवस्थी, पृ. 193-194
135. ब्रीफ हिस्ट्री नोट, 'व्यक्तिगत पत्रावली', सुरेन्द्रनाथ पांडे
136. कैलाशपति का बयान, पृ. 1-80
137. वही, 'सिंहावलोकन', पृ. 44; प्रथम संस्करण, 1955, खंड-3, पृ. 375
138. 'क्रान्ति कथा', रमेशचन्द्र गुप्त, पृ. 61-63
139. 'क्रान्ति युग के संस्मरण', मन्मथनाथ गुप्त, पृ., 38
140. 'हमारे जुझारू क्रान्तिकारी', मन्मथनाथ गुप्त, पृ. 126
141. 'भारतीय क्रान्तिकारी आन्दोलन का इतिहास', मन्मथनाथ गुप्त, वही, विश्वनाथ वैशम्पायन, पृ. 311
142. 'क्रान्तिकारी की आत्मकथा', मन्मथनाथ गुप्त, पृ., 163-164
143. वही, विश्वनाथ वैशम्पायन, पृ. 207
144. वही, विश्वनाश वैशम्पायन, पृ. 212
145. वही, विश्वनाथ वैशम्पायन, पृ. 320-323
146. 'आज़ादी की खोज में', जोगेशचन्द्र चटर्जी, पृ. 269

147. 'क्रान्ति के वे दिन', काशीराम, पृ. 101-103
148. काशीराम का पत्र, 'साप्ताहिक हिन्दुस्तान', 1 अप्रैल, 1967
149. 'आज़ाद की शहादत के लिए जिम्मेदार कौन : कुछ और तथ्य', रामचन्द्र मुसद्दी, 'साप्ताहिक हिन्दुस्तान', 18 जून, 1967
150. वही, सुखदेवराज, पृ. 193
151. 'कानपुर का नवजागरण', पं. लक्ष्मीकान्त त्रिपाठी, रजत जयन्ती अंक, 'दैनिक जागरण', कानपुर, 1972
152. 'क्रान्तिकारी आन्दोलन का आज़ाद-युग', सदगुरु दयाल अवस्थी, पृ. 335-342
153. वही, सदगुरु दयाल अवस्थी, पृ. 182, 193, 340
154. वही, 'दिनमान', नन्दकिशोर निगम, 3 दिसम्बर, 1967
155. वही, भगवानदास का पत्र, 29.7.67, विश्वनाथ वैशम्पायन, पृ. 311
156. 'पोलिटिकल ट्रबल इन इंडिया : 1917-1937', एच.डब्लू. हेल, पृ. 72
157. वही, एच.डब्लू. हेल, पृ. 100
158. 'अग्निपुंज', सम्पादक सुधीर विद्यार्थी, पृ. 182
159. रणवीर सिंह, 'हू इज हू', पृ. 286
160. लल्लन प्रसाद व्यास, 'साप्ताहिक हिन्दुस्तान', 15 जनवरी, 1967
161. परमानन्द, 'हू इज हू', पृ. 236
162. वीरभद्र का वक्तव्य, 'दिनमान', 21 अप्रैल, 1968
163. लेख, नन्दकिशोर निगम, 'दिनमान', 31 दिसम्बर, 1967
164. वही, विश्वनाथ वैशम्पायन, पृ. 326-328
165. ब्रीफ हिस्ट्री नोट्स ऑफ वीरभद्र तिवारी, 'काकोरी फाइल'
166. 'रिपोर्ट ऑन द पोलिटिकल सिचुएशन इन द यूनाइटेड प्रॉविंसेज फॉर द फर्स्ट हॉफ ऑफ अप्रैल, 1926', पृ. 04, राष्ट्रीय अभिलेखागार, दिल्ली
167. 'आज़ाद की पिस्तौल और उसके गद्दार साथी', धर्मेन्द्र गौड़, पृ. 8
168. देवेन्द्र सिंह की फेसबुक वॉल से साभार
169. सदगुरु दयाल अवस्थी का बयान, 'काकोरी फाइल', खंड-4
170. जालौन के मूल निवासी सज्जन का साक्षात्कार
171. डिप्टी एस.पी. शम्भुनाथ का पत्र, 12.8.1939, 'व्यक्तिगत पत्रावली', शिवचरण पुत्र परसादी
172. शिवचरण मैकेनिक का बयान, 'व्यक्तिगत पत्रावली'
173. वही, विश्वनाथ वैशम्पायन, पृ. 326
174. सदगुरु दयाल अवस्थी, पृ. 226
175. वही, सदगुरु दयाल अवस्थी, पृ. 194, 195, 224-231
176. 'काकोरी कांड के दिलजले', पं. रामदुलारे त्रिवेदी, पृ. 30-31
177. वही, मन्मथनाथ गुप्त (आत्मकथा), पृ. 214
178. शिवचरणलाल शर्मा, 'हू इज हू', पृ. 316
179. 'चन्द्रशेखर आज़ाद और उनका युग', मन्मथनाथ गुप्त, पृ. 239-240
180. वहीं, मन्मथनाथ गुप्त, पृ.-234
181. जवाहरलाल रोहतगी, आज़ाद अंक, 'नर्मदा', 1964, पृ. 67-68
182. वही, विश्वनाथ वैशम्पायन, पृ. 172-173
183. वही, विश्वनाथ वैशम्पायन, पृ. 172
184. 'कांग्रेस का इतिहास', पट्टाभि सीतारमैया, पृ. 230-247
185. वही, सुरेन्द्र शर्मा, आज़ाद अंक, 'नर्मदा', पृ. 116

186. वही, 'सिंहावलोकन', पृ. 393
187. 'औपनिवेशिक स्वराज्य नहीं, पूर्ण स्वराज', 'नेहरू वाङ्मय', खंड-4, पृ. 497-98
188. 'मेरी कहानी', पं. जवाहरलाल नेहरू, पृ. 314-316
189. वही, 'सिंहावलोकन', पृ. 394
190. 'जब ज्योति जगी', सुखदेवराज, पृ. 187-190
191. 'मदर ऑफ ए हीरो', 'इंडियन एक्सप्रेस', मद्रास, 1 अप्रैल, 1949
192. वही, धर्मेन्द्र गौड़, पृ. 9-10
193. 'यश की धरोहर', भगवानदास माहौर, पृ. 47
194. वही, विश्वनाथ वैशम्पायन, पृ. 107-108
195. 'द हैंगिंग ऑफ भगतसिंह', 'कम्प्लीट ट्रिब्यूनल प्रोसीडिंग्स', पृ. 134
196. 'द हैंगिंग ऑफ भगतसिंह', 'कम्प्लीट ट्रिब्यूनल प्रोसीडिंग्स', वॉल्यूम 3, पृ. 207
197. 'यश की धरोहर', भगवानदास माहौर, पृ. 70
198. वही, धर्मेन्द्र गौड़, पृ. 13-14
199. 'नो टेन कमांडेंट्स', एस.टी. हॉलिन्स, पृ. 261-262
200. वही, सदगुरु दयाल अवस्थी, पृ. 184
201. इंस्पेक्टर शम्भुनाथ का पत्र 26.1.1930, 'अभिसूचना पत्रावली'
202. शम्भुनाथ के पत्र का बिग्गाने द्वारा जवाब, 14.5.1930 'पत्रावली'
203. इंस्पेक्टर शम्भुनाथ को बिग्गाने का पत्र, 4.11.1930
204. इंस्पेक्टर शम्भुनाथ की डायरी, 16.11.1930
205. 'क्रान्तिवीर भगतसिंह', चमनलाल, पृ. 393-395
206. वही, विश्वनाथ वैशम्पायन, पृ. 196
207. वही, धर्मेन्द्र गौड़, पृ. 182-183
208. वही, यशपाल, पृ. 188
209. वही, धर्मेन्द्र गौड़, पृ. 206
210. 'अग्निपुंज', सम्पादक सुधीर विद्यार्थी, पृ. 310-313
211. 'द लीडर', 2 मार्च, 1931
212. वही, 'अग्निपुंज', पृ. 180-182
213. कैलाशपति का बयान, पृ. 50
214. डॉ. सतीशचन्द्र काला द्वारा मुख्यमंत्री को लिखा गया पत्र, 29.9.1975
215. डॉ. सतीशचन्द्र को मुख्यमंत्री का प्रति उत्तर, 21.10.1975
216. संग्रहालय निदेशक द्वारा आज़ाद की पिस्तौल प्राप्त की गई, 3.7.1976
217. वही, 'सिंहावलोकन', पृ. 404
218. 'द हैंगिंग ऑफ भगतसिंह', 'कम्प्लीट ट्रिब्यूनल प्रोसीडिंग्स ऑफ लाहौर कान्स्पिरेसी केस, पृ. 225-229
219. बयान, सदाशिव मलिकापुरकर, 'व्यक्तिगत पत्रावली'
220. 'दीदी सुशीला मोहन', सत्यकेतु विद्यालंकार, पृ. 31

परिशिष्ट

आज़ाद का व्यक्तित्व

देहयष्टि

काकोरी में नामजद होने और फरार हो जाने के बाद से ही सी.आई.डी. निरन्तर प्रयास करती रही कि चन्द्रशेखर आज़ाद का कोई फोटो मिल जाए। लेकिन समस्त प्रयासों के बावजूद उनकी कोई फोटो नहीं मिली। अभिसूचना की फाइलों में अन्त तक अधिकारी आज़ाद की फोटो जुटाने का प्रयास करते दिखते हैं। आज़ाद कैसे दिखते हैं, इस पर सबसे पुरानी जानकारी मफरूर रजिस्टर में दर्ज है। 22.06.1929 की सूचना के अनुसार, "उम्र 20-25 वर्ष, वर्ण (रंग रूप)—गेहुँआ, लम्बा चेहरा, मजबूत कद काठी, लम्बाई—5'-5½", चेहरे पर चेचक के दाग।"[1] 1930 के अगस्त में एक डिपार्टमेंटल नोटिस जारी की गई जिसमें उस समय आज़ाद कैसे दिखते थे, इसकी सूचना मिलती है, "सूचना मिली है कि फरार चन्द्रशेखर आज़ाद मोटा-ताजा हो गया है। उसकी कमर बढ़ गई है, इसलिए अब वह किसी समृद्ध सेठ की तरह लगता है। वह सामान्यत: खाकी रंग की हाफ पैंट, कोट, शर्ट, कालर, टाई और फेल्ट हैट पहनता है, लेकिन मौका-बेमौका मुस्लिम कपड़े पहनता है। अब उसने छोटे स्टेशनों से रेल पर बैठना बन्द कर दिया है और अब वह उन पर महत्त्वपूर्ण स्टेशनों से ही बैठता है। जब ट्रेन छूटनेवाली होती है, तभी वह प्लेटफार्म पर पहुँचता है। सभी पुलिस अधीक्षक कृपया लुक-आउट नोटिस संख्या-43, दिनांक : 3 अगस्त, 1929 का सन्दर्भ सहित नोट करें?"[2]

आज़ाद के हिस्ट्री नोट के विवरण में दर्ज है, "ऊँचाई 5'-5½", मजबूत कद काठी, भूरी रंगत, गोल चेहरा, हल्के चेचक के दागयुक्त, तीखी नाक, छोटी मूँछें, दाढ़ी नहीं, दाईं कलाई पर नीचे की तरफ चोट का निशान, दायाँ हाथ कमजोर बताया जाता है, देखने में स्मार्ट, जल्दी-जल्दी चलता है, अंग्रेजी और उर्दू जानता है, सामान्यत: खुद को मुस्लिम बनाकर छुपाता है, बताया गया है कि अपने साथ नकली दाढ़ी रखता है जिसका मकसद छुपने के लिए प्रयोग करना है, अब थोड़ा मोटा हो गया है और सेठ जैसा लगता है, हमेशा धोती का लटकता पहलू बाएँ हाथ से चलते समय पकड़े रहता है। समय-समय पर यूरोपियन वेशभूषा धारण करता है।"[3]

निश्चित रूप से यह ड्राफ्ट कैलाशपति के अक्टूबर, 1930 में पकड़े जाने और दिसम्बर में बयान देने के बाद का है। कैलाशपति ने भी अपने बयान में आज़ाद के बारे में बताया, "आज़ाद की सबसे अलहदा पहचान उनकी तेज चाल है। वे अपनी धोती बनियों की तरह बाँधते हैं, और लटकता कोना हमेशा अपने बाएँ हाथ से पकड़े रहते हैं।"[4]

शुरू से लेकर शहादत तक आज़ाद के बारे में अंग्रेजों का ज्ञान बस इतना ही था।

लेकिन उनके साथ दिन बितानेवाले साथियों ने अपने संस्मरणों में आज़ाद के पूरे व्यक्तित्व के बारे में काफी सूचनाएँ दी हैं। स्रोतों के कालक्रम के हिसाब से इन सूचनाओं को पाठकों की सुविधा के लिए हम यहाँ एक-एक कर प्रस्तुत कर रहे हैं।

'विप्लव' के आज़ाद अंक में डॉ. प्रकाश पाल लिखती हैं, "आठ बरस हो गए। आज भी मोटे भैया का वह भारी, गठीला बदन, चौड़ा चेहरा और चमकदार आँखें ध्यान करने पर स्पष्ट दिखाई पड़ जाती हैं।"[5] इसी अंक के एक संस्मरण 'सेनापति आज़ाद' में श्री काशीराम लिखते हैं, "पुलिस के इश्तहार में आज़ाद का हुलिया पक्की साँवली रंगत, चेचक के दाग, बलिष्ठ देह बयान की जाती थी। भाई को देखकर ही उनके प्रति आदर और स्नेह का भाव मन में उत्पन्न होता था, यद्यपि प्रचलित फोटों में वे बहुत भयानक प्रतीत होते हैं। फोटो के भीतर प्राय: कृत्रिमता आ ही जाती है।"[6] 'विप्लव' के आज़ाद अंक में 'वे आज़ाद थे' नाम के संस्मरण में आता है, "साँझ के झुटपुटे में वह आदमी आए। खूब भारी शरीर, ऊँचाई कुछ कम। साँवला पक्का चेहरा और उस पर चेचक के दाग, धोती और कोट पहने और ऊपर से एक चादर ओढ़े थे।"[7] 'कुछ सुखद स्मृतियाँ' नामक संस्मरण में आता है, "देहली स्टेशन पर एक नौजवान, साँवला रंग, भरा हुआ चेहरा, भारी परन्तु गठा हुआ बदन, धोती, कमीज और कोट पहने, संध्या समय आया।"[8] श्री रामकृष्ण खत्री ने अपने संस्मरण में आज़ाद 1923 में कैसे दिखते थे इसका हल्का-सा आभास देते हुए लिखा, "मैंने अपनी खटिया के पास हट्टे-कट्टे चेचक के दाग वाले एक लड़के को अपने बारे में पूछताछ करते हुए देखा। उस साँवले लड़के को देखकर दिल में कुछ अजीब भाव पैदा हुए। उसके चेहरे पर कुछ तेजस्विता की झलक थी। सर से लेकर पैर तक वह खद्दर पहने हुए था। उसने पूछने पर अपना नाम आज़ाद बताया था।"[9]

इसी तरह क्रान्तिकारी काशीराम का संस्मरण 1976 में 'क्रान्ति के वे दिन' नाम से छपा था। जिसमें उन्होंने लिखा, "एक दिन शाम को कॉलेज से पढाई खत्म कर अपने कमरे यमुना तट पर बैठा था। कुछ नाश्ता-पानी की फिक्र में ! क्या देखता हूँ कि कालिया के साथ एक तगड़े, ठिगने कद के सज्जन धोती और हॉफ शर्ट पहिने छोटी-छोटी मूँछों में मुस्कुराते हुए मेरे कमरे में घुस आए हैं। उस नाटे कद के आदमी को पहचानने में दिक्कत नहीं हुई। खुशी से उछलकर खड़ा हुआ-भैया आज़ाद नमस्ते।"[10] बाद के दिनों में आज़ाद का चेहरा-मोहरा काफी बदल गया था। यहाँ तक कि उनके निकटस्थ रहे श्री शिवविनायक मिश्र को भी उन्हें पहचानने में मुश्किल हुई। वे लिखते हैं, "काकोरी मामले को काफी दिन हो चुके थे। एक बार जब मैं रात को बेनिया पार्क होकर अपने घर रहा था, तो पीछे से आकर किसी ने मेरी आँखों पर बड़े प्रेम से हाथ रख दिये। मुझे पता नहीं चला कि कौन है। हाथ हटाकर आज़ाद हँसते हुए बोले 'भूल गए' शक्ल से तो मैं नहीं पहचान पाया था, आवाज से समझ गया आज़ाद हैं।"[11]

श्रीमती दुर्गा देवी वोहरा लिखती हैं, "निर्भय चेहरा, आँखों में अनोखा तेज और सरलता थी। व्यवहार सीधा-सादा और सौम्यतापूर्ण। हम लोगों के हृदय उनके प्रति सम्मान, विश्वास और अपनत्व की भावना से ओत-प्रोत हो उठे थे। उनके व्यक्तित्व में एक गहरी छाप थी, प्रेरणा थी, उत्साह था और देश की स्वाधीनता पर सब कुछ

निछावर कर देने का मूक आह्वान था। उनका साधारण कद था, साधारण रंग और साधारण ही वस्त्र थे।"[12]

वैसे आज़ाद का साधारण दिखना ही उनके लिए नेमत थी। इस सम्बन्ध में उनके शुरुआती दौर के क्रान्तिकारी साथी श्री शचीन्द्रनाथ बख्शी का संस्मरण बेहद उपयोगी है। वे लिखते हैं, "साल भर बाद सन् 1924 में 17 वर्ष की अवस्था में ही वे एक्शंस में बुलाए जाने लगे। प्रथम अवसर पर जब उन्हें एक्शन में साथ लिया गया उस समय हम 22 क्रान्तिकारी शाहजहाँपुर से चलकर रेल द्वारा दूसरे जिले के एक मुफस्सिल स्टेशन पहुँचे। हम सब अलग-अलग होकर वहाँ पहुँचे। हमारे साथ काफी अस्त्र-शस्त्र थे। स्टेशन पर सहज ही मेरे मन में यह जिज्ञासा उत्पन्न हुई कि यदि स्टेशन पर पुलिस रेड हो जाए तो हममें से कौन पकड़ा जाएगा और कौन अपने आप को बचा ले जाएगा। वैसे बच निकलने का आदेश तो सभी को दिया गया था। मैंने देखा कि करीब-करीब सभी पकड़े जा सकते हैं। रामप्रसाद बिस्मिल और अशफाक उल्ला खाँ का व्यक्तित्व ही ऐसा था कि कभी भीड़ में छिप ही नहीं सकते थे। हाँ भले ही रोब के बल पर वे दोनों निकल जाएँ-रामप्रसाद कोई अफसर बनकर और अशफाक कोई राजा या कुँवर बनकर। बाकी लोगों में से एक-दो रेलवे कर्मचारी या नहर विभाग के कार्यकर्ता के भेस में बच सकें और अन्यों के लिए तो पुलिस की गिरफ्त से बचना असम्भव-सा ही है। मैंने फिर एक बार साथियों पर दृष्टि डाली, तो आज़ाद कहीं दिखाई नहीं दिये। ट्रेन सीटी देकर चली गई। फिर मैंने उनके लिए दृष्टि दौड़ाई तो देखता क्या हूँ कि आज़ाद एक लाठी टेकती बुढ़िया को सहारा देकर चले आ रहे हैं। साथ ही बुढ़िया दादी से ठेठ देहाती भाषा में बातें करते जा रहे हैं। फाटक पर पहुँचे और अपना तथा बुढ़िया का टिकट बाबू को देकर निकल गए। बाद में वह बाहर की भीड़ में इस प्रकार घुल-मिल गए कि मेरी दृष्टि उन्हें खोजने पर भी न पा सकी। दूर से उन्हें ढूँढ़ निकालना भी कठिन हो गया। तब मैंने यह अनुभव किया कि पुलिस के छापे में यदि सब के सब भी पकड़े जाएँ तो भी आजाद पुलिस के हाथ नहीं लगेंगे, क्योंकि वे धरतीपुत्र जो हैं इसीलिए उस धरती के वातावरण में सहज ही घुल-मिल गए।"[13]

लगभग सभी साथियों ने पहली भेंट के समय आज़ाद के रूप-रंग का वर्णन किया है। लेकिन इन सबमें सबसे जीवन्त श्री शिववर्मा जी का है। वे लिखते हैं, "एक दिन जब सुरेन्द्र पांडेय ने आकर धीरे से मेरे कान में कहा कि नम्बर दो आ गए हैं और आज रात तुम्हें उनसे मिलना है। तो मेरे सारे शरीर में बिजली-सी दौड़ गई। दूसरों से आज़ाद के बारे में जो कुछ सुना था उसके सहारे कल्पना के सहयोग से दिमाग में मैंने उनकी एक तसवीर बना ली थी। रात के लगभग 9 के श्री राधामोहन गोकुल जी के मकान पर जाकर दरवाजा खटखटाया। राधामोहन जी ने दरवाजा खोला और कुछ कहे बगैर ऊपर छत की ओर इशारा कर दिया। वहाँ खुली छत पर फैले चाँद के रुपहले प्रकाश में एक व्यक्ति चटाई पर उघारे बदन पालथी लगाए अकेले बैठा हम लोगों की प्रतीक्षा कर रहा था। साँवला रंग, गठा हुआ तगड़ा जिस्म, औसत लम्बाई से कुछ नाटा कद, तेज चुभती हुई आँखें, चेहरे पर चेचक के गहरे दाग। उनके दाहिने घुटने के पास जिस्म से सटा हुआ उनका रिवॉल्वर पड़ा था। मुझे ऐसा लगा मानो कोई खूँखार लेकिन वफादार पालतू

जानवर अपने मालिक को सुरक्षित समझकर उसके कदमों पर सिर रखकर थोड़ी देर के लिए सुख की नींद सो गया हो। आज़ाद से वह मेरा पहला परिचय था और आमने-सामने की उस थोड़ी देर की पहली मुलाकात ने मेरी कल्पना द्वारा बनाई उनकी तसवीर की रूपरेखा को काफी बदल दिया। मैंने देखा आज़ाद हम जैसे ही एक नौजवान है कोमल, विनोदप्रिय, मिलनसार किन्तु दृढ़ और अटल।"[14] श्री शिववर्मा ने अपने बयान में चन्द्रशेखर आज़ाद का जो विवरण दिया है उसके अनुसार, "वे करीब 25 साल के, गेहुँआ रंगत, मजबूत कद-काठी तथा छोटे कद के हैं। चेहरे पर काले दाग (मुँहासों के) हैं, चेहरा गोल है, दाढ़ी बनी रहती है। युक्त प्रान्त के ग्रामीणों जैसा पहनावा है।"[15]

आज़ाद के दीर्घायु क्रान्तिकारी जीवन का एक राज यह भी था कि आम जनता ने या ब्रिटिशतंत्र ने मन में चन्द्रशेखर आज़ाद की जो मूर्ति बना रखी थी, असल में वे एकदम भिन्न थे। इसी का फायदा उठाकर वे पुलिस के इर्द-गिर्द घूमते रहते थे। किसी फोटो का न होना, गोपनीयता नियम का कठोरता से अनुपालन करना, चुनिन्दा गुप्त घरों में गहरी आत्मीयता जोड़े रखना भी उनकी सफलता के कारण रहे।

श्री भगवानदास माहौर ने उनके व्यक्तित्व की चर्चा करते हुए लिखा, "भारी और तगड़ा होने से कुछ नाटा-सा दिखनेवाला कद, गहरा गेहुँआ रंग, चेहरे पर चेचक के दाग देकर प्रकृति ने उनके साथ जो सख्ती की थी, उसकी क्षतिपूर्ति उसने भरपूर से भी अधिक उनको स्वभाव-सौन्दर्य प्रदान करके कर दी थी कि कोई भी एक बार परिचय में आकर उनके प्रति कदापि उदासीन नहीं रह सकता था।"[16] इसी तरह उनके मित्र सुरेन्द्रनाथ शर्मा लिखते हैं, "उन्नत ललाट, चौड़ा वक्षस्थल, अजानबाहु, गठीला बदन और चेहरे पर चेचक के दाग। यही चन्द्रशेखर आज़ाद की आकृति थी। उनके रोम-रोम से वीरता और उत्साह फूटा पड़ रहा था। मनहुँ वीर रस धरे सरीरा। सम्मुख मूर्तिमान था।"[17] श्रीदेवी मुसद्दी ने तो बड़े कठोर शब्दों का प्रयोग किया है आजाद की शख्सियत के लिए। वे लिखती हैं, "भैया का व्यक्तित्व सुन्दर न था। वे मोटे काले थे। चेहरे पर चेचक के दाग थे। किन्तु उनकी बड़ी आँखों में एक अजीब आकर्षण था। भयावह होते हुए भी अपनी ओर खींचते थे। वेशभूषा धोती-कुरता और कोट होती थी। स्वभाव में एक अनोखी भावुकता और क्रूरता थी।"[18]

श्री सदगुरु दयाल अवस्थी ने अपनी पहली भेंट का विवरण लिखा, "योगेश बाबू की योजना पर विचार करने के लिए डी.ए.वी. कॉलेज में मीटिंग हुई। शिववर्मा वाले कमरे के बाहर चारपाई पड़ी थी। बनियाइन और तहमद पहने आज़ाद उस पर बैठे थे। वह पहली दृष्टि में ही निडर, निर्भीक, बलिष्ठ शरीर और तेजपूर्व आकृति वाले और अदम्य उत्साह एवं साहस के प्रतीक मालूम हुए। उनकी आँखों में कोमलता और दृढ़ता का जो गंगा-जमुनी भाव दिख पड़ा, उसका वर्णन शब्दों में नहीं किया जा सकता। थोड़ी ही देर में स्पष्ट हो गया कि अनुशासन के मामले में आज़ाद बहुत पक्के बल्कि इतने कठोर हैं कि सभी साथी उनसे आतंकित रहते हैं। परन्तु वह प्रत्येक साथी को इतना प्यार भी करते हैं कि जो एक भी बार उनसे मिल लेता है सदा के लिए उनका हो जाता है।"[19] आज़ाद के शरीर और स्वास्थ्य का परिचय देते हुए श्री यशपाल ने अपने संस्मरण में लिखा कि आज़ाद ने एक बार एक्शन के समय चुप न होने पर एक सेठ को

एक थप्पड़ मारा और वह मर गया।"[20] 1928 में रघुनी ने अपने बयान में आज़ाद का जो हुलिया दिया उसके अनुसार, "साँवली रंगत का आदमी कुछ तगड़ा था। वह एक गोल हैट और कोट पहने था। वह औसत (मियाना) कद का था।"[21]

इसी तरह पूर्णचन्द्र 'सनक' ने पहली मुलाकात के समय आज़ाद की छवि के बारे में लिखा, "रंग गेहुँआ और शरीर कसा हुआ था, उनके सिर पर गुजराती ढंग की टोपी थी गले में सादी पट्टी वाली पुराने टाइप की कमीज पड़ी थी, इस पर शोलापुर मिल के चारखाने जैसे कपड़े का सूती कोट था और उसके ऊपर एक पतली ऊनी चादर। कमर में धोती दक्षिणी ढंग से बँधी थी। पैर में न्यूकट का काफी पुराना जूता था। निगाह तेज और जगी हुई थीं।" ('चन्द्रशेखर आज़ाद : क्रान्तिकारी गुप्तचर के संस्मरण')

खान-पान

इसके पूर्व की हम आज़ाद के स्वभाव की चर्चा करें हमें उनके खान-पान पर साथियों के संस्मरण देख लेने चाहिए। इस सम्बन्ध में लिखित रूप में सबसे पुराने संस्मरण 'विप्लव' के अंकों में मिलते हैं। डॉ. प्रकाश पाल लिखती हैं, "उन दिनों मैं कानपुर में थी। आज़ाद अकसर दोपहर को आया करते थे। तीन बातें वे अकसर पूछा करते थे, "अरहर की दाल बनाई है कि नहीं? अंग्रेजी की किताब अभी तक खत्म नहीं की? कसरत करती हो या नहीं?"[22] अरहर की दाल के प्रति आज़ाद के मोह का पता उनके बनारस के साथी रहे श्री कुन्दनलाल गुप्त द्वारा श्री विश्वनाथ वैशम्पायन जी को बताए गए संस्मरणों में इस प्रकार मिलता है, "श्री कुन्दनलाल गुप्त जी ने आज़ाद की मस्ती का उल्लेख करते हुए कहा कि देश के स्वतंत्र हो जाने के बाद श्री चन्द्रशेखर आज़ाद का स्वप्न क्या था उसे वे झूम-झूमकर गाते हुए सुनाया करते थे—

जेहि दिन होइहैं सुरजवा
अरहर के दलिया, धान के भतुआ
खूब कचर के खैबेना।
अरे जेहि दिन होइहैं सुरजवा।"

पुराने साथी श्री काशीराम लिखते हैं, "भाई का रहन-सहन बहुत सादा था। अपने लिए उन्होंने कभी बढ़िया कपड़ा नहीं खरीदा। एक धोती, एक कुर्ता और एक कोट, इससे अधिक उन्होंने अपने पास कभी कोई कपड़ा नहीं रखा। कपड़ा फट जाने पर तथा गन्दा हो जाने पर, हम लोगों के बहुत जोर देने से ही पुराने कपड़े को छुट्टी मिलती थी। खाने के लिए यदि उन्हें खिचड़ी मिल जाए, तो मानो न्यामत मिल गई। उससे अधिक उन्होंने कभी शौकीनी नहीं की। लेकिन उन्हें अपने साथियों का सदा खयाल रहता था। कपड़े से, खाने-पीने से कभी तकलीफ नहीं होने देते थे।"[24] हंसराज वोहरा ने लाहौर षड्यंत्र केस में बतौर सुल्तानी गवाह बताया था कि "कपड़े दल की सामान्य सम्पत्ति थे। दल के सदस्य निजी सम्पत्ति के अधिकार में विश्वास नहीं करते थे। पीछे जब मैंने इन्हें अपने कपड़े बताया तो उसका मतलब था उस समय अस्थायी रूप से मैं उनका इस्तेमाल कर रहा था।"[25]

आज़ाद और भगवतीचरण को एक बार पूर्णचन्द्र 'सनक' ने आर्य समाज हॉल की तरफ से आते समय हल्के बसन्ती रंग के चश्मे लगाए देखा था। श्री सुरेन्द्र शर्मा के अनुसार आज़ाद प्राय: बढ़िया रेशमी कपड़े की कमीज, खुले गले का कोट और धोती पहने देखे जाते। उनका जूता भी बढ़िया किस्म का रहता। बाएँ हाथ में रिस्ट वाच खूब फब्ती।

आज़ाद के खाने की चर्चा इन्द्रपाल ने अपने संस्मरण में की, "भैया ने कमरे की तलाशी शुरू कर दी। यह ओवल्टीन पड़ी है, मालूम होता है चाय की जगह ओवल्टीन उड़ती है आजकल। यह साला सोहन जहाँ रहेगा साहब बनकर रहेगा। दूध का डिब्बा भी जरूर होगा। कौन-सा है हार्लिक्स तो नहीं, वह साला आटा-सा अच्छा नहीं लगता, कहते-कहते दूध का डिब्बा उन्होंने खोज ही तो निकाला। डिब्बे में छेद था। उसे चुल्लू में उड़ेल कर पीना या चाटना जो भी कहिए उन्होंने शुरू कर दिया। शिव ने टोका तो बोले चुप बे और आ जाएगा। जिन दिनों बम्बई में जहाज पर माल ढोया करता था उन दिनों चार-चार डिब्बे एक साथ पी जाता था और एक दिन ऐसी पेचिस लगी कि सब एक साथ निकल गए। अब तो बूढ़े हो गए, यह जवानी की बात है।"[26]

यहाँ उल्लेखनीय है कि आज़ाद के बम्बई प्रवास का उल्लेख सबसे पहले श्री यशपाल ने 'विप्लव' के फरवरी, 1939 के आज़ाद अंक में किया है, फिर इसे इन्द्रपाल ने फरवरी, 1940 के अपने संस्मरण में दुहराया है।[27] श्री विश्वनाथ वैशम्पायन का मानना है कि घर से निकलने और बनारस पढ़ने के लिए जाने के पहले आज़ाद बम्बई में रहे जबकि श्री यशपाल ने 'विप्लव' के आज़ाद अंक में जो जिक्र किया है उसके अनुसार वे काकोरी के बाद बम्बई गए। श्री यशपाल लिखते हैं, "जब यू.पी. में गुजारा न देखा, बम्बई चला गया। वहाँ जहाज के गोदाम में माला ढोया करता था। भूख लगती तो गोदाम से दूध का डिब्बा लिया, छेद किया और पी लिया। नौ आने रोज मिलते थे। रोज चार आने देकर दो दफे सिनेमा देखकर रात के बारह बजाए और फिर सुनसान हो जाने पर गोदाम के फर्श पर जा लेटे। जब यू.पी. में मामला कुछ शान्त हुआ, लोगों से मिलने की फिक्र में उधर आए।"[28] यह शोध का विषय है कि काकोरी के कितने दिनों के बाद आज़ाद झाँसी पहुँचे थे। क्योंकि किसी भी अन्य संस्मरण या स्रोत से घर से भागने पर बम्बई जाने का जिक्र नहीं मिलता है, सिवाय श्री विश्वनाथ वैशम्पायन की पुस्तक के।

श्री विश्वनाथ वैशम्पायन लिखते हैं, "बम्बई में आजाद ने मजदूरों की सहायता से चूल्हा जलाना शुरू किया। दिन में चना-चबेना खाकर बिताते थे। परन्तु चना-चबेना खाते जी ऊब गया। मजदूरों में से एक को साथी बनाया। उसी ने चूल्हा जलाने और आटा गूँथने में मदद की। कभी चूल्हा न जलता तो कभी आटा पतले सत्तू जैसा हो जाता, जब साथी हँसकर उन्हें हटा देता और सब कुछ स्वयं ही कर देता। आज़ाद से यह क्रम मुश्किल से एक सप्ताह चल सका और फिर होटल में खाना शुरू किया। बम्बई में आज़ाद सप्ताह में एक बार स्नान करते थे। कपड़ों की कमी के कारण भी वे रविवार को नहाते थे। उस दिन छुट्टी होती थी, इसलिए देर तक सोते रहते। बाद में नित्य-क्रिया से निवृत्त होकर वे नाश्ता करते और उसके बाद घूमते हुए चोर बाजार जाते, वहाँ एक हॉफ पैंट और कमीज खरीदकर साबुन तेल लेते, फिर किसी जनपथ के नल पर नहाते, पुराने कपड़े उतार फेंकते और उस दिन खरीदे कपड़े पहन लेते। फिर सिर

में तेल डालकर किसी होटल में भोजन करने चले जाते। इसके बाद सड़कों के चक्कर, चिड़ियाघर की सैर या किसी पार्क में पेड़ की छाँह में विश्राम। उसके बाद चौपाटी पर बैठकर समय बिताना और शाम होते ही फिर सिनेमा भवन में घुस जाना। इनका बम्बई में न कोई मित्र था न साथी। हाँ जहाज पर जो लोग दूध के डिब्बे से चुराकर दूध लाते थे उनके साथ वे भी डिब्बे का दूध पीते, बस इतनी ही देर की उनसे दोस्ती होती।"[29]

बाद में जब श्री यशपाल ने 'सिंहावलोकन' को पुस्तक के रूप में प्रकाशित कराया तो इन्द्रपाल के संस्मरण को थोड़ा हेर-फेर कर अपने द्वारा लिखा। वे लिखते हैं, "बचपन में आज़ाद भी बच्चे ही तो थे। खाने-खेलने का शौक था। खाने में उन्हें गुड़ बहुत पसन्द था और खेल था देसी बारूद भरकर खिलौने की तोप चलाने का।" वे आगे लिखते हैं, "पांडेय (सुरेन्द्र) एक डिब्बा च्यवनप्राश ले आया था। रात सोते समय डिब्बा आज़ाद के हाथ पड़ गया। पूछा, 'अबे! इसमें यह काला-काला क्या है!' पांडेय ने बताया, 'खाँसी की दवा है।' मैंने चुटकी ली 'भैया, बहुत पौष्टिक और ताकत की दवा भी है।' आज़ाद ने सन्देह प्रकट किया, 'साला मल्हम-सा लगता है।' मैंने बताया स्वाद भी बहुत अच्छा है। 'सच' आज़ाद ने पूछा। थोड़ा-सा चाटकर देखा और बोले, 'साला है तो मजेदार।' और पूरा डिब्बा खा गए। पांडेय कहता रहा, 'भैया दवाई है नुकसान कर जाएगी।' 'चल! चल!' आज़ाद ने एक न सुनी। अगले दिन जब बहुत अधिक दवाई खा लेने का दुष्परिणाम सामने आया तो हम दोनों पर बहुत बिगड़े, 'धत! क्या वाहियात चीज खिला दी—कहते थे ताकतवर है...!' जितना ही हम हँसते उतना ही आज़ाद दवाई की निन्दा कर उसे गाली देते जाते।"[30] आज़ाद को गुड़ खाने का शौक भीलों के बीच पड़ा होगा। आज भी भीलों के किसी भी उत्सव में गुड़ अनिवार्य है। आज़ाद को बर्फी खाने का शौक था, ऐसा उनकी माँ ने बताया था। आज़ाद को कढ़ी-चावल खाने का शौक था। उनकी माँ को भी कढ़ी-चावल का बेहद शौक था। यह अनेक संस्मरणों से स्पष्ट होता है।

श्रीमती दुर्गा देवी लिखती हैं, "यदि उनके कपड़े फटे हैं या मैले हैं और किसी मित्र ने उन्हें धोती-कुर्ता दे दिया तो वे पुराने कपड़े वहीं छोड़कर चल देते थे, पर कोट चाहे मैला या फटा हो, उसे नहीं बदलते थे। उनका अपना कोई बिस्तर भी न था। खाने के समय ऐसा कभी नहीं हुआ कि दूसरों की चिन्ता किये बिना स्वयं खा चुके हों। ये बातें यों तो बड़ी साधारण और छोटी हैं, किन्तु यही मनुष्य के चरित्र का सच्चा चित्रण हैं।"[31] श्री विश्वनाथ वैशम्पायन ने 'नर्मदा' अंक के अपने संस्मरण में इस विषय पर विस्तार से प्रकाश डाला है, "आज़ाद की वेशभूषा के बारे में भ्रमात्मक प्रचार था। परन्तु उन्होंने कभी ऐसा अद्‌भुत वेश नहीं किया, जिससे लोगों की आँखें बरबस उनकी ओर खिंच जाएँ। उनका वेश सदा सादा ही होता था-कमीज, कोट, धोती और टोपी। टोपी भी उनकी गोल फेल्ट थी। शरीर स्थूल होने के कारण देखनेवाला उन्हें कोई सेठ या दुकानदार समझता था। कानपुर में रामचन्द्र मुसद्दी के घर लोग उन्हें 'आगरे के सेठ' के नाम से ही जानते थे। जिन दिनों सत्याग्रह आन्दोलन चल रहा था एक कांग्रेसी सज्जन एक दिन उनसे कह बैठे, "क्या भाई साहब आप तोंद फुलाए पड़े रहते हो? एक बार आन्दोलन में चलो, यह चर्बी सब छँट जाएगी?" आज़ाद का जवाब था, "भाई हमें तो अपने धन्धे-रोजगार से काम। बाल-बच्चे पालने हैं, देशभक्ति आपको मुबारक हो।" श्रीमती

मुसद्दी ने प्रतिक्रिया की तो आज़ाद ने कहा, "मुझे उसने जैसा देखा, वैसा कह दिया।"[32]

श्री वैशम्पायन आगे एक अन्य संस्मरण सुनाते हैं—"आज़ाद सबके बाद में खाते और जब परिस्थिति गम्भीर देखते तो कह देते भूख नहीं है। वैसे आज़ाद की खुराक अच्छी थी। मुझे लखनऊ की घटना याद है। वहाँ एक महिला आज़ाद को अनेक बार निमंत्रित कर चुकी थीं। एक दिन हम दोनों उनके घर गए। दाल-साग, अचार और लखनऊ के फुलके। जब आटा, दाल और सब्जी ने पनाह माँग ली तो आज़ाद भाँप गए और बोले, 'बस करो बहन जी, कितना खिला दिया आपने' पर जब आजाद बाहर निकले तो बोले, 'अमीनाबाद चलो, किसी पूड़ी-कचौड़ी की दुकान पर बच्चन' और सचमुच ही अमीनाबाद जाकर हम लोगों ने तीन पाव पूड़ी-कचौड़ी खाई, तब कहीं उनका पेट भरा। उनका सर्वोत्तम भोजन कढ़ी-चावल या खिचड़ी था। डबल रोटी में उन्हें बिलकुल रुचि नहीं थी। मांसाहार में भी उन्हें रुचि नहीं थी। शिकार में वे माँसाहार कर लेते परन्तु बाद में उन्होंने वह भी छोड़ दिया था। शुद्ध सात्विक भोजन ही उन्हें भाता था। जब हम लोग छह-सात लोग जमा होते तो भाभी खिचड़ी ही बनाती। कानपुर में मन्नीलाल पांडेय के यहाँ जब भैया खाने जाते थे तो कढ़ी-चावल ही बनता था।"[33] श्री रामचन्द्र मुसद्दी ने भी अपने संस्मरण में लिखा, "आज़ाद प्रायः रात्रि में मेरे यहाँ आकर ठहरते और बिना खाए-पिए सो जाते। उनका कुछ संकेत भी रहता कि इस मामले में उनसे छेड़छाड़ न की जाए। बाद में एक दिन पता चला कि वे नित्य ही भूखे सो जाते थे। उस दिन से रात्रि में उनके भोजन की मैंने बराबर व्यवस्था रखी।"[34]

मृत्यु शय्या पर पड़े हुए मास्टर रुद्रनारायण ने पंडित बनारसीदास चतुर्वेदी को आज़ाद का संस्मरण सुनाते हुए कहा था, "आज़ाद कभी-कभी अपनी भाभी से कहते भाभी कठौता भर के कढ़ी तैयार कर दे, ताकि पेट भर खा तो लूँ। फिर तो कभी सड़क पर मरा हुआ पाया जाऊँगा।"[35] श्रीमती सुशीला देवी लिखती हैं, "जहाँ उनमें कठोरता थी, वहीं कोमलता भी थी। उनका रहन-सहन सादा था। खाना तो बिलकुल रूखा-सूखा पसन्द करते थे। उन्हें खिचड़ी बहुत पसन्द थी, क्योंकि इसमें कम से कम खट-खट पड़ती थी। हाँ, यह अवश्य था कि बोलते बहुत थे। सोते-सोते साथियों को जगाकर वे योजनाओं पर विचार करने लगते थे। मैंने कभी-कभी उनसे शिकायत की तो वे मुझे ताना दिया करते थे कि यह नमक सत्याग्रह नहीं कि झंडा उठाया, नारे लगाए और जेल चले गए। ये क्रान्तिकारियों की योजनाएँ हैं। इन पर काफी विचार करना पड़ता है। जनता का पैसा वे धरोहर समझते थे। अपने ऊपर उन्होंने कभी पाँच पैसे भी खर्च नहीं किये। वे प्रायः तीसरे दर्जे में सफर करते थे। जब उनसे कहा गया कि खतरे से बचने के लिए वे दूसरे दर्जे में सफर किया करें तो उन्होंने कहा कि जनता आज विश्वास करती है कि आज़ाद पैसा बर्बाद नहीं करेगा। कल हम दूसरे दर्जे में चलेंगे और जनता देखेगी तो उसका विश्वास उठ जाएगा। वे नहीं चाहते थे कि पार्टी का एक भी सदस्य कभी सिनेमा आदि खेल-तमाशे देखे। क्योंकि इस प्रकार जनता के धन का दुरुपयोग होता है। वे अपने पास एक या दो जोड़ी से अधिक कपड़े नहीं रखते थे। भैया मोटे तो थे ही, इसलिए वे लाला की शक्ल बनाकर प्रायः चलते थे।"[36]

श्री सुरेन्द्र शर्मा ने अपने लम्बे संस्मरण में आज़ाद के खान-पान भी प्रकाश डाला

है। वे लिखते हैं, "भोजन तैयार होने पर हम लोग खाने बैठते। दोपहर के भोजन में और चीजों के अतिरिक्त कढ़ी-चावल अकसर रहता था। वे मेरी पत्नी से कहते बहन क्या थोड़ा-थोड़ा परोस रही हो? पूरे कढ़ी से भरी कढाई क्यों नहीं थाल में पलट देतीं! यहाँ एक से एक दिग्गज बैठे हैं, तुम्हारा दिवाला निकालकर उठेंगे। एक बार दही और अचार के साथ खिचड़ी खाकर तृप्त हो गए तो बोले, 'बहन, इस बात को सच समझना, तुम्हारे हाथ का खाना इतना बढ़िया और स्वादिष्ट लगता है कि मैं अपने साथियों के साथ का खाना छोड़कर खाने के लिए यहाँ आता हूँ। तुम्हारे यहाँ भोजन करके मैं वह सन्तोष अनुभव करता हूँ जो मुझे अन्यत्र नहीं मिलता।'"[37]

'यश की धरोहर' में श्री भगवानदास ने आज़ाद के खान-पान पर प्रकाश डालते हुए लिखा, "खान-पान में आज़ाद अपने व्यक्तिगत संस्कारों से एक शाकाहारी ब्राह्मण ही थे। उनका छुआछूत का भूत तो पंडित रामप्रसाद बिस्मिल के नेतृत्व में काम के समय ही उतर गया था। एच.एस.आर.ए. के नेता के रूप में वे मांस आदि खाने के विरुद्ध तर्क विशेष नहीं करते थे, मगर वह उन्हें अच्छा कभी नहीं लगता था। शिकार वे खूब खेलते थे, मगर स्वयं मांस नहीं खाते थे। राजा साहब खनियाधाना के यहाँ मैं तो शिकार भी करता था और खुल्लम खुल्ला मांस भी खाता था। इस पर मुझसे वे कुछ नाराज भी हुए थे। भगतसिंह उन्हें क्षत्रियों और क्षत्रियों जैसे काम करनेवालों के लिए मांस खाने की अभीष्टता, उपयोगिता, नीतिमत्ता पर लेक्चर-झाड़कर अकसर चिढ़ाया करते थे। सांडर्स वध के समय जब आज़ाद ने मुझे लाहौर बुलाया तो मुझे यह देखकर विस्मय हुआ कि आज़ाद पर भगतसिंह का जादू चल गया और पंडित जी अब कच्चा अंडा सीधा मुँह पर ही तोड़कर गटक रहे हैं। मैंने हैरत से पूछा, 'पंडित जी यह क्या?' आज़ाद बोले, 'अंडे में कोई हर्ज नहीं है। वैज्ञानिकों ने इसे फल जैसा ही बताया है।' यह तर्क भगतसिंह का ही था, जिसे आज़ाद दुहरा रहे थे। मैंने बड़ी सकुचता से कहा, 'बिलकुल ठीक पंडित जी, अंडा फल है तो मुर्गी पेड़ के सिवा कुछ नहीं हो सकती। मैं भला अब उसे छोड़ूँगा?' भगतसिंह खिल-खिलाकर हँस पड़े, 'वास्तव में कैलाश तुम अच्छे तर्कशास्त्री हो सकते हो। भला पंडित जी को देखिए,' आज़ाद बीच में ही बिगड़कर बोले, 'चल बे, एक तो हमें अंडा खिला रहा है, ऊपर से बातें बना रहा है'।"[38]

श्री यशपाल के अनुसार, "यदि खिचड़ी में मांस का टुकड़ा डालकर पका दिया जाता तो खाते समय वह उसे अलग करके खिचड़ी खा लेते थे।"[39] श्रीमती तारा अग्रवाल ने भी अपने संस्मरण में आज़ाद के खान-पान की चर्चा की है। वे लिखती हैं, "आज़ाद भैया को चना, गेहूँ के आटे की मिली हुई मिसी रोटी पसन्द थी और प्राय: मेरी सास श्रीमती सेवती देवी अग्रवाल से मिसी रोटी बनवाया करते थे और उसे आम के अचार से खाया करते थे जो उन्हें बेहद पसन्द था। कभी-कभी अपनी इच्छानुसार रबड़ी मँगाया करते थे जो कभी भी एक पाव से कम नहीं होती थी ऐसा उनका आदेश था।"[40]

श्री सीताराम भागवत का झाँसी में दवाखाना था। चन्द्रशेखर आज़ाद से मास्टर रुद्रनारायण ने उनका परिचय कराया था। वे अपने संस्मरण में लिखते हैं कि "उनसे प्रथम परिचय श्री हरिशंकर ब्रह्मचारी जी के नाम से हुआ था, वहीं उनके साथ कलाई लड़ाना, पंजा लड़ाना, रबर रिंग्स खींचना आदि होता रहता था। उन दिनों मैं गुंठे बाबा

के राम मन्दिर में किराये पर रहता था। एक दिन हरिशंकर जी लगभग 11 बजे आए और पूछने लगे कि विवाह कैसा हुआ। ठीक हुआ ऐसा उत्तर मैंने दिया। कुछ इधर-उधर की बातें होने के उपरान्त वे जाने लगे तो मैंने उन्हें रोका और कहा कि शादी के लड्डू तो खाते जाइए! उन्होंने अनुरोध को मान लिया। वे बैठ गए और मैं चार लड्डू ले आया और एक ग्लास पानी भी। उन्होंने लड्डू खाए और पानी पीया। मैंने कहा कुछ और? तो संकोच में उन्होंने नहीं किया। पर मैं समझ गया कि उनकी और लड्डू खाने की इच्छा है। अत: मैं अबकी बार आठ लड्डू ले आया। उसे भी खाने के बाद मुझे अनुभव हुआ कि वह अभी और खाना चाहते हैं। उनका लड्डू खाना चल ही रहा था कि मैंने चार लड्डू और लाकर उनके तश्तरी में रख दिये। वे बोले ये क्या कर रहे हो भागवत। खैर, उन्होंने वे लड्डू खाने के बाद पानी पीया। कहा बहुत अफर गए हैं। आज चौथे दिन खाना मिला है। मैंने कारण पूछा तो 'फिर बताऊँगा' कहकर उठे और चले गए। उन दिनों आज़ाद जी रामानन्द मोटर ड्राइवर के नई बस्तीवाले मकान में रहते थे। मैं उनसे मिलने लगभग चार बजे शाम को गया। वे थे नहीं सो रामानन्द जी से ही गपशप होने लगी। इतने में श्री आज़ाद साइकिल से आए। वे कह रहे थे कि बुखार मेरा क्या कर लेगा? मुझे काम से नहीं रोक सकता। मैंने कहा बुखार से हाथी भी बैठ जाता है तो उठने नहीं पाता। श्री आज़ाद बोले मैं अभी-अभी दतिया कस्बे से साइकिल से आ रहा हूँ। (यह कस्बा झाँसी से 18 मील की दूरी पर है) और मुझे 106^0 बुखार है। मुझे उनका कहना गलत लगा, इसलिए मैंने तुरन्त जेब से थर्मामीटर निकालकर टेम्परेचर लिया। 106.2^0 था। मैं अवाक् रह गया। उनसे आराम करने के लिए कहकर दवाखाने जाकर दवा लाया। उन्हें खिलाई और तीन दिन की और दवा देकर चला गया। चौथे दिन आया तो श्री आज़ाद ठीक थे।"[41]

श्री विश्वनाथ वैशम्पायन ने आज़ाद के स्वास्थ्य के बारे में लिखा, "आज़ाद को जैसा भोजन चाहिए वैसी व्यवस्था नहीं हो पाती थी। इस विषय में उनका कभी नियमित जीवन नहीं रहा। फिर भी वे बहुत कम बीमार पड़ते थे। उन्हें मैं सन् 1925 से देखता आ रहा हूँ और जून, 1925 से 10 फरवरी, 1931 तक तो सदैव उनके साथ रहा, परन्तु उन्हें कभी बीमार पड़ते नहीं देखा। एक बार उन्हें खून की पेचिश हो गई थी। परन्तु उसकी भी परवाह न करके वे 28 मील पैदल चले थे। बस इसके अलावा उन्हें कभी बीमार पड़ते नहीं देखा। अधिक से अधिक खाने की अनियमितता से उन्हें कब्ज हो जाता तो उसका इलाज था सेर भर दूध। वे उस दिन रात को भोजन नहीं करते, कहते, 'एक सेर गरम दूध तो ले आओ।' उन दिनों दो या तीन आने का सेर भर दूध मिल जाता था। बस उसे पी लेते और दूसरे दिन सवेरे उनकी तबीयत ठीक हो जाती। यही कारण था कि वे किसी के बीमार पड़ जाने पर उसकी सेवा कर सकने में असमर्थ थे।"[42] "आज़ाद का नियम था कि जब तक साथी खा न लेते, वे स्वयं नहीं खाते थे। झाँसी से भागकर जब हम ग्वालियर आए तो पैसों का अत्यधिक अभाव था। कभी-कभी तो यह हालत होती कि केवल बेसन बनाकर उसे ही खाकर गुजारा कर लेते। (इसी समय भानप्रताप को आज़ाद ने पत्र लिखा था, जिसकी नकल आज़ाद के पत्र में देखी जा सकती है।) झाँसी में जब कभी घर से रोटियाँ ले जाने का दाँव न लगता तो आज़ाद दो आने के मंगोड़े

मँगाकर उस पर ही गुजारा करते, पर वे कभी अकेले न खाते, उसमें भी हमें हाथ बँटाना पड़ता।"[43] आज़ाद के व्यायाम के सम्बन्ध में श्री यशपाल लिखते हैं, "कसरत स्वयं करने और दूसरों को कराने का भी बहुत शौक उन्हें था।"[44]

श्री मन्मथनाथ गुप्त ने अपने संस्मरण में एक स्थान पर लिखा है कि "आज़ाद को जबसे मैंने देखा तब से मैंने बराबर उसे हृष्ट-पुष्ट ही देखा।"

स्वभाव

अभी तक हम आज़ाद दिखते कैसे थे, पहनते क्या थे, खाते क्या थे, उनका स्वास्थ्य कैसा था, जैसी स्थूल बातों पर चर्चा करते रहे। अब हम उनके सामान्य व्यवहार पर उनके साथियों के संस्मरणों से जानने का प्रयास करेंगे। आज़ाद के भीतर अपने पिता का गुस्सा और ईमानदारी तो थी ही, माँ की मिलनसारिता और तुरन्त सम्बन्ध जोड़ लेने का भी गुण था। लेकिन इससे अधिक भी कुछ था, जो उनका अपना था। इस विषय पर सबसे पुराना लिखित संस्मरण श्री पी.वी. के नाम से है, "आज़ाद के व्यक्तिगत जीवन के बारे में कुछ लोगों की धारणा है कि वह बड़े कठोर, अक्खड़ तथा हठी थे। यह बात भी गलत है। वह काम के समय बड़ी सख्ती से पेश आते थे और शायद इसी को बढ़ाकर दिखलाने के चक्कर में लोगों ने उन्हें पत्थर समझ लिया होगा। उन्हें अपने साथियों से बड़ा प्यार था। उनका जीवन बड़ा ही सादा था। उनकी अपनी निजी जरूरियात बहुत कम थीं।"[45] ये शब्द हूबहू बिना सन्दर्भ के 'संस्मृतियाँ' में मिलते हैं, जिससे धारणा बनती है कि पी.वी. के छद्म नाम से आज़ाद का यह संस्मरण श्री शिववर्मा ने लिखा था। आज़ाद अंक के अपने संस्मरण में श्री काशीराम लिखते हैं, "भाई का स्वभाव बहुत सरल था। किसी भी दुखी को देखकर उनका हृदय दुखित हो उठता था। वैसे देखने में वे रौबीले दिखते थे। घर से निकलने पर पिस्टल हमेशा साथ रखते थे। चलते समय सदा सावधान रहते थे। भाई ने अपने उज्ज्वल चरित्र से भारतीय क्रान्तिकारी पार्टी को सदा ऊँचा रखा।"[46]

श्री यशपाल ने आज़ाद के स्वभाव की चर्चा करते हुए लिखा है, "आज़ाद के स्वभाव के बारे में एक-दो बात कह देना अनुचित न होगा। आज़ाद बुद्धिमान जरूर थे, परन्तु चालाक नहीं थे और दिल, जो कहने को पत्थर का था, जरूरत से ज्यादा नाजुक था। मतलब यह कि धोखा उन्हें आसानी से दिया जा सकता था। स्वयं स्वभाव में छल न होने के कारण दूसरे के छल को ताड़ भी नहीं सकते थे। क्रोध इतना आता था कि आँखें खून की तरह लाल हो जाती थीं, परन्तु उस समय जबान और हाथ काबू में रहते थे। मतलब यह कि संस्कृति और संयम, आज़ाद में खूब भरे थे। आज़ाद गप लड़ाने के खूब शौकीन थे, परन्तु तारीफ यह कि गप की बहक में आकर वह कभी वह न कह जाएँगे जो नहीं कहना है। आज़ाद का गुस्सा मैंने कई दफे देखा है, बल्कि दो-तीन दफे तो वे मुझ पर ही बिगड़े। परिस्थिति को पहचानकर चलने की योग्यता या उत्तरदायित्व का बोझ आज़ाद खूब समझते थे।"[47]

श्री भगवानदास माहौर ने आज़ाद के स्वभाव पर सूक्ष्मता से प्रकाश डाला है। वे लिखते हैं, "आज़ाद की सफलता का रहस्य उनकी वीरता से कहीं अधिक उनकी उस

स्वाभाविक मिलनसारी (शिष्टाचारपूर्ण मैत्री नहीं) और आत्मीयतापूर्ण हार्दिकता में थी जिसकी सजीवता रूठने, बिगड़ने फिर मानने में होती है। आज़ाद के व्यक्तिगत व्यवहार में सर्वजयी आत्मीयता इतने शुद्ध रूप में होती थी कि फिर आज़ाद के खिलाफ पुलिस का कोई भय या प्रलोभन कुछ नहीं कहलवा सकता था। मुझे ऐसा एक भी व्यक्ति याद नहीं आता जो सीधे आज़ाद के ही सम्पर्क में पार्टी में सम्मिलित हुआ हो वह इकबाली गवाह हो। हृदय में घर कर गई आज़ाद की मैत्री और प्रेम का दिवाला इतनी जल्दी नहीं निकल सकता था। साथियों के हृदय में देशभक्ति की भावना के, क्रान्तिकारी वीरता के आदर्श की भावना के आसपास आज़ाद का आत्मीयतापूर्ण सम्पर्क एक सुदृढ़ गढ़ बन जाता था। आज़ाद अपनी शक्ति को दी गई चुनौती को अस्वीकार करना जानते ही नहीं थे। इसी में उनके हाथ की हड्डी टूटी। हम लोग उनके लिए अपने घरों से रोटियाँ चुराकर लाते थे। एक बार आत्मग्लानि में मैंने कहा आपको बासी रोटी और अचार से पेट भरना पड़ता है तो आज़ाद बोले, 'अबे बेवकूफ हुआ है। तीन घर से तीन तरह की रोटियाँ आती हैं। तरह-तरह के आचार आते हैं। क्या चाहिए? देखता नहीं भैंसासुर हो रहा हूँ, और तू वही टुटरुँ टूँ। रही बात मास्टर साहब के यहाँ खाने की तो किसी के यहाँ रोज खाना अच्छा नहीं। अभी वहाँ मुझे बड़े आदर-प्रेम से रोज खाना मिल जाता है। मगर रोज खाना खाने लगने पर वह बात नहीं रह जाएगी। अभी तू यह सब नहीं समझेगा।'

आज़ाद स्वभाव से परतेजासहिष्णु थे। किसी को कोई बल का कार्य करते देख आते, तो स्वयं भी वैसा काम करके देखते। और जब इन्हें विश्वास हो जाता कि वे भी वैसा काम कर सकते हैं, तभी उनको चैन पड़ता। उनके साथ साइकिल पर चढ़कर जाना एक मुसीबत मोल लेना था। यदि भूल से भी आपने अपनी साइकिल उनसे आगे निकाल ली, तो बस आपकी शामत आ गई। उनकी यह रेस चलती रहती। बड़ा आनन्द आता था उनको ऐसी अनियमित अघोषित रेस में झाँसी के किले या छावनी के किसी अंग्रेज सिपाही को परास्त करने में। फिर ये बड़ी आत्मतुष्टि से अपनी रेस की बात हम लोगों को आकर सुनाते, 'रह गया ससुरा फिर हपर-हपर करता।' आज़ाद सदा संकट के कामों में आगे रहते थे। दल के नेता के रूप में वे हम लोगों को सुरक्षित रखना चाहते थे। आज़ाद को अलग सुरक्षित बैठे रहने में चैन नहीं पड़ता था। परन्तु वे हर छोटे-बड़े खतरे में अपने को डाल देते थे। उसका कारण सम्भवतः यह ही अधिक था कि उन्हें खतरे में ठंडे दिल से काम कर सकने के विषय में अपने ऊपर, और किसी के भी ऊपर से, अधिक विश्वास था। मन्दिर एक्शन की योजना में उन्हें नहीं ले जा रहे थे, तो लगे चिड़चिड़ाने। किसी उद्वेग, जोश या मिथ्या डींग के वशीभूत होकर आज़ाद कभी कोई काम नहीं करते थे।

परिस्थिति के ठंडे तर्क को ही वे स्वभावतः महत्त्व देते थे। उनसे यदि इस तर्क को शब्दों में व्यक्त करते समझा देने को कहा जाता तो उसे वे शायद किसी दूसरे को न समझा पाते। परिस्थिति को सूँघ सकने की उनमें अद्‌भुत क्षमता थी। दल के सदस्यों के साथ व्यवहार और बातचीत में आज़ाद बड़े स्पष्टवादी और कट्टर सिद्धान्तवादी रहते थे, परन्तु बाहरवालों के साथ, विशेषतः दल के साथ सहानुभूति रखनेवालों के साथ उनका व्यवहार बड़ा ही मोहक और कूटनीति पूर्ण रहा करता था। वे किसी को बुरी

लगनेवाली बात भरसक नहीं करते थे। गुप्त क्रान्तिकारी थे, एक क्या रोज एक हजार झूठ बोलना पड़ता था। जब किसी सरदार ने किसी राजा की हत्या पैसों के लालच में करानी चाही तो आज़ाद ने कूटनीतिपूर्ण ढंग से टाल दिया। जब एक सरदार के कारिन्दे ने उन्हें पकड़वाना चाहा तो वहाँ से भाग आए। उन पर एक-एक कारतूस खर्च करने की बात कहने पर बोले, 'पागल हुए हो, गुलाम देश में गद्दारों और विश्वासपात्र देशद्रोहियों की क्या कमी? किसे-किसे मारते फिरोगे? अपने काम से काम रखो।' आज़ाद के सौहार्द का रस कितना अमूल्य रहा होगा, जिसके लिए राजा खलक सिंह जू देव ने अपने शासनाधिकार को बिना मलाल के जान-बूझकर खो दिया।

जहाँ तक मैंने आज़ाद को देखा है 'कोरी भावुकता' के शिकार वे कभी नहीं हुए। आज़ाद जब झाँसी के सदर बाजार में बुंदेलखंड मोटर कम्पनी में काम करते थे तो एक दिन मेरे पास बड़ी उत्तेजना में आए और अपना पिस्तौल निकालकर मुझे दिया, बोले, 'ले इसे अपने पास रख ले।' मैंने प्रश्नसूचक रीति से उनकी ओर देखने लगा तो आगे बोले, 'मेरा दिमाग आज ठीक नहीं है। आज कुछ अंग्रेज सोल्जरों ने सदर बाजार में बड़ा उपद्रव किया, औरतों को छेड़ा है। लोगों को मारा है, और गालियाँ बकी हैं, बड़ा ही खराब व्यवहार किया है। जिससे मैं रह-रहकर उत्तेजित होता रहा हूँ, कई बार मेरा हाथ पिस्तौल पर जा चुका है। मुझे लगा कि कहीं मैं अपने आप पर काबू न खो दूँ। नहीं तो कुछ गड़बड़ हो जाएगा। इसलिए चला आया हूँ। तू इसे रख ले। मुझे काम पर तो वापस जाना ही है। हर बदमाशी और अत्याचार का प्रतिकार हम थोड़े ही कर सकते हैं।' वे पिस्तौल मेरे पास रखकर काम पर चले गए।

आज़ाद को वैसे अपने साथियों से बड़ा प्रेम था। सभी के साथ वे आत्मीयता का व्यवहार करते थे। परन्तु जिसे वे अपना कार्य या कर्तव्य समझते थे उसमें कभी किसी का स्नेह या भावुकता बाधक नहीं हो पाती थी। जब शिववर्मा, भगतसिंह और दत्त का फोटो लेकर आए और हम सभी भावुकता से अपनी आँखें पोंछ रहे थे। हमने देखा कि आज़ाद बिलकुल स्थितप्रज्ञ की तरह अविचलित थे। थोड़ी देर बाद जब आज़ाद अकेले में बैठे सोच रहे थे तो मैंने देखा उनकी आँखों में आँसू हैं। मैं उनके पास गया और सहानुभूति की बातें करने लगा। आज़ाद बोले, 'मुझे इसका दुख नहीं है कैलास कि भगतसिंह और दत्त चले गए, वह तो आगे-पीछे पकड़े जाकर या गोली खाकर सभी को जाना है। परन्तु मैं देख रहा हूँ कि तुम सब का हृदय कितना प्रेमपूर्ण है और मुझे लगता है कि मैं तो बिलकुल नीरस पत्थर, क्रान्ति की एक मशीन जैसा हो गया हूँ। तुम लोग सच्चे माने में इनसान हो। मेरा ऐसा दिल भी क्या दिल कहला सकता है।'

अपने साथियों और सम्पर्क में आनेवालों के जीवन में एक राजनीतिक मूल्य के रूप में नहीं, एक व्यक्तिगत भाव मूल्य के रूप में घर कर लेने के अपने गुणविशेष में ही आज़ाद की सफलता निहित थी। उनके अकृत्रिम स्नेहपूर्ण व्यक्तित्व व्यवहार ने ही उन्हें साथियों का प्रिय नेता बना दिया था और उनके हृदय में अपने लिए ऐसा विश्वास उत्पन्न कर लिया था कि वे उनके संकेत मात्र पर प्राण देने को तैयार रहा करते थे। दल में आज़ाद के नेतृत्व को स्वीकार कर लेने के सम्बन्ध में कभी कोई झंझट या झगड़ा नहीं हुआ।"[48]

आज़ाद के स्वभाव के कौन से गुण थे जो उन्हें क्रान्तिकारी दल की ओर ले गए। देश में उनके जैसे-गरीब, अल्पशिक्षित लाखों बालक थे। लेकिन वे ही क्यों क्रान्तिकारी बने, इसका पता अनेक संस्मरणों से चलता है। तीन गुण जो उनमें बचपन से थे—न्यायप्रियता, प्रतिशोध की भावना, निर्भीकता और सहनशीलता,उन्होंने मिलकर उनका निर्माण किया। न्यायप्रियता का सबसे अच्छा संस्मरण श्री मनोहरलाल त्रिवेदी ने दिया है, जब उनके शिष्य के रूप में आज़ाद ने उन्हें दो छड़ी मारा था। तर्क यह था कि "हमारी गलती पर मुझे और भाई को ये मारते हैं तो इनकी गलती पर मैंने इन्हें मार दिया।"[49] आज़ाद बचपन में भी उतने ही निर्भीक और साहसी थे इसका उल्लेख पं. शिवविनायक मिश्र ने अपने संस्मरण में किया, "असहयोग आन्दोलन के बाद काकोरी ट्रेन केस के पहले श्री आज़ाद ने हिन्दू स्कूल तथा विद्यापीठ में पढ़ने की कोशिश की, मगर उनका मन पढ़ने में लगता नहीं था। स्वभाव के वे बड़े तेज थे। संस्कृत छात्र समिति के विद्यार्थियों से उनकी आपस में अनबन हो जाती थी। उन्होंने गुस्से में एक बार चाकू निकाल लिया था। कई बार मैं तथा डॉ. अब्दुल करीम जी उन्हें बहुत समझाया करते थे और आपस में मेल करा देते थे। मुझे वह बहुत मानते थे। कभी-कभी उनका गुस्सा शान्त करने के लिए मैं उनका कान भी पकड़ लेता था। कभी लड़ जाता था, कभी हँसकर रह जाता था।"[50] इसी दौर का वाकया श्री रामकृष्ण खत्री ने अपनी आत्मकथा में किया है कि जब किसी अंग्रेज जवान ने स्टेशन पर किसी भारतीय स्त्री के मुँह पर सिगरेट का धुआँ छोड़ा तो आज़ाद ने उसे पटककर पीटा। एक अन्य के संस्मरण में पिकेटिंग कर रही महिला पर पान थूकनेवाले पठान से लड़ गए। उनमें बदला लेने की यह भावना अन्त तक बनी रही। 1930 की ऐसी ही एक घटना का जिक्र श्रीमती तारा अग्रवाल ने अपने संस्मरण में किया है—

"मैं अपनी अन्य स्वयंसेविकाओं के साथ जमशेद जी की मशहूर माल रोड की दुकान पर पिकेटिंग कर रही थी। जमशेद जी के लड़के ने अपने जूते की ठोकर मारकर मुझे गिरा दिया और दुकान से शराब की एक बोतल लेकर एक अंग्रेज ग्राहक को दे दी। इस पर उपस्थित जनसमूह में अपार क्रोध उमड़ पड़ा। किन्तु हम सब बहनों ने पूज्य बापू की याद दिलाकर पूर्ण अहिंसक होने के कारण उन्हें शान्त कर दिया। यह बात किसी प्रकार आज़ाद भैया को मालूम हो गई और मेरे घर वापस आने पर उन्होंने क्रोधित मुद्रा में मुझे डाँट-फटकार बतलाई और कहा कि तीन दिन के अन्दर उस शराब के दुकानदार से इसका बदला ले लूँगा और वास्तव में हुआ भी ऐसा ही। पता चला कि वही शराब की दुकान धाय-धाय कर आग से जल गई। आज़ाद भैया ने घर आकर कहा कि आज मैंने उस दुकानदार से बदला चुका लिया है।"[51]

बचपन में भी आज़ाद ने बनारस के डी.एम. से माफी नहीं माँगी, बेंत खाई, अंग्रेजी पैसा फेंक दिया। श्री मन्मथनाथ लिखते हैं, "आज़ाद के शहीद होने के बहुत दिनों बाद फतेहगढ़ सेंट्रल जेल में मेरी सरदार गंडा सिंह से बातचीत हो रही थी। ये गंडा सिंह वही महाशय थे जिनकी जेलरी में आज़ाद को बेंत लगे थे। मैंने ज्यों ही आज़ाद का नाम लिया, गंडा सिंह चुप हो गया। फिर बोला हाँ, हाँ, मुँह में चेचक का दाग था। मुझे उसकी बात भली-भाँति याद है। मैं उसी जमाने जान गया था कि वह क्रान्तिकारी

था। यदि कोई क्रान्तिकारी स्वभाव हो तो अवश्य ही आज़ाद उस समय क्रान्तिकारी थे। कोई अन्याय वह सह नहीं सकते थे।"[52] श्री सुरेन्द्र शर्मा के अनुसार, "रंक से राजा तक प्रत्येक स्थिति के लोगों से घुल-मिल जाने की चन्द्रशेखर में अद्भुत क्षमता थी। चरित्र की पवित्रता, स्वभाव की मृदुलता तथा मंजुलता किसी भी नये वातावरण में उन्हें लोकप्रिय बना देती थी।"[53]

श्रीमती दुर्गा देवी ने लिखा, "आज़ाद का व्यक्तित्व इतना ऊँचा और शक्तिशाली था कि वे बिना किसी प्रपंच के अपने अन्तिम दिन तक दल के एकमात्र नेता तथा सेनापति बने रहे। उनसे लोग डरते थे, प्यार करते थे और उनके बिना कोई तिल भी नहीं हिला सकता था। अवसर आने पर सभी ने अनुभव किया कि वह आज़ाद सिर पर कफन बाँधे केवल एक लड़ाका सिपाही ही नहीं है, बल्कि बच्चों की तरह अपने अतिप्रिय मित्र मेरे पति की अकाल मृत्यु पर बिलख-बिलखकर रोना भी जानता है। स्वाधीनता का यह पागल पुजारी अपने कर्तव्य के प्रति वज्र के समान कठोर था। अपने प्रति सर्वथा विरक्त और दल के एक-एक व्यक्ति के लिए सहृदय। कुछ व्यक्तियों की धारणा है कि आज़ाद बड़े ही जिद्दी और क्रोधी स्वभाव के थे। किन्तु ऐसा नहीं था। बम्बई में जब हम गोली चलाकर लौटे तो हमें देख भैया गुस्से से काँप रहे थे। मैंने इतना ही कहा कि भैया बात तो सुन लो। भैया ने मेरी विवशता पढ़ ली और सहसा स्वयं ही शान्त हो गए, जैसे कुछ बात ही न हो। इतना उदार, इतना स्निग्ध और इतनी गहरी समझ का था आज़ाद कि प्राय: लोग उसे समझ ही न पाते थे। भैया सरल स्वभाव के थे। दाँव-पेच और कपट की बातों से उनका दम घुटता था।"[54]

श्री विश्वनाथ वैशम्पायन अपने संस्मरण में लिखते हैं, "दूसरे दिन सवेरे के समाचार-पत्रों में श्री सदाशिव और भगवानदास की गिरफ्तारी के समाचार थे। हम दोनों ही समाचार पढ़कर हतबुद्धि रह गए। आज़ाद की आँखों से आँसू छलक पड़े और वे बोले, "बच्चन अब हम चार की जगह दो ही रह गए। अपने दो विश्वासपात्र साथी चले गए।"[55] भाई भगवतीचरण की शहादत के बाद हँसना तो मानो भूल ही गए थे। जब 1930 का आन्दोलन प्रारम्भ हुआ तो दल ने भी आन्दोलन चलाने की योजना बनाई। शराब के ठेकों पर दिन में धरना होता था और रात को क्रान्तिकारी पीनेवालों को पकड़-पकड़कर उनका मुँह नाली में धुसेड़ते थे और उनकी मरम्मत की जाती थी। यह कार्य आज़ाद अपने सामने कराते थे। कानपुर में यह आन्दोलन काफी चला। इसका परिणाम यह हुआ कि लोगों ने शराब की दुकानों पर जाना छोड़ दिया। (इस पर स्व. मोतीलाल प्रसन्न हुए थे और आनन्द भवन में अपनी अन्तिम भेंट में तारीफ करते हुए कहा था कि मैं तुम्हारी आर्थिक मदद करूँगा, तुम यह काम करते रहो।)"[56]

आज़ाद के साथी क्रान्तिकारियों में से एक श्री शिववर्मा उनके स्वभाव का विवेचन करते हुए लिखते हैं, "आज़ाद की सबसे बड़ी कमजोरी थी आँसू। किसी को रोते देखकर अपने को सम्हाल पाना उनके लिए बड़ा कठिन था। चनन सिंह को मारना कर्तव्य था और उसकी बेवा पत्नी तथा उसके बच्चों के लिए चिन्ता व्यक्त करना मानव हृदय की स्वाभाविक कोमलता थी। बातों-बातों में आज़ाद ने कई बार उसके परिवार की चिन्ता प्रकट की। आज़ाद हमारे सेनापति ही नहीं थे वे हमारे परिवार के अग्रज भी थे। जिन्हें हर

साथी की छोटी-छोटी आवश्यकता का ध्यान रहता था। मोहन (बी.के. दत्त) की दवाई नहीं आई, हरीश (जयदेव) को कमीज की आवश्यकता है, रघुनाथ (राजगुरु) के पास जूता नहीं रहा, बच्चू (विजय) का स्वास्थ्य ठीक नहीं है आदि उनकी रोज की चिन्ताएँ थीं।"[57] इसी तरह श्री राजाराम शास्त्री ने माँ के प्रति आज़ाद के जो उद्गार लिखे हैं वे जरा नाटकीय व कृत्रिम लगते हुए भी भावुक करनेवाले हैं।

पूर्णचन्द्र 'सनक' ने अपनी पुस्तक का आरम्भ कानपुर बम फैक्टरी के इंचार्ज शिवचरण के शब्दों से किया है, "मैंने दो वर्ष छह महीने में आज़ाद भैया को कभी उदास या चिन्तित नहीं देखा, जिस समय और जहाँ भी वे मिले, हँसते ही दीख पड़े।" 'सनक' के अनुसार आज़ाद का स्वभाव था जल्दी-जल्दी बोलना और बातों के बीच में कभी-कभी अंग्रेजी में बोलना।

कला प्रेम

श्री चन्द्रशेखर आज़ाद ने एक बार राजगुरु द्वारा लाया किसी स्त्री का पोस्टर फाड़कर फेंक दिया था और राजगुरु के प्रतिवाद करने पर कह दिया था कि मेरा बस चलेगा तो मैं ताजमहल भी तोड़ दूँगा। ऐसा ही एक वाकया श्रीमती सुशीला देवी ने भी सुनाया है। वे लिखती हैं, "भैया को कलापूर्ण चित्रों से अनोखा प्रेम था। हम लोग जब भगतसिंह को छुड़ाने के लिए लाहौर गए तो हमने मुल्तान रोड पर एक कोठी किराए पर ली थी। उसको वैसे ही सजाया था कि कोई सम्भ्रान्त परिवार रहता हो। उसमें सोफा, गलीचे, गुलदस्ते सभी कुछ रखा गया था। हमारा एक तैलचित्र था। उसको देखकर भैया ने कहा इस चित्र को मुझे दे दो। मैंने पूछा कि आप क्या करेंगे? तो भैया ने उत्तर दिया कि उसको सामने रखकर निशानेबाजी करूँगा। यह था उनका कला प्रेम। उनकी निशानेबाजी अचूक होती थी।"[58]

आज़ाद सम्बन्धी इस संस्मरण को पढ़ने से ऐसा प्रतीत होता है कि आज़ाद हर तरह की कला के विरोधी थे, लेकिन ऐसा था नहीं। संगीत में उनको बड़ा रस आता था, इसका पता उनके अनेक साथियों के संस्मरणों से चलता है। आज़ाद के संगीत प्रेम का पता सर्वप्रथम श्री भगवानदास माहौर के संस्मरण से चलता है क्योंकि दल में भगतसिंह को शेरो-शायरी का शौक था तो श्री भगवानदास माहौर और श्री विजय सिन्हा बढ़िया गाते थे। श्री भगवानदास ने ही पहली बार अपने संस्मरण में 'दुश्मन की गोलियों का हम सामना करेंगे, आज़ाद ही रहे हैं, आज़ाद ही रहेंगे' का उल्लेख किया है।"[59] आगे लगभग सभी ने इसका प्रयोग किया है। इसी तरह उनका प्रिय गीत 'माँ! हमें विदा दो, जाते हैं हम विजय केतु फहराने आज।' इसका उल्लेख श्रीमती दुर्गा देवी ने पहली बार अपने संस्मरण में किया था।[60] आगे श्री विश्वनाथ वैशम्पायन ने भी इसका उल्लेख किया है। बटुकनाथ अग्रवाल ने भी इसे उद्धृत किया। देशभक्ति गज़लों के प्रति चन्द्रशेखर आज़ाद के लगाव को स्पष्ट करते हुए श्री सुरेन्द्र शर्मा लिखते हैं, "एक दिन हम लोग कमरे में पड़े पलँग पर बैठे बातें करने लगे। आज़ाद ने कहा, भाई साहब आपको वह कविता याद है जो 'अमेरिका को स्वाधीनता कैसे मिली' के अन्तिम पृष्ठ पर छपी है? वह पुस्तक जब्त हो चुकी थी। मेरे हाँ, कहने पर आज़ाद की इच्छा हुई, मैं धीरे-धीरे गाने लगा—

ऊरूजे कामयाबी पर कभी हिन्दुस्तान होगा।
रिहा सैय्याद के हाथों से अपना आशियाँ होगा।
कभी वह दिन भी आएगा जब अपना राज देखेंगे।
जब अपनी ही जमीं होगी और अपना आसमाँ होगा।
जुदा मत हो मेरे पहलू से ऐ दर्दे वतन हर्गिज।
न जाने बाद मुर्दन मैं कहाँ हूँ और तू कहाँ होगा।
वतन की आबरू का पास देखें कौन करता है।
सुना है आज मकतल (वधस्थल) में हमारा इम्तिहाँ होगा।"[61]

स्मरणीय है कि 'अमेरिका को स्वाधीनता कैसे मिली' पुस्तक सितम्बर, 1925 में बनारस में आज़ाद के कमरे की तलाशी के समय हेड कांस्टेबल भवानी सहाय को मिली थी।

श्री कुन्दनलाल गुप्त के मुख से सुना गीत श्री वैशम्पायन जी ने अपने संस्मरण में लिखा है—

जेहि दिन होइहैं सुरजवा, अरहर के दलिया, धान के भतुआ।
खूब कचर के खैबेना, अरे जेहि दिन होइहैं सुरजवा।

यह गीत बनारस के दिनों का है और इसकी बोली-भाषा स्थानीय काशिका ही है।

जेल से छूटने पर श्री विश्वनाथ वैशम्पायन जी खनियाधाना के तत्कालीन राजा श्री खलक सिंह जूदेव से मिले तो उन्होंने बसई की वह कोठी और अमराई दिखाई जहाँ आज़ाद आते थे। वे कहने लगे कि बुंदेलखंड की कविता में उन्हें (आज़ाद) बड़ा रस आता था। एक बार मैंने उन्हें एक राष्ट्रीय होली सुनाई थी। यह कह वह फिर सिर पर हाथ फेरते हुए सोचने लगे, फिर एक बीड़ी सुलगाकर बोले, हाँ याद आ गई। वह इस प्रकार थी—

खेली ऐसी होली सुरंग, रंग केसर बोरी।
महारानी ने गढ़ पर फाग की धूम मचाई।
लाल रंग पिचकारी छूटे भूमि भई सरबोरी।
महारस रंग मचो री।

आज़ाद अकसर इसे गवाते थे। मेरी यह कविता 'प्रताप' में भी छपी थी। गणेश शंकर जी से ही मुझे राष्ट्रीय प्रेरणा मिली थी।[62] इसी संस्मरण में श्री वैशम्पायन आगे लिखते हैं कि "आज़ाद गाना नहीं जानते थे पर काव्य के प्रेमी थे। अनेक बार वे इधर-उधर की पंक्तियाँ गुनगुनाते थे। अकसर खनियाधाना में सुने गीतों की कड़ियाँ गुनगुनाते थे। उसमें की कुछ पंक्तियाँ मुझे आज भी याद हैं—

लहरत लहर लहरिया लहर बहार
मोतिन जरी किनरिया बिखुरै बार
प्रीतम एक सुमिरिनिया मोहि देहि जाहु
जेहि जय तोर बिरहवा करहुँ निबाहु।"[63]

उस सेनानी के हृदय के किसी कोने में उत्कट प्रेम की चिनगारी जल रही थी और वह एकमात्र देशप्रेम था। आज़ादी की विरह वेदना उन्हें असह्य थी। लेकिन यह स्पष्ट है कि आज़ाद को देशभक्ति के गीत ही पसन्द थे। इश्क-विश्क से वे चिढ़ जाते थे।

आगरे में फुरसत के समय ताश खेलना, पुस्तकें पढ़ना, देश की समस्याओं पर विचार-विनिमय होता था। कभी-कभी चाँदनी रात में लोग ताज की सैर करने चल देते। सरदार तो अकसर ही वहाँ जाते। आज़ाद एक ही बार ताज देखने गए। वे कहते, "वहाँ जाकर लोगों पर जो मनहूसियत छा जाती है उससे मैं ऊब गया हूँ।" भगतसिंह वहाँ जा अकसर भावुकतावश घंटों चुपचाप बैठे रहते थे। राजगुरु ने एक बार अपनी गोली मार भावुकता का परिचय दिया था। एक दिन जब सब लोग ताज से घर लौटे तो रघुनाथ यानी राजगुरु कागज पेंसिल लेकर लिखने बैठे और थोड़ी देर में चिल्लाए, बन गया शेर, बन गया शेर और बिना किसी के कुछ कहे लगे उसे पढ़ने—

अब तक नहीं मालूम था इश्क क्या चीज है?
रोजे को देखकर मेरे इश्क ने बलवा किया।

हम सबने तो इश्क ने बलवा किया, कहकर हँस दिया पर सरदार ने अपना रिवॉल्वर निकालकर क्रोध से कहा ले जाओ, मार दो गोली मुझे या फिर वादा करो कि आज से फिर शेरो-शायरी का नाम न लूँगा। राजगुरु यह सुनकर हतप्रभ हो गए।[64]

आज़ाद के संगीत प्रेम का सबसे जीवन्त चित्रण श्री शिववर्मा ने किया है। वे लिखते हैं, "आज़ाद संगीत प्रेमी थे, भगवानदास और विजय से प्राय: ये गाना सुनाने का अनुरोध करते रहते थे। एक बार रात के समय लगभग 10:00 बजे एक साथी से मिलकर वे मेरे साथ अपने निवास-स्थान पर वापस जा रहे थे। उस समय हम लोग कानपुर के तत्कालीन प्रमुख कांग्रेसी कार्यकर्ता श्री रामसिंह के यहाँ ठहरे थे। पुलिस के अवांछनीय लोगों की निगाह से बचने के खयाल से हम लोगों ने सड़क छोड़कर मूलगंज की एक गली का रास्ता पकड़ा। अभी कुछ ही कदम आगे बढ़े होंगे कि ऊपर कोठे से किसी बाई जी ने ठुमरी की तान भरी। कमरे की खुली खिड़कियों से जाड़े की रात के सन्नाटे को चीरकर गानेवाली का सुरीला स्वर हवा में तैरने लगा। 15-20 कदम आगे निकल जाने पर आज़ाद ने मेरा हाथ दबाया। यार बहुत अच्छा गा रही है, दो मिनट सुन लो। सचमुच सन्नाटे के उस वातावरण में गाने ने एक समाँ पैदा कर दिया था। गायिका अपने तन के भूखे किसी शुष्क सौदेबाज के सामने अपने जीवन की सारी वेदना उड़ेले जा रही थी और नीचे दो अजनबी उसकी कला का सौरभ बटोर रहे थे। थोड़ी देर में हमें अपनी स्थिति का ज्ञान हुआ तो इच्छा न रहते हुए भी हम वहाँ से चल दिये। गाने का स्वर दूर तक हमारा पीछा करता रहा। संगीत एक जादू है। इस सत्य को देखकर भी उस दिन पहचान नहीं पाया था। आज सोचता हूँ जो कला आज़ाद जैसे सतत चौकसी और सतर्कता बरतनेवाले व्यक्ति को भी थोड़ी देर के लिए अपनी स्थिति से गाफिल कर सकती है, शहर की बदनाम गली में बाँधकर खड़ा रख सकती है, वह निश्चय ही सशक्त है, महान है।"[65]

आज़ाद को गाना अच्छा लगता था, पर वे संगीत से अधिक उसके शब्दों के आशिक

थे। कभी-कभी किसी बुंदेलखंडी कविता की एक-आध लाइन शुरू कर देते और फिर मुझसे या भगवानदास से कहते, 'हाँ गाओ तो यह गाना।' अन्तिम दिनों में जब एकान्त में बैठे विचारों में अत्यधिक उलझ जाते तो कहते थे 'गाना गाओ' और ऐसे समय 'माँ हमें विदा दो' गीत वे गवाते और साथ देते। गीत समाप्त होने पर गीत की रसधारा मानों उनके सारे मस्तिष्क के विषाद को धो देती, कभी रणजीत का स्मरण करते-करते वे गा उठते 'मेरा रँग दे बसन्ती चोला' गाते-गाते वे एकदम मौन हो बैठ जाते।"[66]

यहाँ एक बात स्पष्ट करनी आवश्यक है कि सी.आई.डी. के रिकॉर्ड में आज़ाद की हस्तलिपि का जो नमूना था वह भी एक हिन्दी कविता थी। "वेदर स्पेसीमन ऑफ हैंड राइटिंग इन रिकॉर्ड" के सामने लिखा है, "एस, आइटम 'एफ' ए हिन्दी सांग रीकवर्ड फ्रॉम द बहावलपुर रोड हाउस।"[67] हालाँकि फाइल में यह नमूना वर्तमान में उपलब्ध नहीं है। इस हस्तलिपि की शिनाख़्त कैलाशपति ने अपने बयान में की है। आज़ाद के संगीत प्रेम का पता उनके केन्द्रीय समिति के सदस्य रहे श्री सदगुरु दयाल अवस्थी के संस्मरणों से भी होता है। वे बताते थे कि "पंडित जी को गाना सुनने का नहीं, स्वयं गाने का भी बहुत शौक था। वीर रस पूर्ण यह स्वरचित गीत जब वह तन्मय होकर बड़ी लगन के साथ गाते थे तब सुननेवाले की भुजाएँ फड़कने लगती थीं—

माँ! हमें विदा दो, जाते हैं हम विजय केतु फहराने आज।
तेरी बलिवेदी पर चढ़कर माँ! निज शीश कटाने आज।
मलिन वेष ये आँसू कैसे, कम्पित क्यों होता तव गात
वीर प्रसूति क्यों रोती है? जब तक खड्ग हमारे हाथ।
धरा शीघ्र ही धसक उठेगी, छूट पड़ेंगे नभ के तार
शत्रु काँपता रह जाएगा, होंगी माँ जब रण हुंकार।
नृत्य करेंगे रक्त कुंड में, फिर-फिर खंग हमारी आज।
अरि शीश कट यही कहेंगे, भारत भूमि तुम्हारी आज।" [68]

उल्लेखनीय है कि सन् 1930-31 में कानपुर, इलाहाबाद, बनारस तथा आगरा आदि स्थानों से देशभक्ति के गीत-गजलों की छोटी-छोटी पुस्तिकाएँ बड़े पैमाने पर निकला करती थीं। जिनका संकलन आज भी राष्ट्रीय अभिलेखागार में देखा जा सकता है। 1930 के ऐसे ही एक संकलन 'क्रान्ति का सिंहनाद' में 'माता से विदा माँगता हूँ' नाम से यह कविता पृष्ठ 12 पर संकलित मिलती है। मूल रूप में कविता इस प्रकार है—

माँ! हमें विदा दो, जाते हैं हम विजय केतु फहराने आज।
तेरी बलिवेदी पर चढ़कर, माँ! निज शीश कटाने आज॥ 1॥
नृत्य करेगी रण प्रांगण में, फिर-फिर खंग हमारी आज,
अरि शिर गिराकर यही कहेंगे, भारत भूमि तुम्हारी आज॥ 2॥
मलिन वेश ये आँसू कैसे, कम्पित होता है यह अंग।
वीर प्रसूती क्यों रोती है? जब लग शक्ति हमारे अंग॥ 3॥
धरा शीघ्र ही धसक पड़ेगी, टूट जाएँगे नभ के तार।
विश्व काँपता रह जाएगा, होंगी माँ जब रण हुंकार॥ 4॥

तेरे चरणों में सर धर कर, जाते हैं करने रण रंग।
फिर भय किसका है, जननी तव आशीष हमारे संग॥ 5॥
विजय देवि आकर धोवेगी, तव चरणों को सज जब साज।
पुलकित हो हम गावेंगे, भारत भूमि हमारी आज॥ 6॥[69]

यह पुस्तिका राष्ट्रीय साहित्य प्रकाशक मंडल, कानपुर से प्रकाशित है। यद्यपि पुस्तिका पर लेखक का नाम मुद्रित नहीं है किन्तु हाथ से गंगासहाय लिखा है जो सम्भवत: संकलनकर्ता का नाम है। पुस्तिका पर विभाग द्वारा हस्ताक्षर कर 24.02.1930 की तिथि अंकित की गई है जिससे स्पष्ट है कि यह पुस्तिका सी.आई.डी. अथवा पुलिस को उक्त तिथि पर मिली होगी।

28 मई, 1930 को श्री भगवतीचरण शहीद हुए थे। 2 जून, 1930 को बहावलपुर वाले मकान में रखे दो बमों के स्वत: फटने से वह मकान छोड़ा गया था। यहाँ से पुलिस को दल के कई कागज मिले थे, जिनमें कुछ पत्र श्री यशपाल की हस्तलिपि में मिले थे। इन कागजों में आज़ाद के हाथ की लिखी कवितावाला एक कागज भी मिला था किन्तु स्पष्ट नहीं कि वह कविता कौन-सी थी? इसी प्रकार श्री नन्दकिशोर निगम ने अपनी पुस्तक 'बलिदान' में आज़ाद के मुख से सुनी जिन तीन शायरियों का उल्लेख किया है, उनमें एक तो 'दुश्मन की गोलियों' वाली है। शेष दो—

1. टूटी हुई बोतल है टूटा हुआ पैमाना, सरकार तुझे दिखा देंगे ठाठ फकीराना।
2. शहीदों की चिताओं पर पड़ेंगे खाक के ढेले, वतन पर मिटनेवालों का यही बाकी निशाँ होगा।[70]

आज़ाद की शहादत के मात्र तीन माह बाद उनकी पहली जीवनी बनारस से मई, 1931 में छपी थी। पुस्तक के सफा-4 पर 'आज़ाद की स्वरचित कविता' शीर्षक से दो गज़लें प्रकाशित हैं। जो निम्नवत हैं—

1. *वही शाहे शहीदां है, वही है रौनके आलम।*
   वतन पर देके जां जो जंग के मैदां में सोता है॥
   उसी का नाम रोशन है, उसी का नाम बाक़ी है।
   कि जिसकी मौत पर दुनिया का हर इनसान रोता है॥
   ज़रा बेदार ओ, अब ख़्वाब ग़फ़लत से जवानों तुम।
   कि जिसमें ज़ोर बाजू है, वही 'आज़ाद' होता है॥
   यही दुनिया से अब इस सूरमा की रूह कहती है।
   ग़रीबों को मिले रोटी तो मेरी जान सस्ती है॥

2. *हम दिखाएँगे तुम्हें वह कुब्वते फ़रियाद की।*
   बेसदा होगी नहीं जंज़ीर है आज़ाद की॥
   कौन कहता है कि मेरा रायगां खूं जाएगा।
   मरने वालों ने जब एक दुनिया नई आबाद की॥

किस तरह से जंग करते हैं वतन के वास्ते।
किस तरह से जान देते हैं वतन के वास्ते॥
फ़कत दुनिया में तुम्हें थे यह बताने आये हम।
खुश रहो अहले वतन चलते हैं वन्देमातरम्॥

विनोदप्रियता

अब हम श्री चन्द्रशेखर आज़ाद के हास-परिहास पर चर्चा करेंगे। ऐसा भी नहीं है कि वो चुटकुले सुनाते रहते थे, मगर गाहे-बगाहे हल्की फुलकी हँसी मजाक का दौर भी चलता रहता था। खासकर उनके मोटापे पर लोग तंज करते रहते थे और वे बिना बुरा माने उसका आनन्द लिया करते थे। ऐसे कतिपय संस्मरणों का जिक्र कर देने से आज़ाद के मानवीय पहलू का उद्घाटन हो जाएगा। 'विप्लव' के आज़ाद अंक में 'कुछ सुखद स्मृतियाँ' नाम से लेख है जिसके लेखक का नाम डॉक्टर सी.डी. लाल लिखा है। यह सम्भवत: भवानी सिंह रावत का लेख है। लेखक अपने संस्मरण में लिखता है, "कुछ दूर चलने के पश्चात ये लोग सड़क से एक पहाड़ी से उतर गए और पगडंडी के रास्ते घूमते-फिरते हँसते-गाते बातें करते हुए एक निश्चित स्थान की तरफ चले जा रहे थे। हमारे नायक ने भी रास्ते को सुगमता से काटने के लिए यह गाना गाया—

जब कफन से लाश निकली, उस बुते नासाद की।
रोते-रोते आज हिचकी बँध गई जल्लाद की।

(यह शेर भगतसिंह पढ़ा करते थे, जो असल में इस तरह था "जब कफस से लाश निकली, बुलबुले नाशाद की इस कदर रोए कि हिचकी बँध गई सैय्याद की) इस गाने के और भी दो तीन शेर हमारे नायक ने गाए और तीन-चार और तरह के गाने भी गाए जो आज याद नहीं।"

इसी संस्मरण में लेखक ने आज़ाद के विनोदी स्वभाव का एक किस्सा यूँ दिया है—"उन दिनों देल्ही में चूड़ी आन्दोलन बड़े जोरों पर चल रहा था। बाजार में माताएँ और बहनें हाथों में चूड़ियाँ लिए विशेष तौर पर चाँदनी चौक में घंटाघर के पास अधिक संख्या में फिरा करती थीं। आप अब चूड़ियाँ पहनकर घरों में बैठिए और हम स्त्रियाँ देश की स्वतंत्रता के लिए कार्य करेंगी। कम्पनी बाग के करीब एक घर में चार-पाँच नौजवान और एक स्त्री बैठे थे। कुछ बातें हो रही थी कि बड़े भैया (प्रात:स्मरणीय श्री चन्द्रशेखर आज़ाद) मुस्कुराते हुए ऊपर आए। उनको मुस्कुराते हुए देखकर सब लोग कुछ आश्चर्य से पूछने लगे कि आज हँसते हुए क्यों आ रहे हो? वह अधिकतर गम्भीर ही रहा करते थे। बड़े भैया बोले क्या बताऊँ आज बड़ा मजा आया। मैं अभी घंटाघर के पास से आ रहा था तो एक लड़की ने हाथ पकड़कर कहा, ठहरो मैं तुमको चूड़ियाँ पहनाऊँगी। मैंने कहा क्यों? वह बोली तुम लोग तो देश को स्वतंत्र करने के लिए कुछ काम कर नहीं रहे हो, इसीलिए यह चूड़ियाँ पहनकर स्त्री बनकर घरों में बैठो और हम देश को स्वतंत्र कराने बाहर निकलती हैं। मैंने मुस्कुराते हुए कहा, अच्छा बहन यदि तेरा ऐसा ही खयाल है तो पहना दे। उस लड़की ने कई चूड़ियाँ चढ़ाने की कोशिश

की, परन्तु मेरे एक भी न आई। सब छोटी रहीं। फिर उसने इधर-उधर से तीन चार और लड़कियों को बुलाकर उनकी बड़ी-बड़ी चूड़ियाँ लेकर मुझ को पहनाने की कोशिश की, परन्तु एक भी न चढ़ीं। फिर मैंने कहा मेरे लिए तो खासकर बड़ी-बड़ी बनवाकर लाओ, तब शायद तुम पहना सको। वे सब कुछ शर्माकर मुस्कुराती हुई चली गईं।"[71]

इसी तरह 'विप्लव' के फरवरी, 1940 के अंक में प्रकाशित अपने संस्मरण में इन्द्रपाल ने आज़ाद के सम्बन्ध में एक किस्सा लिखा है, "आज़ाद मांस नहीं खाते थे परन्तु मांस खानेवाले जिस थाली में मांस खा रहे हों उसी में दाल-रोटी खा लेना उन्हें बुरा नहीं मालूम होता था। पंजाब की अपेक्षा युक्तप्रान्त में छूत की बीमारी अधिक है। मेरा विचार था कि भैया मांस नहीं खाते हैं, इसलिए शायद मुसलमान की छूत से भी उन्हें परहेज हो। इसलिए दो तारीख को बँगला छोड़ आने के बाद जब श्री यशपाल और भैया मेरे मकान पर आ टिके और उनके लिए मुझे खिचड़ी बनानी पड़ी और दही का पैसा भी उन्हीं से ले लिया, नजदीक दही की जो दुकान थी, वह मुसलमान की थी। मैंने भैया से पूछा मुसलमान की दुकान से दही ले आने में कुछ हर्ज तो नहीं? 'ले आओ खाने के बाद नहा लेंगे' भैया ने कहा। उस गम की हालत में भी हम लोग इस मजाक पर हँसे बिना न रह सके।"[72] यह घटना बहावलपुरवाले मकान में बमों के फटने के ठीक बाद की है।

श्री सत्यदेव विद्यालंकार ने श्रीमती सुशीला देवी की जीवनी में एक जगह लिखा है, 'शान्ता जी ने अपने संस्मरण में लिखा है कि जब सुशीला जी फरार थी तब मुझे एक बार इलाहाबाद बुलाया। वहाँ दादा श्री चन्द्रशेखर आज़ाद के दर्शन का सौभाग्य प्राप्त हुआ। एक दिन दादा बच्चों की भाँति मेरी भावी ननद, लीला जी और मेरे साथ परिहास कर रहे थे। मैंने कहा दादा अगर कोई आपके कारनामे सुने तो दंग रह जाएगा। अँधेरे में कोई देख ले तो सहज चिल्ला दे, इस समय बच्चों की तरह किलकारियाँ मारते कोई देखे तो कौन कहेगा कि यह शेर चन्द्र दादा हैं। वह हँसे।"[73]

आज़ाद के विनोदी स्वभाव का एक नमूना श्री सुरेन्द्र शर्मा ने अपने संस्मरण में दिया है। वे लिखते हैं, "आज़ाद बड़े विनोदप्रिय थे। बातचीत में रंग भरे स्वर में मीठी चुटकी लेना उनके स्वभाव की ऐसी विशेषता थी, जो कभी भुलाए नहीं भूलती।" पिस्तौल की जानकारी कराते समय एक निकटतम मित्र की पत्नी की चर्चा छेड़कर वे बोले, "उनका तो कहना ही क्या है? राइफल चलाने की कला में वह इतनी सिद्धहस्त हैं कि अपने आँगन में बैठे-बैठे उड़ती चिड़िया का शिकार कर डालती हैं।"[74] यह टिप्पणी सम्भवत: वीरभद्र तिवारी की पत्नी के सम्बन्ध में थी।

निशाना

आज़ाद के व्यक्तित्व के जिस एक गुण ने मिथक का रूप धारण कर लिया है, वह है निशानेबाजी और शिकार की कहानियाँ। इन कहानियों को भाबरा से जोड़ा जाता है। इनमें अपराधी भील की आँख में तीर मारने से शेर मारने तक के कथानक शामिल हैं। इन कथाओं की सत्यता जान पाना मुश्किल है, लेकिन यह सत्य है कि झाबुआ व अलीराजपुर के भील बाहुल्य इलाके में हाल तक वहाँ के मूलवासी आत्मसुरक्षार्थ

धनुष-बाण लेकर चलते थे और 1980 के दशक में जब श्री मांगीलाल सोलंकी और धर्मवीर भारती ने भाबरा की यात्रा की थी तो वहाँ प्राथमिक उपचार केन्द्र के डॉक्टर ने बताया था कि कभी-कभी आदिवासी आते हैं तो ज्यादातर झगड़ों में तीर लगने के कारण। आज़ाद के जन्म के समय का जो गजेटियर अलीराजपुर स्टेट का मिलता है, उससे साफ है कि उस समय भी भाबरा के आसपास शेर दुर्लभ ही दिखता था। हाँ, तेंदुआ, जंगली सुअर वगैरह जरूर थे। आज़ाद ने इसका शिकार किया होगा, इसमें कोई शक नहीं। साथियों के संस्मरणों से हम आज़ाद की शिकारी प्रवृत्ति व अचूक निशानेबाजी की कहानियों को सुनते हैं।

डॉक्टर प्रकाश पाल के अनुसार, "खाली समय में दूर दियासलाई की डिबिया रखकर उस पर एयर पिस्टल से निशाना लगाना भी याद आता है। इसके अलावा जब याद करने की कोशिश करती हूँ तो आज़ाद का व्यक्तित्व पार्टी से भिन्न कुछ दिखाई नहीं देता।"[75] श्रीमती पाल ने अपनी आत्मकथा 'लाहौर से लखनऊ तक' में चन्द्रशेखर आज़ाद द्वारा निशाना लगाने तथा लगवाने के सम्बन्ध में विस्तार से लिखा है। वे लिखती हैं, "भैया बहुत खुशमिज़ाज थे। खूब हँसते थे और खूब हँसाते थे। दीवार पर एक कागज पर स्याही से गोला बनाकर बीच में बिंदी लगा देते और कहते, 'लगाओ निशाना।' छर्रेवाली पिस्तौल मेरे हाथ में दे देते। मैं निशाना अच्छा लगाने लगी थी। एक छोटी भरी पिस्तौल मैं सदा अपने बदन पर रखती थी। इसी प्रकार यशपाल जी ने भी पार्टी में आते ही दिल्ली में प्रैक्टिस कराई थी। इसी प्रसंग में एक घटना याद आ गई। जिस समय हम दोनों वात्स्यायन और देवराज के साथ डलहौजी के कहीं आसपास घूमने गए तो तेज वर्षा आ गई। पहाड़ों पर जगह-जगह चाय की छोटी-छोटी दुकानें मिलती हैं। वहीं पर थोड़ा बैठने का स्थान भी रहता है। हम चारों एक दुकान पर बैठकर चाय पीने लगे। हम में से किसी ने एक सिगरेट दीवार में लगा दी। हमारे पास हवाई पिस्तौल थी। बारी-बारी से हम चारों ने निशाना लगाया। सबका निशाना चूक गया, पर मैंने सिगरेट को छेद दिया। दुकान पर सब बैठे लोगों ने वाह-वाह में ताली बजा दी। यहाँ यह कहना चाहूँगी कि मैं कोई सधी हुई निशानेबाज़ नहीं थी। सिगरेट पर निशाना लगाना आसान नहीं, पर संयोग था कि मेरा निशाना सही लग गया।"[76] श्री यशपाल ने 'सिंहावलोकन' में लिखा है कि "चुन्नीगंज के मकान में आज़ाद प्रकाशवती को एक तकिये पर निशाना बनाकर एक एयर पिस्टल से निशाना मारने का अभ्यास कराया करते थे। तकिये पर इसलिए कि पिस्तौल का छर्रा खराब न हो और कई बार उपयोग में आ सके।"[77]

श्री सी.डी. लाल के नाम से लिखा पूरा संस्मरण ही आज़ाद के निशाना लगाने के प्रैक्टिस पर केन्द्रित है। यह संस्मरण भवानी सिंह ने आज़ाद की गढ़वाल-यात्रा के सम्बन्ध में लिखा था। लेखक के अनुसार, "वहाँ एक नेपाली की सहायता से शेर का शिकार करने का भी प्रयास किया गया। एक दिन आज़ाद ने नेपाली नौकर से पूछा कि क्या यहाँ शेर मिलते हैं तो उसने विस्मय से कहा, हाँ हुजूर, पास के पहाड़ के जंगल में कभी-कभी शेर मिल जाते हैं, फिर पूछा क्या आप शिकार करेंगे? तो आज़ाद ने साधारण तौर पर उत्तर दिया, हाँ, हमारी इच्छा शेर का शिकार करने की है। क्या तुम हमारे साथ चलोगे? वे लोग दोनाली लेकर गए, मगर शेर मिला नहीं। बाद में दरख्तों से

भरे पहाड़ पर हथेली के बराबर पत्ता तोड़कर काँटे से झाड़ी में टाँगकर उस पर सभी से निशाना लगवाया। पत्ता बदला भी गया। फिर जरा छोटा पत्ता लगाया गया और फासला 15 कदम बढ़ा दिया गया। फिर जरा और छोटा पत्ता लगाया गया और फासला 20 कदम कर दिया गया। हर दफे हर एक युवक को 5-5 निशाने मारने का अवसर दिया गया और उनको नम्बर दिये गए। रास्ते में एक ने कहा हमने आपकी तो निशानेबाजी देखी ही नहीं, उन्होंने एक 2-3 माह के बच्चे की हथेली बराबर के पत्ते पर 15-16 गज से पाँच गोली मारीं। हर बार पाँचों युवकों को लगा कि गोली नहीं लगी, लेकिन देखा गया तो पत्ते को छलनी की तरह गोलियों ने आसपास छेदा हुआ था। सिर्फ एक गोली जरा किनारे की तरफ लगी थी। इसके बाद पुनः शेर ढूँढ़ा गया, हल्के पंजे के निशान भी मिले, मगर शेर न मिला। एक पहाड़ी पर आज़ाद ने सभी को दुनाली को जोड़-तोड़ करके दिखाया और सबसे कराकर देखा। फिर एक बड़ा पत्ता दरख्त के तने से टाँगा गया। पहले आज़ाद ने खड़े होकर निशाना मारा, निशाने की गोली पत्ते को चीरकर वृक्ष के तने में घुस गई। फिर हर युवक को खड़े होकर, लेटकर, कई पोजिशन में करके आज़ाद द्वारा निशाने लगवाए गए और सबको नम्बर दिये गए। अगले दिन प्रातः रास्ते में हँसते-बोलते और गाते चले आ रहे थे कि एक युवक ने कहा भैया जरा पिस्तौल दो मैं अपना निशाना दिखाऊँ। पूछने पर उसने कहा वह देखो कैसे आराम से यह पक्षी (नीलकंठ या कठफोड़ा) बैठा है कि गोली लगे तो सीने को चीरकर पार निकल जाए। आज़ाद ने कहा, न ऐसा हरगिज न करना, इस बेजुबान पक्षी ने हमारा क्या बिगाड़ा है जो हम उसे मारें? इस स्वतंत्र पक्षी को अपनी स्वतंत्रता के मजे लेने दो।"[78]

इन्द्रपाल ने अपने संस्मरण में बहावलपुर रोडवाले मकान में बम फटने के बाद पिस्तौलों की गठरी लेने के लिए भारी खतरा उठाकर चार बार घर में जाने का जिक्र किया है। वह अन्त में लिखता है, "भैया को शस्त्र के बारे में कितनी चिन्ता रहती थी। उन्होंने उस समय तक चैन नहीं लिया जब तक कि उन्हें निश्चय न हो गया कि वो पिस्तौलें सुरक्षित हैं। खाने में उन्हें खिचड़ी और समय काटने के लिए गप्प से ज्यादा दूसरी चीज पसन्द नहीं थी। किस्सों में उन्हें शिकार के अनुभव और भीलों के किस्से बहुत पसन्द थे और निशाना लगाने या औजार की बात चल पड़े या मोटर तेजी से चलाने का जिक्र हो तो कहने की बात नहीं। देसी रियासतों के शासन का उन्हें काफी अनुभव था और इस देश के महाराजाओं का जिक्र छिड़ने पर उन्हें गुस्सा आए बिना और मुँह से गाली निकले बिना नहीं रह सकती थी।"[79] श्री भगवानदास माहौर ने खनियाधाना के बसई ग्राम में राजा साहब की कोठी के बगीचे में निशानेबाजी की परीक्षा का तफसील से वर्णन किया है। मगर राजा साहब और मास्टर साहब के कारण वहाँ आज़ाद की जगह माहौर को ही निशाना लगाने दिया गया था। श्री भगवानदास आज़ाद की शहादत के ठीक बाद अपनी मनःस्थिति को याद करके लिखते हैं, "मैं देखता हूँ, माउजर पिस्तौल के रखने में कुछ असावधानी के कारण आज़ाद मुझे डाँट रहे हैं। देख चीज के सम्बन्ध में यह लुक-लुक मुझे अच्छी नहीं लगती। तू मर जाए या पकड़ा जाए तो उससे पार्टी का उतना नुकसान नहीं होगा जितना इस माउजर के चले जाने से। आज़ाद की यह बात उस समय मुझे बहुत कड़ी ओर बुरी लगी थी।"[80]

बुंदेलखंड के श्री हरबल सिंह ने जंगली सुअरों के शिकार का एक संस्मरण पं. बनारसीदास चतुर्वेदी को सुनाया था, जिसे उन्होंने 'नर्मदा' अंक के सम्पादकीय में डाला है। वे लिखते हैं, "एक बार हम जंगली सुअरों के शिकार के लिए ओरछा के जंगलों में जानेवाले थे कि लँगोटी बाँधे हुए हृष्ट-पुष्ट साधु जी ने हमसे कहा, दीवान साहब हमको भी शिकार में साथ लेते चलिए। हमने कहा कि पुजारी जी! आप हमारे साथ चलकर क्या करेंगे? यह तो हिंसा का काम है और आप इस पाप कर्म को क्यों देखना चाहते हैं। उन साधु जी ने कहा हमें आप अगर एक बन्दूक दे दें तो हम भी अपने भाग्य को आजमा देखेंगे। मुझे साधु जी की इस बात पर हँसी आ गई और मजाक-मजाक में मैंने उन्हें बन्दूक दे दी और अपने साथ ले लिया। हम लोग शिकार के लिए अलग-अलग जगहों पर बैठ गए और दिल्लगी के लिए साधु जी को सबसे दूर बिठला दिया। एक मजबूत अकेला जंगली सुअर निकला, उस पर मैंने व मेरे साथियों ने गोलियाँ चलाईं, पर वे निशाने से दूर चली गईं। इतने में हमने क्या देखा कि साधु जी की एक गोली से वह भागता हुआ सुअर धराशायी हो गया। जब शिकार पार्टी जंगल से लौट रही थी तो मैंने साधु जी के पास अकेले में जाकर पूछा कि आप कोरमकोर साधु तो हैं नहीं। अपना भेद हमें बतलाइए। साधु जी ने कहा भेद की कोई बात हो तो हम बतलावें। हम तो मन्दिर के पुजारी हैं। बहुत दिनों के बाद मुझे साधु जी ने अपना परिचय दिया और तब मैं उनकी पार्टी से सहानुभूति रखने लगा।"[81]

श्रीमती दुर्गा देवी ने अपने संस्मरण में लिखा, "अपने हथियारों की नित्य सफाई उनका मनोविनोद था।"[82] आज़ाद अपना पिस्टल कोट में ही रखते थे, ऐसा श्री सदाशिव के संस्मरण से स्पष्ट है, जब वह उनके साथ, 1928 में भाबरा गए थे। दूसरे श्री वैशम्पायन ने 'नर्मदा' अंक के अपने संस्मरण में एक जगह लिखा है कि "बच्चन अभी गाड़ी में काफी देर है। चौक होते चलें जो गरम कोट सिलाने को दिये हैं शायद वे तैयार हुए हों। चीज (पिस्टल) को धोती में रखने में बड़ी तकलीफ होती है।"[83] श्री यशपाल ने लिखा, "यदि कोई काम न हो तो आज़ाद का मन बहलता था लगातार बातचीत करने से या हवाई पिस्तौल लेकर किसी बारीक चीज पर निशाने का अभ्यास करते रहने से। आगरा में रहते समय साथियों को बन्दूक और पिस्तौल का निशाना सिखाने के लिए वे उन्हें आगरे से बुंदेलखंड के जंगलों में दो-दो, तीन-तीन करके ले जाते। इस काम में आज़ाद को जो सुख मिलता था, उसे शब्दों से प्रकट नहीं किया जा सकता। दूर किसी महीन चीज पर सही निशाना मार लेने से उन्हें कम से कम उतना सन्तोष होता, जितना कोई बहुत ऊँची उक्ति कह देने पर किसी कवि को हो सकता है या लाख-दो लाख का सट्टा जीत लेने पर किसी मारवाड़ी को। जिन दिनों मैं आज़ाद के साथ रहा निशाना सिखाने के उनके शौक के कारण मुझे भी काफी जहमत झेलनी पड़ी। लक्ष्य बेध में अनुपम दक्षता प्राप्त करने के लिए मुझे कोई विशेष उत्साह कभी नहीं हुआ। मैं वश चलते आज़ाद को भी इस शौक से निरुत्साहित करने की कोशिश करता रहता। आज़ाद धमकाते थे, "अबे बांगडूस! पिटपिटिया कोट की पैंट में लिए फिरते रहोगे, प्रैक्टिस नहीं होगी तो वक्त पर दो हाथ दूर गोली जाएगी और दाँत निपोरे रह जाओगे।"[84]

आज़ाद ने बन्दूक चलाने का अभ्यास फरारी के समय में किया। ऐसा श्री मन्मथनाथ

गुप्त जी का मानना है। वे अपने संस्मरण में लिखते हैं, "आज़ाद झाँसी केन्द्र में बहुत दिनों तक रहे, किन्तु वह बैठनेवाले व्यक्ति नहीं थे। उन्होंने इस अरसे में दो खास काम सीखे-एक तो मोटर चलाना और दूसरा गोली चलाना। ये दोनों उनके बाद के जीवन में बहुत काम देनेवाले थे। इन दोनों कामों में वे बहुत होशियार हो गए थे। उनके सभी मित्र इस बात से सहमत हैं कि बाद को वह बहुत सच्चे निशानेबाज हो गए थे।"[85] श्री मन्मथनाथ गुप्त जी के कथन में सत्य का पुट है। 1923-24 में आज़ाद हथियारों को ले आने, ले जाने, खोलने-बाँधने का काम तो जान गए थे। ऐसा सर्वश्री शचीन्द्रनाथ बख्शी, भगवानदास, राजाराम शास्त्री, रामकृष्ण खत्री के संस्मरणों से आभास मिलता है। लेकिन आज़ाद के द्वारा बन्दूक चलाने के अभ्यास का कोई द्रष्टान्त काशी में रहते समय नहीं मिलता। जब वे जीवन के दूसरे मनी एक्शन में बिचपुरी गए थे तो इन्हें व रामकृष्ण खत्री को खुखरी दी गई थी, न कि पिस्तौल। एक बार एक्शन में उनकी पिस्तौल छिन गई थी। एक बार गोली चोरी के आरोप में उन्हें तलाशी देनी पड़ी थी। इन सबसे स्पष्ट है कि उन्हें काकोरी के थोड़ा पूर्व से ही हथियार दिया गया था। अत: काकोरी के बाद फरारी में बुंदेलखंड और खनियाधाना रियासत में ही उन्होंने निशानेबाजी का पक्का अभ्यास किया।

श्री विश्वनाथ वैशम्पायन ने आज़ाद की निशानेबाजी व उसकी प्रैक्टिस पर उनकी जीवनी में कई जगहों पर प्रकाश डाला है। वे लिखते हैं, "खनियाधाना, दतिया, बिजावर तथा भोपाल रियासतों में उन्होंने ऐसे केन्द्र बनाए जहाँ दल के सदस्यों को हथियार चलाने की शिक्षा देने की व्यवस्था हो सकती। इनमें से कुछ ठिकानों से हथियार भी प्राप्त हो सके। झाँसी की बैठकों में कभी-कभी आज़ाद पिस्तौल या रिवॉल्वर भी लाकर दिखाते तथा उसके प्रयोग और मशीनरी के विषय में समझाते। आज़ाद ने बुंदेलखंड के अपने वास्तव्य काल से बुंदेलखंड की अनेक रियासतों में हथियार चलाने का अभ्यास करने की व्यवस्था की थी। इन रियासतों में प्रमुख दतिया तथा खनियाधाना की रियासतें थीं। भोपाल में भी एक-दो केन्द्र थे। लाहौर षड्यंत्र के बाद इन्होंने जयपुर, अजमेर तथा दिल्ली के पास नलगढ़ा में भी ऐसे केन्द्र खोले थे।

श्री खलक सिंह जू देव बताते थे कि आज़ाद से कई बार कई विषयों पर चर्चा होती। मैंने अनेक बार पैसे-कौड़ी की आवश्यकता के विषय में पूछा, परन्तु एक-दो बार से अधिक उन्होंने मुझसे पैसे नहीं लिए। पिस्तौल तथा माउजर की गोलियाँ मैंने अवश्य दी थी। इसके अलावा वे अपने साथियों को शिकार के बहाने वहाँ से यहाँ लाते और निशानेबाजी सिखाते। उनका निशाना बड़ा ही सच्चा था। खनियाधाना दरबार में अकसर निशानेबाजी की स्पर्धा होती ही रहती थी। जब बम का परीक्षण बेतवा के किनारे इन लोगों ने (भगतसिंह, फणीन्द्रनाथ घोष, चन्द्रशेखर आज़ाद तथा सदाशिव)ने किया तो बड़ोरा के पास से वे लोग दतिया घूमने भी गए थे। दतिया में ठाकुर नाहर सिंह से आज़ाद की पहचान ठाकुर प्रताप सिंह की मार्फत हुई थी। इनसे पिस्तौल की गोलियाँ मिलती थीं तथा अनेक बार यहाँ सदस्यों को हथियार चलाना सिखाने की व्यवस्था भी थी। ठाकुर नाहर सिंह को आज़ाद के विषय में इतना ही ज्ञात था कि वे ठाकुर होने के नाते शिकार के शौकीन हैं और इसीलिए कभी-कभी उनके पास चले आते हैं। इन्हीं ठाकुर नाहर सिंह के मुँहलगा नौकर मोहना ने आज़ाद को पुलिस से पकड़वाने की

कोशिश की। इन्हें खूनी पेचिश थी फिर भी जंगल के रास्ते पैदल कई मील चलकर धरमापुर पहुँचे थे। वहाँ से झाँसी आए।

वे अपने माउजर को बमतुल बुखारा कहते थे। दिल्ली षड्यंत्र का मुकदमा आरम्भ होने पर पुलिस की गतिविधियाँ कुछ शिथिल हो गईं। अब आज़ाद फिर खुलकर इधर-उधर घूमने लगे। उन्होंने हथियार प्राप्त करने के साधनों की भी वृद्धि की। उन्हें ज्ञात था कि काकोरी के समय श्री रामप्रसाद बिस्मिल के नेतृत्व में रियासतों से हथियार प्राप्त किये जाते थे। खासकर ग्वालियर रियासत से। झाँसी में रहते समय आज़ाद ने भी आसपास की रियासतों से हथियार प्राप्त करने का प्रयत्न किया और उसमें वे सफल भी हुए। दतिया,खनियाधाना आदि में अनेक बार हथियार, बारूद इत्यादि सामान सहज ही मिल जाता था। पिस्तौल और रिवॉल्वर की गोलियाँ भी कभी-कभी मिल जाती थीं। क्योंकि सरदारों के यहाँ इनकी कोई गिनती नहीं रखता था। अनेक बार उनके नौकर गोलियाँ बेच देते या पिस्तौल या रिवॉल्वर भी हाथ लग जाता तो उसे बेचने से न हिचकिचाते थे। कानपुर के सिद्धा महाराज की मार्फत भी सरकारी रिवॉल्वर और उसकी गोलियाँ मिल जाती थीं। सिद्धा महाराज दल के सक्रिय सदस्य थे। जयपुर से भी बन्दूकें, पिस्तौल तथा कारतूस भरपूर मिल जाते थे। इसकी व्यवस्था वैद्य श्री मुक्तिनारायन शुक्ल जी ने की थी। इनके पास जयपुर में झंडू फार्मेसी की एजेंसी थी, साथ ही, वे उस समय राजघराने की रसशाला में दवाएँ बनाते थे। धीरे-धीरे उन्होंने राजमहल, शस्त्रागार के अधिकारियों से परिचय बनाया। उनके पास से मैं एक-दो बार जाकर हथियार लाया था।

श्री वैशम्पायन आगे लिखते हैं, "पार्टी के कानपुर के एक्र सदस्य श्री सिद्धा महाराज की मार्फत हम लोग इलाहाबाद के किले से हथियार खरीदते थे। यह ठिकाना वीरभद्र को भी मालूम था। यहाँ के हथियार या तो कूड़ा गाड़ी में निकाले जाते थे या फिर किले के बुर्ज से। पिछली ओर लटकाकर पूर्व योजना के अनुसार वहाँ खड़े व्यक्ति को दे दिये जाते थे। ये सारे सेना के सर्विस रिवॉल्वर थे। इसी के साथ उनकी गोलियाँ भी रहतीं। यह एक गिरोह था जिसमें सार्जेंट से लेकर कई दर्जन कर्मचारी शामिल थे। वे रिवॉल्वर कंडम कराकर निकालते थे। रजिस्टर में दर्ज कर लिया जाता था कि उन्हें नष्ट कर दिया गया। इलाहाबाद के अलावा किरकी आर्सनल से भी हथियार आते थे। इसमें अब्दुल इक्केवाला लगा था। यूनिवर्सिटी रोड पर आज़ाद एक बार मेरे सामने उससे मिले थे। उस दिन उसने कुरान शरीफ पर आज़ाद से हाथ रखवाकर कसम ली कि वे धोखा नहीं देंगे। सर्विस रिवॉल्वर 150 से लेकर 200 रुपये में मिल जाता था।"[86] आज़ाद बड़े क्रान्तिकारियों को पिस्तौल भेंट भी देते थे। जैसे श्री पृथ्वी सिंह आज़ाद को तथा चिटगाँव से आए साथी को उन्होंने पिस्तौलें दीं। पूर्णचन्द्र 'सनक' ने अपनी पुस्तक में लिखा है कि मालरोड वाले छेदीलाल जी के चाचा इलाहाबाद आर्सनल से सम्बन्धित थे। वहाँ से शस्त्रास्त्र व उनके पुर्जे आदि मन्नीलाल पांडेय के द्वारा पार्टी तक पहुँचाते थे।

पंडित लक्ष्मीकान्त त्रिपाठी लिखते है, "सिद्धा महराज दल के मेरुदंड थे। उन्हीं के सहयोग से दल के लिए इलाहाबाद तथा रजवाड़ों से अस्त्र-शस्त्र खरीदे जाते थे। पटकापुर के श्री मुक्तिनारायण शुक्ल जयपुर में राज्य वैद्य थे। वे विदेशी शस्त्र खरीदने जाते थे। श्री रामसिंह, श्री रामचन्द्र जेलयात्री और श्री वैशम्पायन जयपुर से शस्त्रादि

लेकर कानपुर आते थे। एक बार इसमें उनकी पत्नी श्रीमती कल्याणी देवी शुक्ल ने सहयोग दिया। आज़ाद के पास जो कोल्ट पिस्टल था, जो अन्त समय तक रहा, श्री शुक्ल जी द्वारा ही खरीदा गया था। वास्तव में यह पिस्टल अलवर राज्य के सेनापति श्री गंगा सिंह का था। सिद्धा महराज ने अपने घर में आज़ाद और श्री प्रतुल गांगुली की भेंट करवाई थी। इस बीच कानपुर में ऐसे अनेक तरुण सामने आए जिन्होंने दल के कार्यों में महत्त्वपूर्ण योगदान दिया। इनमें सिद्धा प्रसाद आर्य, सिद्धा प्रसाद सुनार, रामेश्वर, उमाशंकर शुक्ल, राजेन्द्र निगम आदि थे। आज़ाद व भगवतीचरण का मिलन चटाई मोहाल के भोजनालय में हुआ था।"[87]

केन्द्रीय समिति के सदस्य रहे श्री सदगुरु दयाल अवस्थी के साथ बातचीत के आधार पर श्री भगवती प्रसाद माधव ने जो पुस्तक लिखी है, उसमें उन्होंने आज़ाद द्वारा भुजाली से चीता मार डालने का उल्लेख किया है। इस घटना का वर्णन करते हुए लिखते हैं, "पंडित जी को निशानेबाजी सिखानेवाले एक सज्जन थे। वह सदा एक ही गोली का प्रयोग करते थे। दूसरी गोली साथ ले जाने में वह अपना और अपने निशाने का अपमान समझते थे। एक बार जंगल में एक बकरी मिली,जो किसी हिंसक पशु द्वारा आधी खाई गई थी। उन सज्जन ने इस विचार से उस बकरी को पत्तों से ढक दिया कि वह फिर आवेगा। रात में वह बन्दूक लेकर चले। पंडित जी ने साथ चलने का आग्रह किया। वह राजी नहीं हुए। पंडित जी ने कहा, "आपकी गोली चूक गई तो वह मुझे खा जाएगा।" उनके जवाब में हद दरजे की लापरवाही थी। पंडित जी अड़ गए कि मैं साथ जरूर चलूँगा। चलो मगर बन्दूक लेकर नहीं चल सकते। वह कुछ राजी हो गए तो पंडित जी खुखरी लेकर उनके साथ हो लिए। बकरी पर वह हिंसक पशु,जो लम्बा-चौड़ा चीता था, आया, बन्दूक चली, गोली उसे लगी परन्तु मर्म स्थल पर नहीं बैठी। वह तड़पकर उक्त सज्जन की तरफ उछला। पंडित जी खुखरी लेकर आगे बढ़ गए और उसे गोद-गोदकर मार डाला। इस तरह अपने गुरु के प्राण बचाए।"[88] इस कहानी में न स्थान का नाम है, न समय है, न व्यक्ति का नाम है, और किसी अन्य स्रोत से इसकी सम्पुष्टि नहीं होती है।

आज़ाद की निशानेबाजी पर इन्द्रपाल लिखता है, "उन दिनों हालाँकि मैं अंग्रेजी नहीं जानता था पर मुझे भी सूट-बूट हैट में बहुरूपिया बनना पड़ता था। हवाई पिस्तौल से निशानेबाजी शुरू हुई। सभी अच्छा निशाना लगा रहे थे। मैं था बिलकुल नया रंगरूट। मेरा हाथ काँप जाता था। पहले कुछ दिन दोनों हाथों से पिस्तौल थामकर अभ्यास करो, तब हाथ जमेगा, भैया ने मुझे साहस दिलाया। शिव और यशपाल जी ने भी निशाने लगाए। लेकिन उन्हें निशानेबाजी लगाने में वक्त लगता था और कुछ दाँत भी भींचने पड़ते थे। लेकिन भैया बड़ी आसानी से ही निशाने पर गोली बैठा देते थे। एक मोमबत्ती जलाई गई। मोमबत्ती का शोला श्री यशपाल एक ही दफा बुझा पाए, पर भैया का शायद ही कोई निशाना खाली गया होगा।"[89]

चन्द्रशेखर आज़ाद के निशाने की तारीफ एस.टी. हॉलिन्स ने भी अपने लेख में की है। वह लिखता है, "डिप्टी एस.पी. ने एक झाड़ी के पीछे से तगड़े आदमी पर फायर किया। तगड़ा आदमी गोली की आवाज सुनकर घूमा और डिप्टी एस.पी. का झाड़ी के ऊपर से सिर देखकर, जो 58 गज दूर था, सावधानीपूर्वक निशाना लिया और गोली चला

दी। गोली डिप्टी एस.पी. के जबड़े में लगी। यह तगड़े आदमी के द्वारा लिया गया अद्भुत निशाना था, लेकिन यह उसका आखिरी निशाना था।"[90] यहाँ स्पष्ट करना जरूरी है कि एस.टी. हॉलिन्स सी.आई.डी. का डी.आई.जी. था। उसने खुद मौका मुआयना किया था। डिप्टी एस.पी. ठाकुर विशेश्वर सिंह था। आज़ाद ने शहीद होने से पूर्व सी.आई.डी. के एस.पी. और डिप्टी एस.पी. दोनों को अपने निशाने से घायल कर दिया था। इस सम्बनध में 'द लीडर' में छपा है कि "ठाकुर विशेश्वर सिंह की चोट का एक्स-रे डॉ. एच.ए. क्लाडियस ने किया, जो सिविल अस्पताल में रेजीडेंट अफसर हैं और एक गोली का पता लग जाने पर, लेफ्टिनेंट कर्नल टाउसेंड, सिविल सर्जन ने क्लोरोफार्म देकर ऑपरेशन करके गोली निकाली। ठाकुर विशेश्वर सिंह के निचले होंठ के एक इंच नीचे बाईं तरफ गोली घुसने का घाव बना था। गोली निचले जबड़े को चीरकर पहले बाइकस्पिड दाँत के नीचे जाकर फँसी थी। बाइकस्पिड दाँत के सामने का निचला जबड़ा टूट गया था। मिस्टर नॉट बावर का घाव दाहिनी भुजा के ऊपरी हिस्से के मांसल निचले भाग की तरफ से गुजर गई गोली से बना था। डॉ. क्लाडियस के अनुसार अगर गोली आधा इंच ऊपर लगती तो चोट गम्भीर हो सकती थी।"[91]

यहाँ यह जानना ज्यादा महत्त्वपूर्ण है कि एस.पी. और डिप्टी एस.पी. दोनों को मारने के पहले चन्द्रशेखर आज़ाद को एक गोली जाँघ में, एक घुटने के नीचे और एक कन्धे को चीरकर फेफड़े में लग चुकी थी। इसके बावजूद आज़ाद बाएँ हाथ से फायर करके, डी.आई.जी. सी.आई.डी. की गणना के अनुसार, पिस्टल से 58 गज की दूरी पर, हल्के से दिख रहे टारगेट पर निशाना लगाकर, विशेश्वर सिंह का जबड़ा उड़ा देते हैं। यह आश्चर्यजनक है। इसे डी.आई.जी. ने भी माना है। घटना के दूसरे दिन श्री रामरख सहगल के घर, दुकान, गोदान पर पुलिस ने छापा मारा था। 'चाँद' के दफ्तर की तलाशी लेने सी.आई.डी. के एस.पी. मिस्टर ब्लंडन गए थे। बकौल सहगल, "उन्होंने हमसे आज़ाद के जीवट की प्रशंसा की। उनका कहना था कि ऐसे सच्चे निशानेबाज, खासकर ऐसी शंकामय परिस्थिति में, जबकि तीन ओर से गोलियों की बौछार हो रही हो, उन्होंने बहुत कम देखे हैं। उन्होंने यह भी स्वीकार किया कि यदि पहली गोली उनकी जाँघ में न लगी होती तो पुलिस का एक भी अफसर जीवित न लौटता, क्योंकि मिस्टर नॉट बावर का हाथ पहले ही बेकाम हो चुका था। उन्होंने यह भी बताया कि आज़ाद दिल्ली दल के कोई प्रतिष्ठित नेता सम्भवत: कमांडर इन चीफ थे।"[92]

श्री सदगुरु दयाल अवस्थी ने अपने संस्मरण में लिखा कि मैंने गिरफ्तारी के बाद नॉट बावर से पूछा था कि आज़ाद के सम्बन्ध में आपके क्या विचार हैं? तो उसने उत्तर दिया, "ए मैग्नीफिशेंट मैन, ग्रेट हीरो एंड ए स्ट्रेटजिक फाइटर।" मैंने उनकी निशानेबाजी के बारे में पूछा। नॉट बावर ने कहा निशाने का प्रमाण विशेश्वर सिंह पर उसका फायर है। इस सच्चे निशाने का कारण हमने ऊपर देखा। आज़ाद खनियाधाना, दतिया, ग्वालियर, नलगढ़ा जैसी तमाम जगहों पर जाकर पत्ते टाँगकर निशाने का अभ्यास करते थे। दीप या मोमबत्ती जलाकर उसकी लौ को एयर गन से बुझाते थे। दियासलाई दूर रखकर उस पर निशाना मारते थे। और एक धारणा का जिक्र तो जो मिथक बन चुकी है उनकी शहादत के बाद 'द ट्रिब्यून' तक ने छापी है, "चन्द्रशेखर बहुत ही बढ़िया निशानेबाज

थे। कहानी कही जाती है कि वे दो आना का सिक्का उछालकर गिरने के पहले इस पर निशाना लगा लेते थे।"[93]

गोली और बन्दूकों की सप्लाई तो हमने देखी, लेकिन बम का उत्पादन दल स्वयं किया करता था। बनारस, झाँसी, आगरा, सहारनपुर, ग्वालियर, लाहौर, कानपुर और दिल्ली में बम फैक्टरी थी। यहाँ गन कॉटन तथा पिकरिक एसिड तैयार की जाती थी। पढ़े-लिखे लोगों को बुलाया जाता था या उनकी रसायन की किताबों से नुस्खे लिए जाते थे। श्री वैशम्पायन लिखते हैं कि "दिल्ली से आज़ाद एक बार पिकरिक गन कॉटन आदि विस्फोटक पदार्थ बनाने सम्बन्धी कुछ पुस्तकें आगरा लाए थे। उन्हें ऐसा साहित्य जहाँ कहीं मिल जाता वे ले आते। साथियों से उसे पढ़वाते और उसे समझते।"[94] खैर, इन फैक्ट्रियों ने आगे बड़ी मुश्किलें पैदा कीं। इनकी खोल ढलवाने में श्री सुखदेव पकड़े गए। ये बम मनमाड़ में, बहावलपुर कोठी में स्वतः फट गए। इन्हीं बमों के कारण श्री भगवतीचरण वोहरा की जान गई। इन्हीं बमों के सेंट्रल कमेटी में फूटने से भगत आदि के पकड़े जाने के बाद अन्य केसों में फाँसी हुई। बम फैक्टरी में ही यशपाल-प्रकाशो का प्रकरण उठा जो दल के लिए आगे चलकर घातक सिद्ध हुआ और कानपुर की बम फैक्टरी में ही चन्द्रशेखर आज़ाद के बलिदान की पृष्ठभूमि बनी।

सन्दर्भ

1. चन्द्रशेखर उर्फ आज़ाद का डिस्क्रिप्टिव रोल, इन्वेस्टिगेशन ब्रांच के घोषित फरार रजिस्टर के अंश।
2. डिपार्टमेंटल नोटिस, संख्या-55, 16.8.1930, डी. पिल्डिच, ए.टू डी.आई.जी., सी.आई. डी., स्पेशल ब्रांच, यू.पी.
3. ड्राफ्ट हिस्ट्री नोट, 'व्यक्तिगत पत्रावली', चन्द्रशेखर आज़ाद।
4. कैलाशपति का बयान, पृ. 62
5. 'मोटे भैया', डॉ. प्रकाश पाल, 'विप्लव', आज़ाद अंक, पृ. 20
6. 'सेनापति आज़ाद', काशीराम, 'विप्लव', आज़ाद अंक, पृ. 34
7. 'वे आज़ाद थे', कोई एक, 'विप्लव', आज़ाद अंक, पृ. 59
8. 'कुछ सुखद स्मृतियाँ', डॉ सी.डी.लाल, 'विप्लव', आज़ाद अंक, पृ. 62
9. 'हम मिले', रामकृष्ण खत्री, 'विप्लव', आज़ाद अंक, पृ. 69
10. 'क्रान्ति के वे दिन', काशीराम पृ. 39
11. 'आज़ाद की अन्येष्टि और बनारस के जीवन के संस्मरण', श्री शिव विनायक, 'नर्मदा', आज़ाद अंक, पृ. 24
12. 'भैया आज़ाद', दुर्गा देवी वोहरा, 'नर्मदा', आज़ाद अंक, पृ. 29
13. 'बेमिसाल चन्द्रशेखर आज़ाद, वतन पर मरने वालों का', शचीन्द्रनाथ बख्शी पृ. 139-140
14. 'चन्द्रशेखर आज़ाद', शिववर्मा, 'विप्लव', 'विप्लव', 'संस्मृतियाँ', पृ. 54-55
15. शिववर्मा का बयान, 'व्यक्तिगत पत्रावली'।
16. 'यश की धरोहर', श्री भगवानदास माहौर, पृ. 47
17. 'चन्द्रशेखर आज़ाद, जवानी के दिन', 'नर्मदा', आज़ाद अंक, सुरेन्द्र शर्मा, पृ. 112
18. 'कुछ बिखरी स्मृतियाँ', श्रीदेवी मुसद्दी, 'अग्निपुंज', पृ. 173
19. सदगुरु दयाल अवस्थी, पृ. 47
20. 'सिंहावलोकन', श्री यशपाल, आज़ाद अंक, 'विप्लव', पृ. 79

21. रघुनी का बयान, 'हैंगिंग ऑफ भगतसिंह, कम्प्लीट ट्रिब्यूनल प्रोसिडिंग्स', पृ. 158
22. 'सिंहावलोकन', खंड-3, यशपाल, पृ. 386
23. 'अमर शहीद चन्द्रशेखर आज़ाद', विश्वनाथ वैशम्पायन, पृ. 102
24. काशीराम, 'सेनापति आज़ाद', 'विप्लव', आज़ाद अंक, पृ. 35
25. हंसराज वोहरा का बयान, वही, 'हैंगिंग ऑफ भगतसिंह', पृ. 112
26. 'सेनापति आज़ाद', इन्द्रपाल, 'विप्लव', फरवरी, 1940, पृ. 40
27. 'सेनापति आज़ाद', इन्द्रपाल, 'विप्लव', फरवरी, 1940, पृ. 40
28. 'सिंहावलोकन', यशपाल, आज़ाद अंक, 'विप्लव', पृ. 75
29. वही, विश्वनाथ वैशम्पायन, पृ. 48
30. वही, यशपाल, पृ. 381-388
31. 'भैया आज़ाद', दुर्गा देवी, नर्मदा अंक, पृ. 30
32. 'आज़ाद के संस्मरण', विश्वनाथ वैशम्पायन, 'नर्मदा', पृ. 45
33. वही, विश्वनाथ वैशम्पायन, 'नर्मदा' का आज़ाद अंक, पृ. 45
34. 'आज़ाद की शहादत के लिए जिम्मेदार कौन : कुछ और तथ्य', रामचन्द्र मुसद्दी, 'साप्ताहिक हिन्दुस्तान', 18 जून, 1967
35. मास्टर रुद्रनारायण, बनारसीदास चतुर्वेदी, 'नर्मदा', पृ. 88
36. 'चन्द्रशेखर आज़ाद', श्रीमती सुशीला देवी, 'नर्मदा', पृ. 103
37. वही, सुरेन्द्र शर्मा, 'नर्मदा', पृ. अंक 114-115
38. 'यश की धरोहर', श्री भगवानदास माहौर, पृ. 80-81
39. वही, यशपाल, खंड-3, पृ. 387
40. 'चन्द्रशेखर आज़ाद के संस्मरण', श्रीमती तारा अग्रवाल, 'बलिदान अर्द्धशताब्दी स्मारिका', पृ. 26
41. 'अमर शहीद आज़ाद के संस्मरण', सीताराम भागवत, 'बलिदान अर्द्धशताब्दी स्मारिका', पृ. 69-71
42. वही, विश्वनाथ वैशम्पायन, पृ. 128
43. वही, विश्वनाथ वैशम्पायन, 'नर्मदा', पृ. अंक 34-35
44. वही, यशपाल, 'नर्मदा', आज़ाद अंक पृ. 47
45. 'आज़ाद क्या थे?', श्री पी.वी., 'विप्लव', आज़ाद अंक, पृ. 18; 'संस्मृतियाँ', शिववर्मा, पृ. 177
46. 'सेनापति आज़ाद', काशीराम, 'विप्लव', आज़ाद अंक, पृ. 36
47. वही, यशपाल, 'विप्लव', पृ. 77-78
48. 'यश की धरोहर', भगवानदास माहौर, पृ. 44-82
49. वही, मनोहरलाल त्रिवेदी, आज़ाद अंक, 'नर्मदा', पृ. 18
50. वही, शिवविनायक मिश्र, आज़ाद अंक, 'नर्मदा', पृ. 23
51. वही, तारा अग्रवाल, 'स्मारिका', पृ. 26
52. वही, मन्मथनाथ, 'नर्मदा', आज़ाद अंक, पृ. 130
53. वही, सुरेन्द्र शर्मा, 'नर्मदा', आज़ाद अंक, पृ. 121
54. 'भैया आज़ाद', दुर्गा देवी वोहरा, 'नर्मदा', पृ. 30-32
55. वही, विश्वनाथ वैशम्पायन, पृ. 187
56. वही, विश्वनाथ वैशम्पायन, पृ. 173
57. वही, शिववर्मा, पृ. 54-79
58. वही, सुशीला देवी, 'नर्मदा', पृ. 154

59. वही, भगवानदास माहौर, पृ. 75
60. वही, दुर्गा देवी वोहरा, 'नर्मदा', पृ. 30
61. वही, सुरेन्द्र शर्मा, 'नर्मदा', पृ. 115
62. वही, विश्वनाथ वैशम्पायन, पृ. 141
63. वही, विश्वनाथ वैशम्पायन, पृ. 143
64. वही, विश्वनाथ वैशम्पायन, पृ. 158
65. वही, शिववर्मा, पृ. 70-71
66. वही, वैशम्पायन, पृ. 159
67. 'हिस्ट्री नोट', चन्द्रशेखर आज़ाद
68. 'क्रान्तिकारी आन्दोलन का आज़ाद-युग', सदगुरु दयाल अवस्थी
69. 'क्रान्ति का सिंहनाद', गंगा सहाय, राष्ट्रीय साहित्य प्रकाशन मंडल, कानपुर, 1930
70. 'बलिदान', नन्दकिशोर निगम, पृ. 120
71. वही, डॉ.सी.डी. लाल, पृ. 62 (भवानी सिंह रावत), आज़ाद अंक, 'विप्लव'
72. 'सेनापति आज़ाद', इन्द्रपाल, 'विप्लव', फरवरी, 1940, पृ. 45
73. 'दीदी सुशीला मोहन', सत्यदेव विद्यालंकार, पृ. 69
74. वही, सुरेन्द्र शर्मा, 'नर्मदा', पृ. 113
75. 'मोटे भैया', प्रकाश पाल, 'विप्लव', पृ. 20
76. 'लाहौर से लखनऊ तक', प्रकाशवती पाल, पृ. 39
77. 'सिंहावलोकन', यशपाल, पृ. 378
78. वही, डॉ.सी.डी. लाल, 'विप्लव', पृ. 62-65 (भवानी सिंह रावत)
79. वही, डॉ. इन्द्रपाल, 'विप्लव', पृ. 45
80. वही, श्री भगवानदास माहौर, पृ. 67-68
81. 'हरबल सिंह जी के संस्मरण', पं. बनारसीदास चतुर्वेदी, 'नर्मदा', पृ. 4
82. वही, दुर्गा देवी, 'नर्मदा', पृ. 30
83. वही, श्री विश्वनाथ वैशम्पायन, 'नर्मदा', पृ. 42
84. 'आज़ाद का व्यक्तित्व एवं स्वभाव', यशपाल, 'नर्मदा', पृ. 47, 49
85. वही, मन्मथनाथ गुप्त, 'नर्मदा', पृ. 136
86. वही, विश्वनाथ वैशम्पायन, पृ. 104-244
87. 'कानपुर का नवजागरण', पं. लक्ष्मीकान्त त्रिपाठी, रजत जयन्ती अंक, 'दैनिक जागरण'
88. 'क्रान्तिकारी आन्दोलन का आज़ाद-युग', सदगुरु दयाल अवस्थी एवं भगवती प्रसाद माधव, पृ. 104
89. 'सेनापति आज़ाद', इन्द्रपाल, आज़ाद अंक 'विप्लव', फरवरी, 1940, पृ. 40
90. 'टेरर एंड द सी.आई.डी.', 'नो टेन कमांडेंट', एस.टी. हॉलिन्स, पृ. 263
91. 'द लीडर', 2 मार्च, 1931
92. 'भविष्य साप्ताहिक', 5 मार्च, 1931
93. 'द ट्रिब्यून', लाहौर, 3 मार्च, 1931
94. वही, विश्वनाथ वैशम्पायन, पृ. 204

आज़ाद की विचारधारा

आज़ाद की विचारधारा के अन्तर्गत हम चन्द्रशेखर आज़ाद की सामाजिक, आर्थिक और धार्मिक मान्यताओं व आस्थाओं पर विचार करेंगे।

सामाजिक विचारधारा

आज़ाद के अन्यतम संरक्षकों की सूची बनाई जाए तो उसमें मास्टर रुद्रनारायण का नाम सर्वोपरि होगा। काकोरी के बाद फरारी काटने के लिए जब आज़ाद झाँसी आए तो उन्हीं के यहाँ रुके। मूँछोंवाला तथा अपने परिवार के साथवाला फोटो उन्हीं ने खींचा। सातार तट पर ढिमरपुरा में साधु बनवाकर उन्होंने ही रखवाया, वहाँ से लौटने पर बुंदेलखंड मोटर में उन्होंने ही रखवाया, खनियाधाना के महाराज खलक सिंह जू देव से परिचय उन्होंने कराया, झाँसी में अपने सूत्रों से गुप्त सूचना प्राप्त कर पुलिस छापे में पकड़े जाने से उन्होंने बचाया और वे आज़ाद के कितने विश्वासपात्र थे इसका पता इस तथ्य से चलता है कि 1928 में जब आज़ाद ने भाबरा जाने की सोची तो सर्वप्रथम मास्टर रुद्रनारायण को वहाँ भेजा। मास्टर रुद्रनारायण जी ने अपने पिताजी के असन्तोष के बावजूद आज़ाद को चूल्हे तक प्रवेश दिया। आज़ाद के जीवन का वह पहला परिवार था, जिसमें वे इतने भीतर तक जुड़े। कुल मिलाकर कहें तो झाँसी में आज़ाद के फरारी जीवन की रीढ़ थे मास्टर रुद्रनारायण।

मास्टर साहब ने आज़ाद के विषय में कोई लिखित संस्मरण नहीं छोड़ा है। उनके दिवंगत होने के कई साल बाद पंडित बनारसीदास चतुर्वेदी ने पहले 1960 में 'नर्मदा' के शहीद अंक में दो लेख तथा 'नर्मदा' के आज़ाद अंक में मास्टर रुद्रनारायण के नाम से उनसे सुना एक संस्मरण प्रकाशित किया है। लेख के ऊपर उद्धृत है, 'यह लेख मास्टरजी के स्वर्गवास के पूर्व लिखा गया था।' मास्टर रुद्रनारायण का स्वर्गवास कैंसर से 1958 में हुआ था, उसके दो और छह वर्ष बाद लेख छापे गए। आज़ाद अंक के लेख के अन्त में सम्पादक ने लिखा, 'मास्टर साहब की दो इच्छाएँ रही हैं। एक तो यह कि वे आज़ाद की मूर्ति का स्वयं निर्माण करें और दूसरी यह कि आज़ाद का जीवन चरित्र इस प्रकार लिखा जाए कि उसमें उनका मानव रूप चित्रित हो-अपनी तमाम मानवीय कमजोरियों के साथ उदाहरण के लिए आज़ाद वर्ण-व्यवस्था में विश्वास रखते थे और उन्होंने जनेऊ डालकर अपना चित्र खिंचवाया था।'[1]

आज़ाद के माता-पिता कान्यकुब्ज ब्राह्मण थे और आज़ाद की माता के उदाहरण से स्पष्ट है कि वे अन्त तक वर्ण-व्यवस्था और छूत को मानती थीं। निश्चित रूप से आज़ाद के पैतृक संस्कार भी वही रहे होंगे। श्री मनोहरलाल त्रिवेदी ने उनका यज्ञोपवीत

कराया, जिसके कुछ समय बाद ही वे घर छोड़कर चले गए। यदि वैशम्पायन जी का अनुमान ठीक है तो वे प्रथमत: बम्बई गए। उसी समय उनके संस्कारों की दीवार दरकने लगी थी। श्री विश्वनाथ जी लिखते हैं, "आज़ाद ने साथी मजदूर की सहायता से हफ्ता भर चूल्हा फूँका लेकिन यह क्रम मुश्किल से एक सप्ताह चला और फिर होटल में जाना शुरू किया। इसके लिए दलील यह थी कि जब पराई जात के हाथ की बनी रोटी खा ली तो फिर होटल में जाने में क्या दोष है। इस प्रकार की रोटियाँ सहज ही ब्राह्मणत्व को प्राप्त हो गई। शुरू में जब मजदूरों के साथ रुके, शाम को मजदूरों ने कोठरी पर आकर भोजन बनाया तो आज़ाद को भी उन्होंने बुलाया, परन्तु वे कट्टर ब्राह्मण पिता के पुत्र थे। उनके साथ कैसे जाते, जिनकी न जात का पता, न धर्म का। दिन में चना चबेना खाकर गुजारा करते।"[2]

इन पंक्तियों से स्पष्ट है कि आज़ाद के मूल संस्कार तो कट्टरता, छूत व जात-पाँत माननेवालों का रहा था। लेकिन उसमें बम्बई प्रवास से ही सेंध लग गई फिर वे बनारस आए तो अपने मित्र लक्ष्मीनारायण शर्मा के साथ तीन माह भाटवाली गली में रहे और संस्कृत पढ़ने लगे। संस्कृत विद्यालय में प्रवेश तथा क्षेत्र में भोजन प्राप्त करने में निश्चय ही उनका 'यज्ञोपवीत' काम आया। जब वे 'असहयोग संस्कृत छात्र समिति' से जुड़े तो उसके चन्दे से संचालित पुतलीवाले शिवाले में रहने लगे। 1921-22 में असहयोग में आज़ाद को तीन सजाएँ हुईं। 1923 तक वे स्थानीय क्रान्तिकारी दल के सम्पर्क में आ गए। जिनमें सर्वश्री शचीन्द्रनाथ, मन्मथनाथ गुप्त, मनमोहन गुप्त, कुन्दनलाल गुप्त, प्रणवेश चटर्जी, राजेन्द्रनाथ लाहिड़ी, महावीर सिंह, दामोदर स्वरूप सेठ, योगेशचन्द्र चटर्जी थे। इनमें शायद ही कोई पोंगापन्थी को मानता रहा हो। ये सभी अंग्रेजीदाँ व प्रगतिशील विचारधारा के लोग थे। आज़ाद ने श्री योगेश शुक्ल और श्री रामकृष्ण खत्री को दल से जोड़ा। इनमें सर्वश्री महावीर सिंह, दामोदर स्वरूप सेठ तथा जोगेश शुक्ल के अलावा सबने अपना संस्मरण लिखा है, लेकिन किसी ने भी आज़ाद के चरित्र में जात-पाँत या छूत की गन्ध नहीं पाई।

काकोरी के कुछ माह पहले से बमरौली, बिचपुरी, द्वारकापुर आदि के एक्शंस के समय आज़ाद का सम्पर्क श्री रामप्रसाद बिस्मिल आदि से हुआ। बिस्मिल के नेतृत्व से आज़ाद ने जरूर सीखा। श्री बिस्मिल आर्य समाजी थे अत: आज़ाद पर आर्य समाजी विचारों के किंचित प्रभाव से इनकार नहीं किया जा सकता। काकोरी के बाद वे बनारस से इलाहाबाद होते झाँसी आ गए। जहाँ सर्वश्री रुद्रनारायण, भगवानदास माहौर, विश्वनाथ वैशम्पायन, सदाशिव मलकापुरकर, ड्राइवर रामानन्द आदि के साथ रहे। इनमें मास्टर साहब व उनके जाननेवाले ड्राइवर रामानन्द कायस्थ थे। आज़ाद उनके घरों में घुसकर खाते और रहते रहे। श्री भगवानदास माहौर वैश्य थे। उन्होंने लिखा, "मेरा घर पक्का सनातनधर्मी था अतएव आज़ाद ने मेरे घर में पक्के सनातनी धर्मी थे, माँ मुझे, 'आरिया समाजीपना' और 'किरस्तानपना' के लिए कोसा करती थी। आज़ाद कभी भी मेरे घर पर माँ के देखते, बिना हाथ-पैर धोए पानी तक न पीते थे। पानी पीते भी थे तो मिट्टी के बर्तन का नहीं, ताँबे या पीतल के पात्र का। यही आज़ाद कायस्थ मास्टर रुद्रनारायण के घर अपनी भावज के हाथ से खिचड़ी की तपेली छीन उसमें हाथ डालकर चाट जाते

थे। कट्टर ब्राह्मण, होशियार, आदर्श बेटा माँ ने हरिशंकर को माना। एक दिन आज़ाद, सदाशिव, वैशम्पायन, मैं अपने कमरे में बैठे एक ही थाली में रोटियाँ खा रहे, इतने में मेरे छोटे भाई ने देख लिया और हंगामा खड़ा कर दिया।"[3]

काकोरी की फाइलों में 26 जुलाई, 1925 को सराय महेश एक्शन के दौरान रायबरेली में जमा साथियों के भोजन के लिए जब आज़ाद ने एक ढाबे पर काम करनेवाले हिजड़े को भोजन बनाने के लिए कहा तो उसे इस बात पर बड़ा आश्चर्य हुआ कि हिन्दू-मुसलमान सभी एक साथ खाएँगे और वह भी मुस्लिम रसोइये के हाथ का बना खाना। क्योंकि उन दिनों छुआछूत अपने उत्कर्ष था और ऐसे द्रष्टान्त समाज में अकल्पनीय थे।

आज़ाद की माँ बाद में जब झाँसी आईं तो इन्हीं श्री भगवानदास माहौर के घर जब तक रहीं अपने हाथ से बनाकर खाया। यदि आज़ाद के पैतृक संस्कार 1926-27 तक इतने प्रबल होते तो वे सबके साथ एक थाली में भोजन न करते। श्री यशपाल और इन्द्रपाल के संस्मरणों से स्पष्ट है कि वे जिस खिचड़ी में मांस डालकर पकाया गया हो उसे भी मांस हटाकर खा लेते थे या जिस थाली में मांस खाया गया हो उसी में दाल-रोटी खा लेते थे। श्री माहौर के अनुसार आज़ाद खड़े कच्चा अंडा फोड़कर पीने लगे थे। यदि वे वर्ण-व्यवस्था के पोषक होते तो उन्होंने किसी भी साथी को ऊँचा-नीचा क्यों नहीं माना? जीवन भर वे कभी सेठ बने, तो कभी सक्सेना। यदि उन्हें इन चीजों में इतना विश्वास होता तो बुंदेलखंड मोटर के सिराजुद्दीन की बेटी की शादी के लिए रामानन्द के साथ बहँगी से मीलों पैदल घी ढोकर न लाते। इलाहाबाद में अली अहमद सिद्दिकी के यहाँ खुसरोबाग के वाटर वर्क्स में गुप्त रूप से न रहते। सिद्दिकी के लिए श्री सदगुरु दयाल अवस्थी को अपने संस्मरण में, "मेरे लिए वह हमारे पीढ़ी में श्रेष्ठतम् क्रान्तिकारी थे"[4] लिखना पड़ा। इलाहाबाद में हथियार देने के पूर्व अब्दुल्ला ने आज़ाद को कुरान शरीफ पर हाथ रखकर कसम दिलाई थी। यदि वे इतने ही कट्टर होते तो मना कर देते। लेकिन उन्होंने कब मना किया? इन्द्रपाल जो पहले खुद मुस्लिम था, उसके हाथ की खिचड़ी और दुकान से लाई दही खाने में जिस व्यक्ति को संकोच न हो, वह कैसे कट्टर हो सकता है? उनका क्रमिक विकास हुआ था, यह श्री मन्मथनाथ गुप्त व श्री भगवानदास माहौर दोनों ने स्वीकार किया है। श्री भगवानदास ने लिखा है, "निश्चय ही एक कट्टर ब्राह्मणवादी बालक से अग्र पंक्ति के क्रान्तिकारी प्रगतिशील नौजवान नेता के विकास की प्रगति के अनेक स्तर बहुत थोड़े समय में आज़ाद ने पार किये।"[5]

इस सम्बन्ध में आज़ाद को क्रान्तिकारी दल में लानेवाले तथा उनके बाल्यावस्था के साथी श्री मन्मथनाथ गुप्त ने लिखा, "अज्ञात कुल-शील मजदूर से संस्कृत का छात्र हो जाना एक बहुत बड़ी छलाँग थी। 1964 के 'नर्मदा' अंक में लिखते हुए श्री बनारसीदास ने उनके फोटो में जनेऊ के अस्तित्व की इस प्रकार व्याख्या की है कि आज़ाद जात-पाँत में विश्वास रखते थे, पर यह व्याख्या गलत है। फरार के रूप में आज़ाद एक साधारण ब्राह्मण के रूप में चालू थे। इसलिए वे जनेऊ पहने थे। यदि जनेऊ पहने न होते तो उनके ब्राह्मणत्व में शक होता। फरार के रूप में आज़ाद जब जैसी परिस्थिति होती उसके अनुसार मुखौटे पहन या लगा लेते थे। उनके मुखौटे को वास्तविक समझना गलत है। यदि वे ब्राह्मण के रूप में चालू थे तो उन्हें खुलेआम ब्राह्मणों की तरह व्यवहार करना

पड़ता और सार्वजनिक रूप से उन्हीं विचारों और संस्कारों की पैरवी करनी पड़ती जो ब्राह्मणों के साथ जुड़े हुए हैं। दूसरे किसी प्रकार के विचार लोगों के सामने रखना खतरे से खाली नहीं था, यहाँ तक कि घातक हो सकते थे।"[6]

जनेऊवाली फोटो के सम्बन्ध में श्री यशपाल लिखते हैं, "आज़ाद के विचारों में अद्‌भुत विकास हुआ। एक समय वे माटी के माधो बने घंटों पूजा किया करते थे, यह उन्होंने मुझे स्वयं बताया था। क्रान्तिकारी दल में शामिल होने तक वे इस कुसंस्कार से छूट चुके थे। लेकिन कुछ साम्प्रदायिक संस्कार दल में आने से बहुत दिन बाद दूर हुए। जैसा कि उनके प्रचलित फोटो से ही मालूम हो ज़ाता है कि जनेऊ पुष्ट कन्धों की शोभा बढ़ा रहा है, लेकिन जिस दो बरस से अधिक समय में मेरा और उनका अत्यन्त निकट साथ रहा, ऐसा कोई संस्कार बाकी न था। इसके परिणामस्वरूप मुझे उनकी एक बात याद है। एक दिन एक व्यक्ति से नाराज होने पर, उनके सम्बन्ध में उन्होंने कहा था कि "उस साले का कोई विश्वास नहीं बनता है, सोशलिस्ट और घर में छिप-छिपकर घंटी बजाता है।" आज़ाद का पूजा और आरती के प्रति विद्रोह कुछ अर्थ रखता है। पुराने संस्कारों के प्रति इस साम्प्रदायिक आस्था का ही चिह्न आज़ाद की फोटो में यज्ञोपवीत है। हिन्दुस्तानी समाजवादी प्रजातंत्र सेना के मेम्बरों में इस प्रकार की साम्प्रदायिक आस्था के लिए स्थान न था। हम लोग इसे रूढ़िवाद ही समझते थे और समझते हैं।"[7]

उनके उघारे बदन का उल्लेख तो श्री शिववर्मा ने भी अपने संस्मरण में किया है, किन्तु जनेऊ का जिक्र नहीं किया है। श्री शिववर्मा लिखते हैं, "आज़ाद के लम्बे फरारी के जीवन का एक और भी राज था। कुछ लोगों की आकृतियाँ रास्ता चलते लोगों का ध्यान अपनी ओर आकर्षित करती हैं। फरार जीवन में आकृति की यह विशेषता प्रायः अभिशाप बन जाती है। काकोरी के शहीद अशफाक उल्लाह के साथ यही दिक्कत थी। भगतसिंह को भी साधारण लोगों के बीच छिपाकर रखना आसान नहीं था। लेकिन आज़ाद अपने गठे हुए तगड़े जिस्म के बावजूद इस अभिशाप से बरी थे। वे जनेऊ, धोती, चोटी के साथ भागवत की एक पोथी लेकर कथावाचक बन जाते थे, साधारण कुर्ता-धोती और सादी टोपी में रोजगार चलानेवाला खाता-पीता बनिया बन सकते थे, मैली बनियान और मोटी धोती में किसी घरेलू सम्पन्न परिवार का नौकर बन सकते थे और खाकी वर्दी पर बेल्ट लगाकर पुलिस के दारोगा बन सकते थे।"[8]

इस सम्बन्ध में मास्टर छैलबिहारी लाल का संस्मरण काबिले गौर है। वे लिखते हैं, "मैं उस समय जनेऊ पहना करता था। मैं बचपन से ही आर्यसमाज के विचारों में पला था और लगभग 12 या 15 वर्ष की आयु में ही मैंने आर्यसमाज, सदर बाजार दिल्ली जाकर अपना यज्ञोपवीत कराया था जो आर्य महोपदेशक पं. रामचन्द्र जी देहलवी और उस समय आर्यसमाज सदर बाजार के मंत्री पं. भोलानाथ शर्मा और आर्योपदेशक जमनादास जी आदि ने मेरा संस्कार कराया था। बड़े भैया ने मेरा जनेऊ देखकर कहा, "यह यहाँ नहीं चलेगा" मैंने उसी समय अपना जनेऊ उतार दिया। बड़े भैया ने कहा, "देश के लिए जीवन की कुर्बानी देने आए हो तो इसकी कुर्बानी पहले दो।"[9] यह मई-जून, 1930 का संस्मरण है।

कामरेड रामचन्द्र ने अपनी पुस्तक 'हिस्ट्री ऑफ नौजवान भारत सभा' में लिखा

है, "फिरोजशाह तुगलक किले में हुई बैठक में एक महत्त्वपूर्ण निर्णय यह भी लिया गया था कि दल के सभी सदस्य समस्त धार्मिक चिह्नों का त्याग करेंगे। फलस्वरुप भगतसिंह ने फिरोजपुर में अपनी दाढ़ी व केश कटवाए थे।"[10] सम्भव है कि इस निर्णय के पश्चात चन्द्रशेखर आज़ाद ने भी धार्मिक चिह्न त्याग दिया होगा।

यदि संक्षेप में कहें तो जो फोटो दर्शाती है कि आज़ाद ने यज्ञोपवीत धारण कर रखी है, वह इन्हीं दिनों की है जब आज़ाद ढिमरपुरा से ब्रह्मचारी हरिशंकर बनकर लौटे थे, और हरिशंकर शर्मा बनकर बुंदेलखंड मोटर में ड्राइविंग सीख रहे थे। 'शर्मा' के रूप में तो वे फिर भी वस्त्र धारण करते होंगे। साधु के रूप में कौपीन मात्र में 'जनेऊ' अनिवार्य रहा होगा। काकोरी के पूर्व गाजीपुर के मठ में भी वे साधु रहे थे। संस्कृत विद्यार्थी, मठ में साधु, ढिमरपुरा में ब्रह्मचारी और फिर हरिशंकर शर्मा के रोल ऐसे थे कि बिना यज्ञोपवीत के वास्तविकता न आती। इन्हीं रोलों को चुनने का कारण इन्हें स्वाभाविक रूप से निभाने की सहजता थी। बाद के दिनों में जब वे मोटे होकर सेठ लगने लगे थे, तब ब्राह्मण का नहीं, बनिया का ही वेश बनाते थे। वे जीवन भर रूप बदलते रहे। उनके हिस्ट्री नोट में लिखा है कि वे अकसर मुस्लिम बनकर खुद को छिपाते हैं। कैलाशपति ने उसके घर से बरामद एक मुस्लिम कैप को आज़ाद का होना बताया। फेल्ट हैट भी इन्हीं की थी। वे अपने साथ नकली दाढ़ी रखते है, सी.आई.डी. का ऐसा भी मानना है। रामदुलारे के घर से भी आज़ाद की दो मुस्लिम कैप तलाशी में मिली। अन्ततः चित्र में जनेऊ देखकर या नाम के आगे उपनाम दर्ज कर यह मान लेना कि चन्द्रशेखर आज़ाद जैसे निरन्तर प्रगतिशील व देशप्रेम व देशभक्ति को ही धर्म-ईमान माननेवाले महान क्रान्तिकारी रूढ़िगत व्यवस्था को माननेवाले थे, उनके व्यक्तित्व को सीमित करना है, तथा उनके आचरण से या साथियों के संस्मरण से यह सिद्ध नहीं होता। शहादत के बाद पंचायतनामा में आज़ाद के पार्थिव शरीर से मिले सामानों में जनेऊ का उल्लेख न होना दर्शाता है कि एच.एस.आर.ए. की नीतियों के अनुपालन में उन्होंने भी इस धर्म चिह्न का परित्याग कर दिया था।

पूर्णचन्द्र 'सनक' ने अपनी पुस्तक में लिखा है, "हिन्दू-मुस्लिम प्रश्न पर आज़ाद के विचार नपे-तुले थे। एक दिन कहने लगे भगत तेरी ये हिन्दू राजतंत्र की कल्पना देश को बहुत बड़े खतरे में डालने वाली है। कुछ मुसलमान भी ऐसा ही स्वप्न देखते हैं लेकिन यह तो पुराने शाही घरानों के हिन्दुओं और मुसलमानों की खब्त है। हमें तो फ्रंटियर से बर्मा तक और नेपाल से करांची तक हर हिन्दुस्तानी को साथ लेकर तगड़ी सरकार बनानी है। जब फिरंगी भाग जाएँगे तब ऐसी सरकार बनेगी और सभी खुशहाल होंगे।"

स्त्री-बच्चों के प्रति

स्त्रियों व बच्चों के बारे में आज़ाद की क्या धारणा थी इसे जाने व समझे बिना उनके व्यक्तित्व को सर्वांगीणता से समझा जाना सम्भव न होगा। विभिन्न साथियों के इस सम्बन्ध में आज़ाद को लेकर क्या विचार थे इस पर दृष्टिपात करना उचित होगा।

1928 के जाड़ों में आगरा के मकान में राजगुरु के द्वारा लाया गया स्त्री का कैलेंडर फाड़नेवाला वाकया 'विप्लव' के आज़ाद अंक के अपने संस्मरण में प्रथमतः श्री यशपाल

ने लिखा है। लेकिन वे आगे लिखते हैं, "1929-30 में आज़ाद का यह रुख नहीं था। ब्रह्मचर्य का वह दृष्टिकोण, जिसमें जीवन को पाप समझा जाता है आज़ाद का नहीं रहा था। कानपुर में गप लड़ाते समय कहा करते थे कि मैं ब्याह करूँ तो किससे करूँ? मेरी तबीयत के लायक लड़की मिल ही नहीं सकती। कम से कम हिन्दुस्तान में नहीं मिल सकती। इसी को देखो-प्रकाशपाल की ओर संकेत कर-यह टुइयाँ किस लायक है? राइफल को उठाकर एक मील भी चल नहीं सकती। दीदी को भी देखो! इन लोगों का शरीर क्या है? हाँ, भाभी कुछ हैं, मगर वह भी कुछ नहीं। मुझे तो ऐसी चहिए कि राइफल एक कन्धे पर और दूसरी पर कारतूसों की बोरी लादकर पहाड़-पहाड़ घूमती फिरे। बस इसी तरह लड़ते-लड़ते मर जाए। ऐसी तो मिल सकती है फ्रंटियर में"[11]

इन्हीं तरह के गल्पों का खंडन करते हुए श्री शिववर्मा ने 'संस्मृतियाँ' में लिखा है कि "आज़ाद गप हाँकने के लिए कभी कुछ नहीं कहते थे।" बकौल श्री यशपाल आज़ाद कानपुर के चुन्नीगंजवाले मकान में, बकौल श्री सदगुरु दयाल अवस्थी चमनगंजवाले मकान में, बकौल श्री नन्दकिशोर निगम न्यू हॉस्टल के कमरे में तथा बकौल श्री विश्वनाथ वैशम्पायन आज़ाद इलाहाबाद के कटरेवाले मकान में अपने जीवन की बातें उन्हें यूँ ही गल्प रूप में बताते रहते थे। इसका श्री शिववर्मा ने खंडन किया है जो उचित जान पड़ता है।

अपनी स्थापना को और विस्तार देते हुए श्री यशपाल 'सिंहावलोकन' में लिखते हैं, "एक समय, बल्कि 1928 तक आज़ाद की धारणा थी कि क्रान्तिकारियों के लिए एकमात्र उचित मार्ग ब्रह्मचर्य ही है। स्त्री का चुम्बक केवल उलझन और परेशानी का ही कारण होता है। मजाक में स्त्री के लिए उन्होंने चुम्बक को पर्यायवाची शब्द चुना हुआ था। लेकिन आगे स्त्री के सम्बन्ध में आज़ाद की धारणा बहुत बदल गई थी। वीरभद्र की नाराजगी में प्रायः ही कहते थे, "साला जोरु को पर्दे में ऐसे बन्द रखता है जैसे वह इनसान नहीं, चोरी की चीज हो।" आज़ाद प्रायः मास्टर रुद्रनारायण से झगड़ते कि भाभी को सार्वजनिक जीवन में काम करने का अवसर नहीं देते। झाँसी में पुलिस की सरगर्मी अधिक हो जाने पर सन्देश भेजने और मँगवाने का काम भी वे प्रायः एक गुनिया महरी से ही लेते थे। गुनिया का यौवन और रूपरंग अच्छा होने के कारण जैसा कि प्रायः होता है, लोग उनके बारे में बातें बनाने से भी न चूकते थे, परन्तु आज़ाद को गुनिया की ऐसी आलोचना से कोई मतलब न था। वे कहते लोग चाहे जो कहें हम जानते हैं, वह दगाबाज नहीं भरोसे की है, इसलिए सच्चरित्र है।

श्री विश्वनाथ वैशम्पायन ने आज़ाद के नैतिक विचारों पर एक लेख में यह लिखा था कि आज़ाद दल के लोगों का स्त्रियों से सम्पर्क और दल में स्त्रियों का सम्मिलित होना दल के लिए हानिकारक समझते थे। आज़ाद का अन्त तक इतना मूढ़ और संकीर्ण विचार समझना उनके साथ घोर अन्याय है। आज़ाद का इतना बौद्धिक विकास हो चुका था कि वे पुरुषों और स्त्रियों की सामाजिक परिस्थितियों का ही परिणाम समझते थे। आज़ाद की यह धारणा कभी न थी कि स्त्रियों को सदा दमन और सन्देह की कैद में रखा जाए। पुरुष व स्त्रियों के प्रति आकर्षित होकर असंयम का व्यवहार करते हैं तो उनके लिए स्त्रियों को उनके स्वाभाविक, सामाजिक, राजनीतिक और आर्थिक अवसरों और

अधिकारों से वंचित कर दिया जाए—यह आज़ाद नहीं सह सकते थे। आज़ाद इतना भी समझते थे कि यदि स्त्री का आकर्षण दल के किसी साथी को पथभ्रष्ट कर सकता है तो स्वभाव की कायरता, मृत्यु का भय, धन का लोभ, और व्यक्तिगत महत्त्वाकांक्षा या ईर्ष्या व्यक्ति को उससे कहीं अधिक नीचे गिरा सकती है।"[12]

श्री यशपाल 'नर्मदा' के अपने संस्मरण में लिखते हैं कि "आज़ाद को अच्छी-अच्छी पुस्तकें लाकर साथियों को पढ़ाने का बहुत शौक था। परन्तु उपन्यास या यौन विषयक सम्बन्धी पुस्तक देखकर उन्हें बहुत चिढ़ होती थी। ब्रह्मचर्य का एक बहुत ही रूढ़िवादी आदर्श उस समय तक आज़ाद के मस्तिष्क में था। उससे पहले दो-एक दफे दल में ऐसे कांड हो चुके थे कि साथियों ने नारी के आकर्षण के कारण अपने कर्तव्य में निर्बलता दिखाई थी। आज़ाद को नारी प्रेम और सौन्दर्य की चर्चा से चिढ़ हो गई थी। उस समय आज़ाद और दूसरे साथियों की ब्रह्मचर्य, नारी प्रेम और सौन्दर्य को लेकर कैसी धारणाएँ थीं, यह दो-एक बहुत छोटे-छोटे उदाहरणों से स्पष्ट हो जाएगा। प्रत्यक्ष-अप्रत्यक्ष रूप में स्त्री का प्रसंग चलते ही आज़ाद ऐतराज किये बिना न रह सकते, 'फिर चुम्बक की बात यह साला चुम्बक जिसे लगा, ले डूबा। सिपाही का औरत से क्या मतलब?' यह थी केवल आज़ाद की धारणा। दूसरे साथियों को स्त्री और प्रेम की चर्चा से कोई परहेज नहीं था, हाँ, सुखदेव भी इस प्रसंग में कम रस लेता था। उसका कहना था, 'जब औरत है नहीं तो उसकी चर्चा से फायदा?' ब्रह्मचर्य के विषय में 1929 के आरम्भ में आज़ाद की यही धारणा थी परन्तु एक ही वर्ष में उनका दृष्टिकोण बहुत ही स्वाभाविक और यथार्थवादी हो गया। अनाचार और उच्छृंखलता से तो आज़ाद को सदा ही घृणा रही, परन्तु 1930 के जाड़ों की बात मुझे याद है कि कानपुर के चुन्नीगंज मुहल्ले में आज़ाद मुझसे बात किया करते थे कि क्रान्ति को जीवनभर का काम बना लेनेवाले आदमी को क्रान्तिकारी स्त्री से विवाह कर लेना चाहिए।"[13]

श्री भगवानदास माहौर आज़ाद के स्त्री व यौन विषयक विचारों पर लिखते हैं, "स्त्रियों के सम्बन्ध में आज़ाद अपने व्यक्तिगत जीवन में तो सदा एक नैष्ठिक ब्रह्मचारी से रहे। पहले वे दल में स्त्रियों के प्रवेश के विरुद्ध भी थे और इसीलिए कि उनके नेतृत्व के पूर्व यही परम्परा थी, परन्तु बाद में उनके ही नेतृत्व में दल में स्त्रियों ने काम किया और खूब अच्छी तरह किया। नारी नरक की खानवाली मनोवृत्ति से नारी को एक सक्रिय क्रान्तिकारी, समान सहयोगी के रूप में मानने के बीच की मनोदशाएँ आज़ाद की समय-समय पर रही होंगी, यह स्पष्ट है। अन्तिम समय में आज़ाद बड़े उत्साह से दल के सभी स्त्री सदस्याओं को गोली चलाना, निशाना मारना, आदि सिखाते थे। दल से सहानुभूति रखनेवाले व्यक्तियों के घर की स्त्रियों को भी इसके लिए उत्साहित करते थे तथा क्रान्तिकारी कार्यों में अपने पति का सक्रिय सहयोग करने के लिए उन्हें बार-बार, तरह-तरह की प्रेरणा देते थे। स्त्रियों से उनका व्यवहार बड़ा सरल और आत्मीयतापूर्ण होता था। यह सब होते हुए भी वे इस बात के घोर शत्रु थे कि कोई दल का सदस्य स्त्रियों के प्रति अनुचित रूप से आकृष्ट हो। किसी प्रकार की यौन कमजोरी तो उनके लिए असह्य थी ही। परन्तु पति-पत्नी दोनों क्रान्तिकारी कार्य में लगें, इससे अधिक अभीष्ट बात उनके लिए और कोई नहीं थी। स्त्रियों के यौन आकर्षण के सम्बन्ध में

अपने बचपन की वह कहानी बताई थी, जब एक स्त्री ने हँसते-हँसते उनके कान में पेशाब कर दिया था। सातार की कुटिया में उन्होंने एक साधु को कुतिया के साथ जिना करते देखा था। ढिमरपुरा की एक स्त्री ने उनकी अग्नि-परीक्षा ली थी।"[14]

आज़ाद अपने जीवन में अनेक परिवारों से जुड़े रहे। इनमें मास्टर रुद्रनारायण व उनकी पत्नी मुन्नी देवी, रामानन्द ड्राइवर व उनकी पत्नी गुनार देवी, श्री प्यारेलाल अग्रवाल-श्रीमती तारा अग्रवाल, श्री सुरेन्द्र शर्मा-श्रीमती चम्पावती, श्री रामचन्द्र मुसद्दी और श्रीमती श्रीदेवी मुसद्दी, दुर्गा देवी, सुशीला देवी के आज़ाद से जुड़े संस्मरण मौजूद हैं। श्रीमती सुशीला देवी लिखती हैं, "उन दिनों एक अंग्रेज सम्पादक आतंकवादियों के खिलाफ बहुत लिखा करता था। इस पर एक साथी ने कहा कि उस सम्पादक को मार दिया जाए। उसने एक योजना भी पेश की कि वह सम्पादक सपत्नीक अमुक समय पर मोटर से गुजरता है। उसी समय उन सबको खत्म कर दिया जाए। इस पर भैया क्रुद्ध होकर बोले, "स्त्रियों और बच्चों पर हाथ उठाना यही क्रान्तिकारियों का धर्म होगा क्या? साथी चुप रह गया और अपनी भूल स्वीकार की। पार्टी में उनका आदेश था कि कोई भी व्यक्ति स्त्री जाति पर बुरी नजर से नहीं देख सकता है, वरना आज़ाद की पहली गोली का वह शिकार बनेगा।"[15]

इसी तरह शान्ता जी ने अपने संस्मरण में लिखा, "चन्द्रशेखर दादा ने कहा शान्ता जी, आप सुशीला जी के अत्यधिक निकट होने से वैसे नहीं परख पाएँगी, जितना कि हम पार्टी में। वह अद्‌भुत हैं। दीदी ने पार्टी में अद्‌भुत स्थान पा लिया है,, हम लोग उनको अत्यधिक आदर देते हैं। अपनी निष्ठा और सूझ-बूझ से जो दीदी की मान्यता है वह आप न समझ पाएँगी।"[16] श्रीमती दुर्गा देवी लिखती हैं—"सन् 1929 में जब मैं और दीदी उनसे मिली तो वे भी बहुत प्रसन्न हुए थे। उस समय तक इस दल में स्त्रियों के लिए कोई स्थान न था। स्त्रियों के दल में आने से समस्याएँ न उठ खड़ी हों, इसके लिए भैया विशेषकर सतर्क रहते थे और इस झगड़े को वे सदा दूर ही रखने का प्रयास करते थे। ऐसी बात न थी कि स्त्रियों को इस दल के प्रति सहानुभूति न हो, पर उन्हें उनकी सीमा में ही रखकर उनसे सहायता और सहयोग लिया जाता था। एक ऐसी घटना हमने सुन रखी थी। किसी स्त्री के कारण दुर्बलता प्रमाणित होने पर भैया ने अपने एक अच्छे से अच्छे युवक कार्यकर्ता को बड़ी कड़ी सजा दी थी और वह सजा थी, मौत। क्योंकि यदि उसे केवल दल से हटा दिया जाता तो वह अपमानित होकर दल के भेद खोल सकता था और लोगों को पकड़ा भी सकता था। मैंने स्वयं देखा कि उस लड़के को याद करके भैया प्राय: रो देते थे और उसकी बड़ी प्रशंसा करते थे। अत: स्त्री-पुरूष का ऐसा आकर्षण उन्हें सह्य न था। उनका कहना था कि ऐसा दुर्बल व्यक्ति न केवल अपने ध्येय के प्रति अनुरक्ति ढीली कर देता है बल्कि वह समय की भी चोरी करता है और दल का पैसा व्यर्थ व्यय करने लगता है।"[17] हालाँकि श्री सदगुरु दयाल अवस्थी ने अपने संस्मरण में किसी लड़के के मारे जाने की बात को सिरे से नकार दिया है।

ध्यातव्य है कि स्त्रियों की आड़ लेकर पुलिस से बच निकलने का स्वाँग आज़ाद ने भी समय-समय पर किया। सांडर्स वध के बाद आज़ाद लाहौर से कैसे बाहर निकले, इस पर श्री सुखदेव के भाई श्री मथुरादास थापर ने लिखा, "आज़ाद और किशोरीलाल

को सुखदेव की माताजी (रल्ली देवी) ने ही लाहौर से बाहर निकाला था। हंसराज वोहरा ने अपने बयान में बताया कि सुखदेव ने यह भी बताया कि पंडित जी तथा किशोरीलाल मथुरा की ओर 25 दिसम्बर, 1928 को सुखदेव की माता तथा बहन के साथ भेज दिये गए हैं।"[18] कैलाशपति के बयान में भी एक स्थान पर जिक्र आया है कि आज़ाद वीरभद्र तिवारी और उसकी पत्नी के साथ आए थे। उनके साथी श्री विश्वनाथ राव वैशम्पायन लिखते हैं, "आज़ाद देखने में साधारण थे, पर उनका प्रत्येक कदम अनुकरणीय था। वह जन्मजात नेता थे। जीवन में वे सबसे अधिक बल देते थे चरित्र पर। उनका कहना था कि जिस व्यक्ति ने इसे खोया, उसका पतन निश्चित है। चरित्रहीन व्यक्ति से उन्हें घृणा थी। इसी को लेकर उन्होंने पार्टी भंग कर दी।"[19]

श्री विश्वनाथ वैशम्पायन के अनुसार, "पारिवारिक जीवन से आज़ाद का कोई विशेष लगाव नहीं था, पर जिस परिवार में भी वे रहते उसी के लोग उनका अधिकार सहज मानते थे। रामानन्द की पत्नी गुनार देवी ने बीमारी में आज़ाद की बड़ी देखभाल की। आज़ाद के प्रति गुनार देवी की यह लगन देखकर पड़ोसवालों ने उसके चरित्र पर भी शंका की। लेकिन रामानन्द-गुनार देवी वास्तविकता जानते थे। आज़ाद भी इस परिवार पर पूर्ण विश्वास करते थे। कई बार गुनार देवी के पास वे हथियार रखने को भी दे देते थे। वे भी उन्हें सँभालकर रखतीं और किसी को कानों कान खबर न होती।"[20] झाँसी के एक ड्राइवर को आज़ाद ने इसलिए पीटा था क्योंकि वह शराब पीकर रोज अपनी पत्नी को पीटता था। जिस ड्राइवर को आज़ाद ने मारा उसका नाम रामदयाल ढीमर था। वह मास्टर रुद्रनारायण के यहाँ ड्राइवर था।

श्री सुरेन्द्र शर्मा ने अपने संस्मरण में श्री भगवानदास माहौर द्वारा प्रयुक्त शब्दों को हूबहू उठाकर अपनी पत्नी श्रीमती चम्पावती से बातचीत में दिखा दिया है। वे लिखते हैं, "एक साँस में आज़ाद ने प्रारम्भ से अन्त तक पिस्तौल के खोलने, बन्द करने, घोड़ा दबाने, कारतूस भरने की प्राय: सभी आवश्यक बातें बता दीं। हम लोग बड़े कौतूहल से उनकी बातें सुनने लगे। इसी तरह किसी विश्वासघाती साथी को कठोर दंड देने के बाद जब वे बता रहे थे तो पास ही के दूसरे कमरे में चम्पावती सुन रही थी। वे आकर करुण स्वर में बोली कि नहीं भैया, रजनी विधवा हो जाएगी। आज़ाद क्रोध में आकर काँप उठे। बोले तुम्हारे सामने एक रजनी के विधवा होने का प्रश्न है। उस नरपिशाच ने तुम्हारी और कितनी रजनी बहनों को विधवा बनाया है।"[21] श्री शर्मा ने 'नर्मदा' अंक के अपने संस्मरण में एक मुसलमान ताँगेवाले की औरत फुर्रन के बारे में लिखा कि, "उसने एक बार गोली, कारतूस, रिवॉल्वर, बम आदि से भरे बक्सों और पेटियों को हटवाने में मदद की थी। आज़ाद को फुर्रन का नाम ऐसा याद हो गया जिसकी चर्चा वह मजाक में किये बिना न रहते थे।"[22] पूर्व में हम देख चुके है कि बनारस में भी आज़ाद ने स्त्री का अपमान करनेवाले फौजी को और दुकानवाले को पीटा था, श्रीमती तारा अग्रवाल का अपमान करनेवाले की शराब की दुकान फूँक दी थी।

श्री बनारसीदास चतुर्वेदी को सुशीला जी ने आज़ाद के कितने ही संस्मरण सुनाए। चतुर्वेदी जी लिखते हैं, "उन्होंने कहा, श्री रामरख सिंह सहगल ने एक मातृसेवा सदन खोल रखा था और उसमें मैं एक बहन (शायद दुर्गा देवी) के साथ रह रही थी। आज़ाद

वहाँ रात के दस-साढ़े दस बजे आ जाते थे, पर एक दिन उन्हें काफी देर हो गई। मैंने सहगल जी को फोन किया तो उन्होंने उत्तर दिया कि यहाँ से तो कभी के चल चुके हैं। उस वक्त पानी रिमझिम-रिमझिम बरस रहा था। हम दोनों बहनें मकान की छत पर चढ़ गईं। और भैया की साइकिल की प्रतीक्षा करने लगीं। साइकिलें आती थीं पर दूसरी ओर को मुड़ जाती थीं। आखिर एक साइकिल हमारी कोठी की ओर मुड़ी तो हम दोनों ने जल्दी से उतरकर किवाड़ खोल दिये। भैया यह देखकर बड़े नाराज हुए और बोले, 'जब यह नियम बन चुका था कि जब मैं साइकिल की घंटी बजाऊँ, तब तुम किवाड़ खोलना, तो फिर तुमने इस नियम को क्यों तोड़ा?' भैया अनुशासन के बड़े प्रेमी थे। हम दोनों सकपका गईं। कोई जवाब देते न बना। फिर भैया बोले, 'और तुम्हें मालूम कैसे हुआ कि मैं ही आया हूँ' तब मैंने सारी कथा सुना दी। पानी बरसने के कारण हमारे सिर भीगे हुए थे। भैया ने हम दोनों के सिर पर हाथ रखे और आँखों में आँसू भरकर कहा, 'अरे मेरी वजह से तुम दोनों को पानी में खड़े-खड़े भीगना पड़ा।' भैया वैसे तो बड़े कठोर हृदय के थे, पर स्त्री जाति के प्रति उनकी भावना बहुत कोमल थी। चरित्र के मामले में बड़े सावधान थे और पार्टी के लिए उनका आदेश था कि अगर कोई भी सदस्य स्त्री जाति पर बुरी नजर से देखेगा तो वह आज़ाद की पहली गोली का शिकार बनेगा।"

"फिर सुशीला जी ने अपने निजी अनुभव की एक घटना सुनाई। आज़ाद ने मुझे एक व्यक्ति के पास शरण दिला दी थी। मैंने भैया से कहा था कि यों जगह-जगह मुझे मत घुमाओ। क्योंकि मैं नवयुवती हूँ, पर उन्होंने न माना। एक दिन उस आदमी ने, जिसके यहाँ मैं रह रही थी, एक गन्दी तसवीर मेरी किताब के बीच में रख दी। ज्योंही मैंने किताब खोली तो वह तसवीर दिख पड़ी। मैंने तुरन्त ही किताब बन्द कर दी। वे हजरत वहीं खड़े थे, बोले, 'आपने किताब बन्द क्यों कर दी।' मैं उस समय चुप रह गई पर जब भैया शाम को मिलने आए, मैंने सारा किस्सा उन्हें सुना दिया। उसे सुनते ही भैया आगबबूला हो गए और गाली देते हुए बोले, 'वह बदमाश है कहाँ। अभी उसे खतम करता हूँ।' भैया का हाथ तमंचे पर था। मैं डर गई। खैरियत यह हुई कि उस वक्त वह आदमी बाहर गया हुआ था। मैंने भैया को समझाया कि इस वक्त गोली चलाने से तो सारा काम बिगड़ जाएगा। क्रोध के कुछ शान्त होने पर भैया बोले, 'दीदी बस बीस मिनट के अन्दर सारा सामान लेकर इस घर से निकलो।' सामान तो ज्यादा कुछ था भी नहीं और मैं तुरन्त ही तैयार हो गई। भैया मुझे सुरेन्द्र शर्मा के यहाँ ले गए और वहीं पर मुझे रखा।"[23]

सभी क्रान्तिकारी नई उम्र के थे। अंग्रेज इस बात पर भी ध्यान रखते थे कि यदि किसी की कमजोरी स्त्री हो तो उसका इस्तेमाल फँसाने और भयादोहन के लिए करें। फणीन्द्रनाथ घोष इसीलिए मुखबिर बना कि उसकी नई शादी हुई थी। कैलाशपति ने इसीलिए बयान दिया कि उसकी रखैल चन्द्रावती ने पुलिस के कहने पर उस पर दबाव बनाया। सी.आई.डी. की नजर इस ओर भी थी कि आज़ाद की कोई न कोई स्त्री होगी। यदि उसको काबू में कर ले तो वह पकड़ में आ जाएगा। कैलाशपति के बयान में पंडित बलभद्र का वर्णन आया है। उसने बताया है कि "मैं अगस्त, 1930 में श्री यशपाल का भाग्य तय करने के लिए बुलाई गई बैठक के लिए जब कानपुर गया तो वहाँ

दयाशंकर शुक्ल के यहाँ रहा। आज़ाद, काशीराम, वैशम्पायन और विद्याभूषण तब पंडित बलभद्र के घर पटकापुर में ठहरे हुए थे। बलभद्र दिल्ली में हिन्दू कॉलेज में 1929 में द्वितीय वर्ष का छात्र था और काशीराम का घनिष्ठ मित्र था। क्रान्तिकारियों से सहानुभूति रखता था। इसी घर में बाद में दिल्ली में बाँटे गए हथियारों की सफाई तथा पैकिंग की गई थी। मैंने भी दूसरों के साथ सफाई और पैकिंग में हाँथ बटाया और बलभद्र हमें देखता रहता था। हथियारों को ग्रीस भी बलभद्र के मकान पर लगाई गई। जब हम बलभद्र के घर थे तभी काशीराम, विद्याभूषण और वैशम्पायन कानपुर से चार-पाँच मील दूर एक छोटी पहाड़ी पर दो-तीन रिवॉल्वरों का परीक्षण करने गए थे। जब हम बलभद्र के घर में थे, आज़ाद ने काशीराम को विश्वास एंड कम्पनी यह पता करने भेजा था कि क्या एयर पिस्टलें आ गई हैं?"[24]

किसी ने सी.आई.डी. को यह बता दिया कि बलभद्र की पत्नी सत्यवती से आज़ाद का सम्बन्ध है। सी.आई.डी. ने बलभद्र की भी निगरानी शुरू कर दी। इस आशय के कुछ पत्र अभिसूचना की फाइलों में देखने को मिलते हैं। 8 जनवरी, 1931 को चन्द्रशेखर आज़ाद व उनके साथियों की गतिविधियों का नोट जारी किया गया। उसमें जिक्र है, "13 जुलाई, 1930, बिरला मिल्स दिल्ली का बलभद्र (आज़ाद की कथित मिस्ट्रेस सत्यवती का पति) के बारे में बताया गया कि आज़ाद से मिलने हरिद्वार गया था। श्री यशपाल भी उस समय उसके साथ गया होगा और फिर वे तीनों शायद ज्वालापुर गए।"[25] इसी तरह 28 जुलाई, 1930 कलकत्ता के डिप्टी कमिश्नर एच.ई. हान्सन को एस.पी. (स्पेशल ड्यूटी) की तरफ से भेजे गए पत्र में लिखा है—

मेरे प्रिय हान्सन

दिल्ली के एक सूत्र ने बताया है कि बलभद्र (सत्यवती, जिसे आज़ाद की कथित मिस्ट्रेस माना गया है, का पति), बिरला मिल्स, दिल्ली से 25.07.1930 को बनारस होते कलकत्ता के लिए निकला है। बनारस में उसका विचार बी.एन. झा के साथ ठहरना है और कलकत्ता में वह केशोराम कॉटन मिल्स, गार्डन रीच में ठहरेगा। प्रत्यक्ष तौर पर यह दौरा व्यक्तिगत कारोबार के सिलसिले में है, बलभद्र को बिरला मिल्स से प्रोफेसर इन्द्र की संस्तुति पर एक सप्ताह का अवकाश मिला है, लेकिन यह सम्भव है कि उसे क्रान्तिकारी दल के सदस्यों से मिलना हो"[26] पंडित लक्ष्मीकान्त त्रिपाठी ने कानपुर के नवजागरणों में पटकापुर में पंडित बलभद्र मिश्र के आवास का उल्लेख किया है।

9 जनवरी, 1931 के मूवमेंट से जुड़े नोट्स में एक जगह लिखा है, "वह (आज़ाद) 9 जुलाई, 1930 को ग्वालियर में आगरा की लक्ष्मीबाई के साथ था। लक्ष्मी या देवी बाई (असली बेंती बाई) जिला-ग्वालियर, थाना-पिचरा के एक छोटे जमींदार कुंजलाल भार्गव, सलाई की पुत्री है। वह आगरा तथा ग्वालियर में कांग्रेस का काम करती है।"[27] हजार भ्रामक व सुनी-सुनाई सूचनाओं से भरी इन सरकारी रिपोर्टों में दफन यह सूचनाएँ भी आज़ाद को पकड़ने या उनका पता पाने में काम नहीं आईं। यह चन्द्रशेखर आज़ाद का निष्कलंक चरित्र और उनकी निरन्तर सतर्कता ही थी, जिसने उन्हें इतने दिनों तक जीवित और तथाकथित 'अजेय' ब्रिटिश साम्राज्य के खिलाफ 'अजेय' रखा।

छोटे बच्चों के बारे में आज़ाद की क्या सोच थी इस सम्बन्ध में भी अनेक संस्मरण पढ़ने को मिलते हैं। एक बार उन्होंने श्रीदेवी मुसद्दी के देर तक छोटी लड़की को छोड़कर सभा में रहने पर काफी डाँट दिया, लेकिन बाद में काफी पछताए भी थे। इस प्रसंग को 'स्मारिका' में श्रीदेवी मुसद्दी ने दूसरे रूप में लिखा है। वे लिखती हैं, "दुर्गा देवी को बन्दूक दिखाते समय गोली चलने, छोटी बच्ची को हाथ में लगने और फिर यह कहने पर कि मेरी बच्ची मर जाती तो क्या होता। उन्होंने बड़ी निर्ममता से कहा, मर जाती तो मर जाती, मैं क्या रोने बैठता तुम्हारे साथ। मैं फौरन चला जाता यहाँ से।" लेकिन इस घटना का श्रीमती दुर्गा देवी ने कहीं जिक्र नहीं किया है। बच्चों के बारे में दो संस्मरण 'यश की धरोहर' में श्री भगवानदास जी ने भी दिये हैं। एक श्री सदाशिव के भान्जे ने अपने पिता से 'दम्बूक' कहकर लगभग पिस्तौल का भेद खोल दिया था, दूसरा ग्वालियर की फैक्टरी में श्री भगवानदास माहौर के परिचित एक लड़के की वजह से बम फैक्टरी पकड़े जाते बची थी। अत: आज़ाद बच्चों से भरसक दूर रहने के हिमायती थे। हालाँकि श्री भगवतीचरण की शहादत पर उनके पुत्र को रातभर चिपकाकर सोए। जब साथ होते तो जलेबी दिलाते, हथियार साफ कर बिछा देते और कहते जो लेना हो, ले लो। ऐसा दुर्गा देवी ने अपने संस्मरण में लिखा है।

श्रीमती दुर्गा देवी ने श्री श्यामलाल मनचन्दा को 1972 में दिये गए साक्षात्कार में आज़ाद के सम्बन्ध में कहा था—

"मैं तो भाई (चन्द्रशेखर आज़ाद) की तारीफ करूँगी क्योंकि उनके लिए जैसी मेरे दिल में श्रद्धा है, प्यार भी है और जिस आदमी को आप पसन्द करते हैं, जिसके कामों को आप पसन्द करते हैं, उसकी कमियों को देख पाना बड़ा मुश्किल है। उनके बारे में कुछ लोगों की धारणा है कि वे बड़े कठोर थे, अनपढ़ थे। लेकिन मैं ऐसा नहीं समझती, अनपढ़ तो बात दूसरी है कि उनको मौका नहीं मिला आगे पढ़ने का, लेकिन यह है कि वह बहुत गहरी तबीयत के आदमी थे और हर चीज को ग्रास्प तेजी से करते थे और सबसे बड़ी बात यह कि बड़े-बड़े लोग जो थे उनमें से किसी की हिम्मत नहीं पड़ती थी कि उनके बगैर किसी काम को करने की, किसी एक्शन को करने की, उनकी खास बात यह थी कि जितने भी आदमी उनके साथ थे, पहले उनके खाने-पीने का खयाल करना पीछे अपने खुद का करना, यह नहीं कि कोई आदमी किसी किस्म की तकलीफ पाए। कोई सख्ती तो मैंने नहीं देखी। कोई भी एक्शन अगर कभी हुआ है तो उसके बाद वह भावुक भी हो उठते थे। उनको दुख भी होता था। वे कहते थे कि इसी 'इनसानियत' के लिए हम यह कर रहे हैं, लेकिन उनका 'डिसिप्लिन' भी बड़ा जबर्दस्त था, कुछ चीजें वे पसन्द नहीं करते थे। फिजूलखर्ची पार्टी के लोगों की, बढ़िया कपड़ा पहनना पार्टी के लोगों का इत्यादि। उनका कोई मुकाबला नहीं था, उनका मोरॉल बहुत हाई था।"[28]

धार्मिक विचारधारा

चन्द्रशेखर आज़ाद की धार्मिक-आध्यात्मिक मान्यताओं को लेकर उनके साथियों ने अपने संस्मरणों में अनेक बातें रखी हैं। इनके माध्यम से हम आज़ाद के अन्तरंग को समझने का

प्रयास करेंगे। श्री पी.वी. (शिव वर्मा) ने 'आज़ाद क्या थे?' में लिखा, "आज़ाद काकोरी के दिनों में पंडित रामप्रसाद बिस्मिल की तरह ईश्वर भक्त साहसी तथा आदर्शवादी थे। उन्हें ईश्वरवादी से निरीश्वरवादी बनाने का श्रेय भगतसिंह को था।"[29]

श्री यशपाल का लिखा पहले आ चुका है कि आज़ाद पहले घंटों पूजा किया करते थे। उन्हीं का संस्मरण है कि आज़ाद दल के किसी सदस्य पर इसलिए भरोसा नहीं कर रहे थे, क्योंकि वह चोरी-छुपे पूजा किया करते थे। उनके साथी भगवानदास माहौर ने आज़ाद के इस पहलू पर कई संस्मरण लिखे हैं। जब आज़ाद उनसे मिलने विक्टोरिया कॉलेज, ग्वालियर गए तो हॉस्टल के विद्यार्थियों ने डराने के लिए 'भूत प्रोग्राम' किया, पर वे डरे तो क्या उलटा इन लड़कों की गति बना दी। श्री भगवानदास माहौर ने लिखा, "आज़ाद बोले अबे चल, क्या पिन पिन पिन पिन करता है, यहाँ जरूर कुछ बदमाशी है। इसकी खबर तुम लोग अधिकारियों को क्यों नहीं करते? यह भूत-वूत कुछ नहीं है, किसी की शरारत है। इस भूत-कांड के बाद हॉस्टल में हरिशंकर के रूप में उन का अच्छा सम्मान हो गया। आज़ाद ने भी इस भूत प्रोग्राम की बड़ी तारीफ की-भाई वाह! क्या खूब, बहुत अच्छा करते हो, इस प्रकार तुम लोग भूत-वूत के धतिंग होने की बात बड़ी अच्छी तरह लोगों को समझा देते हो, तर्क और दलीलों से समझने से कुछ नहीं होता। भूत का भय किसी के मन से निकाल देने का तुम्हारा तरीका बहुत अच्छा है। बात यह है कि भूत की असलियत के ऐसे दो-चार किस्से मैं पहले अपनी आँख से देख चुका हूँ, इसलिए मैं नहीं डरा..." अपने इसी संस्मरण में आगे श्री भगवानदास लिखते हैं, "मन्दिर के एक्शन की योजना पूरी नहीं हुई। हम लोग बड़े उदास थे। लौटते समय रास्ते में हमने देखा एक महाशय एक चौराहे पर कुछ पूजा-उतार चढ़ा गए हैं। आज़ाद बोले, "कैलाश, देखो तो उसमें कुछ पैसे-वैसे, नारियल-वारियल हो तो उठा लाना, सवा रुपया और मिठाई हो तो क्या कहना! मैं पूजा के पास पहुँचा। मगर उसमें कुछ भी नहीं था, न पैसे, न मिठाई, न नारियल। मैं झुँझला कर उतारे में दो ठोंकरे मार कर उसका दीपक लुढ़का-बुझाकर लौट आया। आज़ाद बोले, 'क्या लाया?' मैंने उसी झुँझलाहट से कहा, 'कुछ भी नहीं, उसमें कुछ भी नहीं था।' आज़ाद ने पूछा दीवा काहे का था, तेल का या घी का? मैंने कहा घी का। आज़ाद बोले, 'देखो कहा था न मैंने? तू वक्त पर कुछ न कुछ लुक-लुक कर ही डालता है। अबे दीपक को बुझाकर घी पी जाता। तूने उसे यों ही मिट्टी में मिला दिया, है न मूर्ख'?"[30]

उनके सबसे विश्वस्त व करीबी साथियों में से एक रहे श्री विश्वनाथ वैशम्पायन ने लिखा, "उनके मुँह से ईश्वर का कभी नाम न सुना और न कभी उन्होंने उसकी दुहाई दी। अपने पौरुष पर उन्हें पूर्ण भरोसा था।"[31] इस सम्बन्ध में श्री भगवानदास माहौर का एक अन्य संस्मरण और भी शानदार है। जब आज़ाद का हाथ बुंदेलखंड मोटर में मोटर का हैंडल लगाते समय टूट गया और उन्हें डॉक्टर के पास ले जाया गया तो क्लोरोफॉम देते समय डॉक्टर ने कहा, 'अब राम-राम कहते रहिए।' बोले, 'जी हाँ, अब हाथ टूट गया है और दर्द हो रहा है तो राम-राम कहूँ। मुझे खुद से घिघियाना नहीं आता।' डॉक्टर भी झल्लाया, 'अच्छा, तो हाय-हाय ही कीजिए।' वे बोले—"हाँ, हाय-हाय करना इतना गलत न होगा'।"[32] श्री सुरेन्द्र शर्मा के संस्मरण में आता है, "बच्चन की गिरफ्तारी से

आज़ाद उदास थे। मैंने उन्हें धीरज बँधाया। मेरे मुँह से स्वर्गीय मौलाना मुहम्मद अली के उद्‌गार निकल पड़े—

दौरे हयात आएगा कातिल कजा के बाद
है इब्तिदा हमारी-तेरी इन्तिहाँ के बाद

इन पंक्तियों में पुनर्जन्म और आत्मा की अमरता का भाव स्पष्ट झलकता है, कहते हुए आज़ाद एक ओर चले गए। मैं अपने घर लौट आया।[33]

श्री शिववर्मा ने आज़ाद विषयक अपने संस्मरण में लिखा, "कांग्रेस किस वर्ग की संस्था है, ईश्वर धर्म आदि का जन्म कहाँ से हुआ। आदि प्रश्नों पर बहस होती और आज़ाद उसमें खुलकर भाग लेते थे। ईश्वर है या नहीं इस पर आज़ाद किसी निश्चित मत पर पहुँच पाए थे, यह कहना कठिन है। ईश्वर की सत्ता से इनकार करनेवाले घोर नास्तिक भगतसिंह की दलीलों का विरोध उन्होंनें कभी नहीं किया। अपनी ओर से न उन्होंने कभी ईश्वर की वकालत की और न ही उसके पीछे ही पड़े।"[34] श्री विश्वनाथ वैशम्पायन ने ओरछा में बेतवा नदी के किनारे के खँडहरों में लक्ष्मी मन्दिर में गड़े धन की चर्चा की है। जिस पर साँप के बैठे होने की लोक मान्यता मास्टर रुद्रनारायण ने बताई थी। आज़ाद इस पर हँसे, "मास्टर धन-वन तो क्या होगा पर मैं यह जरूर देखना चाहता हूँ कि उस पर जो साँप बैठा है वह धन को कैसे नहीं छूने देता। भूत-प्रेत, भूतिया, साँप-वाप यह सारी ढपोरशंखी बातें हैं।"[35]

आज़ाद को बचपन से देखनेवाले सर्वश्री मनोहरलाल त्रिवेदी, पं. शिवविनायक मिश्र, मन्मथनाथ गुप्त, शचीन्द्रनाथ बख्शी, मनमोहन गुप्त तथा राजाराम शास्त्री में से किसी ने भी चन्द्रशेखर आज़ाद को पूजा-पाठ करनेवाला या धार्मिक नहीं बताया है। क्रान्तिकारी साथियों में किसी ने उन्हें कभी पूजा करते नहीं देखा। किसी भी साथी के हत होने पर उसकी आत्मा को शान्ति मिले, जैसा कभी कोई वाक्य वे नहीं बोले। मैं मरकर मातृभूमि के लिए फिर जन्म लूँ, यह भी कभी नहीं कहा। किसी एक्शन के पहले किसी इष्ट को याद नहीं किया या कोई धर्मग्रन्थ नहीं पढ़ा। ढिमरपुरा में रामायण और गाजीपुर के मठ में जपुजी पढ़ना उस चरित्र की जरूरत थी। आज़ाद ने जीवन में धार्मिक कारणों से व्रत-उपवास रखा हो, कोई मन्नत माँगी हो, किसी तीर्थ पर जाकर स्नान किया हो इसका पता कहीं नहीं चलता। उनके लिए 'राष्ट्र' से बढ़कर कोई तीर्थ नहीं था। राष्ट्रभक्ति से बड़ी कोई पूजा नहीं थी। वे यथार्थवादी थे, राष्ट्रवादी थे, क्रान्तिकारी थे और शायद समाजवाद की विचारधारा की ओर उन्मुख थे। अभिसूचना की फाइलों से ज्ञात होता है कि वे कुछ मठों-मन्दिरों से अन्त तक जुड़े थे। लेकिन निश्चितरूपेण इसका कारण धार्मिक नहीं, अपितु क्रान्तिकारी था।

आर्थिक विचारधारा

चन्द्रशेखर आज़ाद की आर्थिक सोच क्या थी, अथवा एक्शन द्वारा धन जमा करने को वे कैसे देखते थे? इसकी चर्चा भी कुछ संस्मरणों में है। वैसे कांग्रेस के अनेक गणयमान्य नेता यथा-सर्वश्री शिवप्रसाद गुप्त, गणेश शंकर विद्यार्थी तथा मोतीलाल नेहरू से समय-समय

पर दल को आर्थिक सहायता मिलती थी। कुछ रजवाड़े और साहूकार भी यदा-कदा धन दिये होंगे। लेकिन धनाभाव में जब कभी दल के अस्तित्व के खत्म होने का खतरा उत्पन्न हो गया तभी मनी एक्शन किये गए। रहने, खाने, हथियार व गोली खरीदने, यात्रा करने, मुकदमों में सहयोग करने, बहुत जरूरी रहा तो किसी की मदद करने, मकान का किराया देने, बम फैक्टरी का सामान खरीदने, प्रेस का सामान खरीदने, छपाई कराने, पुस्तकें खरीदने, पर्चों का वितरण करने आदि पर जो धन खर्च होता था वह चन्दे से प्राप्त धन से कदापि पूरा नहीं हो पाता था। हर व्यक्ति को रोज चवन्नी खाने के लिए दी जाती थी। पाँच का नोट इमरजेंसी के लिए सभी के पास रहता था। लेकिन एक बड़े ढाँचे को चलाने पर धन तो खर्च होता ही था उसी की पूर्ति के लिए एक्शन होते थे।

यदि श्री यशपाल की बात सही है तो आज़ाद ने अपने पिता के बाग से कुछ फल तोड़कर बारूद व गुड़ के लिए बेच दिया था, जिस पर उन्हें पिता की मार पड़ी थी। कई अन्य जीवनीकारों ने भी लिखा कि आज़ाद की नजर में इन बागों के फल पर वे अपना हक मानते थे। सच जो हो लेकिन सूदखोर साहूकारों या सरकारी धन को वे जनता का पैसा मानते थे तथा जनता की आज़ादी के बड़े काम के लिए इसे जबरन छीन लेने या लूट लेने को बुरा नहीं मानते थे। इसका पता श्री मनोहरलाल त्रिवेदी और श्री प्यारेलाल अग्रवाल के संस्मरणों से चलता है। दिसम्बर, 1930 में श्री मनोहर जी अन्तिम बार आज़ाद से कानपुर में श्री प्यारेलाल अग्रवाल के घर पर मिले थे। वहीं उन्हें आज़ाद ने तिजोरी में रखा धन दिखाकर कहा था कि "यह रुपया मैं अपनी जान पर खेलकर लाया हूँ। अगर मैं इन्हें दे दूँ तो कोई मेरा क्या कर लेगा? लेकिन मैं ऐसा नहीं कर सकता, यह केवल मातृभूमि की सेवा के लिए है। मेरे ही माता-पिता नहीं हैं सभी क्रान्तिकारियों के हैं।"[36]

श्रीमती सुशीला देवी के संस्मरण में हम लिख चुके हैं कि वे जनता का धन यात्रा पर न बरबाद हो इसलिए सेकेंड क्लास में यात्रा नहीं करते थे, खेल-तमाशे पर खर्च नहीं होने देते थे। जो धन उन्होंने श्री मनोहरलाल को दिखाया था वह निश्चय ही गाडोदिया स्टोर से लूटा गया धन था। 'विप्लव' में 'कोई एक' नाम से शायद प्यारेलाल अग्रवाल ने 'वे आज़ाद' शीर्षक संस्मरण लिखा है। वे शैलून का काम करते थे। आज़ाद ने भी उनसे सूद पर छह माह के लिए चार हजार रुपये माँगे थे। बाद में वह व्यक्ति पैसा माँगने लगा तो अग्रवाल ने आज़ाद से कहा। उसी के बाद चौक के गाडोदिया स्टोर में एक्शन कर लगभग चौदह हजार लूटा गया। अग्रवाल ने लिखा, "छठे दिन रुपया मेरे सामने रख दिया। मैंने पूछा-भैया क्या यह उचित है? आज़ाद बिगड़ उठे। क्या हम अपना घर भरने के लिए यह करते हैं। जो लोग गरीबों का खून चूस-चूसकर रुपया जमा कर लेते हैं, उन्हीं का रुपया देश के काम में लगाया जाएगा तो क्या हम रुपया आसमान से ले आएँगे।"[37]

पूर्णचन्द्र 'सनक' ने अपनी पुस्तक में एक संस्मरण में लिखा, "एक दिन ग्रीन पार्क (कानपुर) के पास एक फकीर को देखकर आज़ाद ने अपनी जेबें टटोलकर एक रुपया निकाला था और उसे देकर कहा था, देखें वह घड़ी कब आती है जब इस देश में दरिद्र नारायण के दर्शन न होंगे।" स्पष्ट है आज़ाद हर देशवासी को सम्पन्न देखना चाहते थे।

शैक्षणिक-बौद्धिक विचारधारा

चन्द्रशेखर आज़ाद की शिक्षा, सोचने-समझने की क्षमता और राजनीतिक-क्रान्तिकारी विचारधारा पर काफी लोगों ने बहुत कुछ लिखा है। विशेषकर सर्वश्री यशपाल, मन्मथनाथ गुप्त, सुखदेवराज, शिववर्मा, काशीराम आदि साथियों ने एच.एस.आर.ए. तथा आज़ाद की विचारधारा पर विस्तार से चर्चा की है। इस खंड में हम देखेंगे कि किस प्रकार संस्कृत के एक विद्यार्थी के चोले से निकलकर आज़ाद एक प्रगतिशील विचारधारा वाले दल के सेनापति बनें। उस समय की प्रमुख राजनीतिक पार्टियों के नेताओं से उनके किस प्रकार के सम्बन्ध रहे और वे कैसे एक-दूसरे की नीतियों को प्रभावित करते रहे, आज़ाद की विचारधारा को वस्तुतः क्या नाम दिया जा सकता है और अन्तिम दिनों में यह सोच किस तरह राष्ट्रीय सीमाओं से परे अन्तरराष्ट्रीय फलक को स्पर्श करने लगी थी। यह भी समझेंगे।

चन्द्रशेखर आज़ाद की राजनीतिक विचारधारा पर सर्वप्रथम श्री मन्मथनाथ गुप्त जी ने 15.09.1937 को प्रकाशित अपनी पुस्तक 'क्रान्तियुग के संस्मरण' में लिखा है। इसमें उन्होंने आज़ाद को मार्क्सवादी बताया है। इसी की प्रतिक्रिया में 'विप्लव' के नवम्बर, 1938 के अंक में श्री सुखदेवराज ने 'आज़ाद का बमवाद' लेख लिखकर आज़ाद को अनपढ़ कह दिया, जिनका कोई राजनीतिक सिद्धान्त ही नहीं था। हाँ, उनका झुकाव सोशलिस्ट बताया। फरवरी, 1939 में यानी तीन माह के बाद आज़ाद अंक आया। जिसमें सर्वश्री यशपाल, श्री पी.वी., डॉ. प्रकाश पाल, काशीराम, पुनः सुखदेवराज तथा मन्मथनाथ गुप्त, श्री जय तथा आगे के अंक में इन्द्रपाल ने आज़ाद व हिसप्रस की विचारधारा पर अपने मत रखे। सभी का केन्द्रबिन्दु या तो पंडित जवाहरलाल नेहरू की टिप्पणी थी या अन्य साथियों के विचार।

चन्द्रशेखर आज़ाद की शिक्षा को लेकर लगभग सभी साथियों ने अपने संस्मरणों में लिखा है। श्री मनोहरलाल त्रिवेदी और श्री शिवविनायक मिश्र के संस्मरणों में भी स्पष्ट है कि आज़ाद का जी पढ़ने में नहीं लगता था। श्री राजाराम शास्त्री ने जो विद्यापीठ में उनके साथ थे अपने संस्मरण में आज़ाद की शिक्षा में रुचि पर कुछ नहीं लिखा है। आज़ाद की शिक्षा, पढ़ने-लिखने की रुचि, चिन्तन और विचार-विनिमय पर श्री सुखदेवराज 'आज़ाद का बमवाद' में लिखते हैं, "श्री चन्द्रशेखर आज़ाद एक अद्वितीय वीर थे। उनकी टक्कर का साहसी योद्धा दल में दूसरा न था। एक अन्तर और भी था। आज़ाद प्रायः अनपढ़ थे इस कारण दल में बहुत दिन रहने पर भी इस अनकांशस फ्रेंजी से मुक्त थे। देश की राजनीतिक अवस्था को समझने में असमर्थ रहे। जिस प्रकार बहुत से क्रान्तिकारियों के व्यक्तित्व ने विकास पाया और उनका राजनीतिक दृष्टिकोण विशाल होता गया वह विकास आज़ाद में न आ सका। जीवन संध्या के समय उनकी जो जवाहरलाल से भेंट हुई और उस समय उन्होंने जो आतंकवाद पर कुछ अविश्वास प्रकट किया, उसका कारण राजनीतिक विचारों का विकास नहीं था, केवल परिस्थितियाँ बदल जाने पर खिंचाव नहीं रहा था।"[38]

आगे आज़ाद अंक में श्री काशीराम ने इसका प्रतिवाद किया, "इसमें कोई सन्देह नहीं कि भाई बी.ए. या एम.ए.पास नहीं थे। किसी कॉलेज में उन्होंने शिक्षा नहीं पाई

थी, शायद वे अंग्रेजी लिख भी नहीं सकते थे। अपने मनोभावों को अंग्रेजी में व्यक्त करने की क्षमता उनमें नहीं थी। मैं सुखदेवराज के इन विचारों से सहमत नहीं हो सकता कि वे निरे फौजी या गँवार थे। अक्षर ज्ञान में वे हिन्दी तो खूब अच्छी प्रकार जानते थे और अंग्रेजी का समाचार-पत्र भी शायद पढ़ लेते थे। हाँ, अध्ययन में उन्हें कोई विशेष रुचि न थी। दूसरे से किताब पढ़वाकर सुनने का उन्हें बहुत शौक था। जो बातें वे सुनते थे उस पर वे खूब विचार-विनिमय करते थे। तत्कालीन भारतीय राजनीति से वे भली प्रकार परिचित थे। अन्तरराष्ट्रीय राजनीतिक दाँव-पेच वे खूब समझते थे। रूस की क्रान्ति उनके लिए सुख स्वप्न थी। भाई के विचार निरे उजड्ड क्रान्तिकारी के-से नहीं थे। उनके सामने उनका ध्येय स्पष्ट था। एक महान व्यक्ति को अनपढ़-जाहिल कहने से हम बड़े नहीं बन सकते।"[39]

'विप्लव' के आज़ाद अंक में श्री सुखदेवराज ने पुनः 'बमवाद और आज़ाद' शीर्षक लेख के अन्तर्गत अपने पुराने मत का समर्थन किया और लिखा, "आज़ाद फिलॉस्फर न थे। वह केवल साहसी बहादुर युवक थे, जो स्वाधीन भारत में फुटबॉल की ऑल इंडिया टीम का कप्तान होकर विलायत-विलायत घूमते या फौज में जरनैल-करनैल होते। यदि स्कूल में उन्हें भेज दिया जाता तो निस्सन्देह पूरी उम्र लगाकर भी वह मैट्रिक पास न कर पाते। महापुरुष क्लास रूम में नहीं, जीवन के संघर्ष में पैदा होते हैं।"[40] 'विप्लव' में प्रकाशित अपने संस्मरण 'सिंहावलोकन' में श्री यशपाल ने लिखा, "आज़ाद एक संस्कृत पाठशाला में अक्षर-अभ्यास करने के बाद कूदकर काशी विद्यापीठ के स्कूल की कक्षाओं में कुछ दिन बिताए और उसके बाद कमर में रिवॉल्वर बाँध प्रतिक्षण शत्रु का मुकाबला करने की फिक्र की। आज़ाद के छोटे से जीवन में कभी स्कूली शिक्षा में सर खपाने की फुरसत के लिए समय आया ही नहीं। चौदह-पन्द्रह वर्ष की आयु में विद्याभ्यास के लिए फुरसत न पा सत्याग्रह-आन्दोलन में बेतों की सजा पा रहे थे। यह है सन् 1920-21 की बात, इसके बाद सन् 1925 में हम उन्हें काकोरी षड्यंत्र में फँसा पाते हैं। आज़ाद के दिमाग में विद्रोह की जैसी प्रचंड आग जल रही थी, उसमें विद्याभ्यास हो ही नहीं सकता था और अगर उन्हें पुस्तकों का पंडित बनना था तो वे आज़ाद नहीं बन सकते। भगतसिंह को ही लीजिए स्कूल छोड़ दिया और अकाली सज गए। फिर कुछ खयाल आया, नेशनल कॉलेज में आ भर्ती हुए। वह सेकेंड ईयर से लापता हो गए कानपुर में पुराने क्रान्तिकारियों से आ मिले। सवाल यह है कि फरारी में आज़ाद अध्ययन करते या जान बचाकर किसी तरह पार्टी का पुनः संगठन करते?

यह बात कुछ असंगत-सी मालूम पड़ती है कि आज़ाद अंग्रेजी नहीं जानते थे। पुस्तकें पढ़ने का उन्हें शौक नहीं था, मैंने उन्हें कभी पुस्तक पढ़ते नहीं देखा। तो फिर विचारों में विकास कैसे हुआ? आज़ाद खुद नहीं पढ़ते थे अंग्रेजी नहीं जानते थे, परन्तु लेनिन के लेखों का एक पूर्ण संग्रह मैंने उनके पास देखा था। जिसे कई दफे मैं भी पढ़ने लगता और दल के दूसरे लोग भी पढ़ते थे। किसी बहुत अच्छी किताब की चर्चा सुनते हुए वे उसे खरीद लेने को तैयार हो जाते थे। इस बात का उन्हें बहुत खयाल रहता था कि दल के लोग सिद्धान्तों तथा तत्सम्बन्धी पुस्तकें पढ़ते रहा करें और उन पुस्तकों के विषय में वे चर्चा भी करते रहते थे। स्वयं पढ़ने का तो यह हाल था कि अगर कोई

आदमी पास बैठा हो तो वे हिन्दी का अखबार भी स्वयं नहीं पढ़ते थे। जहाँ तक याद पड़ता है, केवल एक दफे मैंने उनके हाथ की लिखी कुछ लाइनें देखी थीं और वे अक्षर बहुत धीरे-धीरे लिखे हुए थे, जैसे कलम से लिखे जाते हैं। परन्तु वे अक्षर बहुत ही सुघड़ थे। इस स्कूली विद्या के जमाने और अंग्रेजी के प्राधान्य में जो आदमी अंग्रेजी न जानता हो, उसके प्रति हमारी वितृष्णा होने लगती है। इसका कारण सीधा है। आज दिन हमारी मध्यम श्रेणी की महत्त्वाकांक्षा का आदर्श है, सरकार या साहब के दफ्तर में क्लर्की की कुर्सी पर बैठकर ऊँघना और इसके लिए इसी विद्या की जरूरत है, परन्तु हम भूल जाते हैं कि मसीह, मुहम्मद को जाने दीजिए, हमारे अकबर, हैदर अली, शिवाजी और राजा रणजीतसिंह में से कोई भी अक्षर विद्या से परिचित नहीं था। फिर भी इनमें से किसी के भी चातुर्य और राजनीतिक ज्ञान के बारे में शक करने का साहस बड़े-से-बड़े कलमबाज को भी नहीं हो सकता।

जब झाँसी में आज़ाद को चोट आ गई थी और उन्हें बरबस बाँह में पट्टी बाँधकर बहुत दिन के लिए खाट पर लेटना पड़ गया था उस समय समीप कोई आदमी बातचीत करके दिल बहलाने को नहीं था। रियासतों की परिस्थिति के सम्बन्ध में एक किताब उस समय उनके हाथ लग गई और उसे उन्होंने पढ़ डाला। इस पुस्तक का आज़ाद के मन पर बहुत गहरा प्रभाव पड़ा। रियासतों का जिक्र चलने पर वह बहुत बेचैन हो जाया करते थे, हम ब्रिटिश भारत में गुलामी और जुल्म के खिलाफ जान देने को फिरते हैं, परन्तु रियासतों में जो जुल्म हो रहा है, ब्रिटिश भारत का जुल्म इसके मुकाबले में पासंग भी नहीं। कई दफे खयाल आता है, ब्रिटिश भारत को छोड़कर पहले इन रियासतों में ही काम किया जाए। सोचो तो, जो पशु इस जमाने में दस-दस, बीस-बीस स्त्रियों को अपने हरम में रखना अपना अधिकार समझता हो, वह प्रजा के प्रति क्या न्याय करेगा। यदि किसी पुस्तक को पढ़कर उसमें पढ़ी गई सभी बातों का उपयोग करना हो तो जीवन में चार-पाँच पुस्तकों से अधिक पढ़ने की गुंजाइश न होगी। आज़ाद का दृष्टिकोण इसी प्रकार का था। आज़ाद यदि दूसरे लोगों की भाँति पाँच-छह पुस्तक महीने में चाट डालना शुरू कर देते तो उनका यह दृष्टिकोण कायम नहीं रह सकता था। आज़ाद को परिस्थितियों ने जिस दौर में लाकर रख दिया उस मैदान की परीक्षा में वह खूब पूरा उतरा, इसमें शक नहीं। आज़ाद विचारक नहीं, सेनापति था। जिन विचारों या उद्देश्यों को लेकर एच.एस.आर.ए. ने जान जोखिम का मार्ग चुना था, उस कार्यक्रम को पूरा करने के लिए आज़ाद ने कोई कसर न छोड़ी। उसका काम विचारों का विश्लेषण नहीं था। विचारों को लेकर चलने वाले सैनिकों का संचालन करना था।"[41]

श्री यशपाल ने अपनी पुस्तक 'सिंहावलोकन' में भी आज़ाद की शिक्षा पर लिखा, "आज़ाद ने बचपन में पढ़ पाने की इच्छा के अतिरिक्त अपने जीवन में कभी कोई व्यक्तिगत महत्त्वाकांक्षा नहीं बनाई। उस समय की अपनी समझ-बूझ और उस समय की परम्परा में आस्था के कारण उन्होंने शिक्षा का अर्थ समझा था—संस्कृत। आधुनिक आर्थिक, सामाजिक और राजनीतिक जीवन में इस विद्या का कोई विशेष उपयोग न हो सकता था। एक बार राजनीतिक चेतना उत्पन्न हो जाने के बाद उन्हें देश की मुक्ति के लिए विदेशी शासन से लड़ने के अतिरिक्त कोई और इच्छा भी नहीं थी। आज़ाद की

विद्वत्ता और विचारधारा के सम्बन्ध में बहुत विवाद चला है। असल बात तो यह है कि आज़ाद 'हिसप्रस' के सैद्धान्तिक नेता नहीं, सैनिक नेता थे। स्कूल-कॉलेज की शिक्षा का अवसर उन्हें मिला ही नहीं था। पुस्तकों की अपेक्षा दूसरों से सुनकर ही बात समझते थे। परन्तु ग्राह्य शक्ति और बुद्धि की पकड़ अच्छी थी।"[42]

इन्द्रपाल ने अपने संस्मरण में 'फिलॉसफी ऑफ बम' को पहली बार श्री भगवतीचरण द्वारा सुनाने की बात लिखी है। वह लिखता है, "जब भैया को मालूम हुआ कि मैं अंग्रेजी नहीं जानता तो उसी समय पहला ऑर्डर उन्होंने मुझे दिया, 'अंग्रेजी जरूर पढ़ो।' भैया भी अंग्रेजी न समझ पानेवाले थे इसलिए भगवतीचरण जी अनुवाद करते जाते थे।"[43] दूसरों के अध्ययन के सम्बन्ध में आज़ाद का मत डॉ. प्रकाश पाल के संस्करण में भी व्यक्त होता है, "वे अकसर पूछते अंग्रेजी की पहली किताब अभी खत्म नहीं की?"[44] श्री भगवानदास माहौर ने लिखा, "आज़ाद पुस्तकों को पढ़कर नहीं, राजनीतिक संघर्ष और जीवन संघर्ष में अपने सक्रिय अनुभवों को सीखते हुए ही उस क्रान्तिकारी दल के नेता हुए जिसका नाम-'हिसप्रस' था। आज़ाद के साथियों में उनके नेतृत्व में काम करनेवालों में, शायद ही किसी को उनसे कम स्कूली शिक्षा मिली होगी।"[45]

श्री शिवदयाल दीक्षित ने अपने संस्मरण में लिखा, "चन्द्रशेखर जी साधारण हिन्दी तथा थोड़ी संस्कृत पढ़े-लिखे थे। उनके सामने कोई अंग्रेजी या बँगला में बात करता था तो आप उस पर बिगड़ कर कहते थे कि देश के लिए मरने आए अंग्रेजी बोलते हैं। बँगला भाषा पर कुछ शान्त रहते थे।"[46] श्री सुरेन्द्र शर्मा ने लिखा, "आज़ाद की शिक्षा सम्बन्धी योग्यता बहुत साधारण थी, किन्तु प्रकृति और देश की तत्कालीन परिस्थिति ने उन्हें अनुभव के आधार पर मनोविज्ञान का मर्मज्ञ और व्यावहारिक रूप से मानव स्वभाव का पारखी बना दिया था। उन्हें धोखा देना लोहे के चने चबाने के समान था। आज़ाद को पंजाबी, राजस्थानी, बुंदेलखंडी, ब्रजभाषा आदि बोलियों का अच्छा ज्ञान था। इन बोलियों को समझने और बोलने की उनमें अच्छी क्षमता थी।"[47]

आज़ाद के बचपन के साथी श्री मन्मथनाथ गुप्त ने इस बिन्दु पर 'नर्मदा' के अपने संस्मरण में विस्तारपूर्वक चर्चा करते हुए लिखा, "अखबार के अतिरिक्त पढ़ने-लिखने में उनकी रुचि नहीं थी। दल की ओर से लड़कों को पुस्तकें पढाई जाती थीं ताकि उनके विचार प्रौढ़ हों। उस जमाने की जैसी विचारधारा थी, उसी के अनुसार ये किताबें चुनी जाती थीं। जिन किताबों को पढ़वाकर नौजवानों को दल में भर्ती किया जाता था उनमें 'एशिया निवासियों के प्रति यूरोपियों का बर्ताव', 'गुरु गोविन्द सिंह', 'शिवाजी' 'आनन्द मठ', 'फ्रांस की राज्य क्रान्ति', 'गैरीबाल्डी', 'मैजिनी' ऐसी किताबें थीं। हाँ, रूस की राज्य-क्रान्ति के ऊपर भी हम लोग पढ़ते थे। मेरी तलाशी में ही इस नाम की एक हिन्दी पुस्तक पाई गई थी। आज़ाद को भी मैं किताबें देता था, किन्तु दी गई किताबों को अकसर वह बिना पढ़े ही लौटा देते थे। अन्त तक सुनते हैं वह अध्ययनशील नहीं हुए, किन्तु जिस किताब को भी वह पढ़ लेते थे, उसको खूब याद रखते थे। इस प्रकार अध्ययनशील न होते हुए भी वह दल के अन्य लोगों से और इस दृष्टि से समय से पीछे नहीं थे। यह इसी बात से स्पष्ट है कि दल की विचारधारा में बराबर मार्के का विकास होता रहा, फिर भी विकास के प्रत्येक युग में वह दल के शिखर पर बने रहे।"[48]

श्री शिववर्मा लिखते हैं, "लिखने-पढ़ने के मामले में आज़ाद की सीमाएँ थीं। उनके पास स्कूल या कॉलेज का अंग्रेजी सर्टिफिकेट नहीं था और उनकी शिक्षा हिन्दी तथा मामूली संस्कृत तक ही सीमित थी। लेकिन ज्ञान और बुद्धि का ठेका अंग्रेजी जाननेवालों को ही मिला हो ऐसी बात तो नहीं है। यह सही है कि उस समय समाजवाद आदि पर भारत में बहुत थोड़ी पुस्तकें थीं और वे भी केवल अंग्रेजी में ही। आज़ाद स्वयं पढ़कर उन पुस्तकों का लाभ नहीं उठा सकते थे, लेकिन यह मतलब नहीं कि उस ज्ञान की जानकारी के प्रति उदासीन थे। सच तो यह है कि केन्द्र पर हम लोगों से पढ़ने-लिखने के लिए जितना आग्रह आज़ाद करते थे उतना और कोई नहीं करता था। वे प्रायः ही किसी न किसी को पकड़कर उससे सिद्धान्त सम्बन्धी अंग्रेजी की पुस्तकें पढ़वाते और हिन्दी में उसका अर्थ करवाकर समझने की कोशिश करते। कार्ल मार्क्स का 'कम्युनिस्ट घोषणा पत्र' दूसरी बार आदि से अन्त तक मैंने आज़ाद को सुनाते समय ही पढ़ा था। यह पुस्तक बाद में सहारनपुर में मेरे साथ पकड़ी गई थी। भगतसिंह और सुखदेव के आ जाने पर सैद्धान्तिक प्रश्नों पर खास तौर पर बहस छिड़ जाती थी। हमारा अन्तिम उद्देश्य क्या है? देश की आज़ादी से हमारा क्या मतलब है? भावी समाज कैसा होगा? श्रेणीरहित समाज का क्या अर्थ है? आधुनिक समाज के वर्ग संघर्ष में क्रान्तिकारियों की क्या भूमिका होनी चाहिए? राजसत्ता क्या है? कांग्रेस किस वर्ग की संस्था है? ईश्वर, धर्म आदि का कहाँ से जन्म हुआ? आदि प्रश्नों पर बहस होती और आज़ाद उसमें खुलकर भाग लेते थे। शोषण का अन्त, मानवमात्र की समानता की बात और श्रेणीरहित समाज की कल्पना आदि समाजवाद की बातों ने उन्हें मुग्ध कर दिया था।"[49]

श्री विश्वनाथ वैशम्पायन ने लिखा, "आज़ाद ने स्कूली शिक्षा अधिक नहीं पाई थी। फिर भी हिन्दी तो वे बखूबी पढ़ ही लेते थे। अभ्यास के बाद में अंग्रेजी भी काम चलाने के लायक काफी समझ लेते थे। अंग्रेजी का अध्ययन उन्होंने इसलिए किया कि उन दिनों अंग्रेजी के अखबार में ही ताजे समाचार जल्दी आते थे। उनका नित्य का नियम था कि वे सवेरे उठते ही एक अंग्रेजी और एक हिन्दी का अखबार मँगवाते। अंग्रेजी अखबार मैं उन्हें पढ़कर सुनाता था। अखबार पढ़ना उन्हें इस कारण भी आवश्यक प्रतीत होता था कि क्रान्तिकारियों के विषय में, विशेषकर उनकी गिरफ्तारी आदि के विषय में तुरन्त पता चल जाए और उसके अनुसार वे अगली कार्रवाई कर सकें। इसीलिए सवेरे के नाश्ते के लिए चाहे पैसा न रहे, पर वे अखबार अवश्य मँगाते थे। बाद में धीरे-धीरे वे स्वयं अंग्रेजी अखबार पढ़ने लगे। पहले तो जो समाचार वे मुझसे पढ़वाकर सुनते और समझते उसे फिर वे स्वयं पढ़ते और समझते। धीरे-धीरे उन्हें अंग्रेजी अखबार स्वयं पढ़कर समाचार समझने का अभ्यास हो गया था। एक बार हमारे हाथ बम का खोल ढालने की एक पुस्तक लगी। पुस्तक अंग्रेजी में थी साथ ही उसमें चित्र भी दिये गए थे। पहले उन्होंने वह पुस्तक मुझसे पढ़वाई और फिर स्वयं उसे धीरे-धीरे पढ़कर खूब समझा। उसके बाद लाहौर में जो बम के खोल ढले थे उनमें सुधार कर कानपुर में बम ढालने का कारखाना खोला। इस कारखाने में दिन में चमारों के जूते ठोकने के ठेके (एंगिल) बनते थे और रात को बम ढाले जाते थे। जब दिल्ली षड्यंत्र में इन बमों के विषय में सैनिक विशेषज्ञ की रिपोर्ट माँगी गई तो उसने यही लिखा कि ये बम सेना

के बमों से किसी प्रकार से कम नहीं हैं, आज़ाद की इस सफलता का रहस्य उनकी आधारभूत लगन थी। जिस काम को करने की ठान लेते, उसे पूरा करने में वे दिन-रात एक कर देते थे।"[50]

राजनीतिक विचारधारा

इस प्रकार हम देखते हैं कि चन्द्रशेखर आज़ाद की स्कूली शिक्षा जो भी रही हो, अपने काम से सम्बन्धित चीजों को वे समझ लेते थे। उनकी राजनीतिक विचारधारा क्या थी? इस पर उसके निकटवर्ती साथियों में मतैक्य नहीं मिलता है। 'मुंडे-मुंडे मतिर्भिन्ना' के इस शोर को सुनने से हल्का-सा आभास अवश्य हो जाता है कि आज़ाद की राजनीतिक चेतना कहाँ तक पहुँची थी। शुरुआत हम पुन: श्री सुखदेवराज के संस्मरण से कर रहे हैं। वे लिखते हैं, "जनवरी या फरवरी, 1930 में इलाहाबाद के कटरा के एक मकान में इस बात पर बहस चल रही थी कि क्रान्ति के साधन क्या होंगे? और क्रान्ति के बाद दल क्या करेगा? बहस के दौरान बातचीत में आज़ाद ने कहा, 'भाई मैं तो साधारण सैनिक हूँ, केवल लड़ना सीखा है।' आज़ाद की बातों से एक बात स्पष्ट थी कि उनका झुकाव समाजवाद की तरफ था, किन्तु विशेष अध्ययन न होने के कारण वे दूसरे क्रान्तिकारियों की तरह आतंकवाद से ऊपर न उठ सके थे। एक महाशय ने आज़ाद की जीवनी लिखी है, जिसमें उन्हें कम्युनिस्ट साबित करने की चेष्टा की है। पंडित जवाहरलाल ने अपनी जीवनी में आज़ाद से इन्हीं दिनों की एक भेंट का विवरण देकर लिखा है कि क्रान्तिकारी फासिस्ट मनोवृत्ति के थे। जो लोग आज़ाद के साथ इन दिनों रहे हैं वे कह सकेंगे कि आज़ाद इन दोनों ही लांछनों से मुक्त थे। यही नहीं, उन पर किसी तरह के राजनीतिक विचार रखने का दोष नहीं लगाया जा सकता।

इतना होते हुए भी उन्होंने देश की राजनीति पर एक गहरी छाप छोड़ी है। इसका कारण था उनकी अद्‌भुत वीरता और मातृभूमि के प्रति अनन्य भक्ति। सोशलिस्ट झुकाव होते हुए भी वह राष्ट्रीयता के बन्धन से अपने विचारों को मुक्त न कर पाए थे, इसी घोर राष्ट्रीयता के कारण ही शायद पंडित जवाहरलाल जी को उन पर फासिस्ट विचार रखने का सन्देह हुआ होगा। जिन महाशय ने उन्हें कम्युनिस्ट रंग में रँगने की चेष्टा की है उनके सम्बन्ध में केवल इतना कहना पर्याप्त है कि उन्होंने कल्पना से ही अधिक काम लिया है। आतंकवाद कोई राजनीतिक सिद्धान्त नहीं, वह केवल एक अस्त्र है, जो प्राय: सभी देशों में समय-समय पर दलित जातियों ने शासकों से छुटकारा पाने के लिए सफलतापूर्वक और कभी असफलता से इस्तेमाल किया है। आतंकवाद का विकास भारत में भी उसी समय हुआ जब देश को किसी प्रकार से अपनी वेदना प्रकट करने का कोई चारा न था। हम आज़ाद की बात कह रहे थे। उनका आतंकवाद पर सिद्धान्त रूप से विश्वास था ऐसा मैं नहीं समझता। इस दल के किसी भी सदस्य का विश्वास आतंकवाद पर एक राजनीतिक सिद्धान्त के रूप में था यह मैं नहीं कह सकता। आतंकवाद विशेष परिस्थितियों की उपज था। आतंकवाद एक अचेतन प्रयास है जो दलित देश में गला घोंटे जाने पर परिणाम का लिहाज न कर अपनी स्वाधीनता की स्वाभाविक इच्छा से जाग उठा था। आज़ाद इसी लहर के एक प्रतीक थे। आतंकवाद स्वयं अपनी हस्ती

कायम करने के लिए नहीं, एक परिस्थिति के जवाब में उठा था। परिस्थिति बदल जाने पर उसके लिए कोई स्थान न बचा।"[51]

श्री सुखदेवराज के इस लेख की जबर्दस्त प्रतिक्रिया हुई। परिणामस्वरूप फरवरी, 1939 के 'विप्लव' के आज़ाद अंक में कई साथियों ने आज़ाद की विचारधारा पर अपना विचार रखा। श्री मन्मथनाथ गुप्त अपने संस्मरण में लिखते हैं, "मैं कामरेड सुखदेवराज के इस लेख की शास्त्रीय दृष्टि से आलोचना करना चाहता हूँ। पहली बात जिसका मैं विशेष प्रतिवाद करता हूँ, वह यह है कि लेखक ने कम्युनिस्ट होना और फासिस्ट होना दोनों लांछन बताया है। दुख है, मैं ऐसा नहीं समझता। फासिस्टवादी होना अवश्य ही एक लांछन है। पंडित जवाहरलाल जी ने बिना कोई माकूल वजह दिये ही क्रान्तिकारियों को फासिस्ट मनोवृत्ति का बतलाया है। फासिस्ट शब्द आज के युग में क्रान्तिकारी के लिए सबसे बड़ी और कदर्थ गाली है। क्योंकि ऐसा करार दिये जाने पर बड़ी-से-बड़ी वीरता लड़खड़ाते हुए पूँजीवाद के भाड़े के गुंडे का कृत्य हो जाता है। पंडित जी भारतीय क्रान्तिकारियों के विषय में अज्ञ थे या वे उन दिनों फासिस्टवाद के पूरे अर्थ से अपरिचित थे। मैं समझता हूँ कि पंडित जी की भेंट के विवरण से यह प्रमाणित होता है कि विकसित होते-होते आज़ाद की विचारधारा एक कम्यूनिस्ट की विचारधारा हो गई और यह विकास केवल आज़ाद का ही हुआ हो, ऐसा नहीं। आज़ाद की विचारधारा का क्रम से विकास हुआ। उसी को मैं आज़ाद की जीवनी का सबसे बड़ा सौन्दर्य समझता हूँ। मैं समझता हूँ कि चन्द्रशेखर आज़ाद हमारे देश के एक महावीर योद्धा थे, एक सिपाही तथा एक अद्वितीय सिपहसालार थे, उनका जीवन एक महान आदर्शवादी त्यागी का पवित्र जीवन था। उनकी मृत्यु एक तज्ज शहीद की पावन मृत्यु थी जिसकी तुलना विश्व के इतिहास में भी विरल है। आज़ाद मार्क्सवाद की रूढ़ गुत्थियों को समझते थे या नहीं, इस सम्बन्ध में मैंने अपनी पुस्तक में कुछ नहीं लिखा है, न मेरा कोई दावा है। यदि सुखदेवराज इसको गवारा करें तो मैं कहूँ कि उस जमाने वे भी नहीं समझते थे। आज़ाद के सम्बन्ध में यह कितना बड़ा अन्याय है कि कोई कहे कि उन पर किसी प्रकार के राजनीतिक विचार रखने का दोष नहीं लगाया जा सकता, कितनी अजीब मनोवृत्ति इसके पीछे है।"[52]

'आज़ाद क्या थे?' के लेखक के तौर पर श्री पी.वी. ने लिखा है जो शायद श्री शिववर्मा का छद्मनाम है। इस लेख में आता है, "आज आज़ाद के व्यक्तिगत जीवन तथा उनके राजनीतिक विचारों के बारे में कितनी ही मुख्तलिफ बातें कही जा रही हैं। कोई उन्हें पक्का मार्क्सवादी सिद्ध करना चाहता है, तो कोई उनमें भारतीय मुसोलिनी अथवा हिटलर का रूप देखता है, अर्थात् उन्हें फासिस्ट का खिताब देता है। कहना न होगा कि आज़ाद इनमें से कुछ भी नहीं थे। इसके यह माने हर्गिज नहीं कि उनके अपने कोई भी राजनीतिक विचार न थे। ऊपर के प्रश्न का उत्तर पाने के लिए हमें हिसप्रस के उस समय के इतिहास पर नजर डालनी पड़ेगी, जबकि आज़ाद उसके सेनानायक थे। जहाँ तक मुझे मालूम है, काकोरी के मामले के आरम्भ तक इस दल में साम्यवादी विचारों का नाम तक न था। उस मामले में पकड़े जानेवालों में से अधिकांश क्रान्तिकारी कट्टर ईश्वरवादी थे। उनका उद्देश्य भारतवर्ष से अंग्रेजों को हटाकर एक स्वतंत्र भारतीय

प्रजातंत्र स्थापित करना था। उस समय के आज़ाद पर काकोरी के नेता पंडित रामप्रसाद की पूरी-पूरी छाप थी। वह भी उन्हीं की भाँति ईश्वरभक्त, साहसी तथा आदर्शवादी थे। इस समय (1926-27) के पूर्व उनके कोई खास मँजे हुए विचार न थे। देश की आज़ादी के लिए हँसते-हँसते अपने प्राण दे जाना ही, उनका एकमात्र आदर्श था। काकोरी के धक्के को सँभालते कई साल लग गए। बहुत कुछ दौड़-धूप तथा प्रयत्न करने के बाद सन् 1927 में फिर संगठित रूप से काम शुरू हुआ। इस समय काम के दो ही मुख्य केन्द्र थे—लाहौर और कानपुर। इसी समय से इस दल में साम्यवादी विचारों का आरम्भ होता है। किन्तु यह साम्यवादी विचार मार्क्स अथवा लेनिन के सिद्धान्तों को भली प्रकार समझकर अंगीकार किये गए हों, सो बात न थी। 1927 तक आज़ाद के विचारों में साम्यवाद का कोई स्थान न हो पाया था।

सच बात तो यह है कि सरदार भगतसिंह तथा सुखदेव को छोड़कर हम में से किसी ने भी साम्यवाद के सिद्धान्तों पर न तो कुछ पढ़ा ही था और न उस पर मनन ही किया था। भगतसिंह और सुखदेव ने भी मार्क्सवाद को अच्छी तरह समझ लिया था, ऐसा नहीं कहा जा सकता। किन्तु जहाँ तक पढ़ने-लिखने का सवाल था, उन्होंने दूसरों की बनिस्बत काफी जानकारी हासिल कर ली थी। किन्तु हम मार्क्सवादी न थे। हम मार्क्स तथा लेनिन का रास्ता न लेकर निहिलिस्ट, ब्लैंकुइस्ट, अनार्किस्ट अथवा सोशल रिवॉल्यूशनरीज के रास्तों पर ही अधिक चलते थे। हम मजदूरों के नेतृत्व में उपायहीन क्रान्ति चाहते थे सही, किन्तु हममें से किसी ने भी मजदूरों में जाकर उनको संगठित करने की बात पर कोई विशेष ध्यान नहीं दिया था। क्रान्तिकारी गुप्त संस्थाओं द्वारा अपने काम के जरिये से प्रचार का सिद्धान्त ही हमें सबसे अधिक पसन्द आता था। अपनी कुर्बानियों द्वारा देशवासियों के दिलों में एक कसक-बेचैनी पैदा कर जाना तथा फाँसी के फन्दे पर खड़े होकर बुलन्द गले से उन्हें अपनी आवाज सुना जाना, यही हमारा मुख्य उद्देश्य था।

हाँ, मैं आज़ाद की बात कह रहा था। उन्हें ईश्वरवादी से निरीश्वरवादी तथा उनमें साम्यवाद के विचारों पर विश्वास करने का बहुत कुछ श्रेय सरदार भगतसिंह को था। जिस समय की बात मैं कह रहा हूँ (1928) उस समय उनका यह दृढ़ विश्वास हो चुका था कि समाजवाद, वह चाहे कुछ भी क्यों न हो, प्रचलित समाज की बुराइयों की एकमात्र रामबाण औषधि है। ऐसी हालत में यह कहना कि उनके अपने कोई राजनीतिक विचार ही न थे, शायद उनके साथ अन्याय करना होगा। उस समय हमारी अपनी एक विचारधारा थी। सही थी अथवा गलत यह दूसरा सवाल है। आज़ाद इन्हीं ऊपर कहे गए गलत उपायों द्वारा साम्यवाद तक पहुँचने की आशा रखनेवाले क्रान्तिकारी युवकों में से थे। साहस, सच्चाई तथा त्याग की उनके पास कमी न थी और न ही आदर्श को छोड़कर अपने नाम की उनके पास कोई वस्तु थी। आज़ाद फासिस्ट भी न थे। अहिंसा में अविश्वास, मध्य श्रेणी का आतंक, सेना की प्रधानता आदि फासिस्ट की ऊपरी बातें हैं। फासिस्ट का उद्देश्य है क्रान्ति के बढ़ते हुए पहिए को पीछे की ओर खींचना। साम्राज्यवाद की शक्ति को मजबूत करना तथा जनसमुदाय को धोखा देकर सरमायादारी को मरने से बचाना। आज़ाद अथवा इनकी संस्था के लिए इनमें से एक बात भी नहीं कही जा सकती। वह तो साम्राज्यवाद के एक कट्टर शत्रु थे, फासिस्ट नहीं।"[53]

डॉ. प्रकाश पाल अपने संस्मरण में लिखती हैं, "मुझे सन् 1930 के शुरू और अन्त की वे बातें याद हैं। उनमें कितना अन्तर आ गया था। शुरू के साल में मैं हमेशा आज़ाद के मुख से बम का कारखाना खोलने की बात सुना करती थी और साल के अन्त में छापखाना खोलने की। आज़ाद का ढंग, उनकी विचारधारा, पार्टी के अन्दर उनका स्थान ऐसा था कि उन्हें पार्टी से अलग करके देखा नहीं जा सकता। आज आज़ाद की स्मृति का अर्थ है हिन्दुस्तान समाजवादी प्रजातंत्र संघ की उस समय की स्मृति। उस समय हिसप्रस राष्ट्र के जीवन की तड़पन था। वह तड़पन बहुत दूर तक का कार्यक्रम बनाकर नहीं चली थी। हमारे राष्ट्र की परिस्थितियाँ हमारे राष्ट्र के शरीर में सब ओर से सुइयाँ चुभा रही थीं। ये सुइयाँ थीं, विदेशी राज्य का जुल्म। हमारे समाज का अन्याय और उसकी आर्थिक अव्यवस्था। इन कठिनाइयों से जो क्षोभ पैदा हुआ, उसने कुछ नौजवानों और नवयुवतियों को सतह पर ला फेंका। पानी जब खूब गरम हो जाता है, तब बुलबुले फूटने लगते हैं। हिसप्रस यही बुलबुले थे और आज़ाद इनमें एक बहुत मोटा-सा बुलबुला था। भगतसिंह, भगवतीचरण और आज़ाद इस देश के इंजन को चलानेवाली भाप के पहले धक्के थे, उसके पहले भी कई थे।"[54]

श्री काशीराम अपने संस्मरण में लिखते हैं, "आज़ाद तत्कालीन भारतीय राजनीति से भली प्रकार परिचित थे। भाई के विचार निरे उजड्ड क्रान्तिकारी के-से नहीं थे। उनके सामने उनका ध्येय स्पष्ट था। क्रान्ति के बाद साम्यवादी सरकार की स्थापना का स्वप्न वे देखा करते थे, उनकी विचारधारा भी क्रान्तिकारी हो रही थी। श्री आज़ाद, श्री मन्मथ के चेले सन् 1924-25 के आज़ाद नहीं थे। फरवरी, सन् 1931 में श्री आज़ाद भारतीय क्रान्तिकारी दल के सेनानायक एक उच्चकोटि के क्रान्तिकारी और सन् 1931 के आज़ाद थे। एक समय के परिचित को सदा चेला मानना हमको बड़प्पन प्रदान नहीं करता और न एक महान व्यक्ति को अनपढ़-जाहिल कहने से ही हम बड़े बन सकते हैं। भाई एक सफल फौजी सेनानायक थे और बापूभाई श्री भगवतीचरण जी उनकी पूर्ति थे। यदि बापू भाई की आकस्मिक मृत्यु न होती तो भारतीय क्रान्ति का इतिहास आज दूसरे शब्दों में ही लिखा जाता। आज़ाद की मौत इस तरह अकेले-बिना साथी के नहीं होती। शायद वह दिन इतनी शीघ्र नहीं आता। भाई का अपना कोई पृथक व्यक्तित्व नहीं रह गया था। पार्टी का हर एक व्यक्ति पार्टी का था। हर एक सदस्य अपना पृथक व्यक्तित्व खोकर पार्टी में आता था। भाई का चरित्र और लगन दूसरों के लिए उत्साह का कारण थी। भाई के अथक परिश्रम ने पार्टी का पुनः संगठन किया। उसमें नवजीवन प्रदान किया।

पंडित जवाहरलाल जी ने भाई को फासिस्ट कहा है—शायद, इसलिए कि वे भाई को निकट से न जानते थे, कभी जानने का अवसर भी तो नहीं मिला। जहाँ तक मैं उनको समझ सका हूँ, वे पक्के साम्यवादी थे। फासिस्ट डिक्टेटरशिप से वे घृणा करते थे। दिल्ली-षड्यंत्र के चल जाने के बाद भाई की यह प्रबल इच्छा थी कि भारत में एक बहुत बड़े गुप्त प्रेस की स्थापना की जाए। जहाँ से जनता के लिए छोटी-छोटी पुस्तिकाएँ और लीफ लेट्स छपवाकर वितीर्ण किये जाएँ। मजदूर और किसानों में प्रचार करने तथा उनका सगठन करने की उनकी प्रबल इच्छा थी। अपने साथियों को रूस में शिक्षा प्राप्त करने के लिए भेजने के वे बड़े ही उत्सुक थे। श्री यशपाल को वे बाहर भेज रहे थे,

यह बात शायद उनके आखिर के समय के साथी भली प्रकार जानते हैं। देश के अन्दर जो जागृति आज हम देखते हैं उसमें क्रान्तिकारियों का बहुत बड़ा हाथ है। क्रान्तिकारी गांधी जी के असहयोग आन्दोलन की 'पूर्ति' थे। जेल के अन्दर राजनीतिक लड़ाई की अगुवाई इन्हीं क्रान्तिकारियों ने की। श्री आज़ाद और उनके अन्य साथी उस समय की आवश्यकता थे। वे समय की कृति थे। मेरा विश्वास है कि यदि श्री आज़ाद और बापू भाई कुछ समय और उस रंगमंच पर रहने पाते तो आज हमारे देश का इतिहास अपनी विजय को किसी दूसरे रूप में मनाता। आज़ाद के सम्बन्ध में बहुत भ्रम फैला हुआ है। सन् 1929 से लेकर 1931 फरवरी तक की क्रान्ति के इतिहास में भाई का बहुत बड़ा हिस्सा रहा है।"[55]

'विप्लव' के आज़ाद अंक में श्री जय नाम से किसी ने 'आज़ाद और उनकी पार्टी' शीर्षक लेख लिखा है। जिसके अनुसार, "आज़ाद क्या थे? ब्रिटिश साम्राज्यशाही के विरुद्ध आमरण संग्राम करनेवाले एक विप्लवी योद्धा। अपने इस महाव्रत को लेकर एक पार्टी के सदस्य बन गए। जीवन की अन्तिम साँस तक इस पार्टी के सिद्धान्त और कार्यक्रम के अनुसार चलते रहे। जब असहयोग आन्दोलन बन्द हो गया तो आज़ाद को भी बड़ा दुख हुआ। देश के नौजवानों का अहिंसात्मक आन्दोलन से विश्वास उठ गया। वे अब लड़ाई का दूसरा रास्ता खोजने लगे। असहयोग आन्दोलन के असफल हो जाने के बाद उत्तर भारत के कुछ नौजवानों ने एक गुप्त विप्लवी संगठन 'हिन्दुस्तान प्रजातंत्र संघ' के नाम से बनाया। आज़ाद इसी में शामिल हो गए। उनका उद्देश्य था हिन्दुस्तान को ब्रिटिश साम्राज्यशाही के पंजे से छुड़ाकर, प्रत्येक बालिग व्यक्ति को मताधिकार देकर एक प्रजातंत्र राज्य कायम करना। साधन था—'विप्लव'। लेकिन 'विप्लव' का स्वरूप आदि क्या होगा, इन तमाम बातों पर संघ के लोगों का कोई सुस्पष्ट विचार न था। वास्तव में पार्टी की चेतना लड़ाई के साथ-साथ बढ़ा करती है। उस समय हमारी लड़ाई प्रारम्भिक अवस्था में थी इसलिए पार्टी के लोगों की चेतना भी अधिक उन्नत न हो सकती थी। आज़ाद का इन कोशिशों में प्रमुख हाथ था। मजदूरों-किसानों की विप्लवी महाशक्ति से अलग होकर ये लोग लड़े, बहादुरी के साथ लड़े, लेकिन असफल हुए, असफल ही होना था। चार बहादुर नौजवान फाँसी पर लटक गए, कितने ही ब्रिटिश साम्राज्यशाही के कारागारों में जन्मभर के लिए जिन्दा दफना दिये गए। आज़ाद फरार हो गए। आज़ाद में छिपकर काम करने की अनोखी क्षमता थी। परिस्थिति के अनुसार खुद को ढाल लेने की उसमें अनुपम शक्ति थी। इसी के बल पर उसने कितने ही बुरे दिन काट डाले।

फिर बना 'हिन्दुस्तान समाजवादी प्रजातंत्र संघ' जो पहले के मुकाबले अधिक राजनीतिक चेतना रखता था। विप्लवी युवक अब यह महसूस करने लगे थे कि उनकी लड़ाई का तरीका सामूहिक होना चाहिए। इसलिए पंजाब में 'नौजवान भारत सभा' किसी किसान पार्टी के साथ मिलकर मजदूरों-किसानों में काम करती थी। अब विप्लवी युवकों की चिन्तनधारा भी देश में बढ़ते हुए मजदूर-आन्दोलन और कम्युनिस्ट कार्यकर्ताओं के संसर्ग में आकर समाजवादी सड़क पर चलने लगी थी। अब हिसप्रस के सदस्य स्वयं को समाजवादी कहने लगे थे। उनकी पार्टी का उद्देश्य था एक ऐसी समाज-व्यवस्था

का निर्माण करना, जिसमें मनुष्य-मनुष्य का शोषण न कर सके। हिसप्रस के लोगों को अनेक अंश तक कम्युनिस्ट कहा जा सकता है। यद्यपि उनकी समाजवादी चेतना उस समय इतनी उन्नत न थी और न हो सकती थी, जितनी आज के कम्युनिस्टों की है। कम्युनिस्ट चाहते थे कि अपनी समस्त शक्ति लगाकर देश के मजदूरों-किसानों के लड़ाकू संगठन बनाए जाएँ। हिसप्रस के लोगों का कहना था कि इस काम के लिए हजारों-लाखों शिक्षित नौजवान विप्लवियों की जरूरत है। अस्तु, पहले देश में, विशेषकर शिक्षित युवक समुदाय में, एक राजनीतिक हलचल पैदा की जाए जिससे कि लोग समझने लगें कि हमारी वर्तमान सामाजिक व्यवस्था के मूल में बड़ी खराबी है, और हमें युद्ध करके उसे मिटाना होगा। इस राजनीतिक हलचल को पैदा करने के लिए लम्बी-लम्बी धुआँधार और गरम-गरम स्पीचें काफी न होंगी; परचे और पैम्फ़लेट बाँटने से भी अधिक कुछ न होगा, इसके लिए कुछ साहसपूर्ण प्रदर्शन करने होंगे। ऐसा उस समय हिसप्रस के लोगों का खयाल था। आज़ाद ने सब कुछ सोच-विचारकर लोगों से बहस-मुबहिसा कर इसी प्रोग्राम को उचित समझा और इसी को अपनाया। वह दल के बड़े सक्रिय सदस्य बन गए। दल के सब सदस्यों का बौद्धिक या शारीरिक विकास समान भाव से न हुआ था, न होना सम्भव ही था। भगतसिंह दल के उद्देश्य और कार्यक्रम को सबसे अधिक सुन्दर ढंग से और स्पष्ट भाव से व्यक्त कर सकते थे, वह अधिक अध्ययनशील और लेखक थे। आज़ाद में पार्टी के अन्य सदस्यों के मुकाबले अधिक कार्य क्षमता थी। पार्टी को कोई विशेष या नया प्रोग्राम न देकर, पार्टी के ही दिये हुए प्रोग्राम को क्रियात्मक रूप में लोगों के सामने ले आने में वह बहुत ही कुशल कर्मी थे। वह एक सामाजिक 'विप्लव' चाहते थे। इस 'विप्लव' की महाशक्ति मजदूरों-किसानों को भी पहचानते थे।"[56]

चन्द्रशेखर आज़ाद और उनके दल की विचारधारा पर श्री यशपाल ने 'विप्लव' के संस्मरण में काफी विस्तारपूर्वक लिखा है। वे लिखते हैं, "आज आज़ाद का नाम लेकर बहुत से विवाद चल रहे हैं जब ऐसे व्यक्ति आज़ाद पर कलम चलाएँगे, जिन्हें आज़ाद के जीवन के उस भाग का परिचय नहीं, जिसने चन्द्रशेखर आज़ाद को हमारे अभिमान की वस्तु बना दिया, तब ऐसा होगा। जिस रूप में आज कम्युनिस्ट शब्द व्यवहार में लाया जाता है ठीक उसी अर्थ में आज़ाद कम्युनिस्ट नहीं थे। आज़ाद क्या हममें कोई भी उन अर्थों में कम्युनिस्ट नहीं था और न हम लोग हो ही सकते थे। हम लोग भी अपने आपको सोशलिस्ट समझते थे, और देश में पूँजीवाद के आधिपत्य और साम्राज्यवाद में एक अटूट सम्बन्ध समझते थे। इसलिए भगतसिंह वगैरह ने सन् 1927-28 के काकोरी षड्यंत्र के जमाने के क्रान्तिकारी दल का नाम 'हिन्दुस्तान प्रजातंत्र सेना' से बदलकर 'हिन्दुस्तानी समाजवादी प्रजातंत्र संघ' रखा। आज़ाद इस दल के कमांडर-इन-चीफ थे। माना कि आज़ाद अंग्रेजी नहीं जानते थे, परन्तु आज़ाद मिट्टी के माधव नहीं थे। समाजवाद का अर्थ समझे बिना न तो वे इस दल का नाम बदलने में सहमत होते और न उसकी कमांडरी की जिम्मेदारी ही लेने को तैयार होते। आज़ाद के जीवन का क्षेत्र सिद्धान्तों की बारीक आलोचना नहीं थी। अगर ऐसा होता तो पंडित जवाहरलाल जी को उनके साथ बातचीत करने में आज़ाद के फासिस्ट होने का सन्देह न होता। जिस क्षेत्र में उनकी गति नहीं थी, उसी में उनकी परीक्षा की गई। बहस करना आज़ाद का

काम नहीं था। वह थे केवल कर्मठ—प्रैक्टिकल आदमी। पं. नेहरू ठहरे बैरिस्टर, वह उनको बहस में घसीट ले गए। उन्होंने आज़ाद को राजनीतिक-आर्थिक विचारों में पटु नहीं पाया, तो हैरानी की कोई बात नहीं।

यह बात ठीक नहीं कि आज़ाद के राजनीतिक विचार कुछ नहीं थे। मैं अपने अनुभव से दावे के साथ कह सकता हूँ कि हिन्दुस्तानी प्रजातंत्र में जो लोग बिलकुल मजदूर श्रेणी से भी आए थे, वे भी बहुत जल्दी एक सुनिश्चित समाजवादी विचारधारा के पोषक बन गए थे। इसके बिना उनका दल में गुजारा ही नहीं था। जो आदमी एक श्रेणी द्वारा दूसरी श्रेणी के शोषण का विरोध करता है और ईश्वरी शक्ति के मिथ्या भ्रम को छोड़कर संसार के बनने-बिगड़ने में भौतिक, सामाजिक और आर्थिक परिस्थितियों को प्रधान मानता है, गुजारे लायक समाजवादी जरूर है। आज़ाद इसी प्रकार के समाजवादी थे। हिन्दुस्तानी समाजवादी प्रजातंत्र सेना के मेम्बरों में इस प्रकार की साम्प्रदायिक आस्था के लिए स्थान न था। हम लोग इसे रूढ़िवादी ही समझते थे और समझते हैं। हम लोगों में एक भी ऐसा नहीं है जो आध्यात्मिक शक्ति में विश्वास रखता हो। हम लोग अध्यात्मवाद को पुराने सामाजिक संगठन की एक बुनियाद मात्र समझते थे और संगठन के बदलने के लिए इस बुनियाद को उखाड़ देना ही जरूरी समझते थे।

जिस आज़ाद को साधारणत: केवल पिस्तौल का ही धनी समझा जाता था, लड़ाई के मैदान में दाँव-पेच की भी उनमें खूबी थी। आज़ाद विचारक नहीं, सेनापति था। उन वादों और सिद्धान्तों की उलझन में आज़ाद को फँसाने की जरूरत नहीं, जो आज़ाद के समय इस देश में पनप भी न पाए थे। हमारे आधुनिक इतिहास में आज़ाद मध्याह्न के प्रचंड सूर्य में प्रज्वलित नग्न शिला के समान खड़ा है। वह उस स्थान का संकेत है जहाँ से भारत के क्रान्तिकारियों ने केवल राष्ट्रीय स्वतंत्रता के ध्येय को छोड़कर समाज में श्रेणी शोषण के विरुद्ध भी जिहाद की आवाज उठाई। आज़ाद की अनुमति से सबसे पहले भगतसिंह ने उस जिहाद की स्पष्ट शब्दों में घोषणा की। यदि आज इस देश में क्रान्ति का कोई मोर्चा है, तो वह है श्रेणी शोषण का अन्त करना, जिसका विस्तृत रूप हमारे देश के रक्त को चूसनेवाला साम्राज्यवाद है। वास्तविक प्रजातंत्र कायम करना। आज़ाद ने अपनी जान इसी के लिए दी, आतंकवाद के लिए नहीं। आज़ाद आतंकवाद का समर्थक नहीं था। आज़ाद हमारे इस नवीन विकसित आन्दोलन का अंकुर मात्र था, परन्तु वृक्ष तैयार होने से पूर्व अंकुर ही जमता है।"[57]

'विप्लव' के आज़ाद अंक की सम्पादकीय में श्री यशपाल ने और भी स्पष्ट रूप से आज़ाद की विचारधारा के विकास पर प्रकाश डालते हुए लिखा है, "आज़ाद के जीवन की घटनाओं के सम्बन्ध में कोई मतभेद नहीं है। विवाद है उनके राजनीतिक सिद्धान्तों के बारे में। ऐसा होना भी उचित ही है। क्योंकि आज़ाद के विचारों का अर्थ है, हिन्दुस्तानी प्रजातंत्र समाजवादी सेना के विचार। इस विवाद का आरम्भ हुआ है पंडित जवाहरलाल की पुस्तक के पृष्ठ 316 से, जहाँ उन्होंने आज़ाद से अपनी मुलाकात का जिक्र किया है। पंडित जी ने जिक्र किया है कि उनके विचार में क्रान्तिकारी नवयुवक में ज्यादातर फासिस्ट मनोवृत्ति के थे। कामरेड मन्मथनाथ गुप्त ने इस बात का प्रतिवाद किया और इस जोर से किया है कि उसमें कुछ अतिशयोक्ति हो गई। और उनके उत्तर

में कामरेड सुखदेवराज ने जो कुछ लिखा, वह भी उतने ही जोर से लिखा। विवाद चल गया। अगर तटस्थ होकर बारीकी से देखा जाए तो मालूम होगा कि पंडित नेहरू, कामरेड गुप्त और कामरेड सुखदेवराज जो कह रहे हैं, उनमें भेद अधिक नहीं। जिन अर्थों में फासिस्ट शब्द का व्यवहार आजकल हो रहा है, वह एक क्रान्तिकारी की दृष्टि से अवश्य निन्दात्मक है और इसे भारत के क्रान्तिकारी सहन नहीं कर सकते। जिन दिनों के अनुभव से, अर्थात् सन् 1932 तक के अनुभव से, पंडित नेहरू ने हम लोगों को फासिस्ट बताया था, उन दिनों फासिज्म का अर्थ था, उग्र राष्ट्रीयता। हम लोग उग्र रूप से राष्ट्रवादी थे और आज भी हैं। क्योंकि हमारी राष्ट्रीय पराधीनता हमें सोशलिज्म या कम्युनिज्म को इस देश में सफल नहीं बनने देगी।

आज दिन जितने क्रान्तिकारी जेलों से छूट आए हैं, उन्हें हम उनके पुराने विचारों की दृष्टि से कई दलों में बाँट सकते हैं। 1905 के क्रान्तिकारियों का आदर्श एक सीमा तक 'आनन्द मठ का आदर्श था।' जिसमें भारत के प्राचीन ऋषियों के आदर्श पर हिन्दू राज्य कायम करने की कल्पना रहती थी। वे लोग गले में 'गीता' लटकाकर राधा के लाल चरणों में जीवन उत्सर्ग कर देते थे और योगाभ्यास से शक्ति-संचय करते थे। 1914-15 के क्रान्तिकारी इससे ऊपर उठ चुके थे। धार्मिक या साम्प्रदायिक भावना इस समय तक मौजूद थी। परन्तु राजनीतिक विकास पहले के सभी दलों से अधिक है। वे साम्प्रदायिकता की परवाह नहीं करते थे, परन्तु इसके विरुद्ध जिहाद भी नहीं करते थे। फाँसी की कोठरी में हम उन्हें 'सत्यार्थ प्रकाश', 'गीता' और 'कुरान' से शान्ति पाठ करते पाते हैं। इसके बाद जो दल आता है, उसकी दार्शनिक धारणा बिलकुल बदल जाती है। इस दल के लोग आध्यात्मिकता को एक नशा समझने लगते हैं। 'उपनिषद्', 'वेद', 'कुरान' पर उनकी आस्था नहीं। यह दल था—हिसप्रस। 1929 में इस दल के प्रमुख व्यक्ति आज़ाद को छोड़कर जेल चले जाते हैं, या फाँसी पा जाते हैं। इस दल का सूत्र पकड़कर जो दल फिर से आज़ाद के चारों ओर संगठित होता है, उसकी विचारधारा और आगे बढ़ती है। इस विचारधारा के आगे बढ़ने का कारण है चारों ओर की परिस्थितियाँ। जेलों की चहारदीवारियों के भीतर बन्द क्रान्तिकारियों के विचारों का विकास जारी रहता है। 1932 में जनता के जाग्रत हो जाने पर क्रान्तिकारी आन्दोलन मिट-सा जाता है और आज 1939 में हम सभी क्रान्तिकारियों को समाजवादी विचारधारा का पाते हैं। इसमें कुछ एक को छोड़ा जा सकता है। आज़ाद की विचारधारा आज हम लोगों की विकसित विचारधारा का उठता हुआ अंकुर था या कहिए पुरानी चली आई विचारधारा में एक परिवर्तन काल था।"[58]

श्री यशपाल ने 'सिंहावलोकन' में लिखा, "हिसप्रस ने, जनवरी, 1930 में अपने राजनीतिक सिद्धान्त की घोषणा 'बम का दर्शन' नामक पत्र में की थी। आज़ाद ने बहुत ध्यान से इस पत्र के एक-एक शब्द को अधमुँदी आँखों और दाँतों से मूँछे खूँटते हुए सुनकर बहुत सन्तोष से इस पर हस्ताक्षर किया था। इस पत्र में हमने अपना लक्ष्य साम्प्रदायिक रूढ़िवाद की कड़ियों को तोड़कर श्रेणीहीन समाज में श्रम करनेवालों के प्रजातंत्र शासन के रूप में प्रकट किया था। यही आज़ाद का राजनीतिक सिद्धान्त था। आज़ाद सामाजिक लक्ष्य को स्वीकार करते थे।"[59]

उल्लेखनीय है कि 'बम का दर्शन' नामक पर्चा लिखनेवाले प्रसंग को श्री यशपाल ने अपनी पुस्तक में बाद में लिया। इस प्रसंग को पहली बार इन्द्रपाल ने 'विप्लव' के अपने एक संस्मरण में उठाया था। उसके अनुसार जब भगवतीचरण जी 'फिलॉसफी ऑफ बम्ब' पढ़कर सुना चुके तो भैया ने उनका ध्यान इस बात की ओर दिलाया कि महात्मा गांधी जी ने जनता और समाचार पत्रों को भ्रम में डालने के लिए कई बार कहा है कि इस देश का विश्वास केवल सत्याग्रह पर ही है इस बात का जवाब भी भैया ने स्वयं ही लिखवाया। कितनी अच्छी लगी थी उस समय मुझे भैया की बातें। पुस्तकों के गूढ़ अध्ययन से जो समालोचक दृष्टि प्राप्त की जाती है, उसकी हम काफी मात्रा आज़ाद की चिन्तनधारा में पाते हैं। क्या इस अन्तर को पढ़ और समझ लेने के बाद भी आप कह सकेंगे कि आज़ाद विचारशून्य थे और कम्युनिज्म और सोशलिज्म के सिद्धान्तों से परिचित नहीं थे। जो व्यक्ति जनता की मनोवृत्ति को इस हद तक समझता हो एक महत्त्वपूर्ण विज्ञप्ति में, एक जरूरी बात बढ़ाने के साथ अपने विचारों को इतने सुलझे रूप में प्रकट कर सकता हो उसे क्या सोशलिस्ट कहलाने के लिए यूनिवर्सिटी के डिप्लोमा की जरूरत होगी। हममें कई बड़े-बड़े तालीमयाफ्ता थे, लेकिन इनमें से किसी का भी मुझ पर वह प्रभाव न पड़ा जितना कि भैया की इन सीधी और मोटी दलीलों का। यह बात मैंने उनमें जरूर देखी कि वे बहस और राय देने के मामले में कभी अपने ऊपर अधिक भरोसा नहीं करते थे परन्तु जहाँ सिपाहीगिरी का सवाल होता वे अपने अधिकार को दृढ़ समझते थे। अपने पिस्तौल का कभी भरोसा न करते थे। यहाँ तक कि गुसलखाने में भी उनकी पिस्तौल साथ ही रहती थी। दूसरा कोई आदमी अगर पिस्तौल पास होते हुए भी उसे शरीर से दूर रखे तो उस पर सख्त नाराज होते थे। कभी-कभी पिस्तौल साफ करते समय उससे इस तरह बातें करते थे जैसे पालतू कुत्ते से कोई बात करता है।"[60] श्री विश्वनाथ वैशम्पायन का मत है कि अप्रूवर बन गए इन्द्रपाल का लांछन कम करने के लिए यशपाल ने ही इन्द्रपाल से यह लेख लिखवाया था और भैया की तारीफ करवाई थी।

इस बिन्दु का समापन करने के पूर्व, पुलिस का इस पर क्या अभिमत था, इसे देखा जाना आवश्यक है। इस बिन्दु पर स्पष्ट रूप से एकमात्र टिप्पणी तत्कालीन डी.आई. जी., सी.आई.डी., एस.टी. हॉलिन्स की मिलती है। वह लिखता है, "उसका (आज़ाद) जन्म युक्त प्रान्त में गोरखपुर में हुआ था। वह सुन्दर देहयष्टि और असाधारण बुद्धिमत्ता का आदमी था। वह 19 साल की आयु में सरकारी सेवा में आया। फिर उसने रूस से भारत में आई मार्क्स, एंगेल तथा कम्युनिस्ट पार्टी के प्रकाशन की पुस्तकें पढ़ीं। उसने नौकरी छोड़ दी और बहुत सारे नौजवानों को अपने आसपास एकत्र कर उनमें क्रान्तिकारी विचार भरे और जल्द ही क्रान्तिकारी दल के नेता के रूप में पहचाना जाने लगा। वह नौजवान भारत की आँखों में एक रोमांटिक (रोमानी) चेहरा बन गया और पुलिस द्वारा दबाव बढ़ाने पर विश्वविद्यालयों के छात्रों में इस या उस हॉस्टल में रहने में भरोसा करता था।"[61]

ऐसे कई मौके आए जब आज़ाद ने क्रान्तिकारी होने का अर्थ स्पष्ट किया। 'यश की धरोहर' में आया है कि "जब आज़ाद बुंदेलखंड में थे तो किसी सरदार ने वहाँ के राजा को मरवाने का प्रस्ताव रखा। किसी साथी के द्वारा समर्थन किये जाने पर आज़ाद बड़ी दृढ़ता और घृणा से बोले, 'हमारा दल आदर्शवादी क्रान्तिकारियों का दल है, देशभक्तों का दल है, हत्यारों का नहीं। पैसे हों चाहे न हों, हम लोग भूखे पकड़े जाकर फाँसी भले चढ़ा दिये जाएँ, परन्तु ऐसा घृणित कार्य हम लोग नहीं कर सकते।' एक सरदार के कारिन्दे ने जब उन्हें पकड़वाना चाहा तो उसे मार देने की बात पर कहा, 'गुलाम देश में गद्दारों और विश्वासघाती देशद्रोहियों की क्या कमी? किसे-किसे मारते फिरोगे? अपने काम से काम रखो।' आज़ाद हमेशा सतर्क रहते थे। श्री भगवानदास माहौर ने अपने संस्मरण में आगे लिखा कि 'भगतसिंह के गिरफ्तार हो जाने पर अखबारों में छपा कि भगतसिंह ने पुलिस से इकबाल कर लिया है और दल का हाल बता दिया है।' अंग्रेजी का अखबार मैंने पढ़कर आज़ाद को उसका अनुवाद हिन्दी में सुना रहा था। आज़ाद तुरन्त बोले, 'कैलास, सदाशिव वगैरह सब को तुरन्त आगाह कर दे, देख दो-चार दिन जरा इधर-उधर रहना चाहिए।' मुझे बड़ा बुरा लगा। मैंने कहा, अगर भगतसिंह अप्रूवर बन सकता है तो यह पार्टी-वार्टी का ढकोसला बेकार है। फिर जो होना हो, होने दीजिए। आज़ाद बोले, तू तो मूर्ख है। इसमें भगतसिंह के प्रति अविश्वास की बात नहीं है, नीति की बात है, अनुशासन की बात है। मैं यदि पकड़ा जाऊँ तो जो अड्डे मुझे मालूम हैं, वहाँ से लोगों और चीजों को हटाना ही ठीक होगा। इसमें लुक लुक करना ठीक नहीं होगा, किसी दिन अपनी इसी भावुकता में मारा जाएगा या फिर काला पानी की किसी कोठरी में दुनिया की बेवफाई की गजलें गुनगुनाता रहेगा।"

जहाँ तक मैंने देखा है आज़ाद कोरी भावुकता के शिकार कभी नहीं हुए। यों तो मुट्ठी भर साथियों और कुछ टूटी-फूटी पिस्तौलों, रिवॉल्वरों, गुप्त कोठरियों में हाथ से बनाए हुए भद्दे बमों के बल पर शक्तिशाली ब्रिटिश साम्राज्य को ललकारने को भी कोरी भावुकता कहा जा सकता है, परन्तु इस सम्बन्ध में आज़ाद को तथा क्रान्तिकारी दल के अन्य नायकों को कभी कोई गलतफहमी नहीं थी। जितना हो सकता था उतना के लिए वे प्रयत्नशील थे। शेखचिल्ली जैसे हवाई किले उन्होंने कभी नहीं बनाए। आज़ाद को वैसे अपने साथियों के प्रति बड़ा प्रेम था। सभी के साथ वे आत्मीयता का व्यवहार करते थे, परन्तु जिसको वे अपना कार्य और कर्तव्य समझते थे, उसमें कभी किसी का स्नेह या भावुकता बाधक नहीं हो पाती थी। अपने साथियों और सम्पर्क में आनेवाले लोगों के जीवन में केवल एक राजनीतिक मूल्य के रूप में ही नहीं, एक व्यक्तिगत भावमूल्य के रूप में घर कर लेने के अपने गुण विशेष में ही आज़ाद की सफलता निहित थी। आज़ाद के साथियों में उनके नेतृत्व में काम करनेवालों में, शायद ही किसी को उनसे कम स्कूली शिक्षा मिली हो। शायद ही कोई उनसे अधिक गरीबी की हालत में उत्पन्न हुआ होगा। उनके साथ उनके पिता, भाई या किसी अन्य सम्बन्धी की देशभक्ति, त्याग, तपस्या, वीरता या अन्य किसी प्रकार के बड़प्पन की छाया भी नहीं लगी थी।

अमर शहीद आज़ाद अपने साथियों में नेता का पद पुस्तकी ज्ञान पर आधारित थोथे तर्क बल पर नहीं, व्यावहारिक सूझ-बूझ, अदम्य साहस और सर्वोपरि अपने साथियों की सुख-सुविधा की हार्दिक स्नेहपूर्व चिन्ता रखकर और गाढ़े समय में कुशल नेतृत्व प्रदान करके ही पाया था। आज़ाद की प्रगतिशीलता को समझने के लिए हमें यह ध्यान में रखना चाहिए कि मध्य भारत की छोटी सी रियासत से वे आए थे। एक कट्टर ब्राह्मण के घर आज़ाद का जन्म हुआ था। जिसे यदि जाति-पाँति, छुआछूत और नारी के प्रति तेरहवीं सदी की मनोवृत्तिवाला कहा जाए तो बहुत अनुचित नहीं होगा और फिर इस वातावरण से प्रगति करते-करते वे 20वीं सदी के तृतीय दशक के भारतीय क्रान्तिकारियों के अग्रपंक्ति के नेता बने। षड्यंत्रात्मक आतंकवादी क्रान्तिकारी प्रवृत्ति अपना ऐतिहासिक कार्य पूरा कर चुकी थी और वह समाजवादोन्मुख होकर विस्तृत जनता और जन संघटकों की ओर देखने लगी थी, अपने अन्तिम दिनों में आज़ाद विस्तृत आन्दोलन की आवश्यकता और गुप्त आतंकवादी कार्यों को अब और अधिक किये जाने की असामयिकता और अनुपयोगिता को हृदयंगम कर चुके थे और उन्होंने दल को विघटित कर देने का भी उपक्रम किया था। इस प्रकार आज़ाद अपने समस्त जीवन में उत्तरोत्तर निरन्तर प्रगति करते गए। वे एक महान सेनानी थे। अमर शहीद चन्द्रशेखर आज़ाद का जीवन आम जनता की क्रान्तिकारी भावना और उसके क्रान्ति मार्ग पर बढ़ते जाने का प्रतीक हो गया है तो भगतसिंह देश के पढ़े-लिखे भावुक नौजवानों की विकासशील क्रान्ति भावना का अच्छा प्रतिनिधित्व करते थे। इन दोनों शहीदों का नाम समस्त भारत में सशस्त्र क्रान्ति की प्रवृत्तियों और प्रयास का प्रतीक हो गया।"[62]

श्री शिववर्मा अपने संस्मरण में लिखते हैं, "आज़ाद के लम्बे फरार जीवन का एक राज था उनके आकृति का साधारणपना। दूसरा राज था उनकी सूझ-बूझ और सतर्कता। जब कानपुर में गंगा के किनारे किसी साधु के पास बड़े बहुमूल्य रत्न का पता चला तो उसे हम लेने गए। वहाँ का हाल देखकर आज़ाद ने कहा एक्शन नहीं होगा। एक साथी ने पूछा क्यों? तो बोले इसमें दो-चार को जान से मारे बगैर सफलता की गुजांइश नहीं है। साथ में सनक जी के लाए दो पेशेवरों में से एक ने कहा, 'हमें किसी से लड़की थोड़े ही ब्याहनी है। मारने से ही काम चलता है तो मार देंगे।' आज़ाद गरजे-इन्हें कौन लाया? यह पेशेवर लोग हैं, क्रान्तिकारियों से इनका क्या सरोकार? हम लोग सशस्त्र क्रान्ति के रास्ते पर थे। लेकिन उस क्रान्ति का मुख्य उद्‌देश्य था मानवमात्र के लिए सुख और शान्ति का वातावरण तैयार करना। शोषण का अन्त, मानव मात्र की समानता की बात और श्रेणीरहित समाज की कल्पना आदि समाजवाद की बातों ने उन्हें मुग्ध-सा कर लिया था। वैज्ञानिक समाजवाद की बारीकियों के समझे बगैर भी वे अपने आप को समाजवादी कहने में गौरव अनुभव करने लगे थे। यह बात आज़ाद की ही नहीं, उस समय हम सब पर लागू थी। आज़ाद का समाजवाद की ओर आकर्षित होने का एक और भी कारण था। आज़ाद का जन्म एक बहुत ही निर्धन परिवार में हुआ था। अभाव की चुभन को व्यक्तिगत जीवन में उन्होंने अनुभव भी किया था। बचपन में भाबरा तथा उसके इर्द-गिर्द के आदिवासियों और किसानों के जीवन को भी बहुत नजदीक से देख चुके थे। बनारस जाने से पहले कुछ पल मुम्बई में उन्हें मजदूरों के बीच रहने का अवसर

मिला था। इसलिए जैसा कि वैशम्पायन ने लिखा है, किसानों तथा मजदूरों के राज्य की जब वे चर्चा करते थे तो उसमें उनकी अनुभूति की झलक स्पष्ट दिखाई देती थी।

दिल्ली में जब निश्चित रूप से फैसला हो गया कि भगतसिंह और बटुकेश्वर दत्त ही असेम्बली में बम फेंकने जाएँगे तो मुझे और जयदेव को छोड़कर बाकी साथियों को आदेश दिया गया कि वे दिल्ली से बाहर चले जाएँगे। आज़ाद को झाँसी जाना था। जब वे चलने लगे तो मैं स्टेशन तक उनके साथ हो लिया। रास्ते में बोले, "प्रभात अब कुछ ही दिनों में यह दोनों देश की सम्पत्ति हो जाएँगे तब हमारे पास इनकी याद भर रह जाएगी। तब तक के लिए मेहमान समझकर इनकी आराम-तकलीफ का ध्यान रखना। उस दिन रास्ते भर वे भगतसिंह और दल की ही बातें करते रहे। झाँसी केन्द्र पर मेरे पहुँचने पर सभी साथियों ने घेर लिया। सभी भगतसिंह और दत्त के बारे में जानने को उत्सुक थे। हम लोग आज़ाद को घेरकर बैठे थे। मैं अपने साथ दत्त और भगतसिंह के चित्र ले आया था। उन्हें देखकर सभी साथियों की आँखों में आँसू आ गए। आज़ाद अपने ऊपर काबू किये बैठे थे। वे जानते थे कि उनका बाँध टूटते देखकर हम लोग अपने आपको सम्हाल नहीं पाएँगे। इसी बीच एक साथी उठकर कमरे से बाहर जाने लगा तो उसका पैर सामने पड़े अखबार पर पड़ गया। उसमें हमारे दोनों साथियों के चित्र छपे थे। हम लोग बातों में काफी भूले हुए थे लेकिन आज़ाद ने चित्रों पर पैर पड़ते देख लिया। वे गरज उठे। शान्त वातावरण में अचानक उनका इस प्रकार उत्तेजित हो पड़ना किसी के भी समझ में कुछ नहीं आया। शीघ्र ही अपने पर काबू पाकर उन्होंने उसका हाथ पकड़कर अपने पास बिठा लिया। उनकी आँखों में आँसू छलछला आए थे बोले, "यह लोग अब देश की सम्पत्ति हैं, शहीद हैं। देश इनको पूजेगा। अब इनका दर्जा हम लोगों से बहुत ऊँचा है। इनके चित्रों पर पैर रखना देश की आत्मा को रौंदने के बराबर है।" कहते-कहते उनका गला भर आया।

एक बार किसी प्रसंग पर भावुक होकर बोले, "अब मैं अलग-अलग साथियों को एक्शन में नहीं झोकूँगा। दल के सेनापति के नाते क्या मेरा यही काम है कि मैं लगातार नये-नये साथी जमा करूँ, उनसे अपनापन बढ़ाऊँ और फिर योजना बनाकर अपने ही हाथों उन्हें मौत के हवाले कर दूँ और मैं आराम से बैठकर आग में झोंकने के लिए नये सिरे से नया ईंधन बटोरना शुरू करूँ। कहते-कहते उन्होंने मेरे दोनों हाथ पकड़ लिए। आज़ाद को अपना हर साथी आँख की पुतली से भी अधिक प्यारा था। कहने लगे, "अब आगरा चलना ही होगा तो सब लोग एक साथ चलेंगे। तब तक के लिए तुम अपने आप को बचाकर रखना, हरीश (जयदेव) से भी कह देना।" उनका इशारा भगतसिंह को छुड़ानेवाली योजना की तरफ था। श्री सदाशिव मलकापुरकर और श्री भगवानदास माहौर एक मानी में उनके बाएँ-दाएँ हाथ थे। मैं झाँसी से आगरा होता हुआ सहारनपुर वापस आया। रास्ते भर मुझे आज़ाद की याद आती रही। भगतसिंह और दत्त को छुड़ाने की उनकी उत्सुकता, साथियों के प्रति उनका मोह, बराबर बढ़ते रहने का उनका हौसला, देश की आज़ादी के लिए उनकी लगन, अपने माउजर पिस्तौल तथा सद्दू, भगवान (श्री सदाशिव मलकापुरकर और श्री भगवानदास माहौर) पर उनका अटूट विश्वास सभी कुछ दिमाग में चक्कर काटता रहा। आज़ाद से वही मेरी अन्तिम मुलाकात थी।"[63]

श्री विश्वनाथ वैशम्पायन ने लिखा, "जब-जब क्रान्तिकारियों पर महज आतंकवादी होने का आरोप लगाया गया, तब-तब उन्होंने दृढ़ता से इसका प्रतिवाद किया और अपने क्रान्तिकारी रूप तथा क्रान्तिकारी लक्ष्य को प्रकट किया। अमर शहीद चन्द्रशेखर आज़ाद केवल क्रान्तिकारी शौर्य, वीरता, त्याग, देशभक्ति आदि के ही प्रतीक नहीं वे क्रान्तिकारी रणनीति तथा उसके दर्शन के भी प्रतीक हैं। क्रान्तिकारी आन्दोलन के लक्ष्य और आदर्श की सही समझ के बिना महान क्रान्तिकारी चन्द्रशेखर आज़ाद के कार्य को सही रूप में समझा नहीं जा सकता। आज़ाद के कार्यकाल में ही एक से अधिक नकली आज़ाद लोगों को क्रान्तिकारियों के प्रति व्यक्त होनेवाली श्रद्धा को ठगकर अपना उल्लू सीधा करते रहे हैं। मैंने जब आज़ाद के साथ झाँसी छोड़ा तो हम लोग अपने पास पैसे कभी नहीं रखते थे। आवश्यकता पड़ने पर आज़ाद से पैसे माँग लेते और काम हो जाने पर हिसाब दे देते। यदि पैसे बचते तो उन्हें हम तुरन्त लौटा देते। हम में से प्रत्येक की जेब में 5 रुपया का एक नोट सुरक्षित रहता था। उसे हमें उसी समय खर्च करने की छूट थी जब हम किसी संकट में फँस जाते और एक शहर से दूसरे शहर में जाना आवश्यक हो जाता तो पुलिस के चंगुल से भाग निकलने में यह पाँच का नोट हमारा सहायक होता। यह केवल संकटकालीन यात्रा की धरोहर थी। भोजन के लिए पैसे न रहने पर हम लोग भूखे रह जाते, परन्तु उन पाँच रुपयों में से एक भी पैसा खर्च नहीं किया जा सकता था।

क्रान्तिकारी जीवन में भी आजाद मांस-मदिरा, बीड़ी-सिगरेट आदि से दूर रहे। पुलिस को धोखा देने के लिए ही दो-चार बार उन्होंने बीड़ी या सिगरेट पी होगी। ठाकुरों के साथ जब ठाकुर बन जाते तो माँसाहार भी उन्होंने किया है, परन्तु वह केवल यह सिद्ध करने के लिए कि वे ठाकुर हैं अन्यथा उन्हें उसमें रुचि नहीं थी। ब्रह्मचारी होने के नाते वे इनसे दूर रहते थे। वे कहा करते थे कि अविवाहित व्यक्तियों को माँसाहार नहीं करना चाहिए, परन्तु जो साथी खाना चाहते थे, उन्हें कभी रोका नहीं, न उनके साथ बैठकर खाने में कभी घृणा की। ढिमरपुरा में रहते भी उनका व्यायाम का क्रम नहीं टूटा। परन्तु झाँसी लौट आने के पश्चात जब उनके खाने-पीने की व्यवस्था ठीक नहीं रही तो उनका व्यायाम छूट गया। इस व्यायाम के कारण ही वे कभी बीमार नहीं पड़े; न उन्होंने कभी कोई दवा ही खाई। शाम को अकसर भोजन न कर, पैसे पास होने पर आधा सेर दूध पी लेते थे। अन्तिम दिनों में उनके शरीर में दर्द रहता था। अकसर वे भूमि पर ही सोते थे, इस कारण उनका शरीर सवेरे अकड़ जाता था। इसलिए सवेरे उठने पर वे जो भी पास होता उसे पीठ पर खड़ा कर पैरों से पीठ दबवाते। पाँच-सात मिनट इस प्रकार दबाने पर फिर वे उठ बैठते।

आज़ाद की यह आदत थी कि जब भी कोई ऐसा साथी पकड़ा जाता जो उन्हें तथा उनके रहने की जगह को जानता होता तो वे रहने की जगह तुरन्त ही बदल देते थे और आवश्यकता हुई तो शहर भी। अपनी इसी नीति के कारण अनेक लोगों के मुखबिर होने पर भी पुलिस उनका पता बरसों तक न पा सकी। मेरे कानपुर में पकड़े जाते ही उन्होंने कटरे का घर छोड़ दिया था। काकोरी षड्यंत्र के मुखबिरों से पुलिस को यह पता चल गया था कि झाँसी भी क्रान्तिकारियों के संगठन का केन्द्र है। मेरे जेल से छूटने के बाद जो साथी मिले, उन्होंने बताया कि बच्चन तुम्हारे पकड़े जाने के बाद भैया डेस्परेट से हो

गए थे। झाँसी के हम तीन साथी उनके एक छोटे से परिवार के सदस्य थे। उनका क्रोध कई दिनों तक बना रहे ऐसा कभी नहीं हुआ। वे नाराज होते और दूसरे ही क्षण समझाने लगते। उनका हृदय आईने की तरह साफ था। लाहौर में स्कूल-कॉलेज के लड़कियों की बस पास से गुजरी तो वे भगतसिंह का हाथ पकड़कर धीरे से कहते, "है कोई देवी जो हमारे रणजीत से शादी करे।" और हँस देते। जब कभी कोई आज़ाद से उनके विवाह की चर्चा करता तो वे अपनी पिस्तौल दिखाकर कहते, "यही मेरी चिरसंगिनी है, जो अन्त तक मेरा साथ देगी।"

रामानन्द जी ने बताया कि आज़ाद ने कभी हिन्दू-मुस्लिम में भेद नहीं किया। श्री सिराजुद्दीन उन्हें मुसलमान होते हुए भी बहुत मानते थे। एक बार की बात है कि उस्ताद सिराजुद्दीन की लड़की की शादी थी और उसके लिए ओरछे से घी लाना था। उन दिनों रियासतों में अच्छा और सस्ता घी मिलता था। इसीलिए ओरछे से घी मँगाया गया था। दो पीपे घी बहँगी (काँवड़) पर लादकर लाना था। 18-18 सेर के दो कनस्तर कन्धे पर 12-14 मील ढोकर लाना आसान नहीं था। लेकिन जंगल के रास्ते चुंगी अधिकारियों की नजरों से बचाकर आज़ाद तथा रामानन्द जी काँवड़ पर घी ले आए। इस पर उस्ताद सिराजुद्दीन बहुत प्रसन्न हुए। बाद में रामानन्द जी का मास्टर सिराजुद्दीन से मतभेद हो गया तो वहाँ से नौकरी छोड़कर झाँसी में ही लालकुर्ती के श्री लीलाधर जी की मोटर पर काम करने लगे। आज़ाद भी उन्हीं के साथ रहे। आज़ाद की शहादत के बाद पुलिस सिराजुद्दीन को उनकी लाश पहचानने के लिए इलाहाबाद ले गई थी। ऐसा कुछ लोग कहते हैं। सांडर्स मर्डर तथा असेम्बली बम एक्शन के बाद धर-पकड़ शुरू हुई तो फणीन्द्र घोष के कारण झाँसी में धर-पकड़ हुई। इसीलिए आज़ाद के साथ हम तीनों को भागना पड़ा। हम सब ग्वालियर में गजानन श्री सदाशिव पोतदार द्वारा जनकगंज में लिए मकान में जाकर रहने लगे।

जब दल के नाम में 'सोशलिस्ट' जोड़ा गया था तो पढ़कर श्री आज़ाद इस परिवर्तन से पहले चौंके अवश्य परन्तु चर्चा के पश्चात यह परिवर्तन स्वीकार कर लिया। भगतसिंह प्रोपेगैंडा बाई डीड के समर्थक थे। उनका दृढ़ विश्वास था कि ऐसा एक्शन (साइमन कमीशन का विरोध) सारे संसार में प्रतिध्वनित होगा। आज़ाद दल के एक महत्त्वपूर्ण नेता थे इसलिए साथी लोग उन्हें यथाशक्ति खुद सुरक्षित रखना चाहते थे। सदा यह प्रयत्न रहता कि छोटे-छोटे काम उन्हें जोखिम में डाले बिना ही हो जाएँ। पर आज़ाद को यह चिन्ता बनी रहती थी कि उनके न होने से लड़के कुछ उल्टा-सीधा न कर बैठें। इसलिए वे सदा साथ रहते। परिस्थिति को समझ सकने तथा उसके अनुसार निर्णय लेकर उचित कदम उठाने की उनमें अद्भुत क्षमता थी। एक बार उन्होंने कहा, "मजबूरी दूसरी बात है, और जान-बूझकर हत्या करना दूसरी बात। हमारा क्रान्तिकारियों का दल है हत्यारों का नहीं।" एक बार एक एक्शन की सलाह पर वे भड़क गए, "आपको किसने सलाह दी? उस मूर्ख को मैं देखता हूँ और खबरदार अपने आप ऐसा मूर्खतापूर्ण कोई काम किया तो। वहाँ पकड़े गए तो चोर कहलाओगे। दूसरे जेवर मिल भी गए तो उन्हें कहाँ बेचते फिरोगे? हम लोग क्या चोर-उचक्के हैं? इसके सिक्के ढालना हमारा काम नहीं।"

आज़ाद को अपने कार्यकाल में दल के नेतृत्व में हाथ बँटानेवाला सहयोगी यदि

कोई मिला तो वे श्री भगवतीचरण थे। आगरेवाले मकान में जब सदस्यों की संख्या बढ़ जाती तो खाने के साथ-साथ ओढ़ने-बिछाने की भी समस्या रहती। तब आज़ाद अखबार बिछाकर अपनी धोती ओढ़कर रात काट लेते। भगत और सुखदेव दरी या कम्बल जो भी मिल जाता उसे ही ओढ़कर पड़े रहते। नीचे सबके ही अखबार रहता। सुबह पैसा रहता तो सभी को नाश्ते का एक-एक आना मिलता। चाय में कभी-कभी भगत तथा सुखदेव शामिल होते पर आज़ाद कभी शामिल न हुए। दिन भर में एक बार भोजन बनता। सभी बारी-बारी से बनाते परन्तु भगतसिंह कहते, 'मैं इसमें शामिल नहीं होऊँगा।' वे सबके कपड़े धो देते। इसमें सुखदेव अकसर हाथ बँटाते।

आज़ाद एच.एस.आर.ए. के कमांडर थे। पर पद के अभिमान में उन्होंने कभी अपने को अपने साथियों से भिन्न नहीं समझा। हँसी-मजाक में सबके साथ थे, साथियों से कुश्ती भी हो जाती, परन्तु एक्शन के समय आज़ाद का आदेश ब्रह्म वाक्य होता था। आज़ाद की सफलता का कारण उनका योग्य नेतृत्व तथा उनके साथियों का उनमें अटूट विश्वास था। प्रत्येक एक्शन में जाते समय वे आगे-आगे होते और लौटते समय साथियों को आगे कर घटनास्थल का अच्छी तरह निरीक्षण कर सबसे पीछे चलते। वे देख लेते थे कि दल के सदस्य ऐसी कोई चीज तो नहीं छोड़ चले हैं जिससे पुलिस को सुराग लग जाए।

दल का केन्द्र आगरा होने पर भी आज़ाद ने झाँसी नहीं छोड़ी। जब भी उन्हें समय मिलता वे झाँसी अवश्य आते। झाँसी के प्रति उनके इस अपनत्व को लेकर भगतसिंह आज़ाद से हँसी-मजाक में कहा करते थे, 'पंडित जी आपने झाँसी में कोई डौल तो नहीं फँसा रखा है।' ग्वालियर में नाका चन्द्रबदनी में जो मकान भगवानदास ने लिया था, उसका कुछ उद्देश्य यह भी था कि आज़ाद के पास आनेवाले हर सदस्य को सीधे झाँसी न पहुँचाया जाए। बहुत से सदस्यों को ग्वालियर में ही बुलाया जाता और भगवानदास उनके आने की खबर झाँसी में देते और तब आज़ाद स्वयं ग्वालियर आकर उनसे मिल जाते। एयर पिस्टल से निशानेबाजी का अभ्यास जगह-जगह होता था, पर रिवॉल्वर या बन्दूक की निशानेबाजी के लिए बहुत कम स्थान थे। झाँसी आज़ाद का गढ़ था और वे उसे यथाशक्ति सुरक्षित रखना चाहते थे।

सांडर्स हत्याकांड के बाद जनता में क्रान्तिकारियों के प्रति सहानुभूति जगी। इससे अर्थ संचय में कुछ सुविधा हुई। साथ ही लोगों के दिल में क्रान्तिकारियों के प्रति कुछ कौतूहल भी जगा। कुछ धनी लोग भी क्रान्तिकारियों को देखने को उत्सुक हुए। उन्होंने आज़ाद से मिलना चाहा। ऐसी ही एक उत्सुक महिला ने एक बार मास्टर रुद्रनारायण से इच्छा प्रकट की कि यदि मास्टर साहब आज़ाद को उनसे मिला दें तो उन्हें दो हजार रुपये देंगी। वे महिला कुछ राजनीति में भी दखल रखती थीं और नेताओं में भी उनकी दखल थी। आज़ाद यह प्रस्ताव सुनकर बहुत बिगड़े, "मास्टर, कह दो कि यदि क्रान्तिकारियों और उनके कार्य से सहानुभूति है तो वे वैसे ही पैसे दे दें। यह शर्त मैं मानने के लिए तैयार नहीं हूँ। मैं गांधी जी तो हूँ नहीं जो लोगों को दर्शन देकर तथा हस्ताक्षर बेचकर पैसा एकत्रित करता फिरूँ।" धन के लिए जाली सिक्के बनाने की योजना भी उन्होंने कभी स्वीकार न की। वे बिना किसी सिद्धान्त के सिर्फ पैसों के लालच में काम करनेवालों

का साथ कभी नहीं करते थे। आज़ाद की यह नीति थी कि जब कभी धर-पकड़ का जोर होता तो कहीं बैठ जाते तथा साथियों को भी ऐसा ही करने का आदेश देते।"[64]

श्री सुरेन्द्र शर्मा ने 'नर्मदा' के अपने संस्मरण में लिखा है, "दिल्ली की अदालत में दिल्ली षड्यंत्र का मुकदमा चल रहा था। उसमें मुखबिर कैलाशपति का बयान हो रहा था। 'लीडर' में उसकी रिपोर्ट पढ़कर मैंने आज़ाद से कहा, "कल तक ये अपने चुल्लू में आपका पेशाब लेते थे, और आज इस तरह अदालत में खड़े होकर आपके खिलाफ जहर उगल रहे हैं।" आज़ाद का चेहरा एकदम रोष से तमतमा उठा। उनके माथे पर शिकन पड़ गई। बोले, "भैया, आप कैसी बातें करते हैं? कल तक ये मेरे सगे भाई थे, अगर आज किसी तरह गुमराह हो गए हैं, तो क्या, अब भी हैं तो हमारे देशवासी ही।" मनुष्यता का इतना विशाल और सहृदयतापूर्ण दृष्टिकोण अपने और अपने देशवासियों के प्रति इतना ममता भरा निश्छल और अकृत्रिम अनुराग, क्या आज के पाप-पंक से सने भौतिक वातावरण में कहीं ढूँढ़ें भी मिलेगा।"[65]

आज़ाद की यही विशाल हृदयता ही थी जिसने उनकी शहादत की खबर सुनकर अप्रूवर बने कैलाशपति को भी रुला दिया था। दिल्ली षड्यंत्र केस की फाइल में जिक्र आता है कि जब 2 मार्च, 1931 को भेजा गया चन्द्रशेखर आज़ाद का फोटो दिखाया गया तो अप्रूवर गिरवर सिंह, कैलाशपति और डी.वी. तैलंग ने फोटो की पहचान आज़ाद के रूप में बिना हिचक की, कैलाशपति रोने लगा।

चन्द्रशेखर आज़ाद के क्रान्तिकारी जीवन का आरम्भ मई-जून, 1923 से हुआ। पहले वे अनुशीलन दल की बनारस शाखा से जुड़े। जिसका विलय सान्याल दल से हो जाने पर 'हिन्दुस्तान रिपब्लिकन एसोसिएशन' (एच.आर.ए.) का उदय हुआ। जिसमें पहले जोगेशचन्द्र चटर्जी ने नेतृत्व किया। अक्टूबर, 1924 में कलकत्ता में उनकी गिरफ्तारी के बाद से अपनी गिरफ्तारी तक दल का नेतृत्व पंडित रामप्रसाद बिस्मिल ने किया। 8-9 सितम्बर, 1928 को इसके स्थान पर "हिन्दुस्तान सोशलिस्ट रिपब्लिकन एसोसिएशन" (एच.एस.आर.ए.) का उदय हुआ। चन्द्रशेखर आज़ाद एच.आर.ए. के सदस्य रहे तथा एच.एस.आर.ए. के सेनापति बने। इन दोनों दलों ने अपना घोषणा-पत्र (मेनीफेस्टो) जारी किया था। एच.आर.ए. के घोषणा-पत्र को 'द रिवॉल्युशनरी', 'येलो पेपर' या 'पीला पर्चा' के नाम से जाना जाता है। इसे 1 जनवरी, 1925 को बाँटा गया था। इस पर केन्द्रीय समिति के अध्यक्ष विजयकुमार के दस्तखत हैं। अंग्रेजों का मानना था कि यह परचा सम्भवत: शचीन्द्रनाथ सान्याल का लिखा था, क्योंकि 1925 में जब वे पकड़े गए तो उनकी नोटबुक में उसी वाक्यांशों में नोट्स मिले थे। एच.एस.आर.ए. ने दिसम्बर, 1929 में 'द फिलॉसफी ऑफ बम' के नाम से अपना घोषणा-पत्र जारी किया।

23 दिसम्बर, 1929 को दिल्ली में पुराने किले के पास वायसराय इरविन की ट्रेन उड़ाने का प्रयास किया गया। गांधी जी ने इसके प्रतिकार में 2 जनवरी, 1930 को अपने पत्र 'यंग इंडिया' में, 'द कल्ट ऑफ द बम' नाम से लेख लिखकर क्रान्तिकारियों पर हमला बोला। कांग्रेस अधिवेशन में इसके विरुद्ध प्रस्ताव लाया गया जो मात्र 31 मतों से जीता। इसके प्रतिकार में दल ने 'द फिलॉसफी ऑफ बम' लिखकर 26 जनवरी, 1930 को वितरित कराया। इसके पहले दिसम्बर, 1929 में लाहौर अधिवेशन में एच.एस.

आर.ए. अपना घोषणा-पत्र बाँट चुकी थी। इन दोनों कागजों पर एच.एस.आर.ए. के प्रेसीडेंट के रूप में 'करतार सिंह' के नाम से आज़ाद ने दस्तखत किये। पीला परचा को बमरौली एक्शन से मिले धन से छपवाया तथा वितरित किया गया था। इस एक्शन में भी आज़ाद शामिल थे तथा परचे का सफलतापूर्वक वितरण भी कराया था। काशी विद्यापीठ के रजिस्टर के हर पन्ने में रखवा दिया था। ऐसी मान्यता है कि फिलॉसफी ऑफ बम को आज़ाद ने ही कानपुर में छपवाया था। इस सम्बन्ध में यह सूचना भी मिलती है कि चन्द्रशेखर आज़ाद ने बजरंगबली गुप्त द्वारा बनारस के श्री सीताराम प्रेस में इसके छपवाने की व्यवस्था की थी। इस पैम्फ़पेट की 7000 प्रतियाँ छपी थीं और यह भारत के सभी प्रमुख स्थानों में एक ही समय प्रचारित किया गया था। इसे लिखा तो श्री भगवतीचरण वोहरा ने था, किन्तु इसमें संशोधन चन्द्रशेखर आज़ाद ने भी कराया था। अतएव चन्द्रशेखर आज़ाद की क्रान्तिकारी विचारधारा इन पत्रों की ही विचारधारा है। आज़ाद ने इन्हें पढ़ा, सुना, समझा व स्वीकार किया था। इन पत्रों के माध्यम से 'आज़ाद' की क्रान्तिकारी विचारधारा को समझा जा सकता है।

दिसम्बर, 1929 में लाहौर कांग्रेस में एच.एस.आर.ए. का जो मेनीफेस्टो बाँटा गया था, उसकी प्रथम पंक्तियाँ थीं, "स्वतंत्रता का कोमल पौधा जिस खाद्य पर पलता है, वह शहीदों का रक्त है।" पर्चे में आगे लिखा है कि यह एसोसिएशन भारत में क्रान्ति के माध्यम से उसे विदेशी प्रभुत्व से संगठित एवं सशस्त्र 'विप्लव' करके मुक्त करने के लिए बना है। चुनिन्दा लोगों द्वारा खुली बगावत अपनी प्रवृत्ति में गुप्त प्रोपेगैंडा गुप्त तैयारियों द्वारा नियंत्रित होती है। क्रान्ति वह अवधारणा है जो प्रकृति को प्रिय है और जिसके बिना न तो प्रकृति में और न ही इनसानी मामलों में ही प्रगति हो सकती है। क्रान्ति निश्चित रूप से बिना सोचे-समझे हत्या का अभियान नहीं है और न ही कुछ बम यहाँ फेंकना और कुछ गोलियाँ यहाँ-वहाँ चलाना है। क्रान्ति ईश्वर विरोधी तो हो सकती है, लेकिन किसी भी दशा में मानव विरोधी नहीं हो सकती है। यह एक जीवन्त, सजीव शक्ति है जो नये और पुराने के बीच, जीवित और जीवनमृत के बीच, प्रकाश और अन्धकार के बीच शाश्वत द्वन्द्व की ओर संकेत करती है। क्रान्ति कानून है, क्रान्ति व्यवस्था है और क्रान्ति सत्य है।

आजकल जंगली और अहिंसा की निरर्थक बातों में शामिल होना फैशन हो गया है। महात्मा गांधी महान हैं और हम किसी भी तरह से उनका अपमान नहीं करना चाहते जबकि हम जोर देकर उन तरीकों से अपनी असहमति जाहिर करते हैं जिनकी कि देश को मुक्ति दिलाने के लिए वे वकालत करते हैं। हमारे अनुसार महात्मा असम्भव स्वप्न द्रष्टा हैं। शान्ति को लेकर की गई सारी बातें सच होंगी, लेकिन एक गुलाम राष्ट्र होने के कारण न तो हमें इस झूठी विचारधारा से संचालित होना चाहिए, न हम हो सकते हैं। हम पूछते हैं कि जब विश्व का वातावरण हिंसा और दुर्बलों के शोषण से भरा हुआ है, उस समय देश को अहिंसा के पथ पर चलने के लिए आह्वान करने में क्या तर्क है? हमने पूरी शक्ति से यह घोषित किया है कि हम आह्वान करते है कि देश के युवा गर्मी की अर्धरात्रि के इस स्वप्न से नहीं ललचाएँगे। हम हिंसा पर साध्य के रूप में नहीं बल्कि एक आदर्श ध्येय के साधन के रूप में विश्वास करते हैं।

आतंकवाद कभी भी क्रान्तिकारियों का ध्येय नहीं रहा और न ही उन्हें इस बात पर कभी भरोसा रहा कि सिर्फ आतंकवाद से स्वतंत्रता मिल सकती है। निस्सन्देह क्रान्तिकारी ऐसा सोचते हैं और सही सोचते हैं कि सिर्फ आतंकवाद का सहारा लेकर ही प्रतिशोध का सर्वोत्तम साधन प्राप्त किया जा सकता है। ब्रिटिश गवर्नमेंट जिन्दा है क्योंकि ब्रिटिशर्स पूरे भारत को आतंकित करने में सफल रहे हैं। हम इस शासकीय आतंकवाद से कैसे निपटें? केवल क्रान्तिकारियों के द्वारा प्रति-आतंकवाद ही इस नौकरशाही उत्पीड़न को प्रभावशाली ढंग से रोक सकेगा। समाज में भयानक असहायता की भावना घुसी हुई है। हम इस घातक रोग से कैसे बाहर आएँगे? सिर्फ बलिदान के वास्तविक उछाह को लाकर ही हम खोए आत्म-विश्वास को पुनर्जीवित कर सकते हैं। आतंकवाद का अन्तरराष्ट्रीय पहलू भी है। इंग्लैंड के दुश्मन जो बहुतेरे हैं, अपनी शक्ति के प्रदर्शन से हमारी तरफ खींचे आते हैं। जो स्वयं में एक बहुत बड़ा लाभ है। भारत साम्राज्यवाद के जुए के नीचे ऐंठ रहा है। उसके लाखों लोग आज गरीबी और अज्ञान के निसहाय शिकार हैं। अत: सर्वहारा की आशाएँ अब 'समाजवाद' में केन्द्रित हैं, जो सम्पूर्ण स्वतंत्रता की स्थापना और समस्त सामाजिक विभेदों तथा विशेषाधिकारों को हटा देंगी। भारत का भविष्य भारत के युवाओं में है। वे पृथ्वी का नमक हैं। कष्ट सहन करने में उनकी त्वरा, उनकी साहसिक वृत्ति और उनकी जाज्वल्यमय शहादत सिद्ध करती है कि उनके हाथों में भारत का भविष्य पूरी तरह सुरक्षित है। साम्राज्यवाद का यह महल टूटकर धूल में मिल जाएगा।"[66]

गांधी जी के लेख के जवाब में लिखा गया पर्चा 'बम का दर्शन' काफी लम्बा है। इसमें ज्यादातर गांधी जी के लेख की समीक्षा और प्राय: प्रत्युत्तर मिलता है। किन्तु क्रान्तिकारी दल की विचारधारा का भी स्पष्ट दर्शन होता है। इस पर्चे के अनुसार, "**हमारा आदर्श** : क्रान्तिकारियों को विश्वास है कि उनके देश को मुक्ति क्रान्ति के द्वारा मिलेगी। क्रान्ति जिसकी वह निरन्तर कामना कर रहे हैं, और जिसके लिए वे निरन्तर प्रयास कर रहे हैं, सिर्फ विदेशी सरकार और उसके समर्थकों तथा जनता के बीच सशस्त्र संघर्ष के रूप में ही स्वयं को प्रकट नहीं करेगी बल्कि यह नवीन सामाजिक व्यवस्था भी खड़ी करेगी। क्रान्ति साम्राज्यवाद, वर्ग विभेद और विशेषाधिकारों के मृत्यु की अन्तिम कील भी बनेगी। यह एक नवीन राज्य तथा नवीन सामाजिक व्यवस्था को जन्म देगी। इन सबसे ऊपर यह सर्वहारा की तानाशाही स्थापित कर हमेशा के लिए सामाजिक परजीवियों को राजनीतिक शक्ति की पीठ से च्युत कर देगी।

कुछ युवा अत्याचारियों को मारना शुरू करेंगे। इस तरह देश में आतंकवाद आरम्भ हो गया है। यह क्रान्ति का एक अनिवार्य तथा अपरिहार्य दौर है। आतंकवाद पूर्ण क्रान्ति नहीं है और क्रान्ति आतंकवाद के बिना पूर्ण नहीं है। आतंकवाद अत्याचारियों के हृदय में भय पैदा करता है। अत्याचार पीड़ित जनता के मन में प्रतिशोध और मोचन की आशा पैदा करता है, यह कम्पित लोगों को साहस तथा आत्मविश्वास देता है, यह शासक वर्ग की श्रेष्ठता के जादू को चकनाचूर करके शासित जाति की अवस्था को विश्व की नजरों में ऊँचा उठाता है, क्योंकि यह राष्ट्र की स्वतंत्रता की भूख का सबसे विश्वसनीय प्रमाण है। भारत में और जैसा कि अन्य देशों में हुआ है, विगत में आतंकवाद ही क्रान्ति में

विकसित होगा और क्रान्ति सामाजिक, राजनीतिक और आर्थिक स्वतंत्रता में विकसित होगी। क्रान्तिकारी खुले व गुप्त दोनों तरीकों से प्रयास कर रहे हैं। क्रान्तिकारियों का प्रचार सीधा और सामान्य है।

कांग्रेस के द्वारा अज्ञानी जनता में स्वतंत्रता के लिए गहरी ललक जगाने के लिए जो भूमिका निभाई गई उससे हम पूरी तरह भिन्न हैं। असहयोग एक साल में स्वराज्य लाने में विफल रहा। गांधी अपने लम्बे सार्वजनिक जीवन के बावजूद न तो क्रान्तिकारियों के मनस को समझ पाए हैं और न समझ पाएँगे। जीवन मूल्यवान वस्तु है। यह सभी को प्रिय है। यदि एक व्यक्ति क्रान्तिकारी बनता है, और अपना जीवन किसी भी क्षण बलिदान करने के लिए अपने हाथ में लेकर चलता है तो वह यह सिर्फ मनोरंजन के लिए नहीं कर रहा होता। वह अपने जीवन को इसलिए भी खतरे में नहीं डालता कि भीड़ अगर सहानुभूतिपूर्ण मूड में होगी तो प्रशंसा में चिल्लाएगी—शाबाश बहादुर। वह ऐसा इसलिए करता है, क्योंकि उसकी तर्कबुद्धि ऐसा करने के लिए उसे विवश करती है, क्योंकि विवेक उसे ऐसा करने के लिए मजबूर करता है। क्योंकि उसकी महत्ता उसे ऐसा करने को कहती है। एक क्रान्तिकारी किसी भी चीज से ज्यादा युक्ति में विश्वास करता है। वह सिर्फ और सिर्फ तर्क है जिसके सम्मुख वह नतशिर होता है।

अपील : आओ एक ऐसी समाज व्यवस्था स्थापित करें जिसमें राजनीतिक और आर्थिक शोषण असम्भव हो जाए। हमारी दासता हमारी शर्म है। हम हर हाल में अपना बदला लेंगे—अत्याचारियों से जनता का सही बदला। आओ कायरों को पीछे छोड़ दो और शान्ति तथा समझौते के लिए चापलूसी करने दो। हम दया की माँग नहीं करते और हम थोड़ी जगह नहीं छोड़ते। हमारा युद्ध अन्त तक चलने वाला है—विजय या मृत्यु।"[67]

इस प्रकार हम देखते हैं कि 'बम के दर्शन' में क्रान्तिकारियों के सिद्धान्तों का उतना स्पष्ट प्रतिपादन नहीं है, जितना कि कांग्रेस की क्रान्तिकारियों के प्रति सोच की समीक्षा। जिस एक पर्चे में क्रान्तिकारियों के दर्शन व संगठन का खुलासा सर्वाधिक सुव्यवस्थित व तार्किक ढंग से मिलता है, वह येलो पेपर या पीला पर्चा है। यह पर्चा दो खंडों में है। पहले खंड में भारत की क्रान्तिकारी पार्टी का दर्शन व विचारधारा का वर्णन है, जबकि दूसरे भाग में एच.आर.ए. संगठन का उल्लेख है। पीला पर्चा लिखता है, "नये सितार के जन्म के लिए उथल-पुथल का होना जरूरी है और जीवन का जन्म वेदना व दर्द से जुड़ा रहता है। सोच और विचारों को कभी तलवार से नहीं दबाया जा सकता। यह विदेशी सत्ता निश्चित रूप से हटनी चाहिए। सिवाय तलवार के जोर के भारत पर शासन करने का इनके पास और कोई औचित्य नहीं है। अतएव क्रान्तिकारी दल ने तलवार उठाई है। लेकिन क्रान्तिकारियों के तलवार की धार विचारों से बनी है।

क्रान्तिकारियों का तत्काल उद्देश्य संगठित व सशस्त्र क्रान्ति के माध्यम से राजनीति के क्षेत्र में 'संयुक्त राज्यों के संघीय गणराज्य, भारत' की स्थापना करना है। किन्तु गणराज्य का आधारभूत सिद्धान्त होगा सार्वभौम मतदान और उन समस्त व्यवस्थाओं का त्याग जो मनुष्य द्वारा मनुष्य के शोषण को सम्भव बनाती है। रेलवे तथा अन्य परिवहन के व सम्प्रेषण के साधन, खदानें और अन्य बड़े उद्योग धन्धे जैसे स्टील व जहाजों का निर्माण, ये सभी राष्ट्रकृत किया जाना चाहिए। इस गणराज्य में निर्वाचकों को यह अधिकार होना

चाहिए कि वे यदि चाहें तो अपने प्रतिनिधियों को वापस बुला सकेंगे, अन्यथा लोकतंत्र मखौल बनकर रह जाएगा। इस गणराज्य में विधायिका को, कार्यपालिका को नियंत्रण में रखने की शक्ति होनी चाहिए और जब जरूरी हो तो उन्हें बदल सकें।

क्रान्तिकारी दल इस हिसाब से राष्ट्रीय नहीं, अन्तरराष्ट्रीय है कि इसका अन्तिम उद्देश्य विभिन्न राष्ट्रों के विविध रुचियों व हितों का सम्मान व सुरक्षा करते हुए विश्व में सामंजस्य लाना है। यह विभिन्न राष्ट्रों व राज्यों के मध्य प्रतिस्पर्धा नहीं बल्कि सहकार का उद्देश्य रखती है। इस मामले में यह महान भारतीय ऋषियों के गौरवमयी अतीत के पदचिह्नों के साथ आधुनिक युग में बोल्शेविक रूस का अनुसरण करती है। मानवता की भलाई भारतीय क्रान्तिकारियों के लिए खाली और बेकार के शब्दमात्र नहीं है।

साम्प्रदायिक प्रश्नों के सम्बन्ध में, विभिन्न समुदाय जो अधिकार माँगेंगे उन्हें देने पर विचार क्रान्तिकारी दल करेगा। शर्त यह है कि वे आपसी हितों से टकरानेवाले न हों और वे निकट भविष्य में हार्दिक और आर्गेनिक यूनियन को (विभिन्न समुदायों के मध्य) बढ़ाने वाले हों। आर्थिक और सामाजिक कल्याण के क्षेत्र में दल की ऑपरेशन की भावना को जहाँ तक सम्भव होगा बढ़ावा देगी। निजी व असंगठित व्यापार उद्यमों की जगह दल कोऑपरेटिव यूनियन को पसन्द करेगा।

अध्यात्म के क्षेत्र में दल सत्य को स्थापित करने का ध्येय रखेगा तथा यह शिक्षा देगा कि दुनिया 'पाप' नहीं है बल्कि एक अविभाज्य आत्मा का प्रकटीकरण है। यह क्रान्तिकारी दल जब सम्भव होगा तो कांग्रेस व अन्य दलों से सहयोग तथा जहाँ जरूरी होगा वहाँ हदबन्दी करेगा। लेकिन यह दल देश में चल रहे समस्त संवैधानिक आन्दोलनों को घृणा और हास्यास्पद भाव से देखता है। यह कहना कि भारत की मुक्ति संवैधानिक तरीकों से होगी, जहाँ की संविधान है ही नहीं, मखौल है। हमारे सार्वजनिक नेता साफ शब्दों में यह कहने में हिचकते हैं कि भारत को विदेशी नियंत्रण से पूर्ण स्वायत्तता चाहिए। ब्रिटिश इंडिया ब्रिटिश कानून और संविधानों से कभी भी 'भारतीय राज्यों के संघीय गणराज्य' में परिवर्तित नहीं हो सकता।

कुछ शब्द आतंकवाद और अराजकतावाद के सम्बन्ध में। आज के भारत में ये दो शब्द सर्वाधिक शरारतपूर्ण भूमिका अदा कर रहे हैं। इनका दुरुपयोग जब भी कभी क्रान्तिकारियों के सन्दर्भ में कुछ कहना होता है, निश्चितता से किया जाता है क्योंकि इस नाम से क्रान्तिकारियों पर आरोप लगाना बहुत सुविधापूर्ण है। भारतीय क्रान्तिकारी न तो आतंकवादी हैं और न अराजकतावादी हैं। वे कभी भी इस भूमि पर अराजकता फैलाने का ध्येय नहीं रखते, अतः उन्हें कभी भी उचित रूप से अराजकतावादी नहीं कह सकते। आतंकवाद कभी भी उनका ध्येय नहीं रहा है। अतः उन्हें आतंकवादी भी नहीं कहा जा सकता। वे इस बात में भरोसा नहीं करते कि अकेले आतंकवाद से स्वतंत्रता प्राप्त की जा सकती है और वे आतंकवाद के लिए आतंकवाद नहीं चाहते, हालाँकि जब-तब वे इसका प्रश्रय प्रतिकार की प्रभावी विधि के रूप में ले सकते हैं। यह सरकार बची है, क्योंकि उसने सफलतापूर्वक भारतीयों को आतंकित कर रखा है। भारतीय जन अपने अंग्रेज स्वामियों अथवा ब्रिटिश लोगों की सहायता इसलिए करते हैं, कि वे उनसे बुरी तरह भयभीत हैं। और इसी भय के नाते भारतीय क्रान्तिकारियों की सहायता के लिए

अपना हाथ नहीं बढ़ाते, न कि इस कारण से कि वे उन्हें प्रेम नहीं करते।

इस आधिकारिक आतंकवाद से प्रति-आतंकवाद के द्वारा ही निपटा जा सकता है। हमारे समाज के प्रत्येक स्तर पर भारी निस्सहायता घुस गई है और आतंकवाद समाज में उचित उछाह को पुनर्जीवित करने के लिए एक प्रभावशाली साधन है, जिसके बिना प्रगति सम्भव नहीं है। इसके अतिरिक्त अंग्रेज प्रभुओं और उनके भाड़े के टट्टुओं जो वह चाहे उसे बिना हस्तक्षेप या बिना छेड़छाड़ के नहीं करने दिया जाएगा। उनके रास्ते में हर सम्भव कठिनाइयाँ और अवरोध डाली जाएगी। आतंकवाद का अन्तरराष्ट्रीय महत्त्व भी है। इससे इंग्लैंड के दुश्मनों का ध्यान भारत की ओर आकृष्ट होता है और आतंकवाद के माध्यम से, क्रान्तिकारी प्रदर्शनों के द्वारा क्रान्तिकारी उनके साथ गठजोड़ बनाने में सफल होते हैं और इससे भारत की मुक्ति की गति तीव्र होती है। लेकिन इस वक्त इस क्रान्तिकारी दल ने जान-बूझकर स्वयं को आतंकवादी अभियानों से रोककर रखा है, उस हाल में भी जबकि उसकी बहनों-माताओं का शीलभंग कर, उन पर जुल्म करके विदेशी सरकार के नुमाइन्दे तीव्र रूप से प्रोत्साहन दे रहे हों, क्योंकि दल सामान्यतः अन्तिम प्रहार करने की प्रतीक्षा में है। लेकिन यदि अधिक लाभ की माँग उठी तो दल निस्संकोच आतंकवाद के निराश अभियान में लग जाएगा, तब विदेशी शासकों को किसी भी रूप में सहायता करनेवाले अफसरों और व्यक्तियों का जीवन, चाहे वह भारतीय हो या यूरोपी, बड़ा हो या छोटा, असहनीय बना देंगे। तब भी दल यह कभी विस्मृत नहीं करेगा कि आतंकवाद उनका उद्देश्य नहीं है। वे हमेशा याद रखेंगे कि राष्ट्रों के निर्माण के लिए हजारों गुमनाम स्त्री-पुरुषों को आत्म-बलिदान करने की जरूरत होती है, जो देश के विचार को अपने आराम तथा हितों की बनिस्बत अथवा अपने तथा अपने प्रियजनों के जीवनों की बनिस्बत, ज्यादा महत्त्वपूर्ण समझते हैं।"[68]

यदि पीले पर्चे की विषयवस्तु और एच.एस.आर.ए. के दिसम्बर, 1929 में बाँटे गए घोषणा-पत्र का मिलान करें तो कई भाग खासकर आतंकवाद की उपादेयता आदि तो हूबहू समान हैं। कांग्रेस आदि की आलोचना दोनों ने की है। नई सामाजिक व्यवस्था के उदय की बात भी दोनों ने की है। आत्म-बलिदान की भावना, पूर्ण स्वराज्य की माँग दोनों में समान है। दोनों दस्तावेजों में अन्तर यह है कि जहाँ पीले पर्चे में भारतीय राज्यों के संघीय गणतंत्र की माँग है, वहीं एच.एस.आर.ए. घोषणा-पत्र में पूर्ण स्वराज्य की माँग है। पीले पर्चे में दल के आध्यात्मिक ध्येय का जिक्र भी है, लेकिन एच.एस.आर.ए. घोषणा-पत्र इस विषय को पूरी तरह छोड़ देता है और 'सत्य की स्थापना तथा जगत एक आत्मा का प्रकटीकरण है' जैसी उक्तियों के स्थान पर लिखता है, 'दल ईश्वर विरोधी हो सकता है, लेकिन मानव विरोधी नहीं हो सकता।' पीले पर्चे में अतीत के ऋषि मार्ग व वर्तमान के बोल्शेविक रूस के मार्ग के बीच सन्तुलन बनाने का प्रयास दिखता है, लेकिन एच.एस.आर.ए. घोषणा-पत्र में इन दोनों का जिक्र नहीं है। एच.एस.आर.ए. घोषणा-पत्र की भाषा और 'समाजवादी' दृष्टिकोण से स्पष्ट है कि वह दूसरे मार्ग तक स्वयं को सीमित रखना चाहता है अर्थात् धर्म के सम्बन्ध में मौन रहना चाहता है। इस पर्चे में सर्वहारा के अधिनायकत्व की चर्चा भी की गई है। पीले पर्चे में उल्लिखित 'ऐसी प्रत्येक व्यवस्था का परित्याग जिससे मनुष्य द्वारा मनुष्य के शोषण को सम्भव बनाया जाता है'

की जगह एच.एस.आर.ए.घोषणा-पत्र में 'समाजवाद व समस्त सामाजिक विषमता एवं विशेषाधिकारों का अन्त' लिखा गया है। मूलभाव दोनों का एक है, किन्तु शब्दावली भिन्न है। एच.एस.आर.ए. के घोषणा-पत्र पर चन्द्रशेखर आज़ाद ने पढ़ने के बाद हस्ताक्षर किया था। वे समाजवाद शब्द पर चौंके थे, लेकिन विरोध नहीं किया था। निस्सन्देह दोनों दस्तावेजों की मूलभावना को वे स्वीकार करते थे।

क्रान्तिकारियों में अग्रगण्य श्री विजयकुमार सिन्हा अपने लेख 'हिन्दुस्तान सोशलिस्ट रिपब्लिकन एसोसिएशन : आदर्श और विचार' में लिखते हैं—

"क्रान्तिकारियों का यह विश्वास है कि उनके देश की मुक्ति क्रान्ति के मार्ग से ही होगी। वह विदेशी शासन और उसके समर्थकों के विरोध में केवल सशस्त्र विद्रोही के रूप में ही नहीं है, प्रत्युत अपने देश में एक नई समाज व्यवस्था कायम करना भी उसका लक्ष्य है। हम मनुष्य द्वारा मनुष्य के शोषण का अन्त चाहते हैं और मानव जीवन के हर क्षेत्र में पूर्ण स्वतंत्रता की स्थापना चाहते हैं। हम एक परिवर्तन चाहते हैं और वह परिवर्तन समाज के ढाँचे में आमूलचूल होना चाहिए जिससे उसका सामाजिक, आर्थिक और राजनीतिक रूप जड़-मूल से बदल जाए। क्रान्तिकारी मानवता के सिद्धान्त के पुजारी हैं। क्रान्तिकारी सिर्फ राजनीतिक मुक्ति नहीं बल्कि करोड़ों जनता की सर्वांगीण स्वतंत्रता चाहते थे। वह केवल समाजवादी व्यवस्था की स्थापना से ही सम्भव थी।"[69]

असेम्बली बम केस के शहीद भगतसिंह के सुप्रसिद्ध क्रान्तिकारी साथी श्री बटुकेश्वर दत्त ने अपने लेख "क्रान्तिकारी जीवन दर्शन" में क्रान्तिकारियों के विचारों की आध्यात्मिक व्याख्या करते हुए लिखा—

"क्रान्तिकारी हुतात्माओं का सही मूल्यांकन करने में हम आदमी असमर्थ हैं। लोगों की दृष्टि उन तरुण विप्लवियों के हाथ के शस्त्रास्त्र पर पहुँचकर ही रुक गई। उनके विचार, उनका दृष्टिकोण, मानवता के प्रति उनका अपार प्रेम तथा उनकी गहरी हृदयानुभूति और सर्वोपरि उनके मन का आध्यात्मिक गठन आदि बातें सब लोगों की दृष्टि से बाहर ही रह गईं। स्वामी विवेकानन्द द्वारा निर्देशित कर्मयोग का सिद्धान्त ही 'क्लास रिवॉल्यूशनरीज, विप्लवियों के जीवन का आधार रहा है। क्रान्तिकारियों के आत्मबलिदान का मूल्यांकन राजनीतिक कसौटी पर करना पर्याप्त न होगा। इसे कभी समझने की चेष्टा नहीं की गई कि वे कैसे सर्वत्यागी पुरुष के स्तर तक ऊपर उठ सके। मानव कल्याण बोध द्वारा प्रेरित होकर वे अपने विचार तथा विश्वास की वेदी पर निज जीवन तथा यौवन का स्वेच्छापूर्ण बलिदान इतनी सरलतापूर्वक क्योंकर दे सके। देश-प्रेम के मूल मंत्र से दीक्षित होकर पूर्ण वैरागी की तरह आत्मीय परिजनों से नाता तोड़कर उन्होंने घर छोड़ दिया। क्रान्ति प्रयास के कंटकाकीर्ण पथ पर चलते हुए संन्यास जीवन के कठोर संयम द्वारा उनका मन प्रवृत्तियों की शृंखला से मुक्त हुआ। उन्होंने जीवन तथा मृत्यु के प्रति समान रूप से निर्लिप्त रहकर अपने जीवन की सार्थकता तथा परिपूर्णता समझी। अपने उद्देश्य, अपने सिद्धान्त तथा अपने कार्य के प्रति अटूट विश्वास ही क्रान्तिकारी जीवन का मूल मंत्र था। स्वेच्छापूर्वक जीवन की बाजी लगाकर अपने विचार तथा राष्ट्र के भविष्य के सम्बन्ध में पुनीत प्रत्यय हमारे हृदय से व्यक्त हुआ था, वही गतिशील विप्लवी जीवन की धुरी था। इसीलिए आत्मबलिदान के पथ पर चलना सहज सिद्ध हुआ।

आत्मत्यागी क्रान्तिकारियों का मानसिक गठन और जीवन चिन्तन निष्काम कर्मयोग के स्वर पर ही मुख्यत: साधा हुआ था। राष्ट्र जीवन दो विभिन्न स्तर पर क्रान्तिकारियों के अलग-अलग राजनीतिक विचार आए। फिर भी इस आन्दोलन के आरम्भ से अन्त तक विप्लवी जीवन में आध्यात्मिक मूल्यबोध का स्थान सर्वोपरि रहा।"[70] अन्तत: यही कहा जा सकता है कि आज़ाद इसी तरह के आत्मबलिदानी कर्मयोगी थे।

प्रथम सूचना रिपोर्ट और आरोप पत्र[71]

लाहौर षड्यंत्र केस के दौरान एस.एस.पी. हमिल्टन हार्डिंग ने आर.एस. पं. श्रीकृष्ण, स्पेशल मजिस्ट्रेट के समक्ष कुल 25 अभियुक्तों के खिलाफ प्राथमिकी दर्ज कराई थी। इसमें पहले पर सुखदेव, छठवें पर सुरेन्द्रनाथ पांडेय, आठवें पर शिववर्मा, 9वें पर गयाप्रसाद, 12वें पर भगतसिंह, 13वें पर बटुकेश्वर दत्त, 15वें पर शचीन्द्रनाथ सान्याल, 17वें पर चन्द्रशेखर आज़ाद, 18वें पर विजयकुमार सिन्हा, 19वें पर कैलाशपति, 20वें पर राजगुरु, 21वें पर भगवतीचरण वोहरा, 22वें पर कुन्दनलाल, 23वें पर कैलाश उर्फ गुन्थला (भगवानदास माहौर), 24वें पर यशपाल तथा 25वें पर सदगुरु दयाल अवस्थी के नाम थे। यह प्राथमिकी धारा-121, 121ए, 122 तथा 123 भारतीय दंड संहिता के तहत दर्ज की गई।

प्राथमिकी के अनुसार—

1. यह कि उपरोक्त अभियुक्तों ने तथा अन्य के साथ लाहौर में तथा ब्रिटिश इंडिया के विभिन्न स्थानों पर विभिन्न समय पर 1924 से लेकर आज तक (गिरफ्तार किये जाने तक) हिज मजेस्टी किंग एम्परर के विरुद्ध संग्राम छेड़ने के षड्यंत्र में भाग लिया जिससे उन्हें ब्रिटिश इंडिया की सम्प्रभुता से वंचित किया जा सके, ये लोग इस ध्येय और उद्देश्य को पूरा करने के लिए आदमी, हथियार और गोला बारूद जमा करते रहे हैं।
2. किंग एम्परर के विरुद्ध ऐसे संग्राम की योजना को इस आशय से गुप्त रखा गया ताकि इससे सुविधा हो और ऐसे संग्राम को छेड़ने में सहयोग मिले।
3. पैरा 1 और 2 में दिये गए उद्देश्यों के साथ उपरोक्त अभियुक्तों ने अन्य लोगों के साथ मिलकर एक दल का गठन किया जिसका नाम 'हिन्दुस्तान रिपब्लिकन आर्मी' रखा तथा इसकी लाहौर व ब्रिटिश इंडिया के अन्य स्थानों पर इस दृष्टि से बैठकें कीं कि विधि के द्वारा भारत में स्थापित सरकार को उखाड़ फेंकें और उसके स्थान पर फेडरल रिपब्लिकन सरकार की स्थापना करें।
4. इस उद्देश्य की प्राप्ति के लिए निम्नलिखित विधियाँ अपनाई गई थीं—
   (i) हथियारों, आदमियों और गोला-बारूद का संग्रह करना तथा धन जमा करना जिससे हथियारों व गोला-बारूदों की खरीद की जा सके।
   (ii) इसी उद्देश्य के लिए बलपूर्वक बैंकों की लूट, खजाने की लूट और डकैती, जिसमें आवश्यक रूप से हत्या होती है, करके धन एकत्र करना।
   (iii) विस्फोटक बम का निर्माण हत्याएँ करने तथा सरकार को भयभीत करने के लिए करना।

(iv) पुलिस और अन्य अफसरों के साथ उन लोगों की हत्या करना जो ब्रिटिश इंडिया की सरकार में रुचि रखते हैं या जो षड्यंत्र के उद्देश्य को पूरा करने में बाधा बनें या वे लोग जो उनके दल के लिए अप्रिय बनें।

(v) ट्रेनों को उड़ाना।

(vi) देशद्रोहात्मक एवं क्रान्तिकारी साहित्य का उत्पादन, स्वामित्व एवं प्रसारण करना।

(vii) विधिपूर्ण हिरासत में रखे गए दोष सिद्ध को छुड़ाना।

(viii) शिक्षित युवकों को लुभाकर षड्यंत्र में शामिल करना।

(ix) विदेशों में जो लोग भारत में क्रान्ति-कारित किये जाने में रुचि रखते हैं उनके नाम प्राप्त करना, सदस्य बनाना, नवीनीकरण करना।

5. (i) बनारस में सी.आई.डी. के इंस्पेक्टर मिस्टर बनर्जी को 31.01.1928 को मारने की कोशिश की गई।

(ii) दल के सामान्य उद्देश्य की पूर्ति के लिए कैलाशपति उर्फ कालीचरण के द्वारा 26.06.1928 को सब पोस्ट ऑफिस, बड़हलगंज, गोरखपुर से 3,199 रुपये का गबन करना, जहाँ वह नौकरी करता था और अब फरार है।

(iii) 04.12.1928 को पंजाब नेशनल बैंक में डकैती का प्रयास करना।

(iv) ए.एस.पी. मिस्टर सांडर्स और हेड कांस्टेबल चानन सिंह की लाहौर में 17 दिसम्बर, 1928 को हत्या करना।

(v) 08.04.1929 को असेम्बली चेम्बर, दिल्ली में बम फेंकना जिसमें सर बोमन जी व अन्य को चोटें आईं।

(vi) 07.06.1929 को मोलनिया में डकैती जिसमें डाक महतो कूरी गृहस्वामी की मृत्यु हो गई।

(vii) अभियुक्त अन्य के साथ मिलकर लाहौर, सहारनपुर, कलकत्ता और आगरा में बम बना रहे थे। लाहौर तथा सहारनपुर की फैक्ट्रियों को पकड़ा जा चुका है।

(viii) अभियुक्त ब्रिटिश इंडिया के विभिन्न भागों में जाकर युवाओं को लुभाते थे और उनको षड्यंत्र में शामिल होने के लिए प्रेरित करते थे।

6. ब्रिटिश इंडिया में कथित षड्यंत्र को पूरा करने के लिए निम्न एक्शन की तैयारी की गई थी जो पूरी नहीं हो सकी—

(i) साइमन कमीशन को ले जानेवाली ट्रेन को डाइनामाइट से उड़ाना।

(ii) काकोरी केस के अभियुक्त जोगेशचन्द्र चटर्जी को तथा अपने दल के एक अन्य सजायाफ्ता शचीन्द्रनाथ सान्याल को छुड़ाना।

7. 17 से 25 तक के अभियुक्त अभी तक फरार हैं और पकड़े नहीं जा सके हैं।

8. स्थानीय सरकार की धारा-196 सी.आर.पी.सी. का आदेश विधिपूर्वक हस्ताक्षरित, इसी के साथ संलग्न है।

9. शिकायतकर्ता को यह सूचित किया गया है कि षड्यंत्र को आगे बढ़ाने के लिए

अन्यों के द्वारा किये गए अपराधों के सम्बन्ध पर अमल से पुलिस चालान इस कोर्ट में पेश किये गए हैं।

अतएव यह प्रार्थना की गई है कि उपरोक्त नाम वाले अभियुक्तों पर मुकदमा चलाया जाए। ऊपर वर्णित अपराधों में दोष सिद्धि की जाए तथा उन अपराध या अपराधों में सजा की जाए जिसमें यह सिद्ध हो जाए कि उनके द्वारा कारित किया गया है।

अन्त में यदि हम चन्द्रशेखर आज़ाद के राजनीतिक व क्रान्तिकारी विचारधारा पर दृष्टि डालें तो निम्न बिन्दु उभरते हैं—

1. चन्द्रशेखर आज़ाद के तमाम साथी आगे चलकर मार्क्सवाद से जुड़े। लेकिन श्री शचीन्द्रनाथ बख्शी वाराणसी से जनसंघ से विधायक रहे, श्रीमती दुर्गा देवी दिल्ली में कांग्रेस कमेटी की प्रान्तीय अध्यक्ष रहीं, काशीराम अरविन्द आश्रम में चले गए। अत: यह कहा जा सकता है कि आज़ाद समाजवादी साहित्य का अध्ययन किये थे, बहस-मुबाहिसों से झलकता है कि उसके व्यावहारिक पक्ष से वे सन्तुष्ट भी थे, पार्टी में 'समाजवाद' जोड़ने और मेनिफेस्टो के 'समाजवादी' पक्ष से वे सहमत थे, किन्तु आज़ादी के बाद वे भी मार्क्सवादी बनते यह निश्चय से नहीं कहा जा सकता।
2. श्री यशपाल ने 'सिंहावलोकन' में लिखा है कि वे बम्बई में वीर सावरकर के बड़े भाई बाबा सावरकर से मिलने भेजे गए थे। इसी तरह श्री विश्वनाथ वैशम्पायन ने संघ से जुड़े लोगों से मिलने जाने का उल्लेख किया है। आज़ाद काशीनाथ पाठशाला के श्री शंकरानन्द ब्रह्मचारी, हरिद्वार के स्वामी ब्रह्मानन्द भारती के सम्पर्क में थे। गीताप्रेस के श्री नरसिंह मिश्र तथा बचपन में साथ रहे व शुद्धि संघ से जुड़े श्री लक्ष्मीनारायण शर्मा से अन्त तक सम्पर्क में रहे। देहरादून के शक्ति आश्रम, पटना के सदाकत आश्रम में भी जाते थे, ऐसा पुलिस फाइलों में दर्ज है। ब्रह्मचारी शंकरानन्द तथा लक्ष्मीनारायण शर्मा सम्भवत: संस्कृत पाठशाला के उनके साथी थे।
3. वाराणसी में आज़ाद का सम्पर्क श्री शिवप्रसाद, श्रीप्रकाश, श्री सम्पूर्णानन्द, श्री शिवविनायक मिश्र जैसे कांग्रेसी नेताओं से रहा। इलाहाबाद में वे पं. मोतीलाल, पं. जवाहरलाल, श्री पुरुषोत्तम दास टंडन के सम्पर्क में रहे। कानपुर में श्री रामचन्द्र मुसद्दी, श्री गणेशशंकर विद्यार्थी, श्री बालकृष्ण शर्मा 'नवीन' जैसे अनेक कांग्रेसी जनों से उन्हें सहायता व सलाह मिलती रही। झाँसी में वे धुलेकर के सम्पर्क में रहे।
4. आज़ाद झाँसी में मास्टर रुद्रनारायण के घर, ढिमरपुरा के राजपूतों के घर तथा रामानन्द ड्राइवर के घर रहे। कानपुर में श्रीमती तारा अग्रवाल व श्री रामचन्द्र मुसद्दी के घर रहे। इलाहाबाद में श्री सुरेन्द्र शर्मा, श्री अहमद सिद्दीकी के घर रहे तथा किराए के कमरे पर रहे। आगरा, सहारनपुर, बनारस, दिल्ली, लाहौर, ग्वालियर में किराए के कमरे में रहे। लाहौर में श्री भगवतीचरण के घर भी रहे। बनारस में श्री शिवविनायक के घर रहे। दिल्ली तथा ग्वालियर में साथियों

के साथ हॉस्टल के कमरे में रहे। अर्थात् वे जहाँ-जहाँ रहे, उनमें क्रान्तिकारी, सहानुभूति रखनेवाले, पत्रकार, कांग्रेसी, वामपन्थी, दक्षिणपन्थी सभी थे। कानपुर में बलभद्र वस्तुतः सहानुभूति रखनेवाले थे।

5. आज़ाद का सम्पर्क सर्वश्री खलक सिंह जूदेव, हरबल सिंह सहित ग्वालियर के भान प्रताप सिंह, सागर सिंह आदि सरदारों व रियासतदारों से भी था।
6. आज़ाद का सम्पर्क श्री पृथ्वी सिंह आज़ाद, चिटगाँव के क्रान्तिकारियों व बंगाली दल से भी था।

यदि संक्षेप में कहें तो चन्द्रशेखर आज़ाद की राजनीतिक विचारधारा का पूर्ण विकास शहादत तक नहीं हो पाया था। उनके शिक्षित साथियों के समाजवादी सुझाव के कारण वे इस विचारधारा को प्रशंसा की दृष्टि से देखते थे। लेकिन उनका सम्पर्क दक्षिणपन्थ की विचारधारा के लोगों तथा साधु-सन्तों से भी अन्त तक था। यदि वे जीवित रहते तो आज़ादी के बाद उनकी राजनीतिक विचारधारा क्या होती यह सिर्फ कल्पना का विषय है। क्योंकि विचारधारा पर उनके लिखित व रिकॉर्डेड बयान नहीं हैं। जो भी हैं उनके साथियों के संस्मरण हैं। जिनमें भारी विरोधाभास मिलता है।

चन्द्रशेखर आज़ाद की राजनीतिक विचारधारा चाहे जो रही हो, उनकी क्रान्तिकारी विचारधारा स्फटिक की तरह साफ थी। संक्षेप में उनकी इस विचारधारा पर दृष्टिपात करना उचित होगा—

1. अपना नाम, पता, परिजनों के बारे में गोपनीयता रखो।
2. दल में गोपनीयता नियम का कठोरता से पालन करो।
3. कोई भी एक्शन काफी विचार मन्थन के बाद, स्थान की सूक्ष्म जानकारी के बाद करो। अन्तकाल में यदि क्षति ज्यादा दिखे तो छोड़ दो।
4. बहुत जरूरी होने पर लूट करो वह भी सरकार के खैरख्वाहों या सूदखोरों से।
5. यथाशक्ति मानव वध से बचो।
6. कहीं से भी प्राप्त धन को जनता का धन मानो। व्यक्तिगत आराम, परिजनों या मनोरंजन पर धन व्यर्थ न करो।
7. इमरजेंसी फंड को हर हाल में सुरक्षित रखो।
8. किसी साथी के पकड़े जाने पर चाहे वह कितना भी विश्वस्त हो, रहने का स्थान तुरन्त बदल दो।
9. धर-पकड़ बढ़ जाने पर शान्त बैठ जाओ।
10. अपने हथियार को शरीर का अंग मानो। कभी अलग न करो।
11. एयर पिस्टल से और असल में निशानेबाजी का अभ्यास करो।
12. अच्छी पुस्तकें खूब पढ़ो, निरन्तर बहस करो।
13. कोई भी योजना बनाओ तो साथियों से खूब चर्चा कर लो।
14. अपना निर्णय किसी पर न थोपो। बहुमत के साथ रहो।
15. साथियों को सगा मानों उनकी सुविधा व सुरक्षा पर ध्यान दो।
16. आगे बढ़कर नेतृत्व करो।

17. गपबाजी में भी कभी राज की बात न खोलो।
18. जरूरी होने पर मुखबिर व अधिकारियों को मार दो।
19. स्त्रियों को शिक्षा दो, शस्त्र की जानकारी दो। हर हाल में उनके शील की रक्षा करो।
20. शक्ति की चुनौती स्वीकार करो, जीतो।
21. स्वयं भूखे रहो, पर किसी को भूखा न रखो।
22. लूट, साधु की कुटिया, मन्दिर, रियासत, जहाँ से धन मिले ले लो, मगर धन के लालच में चोरी, सिक्के ढालकर, व्यक्तिगत रंजिश में हत्या करके, दस्तखत व दर्शन से पैसा न जुटाओ।
23. पेशेवर अपराधियों से दूर रहो।
24. छुआछूत व नशे से दूर रहो।
25. पुलिस के सामने से आत्मविश्वास से निकल जाओ वह जान नहीं सकती।
26. भेस बदलकर चकमा दो।
27. गद्दारी और युद्ध के लिए हमेशा तैयार रहो।
28. वरिष्ठ नेताओं (श्री गणेशशंकर विद्यार्थी और पंडित मोतीलाल नेहरू आदि) की सलाह मानो।
29. किसी भी शहर में एक अड्डा ऐसा रखो जो किसी को पता न हो।
30. नये सदस्य से कभी सीधे न मिलो।
31. पुराने क्रान्तिकारियों और शहीदों में श्रद्धा रखो।
32. हर विचारधारा के लोगों से सम्पर्क बनाकर रखो।
33. विश्वस्त परिवारों में चूल्हे तक पैठ बनाकर रखो।
34. यथासम्भव प्रेस व प्रोपेगैंडा का प्रयोग करो।
35. सत्याग्रहियों का साथ दो। विरोध करनेवालों को सजा दो।
36. धन उधार लिया है, तो चुकता करो।
37. ट्रेन पर चलते समय चढ़ो, तीसरे डिब्बे में यात्रा करो।
38. यदि किसी की विचारधारा में विश्वास न हो तो भी व्यक्तिगत रूप से उनका सम्मान करो। जैसे—गांधी जी।
39. माता-पिता के प्रति सम्मान का भाव रखो। पर आपके कारण उन पर आँच न आए।
40. जाति-पाँति की संकीर्णताओं से ऊपर उठो।
41. शारीरिक श्रम से दूर मत भागो।
42. साम्प्रदायिक विभेद की संकीर्णता से परे रहो।
43. राष्ट्र के गौरव के लिए प्राण हथेली पर लेकर चलो।
44. किसी भी साथी का जीवन अनायास खतरे में न डालो।
45. गुस्से पर हर हाल में नियंत्रण रखो। गुस्से में ऐसा कुछ न करो जिससे बाद में पछताना पड़े।
46. बराबर किसी से गुस्सा न रहो। व्यक्ति की मजबूरी को समझो।

47. किसी भी तरह हथियार प्राप्त करो, उनकी साफ-सफाई देखभाल करो। हथियार की खुद से भी ज्यादा सुरक्षा करो।
48. बच्चों से कामभर ही मेल-जोल रखो।
49. संकट की घड़ी में शान्तचित्त व ठंडे तर्क से काम लो।
50. जिस आहार, पुस्तक, चित्र आदि से यौन दुर्बलता उभड़े उससे दूर रहो।

इन बिन्दुओं में ही चन्द्रशेखर आज़ाद का पूरा क्रान्तिकारी जीवन सिमटा हुआ है। प्रत्येक बिन्दु पर कई-कई उदाहरण उनके मित्रों के संस्मरणों में मिल जाते हैं। आज़ाद के जीवन के अन्त तक एक बात स्पष्ट थी कि वे किसी व्यक्ति, स्थान, विचार से बँधकर नहीं रहे। सिर्फ देश की आज़ादी के लिए जिए, उसी के लिए मरे।

चन्द्रशेखर आज़ाद के विचारों का क्रमिक विकास हुआ। जिस भाबरा में उनका जन्म हुआ, वहाँ चारों तरफ वन प्रान्त था। गरीब किसान थे, उन्होंने आपसी लड़ाइयाँ, शिकार, गरीबी और रियासत के शोषण को देखा और महसूस किया। बम्बई में मजदूरों के जीवन को देखा, भोगा और महसूस किया। दुबारा झाँसी की नई बस्ती में रहते समय भी मजदूरों का जीवन निकट से देखा। लेकिन राजनीतिक फिर क्रान्तिकारी चेतना का उद्भव काशी में हुआ। क्रान्तिकारी के लिए जरूरी गुण-अन्याय के प्रति गुस्सा, ईमानदारी, मिलनसारिता, गोपनीयता, पराक्रम, संगठन क्षमता पैदाइशी थी, लेकिन उसका विकास काशी में हुआ। इस प्रकार 15-16 साल की आयु में चेतना का उदय होने पर आज़ाद 1920-21 में सर्वप्रथम गांधी के असहयोग आन्दोलन की विचारधारा से प्रभावित रहे। असहयोग से मोहभंग होने पर वे पहले अनुशीलन समिति की बनारस शाखा से जुड़े जो 1924 में 'हिन्दुस्तान रिपब्लिकन आर्मी' के नाम से जानी गई। इसके घोषणा-पत्र के सम्पर्क में पीले पर्चे की विचारधारा को स्वीकार किया। 16-18 साल की आयु तक वे इस विचारधारा से जुड़े रहे। काकोरी के बाद करीब तीन वर्ष फरारी का वास्तव्य काल था। फरारी में निशानेबाजी व ड्राइविंग का गुण सीखा। 1928 से 1931 तक समाजवाद के प्रभाव में रहे।

इस प्रकार अति संक्षेप में पहले असहयोग, फिर धर्मनिष्ठ क्रान्ति और अन्त में समाजवादी क्रान्ति, यही चन्द्रशेखर की विचारधारा का उद्भव और विकास का क्रम है। जीवन की संध्या बेला में चन्द्रशेखर आज़ाद जहाँ नेहरू जी के मशविरे पर मार्क्सवाद और संगठन चलाने का प्रशिक्षण लेने के लिए श्री यशपाल और सुरेन्द्रनाथ पांडेय को रूस भेज रहे हैं, वहीं स्वयं श्री विश्वनाथ वैशम्पायन के साथ बम्बई जाना चाहते हैं और वहाँ वीर सावरकर तथा बाबा सावरकर के साथ जुड़कर राष्ट्रहित में संघर्ष करना चाहते हैं। क्या बम्बई जाने का संकल्प मात्र केन्द्र का परिवर्तन था अथवा आज़ाद की विचारधारा में भी कुछ बदलाव आ रहा था, यह अधिक गहन शोध का विषय है।

सन्दर्भ

1. 'मास्टर रुद्रनारायण', पंडित बनारसीदास चतुर्वेदी, 'नर्मदा', आज़ाद अंक, पृ. 88
2. वही, विश्वनाथ वैशम्पायन, पृ. 44
3. 'यश की धरोहर', भगवानदास माहौर, पृ. 55-56

4. वही, सदगुरु दयाल अवस्थी, पृ. 212
5. वही, भगवानदास माहौर, पृ. 79
6. वही, मन्मथनाथ गुप्त, पृ. 101-102
7. 'सिंहावलोकन', आज़ाद अंक, यशपाल, पृ. 75
8. 'संस्मृतियाँ', शिववर्मा, पृ. 62
9. 'जखीरे में शहादत', सं. सुधीर विद्यार्थी, पृ. 120-121
10. 'हिस्ट्री ऑफ नौजवान भारत सभा', कामरेड रामचन्द्र, पृ. 52
11. 'सिंहावलोकन', 'विप्लव', आज़ाद अंक, पृ. 76
12. वही, 'सिंहावलोकन', पृ. 390-391, खंड-3, 'नर्मदा', आज़ाद अंक, पृ. 48
13. वही, यशपाल, 'नर्मदा' आज़ाद अंक, पृ. 47
14. वही, भगवानदास माहौर, पृ. 80
15. 'चन्द्रशेखर आज़ाद', श्रीमती सुशीला देवी, नर्मदा अंक, पृ. 103
16. 'दीदी सुशीला मोहन', सत्यदेव विद्यालंकार, पृ. 69
17. दुर्गा देवी, 'भैया आज़ाद', 'नर्मदा', आज़ाद अंक, पृ. 30
18. 'मेरे भाई सुखदेव', मथुरादास थापर, 'कम्प्लीट ट्रिब्यूनल प्रोसिडिंग्स ऑफ लाहौर केस', पृ. 182
19. 'आज़ाद के संस्मरण', 'नर्मदा', आज़ाद अंक, विश्वनाथ वैशम्पायन, पृ. 45
20. वही, श्री विश्वनाथ वैशम्पायन, 'नर्मदा', आज़ाद अंक, पृ. 43
21. 'चन्द्रशेखर आज़ाद : जवानी के दिन', सुरेन्द्र शर्मा, 'नर्मदा' आज़ाद अंक, पृ. 112-113
22. वही, सुरेन्द्र शर्मा, 'नर्मदा', आज़ाद अंक, पृ. 125
23. 'दीदी की आपबीती', बनारसीदास चतुर्वेदी, 'दीदी सुशीला मोहन', सत्यदेव विद्यालंकार, पृ. 303-304
24. कैलाशपति का बयान, पृ. 49
25. 'व्यक्तिगत पत्रावली', चन्द्रशेखर आज़ाद
26. 'व्यक्तिगत पत्रावली', चन्द्रशेखर आज़ाद, एस.पी. (स्पेशल ड्यूटी) द्वारा डिप्टी कमिश्नर को भेजा पत्र, 28.07.1930
27. मूवमेंट रिपोर्ट, 'व्यक्तिगत पत्रावली', चन्द्रशेखर आज़ाद, 9 जनवरी, 1931
28. मौखिक इतिहास इंटरव्यू, दुर्गा देवी वोहरा, श्यामलाल मनचन्दा, पृ. 35-36
29. 'आज़ाद क्या थे?', पी.वी., 'विप्लव' आज़ाद अंक, पृ. 17
30. वही, भगवानदास माहौर, पृ. 60-64
31. वही, विश्वनाथ वैशम्पायन, 'नर्मदा', आज़ाद अंक, पृ. 45
32. वही, भगवानदास माहौर, पृ. 52
33. वही, सुरेन्द्र शर्मा, 'नर्मदा' अंक, पृ. 123
34. 'संस्मृतियाँ', शिववर्मा, पृ. 71
35. वही, विश्वनाथ वैशम्पायन, पृ. 171
36. मनोहरलाल त्रिवेदी, 'नर्मदा', आज़ाद अंक, पृ. 20
37. प्यारेलाल अग्रवाल, 'विप्लव', आज़ाद अंक पृ. 61
38. 'आज़ाद का बमबाद', सुखदेवराज, 'विप्लव', नवम्बर, 1938, पृ. 53-54
39. 'सेनापति आज़ाद', का. काशीराम, आज़ाद अंक, 'विप्लव', पृ. 35-36
40. 'बमबाद और आज़ाद', सुखदेवराज महेन्द्रा, 'विप्लव', आज़ाद अंक, पृ. 40
41. 'सिंहावलोकन', यशपाल, आज़ाद अंक, 'विप्लव', पृ. 72-81
42. 'सिंहावलोकन', खंड-3, यशपाल, पृ. 390

43. 'सेनापति आज़ाद', इन्द्रपाल, 'विप्लव', फरवरी, 1940, पृ. 41
44. 'मोटे भैया', प्रकाश पाल, आज़ाद अंक, 'विप्लव', पृ. 20
45. वही, श्री भगवानदास माहौर, पृ. 77-78
46. 'तिवारी श्री चन्द्रशेखर आज़ाद', शिवदयाल दीक्षित, 'नर्मदा', आज़ाद अंक, पृ. 94
47. वही, सुरेन्द्र शर्मा, नर्मदा आज़ाद अंक, पृ. 120-21
48. 'चन्द्रशेखर आज़ाद के संस्मरण', मन्मथनाथ गुप्त, आज़ाद अंक, 'नर्मदा', पृ. 131
49. 'संस्मृतियाँ', शिववर्मा, पृ. 71
50. 'अमर शहीद चन्द्रशेखर आज़ाद', श्री विश्वनाथ वैशम्पायन, पृ. 58-59
51. वही, सुखदेवराज, 'विप्लव', नवम्बर, 1938,. पृ. 52-54
52. 'चन्द्रशेखर आज़ाद की विचारधारा', मन्मथनाथ गुप्त, आज़ाद अंक, 'विप्लव', पृ. 41-44
53. 'आज़ाद क्या थे?', श्री पी.बी. (शिववर्मा), आज़ाद अंक, 'विप्लव', पृ. 17-18
54. वही, प्रकाश पाल, पृ. 19-20
55. वही, काशीराम, आज़ाद अंक, 'विप्लव', पृ. 34-40
56. 'आज़ाद और उनकी पार्टी', श्री जय, आज़ाद अंक, 'विप्लव', पृ. 58
57. वही, यशपाल, आज़ाद अंक, 'विप्लव' पृ. 72-81
58. 'सम्पादकीय टिप्पणियाँ', आज़ाद अंक, 'विप्लव', पृ. 7-8
59. 'सिंहावलोकन', यशपाल खंड-3, पृ. 392
60. वही, इन्द्रपाल, 'विप्लव', आज़ाद अंक, पृ. 40-46
61. 'टेरर एंड द सी.आई.डी', 'नो टेन कमांडेंट', एस.टी. हॉलिन्स, पृ. 261
62. वही, भगवानदास माहौर, पृ. 44-82
63. वही, शिववर्मा, पृ. 54-79
64. वही, वैशम्पायन, पृ. 30-31, 48, 57-58, 79, 103, 115, 126, 139, 148, 150, 151, 158, 159, 163, 169, 170, 184
65. वही, सुरेन्द्र शर्मा, 'नर्मदा', आज़ाद अंक, पृ. 119
66. 'एच.एस.आर.ए. का घोषणा-पत्र—टेररिज्म इन इंडिया', मिस्टर हेल, पृ. 208-211
67. वही, बम का दर्शन, मूल अंश, हेल, पृ. 199-208
68. वही, 'द रिवॉल्यूशनरी', पीला पर्चा, हेल, पृ. 191-195
69. 'हिन्दुस्तान सोशलिस्ट रिपब्लिकन एसोसिएशन : आदर्श और विचार', विजयकुमार सिन्हा, 'दीदी सुशीला मोहन', सत्यदेव विद्यालंकार, पृ. 226-237
70. 'क्रान्तिकारी जीवन दर्शन', बटुकेश्वर दत्त, वही, सत्यदेव विद्यालंकार, पृ. 219-225
71. 'प्रथम सूचना रिपोर्ट व आरोप पत्र', 'कम्प्लीट ट्रिब्यूनल प्रोसीडिंग्स', मलविन्दर सिंह वढैच, पृ. 36-39

आज़ाद के पत्र

चन्द्रशेखर आज़ाद के हस्तलेख में हमें मात्र एक पत्र प्राप्त है। किन्तु विभिन्न स्रोंतो से उनके द्वारा लिखित तीन अन्य पत्रों के नमूने देखने को मिले हैं। इन पत्रों को क्रमवार यहाँ प्रस्तुत किया जा रहा है।

पत्र-1

सम्पादक
आज, बनारस

श्रीमान—

आज 22 जनवरी, 1922 को हम चार लोग चमरौटिया (इलाका कोतवाली) में एक शराब की दुकान पर पिकेटिंग करने गए थे। एक पुलिसवाला वहाँ लाठी के साथ आया और हमसे वहाँ से चले जाने के लिए कहा, जब आज़ाद, श्री विश्वनाथ शर्मा, श्री गोकुल दास और श्री ज्ञानचन्द्र कुछ लोगों से बात करने की कोशिश कर रहे थे और जब हम लोग एक व्यक्ति को समझाने का प्रयास कर रहे थे कि मत पियो, उसने शिकायत की, 'सिपाही साहब यह आदमी मुझे भीतर जाने से रोक रहा है' भाई ज्ञानचन्द्र उसे एक तरफ ले जाकर परामर्श देने की कोशिश कर रहे थे। इसी बीच दो दफेदार, अन्य पुलिसवालों के साथ लाठियाँ भाँजते पहुँचे और श्री ज्ञानचन्द्र तथा श्री गोकुलदास को एक तरफ धकेलते हुए उन्हें पीटा। तीन पुलिसवाले श्री विश्वनाथ और आज़ाद को स्टोर के पास से घसीटकर दूर ले गए। जब श्री विश्वनाथ शर्मा ने उससे तर्क करने की कोशिश की तो एक दफेदार ने उन्हें धकेल दिया और हमें काशीपुरा चौमुहानी तक घसीटकर ले आया, वह पूरे रास्ते हमें गालियाँ देता रहा और अपमानित करता रहा। हम उन्हें सिर्फ शराब छोड़ देने के लिए समझाने की कोशिश कर रहे थे। पुलिस की सेवा से इस्तीफा देने और असहयोग आन्दोलन में स्वयंसेवक की तरह नाम दर्ज कराने के लिए समझा रहे थे। लेकिन दफेदार अपने डंडे से हमें पीटता रहा, जब तक वहाँ रहा गन्दी बातें कहता रहा। श्री ज्ञानचन्द्र ने उसे कृपापूर्वक आशीर्वाद दिया।

बनारस
22.01.1922

आपके आज्ञाकारी
श्री विश्वनाथ शर्मा विशारद
आज़ाद, गोकुलदास, ज्ञानचन्द्र

नोट : श्री विश्वनाथ शर्मा, उन दिनों काशी विद्यापीठ के सचिव थे। उनसे 'अजेय' पुस्तक लिखे जाते समय बाबू कृष्णमूर्ति ने बनारस में भेंट की। यह पत्र उसी समय श्री विश्वनाथ शर्मा ने बाबू कृष्णमूर्ति को दिखाया था। इसका अंग्रेजी अनुवाद 'आज़ाद द इन्विन्सीबल' के पृष्ठ 63-64 पर उपलब्ध है। यह पत्र 'आज' अखबार में छपने के लिए भेजा गया था और आज़ाद की पहली गिरफ्तारी (24 दिसम्बर, 1921) के करीब एक महीना बाद का है। यह 26 जनवरी, 1922 के 'आज' में छपा।

पत्र-2

"श्रीमान मंत्री साहब, नगर कांग्रेस कमेटी बनारस। आपके यहाँ से जो धोती व लँगोट दिये गए थे, वे कपड़े जिला जेल बनारस में मुंशी हरनारायण लाल, जिला बस्ती, तहसील बाँसी को दे दिया गया।

09.09.22 आज़ाद

नोट : आज़ाद के हस्तलेख में प्राप्त यह एकमात्र पत्र का नमूना है। यह नगर कांग्रेस कमेटी, बनारस के तत्कालीन मंत्री श्री शिवविनायक मिश्र के पास भेजा गया था जो उनके परिजनों के पास था। सन् 1974 में जब श्री मिश्र के पुत्र त्रय ने आज़ाद का अस्थि-कलश श्री कुलतार सिंह को सौंपा उसी समय यह मूल पत्र भी उन्हें दे दिया। यह पत्र वर्तमान में राजकीय अभिलेखागार, लखनऊ में संरक्षित है तथा इंटरनेट पर उपलब्ध है। इसकी प्रतियाँ विभिन्न संग्रहालयों में मौजूद हैं। लोग प्राय: पत्र में आए कपड़ों का अर्थ पिस्तौल-गोली के लिए प्रयुक्त कोड भाषा समझते हैं, जो भ्रामक है। 30 मई, 1922 को आज़ाद बड़ेगाँव में व्याख्यान देने और नोटिस बाँटने के क्रम में पकड़े गए तथा उन पर रु. 20 का जुर्माना किया गया। 1 सितम्बर, 1922 को ज्ञानवापी के मैदान में उन्हें सार्वजनिक रूप से सम्मानित किया गया। वे तब तक कांग्रेसी थे। यह पत्र इसके एक सप्ताह बाद का है। श्री शचीन्द्रनाथ बख्शी की जीवनी से स्पष्ट है कि बनारस में 'अनुशीलन समिति' जनवरी, 1923 में आई थी, अत: यहाँ धोती-लँगोट का सामान्य अर्थ ही है।

पत्र-3

आदरणीय अम्माँ जी
सादर चरण स्पर्श!

चुपचाप चल देने की गुस्ताखी के लिए माफी चाहता हूँ। आपने मेरा प्रस्ताव नहीं मंजूर किया, आपकी मर्जी पर अब आपकी नहीं, आपके बेटे की मर्जी चलेगी। इस पत्र के साथ छोड़े रुपयों से जितनी जल्दी हो सके, मेरी बहन की शादी कर देना। चाहता तो मैं भी हूँ कि उस मौके पर बहन के पास रहूँ, पर क्या पता, कहाँ रहूँ? पर अम्माँ एक फरार भाई, अपनी बहन के लिए और क्या कर सकता है। किस्मत में हुआ तो कभी बहनोई साहब से भी मिल लूँगा और बहन को भी आशीष दे जाऊँगा। अभी तो मैं जा रहा हूँ।

बहन को शुभाशीष कहना।

आपका बेटा
चन्द्रशेखर

नोट : इस पत्र को प्रकाशन विभाग की पुस्तक 'याद कर लेना कभी शहीदों के खत' में संकलित किया गया है। इसमें तिथि नहीं है, आज़ाद की जगह चन्द्रशेखर लिखा है, इससे इस पत्र की वास्तविकता की जाँच की जानी चाहिए। यह पत्र उस समय का बताया जाता है जब फरारी में आज़ाद रात के समय किसी बूढ़ी महिला के घर रुके, जिसकी वय प्राप्त कन्या का विवाह पैसे के अभाव में नहीं हो पा रहा था। यह स्थिति जानकर पत्र के साथ धन छोड़कर वे चले गए थे। 'क्रान्तिकारी आन्दोलन के कुछ अधखुले पन्ने' में श्री धर्मेन्द्र गौड़ ने इसी घटना को 'रात का मेहमान' नाम से कहानी बना दिया है। समय फरवरी, 1930 का प्रथम सप्ताह, स्थान लाटूश रोड के इर्द-गिर्द कहीं और बुढ़िया की पुत्री का नाम 'कल्पना' दिया है। आज़ाद के पास देहरादून से बनारस के टिकट व सी.आई.डी. से बचने के लिए साहब-बहादुर का वेश धारण करना बताया है।

पत्र-4

मेरे प्रिय

आपके लिफाफे ने मुझे थोड़ा हैरान किया। एक पल तो मैंने सोचा कि मैं इसे खोलूँगा ही नहीं और इसके लिखनेवाले को वापस भेज दूँगा, क्योंकि मेरे पास इतना बड़ा दिल नहीं है। दूसरे मैं आपकी हस्तलिपि को नहीं पहचानता, क्योंकि आपके पत्र बहुत कम ही आते हैं, इसलिए इसे खोलते समय मुझे कुछ जिज्ञासा भी हो रही थी। जब से हम लोग एक दूसरे से परिचित हुए तब से शायद यह दूसरा पत्र है जो आपने मुझे लिखा है। इसीलिए मैं आपकी हैंड राइटिंग को पहचान नहीं पा रहा हूँ। लेकिन मैं मुतमईन हूँ कि मैं आपके अन्दर के दिल को महसूस कर रहा हूँ। इसे आप जो भी चाहे कहें। मेरे दिमाग में जो पहली चीज या तथ्य पैदा हुआ, वह उस कारण और परिस्थितियों को समझ पाना था जिसके तहत आपने भावुक होकर मुझे यह पत्र लिखा और तब मुझे अतीव आनन्द मिला इसका पता खुद आपके पत्र से चलता है। एक चीज जो मैं इशारा करना चाहता हूँ वह यह है कि आपकी अंग्रेजी विशेष अच्छी हो गई है, हालाँकि यह कहने का मुझे अधिकार नहीं है। मुझे अंग्रेजी में बहुत से पत्र मिलते हैं, लेकिन आपवाला थोड़ा विचित्र था, इसे अन्यथा मत लेना। अपनी साफ बयानी के लिए माफी चाहता हूँ।...पत्र विलम्ब से आया जबकि ...या निमंत्रण। यह उस वक्त नहीं आया जब मैं...भीख माँग रहा था, अपने कपड़े बेंच रहा था और हर तरह की मुश्किलों से गुजर रहा था तो आपकी तरफ से सहानुभूति का एक शब्द तक नहीं आया। इसलिए मैंने सोचा कि आप एक साधारण मनुष्य हैं...और आप मुझे भूल चुके होंगे हालाँकि आपने पर्याप्त रूप से अपने लिए दलील दी है...और जोर देकर कहा कि सिर्फ पत्राचार से ही प्यार का इजहार नहीं होता, फिर भी यह बेकार है। इस थोड़े से समय में मुझमें आश्चर्यजनक परिवर्तन आया

है। सही बताऊँ तो इसके लिए मैं बाध्य हूँ। आपके व आपके पत्र के बारे में अपनी लिखने की सीखी हुई शक्ति और बोलकर अपनी पूर्ण भावनाओं को व्यक्त करना मैं या तो भूल गया हूँ, या खो चुका हूँ। फिर भी मैं कोशिश करूँगा। ऐसा जान पड़ता है कि आप किसी बात से मायूस हैं। कोई प्रेम, कोई विफलता, कोई गलती या कोई पाप आपको मायूस कर रहा है। मेरी तरह आपका दिल भी थोड़ा प्यार करनेवाला है, और बुराइयों से भरी इस धरा पर प्रेम करने का प्रयोग कर रहा है। मन की वेदना और दया जो आपमें उमड़ रही थी जिससे आपका हृदय भर गया था, जिसके कारण आप अपनी भावनाओं को बाहर निकलने का रास्ता चाह रहे थे, जिसने आपको मुझे पत्र लिखने और याद करने के लिए प्रेरित किया। यदि परिस्थितियाँ ऐसी न होतीं तो मैं यह कहने की जुर्रत कर रहा हूँ तो आपको मेरा खयाल न आता। कृपया मेरे शब्दों से अपमानित या पीड़ा या क्षमा न महसूस करें, नहीं...क्योंकि...इन अनुभवों के द्वारा...पारदर्शी मनुष्य। आपने लिखा कि आपका...बरसाए और हाथ काँप गया। मैं...कि यह कविता नहीं हो सकती। इसे होने दें, ठीक है। शायद आप बीते हुए कल की मिठास के बारे में सोच रहे हैं, क्योंकि इससे आपको राहत मिलती है, लेकिन मेरे पास इसे सोचने का समय नहीं है। मैं इसे भूल चुका हूँ और आपको बता दूँ कि मैं आपको भी भूल चुका हूँ। आपकी तरफ से कुछ आएगा इस पर सोचते रहने और इसका इन्तजार करने के बाद मैं स्वयं भूल गया, सभी लोग...हाँ चन्द्र भी। उनकी यादें दफन हैं...मैंने इसे दफन कर दिया... अपनी चाहतों, आशाओं और महत्त्वाकांक्षाओं की राख के नीचे।

मेरे हृदय के खँडहरों में एक तुर्बत है जो इन राखों से ढकी हुई है, और यह उसकी याद है। यहाँ मैं एक मजदूर हूँ और भारतीय मजदूर के पास किसी अन्य चीज के बारे में सोचने का समय नहीं होता, सिवाय अपनी रोटी और कर्तव्य के। मैं भी यहीं हूँ। शायद आप मुझे माफ़ करोगे क्योंकि मैं इसका पात्र हूँ। आपने मुझसे पूछा है कि क्या पत्र लिखना ही प्यार का इजहार करने का एकमात्र तरीका है। मैं कहता हूँ कभी-कभी ऐसा ही है। प्रेम से जुड़े दो दिल दोनों को आपस में जोड़नेवाले किसी संवाद के सामान के बिना अलग-अलग नहीं रह सकते। अब मैं पूर्णतः व शुद्ध स्वीकार्य नहीं रह गया हूँ। कहना कि आप मुझे समझते हैं, मेरे दिल का अपमान करना है। मुझे लगता है आप अपने दिल को लेकर अत्यन्त पक्षपाती हैं। यदि अपने दिल का इतना खयाल रखते हैं तो आपको दूसरों का भी इतना ही खयाल रखना चाहिए। दूसरे मैंने आप पर बिलकुल भी आरोप नहीं लगाया है। मुझे सूचना मिली थी कि आप उदासीन थे। आप मेरे विदा होते समय लिए गए निर्णय कि हम साथ काम करेंगे को भूल गए। मैंने निष्कर्ष निकाला कि आप शायद इसमें पड़ने से डर रहे थे...हमारे लिए झंझट होती। वास्तव में मैं आप पर जो आरोप लगा सकता हूँ, आप उससे भाग नहीं सकते...हालाँकि वैध रूप से नहीं... आप अकेले साधनसम्पन्न व्यक्ति थे, और यह आपका कर्तव्य था कि ऐसे दूर देश में आप मेरे खाने-पीने का ध्यान रखते। आप बाबा के साथ संवाद रख सकते थे और मुझे उस भयावह मुश्किलों से बचा सकते थे, जिनसे मुझे गुजरना पड़ा। लेकिन मैंने किसी से भी अपने पत्रों के द्वारा इस बात की फुसफुसाकर भी चर्चा नहीं की। जब मुझे हमारे दोस्तों व खुद मेरे बारे में आपकी असमय विवेकशीलता को समझने का मौका

मिला, तो एक पल लालच आया कि आपकी आत्मा के लिए अपील लिखूँ, लेकिन यह विचार बेकार समझकर बाद में मैंने छोड़ दिया। मुझे अब यह देखकर खुशी हो रही है कि आपने इस प्रकार इसमें अपना इच्छित कारण बताकर बड़े दिल का परिचय दिया है। ठीक है, आपने मेरी भारी प्रशंसा की है, जिसका मैं पात्र नहीं हूँ, मैं वह बेचारा हूँ जिसे आपसे पत्राचार के द्वारा मित्रता रखने में गर्व हो रहा है या होगा...आपके लिखने के हिसाब से मैं व्यावहारिक रूप से फरार व्यक्ति हूँ और मेरी जिन्दगी हालाँकि काफी छोटी है, लेकिन इस तरह के अनुभवों का संग्रह है। मैं उन तमाम लोगों के नाम का वर्णन नहीं करना चाहता, जिन्हें आप पहले से जानते हैं, जिन्होंने मेरे नाजुक और खास संवेदनशील हृदय पर चोटें कर-करके उसे वीरान बनाया है। आपने अपने पत्र में कई बार मुझे 'प्रिय' कहकर सम्बोधित किया है। मुझे आशा है कि आप इसका अर्थ और प्रयोग समझते हैं। अन्त में आपने लिखा है कि अभी तक आपको अपने कृत्यों के प्रति समझ नहीं है और किंकर्तव्यविमूढ़ हैं, इसे पढ़कर मुझे भारी आश्चर्य हुआ है। एक इनसान जो अपने मित्रों और देश में इतना प्रिय है वह इस बुरी तरह तिलमिलाया हुआ है तो भगवान भला करें, उनका क्या होगा, जो इसकी ठीक विपरीत दशा में हैं। आपने मुझसे पूछा कि आपको क्या करना चाहिए?...

नोट:—यह पत्र ठाकुर विशेश्वर सिंह, डिप्टी एस.पी. की 13.12.1929 की डायरी में उद्धृत है। वह 12.10.29 को ग्वालियर गया था, सागर सिंह से मिलने। उस दिन मुलाकात नहीं हुई। सागर पुलिस का मुखबिर था। उससे भानप्रताप ने कुछ रुपया उधार लिया था, माँगने पर दे नहीं रहा था। इसलिए वह भानप्रताप पर मुकदमा करना चाह रहा था। यह पत्र आज़ाद ने भानप्रताप को लिखा था। पेंसिल से अपनी हैंडराइटिंग में इसकी नकल उतार कर सागर ने विशेश्वर सिंह को दिखाया था। भानप्रताप सागर पर भरोसा नहीं कर पा रहा था। उसने यह नकल विशेश्वर को दी नहीं, बल्कि कहा कि मैं इसे भानप्रताप को डराने के लिए अपने पास रखूँगा। ठा. विशेश्वर सिंह ने पत्र के बारे में अपनी टिप्पणी जोड़ी, "उसने मुझे इसकी नकल करने दिया। यह बहुत बुरी तरह लिखा था, लेकिन सागर के सहयोग से मैंने इसकी नकल की। पत्र के अन्त की पंक्तियाँ पढ़ने में नहीं आ रही थीं, अत: छोड़ दी गई। यह पत्र आज़ाद का है, उन दिनों उन्हें पैसों की भारी जरूरत है। पत्र में आए 'बाबा' का पता नहीं कौन है। आज़ाद भानप्रताप को प्रोपेगैंडा चलाने के लिए भी प्रेरित कर रहे हैं। यह पत्र सम्भवत: 1929 में दिसम्बर के कुछ माह पूर्व लिखा गया था।"

भानप्रताप सिंह मूलत: उरई के रहनेवाले थे। उन पर लगातार निगरानी रखने के सम्बन्ध में फाइल में अनेक पत्र मिलते हैं। 'हू इज हू' के अनुसार, "भानप्रताप सिंह उर्फ विरक्त जी उर्फ स्वामी जी मूलत: जालौन में पुर बिनौरा के रहनेवाले थे। वे एक छोटे जमींदार के पुत्र थे। उन्होंने ग्वालियर में मुरार हाईस्कूल तथा विक्टोरिया कॉलेज, लश्कर (ग्वालियर) से शिक्षा ली। वे रुद्रनारायण के प्रभाव में एच.एस.आर.ए. में शामिल हुए थे। 1930-31 में दो बार पकड़े गए, लेकिन साक्ष्यों के अभाव में उन्हें छोड़ दिया गया। बाद में बी.एच.यू. से एल.एल.बी. किया।"

जब चन्द्रशेखर आज़ाद ने पुलिस की बढ़ती सक्रियता के कारण झाँसी छोड़ा तो

ग्वालियर चले गए। वहाँ उन्हें विषम आर्थिक परिस्थितियों से गुजरना पड़ा। भानप्रताप सिंह से उन्हें मदद की अपेक्षा थी जो उस समय नहीं मिल पाई थी। श्री विश्वनाथ वैशम्पायन ने अपने संस्मरण में लिखा है कि पैसों के अभाव में वहाँ कई बार बेसन पकाकर खाकर रहना पड़ता था। उन्हीं मुश्किल भरे दिनों में यह पत्र लिखा गया है। पत्र मूलत: अंग्रेजी में होने से प्रबल सम्भावना है कि इसे आज़ाद की तरफ से श्री वैशम्पायन ने लिखा हो। रिक्त स्थानों के शब्द विशेश्वर सिंह के द्वारा पढ़े न जा सके। लेकिन यह पत्र इस बात का अच्छा नमूना है कि आज़ाद दल से सहानुभूति रखनेवालों के साथ किस कदर कूटनीतिक भाषा का व्यवहार किया करते थे। यहाँ यह भी स्पष्ट करना आवश्यक है कि पत्र में वर्णित जिस 'बाबा' की पहचान ठाकुर विशेश्वर सिंह, डिप्टी एस.पी. III नहीं कर पाए थे, वह श्री वैशम्पायन की उर्फियत है। वैशम्पायन की व्यक्तिगत पत्रावली के हिस्ट्री नोट में उनकी अनेक उर्फियत दी गई हैं, जैसे—रघुनाथ एम., बावा, बच्चन, बिस्सा आदि। अत: आज़ाद ने भानप्रताप सिंह को बच्चन के सम्पर्क में रहने के लिए कहा है। भानप्रताप सिंह को कानपुर में ठाकुर विशेश्वर सिंह ने 02.12.1930 को गिरफ्तार किया था।

चन्द्रशेखर आज़ाद : शेष स्मृतियाँ

1. असहयोगी के रूप में आज़ाद की एकमात्र तसवीर 1922 में ली गई थी। चरखे के साथ। यह तसवीर 16 साल के अवस्था की है। इसे बनारस में लिया गया था। श्री शिवविनायक मिश्र के अनुसार यह 01 सितम्बर, 1922 को ली गई थी। वर्तमान में यह तसवीर मूल रूप में मिश्र जी के प्रपौत्र श्री सतीश मिश्र के पास खोजवा, वाराणसी स्थित मकान में सुरक्षित है।
2. मूँछों पर ताव देते हुए और स्त्री व बच्चों के साथ की तसवीर वस्तुतः मास्टर रुद्रनारायण की पत्नी व बच्चों के साथ ली गई है। इन तसवीरों का काल पता नहीं है। किन्तु श्री विश्वनाथ वैशम्पायन को बताए जाने तथा तसवीर में आज़ाद के हुलिए से जाहिर होता है कि यह 1927-28 के किसी माह में ली गई है। यह तसवीर झाँसी में मास्टर रुद्रनारायण के घर ली गई थी और वर्तमान में उनके प्रपौत्र श्री मुकेश सक्सेना के पास सुरक्षित है।
3. शहादत के उपरान्त पेड़ के सहारे बैठी अवस्था में सी.आई.डी. ने शिनाख्त के उद्देश्य से दो तसवीरें ली थीं जो आज़ाद की 'व्यक्तिगत पत्रावली' (अभिसूचना कार्यालय, गोखले मार्ग) में मौजूद हैं। ये तसवीरें नेट पर भी उपलब्ध हैं। शहादत के बाद लेटी हुई तसवीर का स्रोत अज्ञात है। सम्भवतः यह प्रेस व सी.आई.डी. दोनों के द्वारा ली गई होगी। यह 'लीडर' में प्रकाशित हुई थी।
4. 'द लीडर' में 1 मार्च व 2 मार्च, 1931 को आज़ाद की कुल 06 तसवीरें छपी थीं। इनमें पार्क के वे पेड़ भी दर्शनीय हैं, जहाँ से ओट लेकर गोलीबारी हुई थी। पोस्टमॉर्टम हाउस से आज़ाद की पूत देह को निकालते समय की तसवीर, वहाँ ड्यूटी पर लगे कर्मियों की तस्वीर प्रकाशित हैं।
5. 'द पायनियर' में भी शहादत के बाद की घटनास्थल की कुल तीन तसवीरें छपी मिलती हैं।
6. श्री नारायणप्रसाद अरोड़ा के घर पर छूटी आज़ाद की टोपी वर्तमान में तिलक हॉल, कानपुर में रखी है।
7. जिस पिस्टल से लड़ते हुए आज़ाद शहीद हुए वह इलाहाबाद संग्रहालय में प्रदर्शित है।
8. चन्द्रशेखर आज़ाद की थोड़ी सी अस्थियों के साथ अस्थि-कलश लखनऊ संग्रहालय में प्रदर्शित है।

9. आज़ाद के हस्तलेख वाला इकलौता पत्र राजकीय अभिलेखागार, लखनऊ में संरक्षित है।
10. शहादत के पश्चात दर्ज मुकदमे का सार थाना कर्नलगंज के रजिस्टर नं. 8 में दर्ज देखा जा सकता है।

धर्मेन्द्र गौड़ की समीक्षा

'आज़ाद की पिस्तौल और गद्दार साथी'

चन्द्रशेखर आज़ाद के सच्चे इतिहास लेखन को जिन पुस्तकों ने सर्वाधिक विकृत किया है, उनमें एक नाम धर्मेन्द्र गौड़ की पुस्तक, 'आज़ाद की पिस्तौल और उनके गद्दार साथी' का है। इस पुस्तक में आए तथ्यों की इतिहाससम्मत समीक्षा आज़ाद की वास्तविक जीवनी लेखन के लिए आवश्यक है। यहाँ अत्यन्त संक्षेप में धर्मेन्द्र गौड़ द्वारा प्रस्तुत विकृतियों की समीक्षा की जा रही है—

1. वीरभद्र को धर्मेन्द्र गौड़ ने आज़ाद का दूर का रिश्तेदार बताया है (पृष्ठ 14) लेकिन आज़ाद के परिवार को निकट से जाननेवाले श्री मनोहरलाल त्रिवेदी या कानपुर के किसी साथी ने इसका समर्थन नहीं किया है।
2. धर्मेन्द्र गौड़ के अनुसार, 'इंस्पेक्टर शम्भुनाथ आज़ाद के साथ पुलिस से हुए अन्तिम संघर्ष में शामिल था। (पृष्ठ 18-19) जबकि तत्कालीन 'द लीडर', 'द पायनियर', 'अभ्युदय', 'भविष्य', 'आज' में प्रकाशित खबरों, अभिसूचना की फाइलों तथा 'लंदन गजट' से इस संघर्ष में नॉट बावर के साथ ठाकुर विशेश्वर सिंह के ही शामिल होने का पता चलता है। पुलिस की वार्षिक प्रशासनिक रिपोर्ट, 1931 में उल्लेख है कि राय बहादुर शम्भुनाथ ने पूरे साल बहुत अच्छा कार्य किया लेकिन वह आज़ाद के अंतिम संग्राम में शामिल था यह नहीं लिखा है। ठाकुर विशेश्वर सिंह के शामिल होने, आज़ाद की गोली से घायल होने और इसी के बाद मेडिकल सर्टिफिकेट देकर नौकरी छोड़ने का स्पष्ट उल्लेख मिलता है।
3. धर्मेन्द्र गौड़ के अनुसार, "सिविल पुलिस घटनाक्रम के बहुत पहले से कमरबन्दी की हालत में थी और 40 जवान वहाँ एक साथ फायर कर रहे थे। पुलिस कप्तान मैजर्स स्वयं मौके पर मौजूद थे।" (पृष्ठ 21) जबकि तत्कालीन अखबारों व रिपोर्टों से स्पष्ट है कि सिविल पुलिस व एस.पी. आज़ाद के शहीद होने के बाद ही पहुँचे थे। "पुलिस के जवानों ने इधर-उधर कर गोली दागी" का भी कोई प्रमाण नहीं मिलता।
4. धर्मेन्द्र गौड़ के अनुसार, "सी.आई.डी. के असिस्टेंट इंस्पेक्टर जनरल ने तुरन्त दाद दी "वंडरफुल शॉट।" (पृष्ठ 22) अव्वल तो उस समय सी.आई.डी. में ऐसा कोई पद था ही नहीं। यह शब्द 1954 में एस.टी. हॉलिन्स, तत्कालीन डी.आई.जी. सी.आई.डी. ने अपने संस्मरण में लिखा है, जिसने घटना के घंटों बाद मौका मुआयना किया था।

5. धर्मेन्द्र गौड़ के अनुसार, "आज़ाद के पास 4 मैगजीनें थीं, वे 39 राउंड फायर कर चुके थे।" 'द लीडर' में प्रकाशित इन्वेस्ट रिपोर्ट के अनुसार आज़ाद के पास दो मैगजीनें थीं। मौके पर सोलह जिन्दा कारतूस, 22 चले कारतूस मिले थे।
6. धर्मेन्द्र गौड़ के अनुसार, "आज़ाद ने अन्तिम बची गोली स्वयं को मारी, माउजर से मारी और बाईं कनपटी में भिड़ाकर मारी" (पृष्ठ 23) जबकि तथ्य यह है कि आज़ाद कोल्ट से लड़ रहे थे, न कि माउजर से और गोली शहीद की बाईं नहीं दाईं ओर पेराइटल बोन पर लगी थी।
7. धर्मेन्द्र गौड़ के अनुसार, "'द लीडर' ने मुख्य पृष्ठ पर सुर्खी दी 'ए ब्रेव रिवॉल्यूशनरी गिब्स बैटिल टू द पुलिस' (पृष्ठ 23) जबकि 'द लीडर' में हेडिंग थी 'रिवॉल्यूशनरी सस्पेक्ट्स बैटल विद द सी.आई.डी.'।"
8. धर्मेन्द्र गौड़ के अनुसार, "ब्रिटिश सरकार ने आज़ाद की माउजर पिस्तौल शम्भुनाथ को उपहारस्वरूप नजर की और साथ ही डिप्टी एस.पी. का ओहदा देकर रायबहादुर का खिताब भी अता फरमाया" (पृष्ठ 23) जबकि तथ्य यह है कि शम्भुनाथ इस संघर्ष में शामिल ही नहीं था और न ही माउजर वहाँ मौजूद थी। कैलाशपति के बयान के अनुसार बहुत पहले आज़ाद ने माउजर यशपाल को दे दी थी। 28 अक्टूबर, 1930 को जब कैलाशपति पकड़ा गया और सीताराम मार्केट के मकान की तलाशी हुई तो यह माउजर पकड़ा गया था। अर्थात् जिस माउजर की गौड़ गवाही दे रहे हैं वह शहादत के चार माह पूर्व पुलिस जब्त कर चुकी थी।
9. धर्मेन्द्र गौड़ के अनुसार, "15 हजार रुपये नकद इनाम के अलावा वीरभद्र तिवारी को सरकारी खर्चे पर एक अंगरक्षक भी उसकी सुरक्षा के लिए दिया गया।" (पृष्ठ 23), ए. टू डी.आई.जी., सी.आई.डी. के एक पत्र में जो उसने शम्भुनाथ के प्रश्न के जवाब में लिखा है, आज़ाद पर इनाम की धनराशि 5000-रु. बताई है, न कि 15000/—वीरभद्र तिवारी पर तीन प्राणघातक हमले हुए लेकिन कहीं भी अंगरक्षक ने उसका न तो बचाव किया, न सामने आया।
10. धर्मेन्द्र गौड़ के अनुसार, "ब्रिटिश सम्राट जार्ज पंचम ने नॉट बावर को सर (नाइटहुड) इसी घटना के बाद दिया था। (पृष्ठ 23) 3 जून, 1931 के गजट के हिसाब से नॉट बावर व विशेश्वर सिंह को पुलिस मेडल मिला था, न कि नॉट बावर को नाइटहुड।
11. धर्मेन्द्र गौड़ के अनुसार, "आज़ाद के पास 10 राउंड फायर करनेवाली 0.32 बोर आटोमैटिक कोल्ट थी"। (पृष्ठ 25) तथ्य यह है कि कोल्ट की मैगजीन में 7 और चेम्बर में एक गोली, कुल आठ गोलियाँ लगती थीं, न कि 10।
12. धर्मेन्द्र गौड़ के अनुसार, "कोल्ट तो आजाद की शहादत के बाद कटरावाले मकान की तलाशी लेने पर बरामद हुई थी। जिसे जान नॉट बावर ने स्वयं हड़प लिया और दूसरे दिन छुट्टी लेकर लंदन भाग गया।" (पृष्ठ 25) तथ्य यह है कि आज़ाद की शहादत के बाद जिन चार जगहों की तलाशी हुई उसमें पहला रामरख सहगल का बेली में स्थित बँगला था, दूसरा रसूलाबाद में स्थित मातृ

मन्दिर संस्थान, तीसरा 'चाँद' प्रेस व चौथा 'चाँद' डिपॉट। इसकी विस्तृत रिपोर्ट 'द लीडर' में छपी है। आज़ाद किस घर में रह रहे थे, इसका पता पुलिस को कभी लगा ही नहीं। दूसरे नॉट बावर जून, 1931 में लंदन गया, मेडल लेने। तीसरे आज़ाद के क्रान्तिकारी साथी श्री रामकृष्ण खत्री ने अधिकारियों के साथ थाना कर्नलगंज के मालखाना रजिस्टर में स्वयं कोल्ट पिस्टल का ही इन्दराज देखा था। 'द लीडर' में भी 'वेल आइल्ड स्मोकलेस, यू.एस. मेड कोल्ट' का ही जिक्र है। पुलिस की वार्षिक प्रशासनिक रिपोर्ट 1930-31 में उल्लेख मिलता है कि नॉट बावर ने अक्टूबर 1931 में इंग्लैंड जाने के लिए छुट्टी ली थी और इसी समय वापस गया।

13. धर्मेन्द्र गौड़ ने यशपाल के विरुद्ध सी.आई.डी. का जो कागज छापा है तथा जिसे यशपाल ने ट्रिक फोटोग्राफी से तैयार फोर्ज्ड दस्तावेज कहा है, में मिस्टर वाल्श को 10 मार्च, 1947 को पत्र सम्बोधित है जो उस समय सेंट्रल इंटेलिजेंस अफसर थे। (पृष्ठ 40-41) वाल्श का नाम अभिसूचना की फाइलों में 1930 में आज़ाद व उनके साथियों का मूवमेंट भेजने वाले के रूप में आता है। आज़ाद की शहादत के दूसरे दिन श्री रामरख सहगल से सम्बन्धित जिन चार स्थानों की तलाशी ली गई थी उनमें मातृ मन्दिर, रसूलाबादवाली टीम का इन्चार्ज वाल्श था। पुलिस की वार्षिक प्रशासनिक रिपोर्ट 1930-31 से पता चलता है कि मिस्टर वाल्श उस समय सी.आई.डी. की विवेचना शाखा का प्रमुख था । उसे आज़ाद व उनके संगठन के सम्बन्ध में बहुत कुछ पता था। ऐसे में उसे भेजी गई सूचना सन्देह से परे नहीं जान पड़ती।

14. धर्मेन्द्र गौड़ के अनुसार, "नरेशचन्द्र मिश्र इंस्पेक्टर जनरल-पुलिस के पद से रिटायर हुए (पृष्ठ 45) जो असम्भव है। 1930 के आसपास सी.आई.डी. मुख्यालय में एन.सी. मिश्र डिप्टी एस.पी. थे। प्रान्तीय सेवा का अधिकारी डी.आई.जी. से ऊपर शायद ही जा पाता हो।

15. धर्मेन्द्र गौड़ के अनुसार सी.आई.डी. के हरे रंग के मोटे फाइल कवर पर निम्न सूचनाएँ दर्ज हैं—

    नाम—चन्द्रशेखर 'आज़ाद', उर्फ बलराज, उर्फ पंडित जी, उर्फ भैया।
    वल्दियत—सीताराम
    कौम—ब्राह्मण...(धूमिल)
    साकिन—मौजा बदरका, ...(धूमिल), जिला उन्नाव, यू.पी.
    तारीख पैदाइश—सोमवार, दिनांक 23 जुलाई, 1906...(धूमिल)
    शिक्षा—अशिक्षित
    हुलिया—लम्बाई लगभग 5', 6 1/2", साँवला रंग, तगड़ा जिस्म, गोल चेहरा, लम्बी नाक, मुँह पर हल्के चेचक के दाग, काले बाल, काली बड़ी आँखें, ऊँचा माथा, बाईं ओर से माँग काढ़ते हैं, अधिकतर धोती-कमीज पहनते हैं।
    कैफियत—हिन्दुस्तान सोशलिस्ट रिपब्लिकन आर्मी का नेता, जिसे हासिल करने के सन्दिग्ध स्थान हैं—कानपुर, लखनऊ, इलाहाबाद, बनारस, शाहजहाँपुर,

झाँसी और दिल्ली।

अन्त में लाल स्याही से लिखा है 27.02.1931 को पुलिस मुठभेड़ में मारा गया, फाइल क्लोज्ड।

धर्मेन्द्र गौड़ द्वारा दिया गया यह हुलिया पूरी तरह मनगढ़न्त और सुनी-सुनाई बातों पर आधारित है। चन्द्रशेखर आज़ाद की व्यक्तिगत पत्रावली सामान्य खाकी कलर के कवरवाली है। जिसके ऊपर 'काकोरी एब्सकांडर चन्द्रशेखर आज़ाद' लिखा हुआ है। पत्रावली के खंड 2 में 'ड्राफ्ट हिस्ट्री नोट ऑफ चन्द्रशेखर आज़ाद' के अन्तर्गत अंग्रेजी में जो सूचनाएँ दर्ज हैं उनका हिन्दी अनुवाद निम्नवत है—

नाम—चन्द्रशेखर शर्मा, उर्फ आज़ाद, उर्फ दादा, उर्फ जनरल, उर्फ पंडित जी, उर्फ गुरु जी, उर्फ स्वामी जी, उर्फ महाशय, उर्फ गुप्त

वल्दियत—बैजनाथ उर्फ सीताराम पांडेय, उर्फ शिवअनन्त शर्मा

कौम—ब्राह्मण

उम्र—लगभग 1905 में पैदा

साकिन—ग्राम अन्तगाँव, जिला उन्नाव (? ईंटगाँव, जिला लखनऊ) और मुहल्ला बैजनाथ टोला, बनारस शहर

हुलिया—ऊँचाई 5' 5 1/2", तगड़ा गठन, हल्की रंगत, गोल चेहरा, चेचक के हल्के दाग, तीखी नाक, छोटी मूँछें, दाढ़ी नहीं, दाहिनी कलाई पर अन्दर की ओर चोट का निशान, दाहिना हाथ कमजोर बताया जाता है, देखने में स्मार्ट, जल्दी-जल्दी चलता है, उर्दू और अंग्रेजी जानता है, सामान्यत: मुस्लिम वेश में छुपता है, बताया जाता है कि अपने साथ भेष बदलने के लिए नकली दाढ़ी रखता है, अब थोड़ा मोटा हो गया है और सेठ जैसा दिखता है, चलते समय हमेशा धोती का लटकता कोना बाएँ हाथ में पकड़े रहता है, कभी-कभी यूरोपीय ड्रेस पहनता है।

क्या फोटोग्राफ रिकार्ड में है—नहीं।

क्या हस्तलेख का नमूना रिकार्ड में है—हाँ, आइटम (एफ) बहावलपुर रोड, लाहौरवाले मकान से बरामद एक हिन्दी गीत।

दोषसिद्धि—

1. बनारस 21.12.1921, सेक्शन 143 आईपीसी, एक दिन सादी कैद
2. बनारस 23.02.1922, सेक्शन 143 आईपीसी, 12 बेंत
3. बनारस 01.06.1922, सेक्शन 17(2) सीएलए एक्ट, रुपया 20/- अर्थदंड

पहचानकर्ता—

1. पन्नालाल ब्राह्मण, झाँसी
2. बिन्द्राबन काछी, झाँसी
3. कन्हई कुम्हार, झाँसी
4. पिरभू लोहार, झाँसी
5. मूला धीमर, झाँसी

जिन स्थानों पर आज़ाद बार-बार आते-जाते हैं उनमें—कानपुर, झाँसी, ग्वालियर, बॉम्बे, बनारस, छपरा, दिल्ली, लाहौर, लायलपुर, रावलपिंडी, अजमेर तथा हिसार का नाम दर्ज है।

उल्लेखनीय है कि यह हिस्ट्री नोट सीआईडी के स्पेशल डिप्टी सुपरिंटेंडेंट एन.सी. मिश्र ने अपने हस्ताक्षर से 28 नवम्बर, 1930 को जारी किया था। इसमें कहीं भी बदरका का उल्लेख नहीं है साथ ही गौड़ द्वारा आज़ाद को अनपढ़ लिखना पूर्णत: गलत है क्योंकि हिस्ट्री नोट में ऐसा कोई कॉलम नहीं है। आज़ाद की फाइल में कहीं भी क्लोज्ड फाइल लिखा नहीं मिलता है। 'व्यक्तिगत पत्रावली' में नॉट बावर द्वारा मुख्यालय को भेजी गई रिपोर्ट के अतिरिक्त एकमात्र पिल्डिच के पत्र से चन्द्रशेखर आज़ाद की शहादत का पता चलता है। जी.आर. पुलिस, लखनऊ के सुपरिंटेंडेंट ने 19 मार्च, 1931 को भेजे गए पत्र में यह पूछा है कि क्या अल्फ्रेड पार्क में मारे गए व्यक्ति की पहचान स्थापित हो गई है। इसी पत्र में इस बात का भी जिक्र है कि काकोरी केस में चन्द्रशेखर आज़ाद का नाम 1927 में मफरूर रजिस्टर में दर्ज हुआ था। इस पत्र के जवाब में 20 मार्च, 1931 को ए. टू डी.आई.जी., सी.आई.डी. डी. पिल्डिच ने आर.वाई. पुलिस के बी. सेक्शन को पत्र भेजकर सूचित किया कि "इलाहाबाद के अल्फ्रेड पार्क में 27 फरवरी, 1931 को गोली से मारे गए व्यक्ति की पहचान निश्चित रूप से चन्द्रशेखर आज़ाद के रूप में स्थापित हुई है। अतएव उनका नाम आपके फरार अभियुक्तों के रजिस्टर से हटाया जा सकता है।"

ध्यातव्य है कि आज़ाद की वास्तविक जन्मतिथि उनके मित्र श्री भगवानदास माहौर ने सन् 1949-50 में आज़ाद की माताजी से प्राप्त सूचना के आधार पर निकाला था। गौड़ द्वारा आजाद की जन्म तिथि के कॉलम 23 जुलाई, 1906 लिखा जाना दर्शाता है कि उसने आज़ाद की 'व्यक्तिगत पत्रावली' नहीं देखी थी।

16. धर्मेन्द्र गौड़ के अनुसार, "सुखदेवराज को साथ लिए प्रात: लगभग 9 बजे चन्द्रशेखर आज़ाद आनन्द भवन में जवाहरलाल नेहरू से अकेले मिलकर अल्फ्रेड पार्क पहुँचे।" (पृष्ठ 19) शहादत के बाद टंडन जी सीधे पहुँचे जवाहरलाल नेहरू के पास उन्हें वस्तु स्थिति से अवगत कराने। नेहरू के ऊपर इस दर्दनाक हादसे का कोई खास प्रभाव नहीं पड़ा। श्रीमती कमला नेहरू भी वहीं थीं। वे टंडन जी के साथ तुरन्त चल पड़ीं" (पृष्ठ 68) तथ्य यह है कि 18 फरवरी को पंडित मोतीलाल नेहरू की तेरहवीं थी। सम्भवत: 19 फरवरी को नेहरू दिल्ली चले गए। तब से वे निरन्तर दिल्ली में थे जो समस्त समसामयिक स्रोतों से सिद्ध है।
17. धर्मेन्द्र गौड़ के अनुसार, "ए.आई.जी., सी.आई.डी. की रिपोर्ट के आधार पर पुलिस इंस्पेक्टर जनरल की यह नोटिंग भी मौजूद है कि आज़ाद ने अपनी ही अन्तिम गोली से आत्महत्या की।" (पृष्ठ 68) चन्द्रशेखर आज़ाद की 'व्यक्तिगत पत्रावली' के किसी भी पत्र में ऐसी नोटिंग नहीं है। यह गल्पमात्र है।
18. धर्मेन्द्र गौंड़ के अनुसार, "चन्द्रशेखर आज़ाद को शहीद करने में मदद देने के कारण इंस्पेक्टर शम्भुनाथ को भारतीय सी.आई.डी. का पिता कहा गया है और

उनकी फोटो अभिसूचना मुख्यालय में लगी थी। शम्भुनाथ शुक्ल 1929-30 में इंस्पेक्टर था। 1929 में ही सी.आई.डी. को दो भागों में बाँटा गया। 1936 में शम्भुनाथ डिप्टी एस.पी. था। आज़ाद की शहादत का श्रेय नॉट बावर को और विशेश्वर सिंह को गया। फिर भारतीय सी.आई.डी. का पिता का खिताब इतने छोटे ओहदे के अधिकारी को कोई क्यों देगा? तथ्य यह है कि जिस रायबहादुर शम्भुनाथ शुक्ल को सी.आई.डी. का जनक कहा गया है वे कलकत्ता हाईकोर्ट में 19वीं सदी के मध्य में जज बनने वाले पहले भारतीय थे। सम्भवत: उनके किसी निर्णय के क्रम में दशकों बाद सी.आई.डी. गठित हुई अत: सम्मानस्वरूप उनका नाम सी.आई.डी. के जनक के रूप में लिया जाता है।

इस प्रकार हम पाते हैं कि धर्मेन्द्र गौड़ ने प्राप्त तथ्यों, प्रचलित मान्यताओं में कल्पना व गल्प मिलाकर जो वितंडा खड़ा किया है वह वास्तविक इतिहास से बहुत दूर है। साथ ही चन्द्रशेखर आज़ाद व क्रान्तिकारी आन्दोलन के इतिहास को भ्रामक बनाता है।

प्रमुख पत्र-पत्रिकाएँ

चन्द्रशेखर आज़ाद के जीवन से सम्बन्धित सूचनाएँ प्रकाशित करनेवाली अनेक समकालीन पत्र-पत्रिकाएँ रही हैं। इनमें से कुछ प्रकाशनों पर 'प्रयाग प्रदीप' के सौजन्य से प्रकाश डाला जा रहा है।

सन् 1907 के बसन्त-पंचमी से श्री पंडित मदनमोहन मालवीय जी ने साप्ताहिक 'अभ्युदय' निकाला। पहले कुछ दिनों तक वह स्वयं इसके सम्पादक रहे थे। फिर पीछे बीच-बीच में थोड़े-थोड़े दिनों तक पंडित वेंकटेश नारायण तिवारी तथा पंडित सत्यानन्द जोशी सम्पादक रहे। परन्तु अब बहुत दिनों से पंडित कृष्णकान्त मालवीय स्थायी रूप से इसका सम्पादन करते हैं। इस पत्र ने कई बार कुछ दिनों के लिए दैनिक रूप भी धारण किया, परन्तु अन्त में साप्ताहिक ही रहा। आजकल यह सचित्र बड़ी पुस्तक के आकार का निकल रहा है। पहले यह कुछ नरम दल का पत्र समझा जाता था, परन्तु अब इसकी वही नीति है जो आजकल कांग्रेस के पक्ष के अन्य राष्ट्रीय पत्रों की है। इसके पश्चात हिन्दी के अनेक छोटे-बड़े पत्र यहाँ से निकले और कुछ दिनों चलकर बन्द हो गए। हम यहाँ प्रसंग-वश, उनमें से कुछ मुख्य पत्रों की चर्चा करते हैं। दो पत्र भी सुन्दरलाल जी ने निकाले थे, जिनकी उस समय जनता में बड़ी धूम थी, परन्तु अपनी उग्र नीति के कारण वे शीघ्र ही बन्द हो गए। उनमें से एक का नाम 'कर्मयोगी' था, जो सन् 1909 में जन्माष्टमी के दिन से पहले पाक्षिक निकला, फिर उसी वर्ष बसन्त पंचमी से साप्ताहिक होकर अप्रैल सन् 1910 में जमानत न देने के कारण बन्द हो गया।

उनका दूसरा पत्र 'भविष्य' था, जो सन् 1919 में साप्ताहिक निकलकर 6 महीने पश्चात जमानत के जब्त हो जाने से बन्द हो गया। फिर मई, सन् 1920 में उसी नाम का पत्र दैनिक रूप में निकला, पर एक ही वर्ष चलकर सम्पादक के कैद हो जाने से पुनः बन्द हो गया। कहते हैं कि इस पत्र के साप्ताहिक संस्करण की ग्राहक संख्या 6 हजार और दैनिक की दो हजार तक पहुँच गई थी। इसी (भविष्य) नाम से बड़े आकार की पुस्तक के रूप में एक बहुत ही सुन्दर, सचित्र साप्ताहिक पत्र अक्टूबर सन् 1930 से श्री रामरख सिंह सहगल ने निकालना आरम्भ किया था, जो थोड़े समय तक चलकर बन्द हो गया। यह एक राजनीतिक पत्र था, परन्तु पाठकों के मनोरंजनार्थ इसमें कुछ कविता की भी सामग्री रहा करती थी। नवम्बर सन् 1910 से एक ऊँचे दर्जे की राजनीतिक मासिक पत्रिका अभ्युदय प्रेस से 'मर्यादा' के नाम से निकली थी, जिसका सम्पादन पहले कुछ दिनों तक बाबू पुरुषोत्तमदास टंडन ने किया था। फिर पंडित कृष्णकान्त मालवीय अन्त तक उसके सम्पादक रहे। लगभग 11 वर्ष तक चलकर वह आश्विन सं. 1971 (सन् 1921) में काशी के ज्ञानमंडल को दे दी गई और वहाँ कुछ दिनों पीछे

बन्द हो गई। नवम्बर सन् 1922 से श्री रामरख सिंह सहगल ने एक सचित्र मासिक पत्र 'चाँद' के नाम से निकालना आरम्भ किया है, जो अब तक बड़े सज-धज के साथ निकल रहा है। इसमें एक विशेषता यह है कि इसके अनेक प्रकार के नये-नये ढंग के विशेषांक निकला करते हैं।

यह निर्विवाद है कि अंग्रेजी पत्रों में सबसे पुराना 'पायनियर' है जिसको 'सर जार्ज एलन' 2 जनवरी, सन् 1865 से पहले सप्ताह में 3 बार निकालना आरम्भ किया था उस समय इसकी एक प्रति का मूल्य एक रुपया होता था। पीछे सन् 1868 से यह दैनिक हो गया और 3 आने का बिकने लगा, फिर सन् 1927 से इसका दाम 2 आना प्रति अंक हो गया। अब नवम्बर सन् 1928 से 1 आने का बिकता है। आरम्भ से यह पत्र सरकारी पक्ष का रहा, परन्तु अक्टूबर सन् 1927 से मिस्टर एफ. डब्ल्यू. विलसन इसके सम्पादक हो कर विलायत से आए तो उन्होंने कुछ दिनों के पीछे इस नीति में युगान्तर उपस्थित कर दिया। इसका परिणाम यह हुआ कि यद्यपि हिन्दुस्तानी ग्राहकों की संख्या बढ़ गई, पर विलसन साहब को दो ही वर्ष के भीतर इस पत्र से अलग होना पड़ा। अब इस पत्र की वही नीति है जो पहले थी।

जनवरी, 1903 से उक्त मिस्टर सच्चिदानन्द जी ने एक राजनीतिक पत्र 'इंडियन पीपुल' के नाम से पहले साप्ताहिक निकाला था, जो एक वर्ष के पश्चात अर्ध-साप्ताहिक हो गया। फिर कुछ दिन पीछे उनसे इस पत्र को डॉ. सतीशचन्द्र बनर्जी ने ले लिया। इधर बहुत दिनों से प्रयाग के नेतागण, जिनमें पंडित मदनमोहन मालवीय जी का नाम मुख्यतया उल्लेखनीय है एक दैनिक पत्र निकालने का विचार कर रहे थे। अतः इस उद्देश्य के लिए 'न्यूज पेपर्स लिमिटेड' के नाम से एक कम्पनी स्थापित की गई, जिसके पहले चेयरमैन पंडित मोतीलाल नेहरू हुए थे, इस प्रबन्ध के पश्चात 24 अक्टूबर सन् 1909 से, जो विजयादशमी का शुभ दिन था, 'लीडर' के नाम से वर्तमान दैनिक पत्र जारी हुआ और उसी में उक्त 'इंडियन पीपुल' भी मिला दिया, जिसका नाम स्मारक के रूप में 'लीडर' के आवरण पृष्ठ पर अब भी रहा करता है। उस समय श्री सुरेन्द्रनाथ गुप्त इसके प्रधान सम्पादक तथा श्री सी. वाई. चिन्तामणि सहायक-सम्पादक थे। पीछे गुप्त महाशय 'ट्रिब्यून' में लाहौर चले गए और तब से श्री चिन्तामणि जी इसके मुख्य सम्पादक हैं, सिवाय उन थोड़े दिनों के जबकि वह इस प्रान्त की गवर्नमेंट के मिनिस्टर हो गए थे। उन दिनों पंडित कृष्णाराम मेहता ने प्रधान-सम्पादक का काम किया था, जो अब सहायक-सम्पादक हैं।

आरम्भ में एक बार इस पत्र को घोर आर्थिक कठिनाइयों का सामना करना पड़ा, यहाँ तक भय हुआ था कि कहीं यह बन्द ही न हो जाए। परन्तु मालवीय जी इत्यादि ने इसके जीवित रखने के लिए बड़ी दौड़-धूप की और इसको किसी तरह से उस समय आर्थिक संकट से मुक्त किया जिसका परिणाम यह हुआ कि धीरे-धीरे इसकी दशा सुधरने लगी। यहाँ तक कि सन् 1926 में किराए के बँगले से उठकर 'लीडर' ने अपने निजी भवन में प्रवेश किया। नई-नई इमारतें बनवाई गईं, जिनका 21 अक्टूबर, सन् 1929 को बड़े समारोह से विधिपूर्वक उद्घाटन संस्कार हुआ। नीति की दृष्टि से वह पत्र उदार (लिबरल) दल का माना जाता है। कहा जाता है, 1920-21 में 'इंडिपेंडेंट' के जारी होने

से 'लीडर' को फिर कुछ आर्थिक धक्का लगा था, परन्तु वह थोड़े दिनों की लहर थी। अब इसकी आर्थिक दशा सन्तोषजनक बताई जाती है और जनता में इस पत्र ने उचित स्थान प्राप्त कर लिया है।

हिन्दी में उन दिनों निकलने वाले पत्रों में दैनिक 'आज' की काफी प्रतिष्ठा थी। इस पत्र की स्थापना स्वतंत्रता संग्राम सेनानी शिवप्रसाद गुप्त ने 5 सितम्बर, 1920 को की थी। इसके प्रथम सम्पादक श्री प्रकाश जी थे। पण्डित बाबूराम पराड़कर 1924 से 1955 तक 'आज' के सम्पादक रहे। 1943 से 1947 के कुछ वर्ष छोड़कर। यह पत्र 'लंदन टाइम्स' की तर्ज पर ज्ञान मण्डल से निकलता था। यह महात्मा गांधी के आन्दोलन का अग्रदूत पत्र था।

प्रमुख तिथियाँ

1897	पं. सीताराम तिवारी-श्रीमती जगरानी देवी का विवाह।
1898	प्रथम पुत्र सुखदेव का जन्म।
1899	पं. सीताराम का भाबरा आगमन।
1901-02	श्रीमती जगरानी देवी का भाबरा आगमन।
1902-1905	अन्य सन्तानों का जन्म।
23 जुलाई, 1906	चन्द्रशेखर का जन्म।
1909-10	पं. सीताराम ने जानवर पाले।
1912	अकाल में बड़ी संख्या में जानवर मरे।
1913	मनोहरलाल त्रिवेदी का भाबरा आगमन।
1913-14	चन्द्रशेखर का शिक्षारम्भ।
1913	कानपुर में 'प्रताप' की स्थापना।
1915	गदर 'विप्लव' की योजना।
1918	चन्द्रशेखर ने चौथी जमात तक शिक्षा पूरी की।
1918-19	चन्द्रशेखर ने तहसील में थोड़े समय नौकरी की।
1919	चन्द्रशेखर का भाबरा में यज्ञोपवीत।
1920	गदर के नजरबन्दियों को आम-माफी।
1920 (पूर्वार्ध)	चन्द्रशेखर का गृहत्याग एवं बम्बई प्रवास।
1920 (उत्तरार्ध)	चन्द्रशेखर का काशी आगमन।
10 मार्च, 1920	खिलाफत के सन्दर्भ में असहयोग की पहली घोषणा।
25 मार्च, 1920	पंजाब के अत्याचारों पर गैर सरकारी रिपोर्ट का प्रकाशन।
जून, 1920 से आरम्भ	चन्द्रशेखर का संस्कृत पाठशाला में अध्ययन।
1 अगस्त, 1920	नागपुर में असहयोग आन्दोलन का औपचारिक आरम्भ।
5 सितम्बर, 1920	'आज' अखबार का आरम्भ।
नवम्बर, 1920	महात्मा गांधी का काशी आगमन।
7 फरवरी, 1921	संस्कृत असहयोगी छात्र समिति का गठन।
7 फरवरी, 1921	चन्द्रशेखर का समिति का सदस्य बनना।
9 फरवरी, 1921	काशी विद्यापीठ की स्थापना।
10 फरवरी, 1921	टाउन हॉल में गांधी जी का भाषण।
17 फरवरी, 1921	असहयोगी छात्र समिति की बैठक।

	असहयोगी बनने से पूर्व चन्द्रशेखर का निवास—भाटवाली गली, वाराणसी।
31 मार्च-1 अप्रैल, 1921	स्वराज्य-कोष के लिए एक करोड़ जमा किये जाने, एक करोड़ सदस्य बनाने तथा बीस लाख चरखा चलाने की स्वीकृति—बैजवाड़ा, कांग्रेस।
28-30 जुलाई, 1921	युवराज के आगमन पर हर तरह के असहयोग का निर्णय, कांग्रेस महासमिति की बैठक, बम्बई।
17 नवम्बर, 1921	भारत में बम्बई में युवराज का आगमन।
दिसम्बर, 1921	(अहमदाबाद कांग्रेस) कांग्रेस के प्रतिज्ञा-पत्र पर हस्ताक्षर के लिए 18 वर्ष की आयु सीमा का निर्धारण।
24 दिसम्बर, 1921	चन्द्रशेखर आज़ाद की असहयोगी के रूप में पहली गिरफ्तारी (थाना-कोतवाली)।
फरवरी, 1921-फरवरी, 1922	असहयोगी बनने के पश्चात निवास—पुतलीवाला शिवाला, ज्ञानवापी।
फरवरी, 1921-दिसम्बर, 1922	डॉ. सम्पूर्णानन्द, अब्दुल करीम व पं. शिवविनायक के साथ कार्य।
22 जनवरी, 1922	पुलिस ने पकड़ा, आज़ाद ने 'आज' को पत्र लिखा।
5 फरवरी, 1922	चौरी चौरा का घटनाक्रम।
12 फरवरी, 1922	बारदोली कार्य-समिति की बैठक में सामूहिक सत्याग्रह वापस।
12 फरवरी, 1922	असहयोगी के रूप में दूसरी बार आज़ाद पकड़े गए।
23 फरवरी, 1922	आज़ाद को मजिस्ट्रेट खड़ेघाट द्वारा सजा सुनाई गई।
25 फरवरी, 1922	आज़ाद को शिवपुर जेल में 12 बेंतों की क्रूर सजा।
13 मार्च, 1922	महात्मा गांधी को गिरफ्तार किया गया।
अप्रैल-मई, 1922	शिवप्रसाद गुप्त की सलाह पर आज़ाद काशी विद्यापीठ में भर्ती।
1 मई, 1922	असहयोगी के रूप में आज़ाद की तीसरी गिरफ्तारी (थाना-बड़ागाँव)।
9 जून, 1922	लखनऊ महासमिति में कौंसिल प्रवेश की माँग उठी।
अगस्त-सितम्बर, 1922	चन्द्रशेखर आज़ाद ने काशी विद्यापीठ छोड़ा।
1 सितम्बर, 1922	सार्वजनिक सभा में आज़ाद का सम्मान।
9 सितम्बर, 1922	आज़ाद की हस्तलिपि में लिखा इकलौता पत्र।
जनवरी, 1923	बंगाली मुहल्ला में प्रतुल गांगुली, नरेन्द्र सेन व शचीन्द्रनाथ बख्शी के द्वारा 'अनुशीलन समिति' की शाखा आरम्भ।
सितम्बर, 1922-अप्रैल, 1923	आज़ाद पुनः संस्कृत पाठशाला में।

फरवरी, 1923	कांग्रेस में अलग-अलग विभाग करने, इन विभागों में वेतनभोगी कार्यकर्ताओं की नियुक्ति का फैसला—कोकानाड़ा अधिवेशन।
27 फरवरी, 1923	इलाहाबाद कांग्रेस में रचनात्मक कार्य बढ़ाने पर जोर।
अप्रैल-मई, 1923	प्रणवेश चटर्जी व मन्मथनाथ ने आज़ाद को क्रान्तिकारी दल से जोड़ा।
जून, 1923	चन्द्रशेखर आज़ाद रामकृष्ण खत्री को दल में ले आए।
1924	चन्द्रशेखर आज़ाद के बड़े भाई सुखदेव की निमोनिया से मृत्यु।
12 जनवरी, 1924	महात्मा गांधी के अपेंडिक्स का ऑपरेशन।
5 फरवरी, 1924	जेल से गांधी जी बिना शर्त रिहा।
मई-जून, 1924	हिन्दुस्तान रिपब्लिकन आर्मी का गठन।
जून, 1924	फतेहपुर में महाजन के यहाँ खागा मनी एक्शन।
9 अगस्त, 1924	इलाहाबाद में पूरामुफ्ती मनी एक्शन।
अक्टूबर, 1924	जोगेशचन्द्र चटर्जी की कलकत्ता में गिरफ्तारी।
3 अक्टूबर, 1924	कानपुर में काउंसिल की मीटिंग।
21-24 नवम्बर, 1924	कांग्रेस द्वारा क्रिमिनल लॉ अमेंडमेंट आर्डिनेंस की निन्दा व बंगाल रेग्युलेशन 1818 की धारा-3 को रद्द करने की माँग।
दिसम्बर, 1924	कांग्रेस एजेंडे में एकमात्र बहिष्कार हिंसा—बेलगाँव कांग्रेस।
अप्रैल, 1923-दिसम्बर, 1924	आज़ाद द्वारा क्रान्तिकारी साहित्य का अध्ययन, हथियारों का संग्रहण, साथियों को जोड़ने के कार्य।
25 दिसम्बर, 1924	पीलीभीत में बल्देव प्रसाद महाजन के यहाँ बमरौली मनी एक्शन।
मार्च, 1925	गांधी जी द्वारा केरल वायकोम में समझौता कराने का प्रयास।
9-10 मार्च, 1925	शाहजहाँपुर में तोती कुर्मी के घर बिचपुरी मनी एक्शन।
जनवरी-अप्रैल, 1925	आज़ाद का गाजीपुर में साधु बनना।
मई, 1925	आज़ाद का प्रथम झाँसी आगमन।
24 मई, 1925	प्रतापगढ़ में शिवरतन बनिया के यहाँ द्वारकापुर मनी एक्शन।
जून, 1925	चन्द्रशेखर आज़ाद सी.आई.डी. की दृष्टि में आए।
16 जून, 1925	देशबन्धु दास जी का स्वर्गवास।
26 जुलाई, 1925	रायबरेली में सरायमोहन मनी एक्शन।
14, 19, 27 जुलाई, 1925	आज़ाद ने बैजनाथ लॉज, बनारस छोड़ा।
अगस्त, 1925	गांधी जी द्वारा कांग्रेस से तटस्थता की घोषणा।
6 अगस्त, 1925	सर सुरेन्द्रनाथ बनर्जी का स्वर्गवास।
9 अगस्त, 1925	लखनऊ में काकोरी अभियान।
13 अगस्त, 1925	आज़ाद काकोरी एक्शन के बाद बनारस लौटे।

13-14 सितम्बर, 1925	काकोरी अभियान के बाद क्रान्तिकारियों की वैश्य अनाथालय, मेरठ में बैठक।
16 सितम्बर, 1925	कानपुर में सुरेशचन्द्र भट्टाचार्य की गिरफ्तारी।
21 सितम्बर, 1925	पटना अधिवेशन—कांग्रेस ने राजनीतिक कार्य स्वराज्य पार्टी को सौंपा।
25 सितम्बर, 1925	ज्ञानचन्द्र मुरब्बेवाला के घर और आज़ाद के कमरे की तलाशी।
26 सितम्बर, 1925	कानपुर में रामदुलारे त्रिवेदी की गिरफ्तारी।
26 सितम्बर, 1925	आज़ाद ने बनारस छोड़ा।
26 सितम्बर, 1925	शाहजहाँपुर में ठाकुर रोशन सिंह की गिरफ्तारी।
26 सितम्बर, 1925	लखनऊ में गोविन्दचरण कार की गिरफ्तारी।
26 सितम्बर, 1925	मेरठ में विष्णु शरण दुबलिश की गिरफ्तारी।
26 सितम्बर, 1925	शाहजहाँपुर में बनारसीलाल की गिरफ्तारी।
26 सितम्बर, 1925	शाहजहाँपुर में प्रेम कृष्ण खन्ना की गिरफ्तारी।
26 सितम्बर-दिसम्बर, 1925	आज़ाद इलाहाबाद में कुन्दनलाल गुप्त के साथ रहे।
26 सितम्बर, 1925	बनारस में मन्मथनाथ गुप्त की गिरफ्तारी।
28 सितम्बर, 1925	बनारस में दामोदर स्वरूप सेठ की गिरफ्तारी।
30 सितम्बर, 1925	शाहजहाँपुर में इन्द्रभूषण मित्र की गिरफ्तारी।
7 अक्टूबर, 1925	काकोरी केस में मुकदमा शुरू।
18 अक्टूबर, 1925	पुणे में रामकृष्ण खत्री की गिरफ्तारी।
26 अक्टूबर, 1925	शाहजहाँपुर में रामप्रसाद बिस्मिल की गिरफ्तारी।
31 अक्टूबर, 1925	कानपुर में राजकुमार सिन्हा की गिरफ्तारी।
31 अक्टूबर, 1925	उरई से वीरभद्र तिवारी पकड़ा गया।
18-19 दिसम्बर, 1925	आज़ाद का इलाहाबाद से झाँसी जाना।
दिसम्बर, 1925	चन्द्रशेखर आज़ाद, मास्टर रुद्रनारायण के घर।
10 दिसम्बर, 1925	बंगाल में शचीन्द्रनाथ सान्याल की गिरफ्तारी।
11 दिसम्बर, 1925	जबलपुर में प्रणवेश चटर्जी की गिरफ्तारी।
15 दिसम्बर, 1925	रायबरेली में बनवारीलाल की गिरफ्तारी।
16 दिसम्बर, 1925	इलाहाबाद में बम कैप का फटना, भूपेन्द्रनाथ की गिरफ्तारी।
21 दिसम्बर, 1925	बंगाल में जोगेशचन्द्र चटर्जी की गिरफ्तारी।
4 जनवरी, 1926	स्पेशल मजिस्ट्रेट के न्यायालय में काकोरी का मुकदमा शुरू।
10 जनवरी, 1926	बंगाल में राजेन्द्रनाथ लाहिड़ी की गिरफ्तारी।
17 जनवरी, 1926	बनारस में मुकुन्दीलाल की गिरफ्तारी।
29 जनवरी, 1926	वीरभद्र तिवारी को रिहा किया गया।

6 मार्च, 1926	लॉर्ड इरविन का भारत आगमन।
6-7 मार्च, 1926	स्वयं सेवकों के दल 'हिन्दुस्तानी सेवा दल' का गठन, दिल्ली अधिवेशन।
अप्रैल, 1926	कानपुर म्युनिसिपल बोर्ड ने वीरभद्र को हैक्नी कैरिज इंस्पेक्टर पद पर नियुक्ति दी।
16 अप्रैल, 1926	कमिटमेंट ऑर्डर से वीरभद्र का नाम चार्जशीट में हटा।
सितम्बर, 1926	भागलपुर में शचीन्द्रनाथ बख्शी की गिरफ्तारी।
7 दिसम्बर, 1926	दिल्ली अशफाक उल्ला खाँ की गिरफ्तारी।
1927	(मद्रास कांग्रेस) साइमन कमीशन के हर हाल में बहिष्कार का निर्णय।
1927	(मद्रास कांग्रेस) काकोरी केस में बर्बर सजाओं की निन्दा।
6 अप्रैल, 1927	काकोरी केस में फैसला आया।
जनवरी, 1926-जून, 1927	ढिमरपुरा में सातार तट पर कुटी में साधु।
जून-जुलाई, 1927	आज़ाद का कानपुर व अन्य स्थानों पर आवागमन आरम्भ।
8 नवम्बर, 1927	साइमन कमीशन की घोषणा हुई।
13 नवम्बर, 1927	बनारस में मणिलाल बनर्जी द्वारा डिप्टी एस.पी. जे.एन. बनर्जी पर हमला।
नवम्बर-दिसम्बर, 1927	शिववर्मा, ब्रह्मदत्त, सुरेन्द्रनाथ पांडेय तथा विजयकुमार सिन्हा ने साथ काम शुरू किया।
दिसम्बर, 1927	सुखदेव से शिववर्मा गोल बाग, लाहौर में मिले।
दिसम्बर, 1927	आज़ाद का हाथ टूटने की घटना।
9 दिसम्बर, 1927	राजेन्द्र लाहिड़ी को छुड़ाने की योजना, लखनऊ।
17 दिसम्बर, 1927	गोंडा जेल में श्री राजेन्द्रनाथ लाहिड़ी को फाँसी।
19 दिसम्बर, 1927	गोरखपुर में श्री रामप्रसाद बिस्मिल, फैजाबाद में श्री अशफाक उल्ला तथा इलाहाबाद जेल में श्री रोशन सिंह को फाँसी।
1928	भारत में जगह-जगह युवक संघ व छात्र संघों का गठन।
जून, 1927-फरवरी, 1928	आज़ाद हरिशंकर के रूप में बुंदेलखंड मोटर एंड साइकिल स्टोर पर।
3 फरवरी, 1928	साइमन कमीशन का भारत में सर्वप्रथम बम्बई में आगमन।
फरवरी-मार्च, 1928	(दिल्ली) भारत के संविधान का मसौदा तैयार करने हेतु मोतीलाल कमेटी का गठन।
फरवरी-मार्च, 1928	गयाप्रसाद से शिववर्मा की आर्य समाज वाचनालय में अकस्मात भेंट।
मार्च, 1928	सदाशिवराव ने झाँसी में आज़ाद के पास 0.32 कोल्ट देखी।

मार्च, 1928	शिववर्मा झाँसी में सिपरी बाजार में रुके।
मई, 1928	सुखदेव ने पत्र भेजकर पंजाब के लिए एक आदमी की माँग की।
26 जून, 1928	चन्द्रशेखर का हरिशंकर नाम से ड्राइविंग लाइसेंस जारी हुआ।
27 जून, 1928	शिववर्मा के कमरे में आज़ाद से कैलाशपति की भेंट।
जुलाई, 1928	शिववर्मा का चन्द्रशेखर आजाद से मिलना।
2 जुलाई, 1928	कानपुर में एच.आर.ए. की पहली ग्रुप मीटिंग।
जुलाई, 1928	सुखदेव का कानपुर आगमन। (अन्तिम सप्ताह)
अगस्त, 1928	कानपुर की द्वितीय बैठक में कुन्दनलाल आज़ाद को ले आए।
अगस्त, 1928	शिववर्मा, विजयकुमार, सुरेन्द्रनाथ व ब्रह्मदत्त ने घर त्यागने का प्रस्ताव रखा।
28-30 अगस्त, 1928	(लखनऊ) नेहरू कमेटी की रिपोर्ट पर विचार हेतु कांग्रेस की सर्वदल बैठक।
अगस्त-सितम्बर, 1928	अन्तिम बार आज़ाद का भाबरा जाना।
8-9 सितम्बर, 1928	एच.एस.आर.ए. का गठन, फिरोजशाह तुगलक किला, दिल्ली।
9 सितम्बर, 1928	आज़ाद नये दल के कमांडर-इन-चीफ बने।
25-26 सितम्बर, 1928	भगतसिंह, राजगुरु के साथ चन्द्रशेखर आजाद बेतिया में।
अक्टूबर, 1928	बेतिया में बारीन्द्रनाथ भट्टाचार्य से फणीन्द्रनाथ घोष को मिली रिवॉल्वर आज़ाद को दी गई, जो पहले आगरा में सुखदेव के पास थी, जोगेन्द्र शुक्ल की रिवॉल्वर भगतसिंह को दी गई।
अक्टूबर, 1928	शिववर्मा ने लाहौर से 'चाँद' के फाँसी अंक के लिए लेख लिखे।
8 अक्टूबर, 1928	मनमाड़, (बम्बई) बम विस्फोट।
21 अक्टूबर, 1928	अपने घर में आज़ाद, उन्नाव। (अनुमान)
30 अक्टूबर, 1928	साइमन कमीशन लाहौर पहुँचा, लाला जी को लाठी लगी।
नवम्बर, 1928	शिववर्मा का इलाहाबाद, बनारस, कानपुर दौरा।
नवम्बर, 1928 (मध्य)	चन्द्रशेखर आज़ाद और भगतसिंह फिरोजपुर गए।
16 नवम्बर, 1928	प्रताप ने आज़ाद को भरा सूटकेस दिया।
17 नवम्बर, 1928	श्री लाला लाजपत राय की मृत्यु।
दिसम्बर, 1928	शिववर्मा पुनः लेखों का पैसा लेने 'चाँद' प्रेस इलाहाबाद गए।
4 दिसम्बर, 1928	पंजाब नेशनल बैंक, लाहौर में मनी एक्शन की योजना।
10 दिसम्बर, 1928	मोजंग हाउस, लाहौर की बैठक में स्कॉट को मारने का निर्णय।

15 दिसम्बर, 1928	स्कॉट को मारने के एक्शन का रिहर्सल।
17 दिसम्बर, 1928	जे.पी. सांडर्स व हेड कांस्टेबल चानन सिंह की हत्या।
17 दिसम्बर, 1928	हंसराज वोहरा के घर की तलाशी व गिरफ्तारी।
18 दिसम्बर, 1928	अप्रूवर दीनानाथ को मारने आज़ाद व भगत का जाना।
25 दिसम्बर, 1928	चन्द्रशेखर आज़ाद लाहौर से मथुरा गए।
25 दिसम्बर, 1928	कलकत्ता में भगतसिंह व फणीन्द्रनाथ घोष की भेंट।
1929	भवानी सिंह को कैलाशपति ने दल में शामिल किया।
2-3 जनवरी, 1929	जतीन्द्रनाथ दास से फणीन्द्रनाथ की भेंट।
26 जनवरी, 1929	इलाहाबाद में जितेन्द्रनाथ सान्याल के घर पर जतीन्द्रनाथ दास।
30 जनवरी, 1929	पर्ल सिनेमा के पास भगतसिंह की जतीन्द्रनाथ दास से भेंट।
फरवरी, 1929 (शुरू में)	ललित कुमार मुखर्जी ने आज़ाद के निर्देश पर अजय कुमार घोष को इंस्पेक्टर जितेन्द्रनाथ बनर्जी का आवास, डी.आई. जी. सी.आई.डी. का आवास तथा सी.आई.डी. का ऑफिस दिखाया।
फरवरी, 1929	जयदेव कपूर को शिववर्मा ने दल में शामिल किया।
7-8 फरवरी, 1929	आर्यसमाज मन्दिर, कलकत्ता में गन काटन बनाने का प्रयास।
13 फरवरी, 1929	बम सामग्री के साथ फणीन्द्रनाथ घोष का कलकत्ता से आगरा जाना।
14 फरवरी, 1929	आगरा में हींग की मंडीवाले मकान में जतीन्द्रनाथ दास की उपस्थिति में बम बनना शुरू।
14 फरवरी, 1929, पुन: 16 फरवरी	जोगेशचन्द्र को छुड़ाने के लिए हींग की मंडी, आगरा में बैठक-सुखदेव, विजयकुमार, भगत, शिववर्मा, घोष।
14 फरवरी, 1929	आगरा में पहली बार फल्मीनेटेड मर्करी बनी।
15 फरवरी, 1929	आगरा में पहली बार पिकरिक एसिड का एक बम बना।
17 फरवरी, 1929	जोगेशचन्द्र को छुड़ाने का प्रयास विफल, आज़ाद की जेब कटी (रु 50/) लाइसेंस भी चोरी गया।
18 फरवरी, 1929	पैसा लेने आज़ाद यू.पी. गए, शिववर्मा कानपुर, सदाशिव झाँसी।
21 फरवरी, 1929	बैठक (आज़ाद, भगतसिंह, सिन्हा, फणीन्द्र शामिल) साइमन पर हमले का निर्णय, पैसे के लिए जाना, बिना पैसा वापसी।
27 फरवरी, 1929	जितेन्द्रनाथ सान्याल ने अजय कुमार घोष के माध्यम से ललित कुमार मुखर्जी (एम.एस.सी.) को बुलाया, जतीन्द्रनाथ दास से बम का फॉर्मूला नोट किया।
जनवरी-मार्च, 1929	हींग की मंडी, आगरा में बमों का निर्माण।
6 मार्च, 1929	आज़ाद को डुप्लीकेट लाइसेंस मिला।

मार्च, 1929	सीताराम बाजारवाले घर में जयदेव का आज़ाद से मिलना।
6 मार्च, 1929	झाँसी में बम परीक्षण।
20 मार्च, 1929	मेरठ षड्यंत्र केस में गिरफ्तारियाँ।
24-25 मार्च, 1929	आगरा की बैठक में सेंट्रल असेम्बली में बम फेंकने का फैसला।
28-29 मार्च, 1929	बम फेंकने वालों में रामशरण दास की जगह भगतसिंह का नाम फाइनल।
30 मार्च, 1929	गयाप्रसाद ने सहारनपुर पहुँचकर किराए का मकान लिया।
31 मार्च, 1929	गयाप्रसाद सारा सामान सहारनपुर ले गए।
1-2 अप्रैल, 1929	भगतसिंह, जयदेव, शिववर्मा आदि क्लॉक टावर, नई सड़क वाले घर में शिफ्ट हुए।
2 अप्रैल, 1929	शिववर्मा सामान व आठ बम की खोल के साथ सहारनपुर गए।
4 अप्रैल, 1929	भगतसिंह व बटुकेश्वर दत्त ने दिल्ली में फोटो खिंचवाई।
8 अप्रैल, 1929	ट्रेड डिस्प्यूट बिल पास हुआ, लेजिस्लेटिव असेम्बली में बम फेंका गया।
9-10 अप्रैल, 1929	गयाप्रसाद धन प्राप्त करने सहारनपुर से निकले।
14 अप्रैल, 1929	साइमन कमीशन का भारतीय कार्य समाप्त।
15 अप्रैल, 1929	लाहौर में सुखदेव, जयगोपाल व पं. किशोरीलाल गिरफ्तार हुए।
30 अप्रैल, 1929	शिववर्मा पुनः झाँसी गए।
मई, 1929	इंग्लैंड में सत्ता परिवर्तन, अनुदार दल की जगह मजदूर दल का मंत्रिमंडल।
मई, 1929	बेतिया में सोहनीपुर के पास मनी एक्शन।
1 मई, 1929	शिववर्मा झाँसी में आज़ाद से मिले।
2 मई, 1929	झाँसी से शिववर्मा वापस सहारनपुर आए।
2 मई, 1929	हंसराज वोहरा पुनः गिरफ्तार।
2 मई, 1929	झाँसी में राम दुलारे शर्मा गिरफ्तार।
1, 2, 7 मई, 1929	पुलिस द्वारा आगरा, झाँसी और सहारनपुर में छापा।
13 मई, 1929	सहारनपुर बम फैक्टरी पकड़ी गई।
13 मई, 1929	शिववर्मा और जयदेव कपूर सहारनपुर में गिरफ्तार।
15 मई, 1929	गयाप्रसाद सहारनपुर में गिरफ्तार।
22 मई, 1929	शिववर्मा ने बयान दिया।
6 जून, 1929	रामशरण दास की कपूरथला में गिरफ्तारी।
8 जून, 1929	समृद्ध कोइरी बऊक के घर में मोलनिया मनी एक्शन।

8 जून, 1929	मछवा बाजार में फणीन्द्रनाथ घोष और बैजनाथ सिंह को सी.आई.डी. ने पकड़ा।
9 जून, 1929	गयाप्रसाद ने बयान दिया।
7 मार्च-12 जून, 1929	दिल्ली में असेम्बली बम केस ट्रायल।
12 जून, 1929	भगतसिंह व बी.के. दत्त को आजीवन कारावास।
13 जून, 1929	रामशरण दास का बयान।
14 जून, 1929	फणीन्द्रनाथ घोष ने पुलिस के समक्ष अपना बयान देना शुरू किया।
15 जून, 1929	भगतसिंह व बटुकेश्वर दत्त की भूख हड़ताल।
16 जून, 1929	मनमोहन बनर्जी का आत्मसमर्पण, बेतिया।
16 जून, 1929	ललित कुमार मुखर्जी गिरफ्तार, इलाहाबाद।
11-20 जून, 1929	फणीन्द्रनाथ घोष पुलिस हिरासत में रहा।
20 जून, 1929	फणीन्द्रनाथ घोष ने क्षमा प्रार्थना की।
15 जून, 1929	फणीन्द्रनाथ द्वारा बोरस्टल जेल व सेंट्रल जेल में क्रान्तिकारियों की पहचान।
23-24 जून, 1929	पुलिस को मनमोहन बनर्जी द्वारा बयान दिया गया।
26 जून, 1929	पुलिस को ललित कुमार मुखर्जी द्वारा दिया गया बयान।
जुलाई, 1929	भगवतीचरण वोहरा झाँसी आज़ाद से मिलने गए।
7 जुलाई, 1929	ठाकुर विशेश्वर सिंह ने पील के निर्देश पर जेल में विचाराधीन कैदी वीरेन्द्रनाथ पांडेय से बातचीत की।
8 जुलाई, 1929	फणीन्द्रनाथ घोष द्वारा एस.डी.एम. ठा. सूरज नारायण सिंह को बम परीक्षण का स्थान दिखाना।
9 जुलाई, 1929	रामदुलारे के रहने के स्थान की तलाशी।
10 जुलाई, 1929	फणीन्द्रनाथ घोष की रामानन्द द्वारा शिनाख्त।
10 जुलाई, 1929	लाहौर षड्यंत्र केस का मुकदमा शुरू।
12 जुलाई, 1929	लाहौर में भगतसिंह व साथियों की भूख हड़ताल।
जुलाई, 1929	के अन्त में ग्वालियर में आज़ाद।
अगस्त, 1929	ग्वालियर में पिकरिक एसिड बनाते समय मकान मालिक का आना।
अगस्त, 1929	वैशम्पायन ने कैलाशपति को बम फैक्टरी खोलने का आज़ाद का सन्देश दिया।
1 अगस्त, 1929	काकोरी केस के अप्रूवर बनारसीलाल को बम पार्सल मिला।
5 अगस्त, 1929	काकोरी केस के अप्रूवर शिवचरणलाल शर्मा को बम पार्सल मिला।
8 अगस्त, 1929	सी.आई.डी. के द्वारा रामदुलारे को छोड़ा गया।

9 अगस्त, 1929	भगतसिंह से जेल में पं. नेहरू की भेंट।
सितम्बर, 1929	आज़ाद व वैशम्पायन कानपुर में।
10 सितम्बर, 1929	कैलाशपति दिल्ली पहुँचा।
11 सितम्बर, 1929	भगवानदास माहौर व सदाशिव मलकापुरकर भुसावल में गिरफ्तार।
12 सितम्बर, 1929	न्यायाधीशों को यह अधिकार की अभियुक्तों की अनुपस्थिति में भी मुकदमे की सुनवाई जारी रहे।
13 सितम्बर, 1929	जतीन्द्रनाथ दास भूख हड़ताल में शहीद हुए।
23 सितम्बर, 1929	सदाशिवराव ने बयान देना शुरू किया।
30 सितम्बर, 1929	पूना में शिवराम राजगुरु गिरफ्तार।
अक्टूबर, 1929	भगवतीचरण से कैलाशपति की भेंट।
अक्टूबर, 1929	बम का खोल सफलतापूर्वक ढाला गया।
9 अक्टूबर, 1929	लश्कर, ग्वालियर में बैठक।
9 अक्टूबर, 1929	खान बहादुर अब्दुल अजीज पर गोली चली।
15 अक्टूबर, 1929	अहमदगढ़ ट्रेन एक्शन का प्रयास।
नवम्बर, 1929	भगवतीचरण से विश्वनाथ वैशम्पायन की भेंट।
नवम्बर, 1929	सदगुरु दयाल को हावड़ा, वीरभद्र को उत्तर प्रदेश तथा कैलाशपति को दिल्ली का प्रभारी बनाया गया।
नवम्बर, 1929	आज़ाद की काशीराम के साथ बनारस में विद्याभूषण से भेंट।
नवम्बर, 1929	आज़ाद से भगवतीचरण की मुलाकात-कुदसिया बाग, दिल्ली।
नवम्बर, 1929	आज़ाद ने भवानी सिंह को बम की खोल दिया।
नवम्बर, 1929	ग्वालियर में कैलाशपति से आज़ाद की भेंट।
दिसम्बर, 1929	कानपुर में भगवतीचरण से आज़ाद की भेंट।
21 दिसम्बर, 1929	आज़ाद दिल्ली में सिरकी बाजार में भवानी सहाय के घर।
22 दिसम्बर, 1929	कुदसिया बाग बैठक में वीरभद्र अपनी पत्नी के साथ आया।
23 दिसम्बर, 1929	पुराना किला के पास वायसराय की ट्रेन के नीचे विस्फोट।
25-31 दिसम्बर, 1929	लाहौर में भारतीय राष्ट्रीय कांग्रेस का अधिवेशन।
26 दिसम्बर, 1929	नलगढ़ा के लिए आज़ाद, कैलाशपति व वी.पी. जैन रवाना।
02 जनवरी, 1930	नलगढ़ा से शूटिंग टीम दिल्ली वापस।
2-3 जनवरी, 1930	कुदसिया बाग में आज़ाद, कैलाशपति, यशपाल, भगवतीचरण की बैठक।
6-7 जनवरी, 1930	'बम का दर्शन' पर्चे का लेखन।
7-8 जनवरी, 1930	आज़ाद दिल्ली से कानपुर गए।
22-23 जनवरी, 1930	भवानी सिंह को आज़ाद का टेलीग्राफ, कैलाशपति कानपुर आया।

23 जनवरी, 1930	कैलाशपति 'बम का दर्शन' पर्चा बेडिंग में बाँधकर दिल्ली रवाना।
26 जनवरी, 1930	'बम का दर्शन' पर्चे का वितरण।
26 जनवरी, 1930	देश में पहली बार पूर्ण स्वराज्य दिवस मना।
फरवरी, 1930	लाहौर बन्दियों को छुड़ाने के क्रम में कानपुर में गयाप्रसाद पुस्तकालय के पास बैठक में यशपाल द्वारा गैस योजना।
14-16 फरवरी, 1930	कार्य-समिति की बैठक, साबरमती—कांग्रेस द्वारा नमक सत्याग्रह शुरू करने का निर्णय।
20 फरवरी, 1930	आज़ाद ने अपनी वेब्ले पिस्तौल भगवानदास माहौर को जलगाँव भेजी।
21 फरवरी, 1930	जलगाँव में भगवानदास माहौर द्वारा अप्रूवर जयगोपाल पर हमला।
मार्च, 1930	हावड़ा के एम.एस-सी से सदगुरु दयाल ने आज़ाद को मिलवाया।
मार्च, 1930	नन्दकिशोर निगम टाइफाइड ज्वर से पीड़ित।
मार्च, 1930	पंडित मोतीलाल द्वारा आनन्द भवन का शाही दान।
12 मार्च, 1930	गांधी जी का दांडी के लिए कूच।
12-14 मार्च, 1930	आज़ाद दूसरी बार नलगढ़ा में भवानी सिंह, भवानी सहाय, वी.पी. जैन के साथ।
मार्च-अप्रैल, 1930	यशपाल के साथ दिल्ली में आज़ाद।
अप्रैल, 1930	रेलवे क्लियरिंग हाउस मनी एक्शन प्लान बनी, दुर्गा देवी द्वारा गहना बेचकर व बच्चे के नाम की डिपॉजिट तोड़कर आज़ाद को तीन हजार देना।
5 अप्रैल, 1930	दांडी में नमक उठाकर महात्मा गांधी ने कानून तोड़ा।
23 अप्रैल, 1930	बंगाल आर्डिनेंस को पुनः जारी किया गया।
मई, 1930	यशपाल के कार्य की प्रगति देखने भगवतीचरण का दिल्ली से लाहौर आगमन।
मई, 1930	पंजाब दल के साथ आज़ाद तीसरी बार अभ्यास के लिए नलगढ़ा गए।
मई, 1930	नलगढ़ा जाते समय छुटा बिस्तरबन्द ब्रह्मानन्द ने दिल्ली में वापस दिया।
मई, 1930	आज़ाद द्वारा एक्शन के बाद यशपाल पर कड़ी कार्रवाई का निर्णय, लाहौर।
मई, 1930	कैलाशपति ने सीताराम बाजार, दिल्ली का घर किराए पर लिया।

5 मई, 1930	यरवदा—महात्मा गांधी को गिरफ्तार किया गया।
15-25 मई, 1930	कपड़ा मार्केट, दिल्ली में खयालीराम के घर आज़ाद व भगवतीचरण रुके।
16 मई, 1930	न्यायालय के समक्ष फणीन्द्रनाथ घोष ने बयान देना शुरू किया।
28 मई, 1930	भगवतीचरण वोहरा शहीद हुए।
जून, 1930	दिल्ली में आज़ाद।
जून, 1930	दिल्ली दल के साथ आज़ाद गढ़वाल गए।
1 जून, 1930	दल द्वारा भगतसिंह व बटुकेश्वर दत्त को जेल से छुड़ाने का प्रयास।
2 जून, 1930	बहावलपुर रोड वाले मकान में बम फटे।
6 जून, 1930	आतिशी चक्कर द्वारा पंजाब के 6 जगह एक साथ विस्फोट।
9 जून, 1930	दिल्ली बैठक में फर्जी साबुन फैक्टरी के नाम से बम कारखाना खोलने का निर्णय।
27 जून, 1930	प्रयाग में कांग्रेस कार्य-समिति की बैठक।
30 जून, 1930	पं. मोतीलाल नेहरू की गिरफ्तारी।
जुलाई, 1930	यशपाल द्वारा कैलाशपति को सुखदेवराज से उलझे सम्बन्धों की बात बताना।
1 जुलाई, 1930	पं. मोतीलाल नेहरू की गिरफ्तारी से 'रेलवे क्लियरिंग हाउस' मनी एक्शन योजना विफल।
6 जुलाई, 1930	गाडोदिया स्टोर में मनी एक्शन।
12 जुलाई, 1930	दिल्ली में 'हिमालयन ट्वायलेट्स' नाम से बम फैक्टरी शुरू।
21 जुलाई, 1930	दिल्ली बम फैक्टरी में पिकरिक एसिड बननी शुरू।
31 जुलाई, 1930	मजिस्ट्रेट के समक्ष रामदुलारे का बयान।
अगस्त, 1930	कानपुर में बैठक, ऑल इंडिया क्रान्तिकारी दल बनाने का निर्णय।
अगस्त, 1930	पंडित बलभद्र मिश्र के घर पटकापुर, कानपुर में हथियारों की सफाई व पैकिंग।
अगस्त, 1930	पृथ्वी सिंह आज़ाद की चन्द्रशेखर आज़ाद से भेंट—अल्फ्रेड पार्क, इलाहाबाद।
1 अगस्त, 1930	मजिस्ट्रेट के सामने शिवराज, झाँसी का बयान।
1 अगस्त, 1930	मजिस्ट्रेट के सामने रामानन्द ड्राइवर का बयान।
8 अगस्त, 1930	झाँसी में कमिश्नर पर लक्ष्मीकान्त पांडेय ने हमला किया।
13-14 अगस्त, 1930	दिल्ली से यशपाल को दंड के लिए कानपुर भेजा गया।
14-15 अगस्त, 1930	कानपुर से यशपाल की बैरंग दिल्ली वापसी।
26 अगस्त, 1930	दिल्ली में 'हिमालयन ट्वायलेट्स' बम फैक्टरी बन्द।

29 अगस्त, 1930	बम फैक्टरी में बैठक कर यशपाल को क्षमादान।
31 अगस्त, 1930	वैशम्पायन द्वारा आज़ाद से वीरभद्र की दोहरी चाल की शिकायत करना।
सितम्बर, 1930	मिस्टर पील को मारने की रेकी के लिए टीम दिलकुशा, लखनऊ भेजी गई।
सितम्बर, 1930	आज़ाद, मदनगोपाल व विशम्भर दयाल का अजमेर जाना।
सितम्बर, 1930	छपरा जेल से जोगेन्द्र सुकुल को छुड़ाने की योजना के क्रम में आज़ाद का गोरखपुर जाना-गीता प्रेस के नरसिंह मिश्र से भेंट।
1 सितम्बर, 1930	दुर्गा देवी व विश्वनाथ वैशम्पायन का दिल्ली बम फैक्टरी में आगमन।
4 सितम्बर, 1930	केन्द्रीय कमेटी को भंग कर प्रान्तीय कमेटियों में हथियार बाँटे गए।
06 सितम्बर, 1930	दुर्गा देवी, विश्वनाथ वैशम्पायन व शची दादर में।
11 सितम्बर, 1930	बीमारी के कारण मोतीलाल जी को नैनी जेल से रिहा किया गया।
14 सितम्बर, 1930	पं. मोतीलाल मसूरी के लिए रवाना।
अक्टूबर, 1930	वीरभद्र का नमक सत्याग्रह में जेल जाना।
अक्टूबर, 1930	कानपुर में कच्छी आढ़त का धन कार्य।
4 अक्टूबर, 1930	सी.आई.डी. पंजाब के एस.एस.पी. खान बहादुर अजीज खान पर हमला।
7 अक्टूबर, 1930	भगतसिंह व साथियों को फाँसी की घोषणा।
9 अक्टूबर, 1930	लेमिंग्टन रोड पर गोली केस।
11 अक्टूबर, 1930	पं. जवाहरलाल नेहरू नैनी जेल से रिहा।
13 अक्टूबर, 1930	कमला व पं. जवाहरलाल नेहरू मसूरी रवाना।
19 अक्टूबर, 1930	पं. जवाहरलाल पुनः गिरफ्तार कर नैनी जेल।
28 अक्टूबर, 1930	कैलाशपति की गिरफ्तारी।
1 नवम्बर, 1930	धन्वन्तरि दिल्ली में गिरफ्तार।
4 नवम्बर, 1930	लाहौर में टहल सिंह गिरफ्तार व विशेश्वर शहीद हुए।
5 नवम्बर, 1930	भवानी सिंह दिल्ली से कानपुर गए।
7 नवम्बर, 1930	पुलिस को ग्वालमंडी वाले घर से विस्फोटक मिला।
10 नवम्बर, 1930	भवानी सिंह श्रीधर के साथ जयपुर गए।
16 नवम्बर, 1930	सी.आई.डी. को कुली बाजार, कानपुर बम फैक्टरी का पता चला।
17 नवम्बर, 1930	भवानी सिंह श्रीधर व बनर्जी के साथ मेरठ आए।
17 नवम्बर, 1930	स्वास्थ्य कारणों से पं. मोतीलाल कलकत्ता रवाना।

29 नवम्बर, 1930	हापुड़ में किराए का मकान लेकर भवानी सिंह रुके।
दिसम्बर, 1930	मासी माँ ने भैया को कहा कि वे खोकी को साथ रखें।
दिसम्बर, 1930	रामसिंह का भाबरा आगमन, मनोहरलाल त्रिवेदी कानपुर आए।
1 दिसम्बर, 1930	कानपुर में सालिगराम शुक्ल शहीद हुए।
23 दिसम्बर, 1930	पंजाब के गवर्नर पर विश्वविद्यालय के दीक्षान्त में गोली चलाई।
25 दिसम्बर, 1930	बम बनाते समय कानपुर में विस्फोट।
27 दिसम्बर, 1930	थाना चौक बनारस में बम फटा।
जनवरी, 1931	इलाहाबाद में आज़ाद की पं. मोतीलाल जी से भेंट।
जनवरी, 1931 (अन्तिम सप्ताह)	चन्द्रशेखर आज़ाद कानपुर से इलाहाबाद आए।
1 जनवरी, 1931	कमला नेहरू की गिरफ्तारी पं. मोतीलाल की कलकत्ता से वापसी।
2 जनवरी, 1931	कानपुर में इंस्पेक्टर टीकाराम पर जानलेवा हमला किया।
11 जनवरी, 1931	कानपुर में डिप्टी कलेक्टर के शिविर में बम फेंका गया, फटा नहीं।
12 जनवरी, 1931	पं. मोतीलाल की वापसी व नैनी जेल में बेटे से भेंट।
23 जनवरी, 1931	वीरभद्र तिवारी जेल से छूटकर कानपुर आया।
24 जनवरी, 1931	मेरठ में भवानी सिंह प्रेम कुमार के साथ ठहरे।
26 जनवरी, 1931	महात्मा गांधी, पं. जवाहरलाल, कमला नेहरू व अन्य रिहा।
28 जनवरी, 1931	महात्मा गांधी आनन्द भवन पहुँचे।
31 जनवरी-1 फरवरी, 1931	स्वराज्य भवन में कांग्रेस कार्यकारिणी की बैठक।
4 फरवरी, 1931	एक्स-रे हेतु पं. मोतीलाल को लखनऊ ले जाया गया।
6 फरवरी, 1931	लखनऊ में पं. मोतीलाल की मृत्यु व इलाहाबाद में अन्त्येष्टि।
7 फरवरी, 1931	दिल्ली में काशीराम और भवानी सहाय के साथ भवानी सिंह।
11 फरवरी, 1931	बुढ़ाना गेट, मेरठ में किराए का मकान लेकर भवानी सिंह रुके।
11 फरवरी, 1931	कानपुर में विश्वनाथ वैशम्पायन की गिरफ्तारी।
13 फरवरी, 1931	कांग्रेस कार्य-समिति की इलाहाबाद में बजाब्ता बैठक।
14-15 फरवरी, 1931	इलाहाबाद में आज़ाद की पं. जवाहरलाल जी से भेंट।
16 फरवरी, 1931	महात्मा गांधी दिल्ली को रवाना।
17 फरवरी, 1931	दिल्ली में गांधी जी की इरविन से पहली मुलाकात।
19 फरवरी, 1931	गांधी-इरविन की पुनः वार्ता।
19-20 फरवरी, 1931	पं. जवाहरलाल नेहरू दिल्ली रवाना।
25-26 फरवरी, 1931	दुर्गा देवी और सुशीला देवी दिल्ली रवाना।

27 फरवरी, 1931	अल्फ्रेड पार्क में चन्द्रशेखर आज़ाद शहीद हुए।
27 फरवरी, 1931	गांधी-इरविन की तृतीय वार्ता।
27 फरवरी, 1931	(दस्तावेजों में दर्ज नहीं) सदगुरु दयाल अवस्थी की गिरफ्तारी।
28 फरवरी, 1931	शहीद चन्द्रशेखर आज़ाद का पोस्टमॉर्टम एवं अन्त्येष्टि हुई।
28 फरवरी, 1931	शहीद चन्द्रशेखर आज़ाद का अस्थिकलश का जुलूस निकला, सभा।
01 मार्च, 1931	गांधी-इरविन की चतुर्थ वार्ता।
2 मार्च, 1931	रामरख सहगल की गिरफ्तारी।
05 मार्च, 1931	गांधी-इरविन पैक्ट पर हस्ताक्षर।
7 मार्च, 1931	कानपुर में भवानी सिंह काशीराम के साथ रुके।
23 मार्च, 1931	भगतसिंह व साथियों को फाँसी।
25 मार्च, 1931	कानपुर में भड़के दंगों में गणेश शंकर विद्यार्थी लापता।
29 मार्च, 1931	स्व. गणेश शंकर जी का शव खोजा गया।
20 अप्रैल, 1931	मवाना, मेरठ में भवानी सिंह अकेले रहे।
3 मई, 1931	सुखदेवराज की गिरफ्तारी।
3 जून, 1931	'लंदन गजट' में नॉट बावर तथा ठाकुर विशेश्वर सिंह को 'किंग्स पुलिस मेडल' देने की घोषणा प्रकाशित।
6 जून, 1931	काशीराम की गिरफ्तारी।
12 सितम्बर, 1931	दुर्गा देवी का आत्मसमर्पण।
24 सितम्बर, 1931	बम्बई में भवानी सिंह व सुरेन्द्रनाथ पांडेय पकड़े गए।
23 जनवरी, 1932	यशपाल की गिरफ्तारी।
12 अगस्त, 1932	राजेन्द्रप्रसाद निगम की गिरफ्तारी।
24 सितम्बर, 1932	भवानी सिंह व सुरेन्द्र पांडेय की गिरफ्तारी।
अक्टूबर-नवम्बर, 1932	दिल्ली में सुशीला दीदी की गिरफ्तारी।
25 फरवरी, 1933	नन्दकिशोर निगम की गिरफ्तारी।
17 अप्रैल, 1933	हंसराज वोहरा की गिरफ्तारी।
1938	पं. सीताराम तिवारी की भाबरा में मृत्यु।
मार्च-अप्रैल, 1939	भाबरा में विश्वनाथ वैशम्पायन।
1948	श्रीमती जगरानी देवी का झाँसी आगमन।
23 मार्च, 1951	श्रीमती जगरानी देवी की झाँसी में मृत्यु।

सन्दर्भ ग्रन्थ सूची

प्राथमिक स्रोत

1. 'द हैंगिंग ऑफ भगतसिंह, कन्फेशंस, स्टेटमेंट्स एंड अदर डाक्यूमेंट्स', मलविन्दर जीत सिंह वढ़ैच, हरीश जैन, यूनिस्टार बुक्स प्रा. लि. चंडीगढ़, 2007
2. 'द हैंगिंग ऑफ भगतसिंह, कम्प्लीट ट्रिब्यूनल प्रोसिडिंग्स विद सुखदेव रिमार्क्स', मलविन्दर जीत सिंह वढ़ैच, मिसेज राजवन्ती मान, हरीश जैन, यूनिस्टार बुक्स प्राइवेट लिमिटेड, चंडीगढ़, वॉल्यूम-iii, 2010
3. 'सेलेक्ट ट्रिब्यूनल प्रोसिडिंग्स विद सुखदेव रिमार्क्स', यूनिस्टार बुक्स प्रा. लि. चंडीगढ़, 2010
4. 'हिस्ट्री ऑफ द नौजवान भारत सभा', कामरेड रामचन्द्र, यूनिस्टार बुक्स प्रा. लि. चंडीगढ़, 2007
5. 'गजेटियर ऑफ वेस्टर्न स्टेट्स (मालवा)', वॉल्यूम-अ, पार्ट-ए, बी, कैप्टन सी.ई. लुआर्ड, 1908, इंडियन प्रेस, इलाहाबाद
6. 'स्टेस्टिकल रिपोर्ट ऑफ कानपुर', राबर्ट मांटगोमरी, जून, 1948
7. 'सेंट्रल इंडियन स्टेट्स सेंसस सीरीज', 1931, वॉल्यूम-iii, अलीराजपुर स्टेट, सी.एस. वेंकटाचार, द स्टैंडर्ड प्रेस, इलाहाबाद, 1932
8. 'सेंसस ऑफ इंडिया', 1951, मध्य प्रदेश, झाबुआ, गवर्नमेंट सेंट्रल प्रेस, ग्वालियर, 1955
9. 'फोर्ट नाइटली रिपोर्ट', अप्रैल, 1926, फरवरी, 1931, होम पोलिटिकल, राष्ट्रीय अभिलेखागार, नई दिल्ली
10. 'गजेटियर ऑफ इंडिया', मध्य प्रदेश, झाबुआ, भोपाल डाइरेक्टर, 2000
11. 'काकोरी कॉन्सिपिरेसी जजमेंट इन द कोर्ट ऑफ स्पेशल सेशन जज', 6 अप्रैल, 1927
12. 'दिल्ली ट्रेन कॉन्सिपिरेसी, ओरिजिनल फाइल', होम डिपार्टमेंट, पोलिटिकल, राष्ट्रीय अभिलेखागार, नई दिल्ली
13. 'हू इज हू', 1936, सेंट्रल रिकार्ड, लखनऊ
14. 'टेररिज्म इन इंडिया', 1917-1936, राष्ट्रीय अभिलेखागार, नई दिल्ली, 1937
15. 'लंदन गजट', 3 जून, 1931
16. 'श्रीमती दुर्गा देवी का इंटरव्यू', श्यामलाल मनचन्दा, मौखिक इतिहास इंटरव्यू, नेहरू स्मारक संग्रहालय और लाइब्रेरी, दिल्ली, 16 फरवरी, 1972, ओरल हिस्ट्री ट्रॉन्सक्रिप्ट, 4 अप्रैल, 1985
17. 'सीक्रेट पुलिस अब्सट्रैक्ट ऑफ इंटेलिजेंस', यू.पी., वॉल्यूम-XLIX नं. 8, 28 फरवरी, 1931, सेंट्रल रिकार्ड, लखनऊ
18. 'मेम्वायर्स ऑफ द जियो पोलिटिकल सर्वे ऑफ इंडिया', वॉल्यूम-21, कोलकाता
19. अल्फ्रेड पार्क का पुराना नक्शा, 1948, नगर निगम, प्रयागराज
20. रजिस्टर नम्बर-8, हलका सिविल लाइंस, थाना-कर्नलगंज, प्रयागराज
21. 'साक्षात्कार श्री अशोक वाजपेयी', कवि व साहित्यकार, भौती प्रतापपुर, कानपुर।
22. 'साक्षात्कार श्री भानुप्रकाश तिवारी व श्री चन्द्रप्रकाश तिवारी', निवासी भौती प्रतापपुर, कानपुर।
23. खतौनी, भौती प्रतापपुर, कलेक्ट्रेट कानपुर, 1948

24. जिलाधिकारी अलीराजपुर श्री राघवेन्द्र सिंह के सौजन्य से प्राप्त सूचना, (उपजिलाधिकारी श्रीमती किरन अंजान)
25. चन्द्रशेखर आज़ाद की कोल्ट पिस्तौल लखनऊ संग्रहालय से इलाहाबाद संग्रहालय स्थानान्तरित किये जाने से सम्बन्धित पत्रावली, इलाहाबाद संग्रहालय, प्रयागराज।
26. चन्द्रशेखर आज़ाद, 'काकोरी कॉन्सिपिरेसी केस एब्स्कांडर', पत्रावली संख्या पी.पी.एफ./15, खंड-I, II, III, IV, सेंट्रल रिकार्ड, लखनऊ।
27. शिवचरण पुत्र परसादी लाल, कुली बाजार, कानपुर, पत्रावली संख्या एस-85, सेंट्रल रिकार्ड, लखनऊ।
28. सदाशिवराव मलकापुरकर पुत्र रघुनाथराव, धर्मशाला, बजरिया, झाँसी, पत्रावली संख्या एस-167, सेंट्रल रिकार्ड, लखनऊ।
29. सुरेन्द्रनाथ पांडेय पुत्र हीरालाल पांडेय, सचेंडी, कानपुर, पत्रावली संख्या एस-171, खंड-I, II, सेंट्रल रिकार्ड, लखनऊ।
30. सुखदेवराज पुत्र गेंदालाल, दीनानगर, गुरुदासपुर, पंजाब, पत्रावली संख्या एस-186, सेंट्रल रिकार्ड, लखनऊ।
31. विश्वनाथराव वैशम्पायन पुत्र गंगाधरराव, झाँसी, पत्रावली संख्या बी-56, सेंट्रल रिकार्ड, लखनऊ।
32. सदगुरु दयाल अवस्थी पुत्र सुखबासी लाल, पत्रावली संख्या एस-101, सेंट्रल रिकार्ड, लखनऊ।
33. कैलाशपति का बयान, राष्ट्रीय अभिलेखागार, नई दिल्ली।
34. भवानी सिंह पुत्र कैप्टन नाथू सिंह, गढ़वाल, पत्रावली संख्या बी-68, सेंट्रल रिकार्ड, लखनऊ।
35. मन्मथनाथ गुप्त पुत्र वीरेश्वर गुप्त, गणेश महाल, वाराणसी, पत्रावली संख्या जी-35, सेंट्रल रिकार्ड, लखनऊ।
36. शचीन्द्रनाथ बख्शी पुत्र काली पादो बख्शी, पातालेश्वर, वाराणसी, पत्रावली संख्या बी-12, सेंट्रल रिकार्ड, लखनऊ।
37. शिववर्मा पुत्र कन्हैया लाल वर्मा, हरदोई पत्रावली संख्या एस-81, सेंट्रल रिकार्ड, लखनऊ।
38. विजयकुमार सिन्हा उर्फ बच्चू पुत्र शरत कुमार सिन्हा, कानपुर पत्रावली संख्या एस-37, सेंट्रल रिकार्ड, लखनऊ।
39. प्रतुलचन्द्र गांगुली पुत्र महिमचन्द्र गांगुली, ढाका पत्रावली संख्या जी-1, सेंट्रल रिकार्ड, लखनऊ।
40. 'रिपोर्ट ऑन द एडमिनिस्ट्रेशन ऑफ़ द पुलिस ऑफ़ द यूनाइटेड प्रॉविंस', डॉ. भीमराव अम्बेडकर पुलिस अकादमी, मुरादाबाद, 1930-1931।

पत्र-पत्रिकाएँ

1. दैनिक 'आज' दिसम्बर, 1921, जनवरी, फरवरी, जून, सितम्बर, 1922, मार्च, 1931, काशी नागरी प्रचारिणी सभा, वाराणसी।
2. 'द लीडर', 1, 2 मार्च, 1931, भारती भवन, चौक, प्रयागराज।
3. 'द पायनियर', 1 मार्च, 1931, त्रिमूर्ति भवन, दिल्ली।
4. 'अभ्युदय साप्ताहिक', 1 मार्च, 1931, राष्ट्रीय अभिलेखागार, दिल्ली।
5. 'साप्ताहिक भविष्य', 5 मार्च, 1931, दिल्ली।
6. 'साप्ताहिक हिन्दुस्तान', 15 जनवरी, 1967; 5 फरवरी, 1967; 5 मार्च, 1967; 12 मार्च, 1967; 9 अप्रैल, 1967; 18 जून, 1967 हिन्दी साहित्य सम्मेलन, प्रयाग, काशी नागरी प्रचारिणी सभा, वाराणसी।

7. 'धर्मयुग', 18 जून, 1967; 24 जून, 1967; 02 जुलाई, 1967; 09 जुलाई, 1967, हिन्दी साहित्य सम्मेलन, प्रयाग।
8. 'दिनमान', 12 नवम्बर, 1967; 03 दिसम्बर, 1967; 10 दिसम्बर, 1967; 14 अप्रैल, 1968; 21 अप्रैल, 1968, हिन्दी साहित्य सम्मेलन, प्रयाग।
9. 'इंडियन एक्सप्रेस', 1 अप्रैल, 1949, त्रिमूर्ति भवन, नई दिल्ली।
10. 'मर्यादा' पत्रिका, अंक-6, भाग-22, चैत्र-1975, हिन्दी साहित्य सम्मेलन, प्रयाग।
11. 'कानपुर में नवजागरण', पं. लक्ष्मीकान्त त्रिपाठी सितम्बर, 'जागरण' रजत जयन्ती अंक, कानपुर, 1972।
12. 'ऋतम्भरा', वार्षिकी, वी.एस.डी. कॉलेज, नवाबगंज, कानपुर, 1972-73।
13. 'अकार', मासिक, अंक-35, अप्रैल, 2013 से जुलाई, 2013, प्रियंवद, कानपुर।
14. शहीद अंक, 'नर्मदा', सं. बनारसीदास चतुर्वेदी, अप्रैल, 1960, नूतन प्रकाशन मन्दिर, ग्वालियर (म.प्र.)

हिन्दी ग्रन्थ

1. 'अमर शहीद चन्द्रशेखर आज़ाद', श्री विश्वनाथ वैशम्पायन, राजकमल, नई दिल्ली, 2007
2. 'अग्निपुंज, शहीद चन्द्रशेखर आज़ाद की क्रान्तिकारी जीवन कथा', सं. सुधीर विद्यार्थी, राजकमल, 2015, नई दिल्ली
3. 'वे इन्कलाबी दिन', स्वतंत्रता संग्राम का ऐतिहासिक दस्तावेज, वीरेन्द्र, राजपाल, 2017
4. 'काकोरी कांड के दिलजले', पं. रामदुलारे त्रिवेदी, लोकहित प्रकाशन, लखनऊ, 2002
5. 'सिंहावलोकन', यशपाल, लोकभारती, इलाहाबाद, 2007 व प्रथम संस्करण, 1955
6. 'भारत के क्रान्तिकारी', मन्मथनाथ गुप्त, हिन्द पॉकेट बुक्स, दिल्ली, 2012
7. भारतीय स्वतंत्रता संग्राम के प्रसिद्ध क्रान्तिकारी, चन्द्रशेखर आज़ाद, मन्मथनाथ गुप्त, रवि पब्लिकेशंस, मेरठ
8. 'क्रान्तिकारी आन्दोलन का दस्तावेज', मन्मथनाथ गुप्त, समय प्रकाशन, दिल्ली, 2021
9. 'क्रान्तिकारी की आत्मकथा', मन्मथनाथ गुप्त, अनन्य प्रकाशन, दिल्ली, 2021
10. 'हमारे जुझारू क्रान्तिकारी', मन्मथनाथ गुप्त, समय प्रकाशन, नई दिल्ली, 2021
11. 'सरदार भगतसिंह के सहयोगी', शिववर्मा, प्रो. प्रमोद कुमार, एन.बी.टी., 2015
12. 'संस्मृतियाँ, क्रान्तिकारी शहीदों के संस्मरणात्मक रेखाचित्र', शिववर्मा, राहुल फाउंडेशन, लखनऊ, 2010
13. 'क्रान्तिकारी आन्दोलन का वैचारिक विकास', शिववर्मा, राहुल फाउंडेशन, लखनऊ, 2012
14. 'अपने लिए जिए तो क्या जिए, एक क्रान्तिकारी की जीवनगाथा', राजेन्द्रनाथ बख्शी, एन.बी. टी., 2019
15. 'क्रान्ति पथ पर चलते चलते', शचीन्द्रनाथ बख्शी, फिनिक्स बुक्स, दिल्ली, 2014
16. 'वतन पर मरनेवालों का', शचीन्द्रनाथ बख्शी, ग्लोबल हारमनी पब्लिकेशंस, दिल्ली, 2019
17. 'कुछ कही कुछ अनकही', राजेन्द्रनाथ बख्शी, ग्लोबल हारमनी पब्लिकेशंस, दिल्ली, 2019
18. 'एक क्रान्तिकारी के संस्मरण', राजेन्द्र पाल सिंह 'वारियर', शहीद स्मारक एवं स्वतंत्रता संग्राम शोध केन्द्र, लखनऊ।
19. 'मेरे भाई शहीद सुखदेव', मथुरादास थापर, प्रवीण प्रकाशन, नई दिल्ली, 2015
20. 'आज़ादी की खोज में', जोगेशचन्द्र चटर्जी, राधा पब्लिकेशन, नई दिल्ली, 2018
21. 'शहीदों की छाया में', रामकृष्ण खत्री, अनन्य प्रकाशन, दिल्ली, 2022
22. 'यश की धरोहर', श्री भगवानदास माहौर, श्री सदाशिवराव मलकापुरकर, शिववर्मा, राहुल फाउंडेशन, लखनऊ, 2017

23. 'आत्मालोचन', डॉ. भगवानदास माहौर, स्वराज संस्थान संचालनालय, भोपाल, 2011
24. 'बलिदान' (एकांकी), डॉ. श्री भगवानदास माहौर, स्वराज संस्थान संचालनालय, भोपाल, 2011
25. 'हिन्दू पंच', बलिदान अंक, सं. कमलादत्त पांडेय, स्वर्ण जयन्ती, दिल्ली, 1997
26. 'क्रान्ति कथा', क्रान्तिवीर रमेशचन्द्र गुप्त, किशनचन्द्र अग्रवाल, कानपुर,2000
27. 'क्रान्तिकारी शहीद चन्द्रशेखर आज़ाद', श्रीकृष्ण सरल, स्वराज संस्थान संचालनालय, भोपाल, 2006
28. 'क्रान्तिकारी कोश', श्रीकृष्ण 'सरल, तृतीय खंड, प्रभात प्रकाशन, नई दिल्ली, 2021
29. 'चन्द्रशेखर आज़ाद, विवेकशील क्रान्तिकारी', मलविन्दर जीत सिंह वढैच, राजवन्ती मान, राजकमल, दिल्ली, 2019
30. 'अमर शहीद अशफाक उल्ला खाँ', सं. बनारसीदास चतुर्वेदी, राजकमल, दिल्ली, 2008
31. 'अशफाक उल्ला और उनका युग', सुधीर विद्यार्थी, राजकमल, 2010
32. 'शहादतनामा', सुधीर विद्यार्थी, नई किताब, दिल्ली, 2020
33. 'काकोरी शहीद स्मृति', डॉ. श्री भगवानदास माहौर, स्वराज संस्थान संचालनालय, भोपाल, 2012
34. 'क्रान्तिकारी आन्दोलन कुछ अधखुले पन्ने', धर्मेन्द्र गौड़, साक्षी पेपरबैक्स, दिल्ली, 2014
35. 'दादा कामरेड', यशपाल, लोकभारती प्रकाशन, इलाहाबाद, 2009
36. 'क्रान्तिकारी आन्दोलन का आज़ाद युग', सदगुरु दयाल अवस्थी एवं भगवतीप्रसाद माधव, जिज्ञासा प्रकाशन, उन्नाव, 1987
37. 'नर्मदा' मासिक पत्रिका, आज़ाद अंक, बनारसीदास चतुर्वेदी, 1964, नूतन प्रकाशन मन्दिर, ग्वालियर (म.प्र.)
38. 'उत्तर प्रदेश की महान विभूतियाँ', चन्द्रशेखर आज़ाद, लेख
39. 'अमर शहीदों के संस्मरण', राजाराम शास्त्री, साधना साहित्य मन्दिर प्रकाशन, कानपुर, 1981
40. 'क्रान्ति-पथ के पथिक', सत्यभक्त, संस्कृति संस्थान बरेली, 1973
41. 'क्रान्ति के वे दिन', काशीराम, क्रान्तिकारी प्रकाशन, मिरजापुर, 1976
42. 'आजादी के परवाने', आर. सहगल, कर्मयोगी प्रेस, इलाहाबाद, 1948
43. 'सातार तट और आज़ाद', अनिल वर्मा, समिति, टीकमगढ़, 2010
44. 'बलिदान', चन्द्रशेखर आज़ाद की रोमांचकारी जीवनी, नन्दकिशोर निगम, 1967
45. 'सरदार पृथ्वी सिंह, एक क्रान्तिकारी जीवनी', राहुल सांकृत्यायन, पीपुल्स पब्लिशिंग हाउस, नई दिल्ली, 1944
46. 'विप्लव' के विविध अंक, सम्पादक यशपाल, लखनऊ, 1938-1940
47. 'दीदी सुशीला मोहन', सत्यदेव विद्यालंकार, नई दिल्ली, 1965
48. 'महान क्रान्तिकारी धन्वन्तरि', रमेश विद्रोही, भावना प्रकाशन, नई दिल्ली, 1961
49. 'स्मारिका : अमर शहीद चन्द्रशेखर आज़ाद', 'बलिदान अर्द्धशताब्दी', इलाहाबाद, 1981
50. 'स्वतंत्रता आन्दोलन और बनारस', विश्वविद्यालय प्रकाशन, वाराणसी, ठाकुरप्रसाद सिंह, 1990
51. 'चन्द्रशेखर आज़ाद और उनका युग', मन्मथनाथ गुप्त, हिन्दी प्रचार सभा, हैदराबाद, 1985
52. 'भारतीय क्रान्तिकारी आन्दोलन : एक विश्लेषण', झारखंडे राय, पीपुल्स पब्लिशिंग हाउस, नई दिल्ली
53. 'क्रान्तिकारी आन्दोलन का वैचारिक इतिहास', मन्मथनाथ गुप्त, निधि प्रकाशन, दिल्ली, 1980
54. 'भारत के महान अमर क्रान्तिकारी', चन्द्रशेखर आज़ाद, डॉ. भवान सिंह राणा, भारतीय ग्रन्थ निकेतन, दिल्ली, 1990

55. 'आज़ाद की पिस्तौल और उनके गद्दार साथी', धर्मेन्द्र गौड़, मौलिक साहित्य प्रकाशन, दिल्ली, 1973
56. 'सरदार भगतसिंह और उनके साथी', अजय कुमार घोष, आज़ादी के दस्तावेज, भाग-2, वाणी प्रकाशन, 2021
57. 'भारत के शहीद', मनमोहन गुप्त, अरविन्द प्रकाशन, आगरा, 1994
58. 'कुछ स्मृतियाँ और कुछ अस्फुट विचार', डॉ. सम्पूर्णानन्द, ज्ञानमंडल लिमिटेड, वाराणसी, 1962
59. 'शिववर्मा अभिनन्दन ग्रन्थ', डोरीलाल अग्रवाल, आगरा, 1985
60. 'भारतीय स्वतंत्रता संग्राम के अमर शहीदों की सच्ची कहानियाँ', मेवाराम गुप्त
61. 'अमर शहीद भगतसिंह', वीरेन्द्र सिन्धु, प्रकाशन विभाग, दिल्ली, 1974
62. 'क्रान्ति के वे दिन', वचनेश त्रिपाठी, विक्रम प्रकाशन, दिल्ली, 2019
63. 'क्रान्तिकारियों के ऐतिहासिक दस्तावेज', वचनेश त्रिपाठी, दिनमान प्रकाशन, दिल्ली, 2018
64. 'हम विद्रोही चिर अशान्त', वचनेश त्रिपाठी, आकाशगंगा प्रकाशन, दिल्ली, 2017
65. 'चन्द्रशेखर आज़ाद स्मृति ग्रन्थ', एम.एम.जुनेजा, रघुबीर सिंह, माडर्न पब्लिशर्स, मोहाली पंजाब, 2013
66. 'चन्द्रशेखर आज़ाद स्वतंत्रता संग्राम का सेनानायक', एम.एम.जुनेजा, मॉडर्न पब्लिशर्स, हिसार, 2009
67. 'क्रान्तिपूत शचीन्द्रनाथ सान्याल', हिमांशु उपाध्याय, नागरी प्रचारिणी सभा, वाराणसी, सं. 2050
68. 'सिन्हा बन्धु', आशा सिंह, जेन नेक्स्ट पब्लिकेशन, नई दिल्ली, 2023
69. 'इश्क-ए-शहादत', अमन वर्मा, रीड पब्लिकेशन, इलाहाबाद, 2018
70. 'भारत के अमर क्रान्तिकारी चन्द्रशेखर आज़ाद', मीना अग्रवाल, डायमंड बुक्स, 2016
71. 'आज़ाद कथा', श्रीराम तिवारी, स्वराज संस्थान संचालनालय, भोपाल, 2006
72. 'अमर क्रान्तिवीर चन्द्रशेखर आज़ाद', भारत भूषण, प्रभात पेपरबैक्स, नई दिल्ली, 2021
73. 'क्रान्तिकारी आज़ाद', शंकर सुल्तानपुरी, हिन्दी पॉकेट बुक्स, दिल्ली, 1993
74. 'चन्द्रशेखर आज़ाद', फरहाना ताज, अभ्युदय बुक्स, दरभंगा, 2014
75. 'आज़ादी के अनोखे एवं रोमांचक प्रसंग', डॉ. राजेन्द्र पटोरिया, डायमंड बुक्स, नई दिल्ली, 2022
76. 'गुमनाम क्रान्तिवीर', एडवोकेट शंकर सोनी, सत्यसन्धान प्रकाशन, नई दिल्ली, 2021
77. 'क्रान्तिकारी आन्दोलन में वाराणसी की भूमिका', डॉ. शिप्रा टंडन, अंकित पब्लिकेशंस, दिल्ली, 2011
78. 'शहीदों की कहानियाँ', सं. रमाशंकर, बी.एम. पब्लिकेशंस, इलाहाबाद, 2012
79. 'भील विद्रोह संघर्ष के सवा सौ साल', सुभाषचन्द्र कुशवाहा, हिन्द युग्म, 2021
80. 'उत्तर प्रदेश में क्रान्तिकारी आन्दोलन का इतिहास', डॉ. एन.सी. मेहरोत्रा, डॉ. पूनम शर्मा, आत्माराम एंड सन्स, दिल्ली, 2017
81. 'आज़ादी के दीवाने', राजेन्द्र कुमार टंडन, साहित्य भवन, इलाहाबाद, 2004
82. 'कन्था' (उपन्यास), श्यामबिहारी श्यामल, राजकमल, 2021
83. 'क्रान्तिवीर', डॉ. धर्मदेव विद्यार्थी, हरियाणा ग्रन्थ अकादमी, पंचकूला, 2013
84. 'भगतसिंह और उनके सहयोगियों के मुकदमे', पं. सत्यनारायण शर्मा, ('भविष्य' के ऐतिहासिक दस्तावेज), नेशनल प्रेस, चेन्नई, 2017
85. 'भगतसिंह के साथी', प्रबल सरन अग्रवाल, हर्षवर्धन त्रिपाठी, अंकुर गोस्वामी, वाम प्रकाशन, नई दिल्ली, 2022

86. 'क्रान्तिकारी दुर्गा भाभी', सत्यनारायण शर्मा, एन.बी.टी., दिल्ली, 2021
87. 'क्रान्तिकारी आन्दोलन एक पुनर्पाठ', सुधीर विद्यार्थी, भारतीय ज्ञानपीठ, 2016
88. 'जिन्दा शहीद', परशुराम विरही, मध्य प्रदेश, हिन्दी ग्रन्थ अकादमी, भोपाल, 2001
89. 'क्रान्तिवीर चन्द्रशेखर आज़ाद', हरीश वार्ष्णेय, शब्द सागर, दिल्ली, 2002
90. 'भारत में सशस्त्र क्रान्ति-चेष्टा का रोमांचकारी इतिहास', मन्मथनाथ गुप्त, नागरी प्रेस, दारागंज, प्रयाग, 1948
91. 'अमर शहीद सरदार भगतसिंह' (एकमात्र प्रामाणिक जीवनी), कर्मयोगी प्रेस, जितेन्द्रनाथ सान्याल, इलाहाबाद, 1947
92. 'क्रान्तिवीर चन्द्रशेखर आज़ाद', डॉ. लालबहादुर सिंह चौहान, स्वास्तिक प्रकाशन, दिल्ली, 2000
93. 'अमर शहीद चन्द्रशेखर आज़ाद', योगेश शर्मा, स्वराज भवन, भोपाल
94. 'क्रान्तिवीर भगतसिंह 'अभ्युदय' और 'भविष्य', चमनलाल, लोकभारती प्रकाशन, इलाहाबाद, 2012
95. 'भगतसिंह की पिस्तौल की खोज', जुपिन्दर जीत सिंह, प्रभात, दिल्ली, 2022
96. 'सम्पदा : मध्य प्रदेश की जनजातीय सांस्कृतिक परम्परा का साक्ष्य', वन्दना पांडेय, आदिवासी लोक कला एवं बोली विकास अकादमी, म.प्र. संस्कृति परिषद, भोपाल, 2018
97. 'भिलाली मौखिक साहित्य व भिलाली कथाएँ', गजेन्द्र आर्य, 2014 व 2011
98. 'भगतसिंह व अन्य क्रान्तिकारियों की शहादतें', पं. सत्यनारायण शर्मा, नीलकंठ प्रकाशन, नई दिल्ली, 2018
99. 'कानपुर के विद्रोही', नारायण प्रसाद अरोड़ा, कानपुर इतिहास समिति कानपुर, 1948
100. 'भगत की विरासत', डॉ. अजय कुमार मिश्र, दीक्षा प्रकाशन, 2019
101. 'कांग्रेस का इतिहास : खंड-1 (1885-1935)', डॉ. बी. पट्टाभि सीतारमैया
102. 'मेरी कहानी', पं. जवाहरलाल नेहरू, वेडनवीलार, 1936
103. 'स्वतंत्रता आन्दोलन और बनारस', ठाकुरप्रसाद सिंह, विश्वविद्यालय प्रकाशन, वाराणसी, 1990
104. 'भौती और आज़ाद', विकास वाजपेयी, कानपुर, 1973
105. 'बंगाल की विप्लव कथा', नलिनी किशोर गुह, संवाद प्रकाशन, मुम्बई, 2014
106. 'जखीरे में शहादत', सुधीर विद्यार्थी, राजकमल, 2012
107. 'उत्तर प्रदेश में गांधी जी', रामनाथ सुमन, सूचना विभाग, उत्तर प्रदेश, 1969
108. 'प्रयाग प्रदीप', श्री शालिग्राम श्रीवास्तव, हिन्दुस्तानी एकेडमी, प्रयागराज, 1937
109. 'श्री चन्द्रशेखर आज़ाद की जीवनी', सं. बलदेव प्रसाद शर्मा, आदर्श पुस्तक भंडार, बनारस सिटी, आषाढ़ 1988 वि., (मई, 1931)
110. 'क्रान्तिकारी गुप्तचर के संस्मरण', चन्द्रशेखर आज़ाद, पूर्णचन्द्र 'सनक', नेशनल पब्लिशिंग हाउस, दिल्ली, 1959
111. 'अज्ञेय अपने बारे में', रेडियो साक्षात्कार, रघुवीर सहाय, गोपालदास, प्रकाशन विभाग, नई दिल्ली, 1992
112. 'आज़ादी की जंग : बिहार के मशहूर क्रान्तिकारी', डॉ. नागेन्द्र मोहन प्रसाद श्रीवास्तव, डॉ. जयश्री दत्त, बिहार हिन्दी ग्रन्थ अकादमी, पटना, 2001
113. 'स्वतंत्रता सेनानी ग्रन्थमाला : क्रान्तिकारी आन्दोलन', सुप्रसिद्ध क्रान्तिवीर, फूलचन्द्र जैन, मस्तराम कपूर खंड-6,7,10
114. 'क्रान्ति के पथ पर : एक क्रान्तिकारी के संस्मरण', शचीन्द्रनाथ बख्शी, लोकहित प्रकाशन, लखनऊ, 2003

अंग्रेजी ग्रन्थ

1. बाबा पृथ्वीसिंह आज़ाद, 'द लिजेंड्री क्रूसेडर', भारतीय विद्या भवन, मुम्बई, 1987
2. बिजोय कुमार सिन्हा, 'ए रिवॉल्यूशनरीज क्वेस्ट फॉर सैक्रिफाइज', श्रीमती राज्यम सिन्हा, भारतीय विद्या भवन, बाम्बे, 1993
3. 'आज़ाद द इन्वेशिबल', बाबू कृष्णमूर्ति, गरुड़ प्रकाशन, गुरुग्राम, 2021
4. 'नो टेन कमांडेंट्स', एस.टी. हॉलिन्स, हचिन्सन एंड कम्पनी, लंदन,1954
5. 'रिवॉल्यूशनरीज एंड देअर एक्टीविटीज इन नार्दर्न इंडिया', कौशल्या देवी दुबलिश, बी.आर. पब्लिशिंग कार्पोरेशन, दिल्ली, 1982
6. 'इन रेस्ट्रोस्पेक्ट' (वॉल्यूम-1), मल्लिकार्जुन शर्मा, रवि शशि इंटरप्राइजेज, हैदराबाद, 1999
7. 'अंडर द शैडो ऑफ गैलोज', गुलाब सिंह, रूपचन्द्र, दिल्ली, 1963
8. 'इन अंडमान्स द इंडियन बास्तिल', बिजोय कुमार सिन्हा, प्रफुल्ल सी. मित्रा, कानपुर, 1939
9. 'वेटिंग फार स्वराज : इनर लाइब्ज ऑफ इंडियन रिवॉल्यूशनरीज', अपर्णा वैदिक, कैम्ब्रिज यूनिसर्विटी प्रेस, दिल्ली, 2021
10. 'ए रिवॉल्यूशनरी हिस्ट्री ऑफ इंटर वार इंडिया', वायलेंस, इमेज, वायस एंड टेक्स्ट, कामा मैक्लीन, पेंग्विन, गुरुग्राम, 2016
11. 'मोतीलाल नेहरू : बिल्डर्स ऑफ माडर्न इंडिया', बी.आर. नन्दा, पब्लिकेशंस डिवीजन, 1959

आजाद अंकों ('विप्लव' व 'नर्मदा') में प्रकाशित आज़ाद का चित्र

आज़ाद की पूज्य माता श्रीमती जगरानी देवी

चन्द्रशेखर आज़ाद की जन्मस्थली, भाबरा

केन्द्रीय कारागार का मुख्य द्वार, शिवपुर

केन्द्रीय कारागार का वह स्थान जहाँ आज़ाद को बेंत मारी गई

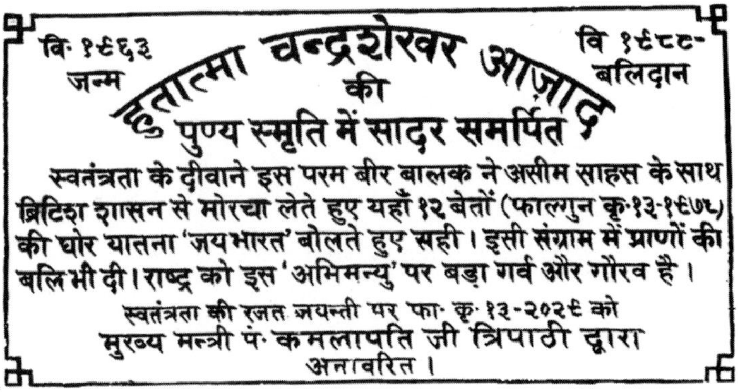

आज़ाद को बेंत मारने के स्थान पर लगा शिलापट्ट

काशी में 1 सितम्बर, 1922 को सार्वजनिक सम्मान के बाद लिया गया चित्र

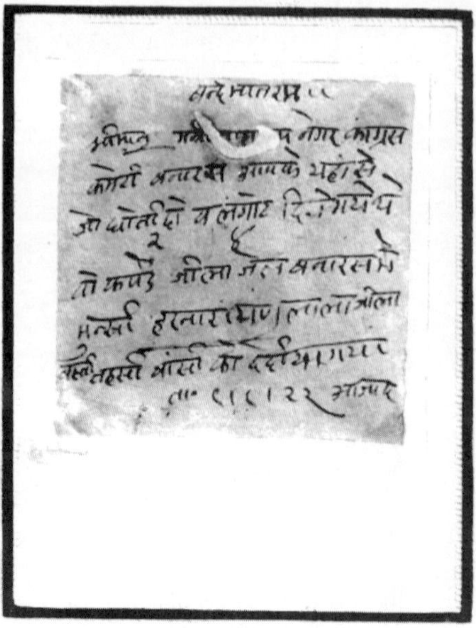

वन्दे मातरम्

श्रीयुत मन्त्री [illegible] नगर कांग्रेस
कोटी बनारस आपके यहां से
जो धोती दो व लंगोट दिये गये थे
तो कपड़े [illegible] जेल बनारस में
मन्त्री हरनारायण [illegible]
[illegible] को दे दिया गया
ता० १।९।२२ आजाद

चन्द्रशेखर आज़ाद की हस्तलिपि में प्राप्त एकमात्र पत्र

काकोरी के गिरफ्तार क्रान्तिवीर (काकोरी केस चलने के दौरान अभियुक्तों का लिया गया सामूहिक चित्र)

1. जोगेशचन्द्र चटर्जी, 2. प्रेमकृष्ण खन्ना, 3. मुकुन्दीलाल, 4. विष्णुशरण दुबलिश, 5. सुरेशचन्द्र भट्टाचार्य, 6. रामकृष्ण खत्री, 7. मन्मथनाथ गुप्त, 8. राजकुमार सिनहा, 9. ठाकुर रोशनसिंह, 10. रामप्रसाद 'बिस्मल', 11. राजेन्द्रनाथ लाहिड़ी, 12. गोविन्दचरण कर, 13. रामदुलारे त्रिवेदी, 14. रामनाथ पाण्डेय, 15. शचीन्द्रनाथ सान्याल, 16. भूपेन्द्रनाथ सान्याल, 17. प्रणवेश कुमार चटर्जी।

मास्टर रुद्रनारायण के परिवार के साथ चन्द्रशेखर आज़ाद

वीर मुद्रा में चन्द्रशेखर आज़ाद

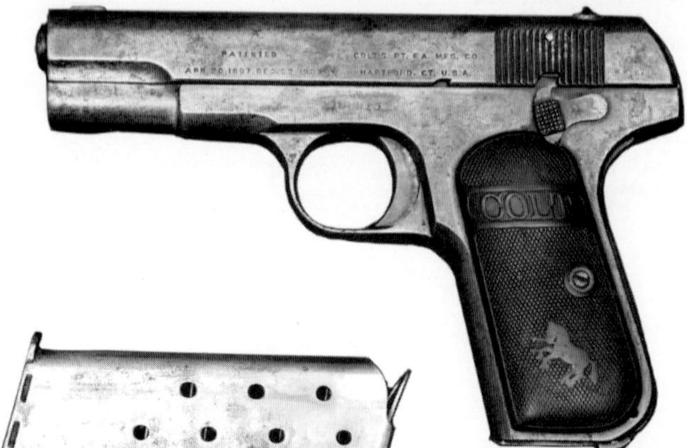

चन्द्रशेखर आज़ाद की कोल्ट पिस्तौल, मैगजीन के साथ

SECRET.

Report on the Political situation in the United Provinces for the first half of April 1926.

1. The election campaign is beginning. Pandit Madan Mohan Malaviya convened a large meeting in Benares on March 31st in the interests of the new national party. The Maharaja of Darbhanga is said to be contemplating the formation of an opposition party to maintain the orthodox view in regard to depressed classes. Pandit Moti Lal and Mrs. Naidu addressed a large meeting at Lucknow. Mrs. Naidu's tour in the Muttra district is described as an undoubted failure, and she had to leave Baldeo without speaking.

2. Communal tension continues acute. The Calcutta riots are much discussed in Lucknow and have exacerbated feelings in Meerut. Rohilkhand reports that generally speaking communal relations are very bad, and when the Arya Samaj does not make trouble the Maha Sabha does. Agra reports no improvement, whilst in the Allahabad division the general feeling is in a very excitable state, especially in Allahabad city. In Lucknow Hindu Sabha meetings, at which Lala Lajpat Rai and Swami Shradha Nand are expected, have been fixed for the days of the Id. Precautions have been taken to prevent trouble.

3. Dr. Kitchlew received an address from the Lucknow municipal board which, it appears, has not yet finally decided to present no more addresses to political leaders. Dr. Kitchlew in his reply deprecated the board's reported intentions in this respect. A Cawnpore report states that the municipal board appears to be developing into an employment bureau for out-of-work extremist non-co-operators. During the last fortnight they have made the following appointments:—

(1) Inspector Terminal Taxation Department—a well-known local non-co-operator on a salary of Rs. 160 per mensem.

(2) An ex-convict under the Criminal Law Amendment Act—a post on Rs. 80 per mensem.

(3) Another well-known extremist—a post on Rs. 60 per mensem.

(4) And last, but not least, Bir Bhaddra who was released for want of evidence in the Kakori dacoity case, as a hackney carriage inspector on Rs. 110 per mensem.

The Magistrate remarks that most of these gentlemen are not, he believes, capable of earning Rs. 30 a month in ordinary life. A similar report from Allahabad says that communal considerations continue to govern the working of the board. At a recent board meeting there were two candidates for the post of water-works engineer. The Hindu candidate received all the Hindu votes and was therefore elected, whilst the Muhammadan candidate received all the Muhammadan votes.

4. The weather has been wet, cold and unseasonable with occasional hail. Thirty-two villages in Saharanpur lost all their crops through hail, and Rs. 40,000 will have to be remitted. Mango prospects are poor. Prices have changed but slightly, there being little evidence yet of the usual harvest fall.

5. Crime was light. A notorious dacoit was shot dead in the Jhansi district as a result of good police dispositions. Two lakhs of post office cash certificates were sold in the second half of March in Allahabad. The ex-Maharaja of Nabha has been trying to enlist the sympathy of the Gaekwar of Baroda.

4

वीरभद्र तिवारी के सरकार से वेतन पाने का प्रमाण

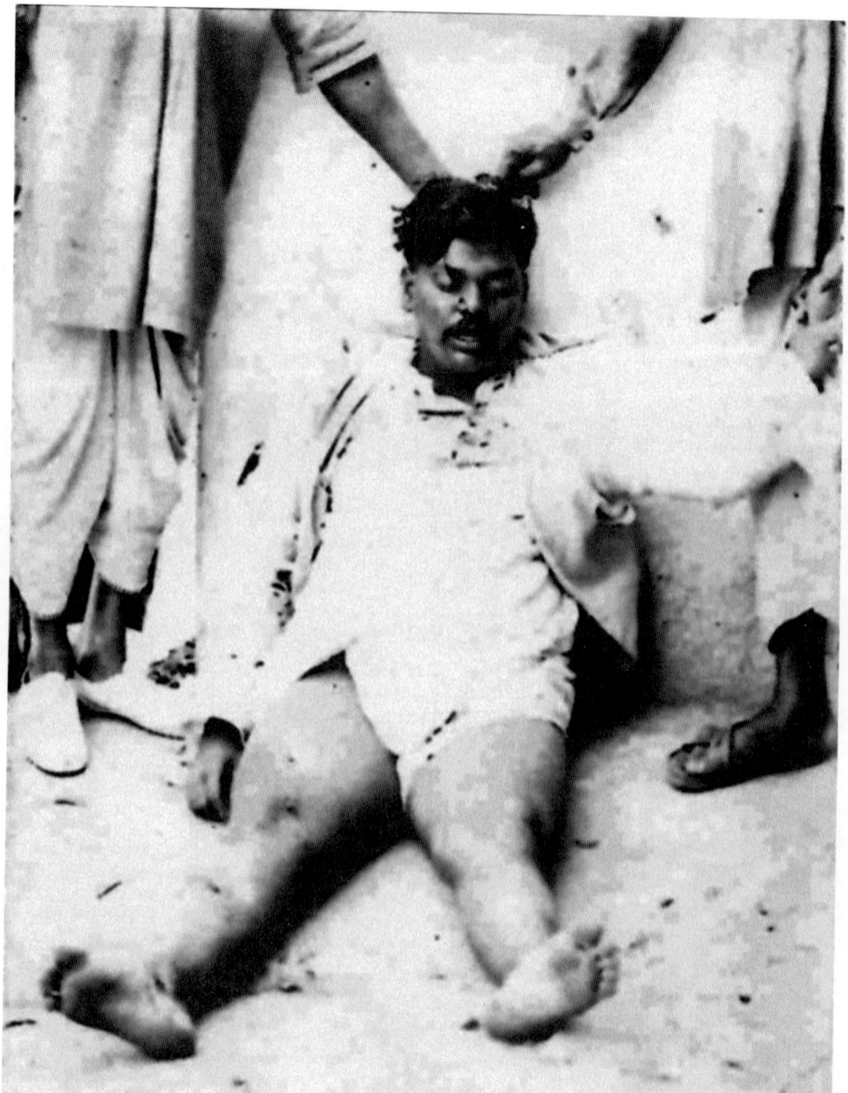

बलिदान के पश्चात सी.आई.डी. द्वारा लिया गया चित्र

बलिदान के तुरन्त बाद शहीद आज़ाद

बलिदान स्थल पर जमा भीड़, अल्फ्रेड पार्क

पोस्टमार्टम हाउस पर नियुक्त मजिस्ट्रेट द्वय

पोस्टमार्टम हाउस से शहीद आज़ाद का पार्थिव शरीर बाहर लाते हुए

REVOLUTIONARY SUSPECTS BATTLE WITH C. I. D.

REGULAR FUSILLADE OF BULLETS

ONE SUSPECT DEAD, OTHER ESCAPES

TWO OF POLICE PARTY WOUNDED

On Friday morning Allahabad people were alarmed at the sound of shots in Alfred Park. There was a regular fusillade of bullets between the C. I. D. and some criminal suspects whom the police had been tracking all this morning. A special superintendent of C. I. D. police was behind one tree and a suspect behind another. Shots were exchanged for nearly half an hour from a distance of about 50 yards.

The battle ended when one of the suspects fell down dead. The deceased is said to be Chunder Sekhar Azad, who was wanted for some alleged political offences.

Mr. Nott-Bower and Inspector Bisheshar Singh of the C. I. D. were wounded, but not seriously.

It appears that ammunition on both sides was exhausted and the police got a supply, but the suspects ran out and could not continue the fight.

Another story is that the deceased finding his ammunition exhausted committed suicide.

ALLAHABAD, *Feb. 27.*

At about 10 o'clock this morning, for over 20 minutes, the Alfred Park, Allahabad, was the scene of continuous and free discharge of fire-arms, the parties to the clash being some members of the United Provinces C. I. D. and two revolutionary suspects. There was a regular fusillade of bullets from both sides which resulted in one of the revolutionary suspects falling dead and in Mr. J. R. H. Nott-Bower special superintendent of C. I. D. police, and Thakur Bisheshwar Singh, deputy superintendent, being wounded with pistol shots.

It is stated that while out for a morning walk this morning in the Alfred Park, C. I. D. Deputy Superintendent Thakur Bisheshwar Singh noticed a person in the park whom he suspected to be Chandra Shekhar Azad, who was wanted by the police for the last several years in connection with several conspiracy cases, including the Kakori conspiracy case and for whose arrest a reward of Rs. 5,000 was offered by the Government. Thakur Bisheshwar Singh gave out his suspicions to his companion Mr. Dalchand, a legal adviser of the C. I. D., returned to his house in Katra not far away from the park, and started off again sometime after 8 a.m. with Mr. Dal Chand and his orderly, Sarnam Singh, towards the park to ascertain if the man he noticed in the park was the person whom he suspected.

POLICE PARTY SET OUT

The party proceeded on the City Road along the park, taking care that their movements may not betray their mission, and as they approached the first gate of the park on the City Road, they marked two persons sitting together inside the park near the footpath leading from the City-Thornhill roads corner of the park to the Public Library. The stouter of the two men spotted in the park, Thakur Bisheshwar Singh suspected to be Chandra Shekhar Azad, but as his face was not fully visible from the City Road he grew anxious to obtain from some place a full view of his face. Revolutionaries, according to the police, being very keen observers, the C. I. D. party did not take the risk of going near the two men as they did not want the spotted men to become suspicious about them. The party, therefore, entering the park by the City Road gate went towards the library and eventually reached near the Thornhill Road gate opposite the Muir Central College. Here for some time Thakur Bisheshwar Singh and Thakur Dal Chand separated in order to look for an opportunity to study fully the man whom they had suspected to be Azad. Both [illegible] having at last confirmed their suspicions Sarnam Singh, the orderly of Bisheshwar Singh was at once deputed to call Mr. Nott-Bower, superintendent of the C. I. D., who lives close to the park in No. 1, Park Road.

[illegible] they approached the Thornhill Road gate they passed by Thakur Dal Chand, who was sitting on the culvert cleaning his teeth with a twig of neem tree, which both he and Thakur Bisheshwar Singh had taken while in the park, it being part of their scheme to conceal their movements. It is said that while the two men passed by Thakur Dal Chand their eyes met the eyes of the latter for a moment, but both passed out of the park and went down the Thornhill Road towards the east. The man holding the cycle returned again shortly after and passed again by the place where Thakur Dal Chand was sitting. Perhaps some suspicions having arisen in his mind about the object of Thakur Dal Chand's presence the cyclist returned to watch him. But the cyclist returned again to the Thornhill Road towards the direction which he and his companion had taken before, and both, it appears, re-entered the park by the gate which adjoins the Indian Press. Thakur Dal Chand having had an opportunity of seeing the men from a very close range his suspicions were further strengthened about the man suspected, and he told of the incident to Thakur Bisheshwar Singh when the latter rejoined Thakur Dal Chand.

C. I. D. SUPERINTENDENT'S STATEMENT

As Thakur Bisheshwar Singh and Thakur Dal Chand were watching the movements of the two men they were after, from different positions, Mr. Nott-Bower entered the park and what followed would appear from the statement given below which he himself gave to press representatives about the occurrence:—

'At about 9-30 this morning,' said Mr. Nott-Bower, 'a message came to me from Thakur Bisheshwar Singh, deputy superintendent of police, C. I. D., saying that he had spotted a man in the Alfred Park, who answered the description of Chandra Shekhar Azad, a revolutionary absconder. I got into my car, accompanied by two constables, Muhammad Zaman and Govind Singh, armed with pistols.

'When we reached the spot where the messenger had left Bisheshwar Singh we could not see Bisheshwar Singh. The messenger (who was also with him) however pointed out two men who were sitting on the grass and said that the stout man was the man who had been followed by Thakur Bisheshwar Singh. Accordingly I stopped my car and approached the two men followed by my constables. At a distance of about 10 yards I asked them who they were, whereupon both of them drew automatic pistols and opened rapid fire. I had my own pistol ready and as soon as I saw the stout man draw his pistol I fired myself, probably a fraction of a moment before he fired. I apparently hit him somewhere in the leg as he was unable to get up. I think, I also hit him in the body with the second shot. His companion jumped up and [illegible]

'As I was drawing the magazine from my pistol to reload I was hit in the left arm by the stout man and dropped the magazine which was in my left hand. I then ran to a tree some 10 yards away and took cover. The stout man crawled to another tree behind which he took cover. The constables who were with me took cover in the neighbouring ditch. A few minutes later Thakur Bisheshwar Singh crawled along the side of a hedge about 50 or 60 yards away and fired at the stout man who then returned the fire hitting Bisheshwar Singh in the face.

'I was unable to reload and the stout man sitting behind the tree continued to take shots at me whenever I showed myself. Finally he fell on his back. I am not sure whether he had been hit by someone or whether he had merely died of previously inflicted wounds. A large crowd had by this time collected at some little distance away and shortly afterwards a man whom I did not know joined me with a gun which he said was loaded with buck shot. Being uncertain whether the stout man was really dead or shamming I asked him to fire at his legs which he did. I then went up and found that the stout man was, apparently, dead. His companion made good his escape and I don't know whetherehe has been wounded or not.'

POLICE REINFORCEMENTS

It appears that the moment the firing commenced one Ram Badan Singh, a constable of the C. I. D., who happened to be somewhere near the park ran to the Colonelganj police station, which is not far away from the park, and asked the police there to run to the park saying that a European was being shot at by somebody. Accordingly Rai Sahib Chaudhri Risal Singh, officer in charge of the police station, ordered the policemen in the *thana* to run to the scene with the two rifles in the police station and he himself hurried to the scene on his cycle armed with a pistol.

When Chaudhri Risal Singh reached the scene he noticed a man firing towards Mr. Nott-Bower, who was taking shelter behind a tree. As he was proceeding along the road where Mr. Nott-Bower had left his car he noticed a young man near the road coming towards the place where Mr. Nott-Bower was standing but shortly after he disappeared. It is suspected that this young man was the companion of the deceased and escaped from the place where the firing was going on he was on the lookout for a position from where he could aim at Mr. Nott-Bower.

The man who went to Mr. Nott-Bower armed with a gun was a constable in plain clothes of the Colonelganj police station, who on the police force of the *thana* arriving in the park was asked by Mr. Risal Singh to go to Mr. Nott-Bower to help him.

A MESSENGER TO POLICE LINES

It is reported that as the firing was started Mr. Dal Chand who had separated from Thakur Bisheshwar Singh ran towards his house, got hold of a friend who owned a motor cycle and hurried with him to the police lines whence he phoned to Mr. Measures, the superintendent of police about the occurrence and also asked the men of the reserve police to hurry to the park. By the time, however, these policemen could reach the park, the fight had almost ended. Mr Measures reached the place shortly after receiving the news and he accompanied Mr. Nott-Bower to his bungalow and then went to the civil hospital to call Dr. Claudius to attend to the wound of Mr. Nott Bower.

When leaving the scene Mr. Nott Bower gave instructions to a police officer regarding the search of the body of the deceased and the sending of the dead body to the mortuary and of Thakur Bisheshwar Singh, who had been wounded, to the hospital.

Several bullet marks were found on the trees behind which both the parties were taking cover. It appeared that the car of Mr. Nott Bower was standing on the road almost just behind the place where he was taking shelter and the result was that bullets that missed him or the tree behind which he was, hit the [illegible]

The suspect lying dead near the tree behind which he had taken cover during firing. The fatal wound on the head of the dead revolutionary is quite visible in the picture. Among the police officers who are seen near the dead man is Mr. Wood, assistant superintendent of police, Allahabad, who kept his revolver in his hand throughout the period he stayed at the place of occurrence since his arrival there

A view of the crowd of people, who ran to see the dead man, when a police lorry arrived to remove the dead body.

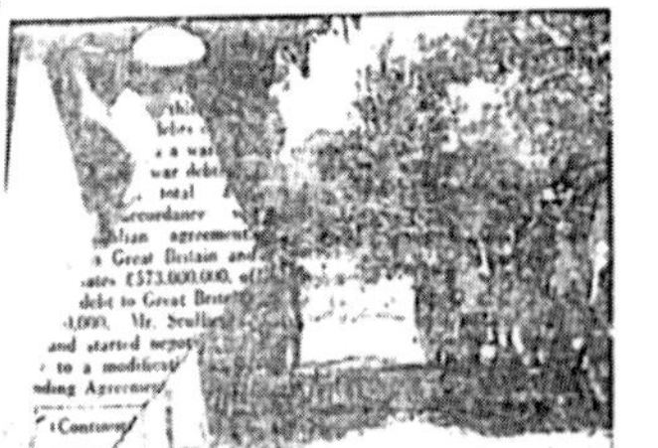

A [illegible] view of the scene of occurrence. The big tree on the left is the [illegible] which the deceased fired while the tree just opposite, near [illegible] group of men with white clothes are seen, is the one behind Mr. Nott-Bower had taken cover. The deceased was sitting [illegible] his companion near the big tree when he was challenging.

'द लीडर' में प्रकाशित अन्तिम संग्राम की सूचना, 1 मार्च, 1931

अमर शहीद चन्द्रशेखर आज़ाद की शहादत के सम्बन्ध में थाना कर्नलगंज के रजिस्टर नंबर 08 में अंकित विवरण

आज़ाद की गोली से घायल एस.पी. नॉट बावर

एस.टी. होलिन्स, डी.आई.जी., सी.आई.डी.

नॉट बावर, एस.पी., सी.आई.डी.

शहीद आज़ाद के मित्रों के साथ उनकी पूज्य माताश्री

REGD. NO. M. 2776. MORNING.

The Indian Express

VOL. XVII. NO. 205. MADRAS: FRIDAY, APRIL 1, 1919. 8 PAGES: 1½ ANNAS

MOTHER OF A HERO

JHANSI, Mar. 30.

Pandit Nehru has sent Rs. 250 to the 74-year old mother of the late Chandrasekhar Azad, a revolutionary leader of Jhansi, who was killed in an encounter with the police in 1931 at Allahabad.

While sending the cheque to Mr. Banarsidas Chaturvedi, a Hindi writer, to be forwarded to her, the Prime Minister wrote that he was taking further steps to bring relief to the aged woman.—A.P.I.

'इंडियन एक्सप्रेस' में प्रकाशित खबर

शहीद चन्द्रशेखर आज़ाद का पावन अस्थि कलश

सर्वश्री शिवविनायक मिश्र व मनोहर लाल त्रिवेदी

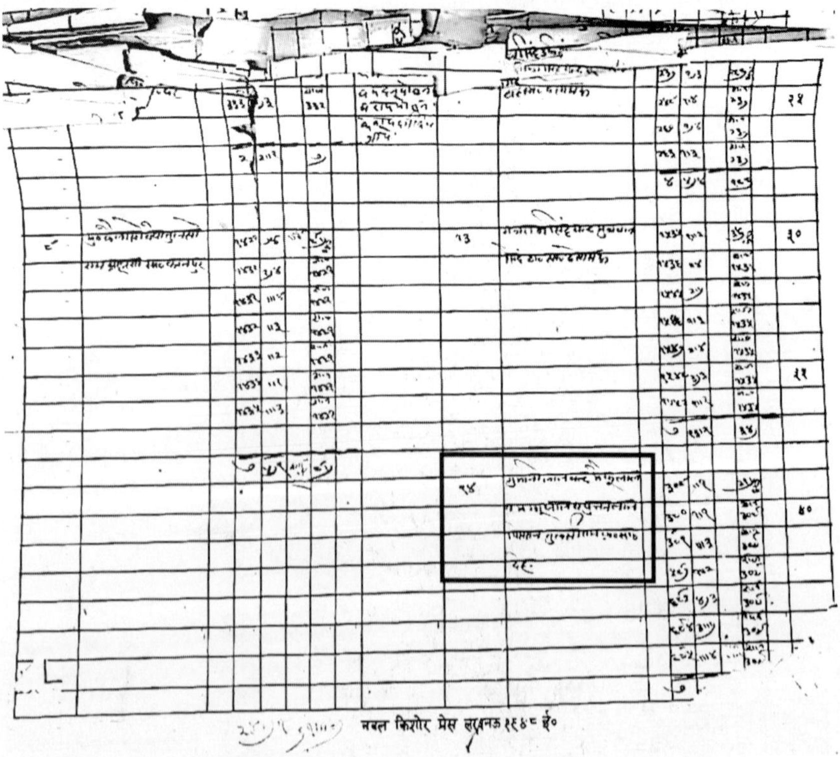

खतौनी में दर्ज गुमानीलाल वल्द मैकूलाल, 1948

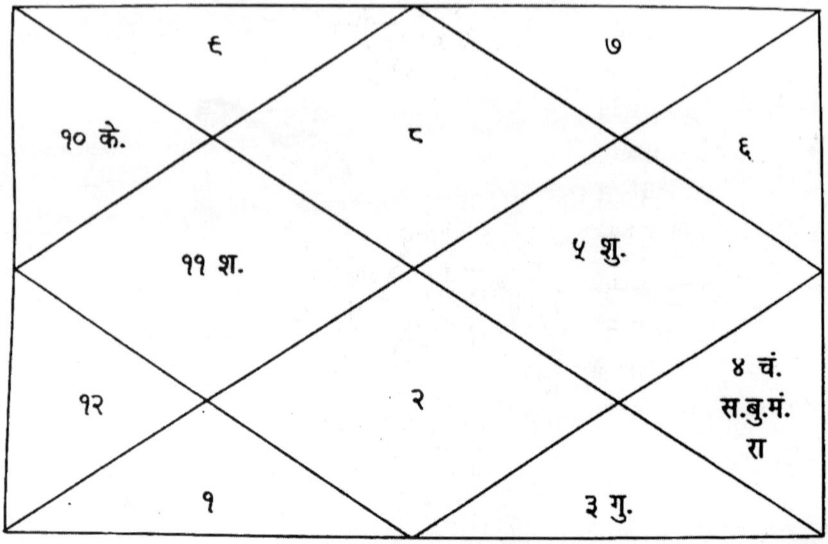

चन्द्रशेखर आज़ाद की जन्म कुंडली